Prof. Dr. med. Dr. jur. Dr. h.c. Hans Göppinger

H.-J. Kerner G. Kaiser (Hrsg.)

Kriminalität

Persönlichkeit, Lebensgeschichte und Verhalten

Festschrift für Hans Göppinger
zum 70. Geburtstag

Springer-Verlag
Berlin Heidelberg New York London
Paris Tokyo Hong Kong

Prof. Dr. jur. Hans-Jürgen Kerner
Direktor des Instituts für Kriminologie der Universität Tübingen
Corrensstraße 34, D-7400 Tübingen

Prof. Dr. jur. Günther Kaiser
Direktor des Max-Planck-Instituts für ausländisches
und internationales Strafrecht
Günterstalstraße 73, D-7800 Freiburg i. Br.

ISBN-13: 978-3-642-75419-7   e-ISBN-13: 978-3-642-75418-0
DOI: 10.1007/978-3-642-75418-0

CIP-Kurztitelaufnahme der Deutschen Bibliothek
Kriminalität: Persönlichkeit, Lebensgeschichte und Verhalten/
H.-J. Kerner; G. Kaiser (Hrsg.).-
Berlin; Heidelberg; New York; London; Paris; Tokyo; Hong Kong: Springer 1990
ISBN 3-540-52144-5 (Berlin...)
ISBN 0-387-52144-5 (New York...)
NE: Kerner, Hans-Jürgen [Hrsg.]

© Springer-Verlag Berlin Heidelberg 1990
Softcover reprint of the hardcover 1st edition 1990

2119/3140(3011)-5 4 3 2 1 0 - Gedruckt auf säurefreiem Papier

Inhaltsverzeichnis

VI

III. Untersuchungen zu Tätergruppen und Deliktsarten

Hans Göppinger zum 70. Geburtstag

Hans Göppinger wurde am 11. April 1919 in Stuttgart geboren. Dort besuchte der Jubilar die Schule bis zum Abitur 1937. Anschließend kam er der Arbeitsdienst- und Wehrpflicht nach; im Krieg wurde er 1941 schwer verwundet mit folgenden, erheblichen Gesundheitsschäden. Noch vom Lazarett aus begann er das Studium der Rechtswissenschaft und nach 2 Semestern zusätzlich das der Medizin an den Universitäten Tübingen, Freiburg, Göttingen und Heidelberg. Vor allem in Heidelberg prägten ihn die Ausläufer der großen Zeit der deutschen Wissenschaft, verkörpert in Männern wie Karl Jaspers und Kurt Schneider. Von den juristischen Lehrern, mit denen er zusammenkam, hatte besonders Eduard Kern großen Einfluß. Dem juristischen Staatsexamen im März 1945 in Stuttgart folgte die Promotion zum Dr.jur. im Oktober 1946 in Tübingen. Das medizinische Staatsexamen legte er im November 1948 in Heidelberg ab, gefolgt von der Promotion zum Dr. med. im Dezember 1948 ebenfalls in Heidelberg.

Seine Ausbildung zum Facharzt für Psychiatrie und Neurologie erfolgte an der Psychiatrischen Universitätsklinik Heidelberg bei Kurt Schneider. Nach einer anschließenden kurzen Tätigkeit als Obermedizinalrat am Gesundheitsamt in Stuttgart wechselte er 1959 als Oberarzt an die Universitäts-Nervenklinik Bonn, wo er sich im November 1960 für das Fach Psychiatrie und Neurologie an der Medizinischen Fakultät der Universität Bonn habilitierte und zum Privatdozent ernannt wurde.

Im Juni 1962 nahm er einen Ruf auf den Lehrstuhl für Kriminologie an der Rechts- und Wirtschaftswissenschaftlichen Fakultät der Universität Tübingen an und wurde zum Ordinarius und Direktor des neu gegründeten Instituts für Kriminologie ernannt. Dieser Wechsel vom klinisch tätigen Mediziner zum Kriminologen an einer Juristischen Fakultät bedeutete einen tiefen Einschnitt in das Leben Göppingers, der sich auch auf seine wissenschaftliche Tätigkeit auswirkte. Während er zuvor, jeweils angeregt durch konkrete Probleme in der Klinik, vorwiegend arztrechtlich, aber auch psychiatrisch, forensisch-psychiatrisch und kriminologisch gearbeitet hatte, wandte er sich jetzt ganz überwiegend dem neuen Fach zu. Sein wissenschaftliches Wirken in Tübingen begann Göppinger gleichzeitig mit Karl Peters, dem er in der grundsätzlichen Ausrichtung auf den ständigen Theorie-Praxis-Kontakt verbunden war.

Bei dem Lehrstuhl, den Göppinger übernahm, handelte es sich, nach dem 1959 in Heidelberg von Leferenz übernommenen Lehrstuhl, um den zweiten ausschließlich kriminologischen Lehrstuhl in der Bundesrepublik Deutschland. Das Institut baute Göppinger zielstrebig zu einer international anerkannten Forschungsinstitution auf und leitete es auch bis zur Emeritierung zum Ende des Sommersemesters 1986. Rufe auf den Lehrstuhl für Kriminologie an der Universität Köln und auf den Lehrstuhl für Strafrecht (Kriminologie) an der Universität Frankfurt lehnte Göppinger ab.

In Würdigung seiner internationalen Verdienste für die wissenschaftliche Grundlagenforschung in der Kriminologie verlieh die altehrwürdige Rijksuniversiteit Gent in Belgien, auf Antrag der dortigen Juristischen Fakultät, dem Jubilar mit Beschluß vom Dezember 1985 den akademischen Titel eines Dr.h.c. in Kriminologie; die Überreichung der Urkunde und der Insignien fand dann bei einem Festakt am dies natalis der Universität Gent im März 1986 statt. Daneben wurden ihm noch zahlreiche weitere Ehrungen und Auszeichnungen zuteil, unter anderem als bisher einzigem Europäer die Zuerkennung des Prix Mannheim des Centre International de Criminologie Comparée sowie die Verleihung des Großen Bundesverdienstkreuzes der Bundesrepublik Deutschland.

Der wissenschaftliche Standort Göppingers findet sich in nuce kondensiert in den Ausführungen seiner Antrittsvorlesung vom Dezember 1963 über "Die gegenwärtige Situation der Kriminologie" sowie in den Ausführungen seiner Abschiedsvorlesung vom Juni 1986 über "Kriminologie am Scheideweg". Es ist die Bindung an einen strikt erfahrungswissenschaftlichen Zugang zur Wirklichkeit, die Göppinger vor allem kennzeichnet. Im Zentrum seines konkreten Forschens stand und steht dabei immer der einzelne Mensch, nicht lediglich als Merkmalsträger, der sich einfach mathematisch-statistisch berechnen ließe, sondern als Individuum in all seiner eigentümlichen Komplexität, dessen Übereinstimmung mit anderen und *zugleich* doch je spezifische Unterscheidung von anderen allenfalls in typologischer Annäherung erfaßt werden kann.

Geprägt gleichermaßen durch die in langer Praxis erworbene und vervollkommnete Fähigkeit zum distanziert-teilnehmenden Blick des erfahrenen Klinikers und durch die in der juristischen Schulung geübte Fähigkeit zur Klarheit in der Sachverhaltsanalyse und der Entwicklung der für eine Lösung erforderlichen Gedankengänge, kam Göppinger bei seinem Wechsel zur Kriminologie von Anfang an zur Überzeugung, daß der Fülle an Theorien und der Überfülle an je vereinzelten Ergebnissen zu Phänomenen des Verbrechens und der Kriminalität ein erheblicher Mangel an Grundlagenwissen eben über das Typische der (erheblich) straffälligen Menschen im Vergleich zur durchschnittlichen Bevölkerung gegenüberstand. Verbunden damit war die Überzeugung, daß solches Grundlagenwissen nur in langwieriger Anstrengung, unter Verzicht auf schnelle und vor allem im wissenschaftlichen Trend gut zu "verkaufende" Ergebnisse, und nur in genuin interdisziplinärer Praxis der Forschung erreicht werden könne.

Demgemäß zusammengesetzt war das wissenschaftliche Team am Institut für Kriminologie. Schon bei seiner Gründung im Jahr 1962 war das Institut als interdisziplinäre Einrichtung geplant und dann auch aufgebaut worden; die Mitarbeiter kamen aus den Disziplinen Rechtswissenschaft, Psychiatrie, Psychologie, Soziologie und Sozialarbeit. Auch nach Personalkürzungen, die der Jubilar trotz heftiger Bemühungen im Rahmen der Stellenstreichungen an den baden-württembergischen Universitäten hinnehmen mußte, war es das Anliegen, möglichst vielfältige Disziplinen am Institut vertreten zu wissen. In den letzten Jahren vor der Emeritierung befanden sich unter den Mitarbeitern des Institutes neben einem voll ausgewiesenen Kriminologen noch Juristen, Psychologen, Soziologen und Sozialarbeiter. Darüber hinaus arbeiteten unter den Hilfskräften des Instituts zwei promovierte Mediziner als geprüfte Hilfskraft bzw. ehrenamtlich am Institut mit. Schließlich bestand eine engere Kooperation mit dem Soziologischen Seminar, wobei ein soziologischer Universitätsassistent ständig an den Forschungen des Instituts beteiligt war.

Die Konzeption seiner kriminologischen Grundlagenforschung unter interdisziplinären erfahrungswissenschaftlichen Aspekten war in der Grundlinie des generellen Verständnisses vom eigentlich wesentlichen Objekt der Forschung durchaus an der Tradition der (wenigen) großen sog. multifaktoriellen Untersuchungen wie z.B. derjenigen des Ehepaars Glueck ausgerichtet. Sie trug jedoch, als Konzeption für den Beginn einer Entwicklung gedacht, bereits genuin den Keim der Weiterführung zum Neuen in sich, und das heißt zur Ausprägung einer selbständigen Erfahrungswissenschaft, also einer von ihren Bezugswissenschaften unabhängig gewordenen Kriminologie.

Den Kristallisationspunkt für diese eigenständige Kriminologie mit einem eigenen, einheitlichen Gegenstand bildet das übergreifende Konzept vom "Täter in seinen sozialen Bezügen". Es ist die Frucht der mit der langfristigen Verlaufsforschung bei der "Tübinger Jungtäter-Vergleichsuntersuchung" verbundenen Bemühungen um ein komplexes Gesamtbild. Über die Bildung von Idealtypen wurde die statistische Ebene der zahlreichen Erhebungen zu Einzelbereichen verlassen und versucht, durch bereichsübergreifende Kriterien zu einer umfassenden Betrachtung des Täters in seinen sozialen Bezügen vorzudringen, die dann auch eine individuelle kriminologische Diagnose erlaubt.

Der so konzipierten Kriminologie wurde wiederholt vorgeworfen, daß sie Soziales vernachlässige. Daran mag so viel richtig sein, daß ihr Kern auf den Menschen ausgerichtet ist, der als Person je *seine* ihm schicksalhaft vorgegebenen oder im Lebensverlauf zunehmend selbstgewählten sozialen Bezüge durch eigene Wertentscheidungen und Handlungsvollzüge zu einer für ihn typischen Gestalt verarbeitet. Wirtschaftliche, soziale, physische und psychische Ungleichheiten werden keineswegs geleugnet. Auch wird nicht übersehen, daß aus ihnen höchst unterschiedliche Ausgangsbedingungen für einzelne Menschen und Gruppen in der Gesellschaft erwachsen können. Allerdings wird ihre unvermittelt kriminologische Relevanz im Sinne von "Kriminalitätsursachen" vom Jubilar in Frage gestellt. Für das Entstehen von jedenfalls nicht unerheblicher Straffälligkeit gilt ihm vielmehr die Erkenntnis als fundamental, daß erst die Lebensführung darüber entscheidet, was der Mensch aus seinen Lebenschancen macht. Besonders deutlich wurde dies durch die Bildung von "Zwillingspaaren" aus Straffälligen und Probanden aus der Durchschnittspopulation bei der Tübinger Jungtäter-Vergleichsuntersuchung.

Diese vom Jubilar unbeirrt festgehaltene und im Verlauf des unmittelbaren Umgangs mit straffälligen und nichtstraffälligen Menschen, sowohl in der Forschung als auch in einer reichhaltigen forensischen

Praxis wie schließlich in fallbezogenen speziellen Aus- und Fortbildungsveranstaltungen, weiter ausdifferenzierte Grundeinsicht bestimmt auch seine Position zum Streitpunkt der "Unterschiede". Schon die Grundformel eben vom "Täter in seinen sozialen Bezügen" belegt, daß die Tübinger Konzeption nicht dem simplifizierenden oder gar simplistischen Modell der Schwarz-Weiß-Dichotomisierung in "Kriminelle - Nichtkriminelle" zugerechnet werden kann, wobei etwa die Unterschiede sich in somatischen oder psychischen oder sozialen Merkmalen manifestieren oder sogar erschöpfen und im äußerlich feststellbaren Verhalten eindeutig ein Trennstrich gezogen werden könnte zwischen denen, die (gegebenenfalls sogar im Dunkelfeld) nie eine strafbare Handlung begehen, und den anderen (wenigen), die dies tun, wie selten oder gehäuft auch immer. Ist schon fraglich, ob die älteren multifaktoriellen Untersuchungen zutreffend in dieser Richtung etikettiert werden können, so ist das Tübinger Konzept einen ganz anderen Weg gegangen.

Auf der einen Seite wurde mit den vielfältigen Erhebungen zu Fakten (auch und gerade zu sozialen Bereichen, die in kriminologischen Theorien der damaligen Jahre hervorgehoben wurden) im statistischen Teil der Tübinger Jungtäter-Vergleichsuntersuchung - sowohl bei Straffälligen als auch bei der Durchschnittspopulation - gezeigt, daß "Merkmale" in isolierter Betrachtung in der Regel ungeeignet zu relevanten Differenzierungen sind, auch und gerade solche, die aus Untersuchungen zur Person oder ihrem Sozialbereich gewonnen werden können. Auf der anderen Seite wurde sinnfällig deutlich, daß offizielle (auch) wiederholte Straffälligkeit ihre Bedeutung für die weitere Biographie und Lebenskarriere nicht aus sich selbst heraus erhält, auch nicht aus gleichsam deterministischen Wirkungen von Strafen oder sonstigen Reaktionen auf seiten der Strafverfolgungsbehörden, sondern erst im Kontext bestimmter und bestimmbarer Verhaltensmuster und Lebensstile, die als "komplexe Einheiten" sich ausprägen, denen ihre je eigentümliche Struktur und Dynamik zukommt.

Diese komplexen Einheiten, die in ihrem kriminologischen Gehalt und in ihrem spezifischen diagnostischen und prognostischen Gewicht nicht operational definiert, sondern nur durch idealtypische Pointierung umschrieben werden können, weisen jeder zu beurteilenden Person einen Platz auf einem Kontinuum von Verhaltenskriterien bei Straffälligen einerseits und der Durchschnittspopulation andererseits zu, der sich durch Ferne oder Nähe zur gedachten Extremausprägung auszeichnet. Solche Extremausprägungen oder eben Idealtypen sind, wie spätestens seit den Ausführungen von Max Weber unmißverständlich klar sein müßte, keine Beschreibungen oder Festsetzungen von wertbehafteten (also inhaltlichen) "Idealen", sondern in der Wirklichkeit *so* nicht vorfindbare Zuspitzungen von Phänomenen und bilden damit genuin analytische Hilfsmittel der Erkenntnis von realer Wirklichkeit, die sich als solche immer durch ein "mehr oder weniger" auszeichnet.

Der Unterschied zwischen Menschen und gegebenenfalls auch Gruppierungen von Menschen, auf den es dem Jubilar bei seinen Forschungen zunächst ankommt, ist somit einer, der weder absolut festliegt noch absolut fixiert werden kann, sondern nur in Relation zu gestalthaften Sinnzusammenhängen der Lebensführung erfaßbar ist. Konsequenterweise müssen die spezifisch kriminologischen Kriterien, die der Feststellung möglicher Unterschiede dienen sollen, auch relational betrachtet werden. Sie kulminieren in der *Kriminologischen Trias*, gekennzeichnet durch die bereichsübergreifenden Kriterienblöcke der kriminorelevanten Konstellationen im Lebensquerschnitt, der Formen der Stellung der Tat im Lebenslängsschnitt, der Relevanzbezüge und der Wertorientierung.

Dieses im Rahmen der Grundlagenforschung entwickelte Konzept kann als richtungsweisend und handlungsleitend für weitere Forschungen über den Täter in seinen sozialen Bezügen angesehen werden. Freilich ging es Göppinger nie lediglich um die Grundlagenforschung und um die wissenschaftliche Erkenntnis als solche, ihm kam es vielmehr vor allem darauf an, dieses Wissen auch für die Praxis nutzbar zu machen. Als Arzt war es ihm beispielsweise stets unverständlich, daß versucht wurde, Straffällige zu "behandeln", ohne zuvor eine Persönlichkeitsdiagnose zu erstellen. Er wurde nicht müde zu betonen, daß bei der strafrechtlichen Reaktion, bei der nach geltendem Recht auch die Täterpersönlichkeit Berücksichtigung finden muß, fast regelmäßig verkannt wird, daß die Verletzung einer bestimmten Strafrechtsnorm zunächst nichts über die Täterpersönlichkeit als solche aussagt. So blieb er denn auch nicht bei den Ergebnissen der Tübinger Jungtäter-Vergleichsuntersuchung (1983 unter dem Titel "Der Täter in seinen sozialen Bezügen" veröffentlicht; in englisch 1987, nachdem zuvor bereits in den verschiedenen Auflagen seines Lehrbuches "Kriminologie" zahlreiche Einzelergebnisse dargestellt worden waren) als Grundlagenforschung stehen, sondern entwickelte auf dem Boden dieser Erkenntnisse die spezifisch kriminologische *Methode der idealtypisch-vergleichenden Einzelfallanalyse*, die mit Hilfe des Bezugssystems der Kriminologischen Trias eine individuelle kriminologische Diagnose des Straftäters ermöglicht, wobei nicht nur seine Problembereiche, sondern auch die sozial besonders günstigen Eigenschaften des Probanden entsprechende Berücksichtigung finden. Es ist typisch für Göppinger, daß er über 10 Jahre lang diese Methode vorwiegend in der Haftanstalt erprobte, ehe er sie veröffentlichte, und dann noch darauf hinwies, daß dies ein erster Anfang sei und Methode wie auch Diagnose noch in vielerlei Hinsicht ausbaufähig und korrekturbedürftig seien. Damit hat er - erstmalig in der internationalen Kriminologie - ein Instrument zur *spezifisch* kriminologischen Erfassung des einzelnen Straftäters auch und gerade durch psychologisch nicht Ausgebildete, also z.B. Juristen, geschaffen, wobei er die *kriminologische Diagnose* nicht nur als Voraussetzung für die Prognose, sondern vor allem auch für jede Art von Einwirkung und Therapie bei straffällig gewordenen Menschen ansieht.

Freilich lag ihm prinzipiell auch die "Behandlung" von Straffälligen am Herzen. So ergriff er bereits in den 60er Jahren, als viele über Sozialtherapie (nur) redeten, aufgrund vieler Kontakte mit den Leitern ausländischer sozialtherapeutischer Anstalten, die für die deutsche Strafrechtsreform bedeutsam wurden, die Initiative, um mit dem Institut bzw. bei der nahegelegenen Vollzugsanstalt eine überschaubare Beobachtungsstation einzurichten, wo nach und nach, zunächst im Anschluß an eine psychologische oder psychiatrische Untersuchung, auch Behandlungsformen unter genauer wissenschaftlicher Begleitung erprobt werden sollten. Dieser Initiative war im Ergebnis aus zahlreichen Gründen von außen her kein Erfolg beschieden. Einen kleinen Teil des so gewonnenen Erfahrungsschatzes konnte der Jubilar dann wenigstens durch die Mitwirkung im Beratungsgremium für das Justizministerium Baden-Württemberg "Zusammenarbeit von Wissenschaft und Praxis auf dem Gebiet des Jugendvollzugs" bei der Planung von Veränderungen im Jugendstrafvollzug einbringen.

Allerdings war er bezüglich der Möglichkeiten, Menschen entscheidend verändern oder "umschichten" zu können, außerordentlich skeptisch und wies dabei stets auf die Schwierigkeiten hin, die auch "ein ganz normaler Mensch" hat, wenn er sich entscheidend ändern will. Diese Skepsis bewahrte ihn bei aller Faszination durch die bunte Fülle der menschlichen Eigenschaften und Möglichkeiten doch vor vorschnellen Hoffnungen und damit auch vor zu intensiven Auswirkungen von Enttäuschungen. Er suchte nicht nach dem neuen Menschen, wie er sein sollte, sondern er hielt sich an den alten, getragen von einem skeptischen Menschenbild, das in Kant's Diktum vom krummen Holze, aus dem der Mensch nun einmal geschnitzt sei, gut zum Ausdruck kommt.

Das entschiedene Beharren auf dem "Sehen, was ist" in methodisch bewußt gewählter "Naivität" des Beobachtens, das Ablehnen der Entwürfe großer Theorien a priori, die tiefe Skepsis gegen alles Rechnen im Bereich des Menschen und damit der quantitativen Varianten (auch) der empirischen Sozialforschung: Alles dies und weitere deutliche Positionen waren geeignet, den Jubilar immer wieder dem Widerspruch der vorwiegend nomothetisch ausgerichteten kriminologischen Strömungen auszusetzen, insbesondere derjenigen, die sich seit den 60er Jahren unter angloamerikanischem Einfluß entwickelten.

Der Jubilar gehört zu den Kriminologen, die sich nie von den großen "Wahrheiten" und Wunschbildern über Mensch und Gesellschaft haben beeindrucken oder gar verführen lassen. Bezüglich Kriminalität als Massenerscheinung, Gesellschaftszustand und Zeitgeist blieb er scharf aufmerksamer Beobachter. Er hat das Seine bei Gelegenheit gesagt und geschrieben, so zur Verkehrskriminalität (auch) der Durchschnittsbürger, zur Profitkriminalität (auch) der im Außenbild ehrbaren und angepaßten Handwerker, Freiberufler oder Industriellen, zum Mißbrauch öffentlicher Stellung, zur Kriminalität im Protest der Jugend und auch der (angehenden) Akademiker und Intellektuellen in Zeiten des Umbruchs. Es ging und geht ihm aber im Zentrum seines wissenschaftlichen Anliegens nicht um das Allgemeine und das Gesellschaftliche für sich genommen, sondern um die Prozesse, durch die oder in denen es sich über die individuelle Verarbeitung als handlungswirksam durchsetzt, weil es eben immer Menschen sind, die über ihr Handeln und ihre Interaktionen die (auch übergreifende) Wirklichkeit konstituieren. So ist es auch bezeichnend für ihn, daß er sich bei seinen Publikationen und Vorträgen im wesentlichen auf Themen beschränkte, über die er aufgrund eigener wissenschaftlicher Erfahrung etwas zu sagen hatte, wobei es ihn nicht störte, sich in Widerspruch zum Zeitgeist zu setzen. Für Veröffentlichungen zu Tagesthemen oder zu Fragen, über die im Prinzip unter Verarbeitung der vorliegenden Literatur auch jeder andere Kriminologe etwas beitragen kann, vermochte er sich nicht zu erwärmen.

Neben der Tübinger Jungtäter-Vergleichsuntersuchung, die einen großen Teil an Zeit und Energie des Jubilars und des Teams am Tübinger Institut band, förderte Göppinger noch eine ganze Reihe von Einzelforschungen der Mitarbeiter, von Doktoranden oder an Institutionen, mit denen das Institut in Verbindung stand, worauf hier im einzelnen nicht einzugehen ist. Sieben seiner ehemaligen Assistenten wurden Lehrstuhlinhaber an verschiedenen Universitäten, einer davon Direktor des Max-Planck-Instituts für ausländisches und internationales Strafrecht und zugleich Professor für Kriminologie in Zürich, ein anderer Professor an einem erziehungswissenschaftlichen bzw. psychologischen Fachbereich. Ein weiterer ehemaliger Mitarbeiter ist heute Direktor der Kriminologischen Zentralstelle; zwei ausländische Schüler sind inzwischen Professoren an den Universitäten ihrer Heimat.

Schließlich war Göppinger in vielfältigen Aktivitäten und Zusammenhängen tätig, wobei es ihm immer darauf ankam, zur Verbindung zwischen bzw. Vermittlung von Theorie und Praxis beizutragen. Nur einiges davon sei besonders, jedoch durchaus skizzenhaft, hervorgehoben.

In einer reichhaltigen forensischen Gutachtenpraxis als psychiatrischer Sachverständiger (beispielsweise zu Fragen der Schuldfähigkeit), aber auch als kriminologischer Sachverständiger (beispielsweise zu Fragen der Prognose, der Einwirkungsmöglichkeiten oder der Anordnung von Sicherungsverwahrung oder der bedingten Entlassung von "Lebenslänglichen") hatte Göppinger immer wieder Gelegenheit, die er auch aktiv suchte, seine wissenschaftlichen Einsichten in stets neuen Fällen und bei neuen Menschen der Prüfung anhand praktischer Erfahrung auszusetzen.

Der Förderung anderer Forschungsvorhaben diente er als Gutachter, unter anderem für die Deutsche Forschungsgemeinschaft, auch im Rahmen des dort neben dem Normalprogramm unter seiner wissenschaftlichen Federführung eingerichteten sogenannten Schwerpunktförderungsprogrammes. Darüber hinaus war er als Beirat in- und ausländischer Forschungseinrichtungen tätig, so u. a. in der Commission Consultative des Centre International de Criminologie Clinique in Genua.

Im Jahr 1966 gründete Göppinger zusammen mit den Bewährungshilfevereinen der Landgerichtsbezirke Tübingen, Hechingen und Rottweil den Kriminologischen Arbeitskreis, der bis zur Jubiläumsveranstaltung 1987, bei der sich Göppinger aus der verantwortlichen Leitung zurückzog, 100 Fortbildungsveranstaltungen für Praktiker durchgeführt hatte, für die namhafte Wissenschaftler und Praktiker aus dem In- und Ausland als Referenten gewonnen werden konnten. Neben Mitarbeitern des Instituts und sonstigen interessierten Wissenschaftlern aus der Universität waren vor allem Praktiker eingeladen und beteiligt, die in der Strafrechtspflege im weiteren Sinne und damit im Gesamtbereich der Kriminologie tätig sind, also Juristen (Richter, Staatsanwälte, Rechtsanwälte, Vollzugsbeamte usw.), Psychologen, Soziologen, Mediziner, Sozialpädagogen und Sozialarbeiter. Die Ergebnisse der Tagungen wurden in den letzten Jahre in der Reihe "Kriminologie und Strafrechtswissenschaft" veröffentlicht.

Über lange Jahre hinweg war Göppinger auch verantwortlicher Mitgestalter der Südwestdeutschen Kriminologischen Colloquien.

In Zusammenarbeit mit der Universitätsbibliothek Tübingen richtete der Jubilar 1969 unter intensiver Mitarbeit des jetzigen Direktors des Kriminologischen Instituts in Tübingen den von der Deutschen Forschungsgemeinschaft geförderten Bibliotheksschwerpunkt Kriminologie für die Bundesrepublik Deutschland ein, der bis heute eine zentrale Serviceeinrichtung für die Beschaffung ausländischer Spezialliteratur zur Kriminologie und ihren Grund- und Bezugswissenschaften ist.

Mit Göppingers Tätigkeit als Direktor des Instituts für Kriminologie war auch dauerhaft die Geschäftsstelle der Gesellschaft für die gesamte Kriminologie verbunden. Hier hat er sich unter anderem intensiv und erfolgreich darum bemüht, auch die Kriminologen der Schweiz in die Gesellschaft, die seit ihrer Gründung 1927 (damals unter dem Namen "Kriminalbiologische Gesellschaft") eine deutsch-österreichische Institution war, einzubinden. Darüber hinaus befand sich bei der Geschäftsstelle das Sekretariat der Verbindungsstelle für die kriminologischen Forschungsstipendien des Europarats in Straßburg.

Zur Förderung der Kontakte unter den Kriminologen, die in Tübingen ihre Ausbildung erfahren hatten oder sonst mit dem Institut eng verbunden waren, wirkte Göppinger schließlich mit an der Gründung und den Aktivitäten der wissenschaftlichen Vereinigung Tübinger Kriminologen. Zusammen mit A. Flemming hat er 1957 die medizinisch-juristischen Schwerpunkthefte der Neuen Juristischen Wochenschrift ins Leben gerufen, von denen inzwischen über 100 Hefte erschienen sind; seit 1968 war er Mitherausgeber der Reihe "Kriminologische Gegenwartsfragen", ab 1983 auch der Zeitschrift FORENSIA und schließlich betreut er eine eigene Reihe "Beiträge zur empirischen Kriminologie".

In der Lehre war der Jubilar immer auf ein interdisziplinäres Angebot ausgerichtet. Dies wird besonders deutlich in seinem Lehrbuch "Kriminologie", das bisher in vier Auflagen erschienen ist und als Standardwerk der erfahrungswissenschaftlichen Kriminologie gilt.

An den vom Institut angebotenen Lehrveranstaltungen waren neben ausgewiesenen Kriminologen noch Juristen, Psychologen, Soziologen, Psychiater und Sozialarbeiter beteiligt. Viel Wert wurde durchweg auf zusätzliche Vertiefung und praktische Anschauung gelegt, so durch Demonstrationen, Exkursionen, fallbezogene Seminare und Spezialveranstaltungen.

Ein interdisziplinär ausgerichtetes Aufbaustudium mit dem Abschluß eines lic. crim. war schon in den frühen Tübinger Jahren des Jubilars bis in die Einzelheiten konzipiert, fiel schließlich jedoch den verschiedensten Widerständen und Hindernissen zum Opfer. Ein sachlich zentraler Teil dieses Studiums, die praxisnahe Qualifizierung im unmittelbaren Umgang mit dem (straffälligen) Menschen, konnte später mit den regelmäßig durchgeführten intensiven Praxisseminaren für vorgerückte Studenten verwirklicht werden. Ab Wintersemester 1984/85 fanden in Zusammenarbeit mit der entsprechenden Stelle für Fortbildung an der Universität Tübingen Kurse in Form von jeweils drei Kompaktseminaren zur Ausbildung in Angewandter Kriminologie für die Praktiker (und auch Wissenschaftler) statt. Das Ziel einer solchen Ausbildung ist es wie bei den Praxisseminaren, die Erkenntnisse der Angewandten Kriminologie so zu vermitteln, daß sie in der täglichen praktischen Arbeit unmittelabr verwertet werden können.

Bezüglich des wissenschaftlichen Austausches auf nationaler und internationaler Ebene ist hervorzuheben, daß Göppinger in vielfältigen persönlichen Kontakten mit Kollegen und Institutionen in zahlreichen Ländern Europas, Amerikas und Asiens stand und noch steht.

Einzelvorträge und Vortragsreisen trotz Behinderung dienten dazu, die Tübinger Erkenntnisse und Erfahrungen an anderen Orten zu vermitteln, wobei vor allem der Austausch mit solchen Institutionen besonders fruchtbar war, die zu den wenigen gehören, die ähnlich langfristige und komplexe Grundlagenforschungen durchführen. Eine besonders beachtete Präsentation der Tübinger Forschungen erfolgte 1983 in einem halbtägigen Workshop beim Weltkongreß für Kriminologie und in einem ausführlichen Referat beim Weltkongreß für Psychiatrie. Zusammen mit der Internationalen Gesellschaft für Kriminologie (Paris) führte der Jubilar schließlich im Oktober 1986 eine international ausgerichtete und aus 15 Ländern beschickte kriminologische Forschungswoche zum Thema "Angewandte Kriminologie - International" durch, deren Ergebnisse in einem mehrsprachigen Sammelband veröffentlicht sind.

Die an dieser Festschrift Mitwirkenden hoffen, daß der Jubilar trotz der Tribute, die Behinderung und Krankheit fordern, noch lange aktiv am Fortgang der Wissenschaft teilnehmen wird und der Praxis mit seinen Erfahrungen als forensischer Gutachter zur Verfügung stehen kann.

XX

Die Herausgeber danken den Kollegen für die freudige Bereitschaft, mit der sie der Einladung zur Teilnahme an dieser Festschrift gefolgt sind. Sie danken allen Spendern, die durch ihre finanzielle Hilfe die Herausgabe der Schrift erst ermöglicht haben. Für redaktionelle Hilfe sei besonders gedankt Herrn Hanns-Joachim Wittmann, Herrn Dr. Werner Maschke, Frau Erna Hagemann und Frau Elisabeth Katz. Nicht zuletzt sei dem Springer-Verlag in Heidelberg gedankt, der in besonderer Weise Entgegenkommen gezeigt hat.

Die Herausgeber

I. Kriminologische Grundlagen: Persönlichkeit, Verhaltensstrukturen, Lebensstil und Kriminalität

Persönlichkeit, Phänomen, Verhalten, Lebensgeschichte als Einheit

Bernhard Pauleikhoff

Zur 70. Geburtstagsfeier des Jubilars wandern unsere Gedanken zurück zu den Anfängen unserer gemeinsamen Zeit in Heidelberg und zurück zu den vielen Diskussionen bis tief in den Abend hinein über aktuelle Themen verschiedenster Art, die oft kein Ende nehmen wollten. Gerne erinnern wir uns auch an die Silvesternächte, die wir schon in Heidelberg und später trotz größerer räumlicher Entfernungen noch über Jahre zusammen mit der Familie Wieck gemeinsam feierten. Wie konnten diese vor fast 40 Jahren geknüpften Bande bislang halten, ohne brüchig zu werden? In keinem anderen Lebensabschnitt scheinen so starke Möglichkeiten einer dauerhaften geistigen Verbindung gegeben zu sein und sich anzubieten wie in dieser Zeit des Lebens.

In der Heidelberger Klinik Kurt Schneiders stand damals die phänomenologische Forschungsrichtung im Mittelpunkt der wissenschaftlichen Arbeit. Für den Wandel der Zeit spricht, daß sich das "Phänomen" im Titel dieser Festschrift nicht wiederfindet und andere Aspekte heute Vorrang besitzen. Bei einem Rückblick auf das Lebenswerk des Jubilars können wir jedoch die Phänomenologie kaum übergehen. Im Anschluß an E. Husserl und K. Jaspers wurde diese psychologische Forschungsmethode für die Psychopathologie vor allem in Heidelberg weiterentwickelt und übte über viele Jahrzehnte auf viele Autoren ihre besondere Faszination aus, die seit einiger Zeit zugunsten behavioristischer Tendenzen verblaßt ist. In der wissenschaftlichen Arbeit scheinen sich Phänomen und Verhalten insofern zu widersprechen, als sie sich gegenseitig verdrängen, obwohl beide empirisch und "objektiv" verankert sind. Stärker als die Phänomenologie schließt sich der Behaviorismus den naturwissenschaftlichen Methoden an, um erfolgreich zu sein. Beide Forschungsrichtungen waren vor 40 Jahren schon längst bekannt und weit verbreitet; denn sie wurden bereits im Jahre 1912 gleichzeitig jeweils von J.B. Watson und K. Jaspers in die Psychologie und in die Psychopathologie eingeführt. In der Heidelberger Klinik unter K. Schneider herrschte aber allein die Phänomenologie und spielte der Behaviorismus gar keine Rolle, da dieser wegen zu großer Oberflächlichkeit und starrer Einseitigkeit für die klinische Forschung als untauglich erschien. Dagegen wurden der Persönlichkeitslehre sowie der Ganzheits- und Gestaltpsychologie bei weitem größere Chancen für die Zukunft eingeräumt. Wie die weitere Entwicklung zeigt, hat man sich anscheinend geirrt; denn alle diese Richtungen wurden später von behavioristischen Tendenzen verdrängt und weitgehend ersetzt. Heute ist

Kerner/Kaiser (Hrsg.) Kriminalität
© Springer-Verlag Berlin Heidelberg 1990

diese überraschende Wende kritisch zu betrachten und vor allem zu fragen: Welche Gründe liegen dem "Irrtum" zugrunde? Wie gehören die verschiedenen Aspekte und unterschiedlichen Forschungsmethoden zusammen, um sich nicht nur gegenseitig zu bekämpfen, vielmehr untereinander zu ergänzen?

Die Phänomenologie bot sich insofern für die psychiatrische Diagnostik geradezu an, als die psychotischen Phänomene aus dem Sinnzusammenhang des Lebens herausfielen, so daß mit dieser Methode versucht wurde, die einzelnen Symptome aus dem Ganzen zu isolieren. Als körperlich begründbare Symptome im Sinne K. Schneiders[1] schienen sie in das normale Seelenleben einzubrechen und keine innere Beziehung zur Persönlichkeit und zur Lebensgeschichte zu besitzen. Bereits 1912 vertrat Jaspers die Ansicht, daß die psychotischen Erscheinungen psychologisch angesehen aus dem Nichts kommen und kausal angesehen durch den Krankheitsprozß verursacht sind. Er verglich die Arbeit des Phänomenologen in der Psychopathologie mit der des Histologen in der pathologischen Anatomie und betrachtete sie damit als eindeutige naturwissenschaftliche Methodik. Das war ein schwerwiegender Trugschluß, da sich die anfangs gepriesene Stärke später als besondere Schwäche erwies; denn es war weder möglich, die psychotischen Symptome von der Lebensgeschichte völlig abzutrennen, noch waren sie unmittelbar auf somatische Störungen bestimmter Hirnfunktionen zurückzuführen. Dagegen siegte der Behaviorismus gerade mit seiner radikal-naturwissenschaftlichen Ausrichtung, die im Gegensatz zur Phänomenologie vor allem auch bei Tieren anzuwenden war und sich dort als experimentelle Methodik bewährte.

Mit größerem Nachdruck als der Behaviorismus wurde die Psychoanalyse wegen ihrer Unwissenschaftlichkeit von der Phänomenologie abgelehnt und heftig bekämpft. Wiederholt wandte sich Jaspers [2] gegen diese Lehre Freuds und bezeichnete sie als "ein verwirrendes Durcheinander psychologischer Theorien" (1946). Eine "Gefahr für die Reinheit, Freiheit und das Heil der Seele" (1950) sah er in der Lehranalyse, die er scharf verurteilte, da sie die Humanität verletze. Im Blick auf die Psychosen stehen sich das phänomenologische Erklären und das psychoanalytische Verstehen unversöhnlich gegenüber; denn beide schauen in völlig verschiedenartige Richtungen. Obgleich Freud den Blick intensiv auf die Biographie und deren Entwicklung richtete, blieb er der naturwissenschaftlich-deterministischen Psychologie verpflichtet und machte die Lebensgeschichte als biologisch-kausales Geschehen zur Grundlage der Psychotherapie. Mit seinen kausal-objektivierenden Vorstellungen wurde er dem wirklichen Aufbau der Biographie jedoch nicht gerecht, deren Zeit- und Sinngestalt kaum Berücksichtigung fand. Heute ist zu sagen, daß es bei den Psychosen gleich wichtig ist, sowohl die qualitativen Unterschiede der psychotischen Phänomene in Abgrenzung zu den normalen Erscheinungen als auch ihre Beziehungen zur Lebensgeschich-

---

1) Schneider, K.: Klinische Psychopathologie. 9. Aufl., Stuttgart: Thieme 1971
2) Jaspers, K.: Allgemeine Psychopathologie. 4. Aufl., Berlin u.a.: Springer 1946

te sowie deren Wandel möglichst genau zu beachten, die insbesondere für die Psychotherapie von grundlegender Bedeutung und für die Prognose zentral wichtig sind.

Zwischen Psychoanalyse und Behaviorismus entbrannte ein Kampf, der trotz heftiger Diskussionen nicht klar entschieden werden konnte. Obwohl beide Richtungen sich auf biologistischem Boden bewegen und kausal-deterministischen Parolen huldigen, stehen sich ihre Theorien oft schroff gegenüber und erheben immer wieder einen Alleinvertretungsanspruch. Die Unterschiede zwischen diesen beiden Methoden zeigen sich in der Behandlung seelischer Störungen vor allem darin, daß die Psychoanalyse historisch-biographisch und die Verhaltenstherapie ahistorisch-mechanisch ausgerichtet ist und arbeitet. Letztere suchte zwar aufgrund ihrer experimentellen Verankerung das weitaus ältere psychoanalytische Verfahren mit "wissenschaftlichen" Argumenten aus dem Wege zu räumen, konnte aber die Auseinandersetzung keineswegs sicher für sich entscheiden. Daher wurde schließlich gefordert, beide Therapieformen nebeneinander gelten zu lassen und die verschiedenartigen Standpunkte in ein gemeinsames System zu integrieren. Da beide als erklärende Richtungen der Psychologie und Psychopathologie eng zusammengehören, bietet sich diese Verbindung zwar an, ohne daß aber eine wirkliche Vereinigung möglich erscheint; denn es handelt sich lediglich um Konstruktionen, denen eine tragfähige empirische Basis fehlt. Nicht Konstruktionen, sondern allein in der Erfahrung wurzelnde Einsichten und klare Erkenntnisse können das Dilemma beenden und jeder Richtung ihren Platz fest anweisen, der ihr im Blick auf den ganzen Menschen zukommt.

Im Kampf zwischen Persönlichkeitstheorien und Behaviorismus begegnen sich A. Wellek und H.J. Eysenck als unerbittliche Gegner, die keinen Kompromiß dulden. Der behavioristischen Behauptung, daß ein Mensch der Ratte sehr ähnlich ist, steht in der Persönlichkeitsforschung die Erfahrung gegenüber, daß Menschen und Ratten in ihrem Wesen grundverschieden sind. Eysenck sieht die Aufgabe der Psychologie darin, das menschliche Verhalten durch allgemeine mathematische Gesetze zu erklären, um seinen Ablauf genau kontrollieren und auf seine Bedingungen nach Belieben einwirken zu können. Als unwissenschaftliche Methode lehnt er das Verstehen in der Psychologie mit aller Entschiedenheit ab, da es dem Erklären widerspricht. Dagegen stellt Wellek als Repräsentant der Persönlichkeitsforschung das Verstehen als wichtigsten Zugang zum Seelenleben und Wesen des Menschen in den Mittelpunkt psychologischer Diagnostik und humaner Psychotherapie, während das Erklären in den Hintergrund tritt. Freiheit, Gemüt und Gewissen bilden für ihn im Gegensatz zum tierischen Verhalten einzigartige menschliche Qualitäten, die nur zu verstehen, nicht aber zu erklären sind. Zwischen der erklärenden und der verstehenden Richtung besteht daher in der Psychologie eine schwer überbrückbare Kluft, die heute zwar kaum noch wahrgenommen wird, obwohl sie im Gang der Geschichte eine herausragende Rolle spielt. Mag aber der Kampf zwischen Persönlichkeitsforschung und Behaviorismus gegenwärtig auch nur als nebensächlich erscheinen, keineswegs ist er jedoch bereits beendet oder gar entschieden.

W. Dilthey[3] kommt das besondere Verdienst zu, das Verstehen und Erklären, die verstehende und die erklärende Methode in der Psychologie klar gekennzeichnet und sicher voneinander abgegrenzt zu haben. Alle erklärenden Theorien betrachtet er als hypothetisch-spekulativ und wendet sich mit fester Entschiedenheit gegen den Materialismus einer erklärenden, konstruktiv-naturwissenschaftlichen Psychologie, die in einem "Nebel von Spekulationen" stecken bleibt und damit kaum zu eindeutigen Erkenntnissen gelangen kann. Dagegen fordert und entwickelt er eine "beschreibende und zergliedernde Psychologie" (1894), die das Seelenleben sowie die geistige Wirklichkeit als Sinngestalt sieht und ihren Blick vorrangig auf die Biographie des Menschen richtet, da die Person ihre Geschichte selbst gestaltet; denn was der Mensch ist, erfährt er niemals durch "Grübelei über sich, sondern durch die Geschichte", die nur zu verstehen, aber nicht zu erklären ist. Dieser Standpunkt gilt bis heute und hat im Blick auf den ganzen Menschen nichts von seiner zentralen Bedeutung eingebüßt. Dennoch konnte er sich nicht durchsetzen, wurde vielmehr stärker denn je von den naturwissenschaftlichen Methoden an den Rand gedrängt oder völlig ausgeschaltet. Aus Gründen der Menschlichkeit ist heute wegen zunehmender Inhumanität eine gründliche Revision dieser Entwicklung nicht mehr aufzuschieben und dringend geboten, um die moderne Krise zu überwinden und das Überleben der Menschheit zu sichern.

Um sowohl die Gegensätzlichkeit als auch die Zusammengehörigkeit der einzelnen psychologischen Richtungen mit ihren verschiedenartigen Methoden anschaulicher ins Blickfeld zu heben, bringen wir ein kurzes Beispiel aus der Kriminologie. Der 45jährige Mann wuchs im Waisenhaus auf und lernte erst mit 11 Jahren seine Mutter kennen. Nur eineinhalb Jahre lebte er bei ihr und wohnte anschließend bei seiner Tante. Nachdem er zunächst die Heimhilfsschule besucht hatte, wurde er später aus der 6. Klasse der Volksschule entlassen, ohne einen Beruf zu erlernen. Im Alter von 15 Jahren fiel er erstmals wegen exhibitionistischer Handlungen vor Kindern auf. Nach einer mehrmonatigen Untersuchung in einer Landesklinik für Jugendpsychiatrie wurde er zwei Jahre lang in einer Heil- und Bildungsanstalt für Jugendliche stationär behandelt. Danach wohnte er wieder bei seiner unverheirateten Tante und arbeitete auf verschiedenen Stellen als Hilfsarbeiter. Im Alter von 21 Jahren wurde er wegen erneuter exhibitionistischer Handlungen vor noch nicht 14 Jahre alten Kindern zu einer Gefängnisstrafe von neun Monaten verurteilt und seine Unterbringung in einer Heil- und Pflegeanstalt angeordnet, die nach vollständiger Verbüßung der Gefängnisstrafe noch über 10 Jahre dauerte. Spätere Entlassungsversuche scheiterten wegen wiederholter Rückfälligkeit und weiterer Bestrafungen durch die Gerichte. Die Fortdauer der Unterbringung wurde noch einmal

---

3) Dilthey, W.: Ideen über eine beschreibende und zergliedernde Psychologie. Sitzungsber. Preuß. Akad. Wiss. Philos.-hist. Kl.. Berlin 1894. (Ges. Werke Q I 15)

durch Gerichtsbeschluß bestätigt, als der Patient bereits 40 Jahre alt war. Seine Entlassung aus dieser stationären Behandlung erfolgte im Alter von 45 Jahren nach einer Begutachtung im Rahmen des Maßregelvollzugsgesetzes vom 18. Dezember 1984. Die Diagnose lautet übereinstimmend in allen ärztlichen Gutachten und Stellungnahmen: Leichter Schwachsinn und schwerer Milieuschaden.

Da dieser 45jährige Mann fast 40 Jahre in Heimen und Anstalten verbrachte, konnte er die Gestaltung seines Lebens kaum oder lediglich in beschränktem Maße selbst in die Hand nehmen, um selbständig entscheiden und frei handeln zu lernen. Dennoch ist auch seine Lebensgeschichte nur zu verstehen und nicht zu erklären. Während beim Erklären vor allem Einzelheiten wie der Aufenthalt im Waisenhaus und besondere frühkindliche Erlebnisse oder andere Ereignisse aus dem Leben herausgegriffen werden zur Begründung seiner Entwicklung, sind beim Verstehen stets das Ganze und die Gestalt der gelebten Geschichte mit ihrer Verbindung zur Vergangenheit, Gegenwart und Zukunft möglichst genau einzusehen und umfassend zu berücksichtigen, um wirklichen Zugang zum Seelenleben und zur Persönlichkeit im jeweiligen Stadium ihrer Entwicklung zu gewinnen. Einzelheiten sind in ihrer Bedeutung und ihrem Gewicht für das Leben nur sicher zu erkennen, wenn gleichzeitig das Ganze klar ins Blickfeld tritt, obwohl in der Psychiatrie immer wieder mehr oder minder zweifelhafte Hirnbefunde sowie fragliche Erbanlagen über Gebühr oder allein zur Erklärung herangezogen werden. Im Unterschied und Gegensatz zu allen erklärenden Theorien ist beim Verstehen insbesondere die Zukunft in jedem Augenblick des Lebens von gleichem Interesse wie die Vergangenheit, die Zukunft mit ihren hellen, heiteren und dunklen, düsteren Farben. Der Mensch braucht feste Ziele, die ihn leiten und auf die er zusteuert, um seinem Leben echten Sinn zu geben oder diesen sicher zu entdecken. Falls diese Kräfte fehlen oder zumindest nicht genügend wirksam sind, mag das ganze Leben sinnlos erscheinen und zur schweren, unerträglichen Last werden. Der offene Blick in die Zukunft und das klare Streben nach Zielen sind humane Qualitäten, die den Menschen vom Tier abgrenzen und die Übertragung von Ergebnissen aus Tierexperimenten auf das menschliche Verhalten stets mehr oder minder fraglich erscheinen lassen. Erklären baut allein einseitig auf Kausalität, das Verstehen ist dagegen ganzheitlich ausgerichtet und hat immer auch teleologische Aspekte zu berücksichtigen.

Bei unserem 45jährigen Mann spielen die Ziele, die er im Laufe seines Lebens hatte oder auch nicht hatte, ebenfalls eine große Rolle und sind insbesondere bei seiner Entlassung von größter Bedeutung. Beim Exhibitionismus liegt eine tiefgreifende Kontaktstörung zugrunde, die keineswegs wiederum nur biologisch zu erklären oder allein auf einzelne Erlebnisse zurückzuführen ist. Vielmehr hängt sie stets mit der biographischen Gesamtentwicklung ebenso zusammen wie mit einem mangelhaften Selbstvertrauen der Persönlichkeit. Die erfolgversprechende Behandlung dieser sexuellen Abartigkeit muß daher sowohl die Stärkung des Selbstbewußtseins als auch die Beseitigung des Kontaktmangels zum Ziel haben, das in der Anstalt und in der Isolierung meist kaum genügend sichtbar zu machen oder gar nicht zu erreichen ist, da es dort oft eher behindert als gefördert wird. Aus diesem Grunde könnte sich bei unserem Patienten, der im Waisenhaus aufwuchs, die zweijährige stationäre Behandlung nach den ersten exhibitionistischen Handlungen gerade während der Pubertätszeit anstatt positiv auch negativ auf die weitere Entwicklung ausgewirkt haben. Ohne hier jedoch im einzelnen die Entstehungsbedingungen und Therapiemöglichkeiten beim Exhibitionismus näher darzustellen, bleibt festzuhalten: Auch exhibitionistische Verhaltensweisen sind keineswegs allein zu erklären, sondern immer nur aus dem Ganzen zu verstehen. Verhaltens- und Persönlichkeitstheorien müssen bei der Diagnose und Therapie ebenso zusammenwirken wie die Lebensgeschichte in ihrer ganzen Entwicklung mit ihren Zukunftsperspektiven unerläßlich wichtig und der Mensch vor allem in seinen sozialen Bezügen stets zu beachten ist.

Göppinger hat mit seiner idealtypisch-vergleichenden Einzelfallanalyse eine wichtige kriminologische Untersuchungsmethode geschaffen und entwickelt, die über dieses Fachgebiet hinaus größere Beachtung verdient; denn seine Richtlinien und Modelle sind von grundsätzlicher Bedeutung auch für die Psychologie und Psychopathologie. Er verbindet statistische Auswertungen und Einzelfalluntersuchungen eng miteinander, betrachtet den Längsschnitt und Querschnitt des Lebens als einheitliches Ganzes und achtet auf die notwendige Verknüpfung der Wertorientierung mit dem Sozialverhalten, um zu fragen, ob bei ihnen Übereinstimmung oder Diskrepanzen bestehen. Von den Verhaltens- und Reaktionsweisen sucht er über den sozialen Bereich den Zugang zur Person zu finden und deren Besonderheit ihrer Straffälligkeit aufzuklären. Die verschiedenen Bereiche des Aufenthalts, der Leistung, des Berufs, der Freizeit, der Familie und des Kontaktes sieht er in ihrem gegenseitigen Zusammenhang und richtet seinen Blick auch auf die Tageslaufanalysen, bei denen er hervorhebt: "Insgesamt bildeten die Tageslaufanalysen eine geradezu notwendige Voraussetzung, um den Lebenszuschnitt mit seiner je spezifischen Verzahnung der einzelnen Lebensbereiche zu erkennen" (1983, S. 199)[4].

Beim Tageslauf tritt die Einheit von Persönlichkeit, Situation, Phänomen und Verhalten im Rahmen der Lebensgeschichte besonders deutlich hervor. Jeder vermag das bei sich selbst leicht einzusehen, wenn er seinen Blick auf seinen eigenen Tageslauf richtet, der als alltäglich wiederkehrendes Kernstück des Lebenslaufs von diesem gar nicht zu trennen ist. In ihm setzt sich die Persönlichkeit mit ihrer Situation auseinander, um das Tagewerk zu gestalten und die seelischen Phänomene sowie das Verhalten zu prägen, während alle Einzelheiten zu einem Ganzen zusammenfließen. Wer das äußere Verhalten beobachtet und seine Ursachen aufdecken will, muß wissen, daß es von der Persönlichkeit und Situation schwer abzulösen ist und bei ihm sowohl feste Gewohnheiten als auch freie Entscheidungen wirksam sind. Jeder erfährt von

---

4) Göppinger, H.: Der Täter in seinen sozialen Bezügen. Ergebnisse aus der Tübinger Jungtäter-Vergleichsuntersuchung. Berlin u.a.: Springer 1983.

Tag zu Tag immer wieder unmittelbar, wie wichtig für ihn Ziele sind, die ihm die Richtung weisen, und diese nicht nur aus dem Leben erwachsen, sondern auch als Leitlinien gesucht und entdeckt werden müssen. Denken, Fühlen und Wollen sind fest eingebettet in den Tageslauf wie Lebenslauf, um seine Gestalt ebenso zu bestimmen, wie sie wiederum von dieser abhängen. Alles steht in einem gegenseitigen Zusammenhang miteinander und stets ist das Ganze zu beachten, wenn Einzelheiten in ihrer Bedeutung und Wertigkeit erkannt und eingeordnet werden sollen.

Schon früher (1960 und 1979)[5] haben wir folgende Definition des Tageslaufs gegeben: Der Tageslauf des Menschen ist eine genau begrenzte, regelmäßig wiederkehrende und in allen Einzelheiten weitgehend überschaubare lebensgeschichtliche Einheit mit einer mehr oder weniger geprägten, dynamischen, individuellen, sinnvollen, zeitlichen Gestalt, die sich im Laufe der Lebensgeschichte entwickelt und deren Entwicklung von der (inneren) seelischen Struktur und (äußeren) seelischen Situation abhängig ist. Er bildet wie die Biographie eine Zeit- und Sinngestalt. Zwar können wir auch den Weg messen, den der Mensch am Tag zurücklegt, und die Räume beschreiben, in denen sich das Leben abspielt; aber die Einheit und Gestalt des Tageslaufs sind nicht räumlich, sondern nur zeitlich zu bestimmen. Jemand vermag Tausende von Kilometern unterwegs sein und mehrere Länder durchqueren, sein Tag behält seine Zeit und alle einzelnen Erlebnisse sind durch sie sinnvoll miteinander verbunden. Auch jede Straftat tritt wie jede seelische Störung in einem bestimmten Zeitpunkt auf und ereignet sich im Ablauf eines Tages, mit dem sie mehr oder minder eng verknüpft sein kann; denn ihre Wurzeln können wie bei allen Handlungen auch weit in die Lebensgeschichte zurückreichen und mit längst vergangenen Ereignissen zusammenhängen. Der Tageslauf ist insofern nicht aus der Biographie zu isolieren, als er das Ergebnis ihrer Entwicklung darstellt und alltäglich wiederkehrt.

Wie beim Tageslauf ist beim Lebenslauf vor allem wichtig, seine Gestalt aus der Sicht und vom Standpunkt dessen aus kennenzulernen und einzusehen, der ihn lebt und erlebt; denn Person und Subjekt stehen im Mittelpunkt, um dem Leben Sinn und Gehalt zu verleihen. Dagegen klammern und schließen die experimentelle Psychologie und der Behaviorismus gerade diese Grundpfeiler der Biographie restlos aus, wenn sie naturwissenschaftliche Objektivität suchen, bei der alles Subjektive nur störend wirkt. Obwohl das Verhalten im Grunde tief mit der Lebensgeschichte verbunden ist, erscheint es bei jeder objektiven Betrachtung lediglich als ihre äußere Schale. Beim Tier spielt die Beobachtung des Verhaltens allein eine Rolle, weil keine andere Möglichkeit des Zugangs gegeben ist. Beim Menschen bieten sich neben der Verhaltensanalyse insbesondere die Begegnung und das Gespräch an, um den anderen in seiner Art wirklich zu verstehen. Jeder, der auf sein eigenes

5) Pauleikhoff, B.: Person und Zeit. Im Brennpunkt seelischer Störungen. Heidelberg: Hüthig 1979.

Verhalten blickt, wird leicht erkennen, daß dieses nur klar zu beurteilen
ist, wenn er selbst eigene Motive und seine Ziele nennt, die es bedingen
und prägen. Selbstverständlich kann er sich täuschen und muß sich
selbst keineswegs immer richtig einschätzen. Aber auch diese Täuschun-
gen und Fehlurteile gehören zu seiner Biographie, die das Bewußte und
Unbewußte in gleicher Weise umfaßt. Objektivität im naturwissenschaftlichen Sinne ist beim Verstehen der Lebensgeschichte weder möglich noch notwendig, stört und zerstört vielmehr deren zeitlich-subjek-
tive Sinngestalt.

Da Tageslauf und Lebenslauf des anderen von seinem Standpunkt
aus zu betrachten und zu beurteilen sind, können und dürfen die eigene
Subjektivität und persönliche Richtlinien des Untersuchers und Beob-
achters nicht als Maßstab angelegt werden. Wer seine Wertorientierung
auf das Leben des anderen überträgt oder vorrangig eine einseitige
persönliche Theorie bei dessen Beurteilung zugrunde legt, verfehlt und
verdreht leicht die einzigartige biographische Gestalt des anderen. Göppinger macht bei seiner Methode auf Gefahren aufmerksam, die "das
vorgelegte Instrumentarium als solches wertlos" machen, wenn "einzelne,
nach der subjektiven Einschätzung besonders überzeugende oder vermeintlich besonders relevante Punkte aus dem dargestellten Instrumentarium 'herausgezogen' und in der eigenen Beurteilungspraxis berücksichtigt werden, in der irrigen Meinung, es handle sich nunmehr um
empirisch gesicherte Sachverhalte und nicht mehr um rein subjektive
Einschätzungen", oder wenn "sich der Untersucher nicht streng auf die
erforderliche rein deskriptive Erhebung und Analyse der Fakten beschränkt, sondern sowohl an die Erhebungen als auch an die Analyse
der Fakten mit einer (subjektiven) Leitidee oder 'Alltagstheorie' heran-
geht, sie aus diesem Blickwinkel beleuchtet und in diese Ausgangs'theorie' hineininterpretiert und auf diese Weise mehr oder weniger nur jene
Punkte erhebt und 'analysiert', die seiner 'Theorie', seiner Leitidee oder
seinem Ansatz entsprechen"[6]. Diese Gefahren stets zu vermeiden oder
gar auszuschließen, mag schwer sein. In der Psychologie und Psychopathologie sind sie ebenfalls vorhanden und werden dort oft übersehen.
Nur wer die verschiedenen Methoden einander kritisch zuzuordnen
weiß und die Einheit der seelischen Wirklichkeitsbereiche hinreichend
beachtet, auf die sie sich jeweils beziehen, wird am ehesten gefeit sein,
den Gefahren nicht zu erliegen.

Bei jeder Partnerschaft spielen Subjektivität und Objektivität eine
wesentliche Rolle und ist es wichtig, die eigene Subjektivität mit der
des anderen abzustimmen und beide trotz unaufhebbarer Unterschiede
und auch klarer Gegensätze in Einklang zu bringen, falls Harmonie
entsteht und sich ausbreiten soll. J.-P. Sartre[7] erlebt und beschreibt
im Zusammenleben der Menschen die ständig lauernde Gefahr, daß der

---

6) Göppinger, H.: Angewandte Kriminologie. Ein Leitfaden für die Praxis. Berlin u.a.
   1985, S. 39 u. 40.
7) Sartre, J.-P.: Das Sein und das Nichts. Versuch einer phänomenologischen Ontologie.
   Hamburg: Rowohlt 1952.

andere ebenso in meinem Blick wie ich in seinem zum Objekt werden kann und sich dadurch große Konflikte entwickeln, die nur schwer zu ertragen sein können. Bei dieser Sicht stehlen sich die Menschen gegenseitig ihre Welt, wenn der andere zunächst in meiner Welt als Objekt erscheint und sich schließlich vom Objekt zum Subjekt wandelt, mich dagegen gleichzeitig zum Objekt degradiert, sobald er mich anblickt. Erst der Blick des anderen vermittelt mir wiederum die Erfahrung des eigenen Selbst und bewirkt das Ich-Bewußtsein, weil ich beim Angeblicktwerden den Blick zugleich auf mich richte. Obwohl der andere als Dieb in meine Welt einbricht, sie dezentriert und ihre Konturen verwischt, indem er mich zum Objekt seiner Welt macht, führt er mich dennoch zur Selbsterkenntnis und bildet den Grund dafür, daß ich zu mir selbst finde und sowohl meine Subjektivität als auch meine Freiheit entdecke. "Bei geschlossenen Türen" liegen Objektivität und Subjektivität in hartem Kampf miteinander, der unerbittlich ausgefochten wird und bei dem die Menschen sich gegenseitig zur "Hölle, das sind die andern" werden; denn sie wollen jeweils den anderen unterwerfen, während jeder versucht, diesen Zugriff abzuwehren, um selbständig und frei zu bleiben. Da in diesem partnerschaftlichen Ringen um Macht und Anerkennung kein dauernder Erfolg zu erwarten und möglich ist, bleibt nur der Konflikt als unausweichliche Folge, den Freundschaft und Liebe ursprünglich einschließen.

Wer seinen Blick auf den immer wiederkehrenden Gegensatz und die fundamentale Bedeutung von Subjekt und Objekt im Gang der Geschichte richtet, kann einerseits den erfolgreichen Weg der Naturwissenschaften beobachten, die diese Problematik bei der Erforschung der Materie dadurch lösen, daß sie alles Subjektive ausschließen, wenn auch das Subjekt heute wieder mehr und mehr Eingang in ihre objektive Methodik findet. Andererseits muß er feststellen, daß mit der blinden Übernahme naturwissenschaftlicher Methoden die experimentelle Psychologie und der Behaviorismus diese für das Seelenleben zentralen Probleme gar nicht mehr sehen, während sowohl die objektive Betrachtung des Verhaltens als auch der mit jeder erklärenden Theorie verbundene Ausschluß des Subjekts und der Person, die immer stärker vergebens auf Einlaß drängen, die Forschung im Blick auf das Menschliche in eine schwere Krise führen, da ihre festen Lehren inhumane Perspektiven eröffnen und den Abbau des Menschlichen fördern. Trotz und wegen dieser Situation gehören die Beziehungen von Subjekt und Objekt in der Psychologie, Psychiatrie und Kriminologie nach wie vor zur Kernfrage, die viele Variationen zeigt und noch immer voller Spannung ist. In der psychologischen Diagnostik und insbesondere in der Psychotherapie hat die Subjektivität des Untersuchers und des Therapeuten möglichst zurückzutreten, um das Subjekt beim anderen umso deutlicher und sicherer zur Geltung zu bringen. Wenn dagegen die Stärke der behavioristischen Methodik gerade darin besteht, den anderen zum Objekt zu machen, um beliebig über ihn verfügen zu können, wird sein freies Seelenleben leicht vergewaltigt und seine zukunftsorientierte Biographie als Zeit- und Sinngestalt entweder verfälscht oder völlig mißachtet.

Wer die seelische Realität mit ihrer unaufhebbaren Einheit von Persönlichkeit, Phänomen, Verhalten und Lebensgeschichte suchen und finden
will, muß sich aus empirischer Sicht zuvorderst der Gestalt der Lebensgeschichte zuwenden; denn diese umschließt Persönlichkeit, Phänomen
und Verhalten, das weder von der Persönlichkeit abzutrennen noch aus
der Biographie zu isolieren ist. Bisher wurde die biographische Methode
im Vergleich zu den anderen Verfahren eher stiefmütterlich behandelt,
obwohl sie in der Praxis seit jeher die Hauptrolle spielt. Person und
Geist bestimmen und prägen die Lebensgeschichte des Menschen ebenso
wie sie aus ihr herzuleiten und zu erschließen sind. Wer den Menschen
im modernen Sinne dagegen nur als Objekt und Automaten betrachtet,
verzichtet auf diese zentralen Kräfte mit ihren geistigen Perspektiven.
Keineswegs ist die Lebensgeschichte jedoch bislang lediglich als Produkt mechanisch-materieller Prozesse zu erklären oder der Geist allein
als Epiphänomen cerebraler Funktionen vorzustellen. Vielmehr ist ihre
Zeit- und Sinngestalt nur als immaterielle Struktur zu verstehen, die bei
jedermann einmalig und einzigartig ist. Ihre unmittelbar erfahrbare
Wirklichkeit ist gewiß gar nicht in Frage zu stellen, da sie zum Kern
und Zentrum menschlichen Lebens gehört. Obschon ihre Kräfte und
Werte weder meß- und zählbar noch mit naturwissenschaftlichen Methoden überhaupt zu erreichen sind, besitzen sie für die menschliche
Natur unbestreitbare Realität, die Vergangenheit, Gegenwart und Zukunft in gleicher Weise umfaßt. Tag für Tag lebt und erlebt jeder seine
Geschichte, die er gestalten und mit der er sich auseinandersetzen muß,
um den Sinn seines Lebens zu entdecken und zu verwirklichen. Dennoch beachtet die objektive Wissenschaft die indivi-duelle Biographie
kaum, da diese keine festen räumlich-materiellen Strukturen aufweist.

Die Lebensgeschichte eines Menschen wird von seiner Persönlichkeit
gestaltet und zeigt, wie diese beschaffen ist. Bei den Persönlichkeitstheorien steht daher zwar das Verstehen der Biographie im Vordergrund, ohne daß es aber gelungen ist, auf empirischer Basis tragfähige
Brücken zwischen den Theorien und der Wirklichkeit des Lebens zu
bauen oder zumindest klar zu planen. Die Hauptschwierigkeit, die reale
biographische Gestalt des Lebens zu sehen und zu erkennen, liegt darin,
daß ihre zeitliche Struktur zu wenig Aufmerksamkeit findet und die
Zeit als zentrales Element des Lebens bislang noch immer vernachlässigt
wird. Während sich die exakten Naturwissenschaften immer mehr von
der absoluten Zeit im Sinne Newtons abwenden, bleiben die erklärenden
Richtungen der Psychologie blind für die Problematik "Person und
Zeit". Dennoch bilden nicht Materie und Raum, sondern Person und
Zeit das Fundament seelischer und geistiger Realität. Zeit und Leben
sind weitgehend gleichzusetzen; denn wenn das individuelle Leben endet, hört auch die persönliche Zeit auf. Während des Lebens reißt diese
dagegen nicht ab und ist verantwortlich für die Einheit des Seelenlebens
mit seiner Persönlichkeit, seinen Phänomenen und seinem Verhalten. Sie
ist unteilbar und in jedem Augenblick ganz vorhanden. Im Gegensatz
zum Tier vermag der Mensch vor allem in die Zukunft zu schauen und
gewinnt damit die Freiheit der Wahl. Sein Selbstbewußtsein wurzelt in
seinem Zeitbewußtsein und begründet seine Sonderstellung unter den

Lebewesen in dieser Welt, wenn auch zwischen dem tierischen und menschlichen Verhalten viele Gemeinsamkeiten bestehen.

Im Verlauf der Geschichte treten als verschiedene Richtungen die Bewußtseinspsychologie, die psychoanalytischen Lehren vom Unbewußten, die Persönlichkeitstheorien, die Phänomenologie, die Gestalt- sowie Ganzheitspsychologie und der Behaviorismus nacheinander auf oder stehen nebeneinander, um sich mehr oder minder heftig zu bekämpfen und gegenseitig zu verdrängen. Heute wird immer deutlicher und ergibt sich als wichtige Forderung, daß dieser Wechsel und Wandel in den Aspekten niemals zu weit auf Kosten des Ganzen gehen darf, da jede allzu einseitige Betrachtung des Seelenlebens schwere Fehleinschätzungen mit sich bringt und große Gefahren in sich birgt. Sowohl möglich als auch dringend notwendig erscheint daher, die gegensätzlichen Richtungen bei empirisch-kritischer Sicht zusammenzuführen ⌐und ihnen jeweils ihren Platz im Rahmen des Ganzen zuzuweisen, der nicht auf dem Wege der gewaltsamen Konstruktion, sondern allein anhand unvoreingenommener Erfahrung zu finden und auszumachen ist. Diese Aufgabe mag schwer oder unmöglich für den zu lösen sein, der sich fest einer einseitigen Richtung verschrieben hat oder sich blind den naturwissenschaftlichen Methoden verpflichtet fühlt, obwohl diese das Tor zum Wesen des Menschen mit seinen besonderen Eigenarten nicht öffnen, sondern eher verschließen. Falls das Menschliche in den "objektiven" Wissenschaften nicht weiter Schaden nehmen und schließlich völlig untergehen soll, müssen die Humanwissenchaften unverzüglich ihre Eigenständigkeit zurückgewinnen und auch ihre Gegensätzlichkeit zur Naturwissenschaft sicher behaupten, um die von den materiellen Objekten verschiedenartigen seelisch-geistigen Strukturen wirklich zu erkennen und die einzigartigen humanen Qualitäten in dieser Welt nicht zu zerstören, vielmehr zum Wachsen und Blühen zu bringen.

Im Rückblick auf die Gespräche mit dem Jubilar in Heidelberg vor fast vier Jahrzehnten ist aus heutiger Sicht festzustellen, daß wir damals zwar viele Probleme angesprochen haben, die später geklärt oder gelöst werden konnten, wir aber vor allem die zeitliche Existenz des Menschen in ihrer Bedeutung für die Einheit in der Natur und im Seelenleben noch nicht genügend klar gesehen und schon gar nicht hinreichend beachtet haben. Die Vernachlässigung und Mißachtung der Zeit und Zeitlichkeit scheint mir der größte Mangel sowohl in der Phänomenologie als auch in allen erklärenden Richtungen der Psychologie, Psychiatrie und Kriminologie zu sein, da dieses Fundament unverzichtbar und von den naturwissenschaftlichen Prinzipien grundverschieden ist. Obwohl die Naturwissenschaften seit A. Einstein ihren absoluten Zeitbegriff mehr und mehr korrigieren, können die Humanwissenschaften die "präparierte Zeit" (A.M.Kl. Müller) keineswegs lediglich übernehmen, müssen vielmehr das Problem der Zeit insbesondere aus personaler und geisteswissenschaftlicher Sicht in seiner ganzen Tragweite einbeziehen. Sowohl Erinnerung und Gedächtnis als auch alle Sorgen, Ängste, Erwartungen, Wünsche und Hoffnungen sowie Freiheit, Verantwortung und Schuld besitzen ihre tiefsten Wurzeln in der Zeit. Mag der Vergleich zwischen dem tierischen und menschlichen Verhalten auch manche Erkenntisse liefern, zumindest nicht weniger wichtig und bedeutsam sind für den Menschen seine Geschichte, Sprache, Kultur und Religion. Die unerläßliche Verbindung zwischen allen Gebieten und Richtungen ist im Blick auf den ganzen Menschen in ihrem in der Erfahrung verankerten Zusammenhang neu zu entdecken und wiederherzustellen.

Zusammenfassung

Persönlichkeit, Phänomen, Verhalten und Lebensgeschichte bilden eine Einheit und sind stets als Ganzes zu beachten. Im Laufe der Geschichte treten die Persönlichkeitstheorien, die Phänomenologie und der Behaviorismus zwar als gegensätzliche Richtungen auf, die sich immer wieder bekämpfen und gegenseitig verdrängen. Im wirklichen Leben und im Blick auf den ganzen Menschen gehören diese verschiedenartigen Aspekte aber unlösbar zusammen, da Persönlichkeit, Phänomen und Verhalten in gleicher Weise in der Lebensgeschichte verankert sind. Im Mittelpunkt jeder Biographie stehen Person und Subjekt, die auch bei wissenschaftlichen Untersuchungen keineswegs ausgeschlossen oder zum Objekt degradiert werden dürfen. Im Gegensatz zum Tier vermag der Mensch offen in die Zukunft zu schauen und klare Ziele zu entdecken, um sein Leben mehr oder minder frei zu gestalten und mit Sinn zu erfüllen. Diese humanen Züge werden nicht gesehen oder mißachtet, falls bei der Anwendung naturwissenschaftlicher Methoden der Mensch mit seinem Seelenleben und in seinem Verhalten nur als Objekt erscheint und behandelt wird. Wer Persönlichkeit, Phänomen und Verhalten in ihrem wirklichen Zusammenhang erkennen will, muß sie aus der Sicht dessen betrachten, der sie lebt und erlebt, und seinen Blick vor allem auf die zeitliche Existenz des Menschen richten, die alle seelischen Erscheinungen verbindet und sowohl die Persönlichkeit als auch das Verhalten als biographische Sinngestalt umschließt.

Lebensführung und Straffälligkeit

Michael Bock

1. Zum Begriff der Lebensführung

1.1 "Lebensführung" oder "Kontrolle" und "Defekte"?

Wissenschaftliche Schulen behaupten sich nicht zuletzt durch die Herrschaft über die in einem Fach als wesentlich und brauchbar geltenden Begriffe. Sind diese gleichsam besetzt, so treten leicht Immunisierungserscheinungen auf, weil die Begriffe auch den Kritiker in ihren Bann ziehen können. Selbst hinter einem gewissen Binnenpluralismus verbirgt sich daher oft nur der vorgelagerte Konsens über den Gegenstand und die Bedeutung des Streites. Wenn es aber die Begriffe sind, durch die solche Immunisierungen ermöglicht werden, so müssen es auch Begriffe sein, die in sich geschlossene Kreise des Fragens, Forschens und Streitens aufzubrechen in der Lage sind, nur eben andere. Einen vorläufigen Versuch in dieser Richtung soll dieser Beitrag darstellen, mit dem wir den Begriff "Lebensführung" (neu) ins Spiel bringen wollen.

Im Theorie- und Plausibilitätszusammenhang der wichtigsten kriminologischen Richtungen hat dieser Begriff schlechterdings keinen Platz. Wenn wir einer vereinfachenden, aber gebräuchlichen Einteilung folgen, so kommt ihm im sog. Reaktionsansatz keinerlei Bedeutung zu, denn dort ist es - geradezu konträr zur Lebensführung des Täters - die Perspektive der (sozialen oder strafrechtlichen) Kontrolle, welche die Forschung leitet und die praktischen Anwendungsfelder abgibt. Nicht viel besser steht es jedoch auch mit der traditionellen ätiologischen Kriminologie. Denn aufgrund ihrer geistigen Herkunft (s.u. 3.3) fragte sie zwar unausgesetzt nach körperlichen, psychischen, sozialen, wirtschaftlichen usw. Defektzuständen oder Mängellagen, d.h. nach (schlechten) Lebenschancen als "Ursachen" von Straffälligkeit, kaum aber nach der Lebensführung. Auch dies schlug sich in entsprechenden Forschungsdesigns (z.B. des multifaktoriellen Ansatzes) und in der Konzentration auf jeweils wahlverwandte Praxisfelder nieder. Das Schicksal von "Lebensführung" war damit besiegelt. "Kontrolle" auf der einen und "Defekte" (jeglicher Art) auf der anderen Seite besetzen heute das geistige Territorium der Forschung und den Handlungsraum der Praxis.

Kerner/Kaiser (Hrsg.) Kriminalität
© Springer-Verlag Berlin Heidelberg 1990

1.2 Lebensführung als empirischer Begriff

Es gibt jedoch noch andere Gründe, die einer Verwendung von "Lebensführung" im kriminologischen Diskurs entgegenstehen: Der Begriff hat eine Aura um sich, die ihn nachgerade in die Nähe des Unanständigen bringt. Lebensführung "riecht" nach Lebenswandel, dem schlechten zumal, und wer diesen überhaupt in den Mund nimmt, entlarvt sich nach heutigen Maßstäben aufgeklärter Moral selbst als kleinbürgerlicher Spießer. Bei Lebensführung denkt darüberhinaus insbesondere der Strafrechtler an die Theorie der Lebensführungsschuld, die heute bekanntlich so einhellig abgelehnt wird, daß jedem, der sie (noch) vertreten wollte, zum mindesten das Befremden seiner Fachkollegen sicher wäre. Mit diesen beiden Begriffen haben wir indessen gar nichts im Sinn. Sowohl der (schlechte) Lebenswandel als auch die Lebensführungsschuld sind wertende Begriffe. Sie beinhalten ein Werturteil über bestimmte Arten oder Aspekte von Lebensführung, messen also Lebensführung an gesellschaftlichen oder rechtlichen Normen. Solche Werturteile werden im Alltag (ständig) und vor Gericht (bisweilen) gefällt, der Erfahrungswissenschaftler kann und muß sie nach Möglichkeit unterlassen. Im Gegensatz zum (schlechten) Lebenswandel und der Lebensführungsschuld ist nun aber Lebensführung kein wertender, sondern ein empirischer Begriff. Man kann die Lebensführung von Menschen, Gruppen und Zeitaltern studieren, vergleichen, sogar auch "verstehen", ohne sich darüber zu mokieren, in Ehrfurcht zu erstarren oder den Betreffenden vorzuwerfen, daß ihre Lebensführung nicht anders ist als sie ist. Die Unterscheidung von normativen und empirischen Begriffen, mag sie im Alltag der Forschung noch so schwierig durchzuhalten sein, zeigt also an, wie "Lebensführung" von diesen im Klang verwandten, aber eben doch ganz anderen Begriffen und Vorstellungskreisen freizuhalten ist. Dies ist für das Folgende ausdrücklich festzuhalten.

1.3 Lebensführung als anthropologischer Grundsachverhalt

Was aber wollen wir unter "Lebensführung" verstehen? Zunächst einmal geht es um so wenig und so viel, daß der Mensch, im Gegensatz zu den Tieren, sein Leben "führen" muß, weil es sich nicht von selbst lebt. In diesem Sinne etwa hat Arnold Gehlen[1] den Begriff der "Handlung" als anthropologische Zentralkategorie eingeführt. Führung ist hierbei, vor allem im Gegensatz zum instinktgesteuerten Verhalten der Tiere, die intentionale, zweckgerichtete Aktivität, auf die hin der Mensch biologisch angelegt ist. Dieser Aspekt ist zwar bei Lebensführung stets mitgemeint, doch verweist ja das Wort darauf, daß das *Leben* geführt werden muß, auf den (wie auch immer gearteten oder auch fehlenden) Zusammenhang der Handlungen in der Breite der verschiedenen Le-

---

1) Gehlen, A.: Der Mensch. Seine Natur und seine Stellung in der Welt. 13. Aufl., Wiesbaden 1986

bensbereiche und in der biographischen Kontinuität. Aus diesem Grund hat Lebensführung auch enge Berührungspunkte mit dem Begriff "Persönlichkeit". Gleichwohl ist aber auch nicht das Leben schlechthin gemeint, sondern eben das Leben, soweit es "geführt" wird, d.h. soweit es der Führung überhaupt zugänglich ist, und nicht schicksalhaft wie ein natürliches Geschehen abrollt bzw. von nicht änderbaren Ausgangslagen abhängt. Erst durch diese Bestimmung erhält der Begriff seine eigentümliche Färbung. Lebensführung bezieht sich auf das am Leben, was auch anders sein könnte und erschließt dadurch die wertmäßigen Präferenzen, unter welche die Menschen ihr Leben stellen[2]. Lebensführung ist geradezu der Inbegriff für die Art und Weise, wie die Menschen sich zu der Gesamtheit der "Umstände" ihrer natürlichen und sozialen Umwelt sowie ihres eigenen Körpers, in die hinein sie gestellt sind, nun ihrerseits in ihrem Leben stellen. In der Lebensführung erscheint der Mensch als ethisches Wesen und dies ist natürlich auch der Grund wieso die Lebensführung ihrerseits unausgesetzt zum Gegenstand ethischer Bewertungen wird, übrigens nicht nur in der "Gesellschaft" und (bisweilen) vor Gericht, sondern auch in der eigenen Reflexion.

Zur Konkretion sei noch darauf hingewiesen, daß die genannten "Umstände" aufs stärkste den Variationen der Kultur und der körperlichen, psychischen und geistigen Anlagen unterworfen sind. Auch wäre es mißverständlich, wollte man die Leistung der Lebensführung nur in den "letzten" und "höchsten" bewußt getroffenen Entscheidungen von existentieller Bedeutung lokalisieren, die womöglich in der für den Intellektuellen typischen geistigen Einsamkeit getroffen werden. Sie ruht vielmehr auf bzw. durchdringt gerade auch (immer potentiell) den "Alltag", umfaßt die Überformung von Hunger, Schlafbedürfnis, Sexualtrieb, Bewegungsbedürfnis usw., die sich ja eben nie von selbst versteht, bis durch ständige Wiederholung dann bis ins körperliche zurückwirkende Habitualisierungen eintreten, die eine absichtsvolle Änderung der Lebensführung erfahrungsgemäß so schwer machen (z.B. Eßgewohnheiten). Andererseits findet der einzelne stets Muster, Formen, Beispiele, religiöse oder weltanschauliche Bestände vor, die ihm als Angebote oder Zwänge mit unterschiedlicher Rigidität entgegentreten, die er sich aber immer noch so oder so "zu eigen" machen kann, sich dagegen auflehnen, sich ihnen entziehen oder was immer.

Einige für die Moderne charakteristische Randbedingungen von Lebensführung werden noch unten (3.) behandelt.

---

2) Kamphausen, G.: Hüter des Gewissens? Zum Einfluß sozialwissenschaftlichen Denkens in Theologie und Kirche. Berlin 1986, S. 31 ff.

2. Lebensführung als kriminologisch relevanter Begriff

2.1 Lebensführung und Straffälligkeit in der Tübinger Jungtäter-Vergleichsuntersuchung

Was aber hat dies alles mit Straffälligkeit zu tun? Nicht mehr und nicht weniger, als daß es die Lebensführung ist, bezüglich derer sich eine bestimmte Gruppe von (erheblich) Straffälligen von der Durchschnittspopulation unterscheidet (eine bestimmte Gruppe zunächst, weil über andere Gruppen bisher entsprechende Untersuchungen fehlen). Dies ist das durchschlagende Ergebnis der unter der Leitung des Jubilars durchgeführten Tübinger Jungtäter-Vergleichsuntersuchung[3]. Es war, ohne daß man hier die Einzelbefunde wiederholen müßte, eindeutig so, daß diejenigen Variablen, welche die körperliche und psychische Konstitution und die soziale Ausgangslage, insbesondere die äußeren und inneren Verhältnisse der Herkunftsfamilie erfassen sollten, die beiden Untersuchungsgruppen nicht eindeutig voneinander trennten. Auch bei der Herkunftsfamilie war dies eben nicht annähernd in dem Maß der Fall, wie in den anderen Sozialbereichen (Aufenthalt, Leistung, Freizeit, Kontakte), in denen, im Zuge der altersmäßigen Entwicklung, zunehmend die Probleme der Lebensführung auftreten und so oder so (nicht) gemeistert werden. Aussagekräftig wurden die Ergebnisse immer dann, wenn man konsequent danach fragte, wie sich die Probanden jeweils in *ihrem* eigenen Handeln zu den *ihnen* vorgegebenen (oder aufgegebenen!) Anlagen und Umständen stellten. Erfaßt wurde dies mittels sogenannter Relationsbegriffe, welche die Relation zwischen vorgegebenen Lebenschancen bzw. -lagen auf der einen Seite und der eigenen Lebensführung auf der anderen Seite zum Ausdruck bringen, wie es etwa schon an der sprachlichen Gestaltung von Kriterien wie "inadäquates Anspruchsniveau" und "paradoxe Anpassungserwartung" ersichtlich ist.

Inhaltlich ließ sich die Lebensführung der Gruppe der erheblich Straffälligen beschreiben als ungebremstes Leben im Augenblick, bestimmt durch die Suche nach sofortiger Befriedigung von Wünschen und Antrieben, ohne Rücksicht auf schädliche Folgen körperlicher, materieller oder auch ideeller Art für andere und vor allem auch für sich selber. Hinzu kam eine geringe Ausdauer und Belastbarkeit bei allen Anforderungen an die eigene Person, andererseits ein inadäquat hohes Anspruchsniveau, eine paradoxe Anpassungserwartung und eine ins Extrem gesteigerte Forderung nach Ungebundenheit. Es handelt sich also gewissermaßen um eine Nicht-Lebensführung, bei der das Leben weitgehend gelebt, aber kaum geführt wird, die charakteristisch für diesen Personenkreis war. Sichtbar war sie schon im Zerfall der zeitlichen Strukturierung des Tageslaufs[4], in dem sich die "durch alle Be-

---

3) Göppinger, H.: Der Täter in seinen sozialen Bezügen. Ergebnisse aus der Tübinger Jungtäter-Vergleichsuntersuchung. Berlin u.a.: Springer 1983
4) Göppinger 1983 (Fn 3), S. 199

reiche hindurchziehende Auflösung der Struktur der Lebensführung"
(ebenda, S. 247) besonders sinnfällig konkretisierte.

2.2 Zur Rezeption dieser Untersuchung

Weil es sich um ein Kernstück der wissenschaftlichen Tätigkeit des
Jubilars handelt, sei an dieser Stelle ein Abschnitt über die Rezeption
der Tübinger Untersuchung eingeschaltet, weil es bisher offenbar nicht
gelungen ist, die Eigenart und Bedeutung dieser Untersuchung hinreichend klarzumachen. Da nicht Verteidigung und Rechtfertigung die
Absicht ist, sondern Verdeutlichung, halten wir uns der Einfachheit
halber an die Darstellung in den zweiten Auflagen der Lehrbücher von
Eisenberg[5], Schneider[6] und Kaiser[7]. Vor allem in 4 Punkten mag wiederum der Begriff der Lebensführung zur Klarheit beitragen, womit
selbstredend keineswegs alle zum Teil auch berechtigten Einwände angesprochen sind, die gegen die Untersuchung oder zur Einschränkung
ihres Geltungsbereichs erhoben wurden:

2.2.1 Die Tübinger Untersuchung wird in allen Büchern unter der Rubrik "Multifaktorielle Untersuchungen" oder "Mehrfaktorenansatz" abgehandelt[8]. Dafür gibt es zwar einige Anhaltspunkte in der äußeren
Anlage der Untersuchung und in der gemeinsamen Ablehnung der monokausalen Erklärungsversuche, von deren vordergründiger Plausibilität
leider auch die Gliederung im Göppinger'schen Lehrbuch selbst zeugt[9].
Im ganzen gesehen ist diese Platzierung jedoch irreführend.

Der Mehrfaktorenansatz steht, wie die ganze ätiologische Kriminologie überhaupt, fest in der Tradition des Positivismus. Er fragt die Palette der Lebenschancen und Lebenslagen im körperlichen, psychischen
und sozialen Bereich ab und will aus diesen, methodisch wie auch immer (in der Regel statistisch), Kriminalität erklären. Noch den Prognosetafeln, die aus ihm entwickelt wurden, steht diese Absicht "auf der
Stirn" geschrieben. Wenn die Tübinger Untersuchung nun zu dem Ergebnis gelangt, daß diese ganzen Faktoren der Lebenschancen und der
Lebenslage zwar meistens, aber stets bescheiden mit (erheblicher) Straffälligkeit korrelieren, keineswegs aber für diese spezifisch sind, daß
dies vielmehr bei den relationalen Kriterien der Lebensführung der Fall
ist, so ist dies nicht nur etwas völlig anderes, sondern erklärt auch,
wieso die Erklärung der Kriminalität aus den Lebenschancen gar nicht
gelingen kann: eben weil der Mensch als handelndes, ethisches, sein
Leben "führendes" Wesen sich zu den Lebenschancen, seien sie schlecht

---

5) Eisenberg, U.: Kriminologie. 2. Aufl., Köln u.a.: Heymanns 1985
6) Schneider, H.J.: Kriminologie. Berlin u.a.: de Gruyter 1987
7) Kaiser, G.: Kriminologie. 2. Aufl., Heidelberg: Müller 1988
8) Eisenberg 1985 (Fn 5), S. 813 ff.; Schneider 1987 (Fn 6), S. 396 ff.; Kaiser 1988 (Fn 7),
   S. 188 ff., der allerdings dann die Darstellung unter "Rückfallkriminalität", S. 458 ff.
   bringt.
9) Göppinger, H.: Kriminologie. 4. Aufl., München: Beck 1980, S. 76 ff.

oder gut, immer noch so oder so stellen kann. Aus diesem Grund ist es gleichfalls irreführend, die Tübinger Untersuchung der "ätiologischen" Kriminologie zuzurechnen. Sie befaßt sich mit der Lebensführung erheblich Straffälliger im Vergleich mit der Durchschnittspopulation und mittels ihrer idealtypischen Begriffe kann man auch "verstehen", wie es aus dieser Lebensführung zur Straffälligkeit kommt und aus jener nicht. Aufgrund welcher "Ursachen" aber der eine Mensch diese, der andere jene Lebensführung hat (und womöglich gar, ob er daran schuld ist), läßt sie offen.

2.2.2 Da sich, wie oben (1.3) gesagt, in der Lebensführung der Mensch als ethisches Wesen zeigt, ist sie ein bevorzugtes Objekt wertender Beurteilungen. Gleichwohl hat der Vergleich von Arten der Lebensführung nichts mit einer "moralisierende(n) Polarisierungstechnik"[10] zu tun oder wird "der Täter durch sozialabwertende Merkmale gebrandmarkt"[11]. Diese Kritik verkennt die Möglichkeit eines werturteilsfreien Gebrauchs von Kriterien zur Erfassung von Lebensführung(sarten).

Daß die Lebensführung erheblich Straffälliger vermutlich "gesellschaftlich" überwiegend negativ beurteilt wird (manchen wird sie jedoch auch als dem Ärgernis der Gesellschaft und seiner Zurichtungsagenturen Widerstand leistendes Heldentum erscheinen),kann ja doch nicht heißen, daß diese Lebensführung nicht erfahrungswissenschaftlich zutreffend ermittelt wurde[12]. Auch das "ideal" bei den Idealtypen Göppingers bringt im übrigen nicht eine normative Distanz zur Wirklichkeit zum Ausdruck, sondern eine gedankliche Steigerung der charakteristischen Seiten der betreffenden Erscheinungen[13].

2.2.3 Schließlich wurde die Untersuchung so verstanden, als sei sie "rein täterorientiert", dagegen würden "gesellschaftliche und Opferaspekte"[14] nicht berücksichtigt. Eisenberg sieht sie "in einseitiger Weise von einer sozialpathologischen Vorstellung individualisierender Ausgestaltung getragen"[15]. Diese Urteile entstehen dadurch, daß der relationale Charakter der wichtigsten kriminorelevanten Kriterien nicht genügend beachtet wird.

Lebensführung kann man nur erfassen, wenn man beides in seiner Relation betrachtet: Sowohl die vorgegebenen Ausgangslagen als auch die Art und Weise, sich handelnd und lebensführend damit auseinanderzusetzen. Was die Palette relevanter Fakten bei diesen Ausgangslagen betrifft, so wird jeder aufmerksame Leser eine Vielzahl von solchen

---

10) Eisenberg 1985 (Fn 5), S. 33
11) Schneider 1987 (Fn 6), S. 403
·12) Göppinger 1983 (Fn 3), S. 185; zu der verwandten Problematik in der Vorurteilsforschung grundlegend Estel, B.: Soziale Vorurteile und soziale Urteile. Kritik und wissenssoziologische Grundlegung der Vorurteilsforschung. Opladen: Westdeutscher Verlag 1983
13) Ausführlich Bock, M.: Kriminologie als Wirklichkeitswissenschaft. Berlin: Dunker & Humblot 1984
14) Schneider 1987 (Fn 6), S. 403; ähnlich Kaiser 1988 (Fn 7), S. 190
15) Eisenberg 1985 (Fn 5), S. 815

Aspekten entdecken, die, oft in anderer Terminologie allerdings, die Kriminalitätstheorien eingebracht haben. Ganz offensichtlich ist dies bei den Befunden zur Herkunftsfamilie[16]. Als weitere Beispiele seien das Flüchtlingsproblem[17] genannt, viktimologische Aspekte beim Delinquenzbereich[18] und nicht zuletzt auch Veränderungen der Interaktionsfelder infolge von "Reaktionen"[19]. All dies wird also durchaus aufgenommen, wobei man im einzelnen die Gewichte unterschiedlich verteilen mag, aber jedenfalls nicht systematisch ignoriert[20]. Der falsche Eindruck einer puristischen Täterorientierung, den die obigen Einschätzungen widerspiegeln, kommt vielmehr dadurch zustande, und dies ist allerdings der springende Punkt, daß nach den Ergebnissen der Tübinger Untersuchung mit der Feststellung dieser Fakten die Arbeit erst anfängt, weil es immer noch von der Lebensführung abhängt, ob diese Fakten, und lägen sie noch so gehäuft vor, sich überhaupt für die Begehung von Straftaten auswirken können. *Kriminо*relevant ist insofern eben gerade nicht schon die Opferprovokation, der Kulturkonflikt oder die erlittene Stigmatisierung als solche, sondern die Art und Weise, sie in der Lebensführung (nicht) zu meistern. Sinngemäß dasselbe gilt für die Berücksichtigung von Lernmilieus, Gelegenheitsstrukturen und Subkulturen oder auch für die Vielzahl der psychischen und familiären Variablen des multifaktoriellen Ansatzes, die mit Straffälligkeit korrelieren. Erst die Lebensführung entscheidet darüber, ob z.B. Arbeitslosigkeit zu Straffälligkeit führt oder nicht, ob die Stigmatisierung das abweichende Selbstbild fördert oder den Beweis des Gegenteils herausfordert, und ob niedrige Intelligenz zu einem dauerhaften Arbeitsverhältnis im Status eines Angelernten führt oder zum Wechsel von Gelegenheitsjobs und beruflicher Untätigkeit.

2.2.4 Der vierte Punkt kann hier nur angedeutet werden. Es geht darum, daß Lebensführung, im hier vorgetragenen Sinn verstanden, auch in methodischer Hinsicht andere Wege des Zugangs erfordert, und zwar sowohl, was die erfahrungswissenschaftliche Forschung angeht, als auch bei der diagnostisch-prognostischen Umsetzung in der Praxis der Angewandten Kriminologie.

Die Gründe dafür, daß strenge Operationalisierung bei relationalen Kriterien der Lebensführung geradezu ein Kunstfehler wäre, auch die methodischen Besonderheiten der idealtypischen Begriffsbildung, schließlich die besonderen Möglichkeiten der Methode der idealtypisch-vergleichenden Einzelfallanalyse, durch die vorausgreifende Be-

---

16) Göppinger 1983 (Fn 3), S. 29 ff.
17) Göppinger 1983 (Fn 3), S. 32
18) Göppinger 1983 (Fn 3), S. 157
19) Göppinger 1983 (Fn 3), S. 81 f.
20) Der Vorwurf des "systematischen Ignorieren(s) sozialstruktureller und kontrolltheoretischer Zusammenhänge (Kaiser 1988 (Fn 7), S. 5) richtet sich zwar an meine Adresse, doch kann, da in dem von Kaiser genannten Buch keinerlei sonstige Anhaltspunkte für dieses Verdikt zu finden sind, wieder nur die Tübinger Untersuchung gemeint sein, die ich dort als Beispiel für "Wirklichkeitswissenschaft" darstelle.

rücksichtigung möglicher Einwirkungen die statisch-retrospektive Fest-
schreibung der Vergangenheit zu vermeiden, konnten bisher offenbar
nicht deutlich gemacht werden[21]. Man sieht dies an der Hartnäckigkeit,
mit der ein doch inzwischen stark angestaubter Kanon "der" Wissenschaft das Denken bestimmt. "Insoweit" sagt Eisenberg, "entzieht sich
die Forschung allerdings allgemein anerkannten methodischen Kriterien
... zur Überprüfung von Validität und Reliabilität"[22], als ob man darüber eine Belehrung nötig hätte. Eine argumentative Auseinandersetzung
mit den methodischen Problemen, die ja dadurch entstanden sind, daß
man mit den "allgemein anerkannten" Mitteln nicht weiterkam, ist nicht
erkennbar. Es geht aber bei der Lebensführung *der Sache nach* um
etwas, das in der neupositivistischen Wissenschaftslehre nicht vorgesehen war (sie eignet sich allenfalls zur Erfassung von Lebensstandards,
Lebenschancen und Lebenslagen), und zu dessen Bewältigung man deshalb, wie vorläufig und unvollkommen auch immer, andere Methoden
einsetzen mußte. Auch Kaiser begnügt sich jedoch angesichts des doch
beträchtlichen Aufwandes mit der Andeutung "mancher Besonderheiten"[23], um sich dann im Kapitel "Kriminalprognose"[24] in völliges
Schweigen zu hüllen.

3. Einige moderne Randbedingungen von Lebensführung

3.1 Risiken der Lebensführung in der offenen Gesellschaft

Der Grundsachverhalt, von dem jede Analyse der Randbedingungen
von Lebensführung in der Moderne ausgehen muß, ist die Freisetzung
des Individuums aus den alten Statusgruppen. War der einzelne vorher
durch Geburt Mitglied einer Religionsgemeinschaft, Berufsgruppe und
eines "Standes", so gab ihm die "Emanzipation", die Garantie subjektiver
Rechte der Person in den bürgerlichen Rechtskodifikationen, die Freiheit der Wahl der Gruppenzugehörigkeiten (Vereine, Parteien, Verbän-
de), des Wohnsitzes, des Berufs und des Bekenntnisses bzw. der Weltanschauung. Komplementär zu diesem Anwachsen von Wahlmöglichkei-
ten, die ja stets auch Entscheidungszwänge bedeuten und daher "Le-
bensführungsarbeit" mit sich bringen, büßten die alten Lebensführungsmächte ihren Einfluß auf die Lebensführung zunehmend ein: Die Kirchen, die mit ihren Institutionen der Predigt, der Beichte und der Seel-

---

21) Versuche waren z.B. Göppinger 1983 (Fn 3), S. 19 f. und S. 179 ff.; Göppinger, H.:
Angewandte Kriminologie. Ein Leitfaden für die Praxis. Berlin u.a.: Springer 1985, S.
16 - 41; Bock 1984 (Fn 12), S. 99 ff.; Bock, M.: Angewandte Kriminologie. Ihre praktische und wissenschaftliche Bedeutung. Forensia 9 (1988), S. 189 - 204
22) Eisenberg 1985 (Fn 5), S. 815; sinngemäß Schneider 1987 (Fn 6), S. 403
23) Kaiser 1988 (Fn 7), S. 838
24) Kaiser 1988 (Fn 7), S. 873 ff.

sorge Lebensführungsmächte ersten Ranges waren[25], aber auch die Zünfte sowie die dörfliche, die nachbarschaftliche und die das "Haus" umfassende Gemeinschaft, an deren Lebensformen die Lebensführung des einzelnen Halt gewinnen konnte. War vorher die Leistung der Lebensführung die Annäherung an ein feststehendes, aus Tugenden, Pflichten und Aufgaben gemaltes Bild des "guten" Hausvaters, des "guten" Christen, des "guten" Handwerksgesellen oder Dienstboten, je nachdem, in welchen Stand man eben hineingeboren war, so kam nun noch die Wahl unter vielen konkurrierenden solcher von konkurrierenden Gruppen vertretenen Bilder hinzu. Lebensführung wurde hier erst zur bewußt als solche gesehenen Aufgabe, während die ständische Lebensführung, jedenfalls in weit stärkerem Maße, unreflektierter Vollzug war[26].

Weitere Komplikationen, wie etwa die Versachlichung der Lebensordnungen (z.B.: Wirtschaft und Recht), die diese nicht nur in sich einer ethischen Durchdringung in der Lebensführung entzieht, sondern sie auch untereinander in ethisch gar nicht mehr austragbare Spannungen und Konflikte führt[27], mögen hier auf sich beruhen. Sie sind für unser Thema nur insofern von Belang, als wir ihre mehr oder weniger zwangsläufige Folge, nämlich die Begrenzung des (noch) ethisch führbaren Lebens auf den sozialen Nahraum[28], bei der Lebensführung der Durchschnittspopulation der Tübinger Untersuchung beobachten können. Es ist eine Lebensführung, in deren Zentrum eine gewisse Hingabe für Beruf und Familie und deren Wohlergehen steht. Sie lebt keineswegs von "großen" oder "hohen" ethischen Idealen, etwa solchen der "protestantischen Ethik" oder solchen der vielen säkulären Heils- und Erlösungslehren unseres Jahrhunderts, welche ja auch in der Regel eine Begrenzung auf den sozialen Nahraum von ihrer Eigenart her gar nicht zulassen, sondern von den Tugenden der "einfachen Sittlichkeit"[29]. Das ist auch der Grund, wieso sich bei wertender Betrachtung dieser Lebensführung der Eindruck einer gewissen Beschränktheit, bei Interpretation mit landsmannschaftlichen Vorurteilen geradezu einer "schwäbischen" Enge des geistigen Horizontes einstellt. Gleichwohl sollte man den empirischen Befund ernst nehmen. Vielleicht zeigt er das Maß des unter den modernen Risiken Möglichen, und alles andere wäre ein gerade für die Lebensführung leer bleibendes ideologisches Moralisieren, das die Tugenden der einfachen Sittlichkeit vorschnell als Sekundärtu-

---

25) Vgl. hierzu Kamphausen 1986 (Fn 2), S. 50 ff.
26) Dies hat z.B. Hennis sehr schön an der Schilderung des Zerfalls der ständischen Lebensführung in Max Webers Studien über die ländliche Arbeitsverfassung Ostelbiens gezeigt. Hennis, W.: Max Webers Fragestellung. Studien zur Biographie des Werks. Tübingen: Mohr-Siebeck 1987, S. 74 - 81. Großartig hierzu übrigens auch Guiseppe Tomasi di Lampedusas Roman "Der Leopard".
27) Weber, M.: Die Wirtschaftsethik der Weltreligionen. Zwischenbetrachtung. In: Gesammelte Aufsätze zur Religion Soziologie, Bd. 1; 6. Aufl., Tübingen: Mohr-siebeck 1972, S. 536 - 573
28) Hennis 1987 (Fn 25), S. 109
29) Bollnow, O.F.: Einfache Sittlichkeit. Kleine philosophische Aufsätze. Göttingen: Vandenhoek & Ruprecht 1947

genden abqualifiziert. Es ist vielleicht insbesondere auch das Maß, das die pädagogische und therapeutische Arbeit mit Straffälligen nicht aus dem Auge verlieren sollte.

3.2 Der Traum eines Lebens ohne Lebensführung

Wenn die Lebensführung heute in stärkerem Maße reflektiert ist, so müssen wir auch noch kurz die Frage streifen, welche geistigen Bestände die Weltanschauungen und Ideologien, die sich in den modernen Konkurrenzkampf um die Führung der öffentlichen Meinung und des Zeitgeistes begaben, denn eigentlich aufwiesen. Soweit es "Lebensführung" betrifft, gibt es hierbei nämlich eine charakteristische Erscheinung. Auf der einen Seite finden sich zwar Bestrebungen, die (sich auflösende) Lebensführung oder mindestens Teile davon, unmittelbar zu pflegen und zu propagieren, wie etwa im "Verein für ethische Kultur"[30] oder in den Mäßigkeits- und anderen einer "gesunden" Lebensweise verpflichteten Vereinen (erst in der offenen Gesellschaft wird es eben zum Problem, mit wem man wann, wo und wovon in welchen Mengen trinkt!). Auch ist gar nicht zu verkennen, daß viele der neuen intermediären Gruppen, die diese Weltanschauungen und Ideologien vertraten, selbst Institutionen ausbildeten, die sie zu neuen Lebensführungsmächten avancieren ließen (Feste, Feiern, Jugendzeltlager, Lieder, Zeitschriften, Uniformen, Abzeichen usw.). Auf der anderen Seite gibt es jedoch auch eine Vielzahl von Lehren, insbesondere Sozialutopien (mit den entsprechenden Vereinigungen, meist säkulären Religionsgemeinschaften[31]), deren zentraler Gedanke es ist, die Lebensführung, jede ethische Verpflichtung überhaupt, sei bei einer in ihrem jeweiligen Sinne richtigen Einrichtung der menschlichen Verhältnisse (vornehmlich: Sexualität, Arbeit und Erziehung) überflüssig, denn bei einer richtigen Einrichtung der Verhältnisse stünden diese in einer natürlichen Kongruenz zu den Bedürfnissen und Antrieben des Menschen. Die Abschaffung der Sünde, welche z.B. Heinrich Heine vollzog, indem er die Lehren der Saint-Simonisten beim Wort nahm[32], ist nur ein besonders sinnfälliger Ausdruck für die aus diesen Prämissen resultierende prinzipielle Weigerung, irgendwelche Mißstände, Übel oder Widrigkeiten des Lebens als Folgen ethischen Fehlverhaltens anzuerkennen[33].

---

30) Hennis 1987 (Fn 25), S. 105 weist darauf hin, daß ein führendes Mitglied dieses Vereins, Friedrich Wilhelm Foerster, 1901 ein Buch mit dem Titel "Lebensführung" veröffentlichte. Dies ist ein sicheres Zeichen für den Versuch der absichtlichen Vergewisserung über das nicht mehr Selbstverständliche!

31) Vgl. etwa Manuel, F.E.: The Prophets of Paris. Harward 1962; Charlton, D.G.: Secualar Religions in France, 1815 - 1870. Oxford 1963

32) Sternberger, D.: Heinrich Heine und die Abschaffung der Sünde. Hamburg u.a. 1972

33) Über das hartnäckige Weiterleben der Phänomene, nämlich gewisser zeitlos gefährlicher Bedrohungen der Lebensführung, die das Christentum besonders eindringlich und ausführlich, aber natürlich gebunden an seinen geistigen Horizont, als "Sünde" bezeichnet hatte, sehr instruktiv Lyman, S.M.: The Seven Deadly Sins. Society and Evil. New York 1978

Über den Positivismus, der hier u.a. einschlägig ist[34], hat dieses Denken nun allerdings in stärkstem Maß auf die Kriminologie Einfluß gewonnen. Seien es Atavismen, Vitaminmangel, Intelligenz, Armut, broken home oder auch die Reaktionen der sozialen Kontrolle, meist waren die dem Geist des Positivismus verpflichteten Theorien, Forschungsdesigns und Operationalisierungen so angelegt, daß potentielle "Ursachen" von Straffälligkeit in der (schlechten) Einrichtung der menschlichen Verhältnisse ermittelt wurden, auf die sich dann auch die entsprechenden praktischen Bemühungen richten sollten. Dieser, wie Hellmer[35] es nennt, "dingweltlichen Betrachtungsweise" waren die meisten Reformüberlegungen verpflichtet, sofern sie sich einseitig auf die Kompensation von "Defiziten" oder "Mängellagen" richteten oder auf Verhinderung von (sekundärer) Straffälligkeit aufgrund von "Reaktion" (z.B. Diversion, Entkriminalisierung). Geradezu fassungslos steht daher der fachfremde Philosoph, dem die Aufgabe einer Bestandsaufnahme der Kriminologie "von außen" gestellt war, vor dem Befund, daß die Institutionen der Lebensführung, die traditionell zur Durchbildung des Charakters und zur Ausbildung von Tugenden dienten (mit Hilfe derer dann auch innere und äußere Herausforderungen des Lebens zu meistern waren), nicht nur vernachlässigt werden, sondern als die eigentlichen Hindernisse für die Befreiung des Menschen gelten[36]. Und in der Tat, wenn wir die praktische Konsequenz aus dem Befund ziehen, daß es die Lebensführung ist, die (erheblich) Straffällige von der Durchschnittspopulation unterscheidet, so wird unmittelbar klar, daß eine ausschließlich auf die Kompensation der Lebenschancen gerichtete Prävention oder Resozialisierung ins Leere läuft. Absolviert z.B. ein Jugendlicher im Strafvollzug eine Berufsausbildung, meint aber dann, nun müsse es aber ein Sportwagen, eine Eigentumswohnung usw. sein (inadäquates Anspruchsniveau) und im übrigen habe sich der Meister nach ihm zu richten (paradoxe Anpassungserwartung), so wird klar, daß diese Ausbildung zwar sicherlich sinnvoll ist, als solche jedoch (noch) nicht ausreicht[37].

Aber nicht nur über die Kriminologie und ihre Bezugswissenschaften beeinflußt der "Geist" dieser Sozialutopien das Problem der Straffälligkeit. Er durchsetzt auch unmittelbar den "Zeitgeist" in seinen vielen Vermittlungsagenturen. Man mag hier über das Ausmaß streiten, in dem z.B. der vielbeschworene Wertewandel eingetreten ist und sicher gibt es

---

34) Vgl. Bock, M.: Soziologie als Grundlage des Wirklichkeitsverständnisses. Zur Entstehung des modernen Weltbildes. Stuttgart: Klett-Cotta 1980, S. 50 ff.

35) Hellmer, J.: Das ethische Problem in der Kriminologie. Dargestellt am Beispiel einer empirischen Untersuchung über regional erhöhte Kriminalität. Berlin: Duncker & Humblot 1984, S. 30

36) Novak, M.: Character and Crime. An Inquiry into the Causes of the Virtue of Nations. Notre Dame: Brownson Institute 1986

37) Charakteristisch zum Vergleich Novaks Ansichten über "Prävention": A cultural ethos inculcating in every citizen the need for the acquisition of virtue, the imperatives of self-control and self-mastery, and the moral obligation to assume responsibility for the painstaking shaping of one's charakter, will significantly decrease the frequency of criminal acts" (Novak 1986 (Fn 35), S. 70/71).

auch Gegenströmungen von Gewicht. Außer Frage stehen dürfte hingegen die Existenz eines breiten Arsenals von "Neutralisierungstechniken",
die ihre argumentative Kraft aus diesem Denken ziehen. Für solche
"Entschuldigungsarrangements"[38] gibt es ausreichend Beispiele, Zustimmung und Unterstützung durch zitierfähige Autoritäten, so daß es sehr
leicht fällt, sich schon als Opfer der Umstände zu fühlen und darzustellen, bevor die eigenen Möglichkeiten ausgeschöpft sind und "es" dann
schließlich zur Straffälligkeit kommt.

---

38) Kamphausen 1986 (Fn 2), S. 217

"Lebensstil"

Entwicklung und kriminologische Bedeutung eines Konzepts

Günther Kaiser

I.

Ist die Straffälligkeit auch nicht rätselhaft, so doch ein Problem. Dessen Klärung und Bewältigung verlangen trotz oder gerade wegen der Fülle kriminologischen Schrifttums von der Wissenschaft unverändert große Anstrengungen. Dies trifft für die Kriminalität als Sozialerscheinung ebenso zu wie für das Verbrechen als Individualerscheinung. Unterschiedliche berufliche Zugänge zur Erfassung und Deutung dieser Phänomene bereichern unser Wissen; aber sie erschweren im Falle von Divergenzen zugleich die Sicherheit des Erkannten. Aus dieser Lage schöpft das ungebrochene *Bedürfnis nach Integration und Interdisziplinarität* seine Kraft, eine Forschungsstrategie, der sich der Jubilar schon früh gewidmet, ja von Anfang an dafür eingesetzt hat[1].

Dieser auf Integration angelegten Perspektive scheint auch ein Konzept zu entsprechen, das Verbrechen und Viktimisierung von der Lebensentwicklung her als Ausdruck einer bestimmten Lebensweise zu erschließen sucht. Es wird prägnant als *"Lebensstil"* bezeichnet. Die verkehrsmedizinische Formel "a man drives as he lives"[2] gilt dafür ebenso als charakteristisch wie die Interpretation des "delinquent way of life"[3]. Selbst die neuere Deutung krimineller Viktimisierung aufgrund "eingeschliffenen Alltagshandelns" ("routine daily activities") scheint sich dem gedanklichen Zusammenhang zu fügen[4]. Fragen wir somit da-

1) Göppinger, H.: Die gegenwärtige Situation der Kriminologie. Tübingen: Mohr 1964, S. 20 f.; Göppinger, H.: Kriminologie als interdisziplinäre Wissenschaft. In: Leferenz, H./Hirschmann, J. (Hrsg.): Kriminalbiologische Gegenwartsfragen, Heft 7. Stuttgart: Enke 1966, S. 1 - 14; Göppinger, H.: Probleme interdisziplinärer Forschung in der Kriminologie. In: Tübinger Festschrift für Eduard Kern. Tübingen: Mohr 1968, S. 201 - 222

2) Vgl. Tillman, W./Hobbs, G.: The Accident Prone Automobile Driver: A Study of the Psychiatric and Social Background. American Journal of Psychiatry 106 (1949), S. 321 ff.; dazu Kaiser, G.: Verkehrsdelinquenz und Generalprävention. Tübingen: Mohr 1970, S. 292

3) West, D./Farrington, D.: The Delinquent Way of Life. London: Heinemann 1977

4) Vgl. Hindelang, M./Gottfredson, M./Garofalo, J.: Victims of Personal Crime: An Empirical Foundation for a Theory of Personal Victimization. Cambridge/Mass.: Ballinger 1978, S. 143; Garofalo, J.: Reassessing the Life Style Model of Criminal Victimization. In: Gottfredson, M./Hirschi, T. (eds): Positive Criminology. Beverly Hills: Sage 1987, S. 24; Maxfield, M.G.: Life Style and Routine Activity Theories of Crime: Empirical Studies of Victimization, Delinquency, and Offender-Making. Journal of Quantitative Criminology 3 (1987), p 275 - 282, 278 f.

Kerner/Kaiser (Hrsg.) Kriminalität
© Springer-Verlag Berlin Heidelberg 1990

nach, was die Perspektive des Lebensstils eigentlich meint, und zunächst, woher sie kommt.

II.

Soweit zu sehen, kennen und gebrauchen mehrere Erfahrungswissen-
schaften den "Lebensstil" als Begriff. Dabei ist es nicht ganz einfach,
auszumachen, ob diese Aussageform zuerst in der *Soziologie* Max Webers oder in der *Tiefenpsychologie* Alfred Adlers entwickelt worden ist.
Offenbar ordnete Adler den Begriff des Lebensstils der phasenhaft
verstandenen Lebensentwicklung zu. Diese kann entweder zum kooperativen Miteinander oder zum ich-zentrierten, nicht kooperativen Lebensstil führen[5]. Adler unterschied in seiner Lehre zwischen dem kooperativen Lebensstil des seelisch Gesunden und dem ich-zentrierten,
nicht kooperativen Lebensstil des Neurotikers. Lebensstil wird also als
Produkt seelischer Krankheit oder Gesundheit verstanden. Doch kann er
stets "als eine dynamische Größe charakterisiert" werden[6]. Er ist früh-
kindlich geprägt und erscheint als die für das Individuum konstitutive
Einheit. "Was häufig Ich bezeichnet wird, ist nichts anderes als der Lebensstil des Individuums"[7]. Auch wenn tiefenpsychologische Auffassungen, insbesondere im Hinblick auf ihre kriminologische Aussagekraft, Kritik erfahren haben[8], so hat doch der von Adler eingeführte
Begriff des "Lebensstils" im Zusammenhang mit der Lebensentwicklung
eine gewisse typologische Bedeutung gewonnen. Heute gilt überdies der
Lebensstil einer Person als "das Ergebnis von Lernprozessen in Beziehungen"[9].
Ganz anders wiederum benutzte Max Weber den Begriff des Lebensstils, indem er ihn vor allem als Unterscheidungsmerkmal zwischen
Klasse und Stand verwandte[10]. Im Gegensatz zur Klasse bringe der

---

5) Dazu umfassend Ansbacher, H./Ansbacher, R. (Hrsg.): Alfred Adlers Individualpsychologie. München u.a.: Reinhardt 1972, S. 174 ff., 339; ferner Köppe, W.: Sigmund Freud
   und Alfred Adler - Vergleiche in der Einführung in die tiefenpsychologischen Grundlagen. Stuttgart: Kohlhammer 1977, S. 52, unter Hinweis auf das grundlegende Werk
   Adlers "Über den nervösen Charakter" (1912).
6) Bühler, K.-E.: Biographische Methode und Lebensstil (Alfred Adler). Zeitschrift für
   Individualpsychologie 10 (1985), S. 78 - 88, 78
7) Adler 1935, zitiert nach Bühler 1985 (Fn 6), S. 79
8) Dazu besonders Göppinger, H.: Kriminologie. 4. Aufl., München: Beck 1980, S. 70 f.
9) Pauls, H.: "Schöpferische Kraft", Lebensstil und Psychotherapie. Zeitschrift für Individualpsychologie 11 (1986), S. 173 - 183, 173
10) Dazu Weber, M.: "Methodologische Einleitung für die Erhebung des Vereins für So-
    zialpolitik über Auslese und Anpassung der Arbeiterschaft in geschlossenen Großbe-
    trieben. In: Gesammelte Aufsätze zur Soziologie und Sozialpolitik. Tübingen: Mohr
    1924, S. 1; sowie Sobel, M.: Life Style and Social Structure. New York: Academic Press
    1981, S. 9

Stand eine spezifische "Lebensführungsart" mit sich, die von allen Mitgliedern der Gruppe erwartet werde[11]. Diese Standesgruppen gelten denn auch im Verständnis Webers als Träger aller gesellschaftlichen Konventionen und damit letztlich als Grund jeder "Stilisierung" des Lebens[12]. Der "Lebensstil" weist also nach Webers Modell auf die Zugehörigkeit zu einem bestimmten sozialen Stand, von dem die "Stilisierung" des individuellen Lebens geprägt wird. Darüber hinaus hat Weber[13] im religionssoziologischen Kontext den "asketischen Lebensstil" als Kennzeichen bestimmter protestantischer Glaubensgemeinschaften begriffen[14].

Angesichts der Weite dieses Verständnisses verwundert nicht, daß in der zeitgenössischen Sozialwissenschaft der Begriff des Lebensstils einen geradezu inflationären Gebrauch gefunden hat, und zwar in den verschiedenartigsten Zusammenhängen. So untersucht man "jugendliche Lebensstile"[15] ebenso wie Lebensstilmodelle im Bereich der Marketingforschung[16]. Daher leuchtet die bisherige Kritik ein, wonach "the word 'life style' will soon include everything and mean nothing, all at the same time"[17]. Klarere Konturen erscheinen deshalb als notwendig. Das Bemühen darum führt dazu, unter Lebensstil "any distinctive, and therefore recognizable, mode of living" zu verstehen als Inbegriff von "attitudes, values, and behavioral orientation"[18]. Der spezifische Lebensstil beruht auf einer Verknüpfung individueller und sozialer Faktoren, wobei verschiedene "Beziehungsgeflechte" (reference sets) die Lebensstilunterschiede begründen. "Life style differentiation stems from variations in the positions individuals occupy within the social structure"[19]. Erwartungsgemäß spielt die Analyse der sozialen Einbettung des Individuums auch in der sozialistischen Sozialwissenschaft eine beachtliche Rolle. Auch hier wird der Begriff der "Lebensweise" als ein mediatisierendes Konzept verstanden[20].

Danach verschmelzen in der Sozialwissenschaft individuelle und soziale Faktoren zur "Lebensweise" oder zum "Lebensstil", wobei man

---

11) Weber, M.: Wirtschaft und Gesellschaft - Grundriß der verstehenden Soziologie. 1. Halbbd. 5. Aufl., Tübingen: Mohr 1976 (1. Aufl. 1922), S. 179 f.
12) Weber, M.: Class, Status and Party. In: Bendix, R./Lipset, S. (eds): Class, Status and Power. 2 nd edn. New York: Free Press 1966, p. 21 - 28, 26
13) Weber, M.: Die protestantische Ethik und der Geist des Kapitalismus. Sonderdruck aus: Gesammelte Aufsätze zur Religionssoziologie. Tübingen: Mohr 1920 (1. Aufl. 1905), S. 162 f.
14) Dazu Käsler, D.: Einführung in das Studium Max Webers. München: Beck 1979, S. 88 f.
15) Baacke, D.: Jugendliche Lebensstile. Vom Rock'n' Roll bis zum Punk. Bildung und Erziehung 1985, S. 201 - 212
16) Banning, Th.: Lebensstilorientierte Marketing-Theorie. Heidelberg: Physika 1987
17) Sobel 1981 (Fn 10), S. 1
18) Sobel 1981 (Fn 10), S. 28
19) Sobel 1981 (Fn 10), S. 3, 49 f.
20) Kühne, L.: Zum Begriff und zur Methode der Erforschung der Lebensweise. In: Weimarer Beiträge, Heft 8, 1978, S. 27 - 55, 32; Weidig, R.: Zur Dialektik der Entwicklung von Sozialstrukturen und sozialistischer Lebensweise in der DDR. Deutsche Zeitschrift für Philosophie, Heft 1, 1980, S. 5 ff.

allerdings die Rückbindung des einzelnen Individuums an soziale Strukturen zu erklären sucht[21].

Ferner benutzt die *Sozial- und Präventivmedizin* den Begriff des
Lebensstils, nachdem sie ihn zunächst als Umschreibung menschlichen
Risikoverhaltens wie Rauchen, Alkoholkonsum usw. gebraucht hatte[22],
heute als mediatisierendes Konzept. Dieses schließt die Prägung einer
Lebensweise durch individuelle-gesundheitsriskante wie durch soziale
Faktoren ein. Gesundheitsrisiken sind danach "nicht nur individuellem
Entscheidungsverhalten zuzuschreiben, sondern gerade in den Industrie-
gesellschaften in großem Maße sozial, politisch und kulturell verursacht"[23]. Dabei unterscheidet man die Lebensweise eines Individuums
von einer sozialen Gruppe, je nachdem, ob es sich um die Gesamtheit
von Bedeutungsmuster und Ausdrucksformen handelt, die im Verlauf
der kollektiven Anstrengungen entwickelt werden, oder um die Gesamtheit normativer Orientierungen und Handlungsstrukturen, die im
Verlauf einer Biographie in der kontinuierlichen Auseinandersetzung
zwischen Subjekt und gesellschaftlicher bzw. natürlicher Umwelt herausgebildet werden[24].

Insgesamt läßt sich feststellen, daß der Begriff "Lebensstil" in den
Sozialwissenschaften und der Sozialmedizin als ein *mediatisierendes
Konzept* verwendet wird, das aufgrund einer Gesamtbetrachtung von
individuellen und soziostrukturellen Faktoren die Rückbindung individuellen Verhaltens an soziale Bedingungen erklären soll. Lebensstil besteht danach aus normativen Orientierungen und Handlungsmustern, die
im Verlauf des Lebens in Auseinandersetzung mit der Umwelt entwik-
kelt werden. Mit dem Konzept verbindet sich überdies ein integrativer
Anspruch, der über einen rein additiven Mehrfaktorenansatz hinaus-
greift. Dabei kommt es entscheidend auf die Operationalisierung, und
d.h. auf die zugrundegelegten Kriterien und deren Verknüpfung, an.

Danach leuchtet ein, daß Begriff und Konzept des Lebensstils nicht
auf Psychologie, Soziologie und Medizin beschränkt geblieben sind,
sondern auch in *das kriminologische Denken* Eingang gefunden haben,
ja hier zunehmend herangezogen werden. Prüfen wir, welche Lebenssituationen des Täters und damit welche Typologie zum Ausgangspunkt
gewählt werden können[25]. Von kriminologischem Interesse ist ferner

---

21) Otto, H.-U., et al.: Präventive Jugendhilfe: Institutionalisierter Lebensentwurf und
    subventionierte Beschäftigung. In: Prävention und Intervention im Kindes- und
    Jugendalter. Finanzierungsantrag für die zweite Forschungsphase 1989 - 1991. Son-
    derforschungsbereich 227, Universität Bielefeld. 1988, S. 476 - 541, 476 f.; ferner
    Lüdtke, A.: Expressive Ungleichheit. Zur Soziologie der Lebensstile. Opladen: Leske &
    Budrich 1988
22) Vgl. z.B. Wiley, J./Camacho, T.: Life Style and Future Health. In: Preventive Medici-
    ne, 1980, S. 1 - 21, 1 ff.; zum Risikoverhalten in der Kriminologie Göppinger 1980
    (Fn 8), S. 6
23) Wenzel, E.: Die Auswirkungen von Lebensbedingungen und Lebensweisen auf die
    Gesundheit - Synthese des Seminars. In: Bundeszentrale für gesundheitliche Aufklä-
    rung (Hrsg.): Europäische Monographien zur Forschung in Gesundheitserziehung 5,
    1983, S. 1 - 17, 5
24) Wenzel 1983 (Fn 23), S. 7
25) Dazu Maschke, W.: Das Umfeld der Straftat. München: Minerva 1987, S. 17 ff.

die Verknüpfung des Lebensstilkonzepts mit der Längsschnittanalyse, insbesondere der Kohortenforschung. Aufmerksamkeit verdient schließlich der neuere Versuch, das Lebensstilmodell zur Erklärung krimineller Viktimisierung nutzbar zu machen. Dabei lassen sich gewisse Anklänge an die früheren Unfäller- und Risikoverhaltensforschungen nicht übersehen[26].

III.

Vor allem Hans Göppinger hat aufgrund der Befunde und Einsichten der Tübinger Langzeitstudie Tatgeschehen und Täterentwicklung in den Zusammenhang mit einer besonderen Lebensweise des Täters gerückt. Klarer noch und prägnanter als die deutsche Fassung seiner grundlegenden Forschungsarbeit über den "Täter in seinen sozialen Bezügen"[27] verdeutlich dies die englische Übersetzung des Buches unter dem Titel *"Life Style and Criminality"*[28]. Aufgrund vergleichender Analysen im Längs- und Querschnitt von Häftlings- und Kontrollgruppen ergeben sich für die inhaftierten Probanden charakteristische Verhaltensweisen, die sich als ein "H-typischer-Lebensstil" begreifen lassen, nämlich gestörter Leistungsbereich, Ausweitung der Freizeit zu Lasten des Leistungsbereichs, unstrukturiertes Freizeitverhalten und lockere, austauschbare Kontakte[29].

Die Längsschnittbetrachtung führt - je nach Einbettung der Kriminalität in das Leben des Delinquenten - zu folgender Typologie:
- *kontinuierliche Hinentwicklung zur Kriminalität,*
- *Kriminalität im Rahmen der Persönlichkeitsreifung,*
- *Kriminalität bei sonstiger sozialer Unauffälligkeit* und
- *krimineller Übersprung*[30].

Bei den letztgenannten Gruppen, am ehesten durch ihre Wertorientierung erkennbar[31], ist die Tat im Lebenslängsschnitt nicht in eine H-typische Lebensweise eingebettet; vielmehr leben die Täter hier ein "Durchschnittsleben". Ganz anders hingegen bei einer "kontinuierlichen Hinentwicklung zur Kriminalität".

Beginnt eine solche Entwicklung bereits in der frühen Jugend, dann ist ein mit einer gewissen inneren Dynamik ausgestatteter Verlauf zu beobachten, der in den Bereichen von Aufenthalt, Leistung und Kontakten eine zunehmend stärkere Ausprägung der H-typischen Lebens-

---

26) S. dazu Garofalo 1987 (Fn 4), S. 24, und Kaiser 1970 (Fn 2), S. 60 322, 334 f., hier mit Hinweisen auf die Verkehrsunfällerforschung.
27) Göppinger, H.: Der Täter in seinen sozialen Bezügen. Ergebnisse aus der Tübinger Jungtäter-Vergleichsuntersuchung. Berlin u.a.: Springer 1983
28) Göppinger, H.: Life Style and Criminality. Basic Research and Its Application: Criminological Diagnosis and Prognosis. Berlin u.a.: Springer 1987
29) Göppinger 1983 (Fn 27), S. 117 ff.
30) Göppinger 1980 (Fn 8), S. 310 f.; 1983 (Fn 27), S. 238
31) Vgl. Göppinger 1983 (Fn 27), S. 238

stilindikatoren bringt[32].

Die Querschnittsbetrachtung, bezogen auf die Zeit vor der letzten Straftat, wiederum vermittelt "den aktuellsten Eindruck von Lebensstil und Lebenszuschnitt des Probanden"[33]. Hierfür sind sogenannte kriminovalente Konstellationen bedeutsam. Sie bestehen aus
- *Vernachlässigung des Arbeits- und Leistungsbereichs sowie familiärer und sonstiger sozialer Pflichten,*
- *fehlendem Verhältnis zu Geld und Eigentum,*
- *unstrukturiertem Freizeitverhalten und*
- *fehlender Lebensplanung.*

Diese Faktoren lassen sich unmittelbar für eine lebensstilorientierte Betrachtung nutzen. Somit deutet ein bestimmter, der kriminovalenten Konstellation entsprechender Lebensstil, vor allem wenn er über längere Zeit aufrechterhalten wird[34], eine hohe Delinquenzwahrscheinlichkeit an. Die verschiedenen Einzelkriterien schließen sich zu einer Konstellation zusammen, bei der das Geschehen förmlich zur Straffälligkeit, und hier vor allem zu Eigentums- und Vermögensdelikten, hindrängt. Daher erweist sich das als "Frühwarnbereich" gekennzeichnete Freizeitverhalten[35] als besonders aussagekräftig.

Zwar ist danach keineswegs jede Delinquenz in einen H-typischen Lebenszuschnitt eingebettet. Liegt jedoch in Längs- und Querschnitt eine H-typische Entwicklung bzw. Konstellation vor, dann ist mit hoher Deliquenzwahrscheinlichkeit, mit immer neuer Rückfälligkeit und großen Schwierigkeiten bei der Resozialisierung zu rechnen[36].

IV.

Auf die Ergebnisse der Tübinger Langzeitstudie aufbauend und in Anlehnung an den Gedankengang des Jubilars versucht Maschke, "die Einbettung der Tat in einen Lebenskontext zu erfassen und damit eine Brücke zu schlagen zwischen dem Täter und seiner Tat"[37]. Mittels einer Analyse des näheren zeitlichen Vorfeldes der "letzten Tat", des Tattages und der Zeit kurz nach der Tat strebt er danach, über lediglich statistische Zusammenhänge hinaus konkrete Verbindungen zwischen der Tat, den Tatmodalitäten und dem allgemeinen Verhalten des betreffenden Straftäters im "täglichen Leben" herzustellen[38]. Aufgrund solcher Verknüpfung waren H-typische Lebensstilmerkmale, bezogen auf alle

---

32) Vgl. Göppinger 1980 (Fn 8), S. 313 ff.
33) Göppinger, H.: Angewandte Kriminologie. Ein Leitfaden für die Praxis. Berlin u.a.: Springer 1985, S. 120
34) Göppinger 1985 Fn 33), S. 121 f.; hier ausdrücklich als "Lebensstil" bezeichnet.
35) Göppinger 1980 (Fn 8), S. 289; 1983 (Fn 27), S. 89 ff.
36) Göppinger 1980 (Fn 8), S. 313, 319
37) Maschke 1987 (Fn 25), S. 15
38) Maschke 1987 (Fn 25), S. 14 f., 26 f.

Probanden, desto häufiger vorhanden, je näher der Tattag rückte. Diese statistische "Zuspitzung" zeigte sich bei Eigentumsdelikten wiederum deutlicher als bei anderen Straftaten[39]. Am Tattag selbst wurde das allgemeine Verhalten häufig durch H-spezifische Verhaltensweisen vor allem im Freizeitbereich geprägt[40]. In Weiterführung und Vertiefung der bisherigen Einsichten entwickelt Maschke eine Typologie von Verlaufsmustern, welche die Lebenssituation des Täters und die "letzte Tat" in unmittelbaren Bezug bringen und unter die mehr als 80 % der erfaßten Fälle zuordnungsfähig werden. Die *Typologie der Verlaufsmuster* veranschaulicht die
- *durch den Lebensstil bedingte ausweglose Lage, ferner*
- *unrealistische materielle Ansprüche,*
- *unbefriedigende Feierabendsituation und die*
- *verführerische Gelegenheit im sozialen Nahraum*[41].

Die überwiegende Mehrheit der erfaßten Fälle im Rahmen der Tübinger Langzeituntersuchung lassen sich also unter die vier genannten Verlaufsformen bringen, aus denen die Delinquenz geradezu "mit musterhafter Regelmäßigkeit"[42] hervorging. Daher ist die Gruppe derer, die "durch den Lebensstil bedingt" in eine "ausweglose Lage" geraten waren, mit 15 % an den untersuchten Probanden beteiligt[43]. Jedoch wird eine Zuordnung der entwickelten Verlaufsformen zu den von Göppinger entwickelten H-Längsschnittypen wegen der "damit verbundenen Ungenauigkeiten und offensichtlichen Unzulänglichkeiten" nicht gewagt[44]. Immerhin ergibt sich insgesamt eine deutliche Beziehung eines bestimmten H-typischen "Lebensstils" zur Delinquenz.

V.

Für die *Aussagekraft* der Tübinger Befunde sprechen außerdem die ähnlichen Ergebnisse der "Cambridge Study in Delinquent Development" von West u. Farrington[45]. Auch diese Forschung erbrachte statistisch relevante Unterschiede zwischen den Gruppen und erarbeitete "contrasts in life style between delinquents and non-delinquents"[46]. Diese stimmen mit den Resultaten der Tübinger Vergleichsuntersuchung ebenso wie mit jenen anderer Langzeitforschungen weitgehend überein[47].

---

39) Maschke 1987 (Fn 25), S. 60
40) Maschke 1987 (Fn 25), S. 63, 69 ff.
41) Maschke 1987 (Fn 25), S. 113 ff., 126 f.
42) Maschke 1987 (Fn 25), S. 111
43) Maschke 1987 (Fn 25), S. 113 ff.
44) Maschke 1987 (Fn 25), S. 135
45) West/Farrington 1977 (Fn 3), S. 43
46) West/Farrington 1977 (Fn 3), S. 43 ff.
47) Vgl. Sarnecki, J.: Predicting Social Maladjustment. National Council for Crime Prevention Sweden. Stockholm 1985; und Wolfgang, M.: From Boy to Man - From Delinquency to Crime. In: Handbook of Longitudinal Research, Vol. 2. New York: Praeger 1984

Während die Cambridge Vergleichsstudie beim Alter der Probanden von 18 Jahren "surprising differences between the life-style and the attitudes of delinquents and of their peer" ermittelte, schwächte sich der "contrast in life-styles between the deliquent and the non-delinquent group" bis zum Alter von 21 Jahren etwas ab, freilich mit Ausnahme der hartnäckig Rückfälligen. "In fact, antisocial life-style and number of previous convictions were about equally effective as predictors of a continuing delinquency career"[48]. In seinem zusammenfassenden Forschungsbericht faßt West die signifikanten "Lebensstil-Indices" zusammen und rückt sie in Beziehung zum unterschiedlichen Verlauf krimineller Karrieren. Die dabei gefundene Typologie entspricht den Befunden der Tübinger Langzeitstudie[49].

Verglichen mit den Längsschnittforschungen von Sarnecki und Wolfgang erscheint der Ansatz sowohl Göppingers als auch Wests umfassender. Denn hier wird die Straftat als Bestandteil der individuellen Lebensentwicklung, als Ausdruck einer bestimmten Lebensweise begriffen und damit die Lebenssituation des Täters zum Ausgangspunkt gewählt, während andere Langzeituntersuchungen überwiegend bei einer rein statistisch-deskriptiven Gegenüberstellung von Merkmalen verharren.

Dennoch könnte die *Verallgemeinerungsfähigkeit* der Befunde insoweit begrenzt sein, als es sich um Delinquenzbereiche und -situationen handelt, die von der Tübinger Langzeitstudie nicht oder weniger gedeckt sind. Zu denken ist vor allem an die "Kriminalität bei sonstiger sozialer Unauffälligkeit". Denn "in der Regel fehlen fast alle Kriterien, wie sie bei der kontinuierlichen Hinentwicklung zur Kriminalität und der Kriminalität im Rahmen der Persönlichkeitsreifung bemerkt werden"[50]. Die "Aspekte der Kriminologischen Trias geben hier also wenig Aufschluß"[51]. Auch der von Maschke[52] aufgezeigte Typus der "verführerischen Gelegenheit im sozialen Nahraum", bei dem es also um das spontane Ausnutzen einer günstigen Situation geht, läßt erkennen, daß es Fälle gibt, in denen die Beziehung zwischen Lebensstil und Delinquenz sich verflüchtigt oder völlig fehlt. Ergiebig hingegen erscheint die Lebensstilbetrachtung vor allem für Rückfäller im klassischen Bereich der Kriminalität. Allerdings bleibt auch hier noch weitgehend offen, wie und warum es zur Ausprägung spezifischer Lebensstile kommt. Ferner verweisen andere Ansätze auf die bloße "Eigendynamik der Rückfälligkeit"[53]. Zwar wird damit prinzipiell das Lebensstilkonzept nicht ausgeschlossen, jedoch in seiner Aussagekraft relativiert.

---

48) West, D.: Delinquency. Its roots, careers and prospects. London: Heinemann 1982, S. 60, 70, 79
49) West 1982 (Fn 48), S. 62, 80, 84
50) Göppinger 1980 (Fn 8), S. 321
51) Göppinger 1985 (Fn 33), S. 134
52) Maschke 1987 (Fn 25), S. 126 f.
53) Vgl. Blumstein, A./Farrington, D./Moitra, S.: Delinquency Careers: Innocents, Desisters and Persisters. In: Tonry, M./Morris, N. (eds): Crime and Justice. An Annual Review of Research. Chicago 1985, p. 187 - 219, 187 ff.; Hermann, D./Kerner, H.-J.: Die Eigendynamik der Rückfallkriminalität. Kölner Zeitschrift für Soziologie und Sozialpsychologie 40 (1988), S. 485 - 504, 485 ff., 501 f.

VI.

Doch nicht nur für das Verbrechen, sondern auch für die *Viktimisierung* als Individualerscheinung wird der Begriff des Lebensstils zur vertiefenden Analyse herangezogen. Ausgangspunkt ist die Annahme, daß ebenso wie Verbrechen auch das Opferwerden nicht zufällig nach Ort und Zeit verteilt ist[54], sondern daß es besondere Zeiten, Orte und Personen gibt, mit denen ein höheres Risiko verbunden ist, Verbrechensopfer zu werden. Inwieweit sich eine Person in solche Risikosituationen begebe, hänge entscheidend von ihrem Lebensstil ab[55]. Lebensstil wird hier als tägliche, eingeschliffene Routine begriffen, d.h. vor allem als Tätigkeit wie Schulbesuch, Haushaltsführung, Arbeit außer Haus sowie typische Freizeitbeschäftigung. Für wichtig gilt auch hier die für den einzelnen charakteristische Zeiteinteilung zwischen Arbeits- und Freizeitbereich[56]. Ein erhöhtes Risiko zur Viktimisierung soll auf zwei Wegen entstehen: einmal durch längeren und häufigeren Aufenthalt auf öffentlichen Verkehrsflächen, zum anderen durch Häufigkeit und Kontaktintensität mit potentiellen Tätern[57]. Opferbefragungen scheinen den Zusammenhang zwischen Lebensstil und Viktimisierungsrisiko zu stützen[58]. Danach ist besonders die Beziehung zwischen der Häufigkeit und Struktur der Freizeitaktivität und der Wahrscheinlichkeit, Opfer eines Verbrechens zu werden, auffällig[59].

Dennoch ist der viktimologische Lebensstilansatz nicht unangefochten. Man wendet ein, daß er sich auf eine triviale Formel reduzieren lasse, wegen seiner Vagheit sich als letztlich unergiebig erweise sowie von wenig präventivem Nutzen sei[60]. Ob die Einwände durch das Konzept der "routine daily activity" zu entkräften sind, läßt sich noch kaum überblicken[61]. Immerhin sollen für das viktimologische Lebensstilkonzept auch biologische, psychologische und ähnliche Faktoren einbezogen werden[62].

---

54) Vgl. Hindelang, M.: Opferbefragungen in Theorie und Forschung. In: Schneider, H.J. (Hrsg.): Das Verbrechensopfer in der Strafrechtspflege. Berlin u.a.: de Gruyter 1982, S. 115 - 131, 124; Garoflo 1987 (Fn 4), S. 26
55) Hindelang 1982 (Fn 54), S. 128
56) Hindelang 1982 (Fn 54), S. 123 f.; Garofalo 1987 (Fn 4), S. 26 f., 34
57) Hindelang/Gottfredson/Garofalo 1978 (Fn 4), S. 253, 255 ff.
58) Überblick bei Garofalo 1987 (Fn 4), S. 29 ff.
59) Garofalo 1987 (Fn 4), S. 31 f.
60) Dazu Garofalo 1987 (Fn 4), S. 27 ff.
61) Vgl. Garofalo 1987 (Fn 4), S. 26 f. zu den Gemeinsamkeiten und Unterschieden der Ansätze
62) Garofalo 1987 (Fn 4), S. 38 f.; zur Fortentwicklung ferner Maxfield 1987 (Fn 4), S. 279 f. m.w.N.

VII.

Außerdem weisen die neueren Karriereansätze Berührungspunkte zur lebensstilorientierten Betrachtungsweise auf. Dies gilt insbesondere dort, wo man "Karrierekriminalität" und Auffälligkeiten im Arbeits- und Freizeitbereich zu verknüpfen sucht[63]. Können allgemein auch kriminelle Karrieren als "way of life" gedeutet werden[64], so ergibt sich allerdings die Frage nach der Besonderheit des Lebensstils bzw. der *Vereinbarkeit oder Unterscheidung und Abgrenzung*. Im Vergleich *zum* Lebensstilkonzept ist der *Karrierebegriff* offensichtlich stärker auf die fortschreitende Entwicklung oder die Laufbahn bezogen. Zugespitzt werden als Karrierekriminelle nur solche Täter betrachtet, die sich in einem zielgerichteten, linearen Prozeß eine Spitzenstellung in der organisierten Kriminalität erkämpft haben[65]. Im Gegensatz dazu bezieht sich die Lebensstilbetrachtung mehr auf die Einbettung der Tat in das "Lebensgesamt".

Ob und inwieweit es kriminelle Karrieren gibt, ja inwieweit der Karrierebegriff überhaupt im kriminologischen Zusammenhang geeignet erscheint, ist freilich noch immer Gegenstand des Streites[66], auch wenn man zu Häufigkeit, Verlauf und Schwere der Delinquenz über einige Kenntnisse verfügt. Weil die Ausrichtung der Forschung auf das "Paradigma der kriminellen Karriere"[67] die Längsschnittuntersuchung als Forschungsdesign erfordert, setzt sie sich überdies mitunter der Kritik wegen des Mangels an theoriegeleitetem Vorgehen aus[68]. Dieser Einwand trifft aber nicht prinzipiell zu. Denn Verlaufsuntersuchungen zur Kriminalität schließen eine Theorieorientierung nicht aus. Zu denken ist hier an Sozialisations-, Kontroll- und Bindungstheorien einerseits und dem Labeling approach andererseits[69]. Im übrigen kann es keineswegs als empirisch gesichert gelten, daß die gleichen Wirkungs-

---

63) Vgl. Dolde, G.: Sozialisation und kriminelle Karriere. München: Minerva 1978, S. 361 ff., 365; Wulf, B.R.: Kriminelle Karrieren von "Lebenslänglichen". München: Minerva 1979, S. 109 ff.; West 1982 (Fn 48), S. 83 f.

64) Vgl. Haferkamp, H.: Kriminelle Karrieren. In: Kaiser, G./Kerner, H.-J./ Sack, F./Schellhoss, H. (Hrsg.): Kleines kriminologisches Wörterbuch. 2. Aufl., Heidelberg: Müller 1985, S. 267 - 271, unter Bezugnahme auf Dolde 1978 (Fn 63) und Wulf 1979 (Fn 63).

65) So etwa Hassin, Y.: Career Criminals, Recidivists and Dangerous Offeners. Annales 25 (1987), p. 233 - 251, 239 f.

66) Vgl. die Kontroverse zwischen Blumstein, A./Cohen, J./Farrington, D.: Criminal Career Research: Its Value for Criminology. Criminology 26 (1988), p. 1 - 35; Blumstein, A./Cohen, J./Farrington, D.: Longitudinal and Criminal Career Research: Further Clarifications. Criminology 26 (1988), p. 57 - 74, 60; und Gottfredson, M./Hirschi, T.: Science, Public Policy, and the Career Paradigm. Criminology 26 (1988), p. 37 - 55, 39

67) Gottfredson/Hirschi 1988 (Fn 66), S. 37

68) So explizit Gottfredson, M./Hirschi, T.: The Methodological Adequacy of Longitudinal Research on Crime. Criminology 25 (1987), p. 581 - 614, 585 ff.

69) Vgl. Sarnecki 1985 (Fn 47), S. 104 ff.; Tittle, Ch.: Two empirical regularities (maybe) in search of one explanation: commentary on the age/crime debate. Criminology 26 (1988), p. 75 - 85, 81, 83

mechanismen bei erstmaliger Straffälligkeit auch für die Begehung, Häufigkeit und Art weiterer Straftaten relevant sind[70]. Die unterschiedlichen Verlaufsformen delinquenter Entwicklungen widersprechen dem. Derartige Fragen zu klären, erlaubt nur eine Langzeitstudie. Ausschließlich Kohortendesign und Inter-Kohorten-Vergleiche machen Alters-, Perioden- und Kohorteneffekte unterscheidbar. Sie lassen auch eine bessere Differenzierung und Absicherung der Ergebnisse bezüglich Altersverläufen erwarten[71]. Sie suchen ferner die Einflüsse justizieller Interventionen auf die Verhaltensentwicklung einzubeziehen und zu klären[72]. Damit schließen sie generell eine Typologisierung nach dem Lebensstil nicht aus, lassen sie vielmehr offen.

Ein ähnliches Verhältnis dürfte sich auch zur Deutung des wiederholten Rückfalls als "Eigendynamik" ergeben[73], obschon hier über die Typologie hinaus eine "Theorie der kriminellen Karriere" beabsichtigt ist. Allerdings erscheint zwischen dem "Grenzfall der kontinuierlichen Hinentwicklung zur Kriminalität" und der "Eigendynamik des Rückfalls" bezüglich der "eigentlichen Karrieretäter" die Deckungsfähigkeit noch ungeklärt. "Dranghaftigkeit" einerseits und "Zwanghaftigkeit" mit gegenläufiger Rückfallreduzierung andererseits veranschaulichen überdies die Positionen.

Hingegen deckt sich das Lebensstilkonzept nicht mit einer auf den Beruf bezogenen Analyse, etwa im Sinne sogenannter Berufskriminalität ("occupational crime"). Zwar berücksichtigt es auch die berufliche Tätigkeit, verharrt aber nicht dabei, sondern greift darüber hinaus und umfaßt weitere Bezugsfelder.

---

70) Vgl. Blumstein/Cohen/Farrington 1988 (Fn 66), S. 4
71) Karger, T./Sutterer, P.: Cohort Study on the Development of Police-Recorded Criminality and Criminal Sanctioning - Part Two: On Longitudinal Research in Criminology and First Results from the Freiburg Cohort Study. In: Kaiser, G./Geissler, I. (eds): Crime and Criminal Justice. Kriminologische Forschungsberichte aus dem Max-Planck-Institut für ausländisches und internationales Strafrecht. Freiburg: Eigenverlag 1988, S. 89 - 114, 94
72) Vgl. Heinz, W./Spieß, G./Storz, R.: Prävalenz und Inzidenz strafrechtlicher Sanktionierung im Jugendalter - Ergebnisse einer Untersuchung von zwei Sanktioniertenkohorten anhand von Daten des Bundeszentralregisters. In: Kaiser, G./Kury, H./Albrecht, H.-J. (Hrsg.): Kriminologische Forschung in den 80er Jahren. Kriminologische Forschungsberichte aus dem Max-Planck-Institut für ausländisches und internationales Strafrecht Freiburg, Bd. 35/2. Freiburg: Eigenverlag 1988, S. 631 - 660, 631 f.; Schneider, G./Sutterer, P./Karger, T.: Cohort Study on the Development of Police-Recorded Criminality and Criminal Sanctioning - Part One: How Longitudinal Studies are Possible Considering the Existing Data Protection Restrictions. In: Kaiser, G./Geissler, I. (eds): Crime and Criminal Justice. Kriminologische Forschungsberichte aus dem Max-Planck-Institut für ausländisches und internationales Strafrecht, Bd. 36. Freiburg: Eigenverlag 1988, S. 71 - 88, 71 ff.
73) Dazu Hermann/Kerner 1988 (Fn 53), S. 464 ff.

VIII.

Führt man sich die verschiedenen Ansätze und Beiträge zum Lebensstil vor Augen, dann wird erkennbar, daß sich die Auffassungen nur zum Teil decken, daß es offensichtlich *keine einheitliche Konzeption* gibt. Demgemäß verwundert nicht, daß über die relevanten Variablen, die als Indikatoren zur Erfassung des Konzepts dienen, kaum Übereinstimmung herrscht. Teilweise wird schon davon abgesehen, darzulegen, was unter Lebensstil verstanden werden soll. So unterscheidet sich namentlich der H-typische Lebensstil bei Göppinger und Maschke vom viktimologischen Lebensstilbegriff bei Hindelang, Gottfredson und Garofalo. Überdies wird gelegentlich eine sozialwissenschaftliche Fundierung vermißt und ein stärker strukturbezogenes Verständnis gefordert. Außerdem bemüht man sich darum, die Verschränkung von sozioökonomischen und sozialkulturellen Lebensniveaus zu berücksichtigen[74].

Immerhin ergeben sich bei allem Facettenreichtum des Lebensstilbegriffs auch *Gemeinsamkeiten,* insbesondere in der Wertorientierung und im Freizeitverhalten. Überdies lassen sich die Risiken des Straffälligwerdens ebenso wie der Viktimisierung in die Lebenssituation einbetten. Im Grenzfall kommen Täter und potentielles Opfer aufgrund ähnlichen Lebensstils in häufige Kontakte, aus denen wiederum das Viktimisierungsrisiko erwächst[75]. Gleichgültig, ob sich der Blick auf den Täter oder das Opfer richtet, in jedem Fall erscheint der Lebensstil als die nach außen in Erscheinung tretende, erkennbare und relevante Lebensweise, die auf der im Verlauf des Lebens herausgebildeten und fortentwickelten Gesamtheit normativer Orientierungen und Handlungsmuster beruht. Da sich die Kriterien dieser Definition operationalisieren lassen[76], erlaubt die Messung der in Betracht kommenden Variablen einen Vergleich[77] und ferner die Nutzanwendung durch Kriminalprognose und Prävention. Liegt etwa eine kontinuierliche Hinentwicklung zur Kriminalität vor, d.h. eine zunehmend kräftiger werdende Ausprägung H-typischen Lebensstils und im Querschnitt eine kriminovalente Konstellation, dann kann aus diesen Lebensstilmerkmalen eine äußerst ungünstige Prognose gefolgert werden[78]. Ob der Ansatz Maschkes darüber hinaus die Chance zur Vereinfachung der Kriminalprognose durch Rückgriff auf wenige Verlaufsmuster bildet, läßt sich noch kaum überblicken.

Wie es scheint, erweist sich der Lebensstil dort am aussagekräftigsten, wo die Delinquenz zum integrierenden Bestandteil der menschlichen Existenz geworden ist, also bei den Extremformen mit einer Häufung H-typischer Merkmale. Zu denken ist vor allem an den "Grenzfall

---

74) Vgl. Otto et al. 1988 (Fn 21), S. 476 ff. mit Nachweisen
75) Hindelang/Gottfredson/Garofalo 1978 (Fn 4), S. 255 ff.
76) Skeptisch gegenüber vollständiger Operationalisierbarkeit Göppinger 1983 (Fn 27), S. 227
77) S. Maxfield 1987 (Fn 4), S. 279
78) Vgl. Göppinger 1985 (Fn 33), S. 128

der kontinuierlichen Hinentwicklung zur Kriminalität"[79]. Hier finden sich denn auch deutliche Begegnungen mit oder gar Annäherungen zu einzelnen der herkömmlichen Tätertypen wie dem Zuhälter oder hochstaplerischen Betrüger sowie ferner zu subkulturellen Strukturen aufgrund von Banden- und Randgruppenzugehörigkeit.

Entsprechendes gilt für die andere Seite, also den normalen, unauffälligen und "bürgerlichen" Lebensstil; hier wird die Straffälligkeit gegebenenfalls als "Kriminalität bei sonstiger sozialer Unauffälligkeit" oder als "Übersprung" gedeutet. Zwar bleiben Fahrlässigkeitsdelikte unberücksichtigt, obwohl auch sie sich prinzipiell nach entsprechenden Gesichtspunkten untergliedern lassen dürften[80]. Vor allem aber geben Umwelt-, Verkehrs- und Wirtschaftsdelinquente mit - soweit von außen erkennbar - durchweg normalem Lebensstil sowie ferner die Frauenkriminalität unverändert Fragen auf. Hier nämlich scheint sich das Lebensstilkonzept nicht als so eindeutig und erklärungskräftig zu erweisen, wie man dies erwarten sollte. Aber schon im sogenannten Mittelfeld der konventionellen Eigentums- und Gewalttäter bleibt die Ergiebigkeit des Konzepts unsicher. Wohl führt die Einbindung der jeweils seltenen und punktuellen Straffälligkeit "in das Lebensgesamt" über den reinen additiven Mehrfaktorenansatz hinaus, enthält also zusätzliches Integrationspotential, leidet aber wie viele Typologien an verblassender Aussagekraft dann, wenn es sich vorwiegend um die situativ bedingte Gelegenheitsdelinquenz handelt. Typologien bestechen fraglos durch ihre Anschaulichkeit und Wirklichkeitsnähe, verlieren jedoch an Sicherheit ihrer Aussage, zumal dann, wenn wie hier noch "Raum für andere Formen"[81] bleibt.

IX.

Trotz der nicht ausräumbaren Ungereimtheiten und Divergenzen, Fragen und kritischen Einwände hat das Lebensstilkonzept keineswegs an Anziehungskraft verloren. Dies ist nicht nur seiner Anschaulichkeit und Eingängigkeit zu danken, sondern auch seinem Integrationsvermögen, individuelle Merkmale mit sozialen Bezügen zu verknüpfen, ohne deskriptiv beim additiven Mehrfaktorenansatz zu verharren. Sozialisations- oder kontrolltheoretische Fortentwicklungen erscheinen überdies denkbar. So kann man den Lebensstil eines Menschen als die Gesamtheit von Wert- und Verhaltensorientierungen sowie Haltungen und Handlungsmuster kennzeichnen, die im Verlauf des Lebens herausgebildet und fortentwickelt werden. Es leuchtet ein, daß in dieses "Lebens-

---

79) Göppinger 1983 (Fn 27), S. 246
80) So Göppinger 1983 (Fn 27), S. 225
81) Göppinger 1983 (Fn 27), S. 225

gesamt" und "Beziehungsgeflecht" auch die Delinquenz eingebettet ist[82]. Lebenssituationen und Lebensentwicklung verbinden sich aufgrund eingeschliffener Verhaltensfiguren zu einer auch normativ relevanten Lebensweise. Ein solches *Lebensstilkonzept* verspricht offenbar, nicht nur in bisheriger Längs- und Querschnittsbetrachtung das Tatgeschehen als Individualerscheinung verständlich zu machen, sondern darüber hinaus durch empirische Verallgemeinerung im Wege der Typologisierung Voraussagen über das künftige Legalverhalten und die Viktimisierung zu erlauben.

X.

Wegen seiner prozeßhaften Sichtweise ist das Lebensstilkonzept wesentlich auf die Längsschnittuntersuchung und wegen der angestrebten Verknüpfung von individuellen mit sozialen Faktoren auf ein interdisziplinäres Vorgehen angewiesen. Beidem hat sich Hans Göppinger früh zugewandt und ihm mit seinem imponierenden Lebenswerk *den Weg gebahnt*. Er ist ihn unbeirrt und konsequent weitergegangen, trotz mancher Kritik, widrigem Zeitgeist und zeitweiliger Projektkrise[83]. Viel zu sehr begreift er sich als Humanwissenschaftler, um sich schon mit korrelationsstatistischen Ergebnissen begnügen zu können. Aber auch seine Zurückhaltung gegenüber unzulässiger Verallgemeinerung und realitätsfremder Theorie wird so verständlich. Im Hinblick auf die Grenzen rein quantitativen Vorgehens erfüllt ihn die Sorge, daß dadurch wichtige Dimensionen in der Erfassung menschlichen Verhaltens verloren gehen könnten. Aber auch die Aussagegrenzen rein qualitativer Forschung hat er nicht verkannt. Analyse, Beschreibung und Bezugsfeldanalyse - kennzeichnend als "Täter in seinen sozialen Bezügen" - erscheinen ihm als angemessene, ja optimale Darstellungsweise empirischer Kriminologie. Offenbar hat er sich nur sehr spät entschließen können, den "Lebensstil" als Leitbegriff aufzunehmen. Immerhin scheint die Typologie als wissenschaftliche Aussageform gerade die noch akzeptable Mitte einzunehmen zwischen beobachtbaren Fakten und theoretischen Konzepten, um die Gefahr des Wirklichkeitsverlustes zu bannen. Freilich, "die Erfassung des individuellen Täters in seinen sozialen Bezügen" als "zentraler Gegenstand" der Kriminologie ist Hans Göppingers[84] unverrückbare Position geblieben; nur in der Auffassung, daß dies "allein" so sei, unterscheidet sich der Schüler von seinem Lehrer.

---

82) S. auch dazu den ähnlichen Ansatz von Hagan, J./Palloni, A.: Crimes as Social Events in the Life Course: Reconceiving a Criminological Controversy. Criminology 26 (1988), p. 87 - 100, 89
83) Vgl. Göppinger 1983 (Fn 27), S. VI
84) Göppinger 1983 (Fn 27), S. 254

Täterliteratur

Heinz Müller-Dietz

"Wenn der Schuldige Mut hat, entschließt er sich, der zu sein, den das Verbrechen aus ihm gemacht hat. Eine Rechtfertigung findet er leicht, denn wie sonst könnte er leben? Er zieht sie aus seinem Stolz." (Jean Genet)[1]

"An Daten ist alles im Überfluß aktenkundig aus diversen Strafprozessen gegen mich. An Färbung und Interpretation weist alles einen richtungsläufigen Trend auf, der bis zur Entstellung reicht. Ich glaube kaum, daß in all dem gestapelten Papier auf dem Tisch des Gerichts meine Jugend bzw. mein Leben zu finden ist. Das Gericht mag es ja glauben." (Heine Schoof)[2]

I.

Lebenslauf und Lebensgeschichte stehen mehr denn je im Kontext kriminologischer Täteranalysen. Dies gilt vor allem, wenngleich keineswegs allein im Hinblick auf solche Verläufe, die seit einiger Zeit als sog. abweichende oder kriminelle Karrieren bezeichnet zu werden pflegen[3]. Gerade in den Studien Hans Göppingers, des verehrten Jubilars, nimmt die Biographie des Täters einen breiten Raum hinsichtlich der genetischen Erfassung der Entwicklung sowie der Erforschung und Deutung

---

1) Genet, J.: Tagebuch eines Diebes. Mit einem Vorwort von Max Bense. München: dtv 1971, S. 226

2) Schoof, H.: Erklärung. Frankfurt a.M.: Suhrkamp 1971, S. 10

3) Vgl. z.B. Becker, H.S.: Außenseiter. Zur Soziologie abweichenden Verhaltens. Frankfurt a.M.: Fischer 1981 (1973), S.22 ff.; Haferkamp, H.: Kriminelle Karrieren. Handlungstheorie, Teilnehmende Beobachtung und Soziologie krimineller Prozesse. Reinbek: Rowohlt 1975, S.15 ff.; Haferkamp, H.: Kriminelle Karrieren. In: Kaiser, G./ Kerner, H.-J./Sack, F./Schellhoss, H. (Hrsg.): Kleines Kriminologisches Wörterbuch. 2.Aufl., Heidelberg: Müller 1985, S.267-272; Hess, H.: Das Karriere-Modell und die Karriere von Modellen. In: Hess, H./Störzer, H.U./Streng, F. (Hrsg.): Sexualität und soziale Kontrolle. Beiträge zur Sexualkriminologie. Heidelberg: Kriminalistik 1978, S.1-30; Cremer-Schäfer, H.: Biographie und Interaktion. Selbstdarstellungen von Straftätern und der gesellschaftliche Umgang mit ihnen. München: Profil 1985, S.46 ff. Dazu allgemein Göppinger, H.: Kriminologie, 4. Aufl.; München: Beck 1980, S.47 f.; Eisenberg, U.: Kriminologie. 2. Aufl., Köln u.a. etc.: Heymanns 1985, S.767 ff.; Schneider, H.J.: Kriminologie. Berlin u.a.: de Gruyter 1987, S.13 ff.; Kaiser, G.: Kriminologie. Ein Lehrbuch. 2. Aufl., Heidelberg : Müller 1988, S.421, 460

Kerner/Kaiser (Hrsg.) Kriminalität

der Persönlichkeit ein - wird doch die Tat nicht zuletzt im "Lebenslängsschnitt" gesehen. Zentrale Partien seiner "Kriminologie" sind diesen
Aspekten und daraus gezogenen kriminologischen Konsequenzen gewidmet[4]. Darauf bauen namentlich Vorgehensweisen und Ergebnisse" der
"Tübinger Jungtäter-Vergleichsuntersuchung" auf, wie sie etwa in dem
einschlägigen Forschungsbericht von 1983 mitgeteilt werden[5]. Im Rahmen der "idealtypisch vergleichenden Einzelfallanalyse" kommt der
Untersuchung des Lebenslaufs - nach seinen verschiedenen Richtungen
und Bezügen hin - zentrale Bedeutung zu[6]: Wie anders soll der Kriminologe von jenem Grundkonzept aus Zugang zu Tat und Täter gewinnen!
Aber auch in anderen kriminologischen Ansätzen, die den Täter in
den Mittelpunkt ihrer Betrachtung rücken, spielt die Erforschung der
Lebensgeschichte eine wesentliche Rolle. Das trifft vor allem auf ver-
laufsorientierte Studien zu, die dem prozeßhaften, dynamischen Moment für die Analyse von Tat und Täter besonderes Gewicht beimes-
sen[7].

II.

Die Darstellung von Lebensläufen und Entwicklungen mit kriminellem
"Einschlag" oder gar krimineller Karrieren ist auch jenseits spezifisch
kriminologischer Erkenntnisinteressen und Studien seit langem gang und
gäbe. Sie ist vor allem in der sog. schöngeistigen Literatur anzutreffen.
Dies gilt erst recht, wenn man Texte mit entwicklungsgeschichtlicher,
prozeßhafter Perspektive in die Betrachtung einbezieht. Über Jahrhun-
derte hinweg haben sich Schriftsteller mit kriminellen Vorgängen, deren
Vorgeschichte, der (kriminalistischen) Aufklärung von Straftaten durch
die Polizei und mit ihrer juristischen Verarbeitung durch Justiz und
Strafvollzug auseinandergesetzt. Sie haben *ihre* Kenntnis von der
Wirklichkeit der Kriminalität und der realen Täterpersönlichkeit - oder
was sie dafür gehalten haben - sprachlich umgesetzt und damit weiter-
vermittelt. Vor allem *ein* Thema hat in diesem Kontext seit der Antike
immer wieder das Interesse von Literaten auf sich gezogen: das Verhältnis von Schuld und Sühne[8].

---

4) Göppinger (Fn 3): 1980, S. 311 ff., 445 ff
5) Göppinger, H.: Der Täter in seinen sozialen Bezügen. Ergebnisse aus der Tübinger
Jungtäter-Vergleichsuntersuchung. Berlin u.a.: Springer 1983
6) Göppinger, H.: Angewandte Kriminologie. Ein Leitfaden für die Praxis. Berlin u.a.:
Springer 1985, S. 32 ff
7) Vgl. z.B. von Engelhardt, D.: Deliktologie und Lebensentwicklung erwachsener
Rechtsbrecher. In: Engel, S.W./von Engelhardt, D. (Hrsg.): Kriminalität und Verlauf.
Literaturbericht - Ein System der Verlaufsforschung - Vier empirische Untersuchungen.
Heidelberg: Kriminalistik 1978, S. 321 - 381; vgl. auch Engel, S.W.: Zur Metamorphose
des Rechtsbrechers. Grundzüge einer Behandlungslehre. Stuttgart: Enke 1973, S. 8 ff
8) Vgl. nur (m.w.Nachw.) Müller-Dietz, H.: Kriminologie und Literatur - Ein Literatur-
Bericht -. In: Kielwein, G. (Hrsg.): Entwicklungslinien der Kriminologie. Köln u.a.:
Heymanns 1985, S. 59 - 91, 72 ff.

Zu erinnern ist insoweit nicht nur an Friedrich Schillers "wahre Geschichte" "Der Verbrecher aus verlorener Ehre"[9], sondern auch an Heinrich von Kleists Erzählung "Michael Kohlhaas"[10]. Nicht minder einschlägig wären die Romane Franz Kafkas "Der Prozeß"[11], Thomas Manns "Die Bekenntnisse des Hochstaplers Felix Krull"[12], Jakob Wassermanns "Der Fall Maurizius"[13] sowie Alfred Döblins Nacherzählung "Die beiden Freundinnen und ihr Giftmord"[14].

Aus der zeitgenössischen Literatur erwiesen sich etwa Max Frischs "Lehrstück ohne Lehre" "Biedermann und die Brandstifter"[15], der den Vergleich von Polizeifahndung und Treibjagd herausfordernde Roman Dieter Wellershoffs "Einladung an alle"[16] als einschlägig. Nicolas Borns "Täterskizzen"[17] leben freilich mehr von Momentaufnahmen als von der Schilderung prozeßhafter Abläufe[18].

Jene literarischen Texte fußen recht häufig auf realen Lebensgeschichten und Begebenheiten[19]. Aber wovon sie immer als Gegenstand, Vorwurf oder Sujet zehren - sie verarbeiten letztlich Fremderfahrungen, beruhen also nicht auf Selbsterlebtem. Die Lebensgeschichte *Dritter* wird - in realistischer oder verfremdender Weise - thematisiert. Das ist bei jenen Autoren anders, die in autobiographischer, dokumentarischer

---

9) Vgl. nur Schild, W.: Schillers "Verbrecher aus verlorener Ehre": Gedanken zu einem juristisch-hermeneutischen Handlungsbegriff. In: Hassemer, W. (Hrsg.): Dimensionen der Hermeneutik. Arthur Kaufmann zum 60. Geburtstag. Heidelberg: C.F. Müller 1983, S. 111 - 133

10) Umfassend Sendler, H.: Über Michael Kohlhaas - damals und heute. Berlin u.a.: De Gruyter 1985

11) Vgl. etwa Abraham, U.: Der verhörte Held. Recht und Schuld im Werk Franz Kafkas. München: Fink 1985, S. 35 ff., 145 ff

12) Vgl. Claßen, I.: Darstellung von Kriminalität in der deutschen Literatur, Presse und Wissenschaft 1900 bis 1930. Frankfurt a.M.: Lang 1988, S. 98 ff

13) Vgl. Claßen, I. 1988 (Fn 12), S. 74 ff

14) Vgl. Claßen, I. 1988 (Fn 12), S. 198 ff.; Müller-Dietz, H.: (Ich-)Identität und Verbrechen. Zur Rekonstruktion psychiatrischen und juristischen Wissens in Texten Döblins und Musils. In: Pfister, M. (Hrsg.): Krise und Modernisierung des Ich. 1989

15) Vgl. Schmitz, W.: Biedermanns Wandlungen: Von der "Burleske" zum "Lehrstück ohne Lehre". In: Frisch, M.: Hrsg. von Walter Schmitz. Frankfurt a.M.: Suhrkamp 1987, S. 229 - 260

16) Als Gegenstück ließe sich etwa P.P. Chotjewitz' Romanfragment " Die Herren des Morgengrauens" Berlin 1978 nennen.

17) Born, N.: Täterskizzen. In: Buch, H. Ch. (Hrsg.): Literaturmagazin 1. Für eine neue Literatur - gegen den spätbürgerlichen Literaturbetrieb. Reinbek: Rowohlt 1973, S. 199 - 207. Vgl. auch Born, N.: Täterskizzen. Erzählungen. Reinbek: Rowohl 1987, S. 137 - 150

18) Da findet sich allerdings manche bemerkenswerte Skizze: "Auf der Tagung der Kriminologen auf der Mainau ergab sich ein einhelliges Meinungsbild. International waren die Experten der Ansicht, daß man auf dem Wege zu einem einheitlichen, leicht faßbaren Tätertyp ein gutes Stück vorangekommen sei, dank der gemeinsamen Anstrengungen der letzten Jahre. Diese Einsicht wird auch nicht von der Tatsache widerlegt, daß die Bürger selbst mehr und mehr an ihren vier Wänden rütteln." (Born 1973 (Fn 17), S. 200

19) Vgl. nur Schönert, J. (Hrsg.): Literatur und Kriminalität. Die gesellschaftliche Erfahrung von Verbrechen und Strafverfolgung als Gegenstand des Erzählens. Deutschland, England und Frankreich 1850-1880. Tübingen: Niemeyer 1983; Claßen 1988 (Fn 12 u. 13)

oder fiktionaler Absicht und Manier eigene Lebenserfahrungen Texten - welcher Couleur auch immer - zugrundelegen oder sich darin mit solchen Erfahrungen auseinandersetzen. Mit dieser - zugegebenermaßen noch überaus vagen und vorläufigen - Umschreibung nähert man sich indessen Begriffsbestimmungen der sog. *Täterliteratur* an, wie sie seit ca. zehn Jahren in kriminologischen und literaturwissenschaftlichen Studien formuliert werden.

Thomas-Michael Seibert etwa, der, soweit ersichtlich, diesen Begriff in die Diskussion eingeführt hat, definiert ihn denn auch wie folgt: "Autoren, die selbst im Gefängnis gesessen haben, schreiben über sich selbst"[20]. Dabei geht es ihm - wie schon seine Gegenüberstellung von Texten Ernst S. Steffens[21] und Peter Handkes[22] zeigt -keineswegs nur um autobiographische, dokumentarische und wirklichkeitsgetreue literarische Verarbeitungen von Kriminalitäts- und Hafterfahrungen, sondern auch um thematisch einschlägige Texte fiktionaler Art. Ebensowenig beschränkt sich Täterliteratur in diesem Sinne auf Schilderung von Straftaten, Strafverfolgung und justitielle Reaktionen - etwa im Kontext autobiografischer Aufzeichnungen -, sondern bezieht nicht selten auch die "Welt hinter Mauern" in die Darstellung ein. Der Begriff umfaßt demnach auch Gefangenen- oder Gefängnisliteratur im Verständnis Sigrid Weigels[23] sowie Ute Kleins und Helmut H. Kochs[24], reicht aber eben insofern weiter, als Strafvollstreckung und Strafvollzug keineswegs notwendig Gegenstand der Beschreibung sein müssen. Ihm können auch sowohl Texte der sog. Hochliteratur als auch Produkte der Trivialliteratur zuzurechnen sein. Gerade letztere sind - wie etwa neuere Überlegungen Helga Cremer-Schäfers gezeigt haben[25] - qua "Selbstdarstellungen von Straftätern" zum bevorzugten Untersuchungsgegenstand avanciert. Dementsprechend hängt die Beantwortung der Frage, ob jeweils Täterliteratur vorliegt, für die heutige Forschung nicht von der sprachlichen Kompetenz des Autors und den literarischen Qualitäten eines Textes ab. In diesem Sinne stellt jedenfalls die Unterscheidung

---

20) Seibert, T.M.: Gerechtigkeit als Kampf um Sprachzugang. Bemerkungen zu Ernst S. Steffen: Rattenjagd, und Peter Handke. Die Angst des Tormanns beim Elfmeter. In: Lüderssen, K./Seibert, T.M. (Hrsg.): Autor und Täter. Frankfurt a.M.: Suhrkamp 1978, S. 53 - 97, 63

21) Steffen, E.S.: Rattenjagd. Aufzeichnungen aus dem Zuchthaus. Neuwied u.a.: Luchterhand 1971

22) Handke, P.: Die Angst des Tormanns beim Elfmeter. Erzählung. Frankfurt a.M.: Suhrkamp 1970

23) Weigel, S.: "Und selbst im Kerker frei ...!" Schreiben im Gefängnis. Zur Theorie und Gattungsgeschichte der Gefängnisliteratur (1750-1933). Marburg: Guttandin & Hoppe 1982, S. 17 ff

24) Koch, H.H.: Klage, Anklage, Widerstand - Zur Gefangenenliteratur nach 1945; Koch, H.H./Klein, U.: Gefangenenliteratur. Eine Übersicht über ihre wissenschaftliche Rezeption. In: Klein, U./Koch, H.H. (Hrsg.): Gefangenenliteratur. Sprechen - Schreiben - Lesen in deutschen Gefängnissen. Hagen: Padligur 1988, S. 88 - 113, 146 - 160

25) Cremer-Schäfer 1985 (Fn 3), S. 80 ff., 143 ff.; Cremer-Schäfer, H.: Über den Stellenwert autobiographischer Aufzeichnungen von Straftätern als sozialgeschichtliche Quelle, Kriminologisches Journal, 2. Beiheft 1987, S. 160 - 175. Vgl. schon Cremer-Schäfer, H.: Biographie und Interaktion - Eine Analyse der sozialen Funktion von Biographien Abweichender, Kriminologisches Journal 8 (1976), S. 298 - 305

Peter-Paul Zahls zwischen "originärer Knastliteratur", der Literatur sozialer Unterschichten, und literarischen Arbeiten inhaftierter Intellektueller oder Schriftsteller[26] die grundsätzliche Zugehörigkeit zu jener Gattung nicht in Frage. Gerade die neueren Untersuchungen zur Gefangenenliteratur wollen diesen Begriff möglichst weitgefaßt wissen, um der Vielfalt der die Haft thematisierenden schriftlichen Äußerungen Rechnung zu tragen[27]. Danach gehören neben autobiographischen Aufzeichnungen, Romanen, Gedichten auch Tagebücher, Briefe, Aufsätze und Erfahrungsberichte hierher; ja selbst Bittschriften, Eingaben, Kassiber, Wandinschriften und Verhörprotokolle werden einbezogen. Ebenso ist für die Frage der Zuordnung von untergeordneter Bedeutung, ob solche Texte mit dem Anspruch oder Ziel einer Veröffentlichung angefertigt worden sind.

Problematisch könnte freilich erscheinen, ob und inwieweit Aufzeichnungen, Dokumente und romanhafte Darstellungen, die letztlich den Niederschlag von Erfahrungen mit Strafverfolgung und Strafverbüssung unter politischem Vorzeichen oder aus *politischen Gründen* bilden, überhaupt als "*Täter*literatur" verstanden werden können. Schwierigkeiten ergeben sich hier in doppelter Hinsicht: Zum einen lassen sich politisch Verfolgte nun einmal nicht als (Straf-)Täter definieren - wie immer ihr Handeln in der konkreten Situation rechtlich beurteilt worden sein mag; dies ist ganz augenscheinlich in jenen Fällen, in denen Autoren von einem Unrechtsregime unterdrückt worden sind oder dagegen Widerstand geleistet haben. Zum anderen kann natürlich zweifelhaft sein, wer als politisch Verfolgter oder als politischer Gefangener jeweils anzusehen ist. Kurt Kreilers Dokumentation schriftlicher Äußerungen politischer Gefangener[28] vermittelt eine Vorstellung davon[29]. Auch Peter-Paul Zahls Unterscheidung zwischen "politischen" und "sozialen" Gefangenen[30] deutet in etwa jene Problematik an. Gleichwohl wird man Texte, die auf politische Strafverfolgung und Strafverbüßung zurückgehen, schwerlich ausklammern können (und keineswegs wegen der Schwierigkeiten der Abgrenzung). Stellen sie doch - schon jenseits der Frage nach der Authentizität - kaum minder gewichtige Dokumente literarischer Auseinandersetzung mit Strafjustiz und Strafvollzug dar.

---

26) Schnell, R.: Schreiben ist ein monologisches Medium. Dialoge mit und über Peter-Paul Zahl. Berlin: Ästhetik und Kommunikation 1979
27) Vgl. Weigel 1982 (Fn 23), S.17 ff., 29, 57 ff., 68 ff.; Koch 1988 (Fn 24), S. 90 ff. Vgl. ferner die Textexempel von Cremer-Schäfer 1985 (Fn 3), S. 143 ff
28) Kreiler, K. (Hrsg.): Sie machen uns langsam tot. Zeugnisse politischer Gefangener in Deutschland 1780-1980. Darmstadt u.a.: Luchterhand 1983
29) Vgl. Müller-Dietz, H.: Besprechung in Zeitschrift für Strafvollzug und Straffälligenhilfe 34 (1985), S. 101 - 102
30) Z.B. Zahl, P.P.: Literatur im Knast. In: Klein/Koch 1988 (Fn 24), S. 198 - 203 (202)

III.

Wenngleich der Begriff "Täterliteratur" relativ jungen Datums ist, so ist die Sache selbst vergleichsweise alt. Lebens-Geschichten, die gar noch von Mord und Totschlag, Vergewaltigung und Raub, Diebstahl und Betrug handeln, werden immer wieder erzählt - und finden auch ihre Interessenten. Mehr oder minder autobiographischen, wirklichkeitsgetreuen Berichten aus der Feder derer, die solche Taten begangen, Strafverfolgung und Strafvollzug erlebt und erlitten haben, haftet darüber hinaus nicht nur der Reiz des Abenteuerlichen und Exotischen, sondern auch der unverwechselbare Hautgout krimineller Erfahrung, der Kitzel des Authentischen, Unvermittelten an. So kann es nicht überraschen, daß schon seit Jahrhunderten derartige Lebensgeschichten veröffentlicht werden und auf entsprechende Resonanz stoßen. Umfassende sozial- und literaturhistorische Studien, die die Entstehungs- und Entwicklungsgeschichte solcher Literatur im einzelnen dokumentieren, fehlen freilich bis heute. Auch hier können nur stichwortartig und fragmentarisch Hinweise auf frühere Texte gegeben werden, die sich im weitesten Sinne als Täterliteratur fassen lassen. Dabei mögen einschlägige literarische Dokumente aus dem Ausland den - kursorischen - Überblick eröffnen.

In früheren Jahrhunderten machten Memoirenwerke bekannter (oder daraufhin bekanntgewordener) Schriftsteller und Publizisten einen Großteil jener Literatur aus. Nicht selten wurden diese Werke - die natürlich keineswegs auf den deutschen Sprachraum beschränkt blieben - sogar Bestandteil der Weltliteratur. Das hebt etwa an mit François Villons balladenartigem Text "Das Große Testament" aus dem 15. Jahrhundert, der - in einer Mischung aus Wirklichkeit und Mythos - von den reichhaltigen Erfahrungen seines Autors mit Rechtsbrüchen und Kerkerhaft berichtet[31]. Ein weiteres markantes Beispiel bilden die Memoiren Giacomo Girolamo Casanovas (1725-1798), die u.a. dessen Inhaftierung in und Flucht aus den berüchtigten Bleikammern Venedigs schildern. Gleichfalls noch dem 18. Jahrhundert entstammt die Lebensgeschichte des französischen Adligen Henri Masers de Latude "Fünfunddreißig Jahre im Kerker"[32], die in mancher Hinsicht so abenteuerlich anmutet wie der Lebenslauf Casanovas. Überhaupt sind inzwischen eine ganze Reihe von Memoiren und Briefen von Gefangenen, die in der Pariser Bastille eingesessen haben, veröffentlicht[33]. Das berühmt-

---

31) Villon, F.: Das Große Testament. Übertragen von Walter Widmer. St. Gallen u.a.: Langen-Müller 1949. S. Weigel knüpft daran als historisches Beispiel für Gefängnisliteratur an (Fn 23, S.14 ff.), P.-P. Zahl schreibt in seinem Gedicht "meinen kultivierten bekannten" (abgedr. bei Klein/Koch 1988, Fn 24, S. 8) ins Stammbuch, was sie sich hinter die Ohren schreiben sollten: daß sie zwar den toten Villon lesen, aber für den lebenden Zahl keinen Finger rühren.
32) Masers de Latude, H.: Fünfunddreißig Jahre im Kerker. Mit einem Nachwort von A. Ahues. München: Beck 1981
33) Vgl. Ahues 1981 (Fn 32): S. 354

berüchtigte Werk des Marquis de Sade, das seiner sexuellen Perversionen und Pathologien wegen bis zum heutigen Tage so viele Irritationen ausgelöst hat[34], ist übrigens praktisch hinter Kerkermauern (Vincennes, Bastille etc.) entstanden[35].

Besonders reich an solchen Memoirenwerken und Dokumenten ist das 19. Jahrhundert. Bezeichnend an ihnen ist nunmehr die Spannweite in Zuschnitt und Stil. Da finden sich Schriftsteller, die über politische Verfolgung und Haft berichten, aber auch Autoren, die ungeniert ihre kriminelle Lebensgeschichte ausbreiten, sie gar noch mit erfundenen Details ausschmücken oder "anreichern". Die Palette einschlägiger Texte reicht also schon hier von öffentlicher Anklage, die sich wider erlittenes Unrecht richtet, bis zu wirtschaftlicher Vermarktung eigener Erfahrungen mit Straftaten und Strafvollzug. Irgendwo dazwischen sind jene Texte Straffälliger anzusiedeln, die auf Betreiben der Behörden - etwa um zur Aufklärung des Falles beizutragen - entstanden sind.

Fast schon wie Schulbuchlektüre mutet die Geschichte des "armen Gefangenen" Silvio Pellico "Meine Gefängnisse" an, der 1820 aus politischen Gründen verhaftet wurde und zehn Jahre seines Lebens im Kerker auf dem Spielberg bei Brünn verbringen mußte[36]. Ganz anders gelagert war demgegenüber der Fall Pierre Rivieres, der auf Veranlassung der Behörden in einem "Dossier" über die Ermordung seiner Mutter und Geschwister berichtete (und das dann Michel Foucault 1975 dokumentierte)[37]. Von wiederum besonderem Zuschnitt ist die Lebensgeschichte François Eugène Vidocqs, der seine kriminelle Karriere als Hochstapler, Schmuggler und Zuhälter schließlich in den Diensten der Polizei selbst beendete[38]. Für Jean Genet (von dem noch die Rede sein wird) paßt - nebenbei bemerkt - ein solcher Rollenwechsel nur zu gut in jene geheime Dialektik, die kriminelles Gewerbe und polizeiliche Tätigkeit miteinander assoziiert[39]. Hafterfahrungen spiegeln sich nicht zuletzt im Werk bekannter Dichter wider. Das gilt etwa für Fjdor Dostojewskijs "Aufzeichnungen aus einem Totenhaus"[40], Paul Verlaines

---

34) Vgl. z.B. Blanchot, M.: Sade. In: Glaser, H.A. (Hrsg.): Wollüstige Phantasie. Sexualästhetik der Literatur. München: Hanser 1974, S. 25 - 61
35) Lennig, W.: de Sade in Selbstzeugnissen und Bilddokumenten. Reinbek: Rowohlt 1965, pass.
36) Pellico: Meine Gefängnisse. Berlin: Safari-Verl. 1960. Dazu z.B. Müller-Dietz, H.: Zum Bild des Strafvollzugs in der modernen Literatur, Zeitschrift für Strafvollzug und Straffälligenhilfe 18 (1969), S. 31 - 45, 36
37) Foucault M. (Hrsg.): Der Fall Rivière. Materialien zum Verhältnis von Psychiatrie und Strafjustiz. Frankfurt: Suhrkamp 1975. Dazu Schneider, H.J.: Das Geschäft mit dem Verbrechen. Massenmedien und Kriminalität. München: Kindler 1980, S. 66 - 75. Zur Problematik des - schriftlich fixierten - Geständnisses umfassend: Hahn, A./Kapp, V. (Hrsg.): Selbstthematisierung und Selbstzeugnis: Bekenntnis und Geständnis. Frankfurt a.M.: Suhrkamp 1987
38) Vidocq - der Mann mit hundert Namen. Erinnerungen eines Geheimagenten unter Napoleon. Mit einem Nachwort von Ludwig Rubiner und einem Dossier von Hanns Zischler. München: dtv 1970
39) Genet 1971 (Fn 1), S. 177 f.; Genet, J.: : Querelle. Roman. Reinbek: Rowohlt 1974, S. 66, 198
40) Dostojewskij, F.M.: Aufzeichnungen aus einem Totenhaus. Reinbek: Rowohlt 1963. Dazu z.B. Wagner, H.: Das Verbrechen bei Dostojewskij. Eine Untersuchung unter strafrechtlichem Aspekt. Diss. jur. Göttingen 1966

einschlägige, im Titel an Pellico erinnernde Schilderungen[41] sowie natürlich für die literarischen und sonstigen Dokumente Oscar Wildes, die von dessen zweijähriger Haft (mit Zwangsarbeit) in den englischen Gefängnissen Pentonville, Wandsworth und - vor allem - Reading handeln[42].

Nicht minder eindrucksvoll sind die - unter dem Pseudonym L. Melschin erschienenen - "Tagebuchblätter" des Schriftstellers Pjotr Filippowitsch Jakubowitsch (1860-1911), der 18 Jahre in (vor allem sibirischen) Zuchthäusern verbringen mußte[43]. Bemerkenswerterweise registrieren sie nicht zuletzt ein "Allgemeines Interesse für das Schreiben" in Haft[44], das anscheinend vor allem von einem vitalen Bedürfnis nach Auseinandersetzung mit der eigenen Lebensgeschichte diktiert war: "Neben den Gedichten gab es auch viele Prosaarbeiten, aber unter den Autoren gab es nicht einen einzigen Belletristen; sie beschrieben einzig und allein ... ihr eigenes Leben. ... Alle diese Autobiographien hatten eine gewisse Ähnlichkeit: Die Sträflinge quälten sich stets mit ein und derselben Frage - welche Ursachen hatten sie auf den Weg des Verbrechens und Lasters geführt; alle bedrückte es, daß es ihnen nicht gelungen war, ehrlich unter anständigen Menschen zu leben; und das Wichtigste - diese Erzählungen waren immer von tiefer Aufrichtigkeit. Was veranlaßte diese Leute - mag mancher Leser fragen -, ihre Erlebnisse niederzuschreiben und mich damit zu überhäufen? Ich muß gestehen, diese Frage interessierte mich auch sehr. Ich dachte zuerst, daß sie sich in meinen Augen rechtfertigen und mir um jeden Preis beweisen wollten, daß sie unschuldig verurteilt seien und nun unschuldig im Zuchthaus litten; aber schon die ersten Seiten dieser Autobiographien überzeugten mich davon, daß dieser Verdacht falsch war. Keiner von ihnen machte auch nur den geringsten Versuch, seine Vergehen zu beschönigen, etwas aus seiner finsteren Vergangenheit zu verhehlen, sondern sie brachten ihre Greueltaten mit schonungsloser, fast zynischer Offenheit vor. Der Grund war offenkundig ein anderer: Diese Unglücklichen wollten nicht nur ihre Seele durch eine Beichte vor einem Menschen, der - so glaubten sie - alles verstehen werde, erleichtern, nein, sie hofften auch, daß er der Welt von ihren Irrungen, Fehlern, Versuchungen und Qualen erzählen würde!"[45]

---

41) Verlaine, P.: Meine Gefängnisse. Leipzig: M.Hesse 1930
42) Wilde, O.: Die Ballade vom Zuchthaus zu Reading. Leipzig: M. Hesse 1907; Wilde, O.: De profundis. Aufzeichnungen aus dem Zuchthaus in Reading. Berlin: S. Fischer 1909. Vgl. ferner Kraus, K.: O. Wildes letzte Veröffentlichung. Die Fackel Nr. 246 - 247 v. 12. März 1908, S. 1 - 11, 3 - 11
43) Melschin, L.: Im Lande der Verworfenen. Tagebuchblätter eines sibirischen Sträflings. Bd.1 u. 2. Neu durchgesehen u. bearb. von Ch. Ruzicka. München: Beck 1987
44) Melschin 1987 (Fn 43), Bd. 2, S. 310 ff
45) Melschin 1987 (Fn 43), Bd. 2, S. 320

IV.

Die deutsche Literatur- und Sozialgeschichte kennt gleichfalls spätestens
seit dem 18. Jahrhundert - aber vermutlich schon früher - eine Vielzahl
von Aufzeichnungen und Veröffentlichungen, die sich der Täterliteratur im oben gekennzeichneten Sinne zurechnen lassen. Die 1787 erstmals
veröffentlichte "Merkwürdige Lebensgeschichte des Freiherrn Friedrich
von der Trenck" informiert über langjährige Kerkerhaft unter schwersten Bedingungen[46]. Vergleichbare Erfahrungen mit zehnjähriger Haftzeit auf dem Hohenasperg teilt der Lebensbericht Christian Friedrich
Daniel Schubarts mit[47]. Überhaupt existiert eine Vielzahl literarischer
Zeugnisse aus der Feder von Publizisten, Schriftstellern und Politikern,
die auf dem "Hausberg der schwäbischen Intelligenz" oder dem "schwäbischen Demokratenbuckel" inhaftiert waren; vor allem das 19. Jahrhundert ist - etwa was die Zeiten des Vormärzes und des Scheiterns der
Paulskirche anlangt - reich davon[48].
  Zahlreiche Texte aus jener Epoche berichten denn auch über politische Verfolgung und Haft[49] - die im Einzelfall, wie das Beispiel des
Pfarrers Friedrich Ludwig Weidig zeigt, sogar zum Tode führen
kann[50]. Aufzeichnungen solcher Art sind uns namentlich von demokratisch und republikanisch, gelegentlich auch revolutionär gesinnten
Schriftstellern und Politikern überliefert. Sie stammen von so unterschiedlichen Persönlichkeiten und Temperamenten wie etwa Wilhelm
Weitling[51], Friedrich Wilhelm Schulz[52], Ferdinand Lassalle[53], August

---

46) Kohut, A. (Hrsg.): Merkwürdige Lebensgeschichte des Freiherrn Friedrich von der
    Trenck. Leipzig: Meyer's Verlag 1898. Dazu Weigel 1982 (Fn 23), S. 20 - 23, 120-126
47) Schubart's Leben und Gesinnungen. Von ihm selbst, im Kerker aufgesetzt. Stuttgart:
    Erhard 1791/92. Dazu Weigel 1982 (Fn 23), S. 23 - 27, 127 - 133; Kreiler 1983 (Fn
    28), S. 13 - 18
48) Vgl. z.B. Binder, W.: Meine Verbrechen und meine Strafen. Tübingen: Fves'Sorthdlg.
    1850; Binder, W.: Zwei Jahre auf dem Hohen-Asberg, in den Jahren 1850 und 1851.
    Nach meinem Tagebuche. Reutlingen: Kalbfell-Kurz 1868; Albrecht, F.: Mein Tagebuch vom Hohenasperg (1866). Ulm: Gebr. Nübling 1866. Im ganzen dazu Brandstätter, H.: Asperg. Ein deutsches Gefängnis. Berlin: Wagenbach 1978; Karthaus, U.: Auf
    Württembergs Demokratenbuckel. Nachdenkliche Reise zum Hohenasperg, Frankfurter
    Allgemeine Zeitung Nr. 156 v.10.7.1982; Schaedler, W.F.: Ein deutsches Gefängnis.
    Der Asperg - eine Ortsbeschreibung, Süddeutsche Zeitung Nr. 5 v. 7./8.1.1984, S. 87
49) Vgl. etwa Schulz, F.W./Welcker, C.: Geheime Inquisition, Censur und Kabinettsjustiz
    im verderblichen Bunde. Carlsruhe: Braun 1845; weitere Nachweise bei Weigel 1982
    (Fn 23), pass.; Kreiler 1983 (Fn 28): pass.
50) Vgl. z.B. Büchner, G./Weidig, L.: Der Hessische Landbote. Texte, Briefe, Prozessakten. Kommentiert von H. M. Enzensberger. Frankfurt a.M.: Insel 1965, S. 153 ff
51) Weitling, W.: Kerkerpoesien. Hamburg: Hoffmann u. Campe 1844; Weitling, W.:
    Gerechtigkeit. Ein Studium in 500 Tagen. Bilder der Wirklichkeit und Betrachtungen
    des Gefangenen. Herausgegeben von E. Barnikol. Kiel: W.G. Mühlau 1929. Dazu s.
    Weigel 1982 (Fn 23), S.45 - 49, 139 - 145
52) Schulz, W.: Briefwechsel eines Staatsgefangenen mit seiner Befreierin. Mannheim:
    Bassermann 1846. Vgl. Weigel 1982 (Fn 23), S. 34 f., 146 - 152; Kreiler 1983 (Fn 28),
    S. 31 - 35
53) Vgl. Kreiler 1983 (Fn 28), S. 53 - 59

Röckel[54], Heinrich Hansjakob[55] und Fritz Reuter[56]. Ihre Erinnerungswerke schildern oft jahrelange Haft in Polizeigefängnissen, Festungen und Zuchthäusern, aber auch publizistische oder politische Betätigung, die den Grund oder Vorwand für die Inhaftierung lieferte. Dank etlicher einschlägiger Publikationen Otto von Corvins[57], Josef Matthias Hägeles[58] und Georg Friedrich Schlatter[59] sind wir ziemlich genau darüber im Bilde, wie der Strafvollzug im neuerbauten Bruchsaler Zuchthaus, das 1848 in Betrieb genommen wurde[60], namentlich von politischen Gefangenen erlebt wurde[61]. In der wilhelminischen Ära fehlte es gleichfalls nicht an Aufzeichnungen und Dokumenten i.S. der Täterliteratur; auch in dieser Epoche spielten Texte (ehemaliger) Gefangener eine vergleichsweise bedeutende Rolle. Über seine Hafterfahrungen berichtete etwa der Sozialist und Revolutionär Johann Most[62]. Überaus eindrucksvoll erscheinen - gerade in menschlicher Hinsicht - die Briefe, die Rosa Luxemburg in den Jahren 1915 bis 1918 aus verschiedenen Gefängnissen an Angehörige und Bekannte schrieb[63].

---

54) Röckel, A.: Des Maiverurtheilten August Röckel Entlassung aus dem Königlich Sächsischen Zuchthause. Weimar: Streit 1862; Röckel,A.: Sachsens Erhebung und das Zuchthaus zu Waldheim. Frankfurt a.M.: Jäger 1865. Vgl. Kreiler 1983 (Fn 28): S. 59 - 68

55) Hansjakob, H.: Auf der Festung. Erinnerungen eines badischen Strafgefangenen. Würzburg: Weiß 1870; Hansjakob, H.: Im Gefängnis. Neue Erinnerungen eines badischen Strafgefangenen. Mainz: Kirchheim 1874

56) Reuter, F.: Ut mine Festungstid. Wismar: Meyer 1862; Reuter, F.: Aus meiner Festungszeit. Ins Hochdeutsche übertragen von H. Conrad. Stuttgart: Janke 1912. Reuter figuriert bekanntlich in der Darstellung Eugen Wohlhaupters als einer der "Dichterjuristen". Vgl. Wohlhaupter, E.: Dichterjuristen. Herausgegeben von H.G. Seifert. Bd.III, Tübingen: Mohr 1957, S. 18-80 (zu Strafverfahren, Verurteilung und Haft S. 28 ff.)

57) v. Corvin, O.: Die Einzelhaft und Das Zellengefängniß in Bruchsal. Ein Kapitel aus den demnächst erscheinenden "Erinnerungen aus meinem Leben". Hamburg: Hoffmann u. Campe 1857; v. Corvin, O.: Aus dem Zellengefängnis. Briefe aus bewegter schwerer Zeit 1848-1856. Leipzig: Friedrich 1884. Vgl. Weigel 1982, S. (Fn 23): S.43 - 45, 153 - 162

58) Hägele, I.M.: Zuchthausgeschichten von einem ehemaligen Sträfling. Mit einem Vorwort von A. Scholz. 2 Teile. Münster: Theissing 1853; Hägele, I.M.: Erfahrungen in einsamer und gemeinsamer Haft sammt unmassgeblichen Gedanken über das Gefängniswesen. Leipzig: Mayer 1857

59) Schlatter, G.F.: Das System der Einzelhaft in besonderer Beziehung auf die neue Strafanstalt in Bruchsal. Stimme eines Gefangenen über Zuchthäuser. 2. Aufl. Mannheim: Löffler 1856; Schlatter, G.F.: Zuchthausstudien. Die Frucht einer sechsjährigen Einzelhaft. Mannheim: Löffler 1857

60) Vgl. Freßle, P.: Die Geschichte des Männerzuchthauses Bruchsal. Diss.jur. Freiburg i.Br. 1970, S. 101 ff

61) Freßle 1970 (Fn 60), S. 200 - 215

62) Most, J.: Die Bastille am Plötzensee. Blätter aus meinem Gefängniß-Tagebuch. Braunschweig: Bracke jun. 1876. Vgl. Weigel, S. 1982 (Fn 23), S. 49 - 53, 169 - 175; Kreiler 1983 (Fn 28), S. 82 - 92

63) Luxemburg, R.: Ich umarme Sie in großer Sehnsucht. Briefe aus dem Gefängnis 1915 bis 1918. 3. Aufl. Berlin u.a.: Dietz 1986. Vgl. auch Beradt, Ch. (Hrsg.): Rosa Luxemburg im Gefängnis. Briefe und Dokumente aus den Jahren 1915-1918. Frankfurt a.M.: Fischer 1973; Luxemburg, R.: Briefe aus dem Gefängnis. Berlin: Brücken 1974 (an Sophie Liebknecht). Bemerkenswert ferner Luxemburg, R.: Rede vor der Frankfurter Strafkammer (1914). In: Hildebrandt, D./Unseld, S. (Hrsg.): Deutsches Mosaik. Ein Lesebuch für Zeitgenossen. Frankfurt a.M.: Suhrkamp 1972, S. 18 - 29; Liebknecht, K.: Briefe aus dem Felde, aus der Untersuchungshaft und aus dem Zuchthaus. Berlin: Verlag der Wochenschrift "Die Aktion" 1919. Vgl. Kreiler 1983 (Fn 28): S. 108 - 122

Den zahlreichen einschlägigen Zeugnissen, die von politischer Verfolgung und Inhaftierung handeln, stehen in jener Zeit aber auch viele Texte gegenüber, die die eigene Lebensgeschichte vor dem Hintergrund krimineller Delikte sowie entsprechender Strafverbüßungen literarisch verarbeiten. Zunehmend werden auch schriftliche Äußerungen von Straftätern von Kriminologen und Strafvollzugspraktikern gesammelt und herausgegeben[64]. Aufgrund dessen erscheinen freilich Veröffentlichungen ganz unterschiedlichen Zuschnitts. Ein beachtliches Dokument, das vor allem die Situation des Strafvollzugs und des Inhaftierten thematisiert und problematisiert, stammt aus der Feder des Journalisten Hans Leuß[65]. Nicht minder aufschlußreich wirken die - freilich erst 1925 erschienenen - Erinnerungs- und Rechtfertigungsschriften des Rechtsanwalts Carl Hau, der in einem Indizienprozeß 1907 wegen Mordes zum Tode verurteilt und dann zu lebenslanger Zuchthausstrafe begnadigt worden war[66]. Eher auf kommerzielle Interessen zielen die von Straftätern verfaßten Memoiren, die auf mehr oder minder geschickte Weise kriminelle Karrieren literarisch aufbereiten. In diese Kategorie gehören gewiß die Lebenserinnerungen, die Georges Manolescu, der "Fürst der Diebe", 1905 veröffentlicht[67]. Vergleichsweise anspruchslos, wenngleich nicht uninformativ, nimmt sich demgegenüber aus, was der Schuster Wilhelm Voigt, der legendäre "Hauptmann von Köpenick", über seine - kriminelle - Lebensgeschichte und seine Erfahrungen mit der Justiz zu Papier bringt[68].

Besonders reich an literarischen Dokumenten jedweder Art, die sich mit Strafverfolgung und Strafvollzug auseinandersetzen, ist die Weimarer Zeit. Hier dominiert indessen eindeutig die Gestalt des Publizisten und des Politikers, der - namentlich wegen seiner radikal-demokratischen, pazifistischen oder kommunistischen Überzeugung - staatlichen

---

64) Vgl. z.B. Lombroso, C.: Kerker-Palimpseste. Wandinschriften und Selbstbekenntnisse gefangener Verbrecher. In den Zellen und Geheimschriften der Verbrecher gesammelt und erläutert. Vom Verfasser deutsch herausgegeben in Verbindung mit H. Kurella. Hamburg: Verlagsanstalt 1899; Jaeger, J.: Aus den Papieren eines Verbrechers. Archiv für Kriminal-Anthropologie und Kriminalistik 1904, S. 263 - 332; Jaeger, J.: Poesie im Zuchthause. Gedichte von Verbrechern. Gesammelt und zum Besten der Schutzfürsorge herausgegeben. Ein Beitrag zur Kriminalpsychologie. 2. Aufl. Stuttgart: Kielmann 1905; Jaeger, J.: Hinter Kerkermauern. Autobiographien und Selbstbekenntnisse, Aufsätze und Gedichte von 32 Verbrechern. Berlin: K.W. Mecklenburg 1906. Vgl. auch Auer, F.: Zur Psychologie der Gefangenschaft. München: Beck 1905
65) Leuss, H.: Aus dem Zuchthause. Verbrecher und Strafrechtspflege. 2. Aufl., Berlin: Räde 1903. Vgl. Weigel 1982 (Fn 23), S. 73 - 75, 183 - 192
66) Hau, C.: Das Todesurteil. Die Geschichte meines Prozesses. Berlin: Ullstein 1925; Hau, C.: Lebenslänglich. Erlittenes und Erlebtes. Berlin: Ullstein 1925. Prozeß und Verurteilung haben seinerzeit eine Fülle von Veröffentlichungen pro und contra ausgelöst. Vgl. nur Claßen, I. 1988 (Fn 12), S. 28 - 65 (auch S. 74 ff.)
67) Manolescu, G. (Fürst Lahovary): Ein Fürst der Diebe. Memoiren. Berlin-Groß-Lichterfelde-Ost: Langenscheidt 1905. Dazu Wulffen, E.: G. Manolescu und seine Memoiren. Kriminalpsychologische Studie. Berlin-Groß-Lichterfelde-Ost: Langenscheidt 1907. Vgl. auch Fn 12
68) Voigt, W.: Wie ich Hauptmann von Köpenick wurde. Mein Lebensbild. Mit einem Vorwort von H. Hyan. Leipzig u.a.: Singer 1912

Zugriff erleiden muß[69]. Von solchen Erfahrungen berichten etwa literarische und autobiographische Aufzeichnungen der Schriftsteller Erich
Mühsam[70] und Ernst Toller[71], des Arbeiterführers Max Hoelz[72] sowie
des Publizisten Carl von Ossietzky[73] (der im sog. - heute absurd erscheinenden[74] - Weltbühnenprozeß 1931 vom Reichsgericht wegen
Verrats militärischer Geheimnisse zu einer, dann teilweise verbüßten
Freiheitsstrafe verurteilt wurde[75]). In überaus eindrucksvoller Weise hat
namentlich Toller Hafterlebnisse literarisch aufgearbeitet; die "Gedichte
des Gefangenen", "Das Schwalbenbuch" und das Erinnerungswerk "Eine
Jugend in Deutschland" stoßen nicht nur als Dokumente der Haftsituation, sondern auch der Weimarer Zeit nach wie vor auf Interesse. Demgegenüber treten Publikationen, die kriminelle Karrieren thematisieren[76], in jener Epoche an Gewicht eher zurück - mögen sie auch seinerzeit einen gewissen Zuspruch des Publikums gefunden haben.

Von Täterliteratur im skizzierten Sinne aus dem Dritten Reich ist -
bisher jedenfalls - nur vergleichsweise wenig bekannt geworden - sieht
man einmal von Aufzeichnungen, Erfahrungsberichten und Rechtfertigungsschriften jener Autoren ab, die in den Jahren zwischen 1933 und
1945 selbst Straftaten im Rahmen staatlich organisierter und/oder ideo-
logisch motivierter Kriminalität begangen haben und deshalb nach 1945

---

69) Vgl. etwa Fechenbach, F.: Das Haus der Freudlosen. Bilder aus dem Zuchthaus.
Berlin: Dietz 1925; Plättner, K. (Hrsg.): Gefangen. 30 Politische Juli-Amnestierte
berichten über ihre Erlebnisse in deutschen Zuchthäusern. Berlin: Mopr 1928; Plättner, K.: Der Mitteldeutsche Bandenführer. Mein Leben hinter Kerkermauern. Berlin:
Asy 1930; Plättner, K.: Eros im Zuchthaus. Hannover: Witte 1930. Vgl. auch Hannover, H./Hannover-Drück, E.: Politische Justiz 1918-1933. Mit einer Einleitung von K.
D. Bracher. Frankfurt a.M.: Fischer 1966
70) Vgl. Weigel 1982 (Fn 23), S. 75 - 77; Kreiler 1983 (Fn 28), S. 129 - 133
71) Toller, E.: Gedichte der Gefangenen. München: K. Wolff 1921; Toller, E.: Das Schwalbenbuch. Potsdam: Kiepenheuer 1924; Toller, E.: Justizerlebnisse. Berlin: E. Laub
1927; Toller, E.: Eine Jugend in Deutschland. Amsterdam: Querido 1933; Toller, E.:
Briefe aus dem Gefängnis. Amsterdam: Querido 1935. Vgl. Weigel 1982 (Fn 23),
S. 82 - 85; Kreiler 1983 (Fn 28), S. 134 - 145; Müller-Dietz 1969 (Fn 36), S. 36 ff.;
Köpcke-Duttler, A.: Gefängnis und Integration. Gefängniskritik zur Zeit des jungen
Albert Krebs. Blätter der Wohlfahrtspflege 134 (1987), 198 - 200, 198 f.
72) Hoelz, M.: Vom "Weißen Kreuz" zur Roten Fahne. Jugend-, Kampf- und Zuchthaus-
erlebnisse. Frankfurt a.M.: 'Neue Kritik" 1977; Hoelz, M.: Briefe aus dem Zuchthaus.
Hrsg. von E. E. Kisch. Berlin: E. Reiss 1927. Vgl. Weigel 1982 (Fn 23), S. 77 - 82, 207
- 214; Kreiler 1983 (Fn 28), S. 145 - 153
73) v. Ossietzky, C.: 227 Tage im Gefängnis. Briefe, Dokumente, Texte. Hrsg. von S.
Berkholz. Darmstadt: Luchterhand 1988
74) Darüber, ob eine solche Einschätzung gerechtfertigt ist, gehen die Meinungen auseinander. Vgl. nur Müller, I.: Der berühmte Fall Ossietzky vom Jahre 1930 könnte sich
wiederholen .... In: Böttcher, H.-E. (Hrsg.): Recht, Justiz, Kritik. Festschrift für Richard Schmid zum 85.Geburtstag. Baden-Baden: Nomos 1985, S. 297 - 326
75) Vgl. Müller, I.: Der Weltbühnenprozeß von 1931. In: v. Ossietzky 1988 (Fn 73),
S. 13 - 27
76) Vgl. Strassnoff, I.: Ich, der Hochstapler Ignatz Strassnoff. Berlin: Die Schmiede 1926;
Der falsche Prinz. Leben und Abenteuer von Harry Domela. Im Gefängnis zu Köln von
ihm selbst geschrieben Januar bis Juli 1927. Berlin: Malik 1927. Dazu Claßen 1988
(Fn 12), S. 114 ff., 228 ff. Vgl. ferner Lux, W.: Das Verbrechen in der Darstellung des
Verbrechers. Ein Beitrag zur Naturgeschichte des kriminellen Menschen. Mit einer
Einführung von Hans von Hentig. Heidelberg: Winter 1927; Lux, W.: Ursachen und
Bekämpfung des Verbrechens im Urteil des Verbrechers. Heidelberg: Winter 1928

inhaftiert waren[77]. Sehr wahrscheinlich bot die NS-Diktatur für eine Veröffentlichung von Dokumenten über "normale" Kriminalitäts- und Hafterfahrungen keinen oder allenfalls stark eingeschränkten Raum[78]. Wohl aber ist eine überaus umfangreiche, bisher noch keineswegs hinreichend ausgewertete Gefangenenliteratur[79] aufgrund des staatlichen Terrors und der politischen Verfolgung entstanden. Sie ist z.T. noch während der NS-Herrschaft im Ausland, vor allem aber nach 1945 auch im Inland erschienen. Nicht nur das Spektrum der politischen Einstellungen, die etwa zu strafrechtlichen Maßnahmen führten, variiert erheblich, sondern auch das der literarischen Formen, das vom Brief über das Tagebuch bis hin zum Gedicht reicht. Einige wenige Beispiele, die freilich nicht annähernd die Fülle und Differenziertheit der einschlägigen Texte repräsentieren können, mögen dies veranschaulichen[80]. Da ließen sich in etwa Nickolas Benckisers "Bericht" "Tage wie Schwestern"[81], Dietrich Bonhoeffers "Gedichte und Briefe aus der Haft"[82], Albrecht Haushofers "Moabiter Sonette"[83], Luise Rinsers "Gefängnistagebuch"[84], Ernst Thälmanns Briefe[85] nennen.

In mancher Hinsicht finden diese Texte ihr Gegenstück in jenen Dokumenten, die Erfahrungen mit Strafhaft und Zwangsarbeitslagern totalitärer oder autoritärer Regimes der letzten Jahrzehnte wiedergeben. Da sind etwa - was die DDR der 50er und 70er Jahre anlangt - der Haftbericht Walter Kempowskis[86], einschlägige literarische Arbeiten Horst Bieneks[87] und die "Vernehmungsprotokolle" von Jürgen Fuchs[88] zu nennen.

---

77) Vgl. z.B. Höss, R.: Komandant in Auschwitz. Autobiographische Aufzeichnungen. München: dtv 1963; Speer, A.: Spandauer Tagebücher. Berlin: Ullstein 1975
78) Vgl. Vondung, K.: Der literarische Nationalsozialismus. Ideologische, politische und sozialhistorische Wirkungszusammenhänge. In: Bracher, K.D./Funke, M./Jacobsen, H.-A. (Hrsg.): Nationalsozialistische Diktatur 1933-1945. Eine Bilanz. Bonn: Droste 1983, S. 245 - 269
79) Vgl. auch Müller-Dietz, H.: Der Strafvollzug in der Weimarer Zeit und im Dritten Reich - Ein Forschungsbericht -. In: Busch, M./Krämer, E. (Hrsg.): Strafvollzug und Schuldproblematik. Pfaffenweiler: Centaurus 1988, S. 15 - 38, 24
80) Vgl. auch Kreiler 1983 (Fn 28), S. 159 - 197; Uhlmann, W. (Hrsg.): Sterben um zu leben. Politische Gefangene im Zuchthaus Brandenburg-Görden 1933-1945. Köln: Kiepenheuer & Witsch 1983
81) Benckiser, N.: Tage wie Schwestern. Ein Bericht. Frankfurt a.M.: Knecht 1958
82) Bonhoeffer, D./Bonhoeffer, K.: Auf dem Wege zur Freiheit. Gedichte und Briefe aus der Haft. Berlin: Haus u. Schule 1954
83) Haushofer, A.: Moabiter Sonette. Mit einem Nachwort von U. Laack-Michel. München: dtv 1976
84) Rinser, L.: Gefängnistagebuch. Frankfurt a.M.: Fischer 1973
85) Thälmann, E.: Antwort auf Briefe eines Kerkergenossen. Berlin (DDR): Dietz 1961; Thälmann, E.: Briefe aus dem Gefängnis an seine Angehörigen. Hrsg. von L. Berthold u.a. Berlin (DDR): Dietz 1965
86) Kempowski, W.: Im Block. Frankfurt a.M.: Fischer 1972
87) Bienek, H.: Nachtstücke. Traumbuch eines Gefangenen. München: dtv 1968; Bienek, H.: Die Zelle. Roman. München: dtv 1970. Dazu Müller-Dietz 1969 (Fn 36): S. 39 f
88) Fuchs, J.: Vernehmungsprotokolle. November '76 bis September '77. Reinbek: Rowohlt 1978. Vgl. auch Anderson, S.: brunnen, randvoll. Berlin: Rotbuch 1988 (dazu Wittstock, U.: Literatur als Rettung aus der Haft, Frankfurter Allgemeine Zeitung Nr. 157 v.9.7.1988, S. 24)

Vermutlich noch stärkerem öffentlichem (keineswegs unbedingt fachöf-
fentlichem) Interesse sind vergleichbare Dokumente aus dem Ausland
begegnet. Das gilt in besonderem Maße für die literarische Auseinandersetzung Alexander Solschenizyns mit der Welt der Gefängnisse und
Lager, dem "Archipel Gulag"[89]. Verfolgung und Inhaftierung aus politischen Gründen signalisieren aber auch so unterschiedliche, wenngleich
mehr oder minder literarisch ambitionierte Texte wie das "Gefängnistagebuch" Ho Tschi Minhs[90], der Dokumentarbericht Teodoro Giuttaris
aus Sizilien[91], der eigene Hafterfahrungen verarbeitende Roman "Ostinato" des rumänischen Literaten Paul Goma[92] sowie die "Wahre(n)
Bekenntnisse eines Albino-Terroristen", als der sich der südafrikani-
sche, gegen die Apartheid kämpfende Schriftsteller Breyten Breytenbach seinen Lesern vorstellt[93]. In diesen Fällen begegnen sich vielfach
politische Intentionen in Tat *und* Wort.

V.

Die jüngere Gegenwart ist durch eine außerordentliche Breite und Differenziertheit der Dokumente gekennzeichnet, die sich i.w.S. der Täterliteratur zurechnen lassen. Freilich existiert bisher noch keine umfassende Darstellung, so daß es derzeit schwer fällt, Strukturen und Entwicklungen jener Literaturgattung - wenn sie denn überhaupt als eine
solche apostrophiert werden kann - im einzelnen nachzuzeichnen. Dies
gilt - in freilich unterschiedlichem Maße - sowohl für das In- als auch
das Ausland. Selbst die nunmehr so stark vertretene Gefangenenliteratur
ist international noch nicht annähernd erschlossen[94]; lediglich für die
Bundesrepublik Deutschland liegen neuere Dokumentationen, insbesondere Bibliographien vor, die wenigstens einen ungefähren Eindruck von
Umfang und Art jener literarischen Produktivität vermitteln[95].
   Der Versuch, einen Überblick über einschlägige ausländische Veröffentlichungen zu gewinnen, soll deshalb gleich gar nicht erst unternommen werden. Allein das Beispiel des Nachbarlandes Frankreich könnte
zeigen, welches Material hier noch wissenschaftlicher Erschließung
harrte. Hinzuweisen wäre vor allem auf Jean Genets - auch literarisch

---

89) Solschenizyn, A.: Ein Tag im Leben des Iwan Denissowitsch. München u.a.: Knaur
    1968; Solschenizyn, A.: Der Archipel GULAG. Bd. 1-3. Bern u.a.: Scherz 1974 ff. Vgl.
    auch Amalrik, A.: Unfreiwillige Reise nach Sibirien. Reinbek: Rowohlt 1971
90) Ho Tschi Minh: Gefängnistagebuch. 102 chinesische Gedichte. Hrsg. von A. Astel.
    München: dtv 1970
91) Giuttari, T.: Durchwachte Nächte. München: Langen/Müller 1960
92) Goma, P.: Ostinato. Roman. Frankfurt a. M.: Suhrkamp 1971
93) Breytenbach, B.: Wahre Bekenntnisse eines Albino-Terroristen. Köln: Kipenheuer &
    Witsch 1984
94) Noch nicht einmal eine Bibliographie existiert. Vgl. Klein/Koch 1988 (Fn 24), S. 273
95) Vgl. z.B. Klein/Koch 1988 (Fn 24), S. 269 - 273

bedeutsames - "Tagebuch eines Diebes"[96], Serge Livrozets -vielfach als
Täterliteratur analysierten[97] - Selbstbericht "Über die Berechtigung, in
fremde Taschen zu greifen"[98], die - eigene Kriminalitäts- und Hafterfahrungen verarbeitenden - Romane "Der Astragal" und "Kassiber"[99],
die bekannte Selbstdarstellung des ehemaligen Bagno-Sträflings Henri
Charrière "Papillon"[100] und die Autobiographie des Gangsters und
"Ausbrecherkönigs" Jacques Mesrine "Der Todestrieb"[101].

Immerhin lassen sich im deutschen Sprachraum, namentlich in der
Bundesrepublik Deutschland, einige charakteristische Entwicklungstendenzen der sog. Täterliteratur ausmachen: Wenngleich politisch motivierte Kriminalität, deren strafrechtliche Verfolgung, Aburteilung und
Behandlung im Strafvollzug nach wie vor - etwa unter dem Vorzeichen
terroristischer Akte und deren Bekämpfung - in den einschlägigen Texten eine gewisse Rolle spielen, sind nunmehr Dokumente zur "gewöhnlichen" und Alltagskriminalität ungleich stärker vertreten als etwa in der
Weimarer Zeit. Heute melden sich nicht selten Autoren zu Wort, die den
unteren sozialen Schichten entstammen und erst im Gefängnis sich zu
artikulieren, zu schreiben gelernt und begonnen haben. Die schriftliche
Fixierung eigener Lebenserfahrungen, in denen sich Entstehungsbedingungen kriminellen Verhaltens und Haftsituation widerspiegeln, ist
längst nicht mehr das Privileg von Intellektuellen, seien sie Schriftsteller
oder Publizisten. Freilich verdankt sich das enorme Anwachsen solcher
Texte auch dem - zumindest zeitweiligen - journalistischen, literarischen und öffentlichen Interesse an Phänomenen und Genese sozialer
Abweichungen und gesellschaftlicher Randgruppen. So sind nicht zufällig zahlreiche Erfahrungs- und Lebensberichte von Straftätern, forciert
durch Journalisten, Publizisten[102] und Schriftsteller/innen wie etwa

---

96)   Vgl. Fn 1. Dazu z.B. Bense, M.: Genets Tagebuch. In: Genet 1971 (Fn 1), S. 5 - 20;
      Bulthaup, P.: Die Metaphysik des Verrats. Zu den Werken von Jean Genet. In:
      Glaser 1974 (Fn 34), S. 103 - 117
97)   Z.B. Cremer-Schäfer 1985 (Fn 3), S. 248, 292 - 294
98)   Livrozet, S.: Über die Berechtigung, in fremde Taschen zu greifen. Düsseldorf 1974
99)   Sarrazin, A.: Der Astragal. Roman. Frankfurt a.M.: Fischer 1969; Sarrazin, A.: Kas-
      siber. Roman. Frankfurt a.M.: Fischer 1970
100) Charrière, H.: Papillon. Frankfurt a.M.: Fischer 1972. Der Ausdruck "Selbstdarste-
      lung" scheint in diesem Fall in jeder Hinsicht gerechtfertigt.
101) Mesrine, J.: Der Todestrieb. Autobiographie. Hamburg: Nautilus 1980. Dazu Schnei-
      der 1980 (Fn 37), S. 7 f
102) Z.B. Kreiler, K. (Hrsg.): Innen-Welt. Verständigungstexte Gefangener. Frankfurt
      a.M.: Suhrkamp 1979. Vgl. auch Kreiler 1983 (Fn 28). Etliche einschlägige Antholo-
      gien und Dokumentationen haben auch Birgitta Wolf und Ernst Klee herausgegeben:
      Vgl. nur Wolf, B. (Hrsg.): Die vierte Kaste. Hamburg: Rütten & Loening 1963; Wolf,
      B. (Hrsg.): Aussagen. Briefe von Strafgefangenen. Mit einer Orientierung von B.
      Wolf. Ebenhausen: Langewiesche-Brandt 1968; Anklage erhoben. Gedichte und
      Grafiken von Strafgefangenen. Gelnhausen u.a.: Burckhardthaus 1972; Klee, E.:
      Prügelknaben der Gesellschaft. Häftlingsberichte. Düsseldorf: Patmos 1971; Klee,
      E./Lehmann, Ch.: Das Geständnis einer Giftmörderin. Frankfurt a.M.: Krüger 1977;
      Klee, E.: Ich verwese - lebend. Gedichte und Berichte und ein Stück aus dem Knast.
      Die Zeit Nr.38 v.9.9.1977, S. 41

Martin Walser[103], Arnfrid Astel[104], Ingeborg Drewitz[105] und Luise Rinser[106] im Zuge und Wege sog. Sozialreportagen entstanden. H. Cremer-Schäfer konstatiert denn auch eine regelrechte "Konjunktur des Dokumentierens autobiographischer Texte von Straftätern" ab Mitte der 60er Jahre[107]; den Höhepunkt dieser Entwicklung setzt sie mit dem Zeitraum von 1968 bis 1975 an[108]. Ob und inwieweit darüber hinaus bestimmte Marktmechanismen - etwa eine entsprechende Nachfrage des Publikums - aus kommerziellen Gründen nicht nur ausgenutzt, sondern bewußt forciert wurden, muß hier offenbleiben.

Sucht man Schwerpunkte der heutigen Täterliteratur zu orten[109], so treten vor allem folgende Akzentuierungen und Themenbereiche hervor:

- Zum einen werden in mehr oder minder deutlicher Abkehr von der Memoirenliteratur früherer Zeiten Dissozialisationsverläufe oder sog. kriminelle Karrieren im Kontext sozialer Strukturen und Prozesse beschrieben. Gesellschaftliche und staatliche Reaktionen auf abweichendes Verhalten spielen in solchen Texten eine verstärkte, zuweilen sogar dominierende Rolle. Auf diese Weise werden gerade in Fällen häufiger oder andauernder Kriminalität Prozesse gegenseitigen Sichaufschaukelns sichtbar (gemacht).
- Des weiteren macht die - kritische - Darstellung der Prozeduren polizeilicher Strafverfolgung, gerichtlicher Verurteilung sowie namentlich der Strukturen und Mechanismen des Strafvollzugs einen erheblichen Teil einschlägiger Dokumente aus. In diesem Kontext ist die erhebliche Zunahme der Gefangenenliteratur - die inzwischen ja, wie angedeutet, weiter gefaßt wird und inhaltlich ausgeprägtere Trends erkennen läßt - zu sehen.
- Schließlich thematisiert und reflektiert nach wie vor eine ganze Reihe von Veröffentlichungen - unter freilich anderen ideologischen oder gesellschaftstheoretischen Vorzeichen sowie staatlichen Rahmenbedingungen - politisch motivierte Kriminalität und die Reaktionen von Justiz und Strafvollzug hierauf.

Unter den einschlägigen schriftlichen Äußerungen sind praktisch alle

---

103) Vgl. Werner, W.: Vom Waisenhaus ins Zuchthaus. Ein Sozialbericht. Nachwort von Martin Walser. Frankfurt a.M.: Suhrkamp 1969; Trauberg, U.: Vorleben. Mit einem Nachwort von Martin Walser. Reinbek: Rowohlt 1970

104) Ottweiler Texte. Literatur aus einer Jugendstrafanstalt. Dokumentation von A. Astel: Akzente 1971, S. 385 - 420

105) Z.B. Schatten im Kalk. Lyrik und Prosa aus dem Knast zusammengestellt und herausgegeben von I. Drewitz. Stuttgart: Radius 1979; Drewitz, I./Buchacker, W.: Mit Sätzen Mauern einreißen. Briefwechsel mit einem Strafgefangenen. Düsseldorf: Claassen 1979; Drewitz, I./Tammen, J.P. (Hrsg.): So wächst die Mauer zwischen Mensch und Mensch. Bremerhaven: Wirtschaftsverlag 1980

106) Rinser, L. (Hrsg.): "Laßt mich leben". Frauen im Knast. Anthologie. Hagen: Padligur 1987

107) Cremer-Schäfer 1985 (Fn 3), S. 61 ff

108) Cremer-Schäfer 1985 (Fn 3), S. 71

109) Über Schreibmotive von Straftätern und deren Themen Cremer-Schäfer 1985 (Fn 3): S. 110 ff., 143 ff

literarischen Gattungen und Textformen - von der Korrespondenz, dem Dokumentarbericht und dem Tagebuch über das Gedicht und den Roman bis hin zum Theaterstück[110] - vertreten. Das Spektrum der Darstellungen (und Reflexionen) reicht also von realistischen, wirklichkeitsgetreuen Schilderungen über verfremdete bis hin zu fiktionalen. Die Kehrseite der Vielfalt und Spannweite besteht freilich nicht zuletzt in Abgrenzungsproblemen. So verfließen die Grenzen der Gefangenenliteratur z.B. bei Protokollen über Gespräche mit Insassen relativ leicht zur wissenschaftlichen Erforschung des Strafvollzugs oder zur therapeutischen Aufarbeitung von dissozialer Lebensgeschichte und Haftsituation[111]. Auch sonst mag die Zuordnung im Einzelfall Schwierigkeiten bereiten. Unter diesem Vorbehalt müssen die folgenden Hinweise auf Texte der heutigen Täterliteratur, mit denen sich manche Autoren zugleich einen Namen in der literarischen Öffentlichkeit gemacht haben[112], gesehen werden.

Erste Veröffentlichungen des Genres datieren bereits aus den 60er Jahren. Ihre eigentliche Hochkonjunktur erleben sie - wie angedeutet - in den 70er Jahren, als sich das Interesse einer breiteren Öffentlichkeit den sog. gesellschaftlichen Randgruppen, nicht zuletzt Straftätern und Gefangenen, zuwendet. Walser etwa gibt 1969 den "Sozialbericht" Werners heraus und besorgt 1970 auch das Erscheinen von U. Traubergs "Vorleben"[113]. Beide Dokumente zeugen ebenso wie Schoofs literarisch ambitiöse "Erklärung" (1971)[114] von einer sozial beklemmenden "Vor"- und Lebensgeschichte jener Autoren, die über Fragen nach der individuellen Pathologie des "Falles" hinausweisen. Sie finden ihr Gegenstück in teils romanhaft verfremdeten, teils sonst überarbeiteten Erfahrungsberichten, die unmittelbar auf das kriminelle Milieu der Schläger, Zuhälter und Ganoven verweisen. Beispiele dafür bilden etwa die Lebensgeschichte des "berüchtigten Ein- und Ausbrechers" Julius Adolf Petersen, des "Lords von Barmbek" (1973)[115], der in seiner Drastik kaum zu überbietende "Roman-Bericht" Heinz Sobotas (1978)[116] und die vom

---

110) Z.B. Autorenkollektiv. Kettenkarussell. Ein Theaterstück aus dem Knast. Freiburg i.Br.: Dreisam 1977

111) Beispiele: Moser, T./Künzel, E.: Gespräche mit Eingeschlossenen. Gruppenprotokolle aus einer Jugendstrafanstalt. Tiefenpsychologische Analyse des Gruppenprozesses. Frankfurt a.M.: Suhrkamp 1969; Gareis, B./Wiesnet, E.: Gefängniskarrieren. Selbstzeugnisse junger Rechtsbrecher. Innsbruck u.a.: Tyrolia 1973; Christ, H.: Psychoanalytische Gruppenbehandlung im Jugendgefängnis. Stuttgart: Enke 1978; Kersten J./von Wolffersdorff-Ehlert, Ch.: Jugendstrafe. Innenansichten aus dem Knast. Frankfurt a.M.: Fischer 1980

112) Das gilt etwa - natürlich ohne Anspruch auf Vollständigkeit und Wertung - für Bärenbold, K., Bicknaese, H., Buchhorn, M., Driest, B., Eppendorfer, H., Feraru, P., Gabel, W., Gail, H., Graf, H., Holzner, M., Jaeger, H., Kamphausen, F., Schlegel, W., Schlötelburg, H., Steffen, E.S., Waldhoff, W., Zahl, P.-P.

113) Vgl. Fn 103

114) Vgl. Fn 2

115) Ebeling, H. (Hrsg.): Der Lord von Barmbek. Das Leben des berüchtigten Ein- und Ausbrechers von ihm selbst erzählt (Julius Adolf Petersen). Reinbek: Rowohlt 1973

116) Sobota, H.: Der Minus-Mann. Ein Roman-Bericht. München: Heyne 1979. Dazu - kritisch - Strasser, P.: Verbrechermenschen. Zur kriminalwissenschaftlichen Erzeugung des Bösen. Frankfurt u.a.: Campus 1984, S. 164 ff

Soziologen Roland Girtler aufbereitete Selbstdarstellung "des ehemaligen Ganoven Pepi Taschner" (1983)[117]. Demgegenüber erscheint Michael Holzners "Geschichte des Benjamin Holberg" (1980)[118], der gleichfalls eine sozial abweichende Karriere des Verfassers zugrunde liegt, noch vergleichsweise moderat.

Nehmen in diesen Texten Schilderungen von Hafterlebnissen und -erfahrungen nur einen - gelegentlich sogar eher untergeordneten - Teil der Darstellung ein, so stehen sie bei einer weiteren Gruppe von Dokumenten geradezu im Mittelpunkt. Auch hier wird die ganze Spannbreite zwischen fiktionaler Aufbereitung des Stoffes und möglichst realitätsgerechter Beschreibung ausgemessen. Eigene Hafterfahrungen verarbeiten etwa Henry Jaeger in seinem - auch von der Literaturkritik beachteten - Roman "Die bestrafte Zeit" (1964)[119], Hermann Gail in seinen Skizzen "Gitter" (1971)[120], Ernst S. Steffen in seinen "Aufzeichnungen aus dem Zuchthaus" (1971)[121], Horst Schlötelburg in seinen "Geschichten aus einer anderen Welt" (1974)[122] und Peter Feraru in seinem Roman "Das Messer der Hoffnung" (1985)[123]. Fast schon historisch (um nicht zu sagen exotisch) mag sich aus heutiger Sicht Josef Müller-Mareins heiter-ironische "Ballade vom Einsitzen" (1967) ausnehmen, die die Situation des inhaftierten Verkehrssünders glossiert[124]. Gleichsam ein "Standardwerk" für die "Innenansicht" des Jugendstrafvollzugs bildet Burkhard Driests einschlägiger Bericht "Die Verrohung des Franz Blum" (1974)[125]. Ihm lassen sich auch Felix Kamphausens "Aufzeichnungen aus dem Jugendstrafvollzug" (1981)[126] und Hans Eppendorfers "Szenen

---

117) Girtler, R.: Der Adler und die drei Punkte. Die gescheiterte kriminelle Karriere des ehemaligen Ganoven Pepi Taschner. Wien u.a.: Böhlau 1983

118) Holzner, M.: Treibjagd. Die Geschichte des Benjamin Holberg. Reinbek: Rowohlt 1980

119) Jaeger, H.: Die bestrafte Zeit. Roman. Wien u.a.: Desch 1964. Dazu Feige, J.: "Die bestrafte Zeit" - die "leere Zeit", Bewährungshilfe 13 (1966), S. 29 - 36

120) Gail, H.: Gitter. Die Aufzeichnungen des Hermann Gail. Frankfurt a.M.: Fischer 1971

121) Steffen 1971 (Fn 21). Vgl. auch Bronikowski, R.: Ein Strafgefangener und seine bürgerliche Familie: Auseinandersetzung mit Ernst S. Steffen. Rastatt: Fox 1974

122) Schlötelburg, H.: Gegendarstellung. Geschichten aus einer anderen Welt. Düsseldorf: Claassen 1974; Schlötelburg, H.: Briefe nach jenseits. München: Noack-Hübner 1979

123) Feraru, P.: Das Messer der Hoffnung. Roman. Frankfurt a.M.: Fischer 1985; Feraru, P.: Gefängnis beginnt innen. Texte des Widerstands. Karlsruhe: von Loeper 1985; Feraru, P.: Nicht das ganze Leben. Scheden: 1978; Feraru, P.: Was Schreiben im Knast bedeutet. In: Engelmann, B. (Hrsg.): VS Vertraulich, Bd. 4. München: Goldmann 1980, S. 82 - 93

124) Müller-Marein, J.: Wer zweimal in die Tüte bläst ... Ballade vom Einsitzen. Hamburg: Wegner 1967

125) Driest, B.: Die Verrohung des Franz Blum. Bericht. Reinbek: Rowohlt 1974 (1988). Hierauf rekurriert etwa Weis, K.: Die Subkultur der Strafanstalt. In: Schwind, H.-D./Blau, G. (Hrsg.): Strafvollzug in der Praxis. Eine Einführung in die Probleme und Realitäten des Strafvollzuges und der Entlassenenhilfe. 2.Aufl., Berlin u.a.: de Gruyter 1988, S. 239 - 255, 253

126) Kamphausen, F.: Zu früh zu spät. Aufzeichnungen aus dem Jugendstrafvollzug. Frankfurt u.a.: Ullstein 1981; Kamphausen, F.: Transport. Erzählungen aus dem Gefängnis. Krefeld: Sassafras 1978; Kamphausen, F.: Die Psychiatrierung. Erzählungen. Dortmund: Padligur 1981. Vgl. auch Hoghe, R.: Wo es nichts zu weinen gibt. Ein Porträt des Lebenslänglichen Felix Kamphausen, Die Zeit, Nr.3 v. 10.1.1986, S. 52

aus dem Knast" (1987)[127] zur Seite stellen.

Bezeichnenderweise werden kriminelle Lebensläufe vorwiegend von männlichen Autoren geschildert. Dies gilt auch für die Wieder- und Weitergabe eigener Hafterfahrungen[128]. Texte inhaftierter Frauen finden sich noch am ehesten in einschlägigen Anthologien[129]. Freilich sind entsprechende Berichte und Dokumente nicht zuletzt im Zuge der Strafverfolgung wegen terroristischer Gewalttaten entstanden[130]. Ganz allgemein venmitteln Texte, die politisch motivierte Kriminalität sowie die staatlichen und gesellschaftlichen Reaktionen darauf reflektieren, mehr als bloße Lebensgeschichten, die sozial abweichende Karrieren zum Gegenstand haben; sie (be-)schreiben vielmehr auch ein Stück Zeit- und Justizgeschichte[131]. Das reicht etwa von romanhaft-essayistischen Selbstanalysen in Bernward Vespers fragmentarischem Werk "Die Reise" (1977)[132] bis hin zur sog. Aussteigerliteratur, die der Absage an kriminelle Gewalt gilt; hier wären namentlich die Selbstdarstellungen Michael Baumanns "Wie alles anfing" (1976)[133] und Hans Joachim Kleins "Rückkehr in die Menschlichkeit" (1979)[134] sowie Peter-Jürgen Boocks Roman "Abgang" (1988)[135] zu nennen. Einen - auch literarisch eigenständigen - Rang nehmen gewiß die Gedichte, Glossen und sonstigen Texte Peter-Paul Zahls ein[136].

---

127) Eppendorfer, H.: Barmbeker Kuß. Szenen aus dem Knast. München: Goldmann 1987. Vgl. auch Eppendorfer, H.: Der Ledermann spricht mit Hubert Fichte. Frankfurt a.M.: Suhrkamp 1977

128) Vgl. Klein, U.: Texte inhaftierter Frauen. In: Klein/Koch (Fn 24), S. 124 - 139

129) Vgl. namentlich Hecht, Ch./Deye, U. (Hrsg.): Die doppelte Unterdrückung. Frauen in Unfreiheit. Pfungstadt: Minotaurus 1983; L. Rinser 1987 (Fn 106). Vgl. auch Friesendorf, I.: Frauen im Knast. Gespräche mit Frauen hinter Schloß und Riegel. München: Heyne 1987. Frühere Beispiele: Finger, W. (vgl. Weigel 1982, Fn 23, S. 86), Luxemburg, R. (Fn 63), Henning, E.: Gefängnis. Berlin: Dietz 1918; Rinser 1973, Fn 84

130) Z.B. Heinrich, B.: Knasttagebuch. In: Jahrbuch Politik 7 (1976), S. 80 - 122; Herzog, M.: Nicht den Hunger verlieren. Berlin: Rotbuch 1980

131) Vgl. etwa Bakker-Schut, P.H. (Hrsg.): "das info". Briefe der Gefangenen aus der RAF 1973-1977. Dokumentation. Kiel: Malik 1987

132) Vesper, B.: Die Reise. Romanessay. Frankfurt a.M.: Suhrkamp 1977; Vesper, B.: Ergänzungen zu Die Reise. Romanessay. Aus der Ausgabe letzter Hand. Frankfurt a.M.: Suhrkamp 1979

133) Baumann, M.: Wie alles anfing. Frankfurt a.M: Suhrkamp 1976

134) Klein, H.-J.: Rückkehr in die Menschlichkeit. Appell eines ausgestiegenen Terroristen. Reinbek: Rowohlt 1979

135) Boock, P.-J.: Abgang. Roman. Bornheim-Merten: 1988; Boock, P.-J.: Vogelfrei. Gedichte. Bornheim-Merten: Lamuv 1986

136) Z.B. Zahl, P.P.: Schutzimpfung. Gedichte. Berlin: Rotbuch 1975; Zahl, P.P.: Alle Türen offen. Gedichte. Berlin: Rotbuch 1977; Zahl, P.P.: Aus dem Gefängnistagebuch. In: Engelmann, B. (Hrsg.): VS Vertraulich, Bd.2. München: Goldmann 1978, S. 57 - 65. Weitere Nachw. bei Klein/Koch 1988 (Fn 24), S. 271 f. Verurteilung, Haftsituation und literarisches Werk Zahls haben eine ausgiebige Diskussion ausgelöst. Vgl. nur am Beispiel Fried, E./Novak, H.M./Initiativgruppe P.-P. Zahl (Hrsg.): P.-P. Zahl. Eine Dokumentation. Frankfurt a.M.: Sozialistische Verlagsauslieferung 1977; Initiativgruppe P.-P. Zahl (Hrsg.): Der Fall P.-P. Zahl: Berichte und Dokumente in drei Sprachen. Frankfurt a.M.: Sozialistische Verlagsauslieferung 1978; Schnell 1979 (Fn 26); Schnell, R.: Institutionelle Repression und literarische Produktivität. Zur Lyrik P. P. Zahls. In: Basis. Jahrbuch für deutsche Gegenwartsliteratur 9 (1979), S. 24 - 60; Raddatz, F.J.: Haft-Schäden. Literatur aus dem Knast. Neue Bücher von und über P.-P. Zahl: Die Zeit. Nr. 12 v. 12.10.1979, S. 12

Schreiben im Strafvollzug ist inzwischen, selbstorganisiert oder unter
Anleitung von Schriftstellern betrieben, verschiedenenorts - auch jenseits literarischer Ambitionen - zum Mittel der Selbstdarstellung, der
kritischen Auseinandersetzung mit sich selbst, der Haftsituation, der
Justiz und der Gesellschaft geworden[137]. Anstöße hierzu kamen von
Insassen, die nach Möglichkeiten der Selbstverständigung und Selbstbe-
hauptung gesucht haben, aber auch von "außen", namentlich von
Schriftstellern, die vor allem über Lesungen[138] auch die Erfahrungen
des Schreibens vermittelt haben.

VI.

Welches Interesse ein größeres Publikum jedenfalls an solchen Dokumenten der Täterliteratur nimmt, die von Straftaten, kriminellen Karrieren sowie vom "Leben hinter Mauern" handeln, glaubt man zu wissen
(vgl. III): Zum einen scheint es der Reiz des "Exotischen", des Fremd-
und Andersartigen, der solche Lektüre fördert. Doch erschöpft sich die
Bedeutung jener Werke gewiß nicht nur im bloßen Unterhaltungswert.
Längst figuriert das "Verbrechen als phantasierte Wunschwelt"[139], lebt
der Leser durch den Konsum von Täterliteratur -etwa aus analytischer
Sicht - mehr oder minder unbewußt eigene unterdrückte Wünsche und
Triebe aus, "verarbeitet" also gleichsam die verdrängte Kehrseite des
Ichs. Was aber veranlaßt eigentlich Wissenschaftler - der verschieden-
sten Disziplinen und Fachrichtungen - dazu, sich mit solchen Texten zu
beschäftigen?

Geht man dieser Frage nach, wird deutlich, daß sich die einschlägigen Erkenntnisziele und -interessen im Laufe der Zeit erheblich verändert, nicht zuletzt stark ausdifferenziert haben. In gewisser Hinsicht
läßt sich an Art und Weise, wie Täterliteratur jeweils thematisiert (und
gegebenenfalls problematisiert) wurde und wird, der Wandel von Ent-
wicklungsstand und Selbstverständnis der daran beteiligten Disziplinen
selbst ablesen. Dies gilt vor allem für die *Kriminologie*, aber auch für
die *Literaturwissenschaft*, die *Soziologie* und die *Geschichte*. Insofern

---

137) Vgl. Christ, J.: Knastschreiber. In: Literaturmagazin 11 (1979), S. 170 - 182; Merk,
    G.-P.: Geschichten schreiben gegen das Anderssein. Eine Schreibgruppe im Frauen-
    gefängnis Preungesheim. In: Klein/Koch 1988 (Fn 24): S. 140 - 145. Vgl. auch die
    Erfahrungen Jakubowitschs (Fn 45) und die Feststellung Porzios, D.: "Gefängnisse
    sind bekanntlich Brutstätten der Schreibwut." In: Giuttari 1961 (Fn 91), S. 6. Vgl.
    ferner Kerner, H.-J., in: Kaiser, G./Kerner, H.-J./Schöch, H.: Strafvollzug. Ein Lehr-
    buch. 3.Aufl. Heidelberg: Müller 1982, § 14 Rn. 56
138) Vgl. Knorr-Anders, E.: Worte hinter Gittern. Eine Lesung vor Eingeschlossenen, Die
    Zeit, Nr.39 v. 23.9.1983; Schroer, R.: Kopfgefängnis. Ein Autor als Gast in einer JVA.
    In: Klein/Koch 1988 (Fn 24), S. 204 - 208. Vgl. ferner die Berichte verschiedener
    Autoren in: Engelmann, B. (Hrsg.): VS Vertraulich, Bd.4 1980 (Fn 123), S. 18 - 46
139) Schneider, H.J. 1980 (Fn 37), S. 47 ff. Vgl. auch Steinert, H.: Phantasiekriminalität
    und Alltagskriminalität, Kriminologisches Journal 10 (1978), S. 215 - 223

erscheint eine historisierende Beschreibung und Analyse wissenschaftlicher Bemühungen um Täterliteratur unumgänglich, wenn man einen Überblick über die methodischen und inhaltlichen Implikationen, die mit solchen Forschungen verknüpft werden, gewinnen will[140].

Bereits im 19.Jahrhundert bemühten Strafvollzugspraktiker und Kriminologen Texte Inhaftierter für ihre jeweiligen Zwecke. Sache und Begriff der Täterliteratur - den man ja damals noch nicht kannte - wurden freilich in einem überaus reduzierten Sinne verstanden und gehandhabt. Strafvollzugspraktiker sahen in solchen Dokumenten nicht zuletzt eine willkommene Gelegenheit, ihre Auffassung von der "richtigen" Haftform - etwa im Sinne des pennsylvanischen Konzepts der Einzelhaft - "empirisch" zu untermauern[141]. Für Kriminologen hatten Äußerungen Gefangener gleichfalls insofern Bestätigungscharakter, als diese zur Unterstützung kriminalbiologischer und -psychologischer Theorien über die Entstehung und Begehung von Verbrechen herangezogen wurden. Derartige kriminalätiologische und -phänomenologische Erkenntnisinteressen standen etwa hinter Lombrosos Studien zu "Wandinschriften und Selbstbekenntnisse(n) gefangener Verbrecher"[142]. Kriminalpsychologische Zielsetzungen verfolgte auch Jaeger mit der Interpretation autobiographischer Texte, Aufsätze und Gedichte aus der Feder Strafgefangener[143]. Gustav Radbruch stützte seine bekannte psychologische Analyse der Einzel- und der Gemeinschaftshaft vor allem auf einschlägige Erfahrungsberichte - freilich der sog. Hochliteratur[144]. Hier zeichneten sich erste Ansätze zur Erweiterung und Veränderung des wissenschaftlichen Blickfeldes ab: Es ging nicht mehr allein, ja z.T. überhaupt nicht mehr darum, bestimmte Annahmen über Verbrechensgenese und Täterpersönlichkeit empirisch abzusichern, als vielmehr Aufschlüsse über Hafterleben und -situation zu gewinnen.

Noch größeres Interesse fanden literarische Zeugnisse inhaftierter Straftäter in der Weimarer Zeit. Einmal mehr versprach sich die kriminologische Forschung von der Untersuchung solcher Texte Erkenntnisse über die Verbrechensentstehung, die psychische und soziale Lage von Rechtsbrechern, deren Hafterleben und die Realität des Strafvollzugs. In diesem Sinne erblickte etwa Luz in Selbstdarstellungen und Deutungen Straffälliger einen "Beitrag zur Naturgeschichte des kriminellen Menschen"[145], stellte Eduard Heilfron "die Schriftwerke der Gefange-

---

140) Historisierend verfahren auch Koch/Klein 1988 (Fn 24), S. 146 - 160
141) Vgl. von Jagemann, L.: Stimmen der Gefangenen über Gefängnißsysteme, GS 1852 Bd.1, S. 90 - 107. Vgl. auch Fn 57-60
142) Vgl. Fn 64. Eine aktuelle Dokumentation: Hesse, G.: "... und sie reden doch!" Die Wände im Knast. Grafitti aus deutschen Gefängnissen. Bd. I u. II. Bremen: Skarabäus 1984
143) Jaeger 1905 (Fn 64); Jaeger 1906 (Fn 64)
144) Radbruch, G.: Die Psychologie der Gefangenschaft. Zeitschrift für die gesamte Strafrechtswissenschaft 1911, S. 339 - 354 = Zeitschrift für Strafvollzug 3, (1952/53), S. 140 - 153
145) Luz 1928 (Fn 76)

nen" zur Diskussion[146], arbeitete Rudolf Sieverts anhand literarischer
Selbstzeugnisse ehemaliger Häftlinge "die Wirkungen der Freiheitsstrafe
und der Untersuchungshaft" heraus[147].

An diese Forschungstradition mit ihrer kriminalätiologischen, -phä-
nomenologischen, kriminalistischen, kriminal- und haftpsychologischen
Orientierung, für die vorrangig der (inhaftierte) Straftäter im Mittelpunkt der Betrachtung stand, knüpfte man nach 1945 erneut an. Dabei
standen zunächst wiederum jene Zielsetzungen im Vordergrund, die
schon früher die Blickrichtung der Kriminologie bestimmt hatten: Täterliteratur dient zum einen als Erkenntnisquelle für Tatmodalitäten und
-techniken[148], zum zweiten als empirisches Material zur Beschreibung
und Erklärung krimineller Persönlichkeiten und Karrieren[149] sowie
schließlich als Grundlage zur Analyse von Hafterleben und -verarbei-
tung durch Insassen[150].

Freilich bilden sich - nicht zuletzt im Zuge des vieldiskutierten Paradigmawechsels in der Kriminologie - seit den 70er Jahren neue Forschungsperspektiven heraus: So wendet sich etwa, was die Haftsituation
anlangt, das Interesse zunehmend den Mechanismen und Strukturen des
Strafvollzugs zu. Neben die Orientierung an der Täterpersönlichkeit -
und z.T. sogar anstelle dieser Orientierung - tritt die Analyse der gesellschaftlichen Reaktionen auf Kriminalität sowie der staatlichen Institutionen, die Strafverfolgung betreiben und Strafen vollziehen[151]. In
dieser Phase hat denn auch Seibert den Begriff "Täterliteratur" in die
Diskussion eingeführt[152]. Für ihn (und Lüderssen) geht es nicht allein
darum, daß eine genauere sprachliche Analyse solcher Texte den Blick
für die Entwicklung, Komplexität und Ambivalenz von Täterstrukturen
schärfen kann. Vielmehr fällt hier vor allem ins Gewicht, daß offizielle
juristische Setzungen und Festschreibungen von Recht und Unrecht

---

146) Heilfron, E.: Das Gefängnis in der Literatur. Die Schriftwerke der Gefangenen. In:
Preußisches Justizministerium (Hrsg.): Strafvollzug in Preußen. Mannheim u.a.:
Bensheimer 1928, S. 63 - 73

147) Sieverts, R.: Die Wirkungen der Freiheitsstrafe und der Untersuchungshaft auf die
Psyche der Gefangenen. Phänomenologische Studien an literarischen Selbstzeugnissen
ehemaliger Häftlinge. Mannheim u.a.: Bensheimer 1929

148) Z.B. Herren, R.: Haftmemoiren im Aspekt der Strafvollzugswissenschaft. In: Herren,
R./Kienapfel, D./Müller-Dietz, H. (Hrsg.): Kultur - Kriminalität - Strafrecht. Festschrift für Thomas Würtenberger. Berlin: Duncker & Humblot 1977, S. 413 - 423

149) Vgl. etwa v. Engelhardt 1978 (Fn 7); Eisenberg, U.: Aufsätze jugendstrafrechtlich
verfolgter Personen. In: Schwind, H.-D. (Hrsg.): Festschrift für Günter Blau zum 70.
Geburtstag. Berlin u.a.: de Gruyter 1985, S. 207 - 226, 216 ff.

150) Vgl. - allerdings mit unterschiedlicher Akzentuierung - Mittermaier, W.: Gefäng-
niskunde. Ein Lehrbuch für Studium und Praxis. Berlin u.a.: Vahlen 1954, S. 32;
Müller-Dietz 1969 (Fn 36); von Olenhusen, G.: Berichte aus dem Knast. Vorgänge
1969, S. 416 - 418; Kreuzer, A.: Über Haftberichte junger Strafgefangener. Unsere
Jugend 31, (1979), S. 59 - 68; Kreuzer, A.: Notiert in der Zelle. Was wir aus "Me-
moiren" von Gefangenen lernen können, Die Zeit, Nr.8 v.16.2.1979, S. 16; Schmid, R.:
Die Einsamkeit des Gefangenen, Merkur 1980, S. 166 - 174; Kruse, H.J.: Bei manchen
Knackis ist es nicht so. Unsere Jugend 38 (1986), S. 332 - 342

151) Vgl. Weis 1988 (Fn 125); vgl. auch Schüler-Springorum, H.: Was läßt der Strafvollzug für Gefühle übrig? In: Festschrift für Günter Blau zum 70. Geburtstag. Berlin
u.a.: de Gruyter 1985, S. 359 - 374

152) Vgl. Fn 20

durch alternative Deutungen und Selbstverständnisse in Gestalt von
Täterliteratur auf ihre innere Legitimation befragt werden. Ein Doppel-
tes soll mit einem solchen Ansatz vermittelt werden: Über Sprache und
sprachliche Selbstverständigung gewinnt der Autor-Täter Zugang zu
seiner eigenen Lebensgeschichte, abweichenden Karriere und Identität.
Zugleich nimmt Täterliteratur norm- und ideologiekritische Funktionen
wahr, indem sie Handeln und Reaktionen der strafrechtlichen Kontrollinstanzen den subjektiven Erfahrungen und Interpretationen Betrof-
fener aussetzt.

Damit ist der ursprüngliche kriminologische Bezugsrahmen verändert, wenn nicht gar gesprengt. Die Verwendung hermeneutischer und
sprachanalytischer Verfahren stellt zugleich Beziehungen zur *Literaturwissenschaft* her. So ist es denn auch schwerlich ein Zufall, daß diese
seit den 80er Jahren Täter-, insbesondere Gefangenenliteratur zunehmend als ihren (wenngleich nicht nur ihren) Forschungsgegenstand
begreift[153]. Freilich geht sie mit den bisherigen Ansätzen namentlich
kriminologischer und sprachanalytischer Provenienz z.T. recht streng ins
Gericht. S. Weigel etwa kritisiert gängige Versuche, Texte Straffälliger
unter humanistischem oder institutionenkritischem Vorzeichen zu interpretieren: "*Täterliteratur-Forschung* macht die sprachlichen und literarischen Äußerungen von Gefangenen immer zum *Fall*, degradiert die
Autoren zum *Objekt*"[154]. S. Weigel plädiert dagegen für eine Sicht der
Gefängnisliteratur, die diese als "andere Kultur" wahr- und ernstnimmt.
Hiernach kommt es entscheidend darauf an, das Schreiben von Gefangenen als Prozeß der "Selbstvergewisserung und Selbstverständigung" als
"Widerstand und Selbstbestimmung" - am Ort und unter den Bedingungen weitgehender Fremdbestimmung - zu begreifen[155]. Das deckt sich
zumindest teilweise mit dem literatur-wissenschaftlichen Funktionsver-
ständnis Kochs. Er definiert das Schreiben Inhaftierter "als Herstellen
von Öffentlichkeit, Mauern überwinden, Festhalten an Menschenwürde
und Selbstbewußtsein, als Widerstand", aber "auch als Hilfe zum Überleben"[156]. Und daran knüpft auch - bis zu einem gewissen Grade -
H. Cremer-Schäfer an, wenn sie in ihrer weitausholenden, interaktionistischen und Definitionsansätzen verpflichteten Studie psychologisierende und soziologisierende, erst recht jedoch pathologisierende Deutungen von Täterliteratur zurückweist und schließlich resümiert: "Autobiographische Texte enthalten Aufforderungen zur Verständigung, Aufforderungen, über die Kontextbedingungen von Kriminalisierung nachzudenken und Aufforderungen an Leser, ihre Interessen, Motive und
moralischen Erwägungen im Hinblick auf kriminalpolitische Zumutun-
gen zu schärfen"[157].

Die darin aufscheinenden weitreichenden Veränderungen von Erkenntnisinteressen und Forschungsintentionen kommen nicht von unge-

---

153) Vgl. nur Weigel 1982 (Fn 23); Klein/Koch 1988 (Fn 24)
154) Weigel 1982 (Fn 23), S. 11
155) Weigel 1982 (Fn 23), S. 20
156) Koch 1988 (Fn 24), S. 95
157) Cremer-Schäfer 1985 (Fn 3), S. 311

fähr. Sie lassen sich gewiß nicht allein auf den Wandel kriminologischer Ansätze zurückführen. Sie lassen sich auch keineswegs nur damit erklären, daß heute in wachsendem Maße *Literaturwissenschaft, Geschichte* und *Soziologie* Täterliteratur thematisieren. Vielmehr fällt wohl noch stärker das Interesse ins Gewicht, das eben diese Disziplinen seit einiger Zeit am einzelnen *Subjekt*, an seiner originären und unverwechselbaren (Lebens-)Geschichte, an seiner Identität und seinem Selbstverständnis - auch und gerade im gesellschaftlichen Kontext - nehmen. Darauf verweisen jedenfalls neuere pädagogische, sozial(isations)geschichtliche und soziologische Werke, die dazu anhalten (wollen), "Aus Geschichten (zu) lernen"[158] der "Soziolgie des Lebenslaufs"[159] nachzugehen, Identität[160] etwa in Beziehung zur Erziehung[161], zum Rollenzwang[162], zu Lebensgeschichte[163] und Lebenslauf[164], zum Alltag[165] zu setzen. Insofern spiegeln jene neueren Ansätze zur Erforschung der Täterliteratur allgemeinere wissenschaftliche Trends wider, die über die einzelnen Disziplinen hinausreichen[166]. Die Frage, ob sie einer nach wie vor "Im Patt der alten Positionen" befindlichen Kriminologie[167] den Königsweg zur künftigen (Weiter-)Entwicklung weisen, ist damit freilich noch nicht beantwortet.

---

158) Baacke, D./Schulze, Th. (Hrsg.): Aus Geschichten lernen. Zur Einübung pädagogischen Verstehens. München: Juventa 1979

159) Kohli, M. (Hrsg.): Soziologie des Lebenslaufs. Darmstadt u.a.: Luchterhand 1978. Vgl. auch Schütze, F.: Biographieforschung und narrative Interviews. Neue Praxis 1983, S. 283 - 293

160) Dazu Frey, H.P./Hausser, K. (Hrsg.): Identität. Entwicklungen psychologischer und soziologischer Forschung. Stuttgart: Enke 1987

161) Krieger, W.: Identität und Erziehung. Die Bedeutung von Identitätstheorien für die Pädagogik. Frankfurt u.a.: Campus 1985

162) Neumann, B.: Identität und Rollenzwang. Zur Theorie der Autobiographie. Frankfurt a.M.: Athenäum 1970

163) Maurer, F. (Hrsg.): Lebensgeschichte und Identität. Beiträge zu einer biographischen Anthropologie. Frankfurt a.M.: Fischer 1981

164) Leitner, H.: Lebenslauf und Identität. Die kulturelle Konstruktion von Zeit in der Biographie. Frankfurt u.a.: Campus 1982

165) Müller, G.: Alltag und Identität. Zur Theorie des modernen Alltagslebens. Frankfurt a.M. u.a.: 1985. Vgl. auch Ehlich, K. (Hrsg.): Erzählen im Alltag. Frankfurt a.M.: Suhrkamp 1980

166) Ohnehin zeichnen sich disziplinerweiternde oder -überschreitende Ansätze ab. Vgl. nur Best, H.: Historische Sozialforschung als Erweiterung der Soziologie. Die Konvergenz sozialwissenschaftlicher und historischer Erkenntniskonzepte. Kölner Zeitschrift für Soziologie und Sozialpsychologie 40 (1988), S. 1 - 14

167) Bock, M.: Im Patt der alten Positionen. Zur Kontinuität ungelöster Streitfragen in der kriminologischen Literatur, Soziologische Revue 11 (1988), S. 29 - 37

Der Täter
in seinen biosozialen Bezügen

Wouter Buikhuisen

1. Einleitung

Weshalb stiehlt der Mensch? Warum ist er gewalttätig? Fragen dieser
Art beschäftigen die Kriminologen nun schon mehr als ein Jahrhundert.
Die bisherigen Antworten brachten die Frage nach den Ursachen der
Kriminalität einer Lösung nicht näher. Im Gegenteil. Für viele Länder
gilt, daß die Kriminalität eher wächst als abnimmt. Hinzu kommt, daß
die Kriminalität ein weit verbreitetes Phänomen ist. Untersuchungen
mit der "selfreport"-Methode ergaben, daß die meisten Menschen gelegentlich eine Straftat begehen. Aus statistischer Sicht kann man delin-
quentes Verhalten als normal bezeichnen. Das gilt nicht nur für die
Gegenwart. In der Bibel lesen wir bereits: "Wer ohne Sünde ist, der
werfe den ersten Stein".

Dieser Aspekt des Mensch-Seins hat unter den Kriminologen bisher
nicht die Beachtung gefunden, die er verdient. Auch die Tatsache, daß
das Fernsehen tagaus, tagein vor Augen führt, wie Menschen damit beschäftigt sind, sich gegenseitig auf das Grausamste umzubringen, hat
die Anhänger der Deprivationstheorie nicht dazu veranlassen können,
ihr Bild vom Mensch zu ändern, anzupassen. Der Mensch ist in ihren
Augen seiner Natur nach gut, ohne Makel. Sollte er trotzdem Regeln
übertreten, dann liegt das nicht an ihm, sondern an seinen Eltern, dem
Wohnbereich, in dem er aufwuchs, dem mangelhaften Unterricht, der
Arbeitslosigkeit, dem herrschenden politischen System, oder, um noch
ein anderes Beispiel zu nennen, an den falschen Vorbildern, mit denen
er konfrontiert wurde.

Prinzipiell ist nichts dagegen einzuwenden, in der Wissenschaft von
bestimmten Ausgangspunkten Gebrauch zu machen. Die Mathematik
kennt schon seit langem ihre Axiome und benutzt sie erfolgreich. Damit
berühren wir auch schon den Kern der Sache. Die Ausgangspunkte der
Wissenschaft müssen Möglichkeiten für den Fortschritt offen lassen. Es
gibt Gründe dafür anzunehmen, daß das bei der Hypothese, daß der
Mensch von Natur aus gut und somit die Ursache seiner Kriminalität
außerhalb des Menschen zu suchen sei, nicht der Fall ist. Bietet man
nämlich, ausgehend von den Deprivationstheorien z.B., Delinquenten
eine bessere Ausbildung, so zeigt sich, daß das wenig Einfluß auf ihre

Kerner/Kaiser (Hrsg.) Kriminalität
© Springer-Verlag Berlin Heidelberg 1990

kriminelle Karriere hat[1]; verschafft man arbeitslosen Deliquenten einen
Arbeitsplatz, so zeitigt das nur einen marginalen Effekt auf ihr kriminelles Verhalten[2]. Würde man, sich auf die "social-learning" Theorien
basierend, Delinquenten positive Vorbilder geben, so dürfte es eine
Illusion sein zu glauben, daß sie ihr Verhalten deshalb änderten. Ist aber
die Bedeutung der Theorien für die Praxis der Kriminalitätsbekämpfung so gering, und zeigt sich zudem, daß sie auf die meisten Menschen, für die sie gedacht sind, nicht zutreffen (nur ein geringer Teil
der Menschen mit niedrigem Ausbildungsniveau wird kriminell; die
Mehrzahl der mit aggressiven Modellen konfrontierten Personen zeigt
kein gewalttätiges Verhalten usw.), dann wird es Zeit, daß wir uns fragen, ob wir wohl von dem richtigen Menschenbild ausgehen.

Würde es uns nicht weiter führen, wenn wir davon ausgingen, daß
der Mensch als antisoziales Wesen auf die Welt kommt, und daß es mithin nicht so verwunderlich ist, wenn er sich antisozial verhält? Sollte
sich unsere Einsicht in das Entstehen der Kriminalität nicht vertiefen,
wenn wir wie Hirschi[3] und Eysenck[4] fragen würden, wie es kommt,
daß noch so viele Menschen bereit sind, Gesetze und Regeln zu befolgen?
Wenn man darüber nachdenkt, ist das doch etwas Besonderes.

Warum ist der Durchschnittsmensch bereit, das Leben und das Eigentum anderer zu respektieren? Wie kommt es, daß sich immer noch Poli-
zeibeamte finden, die bereit sind, zu jeder Zeit, bei einem keineswegs
überwältigenden Gehalt Berufsverbrecher aufzuspüren und zu verfolgen, die quasi währenddessen "schlafend" reich werden? Warum entscheiden sie sich nicht auch für diesen lukrativen, kriminellen Weg?

Des weiteren fällt auf, daß man diese Bereitschaft, Regeln zu befolgen, auf der ganzen Welt antrifft. Über die Frage, was gut und was
schlecht ist, was sich gehört und was sich nicht gehört, mag auf unserer
Erde unterschiedlich gedacht werden, innerhalb jeder Kultur herrscht
jedoch die Auffassung, daß man sich an die dort geltenden Regeln
anpassen soll. Wie lernt der Mensch diese Regeln und was ist dazu erforderlich? Dieser Sozialisationsprozeß besteht hauptsächlich aus dem,
was man "operante Konditionierung" nennt, das heißt unerwünschtes
Verhalten wird bestraft, erwünschtes Verhalten aber belohnt.

Es fällt wiederum auf, daß dieser Lernprozeß, in dem Normen und
Werte angeeignet werden, überall auf der Welt in derselben Weise stattfindet. Wenn aber ein für die Art so wichtiger Mechanismus überall auf
der Welt angetroffen wird, läßt sich eine biologische Grundlage vermuten. Tierversuche und andere Experimente wiesen inzwischen aus, daß
diese Vermutung zutrifft. Im Gehirn von Mensch und Tier fand man
Rezeptoren, die spezifisch empfindlich sind für entweder unangenehme

---

1) Nijboer, J.A.: Drives and Reinforcements. Behavioral Studies of Hypothalamic Functions. New York: Raven Press 1971
2) Freeman, R.B.: Crime and unemployment. In: Wilson, J.Q. (ed): Crime and Public
Policy. San Fransisco: ICS Press 1983
3) Hirschi, T.: Causes of delinquency. Los Angeles: University of California Press 1969
4) Eysenck, H.J.: Crime and Personality. London: Routledge & Kegan Paul 1964

Erfahrungen, wie Schmerz und Strafe, oder positive Ereignisse, wie etwa eine Belohnung. Auf Grund dieser Wahrnehmungen fing man dann an, von "punishment -" und "reward centers" zu sprechen[5].

2. Straf- und Belohnungszentren - entwicklungsneurologisch betrachtet

Aus Untersuchungen ging hervor, daß Ausdrücke wie Straf- und Belohnungszentren nicht ganz zutreffend sind. Tatsächlich handelt es sich nicht um spezifische Zentren, sondern um Kerne, die in bestimmten Bahnen innerhalb des Zentralnervensystems unterschieden werden können. Als Beispiele von Gebieten, die nach Reizung ein positives Gefühl vermitteln, können der laterale Hypothalamus und die tractus cortico--thalamici et thalamocorticales mediales genannt werden. Wenn es um die Erfahrung negativer Gefühle geht, können wir an die amygdala, die mandelförmigen Kerne denken, die zum phylogenetisch ältesten Teil des Gehirns, das insbesondere die Grundemotionen reguliert, gehören[6].

Übrigens ist der Gedanke, daß es sich um Hirn-Kerne handelt, aus entwicklungsneurologischer Sicht interessant. Für Nervenzellen gilt nämlich, daß ihre genetisch festgelegte Entwicklung auch von einem adäquaten Reiz abhängt.

Adäquat heißt hier: der richtige Reiz zur richtigen Zeit am richtigen Ort. Dieses Prinzip illustriert das folgende Beispiel:

Wenn Ratten gleich nach der Geburt die Augen verbunden werden, sind sie nach einigen Wochen unheilbar erblindet. Für die richtige Entwicklung der Sinneszellen, die für das Sehvermögen verantwortlich sind, ist es notwendig, daß diese sofort nach der Geburt durch Lichteinwirkung gereizt werden. Unterbleibt dieser Reiz als Folge des Verbindens der Augen, so atrophieren die Sinneszellen und werden die Tiere endgültig blind[7]. Dieser Effekt tritt aber nur in einer bestimmten kritischen Phase der Entwicklung der betreffenden Nervenzellen ein. Ist diese vorüber, so würde in unserem Beispiel das Verbinden der Augen kein Erblinden mehr zur Folge haben.

Van Praag[8] äußerte damals den Gedanken, daß dieses entwicklungsneurologische Prinzip auch auf die Nervenzellen, welche die Grundlage unseres Gefühlslebens bilden, anzuwenden sein könnte. Hierzu gehören auch die Zellen, die unsere Straf- und Belohnungszentren bilden. Folglich sollten also auch sie eines adäquaten Reizes bedürfen, um ihre genetisch bestimmten Funktionen ausüben zu können. Sollte diese Annahme richtig sein, hat sie interessante Konsequenzen für das pädagogische Handeln. Das Strafen und das Belohnen müßten dann beide nämlich als unentbehrliche Bestandteile der Erziehung gelten. Das würde bedeuten,

---

5) Olds, J.: Drives and Reinforcements. Behavioral Studies of Hypothalamic Functions. New York: Raven Press 1977
6) Ashton, H.: Brain Systems, Disorders, and Psychotropic Drugs. Oxford: Oxford University Press 1987
7) Van Praag, H.M.: Psyche aan banden. Amsterdam: De erven Bohn 1974
8) Vgl. van Praag 1974 (Fn 7)

daß man nicht "straflos" antiautoritär erziehen kann, denn das würde sich nachhaltig auf das Vermögen der Kinder, Strafe zu empfinden, auswirken.

Affektive Verwahrlosung in den Kinderjahren und als Folge davon das Fehlen positiver emotionaler Reize, sollte in diesem Gedankengang eine Art Atrophie der Belohnungszentren herbeiführen und dadurch das (definitive) Unvermögen, positive Gefühle zu empfinden.

Die Tatsache, daß dem Straf- bzw. dem Belohnungsempfinden unterschiedliche Strukturen im Zentralnervensystem zugrunde liegen, ist verhaltenspsychologisch wichtig. Das bedeutet nicht nur, daß das Verhalten auf verschiedene Weise beeinflußt werden kann, nämlich durch Bestrafen unerwünschten - oder durch Belohnen erwünschten Verhaltens, sondern auch, daß innerhalb eines Individuums das eine Vermögen stärker entwickelt sein kann als das andere und daß Menschen untereinander, so wie das auch für andere psychische Eigenschaften gilt, in ihrer Empfindlichkeit gegenüber Strafe, bzw. Belohnung verschieden sind[9]. Wie sich noch zeigen wird, ist das für den Sozialisationsprozeß von Bedeutung.

3. Der Sozialisationsprozeß - näher betrachtet

Der Mensch besitzt keinen angeborenen Kompaß für Gut und Böse. Er hat nur ein sehr beschränktes "natürliches Rechtsgefühl". Das heranwachsende Kind muß deshalb erst nach und nach lernen, wie die Regeln sind. Das gilt nicht nur für die reinen Gesetzesdelikte, wie z.B. rechts statt links fahren oder vor einer roten statt vor einer grünen Ampel halten, sondern auch für die sog. Rechtsdelikte wie z.B. Mord und Diebstahl. Auch unser Rechtsgefühl ist das Ergebnis eines Lernprozesses. Technisch könnte man das einen konditionierten Reflex nennen[10], kurz gesagt, die Folge einer systematischen Manipulation durch die Umgebung.

Der Gedanke, daß unser Rechtsgefühl das Resultat eines Konditionierungsprozesses ist, klingt nicht sehr erhaben. Er ist aber ein fruchtbarer Ausgangspunkt, wenn es darum geht zu verstehen, warum der Sozialisationsprozeß, jedenfalls nach Ansicht der Vertreter der dominanten Kultur, gescheitert ist.

Das Ergebnis eines Konditionierungsprozesses hängt von drei Faktoren ab, und zwar:

---

9) Die Richtigkeit der erstgenannten Behauptung wurde von Boddy und anderen experimentell bewiesen. Sie konnten nachweisen, daß Extraverte besser lernen, wenn sie wegen guten Verhaltens belohnt werden, während derselbe Zweck bei introverten Personen leichter zu erreichen ist, wenn sie für falsches Verhalten bestraft werden. Boddy, J./Carver, A./Rowley, K.: Effects of positive and negative verbal reinforcement on performance as a function of extraversion-introversion: some tests of Gray's theory. In: Eysenck, H.J. (ed.): Personality and individual differences: 1, 1986, p. 81-88

10) Vgl. Eysenck 1964 (Fn 4)

1) Inhaltlich, von dem, was man übermitteln will: Welches Verhalten oder Gefühl soll erlernt oder abgewöhnt werden?
2) Von der Art und Weise, in welcher der Konditionierungsprozeß stattfindet: Erfolg kann nur eintreten, wenn die Umgebung konsistent reagiert. Das heißt, daß auf unerwünschtes Verhalten prinzipiell eine negative Sanktion folgt, während erwünschtes Verhaltens jeweils belohnt wird.
3) Die Person, auf die sich der Konditionierungsprozeß bezieht, muß überhaupt konditionierbar, das heißt, beeinflußbar sein.

Im folgenden werden wir auf diese drei Punkte näher eingehen.

Zunächst ist aber noch einiges zum Konditionierungsprozeß an sich zu sagen: Es war das große Verdienst von Eysenck[11], daß er mit seiner Persönlichkeitstheorie eine Verbindung zwischen der Kriminalität und der Konditionierbarkeit herstellte. Er relatierte die Konditionierbarkeit an Eigenschaften wie Extraversion und Neurotizismus, die er ihrerseits wieder mit der Reaktivität des autonomen Nervensystems in Zusammenhang brachte. Damit wurde die Konditionierbarkeit auf die Frage reduziert: Wie reagiert das autonome Nervensystem der betreffenden Person?

Diese Sicht ist zu eng. Aus späteren Untersuchungen ging hervor, daß beim Konditionierungsprozeß viel mehr Faktoren eine Rolle spielen; man denke nur z.B. an die Hypophysenhormone wie das Vasopressin.

Nicht weniger wichtig ist die Tatsache, daß, wenn wir annehmen, daß unser Gewissen eine Art konditionierter Reflex ist, die klassische Konditionierung und die instrumentelle Konditionierung nicht unabhängig voneinander betrachtet werden dürfen. Ohne eine erfolgreiche operante Konditionierung ist Gewissensbildung durch klassische Konditionierung nicht möglich. Das bedeutet, daß lernpsychologische Prinzipien auch während des Konditionierungsprozesses eine Rolle spielen. Der Mensch muß z.B. in der Lage sein, den Zusammenhang zwischen seinem Verhalten und der Reaktion der Umgebung zu sehen. Er muß aus dieser konkreten Erfahrung eine allgemeine Norm ableiten können. Dazu muß er über die erforderlichen kognitiven Funktionen verfügen. (Auf die Frage, welche das sind, werden wir noch eingehen.)

Die soeben gegebene Analyse des Konditionierungsprozesses ist nicht bedeutungslos für Eysencks Theorie. Zunächst einmal zeigte sie, daß diese Theorie eines weiteren Rahmens bedarf. Statt die Kriminalität mit dem zu engen Begriff der (klassischen) Konditionierbarkeit in Verbindung zu bringen, ist es besser, davon auszugehen, daß bei einem (chronischen) Delinquenten ein fehlgeschlagener Sozialisationsprozeß vorliegt. Wie sich noch zeigen wird, kann dieser Prozeß aus sehr verschiedenen Gründen scheitern. Interessant ist nun, daß auch diese Gründe, wie etwa das Versagen des Elternhauses, oft mit z.B. der Jugendkriminalität in Verbindung gebracht werden.

Die von uns vorgeschlagene Änderung der Theorie von Eysenck wird dadurch attraktiv, daß sie es zuläßt, auch andere Auffassungen über das

---

11) Vgl. Eysenck 1964 (Fn 4)

Entstehen der Kriminalität zu integrieren. Außerdem verschafft diese Modifikation uns, wie sich noch zeigen wird, die Möglichkeit, die in der Verhaltenskunde so wichtige entwicklungspsychologische Perspektive zu berücksichtigen, ein Prinzip, das in der Kriminologie noch zu stark vernachlässigt wird.

Eine zweite Folge unserer Analyse des Konditionierungsprozesses ist, daß wir feststellen konnten, daß eine schlechte Konditionierbarkeit nicht ausschließlich eine Frage verstärkter Extraversion ist. Das bedeutet, daß wir Eysencks Theorie nicht einfach deshalb abweisen können, weil die Zusammenhänge zwischen Extraversion und Kriminalität umstritten sind[12]. Menschen können auch aus anderen Gründen schlecht konditionierbar sein. Konditionierbarkeit bleibt somit aus kriminologischer Sicht ein potentiell bedeutsamer Begriff. Die Tatsache, daß wiederholt bewiesen wurde, daß Kriminelle beim Erlernen von Vermeidungsverhalten allgemein größere Schwierigkeiten haben, unterstreicht das noch[13].

4. Der Konditionierungsprozeß: der Einfluß der zu übertragenden Normen und Werte

Warum verhalten sich manche Menschen nicht so, wie es sich gehört? Wir sagten schon, daß man über das, was sich gehört und was sich nicht gehört unterschiedlich denken kann und daß unser Denken in dieser Hinsicht zum größten Teil das Ergebnis unserer Erziehung ist. Gerade in einer pluriformen Gesellschaft können diesbezüglich unterschiedliche Auffassungen entstehen.

Werden die von der dominanten Kultur abweichenden Auffassungen dann geäußert oder sonst erkennbar, können Konflikte entstehen.

In der soziologisch orientierten Kriminologie fand diese mögliche Ursache der Kriminalität viel Beachtung. Vor allem bei den Vertretern der "culture-conflict"-Theorien findet man diesen Erklärungsansatz[14].

Dabei wird der Mensch als Produkt seiner (unmittelbaren) Umgebung gesehen. Wer z.B. in einer aggressiven Subkultur aufwächst, wird nach dieser Theorie quasi automatisch aggressiv. Man weiß es schließlich nicht besser.

Die kriminogene Wirkung, die von der Umgebung ausgehen kann, sollte man aber nicht allzu wörtlich nehmen. Es ist natürlich nicht so, daß das heranwachsende Kind hier ausschließlich feste und fertige

---

12) Passingham, R.F.: Crime and Personality. A review of Eysenck's theory. In: Nebylitsyn, V.D./Gray J.A. (eds): The biological bases of individual behaviour. New York: Academic Press, 1972, p. 341-372

13) Schachter, S./Latané, B.: Crime cognition and the autonomic nervous system. Nebraska symposium on motivation: 12 (1964), p. 221-275. Schmauck, F.J.: Punishment, arousal and avoidance learning in sociopaths. Journal of Abnormal Psychology 76/3 (1970), p. 325-335

14) Miller W.B.: Lower Class Culture as a Generating Milieu of Gang Delinquency. Journal of Social Issues 14 (1958), p. 5-19; Wolfgang, M.E./Ferracuti, F.: The Subculture of Violence. London: Travistock 1967

Verhaltensmuster übernimmt. Die Formungsprozesse verlaufen meistens viel subtiler. Die negative Wirkung kann auch darauf beruhen, daß Werte überliefert werden, die auf indirektem Wege das Enstehen kriminellen Verhaltens fördern oder die Chance vergrößern, daß man mit der Justiz in Konflikt gerät. Letzteres ist z.B. der Fall, wenn man in einer Umgebung aufwächst, wo der Konflikt mit der Polizei statuserhöhend wirkt. Es geht somit nicht darum, daß in einer pluriformen Gesellschaft voneinander abweichende Kulturen bestehen können. Es gibt genügend Beispiele von Gemeinschaften mit unterschiedlichen Wertsystemen, deren Mitglieder doch nicht mit der Justiz in Konflikt geraten. Wesentlich ist, wie die kulturelle Ausstattung, die man mitbekommt, sich zu den Anforderungen verhält, welche die dominante Kultur stellt.

5. Anforderungen, denen der Konditionierungsprozeß entsprechen muß

Unter Konditionierungsprozeß verstehen wir eigentlich die operante Konditionierung: die systematische Beeinflussung des Verhaltens durch Strafen und Belohnen.

Man darf die operante Konditionierung als einen der Eckpfeiler des Sozialisationsprozesses betrachten. Natürlich ist sie nicht das einzige Mittel. Beim Erlernen von Normen und Werten spielt z.B. auch die Vorbildfunktion der Umgebung (modelling) eine große Rolle. Der Einfluß der Altersgenossen darf ebenfalls nicht unterschätzt werden. Dennoch ist, vor allem beim heranwachsenden Kind, die operante Konditionierung die eigentliche Basis des Erziehungsprozesses.

Diese Erziehungsmethode kann nur erfolgreich sein, wenn sie den folgenden vier Grundbedingungen entspricht:

1) Die Eltern oder Pflegeeltern (Erzieher) müssen genau wissen, welche Normen und Werte sie übertragen wollen.
2) Sie müssen das Verhalten des Kindes genau kennen.
3) Abweichendes Verhalten muß sofort als solches erkannt und sanktioniert werden.
4) Damit die zu erlernenden Normen internalisiert werden, ist es notwendig, daß ein positives Band zwischen Erziehern und Kind besteht.

Die genannten Voraussetzungen bilden die Grundlage für das, was Hirschi[15] das Oregon Modell nannte. Dieses Modell wurde von Patterson u.a.[16] entwickelt[17].

Wer in der kriminologischen Literatur einigermaßen zu Hause ist, weiß, daß gerade in den Familien, aus denen Straftäter kommen, oft gegen die oben genannten Regeln verstoßen wird. Von einem adäquaten Lernen (und Internalisieren) der Normen und Werte kann dann keine Rede sein.

---

15) Hirschi, T.: Crime and the family. In: Wilson, J.Q. (ed): Crime and Public Policy. San Fransisco: ICS Press 1983, p. 53-69
16) Die hier formulierte Version ist eine Bearbeitung von Hirschi 1983 (Fn 15)
17) Patterson, G.R.: Children who steal. In: Hirschi, T./Gottfredson, M. (eds): Understanding Crime. Beverley Hills: Sage 1980, p. 73-90

6. Das Lernen von Normen und Werten

Was den Sozialisationsprozeß betrifft, besteht das Heranwachsen hauptsächlich aus Lernen und Abgewöhnen. Besonders in den ersten Lebensjahren steht das Abgewöhnen im Vordergrund. Wer noch nicht wissen
kann, was von ihm erwartet wird, macht ständig etwas, was der Korrektur bedarf. Es ist nicht einfach zu lernen, wie man sich verhalten
soll. Es verlangt nicht nur Zeit, es stellt auch Anforderungen an den
Erzieher und das Kind. Anhand des Oregon-Modells zeigten wir bereits, welche Bedingungen die Erzieher erfüllen müssen. Hier werden
wir uns nun mit dem Kind befassen. Wie sieht der Sozialisationsprozeß
für das Kind aus? Grundsätzlich hat folgendes zu gelten:

Das Kind verhält sich auf eine bestimmte, unerwünschte Weise und
die Umgebung zeigt ihre Unzufriedenheit mittels einer Sanktion. Das
Kind soll nun lernen, diese beiden Ereignisse miteinander in Verbindung zu bringen. Das bedeutet, daß es grundsätzlich die Kapazitäten
besitzen muß, die für eine richtige Informationsverarbeitung Voraussetzung sind. Es muß nicht nur gut sehen und hören können (etwas, was
nicht selten vergessen wird), es muß auch logisch denken können und
über ein gutes Gedächtnis verfügen. Das ist aber noch nicht alles. Das
Kind muß auch beeinflußbar, d.h. konditionierbar und somit den negativen Konsequenzen seines Verhaltens gegenüber aufgeschlossen sein.

Der *durchschnittliche* Mensch ist hierzu von Natur gut ausgerüstet. Er
verfügt über alle jene kognitiven Eigenschaften, die es ihm ermöglichen, die eingehende Information richtig zu verarbeiten; er besitzt einen
lobus frontalis cerebri, der es ihm möglich macht, den Prozeß der Planung, der Aktion, der Evaluation des Verhaltens und, wenn nötig, der
Korrektur erfolgreich zu vollziehen; er hat ein Strafzentrum und ein
damit zusammenhängendes Behavioural Inhibition System, das hem-
mend wirkt, wenn er in die "Gefahrenzone" abzugleiten droht usw.

Theoretisch ist also alles in bester Ordnung. Anscheinend steht einer
ordnungsgemäßen Sozialisierung nichts im Wege. Die Praxis ist jedoch
anders.

Den durchschnittlichen Menschen gibt es nur in der Statistik. Menschen können untereinander große Unterschiede aufweisen; das gilt
auch in Hinblick auf die genannten, für den richtigen Verlauf des Sozialisationsprozesses so wichtigen Eigenschaften. Es ist interessant, daß
aus Untersuchungen hervorging, daß rückfällige Täter sich insoweit in
negativem Sinne von anderen Personen unterscheiden. Eine Untersuchung von Berman und Siegal[18] ergab z.B., daß beim jugendlichen
Gewohnheitsverbrecher häufiger eine Störung der Informationsverarbeitung auftritt. Vor allem wenn vieles zugleich geschieht, reagiert er
verwirrt, und kann er nicht mehr richtig zwischen Haupt- und Neben-
sachen unterscheiden. Die Ergebnisse der Untersuchung von Yeudall

---

18) Berman, A./Siegal, A.: A neuropsychological approach to the etiology, prevention and
treatment of juvenile deliquency. In: Davids, A. (ed): Child personality and psychopathology: Current topics. New York: Wiley & Sons 1976

und seinen Mitarbeitern[19] zeigen, daß die von ihnen untersuchten hartnäckigen Rückfalltäter in den Tests, die das Funktionieren des lobus
frontalis messen, relativ schlechter abschneiden. Sie haben deshalb größere Schwierigkeiten, aus negativen Erfahrungen zu lernen. Außerdem
ist zu beachten, daß wiederholt festgestellt wurde, daß Kriminelle weniger antizipierende Furcht kennen[20]. Das sagt uns nicht nur etwas
über die Stärke ihres Behavioural Inhibition Systems; diese Besonderheit
ist auch noch in anderer Hinsicht von Bedeutung für ihre Möglichkeiten, Vermeidungsverhalten zu lernen. Aus Untersuchungen ging nämlich hervor, daß die Hormone, die beim Lernen des Vermeidungsver-
haltens eine Rolle spielen, unter Einfluß von Furcht abgeschieden werden. Wer also wenig Angst kennt, wird aus diesen, für das menschliche
Funktionieren so wichtigen, Stoffen wenig Nutzen ziehen[21].

Ausgehend von diesen Zusammenhängen darf man annehmen, daß
der chronische Delinquent schon als Kind größere Anpassungsschwierigkeiten hatte. Es zeigt sich, daß dies zutrifft. Bevor diese Jugendlichen straffällig wurden, waren sie schon durch ihr Benehmen im Elternhaus, in der Schule und in der Nachbarschaft aufgefallen[22].

Wenn wir nun zu Hirschis Ausgangspunkt zurückkehren, daß wir uns
nicht so sehr mit der Frage, warum jemand sich abweichend verhält,
beschäftigen sollten, sondern vielmehr mit der Frage, warum der
Mensch sich an die Regeln hält, so läßt sich unsere erste Hypothese
formulieren:

Beim Rückfalltäter ist der Sozialisationsprozeß mißlungen. Außer
durch den negativen Einfluß, der von der Umgebung, in der er aufgewachsen ist, ausgegangen sein kann, wurde dies dadurch verursacht,
*daß er veranlagungsmäßig in geringerem Maße über die, für das erfolg-
reiche Lernen von Normen und Werten wesentlichen Eigenschaften verfügt.*

Damit wurde zunächst nur erklärt, warum er sich nicht entsprechend
den geltenden Regeln verhält, jedoch noch nicht, warum er straffällig
wurde. Bevor wir diese letzte Frage beantworten können, müssen wir

---

19) Yeudall, L.T./Fromm-Auch, D./Davies, P.: Neuropsychological Impairment of Persistent Delinquency. The Journal of Nervous and Mental Disease 70/5 (1982), p.
257-265
20) Tharp, V.K., Maltzman, I., Syndulko, K., Ziskind, E.: Autonomic activity during an-
ticipation of an aversive tone in non-institutionalized sociopaths. Psychophysiology
17 (1978), p. 123-128; Hare, R.D., Frazelle, J., Cox, D.N.: Psychopathy and Physio-
logical Responses to Threat of an Aversive Stimulus. Psychophysiology 15 (1978),
p. 165-172
21) De Wied, D./Bohus, B./Gispen, W.H./Urban, I./Wimersma Greidanus, Tj. B.: Hor-
monal influences on Motivational Leraning and Memory Processes. In: Eduard Sachar,
·J. (ed): Hormones, Behavior and Psychopathology. New York: Raven Press 1976
22) Loeber, R.V.: Behavioral precursors and accelerators of delinquency. In: Buikhuisen,
W./Mednick, S.A. (eds): Explaining Criminal Behavior. Leiden: Brill (1988), p. 51-67;
Blumstein A./Farrington D.P./ Moitra S.: Delinquency carreers: Innocents, Desisters
and Persisters. In: Tonry, M./Morris, N. (eds): Crime and Justice. Chicago: University
of Chicago Press 1985, p. 187-220; Göppinger, H.: Der Täter in seinen sozialen Bezügen. Ergebnisse aus der Tübinger Jungtäter-Vergleichsuntersuchung. Berlin u.a.:
Springer Verlag 1983

zunächst noch darlegen, was die Folgen eines mißlungenen Sozialisationsprozesses für die weitere Entwicklung des Kindes sind.

7. Entwicklungspsychologische Aspekte eines fehlschlagenden Sozialisationsprozesses

Was bedeutet es für die weitere Entwicklung eines Kindes, wenn der Sozialisationsprozeß nicht richtig verlief? Es dürfte deutlich sein, daß sich die Folgen nicht auf das unzureichende Lernen der herrschenden Normen und Werte beschränken. Denn wenn ein Kind Schwierigkeiten hat, die geltenden Regeln zu lernen, weil seine Informationsverarbeitung mangelhaft ist, kann man davon ausgehen, daß auch die Verarbeitung des Lehrstoffes in der Schule schwerfallen wird. Eine ähnliche Folgerung gilt für die Konditionierbarkeit. Kinder, die weniger gut konditionierbar sind, haben nicht nur mehr Probleme beim Lernen der Verhaltensregeln. Ax und Bamford[23] zeigten, daß auch die schulischen Leistungen mit der Konditionierbarkeit zusammenhängen: Weniger gut konditionierbare Kinder bleiben bei gleicher Intelligenz in der Schule zurück. Faktoren, die auf die Konditionierbarkeit von Einfluß sind, wirken sich auch auf anderen Gebieten aus.

Neben diesen direkten Effekten können des weiteren noch indirekte Wirkungen auftreten.

Die Art, in der die Umgebung, und vor allem die Eltern, auf das Kind reagieren, ist besonders wichtig.

Wie reagieren sie auf ein Kind, das irgendwie ungelehrig zu sein scheint, nicht aufpaßt, ungehorsam ist und sich anscheinend wenig an seiner Umgebung gelegen sein läßt? Der Umgang mit einem solchen Kind ist selbstverständlich besonders schwierig. An die Eltern werden Anforderungen gestellt, denen die Durchschnittsfamilie nicht gerecht werden kann. Hinzu kommt, daß die Eltern in der Regel für das Verhalten ihres Kindes verantwortlich gemacht werden. Wenn sich das Kind nicht so benimmt, wie die Umgebung es erwartet, wird es den Eltern stillschweigend vorgeworfen. Dadurch entstehen bald Spannungen, die das Verhältnis Eltern-Kind negativ beeinflussen. In Abbildung 1 ist das schematisch wiedergegeben. Das Schema ist als eine Art Stromdiagramm aufzufassen. Es werden darin, wie in einem Wahrscheinlichkeitsmodell, die im Elternhaus, in der Schule und auf gesellschaftlicher Ebene zu erwartenden Entwicklungen dargestellt[24].

---

23) Ax, A.F./Bamford, J.L.: Validation of a psychophysiological test of aptitude for learning social motives. Psychophysiology 5, 1968, p. 316-322

24) Buikhuisen, W. (1988): Chronic juvenile delinquency, a theory. In: Buikhuisen, W./Mednick, S.A. (eds): Explaining Criminal Behavior. Leiden: Brill, 1988, p. 27-51

Abbildung 1:

Vorhersehbare Folgen eines fehlgeschlagenen Sozialisationsprozesses

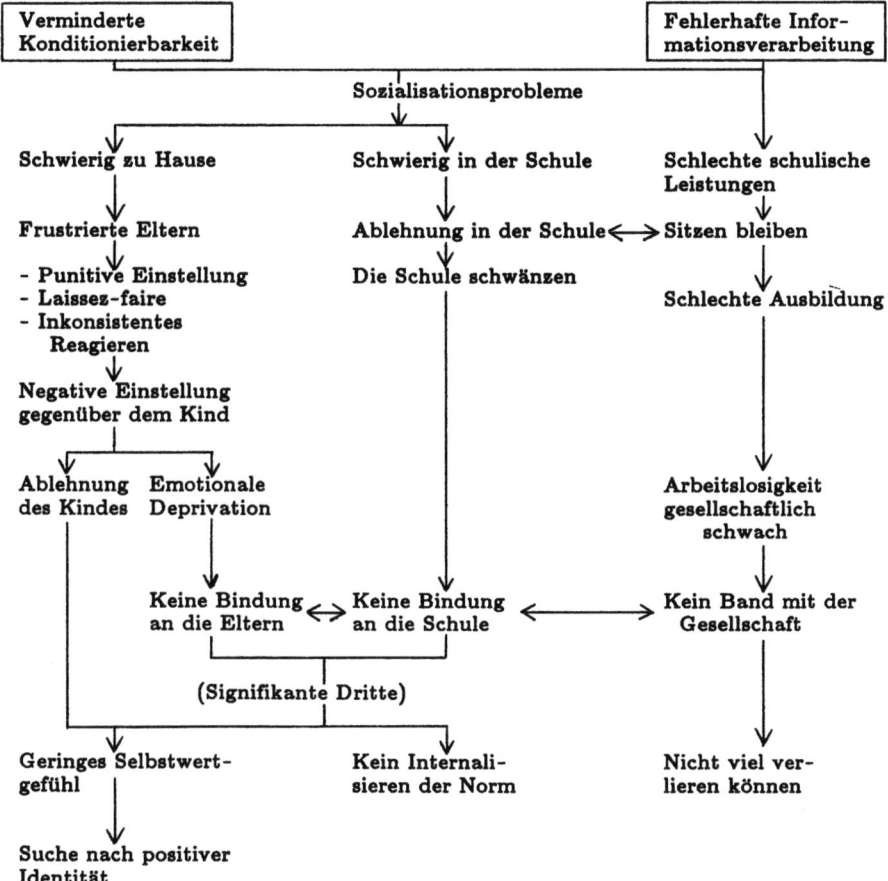

Abbildung 1 weckt keine optimistischen Erwartungen. Prognostisch ungünstig sind insbesondere die mangelhaften Beziehungen zum Elternhaus, zur Schule und zur Gesellschaft überhaupt. Diese unzulängliche sozialemotionale Integration stimmt mit einem geringen Selbstwertgefühl überein und findet in einer Situation statt, die durch das Fehlen einer, für den heranwachsenden Menschen so wichtigen, Zukunftsperspektive gekennzeichnet wird. In einem Satz zusammengefaßt könnte man deshalb sagen, daß es sich hier um Jugendliche handelt, die nicht viel zu verlieren haben.

Wie geht es nun weiter? Wir leben in einer Gesellschaft, in der jedem vorgehalten wird, daß er versuchen sollte, etwas zu erreichen, etwas zu bedeuten. Auch diese Jugendlichen entgehen diesem sozialen Druck nicht. Auch sie werden deshalb nach einer positiven Identität suchen. Dabei geht es um eine besonders kritische Phase ihrer Entwicklung. Das Ergebnis dieses Strebens wird nämlich wesentlich ihre Zukunft bestimmten. Dabei sind die folgenden Fakten von Bedeutung:

1) Inwieweit erkennt die Umgebung, daß diese Kinder tieferliegende Probleme haben, die teils auf bio-psychologischem Gebiet liegen? Nur wenn diese Probleme überhaupt erkannt werden, kann ein Behandlungsprogramm ausgearbeitet werden, das wenigstens die sekundären Folgen eines mißlungenen Sozialisationsprozesses verhindern könnte.

2) Inwieweit verfügen die betreffenden Kinder über kompensierende Talente auf Gebieten wie z.B. Sport, Musik etc.? Wenn das der Fall wäre, hätten sie die Möglichkeit, sich auf diesen Gebieten auszuzeichnen und auf diesem Wege das gesuchte Ansehen zu erwerben.

Liegen diese Bedingungen nicht vor, wird die Situation kritisch. Wie es dann mit den betreffenden Kindern weitergeht, wird wesentlich von den beiden folgenden Faktoren bestimmt: ihrem "coping"-Stil und der Stärke ihres Behavioural Inhibition Systems (BIS).

Der "coping"-Stil, d.h. die Art, wie man seine Probleme anpackt, kann passiv oder aktiv sein. Ist er passiv, so verhält man sich abwartend und läßt den Dingen ihren Lauf. Ist er aktiv, so sucht man tatkräftig nach Lösungen.

Das BIS ist ein durch Gray[25] postuliertes Angstsystem, das sich einschaltet, wenn Situationen entstehen, in denen Strafe droht, neue (unbekannte) Stimuli auftreten oder wenn eine angeborene Angst wirksam wird. Das BIS reagiert dann mit dem Vermeiden solcher Situationen. In der Terminologie der Konditionierung heißt das "passive avoidance".

Für unsere zweite Hypothese postulieren wir folgendes: Wenn die wirklichen Probleme dieser Kinder unerkannt bleiben (s.o. 1.) und sozial akzeptable Alternativen fehlen (s.o. 2.), so werden bei einem passiven "coping"-Stil und einem stark entwickelten BIS die vorhandenen Probleme internalisiert und damit auf der psychischen Ebene angesiedelt. Folge hiervon können dann psychosomatische Krankheiten, Drogensucht (die ihrerseits auf anderem Wege doch wieder zur chronischen Kriminalität führen kann), Alkoholismus usw. sein.

Gehen das Unerkanntbleiben der Probleme und das Fehlen sozialakzeptabler Alternativen aber mit einem aktiven "coping"-Stil und einem schwach entwickelten BIS gepaart, dann ist zu erwarten, daß die Probleme externalisiert werden. Die Wahrscheinlichkeit kriminellen Verhaltens wächst dann erheblich. Was die Zukunft des Kindes ist, hängt selbstverständlich auch von den (praktischen) Möglichkeiten ab, welche die Umgebung bietet, ist also eine Frage der "differential opportuni-

---

25) Gray, J.A.: Elements of a Two-Process. Theory of Learning. London: Academy Press 1975; Gray, J.A. The Neuropsychology of Anxiety: An Enquiry into the Functions of the Septo-Hippocampal System. Oxford: Clarendon 1982

ty"[26]. Von diesem Zeitpunkt an werden auch Prinzipien wie "differential association"[27], "neutralisation"[28], "labelling", "cultureconflict" und "control"-Theorien wichtig!

Durch Kontakte mit Andersdenkenden und einer geringen Bindung an die wesentlichen sozialisierenden Institutionen wie das Elternhaus und die Schule, lernt man schnell andere Attitüden, Werte und Verhaltensmuster sowie die dazugehörigen Neutralisationstechniken. Das ist dann gleichsam das Fazit eines aus entwicklungspsychologischer Sicht unabänderbaren Prozesses.

Die "labelling"-Theorie kann verdeutlichen, weshalb viele jugendliche Delinquenten dann tatsächlich einen Weg eingeschlagen haben, von dem es kein Zurück mehr gibt. Abbildung 2 ist eine schematische Darstellung der soeben erörterten Zusammenhänge.

Abbildung 2:

Der Weg zur chronischen Kriminalität
(Abb.2 muß mit Abb.1 zusammen betrachtet werden)

Alternativen fehlen
Aktiver "Coping-Stil"
und schwaches "BIS"

Suche nach positiver
Identität über den Anschluß - - - - - - - ->   Differential opportunity
bei Schicksalsgenossen   Differential association

Keine Bindung an die Eltern - - - - - - - ->   Control therory
und an die Schule

Akzeptanz subkultureller   - - - - - - - ->   Culture conflict theory
Normen und Werte

Kann kaum etwas verlieren - - - - - - - ->   Sozial niedrige Klasse
     +   geringe Ausbildung

Kriminelle Möglichkeiten   - - - - - - - ->   Differential opportunity
sind vorhanden
     +

Neutralisationstechniken

Kriminalität

Labelling

Chronische Kriminalität

---

26) Cloward, R.A./Ohlin, L.E.: Delinquency and opportunity: a theory of delinquent gangs. New York: The Free Press 1960

27) Sutherland, E.H.: Principles of criminology, 4th. ed. Philadelphia: Lippincott 1947

28) Sykes, G.M./Matza, D.: Techniques of neutralization: a theory of delinquency. American Sociological Review 22 (1957), p. 664-670

8. Zusammenfassung und Nachwort

Am Anfang dieser Abhandlung fragten wir uns, warum Menschen Delikte begehen. Auf diese Frage sind viele Antworten möglich. Eine
davon ist die von uns entwickelte Theorie, die besagt, daß die chronische (Jugend)Kriminalität Folge eines mißlungenen Sozialisationsprozesses ist.

Unser Ausgangspunkt war, daß der Mensch seiner Anlage nach ein
antisoziales Wesen ist, das erst sozialisiert werden muß. Jede Kultur
bemüht sich nachhaltig darum, das heranwachsende Kind die Normen
und Werte lernen zu lassen, die ihr wichtig erscheinen. Mögen diese
Werte auch in den verschiedenen Kulturen voneinander abweichen, der
Prozeß der Kulturübertragung verläuft doch überall in derselben Weise.
Hauptsächlich handelt es sich dabei um eine operante Konditionierung,
deren biologische Grundlage sich in unserem Zentralnervensystem befindet.

Dieser Konditionierungsprozeß kann aus sehr verschiedenen Gründen
scheitern. Die Ursache kann in der Umgebung oder im Kind selbst
liegen. Auch dann gilt wiederum, daß jeweils verschiedene Faktoren
dafür verantwortlich sein können.

Eine Analyse des Sozialisationsprozesses ist nur ein erster Schritt auf
dem Wege zu einem richtigen Verständnis des Entstehens der Kriminalität. Es ist aber ein wichtiger Schritt. Er macht nämlich verständlich,
warum Faktoren wie die Informationsverarbeitung, logisches Denken,
Extraversion, Impulsivität, Angstempfinden, Elternhaus, usw. mit der
Jugendkriminalität zusammenhängen. Beeinflussen doch lauter Faktoren
dieser Art den Verlauf des Sozialisationsprozesses.

Bei der Kriminalität spielt aber nicht nur der Sozialisationsprozeß
ganz allgemein oder die Konditionierbarkeit im besonderen eine Rolle.
Mindestens genauso wichtig ist die Frage, wie die Umgebung auf ein
weniger gut konditionierbares Kind reagiert.

Damit gelangen wir zum zweiten Ausgangspunkt unserer Theorie, der
besagt, daß jedes Verhalten das Ergebnis einer Wechselwirkung zwischen dem Menschen (mit all seinen Besonderheiten) und seiner Umgebung ist. Die Reaktion der Umgebung bestimmt in starkem Maße,
wie die betreffenden Kinder sich weiterentwickeln werden, und zwar
sowohl im Hinblick auf ihren Intellekt als auch auf ihre Persönlichkeit.
Diese Reaktion bestimmt auch, inwieweit diese Jugendlichen Gefühle
der Verbundenheit mit dem Elternhaus, der Schule, der Nachbarschaft
und nicht zuletzt der Gesellschaft insgesamt, entwickeln können. Damit
bestimmt diese Reaktion aber auch, inwieweit diese Jugendlichen bereit
sind, die Regeln zu befolgen. Ohne "attachment" ist ein Internalisieren
von Normen ausgeschlossen.

Schließlich spielt die Umgebung noch in anderer Hinsicht eine Rolle,
nämlich als Stimulator von Bedürfnissen[29], Verschaffer von Gelegen-

---

29) Merton, R.K.: Social theory and social structure. Glencoe, Ill: Free Press 1957

heit[30], als Schule der Praxis[31], als Beurteiler abweichenden 'Verhaltens (labelling-theory) usw. So ist die Gesellschaft, mit der der potentielle Deliquent konfrontiert wird, ein wichtiger Nährboden seines Verhaltens. Nicht jeder ist jedoch in gleicher Hinsicht verletzlich. Mit unserer Theorie kann man zu erklären versuchen, warum vor allem der Rückfalltäter den kriminellen Keimen in seiner Umgebung gegenüber empfindlich ist. Ein wichtiger Aspekt der von uns entwickelten Theorie ist, daß sich viele der bewährten soziologischen und sozialpsychologischen Theorien mit ihr verbinden lassen. Es geht hier deshalb auch keineswegs darum, die verstärkt auf die Umgebung gerichteten Erklärungsansätze durch einen mehr auf das Individuum gerichteten zu ersetzen, sondern um die Integration vorhandener Kenntnisse.

Dadurch, daß auch die Entwicklungsgeschichte einbezogen wird, kann gezeigt werden, in welchen Entwicklungsphasen des Delinquenten die einzelnen Theorien von Bedeutung sein können, und was bereits alles geschehen ist (bzw. noch geschehen muß), bevor sie ihre Beiträge zur Erklärung des Entstehens kriminellen Verhaltens leisten können.

So gesehen beschreiben viele kriminologische Theorien einzelne Glieder einer Kette potentiell kriminogener Faktoren. Man sollte sie nicht isoliert anwenden, sondern stets auf das Ganze achten, weil viele Theorien andernfalls ihr Erklärungsvermögen teilweise einbüßen. Damit ist nochmals, diesmal jedoch in anderer Weise, dargelegt, daß die Kriminalität ein interdisziplinäres Anliegen sein muß.

---

30) Vgl. Cloward/Ohlin 1960 (Fn 26)
31) Vgl. Sutherland 1947 (Fn 27) und Bandura, A.: Aggression: A social learning analysis. Englewood Cliffs, N.J.: Prentice Hall 1973

Subjektivismen und das Objektivitäts-paradigma in der empirischen kriminologischen Forschung

Hans-Heiner Kühne

1. Objektivität als Weg zur empirischen Erfassung von Realität

Die Kriminologie als empirische Wissenschaft ist beständig mit dem Problem konfrontiert, Realität richtig wahrzunehmen, die im Sinne der jeweiligen Fragestellung relevanten Teile der wahrgenommenen Wirklichkeit zu erkennen und zu analysieren, wodurch möglichst kausale Verknüpfungen destilliert werden sollen. Gleichwohl weiß jeder Sozialwissenschaftler, der einmal empirisch gearbeitet hat, daß diese drei Erkenntnisschritte nur auf äußerst fragwürdige Weise getan werden können und zu recht relativen Ergebnissen führen.

Umfängliche Überlegungen zu den Methoden empirischer Datenaufnahme und Verwertung haben einen Kanon von Verhaltensge- und -verboten geschaffen, die den empirischen Forschungsvorgang sicherer, d.h. realitätsnäher machen sollen. An dieser Stelle soll weder der im Lichte der oben genannten Ziele durchaus unzureichende Wissensstand noch der Umstand problematisiert werden, daß selbst die Umsetzung vorhandener methodischer Postulate in der Praxis nie vollständig möglich ist. Eine Frage, die sowohl Voraussetzung wie zentrales Detail von Methodendiskussionen ist, soll vielmehr im Mittelpunkt unserer Überlegungen stehen: Das Bemühen um Objektivität, das Vermeiden von subjektiv bedingter Verfälschung bei Wahrnehmung und Erkenntnis also, ist bei der Forschung der alles prägende Leitgedanke, der im Streit um quantitatives oder qualitatives Vorgehen einen - sicher nicht den einzigen - konkreten Ausdruck findet. Hat nun höchstpersönliche subjektive Einstellung, Erfahrung oder Eingebung in diesem Rahmen irgendeine Berechtigung oder stellt sie gleichsam das Gegenstück zur Forderung nach Objektivität dar?

Der Jubilar hat sich vielfach kritisch mit den methodischen Bemühungen um Objektivität auseinandergesetzt. In seinem Lehrbuch hat er den "nahezu magischen Glauben an den Aussagewert der Zahl"[1] gegeißelt und zurecht betont, daß "die fehlende sachliche Richtigkeit ... nicht durch (nur) formale Richtigkeit ersetzt werden"[2] könne. Damit

---

1) Göppinger, H.: Kriminologie. 4. Aufl., München: Beck 1980, S. 105
2) Göppinger 1980 (Fn 1), S. 104; vgl. auch Binder, A./Geis, G.: Methods of Research in Criminology and Criminal Justice. New York 1983, S. 10: "It ist important to emphasize that research workers must not confuse brightly sopisticated technical operations with useful scientific work"

Kerner/Kaiser (Hrsg.) Kriminalität
© Springer-Verlag Berlin Heidelberg 1990

wendet sich Göppinger insbesondere gegen die Überbewertung quantitativer Methoden. Als Arzt und Psychiater liegt ihm ein Vorgehen näher, welches am ehesten mit den Begriffen individualistisch und erfahrungsgesteuert beschrieben werden und somit der Grobkategorie des qualitativen Vorgehens[3] zugeordnet werden kann. Gerade in seinen bislang letzten größeren Werken finden sich an zentraler Stelle Formulierungen, die deutlich auf subjektive Komponenten bei Datenerhebung und Datenverwertung verweisen. So bezüglich von Relevanzbezügen und Wertorientierung in seiner Studie "Der Täter in seinen sozialen Bezügen", wenn dort festgestellt wird, daß Relevanzbezüge für eine breite Palette von Formen offen sind, in denen sie sich verwirklichen können und daß aus der Kenntnis der sonstigen Lebensumstände des Probanden die Bedeutung eines Relevanzbezuges für die kriminelle Gefährdung erschlossen werden müsse[4]. Auch die Wertorientierung eines Menschen erschließe sich u.a. erst durch abstrakte Prinzipien, "die in den verschiedenen alltäglichen Situationen für das Handeln des Menschen bestimmend werden können"[5].

In der "Angewandten Kriminologie" betont Göppinger, daß bei der für die kriminologische Beurteilung notwendigen Datenerhebung bezüglich ihres Umfanges letztlich das Gespür und die Erfahrung des Untersuchenden maßgeblich sei[6]. Auch die vom Gespür des Untersuchenden weitgehend abhängige Beurteilung von Wertorientierung und Relevanzbezügen wird erneut hervorgehoben[7].

Ohne das im Rahmen dieses kleinen Beitrags Unmögliche auch nur anstreben zu wollen, nämlich eine fundierte Auseinandersetzung mit dem für die deutsche und internationale Kriminologie so wichtigen Werk wie Göppingers Erhebung zu und Folgerung aus der Tübinger Jungtäteruntersuchung zu leisten, soll dies zur Illustrierung der Frage nach Stellenwert und Berechtigung von subjektiven Kategorien in der kriminologischen Forschung dienen.

2. Objektive und subjektive Komponenten in der empirischen Forschung

In welchem Ausmaß sind wir tatsächlich in der Lage, Wirklichkeit objektiv wiederzugeben?

---

3) Schumann, K.F.: Qualitativ oder quantitativ? Überlegungen zur kriminologischen Methodenpräferenz. Kriminologisches Journal 15 (1983), S. 245 - 258, 247 bezeichnet denn auch in seiner noch heute grundlegenden Arbeit über die jeweiligen Vor- und Nachteile von quantitativem bzw. qualitativem Vorgehen den psychiatrischen Gutachter als Prototypen des qualitativen Forschers
4) Göppinger, H.: Der Täter in seinen sozialen Bezügen. Ergebnisse aus der Tübinger Jungtäter-Vergleichsuntersuchung. Berlin u.a.: Springer 1983, S. 243
5) Göppinger 1983 (Fn 4), S. 244
6) Göppinger, H.: Angewandte Kriminologie. Ein Leitfaden für die Praxis. Berlin u.a.: Springer 1985, S. 44
7) Göppinger 1985 (Fn 6), S. 110 ff., 114 f.

2.1 Allgemeine Wahrnehmungsprobleme

Auf einer allgemeinen Ebene müssen wir zunächst einmal feststellen, daß jede menschliche Wahrnehmung von einer Fülle höchst subjektiver Momente gesteuert wird. Selbst der Versuch einer bloßen Deskription von Realität als unterster Stufe von Wirklichkeitsbewältigung erfordert wertende Tätigkeit, die um so schwieriger zu entdecken ist, je selbstverständlicher sie geleistet wird. Wir nehmen unsere Umwelt nur durch den Filter sprachlicher Begrifflichkeit wahr, weil nicht nur die Umwelt die Sprache prägt, sondern vor allem auch die Sprache als Ergebnis der Reflexion über die Umwelt diese gestaltet. Insofern schafft Sprache mit der Beschreibung der Dinge diese Dinge neu. Mit dieser Neubeschreibung erhalten die Dinge Inhaltszuweisungen, die bestimmte Aspekte betonen und andere vernachlässigen. Da der Mensch weitestgehend in sprachlichen Begriffen denkt, werden die Dinge in der Form ihrer sprachlichen Inhaltszuweisung gedacht und entsprechend selektiv wahrgenommen. Das begriffliche Repertoir, seine Art und sein Ausmaß ist daher nicht nur für die Übermittlung des Wahrgenommenen, sondern schon für die Wahrnehmung selbst mitbestimmend. Unterschiede von Sprachgebrauch und Sprachkompetenz, die letztlich Folge und Ergebnis singulärer Lebensführung sind, können daher zu abweichenden Wahrnehmungen führen. Schon hier liegt der Ansatz für subjektive Verzerrungen bei der Wiedergabe von Realität, die kaum aufzudecken oder zu vermeiden sind.

Etwas günstiger sieht es bezüglich von Fehlwahrnehmungen aus, die organische oder psychische Gründe haben. Während organische Mängel im Wahrnehmungssystem als pathologische Erscheinungen bzw. immanente Leistungsbegrenzungen vergleichsweise leicht festgestellt und als Fehlerquelle für die empirische Forschung ausgeschlossen werden können[8], ist es bei den psychischen Implikationen der Wahrnehmungen nicht ganz so einfach. Insbesondere das Ergänzen und Verfälschen unvollständiger Wahrnehmungen durch Einfügung in Sinnzusammenhänge ist hier bereits zu erwähnen. Nur selten ist ein Geschehnis allein aufgrund seiner sinnlichen Zurkenntnisnahme durch eine Person vollständig verstehbar. Zum einen ist es uns nicht möglich, alle Reize, die wir wahrnehmen könnten, auch zugleich wahrzunehmen. Die begrenzte Simultankapazität unserer Systeme zwingt uns zur Selektivität und dient zur Verkürzung der Realität. Zum anderen muß eine Vielzahl von einzelnen Informationen bekannt werden, um auch einfache Vorgänge "richtig" zu verstehen. Erschießt beispielsweise der A den B aus einer Entfernung von 10 m, muß der Beobachter seine Wahrnehmung nicht nur räumlich weit genug öffnen, um beide Personen und ihr Verhalten

---

8) Etwa Bender, R./ Nack, A.: Tatsachenfeststellung vor Gericht. Bd. 1. Glaubwürdigkeits- und Beweislehre. München: Beck 1981, S. 20 ff.; von Cleric, Süddeutsche Juristenzeitung 1928, S. 243; Kühne, H.-H., in: Kommentar zur Strafprozeßordnung. Bd. 1. Reihe Alternativkommentare. Neuwied: Luchterhand 1988, Rn. 28 f. vor § 48

zu erfassen (Selektion der Wahrnehmung), sondern muß auch noch
Kenntnisse über die Funktionsweise von Schußwaffen haben, um den
Knall aus der Hand des A mit dem Zusammenbrechen des B in Verbindung zu setzen. Fehlt auch nur letzteres, stellt sich der Sachverhalt nicht
als simple Tötungshandlung, sondern bestenfalls als Beschreibung von
zwei voneinander unabhängigen Vorgängen dar.

Sorgfältige Vorbereitung und Durchführung von Beobachtungen,
insbesondere mittels intersubjektiver Abgleichung durch mehrere Beobachter, können hier weitgehend Abhilfe schaffen, obwohl auf dieser
Ebene die wenigsten kriminologischen Studien bereits Vorkehrungen
treffen. Das mag mit einer allgemeinen Mittelknappheit zu tun haben,
die es u.a. schwer macht, dieselbe Aufgabe von mehreren Personen
mehrfach wahrnehmen zu lassen. Mir scheint jedoch, daß eher die Unkenntnis oder Unbekümmertheit der Kriminologen diesen Problemen
gegenüber hierfür verantwortlich ist.

2.2 Besondere Wahrnehmungsprobleme

Speziellere Probleme bei der Wahrnehmung der empirischen kriminologischen Forschung werden häufiger diskutiert, ohne allerdings deshalb
in der Forschunspraxis immer auch gelöst zu werden.

Ganz zentral ist hierbei der Selektionsprozeß, der mit der Hypothe-
senbildung zur Bestimmung der zu kontrollierenden Variablen führt.
Hier hilft kein annäherungsweise objektives Verfahren bei der Auswahl. Das Phänomen, welchem unser Forschungsinteresse gilt, muß
durch eine begrenzte Anzahl von Merkmalen beschrieben werden.
Schon auf der bloßen deskriptiven Ebene erfordert dies eine drastische
Verkürzung, die immer Gefahr läuft, im Sinne des Forschungsinteresses
wesentliche Merkmale des Phänomens unbeachtet zu lassen. Will ich gar
analytisch vorgehen, wird das Problem dadurch erschwert, daß ich aus
einer praktisch unbegrenzten Vielzahl von Wirkmechanismen, die für
den untersuchten Vorgang maßgeblich sein könnten, einige wenige zu
Kontrollzwecken selegieren muß. Hierbei hilft mir - positiv gewendet -
meine Vorinformation aus anderen wissenschaftlichen Quellen; negativ
gewendet ist es nicht viel anderes als mein persönliches Vorverständnis
oder auch Vorurteil, welches mich bestimmte Variablen vor anderen als
potentielle Wirkmechanismen oder kausale Elemente vorziehen läßt. Ein
noch so geistvoller und komplexer methodischer Rahmen vermag es
nicht, diese essentielle und höchst subjektive Entscheidung zu kompensieren; die inhaltliche Festlegung ist bereits erfolgt. Der Forscher begibt
sich hierdurch gleichsam in die Rolle eines Zauberkünstlers, der das
Kaninchen, welches er im Zylinderhut versteckt hat, auf technisch sehr
aufwendige Weise wieder - scheinbar aus dem Nichts - hervorholt.
Während der Zuschauer Technik und Geschicklichkeit des Zauberers
bewundert, ohne sich der Vorstellung hinzugeben, das Kaninchen sei in
den Zylinder gezaubert worden, glaubt hingegen häufig selbst der aufgeklärte Leser empirischer Studien, daß so etwas wie Wirklichkeit beschrieben und analysiert werde, wobei der Aufwand an empirischer

Technik als Garant für die Wirklichkeitsproduktion genommen wird.

Kaum weniger wichtig sind Fragen des Informationsverlusts und der Informationsverfälschung aufgrund unzureichender Datenerhebungsmethoden, gemeinhin unter dem Stichwort der Validität abgehandelt. Nur das in der empirischen Kriminologie aus rechtlichen, ethischen und faktischen Gründen kaum einzusetzende Experiment[9] ergibt vergleichsweise reine Informationen. Schon bei der teilnehmenden Beobachtung ist durch die Gegenwart des Teilnehmers eine Datenverunreinigung wahrscheinlich, welche in vermehrtem Maß bei Befragungen auftritt und dort umso stärker wirkt, je geringer der Kontakt des Forschers zum Probanden ist[10].

2.3 Auswertung

Jede Auswertung von Daten kann immer nur so gut sein, wie es die Qualität der aufgenommenen Daten erlaubt. Es hat sich zwar bei seriösen Studien eingebürgert, auf Fehler bei der Datenaufnahme hinzuweisen, womit nicht nur der intellektuellen Redlichkeit gedient, sondern auch einem Absolutheitsanspruch der Ergebnisse vorgebeugt wird. Dies ist sicherlich erfreulich und richtig, wenngleich wenig hilfreich. Denn es fehlt an Kriterien, diese Fehler bei der Evaluation umzusetzen[11]. Es bleibt bestenfalls bei einer Berücksichtigung dieser Mängel im Rahmen der Interpretation der Daten. Damit wird die Interpretation zusätzlich subjektiv belastet. Selbst nach einem rein quantitativen Vorgehen bedürfen die erstellten Daten einer frei wertenden Interpretation, um den methodisch nicht nachvollziehbaren Schritt von der hochsignifikanten Korrelation zum kausalen Zusammenhang zu erzwingen. Diese notorische Schwachstelle wird noch brüchiger gemacht durch das Erfordernis, auch die Datenverunreinigung zu berücksichtigen. Für die eine wie für die andere Wertung gibt es keinerlei Kriterien, die mit Anspruch auf Allgemeingültigkeit oder auch nur auf begründeten Konsens der wissenschaftlichen Gemeinschaft auftreten könnten. Ein wenig boshaft könnte man allenfalls konstatieren, daß der Konsens der wissenschaftlichen Gemeinschaft bislang nur insofern besteht, als diese Schwachstellen empirischer Forschung eher kaschiert als problematisiert werden.

---

9) Vgl. aber beispielsweise Schumann in: Friedrichs, J. (Hrsg.): Teilnehmende Beobachtung abweichenden Verhaltens 1978, wo am Beispiel der Reaktion von Käufern und Personal auf Ladendiebstähle gezeigt wird, daß Experimente in der Kriminologie doch eine mögliche Forschungsform sind.

10) Zur mangelnden Fähigkeit sogenannter Lügenkontrollen, wenigstens in diesem Bereich Validität aufzubessern vgl. Kühne H.-H.: Therapieforschung: Die Not bei der Überprüfung drogentherapeutischer Effizienz und ihrer institutionellen Rahmenbedingungen. In: Kerner, H.-J./Göppinger, H./Streng, F. (Hrsg.): Festschrift für Heinz Leferenz. Heidelberg: Müller 1983, S. 181 - 191, 186

11) Vgl. Kühne, H.-H.: Evaluation des Konzepts "Therapie statt Strafe" - Ein Beispiel für das Dilemma kriminologischer Überprüfung kriminalpolitischer Versuche. Vortrag auf der 24. Tagung der Gesellschaft für die gesamte Kriminologie in Tübingen, 1987

3. Ergebnis

Versuchen wir aus alledem Schlußfolgerungen im Sinne unseres Themas zu ziehen, müssen wir zunächst einmal feststellen, daß jede empirische Arbeit in der Kriminologie von Anfang bis Ende mit Positionen subjektiver Wertung durchsetzt ist. Der Anspruch der Objektivität bleibt ein nur teilweise eingelöstes Desiderat.

Projeziert man dies auf die oft stellvertretend für den Streit um Objektivität bzw. Subjektivität der empirischen Forschung angeführten quantitativen bzw. qualitativen Methoden, wird deutlich, daß zwischen diesen beiden Vorgehensweisen insofern kein kategorischer Unterschied besteht. Alle Subjektivismen der speziellen Wahrnehmungsprobleme (vgl. oben 2. 2.) wie der Auswertung (vgl. oben 2. 3.) sind auch solche quantitativer Methodik. Lediglich auf der Ebene der allgemeinen Wahrnehmungsprobleme werden der Forschungsgegenstand - in der Regel also der Proband -wie der Forscher in Teilbereichen gleichsam verallgemeinert und der Willkür der Zufälligkeit entzogen. Der Beforschte als repräsentativ selegierte Person enträt der Zufälligkeit seiner Eigenschaften und wird zum Schlüssel für viele im Sinne der Selektionskriterien ähnliche Personen. Der Forscher verallgemeinert sich insofern, als er den Vorgang der Wahrnehmung für sich und seine Mitarbeiter als Prozeß vorgestaltet und damit wesentliche Quellen subjektiver Wahrnehmungsverfälschung verstopft. Die auf diese Weise erzielte Gleichartigkeit der Informationen ermöglicht vor allem bei Massendaten eine (elektronische) Verarbeitung. Bekanntlich ist der Preis für diese Reduktion von Zufälligkeit bei Forscher und Forschungsgegenstand insbesondere die Begrenztheit der zu erzielenden Informationen, die mangelhafte Durchdringung von Tiefenstrukturen zugunsten einer gefälligen Darstellung der Oberfläche.

Die sonstigen subjektiven Einbrüche sind jedoch beim quantitativen Vorgehen identisch mit denen beim qualitativen Forschen. Deshalb erscheint es sinnvoller, von Forschungsstrategien unterschiedlicher subjektiver Ausgesetztheit zu sprechen. Die Begriffe quantitativ/qualitativ sollten nicht mehr mit Objektivität und Subjektivität einer Forschung verbunden werden, sondern nur das bezeichnen, was sie ursprünglich wollten, nämlich den Gegensatz zwischen einer Sammlung von flächendeckenden vergleichbaren Massendaten, also von horizontalen Daten, und der Akkumulation von einzelfallbezogenen Individualdaten, also von vertikalen Daten[12].

Nach alledem stellt sich für die empirische kriminologische Forschung nicht die Frage der Zulässigkeit subjektiver, intuitiver, erfahrungsgeleiteter oder ähnlicher Vorgehensweisen. Dies ist allemal zentra-

---

12) Insofern greift die Beschreibung von Wilson, T.P.: Qualitative Versus Quantitative Methods in Social Research. In: ZUMA Arbeitsbericht No. 1981/19. Mannheim: ZUMA 1981, S. 37, 58, nicht weit genug, obgleich es richtig ist, daß quantitative Methoden Muster von Regelmäßigkeit aufdecken, während qualitative Daten eher konkrete Sozialprozesse erklären.

ler Teil auch der ausgeklügeltsten statistischen Strategien. Vielmehr geht es um zwei andere Dinge. Zum einen muß das vorhandene methodische Instrumentarium zur Reduktion von Subjektivismen und Zufälligkeiten dort genutzt werden, wo es das angestrebte Forschungsziel sinnvoll zu unterstützen vermag. Es wird dabei keineswegs verkannt, daß hiermit schon der Einsatz solcher Methoden von der nur normativ zu beantwortenden Sinnfrage abhängig gemacht wird.

Zum anderen darf die Unumgänglichkeit subjektiven Wertens nicht als Vehikel versteckter Manipulation des Forschers dienen. Jeder Subjektivismus ist als solcher kenntlich und soweit als möglich verständlich zu machen. Erst wenn dies geschieht, ist eine Studie auch in ihrer Begrenztheit nachvollziehbar. Zugleich wird hiermit die Basis für die Entwicklung neuer Methoden gelegt, die im Subjektiven angelegte Mängel weiter zu reduzieren vermögen.

Kriminologie zwischen erfahrungswissenschaftlicher Autonomie und kriminalpolitischer Einflußnahme

Karl-Ludwig Kunz

I.

"Kriminologische Forschungen sind eine notwendige Voraussetzung richtiger Kriminalpolitik"[1]. Diese vor zwei Dekaden in einer Art Aufbruchstimmung proklamierte These besaß in ihrer offenbar gewollten Verkürzung[2] Appellcharakter. Inzwischen ist das motivatorische Pathos der Aussage verblaßt. Seit geraumer Zeit wird ein Tiefstand an Beziehungen zwischen Kriminologie und Kriminalpolitik geortet[3]. Mehrere einander verstärkende Entwicklungen stützen diesen Befund.

1. Zunächst hat sich innerhalb der Kriminologie in den letzten zwanzig Jahren eine breite Front *gegen* die überkommene *Täterorientierung* gebildet. Diese sicherte bis anhin einen weitreichenden Gleichklang kriminologischer Forschung mit einem gleichfalls täterorientierten Strafrecht[4]. Die sich "neu", "kritisch" oder gar "radikal" gebende Kriminologie desavouiert das überkommene Selbstbild einer "Hilfswissenschaft" für das Strafrecht als politisch botmäßig und als erkenntnistheoretisch unzulänglich. Mit der Analyse des Machtaspekts der Kriminalisierung gerät die "neue" Kriminologie mit den Institutionen von Strafrechtsanwendung und -gesetzgebung in Konflikt.

---

1) Schultz, H.: Die Bedeutung der Kriminologie für die Rechtsfindung im Strafrecht. In: Noll, P./Stratenwerth, G. (Hrsg.): Festschrift f. Oscar Adolf Germann. Bern: Stämpfli 1969, S. 223 - 242, 226
2) Zu ergänzen wäre, daß kriminologische Befunde nur eine Antriebskraft im politischen Kräftefeld sind, und daß nicht selten vorausgehende politische Reformen ihrerseits die kriminologische Forschung zur Prüfung anregen, hierzu Kaiser, G.: Anwendungsorientierte Kriminologie - Möglichkeiten und Grenzen. In: Jehle, J.-M./Egg, R. (Hrsg.): Anwendungsbezogene Kriminologie zwischen Grundlagenforschung und Praxis (Kriminologie und Praxis Bd. 1). Wiesbaden: Kriminol. Zentralstelle e.V. 1986, S. 39 ff., 51
3) Vgl. nur Schüler-Springorum, H.: Zum Verhältnis von Kriminologie und Kriminalpolitik. In: Hauser, R./Rehberg, J./Stratenwerth, G. (Hrsg.): Gedächtnisschrift für Peter Noll. Zürich: Schulthess 1984, S. 141 - 156, 144
4) Der Gleichklang resultiert bereits aus dem logischen Zusammenhang von Kriminalitätserklärung, Prognose und Prävention: eine täterspezifische Erklärung des Entstehens von Kriminalität enthält immer zugleich eine Voraussage über die individuellen Entstehungsbedingungen künftiger Straftaten und damit ein Rezept, wie diesen Straftaten durch Einwirkung auf Individuen zu begegnen sei.

Kerner/Kaiser (Hrsg.) Kriminalität
© Springer-Verlag Berlin Heidelberg 1990

2. Dem entspricht auf Seiten der Strafrechtserneuerung ein vermindertes Bedürfnis nach erfahrungswissenschaftlicher Versicherung und Abstützung. Die politische Einseitigkeit der "neuen" Kriminologie mag die offiziellen Agenten der Strafrechtsreform verprellt und immer schon vorhandende Ressentiments gegen die kriminologische "Infragestellung" des Systems der Verbrechenskontrolle bestärkt haben. Doch gewiß spielen hierbei eine Reihe weiterer sich ergänzender Umstände eine Rolle, die nur stichwortartig benannt seien.

So schwappt die Welle der neoklassizistischen Paradigmen von Vergeltung und Unschädlichmachung, aus den Vereinigten Staaten kommend, auch zu uns herüber. Insofern diesen Paradigmen metaphysische, jedenfalls empirisch nicht evaluierte- und kaum evaluierbare - Annahmen zugrundeliegen, immunisieren sie die Kriminalpolitik gegenüber erfahrungswissenschaftlicher Beeinflussung. Die mit der Sanktionsforschung ursprünglich verknüpfte Hoffnung einer nachhaltigen Effizienzsteigerung der Instrumente förmlicher Sozialkontrolle hat sich angesichts der tendenziell im Sinne eines "nothing works" interpretierbaren Ergebnisse als überzogen erwiesen. Eine Bilanz der erfahrungswissenschaftlichen Begleitung sozialtherapeutischer Anstalten läßt sich geradezu als "Lehrstück" für die kriminalpolitische Belanglosigkeit der Forschungsergebnisse verstehen[5]. Die nicht enden wollende Debatte um die Interpretation und die methodische Aussagekraft empirischer Erhebungen des Behandlungserfolges zeigt, daß die Frage nach der "Bewährung" der Sozialtherapie sich nicht nach objektivierbaren Kriterien, sondern je nach gesellschaftspolitischer Grundeinstellung beantwortet[6].

Ganz allgemein scheint in der praktischen Kriminalpolitik ein von persönlichen Wertüberzeugungen getragener politischer Dezisionismus den vordem technokratischen Entscheidungsstil abgelöst zu haben. Daß mit Statistik alles zu beweisen sei, glaubt inzwischen jeder. Man ist der Experten müde, die doch nur vermelden, ihre Beobachtungsinstrumente seien derzeit für präzise Aussagen zu unscharf, oder die als Fazit ihres Forschungsvorhabens den Bedarf weiterer Forschung angeben. Expertenwissen ist darum substantiell weniger gefragt; es erfüllt wesentlich noch eine "Feigenblattfunktion"[7], deren Wahrnehmung von allen Beteiligten - einschließlich der Experten - als mehr oder weniger kostspielige und folgenlose Pflichtübung empfunden wird. Die Tagesthemen praktischer Kriminalpolitik - vom strafrechtlichen Vermummungsverbot über eine Kronzeugenregelung bis hin zur feministisch geführten Pornographiedebatte - werden ohne wissenschaftlichen Begleitschutz aufgegriffen; die vorgeschlagenen Lösungen treffen auf den mitunter heftigen Widerstand der Wissenschaftler. Ihr Protest bezieht sich freilich weniger auf die unzureichende *wissenschaftliche* Evaluation der politi-

---

5) Schüler-Springorum, H.: Die sozialtherapeutischen Anstalten - ein kriminalpolitisches Lehrstück? In: Hirsch, H.J./Kaiser, G./Marquardt, H. (Hrsg.): Gedächtnisschrift für Hilde Kaufmann. Berlin u.a.: de Gruyter 1986, S. 167 - 187, 167
6) Schüler-Springorum 1986 (Fn 5), S. 179: "Prozentsätze und Methodenkritik schlägt man sich um die Ohren, weil man Sozialtherapie eben will oder eben nicht will".
7) Kaiser, G.: Kriminologie. Ein Lehrbuch. 2. Aufl., Heidelberg: Müller 1988, S. 980

schen Lösungen als vielmehr auf deren Inhalt, der den Protestierenden *politisch* nicht paßt.

II.

Nun wäre es gewiß verkürzt, das Auseinanderdriften von Kriminologie und Kriminalpolitik allein auf die beschriebene Entwicklung zurückzuführen. Genau besehen hat die Erosion der Beziehungen beider Fächer bereits mit dem *erfahrungswissenschaftlichen Selbstverständnis der Kriminologie* eingesetzt, das sich lange vor Einführung der "neuen" Schulrichtung durchsetzte und das unverändert Bestand hat[8].

1. Der erfahrungswissenschaftliche Status der Kriminologie wird heute überwiegend in jenem *streng empirischen* Sinne definiert, der die ursprüngliche subjektive Erfahrung ausblendet und der - eben darum - die unvoreingenommene Wahrnehmung, Beschreibung und Erklärung real existierender Phänomene zu ermöglichen behauptet[9]. Dieses vom *Jubilar* als "eingeengt" bezeichnete[10] empirische Selbstverständnis der Kriminologie steht einer Annäherung zur Kriminalpolitik methodologisch im Wege. Die Begründung dieser These und Überlegungen, wie dem angesprochenen Befund zu begegnen sei, bilden den Gegenstand der folgenden Ausführungen.

Vorab sei klargestellt: Eine Preisgabe des empirischen Selbstverständnisses der Kriminologie steht nicht zur Debatte. Ungeachtet seiner Kritisierbarkeit im Sinne eines "Wirklichkeitsverlustes"[11] ist dieses Verständnis wie kein anderes Ausdruck einer zeitangemessenen Rationalität und damit unersetzlich. Der "Wirklichkeitsgewinn" alternativer, etwa ganzheitlich-anthropologischer[12], Verfahrensweisen wäre mit dem damit verbundenen Rationalitätsverlust teuer erkauft.

Nicht die Ersetzungs- vielmehr die Ergänzungs- und Re-Dimensionierungsbedürftigkeit des empirischen Verständnisses der Kriminologie soll nachgewiesen werden. Genauer: aus dem Beleg, daß empirische Forschung ohne meta-empirische Wertorientierung nicht möglich sei, soll die Notwendigkeit gefolgert werden, die Bedingungen der Möglich-

---

8) Göppinger, H.: Kriminologie. 4. Aufl., München: Beck 1980, S. 1; Kaiser 1988 (Fn 7), S. 8

9) Eine wissenschaftstheoretische Auseinandersetzung mit ihrem Empirieverständnis findet sich in der kriminologischen Literatur selten. Dazu - dezidiert wie fundiert - Schöch, H.: Verstehen, Erklären, Bestrafen? Vergangenes und Aktuelles zur "gesamten Strafrechtswissenschaft". In: Immenga, U./Jurist. Fakultät Göttingen (Hrsg.): Rechtswissenschaft und Rechtsentwicklung. Göttingen: Schwartz 1980, S. 305 ff.

10) Göppinger 1980 (Fn 8), S. VIII; vgl. auch S. 104

11) Bock, M.: Kriminologie als Wirklichkeitswissenschaft. Berlin: Duncker & Humblot 1984, S. 34 ff.

12) Letztens Lange, R.: Auf dem Wege zur anthropologischen Kriminologie. Zeitschrift für die gesamte Strafrechtswissenschaft 100 (1988), S. 81 - 111, S. 81 ff.

keit und Gültigkeit empirischen Forschens selbst zum Thema der empirisch verfahrenden Disziplin zu machen.

2. Das empirische Verständnis der Kriminologie, das diese mit den
Naturwissenschaften und den empirischen Sozialwissenschaften teilt,
will objektive Erkenntnis durch deren systematische Überprüfbarkeit
unter quasi-experimentellen Bedingungen gewährleisten. Nun ist die
Einhaltbarkeit derartiger "Laborbedingungen" bei der Kriminologie (wie
bei den Sozialwissenschaften) problematisch: ihre Untersuchungsgegen-
stände sind eben keine isolierbaren Präparate unter dem Mikroskop des
Forschers, sondern Produkte menschlicher Handlung und Deutung, die
der Forscher interpretativ erschließt und auf die er mit seiner Forschung verändernd einwirkt. Da beim verstehenden Nachvollzug der
Bedeutung menschlicher Aktivitäten und Vorstellungen unweigerlich
das eigene Vorverständnis einfließt, erscheint das Verstehen aus empirischer Sicht als unwissenschaftlich, weil vom subjektiven Evidenzer-
leben geprägt. Eben darum soll - der wissenschaftstheoretischen Tradition des kritischen Rationalismus folgend - die zum Auffinden theoretischer Annahmen nötige Verstehensleistung unmaßgeblich sein, anders
ausgedrückt: soll allein die Überprüfung theoretischer Annahmen in
einem quasi-experimentellen Erfahrungstest als wissenschaftlich gelten[13].

Die "Reinigung" wissenschaftlicher Begründung von den Trübungen
des Verstehensvorganges hat freilich ihren Preis: die quasi-experimen-
telle Testsituation reproduziert menschliche Individuen und ihr Handeln
so, *als ob* es sich dabei um mikroskopische Präparate handelte, deren
Merkmale objektiv meßbar seien. Ausgeblendet bleiben die nur verste-
hend erschließbaren Intentionen der Akteure kriminalisierender und
kriminell definierter Handlungen, die intersubjektiven Wirkungszusammenhänge, die mitmenschlich nachfühlbare Leidensgeschichte von Be-
straften, kurz: die spezifisch menschliche Subjektivität von Kriminalität
und Kriminalisierung. Die Umformung dieser Subjektivität in empirisch erfaßbare Eigenschaften von Subjekten muß deren Handlungen als
durch solche Eigenschaften *determiniert* verstehen. Das Subjekt wird
dergestalt zum "Merkmalsträger", wobei die Summe der Merkmale das
Verhalten der Subjekte zureichend und erschöpfend erklärt. Dies hat
einer der Stammväter jener Wissenschaftsauffassung mit unüberbietba-
rer Prägnanz in die Formel gekleidet: "Das denkende, vorstellende Subjekt gibt es nicht"[14]. Die Überlegungen berühren sich mit denen des
Jubilars, der *Jaspers* zitierend festhält: "Soweit (empirische) Forschung
reicht, kommt Freiheit nicht vor"[15].

---

13) Zum Unterschied von Verstehen und Erklären grundlegend v. Wright, G. H.: Erklären
und Verstehen. Reinbek: Rowohlt 1974; für den Bereich der Rechtswissenschaft Kunz,
K.-L.: Die analytische Rechtstheorie: eine "Rechts"theorie ohne Recht? Systematische
Darstellung und Kritik. Berlin: Duncker u. Humblot 1977, S. 75 ff.; Schöch 1980 (Fn 9)
14) Wittgenstein, L.: Schriften: Tractatus logico - philosophicus. Frankfurt: Suhrkamp
1963, S. 631
15) Göppinger 1980 (Fn 8), S. 237; ähnlich Lange 1988 (Fn 12), S. 82

3. Mit dem Selbstbild der Kriminologie als empirischer Wissenschaft verbindet sich eine Abstinenz von Wertaussagen und folglich eine Distanz zu den wertend verfahrenden Disziplinen Strafrecht und Kriminalpolitik. Damit ist nicht behauptet, kriminologische Seinsaussagen seien zur Bestimmung des dogmatischen und kriminalpolitischen Sollens belanglos: das an den Begriffen "Sozialschädlichkeit" und "Prävention" ausgerichtete Strafrecht bedarf bekanntlich empirischer Unterfütterung zur Vermittlung der sozialen Wirklichkeit als Regelungshintergrund wie zur Vollzugskontrolle der erlassenen Regelung. Doch will und kann eine strikt erfahrungswissenschaftliche Kriminologie sich nicht einbinden lassen in die politischen Diskussionen um die Inhalte des Strafrechts; sie kann einer inhaltlich beliebigen Kriminalpolitik nur die Informationen liefern, die diese braucht, um "auf Erfahrung zu bauen", und um sich damit nach empirischer Rationalität zu organisieren. Die Distanz empirisch-kriminologischer Aussagen zur Kriminalpolitik trotz ihrer Berücksichtigungsbedürftigkeit im kriminalpolitischen Kontext rührt daher, daß Relevanz und Akzeptanz erfahrungswissenschaftlicher Aussagen allein durch den kriminalpolitischen Kontext bestimmt werden[16].

III.

1. Wer von der Unabdingbarkeit kriminalpolitischer Neutralität der Kriminologie überzeugt ist[17] wird nicht verlangen wollen, die Kriminologie solle sich der gestaltenden Mitwirkung an der Strafrechtserneuerung enthalten, im Gegenteil: das Neutralitätspostulat soll gerade die der Wissenschaft einzig mögliche und zugleich größtmögliche Einflußnahme sichern. Nur wer *nicht* Partei nimmt, hat danach Chancen, seine Befunde in einem ideologiekritischen Zeitalter zu Gehör zu bringen. Je eher die Forschungsergebnisse rein sachlich auf ihre Gültigkeit und Zuverlässigkeit hin prüfbar sind, desto gefahrloser können in der Fragestellung erwartungskonträre Wertmaßstäbe enthalten und mit den Resultaten erwartungskonträre politische Folgen verknüpft sein. Die parteinehmende Wissenschaft tendiert entweder zur bloß theoretischen, d.h. praktisch folgenlosen Gesellschaftskritik oder zur status-quo-Konformität; erst die theoretische-rationale Einstellung im Sinne politischer Neutralität sichert demzufolge die Möglichkeit, mit Erkenntnis die Gesellschaft *verändern* zu können[18].

2. Freilich ist zu bezweifeln, ob die Annahme eines größtmöglichen po-

16) Eindrucksvoll: Krauss, D.: Das Prinzip der materiellen Wahrheit im Strafprozeß. In: Grünwald, G./Miehe, O./Rudophi, H.-J./Schreiber, H.-L. (Hrsg.): Festschrift für Friedrich Schaffstein. Göttingen: Schwartz 1975, S. 411 - 431
17) Göppinger 1980 (Fn 8), S. 96
18) König, R.: Studien zur Soziologie. Thema mit Variationen. Frankfurt u.a.: Fischer 1971, S. 8

litischen Einflusses der Kriminologie vermittels ihrer politischen Neutralität realitätsgerecht ist. Ein Einfluß empirischer Information auf politische Entscheidungsinhalte ist nur unter den empirisch nicht beeinflußbaren Voraussetzungen gegeben, daß
a) die empirische Information eindeutig ausfällt,
b) sie Handlungsbedarf für eine ganz bestimmte kriminalpolitische Maßnahme weckt, und
c) der Entscheidungsträger sich empirisch motivieren lassen will.

All dies ist selten genug der Fall, die kumulative Erfüllung dieser Voraussetzungen geradezu eine Rarität. Empirische Befunde sind regelmäßig verschieden deutbar, sie geben mehreren, nicht selten gegensätzlichen politischen Lösungen Raum, und sie dienen selbst dort, wo man sich auf sie beruft, mitunter als Zierrat einer in Wahrheit ganz anders motivierten Entscheidung. Der Verweis auf einschlägige erfahrungswissenschaftliche Daten ist kriminalpolitisch bestenfalls ein Argument unter anderen[19], das sich gegen ein Gemenge von pseudoempirischen Alltagseinschätzungen, sozialen Stereotypen, Werthaltungen und Überlegungen politischer Taktik durchsetzen muß. Bedenkt man zudem, daß "der" Gesetzgeber ein Mythos ist, hinter dem sich eine Fülle disparater Interessen und Gruppen verbirgt, so liegt nahe, daß jede der Gruppen aus dem reichlich vorhandenen Angebot auf die ihr genehme kriminologische Empirie zurückgreift: mehr noch: daß jede der Gruppen "ihre" Empirie bis zur Unkenntlichkeit vergröbert, um sie in zugespitzter Form als Waffe im politischen Meinungskampf tauglich zu machen. Insofern die sich empirisch verstehende Kriminologie zur strikten kriminalpolitischen Neutralität verpflichtet ist, gleicht sie einem Fabrikanten, der dem Konsumenten nicht nur die Verwendung des Produkts, sondern bereits die Erstellung der Gebrauchsanleitung überläßt.
3. Hieraus erklären sich Bemühungen im "kritischen" wie im "konventionellen" Lager der nachtraditionellen Kriminologie, der Wissenschaft einen direkteren Einfluß auf die Inhalte der Politik zu sichern. Verwunderlich ist dabei weniger die nonchalance bei der Durchbrechung des ehedem strikt behaupteten Prinzips kriminalpolitischer Neutralität als vielmehr die *Beibehaltung des Selbstbildes einer empirischen Wissenschaft*, das doch eigentlich die wissenschaftliche Wertaussage strikt untersagt.
Die "neue" Kriminologie hat sich vom empirischen Selbstverständis überwiegend nicht distanziert[20], obwohl ihr die vom Empiriebegriff implizierte Wertneutralität erfahrungswissenschaftlicher Analyse als Trugbild erscheint, hinter dem sich eine unreflektierte Entscheidung für die jeweils herrschenden Wertvorstellungen verbirgt. Die von Teilen der "neuen" Kriminologie vollzogene Parteinahme für die durch Krimi-

---

19) Schüler-Springorum 1984 (Fn 3), S. 149; grundsätzlich: Albrecht, G.: Muß angewandte Soziologie konforme Soziologie sein? In: Beck, U. (Hrsg.): Soziologie und Praxis. Erfahrungen, Konflikte, Perspektiven. Göttingen: Schwartz 1982, S. 161 - 204, 181 ff.
20) So zumindest in konkreten Forschungsvorhaben. Daneben werden zum Teil interpretativ-qualitative Methoden propagiert, freilich kaum angewandt.

nalisierung Unterdrückten scheint mit der empirischen Selbsteinschätzung problemlos vereinbar[21].

Die Instrumente empirischer Analyse bleiben gleich; sie werden bloß sozusagen unter umgekehrten Vorzeichen eingesetzt und nicht mehr auf die Kriminalisierten, sondern auf die Kriminalisierenden angewandt.

Für eine vom sozialen Reaktionsansatz ausgehende Denkrichtung muß dies überraschen. Symbolischer Interaktionismus und Ethnomethodologie, beide dem labeling approach verwandt und verbunden, machen bekanntlich gegen den "Objektivismus" des empirischen Paradigmas Front und setzen ihm ein interpretatives Paradigma entgegen, das auf der Annahme der intersubjektiven Konstitution sozialer Realität beruht[22]. Indes brechen die radikaleren Strömungen der "neuen" Kriminologie mit dieser Tradition. Der soziale Aushandlungsprozeß von Kriminalität wird ab ovo als machtverzerrt gedacht, wobei angeommen wird, die Macht-Asymmetrie sei systemspezifisch und darum systemimmanent nicht abbaubar[23]. Damit gerät eine *faktisch* womöglich asymmetrische soziale *Interaktion* unversehens zur *theoretisch* nur noch einseitig begreifbaren *Reaktion*, der das kriminalisierte Subjekt objekthaft ausgeliefert ist[24]. Mit der Umdeutung der dialogischen Interaktionsbeziehung in einen monologischen Akt der Zuschreibung wird das kriminalisierte Subjekt als Agens eigener Handlungen unkenntlich. Wie für empirische Ansätze kennzeichnend[25], wird die nur interpretativ zu-

---

21) In einer international beachteten Darstellung des "neuen" Ansatzes liest sich dies wie folgt: "For radical researchers, the point about attempting to remain faithful to the researched population is that he has already taken sides; in the sense that he is concerned to feed back his results, not to those in power, but to those most immediately and directly affected by the inequalities he is researching". Taylor, I./Walton, P./Young, J. (Eds.): Critical Criminology. London: Routledge and Kegan Paul 1975, S. 26. In der Folge wird gegen reines additives Datensammeln und für theoriegeleitete empirische Forschung plädiert: "The task ist not simply to catalogue inequalities but to create empirically-grounded analyses which point the way out of inequality into a genuinely just and human society" (S. 44).

22) Grundlegend: Wilson, T.P.: Theorien der Interaktion und Modelle soziologischer Erklärung. In: Arbeitsgruppe Bielefelder Soziologen (Hrsg.): Alltagswissen, Interaktion und gesellschaftliche Wirklichkeit. Bd. 1. Reinbek: Rohwohlt 1973, S. 54 - 79; Blumer, H.: Der methodologische Standort des symbolischen Interaktionismus. In: Arbeitsgruppe Bielefelder Soziologen (Hrsg.): Alltagswissen, Interaktion und gesellschaftliche Wirklichkeit. Bd. 1. Reinbek: Rowohlt 1973, S. 80 - 146

23) Durch Gleichsetzung von Kriminalisierung mit Reproduktion bestehender Machtverhältnisse geht die radikale Kriminologie in marxistischer Gesellschaftstheorie auf. Dies gibt den theoretischen Rückhalt zur Kritik an den "theoretischen und praktischen Alibis, die die Anwendung des labeling approach in subjektivistischen und idealistischen Theoriekontexten (symbolischer Interaktionismus und Ethnomethodologie) gekennzeichnet haben". Baratta, A.: Die kritische Kriminologie und ihre Funktion in der Kriminalpolitik. Kriminalsoziologische Bibliografie 12 (1985), S. 38 - 51, 39

24) Ähnlich: Asmus, H.-J.: Zur interaktionslogischen Präzisierung des labeling-Ansatzes, dargestellt am Beispiel abweichenden Verhaltens in der Schule. Kriminologisches Journal 18 (1986), S. 19 - 28, 21 ff.; Göppinger 1980 (Fn 8), S. 48

25) Bezeichnend die von Sack, F.: Kritische Kriminologie. In: Kaiser, G./Kerner, H.J./ Sack, F./Schellhoss, H. (Hrsg.): Kleines Kriminologisches Wörterbuch, 2. Aufl., Heidelberg: Müller 1985, S. 277 - 286 282, zustimmend zitierte Äußerung eines englischen Interaktionisten, wonach die symbolischen Interaktionisten "die Kolonisatoren" waren, "die die Disziplin für die Invasion durch die konventionelle Theorie vorbereitet haben".

gängliche Subjektivität des Forschungsgegenstandes methodisch ausgeblendet. Indem allein die soziale Reaktion im Blickfeld bleibt, kann die vorgängige Parteinahme für die dadurch Unterdrückten nunmehr problemlos durch (vermeintlich) objektive Analyse von Reaktionsprozessen bestätigt und legitimiert werden.

Auch im zeitgenössischen Lager der konventionellen Kriminologie verunreinigt sich der vom empirischen Wissenschaftsverständnis her zwingende Purismus kriminalpolitischer Enthaltsamkeit. Die kriminologische Auftrags- und Staatsforschung[26] stellt sich nunmehr *bewußt* in den Dienst der Kriminalprävention. Generell nimmt die praxisorientierte Forschung ihre "Hand- und Spanndienste" für Praxiseinrichtungen vermehrt wahr[27]. Damit entgeht sie einerseits dem Vorwurf der Blindheit der Forschung gegenüber ihren Verwertungszusammenhängen; andererseits setzt sie sich dem neuen Vorwurf aus, nunmehr Kriminologie mit praktischer Kriminalpolitik zu vermengen und damit die Eigenständigkeit und die Wissenschaftlichkeit kriminologischen Denkens zu gefährden[28].

IV.

Gegenüber interessengebundener Forschung, die von kriminalpolitischen Überzeugungen bestimmt wird mit dem Ziel, diese nun wissenschaftlich zu untermauern, ist Skepsis am Platz. Daraus folgt freilich nicht umgekehrt die Möglichkeit kriminalpolitisch *voraussetzungsloser* empirischer Forschung[29]. Eben dies kommt in der verkürzten Perspektive des Postulats der Werturteils- oder Wertaussagefreiheit empirischer Wissenschaft aus dem Blick.

1. Die Frage, ob die empirische Kriminologie eine Wertaussage treffen dürfe oder nicht, verliert an Bedeutung, wenn erkannt wird, daß das Fällen von Werturteilen nur eine unter vielen - und zwar eine der untauglichsten! - kriminologischen Steuerungsmöglichkkeiten der Kriminalpolitik ist. Mit der Wahl bestimmter Forschungsthemen und Hypothesen, die sich mehr oder weniger deutlich an die Perspektiven von

---

26) Kaiser, G.: "Biokriminologie", "Staatskriminologie" und die Grenzen kriminologischer Forschungsfreiheit. In: Kerner, H.-J./Göppinger, H./Streng, F. (Hrsg.): Festschrift für Heinz Leferenz. Heidelberg: Müller 1983, S. 47 - 68; Kreissl, R.: Staatsforschung und staatstaugliche Forschung in der Kriminologie. Kriminologisches Journal 15 (1983), S. 110 - 121; Störzer, H.U.: "Staatskriminologie" - Subjektive Notizen. In: Kerner, H.-J./ Göppinger, H./Streng, F. (Hrsg.): Festschrift für Heinz Leferenz. Heidelberg: Müller 1983, S. 69 - 90
27) Walter, M.: Praxisorientierte kriminologische Forschung. Möglichkeiten und Gefahren. In: Kury, H. (Hrsg.): Prävention abweichenden Verhaltens - Maßnahmen der Vorbeugung und Nachbetreuung. Köln u.a.: Heymanns 1982, S. 29 - 50, 43
28) Göppinger 1980 (Fn 8), S. 79
29) Göppinger 1980 (Fn 8), S. 96

Randgruppen oder an die Bedürfnisse der Strafrechtspraxis anlehnen; mit der Skizzierung des Forschungsdesigns, das durch Bestimmung von Grundgesamtheit, Variablen und Methodenwahl einen Vorentscheid über die Reichweite möglicher Ergebnisse und deren Aussagekraft trifft; mit der Festlegung der Analysedichte und der Abbruchpunkte der Erklärungen - und mit vielem anderem lassen sich die möglichen politischen Auswirkungen der Forschung ungleich wirksamer normativ vorbestimmen. Man wende nicht ein, solche auch in einer sich "wertfrei" gebenden Forschung unumgänglichen Vorentscheide seien nicht normativ: die Wahl von Forschungsthemen und Hypothesen wird von Hintergrundannahmen darüber bestimmt, ob die Welt grob gesprochen veränderungsbedürftig sei oder nicht; die Skizzierung des Forschungsdesigns hängt von Plausibilitäts- und Evidenzannahmen über soziale Zusammenhänge ab, die einer methodischen Überprüfung *vorgängig* sind; mit dem Abbruch von Erklärungen für menschliches Handeln wird zwangsläufig der eine Interaktionspartner von Verantwortung entlastet und der andere damit belastet. Allemal ruht der Konstitutionszusammenhang empirischer Forschung auf einer Wertbasis, die das Arsenal methodenbedingter Wirkungsmöglichkeiten zwingend vorgibt und so den Verwendungszusammenhang der Forschung normativ vorbestimmt[30].

2. Der sich wertneutral gebenden wie der um direkten politischen Einfluß bemühten Kriminologie ist gemeinsam, daß sie diese unumgängliche Wertbasis empirischer Forschung für irrelevant erklären. Für die interessengebundene Kriminologie hat die forschungsimmanente Wertbasis keine eigenständige Bedeutung neben der parteinehmenden Werthaltung des Forschers. Für die sich wertneutral gebende Kriminologie ist die Wertbasis Bestandteil des wissenschaftlich unmaßgeblichen, rein subjektiven und darum nur emotional und psychologisch erklärbaren Auffindungszusammenhanges ihrer Annahmen.

Mit der Ablehnung einer parteinehmenden Wissenschaft ist das Problem der Einwirkung empirischer Forschung auf die soziale Realität nicht gelöst. Kriminologische Fragestellungen knüpfen zwangsläufig an bestimmte gesellschaftlich vorformulierte Themenbereiche an; auch nach Übersetzung der Thematik in einen theoretischen Zusammenhang bleibt - über die Wahl bestimmter Prämissen - die Einbindung in das soziale Interessenfeld und die Rückwirkung auf dieses erhalten.

---

30) Dazu insgesamt: Beck, U.: Objektivität und Normativität. Die Theorie-Praxis-Debatte in der modernen deutschen und amerikanischen Soziologie. Reinbek: Rowohlt 1974, S. 225 ff., 228 ff.; vgl. auch Albrecht 1982 (Fn 19).

V.

Es entspricht wissenschaftlicher Aufrichtigkeit und Vernunft, die Bedingungen der Möglichkeit und Gültigkeit wissenschaftlicher Erkenntnis zum Thema wissenschaftlicher Reflexion zu machen. Wenn schon jedwede kriminologische Forschung unvermeidlich auf einer Wertbasis ruht, ist die Auseinandersetzung mit der *Angemessenheit* der zugrundeliegenden Wertbasis ein notwendiger Bestandteil wissenschaftlicher Begründung. Die augenblickliche Distanz zwischen Kriminologie und Kriminalpolitik rührt zum guten Teil daher, daß diese Auseinandersetzung nicht zureichend geführt wird.

Aussagen über angemessene Orientierungen empirischer Forschung sind weder mit der in der empirischen Wissenschaft üblichen Präzision überprüfbar noch sind die Inhalte solcher Aussagen beliebig. Vielmehr ist die Wertbasis als sinngebende Orientierung empirischer Forschung in dem Maße verbindlich, wie sie *konsensuell Anerkennung* findet. Die Bestimmungsbedürftigkeit der angemessenen Wertbasis verweist auf die Notwendigkeit intersubjektiver Verständigung mit dem Ziel eines möglichst breit abgestützten Konsenses[31]. Bei der derzeitigen *Befindlichkeit* der Kriminologie wäre die Erwartung einer konsensuellen Forschungsorientierung utopisch. Dennoch sind nach Verarbeitung des Paradigmawechsels Anzeichen einer *Konsolidierung* auch im Bereich der Forschungsperspektiven unverkennbar. Dazu abschließend einige Andeutungen.

1. Zunächst ist die Notwendigkeit anerkannt, die Fülle theoretisch, methodisch und ergebnisbezogen unterschiedlicher Einzelbefunde sekundäranalytisch aufzubereiten[32]. Damit ist mehr gemeint als die Klärung von Unstimmigkeiten und Widersprüchen. Zuvorderst geht es um die Gewichtung und Zuordnung der Einzelbefunde zu übergreifenden Zusammenhängen, um das Aufzeigen von Verbindungslinien, um die Entwicklung von Ergänzungsannahmen, um das Aufspüren bislang vernachlässigter Themen und Fragestellungen - und *auch* um die Bestimmung der unausgesprochenen praktischen Relevanzen und Reichweiten vorhandener Theorien. Zumindest letzteres ist nicht evident,

---

31) Die wissenschaftstheoretischen Bezüge dieser These - etwa im Sinne einer Konsenstheorie der Wahrheit und eines dem empirisch-analytischen Erklären vorgängigen sinnstiftenden Verstehens - können hier nicht erörtert werden, dazu Apel, K.-O.: Transformation der Philosophie. 2. Bde. Frankfurt: Suhrkamp 1973; v. Wright 1974 (Fn 13).

32) Kunz, K.-L.: Kriminalitätstheorien. In: Jung, H. (Hrsg.): Fälle zum Wahlfach Kriminologie, Jugendstrafrecht, Strafvollzug. 2. Aufl., München: Beck 1988, S. 29 - 41, 36 ff.; Lösel, F.: Kriminologische Wissenschaft und Praxis: Probleme und Chancen aus empirisch-sozialwissenschaftlicher Sicht. In: Jehle, J.-M./Egg, R. (Hrsg.): Anwendungsbezogene Kriminologie zwischen Grundlagenforschung und Praxis (Kriminologie und Praxis, Bd. 1). Wiesbaden: Kriminologische Zentralstelle e.V. 1986, S. 71 - 85, 76 f.

setzt es doch die Bereitschaft voraus, angesichts der Komplexität und Dynamik des kriminologischen Forschungsgegenstandes die eigene Sichtweise zu relativieren.

2. Die Verständigung über die Bedeutung empirischer Befunde für eine sich rational gebende Kriminalpolitik ist in Gang gekommen[33]. Hervorgehoben wird vor allem die Perspektivengebundenheit empirischer Aussagen, die nur in einem naiven Verständnis als objektiver Fixpunkt zur Festlegung von Zielen und Mitteln der Kriminalpolitik erscheinen können[34]. Während das distanzierende und kritische Potential empirischer Forschung bei der Erhellung von Sanktionierungsvorgängen unbestritten ist, wird die empirisch fundierte Bestätigung präventiver Kriminalpolitik als problematisch empfunden. Der falsifikatorische und probabilistische Charakter empirischer Aussagen taugt eher zur Widerlegung denn zur Begründung von Bestrafungskonzepten. Für die mit Strafe verbundene Grundrechtseinschränkung bedürfte es aber einer *sicheren* Entscheidungsgrundlage auf der Basis positiven Wissens und nicht bloß auf der Basis einstweilen unwiderlegter Vermutung. Eine durchgängig empirisch orientierte präventive Kriminalpolik wäre ohnehin Illusion, weil sich legitime Autorität gegenüber Abweichung empirisch nicht begründen läßt[35]. Wer strafrechtliche Repression (derzeit noch) im Grundsatz für unverzichtbar hält, muß sich deshalb um *mehr* bemühen als um empirische Plausibilität der Tauglichkeit seines kriminalpolitischen Konzepts. Er muß sich bemühen, die nicht-empirischen Prämissen seines Konzepts diskussions- und kritisierfähig zu machen - statt sie hinter der vermeintlich zwingenden Autorität einer scheinempirischen Begrifflichkeit zu verstecken.

3. Zumindest virtuell läßt sich das Bewußtsein dafür schärfen, daß die nüchterne Technizität der empirisch-rationalen Orientierung die klassischen normativen Ideen der Kriminalpolitik - wie Menschenwürde, Gerechtigkeit und Solidarität - an den Rand drängt. Abhilfe ist *innerhalb* der erfahrungswissenschaftlich strukturierten Kriminologie nur bedingt möglich: etwa durch vermehrte introspektive Forschung, die über einen bewußt subjektiv-qualitativen Zugang die Situationseinschätzung der Beobachteten im Sinne einer "alternativen Lebenswelt"

---

33) Lüderssen, K./Sack, F. (Hrsg.): Seminar: Abweichendes Verhalten IV Kriminalpolitik und Strafrecht. Frankfurt: Suhrkamp 1980; Lüderssen, K./Sack, F. (Hrsg.): Vom Nutzen und Nachteil der Sozialwissenschaften für das Strafrecht. Frankfurt: Suhrkamp 1980; Hassemer, W./Lüderssen, K./Naucke, W.: Fortschritte im Strafrecht durch die Sozialwissenschaften. Heidelberg: Müller 1983; Hassemer, W. (Hrsg.): Strafrechtspolitik. Bedingungen der Strafrechtsreform. Frankfurt u.a.: Lang 1987

34) Naucke, W.: Empirische Strafrechtsdogmatik? in: Jehle, J.-M./Egg, R. (Hrsg.): Anwendungsbezogene Kriminologie zwischen Grundlagenforschung und Praxis (Kriminologie und Praxis, Bd. 1). Wiesbaden: Kriminologische Zentralstelle e.V., 1986, S. 86 - 94, 91

35) Naucke, W.: Die Sozialphilosophie des sozialwissenschaftlich orientierten Strafrechts. In: Hassemer/Lüderssen/Naucke 1983 (Fn 33), S. 1 - 38, 11

zur Geltung bringt. Ob eine *Ergänzung* des erfahrungswissenschaftlichen Zugangs durch *historische* und *philosophische Perspektiven* in der
derzeitigen kriminalpolitischen Kultur eine Chance hat, stehe dahin.

4. Wenn überhaupt die empirische Kriminologie der Gegenwart sich auf
eine *gemeinsame Wertbasis* verpflichten läßt, ist diese am ehesten im
Sinne einer "Strategie der Humanität"[36] beschreibbar. Gemeint ist damit
eine Orientierung an der erkenntnisleitenden Idee, *menschliches Leiden
im Umfeld von Kriminalität und Kriminalisierung zu mindern.* Dies umfaßt zunächst die traditionelle strafrechtspolitische Zielbestimmung der
Kriminologie: die *Eindämmung des Verbrechens* als eines sozial irritie-
renden, angsteinflößenden und womöglich unmittelbar körperlich leidbringenden Verhaltens[37]. Darüber hinaus hat sich - zunächst auf Betreiben der "neuen" Kriminologie - die Anwendung des Gedankens der
Leidensminderung auch auf die *Folgekosten der Verbrechensverhütung*
durchgesetzt. Menschliches Leiden wird nicht nur durch Kriminalität,
sondern auch durch die Kriminalitätsbekämpfung zugefügt, und zwar
teilweise in sozial ungerechter, präventiv unnötiger und dysfunktionaler
Weise. Dies stützt und bestärkt eine *minimalistische Orientierung*, die
leidbringendes Strafrecht abzubauen sucht[38].

Ob in der kriminologischen Forschergemeinschaft *beide* Ziele - die
Eindämmung leidbringenden Verbrechens wie der Abbau leidbringenden Strafrechts - mit unterschiedlichen Präferenzen als legitim anerkannt sind, bedürfte eingehender Erörterung[39]. Der Versuch, durch
solche Erörterung die Konsolidierung der Disziplin voranzutreiben, ist
jedenfalls nicht völlig aussichtslos. Für viele aus der jüngeren Kriminol-
logen-Generation ist kennzeichnend, daß sie sich - auf individuell verschiedenen Plätzen - als zwischen den Stühlen eines radikalen Etiket-
tierungsansatzes und einer theoretisch indifferenten empirisch-deskrip-
tiven Position sitzend begreifen. Zudem ist die von der "neuen" Schule
bewirkte Erweiterung des Blickfeldes auf Sanktionierungsprozesse und

---

36) Höffe, O.: Strategien der Humanität. Zur Ethik öffentlicher Entscheidungsprozesse.
   Frankfurt: Suhrkamp 1985
37) Die Anerkennung der "Normalität" der Kriminalität und ihrer "Verwaltung" auf sozialstruktureller Ebene beseitigt nicht die Legitimität des Präventionsbemühens im einzelnen Fall und in der Perspektive der Kontrollinstanzen.
38) Schüler-Springorum 1984 (Fn 3), S. 152
39) Vgl. vorerst Lüderssen, K.: Neuere Tendenzen der deutschen Kriminalpolitik. In: Eser,
   A./Cornils, K. (Hrsg.): Neuere Tendenzen der Kriminalpolitik. Beiträge zu einem
   deutsch-skandinavischen Strafrechtskolloquium. Freiburg: Eigenverlag des Max-
   Planck-Institutes 1987, S. 161 - 207, 204; Quensel, S.: Kriminologische Forschung: Für
   wen? Oder: Grenzen einer rationalen Kriminalpolitik. Kriminologisches Journal 16
   (1984), S. 201 - 217, 216; Scheffler, U.: Grundlegung eines kriminologisch orientierten
   Strafrechtssystems unter Berücksichtigung wissenschaftstheoretischer Voraussetzungen
   und des gesellschaftlichen Strafbedürfnisses. Frankfurt u.a.: Lang 1987, S. 64 ff.; Steinert, H.: Zur Geschichte und möglichen Überwindung einiger Irrtümer in der Kriminalpolitik. In: Maelicke,B./Ortner,H. (Hrsg.): Alternative Kriminalpolitik. Zukunftsperspektiven eines anderen Umgangs mit Kriminalität. Weinheim u.a.: Beltz 1988, S.34-61

Sanktionsinstanzen inzwischen als unverzichtbar anerkannt. Beides zusammen gibt Raum für eine neue Deutung alter und vermeintlich "neuer" Befunde: auf der Grundlage eines Wettstreits konkurrierender Annahmen und Ansätze, der sich nicht zuletzt am Leitbild einer humanen "Verbrechensbekämpfungsbegrenzung"[40] entscheidet.

---

40) Naucke, W.: Die Kriminalpolitik des Marburger Programms 1982. Zeitschrift für die gesamte Strafrechtswissenschaft 94 (1982), S. 525 - 564, 564

Die Verantwortung
der Strafrechtswissenschaft

Richard Lange

Unsere Strafrechtsdogmatik hat Grundlegendes für die sachgerechte Erfassung des Verbrechensbegriffs geleistet. Aber infolge seiner adressenlosen Abstraktion verfehlen maßgebliche Stimmen in der Literatur den Sinn der Reform, die Umwandlung des Tatstrafrechts in ein Tat-Täter-Strafrecht, wie sie § 46 StGB unmißverständlich manifestiert. Wir können nicht mehr mit Binding[1] sagen: "Ein einzelner Lebensvorgang, ... vielleicht ganz herausfallend aus den bisherigen Gepflogenheiten des Mannes, hat ihn zum Schuldigen gemacht, und nur dafür wird er strafrechtlich haftbar, ... nicht für sein Verhalten vor und nach der Tat". Es läuft auf eine Rückkehr zum alten Strafrecht hinaus, wenn der Leipziger Kommentar für § 23[2] und der von Schönke-Schröder für §§ 21 und 23, dieser "den (gesetzlichen) Wortlaut berichtigend"[3], entgegen der täterbezogenen Kann-Bestimmung des Gesetzes eine obligatorische Strafmilderung fordern, und wenn die herrschende Lehre in § 21 den gesetzlichen Maßstab der defizitären Persönlichkeit des Täters durch ein Versatzstück aus der allgemeinen Irrtumslehre ersetzt. Wo sich System und Gesetz widersprechen, - um so schlimmer für das Gesetz. Und wenn man hier an zentralen Stellen derart mit dem Gesetz umspringen kann, warum nicht auch anderswo? Etwa durch Erosion des Notwehrrechts?

Die Umdeutung der §§ 21 und 23 ignoriert das entscheidende erste Wort des Tatbestandes, das Wort "Wer", also: "Ein Mensch, der ..."[4]. Spätestens seit Erik Wolfs "Sachbegriff im Strafrecht"[5] ist außer Streit, daß alle Tatbestandelemente normativ sind, voran der Mensch im Strafrecht. Dennoch überläßt man ihn der Kriminologie.

---

1) Binding, K.: Die Normen und ihre Übertretung. Bd. II 1. 2. Aufl.: Leipzig: Meiner 1914, S. 283
2) Jescheck, H.-H./Ruß, W./Willms, G. (Hrsg.): Strafgesetzbuch (Leipziger Kommentar). 10. Aufl. Berlin 1983, § 23, Rn 6
3) Lenckner, Th./Eser, A. in: Schöncke/Schröder: Strafgesetzbuch. Kommentar. 23. Aufl., München: Beck 1988, § 21 Rn 14 bzw. § 23 Rn 6
4) Hierzu der Verf.: Auf dem Weg zur anthropologischen Kriminologie. Zeitschrift für die gesamte Strafrechtswissenschaft 100 (1988), S. 81 - 111, 111
5) Erik Wolf: Der Sachbegriff im Strafrecht. In: Die Reichsgerichtspraxis im deutschen Rechtsleben, 1929, S. 56

Kerner/Kaiser (Hrsg.) Kriminalität
© Springer-Verlag Berlin Heidelberg 1990

Für Jescheck[6] liefert sie dem Juristen die aus der Wirklichkeit ge-
schöpften Erkenntnisse auf der Basis der auf Anlage und Umwelt gerichteten Ursachenforschung. Er verweist auf das Freiheitsbewußtsein
des Menschen. Für die deterministische Kriminologie täuschen sich
damit alle Menschen aller Zeiten über die Grundbefindlichkeit ihres
Seins. Zipf[7] sieht ein Zusammenwirken von Strafrecht und Kriminologie, die sich gegenseitig ergänzen müssen. Ihre früheren Gegensätze
seien heute weitgehend ausgeglichen. Anstelle der Selbstherrlichkeit
führender Kommentare gegenüber dem Gesetz sehen wir hier in maß-
gebenden Lehrbüchern eine Tendenz zur Harmonisierung von Unver-
einbarem.

Einzelne Dogmatiker betonen allerdings Gegensätzlichkeiten zwischen Norm- und empirischer Wissenschaft. Jakobs' Lehrbuch[8] greift
auf ein Wort Kohlrauschs von 1910 zurück, nach dem Schuld eine
staatsnotwendige Fiktion sei. Streng[9] erklärt mit bald psychoanalytischer, bald sozialwissenschaftlicher Begründung - ungeachtet dessen,
daß sich diese beiden widersprechen - den Menschen als total determiniert. Kriminalpolitisch liege darin ein Vorteil für seine Konditionierbarkeit durch Strafe. § 20 reduziert er auf den Maßstab der Tunlichkeit oder Untunlichkeit von Strafe.

Solcher Kapitulationsbereitschaft in der Dogmatik setzt man in der
Kriminologie eine ungebremste Selbstgewißheit entgegen. "Die (psychoanalytische) Erkenntnis ist ein unversöhnlicher Feind des Richtens und
Strafens" erklären 1929 Reik-Alexander-Staub[10]. Mitte der 70er Jahre
ist ihr Buch ebenso wie das von Reiwald über den Verbrecher als Sün-
denbock der Gesellschaft (1948)[11] neu herausgegeben worden. Seit vielen Jahrzehnten zeigt sich hier kein neuer Gedanke. Diese Stagnation

6) Jescheck, H.-H.: Lehrbuch des Strafrechts, Allgemeiner Teil, 3. Aufl. Berlin: Duncker &
   Humblot 1978, S. 35 f. Sachlich unverändert die 4. Aufl. 1988
7) Maurach, R./Zipf, H.: Strafrecht, Allgemeiner Teil, Teilbd. 1. 6. Aufl., Heidelberg:
   Müller 1983, S. 34 ff.; Zipf betrachtet den Labeling approach als rezipiert. Aber
   Goudsblom, L.I.: Soziologie auf der Waagschale. Frankfurt: Suhrkamp 1979, S. 205 ff.,
   deckt dessen Herkunft bei H. Becker auf. Dieser hatte am Verhalten von Marihuanabe-
   nutzern und Tanzmusikern nichts Anstößiges gefunden und daraus geschlossen: "Abweichendes Verhalten ist keine Qualität der Handlung, sondern ist Verhalten, das
   Menschen so bezeichnen (label)." Zu dieser "oberflächlichen und naiven Theorie"
   (Goudsblom) der Verf.: Humanwissenschaften und Strafrecht. In: Witter H. (Hrsg.):
   Der psychiatrische Sachverständige im Strafrecht, Berlin u.a.: Springer 1987, S. 238 f
8) Jakobs, G.: Strafrecht. Allgemeiner Teil. Berlin u.a.: de Gruyter 1983, S. 397 ff.
9) Streng, F.: Richter und Sachverständiger - Zum Zusammenwirken von Strafrecht und
   Psychowissenschaften bei der Bestimmung der Schuldfähigkeit (§ 21 StGB). In: Kerner,
   H.-J./Göppinger, H./Streng, F. (Hrsg.): Kriminologie - Psychiatrie- Strafrecht. Fest-
   schrift für Heinz Leferenz. Heidelberg: Müller 1983, S. 397 - 409, S. 408 f. Zu Strengs
   Theorien der Verf.: Neue Wege zu einer Gesamten Strafrechtswissenschaft. In: Vogler,
   Th. et al. (Hrsg.): Festschrift für Hans-Heinrich Jescheck. 1. Halbbd. Berlin: Duncker
   & Humblot 1985, S. 53 - 78, 59 f. Zu Kohlrausch jetzt Dreher, E.: Die Willensfreiheit.
   Ein zentrales Problem mit vielen Seiten. München: Beck (1987) S. 35
10) Reik, Th.: Geständniszwang und Strafbedürfnis. Probleme der Psychoanalyse und der
    Kriminologie (1925); Alexander, F./Staub, H.: Der Verbrecher und seine Richter. Ein
    psychoanalytischer Einblick in die Welt der Paragraphen (1929). In: Moser, T. (Hrsg.):
    Psychoanalyse und Justiz. Frankfurt: Suhrkamp 1974
11) Reiwald, P.: Die Gesellschaft und ihre Verbrecher. Frankfurt: Suhrkamp 1973

manifestiert sich 1979 in einer Abhandlung von Vogt[12] über die Forderungen der psychoanalytischen Schulrichtungen für die Interpretation der Merkmale der §§ 20, 21 StGB. Er meint zwar, die Forderung nach gänzlicher Abschaffung oder psychoanalytischer Neufassung des Schuldeinschränkungsparagraphen habe man gänzlich aufgegeben. Angesichts der Kanonisierung der radikalsten Schriften kann das aber nicht stimmen. Auch an der Forderung nach psychoanalytischer Ausbildung der Strafrichter hält man fest. Hierzu hat Wittels die entscheidenden Anstöße gegeben. Vogt zitiert ihn ohne Vorbehalt. Danach ist kein Mensch für seine Tat verantwortlich, ebensowenig wie für das Behaftetsein mit einer ansteckenden Krankheit. Wittels fordert "eine psychoanalytische Schulung des ganzen Volkes, besonders der Justizbeamten". In der Tat hat der Senatsdirektor Uhlitz in Berlin Anfang der 70er Jahre psychoanalytische Kurse für Richter und Staatsanwälte eingeführt, dann jedoch beklagt, daß es dagegen Abwehrreaktionen, emotionale und Trotzhaltungen gegeben habe[13]. Solche Reaktionen sind allerdings begreiflich. Wie kann ein Staatsanwalt überhaupt noch eine Anklage erheben, wenn er sich die totale Verneinung des Strafrechts zu eigen macht? Popularisiert durch die Massenmedien jeder Art und Couleur, hat die Psychoanalyse namentlich bei Kapitalverbrechen in der Praxis erheblichen Einfluß - ungeachtet dessen, daß der Sachverständige dieser Richtung als Gehilfe des Gerichts in Selbstwidersprüche gerät, die er stets in einer bestimmten Richtung lösen muß, wenn er seiner Wissenschaft treu bleiben will.

Mit der Psychoanalyse konkurriert als Trägerin der herrschenden Milieutheorie die Soziologie. Ihre geistesgeschichtliche Entwicklung zeigt Sachsse[14] an den Entwürfen von Comte, Taine, Marx und Watson.

In der Praxis hat diese Theorie bekanntlich immer wieder Schiffbruch erlitten. Bei dem großen Cambridge-Somerville-Experiment, durch das viele Jahre lang 325 Kinder in jeder Weise gefördert, eine gleichaltrige Gruppe nur beobachtet wurde, ergab sich zur Bestürzung der Forscher, daß nach Abschluß und Auswirkung aller Bemühungen beide Gruppen die gleiche Kriminalität aufwiesen, ein Ergebnis, das durch eine spätere Nachprüfung nochmals bestätigt wurde[15]. Ebenso spektakulär scheiterte das Experiment der Chicagoer Schule, bei dem man durch Umsetzen von Slumbewohnern in neue bessere Wohnungen ihre Kriminalität zu bekämpfen versuchte.

Wie die Milieubegünstigung die Erwartungen der Theorie enttäuschte, so auch ihr Gegenteil: das Übermaß außergewöhnlicher Belastung.

---

12) Vogt, Th.: Die Forderungen der psychoanalytischen Schulrichtungen für die Interpretation der Merkmale der Schuldunfähigkeit und der verminderten Schuldfähigkeit (§§ 51 a.F., 20, 21 StGB). Frankfurt u.a.: Lang 1979, S. 69 ff.

13) Dazu der Verf.: Strafrechtsreform. Reform im Dilemma. München: Langen/Müller 1972, S. 120 und S. 84

14) Sachsse, H.: Die Geschichte der Milieutheorie. In: Schlemmer J. (Hrsg.): Der neue Streit ums Milieu. Heidelberg: Quelle & Meyer 1978, S. 9 - 17, 10. Dazu der Verf. 1988 (Fn 4) S. 88

15) Eingehender dazu der Verf.: Das Rätsel Kriminalität. Was wissen wir vom Verbrechen? Frankfurt: Metzner 1970, S. 240

Die in mehreren Bundesländern statistisch festgehaltene Kriminalität der Heimatvertriebenen nach 1945 betrug nur einen Bruchteil jener der kriegsverschonten Aufnahmebevölkerung. Die der ersten Generation der Gastarbeiter blieb um die Hälfte hinter der der Einheimischen zurück. Weit unter dem Durchschnitt blieben die der Schwerbeschädigten und der Alten und Älteren. Die Kriminalität der Frau beträgt bei uns nicht einmal ein Viertel der männlichen und ist auch qualitativ weit geringer[16]. Die durch Verlust der Existenz, der Familie, durch Kulturkonflikt, körperliche und seelische Beschädigung abseits Stehenden oder durch Identitätskrisen belasteten Gruppen machen weit mehr als die Hälfte der Gesamtbevölkerung aus. Nach der Theorie hätten sie auf ihre Belastungen mit vermehrter Kriminalität reagieren müssen. Stattdessen nahmen sie die Herausforderung des Schicksals an und wurden weitgehend damit fertig. Das theoretisch Kriminogene wirkte sich praktisch als Kriminalresistenz aus.

Mit der Emanzipation der Frau hätte sich, besonders nach Ansicht amerikanischer weiblicher Autoren, ihre Kriminalität in Häufigkeit und Schwere der männlichen vollkommen angleichen müssen[17]. Jeden Tag widerlegt die Wirklichkeit weltweit diese Theorie. Kein Anlaß, sie zu überprüfen.

Auch Forscher sind Menschen. Sein eigenes Lebenswerk zu desavouieren ist nicht leicht. So sind Stimmen der Einsicht selten, wie wir sie bei Stumpfl finden[18]. Auch bei Revers, der in den 50er Jahren die Summe der Forschung zieht, klingt etwas wie ein widerwilliges Zugeständnis an[19].

Der junge Goethe schreibt an Lavater: Individuum est ineffabile - weißt Du, daß ich aus diesem Satz eine ganze Welt ableite? Was den Dichter beschwingt, muß den Wissenschaftler belasten. Der Gegenstand, den man zwischen Anlage und Umwelt im Zangengriff zu haben glaubte, entwindet sich ihm. Freiheit ist Unerkennbarkeit (Sachsse).

Wiederum an praktischen Fällen hat neuerdings Göppinger dargetan, daß selbst gegenüber schwerwiegenden Anlage- und Umweltfaktoren das Selbst des Menschen entscheidet. Bei "Zwillings"-Schicksalen gleicher Art zeigte sich, daß der eine mit Kriminalität, der andere mit einem Neubeginn reagierte[20]. Und schon 1928 hat Schmölders[21] für die Zeit nach dem ersten Weltkrieg, in der innerhalb weniger Jahre eine Hochkonjunktur durch völligen Zusammenbruch abgelöst wurde, den geringen Einfluß dieser schroffen Milieueinbrüche auf die Kriminalität festgestellt und den Schwerpunkt im Innern des Menschen gesehen.

---

16) Dazu der Verf. 1970 (Fn 15), S. 9 ff. und 1988 Rn 4, S. 90 ff.
17) Wie Kaiser G.: Das Bild der Frau im neueren kriminologischen Schrifttum. Zeitschrift für die gesamte Strafrechtswissenschaft 98 (1986), S. 658 - 678, 674 f. mitteilt
18) Stumpfl, F.: Wiener Zeitschrift für praktische Psychologie I 25 (1949) Dazu der Verf. in: SchwZStrR 70 (1955), S. 387
19) Keller: Studium generale, 8/3 (1955). Hierzu der Verf. 1955 (Fn 18), S. 389
20) Göppinger, H.: Der Täter in seinen sozialen Bezügen. Ergebnisse aus der Tübinger Jungtäter-Vergleichsuntersuchung. Berlin u.a.: Springer 1983, S. 214 ff
21) Schmölders: Kriminalität und Konjunktur. In: Jahrbücher für Nationalökonomie und Statistik, Bd. 128 = 3. F. 73 (1928), S. 265 ff. Dazu der Verf. 1970 (Fn 15), S. 198 ff

Im Grunde genommen sind die heute die Kriminologie dominierenden Mutterwissenschaften keine echten Humanwissenschaften.

Die Soziologie ignoriert von Anfang an die Individualität des Menschen und sieht ihn als bloße Rechengröße, wie Tenbruck ihr jetzt in den eigenen Reihen vorwirft[22]. Die Tiefenpsychologien von Freud und Adler gründen mit Sexus und Hackordnung auf Phänomenen, die Tier und Mensch gemeinsam sind[23]. Die einzige Tiefenpsychologie, die die Eigenart des Menschen sieht, ist Frankls Existenzanalyse[24]: Der Mensch ist nicht als psychophysisches Individuum, sondern nur in der Annahme eines den Leib-Seele-Komplex übersteigenden und bestimmenden personalen Geistes neurologisch zu erklären und zu verstehen. Was man aus seinen Anlagen macht, liegt im Entscheidungsspielraum der Person. Unsere Dispositionen stehen zu unserer Disposition. Frankl selbst ist unwiderlegbarer Zeuge der "Trotzmacht des Geistes", kraft derer er als einziger seiner Familie die Vernichtungslager überlebt hat. Aber er steht dem Determinismus der heutigen Kriminologie[25] allein gegenüber. Aus der praktischen und theoretischen Sackgasse, in die diese geraten ist, kann nur ein ganz neuer, dem Menschen adäquater Arbeitsansatz befreien.

Hierfür müssen wir auf die allgemeine geistesgeschichtliche Entwicklung zurückgreifen. Erst aus diesem Abstand wird das proton pseudos erkennbar.

"So wie die frühe Aufklärung das Bild von der Welt verändert hat, so das vom Menschen, und das mit der gleichen Mechanik, die dort an die Stelle von Ideen und Naturrechten trat ... Es ist erstaunlich, wie wenig diese Art 'aufgeklärte' Psychologie ins Bewußtsein ideengeschichtlich orientierter Kritik getreten ist ... (Im) anthropologischen Bereich ... läßt die nötige kritische Reflexion über die Konsequenzen einseitiger Aufklärung noch immer auf sich warten ... Wenn wir ... die Probleme einer technisierten Welt und der damit parallel laufenden Kulturkrise wieder in den Griff bekommen wollen, dann ist nicht nur die Naturauffassung der frühen Aufklärung kritisch zu befragen, sondern genauso ihr Bild vom Menschen"[26].

Die Renaissance, die den Menschen auf sich selbst stellte, hatte, vor

22) Tenbruck, F.H.: Die unbewältigten Sozialwissenschaften oder die Abschaffung des Menschen. Graz u.a.: Styria 1984
23) Zur forensischen Unergiebigkeit der Psychoanalyse Bräutigam, W.: Forschungsrichtungen und Lehrmeinungen in der Psychoanalyse. In: Göppinger, H./Witter, H. (Hrsg.): Handbuch der forensischen Psychiatrie I. Berlin u.a.: Springer 1972, S. 773 - 809, 774 ff., 783, 788 f.; zu ihrer Voreingenommenheit Mundt, Ch.: Der tiefenpsychologische Ansatz in der forensischen Beurteilung der Schuldfähigkeit. In: Janzarik, W. (Hrsg.): Psychopathologie und Praxis. Stuttgart: Enke 1985, S. 124 - 133, 126
24) Frankl, V.E.: Der unbedingte Mensch. Metaklinische Vorlesungen. Wien: Deuticke 1949, insbes. S. 52 ff., 93 ff. ferner: Frankl, V.E.: Das Menschenbild in der Seelenheilkunde. Kritik des dynamischen Psychologismus. Stuttgart: Hippokrates 1959
25) Gemeint ist hier stets nur die ätiologische Kriminologie. Die phänomenologische dagegen hat gerade bei uns in Werken wie denen von Göppinger, Kaiser, Langelüddeke-Bresser, Witter u.a. ausgezeichnete Leistungen erbracht.
26) Geißler, E.E.: Welche Farbe hat die Zukunft?, 1986, S. 156 f.

allem im Werk Pico de Mirandolas, eine neue Sinngebung seines Daseins begründet. Das große 17. Jahrhundert prägte mit den Menschenbildern bei Grotius, Hobbes, Pufendorf jeweils einzelne Züge aus. Ihre Verschiedenheit zeigt, daß, wie die Kunst, auch die Humanwissenschaft ihren Gegenstand durch ein Temperament sieht. In den gegenwärtigen Bildern vom Menschen als eines exzentrischen, konfliktträchtigen, zum Nihilismus neigenden Wesens wird das gleiche sichtbar. Sie alle gehen vom Ganzen des Menschen aus, richten ihre Methode nach ihrem Gegenstand.

Die im vorwissenschaftlichen Raum gewonnene Sicht auf die Unteilbarkeit des Menschen wurde durch das auf Descartes[27] zurückgehende Denken der Aufklärung zerstört. "Locke und Hume vor allem haben die Analyse von kleinsten Bausteinen und deren mechanischen Gesetzen folgende Zusammenfassung auf Psychologie angewendet ... Die Substanz Seele muß sich folglich jetzt auflösen; zu einem, wie es bei Hume heißt, bundle of perceptions ..."[28]. Was jene Art von Aufklärung angerichtet hat, zeigt sich nach Radbruch[29] unmittelbar im entscheidenden Zeitpunkt der Strafrechtsgeschichte: für Feuerbach ist "das Seelenleben eine Art Diskussion, ... ein Austausch von Argumenten und Gegenargumenten ..., ist der Mensch ein aus der Vernunft und seiner Vielheit von Leidenschaften mechanisch zusammengesetztes Wesen".

"In ihrer endgültigen Form wandte sich die Aufklärung gegen sich selbst ... aus dem Humanismus wird ein moralischer Nihilismus ... Dem Humanismus Pico de Mirandolas, der bestimmt war von der Vorstellung, daß der Mensch unvollkommen, dank seiner Entscheidungsfreiheit unsicher sei, stellt er denjenigen gegenüber, der darüber hinaus annimmt, daß der Mensch frei sei, nicht nur in dem Sinn, daß er sich dem Guten oder dem Bösen zuwenden kann, sondern auch, daß er keine Regel des Guten oder Bösen vorfindet, die er nicht selbst geschaffen hat, daß dem Menschen keinerlei Normen vorgegeben sind, sondern daß er die legitime und unbegrenzte Macht hat, solche Normen nach eigenem Belieben aufzustellen[30]".

Der unlösliche Zusammenhang zwischen der Entmenschlichung zum homme machine und der Denaturierung des Rechts kehrt in der Gegenwart wieder. Der Vorstellung des Menschen als eines von unbeherrschbaren Trieben oder durch seine Umwelt determinierten Wesens entspricht die totale Absage an das Recht. In der Soziologie sehen wir heute jedoch eine gewisse Selbstbesinnung. Schelsky hat gezeigt, daß die Hauptrichtungen seiner Wissenschaft das Recht verfehlen, Tenbruck[31] die Abschaffung des Menschen durch die Sozialwissenschaften.

---

27) Vgl. Mühlmann: Geschichte der Anthropologie, 2. Aufl. 1968, S. 39 und Landmann, M.: Philosophische Anthropologie. Berlin: de Gruyter 1955, S. 46
28) Geißler (Fn 26) a.a.O.: Kritisch gegenüber der Entwesentlichung des Menschenbildes bereits Sander-Volkelt: Ganzheitspsychologie, 1962. Dazu der Verf. 1970 (Fn 15), S. 212 ff
29) Feuerbach, 1934, S. 88
30) Kolakowski in: Rückblick auf die Zukunft, 1981, S. 45 ff
31) Dazu der Verf. 1985 (Fn 9), S. 56 ff.; vgl. Fn 22

Der Determinismus hat nicht einmal für die elementare Unterscheidung von Vernunft und Verstand ein Organ. Arthur Kaufmann[32] stellt fest, daß wohl noch heute der naturalistische Wissenschaftsbegriff herrscht und damit die Vorstellung, alles, was nicht rational im Sinne von mathematisch exakt ist, sei irrational. Diesen Fehler macht man seit der Zeit des Rationalismus. Die Philosophie unterscheidet von alters her zwischen Verstand und Vernunft, dem analysierenden, abstrakten, isolierenden Denken einerseits, dem auf den Zusammenhang und die Einheit des Wissens abzielenden Erfassen der Ganzheit andererseits. Der Verstand zergliedert nur das von der Erfahrung Erfaßte. Die Vernunft ist schöpferisch, indem sie die Erfahrung überschreitet. Sie ist damit nicht irrational, sondern überrational.

"In dieses Verständnis brach der Rationalismus der Aufklärung ein, mit seiner Überbewertung der Ratio im Sinne des rechnenden Verstandes. Wissenschaftsideal ist die exakte, die mathematische Naturwissenschaft, einem bestimmten ideologischen Menschen-, Welt- und Wissenschaftsbild entstammend: der Mensch ist ein ens rationale. Nach diesem Vorbild versuchen nunmehr alle Wissenschaften, auch die Rechtswissenschaft, sich als exakte zu erweisen. Doch ist der Rationalismus längst widerlegt. Der Mensch ist kein rein rationales Wesen. Es wird immer ein 'Rest' bleiben, und dieser 'Rest' ist Geist, wir müssen wieder die einheitstiftende Funktion der Vernunft betonen, die der analytischen Tätigkeit des Verstandes überhaupt erst die Grundlage bietet".

Wie notwendig diese Bestimmung ist, hat für das Strafrecht wiederum Radbruch am Beispiel Feuerbachs gezeigt, dessen "intellektualistische und mechanistische Auffassung den Menschen als eine Zusammensetzung bestimmter Seelenvermögen, nicht als eine unteilbare Individualität, sondern als einen leeren Schauplatz betrachtet"[33]. Auch hier hat die Praxis durch das Scheitern der psychologischen Zwangstheorie die Unzulänglichkeit des Intellektualismus bestätigt.

In der Gegenwart hat namentlich Henri Ey[34] den Reduktionismus der Psychoanalyse, des Behaviorismus und der Soziologie gezeigt. Diese entfernt sich, wie neuerdings Hinske[35] darlegt, von der Lebenserfahrung. "Die empirischen Sozialwissenschaften ... sind ... in der beneidenswerten Lage, sich auf Erfahrungen stützen zu können, ohne sie selbst machen zu müssen ... Der Preis freilich, den sie dafür zu zahlen haben, ist der Verlust der Realitätsnähe; was bleibt, ist ein Leben aus zweiter Hand. Datenerhebung und Statistik nämlich sind, wie die Unerfahrenheit mancher hochqualifizierter empirischer Sozialwissenschaftler zeigt, kein zu erreichender Ersatz für Lebenserfahrung." Die Strafrechtswissenschaftler, die sich neuerdings an der Soziologie orientieren wollen,

---

32) Kaufmann, A.: Einige Bemerkungen zur Frage der Wissenschaftlichkeit der Rechtswissenschaft. In: Kaufmann, A./Bemmann, G./Krauss, D./Volk, K. (Hrsg.): Festschrift für Paul Bockelmann. München: Beck 1978, S. 67 - 73, 69
33) Radbruch 1934 (Fn 29), S. 180
34) Ey, H.: Das Bewußtsein, 1967. Dazu der Verf., S. 316 f
35) Hinske: Lebenserfahrung und Philosophie, 1986, S. 34 ff

erfahren von Dahrendorf: "Daß die Soziologie eine Wissenschaft vom
Menschen sei, ist eine jener gefährlichen Ungenauigkeiten, die nicht
nur dem Laien den Zugang zur Wissenschaft zu versperren vermag"[36].
"'Der Mensch' ist (der Soziologie) im Grunde gleichgültig." "Die vage
und für unsere Zwecke allzu unbestimmte Kategorie des Menschen ...
(ist) aufzugeben."[37] "Die Soziologie (hat) ... den autonomen ganzen
Menschen und seine Freiheit aus den Augen verloren ... (Sie) ist zu
einer durchaus inhumanen, amoralischen Wissenschaft geworden[38]".

Dieser Absage an den Menschen tritt die heutige Anthropologie entgegen, verkörpert etwa in dem auch von anderen führenden Anthropologen anerkannten Entwurf Portmanns, der mit dem nur dem Menschen
eigenen extrauterinen Frühjahr das Soziale betont, zugleich aber das
Gewicht der Anlage präzisiert: "Unser rätselhaftes autonomes Wesen
(steht) vor jeder Reflexion, vor jedem Bewußtsein in einem durch erb-
liche Struktur vorgegebenen Zusammenhang mit der Welt. In der befruchteten Eizelle sind bereits die Bedingungen dafür gegeben, wie wir
die Welt der Farben um uns erleben, welchen Anteil die verschiedenen
Sinnessphären an der Gestaltung des naiven Erfahrens nehmen werden.
In der Betonung dieser erblichen Vorgegebenheit wird auch das Ergebnis der neueren Verhaltensforschung fruchtbar. Für die Versuche einer
allgemeinen Lehre vom Menschen sind diese Ergebnisse von größter
Bedeutung. Sie zeigen auf der einen Seite die Macht der natürlichen
Bindungen, denen auch unser Welterleben eingegliedert ist; auf der
anderen Seite bezeugen sie aber auch die Freiheit des Menschen durch
die Tatsache, daß die Schranken dieser erblich vorgegebenen Weltbe-
ziehung, wie die naiven Sinne sie aufbauen helfen, von unserer geistigen Aktivität durchbrochen werden können, ja daß wir von vornherein
dazu gemacht sind, diese Schranken zu durchbrechen."[39]

Wie wir sahen, ist der Niedergang des Menschenbildes seit der Aufklärung zugleich der Niedergang der Normen gewesen. Dieser negative
Aspekt ist die Kehrseite eines positiven Zusammenhangs. Das Recht ist
Rückgrat der Existenz des auf Geselligkeit und Verträglichkeit ange-
wiesenen Wesens Mensch. Verträglichkeit wird gestiftet, gestaltet, gesichert, aber auch erzwungen durch Verträge, ohne die sich die Horden-
tiere, wie Freud unter ausdrücklicher Abgrenzung vom Herdentier die
Menschen nennt, die Schädel einschlagen würden. Mit seinem Bekenntnis zu Hobbes wird er zum klassischen Zeugen für die anthropologische
Dimension des Rechts. Diese ist bisher von den Anthropologen, die alle
den empirischen Wissenschaften entstammen, nicht artikuliert worden.

---

36) Dahrendorf, R.: Homo sociologicus. 7. Aufl., Köln-Opladen: Westdeutscher Verlag
    1970, S. 97
37) Dahrendorf 1970 (Fn 36), S. 105
38) Dahrendorf, R.: Homo sociologicus. 5. Aufl., Köln-Opladen: Westdeutscher Verlag
    1965, S. 64 f. Gegen Dahrendorf Dreitzel, H.P.: Das gesellschaftliche Leiden und das
    Leiden an der Gesellschaft. Stuttgart: Enke 1968, S. 115, Anm. 15
39) In: Propyläen-Weltgeschichte IX 2 (1960/1976), S. 589 f. Dazu der Verf. in seinem
    Beitrag zur Festschrift der Rechtswiss. Fakultät anläßlich der 600-Jahrfeier der Uni-
    versität zu Köln 1988

Hier liegt eine Aufgabe für die Rechtswissenschaft, insbesondere die des Strafrechts. Wir müssen den Weg für die Erkenntnis freimachen, daß wir selbst für das Bild vom Menschen, der uns im Strafrecht in der Gestalt des Täters entgegentritt, mitzuständig, damit aber auch mitverantwortlich sind. Auch auf unserer Tagesordnung steht die Entscheidung zwischen Freuds "Wir leben nicht, wir werden gelebt" und Gehlens "Der Mensch lebt nicht, er führt sein Leben".

II. Täterbezogene Längsschnitt-, Rückfall- und Karrierestudien im internationalen Vergleich

The Cambridge Study
in Delinquent Development:
A Long-Term Follow-Up of 411 London Males

David P. Farrington and Donald J. West

The Cambridge Study in Delinquent Development is a prospective longitudinal survey of crime and delinquency in 411 males, mostly born in 1953. The Study began in 1961-62, when most of the boys were aged 8 - 9. The major results obtained so far can be found in four books[1] and over 60 published articles listed at the end of this paper. The Study was originally directed by Donald J. West, and it is now directed by David P. Farrington, who has worked on it since 1969. This paper initially describes the Study and past results obtained in it, and then summarizes the most recent results emerging from the latest interviews with the males at age 32.

The original aim of the Study was to describe the development of delinquent and criminal behaviour in inner-city males, to investigate how far it could be predicted in advance, and to explain why juvenile delinquency began, why it did or did not continue into adult crime, and why adult crime usually ended as men reached their twenties. The survey was not designed to test one particular theory about crime but to test many different hypotheses about the causes and correlates of offending. One reason for casting the net wide at the start and measuring many different variables was the belief that theoretical fashions changed over time and that it was important to try to measure as many variables as possible in which future researchers might be interested. Another reason for measuring a wide range of variables was the fact that long-term longitudinal surveys were very uncommon, and that the value of this particular one would be enhanced if it yielded information of use not only to criminologists but also to those interested in alcohol and drug use, educational difficulties, poverty and poor housing, unemployment, sexual behaviour, aggression, and other social problems.

---

1) West, D.J.: Present Conduct and Future Delinquency. London: Heinemann 1969; West, D.J.: Delinquency. Its Roots, Careers and Prospects. London: Heinemann 1982; West, D.J./Farrington, D.P.: Who Becomes Delinquent? London: Heinemann 1973; West, D.J./Farrington, D.P.: The Delinquent Way of Life. London: Heinemann 1977

Kerner/Kaiser (Hrsg.) Kriminalität
© Springer-Verlag Berlin Heidelberg 1990

1. Characteristics of the Sample

At the time they were first contacted, the boys were all living in a working-class area of London. The vast majority of the sample was chosen by taking all the boys who were then aged 8-9 and on the registers of six state primary schools which were within a one mile radius of a research office which had been established. In addition to 399 boys from these six schools, 12 boys from a local school for the educationally subnormal were included in the sample, in an attempt to make it more representative of the population of boys living in the area. Hence, the boys were not a probability sample drawn from a population, but rather a complete population of boys of that age in that area at that time. They have been followed up to the present day.

Most of the boys (357, or 86.9%) were white in racial appearance and of British origin, in the sense that they were being brought up by parents who had themselves been brought up in England, Scotland, or Wales. Of the remaining 54 boys, 12 were black, having at least one parent of West Indian (usually) or African origin. Of the remaining 42 boys of non-British origin, 14 had at least one parent from the North or South of Ireland, 12 were Cypriots, and the other 16 boys had at least one parent from another country (Poland, Malta, Germany, France, Australia, Spain, Sweden, and Portugal). On the basis of their fathers' occupations when they were aged 8, 93.7% of the boys could be described as working class (categories III, IV, or V on the Registrar General's scale), in comparison with the national figure of 78.3% at that time. This was, therefore, overwhelmingly a white, urban, working class sample of British origin.

2. Data Collected at Different Ages

The boys were interviewed and tested in their schools when they were aged about 8, 10, and 14, by male or female psychologists. They were interviewed in our research office at about 16, 18, and 21, and in their homes at about 25 and 32, by young male social science graduates. The tests in schools measured intelligence, attainment, personality, and psychomotor skills, while information was collected in the interviews about living circumstances, employment histories. relationships with females, leisure activities such as drinking and fighting, and offending behavior.

In addition to interviews and tests with the boys, interviews with their parents were carried out by female social workers who visited their homes. These took place about once a year from when the boy was about 8 until when he was aged 14-15 and was in his last year of compulsory education. The primary informant was the mother, although many fathers were also seen. The parents provided details about such matters as family income, family size, their employment histories, their child-rearing practices (including attitudes, discipline, and parental agreement), their degree of supervision of the boy, and his temporary or permanent separations from them.

The boys' teachers completed questionnaires when the boys were aged about 8, 10, 12, and 14. These provided information about the boys' troublesome and aggressive school behaviour, their school attainments, and their truancy. Ratings were also obtained from the boys' peers when they were in their primary schools, about such topics as their daring, dishonesty, troublesomeness and popularity.

Searches were also carried out in the central Criminal Record Office in London to try to locate findings of guilt of the boys, of their parents, of their brothers and sisters, and (in recent years) of their wives and cohabitees. Convictions were only counted if they were for offences normally recorded in the Criminal Record Office, thereby excluding minor crimes such as common assault, traffic offences and drunkenness. The most common offences included were thefts, burglaries, and unauthorised takings of motor vehicles. However, we did not rely on official records for our information about offending, because we also obtained self-reports of offending from the boys themselves at every age from 14 onwards.

The Cambridge Study in Delinquent Development has a unique combination of features:

(a) Eight personal interviews with the subjects have been completed over a period of 24 years, from age 8 to age 32;

(b) The main focus of interest is on crime and delinquency;

(c) The sample size of about 400 is large enough for many statistical analyses but small enough to permit detailed case histories of the boys and their families;

(d) There has been a very low attrition rate, since 94% of the men still alive provided information at age 32;

(e) Information has been obtained from multiple sources: the subjects, their parents, teachers, peers, and official records;

(f) Information has been obtained about a wide variety of theoretical constructs, including intelligence, personality, parental child-rearing methods, peer delinquency, school behaviour, employment success, marital stability, and so on.

3. Previous Conclusions About Offending

About one-fifth of the boys were convicted as juveniles, and about one-third were convicted up to the twenty-fifth birthday[2]. The con-

---

2) Farrington, D.P.: Offending from 10 to 25 years of age. In: Van Dusen, K.T./Mednick, S.A. (Eds): Prospective Studies of Crime and Delinquency. Boston: Kluver-Nijhoff 1983, p. 17 - 37

centration of offending in a small number of boys was remarkable. Only 23 boys (less than 6% of the sample) accounted for half of all the criminal convictions of the sample up to the twenty-fifth birthday. Every one of these "chronic offenders" was first convicted by age 15.

To a considerable extent, the self-reports and official records identified the same persons as offenders. For example, 11% admitted burglary and 7% were convicted of it between ages 15 and 18, including 5% both convicted and admitting it. The 80 boys who admitted the highest number of delinquent acts when seen at ages 14 and 16 overlapped significantly with the 84 convicted juvenile delinquents, since 41 boys were in both groups. Consequently, conclusions about characteristics of offenders based on convictions were generally similar to conclusions based on self-reports of offending.

One of our most important findings was that the worst offenders at each age differed significantly from the remainder of the sample on almost every factor we measured. In terms of statistically significant relationships, we had an embarrassment of riches. In some ways this was surprising, because to a large extent the sample was homogeneous in important factors such as age, gender, ethnicity, social class, neighbourhood, and of course culture.

Childhood factors proved significantly predictive. Up to the tenth birthday (the minimum age of criminal responsibility in England), the future juvenile delinquents were more likely to have been rated troublesome and dishonest in their primary schools. They tended to come from the poorer families, to come from the larger-sized families, to be living in poor houses with neglected interiors, to be supported by social agencies, and to be physically neglected by their parents. However, they did not tend to come from low socio-economic status families (as measured by occupational prestige) or to have working mothers. The delinquents were more likely to have criminal parents and delinquent older siblings, and more likely to be born illegitimate. They tended to be receiving poor parental child-rearing behaviour, characterised by harsh or erratic parental discipline, cruel, passive, or neglecting parental attitude, and parental conflict. Their parents tended to supervise them poorly, being lax in enforcing rules or under-vigilant[3].

Up to the tenth birthday, the future juvenile delinquents were more likely to have experienced broken homes or separations from their parents for reasons other than death or hospitalisation. Their parents tended to be unco-operative towards the research and to endorse authoritarian child-rearing attitudes on questionnaires. Their mothers tended to be nervous or in poor physical health, while their fathers tended to have erratic job histories, including periods of unemployment. The boys who became delinquents were more likely to have low intelligence and attainment and to be rated as daring by parents and peers. Their teachers said that they were hyperactive and lacked concentration. They tended to be impulsive on psychomotor tests and personality questionnaires and

---

3) West, D.J./Farrington, D.P.: Who Becomes Delinquent? London: Heinemann 1973

unpopular with their peers, but they were not nervous. They were likely to have below-average height and average weight. Also, analysis of the medical records of their births revealed no undue incidence of obstetric abnormalities, and the boys were not in poor health[4].

At age 14, when the boys were in their last year of compulsory schooling, the differences between juvenile delinquents and non-delinquents were similar in many respects to those found at age 8-10. For example, the delinquents still tended to have cruel, passive, or neglecting parents who were in conflict with each other, and they were still significantly low on measures of intelligence and attainment. Special efforts were made at age 14 to measure aggressiveness, and the delinquents proved to be significantly aggressive according to self-reports, teacher ratings, and a semantic differential test. Also, the delinquents were likely to have delinquent friends.

Those who were offenders by age 18 were significantly more socially deviant than the non-offenders on almost every factor that we investigated at that age. The offenders drank more beer, they got drunk more often, and they were more likely to say that drink made them violent. They smoked more cigarettes, they had started smoking at an earlier age, and they were more likely to be heavy gamblers. They were more likely to have been convicted for minor motoring offences, to have driven after drinking at least 5 pints of beer, and to have been injured in road accidents. The offenders were more likely to have taken prohibited drugs such as marijuana or LSD, although few of them had convictions for drug offences. Also, they were more likely to have had sexual intercourse, especially with a variety of different girls, and especially beginning at an early age, but they were less likely to use contraceptives[5].

The offenders at age 18 tended to hold relatively well paid but low status jobs, and they were more likely to have erratic work histories including periods of unemployment. They were more likely to be living away from home, and they tended not to get on well with their parents. They were more likely to be tattooed, to have visibly bitten nails, and to have a non-white appearance. They had significantly low pulse rates, but tended not to wear glasses. The offenders were more likely to go out in the evenings, and were especially likely to spend time hanging about on the street. They tended to go around in groups of four or more, and were more likely to be involved in group violence or vandalism. They were much more likely to have been involved in fights, to have started fights, to have carried weapons, and to have used weapons in fights. They were also more likely to express aggressive and anti-establishment attitudes in a questionnaire[6].

To a surprising degree, offending could be predicted. For example,

---

4) West/Farrington 1973 (n. 3)
5) West, D.J./Farrington, D.P.: The Delinquent Way of Life. London: Heinemann 1977
6) West/Farrington 1977 (n. 5)

Farrington[7] developed a prediction scale based on troublesome child behaviour, economic deprivation, low intelligence, criminal parents, and poor parental child-rearing techniques at age 8-10. Of the 55 boys with the highest scores on this scale, 15 became chronic offenders (out of only 23 in the whole sample), 22 others were convicted, and only 18 were unconvicted up to the twenty-fifth birthday.

4. Effects of Events on Development

An advantage of longitudinal data is that it is possible to investigate the effects of specific events on the course of development of offending, by comparing before and after measures of offending and carrying out quasi-experimental analyses using each subject as his own control. As an example, Farrington[8] studied the effects on delinquent behaviour of being found guilty in court. If convictions have a deterrent or reformative effect, a person's delinquent behaviour should decline after he is convicted. On the other hand, if convictions have stigmatising or contaminating effects, a person's delinquent behaviour should increase after he is convicted.

These hypotheses were tested by studying self-reports of offending before and after a boy was first convicted. It was found that boys who were first convicted between ages 14 and 18 increased their self-reported delinquent behaviour afterwards, both in comparison with the level before and in comparison with the delinquent behaviour of a carefully matched group of unconvicted boys. The same result was obtained for first convictions occurring between ages 18 and 21[9]. There was some indication that the increase in self-reported delinquency was related to the penalties given in court, although the numbers were small. The most common penalties following a first conviction were fines and discharges. There was no increase in self-reported delinquency after a fine, but a big increase after a discharge, suggesting that the increased delinquency may have been caused by a decrease in the boy's fear of a court appearance after he was discharged.

The effect on offending of going to different secondary schools was also investigated. At age 11, most of the boys went to one of 13 secondary schools. These schools differed dramatically in their official delinquency rates, from one which had 20 court appearances per 100 boys per year to another where the corresponding figure was only 0.3. The

7) Farrington, D.P.: Predicting self-reported and official delinquency. In: Farrington, D.P./Tarling, R. (Eds): Prediction in Criminology. Albany, N.Y.: State University of New York Press 1985, pp. 150 - 173
8) Farrington, D.P.: The effects of public labelling. Britisch Journal of Criminology 17 (1977 a),pp.112 - 125
9) Farrington, D.P./Osborn, S.G./West, D.J.: The persistence of labelling effects. British Journal of Criminology 18 (1978), pp. 277 - 284

key issue was whether the boys who went to high delinquency rate secondary schools became more likely to offend as a result, or whether the differing delinquency rates of the different secondary schools merely reflected differences in their intakes at age 11.

The best predictor of delinquency in this survey was the rating of child troublesomeness at age 8-10 by teachers and peers. Generally, the continuity between troublesomeness and delinquency was not greatly affected by the kind of school to which a boy went. There was a marked tendency for the most troublesome boys to go to the high delinquency rate secondary schools, and the delinquency rates of different secondary schools largely reflected their different intakes. The secondary schools themselves had little effect on delinquency[10].

Another investigation of the effect of a specific event on offending was the study of the effect of unemployment, by Farrington, Gallagher, Morley, St Ledger, and West[11]. The complete job history of each boy between leaving school at an average age of 15 and the interview at age 18 was obtained, including all periods of unemployment. The key question was whether the boys committed more offences (according to official records) during their periods of unemployment than during their periods of employment.

The results showed that the boys did indeed commit more offences while unemployed than while employed. Furthermore, the difference was restricted to offences involving financial gain, such as theft, burglary, robbery, and fraud. There was no effect of unemployment on other offences, such as violence, vandalism, and drug use, suggesting that the boys committed more offences while they were unemployed because they were short of money at these times. Furthermore, the effect of unemployment was greatest for those with the highest prediction scores for crime, suggesting that unemployment had a criminogenic effect especially on those boys with the greatest prior potential for offending.

It is often believed that marriage to a good woman is one of the best treatments for male offending. When we asked our males in their twenties why they had stopped offending, they mentioned marriage and the influence of women, as well as the fact that they did not hang around so much with delinquent friends. We studied the effects of marriage by following both convictions and self-reported offending before and after marriages.

Marriage led to a decrease in offending, but only for offenders who married unconvicted women. Those who married convicted women continued to offend at the same rate after marriage as matched unmarried offenders[12]. The same trends were evident for the men's fathers. Those who married convicted women incurred more convictions after marriage

---

10) Farrington, D.P.: Delinquency begins at home. New Society 21 (1972), pp. 495 - 497
11) Farrington, D.P./Gallagher, B./Morley, L./St Ledger, R.J./West, D.J.: Unemployment, school leaving and crime. British Journal of Criminology 26 (1986), pp. 325-356
12) West 1982 (n. 1)

than those who married unconvicted women, independently of their conviction records before marriage.

Another event that we investigated was the effect of moving out of London. Most families who moved out were upwardly mobile families who were moving to the prosperous suburban areas in the Home Counties, often buying their own houses rather than renting in London. It was clear that both official and self-reported offending of the men decreased after they or their families moved out of London, possibly because of the effect of the move in breaking up delinquent groupings[13].

5. Explaining the Results

Following a model of "stepping stones", or progressive stages of development from childhood to adolescence and then adulthood, Farrington[14] investigated the independent predictors of offending at different ages, using loglinear/logistic and multiple regression techniques. In general, the best independent predictor of offending at any age was the measure of offending at the immediately preceding age, showing the considerable continuity in offending over time. For example, the best predictor of offending at age 21-24 was offending at age 17-20, closely followed by offending at age 14-16. The best predictor of offending at the earliest age (10-13) was troublesome behaviour at age 8-10. These results suggested that child troublesomeness escalated to juvenile delinquency and then to adult crime. This may mean that the same theoretical construct (e.g. antisocial tendency) has different behavioural manifestations at different ages. Alternatively, there may be developmental sequences, such that an early stage had to be reached before a later stage could develop.

Over and above this behavioural continuity, four factors were independently important predictors of offending: (a) economic deprivation, including low income and poor housing; (b) family criminality, including convicted parents and delinquent siblings; (c) parental mishandling, including poor supervision and poor child-rearing behaviour; and (d) school failure, including low intelligence and attainment. These results suggest that, superimposed on the general continuity and developmental sequences, are causal sequences, for example where parental mishandling leads to truancy, which in turn leads to an unstable job record, which in turn leads to adult crime.

Farrington[15] proposed a four-stage theory to explain the results

---

13) West 1982 (n. 1)

14) Farrington, D.P.: Stepping stones to adult criminal careers. In: Olweus, D./Block, J./Yarrow, M.R. (Eds): Development of Antisocial and Prosocial Behaviour: Research, Theories and Issues. New York: Academic Press 1986, pp. 359 - 384

15) Farrington 1986 (n. 14)

obtained. In the first stage, motivation arose, especially desires for material goods, status among intimates, and excitement. In the second stage, a legal or illegal method of satisfying the desire was chosen. In the third stage, a motivation to commit an offence was magnified or opposed by internalised beliefs and attitudes about law-breaking that had been built up in a learning process as a result of a history of rewards and punishments. Finally, the fourth stage was a criminal decision process affected by the costs, benefits, and probabilities of the possible outcomes in the specific situation.

This theory suggested that children from poorer families were especially likely to commit delinquent acts because they were unable to achieve their goals legally (partly because they tended to fail in school) and because they valued some goals (e.g. excitement) especially highly. Children who received parental mishandling were especially likely to commit delinquent acts because they failed to build up internal controls over socially disapproved behaviour, while children from criminal families and those with delinquent friends tended to build up anti-establishment attitudes and the belief that delinquency was justifiable.

Delinquency peaked between ages 14 and 20 because boys (especially those who were lower-class school failures) had high desires for excitement, material goods, and status between these ages, little chance of achieving these desires legally, and little to lose (since legal penalties were lenient and their close associates - male peers - approved of delinquency). In contrast, after age 20, desires became attenuated or more realistic, there was more possibility of achieving them legally, and the costs of delinquency were greater (since legal penalties were harsher and their intimates - wives or girlfriends - disapproved of delinquency). Hence, offending declined.

6. The Long-Term Follow-up at Age 32

The main aims of our long-term follow-up were to extend knowledge about criminal careers into the thirties, to investigate the adult social adjustment of current and past offenders and non-offenders, and to study how far persistence and desistance in offending could be predicted.

Most of our efforts in the two years between December 1984 and November 1986 were directed towards locating and interviewing as many of the men in the sample as possible. Tremendous efforts were made to secure interviews, because of our belief (based in part on previous results obtained in this survey) that the most interesting subjects in any criminological project tend to be the hardest to locate and the most uncooperative. Surveys in which only about 75% of the target sample (or even less) are interviewed are likely to produce results which seriously underestimate the true level of criminal behaviour. In our opinion, an increase in the percentage interviewed from 75% to 95%

leads to a disproportionate increase in the validity of the results.

Eventually, after a great deal of detective work, every one of our men was located. Up to age 32, 8 of the men had died, and 20 had emigrated permanently. Of the remaining 383 who were alive and in the United Kingdom, 360 were interviewed personally (94.0%). Of the remaining 23, 19 refused (5.0%), and the remaining four (1.0%) could not be seen personally and did not respond positively to interview invitations passed on to them by relatives.

Seven of the 20 emigrated men were also interviewed, either abroad or during a temporary return visit that they made to the United Kingdom, giving a total number interviewed of 367. In addition, 9 emigrated men filled in self-completion questionnaires, and two co-operative wives of refusers filled in questionnaires on behalf of their husbands, in at least one case with the husband's collaboration and assistance. Therefore, interviews or questionnaires were obtained for 378 of the 403 men still alive (93.8%). The median age at interview was 32 years 3 months.

In general, success in tracing the men was achieved by persistence and by using a wide variety of different methods[16]. Searching in electoral registers and telephone directories, and visits to a man's presumed address, were the most successful tracing methods for the men who were not particularly elusive. Searches in the Criminal Record Office, National Health Service records, and leads from other men were the most useful for the more elusive men. The key factor in obtaining the men's co-operation was probably the pleasantness of the interviewer in the first face-to-face meeting.

7. Recent Conclusions About Offending

Up to age 32, over one-third of the Study males (153, or 37.2%) were convicted of criminal offences. While the peak age for the number of offenders and the number of offences was 17, roughly equal numbers of offences were committed by the Study males as juveniles (age 10-16), as young adults (age 17-20), and as adults (age 21 or older). Nearly three-quarters of those convicted as juveniles were reconvicted between ages 17 and 24, and nearly half of the juvenile offenders were reconvicted between ages 25 and 32. The men first convicted at the earliest ages tended to become the most persistent offenders, in committing large numbers of offences at high rates over long time periods. The chronic offenders at age 32 were defined as the 22 men who had each committed at least 9 officially recorded offences. They had especially long

---

16) Farrington, D.P./Gallagher, B./Morley, L./St Ledger, R.J./West, D.J.: Minimizing attrition in longitudinal research. Methods of tracing and securing cooperation in a 24-year follow-up study. In: Magnusson, O./Bergman, L. (Eds): Methodology of Longitudinal Research. Cambridge: Cambridge University Press 1989 (in press)

criminal careers characterised by high rates of offending, and they accounted for nearly half of all the offences committed by our sample.

Most juvenile and young adult offences were committed with others, but the incidence of co-offending declined with age. Burglary, robbery and theft from vehicles were particularly likely to involve co-offenders. Co-offenders tended to be similar in age and sex to Study males and to live close to their addresses and to the locations of the offences. It was rare for Study males to offend with their fathers, mothers, sisters or wives, or with unrelated females. Co-offending with brothers was most likely when a Study male had brothers who were close in age to him.

Self-reported offending and official convictions showed that burglary, shoplifting, theft of and from vehicles, and theft from slot machines declined in prevalence from the teenage years into the twenties and thirties[17]. Similar declines were not seen for theft from work, assault, drug use and fraud. These results suggest that the relationship between age and crime should be studied for specific types of offences, since it is not the same for all types. The cumulative prevalence of self-reported offending was very high, showing that, at least in this sample of urban working-class males, many types of offending were not statistically very deviant. Even for official convictions, the cumulative prevalence of each of three different types of offending exceeded 10%.

The relationship between self-reported offending and official convictions was strongest for burglary and for theft of and from vehicles, but it was also significant for shoplifting, theft from machines, assault, and drug use. The two measures were not significantly related for theft from work, vandalism, and fraud. When data were cumulated over the whole period between ages 10 and 32, the probability of an offender being convicted was quite high for several types of offences: over 50% for burglary and theft of vehicles, and 25% for theft from vehicles. This probability of conviction increased with age. For burglary, theft of and from vehicles, and drug use, self-reports of offending among unconvicted males significantly predicted future convictions for these offences, showing that self-reports provided valid information about offending.

Transition matrices relating offending at one age and offending at a later age suggested that there was significant versatility and continuity in offending. However, there was also some degree of specialization, especially in drug use, assault, theft from work, burglary, and theft of and from vehicles. The relationships between one age and another were equally strong in self-reports and official records, and the pattern of relationships in both were similar. These transition matrices indicated that self-reports and official convictions measured the same general underlying construct, which might variously be termed "delinquency potential" or "antisocial tendency".

---

17) Farrington, D.P.: Self-reported and official offending from adolescence to adulthood. In: Klein, M.W. (Ed): Cross-National Research in Self-Reported Crime and Delinquency. Dordrecht, Netherlands: Kluwer 1989e (in press)

8. Adult Life-Styles

Convicted men differed significantly from unconvicted ones at age 32 in most aspects of their lives: in having less home ownership, more residential mobility, more divorce or separation from their wives, more conflict with their wives or cohabitees, more separation from their children, more unemployment, lower take-home pay, more evenings out, more fights, more heavy smoking, more drunk driving, more heavy drinking, more drug-taking, more theft from work, and more other types of offences[18]. Convicted men were nearly significantly higher than unconvicted ones on psychiatric disorder. While convicted and unconvicted men were significantly different in many respects, it should not be concluded that all convicted men were more deviant than all unconvicted men. The two groups overlapped considerably.

Late-comers to crime - those first convicted after the 21st birthday - did not differ so much from unconvicted men. They especially tended to be heavy drinkers, and they also tended to be divorced or separated, had low take-home pay, went out a lot in the evening, were involved in fights, were heavy smokers, admitted many offences (except tax evasion), and had high psychiatric disorder scores. However, they had satisfactory accommodation, satisfactory cohabitation, few difficulties with children, were not often currently unemployed, and were not often drunk drivers or drug-takers.

Desisters - those last convicted before the 21st birthday - also did not differ so much from unconvicted men. They tended to be heavy drinkers, as well as divorced or separated, with children living elsewhere, disagreed with their wife or cohabitee about how to control the children, were involved in fights, heavy smokers, drunk drivers, drug-takers, and they admitted many offences (especially theft from work). However, they had satisfactory accommodation and a satisfactory employment history.

Persisters - those who continued to offend after the 21st birthday differed in many respects from unconvicted men. They had significantly poor accommodation, tended to have been divorced or separated and to have children living elsewhere, were in conflict with and violent towards their wife or cohabitee, had a history of unemployment, were involved in fights, were heavy drinkers, drug-takers, and self-reported offenders. However, they were no different from unconvicted men in their likelihood of having a wife or cohabitee and in the socio-economic status of their jobs.

---

18) Farrington, D.P.: Later adult life outcomes of offenders and non-offenders. In: Brambring, M./Lösel, F./Skowronek, H. (Eds): Children at Risk: Assessment and Longitudinal Research. Berlin: de Gruyter 1989c (in press)

In general, the *current offenders* (those who had been convicted for offences committed in the previous five years) and the *chronics* at age 32 were the most extreme. The current offenders were the worst in poor home conditions and residential mobility, and the most likely to be divorced or separated and to have no wife or cohabitee. Over 60% had a child living elsewhere, over 60% admitted offences other than theft from work and tax evasion, and over 70% were still involved in fights at age 32.

Only 5% of the chronics were home owners, and half had hit their wife or cohabitee. Over half were currently unemployed, and 70% had been unemployed for 10 months or more in the previous five years. When they were employed, half had low socio-economic status jobs, and 70% had low take-home pay. Over 80% were considered to have an unsatisfactory employment history. Half of them went out frequently in the evening, two-thirds were heavy drinkers, and 80% were drunk drivers. Over half had taken marijuana, and nearly half had taken other drugs.

About 80% of the current offenders, nearly 70% of the chronics, and over half of the persisters were classified as general social failures at age 32, in comparison with 40% of the late-comers and only one-third of the desisters. Social failure was assessed on a 9-point scale including accommodation, cohabitation, children, employment, fighting, substance abuse, psychiatric disorder, and self-reported and official offences in the previous five years. All of the offender groups were significantly worse than the unconvicted men, of whom only 13% were classified as social failures. The vast majority of unconvicted men, and most of the convicted men, were living quite successful lives according to our criteria.

9. Predicting Offending and Social Failure

Six adult outcomes were studied: conviction up to age 32, juvenile versus adult onset, chronic offending, persistence versus desistance, late-comers to crime, and general social failure at age 32.

Numerous factors measured at age 8-10 significantly predicted convicted as opposed to unconvicted men and chronic as opposed to non-chronic offenders, notably indicators of child antisocial behaviour, hyperactivity-impulsivity-attention deficit, family criminality, school failure, and economic deprivation. Poor parental child-rearing behaviour and early separation from parents predicted convictions but not chronic offending. Only a few factors significantly predicted juvenile as opposed to adult onset of offending, namely troublesomeness, dishonesty, daring, a poor paternal job record and poor parental child-rearing behaviour.

Persistence in crime after age 20 was predicted especially by heavy drinking at age 18 and by having a father who rarely joined in the boy's

leisure activities at age 12, as well as by indicators of economic deprivation, family criminality and school failure at age 8-10. The latecom-
ers to crime after age 20 were especially characterised by unemployment at age 18, but they were also predicted by economic deprivation,
school failure and impulsivity at age 8-10 and by high self-reported
delinquency at age 18. Numerous factors predicted social failure at age
32, including low income, family criminality and school failure at age
8-10 and a poor job record, a poor relationship with parents and antisocial behaviour at age 18.

Two combined prediction scores from age 8-10 were studied, one
(E5) including indicators of economic deprivation, family criminality,
school failure and parental mishandling, and the other (P7) including
indicators of these four constructs and also of child antisocial behaviour[19]. Both scores predicted convictions, juvenile as opposed to adult
onset, chronic and current offending. Neither score significantly predicted persistence as opposed to desistance, and only the E5 score significantly predicted late-comers to crime. Both scores predicted employment difficulties at age 32 especially, and also difficulties in accommodation and in relationships with a wife or cohabitee. However, with the
exception of fighting and heavy drinking, the scores did not predict
deviant behaviour at age 32 (such as self-reported offending or drug
abuse).

10. "Good" Boys From "Bad" Backgrounds

About one-sixth of the boys (63) were identified as vulnerable at age
8 - 10, because they possessed three out of five adverse background
features (low family income, large family size, convicted parents, poor
parental child-rearing behaviour, and low non-verbal intelligence).
Three-quarters of these vulnerable men were convicted of criminal
offences up to age 32, and they were also likely to be juvenile delinquents, juvenile recidivists, and social failures at age 32. Farrington,
Gallagher, Morley, St Ledger and West[20] investigated whether the more
successful of these boys were affected by any protective factors that
might have helped them to achieve successful life outcomes.

Our earlier research[21] suggested that being nervous and withdrawn
might act as a protective factor in insulating vulnerable boys against
juvenile delinquency. Similar tendencies were apparent in the latest

19) Farrington, D.P.: Long-term prediction of offending and other life outcomes. In:
    Wegener, H./Lösel, F./Haisch, J. (Eds): Criminal Behaviour and the Justice System:
    Psychological Perspectives. New York: Springer 1989d, pp. 26 - 39
20) Farrington, D.P./Gallagher, B./Morley, L./St Ledger/R.J./West, D.J.: Are there any
    successful men from criminogenic backgrounds? Psychiatry 51 (1988), pp. 116 - 130
21) West/Farrington 1973 (n. 3)

analyses, but the effects were relatively weak. Our most important results were that boys with few or no friends at age 8, and those without convicted parents or behaviour problem siblings at age 10, tended to remain unconvicted; and that boys who were rated positively by their mothers at age 10 tended to be leading relatively successful lives at age 32. There was some evidence that shyness acted as a protective factor for non-aggressive boys and as an aggravating factor for aggressive boys.

Other results were more tentative. The boys who avoided juvenile delinquency were less badly behaved at age 8-10, since they were rated by their teachers and peers as less troublesome and less difficult to discipline. Also, they were less likely to spend their leisure time with friends. Those who avoided juvenile delinquency and recidivism were less likely to show typical signs of hyperactivity-impulsivity-attention deficit at age 8-10. The boys who remained unconvicted tended to have non-working mothers and low income families, and those who avoided juvenile recidivism tended to have been separated from their parents. The men who became relatively successful and socially well-adjusted at age 32 tended to be neurotic and of low intelligence, and to spend their leisure time outside the home, not with their fathers.

Clearly, some boys from criminogenic backgrounds were successful in their adult life-styles. The most protective factor may have been the avoidance of contact with other boys in the neighbourhood, with siblings, and with fathers, who may all have exerted undesirable influences. More positively, supportive mothers who reinforced a boy's favourable self-concept may also have had beneficial effects.

Farrington, Gallagher, Morley, St Ledger and West[22] investigated the characteristics of unconvicted vulnerable men, convicted vulnerable men, unconvicted non-vulnerable men and convicted non-vulnerable men at age 32. Surprisingly, the unconvicted vulnerable men were often the most unsuccessful, for example in not being home owners, in living in dirty home conditions, in having large debts and in having low status, lowly paid jobs. They were also the most likely to have never married, to have no wife or cohabitee, and to be living alone. Also, they were the most likely to be in conflict with their parents, to have a real problem with a child, and to disagree with their wife or cohabitee about child-rearing. However, they were generally well-behaved, for example in not taking drugs other than marijuana and in being least likely to commit offences. Their good behaviour may be connected with the fact that they were the most likely to stay in every night.

The two groups of convicted men were the worst in most other aspects of their lives at age 32, especially in their deviant behaviour. The convicted non-vulnerable men were the worst in heavy smoking, heavy

22) Farrington, D.P./Gallagher, B./Morley, L./St Ledger, R.J./West, D.J.: A 24-year follow-up of men from vulnerable backgrounds. In: Jenkins, R.L./Brown, W.K. (Eds): The Abandonment of Delinquent Behaviour: Promoting the Turnaround. New York: Praeger 1988 a, S. 155 - 173

drinking, drunk driving, taking marijuana, theft from work, and tax evasion. The convicted vulnerable men were the worst in fighting, using drugs other than marijuana, and in self-reported offending. They were also the worst in unemployment, divorce or separation, and physical violence towards their wife or cohabitee. On general social failure, the convicted vulnerable men were the worst and the unconvicted non-vulnerable men the best.

It was clear that remaining unconvicted was not necessarily an indicator of a successful life, just as getting convicted did not necessarily indicate social failure. The unconvicted vulnerable men were relatively well-behaved but notably unsuccessful in other aspects of their lives. Their social isolation at age 8 may have led to social isolation at age 32. Equally, the convicted non-vulnerable men were relatively badly behaved but were quite successful in other aspects of their lives, such as accommodation, employment and cohabitation.

It seems that vulnerability at age 8-10 was a precursor of difficult living conditions but not deviant behaviour at age 32, while conviction was more associated with deviant behaviour. In their poor personal circumstances, the unconvicted vulnerable men were less well adjusted than the convicted men.

11. Aggression and Violence

Farrington[23] found that there was significant continuity between childhood aggression and adult violence. Boys who were aggressive in childhood or adolescence tended to be more deviant in adulthood: living in worse home circumstances, more in conflict with and violent towards their wife or cohabitee, more unemployed, heavier smokers and drinkers, more drunk drivers and drug takers, and committing more offences (including violence). This continuity, however, was probably not specific to aggression and violence but was part of the general continuity in antisocial and deviant behaviour from childhood to adulthood. This was why aggressive children had deviant life styles 20 years later as adults. Violent offenders were essentially the most extreme offenders in frequency and seriousness.

The most important predictors at age 8-10 of aggression and violence fell into six categories of theoretical constructs: (a) economic deprivation (measured by low family income, poor housing, large family size); (b) family criminality (convicted parent, delinquent sibling); (c) poor child-rearing (harsh and authoritarian discipline, parental disharmony,

---

23) Farrington, D.P.: Childhood aggression and adult violence: Early precursors and later outcomes. In: Rubin, K.H./Pepler, D. (Eds): The Development and Treatment of Childhood Aggression. Hillsdale, N.J.: Lawrence Erlbaum 1989 a (in press); Farrington, D.P.: Early Predictors of adolescent aggression and adult violence. Violence and Victims 4 (1989 b), pp. 79 - 100

poor supervision); (d) school failure (low intelligence and attainment, low parental interest in education); (e) hyperactivity–impulsivity–attention deficit (psychomotor impulsivity, daring, lack of concentration or restlessness); and (f) antisocial child behavior (aggression, troublesomeness). The results held independently of the time interval (from two to 24 years) and of the measure of aggression or violence (teacher rating, self-report, or official records).

Similar categories of predictors were important at age 12-14, with minor variations. For example, a father not joining in the boy's leisure at age 12 was a noteworthy feature of poor child-rearing, and truancy and early school leaving were influential indicators of school failure. At age 16-18, most important predictors reflected either the boy's poor employment record or his own antisocial behaviour.

Conclusions drawn from these predictive analyses of aggression and violence were similar to those drawn by Farrington[24] for the prediction of delinquency and crime in general and frequent offending. This further confirmed the argument put forward by West and Farrington[25] that aggression was merely one element of a more general antisocial tendency, which arose in childhood and continued through the teenage and adult years. Farrington[26] found that violent offenders were very similar to non-violent frequent offenders in childhood, adolescent, and adult features, and therefore concluded that the causes of aggression and violence were essentially the same as the causes of persistent and extreme antisocial, delinquent and criminal behaviour.

12. Conclusions and Implications

Our most important conclusion is that the types of acts that lead to court appearances are only one aspect of a larger syndrome of antisocial or deviant behaviour. It seems likely that there are individual differences between people in some underlying theoretical construct which might be termed "antisocial tendency", which are relatively stable from childhood to adulthood. The behavioural manifestation of this construct changes with age, of course. For example, adults cannot truant from school, just as juveniles cannot hit their spouses. While the relative position of individuals on this underlying dimension is sufficiently stable to allow significant prediction from age 8 to age 32, the stability should not be exaggerated. Significant predictability does not mean that outcomes are inevitable or that people cannot and do not change.

The behavioural manifestation of the underlying construct probably

24) Farrington, D.P.: Early precursors of frequent offending. In: Wilson, J.Q./Farrington 1986 (n. 14); Loury, G.C. (Eds): From Children to Citizens. Vol. 3: Families, Schools, and Delinquency Prevention. New York: Springer 1987 (a), pp. 27 - 50
25) West/Farrington 1977 (n. 5)
26) Farrington 1989 a (n. 23)

varies with age according to social circumstances and social influence. Antisocial behaviour is low at age 8-10 if a boy's parents exercise warm, consistent discipline, high in the teenage years if a boy hangs around with deviant peers, and then declines in the twenties if a man obtains a satisfactory job and settles down with a satisfactory woman. The worst offenders are those who are exposed to deviant social influences throughout their lives.

In order to prevent the development of crime and antisocial behaviour, we believe that social prevention experiments are needed. These could begin by targeting three important predictors of offending that may be both causal and modifiable: economic deprivation, school failure and poor parental child-rearing behaviour.

In our survey, as in many others, the worst offenders were drawn from the poorest families in the worst housing. Of all the factors measured at age 8-10, low family income was the best predictor of general social failure at age 32. These results suggest that more economic resources should be targeted selectively on the poorest families, to try to improve their economic circumstances in comparison with other families.

Again, school failure has been shown to be an important predictor and correlate of offending in numerous surveys. There are indications from the United States that the pre-school intellectual enrichment programmes of the 1960s led to significant decreases in school failure and later offending. Therefore, it would be highly desirable to offer free high quality pre-school intellectual enrichment programmes to children at risk in England.

Poor parental child-rearing techniques (harsh or erratic discipline; cruel, passive or neglecting attitudes; marital disharmony; and poor supervision) also predicted delinquency, especially at early ages. One possible implication of this is that offending might be decreased if parents could be trained to use more appropriate child-rearing techniques. For example, parents could be trained to notice what children are doing to state house rules clearly, to make rewards and punishments contingent upon behaviour, and to negotiate disagreements so that conflicts do not escalate.

Because of the link between crime and numerous other social problems, any measure that succeeds in reducing crime will probably have benefits that go far beyond this. Early social prevention that reduces crime will probably also reduce drinking, drunk driving, drug use, sexual promiscuity and family violence, and perhaps also school failure, unemployment and marital disharmony. Social problems are undoubtedly influenced by environmental as well as individual factors. However, to the extent that all of these problems reflect an underlying antisocial tendency, they could all decrease together. It is clear from our research that problem children tend to grow up into problem adults, and that problem adults tend to produce problem children. Sooner or later, serious efforts, firmly grounded on empirical research results, must be made to break this cycle.

13. Documentation: Publications from the Cambridge Study

Barnett, A., Blumstein, A. and Farrington, D.P. (1987): Probabilistic models of youthful criminal careers. Criminology, 25, pp. 83-107

Barnett, A., Blumstein A. and Farrington, D.P. (1989): A prospective test of a criminal career model. Criminology, 27, in press

Blackmore, J. (1974): The relationship between self-reported delinquency and official convictions amongst adolescent boys. British Journal of Criminology, 14, pp. 172-176

Blumstein, A., Farrington. D.P. and Moitra, S. (1985): Delinquency careers: Innocents, desisters and persisters. In: Tonry, M. and Morris, N. (Eds): Crime and Justice: An Annual Review of Research, vol 6. Chicago: University of Chicago Press (pp. 187-219)

Farrington, D.P. (1972): Delinquency begins at home. New Society 21, pp. 495-497

Farrington, D.P. (1973): Self-reports of deviant behaviour: Predictive and stable? Journal of Criminal Law and Criminology 64, pp. 99-110

Farrington, D.P. (1976): The roots of delinquency. Justice of the Peace 140, pp. 164-166

Farrington, D.P. (1977a): The effects of public labelling. British Journal of Criminology 17, pp. 112-125

Farrington, D.P. (1977b): Young adult delinquents are socially deviant. Justice of the Peace 141, pp. 92-95

Farrington, D.P. (1978): The family backgrounds of aggressive youths. In Hersov, L., Berger, M. and Shaffer, D. (Eds): Aggression and Antisocial Behaviour in Childhood and Adolescence. Oxford: Pergamon (pp. 73-93)

Farrington, D.P. (1979): Environmental stress, delinquent behaviour and convictions. In: Sarason, I.G. and Spielberger, G.D. (Eds): Stress and Anxiety, vol 6. Washington, D.C.: Hemisphere (pp. 93-107)

Farrington, D.P. (1980): Truancy, delinquency, the home and the school. In: Hersov, L. and Berg, I. (Eds): Out of School: Modern Perspectives in Truancy and School Refusal. Chichester: Wiley (pp. 49-63)

Farrington, D.P. (1983): Offending from 10 to 25 years of age. In: Van Dusen, K.T. and Mednick, S.A. (Eds): Prospective Studies of Crime and Delinquency. Boston: Kluwer-Nijhoff (pp. 17-37)

Farrington, D.P. (1984): Measuring the natural history of delinquency and crime. In: Glow, R.A. (Ed): Advances in the Behavioural Measurement of Children, vol 1. Greenwich, Connecticut: JAI Press (pp. 217-263)

Farrington, D.P. (1985): Predicting self-reported and official delinquency. In: Farrington, D.P. and Tarling, R. (Eds): Prediction in Criminology. Albany. N.Y.: State University of New York Press (pp. 150-173)

Farrington, D.P. (1986): Stepping stones to adult criminal careers. In: Olweus, D., Block. J. and Yarrow, M.R. (Eds): Development of Antisocial and Prosocial Behaviour: Research, Theories and Issues. New York: Academic Press (pp. 359-384)

Farrington, D.P. (1987a): Early precursors of frequent offending. In Wilson, J.Q. and Loury, G.C. (Eds): From Children to Citizens, vol. 3: Families, Schools, and Delinquency Prevention. New York: Springer-Verlag (pp. 27-50)

Farrington, D.P. (1987b): Implications of biological findings for criminological research. In: Mednick, S.A., Moffitt, T.E. and Stack, S.A. (Eds): The Causes of Crime: New Biological Approaches. Cambridge: Cambridge University Press (pp. 42-64)

Farrington, D.P. (1989a): Childhood aggression and adult violence: Early precursors and later outcomes. In: Rubin, K.H. and Pepler, D. (Eds): The Development and Treatment of Childhood Aggression. Hillsdale, N.J.: Lawrence Erlbaum, in press

Farrington, D.P. (1989b): Early predictors of adolescent aggression and adult violence. Violence and Victims. 4, pp. 79-100

Farrington, D.P. (1989c): Later adult life outcomes of offenders and non-offenders. In: Brambring, M., Lösel, F., and Skowronek, H. (Eds): Children at Risk: Assessment and Longitudinal Research. Berlin: De Gruyter, in press

Farrington, D.P. (1989d): Long-term prediction of offending and other life outcomes. In Wegener, H., Lösel, F. and Haisch, J. (Eds): Criminal Behaviour and the Justice System: Psychological Perspectives. New York: Springer-Verlag (pp. 26-39)

Farrington, D.P. (1989e): Self-reported and official offending from adolescence to adulthood. In: Klein, M. W. (Ed): Cross-National Research in Self-Reported Crime and Delinquency. Dordrecht, Netherlands: Kluwer, in press

Farrington, D.P., Berkowitz, L. and West, D.J. (1982): Differences between individual and group fights. British Journal of Social Psychology 21, pp. 323-333

Farrington, D.P., Biron, L. and LeBlanc, M. (1982): Personality and delinquency in London and Montreal. In: Gunn, J. and Farrington, D.P. (Eds): Abnormal Offenders. Delinquency, and the Criminal Justice System. Chichester: Wiley (pp. 153-201)

Farrington, D.P., Gallagher, B., Morley, L., St Ledger, R.J. and West, D.J. (1986): Unemployment, school leaving and crime. British Journal of Criminology 26, pp. 335-356

Farrington, D.P., Gallagher, B., Morley, L., St Ledger, R.J. and West, D.J. (1988a): A 24-year follow-up of men from vulnerable backgrounds. In: Jenkins, R.L. and Brown, W.K. (Eds): The Abandonment of Delinquent Behaviour: Promoting the Turnaround. New York: Praeger (pp. 155-173)

Farrington, D.P., Gallagher, B., Morley, L., St Ledger, R.J. and West, D.J. (1988b): Are there any successful men from criminogenic backgrounds? Psychiatry, 51, pp. 116-130

Farrington, D.P., Gallagher, B., Morley, L., St Ledger, R.J. and West, D.J. (1989) Minimizing attrition in longitudinal research: Methods of tracing and securing cooperation in a 24-year follow-up study. In: Magnusson, D. and Bergman, L. (Eds): Methodology of Longitudinal Research. Cambridge: Cambridge University Press, in press

Farrington, D.P., Gundry, G. and West, D.J. (1975): The familial transmission of criminality. Medicine, Science and the Law 15, pp. 177-186

Farrington, D.P., Loeber, R. and van Kammen, W.B. (1989): Long-term criminal outcomes of hyperactivity-impulsivity-attention deficit and conduct problems in childhood. In: Robins, L.N. and Rutter, M. (Eds): Straight and Devious Pathways from Childhood to Adulthood. Cambridge: Cambridge University Press, in press

Farrington, D.P., Osborn, S.G. and West, D.J. (1978): The persistence of labelling effects. British Journal of Criminology 18, pp. 277-284

Farrington, D.P. and West, D.J. (1971): A comparison between early delinquents and young aggressives. British Journal of Criminology 11, pp. 341-358

Farrington, D.P. and West, D.J. (1981): The Cambridge study in delinquent development. In Mednick, S.A. and Baert, A.E. (Eds): Prospective Longitudinal Research: An Empirical Basis for the Primary Prevention of Psychosocial Disorders. Oxford: Oxford University Press (pp. 137-145)

Farrington, D.P. and West, D.J. (1983): Derniers resultats de l'etude de Cambridge sur la delinquance: "Cambridge Study in Delinquent Development". (Recent findings in the Cambridge Study in Delinquent Development). Bulletin de Psychologie 36, pp. 293-298

Gibson, H.B. (1963): A slang vocabulary test as an indicator of delinquent association. British Journal of Social and Clinical Psychology, 2, pp. 50-55

Gibson, H.B. (1964a): A lie scale for the Junior Maudsley Personality Inventory. British Journal of Educational Psychology, 34, pp. 120-124

Gibson, H.B. (1964b): The Spiral Maze: A psychomotor test with implications for study of delinquency. British Journal of Psychology, 55, pp. 219 - 225

Gibson, H.B. (1964c): The validity of the lie scale of a children's personality inventory. Acta Psychologica 22, pp. 241-249

Gibson, H.B. (1965): A new personality test for boys. British Journal of Educational Psychology, 35, pp. 244-248

Gibson, H.B. (1966): The validation of a technique for measuring delinquent association by means of vocabulary. British Journal of Social and Clinical Psychology, 3, pp. 190-195

Gibson, H.B. (1967a): Self-reported delinquency among schoolboys, and their attitudes to the police. British Journal of Social and Clinical Psychology, 6, pp. 168-173

Gibson, H.B. (1967b): Teachers' ratings of schoolboys' behaviour related to patterns of scores on the New Junior Maudsley Inventory. British Journal of Educational Psychology, 37, pp. 347-355

Gibson, H.B. (1968): The measurement of parental attitudes and their relation to boys' behaviour. British Journal of Educational Psychology, 38, pp. 233-239

Gibson, H.B. (1969a): Early delinquency in relation to broken homes. Journal of Child Psychology and Psychiatry, 10, pp. 195-204

Gibson, H.B. (1969b): The Gibson Spiral Maze Test: Retest data in relation to behavioural disturbance, personality and physical measures. British Journal of Psychology, 60, pp. 523-528

Gibson, H.B. (1969c): The significance of "lie responses" in the prediction of early delinquency. British Journal of Educational Psychology, 39, pp. 284-290

Gibson, H.B. (1969d): The Tapping Test: A novel form with implications for personality research. Journal of Clinical Psychology, 25, pp. 403 - 405

Gibson, H.B. (1971): The factorial structure of juvenile delinquency: A study of self-reported acts. British Journal of Social and Clinical Psychology, 10, pp. 1-9

Gibson, H.B. and Hanson, R. (1969): Peer ratings as predictors of school behaviour and delinquency. British Journal of Social and Clinical Psychology, 8, pp. 313-322

Gibson, H.B., Hanson, R. and West, D.J. (1967): A questionnaire measure of neuroticism using a shortened scale derived from the Cornell Medical Index. British Journal of Social and Clinical Psychology, 6, pp. 129-136

Gibson, H.B., Morrison, S. and West, D.J. (1970): The confession of known offences in response to a self-reported delinquency schedule. British Journal of Criminology, 10, pp. 277-280

Gibson, H.B. and West D.J. (1970): Social and intellectual handicaps as precursors of early delinquency. British Journal of Criminology, 10, pp. 21 - 32

Knight, B.J., Osborn, S.G. and West, D.J. (1977): Early marriage and criminal tendency in males. British Journal of Criminology, 17, pp. 348-360

Knight, B.J. and West, D.J. (1975): Temporary and continuing delinquency. British Journal of Criminology, 15, pp. 43-50

Knight, B.J. and West, D.J. (1977): Criminology and welfare dependency in two generations. Medicine, Science and the Law, 17, pp. 64-67

Langan, P.A. and Farrington, D.P. (1983): Two-track or one-track justice? Some evidence from an English longitudinal survey. Journal of Criminal Law and Criminology 74, pp. 519-546

Osborn, S.G. (1980): Moving home, leaving London and delinquent trends. British Journal of Criminology, 20, pp. 54-61

Osborn, S.G. and West, D.J. (1978): The effectiveness of various predictors of criminal careers. Journal of Adolescence, 1, pp. 101-117

Osborn, S.G. and West, D.J. (1979a): Conviction records of fathers and sons compared. British Journal of Criminology, 19, pp. 120-133

Osborn, S.G. and West, D.J. (1979b): Marriage and delinquency: A postscript. British Journal of Criminology, 19, pp. 254-256

Osborn, S.G. and West, D.J. (1980): Do delinquents really reform? Journal of Adolescence, 3, pp. 99-114

West, D.J. (1969): Present Conduct and Future Delinquency. London: Heinemann

West, D.J. (1973): Are delinquents different? New Society, 26, pp. 456-458

West, D.J. (1982): Delinquency: Its Roots, Careers and Prospects. London: Heinemann

West, D.J. and Farrington, D.P. (1973): Who Becomes Delinquent? London: Heinemann

West, D.J. and Farrington, D.P. (1977): The Delinquent Way of Life. London: Heinemann

A Longitudinal Study
of Social Maladjustment
in Young Persons

Zofia Ostrihanska

1. The notion of social maladjustment has been accepted and is broadly used in the Polish criminology and psychopaedagogical practice. It was introduced into the official terminology of the Ministry of Education[1] in 1950's and taken into account in a criminological study for the first time by S. Batawia in that same period as one of the central research problems. It is a notion from the sphere of clinical criminology, focused on individuals, and concerning the relations between them and their social environment; it stresses the importance for the individual of his most immediate environment and the role it plays in the origin of his disturbed behavior.

The notion of social maladjustment is defined in a number of ways. Some of the definitions are very broad and distinguish, for practical purposes, the children who are unable to participate in the normal social life for various reasons (e.g. those resulting from their health, intellect, or environment). Other definitions concentrate on the etiological mechanisms that explain the behavior of the socially maladjusted youth. The mechanisms in question are among others "characterological disturbances"[2], "disturbed balance between the requirements of everyday life and the individual way of reacting"[3], "disturbed social relations between the child and his environment, resulting from disturbances of his emotional and volitional sphere and of the development of his character and personality"[4]. There are also behavioral definitions which omit any explanations of the defined phenomenon and concentrate exclusively on behavior characterized by a syndrome that testifies to inobservance of certain basic rules of conduct and social norms binding to young persons at a given age, such behavior being relatively permanent and repeated and not occasional only"[5]. The latter definition has been used in many different criminological studies including the one discussed in the

---

1) The notion was introduced by M. Grzegorzewska.
2) See Lipkowski, O.: Resocjalizacja (Resocialization). Warsaw 1976, p. 34
3) This definition the author of which is D.H. Stott, was adapted in Poland by Konopnicki, J.: Niedostosowanie spoleczne (Social Maladjustment). Warsaw 1971.
4) Spionek, H.: Zaburzenia psychoruchowego rozwoju dziecka (Disturbances of the Children's Psychomotor Development). Warsaw 1965, p. 274
5) See Batawia, S./Klimczak, M./Kolakowska, H.: Dzieci moralnie zaniedbane (The Morally Neglected Children). "Panstwo i Prawo" 1963, No 12, pp. 850-872

present paper. The following types of behavior have been recognized to be symptoms of social maladjustment: regular truancy, running the streets for many hours, running away from home, keeping company of demoralized friends, stealing, drinking alcohol, sexual demoralization, vandalism, aggressive behavior. The above types of behavior differ greatly from one another; their enumeration suggests the heterogeneity of social maladjustment which may be differently conditioned. As has been mentioned in the definition, only relatively permanent behavior found in different situations and thus explicitly related to the individual's personality is considered to be the symptom of social maladjustment.

Recognizing a syndrome of acts that infringe the basic social norms to be a manifestation of social maladjustment and assuming that it results from a disturbed balance between the given individual and his environment, it was at the same time assumed that the environment in which the young people live accepts and observes those norms, and that few individuals only whose behavior proves that they reject the norms are socially maladjusted. This assumption has been called in question by the findings of various foreign and Polish self-report questionnaire studies[6] which demonstrate that the so-called "respectable" young persons quite frequently infringe various basic social norms. The moral climate in which the young are brought up, the attitudes and conduct of adults, the opinions and conduct of the youth as a whole - together constitute the background which must be taken into account when defining individuals or groups as socially maladjusted.

The notion of social maladjustment has been used in criminological studies only in relation to children and young persons as their behavior requires a special insight and in their case, not only offences but also other socially inacceptable acts as well as the conditions they live in and the problems they face must be taken into consideration.

Among the symptoms mentioned in the definition, also offences can be found which are thus treated as symptoms of social maladjustment. Therefore, according to this approach, offences of juveniles are considered in the categories of adaptation which induces the researcher to look for the significance of criminal acts for their perpetrator. As assumed in the definition, a single unreiterated criminal act does not demonstrate the individual's social demoralization nor is it proof of any danger to his further social development. What is alarming is a coin-

---

6) See Malewska, H.: Norma uczciwosci w srodowisku mlodziezy. Refleksje nad przestrzeganiem tej normy oparte na niektóryh wynikach badan ankietowyh (The Norm of Honesty Among the Youth. Its Observance As Shown by Some Findings of a Questionnaire Survey). Studia Socjologiczne, 1963, No 2; Muszynski, H.: Kradziez w pogladach i postepkach dzieci (Theft in the Children's Opinion and Acts). Nowa Szkola, 1963, No 1; Siemaszko, A.: Rozmiary i uwarunkowania zachowan dewiacyjnych uczniów szkól ponadpodstawowych z terenu Warszawy (Extent and Conditions of Deviant Behavior of Students of Warsaw Secondary Schools). Studia Kryminologiczne, Kryminalistyczne i Penitencjarne, 1983, Vol. 14; Siemaszko, A.: Zachowania dewiacyjne mlodziezy. Rozmiary, struktura, uwarunkowania (Deviant Behavior in the Youth: Extent, Structure, Conditions). Warsaw 1987

cidence of offences and other symptoms of social maladjustment; such a coincidence requires also intervention. This point of view finds its reflection in the Act on Treatment of Juveniles of October 26, 1982, now in force in Poland, according to which a family court undertakes actions not only towards juvenile offenders but also towards those juveniles who reveal the so-called symptoms of demoralization (which partly correspond with the abovementioned symptoms of social maladjustment). The educational reaction in relation to those young persons is aimed not exactly at stopping them from committing offences but rather at their better adjustment and education.

Underlying this conception of social maladjustment there was a tacit assumption that offences frequently occur in the course of a developing social maladjustment the symptoms of which usually precede offences. The syndrome of social maladjustment other is a negative prognostic factor, while educational actions undertaken towards the socially maladjusted youth may prevent their possible future criminal career.

The above assumptions have been confirmed in retrospective studies of various categories of offenders who were usually found to have been socially maladjusted since childhood, their symptoms of maladjustment preceding the first cases at court. An early social maladjustment was related to a greater permanence of criminal career[7].

2. The present paper is a presentation of the findings of a prospective study of social maladjustment in children and young persons[8]. In the study, an attempt was made to use the above definition of social maladjustment in relation to schoolchildren from Warsaw elementary schools who were examined basing on the information obtained from their teachers. The aim was to answer the question about the number of socially maladjusted schoolchildren, their characteristics, and the significance of intense symptoms of social maladjustment for those children's further criminal careers and poor social adaptation when entering adult life.

The study, started in the years 1976/77, concerned a number of points.

First of all, teachers - form masters in fifty Warsaw elementary

---

7) Batawia, S.: Proces spolecznego wykolejania sie nieletnich przestepców (The Process of Social Depravation of Juvenile Delinquents). Warsaw 1958; Kolakowska, H.: Nieletni recydywisci (Juvenile Recidivists), Archiwum Kryminologii, 1960, Vol. 1; Batawia, S.: Mlodociani i mlodzi recydywisci w swietle badan kryminologicznych (Young Adult and Young Recidivists in the Light of Criminological Research), Archiwum Kryminologii, 1965, Vol. 3; Ostrihanska, Z.: Prognoza recydywy u nieletnich przestepców oraz wyniki badan prognostycznych 180 recydywistów w wieku 15-16 lat (Prognosis of Recidivism in Juvenile Delinquents and the Findings of a Prognostic Study of 180 Recidivists Aged 15-16), Archiwum Kryminologii, 1965, Vol. 3; Zabczynska, E.: Przestepczosc dzieci a szkola i dom (Juvenile Delinquency. Its Relations with School and Home), Warsaw, 1974; S. Szelhaus: Mlodociani recydywisci (Young Adult Recidivists). Warsaw 1969, and other works.

8) My associate in the discussed study was Prof. D. Wójcik. In the present discussion, fragments of her book have been used, Nieprzystosowanic spoleczne mlodziezy (Social Maladjustment of the Youth). Warsaw 1984.

schools - were approached twice and asked to specify children whose behavior answered the accepted definition of social maladjustment. On the first occasion, the aim was preliminary exploration; on the second one, the teachers were asked to fill in detailed individual questionnaires concerning each of the selected children.

Next, boys whose symptoms of social maladjustment were particularly intense and cumulated were selected from among all of those children. They were then examined individually, the examination including environmental interviews and psychological tests. An analogous individual examination was also carried out of a control group of boys who were not mentioned by the teachers as revealing symptoms of social maladjustment. A comparison of both groups made it possible to define the differences between their respective family backgrounds, stages of psychosomatic development, and school careers.

In the years 1982-1984, follow-up interviews of the boys formerly included in the above two groups were carried out with the aim to find out about their further fates. Besides, their possible criminal records were also checked in that period.

In the years 1976-1977, parallel to the questioning of teachers, a self-report survey was also carried out in 120 randomly chosen forms of the schools included in the study, the children being asked about their various socially inacceptable acts, school failures, detentions by the police, and cases at court.

3. The data from the self-report questionnaire answered by all children of the randomly chosen forms III-VIII (over 1600 boys) made it possible to consider the conduct of the boys selected as socially maladjusted by the teachers against the background of all their peers.

As could be expected, acts defined as symptoms of social maladjustment proved to be much more widespread as compared with what the information obtained from the teachers suggested, a great number of children admitting to have committed some of those acts (e.g. most of the boys aged over 13 admitted having taken somebody else's property, and nearly a half of those aged at least 15 stated that they had once been "groggy" in the past). The border-line between the children selected by the teachers and some of their classmates proved to be rather floating.

This has been confirmed by other findings of our study as well. The teachers' opinion about the behavior of a given child proved not always to be sufficiently stable and permanent throughout a longer period; some teachers even changed their minds after several months that lapsed between the preliminary examination and the final questioning about a given child (this happened particularly in the case of boys who were aggressive towards the teachers). This points to the danger of inconsiderately defining a child as socially maladjusted which is of importance as the way in which the teacher perceives a difficult child may influence that child's school situation.

At the same time, however, a comparison of the information obtained from the teachers with the data from the self-report questionnaires answered by the children demonstrated that the boys selected by the teachers admitted having committed a greater number of socially inacceptable acts of various kinds (e.g. more frequent and serious thefts, more intense drinking) as compared with their classmates. This leads to the conclusion that, despite a certain variability and unstability of behavior recognized as manifestation of social maladjustment and a blurred borderline between the socially maladjusted children and some of their classmates, the boys found by their teachers to be socially maladjusted indeed reveal more intense symptoms of social maladjustment as compared with the remaining schoolchildren.

4. The teachers specified 885 boys aged 9-16 (10 per cent of all boys in the forms included in the study) as revealing symptoms of social maladjustment. The chief element of those boys' characterization was the fact that they suffered neglect: spent many hours running the streets, had friends among young persons defined as "demoralized", and played truant repeatedly, their truancy being usually a reaction to school failures.

The accepted definition of social maladjustment led to the distinguishing of children whose behavior was characterized by various syndromes of social maladjustment. In children of higher forms, a cumulation of greater numbers of symptoms and their stronger interrelations could be found. In younger boys, the process of social maladjustment was initiated by truancy, while in the older ones, this role was played by demoralized peers.

In many of those boys, serious problems and school failures dated back to the first forms of elementary school. Most of them came from families that were unable to provide sufficient care for the children for various reasons (absence of a parent, the father's alcoholism). As shown by these data, the selected boys created serious problems as regards care and education.

5. The discussed problems were more marked still in the group of 262 boys who were individually examined and whose symptoms of social maladjustment, as mentioned by the teachers, were particularly intense and cumulated. Their family situation was worse as compared with that of all socially maladjusted boys and much worse as compared with the control group. As many as 42 per cent of them came from broken homes; excessive drinking was found in 60 per cent of their families; and as many as 27 per cent of them were brought up in families where one of the parents had a criminal record. As compared with the control group, the boys with cumulated symptoms of social maladjustment more frequently had serious difficulties in learning, those difficulties having appeared at an earlier age and leading to greater school failures (59 per cent of those boys repeated classes). The interviews more frequently provided information about those boys probable past diseases of the central nervous system (20 per cent). They were more frequently found to reveal neurotic symptoms, and scored lower on the Raven scale as compared with the control group. These traits could have influenced the school careers and conduct of those of the boys in particular whose

families were unable to create the proper climate and to provide the proper care and assistance to enable them to overcome the accumulating difficulties.

As follows from the whole of the obtained data, stealing was more frequent in that group as compared with the entire population of children selected by the teachers (73 per cent of those boys committed thefts, including 30 per cent of them who stole repeatedly). 32 per cent had criminal cases at family courts.

The behavior which led to the selection of those socially maladjusted boys for individual examination was complex, prolonged, and related to their entire life situation and to school failures in particular.

6. The follow-up study, carried out about five years later, was aimed at finding out about the examined boys' further fates and social adaptation.

A longitudinal investigation of the phenomenon of social maladjustment is important for various reasons. It makes possible a proper appraisal of the initially found symptoms and their prognostic significance. It also makes possible a differentiation between temporary disturbances that are connected with a definite stage of the child's psychosocial development or his temporarily difficult life situation (and disappear spontaneously, so to say, in a good educational climate) on the one hand, and behavior which requires a more resolved intervention on the other hand. Besides, as a child grows up, the social circles in which he participates broaden, and so does the range of his duties and of the social roles he undertakes. The definition of social maladjustment accepted in the discussed study in relation to juveniles concerns largely the inobservance of the basic norms related to home and school, that is the environments in which the children's and young persons' life concentrates during childhood and adolescence. Is the situation going to change as those environments change, as the child enters new circles and undertakes new social roles? Is a syndrome of symptoms of social maladjustment of any prognostic value whatever for the further perpetration of offences and criminal career?

At the moment of the follow-up interviews, about 10 per cent of the former socially maladjusted schoolboys were aged under 17, 57 per cent – 17-20, and 33 per cent – at least 20. The interviews were carried out by the same psychologists who had already interviewed the examined persons before and who were thus known to them. The interviews were aimed at obtaining information about the examined persons' further school career, their start into professional life, leisure habits, friends, excessive drinking, drug abuse, offences, and criminal records. The latter information was additionally verified by means of checking the register of convicted persons for data about the examined persons' criminal careers.

The interviews provided information about the evolution of various problems which had previously been taken into account in the group of the former socially maladjusted boys and in the control group. Every sixth of those socially maladjusted failed to complete his elementary education, and over a half of that group were behind time finishing school. They frequently left school with a feeling of failure and hostility towards that institution, having no professional aspirations and being unable reasonably to spend their leisure time.

According to the examined persons' mothers, nearly half of those boys repeatedly came home drunk; 44 per cent of them were found to be in danger of developing excessive drinking habits. The proportion of those with criminal records went up to 56 per cent during the follow-up period.

The problem we faced when analysing the above data concerned the criteria of appraisal of the examined persons' further social adaptation. Namely, the problem in question was whether such a criterion should be those persons' behavior at the moment of the catamnestic interview or during the entire period since the initial study. Next, we also gave some thought to whether the criterion of poor social adaptation should be criminal records or offences only or other kinds of acts and possibly attitudes as well, and if so, which acts and attitudes should be taken into consideration here.

The follow-up study concerned a period in the examined persons' lives during which they should all have finished elementary school and started further education; some of them could already have started working, nay set up their own families. At the age they were in, the individual's life changes rapidly, with new tasks and new social roles undertaken, the environment being broadened, that environment's attitude and expectations towards him undergoing changes, and his outlook on life being formed. Thus in the face of this unstability, it seemed wrong to base the appraisal of a young man's behavior on the moment when he is being interviewed only, and the inclusion of a longer period was found to be necessary.

The criterion of criminal records (used rather often in studies of various categories of offenders due to the easiness with which the data can be obtained) did not seem proper in the case of socially maladjusted youth. What spoke against the use of that criterion (as well as of the one of committing offences) was its formal legal character which leaves the given individual's broader social functioning out of account. Besides, the fact of conviction itself is of a general character only as we deal here with different acts which may be single, repeated or regular, and committed in various circumstances. Further, the fact of conviction is related not only to a perpetration of an offence but may also result from various other factors beyond the perpetrator's control, which are related to prosecution and the functioning of the administration of justice. Hence in our study we have decided to treat criminal records as one of the elements of the examined persons' conduct during the follow-up period only. The further factors taken into account here were offences, living off illicit sources, staying out of work and school, excessive drinking, drug abuse, poor functioning in the family, at school, and at work. Apart from information concerning the above, also the examined persons' own and their mothers' appraisals of their conduct were considered.

It was not an easy task to classify the obtained data and to appraise the examined persons' conduct based on that information. Having included a rather long period of time in our appraisal, we had to judge behavior found in different situations and in changing surroundings; our appraisals concerned very young persons who face various problems of adult life; the situations to be appraised were frequently complex and changing with time; and negative symptoms not always seemed sufficient grounds to pass a negative opinion.

In each case, the examined person's social adaptation during the follow-up period was appraised by the psychologist who examined the case; he also mentioned the factors which led him to such an appraisal and in his opinion justified it. The appraisals were comprehensive and clinical, and contained certain subjective elements (despite the efforts to base them on objective facts only). For higher reliability, they were additionally verified by the supervisor of the study.

The entire material analysed, the following four categories of the examined persons were distinguished:

1) the socially adjusted - who learned or worked and revealed no symptoms of social maladjustment, whose families were satisfied with them and who were themselves satisfied with their own conduct;
2) the unstable - who admittedly revealed no symptoms of social maladjustment but who were unable to adjust themselves to their work, school, or peer group; some of them revealed personality disorders;
3) the disputable - who revealed slight symptoms of social maladjustment or whose adjustment was unstable (e.g. those who temporarily drank excessively or had committed a single offence, with those negative symptoms followed by a long period of proper conduct);
4) the maladjusted - who revealed intense symptoms of social maladjustment such as regular excessive drinking and drug abuse, repeated offences, convictions.

Over one third (37 per cent) of the former socially maladjusted schoolboys were included in the latter worst category in which only one member of the former control group (0,7 per cent) could be found. A vast majority (80,4 per cent) of the control group continued to be socially adjusted. 13,5 per cent of the former socially maladjusted were found to be unstable, and 16,5 per cent - disputable. The proportion of members of that group who were found to be socially adjusted amounted to 32,5 per cent. A question arises of the appraisal of this proportion: is it rather large or rather small? The examined persons' highly negative family backgrounds, their prolonged school failures, connections with demoralized circles, and disturbed conduct manifested since a long time taken into account, we might be rather optimistic about the discussed proportion. This optimism, however, decreases if we quote the results of the verification of appraisals of the examined persons' social adjustment. Namely, it appeared that - when appraising the whole of those persons' conduct during the follow-up period the psychologists included not only those who indeed revealed no symptoms of maladjustment whatever in the group of the socially adjusted. Had more strict criteria of adjustment been used, or had the data obtained been treated more rigorously, the proportion of those adjusted could have proved smaller.

Basing on the above classification, however, the obtained data may be considered to be varied. The proportion of the socially maladjusted, high as it is, does not however justify the opinion that the children's social maladjustment in elementary school determines their future poor social adjustment.

Some thought was also given to the characteristic traits found during the first stage of the study in those boys whose social maladjustment was to prove particularly permanent (and who were thus included in the category of the socially maladjusted during the follow-up period). In the initial study, those boys more frequently revealed intense social maladjustment (a greater number of more serious symptoms, such as running away from home, coming home drunk, stealing, cases at court).

The data concerning thefts committed before the first examination were of prognostic value as regards thefts during the follow-up period. Most (75 per cent) of the boys who revealed symptoms other than stealing in the initial period were not found to have committed thefts later on either (but subsequent stealing was nevertheless found in them more frequently as compared with the control group).

The school careers of the boys who were subsequently to be included in the category of the socially maladjusted were more delayed at the time of the initial examination; truancy was also more frequent in those boys at that same time. As regards their family situation, more of their mothers estimated the family's material conditions as bad, and more of their fathers and brothers drank excessively.

To sum up the findings presented above, it may be stated that the follow-up study of the former socially maladjusted schoolchildren carried out five years later demonstrated a distinct difference between their social adaptation and that of the control group. Moreover, the chances for a favourable social adaptation of very difficult children backward in their schoolwork, coming from negative family backgrounds appeared to be very poor in the present state of insufficient fulfillment of the functions of care and education by elementary schools. At the same time, however, the symptoms of social maladjustment revealed at elementary school by no means determine a subsequent poor social adaptation.

Kriminalprognose und Reproduktionsprozesse

Anne-Marie Favard-Drillaud

Einleitung

Unser Beitrag[1] zur Frage der Kriminalprognose basiert auf Studien, die wir zur Problematik der Reproduktion[2] durchgeführt haben. Alle im sozialen Bereich Tätigen sehen sich anscheinend mit diesem Problem konfrontiert. Man versteht darunter, je nach Disziplin, so unterschiedliche Phänomene wie das wiederholt kriminelle Verhalten eines einzelnen, gekennzeichnet durch Begriffe wie Rückfälligkeit bzw. kriminelle Karriere, oder auch die Wiederholung familialer intergenerationaler Fehlanpassung, als kennzeichnend angesehen für Problemfamilien.

Mit dem Problem der Reproduktion sieht man sich jedoch auch im institutionellen Bereich konfrontiert. Es geht hier um die Verlagerung (und Wiederholung) delinquenten Verhaltens aus der "natürlichen Umwelt" in das institutionelle Milieu, um die Übertragung von Einstellungen und Haltungen aus der familialen Umwelt in Vorgänge innerhalb des institutionellen Lebens; so können beispielsweise Erzieher gewisse dysfunktionale Haltungen der Eltern dem Jugendlichen gegenüber reproduzieren.

Wenn man Reproduktion stärker vom symptomatischen (klinischen) Aspekt her betrachtet, so spielt sie auch eine Rolle bei der Einleitung einer Reihe von erzieherischen und therapeutischen Maßnahmen: hier stellt vor allem die Reproduktion gerade von delinquenten Verhaltensweisen eine erste Etappe auf dem Weg zu einer Verhaltensänderung dar, wobei der Klient seine (früheren) negativen Erfahrungen unter therapeutischer Kontrolle noch einmal durchleben kann.

---

1) Ins Deutsche übertragen von Anneliese Greulich und Hans-Jürgen Kerner. Die Ausführungen zu Einzelergebnissen der Kohortenstudie beziehen sich auf folgende Darstellung: Méthode des cohortes des naissance: de l'histoire de vie à la dynamique du phénomène criminel. Bulletin de Psychologie XXXVI, Nr. 359 (1983), 309 ff.

2) Vermerk der Übersetzer: Abgesehen von der Eindeutschung der Schreibweise wurde der hierzulande eher ungeläufige Fachbegriff der "reproduction" beibehalten. Er wird auf der einen Seite durch den Text in seinem Aussagegehalt verständlich; auf der anderen Seite würden gängige deutsche Begriffe die Gefahr einer Bedeutungsverschiebung mit sich bringen.

Kerner/Kaiser (Hrsg.) Kriminalität
© Springer-Verlag Berlin Heidelberg 1990

Eine medizinisch-psycho-soziale Intervention schließlich, die definitionsgemäß als präventive und kurative Maßnahme das Ziel hat, deviante Verhaltensweisen und Fehlanpassungen zu reduzieren, kann paradoxerweise dazu beitragen, genau diese Verhaltensweisen zu reproduzieren und zu verfestigen. Es kommt dabei ein als "sozial" einzustufender Prozeß zum Tragen. Die dann so zu bezeichnende "soziale Reproduktion" entfaltet ihre eigene Dynamik innerhalb institutioneller Abläufe, in den verschiedenen Etappen der Ausgrenzung und in diversen Stigmatisierungsprozessen.

In der praktischen Sozialarbeit scheint also das Problem der Reproduktion allgegenwärtig zu sein, wobei damit recht unterschiedliche Phänomene definiert werden, die auf unterschiedlichen Interpretationsebenen angesiedelt sind, welche wiederum ihre eigene Ätiologie mit sich bringen, sei sie biologisch ausgerichtet (individuelle Rhythmen, chronischer Verlauf, Vererbung) oder psycho-sozial orientiert (Nachahmung) oder auf den sozialen Aspekt abgestellt (sozio-politische Intentionen des Systems bzw. nachteilige Wirkungen dieses Systems).

Kann nun das Konzept der Reproduktion bei der Analyse und der wissenschaftlichen Erforschung der Kriminalität von Nutzen sein, sei es im Hinblick auf die Beschreibung, sei es bei der Erklärung dieses Phänomens? Kann es insbesondere unsere Verständnismöglichkeiten über die Kriminalprognose erweitern und dazu beitragen, gewisse bis jetzt noch bestehende Grenzen zu überwinden? Aufgrund von Ergebnissen aus unseren Bayonner Forschungen möchten wir dies bejahen und im folgenden erläutern, wie die Frage nach der Reproduktion zu einer fundierten kriminologischen Prognose beitragen kann.

Als erstes wollen wir ganz kurz auf die der Individualprognose inhärenten Grenzen eingehen. Sodann werden wir versuchen, aufzuzeigen, daß auch unter der Prämisse, daß eine Verhaltensvorhersage durch die Berücksichtigung einzelner anamnestisch gewonnener Elemente aus dem weiter zurückliegenden Leben des Probanden nicht verläßlich erstellt werden kann, dennoch eine Längsschnittstudie der gesamten "Vorgeschichte" von Probanden wichtige kriminologische Anhaltspunkte ergeben kann. Dabei muß freilich diese Vorgeschichte mehr umfassen als nur die je individuelle Geschichte; innerhalb eines größeren Rahmens ist die Familiengeschichte mit einzubeziehen und außerdem die Geschichte des Geburtsjahrgangs (der Generation); indem man so vorgeht, hat man auch nicht nur Persönlichkeitsmerkmale des Probanden heranzuziehen, sondern darüber hinaus die vom Interventionssystem ausgehenden Wirkungen der sozialen Reaktion.

1. Die Vorhersage zukünftigen Verhaltens und ihre Unzulänglichkeiten

Die Prognostik des zukünftigen Verhaltens eines Probanden besteht darin, aufgrund seiner zu diesem Zeitpunkt gegebenen Persönlichkeitsmerkmale zu beurteilen, ob und in welchem Ausmaß das Risiko einer wiederholten Straffälligkeit besteht. Diese Beurteilung kann entweder nach der klinischen Methode erfolgen, die sich auf die Anamnese des Probanden, auf seine Befragung und auf die Durchführung von Tests stützt, oder nach der statistischen Methode, die mit Vergleichstabellen und Prognoseschemata arbeitet, mit deren Hilfe eine Reihe von Faktoren erfaßt werden, die statistisch gesehen mit Kriminalität in Verbindung stehen. Für beide Methoden gilt, daß sie stark kritisiert worden sind, sowohl was ihre Methodologie als auch was die Grundlagen anbelangt, auf die sie sich stützen, und zwar aufgrund der wenig überzeugenden Resultate.

Man hat mehrfach versucht, die Gründe für die Unzulänglichkeit der Vorhersage delinquenten Verhaltens zu finden. So erklärt man es sich
- aus der Inadäquatheit der zugrunde liegenden Konzeption (vor allem was "Gefährlichkeit" anbelangt),
- aus dem falschen Umgang mit statistischem Material, vor allem bei der Interpretation vor Korrelationen oder (mit den Worten von J. Chateau) bei der Akzentuierung des "Irrtums im Unterschied" (L'erreur de la difference),
- aus der Schwierigkeit, ein in statistischer Hinsicht selten vorkommendes Ereignis vorherzusagen,
- aus der Schwierigkeit des Übergangs vom allgemeinen nomothetischen Gesetz zum spezifischen idiographischen Gesetz,
- aus den charakteristischen Merkmalen der klinischen Situation, wie beispielsweise fehlende Kontrolle über die Gegenübertragung, fehlende Kontrolle der sich aus den symptomatischen Merkmalen ergebenden Folgerungen, Mangel an Feed-back, das es dem Experten ermöglichen würde, seine Prognose zu verbessern.

Alle diese Kritikpunkte treffen zwar zu, sie berühren aber nicht den Kern der *Möglichkeit einer Prädiktion* delinquenten Verhaltens oder menschlichen Verhaltens *überhaupt*. Sie beschäftigen sich auch nicht mit der Frage, inwieweit individuelles Verhalten innerhalb eines größeren Komplexes zu betrachten ist, insbesondere innerhalb der familialen intergenerationalen Konstellationen.

2. Die Vorhersagbarkeit delinquenten Verhaltens: Reproduktionsprozesse und stochastische Prozesse

Das Aufkommen neuer mathematischer Modelle in den Humanwissenschaften macht es unserer Meinung nach erforderlich, sich der Prognosefrage anders zu nähern. Alle traditionellen Prognosetabellen basieren ja auf der Analyse von Korrelationen zwischen "Prädiktorvariablen" auf der einen Seite und einer "Kriteriums-Variablen" auf der anderen Seite, also dem, was man prognostizieren möchte. Die üblichen Methoden zur Analyse solcher Korrelationen können als statische Methoden bezeichnen werden: denn sie berücksichtigen die Variable "Zeit" nicht, kommen also zu temporären Ergebnissen.

Solche mathematischen Methoden hingegen, die sich auf stochastische Prozesse beziehen, nehmen die Variable "Zeit" oder "Dauer" als Angelpunkt (Achse) ihrer Analyse. Die Mitberücksichtigung des Zeitaspektes in Längsschnittstudien umfaßt unserer Meinung nach folgende drei einander ergänzende Dimensionen:
- die Genese, d.h. die Lebensgeschichte des Probanden, die die Persönlichkeitsmerkmale umgreift,
- die Dynamik: sie läßt sich anhand der situationsbedingten Interaktionen zwischen dem Individuum und seiner Umwelt präzisieren,
- die Prozesse: Neben den Phänomenen, den situationsgebundenen Variationen und den genetischen Entwicklungen geht es darum, die individuell relativ konstanten Funktionsmechanismen von Probanden (im Psychologischen wie im Sozialverhalten) in ihren äußerlich erkennbaren Artikulationen jeweils getrennt sowie in den Arten ihres interaktiven Zusammenwirkens zu erfassen[3].
    Die Anwendung derartiger statistischer Methoden ermöglicht es uns, *Kriminalität als einen Prozeß* und nicht mehr als bloße *Gegebenheit* zu charakterisieren, also auch die Prognostik dann ganz anders zu behandeln.

Diese Schlußfolgerung legen unserer Meinung nach Ergebnisse zumindest nahe, die wir in unserer quasi-prospektiven Bayonne-Kohortenstudie gewinnen konnten, bei der es um Geburtskohorten ging.

Untersuchungsgebiet war der Raum Bayonne-Anglet-Biarritz in Südwestfrankreich. Untersuchungsprobanden waren insgesamt 2.612 Jungen, die in diesem Raum in vier ausgewählten Jahren zur Welt gekommen waren und zwar 504 im Jahr 1940, 515 im Jahr 1945, 769 im Jahr 1950 und 824 im Jahr 1955. Es waren also Jungen aus der Kriegsgeneration, der Generation des Kriegsendes, der Generation der frühen

---

3) Vgl. Favard, A.M.: Du paradigme perdu, à l'élaboration d'une recherche clinique. In: Les Cahiers du C.T.N.E.R.H.I., Nr. 28, 1984 ("Handicaps et Inadaptations"); s.a. Favard, A.M.: Contributions Criminologiques. Lyon: ERES 1989.

Nachkriegszeit und der Generation der ersten Jahre der modernen Nachkriegsgesellschaft. Für diese Jungen wurden zahlreiche Merkmale aus den Bereichen Persönlichkeit, Umfeld, Sozialverhalten und Legal-verhalten erhoben, außerdem wurde die "Sanktionsgeschichte" möglichst genau erfaßt[4]. In 64 typischen Fällen manifest gewordener Kriminalität wurden ergänzend detaillierte Einzelfallstudien durchgeführt mit dem Ziel, die "kriminelle Karriere" der Probanden so präzis wie möglich zu rekonstruieren. Die Grundlage dafür bildeten alle verfügbaren Archiv-unterlagen, klinische Unterlagen sowie Explorationen der Betroffenen über ihr Leben. Dieses Material wurde einer psychologisch-klinischen Analyse unterzogen, die es u.a. erlaubte, die Dynamik des Übergangs zur Tat (passage à l'acte) nachzuzeichnen.

Indem wir im Nachhinein die ganze "kriminologische Vergangenheit" dieser 2.612 Probanden in ihrer Entwicklung von den ersten äußeren Anzeichen an verfolgten, kamen wir zu der Erkenntnis, daß eine relati-ve Unabhängigkeit besteht zwischen dem Verlaufsprozeß kriminellen Verhaltens und dem Verlaufsprozeß der sozialen Reaktion.

In statistischen Termini ausgedrückt: Die Auswertung der kriminellen Dynamik, d.h. der Ereignisreihe bzw. Aufeinanderfolge von Straftaten zeigt, daß die Wahrscheinlichkeit des Begehens einer Straftat für einen bestimmten Probanden in einem bestimmten Moment seines Lebens so-zusagen konstant ist, also unabhängig davon bleibt, wieviele Straftaten er zuvor begangen hat. Kriminelles Verhalten ist, so betrachtet, dann auch weder rein aleatorisch noch voll prädeterminiert; die "Kette" von aufeinander folgenden Straftaten kann jederzeit unterbrochen werden.

Betrachtet man demgegenüber den Prozeß der sozialen Reaktion auf derartige Verhaltensweisen, also die medizinisch-sozialen, polizeilichen oder gerichtlichen Interventionen, so findet man hier eine solche Wahr-scheinlichkeitskonstanz, wie die für die Verhaltensweisen der Proban-den beschriebene, nicht vor. Vielmehr verringern sich im Verlauf des Reaktionsprozesses, je nach Art und Ausmaß der Intervention, die Möglichkeiten eines "sich wieder Ausklinkens" aus dem System der sozialen Reaktion für das betroffene Individuum sehr schnell. Die "Ma-schinerie" der sozialen Reaktion wird demnach zwar gleichfalls nicht vom gleichsam blinden Zufall gelenkt, sie läuft aber, um im Bild zu bleiben, bald "auf Hochtouren", verstärkt ihren Einwirkungsgrad und funktioniert wie mit vorgegebener Zielrichtung. Die soziale Reaktion hängt im Ergebnis nicht nur vom jeweiligen kriminellen Verhalten ab, sondern scheint sich auch an den Zwängen und der Funktionslogik der Institutionen zu orientieren. Dies kann natürlich zu einer Stigmatisie-rung des Probanden führen.

Betrachtet man nun die Frage nach der Vorhersagbarkeit des Straffäl-ligwerdens im Lichte dieser Erkenntnisse, so läßt sich folgendes sagen:

---

4) Der vervielfältigte Abschlußbericht (Favard u.a.) wurde von der "Sauvegarde de l'En-fance" des französischen Baskenlandes herausgegeben (Bayonne, Juli 1979).

(1) Das Straffälligwerden bzw. die kriminelle Zukunft eines Probanden kann nicht eindimensional gesehen werden. Es resultiert aus einem Doppelprozeß. Man kann die Hypothese aufstellen, daß das Scheitern der bisherigen Prognosetabellen mit dem Außerachtlassen dieser Tatsache zusammenhängt.

(2) Der Verhaltensprozeß ist probabilistisch, er folgt quantitativen Wahrscheinlichkeitsregeln, die sich mit einem Markov'schen Modell 1. Ordnung (einfache Markov-Ketten) gut abbilden lassen. Mit einfacheren Worten gesagt: Bei einem einfachen Markov-Modell kann der jeweilige Zustand eines Probanden zu einem bestimmten Zeitpunkt des beobachteten Prozesses immer nur in Relation gesetzt werden zum unmittelbar vorausgegangenen Zustand. Daraus folgt umgekehrt, daß man zu einem bestimmten Zeitpunkt des Prozeßablaufs immer nur die unmittelbar nachfolgende Etappe bzw. den nächsten Zeitabschnitt vorhersagen kann. Es handelt sich also um eine sequentielle und iterative Prognose, nicht um eine globale oder Langfristprognose. Aufgrund des soeben Gesagten kann man die Hypothese aufstellen, daß das Scheitern der üblichen Prognoseschemata damit zusammenhängt, daß sie den sequentiellen Aspekt des Verhaltensprozesses nicht berücksichtigen. Wenn man die Effizienzquote vergrößern will, sollte man deshalb (nur) Kurzzeitprognosen erstellen, die nicht mehr auf ätiologischen Variablen basieren, die aus der weit zurückliegenden Vergangenheit des Probanden hergeleitet werden, sondern auf aktuellen Variablen, die eine Beurteilung des Probanden in der gerade gegebenen Phase seines kriminellen Verhaltens ermöglichen. Dieser Ansatzpunkt beruht auf den Analysen von Escalona und wurde (in Kanada) von Marcel Fréchette und Marc LeBlanc entwickelt[5].

Was nun die Frage nach der Reproduktion anbelangt, so liefern uns diese Erkenntisse wichtige Hinweise auf die verschiedenen, einander ergänzenden Aspekte des Gegenstandes unserer Untersuchungen.

3. Reproduktion und das Fehlen von Kohorteneffekten

Die Analysen mit dem Ziel eines Vergleichs der vier Kohorten untereinander (differentielle Inter-Kohorten-Studie) erbringen im zunächst feststellbaren Erscheinungsbild zwischen den Geburtsjahrgangskohorten erhebliche morphologische Unterschiede sowohl in bezug auf das Verhalten als auch mit Blick auf die soziale Reaktion. Hingegen läßt die stochastische Studie im Längsschnitt scheinbar paradoxerweise keine signifikanten Unterschiede zwischen den Kohorten erkennen, weder in

---

5) Vgl. beispielsweise Fréchette, M./LeBlanc, M.: Délinquance et Délinquants. Québec, Canada: Gaétan Morin 1987; zuletzt s. LeBlanc, M.:/Fréchette, M.: Male Criminal Activity from Childhood Through Youth. Multilevel and Developmental Perspectives. New York u.a.: Springer 1989.

bezug auf den Verhaltensprozeß noch auf der Ebene der sozialen Reaktion. Diese Ergebnisse haben jedoch bei genauer Betrachtung nichts Widersprüchliches an sich. Bei der Betrachtung der "Gestalt" von Erscheinungen insgesamt oder im Querschnitt (wie hier der "Kriminalität") können sich deutliche Unterschiede präsentieren. Die "Verlaufsgestalt" im Längsschnitt kann dann dennoch übereinstimmen. In unserem Fall war die je unterschiedliche Konstanz der "Ereignisreihe kriminelles Verhalten" und der "Ereignisreihe soziale Reaktion" für alle vier Teilgruppen der untersuchten Jungen übereinstimmend, also von den Geburtsjahren unabhängig.

Es wäre dennoch vorschnell, zu meinen, daß allgemeine soziale Faktoren keinen ausschlaggebenden Einfluß auf die Kriminalität und deren Entwicklung oder auf die Dynamik der Interaktion zwischen kriminellem Verhalten und sozialer Reaktion hätten. Ein solcher Einfluß war in unseren Untersuchungen schon zu bemerken; er wurde jedoch erst spürbar bei den speziellen Erscheinungsweisen und bei der wechselnden Intensität dieser oder jener Form der Kriminalität im einzelnen.

Das Grundergebnis von Konstanz in der Verlaufsgestalt und Wechsel in den Erscheinungsformen steht für einen verhältnismäßig langen Beobachtungszeitraum fest, weil sich keine Abweichungen in den Zeitreihen beobachten ließen, selbst bei einem Vergleich der am weitesten auseinander liegenden Kohorten, zwischen denen eine Zeitspanne von 20 Jahren lag.

Hier wird wohl eine der wichtigsten operationalen Charakteristiken des Konzepts der "Reproduktion" entsprechend der Analyse von Yves Barel[6] veranschaulicht, wonach es um eine "spezielle Art der Kombination von Invarianz und Wechsel" geht, "wobei die Invarianz den Wechsel bedingt und umgekehrt".

Eine theoretische Untermauerung dieser Erkenntnisse ließe sich auch herleiten aus dem Konzept der "sich ergebenden Wirkung" (effet emergent), wie Raymond Boudon es beschreibt: "Bei dieser sich ergebenden Wirkung handelt es sich um einen soziologischen Effekt, der das Endresultat aus der aggregierten Wirkung von Verhaltensweisen und Entscheidungen von Individuen ist, ohne in die Zielsetzungen eingebaut zu sein, die sich die sozialen Akteure selber geben. Wenn die resultierende Wirkung auftritt, dann tut sie dies in der Form eines Neutralisationseffektes: Die individuellen Verhaltensweisen wechseln im Verlauf der Zeit, bestimmte Verteilungen von Ereignissen oder Zuständen, die das Resultat solcher Verhaltensweisen sind, ändern sich ebenfalls im Verlauf der Zeit... Ungeachtet dessen erweisen sich bestimmte kollektive Effekte bzw. Wirkungen als relativ stabil. Dies ist beispielsweise vor allem in der Struktur der sozialen Mobilität zwischen den Generationen (Intergenerationenmobilität) der Fall"[7].

---

6) Vgl. Barel, Y.: La reproduction sociale: systèmes vivants, invariance et changement. Paris: Athropos 1973.
7) Boudon, R.: La logique du social. Paris: Hachette 1973, S. 111.

4. Reproduktion und kriminelle Karriere

Was das Vorhandensein von delinquenten Verhaltensmustern anbelangt, insbesondere vom Typus der Spezialisation in den Delikten oder gar der Perseveranz, so kann man anhand von Übergangsmatrizen eine Kontrolle durchführen. (Eine solche Übergangsmatrix ist, äußerlich betrachtet, dadurch gekennzeichnet, daß die Auffälligkeiten bzw. Delikte eines Individuums Nr. 1 bis Nr. XY waagrecht wie senkrecht, aber versetzt, in ein Vielfelderschema eingetragen werden. Auf diese Weise kann der "Übergang" von jedem Delikt zu jedem anderen bzw. nachfolgenden Delikt inhaltlich bestimmt werden. Durch eine mathematische Prozedur, die sämtliche Übergänge von Proband P1 bis Proband Pxy durchrechnet und miteinander vergleicht, läßt sich prüfen, ob ein oder mehrere Muster vorhanden sind - z.B. einfacher Diebstahl, schwerer Diebstahl, Raub - oder nicht). Aufgrund der "Kreuzungspunkte" der einzelnen Zustandsmatrizen kann man also die im Laufe der einzelnen Etappen oder Zeitabschnitte eingetretenen Verhaltensänderungen beurteilen und so die für die Frage nach der Reproduktion wichtigsten Tendenzen feststellen.

Wir haben in unserer Studie drei Haupttendenzen beschrieben:

1.) *Die Tendenz des Verschwindens* (disparution), d.h. es werden keine weiteren Straftaten mehr begangen. Eine ganz deutliche Ausprägung dieser Tendenz gibt es bei fahrlässiger Körperverletzung (vor allem im Straßenverkehr).
2.) *Die Tendenz des Sichverfestigens* (viscosité), d.h. es werden weitere Straftaten des gleichen Typs begangen. Sie fällt nur bei Eigentumsdelikten im weiteren Sinn ins Gewicht, sei es solchen der banalen Alltagskriminalität, seien sie mit Anwendung von Gewalt oder mit täuschender bzw. betrügerischer Tendenz verbunden.
3.) *Die Tendenz der Transformation* (transformation), d.h. es findet ein Übergang zu Straftaten eines anderen Typs statt. Bei dieser Tendenz schließen sich gewisse strafrechtlich relevante Verhaltensweisen gegenseitig aus. So transformiert sich mit Täuschung verbundene Eigentumskriminalität nicht in bagatellhafte Eigentumskriminalität oder in Eigentumskriminalität mit Gewalt. Verkehrsdelikte transformieren sich ebenfalls nicht in die zuletzt genannten Formen der Eigentumsdelinquenz.

Man kann also sagen, daß es kriminelle Verhaltensmuster gibt, die bezüglich bestimmter Deliktsarten durch eine gewisse Tendenz gekennzeichnet werden, aber man kann nicht auch umgekehrt sagen, daß es, bezogen auf die Deliktsart, homogene kriminelle Karrieren gibt. Auf statistischer Ebene muß man also mit dem Mythos der Spezialisierung brechen, auch wenn vorsorglich anzumerken ist, daß unsere Unterteilung nicht sehr differenziert sein konnte. Invarianz und Wechsel gleichzeitig kennzeichnen erneut die Reproduktion delinquenten Verhaltens.

5. "Sozialreproduktion" und fehlende Deckungsgleichheit von Verhaltensprozeß und Reaktionsprozeß

Die operationale Zweiteilung, die wir bei unserer Untersuchung eingeführt haben, ermöglicht uns die Feststellung, daß das kriminelle Verhalten und die soziale Reaktion sich unabhängig voneinander ändern. Die Tatsache nun, daß das Modell einfacher Markov-Ketten die Ereignisreihe der Entwicklung delinquenten Verhaltens gut abbildet, jedoch nicht die Ereignisreihe der Entwicklung der damit zusammenhängenden bzw. darauf folgenden sozialen Reaktionen, scheint uns ein Hinweis zu sein auf den "sozialen" Ursprung der Rückfälligkeit und des "Nichtloskommens" des Probanden von der Strafjustiz. Dies scheint insbesondere nach der "3. Etappe" (also ab der 4. Rückfälligkeit) zu gelten, wobei die Ergebnisse unserer Studie den Forschungen von Marvin Wolfgang sehr ähneln[8]. Basierend auf diesen Einsichten läßt sich im Einzelfall auch abschätzen, welcher Anteil der Reproduktion des individuellen Verhaltens auf die Persönlichkeit und das Verhalten des Probanden selbst und welcher Anteil auf die "soziale Reaktion" des Kontrollsystems (Strafverfolgung, Sanktionierung, Strafverbüßung) zurückzuführen ist.

6. Zusammenhänge zwischen Tatentstehung und Reaktion auf die Tat anhand von Einzelfallstudien

6.1 Übergang zur Tat und soziale Reaktion

Bei unseren 64 typischen Einzelfällen manifest gewordener Kriminalität war ein dialektischer Zusammenhang zwischen dem Übergang zur Tat und der sozialen Reaktion feststellbar. Die Verbindung war jedoch weder systematisch noch stets gleichsinnig gegeben. So konnte die soziale Reaktion, durch das delinquente Verhalten des einzelnen ausgelöst, in ihrer repressiven Funktion anscheinend auf der einen Seite entweder das Ende der Entwicklung einer kriminellen Karriere kennzeichnen oder aber auf der anderen Seite im Zusammenhang mit Rückfällen stehen, die mehr oder weniger unmittelbar in Beziehung zu den Bedingungen standen, unter denen die soziale Reaktion gerade durchgeführt worden war.

Es manifestierte sich keine von vornherein feststehende Wirksamkeit dieser oder jener Sanktionsformen. So gab es Rückfall bei der Freiheitsstrafe, ob sie nun zur Bewährung ausgesetzt war oder nicht. Umgekehrt hörten einige kriminelle Karrieren endgültig gerade nach dem Vollzug der nicht zur Bewährung ausgesetzten Freiheitsstrafe auf.

---

8) Vgl. Wolfgang, M.E./Figlio, R.M./Sellin, Th.: Delinquency in a Birth Cohort. Chicago, Ill.: University of Chicago Press 1972.

Stellt man auf die präventive Funktion ab und blickt auf Kriterien des Schutzes und der Behandlung durch das Eingreifen der Sozialbehörden und der erzieherischen Dienste, so ergab sich aus unseren Untersuchungen ganz allgemein, daß alle Personen mit gewichtigeren (späteren) kriminellen Karrieren entweder von den zur Verfügung stehenden erzieherischen oder sozialen Maßnahmen gar nicht erreicht wurden, oder daß diese, wenn man sie anwandte, bei ihnen erfolglos waren.

Der Prozentsatz der Personen mit einer (späteren) kriminellen Karriere war je nach der erzieherisch tätig gewordenen Instanz verschieden hoch. Während im Durchschnitt aller Kohortenmitglieder (2.612 Personen) 6,3% mit Delinquenz auffielen, so waren es 4,5% der Probanden, die mit einer medinisch-psychologischen Beratungsstelle zu tun hatten[9], 9,6% der Probanden, für die von den zuständigen Dienststellen ein Sozialbericht erstellt wurde, 16% der Probanden, die vor dem Gericht in Jugendsachen[10] erschienen waren, und schließlich 30% der Personen, die in das Beobachtungs- und Nacherziehungszentrum für junge Straffällige[11] eingewiesen worden waren. Die Gefahr einer kriminellen Karriere war somit bei den Probanden aus dem Nacherziehungszentrum fünfmal und bei den Probanden, die vor dem Jugendgericht erscheinen mußten, dreimal so hoch wie bei der Gesamtheit aller Personen aus den Kohorten.

Es besteht somit eine Beziehung zwischen der Neigung zur Delinquenz und der Tatsache, daß sich eine besondere Instanz aus dem Jugendbereich mit den Betreffenden befaßt hat. Diese Beziehung wird umso dichter, je mehr es sich um eine Instanz handelt, die speziell für Fragen der Delinquenz zuständig ist.

Natürlich stellt sich die Frage, ob man in dieser Beziehung (lediglich) die naheliegende Folge der Auswahl von Anfang an unterschiedlicher Probanden durch die Institutionen erblicken kann oder (mindestens auch) einen sekundären und damit vom an sich vorgegebenen Ziel her widersinnigen Effekt der Tätigkeit erzieherischer Instanzen.

In klassischen Evaluationsstudien mußte und muß diese Frage im allgemeinen offen bleiben. Mit einer klinischen Studie kann man sie jedoch einigermaßen beantworten.

Zunächst einmal könnten wir am Rande auf den Umstand hinweisen, den Kollegen bei Forschungen in Vaucresson gefunden haben, daß in der Praxis bei der Beurteilung eines Rückfalls nicht nur repressiv orientierte Reaktionen, sondern auch erzieherische Maßnahmen, die bei einem Probanden angewendet wurden, einen erschwerenden Umstand darstellen können. Die wesentliche Aussage geht dahin: "Wenn sich auf den Betreffenden eine Fülle erzieherischer Maßnahmen gerichtet hatte

---

9) "Consultation Médico-Psychologique" (C.M.P.).
10) "Tribunal pour Enfants et Adolescents" (T.E.A.)
11) "Centre d'Observation et de Rééducation" (Centre Lota)

und noch richtet, dann sehen die Richter, aber auch die Erzieher, den zuständigen Rückfall als viel schwerwiegender an, als wenn er sich außerhalb eines erzieherischen Zusammenhangs ereignet".

In unseren eigenen Untersuchungen haben wir Kriterien herausschälen können, die es erlauben, Maßnahmen nach ihrem Beitrag zu Erfolg oder Mißerfolg für die weitere Entwicklung des Betreffenden zu unterscheiden. Bei "mißlungenen Maßnahmen" stellt man typischerweise folgende Hauptmerkmale fest: Sie wurden zu einem Zeitpunkt eingeleitet, in dem sie mit der gerade erreichten Entwicklungsphase des Betreffenden nicht zu vereinbaren waren; sie beruhten auf einer fehlerhaften Analyse der familiären Dynamik; sie waren mit einer aktiven Störung des "Elternbildes" beim Probanden verbunden; schließlich stützten sie sich auf eine unsorgfältige Erhebung der Wirklichkeit des Probanden und damit auf eine in die Akte geratene verzerrte Falldarstellung.

6.2 Rhythmus des Übergangs zur Tat, Rhythmus der sozialen Reaktion

Wir konnten im Ablauf der kriminellen Karrieren unserer Probanden eine Periodizität feststellen. Es gab zunächst einen jährlichen Rhythmus, der einer größeren Anfälligkeit der Probanden im allgemeinen im Sommer und bei familiären Festen, wie z.B. Weihnachten, entsprach. Sodann gab es einen Rhythmus mit längeren Intervallen zwischen den Rückfällen, der einer Art von chronischem Charakter des Rückfalls entsprach. Bei einzelnen bestanden Rhythmen mit Intervallen von vier bis sieben Jahren zwischen den Rückfällen. Ohne grundsätzlich auf den Ursprung dieser Rhythmen eingehen zu wollen, sei erwähnt, daß der Begriff der "gefährlichen Lage", mit dem man die Situation bezeichnet, die den Übergang zur Tat auslöst, sich durch den Bezug auf den individuellen Rhythmus eines Straftäters viel genauer konkretisieren läßt als nur durch den Bezug auf Umweltfaktoren. Im weiteren Verlauf der Überlegungen führt dies zum Schluß, daß es bei derselben Person je nach der Phase des Rhythmus, in der sie sich gerade befindet, unterschiedliche Schwellenhöhen für den Übergang zu einer im übrigen vergleichbaren Tat geben kann.

Bei der Überprüfung der sozialen Reaktion stellten wir fest, daß die Interventionen im allgemeinen nicht den individuellen Rhythmen entsprachen, sondern von den Funktionsnotwendigkeiten der jeweiligen Instanz abhingen bzw. diktiert wurden. Besondere Probleme können dann entstehen, wenn zwischen Tatbegehung und sozialer Reaktion ein gewisser Zeitabschnitt verläuft. Denn in diesem Zeitabschnitt kann sich die Situation des Betroffenen erheblich ändern. Die wichtigste hier interessierende Änderung besteht darin, daß die nach außen hin noch manifeste kriminelle Phase psychologisch gesehen bereits ihr Ende erreicht hat. Befindet sich der betroffene Proband, wie sich in der klinischen Analyse zeigt, aber offensichtlich schon in einem Abschnitt des Abklingens der kriminellen Entwicklung, dann kommen bestimmte intervenierende Maßnahmen, gleichgültig ob sie repressiv oder erzieherisch ausgerichtet sind, eindeutig zur Unzeit: Sie unterbrechen den Gang der Entwicklung des Betreffenden und stürzen ihn durch das Wiederauflebenlassen vergangener Konfliktsituationen in einen krisenhaften Zustand.

Blickt man von daher auf die Ergebnisse der statistischen Verlaufsuntersuchungen, so könnte die fehlende Deckungsgleichheit der Verlaufsgestalten des Verhaltens und der sozialen Reaktion eine Art von Beleg sein für das, was die klinische Beobachtung im Einzelfall als Handeln zum falschen Zeitpunkt, als mangelnde Phasengerechtigkeit der Intervention und auch als sonst verfehlte Maßnahme in bestimmten Fällen diagnostiziert.

6.3 Mangelnde Analyse der Familiendynamik

In Fällen, wo nach unserer Analyse verfehlte Maßnahmen vorlagen, hatten die Praktiker ferner die Familiendynamik in der Herkunftsfamilie des Probanden fehlerhaft analysiert. Dies führte im Umgang mit dem Probanden zu einem Wiederaufleben der in diesem Fall typischen Grundstruktur familiärer Konflikte, und zwar entweder zwischen verschiedenen Mitarbeitern derselben eingreifenden Stelle oder zwischen Vertretern verschiedener eingreifender Instanzen.

Außerdem erbrachte die Inhaltsanalyse von Sozialberichten in behördlichen Akten, daß die Eltern der Probanden und besonders die Väter oft negativ dargestellt wurden. Diese Entwertung des "Elternbildes" durch die Eingreifenden kann aber die ständigen Schwierigkeiten, die die Delinquenten sowieso im Bereich der Identifikation mit anderen haben, noch verschärfen, und läßt dann eine günstige Persönlichkeitsentwicklung erst recht nicht zu. Theoretisch gesehen würde es sich bei solchen Vorgängen nicht um eine Stigmatisierung ersten Grades handeln, von der einige Theoretiker des Interaktionismus ausgehen, und die in der Beeinträchtigung der gerade bestehenden Identität einer Person sich ausdrückt, sondern um einen Prozeß sozialer Stigmatisierung zweiten Grades, nämlich durch die Verringerung der Identifizierungsmöglichkeiten für den Betreffenden.

Allerdings sei darauf hingewiesen, daß wir in einigen Fallstudien auch entdecken konnten, daß die betroffenen Jungen sich in ihrer starken Identifikation mit dem Vater, die für sie selber entscheidend war, auch durch eine massive Entwertung des "Vaterbildes" durch Sozialarbeiter nicht beirren ließen und aus der kriminellen Karriere herausfanden.

6.4 Verzerrte Darstellung der Probanden

Die Darstellung der Probanden in Sozialberichten und anderen sie betreffenden Unterlagen ist sowohl dann verzerrt und fehlerhaft, wenn sie entgegen der bei genauer Betrachtung erkennbaren Sachlage positiv eingefärbt wird, also durch die Verweigerung gekennzeichnet ist, ihn als Delinquenten auszuweisen, als auch dann, wenn sie unberechtigt negativ eingefärbt ist, also undifferenziert das Stereotyp vom Verbrecher zur Geltung bringt. Kann auch mit der negativen Verzerrung bevorzugt noch ein direkterer Prozeß der Stigmatisierung in einigen Fällen verbunden sein, so gilt für die Verzerrung in beiden Richtungen, daß auf ihrer Grundlage für den Fall unangepaßte Maßnahmen in die Wege geleitet werden.

Die Mechanismen, nach denen die "sozialen Darstellungen" zustandekommen, sind in verschiedenen sozialpsychologischen und kriminologischen Studien untersucht worden, worauf hier nicht näher einzugehen ist. Sie zeigen jedenfalls auch, daß die damit erfolgende "Definition von Wirklichkeit" sowohl für das Handeln von Amtsträgern im Einzelfall als auch für die Funktionstüchtigkeit einer je betroffenen Einrichtung maßgebliche Bedeutung bekommen kann.

Soziale Darstellung und soziale Reaktion erscheinen somit als zwei Realitäten, die einander bedingen und zwar in der Weise, daß die Schwarz-Weiß-Darstellung der Betroffenen ihren Abklatsch in der Dualität der sozialen Reaktion findet, die sich, je nachdem, entweder als Repression oder als soziale Hilfe und Schutzmaßnahme versteht. Einem negativ gezeichneten Bild des Betroffenen entspricht nach den Einsichten unserer Untersuchung stets ein repressiver Eingriff, einem positiven Bild des Betroffenen entspricht nicht notwendigerweise immer eine helfende Intervention oder Schutzmaßnahme, jedoch, wenn einmal statt der als Hilfe gedachten Reaktion die repressive Orientierung beibehalten wird, stets ein viel leichterer Eingriff. Umgekehrt kann man auch feststellen, daß die Art und Weise der Darstellung des Betroffenen abhängig ist von der Art der sozialen Reaktion, die sich auf ihn richtet.

In den Fallstudien konnten wir insgesamt erkennen, daß bei Fehlen einer angemessenen klinischen Diagnose die Gefahr groß war, daß sich die soziale Reaktion von Anfang an an Schwarz-Weiß-Bildern orientierte, die weder den tatsächlichen Umständen des Falls noch den persönlichen Eigenschaften des Betroffenen Rechnung trugen. Eine verzerrte Falldarstellung führte notwendigerweise zu einer schlechten Anpassung der Maßnahme an den Fall, und dies wiederum naheliegenderweise zu vorhersehbaren Fehlschlägen.

6.5 Geglückte Behandlung und klinische Analyse

Die gerade skizzierten Kennzeichen des fehlerhaften sozialen Eingreifens fanden wir konzentriert in Fällen der hartnäckigen kriminellen Karrieren. Bei denjenigen Delinquenten, die ihre kriminelle Karriere alsbald aufgegeben hatten, war die Skala der ergriffenen Maßnahmen deutlich anders gelagert. Die Analyse erlaubt es uns, einige Merkmale des erfolgreichen sozialen Eingreifens herauszustellen.

In diesen Fällen fanden wir zunächst eine sorgfältige klinische Analyse von Persönlichkeit und Verhaltensstil des einzelnen sowie der Familiendynamik. Diese Befunderhebung war sodann effektiv für entsprechende erzieherische Maßnahmen operationalisiert worden. Dazu gehörte nicht zuletzt eine klare Formulierung der konkreten Ziele der im Einzelfall durchzuführenden erzieherischen Arbeit sowie eine Klärung der Strategien des Eingreifens zum Erreichen der Ziele.

Auch in Fällen, wo die betroffenen Probanden anfänglich (auf der Grundlage vorheriger Kontakte mit Institutionen) mit einer negativ pauschalierenden Darstellung bedacht worden waren, brachte die beschriebene detaillierte klinische Analyse eine deutliche Änderung. Stigmatisierende Stereotype wurden abgebaut; statt dessen entstand eine nuancierte Beschreibung der komplexen Wirklichkeit des Probanden mit allen ihren Schwächen, aber auch ihren etwaigen Vorzügen und Ansatzpunkten für positive Interventionen.

Auf dieser Basis gelang es offenbar, eine besondere Beziehung zwischen dem Erziehenden (Behandelnden) und dem betroffenen Probanden herzustellen, mit entsprechenden Übertragungsprozessen, und im Laufe der Behandlung konnte eine Umformung der Persönlichkeit stattfinden.

Besonders problematisch sind natürlich hier jedoch nicht die geglückten Fälle, sondern jene Fälle des mißlungenen Eingreifens. Sie lassen sich, wie Vincent Peyre es auf einem Kongreß in Aix-en-Provence (Oktober 1979) ausgedrückt hat, als Ausdruck eines langen und komplexen Vorgangs begreifen, "den in Wahrheit niemand beherrscht". Denn solche Abläufe, die im Ergebnis zu Mißerfolgen führen, bringen durch ihre Sichtbarkeit von Stufe zu Stufe eine stärkere Polarisierung von Stereotypen mit sich, die selbst wieder formkräftig sind und deshalb ihrerseits im Kreislauf immer engere Festlegungen der Art des sozialen Eingreifens hervorbringen.

Sowohl in unseren Einzelfallstudien wie in der statistischen Untersuchung konnten wir jedoch zeigen, daß trotz den beschriebenen Vorgängen in der Wirklichkeit des Lebens Variationen möglich bleiben. Ungeachtet der erheblichen Polarisierungseffekte ergibt sich keine völlig "integrierte und hierarchisierte" Realität dergestalt, daß über alle Fälle hinweg eine Gleichförmigkeit in den endlichen Ausprägungen des kriminellen Verhaltens und der sozialen Reaktionen darauf entstünde. Dafür ist die (mögliche und tatsächliche) Vielfalt der sozialen Eingriffe bereits zu groß. Sodann handeln die verschiedenen Institutionen der sozialen Reaktion in relativer funktionaler Unabhängigkeit, was im harmloseren Problemfall mangelnde Koordination, im erheblicheren Problemfall sogar ein Gegeneinanderwirken bedeuten kann. Schließlich besteht für den betroffenen Probanden noch die Möglichkeit, verschiedene Reaktionsstrategien gegenüber den Eingriffen der Institutionen zu entwickeln.

7. Die familialen intergenerationalen Konstellationen

Für die Verbesserung der Möglichkeit zur individuellen Prognosestellung ist unserer Meinung nach eine Zusammenschau dreier Bereiche erforderlich: Kenntnisse über den soziodemographischen Hintergrund der Delinquenz der ganzen Geburtsjahrgangskohorte; Kenntnisse zur Abschätzung der Auftretenswahrscheinlichkeit des Problemverhaltens beim einzelnen Probanden; Kenntnisse zur Abschätzung der Wahrscheinlichkeit einer je bestimmten daraus resultierenden sozialen Reaktion.

Nach den Ergebnissen weiterer Forschungen, die wir durchgeführt haben, ist es jedoch darüber hinaus auch noch wichtig, die familialen intergenerationalen Konstellationen zu berücksichtigen. Diese Einschätzung ergibt sich vor allem aus einer Studie über die Phänomene der Reproduktion von Fehlanpassung, die wir bei einer größeren Zahl von Familien durchgeführt haben. Es handelt sich, genauer gesagt, um 250 Familien, die von einer Erziehungsberatungsstelle ambulant betreut wurden[12]. Bei dieser Gruppe konnten wir das Phänomen der Fehlanpassung innerhalb desselben Familienverbandes durch drei Generationen hindurch (Großeltern, Eltern, Kinder) genauer analysieren.

Wendet man sich zunächst der intragenerationalen Ebene zu, also der Frage nach dem gleichzeitigen Vorhandensein von Fehlverhalten oder kriminellem Verhalten bei Angehörigen derselben Generation, so zeigt das nachstehende Schaubild deutlich, daß wir sehr ausgeprägte Korrelationen feststellen konnten.

- Auf der Ebene der 1. Generation gibt es eine Korrelation zwischen der Fehlanpassung der Großeltern väterlichenseits und der Fehlanpassung der Großeltern mütterlicherseits. Verfolgt man dieses Phänomen noch weiter, so stellt man fest, daß es auch eine Korrelation gibt hinsichtlich der Fehlanpassung der einzelnen Partner der jeweiligen Paare. Anders ausgedrückt, besagt das also, daß sich der Großvater und die Großmutter nicht zufällig füreinander entschieden haben dürften und daß auch das "Sich-ähnlich-sein" der jeweiligen Schwiegereltern kaum ein Zufall ist.

- Auch auf der Ebene der 2. Generation besteht eine deutliche Korrelation zwischen der Fehlanpassung des Vaters und der Fehlanpassung der Mutter sowie zwischen der Fehlanpassung jedes dieser beiden und ihrer jeweiligen Geschwister. Vater und Mutter entschieden sich nicht zufällig füreinander; ihre Geschwister haben gleichfalls Anpassungsprobleme oder Delinquenzprobleme.

---

12) Vgl. Favard, A.M.: La reproduction de l'inadaptation. In: Cahiers du C.T.N.E.R.H.I., Nr. 22, April 1983.

- Auf der Ebene der 3. Generation, der Generation der Kinder, existiert gleichfalls eine ausgeprägte Korrelation hinsichtlich der Fehlanpassung der einzelnen Geschwister.

Wendet man den Blick dann auf die *intergenerationale Ebene*, untersucht also die Frage der Fortführung fehlangepaßten oder delinquenten (bzw. kriminellen) Verhaltens von einer Generation zur nächsten, so kann man, wie das Schaubild erkennen läßt, gleichfalls einen statistisch signifikanten Transmissionsprozeß feststellen. Bei der Übertragung von Eigentümlichkeiten fehlangepaßten Verhaltens von der 1. auf die 2. Generation gibt es Unterschiede zwischen der väterlichen und der mütterlichen Linie. Verfolgt man die gesamten Linien "aufwärts" von den Kindern zu den Vätern und von dort zu den Großvätern, so verzeichnen wir auf 100 fehlangepaßte oder delinquente Kinder 76 fehlangepaßte oder delinquente Väter und 26 fehlangepaßte oder delinquente Großväter. Demgegenüber zeigt uns die mütterliche Linie, daß auf 100 fehlangepaßte oder delinquente Kinder 92 fehlangepaßte oder delinquente Mütter und 37 fehlangepaßte oder delinquente Großmütter kommen.

Eine frühere Studie, die wir im Centra Lota, also dem Beobachtungs- und Nacherziehungszentrum für junge Straffällige durchgeführt hatten[13], und die sich ausschließlich mit Delinquenz (also nicht sonstigem fehlangepaßtem Verhalten) befaßte, erbrachte Ergebnisse, die in ähnliche Richtung weisen. Von den später resozialisierten Probanden hatten 14,8% delinquente Väter und 9,5% delinquente Mütter. Bei denjenigen Probanden jedoch, die nicht resozialisiert werden konnten, und dies waren hier Probanden mit verfestigter Delinquenz, war die Auffälligkeit der Eltern sowieso höher, aber vor allem kehrte sich das Verhältnis zwischen Vätern und Müttern um: 20,5% dieser Jugendlichen hatten delinquente Väter, 22,7% delinquente Mütter. Demnach scheint mütterliche Delinquenz und im weiteren Sinne Fehlanpassung der mütterlichen Linie, das zukünftige delinquente Verhalten von Jugendlichen stärker zu beeinflussen als dies im Fall von persistenter Delinquenz durch den Vater geschieht.

Das gleiche Phänomen läßt sich zwischen der 2. und 3. Generation feststellen. Zwischen der 1. und 3. Generation sind die äußerlich feststellbaren Zusammenhänge nicht mehr signifikant. Der größere intergenerationale Abstand macht hier das "Aufspüren" einer signifikanten Reproduktion von Fehlanpassung der Großeltern bei ihren Enkeln unmöglich, wie auch das Schaubild erkennen läßt.

Diese Forschungsergebnisse lassen den Schluß zu, daß es sehr wohl das Phänomen einer Reproduktion von Fehlverhalten innerhalb der gleichen Generation sowie von Generation zu Generation gibt. Entsprechende

---

13) Vgl. Favard, A.M.: Les Aléas du Modèle Clinique. Thèse Université de Toulouse Le Mirail, Ronéo.

Reproduktionseffekte kumulieren sich, wenn in Problemfamilien mehrere Generationen eng zusammenleben. Die Effekte sind stärker an die mütterliche als an die väterliche Linie gebunden.

Man darf die Sache freilich nicht zu einfach sehen. Es handelt sich bei der hier vorgestellten Reproduktion nicht um eine Wiederholung des gleichen oder gar identischen Verhaltens, also nicht einfach um ein erneutes Auftreten derselben Fehlanpassungsymptome oder derselben delinquenten Verhaltensmuster. Alles spielt sich vielmehr so ab, als ob die Reproduktion eher einer Ordnung folgen würde, die sich als dauerhafte Struktur "resultierender Wirkungen" fehlangepaßter Verhaltensweisen darstellt, denn eine Ordnung, die in der reinen Wiederholung von übereinstimmenden Handlungsweisen begründet liegt. Auch die Feststellung, welche wichtige Rolle die mütterliche Linie beim Reproduktionsprozeß von Fehlanpassung durch die Generationen hindurch konstant spielt, läßt zwei Interpretationen zu.

Die eine Interpretation ist auf der Realitätsebene angesiedelt und nimmt den Satz "Wie die Mutter, so die Tochter" als Ausdruck der tatsächlichen Gegebenheiten. Da wir aufgrund unserer bisherigen Forschungen nur über Sekundärdaten verfügen, ist es uns derzeit nicht möglich, in dieser Hinsicht genauer Stellung zu nehmen. Hierzu wäre eine prospektive Nachuntersuchung erforderlich, etwa unter Zugrundelegung der Methodologie von Marc LeBlanc und Robert Tremblay. Diese untersuchten in ihrem Forschungsprojekt mit dem Titel "Die Erben" Kinder delinquenter und fehlangepaßter Eltern, welche zuvor selbst Gegenstand einer Studie waren. Bis zum Vorliegen von Ergebnissen dieses Projektes können allenfalls verschiedene heuristische Hypothesen aufgestellt werden, die einerseits Wege aufzeigen für zukünftige Untersuchungen, andererseits einer Theoretisierung den Weg freimachen.

Die andere Interpretation ist auf der Ebene des typischen sozialpädagogischen Diskurses angesiedelt. Hierzu geben unsere Forschungsunterlagen immerhin einige Anhaltspunkte her. Es scheint so, als ob eine Schwangerschaft der Mutter für die Institutionen die Gelegenheit gibt, aufgrund der medizinischen bzw. psychosozialen Interventionen, die Fehlanpassung der Mutter zu erfassen und zu definieren. Dadurch gerät diese in die Rolle der "bevorzugten Ansprechpartnerin", an deren Person viel größere normative Forderungen geknüpft werden als an die des Vaters.

<u>**Schaubild:**</u>   Reproduktion der Fehlanpassung

(Horizontal = Synchronische Repr.; Vertikal = Diachronische Repr.)

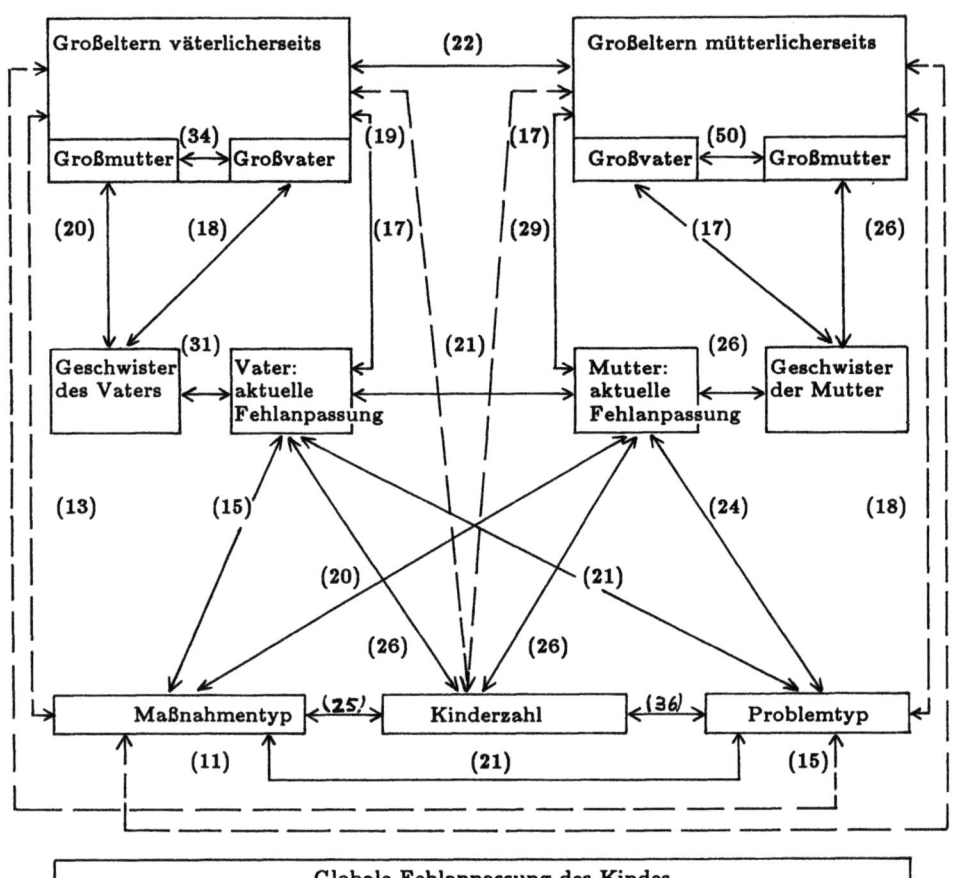

8. Die Kluft zwischen Fehlverhalten und Kriminalität

Bei sämtlichen typologischen Analysen, die wir mit unseren Untersuchungsdaten durchgeführt haben, zeigt sich eine deutliche Kluft zwischen 2 Populationen: Der Population der nichtangepaßten bzw. fehlangepaßten Probanden und der Population der delinquenten bzw. kriminellen Probanden. Aus diesem Resultat, das alle unsere Bayonner Studien erbrachten, folgt auf der theoretischen Ebene die Notwendigkeit, die Vorstellung fallenzulassen, daß es ein Kontinuum zwischen Fehlverhalten und Delinquenz (Kriminalität) gebe, daß also Delinquenz im wesentlichen eine schlimmere Form von Fehlverhalten sei. Es handelt sich vielmehr um zwei Phänomene, die ihrer Natur nach, und wohl auch ätiologisch gesehen, verschieden sind. Diese zwei Phänomene koexistieren in unterschiedlichen Kombinationen sowohl im persönlichen als auch im familialen Bereich. Bei einer gründlichen Analyse muß man also diesen beiden Gegebenheiten Rechnung tragen, wenngleich dies nicht bedeutet, daß es tatsächlich gelänge, statistisch signifikante Regelmäßigkeiten in den Prozessen der Reproduktion und der inter- und intragenerationalen Transmission immer auch nachzuweisen. Autoritätsprobleme, schwache Intelligenz und gesundheitliche Probleme des Vaters scheinen in direktem Zusammenhang mit der Delinquenz der Kinder zu stehen. Sehr stark ausschlaggebend für eine massive Delinquenz der Kinder scheint es aber vor allem zu sein, wenn keine Bindung der Mutter zu den Kindern besteht.

In einer Berechnung der Zusammenhänge allein bei der Delinquenz von Kindern konnten wir bezüglich der Delinquenz der Mutter wie der Delinquenz des Vaters nur nichtsignifikante Verbindungen erkennen. Jedoch ergab es einen Zusammenhang zwischen der Delinquenz des Vaters und dem Ausmaß der Debilität bei den Kindern, der auf dem 5%-Niveau signifikant war. Mit der Delinquenz der Kinder korrelierte auf dem 5%-Niveau die schwache Intelligenz des Vaters, seine eventuell untergeordnete Stellung und das Vorhandensein von Autoritätsproblemen. Auf dem 1%-Niveau signifikant waren Gesundheitsprobleme des Vaters. Die fehlende Bindung der Mutter an die Kinder schließlich schlug am massivsten zu Buche, und zwar auf einem Signifikanzniveau von 0,1%.

9. Überlegungen zur Bedeutung der mütterlichen Linie im Reproduktionsprozeß

Die Einsicht, daß die mütterliche Linie im Reproduktionsprozeß eine wichtige Rolle spielt, sollte bei den theoretischen Erörterungen über den mehr oder weniger ausschlaggebenden Einfluß des Vaters und der Mutter beim Entwicklungsverlauf des Jugendlichen unbedingt mitberücksichtigt werden.

Einigen Forschungen zufolge ist während der Adoleszenz von männlichen Jugendlichen der Vater ausschlaggebend für die familiale kriminogene Beeinflussung[14]. LeBlanc und Fréchette schreiben in ihren Forschungen von Montréal: "In erster Linie sind die mangelhafte elterliche Aufsicht und die wechselhafte affektive Zuwendung bzw. emotionale Inkonsistenz des Vaters, in zweiter Linie das Vorhandensein von devianten Verhaltensweisen und der mangelhafte Zusammenhalt innerhalb der Familie ausschlaggebende Faktoren für eine beschleunigte Entwicklung hin zur Kriminalität..."[15].

Im Gegensatz zu unseren Forschungsergebnissen ist die Person der Mutter hier kaum vertreten. Kann man das zurückführen auf einen objektiven interkulturellen Unterschied in bezug auf die familialen Rollen oder sind sich unsere Praktiker subjektiv stärker des normativen Charakters der weiblichen Mutterrolle bewußt? Dem wäre noch näher nachzugehen.

Eine interessante Perspektive ergibt sich anhand der Überlegungen von Tremblay und Castaignede zur "elterlichen Investition" auf der Basis verhaltensbiologischer (ethologischer) Konzepte[16]. Die epidemiologische Morphologie zeigt sowohl hinsichtlich des allgemeinen Fehlverhaltens als auch bezüglich der Delinquenz zwar konstant einen größeren Anteil von Jungen als von Mädchen, man kann sich jedoch trotzdem fragen, ob die Rolle, die die Mütter bei der Transmission spielen, nicht mit ihrer Betreuung und Pflege des Kleinkinds und Säuglings zusammenhängt. In diesem Zusammenhang erinnern wir an die Arbeiten von West und Farrington[17] sowie an die Forschungen der Glueck's[18], die alle die Bedeutung der Mutter herausstellen.

Auch die Ergebnisse der Forschungen von Robins[19] weisen darauf hin, daß es einen Zusammenhang gibt zwischen der Delinquenz der Mütter und (der Prognose) einer späteren Delinquenz der Kinder, während es in bezug auf den Vater keine derartige Korrelation gibt:
"Da unsere westlichen Gesellschaftsordnungen eher matrilineal als patrilineal ausgerichtet sind, zumindest was die affektiven Beziehungen

---

14) Zitiert nach LeBlanc in nicht veröffentlichten Unterlagen zum Projekt "Les Héritiers".
15) Vgl. LeBlanc, M./Fréchette, M.: Des Délinquences: Émergence et développement. Ronéo, Mai 1985.
16) Castaignede, J./Tremblay, R.: Investissement parental et transmission de l'inadaptation social chez l'humain. Vortrag auf dem "Colloque International d'Ethologie", April 1980, Barcelona.
17) Vgl. z.B. West, D.J./Farrington, D.P.: Who Becomes Delinquent? London: Heinemann 1973.
18) Vgl. z.B. Glueck, Sh./Glueck, E.: Unraveling Juvenile Delinquency. Cambridge, Mass.: Harvard University Press 1950 (3.A. 1957), und dieselben: Of Delinquency and Crime. A Panorama of Years of Search and Research. Springfield, Ill.: Thomas, 1974.
19) Vgl. z.B. Robins, L.N.: Deviant Children Grown up. A Sociological and Psychiatric Study of Sociopathic Personality. Baltimore: Williams and Wilkins 1966, und Robins, L.N./Ratcliffe, K.A.: Risk Factors in the Continuation of Childhood Antisocial Behavior into Adulthood. International Journal of Mental Health 7 (1979), pp. 96-116.

anbelangt, so wird die sozial fehlangepaßte Mutter eher Unterstützung finden bei ihren Schwestern und bei ihrer eigenen Mutter als bei ihren Schwägerinnen oder bei ihrer Schwiegermutter. Wenn nun schon die Großmutter Anpassungsprobleme hatte, so ist sehr wahrscheinlich, daß solche Probleme auch bei den Geschwistern der Mutter vorhanden sind, weshalb ihre Kinder nicht positiv von ihren Kontakten mit der erweiterten Familie profitieren können".

Was können diese Erkenntnisse nun zu einer weiteren Klärung der Frage der Vorhersehbarkeit individuellen Verhaltens beitragen? Es erscheint uns wichtig, das individuelle Verhalten im Kontext eines erweiterten Verhaltenssystems neu zu bestimmen, im konkreten Fall also innerhalb der Familie. Diese Dimension wurde bisher unseres Erachtens noch nie präzise genug bei einer Erstellung von Prognoseskalen berücksichtigt; die gelegentliche Aufzählung bzw. Feststellung einzelner familialer Unzulänglichkeiten folgt in der Regel dem multifaktoriellen Ansatz, ist also nicht in eine systemische Konzeption des familialen Funktionsgefüges integriert.

Eine solche erweiterte Betrachtungsweise dürfte zu einer deutlichen Verbesserung der Vorhersagbarkeit individuellen Verhaltens führen. Ferner dürfte eine Berücksichtigung der Auswirkungen, welche die soziale Intervention auf die Reproduktionsprozesse hat, die klinische Prognose verbessern helfen.

Young-Adult Offenders:
Criminological Problems

Giacomo Canepa and Maria Ida Marugo

For many years, criminological studies and research have been devoted to the problem of "young adults", a category of persons who are no longer minors (in the legal sense) nor yet "adults", in the sense that they still have not achieved a complete psychological and social maturity.

A volume on this theme, which was issued in 1967, cites some 2169 works, drawn from an international bibliographical collection[1].

Criminological interest in the class of "young adults" (whose lower age limit ranges from 15 to 18, and higher limit from 18 to 25) is based on the proposition that a principal contribution to the increase in criminality stems from people in this category and the hypothesis that their personalities are more easily altered than those of adults. Hence the conclusion that such subjects are more susceptible to rehabilitative treatment and prevention of recidivism.

However, some authors[2] are against setting up a separate legal category for these subjects, which would involve, as experience has shown, conferring an excessive discretion of the judge or penitentiary system, since there exist no precise legislative guidelines of procedural guarantees on the subject.

Official statistics in many countries and criminological research have shown clearly that the highest levels of criminality occur in adolescence and young-adulthood[3].

---

1) Hess, A.G./Ferracuti, F./Keh-Fang Kao Hess, J.: The Young Adult Offender. Bibiography. Milano: Giuffré 1967
2) Hood, R.: Young Adult Offenders. Comments on the Report of the Advisory Council on the Penal System. The Custodial Sector. British Journal of Criminology 14, 1974, p. 388; Lopez-Rey, M.: Crime. An Analytical Appraisal. New York: Praeger 1970
3) Reckless, W.: The Crime Problem. New York: Appleton-Century-Crofts 1973; Sutherland, E./Cressey, D.: Criminology. Philadelphia: Lippincott 1970; Fishman, R.: An Evaluation of Criminal Recidivism in Projects Providing Rehabilitation and Diversion Services in New York City. The Journal of Criminal Law and Criminology 68 (1977), p. 283; Chielton, R./Spielberg, A.: Is Delinquency Increasing? Age Structure and Crime Rate. Social Forces (1971), p. 49; Sagi, P.C./Wellford, C.: Age Composition and Patterns of Change in Criminal Statistics. Journal of Criminal Law, Criminology and Police Science 59 (1968), p. 29; Markides, K./Tracy, G.: The Effect of the Age Structure of a Stationary Population on Crime Rates. The Journal of Criminal Law and Criminology 67 (1976), p. 351; Bandini, T./Gatti, U.: Il fattore età nella delinquenza. Rassegna di Criminologia 4 (1973), p. 125.; Bandini, T./Gatti, U.: Delinquenza giovanile. Analisi di un processo di stigmatizzazione e di esclusione. Milano: Giuffré 1987; Marugo, M.I.: Il problema criminologico dei giovani adulti, in: Canepa, G. (ed.): Il trattamento penitenziario. Realtà e prospettive. Rassegna di Criminologia 12 (1981), p. 67

In Italy, the problem of young-adult criminality is more serious than in other countries; in fact, the highest levels of italian criminality are shown between 21 and 29 and criminality is very low under the age of 18 and behind the age of 50, in partial contrast with other nations where teen-agers show a deeper commitment to criminal behaviour[4].

The highest levels of offences are those against property, thefts and robbery[5], while the most common offenders, to a marked degree, are those who married at a very early age[6] and those acting in gangs[7].

Such data must support the hypothesis that the deviancy of "young adults" derives not only from their lingering psychological immaturity, but also from the critical social situation of exclusion and marginalization which characterizes them: they are conscious that they no longer belong to the world of adolescence but are unable to integrate themselves autonomously into the adult world, due to the great contrast between their aspirations and the "social" reactions of the environment in which they live.

A such contrast is sometimes unbearable for young people, and many authors identify it as one of the most important reasons of suicide or attempted suicide in the late adolescence[8].

Even social control agencies are very severe whith young-adults. For istance, Greenwood et al.'s study[9] analyses the severity in sentencing the young-adult offenders. Data are obtained from court records for samples of males aged 16-25 who were arrested for either armed robbery or residential burglary in three sites: Los Angeles County, CA, Las Vegas, NV, and Seattle, WA. Controlling for offense and prior record severity, young adult defendants are more likely to be convicted and incarcerated than defendants in any other age range.

Given that situation, we will set out synthetically the problems of *treating* such "young adults" and will then illustrate a number of aspects of *recidivism* and *imputability*, with special reference to the questions and contributions of particular interest in Italy.

---

4) Corrado, S.: Statistica giudiziaria. Rimini: Maggioli 1986
5) Turk, A.T.: Criminality and Legal Order. Chicago: Rand McNally 1971; Traverso, G.B./Marugo, M.I.: Identità negativa e recidivismo. Ricerca longitudinale su cento detenuti giovani adulti. In: Canepa, G. (ed.): Il trattamento penitenziario. Realtà e prospettive. Rassegna di Criminogia 12 (1981), p. 91; McClintock, F.H./Howard Avison, N.: Crime in England and Wales. London: Heinemann 1968
6) Martin, J.P./Webster, D.: Social Consequences of Conviction. London: Heinemann 1971; Knight, B.J./Osborn, S.G./West, D.J.: Early Marriage and Criminal Tendency in Males. British Journal of Criminology 17 (1977), p. 348
7) Washbrook, R.A.: The Homeless Offender: an English Study of 200 cases. International Journal of Offender Therapy and Comparative Criminology 14 (1970), p. 176
8) McAnarney, E.R.: Adolescent and Young Adult Suicide in the United States. A Reflection of Societal Unrest. Adolescence 14 (1979), p. 765; Hawton, K.: Suicide and Attempted Suicide Among Children and Adolescents. Beverly Hills (CA): Sage 1986; Robertson, A./Cochrane, R.: Attempted Suicide and Cultural Change; An Empirical Investigation. Human Relations 29 (1976), p. 863
9) Greenwood, P./Abrahamse, A./Zimring, F.: Factors Affecting Sentence Severity for Young Adult Offenders. Santa Monica (CA): Rand 1984

1. Young adults and their treatment

Criticism of custodial sentences, and of penitentiary institutions in particular, for their inability to achieve successful rehabilitations, has been most emphatic, for some time now, in the field of young adults.

In 1967, the Council of Europe[10] revealed the inefficacy of short sentences in resocializing young adults, if they are applied without proper recognition of the individual personalities of the subject or are carried out in penal institutions intended for adults. Hence the case for creating special institutions for young adults and for treatments that will recognize the individual requirements of each case.

The Third Congress of the United Nations on the prevention of crime and treatment of offenders devoted a special session to the study of such problems and concluded, as Hess mentions[11], with pointing out the need for two provisions for "young adults": transforming the penitentiary environment into a "therapeutic community", in which all the personnel will participate in the re-educative activity, and reorganizing the subjects into small groups of units, almost of a family type, in which closer relationships can be set up between staff and subjects.

A critical review[12] of European legislative systems that have accepted the principle of special institutions for young adult offenders, which also concentrates on the methodologies followed in European and North American countries for applying such measures, has demonstrated:
i) the need to identify the paramount therapeutic element in the role of the "community";
ii) the need for flexibility in applying the measures, the chance of contact with the outside world being essential. Such exigencies contrast sharply with the traditional principles of a purely "retributive" criminal justice, by throwing in question the very nature of the punishment itself.

According to the most recent trends, entirely new forms of treatment, in the community, have been tried out for some years for young adults.

Thus McClintock, in his research on the effectiveness of penal measures applied to young adults in closed institutions[13], has pointed out the need to investigate a whole new integrated perspective which will consider at the same time theories of social deviancy and theories of penalogical processes.

---

10) Comité Européen pour les Problèmes Criminels. Méthodes de traitement de courte durée des jeunes délinquants. Strasbourg: Conseil de l'Europe 1967
11) Hess 1967 (n 1)
12) Pallanca, G.F.: Recenti contributi alla ricerca criminologica sul problema dei delinquenti giovani adulti. Rassegna di Criminologia 1 (1970), p. 207
13) McClintock, F.H.: Studies of young adult offenders. Problems of research into effectiveness of penal measures. In: New Perspectives in Criminology. Zürich: Verlag der Fachvereine 1975, pp. 117 - 132

Among the new forms of non-custodial treatments for young adults entrusted to the "community", mention should be made, in England, of the "Younger Report" and the "Green Paper" issued respectively by the "Advisory Council" in 1974 and the "Home Office" in 1978. These envisage applying a new non-custodial sentence, described as a "supervision and control order". ·

Steer[14] also has observed that this measure, unlike "probation", exclusively underlines the control aspect and confers ample decisional powers on the "supervisor", without which the offender would be unable to enjoy sufficient protection against possible abuses.

Moreover, in order to obtain results that assist the aim of social reintegration, the "supervision" needs to be constructive and not of a formal and authoritarian nature - in other words, it has to be seen as a measure of support and collaboration.

This fact stands out from the comparative research~undertaken by Freelich[15] among two sample-groups of young adult "probationers", of which one was subjected to "intensive" and the other to "minimal" supervision.

Since by now nearly all countries provide for custodial measures for young adults in given circumstances, a number of essential points have been stressed in order to avoid the harmful consequences of detention:

i) during the period of detention, whether before or after judgement, young adults must be separated from other adults; also, the penitentiary setting must be changed according to the principles of the "therapeutic community";

ii)psychologicial methods, such as psychotherapy, and professional training, must be used both during the period of detention[16] and subsequently, when the subjects are being progressively reintegrated into the community. In this respect it is noteworthy that a number of countries have for some time been using the system of "halfway houses", which are organized to receive the young adults on their release from penal institutions;

iii) in prison, works and training course must be organized in a way that is consistent with the "demand" existing in the free labour market[17]. The importance of this criterion results from studies which have shown

---

14) Steer, D.: Young Adult Offenders. Comments on the Report of the Advisory Council on the Panal System. Control in the Community. British Journal of Criminology 14 (1974), p. 396

15) Freelich, A.: The Contribution of Probation Supervision toward the Modification of Certain Attitudes toward Authority Figures. Unpublished Ph.D. dissertation, New York University 1957

16) Newburger, H.M./Schaner, G.: Sociometric Evaluation of Group Psychotherapy. Group Psychotherapy 6 (1953), p. 7; Shelley, E.L./Johnson, W.F.: Evaluating an Organized Counseling Service for Youthful Offenders. Journal of Counseling Psychology 8 (1961), p. 351

17) Blumstein, A.: Free Enterprise Correction. Using industry to Make Offenders Economically Viable. Prison 1 (1968), p. 26

a reduction of recidivism in cases where such an exigency has been respected[18].

However, the new tendency which is gaining strength is towards the avoidance of institutionalization by replacing custodial sentences with methods of treatment within the community.

In this connection, it must be noted, as Trasler[19] maintains, that delinquency "is not a aberration which must be treated in artificial conditions", but is part of a reaction towards a particular type of environmental circumstances, which cannot be reproduced in a penal institution. Consequently, preference must be given to the natural process of "spontaneous abstention", which offers a wider range of satisfactory activities available for the offender, in such a way that he "may develop a more appropriate style of life".

2. Young adults and recidivism

Psychological and social factors, described above, exist to explain the marked frequency of criminality during the age of young adulthood. But special consideration is required in order to explain such persons' motivations towards recidivism.

The research by Knight and West[20] has shown, on the basis of a comparative study of two groups of offenders (habitual and occasional), in the 21 year old age group, that habitual offenders committed crimes for financial (or material) gain, whereas the motivation for occasional offenders lay more in boredom or the need for a diversionary outlet. Moreover, in the latter category, their separation from the company of their adolescent contemporaries, with whom their first crimes were committed, became an important factor in their subsequent abandonment of criminality.

Data in a research undertaken by Shoham[21] on a number of detainees released from a prison for young adults in Israel, shows that the age when the first offence was committed and the severity of the first punishment were factors closely related to subsequent recidivism.

Furthermore, the "spontaneous abandonment of delinquent conduct", according to Trasler[22], "may be promoted among young adults by positive adult stabilizing factors (such as employment, salary, family, child-

---

18) Gearhart, J.W./Keith, M.L./Commons, G.: An Analysis of the Vocational Training Program in the Washington State Adult Correctional Institutions. Research No. 23. State of Washington, Department of Institutions, May 1967
19) Trasler, G.: Delinquency, Recidivism and Desistance. British Journal of Criminology 19 (1979), p. 314
20) Knight,, B.J./West, D.J.: Temporary and Continuing Delinquency. British Journal of Criminology 15 (1975), p. 43
21) Shoham, S./Kaufmann, Y./Menaker, M.: "The Tel-mond follow up research project". Institute of Criminology, Bar-Ilan-Universität 1967
22) Trasler 1979 (n. 19)

ren)". If such factors are not available, the models of anti-social behaviour tend to persist - hence recidivism.

Finally, we must underline the Hamparian's cohort study[23] on involvement of 1,222 youngsters born in 1956-1960 in Franklin (Columbus),
OH, who had been arrested for at least one violent offense as juveniles.
This study has shown that there is a clear continuity between juvenile
and adult careers. Nearly one-third of the cohort members were chronic
offenders (five or more arrests) by the age of 18, and more than one
third of the adult offenders were adult chronic. Of the sample, 153
persons (12,5 %) were chronics in both juvenile and adult periods, and
this group accounted for almost half of all juvenile arrests and more
than 45 % of all adult arrests. These cohort members averaged 17 arrests
each.

In Italy, the *National Centre of Protection and Social Defence*[24]
published in 1967 the results of a study into recidivism among young
adults. The following results may be summarized:

- The theoretical hypothesis of the greater precocity for crime leading
  to a life of crime (greatest frequency of recidivism) was confirmed.
- An important distinction appears between first offenders and recidivists in regard to family status (according to whether the subject was
  a legitimate child or illegitimate, acknowledged or unacknowledged)
  to the effect that fatherless children, whether as a result of being
  orphaned of abandoned, proved to have a greater tendency towards
  recidivism.
- Other interesting items: the positive relationship (in terms of statistical frequency) between trends towards vagrancy in the developing
  age group and trends towards recidivism; similarly, the positive relationship between detention in institutions for observation and houses
  of re-education and recidivism; finally, the positive relationship
  between the choice of friends contrary to parental wishes and recidivism.
- The data arising from the psychological enquiry present interesting
  implications. As highlighted in the report, some personality traits are
  much more frequent in recidivists than in non-recidivists, and vice
  versa. This too confirms the views put forward in writings on the
  theme.
- Psychoses (schizophrenia, epilepsy) and psychopathies proved to be
  more common among recidivists, with nervous disturbances more
  common among first offenders, who also showed the highest percentage of psychic normality.

In the same period, a study was carried out in Italy covering an hundred
male young adult offenders who had been sentenced to imprisonment

---

23) Hamparian, D., et al.: The Young Criminal Years of the Violent Few. Federation for
   Community Planning, Cleveland (OH), 1984
24) Centro Nazionale di Prevenzione e Difesa Sociale: "Recidivismo e Giovani Adulti".
   Roma: Tipografia delle Mantellate 1969

for up to a maximum term of three years. This task, realized by Canepa (1974)[25] and assisted by Arata[26], Bandini[27], Bandini, Gatti and Pallanca[28], Bandini and Soldi[29], Soldi[30], extended over a two years period. Its analysis of the hundred subjects used the following methods:

i) individual enquiry: general medical examination, psychical examination with interviews and mental tests (Scala Wechsler-Bellevue Form I, P.M. 38 by Raven, Rorschach, Thematic Perception Test, P.N.P. Questionnaire, modified Andry Questionnaire);

ii) social enquiry, carried out by researchers in the social services and aiming to identify the personal and family history of each subject to complement the data obtained in the course of interview. Each individual's criminal record sheet was obtained as well as his personal file kept at the penal establishment. The results, assessed synthetically and globally, enabled the following conclusions to be reached:

a) Nearly every subject presented a "negative identity", in other words a "negative image of himself", so that the offenders saw themselves as people significantly different from others, destined to an "inferior" type of life, with a "criminal career" as the only alternative permitting them to assert themselves in any way. The traditional penitentiary environment tends to encourage such a "negative identitiy" and thus a tendency towards recidivism.

b) The diagnostic recognition of the negative identity allows the traditional and often fictitious distinction between normal and pathological to be overcome, and thus the distinction between psychological competence and psychiatric competence. This recognition may serve as the basis for a prognostic evaluation of future criminal behaviour (social dangerousness), with results at a very high (94 %) level.

c) An unfavourable prognosis on the question of danger to society, which was rather frequent in the cases examined, may be reduced considerably if one considers, hypothetically and theoretically, the possibility of realizing adequate therapeutic measures. In such a hypothesis, in fact, it is clinically foreseeable that the unfavourable prognosis will persist, despite the treatment, in only a small minority (6 %) of cases.

d) However, both prognoses, founded on clinical criteria, contrast sharply with the one formulated by the magistrate, who has declared as

25) Canepa, G.: Prospettive attuali del trattamento criminologico. Ricerche su cento delinquenti giovani adulti. Quaderni di Criminologia Clinica 16 (1974), p. 299

26) Arata, A.: Tratti psicopatici e reazioni psicogene in cento delinquenti adulti esaminati in ambiente penitenziario. Neuropsichiatria 24 (1968), p. 291

27) Bandini, T.: Rilievi sulla pericolosità sociale in un gruppo di delinquenti giovani adulti. Rassegna di Criminologia 1 (1970), p. 67

28) Bandini, T./Gatti, U./Pallanca, G.F.: La comunità terapeutica. Prospettive di trattamento in un gruppo di delinquenti giovani adulti. Rivista Sarda di Criminologia 4 (1968), p. 3

29) Bandini, T./Soldi, G.: Studio clinico-criminologico su cento delinquenti giovani adulti condannati a brevi pene. Osservazione generali. Medicina Legale e delle Assicurazioni 16 (1968), p. 379

30) Soldi, G.: "Problemi psichiatrici in un gruppo di delinquenti giovani adulti. Prospettive di trattamento". Rassegna di Criminologia, 1 (1970), p. 229

"socially dangerous" only one subject within the case list examined.

e) The negative identity assumes a crimino-genetic significance, whether or not one associates it with psychopathological elements, as clinically defined. That must be appreciated for the purposes of the treatment, especially psycho-therapeutic treatment, considering that the negative identity phenomenologically expresses itself in behaviours aiming at compensation, while at a deeper plane it embodies sentiments of inferiority linked to a conflictual situation.

f) The personality aspects linked with the negative identity (both superficially and more deeply) are plastic and so capable of modification, because they are not yet fixed in rigid crystallized structures. That is the outcome of the same inter-personal rapport established with the investigators in the course of the research.

During 1980, twelve years after the above study, the same cases were re-examined, with the assistance of certain collaborators (Traverso and Marugo), acquiring for each of them data of recidivism culled from the criminal record sheets.

An interesting result of Traverso and Marugo's study[31] is that in the sample (composed by young people, without a long criminal career and definable psychiatric syndromes as well) experts were inclined to disregard many of the variables (such as prior criminal records and psychiatric diagnosis) that are usually considered very important predictors for prognosis of social dangerousness; conversely, they were inclined to afford upon a large range of factors that are linked to the psychological and social features of "negative identity". Furthermore, Traverso e Marugo have shown that there is absence of relation between prior record severity and recidivism, or between mental illness and recidivism as well, while there is a strong relation between negative identity and recidivism. At regards this one, it must be underlined that 69 % of the global sample relapsed after release from prison, while 31 % was not convicted again in the years considered.

3. Young adults and criminal responsibility

Every person, according to the stipulated age level, achieves in due course the status of an adult for the purposes of the Criminal Law, which is to say that he acquires full criminal responsibility.

Despite variations according to the penal laws of most countries, the relevant age is now most commonly 18.

In Italy, criminal responsibility, defined in Criminal Law as "the capacity to wish and intend" (Art. 85, Penal Code), is partially acquired at 14 and wholly at 18.

---

31) Traverso/Marugo 1981 (n. 5)

In this connection, Italian Criminal Law provides:
i) "no person less than fourteen years of age at the time he commits the act, is criminally responsible" (Art. 97 id.)
ii) "a person between the ages of fourteen and eighteen at the time he commits the act, is criminally responsible, *if he wished and intended the act*, but the penalty is reduced" (Art. 98 id.)

At the age of 18 therefore, full criminal responsibility is acquired by law, so that the capacity to wish and intend the act is no longer an issue.

For those between the ages of 14 and 18, it is necessary to show, case by case, that such capacity has been acquired. The penalty is applicable, albeit in reduced form, only if such capacity to wish and intend the act is demonstrated.

For those under the age of 14, the legal presumption of incapacity to wish and intend the act applies and no penalty is ever applied.

In the second half of the Fifties, when the debate on this theme, and in particular on young adults (aged 18-25), was in its early stages, a study of the relationship between the age of development and criminal responsibility, led Canepa[32] to propose the need to withold all forms of criminal treatment from persons under the age of 18, since they are psychologically immature and should not thus be deemed criminally responsible.

Canepa also maintained that enquiries should be conducted with individuals between the ages of 18 and 25 (end of their period of development) in order to establish whether the persistence of their condition of immaturity was in practice connected with their anti-social behaviour.

Finally, Canepa suggested that for people between 18 and 25, the regime of criminal treatment for adults should only be applied in cases of proven full maturity.

In effect, this proposal sought to extend the re-educative measures (of an administrative, non-penal nature) from the juvenile field (as legally defined) to young adults (18-25 years old).

The same theme was later taken up by other authors[33].

The International Association of Juvenile Court Judges, concluding the work of its Fourth Congress, underlined the need for a special regime of procedure and enforcement for offenders less than 25 years of age.

---

32) Canepa, G.: Sui rapporti fra età evolutiva ed imputabilità. Archivio di Psicologia, Neurologia e Psichiatria 19 (1958), p. 325
33) Bertolini, F.: Delinquenza e disadattamento minorile. Bari: Laterza 1964; D'Orsi, L.: L'imputabilità del minore. Esperienze di Rieducazione 15 (1968), p. 36; Benedetti, P./Pittaluga, M.: Sull'imputabilità in età evolutiva. Con particolare riguardo all'applicazione dell'articolo 98 C.P. Infanzia Anormale 81 (1967), p. 587

Since 1959, the Rome-Rebibbia Centre has begun at the Institute the work of treatment for young adults, destined for persons between 18 and 25 years of age[34].

Canepa[35] has always maintained, in line with the data concerning the psychology of development, that the fourteen year old is still immature, biologically, psychologically and socially. Consequently it is untimely and unjust to make the period of "non-imputability" as a penal presumption cease at the age of 14.

Excluding therefore the possibility that some individuals may be fully mature at 14, Canepa felt that it would be proper to lift that presumption of non-imputability up to the eighteenth birthday.

After 18, the individual is still maturing, in his post-adolescent period, and it is therefore absurd to attribute to such a young person full criminal responsibility for his conduct.

The research carried out by Molnar and Munnich[36] have shown that there are no significant differences between adolescent and young adult offenders so far as the psychological, sociological and criminological aspects are concerned. The authors conclude that the world of the young adult more closely resembles that of adolescence than of adulthood. Such a disparity of treatment is therefore unjustified.

However, the proposal to lift the limit of presumed criminal responsibility beyond the age of 18 (to 21 or 25 years old) has not yet been adopted by the legislator, in Italy or elsewhere.

On this point, it is worth mentioning that such a proposal was approved by all the national delegations present at the International Congress of Social Defence held at Stockholm in 1959.

Subsequently, at the IVth International Congress of Social Defence at Belgrade in 1961, the same proposal was supported by the General Report of the *National Centre of Prevention and Social Defence*[37], which recorded "the occasion to extend as far as possible the legal status and treatments prescribed for minors, to young adults, who are individuals who have not yet attained to full maturity".

The failure of the proposal to be officially adopted, according to Levasseur[38], is partly attributable to the fact that, in nearly all coun-

---

34) Ciccotti, R.: Un sistema di trattamento penitenziario. Otti anni di esperienza dell'Istitutio di trattamento progressivo per giovani adulti di Roma-Rebibbia. Quaderni di Criminologia Clinica 9 (1967), p. 421; Ferracuti, F./Fontanesi, M./Wolfgang, M.E.: The Diagnostic and Classification Center at Rebibbia, Rome. Federal Probation 27 (1963) p. 31; Ferracuti, F./Michiels, J.: Le Centre National Italien d'Observation de Rome-Rebibbia et l'individualisation de la peine. Revue de Droit Pénal et de Criminologie 37 (1957), p. 507

35) Canepa, G.: Personalità e delinquenza. Milano: Giuffré 1974

36) Molnar, J./Munnich, I.: A fiatal felnottkoruak és buntétojog. Kriminol. Kriminaliszt. Tanuemanyok 13 (1976), p. 129

37) Centro Nazionale di Prevenzione e Difesa Sociale: In quale misura si giustifichino le differenze fra lo statuto legale e il trattamento dei minori, dei giovani adulti e degli adulti delinquenti. Rapporto generale al VI Congresso Internazionale de Difesa Sociale (Belgrado, 1961), Tip. Multa Paucis, Milano 1961

38) Levasseur, G.: Les jurisdictions de mineurs, aspects juridiques. Revue de Science Criminelle et de Droit Pénal é 4 (1974), p. 936

tries, the age of civil responsibility has been lowered to 18. Thus, if the age of criminal responsibility were to be raised, there would be an anomalous distinction with the age at which full civil rights are acquired.

Conclusions

The problem of "young adults", from the criminological point of view, presents a number of features which merit deeper study.

The need for this arises, inter alia, from the situation whereby, in relation to the age of young adults (18-25), higher levels of criminality are occurring as compared with other ages. This is confirmed by the official statistics of many countries and by criminological research.

Also, it is considered that in the period of "young adulthood" the personality is still plastic and capable of modification as compared with that of adults. This could mean that treatments aimed at rehabilitation and prevention of recidivism, could be more effective with young adults.

Data from criminological research on the theme give rise to the following elements:

i) *Young adults and treatment*: special institutions for the treatment of young adults are recommended, so that they in particular will not be subjected to the traditional forms of detentive treatment, but rather will undergo noncustodial treatments centred on the community.

ii) *Young adults and recidivism*: the prevention of recidivism may be encouraged, among young adults, by positive "support" factors, prescribed for adults, such as will establish a "spontaneous abstention" from anti-social behaviour. Clinical enquiries frequently find among young adults a "negative identity" which often lies at the root of recidivism. Such a negative identitiy, intensified in its dynamic and conflictual factors, may be modified with timely interventions of psycho-therapy.

iii) *Young adults and criminal responsibility*: the psychology of development has shown that young adults present characteristics of immaturity, which give them greater affinity with the world of minors than that of adults.

Nevertheless, efforts to lift the legal limits of criminal responsibility beyond the age of 18 have so far not met with success.

Therefore endeavours, even by another route, should be pursued, to extend the application of re-educative measures (of an administrative, non-penal nature) from the juvenile field into that of young adults (between 18 and 25 years of age).

In this connection, it should be mentioned that at the present time, the power to apply such measures in Italy, so far as minors (up to 18 years of age) are concerned, has been devolved from the State to the Regions (Law No. 382 of 22nd May 1975, Presidential Decree No. 616 of 24th July 1977).

The juvenile courts still have the jurisdiction to order the requisite measures, but their implementation falls to the Regions in programming them, while the administrative Communes are responsible for the work of the Social Services operating in this field[39].

The situation is particularly delicate at the present time, because of this process of "decentralization", the results of which it is still too early to evaluate.

---

39) Canepa, G.: L'activité de prévention de la délinquance juvénile dans le système italien. Revue Internationale de Criminologie et de Police Technique 33 (1980), p. 761

Alkoholkonsum, Verhaltensprobleme und Problemverhalten

Ein Beitrag zum Zusammenhang zwischen Alkohol und
Kriminalität im Alltag und in der Lebensgeschichte

Hans-Jürgen Kerner

Einleitung

Jede Betrachtung zum Zusammenhang zwischen Alkoholkonsum und
sozialer bzw. strafrechtlich relevanter Auffälligkeit muß die Rolle in
Rechnung stellen, die der Alkohol im betrachteten Kulturkreis generell
spielt. Andernfalls besteht die Gefahr, daß einzelne Aspekte überbe-
wertet werden, die sich bei einer im speziellen Fall untersuchten Personengruppe auffinden lassen, dort imponieren, aber unter Umständen
doch nicht spezifisch sind.

Einige allgemeine Tendenzen sind offenkundig: Alkoholgebrauch
und Alkoholmißbrauch dürfen heute als ubiquitäre Erscheinungen gelten. Betroffen sind vor allem die Industriestaaten des westlichen Kul-
turkreises; vielfach ist der Alkohol jedoch selbst dort dabei, die Rolle
als führende Rauschdroge zu übernehmen, wo traditionell andere sogenannte Rauschgifte überwogen, beispielsweise in orientalischen Ländern. Alkoholgenuß in Form verschiedenartigster alkoholischer Getränke oder Mixturen ist hierzulande in den gesellschaftlichen Alltag fest
eingebaut, kaum minder jedoch auch in das häuslich-familiäre Leben
eines Großteils der Bevölkerung. In statistischer Betrachtung geben die
Bundesbürger jährlich mehrere Milliarden DM für den Genuß von
Alkoholika aus, im langjährigen Schnitt konsumiert der "durchschnittliche Deutsche" (unter Einschluß von Kindern und Greisen) um 11 Liter
reinen Alkohols insgesamt und beispielsweise um die 140 Liter Bier im
besonderen[1].

Die Grenzen zwischen den Arten des Gebrauches, angefangen vom
Nahrungsmittel im einen Extrembereich über das Genußmittel in der
Mitte bis zum bewußt zielgerichtet eingesetzten Rauschmittel im anderen Extrem, sind verschwommen und variieren von Region zu Region,
von sozialer Schicht zu sozialer Schicht, von religiöser Gruppe zu religiöser Gruppe und auch von Person zu Person. Umfang und Formen des

---

1) Zu den Phänomenen und Hintergründen generell s. den Beitrag Kornhuber in diesem
Band, m.w.N.

Kerner/Kaiser (Hrsg.) Kriminalität
© Springer-Verlag Berlin Heidelberg 1990

normalen Gebrauchs wie auch des Mißbrauchs sind aufeinander bezogen, stehen aber nicht notwendig in linearer Abhängigkeit voneinander. Dies läßt sich beispielsweise an den unterschiedlichsten Raten der schwersten Mißbrauchsform, nämlich des Alkoholismus, zeigen. Es gibt Länder mit hohem durchschnittlichem Alkoholverbrauch und vergleichsweise niedriger Alkoholikerrate, demgegenüber wiederum Länder mit niedrigem Durchschnittsverbrauch, aber vergleichsweise extrem hoher Alkoholikerrate, von den Ländern mit paralleler Entwicklung beider Bereiche ganz zu schweigen. Unabhängig von den vielfältigen Versuchen, die Erscheinungen aus unterschiedlichen sozialen, kulturellen, religiösen und sonstigen Traditionen heraus zu erklären, mag hier als generelle Einsicht genügen, *daß* der Alkoholgebrauch überall dort einen Mißbrauch nach sich zieht, wo er die Grenzen rituell oder sonst in enge Vorschriften gebundener Verwendung überschreitet.

Bereits die Alltagserfahrung vermittelt hinreichende Eindrücke über die möglichen Folgen des akuten Alkoholmißbrauchs (beispielsweise durch den Verlust der Selbstkontrolle beim Berauschten)[2]; der chronische Trinker oder Alkoholiker im fortgeschrittenen Entwicklungsstadium, speziell verkörpert durch den Typus des Nichtseßhaften oder des Stadtstreichers, gehört zum festen Erscheinungsbild bestimmter Plätze von Großstädten, zunehmend aber auch schon von mittleren Städten. Mehrere hunderttausend Alkoholiker, nach Extremschätzungen sogar bis zu 2 Millionen Personen allein in der Bundesrepublik Deutschland[3], bilden ein drängendes soziales Problem. Die individuellen Probleme jedes einzelnen Alkoholikers als Persönlichkeit in ihren sozialen Bezügen sind auf anderer Ebene kaum minder drängend, vor allem dann, wenn die allmähliche Dekompensation auf Familie, Beruf und generelle soziale Einordnung ausstrahlt und so andere Menschen mit beeinträchtigt.

In allen diesen und noch weiteren Bereichen ergeben sich für den (erheblichen) Alkoholkonsumenten zahlreiche Möglichkeiten, durch den Konsum und durch die auffälligen Verhaltensweisen infolge des Konsums soziale Normen zu verletzen, dabei auch speziell gegen strafrechtlich relevante Normen zu verstoßen. Sehr stark pönalisiert haben den Konsum als solchen, wenn er bestimmten Regulierungen widerspricht oder zu ganz allgemein unangenehmem Verhalten in der Öffentlichkeit führt, die Staaten mit puritanischer Tradition, also die skandinavischen Länder und die Einzelstaaten der Vereinigten Staaten von Amerika.

Wie an anderer Stelle ausgeführt, muß man den Problembereich von "Alkoholkonsum, Alkoholmißbrauch, Alkoholismus und Kriminalität" für den Zweck einer umfassenden und zugleich differenzierenden Betrachtung in mehrere Schwerpunktgebiete aufspalten, und dann zunächst innerhalb dieser Gebiete einen empirisch zuverlässigen Erkenntnisstand erarbeiten. Auf der Täterebene kann man unterscheiden

---

2) Vgl. Göppinger, H.: Kriminologie. 4. Auflage. München 1980, S. 186 f.
3) Dazu s. Kaiser, G.: Kriminologie. Ein Lehrbuch. 2. Auflage. Heidelberg 1988, § 63, Rdnr. 3-4 m.w.N.

nach (1) strafbarem Verhalten bei durchschnittlichen Alkoholkonsumenten aus der Normalbevölkerung,

(2) Alkoholgebrauch bei durchschnittlichen Straftätern aus der Gesamtheit der jährlich Straffälligen,

(3) strafbarem Verhalten bei chronischen Alkoholikern,

(4) Alkoholgebrauch bzw. Alkoholismus bei chronischen Straftätern (Rezidivisten), und

(5) Alkoholgebrauch und Straffälligkeit bei den dissozialen bzw. früher als gemeinlästig benannten Personen.

Auf der Tatebene wäre nach den Formen der Kriminalität zu differenzieren, also insbesondere nach ganz bestimmten Manifestationen strafbaren Verhaltens unter akutem, subakutem und chronischem Alkoholeinfluß sowie zusätzlich nach mittelbarer Straffälligkeit in Form von Folgekriminalität oder direkter bzw. indirekter Beschaffungskriminalität. In jedem der angesprochenen Teilgebiete vermag im übrigen ein klassisch verstandenes, eindimensional konzipiertes und lineares Kausalitätsmodell nicht zu befriedigen, wie vielfältige vergebliche Versuche in der Wissenschaft gezeigt haben[4].

In den folgenden Ausführungen muß dies alles ausgeblendet bleiben, schon aus Platzgründen. Das Hauptgewicht soll auf einer eher deskriptiven Ebene liegen. In bewußter Eingrenzung wird statt der Erklärung von ursächlichen Beziehungen lediglich ein Beitrag zur Klärung von bestimmten Zusammenhängen innerhalb eines bestimmten Teilbereichs von Alkohol und sozialer (strafrechtlicher) Auffälligkeit angestrebt. Statt der weiten Frage, ob und inwieweit Alkohol Ursache von Kriminalität sei, soll der Frage nachgegangen werden, innerhalb welcher "Symptomkomplexe" Alkoholkonsum und strafbare Verhaltensweisen überzufällig gehäuft sind und gegebenenfalls kombiniert auftreten. Dabei wird ein Schwerpunkt der Betrachtung auf der Rückfälligkeit liegen.

Anhand verstreuter Ergebnisse aus älteren und neueren Untersuchungen kann man sekundäranalytisch den weiteren Überlegungen folgende *Arbeitshypothese* zugrundelegen:

Das Hineingleiten in verfestigte und von Kriminalitätsgefährdung gekennzeichnete Verhaltensweisen und Bezüge ist überzufällig eng verknüpft mit einem Abgleiten in sowohl extensiven als auch intensiven Alkoholkonsum, der schließlich in mehr oder minder ausgeprägten Stadien des Alkoholismus endet. Alkoholismus und Kriminalität sind Aussenphänomene einer langfristigen Entwicklung, die auf grundsätzlicheren Störungen aufbaut, und deren prozeßhafte Dynamik vielfach bereits lange vor demjenigen Zeitpunkt einsetzt, zu dem eine Person aufgrund bestimmter Verhaltensstrukturen und Eigentümlichkeiten im Lebensstil sowie den daraus folgenden konkreten (massiven) Auffälligkeiten schließlich mit den Etiketten des "Trinkers", "Alkoholikers" bzw. "Vorbestraften" oder ganz global des "Kriminellen" belegt wird.

---

4) Kerner, H.J.: Artikel "Alkohol, Alkoholismus". In: Kaiser, G./Sack, F./ Schellhoss, H./Kerner, H.J. (Hrsg.): Kleines Kriminologisches Wörterbuch. 2. Auflage. Heidelberg 1985, S. 5-9, hier S. 6

Zur Verdeutlichung der Arbeitshypothese sei auf wenige ausgewählte Ergebnisse neuerer Forschungen hingewiesen, die das Problem mit den unterschiedlichsten Methoden bearbeiteten.

Wilsnack und andere hatten im Herbst 1981 in den Vereinigten Staaten von Amerika eine Befragung durchgeführt, die sich primär auf alkoholkonsumierende Frauen richtete, insbesondere auf solche, die Verhaltensprobleme hatten. Zum Vergleich wurden jedoch auch 396 Männer befragt. Eine größere Fragegruppe richtete sich dabei auf Probleme, die die Befragten innerhalb der letzten 12 Monate vor dem Befragungszeitpunkt im Zusammenhang mit Alkoholkonsum hatten[5]. Es ergab sich eine Fülle von miteinander verbundenen Schwierigkeiten, wobei sich in der Regel eine deutlich aufsteigende Reihenfolge zeigte, angefangen bei den "leichten Trinkern" über die "mäßigen Trinker" bis hin zu den "schweren Trinkern", wobei als eine besonders gefährdete Gruppe diejenigen angesehen wurden, die pro Tag mehr als 2 Unzen reinen Alkohols in Form der verschiedensten alkoholischen Getränke zu sich nahmen.

Flanagan, Garrell und Mitarbeiter bereiteten die Untersuchung neu auf und kamen zu folgenden Ergebnissen (in Auswahl): Im Vergleich zu den Gruppen der leichten Trinker, der mäßigen Trinker und der schweren Trinker allgemein waren die besonders schweren Trinker dadurch ausgezeichnet, daß sie die familiären und sonstigen häuslichen Pflichten vernachlässigten (25 % zu 11 % zu 6 % zu 2 %; die Reihenfolge der verkürzend angegebenen Prozentuierungen geht von der schwersten Form zu leichtesten Form des Trinkens, auch in den weiteren Nachweisen). Sie hatten in erhöhtem Maße Unfälle zu Hause (10 % zu 8 % zu 1 % zu 2 %). Sie gerieten über heftige verbale Auseinandersetzungen hinaus auch in tätliche Streitigkeiten mit der Ehepartnerin (27 % zu 36 % zu 14 % zu 8 %). Außerhalb des Hauses waren körperliche Auseinandersetzungen mit anderen weniger verbreitet, aber immerhin noch deutlich (19 % zu 16 % zu 10 % zu 2 %). Die ausgeprägteste Verhaltensweise im strafrechtsnahen Bereich war das Fahren unter Alkoholeinfluß bzw. in Trunkenheit (73 % zu 55 % zu 46 % zu 13 %). Wenn man die Probleme zusammen sah, dann hatten 2 oder mehr problematische Konsequenzen im Zusammenhang mit Alkoholkonsum 63 % der besonders schweren Trinker gehabt, verglichen mit 54 % bzw. 31 % und schließlich 8 % bei den anderen Gruppen. Im persönlichen Bereich waren zusätzlich die Abhängigkeitssymptome erhoben worden, wie Erinnerungsausfälle, Unfähigkeit, das Trinken aufzugeben oder auch nur einzuschränken, das Herunterstürzen von Drinks, das Beginnen mit dem Trinken bereits am frühen Morgen, die Unmöglichkeit, nach dem Trinkbeginn aufzuhören, bevor das Stadium des schweren Rasches erreicht war, und dergleichen mehr. Mindestens eines, in der Regel aber

---

5) Wilsnack, S.C./Wilsnack, R.W./Klassen, A.D.: Drinking and Drinking Problems Among Women in a U.S. National Survey. Alcohol Health and Reseach World 9 (Winter 1984/85), S. 4-25, bes. S. 9.

mehrere dieser Abhängigkeitssymptome zeigten 87 % der besonders schweren Trinker, verglichen mit 69 % bzw. 26 % und schließlich 11 % bei den anderen Gruppen[6].

Besonders mit Bezug zu den aggressiven Verhaltensweisen, die alkoholbeeinflußte Personen zeigen, haben Buikhuisen und Mitarbeiter in einer detaillierten Intensivuntersuchung an 82 Versuchspersonen die Unterschiede herauszuarbeiten versucht, die zwischen solchen Personen bestehen, die als "aggressive" Trinker auffallen, im Vergleich mit anderen, die nach Alkoholkonsum allenfalls nichtaggressive Verhaltenseigentümlichkeiten zeigen[7]. Es wurden mit mehreren Untersuchungsmethoden, auch experimentellen, zahlreiche psychologische, psychophysiologische, sozialpsychologische und medizinische Variablen überprüft, wobei im Rahmen von generellen psychobiologischen Überlegungen im Mittelpunkt diejenigen psychophysiologischen Phänomene standen, in denen die Gruppen sich nach Alkoholkonsum unterschieden. Zusätzlich wurden Merkmale des elterlichen Erziehungsstils erhoben. Buikhuisen und Mitarbeiter fanden, daß bei den sogenannten aggressiven Trinkern in der Vorgeschichte mehr Schwierigkeiten in der Familie und in der Schule aufgetreten waren als bei den sonstigen Alkoholkonsumenten. Die Rate der angegebenen bzw. zugegebenen Straftaten im Dunkelfeld war höher gewesen. In den Erhebungen zu Persönlichkeitszügen zeigten sie in einem höheren Ausmaß psychopathologisch relevante Anzeichen, in Tests erwiesen sie sich als in verstärktem Maße dominierend, zugleich frustriert und negativistisch in ihren Grundeinstellungen. Bei elektrodermalen Ableitungen zeigte sich, daß die Reizantworten anders ausgeprägt waren, und zwar in Richtung auf einen Dämpfungseffekt des Alkohols auf die Aktivität des Nervensystems. Aus allen Beobachtungen zusammen leiten Buikhuisen und andere die Vermutung ab, daß bei denjenigen Personen, die sie als "aggressive Trinker" bezeichnen, bereits eine aggressive Grunddisposition im nüchternen Zustand vorliegt, die unter Alkoholeinfluß einfach in der Weise zum Ausbruch kommt, daß die Verhaltenskontrollmechanismen geschwächt werden. Demnach läge die Alkoholwirkung im wesentlichen in einer Enthemmung und nicht in einer zusätzlichen spezifischen Anregung[8].

In einer der umfangreichsten Längsschnittstudien, die überhaupt zur Verfügung stehen, konzentrierten sich Andreasson, Allebeck und Romelsjö auf den zentralen Zusammenhang zwischen Alkoholkonsum und Mortalität bei jungen Männern in Schweden. Zu diesem Zweck ließen sie insgesamt rund 50.000 schwedische Jungmänner aus drei Geburtskohorten (1949, 1950 und 1951), die im Alter zwischen 18 und 19 Jahren für den Wehrdienst gemustert wurden, bei der Musterung von Psychologen untersuchen. Außerdem wurden die Betroffenen gebeten, einen Fragebogen mit zahlreichen Angaben über Person, sozialen Hin-

---

6) Vgl. Details bei Flanagan, T.J./McGarrell, E.F. (Eds.): Sourcebook of Criminal Justice Statistics - 1985. Washington, U.S. Dept. of Justice 1986, Tabelle 3.76

7) Buikhuisen, W./Bontekoe, E.H.M./van der Plas-Korenhoff, C./van Buuren, S.: Alcohol en Aggressie. Tijdschrift voor Alcohol en Drugs 10 (1984), S. 101-107

8) Vgl. Buikhuisen u.a. 1984 (a.a.O.), S. 106

tergrund, Alkoholkonsum und Drogengebrauch sowie psychiatrischen Auffälligkeiten auszufüllen. Die Verweigerungsquote lag lediglich bei 0,4 %. Aufgrund der außergewöhnlich vollständigen und zentralisierten Registerführung in Schweden war es möglich, für einen Verlaufszeitraum von 15 Jahren die Mortalität in den untersuchten Kohorten, aber auch die psychiatrische Morbidität, soweit die Betroffenen in stationäre Behandlung gekommen waren, zu erheben. Stichzeitpunkt der Erhebungen war das Ende des Jahres 1983 gewesen[9].

Im Blick auf den Alkoholkonsum erwiesen sich 5,9 % der genau 49.464 Gemusterten als abstinent. Im übrigen wurden 78,5 % als leichte Konsumenten eingestuft (Obergrenze 100 g reinen Alkohols pro Woche); mäßige Konsumenten (mit einem Verbrauch zwischen 101 und 250 g Alkohol pro Woche) waren 13,1 %; als problematische Trinker wurden diejenigen 2,5 % betrachtet, die mehr als 250 g Alkohol pro Woche zu sich nahmen (1217 Personen); 395 Personen oder 0,8 % nahmen sogar mehr als 400 g reinen Alkohols in Form verschiedenster Getränke zu sich.

Bis zum 32. bzw. 33. Lebensjahr waren von den Geburtskohorten 662 Todesfälle registriert worden. "Gewaltsame Todesfälle" nach der internationalen Klassifikation waren es 499 (75 %), darunter 184 eindeutige Selbstmorde, 52 wahrscheinliche Selbstmorde, 172 tödliche Verkehrsunfälle, 15 Vergiftungen, 14 Fälle von Ertrinken, 12 Stürze und 10 Fälle von Mord oder Totschlag. Der Zusammenhang mit dem Alkoholkonsum war sowohl bezüglich der Mortalitätsrate allgemein als auch bezüglich des Prozentsatzes und der Rate der gewaltsamen Todesfälle eindeutig ausgeprägt. Kamen beispielsweise auf die Abstinenten 5,8 gewaltsame Todesfälle auf 1000 Betroffene, so waren es bei den schweren Trinkern 28,9 pro tausend Fälle[10].

Die Autoren führten unter anderem multivariate Analysen mit den vielfältigen Variablen durch, die durch Persönlichkeitsuntersuchungen und Fragebogen gewonnen worden waren. Bei einer schrittweisen Analyse hatten die stärkste Erklärungskraft mit Blick auf erhöhte Mortalität folgende Merkmale oder Merkmalsbündel (in absteigender Reihenfolge): Früher Kontakt mit der Polizei oder den Jugendbehörden; psychiatrische Diagnose bei der Musterung; Höhe des durchschnittlichen wöchentlichen Alkoholkonsums; Anzahl der engen persönlichen Freunde (letzteres umgekehrt proportional)[11]. Weiterhin zeigte sich, daß eine ganz enge Beziehung zwischen dem bei der Musterung angegebenen Level des Alkoholkonsums und der späteren Aufnahme in eine psychiatrische Klinik oder eine Entziehungsanstalt mit der Diagnose "Alkoholismus" bestand. Die Trinkgewohnheiten der Probanden waren schließlich den Trinkgewohnheiten ihrer Väter überaus ähnlich[12].

---

9) Andreasson, S./Allebeck, P./Romelsjö, A.: Alcohol and Mortality Among Young Men: Longitudinal Study of Swedish Conscripts. British Medical Journal 296 (1988), S. 1021-1025
10) Vgl. Andreasson u.a. 1988 (a.a.O.), S. 1023
11) Vgl. Andreasson u.a. 1988 (a.a.O.), S. 1023
12) Vgl. Andreasson u.a. 1988 (a.a.O.), S. 1023

Alles in allem schließen die Autoren, von vielen Details abgesehen, aus ihren Untersuchungen, daß das relative Todesrisiko infolge Alkoholkonsums sich reduziert, wenn man Hintergrundfaktoren konstant hält. Dies bedeutet aber umgekehrt, daß es eine vielfältige Interaktion zwischen Alkoholkonsum und solchen Hintergrundfaktoren gibt. Bei den 1217 Probanden, die mindestens 251 g Alkoholkonsum pro Woche angaben, stellten die Autoren unter anderem folgendes an Einzelfakten fest: 18 % hatten auch Cannabis mehr als 10mal konsumiert; 16 % hatten Lösungsmittel mehr als 10mal geschnüffelt; 20 % waren früher von zu Hause weggelaufen, auch mehrfach; 32 % waren mit der Polizei oder den Jugendbehörden in Kontakt gekommen; 41 % berichteten über erhebliche Anpassungsschwierigkeiten in der Schule. Die Autoren leiten daraus die Schlußfolgerung ab: Es zeige sich eine spezifische Gruppe von Probanden, die zahlreichen Schwierigkeiten gleichzeitig ausgesetzt sei und selber einen problematischen Lebensstil pflege, in welchem der ausgeprägte Alkoholkonsum nur einen Faktor unter vielen darstelle[13].

Mit Bezug auf chronische soziale Auffälligkeit ist es noch aufschlußreich, auf die Forschungsergebnisse von Ostrihanska und Rzeplinska aus Polen hinzuweisen[14]. In Polen war im Oktober 1982 ein besonderes Gesetz über den "sozialen Parasitismus" erlassen worden, mit dem solche Personen getroffen werden sollten, die sozial nützlicher Arbeit auswichen und ihr Einkommen aus gesetzwidrigen Quellen bezogen oder aus Verhaltensweisen, die mit dem Prinzip der sozialen Gegenseitigkeit unvereinbar waren, also beispielsweise im chronischen Ausnutzen von anderen bestanden. Die angezielte Gruppe waren vor allem Männer zwischen 18 und 45 Jahren. Anhand der Daten mehrerer Gruppen von Männern (insgesamt knapp 3000), die im Bezirk Warschau bei den Behörden anhängig bzw. in Ausnüchterungsstationen eingeliefert worden waren, untersuchten die Autorinnen vor allem die Zusammenhänge zwischen Alkoholkonsum und Arbeitsverhalten bzw. Beschäftigungslosigkeit bei "exzessiven Trinkern", die Geschichte der Auffälligkeiten und der Sanktionen, die Versuche der Behörden zur Kontrolle des Verhaltens und gegebenenfalls zur therapeutischen Behandlung, sowie schließlich die Ergebnisse dieser Versuche. Als besonders hartnäckig hoffnungslos erwiesen sich 708 Patienten, die sowohl wegen sozialen Parasitismus' registriert worden waren als auch wiederholt in den Ausnüchterungsstationen eingeliefert wurden. Vor allem die Versuche, sie zu öffentlichen Arbeiten heranzuziehen oder sie an reguläre Arbeit zu gewöhnen, erwiesen sich als "vollständig ineffektiv"[15].

---

13) Vgl. Andreasson u.a. 1988 (a.a.O.), S. 1024
14) Ostrihanska, Z./Rzeplinska, A.: The Excessively Drinking Men and Their Work (Contribution to Discussion on the Act of Dealing with Persons Ecading Work). In: Archivum Kryminologii XIV, Warszawa 1987, S. 241-246
15) Vgl. Ostrihanska, Z./Rzeplinska, A.: 1987 (a.a.O.), S. 244

1. Methodischer Zugang

Die nachfolgenden Ausführungen beziehen sich auf die Tübinger Jungtäter-Vergleichsuntersuchung, die den Mittelpunkt des kriminologischen
Forschens des Jubilars bildet[16]. In Fortführung eigener früherer Überlegungen als Mitglied des Teams am Institut für Kriminologie der Universität Tübingen[17] wird versucht, etwas von der Komplexität der oben
angesprochenen Zusammenhänge einzufangen bzw. darzustellen, wobei
naheliegenderweise freilich an dieser Stelle die meisten Details wegge-
lassen werden müssen.

Die beiden Aspekte der Arbeitsthese, nämlich "Alkoholmißbrauch als
Begleitfaktor einer kriminellen Karriere" und "Kriminalität und Alkoholmißbrauch als Ausdruck langfristiger Prozesse sozialer Abweichung"
werden dabei quantitativ und qualitativ angegangen.

In quantitativer Hinsicht werden folgende Unterlagen verwertet: Für
die Mehrzahl der Fragestellungen eine Auswahl aus den (in Form sogenannter Erhebungsbogen) halbstandardisiert bis standardisiert festgehaltenen Ergebnissen von Einzelfakten oder -bereichen der Untersuchungen von 200 H-Probanden und 200 V-Probanden entsprechenden Alters
aus der "Normalpopulation"; für ergänzende Fragestellungen Ergebnisse
aus einer mit dem umfangreichen Tübinger Aktenmaterial durchgeführten ergänzenden Studie über "Verhaltensmodi" in Anlehnung an die von
Göppinger herausgeschälten kriminorelevanten Konstellationen. Zu
diesen Angaben für die ursprüngliche Untersuchung kommen Erhebungen, bisher jedoch nur für die H-Probanden, über die Rückfälligkeit in
drei Nachuntersuchungsintervallen von je 5 Jahren nach der Entlassung
aus dem Strafvollzug (nach der Untersuchung am Institut), also insgesamt über einen 15jährigen Verlaufszeitraum.

In qualitativer Hinsicht stützen sich die Darlegungen auf die ersten
Eindrücke aus den differenzierten Einzelfallstudien zur Entwicklung
der Probanden im Nachuntersuchungszeitraum, gestützt vor allem auf
Explorationen, andere mündliche Kontakte und Hausbesuche, wobei an
dieser Stelle um der Konsistenz der Darlegungen willen ebenfalls nur
auf die H-Probanden eingegangen werden soll.

Um einen Vergleich auch innerhalb der Gruppen der H-Probanden
und der V-Probanden durchführen zu können, wurden diese jeweils in
2 Untergruppen aufgeteilt, getrennt nach Art und Ausmaß des Alkoholkonsums. Um im quantitativen Ansatz möglichst zu eindeutigen Zuord-
nungen zu gelangen, war es angebracht, lediglich eine dichtomisierte
Aufgliederung durchzuführen.

---

16) Dazu s. besonders den Hauptbericht von Göppinger, H., unter Mitarbeit von Bock,
   M./Jehle, J.-M./Maschke, W.: Der Täter in seinen sozialen Bezügen. Ergebnisse aus
   der Tübinger Jungtäter-Vergleichsuntersuchung. Berlin, Heidelberg, New York, Tokyo:
   Springer 1983
17) Vgl. Kerner, H.-J.: Alkoholgenuß und Rauschmittelgebrauch bei Kriminellen. Vergleich
   mit sozial nicht auffälligen Personen. In: Turcin, R. u.a. (Hrsg.): Psihopatske Licnosti.
   Zagreb 1972, S. 423-430

Als "Trinker" werden demgemäß alle diejenigen Probanden behandelt, die sich nach den ursprünglichen Erhebungsunterlagen durch hohen Alkoholkonsum auszeichnen, also, operational bezeichnet, durch überwiegend tägliches Trinken von Alkohol in Form von vier und mehr Flaschen Bier und/oder mehr als ein Liter Wein und/oder mehreren Glas hochprozentigen Alkohols, ergänzend charakterisiert durch häufiges Angetrunkensein oder Betrunkensein, im Grenzfall einmal wöchentlich. Als "Gelegenheitstrinker" gelten für den vorliegenden Zweck alle übrigen Probanden, gleichgültig ob sie weitgehend abstinent sind, generell weniger als die eben erwähnten Mengen trinken oder zwar unter Umständen viel Alkohol zu sich nehmen, dies jedoch lediglich im Zusammenhang mit einer alkoholnahen Berufstätigkeit.

Auf diese Weise erhält man vier Gruppen: 118 H-Trinker, 82 H-Gelegenheitstrinker, 18 V-Trinker und 182 V-Gelegenheitstrinker. Während die Verteilung bei den H-Probanden einigermaßen gleichmäßig ist, gibt es demnach bei den V-Probanden nur wenige ausgeprägte Trinker, was sich natürlich bei quantitativen Analysen erheblich auswirkt.

Da ganz grundsätzlich darauf zu verweisen ist, daß "erfahrungsgemäß in kaum einem anderen Bereich so häufig unrichtige Angaben gemacht werden wie beim Alkohol- und Drogenkonsum bzw. -mißbrauch"[18], wurde die Gültigkeit der Zuordnung zu den vier Untergruppen anhand mehrfacher sonstiger Angaben in den Unterlagen überprüft, die sich direkt oder mittelbar auf Alkoholgenuß beziehen.

Bei den umfangreichen Einzelfallstudien zeigte sich bereits als Ergebnis der Erstuntersuchung, daß von besonderer kriminologischer Relevanz der unkontrolliert-übermäßige Alkoholkonsum ist. Dabei geht es nach Göppinger[19] nicht so sehr um die akuten Auswirkungen des Alkoholgenusses an sich oder einer etwaigen Alkoholsucht. Vielmehr gilt: "Von zentraler Bedeutung ist die letztlich alle Lebensbereiche durchziehende *Hintergrundwirkung* des regelmäßigen starken Alkoholkonsums, der die Tendenzen zum K-idealtypischen Verhalten in den einzelnen Lebensbereichen in aller Regel verfestigt. Abgesehen von der Bedeutung des Alkohols im unmittelbaren Vorfeld der Straftat und bei der Deliktsbegehung selbst, zeigen sich seine kriminologisch relevanten Auswirkungen beispielsweise darin, daß er die Vernachlässigung zwischenmenschlicher Beziehungen eher verstärken, das Freizeitverhalten vermehrt in Richtung offener Abläufe drängen und zu (weiteren) Auffälligkeiten im Leistungsbereich führen kann."[20] Besonders deutlich schälte sich in den genauen Betrachtungen heraus, daß für eine etwaige kriminologische Relevanz das Kriterium keineswegs isoliert, sondern stets in bezug auf die konkreten Lebensumstände und Verhaltensweisen des individuellen Probanden betrachtet werden muß.

---

18) Göppinger, H., unter Mitarbeit von Maschke, W.: Angewandte Kriminologie. Ein Leitfaden für die Praxis. Berlin, Heidelberg, New York, Tokyo: Springer 1985, S. 66
19) Vgl. Göppinger, H. 1985 (a.a.O.), S. 105
20) Vgl. Göppinger, H. 1985 (a.a.O.), S. 105

Wenn es im Endergebnis gelingen könnte, die Ergebnisse der qualitativen Erhebungen besonders eng mit den Ergebnissen quantitativer Betrachtungen dergestalt zu verknüpfen, daß die Grenzen des quantitativen Zugangs nicht nur generell, sondern ganz spezifisch am Problembereich aufgezeigt werden können, würde dies besonders bedeutsam und möglicherweise folgenreich für die weitere wissenschaftliche Diskussion sein. An dieser Stelle muß sich die Darstellung mit vergleichenden Betrachtungen im Sinne einer Gegenüberstellung begnügen.

2. Entwicklung der Probanden bis zur Strafmündigkeit und in der frühen Jugend

In den Schriften psychodynamisch orientierter Autoren, aber auch im Rahmen sozialwissenschaftlicher Forschungen zur frühkindlichen Sozialisation wird vielfach gerade den ersten Lebensjahren entscheidende Bedeutung für die Ausprägung der kindlichen Persönlichkeit und ihrer Verhaltensmuster beigemessen. Zu den speziell erörterten Problembereichen gehören Sozialisationsdefizite, frühkindliche Entbehrungssituationen, fehlende Möglichkeit zur Identifizierung mit dem Vater bei männlichen Kindern, und emotional zerrüttetes Familienklima, soweit es den Zusammenhang mit Alkoholismus und Delinquenz betrifft.

Von den ausgewählten Positionen aus diesem Gesamtzusammenhang der frühkindlichen Situation differenziert bei den Probanden der Tübinger Untersuchungen nur ein geringer Teil im Sinne eines "Belastungsgefälles", d.h. einer sehr hohen Quote von Beeinträchtigungen bei den H-Trinkern, die dann gleichmäßig abfällt über die H-Gelegenheitstrinker und V-Trinker bis hin zu den V-Gelegenheitstrinkern. Nichteheliche Geburt, Unterbringung in Kinderheimen (Horten, Tagesstätten usw.), Unterbringung in Jugendheimen und schließlich Einweisung in ein Fürsorgeerziehungsheim sowie ähnliche, einfach feststellbare und vordergründige Gegebenheiten erweisen sich in Übereinstimmung mit anderen Erhebungen bei Jungtätern als Faktoren, die zwar signifikant mit dem Merkmal "Freiheitsentzug" korrelieren, jedoch keine deutliche Beziehung zeigen zur Entwicklung ausgeprägten Trinkverhaltens. Beim frühen Verlust eines Elternteils oder sogar beider (biologischer) Eltern sind alle vier Untergruppen belastet; gerade aus der Gruppe der V-Gelegenheitstrinker hatte fast der gleiche Prozentsatz an Probanden (20 %) den Elternverlust zu ertragen wie bei der Gruppe der H-Trinker (21 %). Ebensowenig läßt sich eine einheitliche oder gar signifikante Tendenz feststellen, wenn man überprüft, ob die Probanden jemals in einer vollbesetzten Elternfamilie gelebt haben, gegebenenfalls auch über die Kindheit hinaus bis zum 18. Lebensjahr und zum Teil noch weiter, oder ob sie mit der Situation des sogenannten Schlüsselkindes konfrontiert waren. Auf eine Konfliktkonstellation mag allenfalls in diesem Bereich der Umstand hindeuten, daß sich in allen drei Gruppen, in denen Alkohol und/oder Kriminalität eine Rolle spielen (H-Trinker,

-Gelegenheitstrinker, V-Trinker), verhältnismäßig viele Probanden it einem Stiefelternteil (in der Regel Vater) befinden (24 % zu 28 % ɹ 22 %, gegenüber nur 8 % in der Gruppe der V-Gelegenheitstrinker). Jngeachtet der Signifikanz der Unterschiede bleibt darauf hinzuweisen, laß eben dieses Ergebnis zugleich bedeutet, daß zwischen 70 % und 80 % der Probanden in den "Problemgruppen" nicht mit dieser Situation zu tun hatten.

Geht man von der frühen Umwelt- bzw. Familiensituation des Probanden auf etwaige Auffälligkeiten in seiner Person selbst über, zunächst ohne Rücksicht auf die Genese, dann könnte man unter entwicklungspsychologischen Aspekten als wichtiges Symptom für Störungen das Bettnässen bzw. Einkoten ansehen. In dieser Hinsicht sind die H-Trinker als Gruppe mit 22 % am stärksten belastet, jedoch ergibt sich ansonsten keine einheitliche Tendenz; die Gruppe der V-Gelegenheitstrinker ist sogar mit 10 % leicht höher belastet als diejenige der V-Trinker (6 %) oder der H-Gelegenheitstrinker (9 %). Statistisch bedeutsam ist vor allem der Unterschied zwischen der Gruppe der H-Probanden und der V-Probanden insgesamt. Deutlicher zu Lasten der H-Trinker ausgeprägt ist in der frühen Kindheit das Merkmal ständiger oder sogar beständig starker Aggressivität nach den Feststellungen der Erziehungspersonen. Doch auch hier bleibt insgesamt die Quote gering (11 %; 6 %; 0 %; 1 %); bei genauerer Betrachtung findet man eher eine Verbindung zur späteren Kriminalität als zur Ausprägung des Alkoholkonsums. Ähnliches ergibt sich bei der Frage nach früher "innerer Unruhe" bei den Probanden, also, am äußeren Verhalten gemessen, ob sie gelegentlich oder sogar ständig von zu Hause wegliefen bzw. sich unkontrolliert herumtrieben. Hier differenziert innerhalb der Häftlingsgruppe vor allem das gelegentliche Weglaufen sowohl im Alter von 6 bis einschließlich 11 Jahren als auch im Alter von 12 bis einschließlich 13 Jahren zu Lasten der H-Trinker, während beide Teilgruppen der V-Probanden durchweg fast unbelastet sind. Die in der frühen Kindheit angelegten Entwicklungen setzen sich dann eher noch verstärkt jenseits des 14. Lebensjahres fort. Die Korrelationskoeffizienten, die man bei einfachen Zusammenhangsberechnungen hier erreicht, gehen teilweise bis zum Wert von 0,60 bei einem Signifikanzniveau von 0,1 %.

Die im häuslichen Bereich sich andeutenden oder aufdrängenden Probleme setzen sich ähnlich im Bereich der Schule fort. Häufiges Schuleschwänzen im Alter zwischen 6 und 13 Jahren findet sich dabei in der Gruppe der V-Trinker fast ebenso stark wie in der Gruppe der gelegenheitstrinkenden Häftlinge. Das Auseinandergehen der Entwicklungen prägt sich erst nach dem 13. Lebensjahr deutlicher aus insofern, als sich die V-Probanden der Trinkergruppe wieder fangen, während die Quote bei den späteren Häftlingen (vorwiegend in der berufsbildenden Schule) noch weiter steigt. Durchweg am stärksten belastet bleibt über die gesamte Kindheit und Jugendzeit hinweg die Gruppe derjenigen, die später im Erwachsenenalter sowohl durch erhebliche Kriminalität als auch durch starkes Trinken auffallen.

Im Überblick vielfältiger Detailergebnisse läßt sich insgesamt bemerken, daß bei den später durch Alkoholmißbrauch und wiederholte

Straffälligkeit gemeinsam belasteten Probanden schon sehr früh und über Jahre hinweg kontinuierlich Störungen in verschiedenen Bereichen vorkommen. Diese Störungen müssen nicht in jeder einzelnen Ausprägung vollständig bei jedem einzelnen Probanden vorliegen, in der Gruppe jedoch manifestieren sie sich verstärkt und deuten damit an, daß man von einem Prozeß allmählich gesteigerter Gefährdung durch aufeinander bezogene Störeinflüsse in der gesamten frühen Entwicklungssituation wird ausgehen können.

3. Ausprägung der Belastungen bis zum 18. Lebensjahr

Im Rahmen der Studie am Institut für Kriminologie über die sogenannten Verhaltensmodi wurde für jeden der 400 Probanden noch einmal gesondert festgehalten, ob er bereits vor dem 11. Lebensjahr zu Hause, außerhalb der häuslichen Umgebung oder auch in beiden Bereichen auffällig geworden war. Infolge der zusätzlichen Registrierung der Art der stärksten Auffälligkeit war es möglich, eine sechsstufige Belastungsskala zu bilden, die etwa einer Delinquenzskala nach dem Vorverständis des amerikanischen Jugendrechts entspricht, beginnend mit Stehlen, Betrügen und extremer Rauflust (Stufe 1) über Herumstreunen, Sachbeschädigung, sexuelle Auffälligkeit, starke Aufsässigkeit, frühes Rauchen und Trinken bis herunter zu den Bagatellentwendungen (Nahrungsmittel, Blumen und anderes; Stufe 5) oder schließlich einer allgemeinen Unauffälligkeit (Stufe 6). Mit Blick auf die Bedeutung, die schon in den 60er Jahren vielfach den sogenannten Definitionsprozessen durch die Träger der öffentlichen sozialen Kontrolle beigemessen wurde, war außerdem festgehalten worden, ob sich die Behörden (aus welchen Gründen im Einzelfall auch immer) bereits vor dem 14. Lebensjahr direkt und individuell mit den Probanden beschäftigt hatten.

Ganz allgemein liegt der Schwerpunkt der bei H-Probanden festgestellten Frühauffälligkeiten auf der Stufe 1, während bei den V-Probanden überwiegend Bagatellen der Stufe 4 und 5 bekannt geworden sind.

Die erste Annäherung an die Beziehungen zwischen behördlichem Einschreiten vor dem 14. Lebensjahr und späterer Straffälligkeit scheint ein einfaches Bild zu ergeben. Von den 16 V-Probanden, die in Behördenkontakt gekommen waren, wurden 6 (oder rund 38 %) später straffällig; von den verbleibenden 184 V-Probanden wurden 38 (oder rund 21 %) straffällig. Die 53 H-Probanden mit frühem Behördenkontakt wurden später 344mal bis zum Untersuchungszeitpunkt (im Schnitt 6,5), die 147 H-Probanden ohne Behördenkontakt dagegen 822mal (im Schnitt also 5,6) abgeurteilt.

Bei genauerer Betrachtung stellt man fest, daß das frühe Einschreiten der Behörden lediglich *einen* Faktor innerhalb eines relativ weitgestreckten Bereichs gestörter persönlicher und sozialer Beziehungen bildet und sich für den späteren Verlauf der Karriere sozialer Abweichung des Probanden nicht als (etwa zwingende) "Vorwegnahme" der später häufigen Verwicklungen mit Polizei und Justiz, sondern allenfalls als Zusatzbelastung auswirkt. Gerade bei den H-Probanden mit Behördenkontakt vor dem 14. Lebensjahr zeigt sich bereits vor dem 11. Lebensjahr sowohl eine häusliche als auch außerhäusliche (delinquente) Auffälligkeit in signifikantem Ausmaß und mit Korrelationskoeffizienten, die immerhin den Wert von 0,4 überschreiten. In der Entwicklung nach dem 14. Lebensjahr gleichen sich bei den Probanden die Probleme sowohl hinsichtlich des starken Alkoholkonsums als auch hinsichtlich der Straftaten und Sanktionshäufigkeit weitgehend an. Etwa verbleibende Prozentunterschiede bleiben alle im Bereich der Zufallsschwankungen.

Bei den V-Probanden ergibt sich demgegenüber ein teilweise verändertes Bild. Geht man von der häuslichen Auffälligkeit vor dem 11. Lebensjahr aus, dann folgt eine positive Korrelation lediglich mit dem Behördenkontakt, jedoch eine negative Korrelation zur späteren Alkoholauffälligkeit und zur Straffälligkeit. Dies bedeutet, daß die im häuslichen Bereich im großen und ganzen unauffälligen Probanden später (als Gruppe) eher eine höhere Belastung zeigten als die im häuslichen Bereich auffälligen Probanden. Allerdings ist die Teilgruppe der Auffälligen so gering besetzt (11 Probanden), daß insgesamt keinerlei verbindliche Aussage gewagt werden sollte.

Deutlicher ausgeprägt sind indes auch bei den V-Probanden die Verbindungen zwischen früher außerhäuslicher Auffälligkeit vor dem 11. Lebensjahr, darauf bezogenem (oder auch anderweitig begründetem) Behördenkontakt bis zum 14. Lebensjahr und späteren Störfaktoren. Bei den 56 entsprechend belasteten Probanden war der Zusammenhang am stärksten ausgeprägt mit späterem Trinkverhalten, etwas schwächer ausgeprägt bei Behördenkontakten und nur im Sinne einer leichten Tendenz ausgeprägt bei erhöhter Straffälligkeit.

Bei fast allen ausgewerteten Positionen für den Zeitraum von der Strafmündigkeit bis zum Heranwachsendenalter, der sich mit der Pubertätsentwicklung überschneidet, erwies sich die (innere) Situation der tatsächlichen (sozialen) Elternfamilie, in der der Proband lebte, als bedeutsam. Die Analysen ergeben ein deutliches und gleichmäßiges "Belastungsgefälle". Im Hinblick beispielsweise auf Harmonie in der Ehe, Streitaustragung zwischen den Elternteilen, Erziehungsverhalten und emotionales Eltern-Kind-Verhältnis hat die Gruppe der später durch Alkohol und Kriminalität gleichermaßen auffälligen H-Trinker prozentual die höchsten Beeinträchtigungen zu verzeichnen. Es folgen in der Belastung die anderen Häftlinge und die V-Trinker, während die restlichen V-Probanden jeweils am geringsten betroffen sind. Um ein Beispiel herauszugreifen, das besonders deutlich ist: Inkonsequentes Erziehungsverhalten (schwankend zwischen besonderer Strenge und besonderer Nachgiebigkeit) bzw. insgesamt mangelndes Erziehungsverhalten bei der Mutter zeigt sich bei den vier Gruppen in folgender Verteilung: 85 % zu 80 % zu 39 % zu 32 %; die emotionale Grundhaltung des Vaters gegenüber den Probanden ist durch Gleichgültigkeit oder durch Wechseln zwischen Zuwendung und Abwendung gekennzeichnet bei 50 % zu 36 % zu 40 % zu 9 % in den vier Teilgruppen.

Die Schwierigkeiten der Probanden in Kindheit und früher Jugend, sowie die zusätzlichen Probleme in der Familie und im Erziehungsgeschehen lassen erwarten, daß Anzeichen von Desorganisation auch in sonstigen Lebensbereichen der Probanden zu finden sind, die in ihrem interdependenten Zusammenwirken den Prozeß sozialer Auffälligkeit bzw. der Hinentwicklung zur Kriminalität weiter begünstigen können. Ein "Belastungsgefälle" prägt sich in der Tat überzufällig aus in der gestörten Interaktion der Probanden mit Familienmitgliedern (Fehlanpassung), mit Bekannten und Freizeitgenossen, sowie in einer zunehmenden Isolation und Oberflächlichkeit im Sozialkontakt. Begünstigt wird diese Tendenz durch häufigen Restaurantbesuch, darunter schließlich bei den H-Probanden noch überzufällig häufiger Aufenthalt in Milieulokalen oder zumindest Bars, Nachtbars und dergleichen. Im qualitativen Zugang taucht hier verstärkt das unstrukturierte Freizeitverhalten auf, also eine Fülle von Freizeittätigkeiten mit völlig offenen Abläufen, die bis zum frühen Morgen dauern, oder plan- und zielloses Umherfahren auf der Suche nach Abenteuer und Reizsituationen. Übermäßiger Alkoholkonsum als nur eine Form von "Ausschweifungen" fällt zusammen mit unkontrolliertem Geldausgeben, mit Streitigkeiten oder gewalttätigen Auseinandersetzungen[21].

Das Problem, eine stabile personale Beziehung durchzuhalten, stellt sich für die Probanden im Heranwachsenenalter vor allem auch bei Kontakten zum anderen Geschlecht. Im Vergleich der vier Teilgruppen kann man feststellen, daß sich die Probanden aus der Gruppe der V-Gelegenheitstrinker am wenigsten überhaupt an eine Freundin gebunden hatten, es folgten die V-Trinker und schließlich die H-Probanden. Kaum Verschiedenheiten ergaben sich zwischen den Gruppen für diejenigen, die eine einzige feste Freundin hatten, sei es mit oder ohne Intimkontakt. Die Stabilität bzw. mangelnde Stabilität äußert sich aber dann sehr deutlich, wenn man die Quote derjenigen Probanden auszählt, die mit mehreren Freundinnen gleichzeitig oder verhältnismäßig kurzfristig nacheinander ein Sexualverhältnis unterhielten, wobei die emotionalen Bindungen in der Regel sehr schwach waren. Das Belastungsgefälle wird sehr deutlich, wenn man die Werte von 71 % zu 61 % zu 44 % zu 18 % betrachtet.

4. Vertiefung der Störungen bis zum Untersuchungszeitpunkt

In den weiteren Jahren bis ins Jungerwachsenenalter (strafrechtlich gesehen) löst sich für viele (vor allem H-)Probanden die Problematik der Herkunftsfamilie durch Trennung von den Eltern, im übrigen trennen sich die (vor allem V-)Probanden zum Zwecke der Gründung einer

---

21) Vgl. Göppinger, H. 1985 (a.a.O.), S. 101 f. und Maschke, W.: Das Umfeld der Tat. München: Menerva 1987, S. 69, 71 f.

eigenen Familie. Bei denjenigen Probanden, bei denen sich die Frage nach der Harmonie der elterlichen Ehe für diesen Zeitraum noch auswerten läßt (289), bleibt das für frühere Zeiträume erkennbare Belastungsgefälle dauerhaft. Die Quoten für nichtharmonisches Eheklima lauten in überzufälliger Abstufung und mit einem Korrelationskoeffizienten von 0,31 dabei genau 40 % zu 37 % zu 23 % zu 18 %. Im übrigen vertiefen sich die in Schule und Ausbildung angelegten Störungen im Bereich der Berufswahl und des Berufsverhaltens. An dieser Stelle soll der wichtigen Frage nach der Motivation für einen Berufs- bzw. Arbeitsstellenwechsel nicht näher nachgegangen werden. Betrachtet man im Überblick nur die äußere Tatsache des mit steigender Alkohol- und Strafenbelastung integriert einhergehenden gehäuften Arbeitsstellenwechsels, so spielt die Inhaftierung und besonders die mehrmalige Inhaftierung eine Rolle, sie reicht aber nicht aus, um die gesamte Varianz zu erklären. Um nur die Extrembelastung herauszugreifen: Über 10 Arbeitsverhältnisse bis zur Untersuchung im Institut hatten 70 % der H-Trinker, 43 % der H-Gelegenheitstrinker, 11 % der V-Trinker und nur knapp 3 % der V-Gelegenheitstrinker gehabt.

Was sich äußerlich im Arbeitsstellenwechsel als solchem ausprägt, nämlich die Verbindung von mangelndem Durchhaltevermögen mit dem äußeren Eingriff in die Berufskontinuität durch Verbüßungszeiten, setzt sich vom Inhalt her gesehen als gestörte Interaktion mit Vorgesetzten und Arbeitskollegen sowie als allgemeine Vernachlässigung der Pflichten fort. Zwar herrschen die Schwierigkeiten insgesamt bei den H-Probanden vor, doch ist auch in diesem Bereich interessant, daß der Faktor Alkoholbelastung einerseits schon bei den V-Probanden ins Gewicht fällt, andererseits bei den H-Probanden die Schwierigkeiten aus der sanktionierten Straffälligkeit fast durchweg verstärkt. Auch unter Berücksichtigung von möglichen Beurteilungsfehlern bei entsprechenden qualitativen oder "weichen" Merkmalen bleibt das Belastungsgefälle überaus deutlich ausgeprägt. So lauten die Quoten beispielsweise bei der allgemeinen Einstellung zum Beruf im Bereich der Einstufungen als überwiegend egozentrisch, widerwillig oder verantwortungslos 79 % zu 67 % zu 12 % zu 6 %, als unregelmäßige Arbeiter werden eingestuft 81 % zu 58 % zu 11 % zu 4 %; das Arbeitsverhalten ist im Längsschnitt schlecht bewertet bei 83 % zu 70 % zu 22 % zu 10 %; als widerwillig arbeitend imponieren 78 % zu 64 % zu 17 % zu 11 % der Probanden; in der Arbeit als dauernd unzuverlässig oder im Wechsel zuverlässig bis unzuverlässig gelten 88 % zu 80 % zu 33 % zu 9 % der Probanden.

Bei einigen H-Probanden kommt alsbald gelegentliches Betteln und Landstreicherei hinzu, bei allen belasteten Gruppen beginnt sich zeitweilige Obdachlosigkeit zu verstärken. Sowohl nach den unmittelbaren Eindrücken bei der Exploration als auch nach den Testergebnissen erweist sich die Quote schlechter Urteilsfähigkeit als erhöht (39 % zu 31 % zu 22 % zu 9 %); bei den H-Probanden schließlich kommt eingeschränkte Selbstkritik zusätzlich belastend hinzu (39 % zu 40 % zu 6 % zu 5 %). Auch die Zahl der angegebenen Selbstmordversuche steigt bei den alkoholbelasteten H-Probanden noch einmal deutlich gegenüber den anderen H-Probanden an (20 % zu 12 %); die Frage des sogenannten demonstrativen Selbstmordversuches sei hier dahingestellt.

Am eingängigsten schließlich kommt die Verknüpfung von steigender Abweichung in der Verhaltensstruktur und im Lebensstil sowie sozialer Reaktion bei dem Vergleich von Rückfallhäufigkeit und Alkoholbelastung zum Ausdruck, wobei die Tübinger Daten die Ergebnisse entsprechender Erhebungen im In- und Ausland bekräftigen. Blickt man zunächst auf die H-Probanden, dann befinden sich in der Untergruppe derjenigen, die bis zum Untersuchungszeitraum nur eine oder zwei Bestrafungen erhalten haben, bereits rund 48 % Probanden, die als Trinker eingestuft sind; die Trinkerquote steigt gleichmäßig bis auf volle 100 % bei derjenigen kleinen Teilgruppe an, die 16 oder mehr Bestrafungen auf sich gezogen haben. Blickt man vergleichsweise auf die V-Probanden, dann sind bei der Teilgruppe der V-Trinker 44 % unbestraft, bei der Gruppe der V-Gelegenheitstrinker 81 %; umgekehrt haben zwei und mehr Strafen auf sich gezogen 33 % der V-Trinker, aber nur 3 % der V-Gelegenheitstrinker. Die durchschnittliche Straftatenzahl, wegen derer die Probanden bis zum Untersuchungszeitraum verurteilt wurden, verteilt sich im Sinne eines Belastungsgefälles wie folgt: 5,6 zu 4,5 zu 1,2 zu 0,2. Bei den 661 abgeurteilten Tatkomplexen der H-Trinker wurde zur Tatzeit in 32 % der Fälle eine Alkoholbeeinflussung festgestellt, bei den 369 Tatkomplexen der H-Gelegenheitstrinker betrug die Quote lediglich 12 %. Bei der üblichen Unsicherheit zu diesem Fragenbereich in Aktenunterlagen oder Aktenfeststellungen wird man solche Angaben als Mindestwert einschätzen dürfen. Wie sehr trotz aller Verzerrungen die akute Alkoholbelastung über den potentiell tatbegünstigenden Beitrag hinaus oder auch unabhängig davon als Ausdruck der allgemeinen, alltäglichen Alkoholbelastung in der Lebensführung angesehen werden kann, geht daraus hervor, daß ein fast identisches Verhältnis wie bei den Teilgruppen der H-Probanden auch bei den Teilgruppen der V-Probanden festzustellen ist. Bei 33 % der Taten von V-Trinkern, jedoch nur bei 11 % der Taten von V-Gelegenheitstrinkern, war zur Tatzeit Alkoholbeeinflussung festgehalten worden.

Im quantitativen Bereich ist über die Einzelbetrachtung hinaus versucht worden, die gegenseitige Verschränkung von Merkmalen in ihrer Beziehung zur Entwicklung einer kriminellen oder auch Trinkerkarriere zu analysieren. Bei einer Clusteranalyse von 55 Merkmalen aus den sogenannten Verhaltensmodi, die am stärksten zwischen H-Probanden und V-Probanden trennen, erwecken zwei Cluster besonderes Interesse, weil und insofern sie vollständig zwischen H-Probanden und V-Probanden trennen. Das Cluster "A" kennzeichnet sich durch die Verbindung von unbewältigter Freizeit generell, fehlender Planung und Zielgebung für sinnvolle Freizeitaktivitäten, häufigen Restaurantbesuch und Bindung an Milieulokale. In Cluster "B" ist der Milieukontakt durch ein anderes Problemgebiet ersetzt, nämlich den sehr häufigen Arbeitsstellenwechsel, wobei sich zeigt, daß ab einer gewissen Desorganisationsstufe die Schwierigkeiten auf zahlreiche Lebensgebiete gleichermaßen auszustrahlen beginnen.

In einem anderen Annäherungsversuch an die Wirklichkeit sind 55 Variablen, die sich auf Schule und Ausbildung, die Arbeitssituation, den häuslich-familiären Bereich und Auffälligkeiten, Freizeit, personale und soziale Kontakte sowie den Umgang mit Geld beziehen, zu einer bewertenden Belastungsskala zusammengeführt worden, die jedem einzelnen Probanden einen definierten Platz zuweist. Schon mit Hilfe einer relativ groben ersten Methode, die erreichte Menge an Belastungspunkten (maximal 30) mit der erreichten Menge an begünstigenden Merkmalen (maximal 25) zu vergleichen, wird noch stärker als bisher sichtbar, wie wenig es im Leben der Probanden um die eine oder andere Störung für sich allein genommen geht und wie sehr es demgemäß darauf ankommt, über die Summierung hinaus auf ein "Syndrom" von Beeinträchtigungen innerhalb des komplexen Gesamtes des "Täters in seinen sozialen Bezügen" abzustellen. Bei den H-Probanden ist die Belastungsskala mit stetig steigender Tendenz zu Lasten der Trinker ausgeprägt; finden sich bei bis zu 10 Auffälligkeiten rund 29 % Trinker, so steigt die Quote bei der Gruppe mit 21 und mehr Auffälligkeiten auf 81 % an. Bei den V-Probanden hängt die Entwicklung hin zu Trinken und Straffälligkeit weniger mit einer ständigen Steigerung belastender Auffälligkeiten als vielmehr mit einem kontinuierlichen Geringerwerden der stützenden, begünstigenden Besonderheiten im Verhalten und im häuslich-familiären Bereich zusammen.

Einen interessanten Hinweis darauf, daß die in sozialwissenschaftlichen Analysen sehr betonte Schichtproblematik auch unter dem Gesichtspunkt der Folge von vorgelagerten Entwicklungsprozessen bei den Probanden betrachtet werden sollte, also nicht nur unter dem Gesichtspunkt einer quasi vordeterminierenden Ausgangslage, bieten die überzufällig unterschiedlichen Quoten des sozialen Abstieges in den vier untersuchten Teilgruppen. Bis zum Untersuchungszeitpunkt sozial abgestiegen waren 41 % der H-Trinker, 35 % der H-Gelegenheitstrinker, immerhin noch 11 % der V-Trinker, aber nur 4 % der V-Nichttrinker.

5. Erste Eindrücke aus der Nachuntersuchung

Auch bei der Nachuntersuchung zum weiteren Entwicklungsverlauf und zu eventuellen Änderungen in den Verhaltensstrukturen der Probanden in der Interaktion mit ihrem Umfeld wird versucht, sozusagen zweispurig vorzugehen, d.h. die Erhebung von verfügbaren "Daten" mit möglichst intensiven und detaillierten Einzelfallerhebungen zu verbinden. Infolge der noch längst nicht gelösten Datenschutzproblematik ist es zunehmend fraglich geworden, ob es in der Zukunft jemals noch gelingen kann, auch nur die einfachsten personenbezogenen Daten ohne übermäßigen und unverhältnismäßigen Aufwand zu gewinnen. Noch bedenklicher ist die sich abzeichnende Gefahr, daß die personalen Kontakte zu den Probanden, die über lange Jahre hinweg aufgebaut wurden, beeinträchtigt werden könnten. Dem ist an dieser Stelle nicht näher nachzugehen; jedenfalls war es auf der einen Seite möglich gewesen, wie oben bereits angedeutet, mit Hilfe von Registerauszügen für die

Gesamtgruppe der H-Probanden drei 5-Jahres-Zeiträume mit Blick auf
erneute Verurteilungen zu analysieren. Informationen stehen zum gegenwärtigen Zeitpunkt für 196 Probanden zur Verfügung. Die Einzelfalluntersuchungen werden sowohl bei den (nunmehr sozusagen ehemaligen) H-Probanden als auch bei den V-Probanden kontinuierlich fortgeführt, soweit es die persönlichen Beziehungen gestatten. Ob sich die
Schwierigkeiten, die sich schon im Versuch entgegenstellen, überhaupt
irgendeinen Kontakt wiederzufinden zu denjenigen Probanden, zu denen die persönliche Beziehung vorübergehend abgebrochen war, jemals
werden beheben lassen, mag hier dahingestellt bleiben.

Da das Stadium von "Auswertungen" im engeren Sinne bei der Nachuntersuchung noch nicht erreicht ist, begrenzen sich die nachfolgenden
Ausführungen auf kurze generalisierende Hinweise.

5.1. Rückfallhäufigkeit und Rückfallqualität

Nimmt man im ersten vereinfachenden Zugang als Rückfällige alle
Probanden, die überhaupt im Nachuntersuchungszeitraum (während der
ersten 15 Jahre) eine Verurteilung mit Strafregistereintrag erhalten
haben, dann scheinen die Unterschiede zwischen der Teilgruppe der
(ehemaligen) H-Trinker und der Gruppe der (ehemaligen) H-Gelegenheitstrinker nicht sehr bedeutsam zu sein; die Prozentdifferenzen gehen
insgesamt dahin, daß die ehemaligen Trinker sowohl bei geringster als
auch bei größter Häufigkeit (nur ein Eintrag gegenüber mehr als 10
Eintragungen) sehr stark vertreten sind, demgemäß im Mittelfeld
schwächer als die Gelegenheitstrinker auffallen. Im gesamten Zeitraum
ohne Eintragung geblieben, also unter dieser Perspektive voll resozialisiert, sind voraussichtlich rund 19 % der ehemaligen H-Trinker gegenüber stark 24 % der ehemaligen Gelegenheitstrinker. Bezüglich der
Struktur der Rückfälligkeit fällt auf, daß überdurchschnittlich viele
Trinker Rückfälle nur in der zweiten und/oder dritten Periode haben;
durchgehende Registrierungen in allen drei Perioden zeigen rund 39 %
der Trinker gegenüber rund 28 % der Gelegenheitstrinker. Die Tendenz
beim Rückfall wurde im ersten Zugriff danach zu bestimmen versucht,
ob sie über die drei Intervalle steigend, gleichbleibend oder sinkend ist
bzw. ob sich nur ein unregelmäßiges Muster feststellen läßt. Danach
dominieren die Nichttrinker bei den unregelmäßigen Mustern (rund
38 % zu rund 23 %), während sich die (ehemaligen) Trinker bei den
stabilen Mustern hervortun. Es zeigt sich also nicht nur auf der einen
Seite eine deutlichere steigende Tendenz, sondern auf der anderen Seite
auch einen deutlichere sinkende Tendenz. Aus den Einzelfallstudien
wird bereits jetzt eine der wichtigen Hintergrundentwicklungen sichtbar, die dieses Auseinanderdriften einsichtig machen könnte. Nicht
wenige H-Probanden, die bis zur Erstuntersuchung deutliche Alkoholprobleme hatten, steigerten sich derart im weiteren Verlauf ihres Lebens in den Alkoholkonsum hinein, daß sie vergleichsweise früh starke
generalisierte Abbauerscheinungen zeigten und inzwischen, also bis zur
genaueren Betrachtung im Nachuntersuchungszeitraum, vereinfacht

gesprochen, entweder so krank oder so schwach geworden sind, daß sich ohne detaillierte individuelle Betrachtung kaum entscheiden läßt (vielleicht aber auch nach einer detaillierten Betrachtung nicht), ob die strafrechtliche Nichtauffälligkeit ungeachtet der Alkoholproblematik doch der Resozialisierung zugerechnet werden kann oder schlicht einem allgemeinen Ausbrennen der Lebensenergie.

5.2. Qualitative Einschätzungen

Eindrücklicher als die quantitativen Angaben zur Straffälligkeit sind schon (oder jedenfalls) jetzt die umfangreichen und differenzierten Eindrücke, die sich aus den Einzelfallstudien gewinnen lassen. Derzeit liegen für ungefähr die Hälfte der H-Probanden so viele Erfahrungen vor, daß erste Aussagen nicht als absolut wagemutig verstanden zu werden brauchen. Grundlage der Ausführungen sind vielfältige Versuche, anhand der verschiedenen in den Blick genommenen Bereiche erste Typisierungen zu erarbeiten, die im weiteren Verlauf gestatten sollen, die tragenden Besonderheiten bei den Probanden in der fünften und sechsten Lebensdekade möglichst präzise und doch komplex zugleich darzustellen. Zentraler Ausgangspunkt sind die Erstgespräche der Sozialarbeiterin des Institutes.

Betrachtet man sich in vorläufiger Annäherung die Gruppen der Probanden nach den deutlichen Unterschieden im Aufenthaltsbereich, dann fällt als erste Teilgruppe diejenige ins Auge, bei der die Probanden sich inzwischen sehr gute Wohnverhältnisse geschaffen haben oder in die sie durch begünstigende äußere Umstände bzw. durch die Initiative von Dritten hineingekommen sind. Ihre Wohnsituation entspricht gutsituierten V-Probanden; sie haben etwa ein eigenes Haus, eine Eigentumswohnung oder sehr gut eingerichtete und instandgehaltene Mietwohnungen, mit Telefonanschluß und der üblichen sonstigen Einrichtung. Unter 26 Probanden, die vorläufig in die entsprechende Gruppe eingestuft sind, gehören immerhin 50 % zu den im ersten Untersuchungszeitpunkt als Trinker bezeichneten Personen. Im Sinne der unterschiedlichen Betrachtung eines Glases dahingehend, ob es nun halb gefüllt oder halb leer sei, möchte man dieses Erstergebnis eher der positiven Seite bzw. Interpretation zuschlagen. Der negative Aspekt zeigt sich dann im Vordringen, wenn die anderen Teilgruppen betrachtet werden. Unter den 27 Probanden, denen in vorläufiger Zuordnung befriedigende Wohnverhältnisse attestiert werden konnten, befinden sich 56 % (ehemalige) Trinker; der Trinkeranteil steigt auf 67 % bei den Probanden, die entweder in Einfachstwohnungen bzw. ungenügenden sonstigen Wohnverhältnissen oder noch bei ihrer Mutter wohnen, die sie mehr oder minder unterhält, oder in sozialen Einrichtungen untergebracht sind; bei Probanden mit zweifelhafter Adresse oder ohne jede Adresse oder im Ausland steigt die Quote insgesamt auf 70 % an.

Versucht man eine vorläufige Gruppenbildung nach den verschiedenen Ausprägungen im Leistungsbereich, dann ist zunächst ganz allgemein sehr bemerkenswert, daß es auch H-Probanden gibt, die sich nach und nach heraufgearbeitet haben wie V-Leute; sie sind selbständig oder sonst beruflich (sehr) erfolgreich. Vorerst 11 der bisher näher kontaktierten H-Probanden konnten in diese Gruppe eingeteilt werden; 3 davon (oder 27 %) gehören zu den ehemals als Trinker bezeichneten Personen. Mit zunehmender "Schwäche" im Leistungsbereich steigt auch hier die Trinkerquote. Am deutlichsten ausgeprägt mit 80 % ist sie bei der bisher auch noch kleinen Gruppe von 10 Probanden, die auf Kosten anderer (im Regelfall der Mutter, der Frau oder der Freundin) oder der Sozialhilfe leben. Versucht man in einem weiteren Zugang die Gruppen nach den Unterschieden im Familienstand zu trennen, dann ist zunächst einmal in positiv wertender Hinsicht bemerkenswert, daß 16 Probanden (oder 46 % der bisher näher kontaktierten 35 Personen) die ehemals als Trinker eingestuft waren, nunmehr zu der Teilgruppe der langjährig verheirateten Probanden gehören, bei denen die Frau eine ausgesprochene Stütze ist. Vergleichsweise günstig, teilweise sogar noch geringer, ist die Trinkerquote bei denjenigen geschiedenen Probanden, die derzeit entweder wieder mit ihrer Ehefrau zusammenleben oder aber in zweiter Ehe verheiratet sind oder mit einer Freundin länger zusammenleben. Am höchsten ist die Quote ehemaliger Trinker mit 80 % dann bei der zusammengefaßten Teilgruppe derjenigen Probanden, die alleinstehende Personen ohne Anhang (von Anfang an) oder geschiedene Probanden mit anschließendem Absinken sind.

5.3. Verdeutlichende Fälle

Die Entwicklungsverläufe im einzelnen sind bei den Probanden überaus vielfältig, um nicht zu sagen bunt. Wenn es zu einer Stabilisierung im Alkoholbereich kommt, mögen extrem gegensätzliche Wege vorliegen, die insgesamt aber sehr viel mit dem gesamten Lebensstil und den Verhaltensstrukturen in der je typischen Dynamik zu tun haben.

Unter den Probanden, die früher reichlich getrunken haben, die es jetzt aber nur noch sehr mäßig oder gar nicht mehr tun, befinden sich welche, die jetzt krankheitsbedingt nicht mehr Trinken können oder nach einem schweren Verkehrsunfall alkoholintolerant geworden sind. Andere haben mit einem einfachen Beruf eine soziale Nische gefunden, etwa als Hausmeister in einem christlichen Altersheim mit engerer emotionaler Anbindung. Wieder andere haben nach mehreren Entziehungskuren entweder eine ganz bewußte Wertentscheidung getroffen, nicht mehr zu trinken und sich auch im sonstigen Leben zu stabilisieren, oder die Einlieferung ins Krankenhaus mit Blaulicht und die unmittelbare Aussicht des nahen Todes brachten sie wie in einem Schockerlebnis zur plötzlichen (und also eher negativ besetzten) Abkehr vom weiteren Trinken.

Als ein Beispiel für besonders positive Fälle kann ein Proband knapp skizziert werden, der sich dadurch auszeichnet, daß er in jungem Alter heiraten mußte, und zwar eine Frau, die andere Männer hatte, sich nicht um die Kinder kümmerte, so daß Trennung und Scheidung erfolgte. Während der Ehe trank der Proband häufig, kam abends gar nicht mehr nach Hause. Nach der Trennung von der Frau trank er fast nur noch und arbeitete nicht mehr, kam in eine Clique hinein und wurde mit dieser straffällig. Nach der Strafverbüßung heiratete er eine sehr tüchtige und energische Frau; er hat seither, und dies über einen Verlaufszeitraum von 20 Jahren, keine Alkoholprobleme mehr. Er gilt heute als vorbildlicher Familienvater, ist offenbar nicht nur nach seiner Eigeneinschätzung im Betrieb unersetzlich, hat kaum verfügbare Freizeit neben seinen Pflichten und Bindungen und scheint in allen Beziehungen sozial integriert zu sein.

Ein Beispiel für die Abkehr vom Alkohol bei Weitergehen anderer Auffälligkeiten bildet ein Proband, der im Erstuntersuchungszeitraum noch nicht zu den Trinkern gerechnet wurde, sich hinterher bis zu den ersten Stufen eines ausgeprägten Alkoholikers entwickelte, bei einer Straftat im Nachuntersuchungszeitraum sogar so betrunken war, daß er trotz der schweren Umstände glaubhaft angibt, nach dem Aufwachen aus dem Rausch bereits nichts mehr davon gewußt zu haben. Seine damalige Ehefrau war nach der Einschätzung noch trinkfester als er selber. Es gab Zeiten, da beide ständig betrunken waren. Der Proband arbeitete wenig bis gar nichts. Nach Scheidung und Strafverbüßung lebt er dauerhaft mit einer sehr energischen Frau zusammen, die in der Ehe völlig dominiert. Beide leben von Sozialhilfe, nehmen immer wieder angebotene Arbeiten nicht an, aber es kommt zu keinen sonstigen Auffälligkeiten.

Andere Probanden sind entweder bis in die jüngere Zeit Gewohnheitstrinker geblieben oder dies geworden. Sie bleiben aber trotz hohen und regelmäßigen Alkoholkonsums ohne (sonstige) soziale Auffälligkeiten nach außen, haben in Mutter, Frau oder Freundin eine feste Stütze und dadurch ein geordnetes Zuhause. Die mehr oder minder zahlreichen internen Probleme werden nach außen hin immer wieder geregelt oder abgedeckt. Ein Beispiel bildet ein Proband, der in den drei Überprüfungszeiträumen jeweils Strafregistereinträge hatte, inzwischen aber insoweit stabil geworden zu sein scheint. Er arbeitet regelmäßig, trinkt aber nach Feierabend und das ganze Wochenende durch. Er lebt bei seiner Mutter, die ihn versorgt und behütet und alle Probleme immer wieder so weit glättet, daß der Proband nicht erheblich nach außen hin anstößt.

Als Beispiel für Probanden, die in vorläufiger Zuordnung als kranke und abgebaute Alkoholiker bezeichnet werden, sei ein Proband genommen, der in den ersten beiden Nachuntersuchungszeiträumen Verurteilungen erhielt, im letzten Überprüfungszeitraum aber keine mehr. Die Einzelfallanalyse zeigt, daß er in der gesamten Überprüfungsperiode getrunken hat, daß er öfter angetrunken war, aber nie spezifisch mit Alkoholtaten auffällig wurde. Er hatte weder im Leistungsbereich noch im familiären Bereich Schwierigkeiten. Er unterzog sich auch niemals einer Entziehungskur. In den letzten Jahren verschärften sich die Gesundheitsprobleme. Jetzt hat er Lebenzirrhose, ist arbeitsunfähig und Frührentner und lebt ein sehr eingeengtes Leben. Ein anderer Proband, dessen Straftaten immer mit Alkoholeinfluß zusammenhingen, ist im Endergebnis ebenfalls nicht mehr arbeitsfähig, vergleichbar körperlich

abgebaut, hat Magen- und Leberbeschwerden und hat, vereinfacht ausgedrückt, zu keinerlei Aktivität mehr Kraft.

Die unterste Stufe mit Bezug zum Alkoholkonsum nehmen diejenigen Probanden ein, die in vorläufiger Zuordnung als verwahrloste Trinker bezeichnet werden. Sie befinden sich im sozialen Gefüge auf der
untersten Stufe, haben weder familiäre Bindung noch Bleibe. Es finden
sich darunter Probanden, die schon vor der Herkunft her und im frühen
Jugendalter mit Alkohol belastet waren und auf unterstem sozialen Niveau verblieben sind. Andere Probanden in dieser Gruppe können als
Absteiger bezeichnet werden. Als Beispiel sei ein Proband genannt, der
in der Anfangszeit und noch bei der Erstuntersuchung nicht als Trinker
eingestuft war; er hatte Familie, eine schöne Wohnung, sowie einen
langjährigen Arbeitsplatz. Im Zusammenhang mit dem zunehmenden
Alkoholkonsum kam es zu den typischen Erscheinungen der Alkoholi-
kerkarriere: Verlust des Arbeitsplatzes, Scheidung der Ehe, Verlust der
ursprünglichen Wohnung, Hinausgeworfenwerden aus zwei neuen Miet-
verhältnissen. Wiederholte Entziehungskuren blieben ohne Erfolg. Es
ging solange bei diesem Probanden noch einigermaßen gut, als die Mutter lebte und ihn immer wieder aufnahm und unterstützte. Nach dem
Tod seiner Mutter vertrank er sein Erbe und landete auf der Straße.
Jetzt ist er von der Gemeinde, in der er lebt, in einer sehr primitiven
Unterkunft notdürftig untergebracht.

Alles in allem wird in den quantitativen Annäherungen und in den
lebensgeschichtlichen Analysen deutlich, daß die Ausgangshypothese
gute Chancen hat, bei weiterer differenzierter Betrachtung nicht widerlegt zu werden. Alkoholkonsum und insbesondere Alkoholmißbrauch
sind allenfalls analytisch trennbar, jedoch praktisch und mit Blick auf
mögliche Beeinflussungs- bzw. Behandlungsversuche untrennbar integriert in das komplexe Gesamt von persönlichen Vorbedingungen, ver-
haltenswirksamen Umfeldeinflüssen, sich zunehmend hartnäckig und
feststrukturiert ausprägenden Verhaltenssequenzen und insgesamt einem
Lebensstil, der für die je einzelne Person typisch ist und nur unter Beachtung eben dieser Typizität gegebenenfalls näher angegangen werden
kann. Mit Blick auf die Idee der Resozialisierung und mögliche kriminalpolitische Umsetzungen mag nicht unerwähnt bleiben, was vorstehend schon angedeutet wurde, daß auch schwere alkoholische Beeinträchtigungen in der frühen Jugend, verbunden mit nicht unerheblicher
Straffälligkeit, keineswegs automatisch und deterministisch zwingend
bedeuten müssen, daß alles weitere sich nur zum Schlechten wendet.
Auch Probanden mit einem ganzen Geflecht von Belastungen haben es
nach dem 30. Lebensjahr, manchmal auch erst um das 40. Lebensjahr
herum, nach und nach geschafft, sich eine neue Existenz zu erarbeiten
bzw. aufzubauen. Über die Wege dahin und die Möglichkeiten für Aus-
senstehende, die von den Probanden (oft auch ganz ausdrücklich nach
ihrer eigenen Darstellung) selbstverantworteten (und zu verantworten-
den) "Umorganisationen" ihres Daseins fördernd zu unterstützen, wird
in den weiteren Untersuchungen noch genauer nachzudenken sein.

Präzisionsregistrierung komplizierter Verläufe

Eva Johanson

Kann man die Analysemöglichkeiten einer Verlaufsuntersuchung dadurch verbessern, daß man die Daten mit Hilfe musikalischer Notation in einer Art von Partitur registriert? Die Antwort ist unbedingt Ja. Man kann dabei die Daten direkt lesbar machen, so daß eventuelle Entwicklungsmuster sichtbar werden, egal ob sie inter- oder intraindividuell sind. Entwicklungsmuster können nur entdeckt werden, wenn auch die zeitlichen Aspekte beachtet werden. In der musikalischen Notation relatieren Zeitwerte zueinander. Musikalische Verläufe sind oft sehr kompliziert, also ist es möglich, musikalische Notation auch für die Notierung anderer komplizierter Verläufe zu benutzen. Hier sollen kurz die bisherigen Versuche der angedeuteten neuen Anwendung musikalischer Notationszeichen beschrieben werden, die potentiellen Möglichkeiten aber auch die Begrenzungen und die Probleme.

Verlaufsuntersuchungen sind überhaupt wichtig, auch in der Kriminologie. Die Tübinger Jungtäter-Vergleichsuntersuchung[1] ist dafür ein bekanntes Beispiel. Eine genaue Arbeit gibt fast immer auch praktisch brauchbare Resultate - hier speziell die Vergleichsmöglichkeiten mit den nach genauer statistischer Analyse festgestellten Idealtypen, Die Resultate unterscheiden sich sonst von der Mehrzahl der Arbeiten dieser Art gerade durch die Vielfalt der Primärdaten.

Auch ich habe eine Verlaufsuntersuchung junger Kriminellen betrieben[2] wo mich besonders die Gesundheitsentwicklung interessierte; ich hatte gehofft, irgendwelche repetitiven Entwicklungsmuster entdecken zu können. Ich war also einerseits von dem Zeitaspekt, andererseits von dem Quantifizierungsaspekt interessiert. Da benutzte ich zum ersten Mal musikalische Notationszeichen, wie in der Arbeit von 1981, S. 22-26 beschrieben wurde. Meine Datensammlung war zwar gründlich, aber doch konventionell vorgenommen worden. Ich fand keine Muster und wurde gezwungen, meine Resultate konventionell zu präsentieren. Später, nachdem ich mit der Registrierungsmethode weiter gearbeitet hatte, zog ich den richtigen Schluß, daß meine Daten trotz

---

1) Göppinger, H.: Der Täter in seinen sozialen Bezügen. Ergebnisse aus der Tübinger Jungtäter-Vergleichsuntersuchung. Berlin u.a.: Springer 1983
2) Johanson, E.: Background and development of youth prison imates. Scandinavian Journal of Social Medicine, Supplementum 9, 1974; Johanson, E.: Recidivistic criminals and their families. Morbidity, mortality and abuse of alcohol. Scandinavian Journal of Social Medicine, Supplementum 27, 1981

Kerner/Kaiser (Hrsg.) Kriminalität
© Springer-Verlag Berlin Heidelberg 1990

ihrer, relativ gesehen, großen zeitlichen Genauigkeit doch nicht genügend Präzision hatten, um eine Identifikation von Mustern zu erlauben. Da wurde mir ermöglicht, aus dem Tübinger Material meine Ideen zu prüfen. Im Frühherbst 1984 habe ich im Institut für Kriminologie in Tübingen damit gearbeitet. Aber auch die dortigen Daten waren zeitlich zu konventionell - mit einer Ausnahme: die bezüglich Kriminalität und Maßnahmen dagegen. In einigen Fällen - gar nicht allen - zeigte sich im "Partitur" ein ganz deutlicher zeitlicher Zusammenhang zwischen Gerichtsverhandlungen und Rückfall in Kriminalität.

Zwei Jahre später konnte ich im internationalen Kursus für angewandte Kriminologie einen Workshop über meine Methode führen[3]. Ich bin dem Institut und besonders Professor Göppinger sehr dankbar für den Mut, den sie mit dieser Einladung zeigten, da es sich ja um etwas Neues, für manche Schockierendes und in jedem Fall etwas Unetabliertes handelte. Eine mehr theoretisch gehaltene Arbeit wurde später publiziert[4], Vorträge und Übersichten in und außerhalb Schwedens gehalten.

Es ist wahrscheinlich immer so, daß eine Methode nicht auf einmal fix, fertig und einwandfrei brauchbar wird. Gemäß einem schwedischen Mathematiker[5] werden neue mathematische Methoden nie publiziert, bevor die endgültige Vollendung erreicht worden ist. Von dem Arbeitsprozeß des Forschers merkt man nichts. In meiner Schriftenreihe kann der aufmerksame Leser der ganzen Entwicklung folgen. Wenn ich jetzt von einer Methode hoher Präszision und guter Lesbarkeit zu reden wage, bedeutet das nicht eine endgültige Vollendung. Aber was ist, kann eine Herausforderung an den Forscher sein um die Präzision zu erhöhen soweit dies möglich ist, dort wo es möglich ist (man darf ja nicht in Pseudoexaktheit verfallen).

Die Idee musikalische Notation zu benutzen, um komplizierte Verläufe lesbar zu machen, wäre wahrscheinlich als ganz natürlich betrachtet worden, wenn nicht die Aufteilung von Wissenschaft und Kunst in völlig verschiedene Gebiete während des romantischen 19. Jahrhunderts stattgefunden hätte. Jetzt fängt man hie und da an die Unnatürlichkeit dieser Aufteilung zu sehen. Ohno[6] betont die repetitiven (und sehr alten) Muster komplizierter organischer Moleküle, die er in musikali-

---

3) Johanson, E.: How to use musical notation or modifications of musical notation to improve data registration in longitudinal research. In: Göppinger, H.: Angewandte Kriminologie - International. 36. Internationale kriminologische Forschungswoche. Bonn: Forum 1988, S. 292 - 305

4) Johanson, E.: Registration of longitudinal data by means of musical notation. Quality and Quantity 21 (1987), pp. 59 - 69

5) Karlqvist, A.: Om skapande och improvisation - nagra reflektioner utifran matematikens perspektiv (On creation and improvisation - some reflections from the mathematical perspective). In Funderingar kring vetenskap och musik (Thoughts about science and music), Kungl. musikaliska akademins skriftserie (Publications of the Royal Academy of Music) 44 (1984), pp. 13 - 14.

6) Ohno, S.: Repetition as the essence of life on this earth: music and genes. In: Neth et al. (eds): Haematology and blood transfusion, Vol. 31, Modern trends in human leucemia VII. Berlin: Springer 1987, pp. 511 - 518

sche Muster umwandeln kann, d.h. davon wirklich Musik machen. Eine Voraussetzung ist wohl, daß er weiß wie seine Muster aussehen und daß keine Meßfehler vorliegen. In unseren Verlaufsuntersuchungen sind wir sehr weit davon entfernt: wir wissen nicht welche Muster zu erwarten sind und wir müssen mit Meßfehlern rechnen. Es ist fraglich, ob wir je imstande sein werden, von unseren Daten Musik zu machen. Aber irgendwelche Rhythmen sind doch auch in unserer Arbeit zu erwarten.

Die Abbildung 1 gibt eine Übersicht über die praktischen Möglichkeiten der Methode. Bei a wird gezeigt, daß in einem Verlauf bezüglich eines Individuums ohne verlorengegangene Lesbarkeit um 500 qualitative Variablen registriert werden können. Wenn man nicht zu viele qualitative Variablen hat und mehrere Individuen in derselben Partitur zusammenführen will (Familien, Gruppen), kann man stattdessen den Individuen "Baßnoten" geben und die Variablen durch bestimmte Intervalle von den Baßnoten repräsentieren.

Die Zeitexaktheit soll man nach Bedarf wählen. Wenn man ein Jahr als Einheit wählt und mit o notiert, wird ein Monat mit ? bezeichnet. Das ganze nimmt wenig Platz, was für die Lesbarkeit wichtig ist. Diese Präzision war mir doch in der Länge ungenügend. Es hat aber bis Herbst 1987 gedauert, bevor ich wußte, wie man ein Jahr mit exakter Tag-für-Tag-Präzision leicht notieren kann. Bei b ist ein Exempel davon gegeben (kein Schaltjahr!). Es nimmt zwar etwas mehr Platz in Anspruch aber ganze Lebensläufe, so wie sie in forensisch-psychiatrischen Gutachten erscheinen, können doch auf wenigen Seiten dargestellt werden. Die Lesbarkeit wird durch die größere Exaktheit eher erhöht - und die Notierung vereinfacht! Braucht man statt Tag-für-Tag-Präzision eine Stunde-für-Stunde-Präzision, kann man wie bei c verfahren. Es ist natürlich möglich, noch höhere Zeitexaktheit zu wählen - oder auch geringere. Praktisch scheint eine Tag-für-Tag-Präzision in kriminologischen Verlaufsuntersuchungen meistens zu genügen, will man aber so etwas wie die Interaktion der Mitglieder einer jugendlichen Bande studieren, die einen Einbruch vorbereiten (was wohl nur im Retrospekt möglich wäre), braucht man wenigstens Stunde-für-Stunde-Präzision.

Vorausgesetzt, daß alle Vorgänge genau definiert sind, kann man die Daten absolut eindeutig lesen; sie können damit reproduziert werden.

Die Registrierungsprobleme einer longitudinellen Untersuchung sind aber doch nur teilweise gelöst. Man hat in longitudinellen Untersuchungen fast immer Variablen, die nicht longitudinell sind (Laborbefunde bei Krankheitsverläufen oder kumulierte Information gewisser Interviews z.B.). Man kann dafür Modifikationen schaffen, auf die hier nicht eingegangen wird. Größere Schwierigkeiten bieten longitudinelle Variablen, von denen man nicht weiß (oder wissen kann), wann sie anfangen oder wann sie aufhören, ob es sich während der Dauer um eine stetige Einwirkung handelt oder um eine von schwankender Intensität. Die Einwirkung einer Schlüsselperson oder einer Freizeitaktivität auf einen jungen Menschen oder - die Einwirkung toxischer organischer Lösungsmittel auf einen Malereiarbeiter sind solche Exempel. Als ich mit Fällen von Lösungsmittelvergifteten arbeitete, wurde klar, daß meine Methode dort nicht gut funktionierte: die Partitur wurde zwar eindeutig und einigermaßen lesbar, aber es war unschön und brauchte viel zu viel Platz. Eine verbale Schilderung wäre ebenso gut gewesen und wohl deshalb auch natürlicher. Die große Brauchbarkeit der Methode liegt also dort, wo einigermaßen kontrapunktische Entwicklungen zu erwarten sind. Dort ist auch meistens eine sehr hohe zeitliche Präzision möglich.

Wichtig ist aber, daß auch bei größter Genauigkeit unsere Observationsmöglichkeiten aus vielerlei Gründen begrenzt sind. Wir müssen uns häufig damit zufrieden geben, was in verschiedenen Registern verzeichnet wird oder was Auskunftspersonen wählen uns zu erzählen. Wir sind ja auch nicht immer selbst weder objektiv noch ganz systematisch. Das ist kein Grund auf Exaktheit zu verzichten, wo man sie haben kann.

Ich habe mich bis jetzt auf die Registrierung faktischer Verhältnisse begrenzt, was schon eine große Einschränkung bedeutet. Aber auch so besteht die Eindeutigkeit nur unseren Definitionen gemäß. Wir wissen, daß Diebstähle untereinander sehr verschieden sein können, daß es sich um die Nähe eines kompetenten Krankenhauses handeln kann, ob ein Delikt eine schwere Mißhandlung oder ein Totschlag wird. Die Definitionen können mit der beschriebenen Methode verfeinert werden, aber wie weit? Wenn es nicht ganz ausgeschlossen ist, Angaben (weiter kommt man nicht) über einen Erlebnisinhalt unserer Observationen zu registrieren, vermehrt sich dabei die Unsicherheit. Es wäre vielleicht doch einen Versuch wert. Man kann wenigstens hoffen, die Grenzen unseres Wissens etwas zu verschieben, die Unsicherheiten etwas zu vermindern auf einem Gebiet, wo bis jetzt fast alles unsicher war. Das wäre nicht unwichtig.

Ich habe in diesem kleinen Aufsatz nur praktische Probleme behandelt. Dabei sind durchaus sehr reelle Probleme unbeachtet oder veralltäglicht: die unseres Kalenders, die Zeitverschiebungen auf der Erde. Eine Definition der Zeit habe ich nicht gegeben. Es ist auch fraglich, ob so etwas möglich wäre.

bbildung 1:

a) Auf einem Zeilensystem können 30 Variablen notiert werden

so

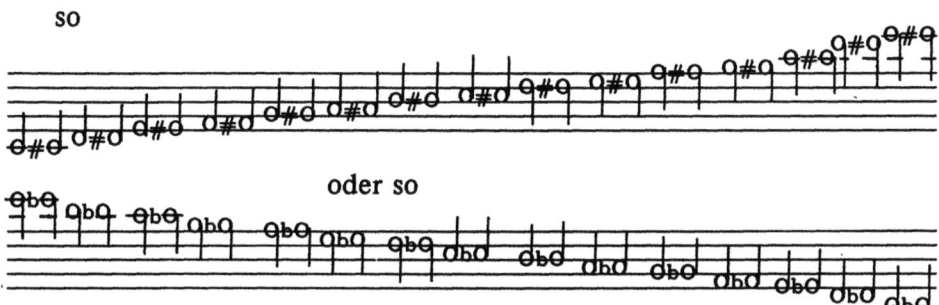

oder so

480 Variablen brauchen also 16 Systeme. Durch Gebrauch von sowohl b als # kann die Notierung noch mehr komprimiert werden;
die Lesbarkeit vermindert sich aber dabei.

b) Ein Jahr kann mit Tag-für-Tag-Präzision so notiert werden

c) 24 Stunden können mit Stunde-für-Stunde-Präzision so notiert werden

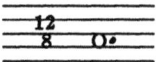

also			
o•	(𝄻)	24 Stunden
o	(𝄼)	16 Stunden
♩	(𝄽)	8 Stunden
♪	(𝄾)	4 Stunden
♪	(𝄾)	2 Stunden
♪	(𝄿)	1 Stunde

III. Untersuchungen zu Tätergruppen und Deliktsarten

Alkohol und Menschenwürde

Hans Helmut Kornhuber

Wir leben in einer Gesellschaft, deren Geselligkeit mit dem Alkohol assoziiert ist. Seit dem Ende des Zweiten Weltkriegs hat der Alkoholkonsum in allen Industrieländern erheblich zugenommen, in der Bundesrepublik Deutschland auf das Vierfache: seit 1950 von 3 auf 12 Liter reinen Äthanols pro Kopf der Bevölkerung (die Säuglinge und die Großmütter eingeschlossen). Alkohol ist in den meisten Ländern der Erde die wichtigste Droge. In der Bundesrepublik Deutschland sind in den Psychiatrischen Krankenhäusern nicht mehr wie früher die großen Psychosen die häufigsten Krankheiten, sondern die Suchten, und unter diesen ist am häufigsten die Hochdosis-Alkoholabhängigkeit.

Die meisten von uns sind an diesem gefährlichen "Spiel mit dem Feuer" durch Verharmlosung und Vertuschung beteiligt. Das Hauptmittel der Irreführung ist die Eingrenzung des Problems auf den Alkoholismus im engeren Sinne, d.h. auf die Hochdosis-Abhängigkeit. Wir sind doch keine Alkoholiker, wir trinken doch ganz normal, meinen wir; und in das Bedauern über das Schicksal der Alkoholiker mischt sich untergründig die Meinung: dies sei schon immer so gewesen, daran sei nichts zu ändern, es sei ein vielleicht vorwiegend genetisches Problem. Über die skandinavischen Völker, die (jedenfalls daheim) viel weniger trinken als wir, wird gespottet. Ignoriert wird, daß wir Deutsche - im Gegensatz zur Zeit vor dem Zweiten Weltkrieg - jetzt im internationalen Vergleich zur Spitzengruppe im Alkoholkonsum zählen und daß wir pro Kopf dreimal soviel trinken wie z.B. die Norweger. Als Gorbatschow daranging, den Alkoholkonsum in der Sowjetunion zu senken, veröffentlichte das führende Wirtschaftsblatt unseres Landes ironische Kommentare. Zur Zeit wendet es sich gegen Pläne, im Rahmen der europäischen Steuerharmonisierung die alkoholischen Getränke in der BR Deutschland höher zu besteuern. In ihren engen finanziellen Beziehungen zur Alkohol- und Zigarettenlobby sehen unsere politischen Parteien[1] und unsere "Medien" offenbar nichts Anstößiges.

Würden Alkohol und Zigaretten heute neu eingeführt, so würden sie für den Verkauf als Genuß- oder gar als Nahrungsmittel für den Menschen in Deutschland auf Grund geltenden Rechts sofort verboten. Die

---

1) Frankfurter Allgemeine Zeitung (18.2.1986): Mehr als sechs Millionen Mark in sieben Tranchen, aber immer in bar; Frankfurter Rundschau (13.2.1986); Seminar der Sozialausschüsse war Inkassobüro; Hamburger Abendblatt (3./4.8.1985): Parteispenden: Staatsanwalt ermittelt gegen Reetsma: und: In der Spendenliste von Reetsma steht auch Hamburgs SPD; Schmidt, F.: Wir klagen an: Zigaretten, Parteispenden und Volksgesundheit. Umwelt & Gesundheit, Heft 1 (1986/87), S. 3 - 10

Kerner/Kaiser (Hrsg.) Kriminalität
© Springer-Verlag Berlin Heidelberg 1990

eingerissene Kollaboration mit der Alkohol- und Zigarettenlobby zu
beenden, kann man sich aber nicht aufraffen. In USA wird die Lage
teilweise realistischer gesehen: 1977 empfahl die FDA einen Warnhin-
weis auf allen alkoholischen Getränken. Zur Zeit wird ein entsprechendes Gesetz im Congress beraten (NY Times 20.3.1988). Der Surgeon
General bezeichnet die Zigarette als Droge, und in Californien wird auf
allen alkoholischen Getränken die Gesundheitsschädlichkeit deklariert.
In der Begründung des z.Zt. im Repräsentantenhaus beratenen Gesetzes
(100th Congress, 2nd Sess., H.R. 4441) heißt es u.a.: "Alkoholgebrauch
kostet die amerikanische Wirtschaft jährlich fast 120 000 000 000 Dollar
pro Jahr (die Gesundheitsfolgen und die Produktivitätsverluste eingeschlossen): Alkohol-Unfälle forderten über 23987 Todesfälle pro Jahr in
USA: 1985 betrug die Zahl der Personen, die an Alkoholismus und anderen Alkoholschäden litten, (in USA) 17.7 Millionen; fast die Hälfte
aller Unfalltodesfälle, Selbstmorde und Morde haben Alkohol als Ursache; 30 % der Jugendlichen leiden unter Alkoholfolgen (Schulversagen
usw.)." Welche Bedeutung aber auch dort der Alkohol noch hat, zeigte
z.B. kürzlich das Auftreten eines Whisky-Managers: er forderte von der
Europäischen Gemeinschaft die Blockade der Aufnahme Österreichs.

Eine bemerkenswerte Ausnahme in der allgemeinen Tendenz zur
ängstlichen Anpassung und zur Verharmlosung des Alkoholkonsums bei
uns ist Hans Göppinger. Er betont wiederholt, daß das unzuverlässige,
enthemmte Verhalten von Personen, die zu Rechtsbrüchen neigen, häufig mit vorausgehendem Alkoholgenuß zu tun hat[2], daß es sich aber
dabei gewöhnlich nicht um Alkoholismus im engeren Sinne, sondern um
den üblichen Alkoholkonsum handelt[3].

Neurophysiologisch ist die unbemerkte Enthemmung durch Alkohol
verständlich: Die Großhirnrinde übt u.a. eine prüfende, die Zuverlässigkeit stabilisierende Funktion aus, Defizite der psychischen Leistung
werden aber (im Gegensatz zu peripheren Läsionen) von der handelnden
Person bei cortikalen Ausfällen nicht bemerkt[4]. So glaubt ein durch
Ausfall der Sehrinde Erblindeter zunächst, daß er noch sehen könne,
erst im Laufe von Tagen realisiert er indirekt, daß er blind ist; ein im
Sprachcortex des linken Schläfenlappens Verletzter bemerkt und korrigiert seine Paraphasie nicht, und ein Orbitalhirnverletzter, dessen
ethische Kontrolle des Verhaltens gestört ist, vermeint, sich normal zu
benehmen. Die "anheiternde" Wirkung kleiner Alkoholmengen beruht
auf Enthemmung durch (partielle) Ausschaltung der cortikalen Kontrolle. Der immer weitere Anstieg der Kriminalität in den Industriestaaten
(mit Ausnahme Japans) seit dem Zweiten Weltkrieg ist teilweise durch
den steigenden Pro Kopf-Konsum von Alkohol zu erklären.

---

2) So an zahlreichen Stellen von Göppinger, H.: Life style and criminality. Berlin u.a.:
   Springer 1987
3) So in Göppinger, H.: Der Täter in seinen sozialen Bezügen. Berlin u.a.: Springer 1983;
   und in Göppinger, H.: Kriminologie. 4. Aufl., München: Beck 1980
4) Kornhuber, H.H.: The human brain: From dream and cognition to fantasy, will, consci-
   ence, and freedom. In: Markowitzsch, H.J. (Hrsg.): Toronto u.a.: Huber 1988, S. 241 -
   258

Freilich war der Alkohol nicht die einzige und wohl nicht eine primäre Ursache. Die Unterforderung und das rasche Wachsen des Wohlstands führten zum Hedonismus, als dessen Rationalisierung Freuds Psychoanalyse propagiert wird. Der alte Goethe hat dazu geäußert: "Nichts ist schwerer zu ertragen als eine Reihe von guten Tagen" und "Genießen macht gemein". Der Alkohol war zunächst nur ein Mittel dieses heute weit verbreiteten Lebensstils der Bindungslosigkeit und Enthemmung, der auch zu Lieblosigkeit und zum Erziehungsdefizit in der Familie beitrug. Aber das Mittel wurde rasch selbst Ursache der Zerstörung. (Natürlich sind auch die Gene eine Ursache, die beim Verhalten von Lebewesen immer beteiligt ist, aber sie erklären nicht die starke Zunahme der Kriminalität seit dem 2. Weltkrieg).

Während der Alkoholismus im engeren Sinne ein Problem von etwa 3 % der Bevölkerung ist, wird der "normale" tägliche Alkoholkonsum von mehr als 90 % der erwachsenen Männer in der Bundesrepublik Deutschland und von einer steigenden Zahl von Frauen und Jugendlichen praktiziert. Schon diese quantitative Betrachtung läßt vermuten, daß das Hauptproblem nicht der Alkoholismus ist, so schlimm er auch für die Betroffenen und ihre Angehörigen ist, sondern der "normale" Alkoholkonsum[5]. Unter dessen Folgen stehen aber die Straftaten - obgleich in Einzelfällen schwerwiegend - nicht an erster Stelle, sondern die Einbußen an Freiheit im positiven Sinne[6] insgesamt, an Fähigkeiten und Leistungen: am deutlichsten wird dies an den gesundheitlichen Folgen.

Beginnen wir mit den Unfällen. Es gibt in der Bundesrepublik Deutschland, in der das Problem verharmlost wird, kaum Untersuchungen darüber, aber aus USA wissen wir, daß bei tödlichen Unfällen Alkohol in jedem zweiten Fall, bei nicht tödlichen in jedem dritten Fall die Hauptursache ist[7]. Die einzige mir bekannte vergleichbare Untersuchung aus der Bundesrepublik Deutschland hat diese Daten bestätigt[8]: dies war zu erwarten, weil der Pro-Kopf-Konsum bei uns höher ist als in USA und weil die Verkehrsgesetze weniger streng sind. Dabei ist zu bedenken, daß Unfallverletzte überwiegend junge Leute sind. Unter den Ursachen des Verlustes produktiver Lebensjahre stehen nicht Schlaganfall oder Krebs, sondern die Unfälle an erster Stelle. Die Bundesanstalt für Straßenwesen rechnet allein für Verkehrsunfälle jährlich mit Kosten von 37 Mrd. DM; die Bundesanstalt für Arbeitsschutz und

5) Kornhuber, H.H.: Gesundheitsschäden durch "normalen" Alkoholkonsum. Jahrbuch zur Frage der Suchtgefahren 1986, S. 92 - 101

6) Kornhuber, H.H.: Von der Freiheit. In: Lindauer, M./Schöpf, A. (Hrsg.): Wie erkennt der Mensch die Welt? Grundlagen des Erkennens, Fühlens und Handelns. Stuttgart: Klett 1984, S. 83 - 112

7) Carlson, W.L.: Age, exposure and alcohol involvement in night crashes. J Safety Res 5 (1973), S. 247 - 259; Lowenfels, A.B./Miller, T.T.: Alcohol and trauma. Ann Emerg Med 13 (1984), S. 1056 - 1060; Perrine, M.W.: Alcohol involvement in highway crashes. Review of epidemiologie evidence. Clin Plast Surg (1975), S. 11 - 34

8) ADAC Saar (25.10.1985), Frankfurter Allgemeine Zeitung Nr. 248:9

Unfallforschung[9] schätzt die Folgekosten von Arbeitsunfällen (ohne Wegeunfälle) auf 31 Mrd. DM in 1985. Hinsichtlich der Ursachen liegen in der Bundesrepublik Deutschland noch weniger Untersuchungen als bei den Verkehrsunfällen vor, aber es gibt gute Gründe für die Annahme, daß der Alkoholanteil höher ist als bei den Verkehrsunfällen, denn im Straßenverkehr gibt es Kontrollen auf Blutalkohol, bei der Arbeit nicht. Nach Arbeitsunfällen im Hamburger Hafen fanden sich bei 103 Untersuchungen in 9 von 10 Fällen ein Blutalkohol von über 1 Promille[10]. Bei 1 Promille Blutalkohol ist die Wahrscheinlichkeit eines tödlichen Verkehrsunfalls siebenfach, bei 2 Promille bereits hundertfach erhöht. In USA waren mehr als 40 % aller durch Unfall mit Sturz Getöteten alkoholisiert[11]. Wir wissen nun, daß die Heim-, Freizeit- und Sportunfälle die häufigsten aller Unfälle sind, und da es sich weder um Arbeit noch um das Führen von Kraftfahrzeugen handelt, besteht Grund zur Annahme, daß der Alkohol dabei mindestens die gleiche Rolle spielt wie bei den Verkehrsunfällen. Man muß deshalb die Unfall-Folgekosten insgesamt mit über 100 Mrd. DM jährlich in der BR Deutschland annehmen, und davon sind mindestens 30 Mrd. DM Folgen von Alkohol. Zum größten Teil handelt es sich dabei um den "normalen" Alkoholkonsum.

Angesichts dieser Situation sollte man erwarten, daß die ärztliche Forschung sich der Folgen des "normalen" Alkoholkonsums besonders gründlich angenommen hätte; leider trifft das nicht zu. Kürzlich erklärte z.B. der Präsident des Deutschen Internistenkongresses bei seiner feierlichen Eröffnungsrede, daß man die Gefahren des Alkohols nicht übertreiben solle: 50 g Alkohol täglich sei für einen Mann im allgemeinen unschädlich, ja solche kleinen Alkoholdosen hätten sogar für den Kreislauf eine nützliche Wirkung. Zum Beweis für diese verblüffende Behauptung wird gewöhnlich zweierlei angeführt: eine angebliche HDL-Erhöhung durch tägliche beträchtliche Alkoholdosen und eine J-förmige Beziehung zwischen Alkoholkonsum und Mortalität. Nun ist aber gut erwiesen, daß von dem HDL, welches das kreislaufschädliche, überschüssige Cholesterin zur Leber zurücktransportiert, nur eine biologisch inaktive Fraktion (HDL3) durch größere tägliche Alkoholmengen erhöht wird; diese Fraktion hat keine herzschützende Funktion[12]. Schlimmer noch: jene nicht geringen "normalen" Alkoholdosen machen Bluthochdruck. Weiter, wenn man nicht gleich zu größeren Dosen geht,

9) Jokl, S.: Die volkswirtschaftlichen Kosten der Arbeitsunfälle 1980 - 1985. Forschungsbericht Nr. 328. Bundesanstalt für Arbeitsschutz und Unfallforschung. Dortmund 1983
10) Püschel, K.: Blutalkohol bei Arbeitsunfällen. Suchtgefahren 31 (1985), S. 31 - 37
11) Habermann, P.W./Baden, M.M.: Alcohol, other drugs and violent death. New York 1978
12) Haffner, S./Appelbaum-Bowden, D./Wahl, P.W./Hoover, J.J./Warnick, G.R./Albers, J.J./Hazzard, W.R.: Epidemiological correlates of high density lipoprotein subfractions. apolipoproteins A-1, A-11, and D, and lecithin, cholesterol acyl-transferase. Effects of smoking, alcohol and adiposity. Arteriosclerosis 5 (1985), S. 169 - 177; Haskell, W.L./Camargo, C./Williams, P.T. et al.: The effect of cessation and resumption of moderate alcohol intake on serum high density lipoprotein. subfractions. A controlle study. N Engl J Med 310 (1984), S. 805 - 810

sondern auch den etwas geringeren täglichen Alkoholkonsum betrachtet, der aus einer Erhöhung des Leberenzyms GGT erkennbar ist (Erhöhung dieses Enzyms in einem freilich bisher fälschlich als "normal" angesehenen Ausmaß), dann vermindert der Alkohol sogar signifikant das nützliche HDL, und außerdem verschlechtert er signifikant das LDL/HDL-Verhältnis, das heißt jene Relation der Blutlipide, die vor allem das Herzinfarktrisiko bestimmt[13]. Bei völliger Einstellung des Alkoholkonsums bessert sich das LDL/HDL-Verhältnis signifikant[14]. Und was die J-förmige Beziehung zwischen Alkoholkonsum und Mortalität angeht, muß man wissen, daß es beim Alkohol ebenso wie bei den pharmakologisch verwandten Benzodiazepinen und Barbituraten eine Niedrigdosisabhängigkeit gibt, d.h. die Abhängigkeit tritt in weiten Grenzen dosisunabhängig auf. Wer täglich Alkohol trinkt, ist niedrigdosisabhängig, und es fällt ihm nicht leicht, den Alkoholkonsum einzustellen. So kommt es, daß in einer Gesellschaft von Niedrigdosisabhängigen (in unserer Gesellschaft also) sich fast nur solche Personen zu völliger Alkohol-Abstinenz entschließen, die bereits einen ernsten Gesundheitsschaden und deshalb eine erhöhte Mortalität haben[15]. Die in der Ärzteschaft heute noch verbreitete Ansicht über eine nützliche Wirkung "normalen" Alkoholkonsums ist also illusionär.

Tatsächlich sind auch die kleinen täglichen Alkoholdosen alles andere als gesundheitsnützlich: sie sind vielmehr die Hauptursachen für Unfälle und für unsere häufigsten Kreislaufrisikofaktoren und Krankheiten, welche die meisten vorzeitigen Todesfälle machen: Bluthochdruck, Übergewicht (Fettleibigkeit), Prädiabetes, Altersdiabetes, Erhöhung der Blutfette und Krebs. Dies wird im folgenden erklärt.

Blutdruckerhöhung ist neben Zahnkaries unsere häufigste Krankheit. Bluthochdruck ist die wichtigste Ursache vorzeitiger Schlaganfälle und neben Zigarettenrauchen und erhöhten Blutfetten eine der Hauptursachen des Herzinfarkts. Die Kreislaufkatastrophen aber, Herzinfarkte und Schlaganfälle, sind unsere weitaus häufigsten Todesursachen. Die Geschichte der Entdeckung, daß Alkohol die häufigste Hochdruckursache ist, ist für unsere Beziehungen zum Alkohol charakteristisch. Schon 1915 erkannte Lian[16] den Zusammenhang, aber ihm wurde nicht geglaubt. Die Entdeckung wurde vergessen. 1967 und 1968 fanden sich

13) Backhaus, B./Kornhuber, A./Kornhuber, H.H.: The "normal" (social) daily alcohol consumption, artevial hypertension, glucose tolerance, plasma-insulin, C-peptide, GGT etc. In: Deecke, L./Eccles J.C./Mountcastle, V.B. (Hrsg.): From Neuron to Action. Festschrift Kornhuber. Heidelberg: Springer 1989; Kornhuber, H.H./Backhaus, B./Kornhuber, J./Kornhuber, A.W.: Risk factors and the prevention of stroke. In: Amery et al. (Hrsg.): Clinical trial methodolgy in stroke. Tunbridge Wells: Transmedica Europe 1989
14) Altmann, J./Kornhuber, A.W./Kornhuber, H.H.: Stroke: Cardiovasular risk factors and the quantitative effects of dietary treatment on them. Eur Neurol 26 (1987), S. 90 - 99
15) Petersson, B./Trell, E./Kristenson, H.: Alcohol abstention and premature mortality in middle-aged men. British Medial Journal 285 (1982), S. 1457 - 1459; Shaper, A.G.: Alcohol and mortality in British men. Lancet 1988 II: S. 1267 - 1273
16) Lian, C.: L'alcoolisme, cause d'hypertension arterielle. Bull Acad Med 74 (1915), S. 525 - 528

erneut epidemiologische Hinweise[17], aber wieder wurde versucht, den Zusammenhang unter den Teppich zu kehren; stattdessen wurde im Hauptreferat beim Internistenkongreß 1980 postuliert, daß hoher Blutdruck und gesteigerter Alkoholkonsum auf einen gemeinsamen dritten Faktor zurückzuführen seien wie z.B. Streß[18]. Dabei gab es keinen Anhaltspunkt für einen ursächlichen Zusammenhang dauernder Blutdruckerhöhung und Industriestressoren wie Lärm oder Akkordarbeit[19]. Als auf dem Kongreß der Hochdruckliga in München 1981 der Kausalzusammenhang zwischen Alkoholkonsum und Blutdruckerhöhung erwähnt wurde[20], stieß die Mitteilung auf den Unglauben aller Experten. Allerdings war nun das Eis gebrochen, die Einsicht gewinnt seither allmählich an Boden[21].

Der Zusammenhang zwischen Alkoholkonsum und Blutdruckerhöhung ist bis zu geringen Alkoholmengen herab nachweisbar, und es gibt keine "sichere" Alkoholmenge. Gerade bei den leichten Erhöhungen des Leberenzyms Gamma-Glutamyltransferase (GGT) infolge Alkoholkonsums (die in allen Lehrbüchern der Erde bis heute fälschlich als normal bezeichnet werden) ist der Blutdruckanstieg sogar relativ am stärksten[22]. Trotzdem wird bei den in der Zeitschrift "Hochdruck" veröffentlichten Interviews über die Ursachen des Bluthochdrucks mit Personen, die von der Redaktion für Experten gehalten werden (eine objektive Leistungsevaluation[23] gibt es, zum Schaden der Steuerzahler, in der Forschung bisher bei uns noch nicht), der Alkohol, wenn er überhaupt erwähnt wird, noch heute erst ab 40 g pro Tag als bedeutsam eingestuft. Tatsächlich ist der größte Unterschied im Blutdruck nicht zwischen den Wenig- und den Vieltrinkern, sondern zwischen denen, die wenig, und jenen, die keinen Alkohol trinken. Täglicher "normaler" Alkohol macht übrigens nicht nur Blutdruckerhöhung, sondern auch Pulsbeschleunigung[24] und vermehrtes Auftreten von Adrenalin und Noradrenalin im

17) D'Alonzo, C./Pell, S.: Cardio-vasular disease among problem drinkers. J Occup Med 10 (1968), S. 344; Dawber, P.R./Kannel, W.B./Kagan, A. et al.: Environmental factors in hypertension. In: Stamler, J. et al. (Hrsg.): Epidemiology of hypertension. New York: Grune and Stratton 1967, S. 255 - 288

18) Darstellung der Geschichte in Kornhuber, H.H.: Bluthochdruck und Alkoholkonsum. In: Rosenthal, J. (Hrsg.): Arterielle Hypertonie. Berlin u.a.: Springer 1984, S. 149 - 162

19) Kornhuber H.H./Lisson, G.: Bluthochdruck: Sind Industrie-Stressoren, Lärm oder Akkordarbeit wichtige Ursachen? Dtsch Med Wschr 106 (1981), S. 1733 - 1736

20) Kornhuber, H.H.: Blutdruckprogramme in Schulen. Therapiewoche 3 (1981), S. 7747

21) Kornhuber, H.H.: Hochdruck und Alkoholkonsum. Hochdruck 2 (1982), S. 17 - 14; Kornhuber, H.H.: "Normaler" Alkoholkonsum - eine der Ursachen von Bluthochdruck, Adipositas und Atherosklerose. Schweiz Rundsch Med (Praxis) 75 (1986), S. 1577 - 1579

22) Kornhuber, J./Kornhuber, H.H./Backhaus, B./Kornhuber, A./Kaiserauer, C.H./Wanner, W.: GGT-Normbereich bisher falsch definiert. Zur Diagnostik von Bluthochdruck, Adipositas und Diabetes infolge "normalen" Alkoholkonsums. Versicherungsmedizin 41 (1989), S. 78 - 81

23) Kornhuber, H.H.: Mehr Forschungseffizienz durch objektivere Beurteilung von Forschungsleistung. In: Daniel, H.D./Fisch, R. (Hrsg.): Evaluation von Forschung: Methoden, Ergebnisse, Stellungnahmen. Konstanz: Uni-Verlag 1988, S. 361 - 382

24) Kornhuber/Backhaus/Kornhuber/Kornhuber 1989 (Fn 13)

Blut, er ist also, bei physiologisch-nüchterner Betrachtung, das Gegenteil eines Beruhigungsmittels. Wenn man von objektiv nachweisbaren Streßzeichen ausgeht, so ist in unserer Gesellschaft Alkohol der wichtigste Stressor.

Alkohol ist bekanntlich ein Desinfektionsmittel, also ein Gift: er wird von den Hausfrauen zum Desinfizieren der Einmachgläser benutzt, von den Chirurgen zur Desinfektion der Hände. Die Leber, zu deren Hauptaufgaben die Entgiftung gehört (und die das einzige Organ in unserem Körper ist, das über die dazu nötigen Enzyme verfügt), macht nun durch Oxydation aus dem Alkohol unglücklicherweise ein noch stärkeres Gift, den Azetaldehyd. Dieser ist ein naher Verwandter von Formaldehyd, von dem kürzlich als einem starken Gift in den Medien berichtet wurde. Weniger aggressive höhere aliphatische Aldehyde werden in den Krankenhäusern zur Desinfektion der Böden benutzt. Azetaldehyd entsteht immer dann in beträchtlicher Konzentration in unseren Leberzellen, wenn wir Alkohol auch nur in kleinen Mengen oder in verdünnter Form zu uns nehmen. Die dadurch resultierende Leberschädigung, Fettleber genannt, findet sich bei 80 % von plötzlich (durch Unfall) verstorbenen Männern[25] und ist durch Labormethoden ebenfalls bei 80 % der scheinbar ganz gesunden jungen Leute nachweisbar, die von zu Hause zur Erstuntersuchung bei der Bundeswehr kommen[26]. Die Fettleber ist nicht mehr zur normalen Aufnahme des Blutzuckers fähig. Der Zucker bleibt nach der Nahrungsaufnahme deshalb länger hoch, und dies führt zu vermehrter Insulinausschüttung; das Insulin ist nämlich jenes Hormon, das dafür zuständig ist, den nach Mahlzeiten ins Blut gelangenden Zucker zu speichern, weil dieser sonst über die Niere verlorenginge: das Insulin tut dies durch Transport des Blutzuckers ins Zellinnere. Das bei Fettleber infolge täglichen Alkoholkonsums erhöhte Insulin führt nun seinerseits zu einer Herunterregelung der peripheren Insulinrezeptoren in den Muskel- und Fettzellen. Die Insulinrezeptoren sind die Ansprechpartner des Insulins in der Zellwand; sie helfen beim Zuckertransport ins Innere. Ohne diese Herunterregelung der peripheren Rezeptoren würde der hohe Insulinspiegel bei Fettleber zu einer zu starken Wegspeicherung von Zucker und dadurch zu Unterzuckerung, zu Bewußtlosigkeit und zu Krämpfen führen. Die Herunterregelung der peripheren Insulinrezeptoren macht aber eine anhaltende Erhöhung des Insulinspiegels nötig: es stellt sich ein Circulus vitiosus mit überhöhtem Insulinspiegel (Hyperinsulinismus) ein.

Der Hyperinsulinismus infolge des täglichen "normalen" Alkohols hat aber mehrere ungünstige Folgen: Erstens, er führt zu gesteigerter Na-

---

25) Hartz, F./Kornhuber, H.H.: Häufigkeit von Fettleber in Deutschland. Dtsch Med Wschr 110 (1985), S. 1232

26) Scheben, B./Henkler, C./Kornhuber, A./Kornhuber, H.H./Maier, V./Molz, K.H./Swobodnik, W./Wechsler, J.G.: On the road to stroke: hepatic steatosis and hyperinsulinaemia associated with normal alcohol use in young males. Verhandlungen der Deutschen Gesellschaft für Neurologie 4 (1987), S. 674 - 675

trium-Rückresorption in der Niere[27]. Das vermehrt im Blut zurück-
gehaltene Natrium trägt zur Volumenerhöhung und damit wie das nach
Alkoholkonsum vermehrt ins Blut abgegebene Adrenalin zur Blutdruckerhöhung bei. Zweitens, das hohe Insulin führt durch verfehlte Einspei-
cherung von Zucker auch in die Innenhautzellen der Blutgefäße dort zu
Fettbildung und Zellwucherung und so zu Atherosklerose[28]. Drittens,
das dauernd zu hohe Insulin blockiert die Entspeicherung von Fett aus
den Fettzellen. Die Fettzellen sind nicht so unveränderlich wie es
scheint. Vielmehr wird zwischen den Mahlzeiten laufend Fett entspei-
chert, um es für wichtige Arbeiten als Brennstoff verwenden zu können, z.B. für die Arbeit des Herzens, das Fettsäuren verbrennen kann.
Ebenso wird nach jeder Mahlzeit in den Fettzellen wieder zusätzliches
Fett gebildet, wozu Traubenzucker in den Fettzellen gebraucht wird. Da
es nun sinnlos wäre, die Entspeicherung von Fett, die Lipolyse, in jenen
Zeitabschnitten nach den Mahlzeiten weiterlaufen zu lassen, in denen
viel Brennstoff (Traubenzucker) im Blut vorhanden ist, hat das Insulin,
das normalerweise nur nach den Mahlzeiten für kurze Zeit ausgeschie-
den wird, die Nebenaufgabe, die Lipolyse zu blockieren. Eine Person
mit Fettleber infolge täglichen "normalen" Alkoholkonsums wird infolge
seiner durch Hyperinsulinismus blockierten Lipolyse ein "guter Fettver-
werter": es kommt zum "Bierbauch", der nicht am Hopfen oder an vermehrt aufgenommenen Kalorien, sondern an der Giftwirkung des Alkohols liegt und ebenso durch Wein und andere alkoholische Getränke
entsteht, und zwar ohne insgesamt vermehrte Aufnahme von Kalorien[29].

Obgleich der Volksmund bereits intuitiv den Zusammenhang gesehen
hatte, wie der Begriff "Bierbauch" zeigt, sträubt man sich bisher heute
gegen die Einsicht. Man faßt den Menschen vielmehr als passives System auf und behauptet, daß Fettleibigkeit lediglich an überkalorischer
Ernährung liege. Nun kann man zwar durch Hungern das Körpergewicht vermindern, dennoch sind die Fettdepots wie fast alles in unserem
Körper geregelt, und dies muß wohl so sein, denn einerseits brauchen
wir ein wenig Vorratsfett, um einige Tage ohne Nahrung zu überleben,
andererseits dürfen wir die Fettdepots nicht so unförmig werden lassen,
daß sie die Bewegung behindern. Die Regelung der Fettdepots ist ein
aktiver Vorgang; er vollzieht sich mittels der nutritiven Thermogenese[30]: die überflüssig aufgenommenen Kalorien werden verbrannt. Die
Regelung der Fettdepots durch nutritive Thermogenese hat noch den

27) DeFronzo, R.A.: Insulin and renal sodium handling: clinical implications. Int J Obsity
5 Suppl 1 (1981), S. 93 - 104
28) Pfeifle, B./Ditschuneit, H.: Effect of insulin on growht of cultured human arterial
small muscle cells. Diabetologia 20 (1981), S. 155 -158; Stout, R.W.: Diabetes and
arteriosclerosis - the role of insulin. Diabetologia 16 (1979), S. 141 - 150
29) Kornhuber 1986 (Fn 21); Kornhuber, H.H./Lisson, G./Suschka-Sauermann, L.: Adipositas und Atherosklerose als spezifisch-toxische Alkoholfolgen. Öff Gesundh-Wes 47
(1985), S. 488 - 496
30) Jéquier, E.: Thermogenic regulation in man. In: Enzi, G./Crepaldi, G./Pozza, G./-
Renold, A.E. (eds): Obesity: pathogenesis and treatment. London u.a.: Academic Press
1981

zusätzlichen Vorteil[31], daß wir genug rare Nahrungsbestandteile wie Proteine, Mineralien, Vitamine und Spurenelemente aufnehmen und auswählen können, ohne Biochemie zu studieren: wir essen einfach genug gemischte Kost und verbrennen die überschüssigen Kalorien normalerweise. Dieser nützliche Mechanismus, der nur bei einigen wenigen Prozent unserer Mitmenschen aus genetischen Gründen nicht gut funktioniert, sorgt für Regelung der Fettdepots. Forscher, die dies wirklich untersucht haben, haben gefunden, daß die dicken Männer im Durchschnitt nicht mehr, sondern weniger Kalorien aufnehmen als die schlanken; die Dicken reagieren durch Zurückhaltung beim Essen bereits darauf, daß sie gute Futterverwerter sind[32]. Der nützliche Mechanismus der nutritiven Thermogenese wird nun durch "normale" tägliche Alkoholmengen gestört, weil dann infolge des Fettleber-Hyperinsulinismus die Lipolyse blockiert ist[33]. (Natürlich spielen, wie immer in der Biologie, auch die Erbanlagen eine Rolle, aber keineswegs die entscheidende, wie die Schlankheit der meisten jungen Leute zeigt.)

Mit dieser Einsicht in die Entstehung des Übergewichts bei den meisten Männern ging es aber ähnlich wie mit dem Zusammenhang von Alkohol und Bluthochdruck: man wollte nicht sehen, was man sah. Ein gründlicher Forscher, der die Ernährungsgewohnheiten von Männern genau untersucht und gefunden hatte, daß die Dicken von allen Hauptnahrungsbestandteilen weniger zu sich nehmen als die Schlanken, mit der einzigen Ausnahme des Alkohols, hielt dies für Zufall; er sah den Alkohol nur als ein Nahrungsmittel unter anderen an und erklärte den Unterschied zwischen den Dicken und den Schlanken durch die Vermutung, daß sich die Schlanken mehr bewegen[34]. Dies ließ sich aber nicht halten: die fettleibigeren Männer essen nicht nur nicht mehr, sie bewegen sich auch nicht weniger als die Schlanken. Alkohol ist tatsächlich die Ursache des Übergewichts, aber nicht auf kalorischem, sondern auf toxischem Wege[35], und eine Untersuchung aus objektiven Daten (nämlich den von Alkohol veränderten Leberenzymen) hat den Zusammenhang bestätigt: schon jene kleinen Alkoholmengen, die nur leichte Enzymveränderungen machen, gehen mit Erhöhung des relativen Körpergewichts, also vermehrten Fettdepots einher, und dieser Zusammenhang ist unabhängig von anderen Einflüssen wie z.B. dem Lebensalter[36].

Wir verstehen jetzt auch, wie die Giftwirkung des "normalen" Alkohols zum "Bierbauch" führt: Der Alkohol-Hyperinsulinismus blockiert die Entspeicherung des Fetts aus den Depots. Acht von zehn jungen

---

31) Kornhuber 1986 (Fn 21)
32) Kornhuber/Lisson/Suschka-Sauermann 1985 (Fn 29); Kromhout, D.: Energy and macronutritient intake in lean and obese middle-aged men (the Zutphen Study). Am J Clin Nutrit 37 (1983), S. 295 -299
33) Kornhuber, H.H.: Alkoholtoxische Adipositas bei Männern, physiologische Poikilofettheit bei klimakterischen Frauen. Akt Ernähr 11 (1986), S. 47
34) Kromhout 1983 (Fn 32)
35) Kornhuber 1986 (Fn 21); Kornhuber/Lisson/Suschka-Sauermann 1985 (Fn 29)
36) Kornhuber, H.H./Kornhuber, J./Wanner, W./Kornhuber, A./Kaiserauer, C.H.: Alcohol, smoking and boy build. Obesity as the result of the toxic effect of "social" alcohol consumption. Clin Physiol and Biochem 1989, S. 203 - 216

Männern haben heute bei uns einen zu hohen Insulinspiegel infolge des
täglichen "normalen" Alkoholkonsums, und je höher das Insulin, desto
größer ist das Übergewicht[37]. Bei den Frauen ist es mit den Fettpol-
stern anders als bei den Männern. Sie bilden während der Stillzeit Vor-
räte für das Kind, und manche können danach, anlagebedingt, nicht
mehr von dieser Umstellung herunter. Viele Frauen werden aber auch
nach den Wechseljahren "gute Futterverwerterinnen" und nehmen zu,
ohne mehr zu essen. Allerdings verträgt die Leber der Frauen auch
weniger Alkohol als die der Männer. Schon kleine Alkoholdosen führen
bei der Frau zur Erhöhung der "Leberenzyme" und tragen mehr als
ähnliche kleine Dosen beim Mann zum Fettansatz bei[38]. Kompliziert
wird der Zusammenhang bei beiden Geschlechtern weiter dadurch, daß
jene, die Alkohol trinken, auch eher zum Zigarettenrauchen neigen:
dies aber macht schlank[39], ohne freilich die schädliche Alkoholwirkung
auf den Blutdruck und durch Hyperinsulinismus auf die Atherosklerose
aufzuheben.
    Wie es mit der Anerkennung dieser Tatsachen in den Massenmedien
steht, lehrte kürzlich eine Rundfunksendung. Auf einer großen "Öko-
Ausstellung" wurde begeistert von "Bio-Bier" berichtet, das gesund sei,
weil es mit "ungespritztem" Hopfen zubereitet wurde. Daß das wichtigste Gift in unserer Gesellschaft nicht die neue Chemie, sondern der
alte Alkohol ist (und zwar auch in "ganz normalen Dosen") - von dieser
Einsicht ist die "grüne" Bewegung noch weit entfernt; aber auch die
Medien. Als im April 1989 eine riesige Ölpest vor Alaska entstand (über
1500 km Küste verschmutzt, Kosten und Schadensersatzansprüche in
Milliardenhöhe), weil der Kapitän trunken war, ignorierten oder ironi-
sierten die deutschen Zeitungen den Akohol in der Ursachenkette. Daß
alle Energie risikoträchtig ist, der Umgang damit wie mit technischer
Macht überhaupt Nüchternheit und Disziplin verlangt - es wird wohl
noch einiger Aufklärung bedürfen, unsere Journalisten zu solchen Einsichten zu bringen.
    In dieser denkwürdigen Geschichte von systematischen Fehlern aus
Vorurteilen kommen wir jetzt an einen weiteren seltsamen Punkt. Er
betrifft jene "Leberenzyme", an denen wir laborchemisch die Alkoholwirkung erkennen. Das empfindlichste dieser Enzyme ist die Gamma-
Glutamyltransferase (GGT). Man hätte erwarten können, daß die Ärzte
bei der Untersuchung des Normbereichs dieses Enzyms besonders raffi-
niert verfahren und die weite Verbreitung des Alkoholkonsums berücksichtigen, aber dies war nicht so. Man ging von der Durchschnittsbevöl-
kerung aus und schloß lediglich gewisse "Risikoberufe" sowie gewisse
Patienten aus, die Mittel einnahmen, von denen man weiß, das sie die
GGT erhöhen. Der mit dieser naiven Methode definierte Normbereich,
wurde als Gesundheitsnorm deklariert, zeigte tatsächlich aber nur das

---

37) Kornhuber/Backhaus/Kornhuber/Kornhuber 1989 (Fn 13); Scheben/Henkler/Kornhu-
    ber et al. 1987 (Fn 26)
38) Kornhuber/Kornhuber/Wanner et al. 1989 (Fn 36)
39) Kornhuber/Kornhuber/Wanner et al. 1989 (Fn 36)

durchschnittliche Kranksein der Leber in einer Bevölkerung an, die größtenteils unter täglichem Alkoholeinfluß steht. Erst jüngst wurde eine externe Validierung des Normbereichs der GGT versucht, und zwar durch Prüfung des Zusammenhangs mit Befunden, von denen wir wissen, daß sie sich durch kleine tägliche Alkohomengen ändern, wie Blutdruck, relatives Körpergewicht, Puls und Insulinausschüttung im Glukosebelastungsversuch[40]. Die Ergebnisse zeigen, daß jener Bereich, den man bei Männern für den normalen hielt (bis 28 U/1), gerade der Bereich ist, in dem sich die meisten krankhaften Veränderungen vollziehen: Der Anstieg von Blutdruck, Insulin, Körpergewicht, Puls und Blutfetten ist gerade in dem bisher fälschlich für "normal" gehaltenen Bereich der durch Alkohol veränderten "Leberenzyme" am stärksten. Der wirkliche Normalbereich im Sinne der Gesundheitsnorm geht für die GGT nicht bis 28, auch nicht bis 18 (wie für die Frauen angenommen), sondern nur bis 10 U/1[41]. Unter den erwachsenen Männern sind heute jene, deren GGT in dem wirklich normalen Bereich liegt, eine Minderheit. Gleiches gilt für die anderen "Leberenzyme", GPT und GOT, die diagnostisch wichtig sind; auch ihre Normbereiche werden weltweit zu hoch angenommen. Die wirklichen Normgrenzen liegen nicht bei 20, sondern unter 10 U/1, so daß die Summe von GGT, GPT und GOT nicht bis 65, sondern nur bis 28 U/1 normal ist[42]. Ähnlich ist die Lage bei den Blutfetten. Die Normgrenze für die Neutralfette z.B., die nach den Lehrbüchern bei 2,0 mmol/1 liegt, sollte höchstens bei 1,0 mmol/1 angenommen werden[43]; die Ursache der falschen Validierung war in allen diesen Fällen der "normale" Alkoholkonsum.

Die meisten Fälle von Zuckerkrankheit gehören zum Typ II des Diabetes mellitus, der auch Altersdiabetes genannt wird. Diese weitaus häufigste Form von Zuckerkrankheit beginnt im Gegensatz zum Jugenddiabetes nicht mit Insulinmangel und hohem Blutzucker, sondern mit Erhöhung des Insulins im Blut, und zwar infolge einer Schädigung der Insulinrezeptoren, die in den meisten Fällen, jedenfalls bei Männern, durch den "normalen" Alkoholkonsum bedingt ist. Der Blutzucker ist dabei, im Gegensatz zum zu hohen Insulin, noch für Jahrzehnte normal. Natürlich spielt, wie immer in der Biologie, auch die Anlage eine Rolle, aber die Heilbarkeit des Typ II Diabetes durch Entwöhnung vom "normalen" Alkohol und vernünftige Diät[44] zeigt, daß die Anlage nicht die Hauptursache ist. Die Vorstufe des Altersdiabetes, der Prädiabetes (die Hyperinsulinämie infolge Rezeptorenschadens, bei noch normalem Blutzucker) geht erst nach Jahrzehnten in den manifesten Typ II-Diabetes über, wenn die Bauchspeicheldrüse, teilweise erschöpft, den überhöhten Insulinspiegel nicht mehr aufrechterhalten kann. Die Hyperinsulinämie aber ist infolge des weitverbreiteten täglichen Alkoholkonsums der Durchschnittszustand der deutschen Männer und kommt infol-

40) Kornhuber/Kornhuber/Backhaus et al. 1989 (Fn 22)
41) Kornhuber/Kornhuber/Backhaus et al. 1989 (Fn 22)
42) Kornhuber/Backhaus/Kornhuber/Kornhuber 1989 (Fn 13)
43) Kornhuber/Backhaus/Kornhuber/Kornhuber 1989 (Fn 13)
44) Altmann/Kornhuber/Kornhuber 1987 (Fn 14)

ge falsch verstandener "Emanzipation"[45] zunehmend auch bei Frauen vor.

Ähnlich wie mit Blutdruck und Übergewicht steht es mit den krankhaft erhöhten Blutfetten. Auch hier wird von der Ernährung im allgemeinen, von der Überernährung und von Veranlagung geredet, Tatsache ist aber, daß die Häufigkeit von Hypercholesterinämie bis zum 50. Lebensjahr stark ansteigt und dann wieder langsam abfällt[46]; dies entspricht genau der Zu- und Abnahme des Alkoholkonsums der Männer[47], so daß ein ursächlicher Zusammenhang mit dem "normalen" Alkoholkonsum wahrscheinlich ist[48]. Zugegeben wird, daß Erhöhung der Neutralfette im Blut gewöhnlich durch Alkohol bedingt ist[49]; die Erhöhung des Gesamtcholesterins und des LDL/HDL-Verhältnisses hängt aber im Wesentlichen von dieser Erhöhung der Neutralfette ab, und sie korreliert, unabhängig vom Alter, mit jenem Bereich geringer GGT-Erhöhungen infolge des "harmlosen" Alkoholkonsums, der bisher als "normal" angesehen wurde[50]. Was bisher gewöhnlich als quantitative Folge kalorischer Überernährung, vor allem durch Fett und Zucker, gedeutet wurde, vom Bluthochdruck bis zur Hyperlipämie, ist also - wenigstens bei Männern, teilweise aber auch bei Frauen - durch den qualitativen Fehler des täglichen Alkoholkonsums bedingt. Da durch "normalen" Alkoholkonsum Bluthochdruck, Pulsbeschleunigung, Übergewicht, Hyperinsulinismus, Prädiabetes und Diabetes sowie ungünstige Blutfettveränderungen verursacht werden, gehört der "normale" Alkohol zu den Hauptursachen von vorzeitigem Schlaganfall[51] und Herzinfarkt[52].

Auch Krebs ist nicht nur durch Zigarettenrauchen, sondern auch durch Alkohol bedingt und zwar nicht nur der Speiseröhrenkrebs der Hochdosistrinker, sondern auch der Leber-, Pankreas- und Darmkrebs und der Brustkrebs infolge "normalen" Alkoholkonsums[53]. Der aus Alkohol in unserem Körper entstehende Azetaldehyd, eine sehr aggressive Chemikalie, sowie ebenfalls bei der Alkoholoxydation entstehende freie Radikale, die noch aggressiver sind, reagieren mit vielen anderen

45) Kornhuber 1984 (Fn 6)
46) National Heart, Lung and Blood Institute, Bethesda, Md.: zitiert nach Time Magazine, October 19, 1987; The Lipid Research Clinics Program Epidemiology Commitee (LRC): Plasma lipid distributions in selected North American populations: The lipid research clinics programm prevalence study. Circulation 60 (1979), S. 427 - 439
47) Kornhuber/Lisson/Suschka-Sauermann 1985 (Fn 29)
48) Kornhuber/Kornhuber/Backhaus et al. 1989 (Fn 22)
49) Assmann, G.: Lipid-Stoffwechsel und Atherosklerose. Stuttgart: Schattauer 1982
50) Kornhuber/Backhaus/Kornhuber/Kornhuber 1989 (Fn 13); Kornhuber/Kornhuber/ Backhaus et al. 1989 (Fn 22)
51) Kozararevic, D.N./Voivodic, N./Dawber, T./McGee, D./Racic, Z./Gordon, T./Zukel, W.: Frequency of alcohol consumption and morbidity and mortality: The Yugoslavia cardiovasular disease study. Lancet 1 (1980), S. 613 - 616
52) Stout 1979 (Fn 28)
53) Kornhuber 1986 (Fn 5); Seitz, H.K./Czygang, P./Kommerell, B.: Alkohol und Karzinogenese. Leber Magen Darm 12 (1982), S. 95 - 107; Willet, W.C./Stampfer, M.J./ Colditz, G.A./Rosner, B.A./Hennekens, C.H./Spezier, F.E.: Moderate alcohol consumption and the risk of breast cancer. N Engl J Med 316 (1987), S. 1174 - 1180

Stoffen und aktivieren dabei Präkanzerogene zu Kanzerogenen, d.h. zu krebserzeugenden Stoffen[54].

Häufige Folge des "normalen" Alkoholkonsums ist eine entzündliche Nekrose der Bauchspeicheldrüse, die Pankreatitis, die heute nach den Befunden der Pathologen viel häufiger ist als sie klinisch diagnostiziert wird. Viele Fälle von Oberbauchbeschwerden, die als "spastischer" oder "übererregbarer" Darm (Colon spasticum, Colon irritable) diagnostiziert werden, sind tatsächlich durch chronische Pankreatitis bedingt. Bei unklaren Oberbauchschmerzen sollte deshalb immer auch ein Therapieversuch mit völliger Alkoholabstinenz gemacht werden. Daß Leberzirrhose in der Mehrzahl der Fälle heute durch Alkohol bedingt ist, ist der Öffentlichkeit inzwischen bekannt; die Zahl der Zirrhosen hat (proportional zum Alkoholkonsum) seit dem Zweiten Weltkrieg stark zugenommen. Auch die durch Alkohol bedingten hirnatrophischen Prozesse sind viel häufiger geworden; man sieht nicht mehr oft bei älteren Männern im Computer-Tomogramm eine normale Hirnrinde, wogegen gleichalte Frauen, die weniger trinken, seltener eine Alkohol-Atrophie zeigen. Entsprechend ist Alkohol die Haupt-Einzelursache des Nachlassens von Leistung und Zuverlässigkeit bei älteren Männern, besonders wenn man berücksichtigt, daß auch die kreislaufbedingten cerebralen Ausfälle (vorwiegend infolge von Bluthochdruck und Hyperinsulin-Atherosklerose) weitgehend Folge des "normalen" Alkohols sind.

Es gibt noch viele andere Störungen durch "normalen" Alkoholkonsum, z.B. depressive Verstimmung, Nervosität, Schlaflosigkeit, aggressives Verhalten, Gicht, vegetative Labilität, vermehrte Schweißbildung und dadurch bedingte Fußpilzerkrankungen, Kopfschmerzen, cerebrale (epileptische) Anfälle, Immunabwehrschwäche, Schul-, Berufs- und Eheprobleme etc.[55]; auch eine Störung der Blut-Hirnschranke gehört dazu[56]. Eine besonders interessante Folge des "normalen" Alkohols ist Beeinträchtigung des Traumschlafs. Man hat schon spekuliert, daß das Alkoholdelir ein kompensatorischer Einbruch von Traumschlaf ins Wachbewußtsein sei. Der Traumschlaf ist aber für die Erhaltung der normalen Hirnfunktion wichtig, wie schon das vermehrte Auftreten von Traumschlaf nach Traumschlafentzug zeigt. Vielleicht ist der Traumschlaf eine für die Erhaltung der kreativen Funktion unentbehrliche Übung des Gehirns[57]. Wahrscheinlich hängt damit zusammen, daß, wer keinen Alkohol trinkt, psychisch ausgeglichener und leistungsfähiger ist. Physisch schöner bleibt er/sie zudem; denn ein Fettbauch oder ein aufgeschwemmtes Gesicht ist nicht anziehend. Hinter diesen Erscheinungen

---

54) Lieber, C.S.: Metabolism of alcohol and associated hepatic effects. In: Berk, J.E. (Hrsg.): Gastroenterology. 4th ed., Philadelphia u.a.: Saunders 1985, S. 2957 - 2984
55) Kornhuber, H.H.: Neue Ansätze zur Therapie alkoholischer Leiden. Schriften d. Ärztekammer Südwürttemberg 2. Tübingen 1982
56) Kornhuber, J./Kaiserauer, C.H./Kornhuber, A.W./Kornhuber, M.E.: Alcohol consumption and blood-cerebrospinal fluid barrier dysfunction in man. Neuroscience Letters 79 (1987), S. 218 - 222
57) Kornhuber, H.H.: Neue Ansätze zu einer Theorie des Traumschlafs. Nervenarzt 55 (1984), S. 54; Kornhuber 1988 (Fn 4)

steht aber die Gefahr der Freiheitsminderung durch Hochdosisabhängigkeit, Kopftrauma oder Alkohol-Schlaganfall.

Seit dem moralischen Dammbruch infolge der Studentenrevolte 1968 trinken auch die Jugendlichen und die Frauen mehr Alkohol. Deshalb gibt es seit 1968 die Alkoholembryopathie, die vorher so selten war, daß sie weltweit der Aufmerksamkeit der Wissenschaft entging. Die erste Veröffentlichung kam 1968, nicht zufällig aus Frankreich[58]. Auch für die Entstehung einer Alkoholembryopathie genügen Dosen, die im Rahmen des "normalen" Alkoholkonsums heute von vielen Frauen konsumiert werden, z.B. 50 g pro Tag (entsprechend zwei Viertel Wein). Die Leber der Frau verträgt deutlich weniger Alkohol als die des Mannes. Während Männer bei Dosen über 50 g pro Tag zirrhosegefährdet sind, tritt dieses Risiko bei Frauen schon ab 20 g pro Tag auf[59]. Vor 1968 war das Down-Syndrom (Mongolismus) das häufigste angeborene Leiden bei Neugeborenen, es gab einen Fall auf 600 Lebendgeborene. Heute gibt es einen Fall von Alkoholembryopathie auf 300 Lebendgeborene[60]. Es ist erstaunlich, daß nicht wenigstens diese Tatsache zu einer Reaktion der Kirchen, der Justiz und der Politiker geführt hat. Noch immer ist die Werbung für Alkohol und Zigaretten von der Steuer absetzbar, wird Bier in Gasthäusern den Jugendlichen marktwidrig billiger als Limonade angeboten, werden Alkohol und Zigaretten Kindern in Automaten zugänglich gemacht - aus ärztlicher Sicht unerhört unrechte Zustände. Der Ärztliche Arbeitskreis Rauchen und Gesundheit richtete während des Reemtsma-Prozesses 1986 einen offenen Brief an alle Bundestagsabgeordneten, in dem wohlbegründet dargelegt wurde, daß die Reemtsma-Manager nicht nur wegen Steuerhinterziehung, sondern auch wegen Bestechung politischer Parteien anzuklagen seien[61]. Reemtsma war damals ein Alkohol- und Zigarettenproduzent (heute Zigarettenhersteller).

Rechnen wir die alkoholbedingten Folgeschäden (mindestens 50 Mrd. DM pro Jahr) in der Bundesrepublik Deutschland, die zigarettenbedingten Folgeschäden (etwa 35 Mrd. DM pro Jahr) und unsere Ausgaben für alkoholische Getränke (45 Mrd.) und Tabakwaren (26 Mrd.) zusammen, so kommt man auf wenigstens 156 Mrd. DM pro Jahr, worin 43 Mrd. an Alkohol-, Bier- und Tabaksteuern enthalten sind, so daß die reinen Kosten und Folgekosten von Alkohol und Zigaretten in der Bundesre-

58) Lemoine, P./Harrousseau, H./Borteyru, J.P./Menuet, J.C.: Les enfants des parents alcooliques, anomalies observees a propos de 127 cas. Arch Franc Pediat 25 (1968), S. 830 - 831
59) Pequignot, G./Chabert, C./Eydoux, M./Courcoul, M.: Argumentation du risque de cirrhose en fonction de la ration d'alcool. Journal of the Study of Alcohol 36 (1975), S. 1059
60) Bierich, J.: Das embryofetale Alkohol-Syndrom. In: Der Alkoholkranke. Schriften der Bezirksärztekammer Südwürttemberg 2. Tübingen 1982, S. 49 - 65; Majewski, F.: Alkohol-Embryopathie. In: Zank, K.D. (Hrsg.): Klinische Genetik des Alkoholismus. Stuttgart u.a.: Kohlhammer 1984
61) Schmidt 1986/87 (Fn 1)

publik z.Zt. jährlich mindestens 113 Mrd. DM betragen[62]. Zum Vergleich: der Bundeshaushalt beträgt etwa 280 Mrd. DM; die Kosten des Waldsterbens, gemessen am Holzpreis, liegen in der BR Deutschland bei 0,5-0,7 Mrd. DM pro Jahr[63].

Zu den Ursachen dieser Lage gehört die Verstrickung der politischen Parteien[64], auch der "Medien": ein Blick in die Reklame des "Spiegel" genügt. Die Zeit ist lange vorbei, in der der Klassiker der freiheitlich-rechtsstaatlichen Staatstheorie, Aristoteles, sagte: "Durch Gewöhnung suchen die Gesetzgeber die Bürger tüchtig zu machen. Das ist Absicht jedes Gesetzgebers"[65]. Die Politiker haben den Realpreis (das ist der Preis gemessen am verfügbaren Einkommen) des Alkohols in der Bundesrepublik Deutschland immer weiter sinken lassen; er beträgt heute nur etwa 10 % des Preises von 1950[66]. Vernünftig wäre es gewesen, den Realpreis mindestens konstant zu halten, besser noch, ihn in der Zeit rasch wachsenden Volkseinkommens zu steigern. Zu der falschen Politik hat eine falsche Lehre der Ökonomen beigetragen (die heute die wichtigsten Berater der Politiker sind): die Ökonomen betrachten nämlich allen Konsum als gleich gut und wirtschaftsfördernd, obgleich aus ärztlicher Sicht klar ist, daß es einerseits konstruktiven Konsum (z.B. für das Aufziehen von Kindern, im Erziehungs- und Ausbildungswesen, im Gesundheitswesen usw.) und andererseits destruktiven Konsum gibt (z.B. Ausgaben für Alkohol, Zigaretten, Haschisch, Kokain usw.)[67]. Der destruktive Konsum ist nicht nur gesundheitlich, sozial und rechtlich, sondern auch wirtschaftlich destruktiv. In den Lehrbüchern der Ökonomie und in unseren großen Lexika sucht man den Unterschied vergeblich. Im großen Meyer und in der Encyclopaedia Britannica gibt es gar keine Hinweise auf das Problem, und in der 20-bändigen Brockhaus-Enzyklopädie findet man unter dem Stichwort Social Costs lediglich: "Kosten im Sinne von Schäden und Verlusten, die von Unternehmen verursacht, jedoch von Dritten oder der Allgemeinheit getragen werden (z.B. Wasser- oder Luftverschmutzung durch Unternehmen)". Die Folgekosten unseres privaten Konsums, die zwei Größenordnungen höher sind, sind im Bewußtsein der Ökonomen noch nicht angekommen.

Unsere politischen Parteien, alimentiert von der Alkohol- und Zigarettenlobby[68], weigern sich bis heute, das Verursacherprinzip, das in unserer ganzen Rechts- und Wirtschaftsordnung anerkannt ist, auf das Gesundheitswesen (und d.h. vor allem auf Alkohol und Zigaretten) anzuwenden: die Folgekosten müßten auf den Preis geschlagen, die

62) Kornhuber, H.H.: Was Blüms Reform fehlt: Kostendämpfung durch Gesundheit. Dtsch Ärztebl. 85 (1988), A: 1347 - 1352, B: 952 - 956
63) Kornhuber, H.H.: Konsumverhalten und Gesundheit. Versicherungswirtschaft 6 (1986), S. 358 - 363
64) Frankfurter Allgemeine Zeitung 1986 (Fn 1); Frankfurter Rundschau 1986 (Fn 1); Hamburger Abendblatt 1985 (Fn 1)
65) Aristoteles (c. 330 v. Ch.) Nikomachische Ethik. Übers. v. W. Nestle. 8. Aufl., Stuttgart: Kröner 1977
66) Kornhuber 1986 (Fn 63); Kornhuber 1988 (Fn 62)
67) Kornhuber 1986 (Fn 63)
68) Frankfurter Allgemeine Zeitung 1986 (Fn 1); Frankfurter Rundschau 1986 (Fn 1)

Mittel über die Krankenkassen den Geschädigten zugeführt werden.
Marktwirtschaft erhält sich ja nicht selbst; sie braucht u.a. ein Kartell-
amt zur Erhaltung des Wettbewerbs: so braucht sie auch Rahmenbedingungen zur Gesunderhaltung des wirtschaftenden Volkes[69]. Dürfen wir
hoffen, daß die Politiker nach dem Naturschutz, dem Tierschutz, dem
Datenschutz usw. endlich auch den Menschenschutz entdecken? Unsere
gesamte Rechtsordnung ist auf die Achtung vor der Menschenwürde
gegründet. "Sie zu achten und zu schützen, ist Verpflichtung aller staatlichen Gewalt" (Artikel 1 Grundgesetz): Wann werden endlich Konsequenzen hinsichtlich jener Drogen daraus gezogen, die bei uns die weitaus größten Zerstörungen machen? Daß die Menschenwürde beeinträchtigt wird durch Alkohol-Embryopathie, Alkohol-Gehirntraumen,
Alkohol-Schlaganfälle, Alkohol-Hirnatrophie usw. bedarf keiner näheren Begründung.

Nachdem einiges von bösen Folgen des "normalen" Alkoholkonsums
gesagt wurde, sei kurz an den Hochdosis-Alkoholismus erinnert. Obgleich er viel seltener ist, ist er, wo er trifft, etwas Schlimmes, nicht nur
für den Erkrankten, sondern auch für die Angehörigen, besonders für
die Frauen und Kinder. Sollten nicht auch diese leidenden Kinder jenen
führenden Theologen, die heute Resolutionen über Kondome, Ostpoli-
tik, Raketen, Südafrika und Chile verfassen, sowie unseren Medien und
Politikern einen Impuls geben, etwas Wirksames zu unternehmen?

An dieser Stelle lautet die Ausrede der Repräsentanten unserer politischen Parteien gewöhnlich: ein höherer Preis würde am Konsum nichts
ändern wegen der Abhängigkeit. Das trifft nachweislich nicht zu[70]. Wir
wissen zwar, daß infolge der Abhängigkeit keine vollständige Preisela-
stizität besteht, wenn man aber den Realpreis um 2,5 % erhöht, geht der
Alkoholkonsum doch im Mittel um 1 % zurück[71], und ähnlich steht es
mit dem Zigarettenrauchen. Das Problem freiheitlich-marktwirtschaft-
lich, über den Preis, und nach dem in Recht, Wirtschaft und Umweltschutz anerkannten Verursacherprinzip anzupacken wäre am wirksamsten; denn der Versuch der totalen Prohibition nützt, wie man aus dem
Versuch in USA gelernt hat, nur der Mafia. Außer Gesundheitsabgaben
auf allen Alkohol und Zigaretten, abführbar an die Krankenkassen,
wäre ein Schritt in die richtige Richtung auch ein Verbot für Abgeord-
nete, Parteien und Medien, finanzielle Beziehungen zur Alkohol- oder
Zigaretten-Lobby zu haben. Der Staat und die ihn tragenden Parteien
dürfen von den Leiden der Menschen nicht profitieren; der Staat darf
deshalb Abgaben aus Alkohol und Zigaretten nicht für seine Zwecke
abschöpfen; er sollte diese Mittel den Opfern geben, den Kranken und
den Verletzten, auch für positive Familienpolitik einsetzen, denn diese
ist präventive Gesundheits- und Gesellschaftspolitik. Die Schwächung

---

69) Kornhuber 1988 (Fn 62)
70) DeLint, J./Schmidt, W.: The epidemiology of alcohoism. In: Israel, Y./Mardones, J.
(Hrsg.): Biological Basis of Alcoholism. New York: Wiley 1971; Levy, D./Scheflin, N.:
New evidence on controlling alcohol use through price, J Stud Alcohol 44 (1983),
S. 929 - 937
71) DeLint/Schmidt 1971 (Fn 70); Levy/Scheflin 1983 (Fn 70)

von Familie und Erziehung ist einer der Gründe für unser selbstdestruktives Verhalten wie unsere gestiegene Kriminalität. Auch die Presse bedarf, wie ihr Verhalten zeigt, des Schutzes vor korrumpierender Abhängigkeit von den enormen Werbeetats der Alkohol- und Zigarettenlobby. Demokratie setzt wahrheitsgemäße Information voraus. Heute ist die Lage so, daß man meint, in einem anderen Land zu sein, wenn man Pressegesetz und Pressecodex liest - beide fordern Wahrheit.

Die Alkoholwirkungen in Richtung Krankheit und Kriminalität weisen noch eine weitere interessante Ähnlichkeit auf: in beiden Bereichen wird ein circulus vitiosus ausgelöst. Der Alkohol-Hyperinsulinismus führt durch Herunterregelung der peripheren Insulin-Rezeptoren zu einer Stabilisierung des pathologischen Zustandes. (Zu dessen Durchbrechung ist deshalb, neben Beendigung des Alkoholkonsums, auch eine kalorisch reduzierte Diät und mehr Bewegung ratsam.) Ähnlich führt im Rechtsleben erhöhter Alkoholkonsum durch vermehrte Rechtsbrüche zu geringerer Aufklärungsquote und so zu noch mehr kriminellen Handlungen (außer Reduktion des Alkoholkonsums über den Preis sind deshalb wirksamere Rückkoppelungen erforderlich).

Natürlich gibt es auf beiden Gebieten keine Totallösungen, aber eine Reduktion unseres zu hohen destruktiven Konsums ist ein vernünftiges Ziel. Bier z.B. ist ein Getränk, das vielen mundet, aber warum nicht mehr alkoholfreies Bier? (Dies würde den Bierkonsum insgesamt sogar steigen lassen.) Und ein Achtel Wein zu einer wirklichen Feier am Abend ist in unserem Kulturkreis ein alter Brauch: der Fehler ist der tägliche Alkohol. Bei maßvollem seltenem Genuß könnte es dann ein guter Tropfen sein: das würde die Winzer vor Massenproduktion von minderer Qualität bewahren und ihnen angemessene Preise bringen. Der Autor dieses Beitrags ist kein Gegner, sondern ein Freund der Marktwirtschaft, denn diese ist die einer freiheitlichen Verfassung und der Freiheitsnatur des Menschen[72] gemäße Wirtschaftsform. Man muß Markt und Wirtschaft aber auch qualitativ betrachten und ihre Voraussetzungen und Folgen durchdenken: dazu gehört u.a. die Gesundheit der Menschen.

Unser selbstdestruktives Verhalten mit auf das Vierfache gesteigertem Alkohol- und Zigarettenkonsum und verbreitetem Gebrauch dieser Drogen auch bei Frauen und Jugendlichen steht in Kontrast zu den wirklichen Aufgaben unserer Zeit. Wir leben mit unserem luxuriösen Stil, mit überhöhtem Energieverbrauch, zuviel Müllproduktion und Umweltbelastungen wie z.B. dem steigenden CO_2-Gehalt der Atmosphäre bekanntlich auf Kosten unserer Enkel. Große Anstrengungen sind nötig, diese Probleme zu lösen, eine Klimakatastrophe durch Treibhauseffekt zu verhindern und die Erdbevölkerung auf erträglichem Niveau zu stabilisieren. Kurz, wir brauchen Mittel für unsere Zukunftsaufgaben, und Kapitalbildung geschieht bekanntlich durch Konsumverzicht. Wo immer wir aber sparen, ob an der Ausbildung, der Ferienreise usw., wir reduzieren dadurch einen Wirtschaftszweig, unsere

---

72) Kornhuber 1984 (Fn 6); Kornhuber 1988 (Fn 4)

Fähigkeiten oder unsere Sicherheit. Von diesem Zusammenhang gibt es nur eine Ausnahme: das gesundheitsrelevante Verhalten ist derjenige Bereich unseres Lebens, in dem wir ohne zu schaden sparen können an dem, was uns zerstört. Wir werden durch diese Disziplin nicht ärmer, sondern im Gegenteil freier und leistungsfähiger. Das Potential zum Einsparen und zugleich zum Gewinnen neuer Kräfte, das auf dem Gebiet des destruktiven Konsums liegt, ist unserer Wirtschaft, unseren Politikern, der Bevölkerung insgesamt und vielleicht auch unseren Rechtsdenkern noch nicht genügend bewußt geworden. Wie die Dinge bei uns liegen, besteht am ehesten Hoffnung, durch Gebrauch der Rechtsordnung zu einem vernünftigen Wandel zu kommen. Das geltende Recht schützt z.B. Kinder vor Vergiftung im Mutterleib, Jugendliche vor Verführung zu Drogen. Unsere heutige Lage widerspricht den Artikeln 1 und 2 unseres Grundgesetzes. Es ist ein Mißverständnis, wenn dagegen das Recht auf freie Entfaltung der Persönlichkeit ausgespielt wird. Erstens sind Alkohol und Zigaretten keine Wege zur Freiheit, sondern zur Selbstzerstörung. Der Abhängige raucht und trinkt nicht weiter weil er frei, sondern weil er abhängig ist. Daß es sich dabei um Genuß handelt, wird auch von den Betroffenen selbst nicht mehr behauptet, wenn sie befreit sind. Die Befreiung ist so wichtig, daß der Tag noch nach Jahren erinnert wird, meist besser als der Hochzeitstag. Und zweitens ist der Mensch ein soziales Wesen; keiner ist allein existenzfähig, keiner wäre allein Mensch geworden, jeder hat also Mitverantwortung für andere. Wer sich selbst zerstört, schadet auch anderen.

Muß es Rechtsdenker nicht reizen, auch unsere etablierten Verhältnisse in kriminologischer Perspektive zu betrachten? Die Alkohol-Story ist eine der interessantesten Kriminalgeschichten; sie zeigt die Verstrickung der Gesellschaft einschließlich ihrer Spitzen, der Parteien, Schriftsteller, wissenschaftlichen Gesellschaften, angesehenen Journale usw.: ist das nicht eine Herausforderung für Unerschrockene? Hans Göppinger hat auf seine stille, beharrliche Weise Voraussetzungen für diese Arbeit geschaffen.

Einige Aspekte der neueren kriminologischen Gewaltforschung in Nordamerika

Hans Joachim Schneider

1. Grundlage der neueren Gewaltforschung in Nordamerika

In den 60er Jahren wurde die Gesellschaft der USA durch Proteste gegen den Vietnamkrieg, durch Rassen- und Studentenunruhen und durch die Attentate auf Präsident John F. Kennedy, auf den Bürgerrechtler Martin Luther King und auf Senator Robert F. Kennedy erschüttert[1]. Die Gewaltkriminalität stieg an. Dieser Entwicklung versuchte man einerseits durch die Bundesgesetzgebung (z.B. durch das "Omnibus Crime Control and Safe Streets Act" von 1968) Herr zu werden. Der Präsident der Vereinigten Staaten ernannte andererseits große Kommissionen, die die politischen Instanzen des Bundes, der Staaten und Gemeinden langfristig wissenschaftlich beraten sollten[2]. Die auf die Verhütung von Gewalt spezialisierte Kommission war die "Nationale Kommission zu den Ursachen und zur Verhütung von Gewalt (U.S. Violence Commission)", die 1968 von Präsident Lyndon B. Johnson ernannt wurde und die mit acht Unterkommissionen zusammenarbeitete. Mehr als 200 führende Wissenschaftler trugen systematisch als Sachverständige und Berater der Kommission das Wissen der Zeit über kriminelle Gewalt zusammen. 140 Forschungsprojekte gab die Kommission in Auftrag. Ihre Untersuchungsergebnisse sind in mehr als fünfzehn Bänden veröffentlicht und in Nordamerika und weltweit verbreitet. Wie alle nordamerikanischen Kommissionen ihrer Zeit erklärte sie die Verursachung der Gewaltkriminalität weniger aus psychischen als aus sozialen Störungen. Der Gewaltbegriff wurde sozial definiert: Aggression ist kein Instinkt und nicht angeboren; sie ist gesellschaftlich bedingt[3]. Die

---

1) Gurr, T.R.: Political Protest and Rebellion in the 960s. The United States in World Perspective. In: Graham, H.D./Gurr, T.R. (Hrsg.): Violence in America. Beverly Hills u.a.: Sage 1979, S. 49 - 76

2) Zimring, F.E./Hawkins, G.: Crime Commissions. In: Kadish, S.H. (Hrsg.): Encyclopedia of Crime and Justic, Band 1. New York u.a.: Free press 1983, S. 353 - 357

3) National Commission on the Causes and Prevention of Violence (Hrsg.):: To Establish Justice, to Insure Domestic Tranquillity. Final Report. Washington D.C.: U.S. Govt. Print Off. 1969, S. 61; ebenso Wolfgang, M.E.: Violent Behaviour. Cambridge: Heffer 1969, S. 6/7; Megargee, E.J.: Psychological Determinants and Correlates of Criminal Violence. In: Wolfgang, M.E./Weiner, N.A. (Hrsg.): Criminal Violence. Beverly Hills u.a.: Sage 1982, S. 81 - 170, 85

Kerner/Kaiser (Hrsg.) Kriminalität
© Springer-Verlag Berlin Heidelberg 1990

wichtigsten Ursachen für das Wachsen der Gewalt wurden in dem relativen sozioökonomischen Mangel (Deprivation) und in der psychischen Versagung (Frustration) sozial enttäuschter Erwartungen gesehen. Die Kommission verfolgte - wie alle nordamerikanischen Kommissionen ihrer Zeit - zur Vorbeugung und Bekämpfung der Gewaltkriminalität eine Doppelstrategie: Gewalttätiges Verhalten muß durch strenge Anwendung der Strafgesetze kontrolliert werden. Gleichzeitig müssen Maßnahmen getroffen werden, die die Beseitigung der den Gewalttaten zugrundeliegenden sozialen Ursachen energisch betreiben. Trotz der auf eine Doppelstrategie abzielenden Empfehlungen der Kommission wuchs die Gewaltkriminalität in den USA in den 70er Jahren und zu Beginn der 80er Jahre weiter an[4]. Verbrechensfurcht und Festungsmentalität breiten sich in der Bevölkerung immer noch aus.

Die Gründe für den Mißerfolg der "U.S. Violence Commission" sind vielschichtig: In den 70er Jahren stärkte man zwar die Kriminaljustiz finanziell, personell und in ihrer Ausstattung[5]. Man unterließ es aber, sie durchgreifend zu reformieren, wie es die Kommission vorgeschlagen hatte. Die sozialen Ursachen ging man vorwiegend sozioökonomisch, mit einer reaktiven Wohlfahrtsstrategie an, die die benachteiligte Bevölkerung von der Sozialhilfe abhängig machte[6]. Man berücksichtigte zu wenig, daß Gewaltkriminalität über die sozioökonomische Benachteiligung hinaus ein Sozialisations- und Lebensstilproblem ist[7]. Konkrete Vorbeugungsprojekte finanzierte man zwar spärlich. Man leitete die Bevölkerung aber zu wenig an, in welcher Weise sie die Gewaltkriminalität verhüten könne. Schließlich unterließ man es weitgehend, jedem Vorbeugungsprojekt eine Bewertungs- und Auswertungsforschung (Evaluation) beizugeben[8], wie es die Kommission gleichfalls ausdrücklich gefordert hatte. Trotz dieses Mißerfolgs aufgrund Nicht- oder halbherziger Befolgung der Ratschläge der Kommission hat sich ihre Arbeit langfristig gelohnt. Denn sie schuf die Grundlage für weitere empirische Forschung, indem sie die wichtigsten Forschungsergebnisse aus der Fülle der verschiedenen Forschungsansätze herausfilterte und indem sie das Forschungsinteresse auf gesellschaftliche, auf Gruppen- und auf individuelle Gewalt-Verursachungsprozesse richtete.

---

4) Weiner, N./Wolfgang, M.E.: The Extent and Character of Violent Crime in America, 1969 to 1982. In: Curtis, L.A. (Hrsg.): American Violence and Public Policy. New Haven u.a.: Yale Univ. Press 1985, S. 17 - 39

5) Gordon, A.R./Morris, N.: Presidential Commissions and the Law Enforcement Assistance Administration. Curtis, L.A. (Hrsg.): American Violence and Public Policy. New Haven u.a.: Yale Univ. Press 1985, S. 117 - 132

6) Currie, E.: Crimes of Violence and Public Policy: Changing Directions. In: Curtis, L.A. (Hrsg.): American Violence and Public Policy, New Haven u.a.: Yale Univ. Press 1985, S. 41 - 62, 52

7) Comer, J.P.: Black Violence and Public Policy. In: Curtis, L.A. (Hrsg.): American Violence and Public Policy, New Haven u.a.: Yale Univ. Press 1985, S. 63 - 86

8) Lavrakas, P.J.: Citizen Self-Help and Neighborhood Crime. Prevention Policy. In: Curtis, L.A. (Hrsg.): American Violence and Public Policy, New Haven u.a.: Yale Univ. Press 1985, S. 87 - 115

2.1 Historische Gewaltforschung

Den historischen Perspektiven der Gewalt hatte sich die erste Unterkommission der "U.S. Violence Commission" zugewandt[9]. Ihre Ergebnisse wurden in den 70er Jahren und in der ersten Hälfte der 80er Jahre vertieft und erweitert. Man fand heraus, daß zwar die kriminelle Gewalt in den 60er und 70er Jahren gewachsen ist, daß aber diesem Anstieg eine weit längere Periode ständiger Abnahme der Raten krimineller Gewalt nicht nur in den USA, sondern in der gesamten westlichen Welt vorangegangen war[10]. Im mittelalterlichen Europa war die Gewaltkriminalität, insbesondere die Tötungsdelikte, erheblich höher als im heutigen Nordamerika und Westeuropa.

Als Ursachen für das langfristige Abnehmen der Gewalt in der Gesellschaft hat man folgende Entwicklungen herausgearbeitet[11]: Das menschliche Leben ist in jahrhundertelangen sozialen Prozessen immer höher gesellschaftlich und ethisch bewertet worden. Der Fortschritt der westlichen Zivilisation war verbunden mit äußeren und inneren Kontrollen gegenüber Gewaltäußerungen. Die durchschnittliche Lebenserwartung hat sich wesentlich erhöht. Die Menschen sind besser ausgebildet; ihr kulturelles Niveau ist höher; sie sind umfassender informiert. Die Regierungen und Verwaltungen sind immer mehr an die Verfassung und an die Gesetze gebunden worden. Sie können nicht mehr so ohne weiteres Willkür walten lassen. Moderne Verhaltensnormen unterstreichen friedliche Mittel zur Erreichung von Zielen: Zwischenmenschliche Gewaltanwendung innerhalb der Gemeinschaft und innerhalb des Volkes sind verboten. Sozial- und Kriminalpolitik sind menschlicher und rationaler geworden. Die Todesstrafe und körperliche Strafen in Schulen und Strafanstalten sind in zahlreichen Staaten abgeschafft worden. Dieser zivilisatorische Prozeß der Sensibilisierung, des Empfindlichwerdens und -machens für Gewalt, ist freilich noch großenteils auf die sozialen und intellektuellen Eliten und auf die Ober- und Mittelschichten beschränkt. Die Unterschichten haben sich den gewalthemmenden und -hindernden Wertvorstellungen der Ober- und Mittelschichten noch nicht in vollem Umfang angeschlossen. Die Jugend und die jungen Erwachsenen sind für Gewalt immer noch ansprechbar. Sie sind deshalb die meisten Täter und Opfer der Gewaltdelikte. Der historische Prozeß der Sensibilisierung für Gewalt muß von jeder neuen Generation wiederholt, und die friedliche Konfliktlösung muß stets von neuem gelernt

---

9) Graham, H.D./Gurr, T.R. (Hrsg.): Violence in American: Historical and Comparative Perspectives. A Staff Report to the National Commission on the Causes and Prevention of Violence. Bände 1 und 2, Washington D.C.: U.S. Govt Print Off. 1969; Graham, H.D./Gurr, T.R. (Hrsg.): Violence in America. Beverly Hills u.a.: Sage 1979
10) Gurr, T.R.: Historical Trends in Violent Crime: A Critical Review of the Evidence. In: Tonry, M./Morris, T.N. (Hrsg.): Crime and Justice, Band 3. Chicago u.a.: University of Chicago Press 1981, S. 295 - 353
11) Gurr 1981 (Fn 10); Brantingham, P./Brantingham, P.: Patterns in Crime. New York u.a.: Sage 1984, S. 196/197; Lane, R.: Criminal Violence in America The First Hundred Years. The Annals of the American Academy of Political and Social Science 423 (1976), S. 1 - 13

werden. Kriege und Bürgerkriege regen die Menschen zeitweilig zur Gewaltanwendung an. Die moderne Kernfamilie ist für die gewaltsame Austragung familiärer Konflikte sehr anfällig, weil ihr Ausgleichspersonen und neutrale Zonen fehlen, zu denen und in die man sich bei Gewaltdrohung flüchten könnte. In der heutigen Gesellschaft wächst indessen die Empfindlichkeit für Frauen- und Kindesmißhandlung. Die heutigen hohen Raten der Gewaltkriminalität sind Endergebnisse historischer Gesellschaftsentwicklungen. Bereits die mittelalterlichen Kriege hatten eine verrohende Wirkung[12]. Das Anwachsen der Tötungsdelikte in Nachkriegszeiten haben Dane Archer und Rosemary Gartner[13] anhand zahlreicher Kriege im 19. und 20. Jahrhundert nachgewiesen. Diese Zunahme ist auf eine Nachwirkung der Rechtfertigung des Tötens während der Kriege zurückzuführen. Für die hohe Belastung der schwarzen Bevölkerung in den USA mit Gewaltkriminalität ist die historische Entwicklung einer Subkultur der Gewalt verantwortlich[14]. In der schwarzen Subkultur wird Gewalt ermutigt und gerechtfertigt. Weiße auf friedliche Konfliktlösung gerichtete Mittelschichtswerte werden nicht übernommen. Die Familie und die Gemeinschaft der schwarzen Amerikaner sind weitgehend zerstört. Wegen mangelnder schulischer und beruflicher Ausbildung der Jugend treten Beschäftigungsprobleme auf. Die Verbrechensfurcht vor den Schwarzen und das entsprechende Vorurteil der weißen gegenüber der schwarzen Bevölkerung bestätigen sich ständig, so daß die Verbrechensfurcht und das Vorurteil der weißen Bevölkerung wächst, die die Gewaltkriminalität der Schwarzen mit hervorgerufen haben.

Gewaltkriminalität entwickelt sich in gesellschaftlichen Prozessen, in historischen Wellen. Die historische Forschung hat herausgefunden, daß sie immer dann wächst, wenn folgende drei Entwicklungen eintreten[15]:

- Die Modernisierung der Gesellschaft zerstört traditionelle Verhaltensstile und Wertvorstellungen, ohne sie durch neue zu ersetzen. Sie verursacht auf diese Weise gesellschaftliche Entwicklungen des Werteverfalls und der sozialen Zerrüttung.

- Kriege rechtfertigen die Gewalt. Sie führen ebenfalls zu Zuständen des sozialen Werteverfalls und der gesellschaftlichen Zerrüttung. Der Staat gibt durch seine Gewaltrechtfertigung im Krieg ein schlechtes Vorbild für seine Bürger.

- Der Anteil junger Menschen in der Gesellschaft trägt wesentlich zum

---

12) Hanawalt, B.A.: Crime and Conflict in English Communities 1300 - 1348. Cambridge u.a.: Harvard Univ.Pr. 1979, S. 236/237
13) Archer, D./Gartner, R.: Violence and Crime in Cross-National Perspektive. New Haven u.a.: Yale Univ. Press 1984, S. 63 - 97
14) Lane, R.: Roots of Violence in Black Philadelphia 1860 - 1900. Cambridge/Mass. u.a.: Harvard Univ.Pr. 1986
15) Gurr, T.R.: On the History of Violent Crime in Europe and America. In: Graham, H.D./Gurr, T.R. (Hrsg.): Violence in America. Beverly Hills u.a.: Sage 1979, S. 353 - 374, 366 - 370

Wachsen der Gewaltkriminalität bei. Für die neueste Entwicklung ist erheblich, daß Kinder und junge Menschen insbesondere für Gewaltdarstellungen im Fernsehen empfänglich sind.

2.2 Gewalt in den Massenmedien

Die "U.S. Violence Commission" hat mit aller Deutlichkeit erkannt, daß die Massenmedien Gewalt in gesellschaftlichen Prozessen nicht nur spiegeln, sondern daß sie in gesellschaftliche Prozesse eingreifen und daß sie gewaltfreundliche, soziale Wertvorstellungen, Einstellungen und Verhaltensstile mitformen. Sie läßt sich auf eine Stellungnahme zu sich in ihren Ergebnissen widersprechenden und mit methodischen Mängeln behafteten empirischen Forschungen nicht ein. Sie argumentiert vielmehr: Jedes Jahr geben die Werbespotkunden und Sponsoren des Fernsehens 2,5 Milliarden US Dollar in dem festen Glauben aus, daß das Fernsehen das menschliche Kaufverhalten beeinflussen kann. Die Fernsehindustrie stimmt ihnen enthusiastisch zu. Sie behauptet jedoch nichtsdestotrotz, daß ihre gewalttätigen Programme keinen Einfluß auf ihre Zuschauer ausüben. Das ist ein Widerspruch. Es ist an der Zeit, daß die Fernsehindustrie damit aufhört, die Klagen über negative Folgen durch ständige Gewaltdarstellungen in Fernsehprogrammen mit dem Argument abzuwehren, sie seien nicht bewiesen. Die "U.S. Violence Commission" erwartet stattdessen, daß die Fernsehindustrie die Beweislast auf sich nimmt, daß solche Programme dem öffentlichen Interesse nicht schaden[16]. Die Argumente der Kommission sind auch heute noch gültig und aktuell. Durch eine Langzeitstudie von über 30 Jahren ist bewiesen worden[17], daß das ständige Anschauen von Fernsehgewalt durch Kinder einen nachhaltig negativen Einfluß auf den gesamten Lebenslauf der Kinder hat und zu gewaltsamem und kriminellem Verhalten in deren Jugend- und Erwachsenenzeit führen kann. Weitere empirisch-psychologische Studien unterstützen dieses Ergebnis[18]. Das Fernsehen lehrt seine Zuschauer aggressive Verhaltensstile. Durch die ständige Wiederholung gewöhnen sie sich nicht nur daran, aggressiv zu reagieren, wenn provozierende Umstände dies zu erfordern scheinen[19], sondern die ständige Wiederkehr von Mediengewalt hat auch eine Ver-

---

16) National Commission 1969 (Fn 3), S. 199 - 202
17) Eron, L/Husemann, L.R.: Adolescent Aggression and Television. In: Wright, F./Bahn, Ch./Rieber, R.W. (Hrsg.): Forensic Psychology and Psychiatry. New York: Acad. of Sciences 1980, S. 319 - 331; Eron, L./Huesmann, L.R.: The Control of Aggressive Behavior by Changes in Attitudes Values and Conditions of Learning. In: Blanchard, R.J./Blanchard, D.C. (Hrsg.): Advances in the Study of Aggression, Band 1. New York u.a.: Academic Press 1984, S. 139 - 171
18) Singer, D.G./Singer, J.L.: Television Viewing and Aggressive Behavior in Preschool Children: A Field Study. In: Wright, F./Bahn, Ch./Rieber, R.W. (Hrsg.): Forensic Psychology and Psychiatry. New York: Acad. of Sciences 1980, s. 289 - 303; Belson, W.A.: Television Violence and the Adolescent Boy. Westmead u.a.: Gower 1978
19) Bandura, A.: Aggression. Eine sozial-lerntheoretische Analyse. Stuttgart: Klett-Cotta 1979

minderung emotionaler Reaktionsfähigkeit auf Gewalt und eine zunehmende Akzeptierung aggressiver Einstellungen und Werte zur Folge[20]. Mediengewalt hat eine übersättigende, gewöhnende und anpassende Wirkung an Aggression, die zu kontinuierlich abnehmenden und schließlich ausbleibenden emotionalen Reaktionen führt. Die ständigen Gewaltdarstellungen im Fernsehen begünstigen ein Gewaltklima in der Gesellschaft. Eine neuere Untersuchung, die von einem Forschungsteam der "National Broadcasting Corporation (NBC)", einem der drei großen kommerziellen Fernsehnetze der USA, durchgeführt worden ist[21], kommt zwar zu dem Ergebnis, daß Gewaltdarstellungen im Fernsehen keinerlei Wirkungen auf die Einstellungen und Verhaltensstile der Zuschauer haben. Diese Studie, die gewaltsames Verhalten allein auf Familien- und Nachbarschaftseinflüsse zurückführen will, vermag indessen nicht zu überzeugen. Sie kann nämlich nicht begründen, warum sich aggressive Lernvorbilder der Familie und Nachbarschaft auf das Verhalten auswirken, aggressive Lernmodelle im Fernsehen aber nicht.

Aggressive Pornographie hat eine gewaltsame Einstellung gegenüber Frauen zur Folge[22]. Die Leiden, Schmerzen, die körperlichen und seelischen Schäden der Vergewaltigungsopfer werden in pornographischen Filmen und Videos nicht gezeigt. Durch "verschönte", "illusionäre" Abbildungen sexueller Gewalt, z.B. durch einen unfreiwilligen Orgasmus beim Vergewaltigungsopfer, wird vielmehr veranschaulicht, daß das Opfer Gefallen an der Vergewaltigung findet. Solche aggressive Pornographie rechtfertigt die Gewaltanwendung. Männer wie Frauen lernen am Modell die sozialen Vorurteile "angenehmen", sexuell aufreizenden, aggressiven Verhaltens[23]. Männer stehen nach dem ständigen Anschauen aggressiv-pornographischer Filme der Vergewaltigung nicht mehr ablehnend gegenüber; sie gewöhnen sich an sie; sie entwickeln aggressive Einstellungen gegenüber Frauen.

---

20) Goranson, R.E.: Media Violence and Aggressive Behavior: A Review of Experimental Research. In: Berkowitz, L. (Hrsg.): Advances in Experimental Social Psychology, Band 5. New York: Academic Press 1970, S. 1 - 31
21) Milavsky, J./Kessler, R.C./Stipp, H.H./Rubens, W.S.: Television and Aggression. New York: Academic Press 1982
22) Malamuth, N.M.: Aggression against Women: Cultural and Individual Causes. In: Malamuth, N.M./Donnerstein, E. (Hrsg.): Pornography and Sexual Aggression. Orlando u.a.: Academic Press 1984, S. 19 - 52; Donnerstein, E.: Pornography: Its Effect on Violence against women. Malamuth, N.M./Donnerstein, E. (Hrsg.): Pornography and Sexual Aggression. Orlando u.a.: Academic Press 1984, S. 53 - 81; Donnerstein, E./Linz, D./Penrod, S.: The Question of Pornography. Research Findings and Political Implications. New York u.a.: Free Press 1987; U.S. Department of Justice, Attorney General's Commission on Pornography. Final Report. Bände 1 und 2, Washington D.C.: U.S.Govt.Print Off. 1986
23) Nelson, E.C.: Pornography and Sexual Aggression. In: Yaffé, M./Nelson, E.C. (Hrsg.): The Influence of Pornography on Behaviour. London u.a.: Academic Press 1982, S. 171 - 248, 203, 207

2.3 Erforschung von Krawallen

Auf die Erforschung gewaltsamer Gruppenprozesse hat die "U.S. Violence Commission" die Aufmerksamkeit der modernen Kriminologie gerichtet. Allerdings hat ihre Unterkommission zum Studium der Gruppengewalt, die von Jerome H. Skolnick geleitet worden ist, auch das Forschungsinteresse einseitig begrenzt und eingeengt. Denn sie hat sozialstrukturelle Ursachen hervorgehoben und massenpsychologische Elemente kollektiver Unruhen als irrational und mysteriös kategorisch abgelehnt[24]: Krawalle sind rationale Antworten auf feststellbare soziale Mißstände. Diese Ansicht berücksichtigt zu wenig die Verschiedenartigkeit von Demonstrationen und Krawallen. Neben dem potentiell konstruktiven und rationalen Charakter kollektiven Verhaltens gibt es ziellose Krawalle, die sich spontan entwickeln[25], und einen Übergangstyp, bei dem eine Masse in blinder Wut, jedoch mit relativer Zielgerichtetheit Amok läuft[26]. Aus einzelnen, den Krawall begleitenden Faktoren läßt sich keine Theorie entwickeln: Jeder Krawall besitzt ein auslösendes Ereignis. Es entstehen Gerüchte. Ein "Karnevals-" oder "Ansteckungselement" spielt eine gewisse, wenn auch untergeordnete Rolle: Die Teilnehmer an dem Krawall stecken sich in ihrem Verhalten gegenseitig an. Die Masse verleitet - etwa über die Fernsehberichterstattung - andere gewaltgeneigte Gruppen zur Massenbildung und zu Krawallen. Die beiden folgenden Theorien zur Entstehung kollektiver Gewalt sind nicht sehr überzeugend:

- Nach der Konvergenztheorie kommen Menschen mit ähnlichen anomalen persönlichen Merkmalen (z.B. Randgruppen) zusammen und beteiligen sich an aufrührerischem Verhalten, das in direktem Bezug zu ihren abnormen Persönlichkeitszügen und Neigungen steht. Diese Theorie vermag nicht zu überzeugen. Denn Krawallmacher besitzen unterschiedliche Persönlichkeitszüge und verschiedene soziale Hintergründe und bilden keine gleichförmige Ansammlung von Versagern und Unzufriedenen.

- Nach der Normbildungstheorie konstruieren Krawallmacher aufgrund von Interaktionen und kollektiv gefällten Entscheidungen eine neu entstehende normative Struktur[27], die sich allerdings nicht auf eine Ebene gleichförmiger Einstellungen und Standpunkte zurückführen läßt. Massenverhalten kann indessen nicht einfach durch das plötzliche Auftauchen neuer Normen erklärt werden.

---

24) Skolnick, J.H.: The Politics of Protest. Violent Aspects of Protest and Confrontation. A Staff Report to the National Commission on the Causes and Prevention of Violence, Band 3. Washington D.C. U.S.Govt.Print Off 1969, S. 252 - 262

25) Marx, G.T.: Issueless Riots. Short, J.F./Wolfgang, M.E. (Hrsg.): Collective Violence. Chicago u.a.: Aldine-Atherton 1972, S. 47 - 59

26) Newman, G.: Understanding Violence. New York u.a.: Harper & Row 1979, S. 182/183

27) Turner, R.H./Killian, L.M.: Collective Behavior. 2. Aufl., Englewood Cliffs u.a.: Prentice-Hall 1972

Die sozialstrukturelle Theorie wird heute immer noch weitgehend in der nordamerikanischen Kriminologie vertreten[28]. Diese Theorie betont den rationalen und potentiell konstruktiven Charakter randalierenden Verhaltens einschließlich der historischen Funktion dieses Verhaltens als Protestmechanismus und als Instrument gesellschaftlichen Wandels. Die Masse bildet ein organisiertes Ganzes, das ein System spezialisierter, integrierter Rollen enthält, die wiederum der sich entwickelnden Arbeitsteilung angepaßt sind. Krawalle entstehen auf der Grundlage sozialer Mängel, Defizite (deprivation) oder relativer sozialer Mißstände, wenn beispielsweise der Verbesserung objektiver sozialer Bedingungen plötzlich eine Verschlechterung oder ein Rückfall folgt. Die sozialstrukturelle Theorie trifft nur für einen Teil der kollektiven Unruhen zu; sie bedarf der Ergänzung:

- Krawalle entstehen in einem moralischen und sozialen Klima, das Gewalt ermutigt[29]. Gewaltsames kollektives Verhalten ist durch seine Organisation um eine Ideologie herum gekennzeichnet, die wie magischer Glaube die Realität verzerrt und die normalen Wege der Beilegung von Mißständen kurzschließt[30].

- Bei der Verursachung von Krawallen kommen Mechanismen der "in-group"- und "out-group"- Bildung mit ins Spiel[31]. Demonstranten und Polizei bilden zwei unterschiedliche Gruppen mit "Wir"- und "Sie"-Gefühlen. Innerhalb ihrer Gruppen empfinden sie menschliche Solidarität. Im Zwischen-Gruppen-Konflikt gehen sie allerdings auf soziale Distanz und entwickeln Vorurteile und negative Einstellungen gegenüber der jeweils anderen Gruppe, weil sie dasselbe Ziel, nämlich Anerkennung ihrer jeweiligen Gruppennorm, verfolgen, das aber nur von einer Gruppe erreicht werden kann.

- Nach der Theorie der symbolischen Interaktion reagieren verschiedene soziale Gruppen, z.B. die Krawallmacher und die Polizei, nicht nur wechselseitig auf ihr Verhalten, sondern sie definieren und interpretieren dieses Verhalten auch. Der Kriminologe Hans Toch[32] hat die Theorie der symbolischen Interaktion für die Erklärung der Verursachung von Gewalthandlungen fruchtbar zu machen versucht. Durch die Fehlinterpretation ihres jeweiligen Verhaltens tragen beide Parteien zu einem spiralförmig wachsenden Potential an Gewalt bei. Die erste Stufe im Aufschaukelungsprozeß besteht in Handlungen einer Personengrup-

---

28) Quarantelli, E.L./Wenger, D.: Riots. Behavioral Aspects. In: Kadish, S.H. (Hrsg.): Encyclopedia of Crime and Justice, Band 4. New York u.a.: Free Press 1983, S. 1379 - 1384

29) Janowitz, M.: Social Control of Escalated Riots. Chikago: Center for Policy Study 1968

30) Smelser, N.J.: Theory of Collective Behavior. New York: Free Press 1963

31) Sherif, M./Sherif, C.W.: Social Psychology. New York u.a.: Harper 1969, S. 222 - 261

32) Toch, H.H.: Violent Men. An Inquiry into the Psychology of Violence. Chicago: Aldine 1969

pe, die von der anderen als Provokation, als eine Bedrohung ihres Selbstwertgefühls, aufgefaßt wird. Die nun in der 2. Stufe folgende Gewaltanwendung wird wiederum von der anderen Gruppe als Bedrohung ihrer persönlichen Würde und Willensfreiheit angesehen. In den weiteren Stufen der gewalttätigen Interaktion kommt es zu Konfrontation und Eskalation der Gewalt. In diesem Zusammenhang ist der Prozeß der Enthumanisierung (dehumanisation) von Bedeutung: Menschen betrachten sich gegenseitig als Objekte.

- Zu diesem interaktiven Element der Krawallentstehung kommt ein situatives Element hinzu. Psychologische Experimente[33] haben gezeigt, daß Menschen unter Bedingungen, die Anonymität begünstigen, eher bereit sind, sich aggressiv zu verhalten. Denn solchem Verhalten, das ansonsten durch die Anpassung an soziale Normen und durch die Furcht vor gesellschaftlicher Mißbilligung unter Kontrolle gehalten wird, kann man unter der Maske der Anonymität freien Lauf lassen. Massenbildung ist gekennzeichnet durch einen Verlust an Sensibilität und an eigenem vernünftigem Nachdenken[34]. Die Massenpsyche ist gefährlich, brutal und destruktiv. Selbst gebildete Menschen benehmen sich unter ihrem Einfluß irrational und wie einfach strukturierte Menschen. Es kommt zu einem Prozeß der Entindividualisierung. Gefühle persönlicher Verschiedenheit, Identifizierbarkeit und Verantwortlichkeit lassen nach. Die Masse verhält sich anonym und ungehemmt. Die Erregung der Masse während eines Krawalls vermindert das Selbstbewußtsein (das Bewußtsein seiner Selbst) des einzelnen. Der einzelne Teilnehmer an dem Krawall wird nicht mehr von selbstregulierenden Mechanismen gesteuert; er verhält sich blind für das Leid und den Schaden der Opfer. Seine Individualität geht an die Massenseele verloren. Die Masse verliert das Mitgefühl für die Opfer. Selbst eine mächtige Autoritätsperson mit Prestige kann ihr keinen Einhalt gebieten. Die Masse konzentriert sich auf das Gegenwartsgeschehen; die Folgen ihres Verhaltens für die Zukunft sieht sie nicht.

2.4 Gewalt im Sport

Sie war für die "U.S. Violence Commission" noch kein Thema. Erst zu Beginn der 80er Jahre ist Gewalt im Sport zum sozialen Problem geworden, obgleich es sie bereits seit Jahrzehnten in Nordamerika gegeben hat. Man führt den Umstand des neuen Problembewußtseins für Gewalt im Sport auf die verminderte Toleranz der Bevölkerung gegenüber Gewalt in jüngster Zeit und darauf zurück, daß die Football-, Fußball- und Eishockeyspiele berufs- und geschäftsmäßiger geworden sind, daß sie ihren Amateurcharakter verloren haben.

---

33) Zimbardo, Ph.G./Ruch, F.L.: Lehrbuch der Psychologie. Berlin u.a.: Springer 1978, S. 500/501

34) Bartol, C.R./Bartol, A.M.: Criminal Behavior - A Psychosozial Approach. 2. Aufl., Englewood Cliffs/N.J.: Prentice Hall 1986, S. 194 - 199

Bei der Erklärung der Verursachung der Gewalt im Sport stehen sich
zwei Grundauffassungen gegenüber. Die Katharsishypothese vertritt die
Meinung, daß durch Gewalt im sportlichen Spiel Dampf (Aggression)
abgelassen werde, und daß auf diese Weise sportliche Spiele als Ventile
dienten. Beeindruckend viele Psychologen, Biologen und Philosophen
haben sich diese Meinung zu eigen gemacht. Nach der wissenschaftlichen Mehrheit in Nordamerika ist das Katharsismodell indessen veraltet
und empirisch nicht mehr haltbar. Das Problem besteht darin, daß es im
öffentlichen Bewußtsein noch stark verankert ist. Auch in der Wissenschaft versucht man es noch dadurch teilweise zu halten, daß man wenigstens bestimmte Gewaltnormen als gerechtfertigt ansieht. Man äußert
beispielsweise die Auffassung, der Faustkampf im kanadischen Eishok-
key sei ein Ritual, das den wechselseitigen Respekt der Wettkämpfer
voreinander symbolisiere[35]. Leichtere Formen von Gewalt seien Teil
des Spiels; sie gehörten zum Spiel; neben formellen Regeln gebe es eben
informelle Normen sozialer Kontrolle, zu denen auch der Faustkampf
im Eishockey gehöre; er werde von Spielern und Zuschauern nicht als
Gewalt angesehen. Diese Meinung ist bedenklich. Denn die Rechtfertigung bestimmter Formen von Gewalt läßt die Grenzen der Aggression
verschwimmen. Jede Form von Gewalt unter Eishockey-Spielern dient
als Modell für die Zuschauer. Wenn es sich bei dem Faustkampf im
kanadischen Eishockey um ein Ritual handeln sollte, so ist es ein Männ-
lichkeitsritual.

Erdrückende empirische Beweise sprechen für die soziale Lerntheorie[36]. Das Anschauen von Gewalt unter Spielern steigert die Gewaltnei-
gung der Zuschauer. Zur Erklärung dieses Phänomens fügt man zur
sozialen Lerntheorie noch die Theorien der Entindividualisierung und
Enthemmung und die Theorie der Subkultur der Gewalt hinzu. Zwar
entzündet sich die Gewalt in aller Regel an einem vorhergehenden,
Gewalt hervorrufenden Ereignis, beispielsweise an einem Foul (Regel-
verstoß) oder an einer Entscheidung eines Schiedsrichters, die von vielen Spielern und Zuschauern als Fehlentscheidung gewertet wird. Die
Ursachen für die Gewalt liegen indessen in ihrer subkulturellen Natur.
Hierbei geht es weniger darum, daß die Subkultur der Gewalt ein Un-
terschichtsphänomen ist. Vielmehr spielt die Einstellung der Wettkämpfer und Zuschauer gegenüber Gewalt eine wesentliche Rolle. Sie wird
als Teil des Spiels gesehen und gerechtfertigt. Eltern und Freunde der
Spieler sind der Ansicht, in gewaltsamem Spiel drücke sich ein starker
Charakter, ein kraftvoller Wille zum Gewinnen aus. Sie bestärken die
Spieler in ihrer aggressiven Einstellung. Das Fernsehen verherrlicht und
lobt teilweise gewaltsames Spiel. Die Kameras sind auf den Spieler gerichtet, der einen anderen Spieler verletzt hat, nicht auf sein Opfer.
Sprecher werten aggressives Spiel als Zeichen des Engagements und der

---

35) Colburn, K.: Honor, Ritual and Violence in Ice Hockey. In: Silverman, R.A./Teevan,
J.J. (Hrsg.): Crime in Canadian Society. 3. Aufl., Toronto u.a.: Butterworth 1986,
S. 61 - 89
36) Goldstein, J.H.: Sport and Aggression. In: Campbell, A./Gibbs, J.J. (Hrsg.): Violent
Transactions. Oxford u.a.: Blackwell 1986, S. 249 - 257, 252 - 255

Motivation des Spielers zum Erfolg. Man spricht beispielsweise in aggressivem Vokabular von Fußballschlacht, Schlachtgesängen, Schlachtenbummlern, Schuß und Bombe. Der Berufsfußball- oder -eishockeyspieler besitzt einen gewaltsamen Beruf. Er gehört einer gewaltsamen Berufssubkultur an, in der seine Mitspieler, seine Vereinspräsidenten, seine Trainer, seine Freunde, seine Fans, seine Familienmitglieder und Verwandten gewaltsames Spiel rechtfertigen und es mit Anerkennung belohnen. Es steht für sie zu viel auf dem Spiel. Es geht hier nicht nur um einen Konflikt über materielle Ressourcen. Vielmehr ist das sportliche Spiel zum gnadenlosen Streit (Kampf) über Symbole, wie moralischen Wert, Status, kollektive Identität, Ansehen, Prestige von Fußballvereinen und Städten, geworden[37]. Der Kampf ist so gnadenlos, weil es keinen Kompromiß beim Streit über Symbole gibt; Symbole sind nicht wie materielle Ressourcen teilbar. Man ist entweder Gewinner (Symbolbesitzer) oder Verlierer. Der Verlust ist absolut.

Die Erklärung aus der sozialen Lerntheorie und aus der Subkulturtheorie wird vervollständigt durch die Theorie der symbolischen Interaktion, die das situative Element hervorhebt. Spieler und Zuschauer definieren den sportlichen Wettkampf als gewaltsam. Sie erwarten Gewalt. Wettkämpfer und Zuschauer nehmen während des Spiels ein Klima der Gewaltbilligung wahr. Die Spieler messen ihrer Männlichkeit (machismo) einen großen Wert bei. Sie fürchten unbewußt, weiblich zu erscheinen. Für die Beurteilung der Gewalt im Sport ist die Einstellung der Gesellschaft entscheidend. Es fragt sich, ob sie über Gewalt im Sport besorgt ist, und ob sie gegenüber diesem Phänomen eine größere Empfindlichkeit zeigt. Es kommt darauf an, wie man das sportliche Spiel sieht. Stehen die Spieltechnik, der Spielcharakter, die Ästhetik des Zusammenspiels und die menschliche Kooperation im Vordergrund, so lehnt man Gewalt im Sport ab. Beurteilt man das Spiel als erbitterten Kampf um Macht, Ansehen und Geld, so nimmt man die gewaltsame Verletzung des Gegners in Kauf.

2.5 Gewalt in der Schule

Im Jahre 1975 führte der "Unterausschuß zur Untersuchung von Jugenddelinquenz" des U.S.-Senats Anhörungen zum Problem der Gewalt gegen Personen und gegen Sachen (Vandalismus) in der Schule durch[38], die in der nordamerikanischen Öffentlichkeit große Aufmerksamkeit erregten. Zur gleichen Zeit ließ das Bundesjustizministerium eine empirische Untersuchung zum Problem der Schulbanden anfertigen[39]: Die

---

37) Smith, M.D.: Violence and Sport. Toronto: Butterworths 1983, S. 153/154
38) Subcommittee to Investigate Juvenile Delinquency of the Committee of the Judiciary, United States Senate: Hearings School Violence and Vandalism. Band 1: The Nature, Extent, and Cost of Violence and Vandalism in our Nation's Schools. Band 2: Models and Strategies for Change. Washington D.C.: U.S. Govt. Print Off. 1976
39) U.S. Department of Justice, Law Enforcement Assistance Administration: Violence by Youth Gangs and Youth Groups as a Crime Problem in Major American Cities. Bearbeiter: W. B. Miller, Washington D.C.: U.S. Govt. Print Off. 1975

Bandenaktivitäten in Nordamerikas Grund- und weiterführenden Großstadtschulen stellen eine ernste Bedrohung der physischen Sicherheit der
Lehrer(innen) und Schüler(innen) dar. Banden beherrschen ganze Klas-
sen, mitunter ganze Schulen. Bandenschlachten finden auf Schulhöfen,
Sportplätzen oder in der näheren Umgebung der Schulen statt. Die Bandenmitglieder erheben Erpressungsgelder dafür, daß sie Lehrer und
Mitschüler nicht angreifen. Das Bundesjustizministerium finanzierte
eine Befragung von 500 schwarzen und 500 weißen Schülern und deren
Müttern in Philadelphia[40]. 54 % der Schüler beurteilten ihren Schul-
weg, 44 % den Schulhof, 34 % die Gänge und Korridore ihrer Schulen
und 21 % sogar ihre Klassenräume als unsicher und gefährlich. Zur
Gewaltanwendung, die sich innerhalb der Schule gegen Personen richt-
tet, wurden Ende der 70er Jahre zwei Erhebungen durchgeführt. Das
"National Institute of Education" des Bundesgesundheitsministeriums
erstattete dem Kongreß der Vereinigten Staaten einen Bericht, den "Safe
School Study Report"[41]. 31.373 Schüler und Schülerinnen und 23.895
Lehrer und Lehrerinnen wurden in öffentlichen weiterführenden Schulen, und zwar in ländlichen Gegenden, Vorstädten, Klein- und Großstädten, befragt. Die zweite Erhebung stützte sich auf die Studien zum
kriminellen Opferwerden in 26 Großstädten der USA. In diesen Studien
waren etwa 270.000 Ereignisse des persönlichen kriminellen Opferwerdens untersucht worden. M. Joan McDermott führte eine Sonderauswer-
tung durch, die sich auf das kriminelle Opferwerden in Großstadtschulen bezog[42]. In den öffentlichen Schulen der Großstädte der USA werden jedes Jahr mindestens die Hälfte der Schüler der Sekundarstufe I
(junior high school) körperlich angegriffen. Ein Drittel wird beraubt.
Etwa 10 % der Lehrer der Sekundarstufe I dieser Schulen werden während eines Schuljahres körperlich angegriffen. 5 % werden beraubt.
12 % der Lehrer an öffentlichen Schulen in den Vereinigten Staaten
sagten, sie hätten in den Monaten vor der Erhebung aus Angst um ihre
eigene Sicherheit gezögert, Schüler zu ermahnen und zurechtzuweisen,
die sich nicht anständig benommen hätten. 28 % der Lehrer in den
Großstädten machten diese Aussage. 75 % der Lehrer an den Großstadtschulen der Sekundarstufe 1 berichteten, daß Schüler sie während der
vergangenen Monate mit Schimpfworten belegt oder ihnen gegenüber
obszöne Gesten gemacht hätten. 36 % gaben an, daß Schüler gedroht
hätten, ihnen etwas anzutun.

---

40) Lalli, M./Savitz, L.D./Rosen, L.: City Life and Delinquency, Washington D.C.: U.S.
Department of Justice, U.S. Govt. Print Off. 1977; Savitz, L.D./Lalli, M./Rosen, L.:
City Life and Delinquency - Victimization, Fear of Crime and Gang Membership.
Washington D.C.: U.S. Department of Justice, U.S. Govt. Print Off 1977

41) U.S. Department of Health, Education, and Welfare, National Institute of Education:
Violent Schools - Safe Schools: The Safe School Study Report to the Congress. Washington D.C.: U.S. Govt. Print Off. 1978

42) U.S. Department of Justice, Law Enforcement Assistance Administration: Criminal
Victimization in Urban Schools. Bearbeiterin: M.J. McDermott. Washington D.C.:
U.S. Govt. Print Off 1979

Die Gewalttaten gegen Schüler(innen) und Lehrer(innen) haben im Interaktionsprozeß folgende Ursachen und Folgen[43]:

- Schulschwänzen und -phobie sind mit Schulgewalt eng verbunden. Es gibt nordamerikanische Großstadtschulen, in denen an Durchschnittstagen ein Drittel der angemeldeten Schüler fehlt, weil sie Angst haben, in der Schule Opfer einer Gewalttat zu werden. Die große Häufigkeit der Schulabwesenheit führt zur Unterbrechung des gesamten Ausbildungsprozesses. Lehrer wie Schüler werden demoralisiert. Die Schüler, ihre Familie und ihre Nachbarschaft engagieren sich für die Schulausbildung nicht mehr.
- Die Entmutigung der Lehrer - ihr "Ausbrennen" - hat zur Folge, daß sie aufhören, jenen beachtlichen mitmenschlichen Einsatz zu erbringen, der notwendig ist, um motivierte Schüler zu unterrichten. Unmotivierte Schüler sind überhaupt nicht erziehbar; sie müssen erst motiviert werden. Hohe Raten von Schulschwänzern verbinden sich mit hohen Raten von Lehrerabwesenheit, die teils Ursache, teils Folge der Schulgewalt ist.
- Die großstädtische Anonymität trägt zur Gewalt in der Schule bei. Die Eltern sind nicht so eng in den Ausbildungsprozeß mit eingebunden, wie es notwendig wäre, um den Erziehungseinfluß der Lehrer zu stärken. Die großstädtischen Schulverwaltungen sehen zu ausschließlich die Kostengründe: Je größer die Schule ist, desto geringer sind die Ausbildungskosten pro Kopf. Die Schulverwaltungen erkennen zu wenig das Sicherheitsrisiko, das mit dem Immer-größer-Werden der Schulen verbunden ist. Es bilden sich keine Klassen- und Schulgemeinschaften mehr. Die mitmenschlichen Beziehungen zerfallen. Gewaltanwendung ist die Folge des Gemeinschaftszerfalls, gleichzeitig aber auch die Ursache für weitere Gemeinschaftszerrüttung.
- Die Erosion der Lehrerautorität und die Verminderung des Respekts vor Lehrern sind Teil eines grundlegenden Wertewandels in der nordamerikanischen Gesellschaft, durch den viele Autoritätsfiguren - Eltern, Polizei, Regierungsvertreter, Arbeitgeber - an Prestige verlieren. Dieser Autoritätsverlust ist damit verbunden, daß weniger durchsetzungsfähige und weniger erfahrene Lehrer sich nicht mehr auf die Rolle der Autorität bei der Ausübung von Kontrolle zurückziehen können. Es gibt Großstadtschulen, in denen die Lehrer nicht mehr auf eine Mehrheit von Schülern zählen können, die ihre Hausaufgaben machen.

Die Lösung des Gewaltproblems in den Großstadtschulen der USA wird darin gesucht, Mindestverhaltensregeln für Schüler in öffentlichen Schulen aufzustellen, die durch glaubwürdige Disziplindrohungen, einschließlich des möglichen Verweises, durchgesetzt werden können. Es wird der Vorschlag gemacht, Schüler aus den Schulen zu entfernen,

43) Toby, J.: Violence in Schooles. In: Tonry, M./Morris, N. (Hrsg.): Crime and Justice, Band 4. Chicago u.a.: University of Chicago Press 1983a, S. 1 - 47; Toby, J.: Crime in the Schools. In: Kadish, S.H. (Hrsg.): Encyclopedia of Crime and Justice, Band 4. New York u.a.: Free Press 1983b, S. 1407 - 1410

die die Lehrer am Lehren hindern[44]. Gegen diese in den USA weitverbreitete Meinung wird eingewandt[45], daß sie die Chancenungleichheit
in der schulischen Erziehung für Minderheitengruppen aufrechterhält
und verschärft und daß sie die soziale Desorganisation von benachteilig-
ten Gemeinschaften nicht beseitigt. Es wird deshalb gefordert, die
Schulleitung und das Erziehungsklima in den gewaltbelasteten Großstadtschulen zu verbessern.

2.6 Gewalt in der Familie

Die wissenschaftliche Auseinandersetzung mit dem Problem der Gewalt
in der Familie hat in den USA vor etwa 30 Jahren eingesetzt. Mit seiner
Untersuchung krimineller Tötungsdelikte in Philadelphia lenkte erstmals
Marvin E. Wolfgang[46] die Aufmerksamkeit der Kriminologie auf die
erhebliche Bedeutung der Familie als sozialen Raum für konflikthafte
Interaktionsprozesse, die in schwerste Gewalttätigkeiten münden können. In einem Viertel der von ihm ausgewerteten Tötungsfälle war das
Opfer ein Familienmitglied des Täters, meist der Ehepartner. Als erstes
empirisches Großprojekt führte David G. Gil[47] eine Erhebung an einer
repräsentativen Stichprobe von über 1.500 nordamerikanischen Haushal-
ten durch, in der er seine Probanden unter anderem nach deren Kenntnis von Kindesmißhandlungsfällen in ihrer Umgebung fragte. Aufgrund
der Ergebnisse dieser Studie gelangte er zu einer Schätzung von 2,53 bis
4,07 Millionen Fällen von Kindesmißhandlung in den USA pro Jahr.
Damit gab er dem körperlichen Mißbrauch von Kindern die Dimension
eines gesellschaftlichen Massenphänomens, das nicht - wie bis zu diesem Zeitpunkt üblich - durch körperliche und psychische Anomalien
sowie Intelligenzmängel einiger weniger gewalttätiger Eltern erklärt
werden konnte. Die Entwicklung der 70er Jahre in den USA ist durch
ein unvermitteltes Ansteigen der Beachtung gekennzeichnet, die der
Gewalt in der Familie in Wissenschaft, Öffentlichkeit und Politik geschenkt wurde, und die sie aus dem Schattendasein eines gesellschaftlichen Tabuthemas heraustreten und zu einem sozialpolitischen Problem
erster Ordnung aufsteigen ließ.
   Die wohl zuverlässigsten Daten über die Verbreitung familiärer Gewaltanwendung lassen sich aus den beiden Dunkelfelduntersuchungen
entnehmen, die Murray A. Straus, Richard J. Gelles und Suzanne K.
Steinmetz in den Jahren 1976 und 1985 durchgeführt haben und die in
den Jahren 1980[48] und 1986[49] veröffentlicht worden sind. An der

---

44) Toby 1983a (Fn 43), S. 42 - 45
45) Gottfredson, G.D./Gottfredson, D.C.: Victimization in Schools. New York u.a.: Plenum 1985, S. 188, 193
46) Wolfgang, M.E.: Patterns in Criminal Homicide. New York/Philadelphia: University
   Press 1958
47) Gil, D.G.: Violence against Chidren. Cambridge: Harvard Univ. Press 1970
48) Straus, M.A./Gelles, R.J./Steinmetz, S.K.: Behind Closed Doors - Violence in the
   American Family. Garden City/N.J.: Anchor Press 1980

ersten Umfrage nahmen 2.143 Familien teil, von denen 1.146 Familien Kinder zwischen 3 und 17 Jahren hatten, die zu Hause lebten. Je ein erwachsenes Familienmitglied wurde von einem Interviewer persönlich befragt. Nach den Angaben der Befragten war es in 28 % der Familien seit der Eheschließung zu Gewalttätigkeiten zwischen den Partnern gekommen. In 18 % der Familien hatte ein Ehepartner den anderen geschlagen. Bei 5 % der Paare hatte ein Partner den anderen heftig geprügelt. Am häufigsten wendeten beide Partner gegenseitig Gewalt an. In der Regel beschränkte sich die Gewalt unter Partnern nicht auf ein einzelnes Vorkommnis. 73 % der Befragten gaben an, zu irgendeinem Zeitpunkt eine Form von Gewalt gegenüber ihrem Kind eingesetzt zu haben. Schläge mit der Hand wurden von 71 % der Eltern erwähnt. 20 % hatten ihr Kind mit Gegenständen geschlagen; 8 % hatten es getreten, gebissen oder mit der Faust geschlagen; 4 % hatten es schwer geprügelt; fast 3 % der Kinder waren mit einem Messer oder einer Schußwaffe bedroht worden. Ebenso viele waren mit diesen Waffen mißhandelt worden. Die höchsten Raten familiärer Gewaltanwendung fanden sich unter Geschwistern. 82 % aller Kinder, die mit Geschwistern aufwuchsen, hatten alleine in dem der Befragung vorausgegangenen Jahr ihre Geschwister gewaltsam angegriffen. Zum größeren Teil handelte es sich um leichtere Begehungsformen. Mit steigendem Alter der Kinder ging die Häufigkeit der Gewaltanwendung zurück. Immerhin hatten aber noch 64 % aller 15 - bis 17jährigen ihre Geschwister körperlich mißhandelt. Von 609 Vätern oder Müttern mit Kindern zwischen 10 und 17 Jahren berichteten 9 %, daß sie im Vorjahr von ihrem heranwachsenden Kind in irgendeiner Form körperlich angegriffen worden seien. 3 % der Kinder hatten dabei schwerere Gewalthandlungen verübt, die von Faustschlägen und Tritten bis zu Angriffen mit dem Messer oder einer Schußwaffe reichten[50]. Die Folgeuntersuchung von Murray A. Straus und Richard J. Gelles aus dem Jahre 1985 läßt Rückschlüsse auf die Entwicklung der Gewalt in der Familie in den USA zu. Diese zweite große Dunkelfeldstudie bezog sich auf 3.520 Familien, von denen 1.428 Haushalte Kinder im Alter von 3 bis 17 Jahren hatten. Die Ergebnisse zeigen einen signifikanten Rückgang der Berichte über Gewaltanwendung gegen Kinder gegenüber den Ergebnissen der ersten Dunkelfelduntersuchung aus dem Jahre 1976. Für alle Formen der Gewalt gegen Kinder betrug er zwar nur 1,6 %. Die angegebenen schweren Gewalttaten verringerten sich indessen um rund 24 %. Dieser Rückgang umfaßt eine Abnahme der berichteten schwersten Formen der Kindesmißhandlung um sogar etwa 47 %. Die angezeigten schweren Frauenmißhandlungen gingen um 27 % zurück. Neben anderen Gründen sehen Straus und Gelles den Rückgang als Erfolg gezielter sozial- und kriminalpolitischer Maßnahmen an, die zu einer Erhöhung der sozialen

---

49) Straus, M.A./Gelles, R.J.: Societal Change in Family Violence from 1975 to 1985 as Revealed by Two National Surveys. Journal of Marriage and the Family 48 (1986), S. 465 - 479

50) Gelles, R./Cornell, C.P.: Adolescent-to-Parent Violence. In: Gelles, R.J. (Hrsg.): Family Violence, 2. Aufl., Newbury Park u.a.: Lexington 1987, S. 153 - 167

Aufmerksamkeit und zu einer Verringerung der Duldsamkeit gegenüber
Gewalt in der Familie geführt haben.

   Zur Erklärung der Ursachen von Gewalt in der Familie ist in den
USA eine Vielfalt von Ansätzen und Theorien entwickelt worden:

- Die Ansätze, die Persönlichkeitsstörungen und charakterliche Auffälligkeiten des Täters sowie Intelligenzdefizite zur Erklärung der Gewalt in der Familie heranziehen[51], stützen sich auf methodisch angreif-
bare klinische Beobachtungen an kleinen, nicht repräsentativen Samples
von Eltern, die wegen Kindesmißhandlung auffällig geworden sind.
Gewalt in der Familie ist zu weit verbreitet, als daß sie mit Persönlich-
keitsanomalien der Täter in Zusammenhang gebracht werden könnte.
Die Täterpersönlichkeit ist nur ein Element im Familieninteraktionspro-
zeß, der zur Gewaltanwendung führt. Wenn bei einzelnen auffälligen
Tätern anomale Charakterzüge gefunden werden, so bedürfen diese
selbst der Erklärung.

- Die Theorie, die familiäre Gewaltanwendung mit der Zugehörigkeit
der Familie zur Unterschicht und ihrer Belastung durch soziale und
wirtschaftliche Streßfaktoren in Verbindung bringt[52], beruht auf Untersuchungen nur angezeigter Fälle von Frauen- und Kindesmißhandlung. Die Ergebnisse dieser Studien sind nicht frei von verzerrenden
Einflüssen, die dadurch entstehen, daß Gewaltanwendung in Unter-
schichtsfamilien den Behörden und Gerichten eher bekannt wird als
Mißhandlungen in Mittel- und Oberschichtsfamilien[53]. Trotz dieser
methodischen Bedenken kann nicht davon ausgegangen werden, daß
familiäre Gewaltanwendung in allen sozialen Schichten gleich verbreitet
ist. Die gefundenen Zusammenhänge zwischen sozialen und wirtschaftlichen Druckfaktoren und Gewalt in der Familie dürfen freilich nicht

---

51) Johnson, B./Morse, H.A.: Injured Children and their Parents. In: Leavitt, J.E. (Hrsg.):
   The Battered Child. Morristown: General Learning Press 1974, S. 18 - 23; Smith,
   S.M./Hanson, R./Noble, S.: Parents of Battered Children. A Controlled Study. In:
   Franklin, A.W. (Hrsg.): Concerning Child Abuse. Edinburgh u.a.: Churchill Livings-
   tone 1975, S. 41 - 48; Fischhoff, J./Whitten, Ch.F./Pettit, M.G.: A Psychiatric Study
   of Mothers of Infants with Growth Failure Secondary to Maternal Deprivation. Cook,
   J.K./Bowles, R.T. (Hrsg.): Child Abuse: Commission and Omission. Toronto: Butterworths 1980, S. 149 - 157; Wright, L.: The "Sick but Slick" Syndrome as a Personality
   Component of Parents of Battered Children. In: Cook, J.V./Bowles, R.T. (Hrsg.):
   Child Abuse: Commission and Omission. Toronto: Butterworths 1980, S. 159 - 164
52) Elmer, E.: Child Abuse: The Familiy's Cry for Help. Journal of Psychiatric Nursing 5
   (1967), S. 332 - 341; Elmer, E.: Children in Jeopardy: A Study of Abused Minors and
   their Families. Pittsburgh 1969; Gelles, R.J.: The Violent Home: A Study of Physical
   Aggression between Husbands and Wives. Beverly Hills u.a.: Sage 1972; Maden,
   M.F./Wrench, D.F.: Significant Findings in Child Abuse. Victimology 2 (1977), S. 196
   - 225; Pelton, L.H.: Child Abuse and Neglect: The Myth of Classlessness. In: Pelton,
   L.H. (Hrsg.): The Social Context of Child Abuse and Neglect. New York u.a.: Human
   Sciences Press 1981, S. 23 - 38
53) Schneider, H.J.: Kriminologie. Berlin u.a.: de Gruyter 1987; Schneider, U.: Körperliche
   Gewaltanwendung in der Familie. Notwendigkeit, Probleme und Möglichkeiten eines
   strafrechtlichen und strafverfahrensrechtlichen Schutzes. Berlin: Duncker & Humblot
   1987

in einer monokausalen Betrachtungsweise als direkte Ursachen für die Gewalt in der Familie verantwortlich gemacht werden.

- Die psychodynamische Theorie der Kindes- und Frauenmißhandlung[54] erklärt den "Kreislauf der Gewalt" als Ergebnis psychodynamischer Abwehrprozesse. Gewalttätige Mütter, Väter und Ehemänner leiden an einem Mangel an Urvertrauen, weil sie in ihrer eigenen Kindheit nicht ausreichend "bemuttert", sondern zurückgewiesen und körperlich und seelisch mißhandelt worden sind. Bei der "Rollenumkehr" verhalten sich die mißhandelnden Eltern so, als ob ihre Kinder Erwachsene und in der Lage wären, ihnen Beistand und fürsorgliche Liebe zukommen zu lassen. Die psychodynamische Theorie leistet einen unbefriedigenden Beitrag zur Erklärung von Gewalt in der Familie. Zum einen beschäftigt sie sich nahezu ausschließlich mit der Person des Täters und seinen Kindheitserfahrungen und schenkt dem Opfer, der Familie, dem sozialen Nahraum sowie sozioökonomischen Streßfaktoren kaum Beachtung. Zum anderen ist ihre theoretische Reichweite zu gering, um Gewalt in der Familie als Massenphänomen zu begründen.

- Die sozialpsychologische Ressourcentheorie[55] geht davon aus, daß die Familie wie alle sozialen Systeme bis zu einem gewissen Grad auf Zwang oder seiner Androhung beruht. Gewalt wiederum ist ein erlerntes Mittel, eine Ressource, um Zwang auszuüben. Je mehr Machtressourcen eine Person hat, um so weniger Gewalt wird sie einsetzen. Gewalt wird nur als letztes Mittel genutzt, wenn sonstige Ressourcen nicht vorhanden oder unzureichend sind. Ein Mann, der aufgrund seiner Geschlechtsrollensozialisation in der Familie eine beherrschende Position einnehmen möchte, seiner Frau aber in Bildung, beruflichem Erfolg, Einkommen und persönlichen Fähigkeiten unterlegen ist, wird daher eher auf Gewalt als Mittel zur Behauptung seiner Machtposition zurückgreifen als ein Mann, der überlegene intellektuelle, wirtschaftliche oder soziale Ressourcen besitzt.

54) Schultz, L.G.: The Wife Assaulter. Journal of Social Therapy 6 (1960), S. 103 - 112; Morris, M.G./Gould, R.W.: Role Reversal: A Concept in Dealing with the Neglected/Battered-Child Syndrome. The Child Welfare League of America (Hrsg.): The Neglected Battered-Child Syndrome. New York 1963; Steele, B.F./Pollock, C.B.: General Characteristics of Abusing Parents. In: Lee, C.M. (Hrsg.): Child Abuse. New York: Open University Press 1978, S. 116 - 125; Steele, B.F./Pollock, C.B.: Eine psychiatrische Untersuchung von Eltern, die Säuglinge und Kleinkinder mißhandelt haben. In: Helfer, R.E./Kempe, C.H. (Hrsg.): Das geschlagene Kind. Frankfurt/M.: Suhrkamp 1978, S. 161 - 243

55) Goode, W.J.: Force and Violence in the Family. Journal of Marriage and the Family 33 (1971), S. 624 - 636

- Die Theorie der sozialen Verarmung, der sozialen Isolation[56], wendet zur Erklärung vornehmlich von Kindesmißhandlung ihre Aufmerksamkeit den strukturellen Gegebenheiten zu, die die Nachbarschaften von Risikofamilien kennzeichnen. Diese Nachbarschaften gelten als "sozial verarmt". Sie sind nämlich nicht nur durch materielle Armut, sondern auch durch Isolation innerhalb der Gemeinschaft und durch eine Konzentration von Risikofamilien geprägt. Das Nebeneinanderleben von Risikofamilien führt dazu, daß der einzelnen Familie innerhalb ihrer Nachbarschaft keine adäquaten Verhaltensmodelle für den Umgang mit ihren Kindern angeboten werden. Die Familien vermitteln sich vielmehr gegenseitig Lernmodelle gewaltsamer Erziehungsstrategien.

- Der systemtheoretische Ansatz[57] legt der Erklärung von Gewalt in der Familie die vielleicht am stärksten interaktionistisch ausgerichtete Sichtweise zugrunde. Er betrachtet die Familie als zielgerichtetes, adaptives soziales System, dessen Elemente, die Familienmitglieder, durch ein Netz von Interaktionen miteinander verbunden sind, so daß jede Reaktion auf das Verhalten des anderen zu einer Bedingung für die Entwicklung bestimmter Regeln und Beziehungsmuster innerhalb des Systems werden kann. In positiven oder negativen Rückkopplungsprozessen wird gewaltsames Verhalten unter den Partnern auf- und abgebaut.

Die drei letzten, vorwiegend sozialpsychologisch ausgerichteten Ansätze betrachten Gewalt in der Familie unter interaktionistischen Gesichtspunkten. Sie sehen in ihr keinen einseitigen Angriff eines Täters auf ein bestimmtes Opfer, sondern betrachten die Gewalthandlungen als Ergebnis und Bestandteil der familiären Interaktion. Die Verhaltensstile der Beteiligten sind dabei durch Lernerfahrungen der Partner geprägt, die ihnen unter anderem in ihren eigenen Herkunftsfamilien am Modell ihrer Eltern vermittelt worden sind. Darüber hinaus ist die Interaktion der Partner Quelle weiterer Lernerfahrungen, die über die Fortsetzung und Vertiefung oder die Veränderung und Löschung der gezeigten Verhaltensmuster entscheiden.

---

56) Garbarino, J.: The Human Ecology of Child Maltreatment. Journal of Marriage and the Family 39 (1977), S. 721 - 735; Garbarino, J.: An Ecological Approach to Child Maltreatment. In: Pelton, L.H. (Hrsg.): The Social Context of Child Abuse and Neglect. New York u.a.: Human Sciences Press 1981, S. 228 - 267; Garbarino, J./ Gilliam, G.: Understanding Abusive Families. Lexington u.a.: Lexington Books 1980
57) Giles-Sims, J.: Wife Battering. A Systems Theory Approach. New York u.a.: Guilford 1983; Walker, L.E.: The Battered Woman. New York u.a.: Harper & Row 1979; Walker, L.E.: The Battered Woman Syndrome Study. In: Finkelhor, D./Gelles, R.J./ Hotaling, G.T./Straus, M.A. (Hrsg.): The Dark Side of Families. Beverly Hills u.a.: Sage 1983, S. 31 - 48

2.7 Gewalttäter-Karriere

Neuere kriminologische Kohortenstudien[58] haben ergeben, daß die überwiegende Mehrheit der Gewaltverbrechen von verhältnismäßig wenigen wiederholt gewalttätigen Personen begangen wird. Zwei Untersuchungen von Kohorten, die in den Jahren 1945 und 1958 in Philadelphia geboren worden waren, kamen zu dem Ergebnis, daß chronische männliche Täter (solche, die fünf und mehr Kontakte mit der Polizei hatten) nur geringe Teile der Täterpopulation ausmachten: 18 % in der 1945er Geburtskohorte und 23 % in der 1958er Kohorte. Diese Täter verübten einen unverhältnismäßig großen Teil an Verbrechen: 52 % in der 1945er Kohorte und 61 % in der 1958er Kohorte. Bedeutsamer ist noch, daß die Wiederholungstäter in beiden Kohorten für den Hauptteil der schweren Gewaltdelikte verantwortlich waren: für 71 % der Tötungsdelikte, 73 % der Vergewaltigungen, 82 % der Raubüberfälle und 69 % der Körperverletzungen in der 1945er Geburtskohorte; für 61 % der Tötungsdelikte, 76 % der Vergewaltigungen, 73 % der Raubdelikte und 65 % der Körperverletzungen in der 1958er Kohorte. Darüber hinaus neigten Täter, die fünf oder mehr Polizeikontakte hatten, am ehesten dazu, ihre Opfer zu verletzen, da sie 58 % der Gewaltdelikte mit Verletzungen der Opfer in der 1945er Geburtskohorte und 66 % dieser Delikte in der 1958er Kohorte begingen. Je früher die Probanden mit ihrer Delinquenz begannen, desto häufigere und schwerere Delikte verübten sie in ihrer Jugend und ihrem Erwachsenenalter. Mit ihrem Älterwerden entwickelte sich ihre Gewalttäter-Karriere. Häufigkeit und Schwere der zumeist spontan und planlos begangenen Straftaten nahmen bis in ihr Erwachsenenalter zu[59]. Ihre Rechtsbrüche wurden mit jedem Rückfall schwerer und verursachten immer größere soziale, psychische und materielle Schäden und körperliche Verletzungen bei ihren Opfern. Sie führten einen Lebensstil, in dem kriminelles Opferwerden ein häufiges Ereignis war. Ihre Bandenzugehörigkeit in ihrer Kindheit und in ihrer Jugend war eng verbunden mit der Häufigkeit und Schwere ihrer kriminellen Verwicklung im Erwachsenenalter. Die Täter, die häufige und schwere Straftaten begingen, waren meist auch zuvor Opfer von Straftaten geworden. Mit diesen Ergebnissen stimmen andere neuere Kohortenstudien überein[60]. Prospektive Längsschnittuntersuchun-

58) Wolfgang, M.E./Figlio, R.M./Sellin, Th.: Delinquency in a Birth Cohort. Chicago u.a.: University of Chicago Press 1972; Weiner/Wolfgang 1985 (Fn 4), S. 32

59) Wolfgang, M.E./Thornberry, T.P./Figlio, R.M.: From Boy to Man, from Delinquency to Crime. Chicago u.a.: University of Chicago Press 1987

60) Hamparian, D.M./Schuster, R./Dinitz, S./Conrad, J.P.: The Violent Frew. A Study of Dangerous Juvenile Offenders. Lexington u.a.: Lexington Books 1978; Miller, S.J./ Dinitz, S./Conrad, J.P.: Careers of the Violent. The Dangerous Offender and Criminal Justice. Lexington u.a.: Lexington Books 1982; Dinitz, S./Conrad, J.P.: The Dangerous Two Percent. In: Shichor, D./Kelly, D.H. (Hrsg.): Critical Issus in Juvenile Delinquency. Lexington u.a.: Lexington Books 1980, S. 139 - 155

gen[61])kommen zu denselben Resultaten. Jungen, die sehr früh mit ihrer Delinquenz beginnen, entwickeln sich zu den hartnäckigsten Rückfalltätern. Mit jeder Verhaftung und Verurteilung wächst die Wahrscheinlichkeit ihres Rückfalls. Gefährliche Wiederholungstäter haben meist kriminelle Eltern. Dieses Ergebnis wird freilich in der nordamerikanischen Kriminologie nicht im Sinne einer kriminellen Anlage, sondern im Sinne der sozialen Lerntheorie gedeutet. Die kriminellen Väter ermutigten ihre Jungen zwar nicht zu Straftaten; sie lehrten sie auch keine kriminellen Techniken. Sie ließen es aber an der notwendigen Aufsicht und Erziehung fehlen. Schroffe, harte elterliche Einstellung gegenüber ihrem Jungen war der zuverlässigste Vorhersagefaktor für kriminelle Gewalt. Väter, die wegen Gewalttaten verurteilt worden waren, hatten in vermehrtem Umfang Söhne, die Gewaltdelikte begingen. Mit jeder Verurteilung wegen einer Gewalttat wuchs die Wahrscheinlichkeit des gewalttätigen Rückfalls.

3. Schlußfolgerungen aus der neueren Gewaltforschung in Nordamerika

In den Veröffentlichungen der "U.S. Violence Commission" ist zwar nichts von Gewalt im Sport und in der Schule und wenig von Gewalt in der Familie enthalten. Die Kommission hat aber die Aufmerksamkeit der Kriminologie von der Persönlichkeit des Rechtsbrechers auf gesellschaftliche, auf Gruppen- und auf individuelle Gewalt-Verursachungsprozesse gerichtet. Die sieben aufgezeigten Aspekte der neueren kriminologischen Gewaltforschung in Nordamerika machen folgendes deutlich:

- Für die Erscheinungsformen und Ursachen der Gewaltkriminalität sind gesellschaftliche Verhaltensstile und Wertvorstellungen von großer Bedeutung, die sich in historischen Prozessen entwickeln. Diese Grundeinsicht ergibt sich auch aus dem Kriminalitätsvergleich verschiedener Gesellschaften[62]. Hierbei zeigt sich, daß in der zerrütteten Gesellschaft, deren traditionelle Werte zerfallen sind, ein Gewaltklima entsteht, das die Subkulturbildung fördert.

- Gewalt wird nicht nur am Erfolg oder Mißerfolg des Verhaltens, sondern auch am Modell gelernt[63]. Es werden nicht nur Einstellungen und Rollen, sondern auch persönliche Maßstäbe für gewaltsame Reaktionen gelernt.

---

61) Überblicke bei Farrington, D.P.: Longitudinal Research on Crime and Delinquency. In: Morris, N./Tonry, M. (Hrsg.): Crime and Justize, Band 1. Chicago u.a.: University of Chicago Press 1979, S. 289 - 348; Farrington, D.P.: Longitudinal Analyses of Criminal Violence. In: Wolfgang, M.E./Weiner, N.A. (Hrsg.): Criminal Violence. Beverly Hills u.a.: Sage 1982, S. 171 - 200
62) Adler, F.: Nations not Obsessed with Crime. Littleton: F.B. Rothman 1983
63) Bandura, A.: Sozio-kognitive Lerntheorie. Stuttgart: Klett-Cotta 1977

- In Subkulturen der Gewalt[64] lernt man gewaltsames Verhalten. Solche Subkulturen bilden sich insbesondere dann, wenn sich gesellschaftliche Wertvorstellungen verwirren, wenn Gemeinschaften zerfallen und wenn mitmenschliche Beziehungen und Bindungen zerrüttet sind. Hierbei vollzieht sich der Gemeinschaftsaufbau und -zerfall in Verläufen, in Gemeinschaftskarrieren[65]. In Subkulturen der Gewalt werden nicht nur gewaltsame Verhaltensstile, sondern auch Rechtfertigungen gewaltsamen Verhaltens gelernt[66]. Gewaltstraftaten werden durch Mitglieder der Subkultur gefördert und unterstützt. Subkulturen der Gewalt können sich nicht nur in Slums und Gettos sozial benachteiligter Bevölkerungsschichten, sondern auch in Berufsgruppen, z.B. im Sport, bilden.

- Die soziale Lerntheorie der Entstehung der Gewaltkriminalität wird nicht nur durch die Subkulturtheorie ergänzt und konkretisiert. Das Karrieremodell des Gewalttäters folgt vielmehr aus der Theorie der symbolischen Interaktion[67], nach der sich Gewaltkriminalität durch gesellschaftliche Reaktion verfestigt. Im Verlaufe seiner kriminellen Karriere organisiert der Gewalttäter sein gesamtes Verhalten um Gewalt herum.

In den sieben aufgezeigten Aspekten neuerer kriminologischer Gewaltforschung in Nordamerika fehlen - aus Raumgründen - zwei wesentliche Gesichtspunkte: das Opfer der Gewaltkriminalität und die Verbrechensfurcht[68], die beide im Interaktionsprozeß der Entstehung der Gewaltkriminalität eine große Rolle spielen. Gleichwohl zeigt sich aus den sieben dargestellten Aspekten mit aller Deutlichkeit, daß Persönlichkeit, Verhalten und Lebensgeschichte wesentliche Elemente bei der Berurteilung der Kriminalitätsentstehung geblieben sind, daß sie aber in "soziale Bezüge", soziale Prozesse eingeordnet werden müssen, wie Hans Göppinger[69] dies stets gefordert hat.

Für die Verbrechensvorbeugung kommt es schließlich maßgebend darauf an, daß das Individuum sich in die drei sozialen Netze einordnet und sich in diesen sozialen Netzen geborgen fühlt: im primären sozialen Netz der Familie, im sekundären sozialen Netz der Personen seines sozialen Nahraums, in Verwandtschaft, Freundschaft, Nachbarschaft, Schule, Berufs- und Freizeitgruppe, und im tertiären sozialen Netz der Institutionen des sozialen Fernraumes, in seiner Stadt, in seiner Gesell-

64) Wolfgang, M.E./Ferracuti, F.: The Subculture of Violence. London u.a.: Tavistock 1967
65) Reiss, A.J.: Why are Communities Important in Understanding Crime? In: Reiss, A./Tonry, M. (Hrsg.): Communities and Crime. Chicago u.a.: University of Chicago Press 1986, S. 1 - 33
66) Cressey, D.R.: Delinquent and Criminal Subcultures. In: Kadish, S.H. (Hrsg.): Encyclopedia of Crime and Justice, Band 2. New York u.a.: Free press 1983, S. 584 - 590
67) Mead, G.H.: Sozialpsychologie. Darmstadt: Wissenschaftliche Buchgesellschaft 1976
68) Lewis, D.A./Salem, G.: Fear of Crime. Incivility and the Production of a Social Problem. New Brunswick u.a.: Transaction Books 1986
69) Göppinger, H.: Der Täter in seinen sozialen Bezügen. Berlin u.a.: Springer 1983; Göppinger, H.: Angewandte Kriminologie. Berlin u.a.: Springer 1985

schaft und in seinem Staat. Es ist für eine vorbeugende Kriminalpolitik entscheidend, daß gute soziale Bindungen innerhalb dieser und zwischen diesen sozialen Netzen bestehen. Das Individuum muß ein Gefühl der Zugehörigkeit haben; es muß sich den sozialen Einheiten der verschiedenen Netze gegenüber verantwortlich fühlen. Die sozialen Gruppen der drei Netze müssen ihm gegenüber Verantwortlichkeit übernehmen. Positive Identifikationsmodelle werden auf jeder Ebene der Gesellschaft dringend gebraucht: auf der primären Ebene beispielsweise: die Eltern und Geschwister, auf der sekundären Ebene z.B.: Verwandte, Freunde und Lehrer und auf der tertiären Ebene beispielsweise: Politiker, Künstler und Wissenschaftler.

Täter-Opfer-Interaktion bei Tötungsdelikten im Rahmen von Partnerschaftskonflikten

Ines-Sabine Becker, Hans Thomas Haffner, Hans Joachim Mallach

Eine wesentliche Aufgabe der Kriminologie liegt in der Erfassung und Analyse des Verbrechens in seiner Gesamtstruktur. Dabei darf die Tat nicht isoliert gesehen werden. Täter und Opfer mit ihren Persönlichkeitsbildern, ihrem sozialen Umfeld und ihren Wechselwirkungen aufeinander sind einzubeziehen. Bedeutsam ist nicht allein die auf den Tatzeitpunkt begrenzte Querschnittsbeurteilung, sondern insbesondere die Längsschnittbeurteilung unter Einschluß aller prädisponierenden Faktoren. Nur so lassen sich Ansatzpunkte für eine frühe, schon im Vorfeld einer möglichen Tat wirksame Prävention gewinnen. Auch ist dies der einzige Weg, eine bereits begangene Tat vollumfänglich und angemessen zu würdigen.

Eine wesentliche Grundlage solcher kriminologischer Forschung ist wie für alle empirischen Wissenschaftszweige die statistische Auswertung epidemiologischer Daten. So erfolgreich dieser Weg für zahlreiche Fragestellungen der Kriminologie begangen werden kann, so zurückhaltend ist er für die Untersuchung von Tötungsdelikten zu beurteilen. Es gibt kaum eine andere Deliktsgruppe in der kriminologischen Systematik, die ähnlich heterogen aufgebaut ist. So fürchtet Göppinger[1] zurecht, durch eine allzu formalistische und schematische Bearbeitung der Tötungsdelikte könnten wertvolle individualspezifische Informationen verschleiert werden. Methodisch wird man dieser Gefahr nur dann ausweichen können, wenn man auf die übergreifende Auswertung der Deliktsgruppe Tötungsdelikte verzichtet und statt dessen auf kleinere, aber dafür möglichst homogene Untersuchungseinheiten zurückgreift. Hierfür bieten sich die bekannten Unterteilungen der Tötungsdelikte nach Motiv (Raubmord, Lustmord, Eifersuchtsmord usw.) oder nach sozialer Beziehung des Opfers zum Täter (Gattenmord, Aszendenten-, Deszendentenmord, usw.) an.[2]

Unser Interesse gilt Tötungsdelikten im Rahmen von Partnerschaftskonflikten als einer der häufigsten Untergruppen im Spektrum unserer Begutachtungen in Todesermittlungsverfahren. Diese Fälle schienen uns auch hinsichtlich beider genannten Unterteilungskriterien eine ausreichend homogene Gruppe darzustellen. Zum einen ist die soziale Bezie-

---

1) Göppinger, H.: Kriminologie. Eine Einführung. München: Beck 1971
2) "Mord" hier im Sinne des allgemeinen Sprachgebrauch, nicht in juristischem Sinn!

Kerner/Kaiser (Hrsg.) Kriminalität
© Springer-Verlag Berlin Heidelberg 1990

hung zwischen Täter und Opfer durch die Definition festgelegt: Ehe-
paare oder Intimpartner. Zum anderen ergibt sich auch eine Eingrenzung hinsichtlich der Motivation, die in erster Linie aus der vorange-
gangenen engen Interaktion zu erwarten ist. Somit bieten diese Delikte
auch gute Voraussetzungen für eine epidemiologisch-statistische Auswertung.

Material und Methode:

Ausgangsbasis unserer Untersuchungen bildete das Obduktionsgut des
Tübinger Instituts für Gerichtliche Medizin aus den Jahren 1964 bis
1986. Die Datenerhebung im Einzelfall stützte sich auf die Auswertung
der Gerichtsakten oder der staatsanwaltschaftlichen Ermittlungsakten.
Wir suchten alle Fälle heraus, in denen Täter und Opfer zum Zeitpunkt
der Tat oder vorher in einer engen partnerschaftlichen Beziehung zueinander standen, also miteinander verheiratet waren oder in eheähn-
lichen Verhältnissen lebten. Hierzu zählten nicht flüchtige Bekannt-
schaften vornehmlich sexueller Prägung. Weiter nahmen wir Fälle in
unser Untersuchungskollektiv auf, in denen das Tötungsdelikt zwar auf
einem Partnerschaftskonflikt basierte, aber von einer nur indirekt betroffenen Person, beispielsweise dem Sohn oder der Tochter quasi stellvertretend für einen Elternteil, ausgeführt wurde. Berücksichtigung
fanden zusätzlich Fälle, in denen aus der Konfliktsituation heraus nicht
der Partner, sondern ein realer oder vermeintlicher Rivale Opfer der
Tat wurde.
    Eine Eingrenzung unseres Untersuchungsmaterials war durch unser
Ziel bedingt, insbesondere auch geschlechtsspezifische Unterschiede
herauszuarbeiten. Um wenigstens annähernd zahlenmäßig vergleichbare
Gruppenstärken von männlichen und weiblichen Tätern zu erreichen,
mußten wir uns auf eine Tötungsart beschränken, bei der durch die
Verwendung einer Waffe das Ungleichgewicht der Körperkraft von
Mann und Frau angeglichen wurde. Am besten eigneten sich hierzu
Todesfälle durch scharfe Gewalt. Das dabei am häufigsten verwendete
Werkzeug, das Messer, ist im alltäglichen Leben für den Täter nahezu
stets griffbereit. Somit bieten die Todesfälle durch scharfe Gewalt auch
in dieser Hinsicht die geringste Gefahr einer ungleichen Selektion.
    Bestand beim Täter zum Zeitpunkt der Tat eine Beeinträchtigung der
Unrechtseinsichtsfähigkeit im Sinne der Paragraphen 20 oder 21 StGB,
wurde er von der weiteren Auswertung ausgeschlossen. Beeinträchtigungen der Steuerungsfähigkeit dagegen, etwa durch Einfluß von Alkohol oder anderen Rauschmitteln oder durch affektive Erregung, stellten
kein Ausschlußkriterium dar, da die Tat durch einen Verlust der
Hemmschwellen lediglich gebahnt, in der Grundkonstellation jedoch
nicht verändert wurde.

Ergebnisse:

Am Institut für Gerichtliche Medizin der Universität Tübingen wurden zwischen 1964 und 1986 insgesamt 6240 Obduktionen durchgeführt. Es handelte sich in 8,9 % der Fälle (n = 558) um Opfer von Tötungsdelikten. Aus diesem Kollektiv erfüllten 49 Fälle unsere eng gefaßten Eingangskriterien. Täter waren 36mal Männer: Sie töteten in 31 Fällen ihre Partnerin, in drei Fällen einen realen oder vermeintlichen Rivalen und in zwei Fällen sowohl die Partnerin als auch den Rivalen. 11mal tötete eine Frau ihren Partner. Zweimal töteten Kinder, - je einmal ein Sohn und eine Tochter -, den Vater, indem sie in aktuellen Konfliktsituationen für die Mutter Partei ergriffen (Tabelle 1). Beide Fälle wurden vom Gericht als Notwehr klassifiziert, wenngleich die Umstände zuminderst in einem Fall stark an eine delegierte Tötungshandlung nach Glatzel[3] erinnerten.

In der Mehrzahl handelte es sich um deutsche Paare (n = 29). Partnerschaften zwischen Ausländern (ausschließlich aus dem mediterranen Raum) lagen in 15 Fällen vor. Fünfmal bestand eine Beziehung zwischen einem Ausländer und einer Deutschen (Tabelle 2). Diese Paare rechneten wir bei einer Differenzierung nach Nationalität zu den Partnerschaften zwischen Ausländern, da entsprechend der soziokulturellen Herkunft in diesen Beziehungen eine Dominanz des Mannes anzunehmen war.

Eine Altersverteilung erstellten wir orientiert am Alter des Mannes. Die Partnerinnen waren meist gleichaltrig (+/- fünf Jahre), Altersunterschiede von mehr als 10 Jahren kamen in neun Fällen vor, nur zweimal waren die Frauen älter. Es zeigte sich ein deutlicher Gipfel im vierten Dezennium (n = 21), während die benachbarten Gruppen der 20- bis 29jährigen und der 40- bis 49jährigen jeweils mit etwa einem Fünftel des Gesamtkollektivs besetzt waren. Nur wenige Fälle lagen in den Altersklassen über 50 Jahre (Tabelle 3).

In der Differenzierung der hauptsächlichen zugrundeliegenden Konfliktstoffe hielten sich die übergeordneten Themengruppen "Eifersucht" und "Alkoholabusus" in etwa die Waage. Eifersucht spielte in den Partnerschaften zwischen Ausländern die führende Rolle, während in deutsch-deutschen Partnerschaften häufiger der Alkoholabusus eines oder beider Partner zur dominierenden Belastung wurde. Unterteilt man das Konfliktthema "Eifersucht" in Untergruppen, so lagen am häufigsten Trennungsabsichten der Partnerin zugrunde, lediglich einmal eine Trennungsabsicht des Mannes. Von einer unangemessenen oder unbegründeten Eifersucht des Mannes war in neun Fällen auszugehen gewesen (Tabelle 4).

Selten traten die Konflikte für die Beteiligten akut und überraschend auf. In der Regel waren langfristige Auseinandersetzungen von mehrmonatiger oder mehrjähriger Dauer vorausgegangen. In 21 Fällen hatten sich die Partner bereits vor der Tat endgültig getrennt, die Trennung lag zum Tatzeitpunkt meist bereits Wochen oder Monate zurück.

---

3) Glatzel, J.: Mord und Totschlag. Heidelberg: Kriminalistik 1987

Anlaß zur Tat bildeten siebenmal vermeintliche oder reale Inflagranti-Situationen. Meist stand die Tat jedoch in direkter Verbindung zu einer geplanten oder bereits vollzogenen Lösung einer Beziehung. Anlaß waren hier entweder die reine Absichtserklärung eines Partners zur Trennung, der Vollzug der Trennung oder ein mißlungener Versöhnungsversuch nach bereits erfolgter Trennung. Eskalierende Streitigkeiten, oft in Verbindung mit Alkoholisierung von Täter und/oder Opfer, waren ebenfalls häufiger Anlaß. Hierunter fallen auch vier Notwehrsituationen, wie zum Beispiel die Tötung der Väter durch die Kinder in Verteidigung der Mutter. Ein Fall war nicht einzuordnen gewesen, da es sich um einen Mordfall handelte (Tabelle 5).

Aus Tabelle 5 läßt sich auch die geschlechtsspezifische Differenzierung hinsichtlich des Tatanlasses bei männlichen und weiblichen Tätern ersehen. Bei Männern stand eindeutig die Trennungsproblematik im Vordergrund. Frauen dagegen töteten fast ausschließlich im Rahmen eskalierender Streitigkeiten, wobei zweimal eine Notwehrsituation vorlag.

Nach der Tat meldeten sich die meisten Täter (n = 31) selbst bei der Polizei oder verharrten bis zum Eintreffen von Zeugen oder Polizei am Tatort. 10 unternahmen einen Suizidversuch, der aber in den meisten Fällen mißlang. Flucht oder Maßnahmen zur Verdeckung leiteten nur acht Täter ein.

Eine Alkoholisierung zum Tatzeitpunkt spielte sowohl bei den Tätern wie auch bei den Opfern in mehr als der Hälfte der Fälle eine Rolle (Tabelle 6). Dabei waren alle Trunkenheitsgrade in etwa gleichmäßig vertreten.

Eine eingehende forensisch-psychiatrische Begutachtung des Täters wurde nur in 36 Fällen veranlaßt. Die von uns ausgewerteten Merkmale "Intelligenz" und "Persönlichkeitsbild" waren jedoch nicht aus allen Gutachten eindeutig zu entnehmen. 20 Täter wurden als durchschnittlich intelligent (IQ = 90 bis 110) eingestuft, 12 als unterdurchschnittlich und zwei als überdurchschnittlich. In zwei Fällen lagen keine Angaben vor.

Die Persönlichkeitsbeurteilung, soweit überhaupt schematisch darstellbar, ist aus Tabelle 7 zu ersehen. Dabei wurde nach Geschlechtern getrennt. Von den 28 männlichen Tätern wurde die Mehrzahl mit Eigenschaften wie weich, sensibel, anlehnungsbedürftig, unsicher, ängstlich oder ähnlich beschrieben. Als aggressiv oder leicht erregbar galten nur vier. Unter den sieben weiblichen Tätern wurden dagegen vier als aggressiv und leicht erregbar charakterisiert und nur zwei mit Adjektiven wie weich und sensibel beschrieben.

In der Gesamtbeurteilung kamen die Gutachter häufig zu dem Ergebnis, daß eine Beeinträchtigung der Schuldfähigkeit zum Tatzeitpunkt nicht auszuschließen sei. Als Gründe wurden überwiegend affektive Erregung, oft in Verbindung mit Alkoholeinfluß genannt. In der Regel wurden jedoch nur die Voraussetzungen des Paragraphen 21 StGB angenommen. Je einmal erfolgte die Anwendung des Paragraphen 20 StGB und des Paragraphen 323a StGB. Eine zumindest nicht rechtsrelevant eingeschränkte Schuldfähigkeit wurde in 10 Fällen unterstellt (Tabelle 8).

Diskussion:

Nach der rein Täter-zentrierten Sichtweise Lombrosos um die Jahrhundertwende hat sich in der Kriminologie unseres Jahrhunderts eine wesentliche Wandlung ergeben[4]. Situative Elemente der Tat und die dynamischen Aspekte der Täter-Opfer-Beziehung wurden zunehmend in den Vordergrund gerückt[5]. Der Begriff der Beziehungstat wurde geprägt[6]. Die unter Umständen aktive Rolle des Opfers wurde hervorgehoben und mit einer Mitschuld verbunden[7].

Betrachtet man unsere Fälle im einzelnen, so wird man eher geneigt sein, den Begriff des Verschuldens durch den Begriff des zwischenmenschlichen Unfalls zu ersetzen, der durch eine einmalige Konstellation verschiedener konvergierender Faktoren entsteht, wobei diese sowohl in den Persönlichkeiten von Täter und Opfer wie in der Situation begründet liegen[8]. In der Regel ging der Tat eine langjährige und intensive zwischenmenschliche Beziehung voraus, die in zunehmendem Maße von Konflikten belastet wurde. Charakteristisch war der auch schon von Rasch[9] beobachtete Wechsel zwischen Streit und Aussöhnung. Konfliktlösungsversuche wurden nicht unternommen oder waren nicht erfolgreich. Selbst die einvernehmliche Trennung der Partner führte nicht unbedingt zu einer dauerhaften Beseitigung der Problematik, wie die Vielzahl der zum Tatzeitpunkt bereits getrennt lebenden Paare zeigt.

Nach dem Phasenmodell von Hallermann[10] waren in der Regel alle Voraussetzungen für eine Affekttat gegeben. So kamen schließlich auch die psychiatrischen Gutachter meist zu dem Schluß, daß eine affektive Erregung zum Tatzeitpunkt bestanden und sich rechtsrelevant ausgewirkt hat. Häufig spielte dabei zusätzlich Alkohol sowohl beim Täter als auch beim Opfer eine Rolle. Ähnliche Erfahrungen wurden auch von Wolfgang[11] mitgeteilt, der einen Alkoholeinfluß von Täter und Opfer in einem noch höheren Anteil der Fälle fand. Dabei ist zu berücksichtigen, daß nicht nur der Täter durch die additive Alkoholwirkung Gefahr läuft, hinsichtlich seiner Steuerungsfähigkeit außer Kontrolle zu geraten. Durch alkoholbedingte psychische Veränderungen des Opfers in der Interaktion mit dem Täter, zum Beispiel durch provokatives Verhalten,

---

4) Lombroso, C.: Neue Fortschritte in den Verbrecherstudien. Gera: C.B. Griesbach 1899
5) Sutherland, E.H.: Principles of Criminology. Philadelphia: Lippingcott 1939; v. Hentig, H.: The Criminal and his Victim. New Haven: Archon 1948
6) Schultz, H.: Kriminologische und strafrechtliche Bemerkungen zur Beziehung zwischen Täter und Opfer. Zitiert nach Göppinger 1971 (Fn 1)
7) Mendelsohn, B.: Une nouvelle branche de la science bio-psycho-social: La victimologie. Revue Internationale de Criminologie et de Police Technique 10 (1956), p. 95 - 109
8) Lempp, R.: Jugendliche Mörder. Bern u.a.: Huber 1977
9) Rasch, W.: Tötung des Intimpartners. Beiträge zur Sexualforschung, Heft 31. Stuttgart: Enke 1964
10) Hallermann, W.: Affekt, Triebdynamik und Schuldfähigkeit. Deutsche Zeitschrift für die Gesamte Gerichtliche Medizin 53 (1963), S. 219 - 229
11) Wolfgang, M.E.: Analytical categories for research and theory on victimization. In: Mergen, A./Schäfer, H. (Hrsg.): Kriminologische Weigzeichen. Hamburg: Kriminalistik 1967, S. 169 - 185

falsche Situationseinschätzung und/oder Selbstüberschätzung hinsichtlich der Lenkbarkeit einer Situation kann die Tat zusätzlich begünstigt werden[12].

Obgleich uns die Problematik der Auswahl eines Hauptkonfliktthemas in der Vielschichtigkeit zwischenmenschlicher Beziehungen durchaus bewußt war, ließen sich immer wieder zwei führende Komplexe herausarbeiten, die allerdings nicht immer scharf abgrenzbar waren: Alkoholabusus und Eifersucht. Ähnliche Erfahrungen wurden auch von Szewczyk et al.[13] beschrieben. Dabei waren bei der nach Nationalität differenzierten Gegenüberstellung unterschiedliche Schwerpunkte offensichtlich, die unter Berücksichtigung verschiedener soziokultureller Umfelder verständlich werden. Der in einem hochentwickelten Industriestaat wie der Bundesrepublik Deutschland weitverbreitete Alkoholkonsum bringt zwangsläufig auch eine höhere Zahl von Alkohol-Problemfällen mit sich. In Deutschland lebende Ausländer dagegen - in unserem Untersuchungskollektiv ausnahmslos aus dem Mittelmeerraum stammend - sind in der Regel noch stark mit den Wertvorstellungen ihrer Heimatländer verbunden. Ehrbegriff und Besitzanspruch des Mannes gegenüber der Frau spielen eine größere Rolle, was sich im Motiv der Eifersucht niederschlägt. Allerdings fanden wir daneben in diesen Tatabläufen zuweilen auch Anlehnungspunkte an affirmative Tötungshandlungen im Sinne von Glatzel[14].

Bestand die Problematik im Alkoholabusus eines oder - wie wir häufig feststellen konnten - beider Partner, war der Konflikt in der Regel offensichtlich und über lange Zeit verfolgbar. Die Auswirkungen waren von Fall zu Fall unterschiedlich, teils mehr von allgemeinen sozialen Folgeproblemen, teils mehr von Gewalttätigkeiten oder Eifersuchtswahn geprägt. Die Tat an sich geschah meist im Rahmen eskalierender Streitigkeiten, wobei diese nicht nur von einem, sondern von beiden Partnern aktiv ausgetragen wurden. Wer Täter und wer Opfer in solchen Auseinandersetzungen wurde, schien oft nicht allein von der Problemstruktur, sondern mit von zufälligen äußeren Faktoren abhängig, wie Kräfteverhältnis, Verfügbarkeit einer Waffe usw. Es war nicht nur der alkoholkranke, zum Tatzeitpunkt unter Alkoholeinfluß stehende und somit oft aggressive Partner, der zum Täter wurde. Auch der "gesunde" Partner wurde Täter an seinem alkoholkranken Partner, wobei lediglich zweimal auf eine Notwehrsituation erkannt wurde. Tatanlaß konnte neben eskalierenden Streitigkeiten jedoch auch eine Trennungsproblematik sein, wie sie in größerer Zahl in dem Motivkomplex Eifersucht vorkam.

Näher befaßt haben wir uns mit dem Konfliktthema Eifersucht. Dabei konnten wir unterscheiden zwischen Eifersucht im landläufigen Sinn als hervorstechendes Persönlichkeitsmerkmal eines Partners und

---

12) Schneider, H.J.: Das Opfer und sein Täter - Partner im Verbrechen. München: Kindler 1979
13) Szewczyk, H./Selle, B./Daue, A.: Viktimologische Untersuchungen. Täter-Opfer Beziehungen bei Tötungsdelikten. Leipzig: Hirzel 1984
14) Glatzel 1987 (Fn 3)

einer Problematik des Verlassenwerdens. Die klassische Eifersucht stand zahlenmäßig im Hintergrund. Sie war klar abzugrenzen und beherrschte die Beziehung meist von Anfang an. In der Mehrzahl der Fälle dagegen verliefen die Beziehungen zunächst in vordergründig geordneten Bahnen, waren jedenfalls nicht erkennbar durch Eifersucht eines Partners geprägt. Eifersucht und Rivalitätsdenken entstanden erst im Zusammenhang mit dem Ausscheren eines Partners aus der Beziehung. Dabei spielte keine Rolle, ob die Trennung als Folge einer Zerrüttung oder als Folge eines neuen Bindungswunsches des verlassenden Partners zu interpretieren war. Besser als der weitgefaßte Begriff der Eifersucht wäre deshalb hier die Umschreibung "Angst vor dem Verlassenwerden". Entsprechend war der Tatanlaß oft in direktem Zusammenhang mit der Trennung zu sehen. Teilweise kam es schon bei der ersten Absichtsäußerung im Hinblick auf eine bevorstehende Trennung zur Eskalation, teilweise beim Vollzug der Trennung, teilweise aber auch erst längere Zeit nach der Trennung, wenn ein letzter Versöhnungsversuch fehlgeschlagen war. Die Demütigungen und Kränkungen, deren Summation von Hallermann[15] als erste Phase des zur Affekttat führenden Geschehens beschrieben werden, bestehen hier offensichtlich in der Trennung und dem sich daraus ergebenden Rollenentzug[16].

Im geschlechtsdifferenzierenden Vergleich waren Männer eindeutig stärker durch solche Trennungsprobleme belastet als Frauen. Im überkommenen Rangdenken bezüglich der Stellung von Mann und Frau in Partnerschaften wirkt sich der gesellschaftliche Verlust allgemein für den Mann gravierender aus[17]. Es fällt jedoch darüber hinaus auf, daß gerade diese Täter in der psychiatrischen Begutachtung überwiegend als weiche, unsichere, ängstliche und/oder anlehnungsbedürftige Persönlichkeiten charakterisiert wurden. Dies sind nach Steigleder[18] typische Merkmale des Affekttäters. Sie legen jedoch auch Überlegungen im Sinne der von Fankhauser[19] beschriebenen symbiotischen Beziehungen nahe, in denen der Partner in die eigenen Ich-Grenzen mit eingeschlossen und nicht mehr als eigenständiges Individuum wahrgenommen wird. Aus dieser Sichtweise wird schließlich noch die vergleichsweise hohe Anzahl von Suiziden und Suizidversuchen nach der Tat verständlich. Nach Walder[20] spricht dies für die Identifikation des Täters mit dem Opfer unter Aufgabe der eigenen Persönlichkeit.

---

15) Hallermann 1963 (Fn 9)
16) Glatzel 1987 (Fn 3)
17) Glatzel 1987 (Fn 3)
18) Steigleder, E.: Mörder und Totschläger. Stuttgart: Enke 1968
19) Frankhauser, H.: Zum Vorsatz bei der Tötung des Intimpartners. Monatsschrift für Kriminologie und Strafrechtsreform 67 (1984), S. 135 - 139
20) Walder, H.: Triebstruktur und Kriminalität. Bern: Huber 1952

Zusammenfassung:

In einem engen epidemiologisch-statistischen Ansatz wurden 49 Tötungsdelikte im Rahmen von Partnerschaftskonflikten ausgewertet.
Hierzu wurden Gerichtsakten von Verfahren eingesehen, für die vom
Tübinger Institut für Gerichtliche Medizin in der Zeit zwischen 1964
und 1986 Todesermittlungsbegutachtungen durchgeführt worden waren.
Im einzelnen handelte es sich um 36 Fälle, in denen ein Mann seine
Partnerin, seinen Rivalen oder beide getötet hatte: in 11 Fällen hatte
eine Frau ihren Partner getötet, zweimal hatte ein Kind in einer Konfliktsituation zwischen den Eltern in Verteidigung der Mutter den Vater
getötet. In der Regel lagen klassische Affektdelikte vor, häufig gefördert durch Alkoholisierung des Täters wie des Opfers. Entsprechend
kam es in vielen Fällen zur Anwendung des Paragraphen 21 StGB.
Hauptsächliche Konfliktthemen in den Beziehungen waren Alkoholabusus eines oder beider Partner und Eifersucht, vornehmlich im Rahmen
einer Trennungsproblematik. Die Trennungsproblematik führte insbesondere bei Männern zur Eskalation. In ihrem Persönlichkeitsbild stellten sich gerade diese Täter häufig als sensible und unsichere Charaktere
dar.

Tabelle 1:

Täter -Opfer Konstellation	Anzahl der Fälle
Mann tötet Frau	31
Mann tötet Rivalen	3
Mann tötet Frau und Rivalen	2
Frau tötet Mann	11
Sohn/Tochter tötet Vater	2
Gesamt	49

Tabelle 2:

Nationalität	Anzahl der Fälle
deutsche Paare	29
ausländische Paare	15
ausl.Mann/deutsche Frau	5
Gesamt	49

Tabelle 3:

Altersverteilung (orientiert am Alter des Mannes)	Anzahl der Fälle
20 - 29 Jahre	10
30 - 39 Jahre	21
40 - 49 Jahre	12
50 - 59 Jahre	5
60 - 69 Jahre	1
Gesamt	49

Tabelle 4: Konfliktthemen

Konfliktthema	deutsche Paare	ausl. Paare	Summe
Alkoholabusus	19	4	23
Eifersucht	10	15	25
davon:			
übersteigerte Eifersucht des Mannes	(3)	(6)	(9)
Trennungsabsicht des Mannes	(0)	(1)	(1)
Trennungsabsicht der Frau	(7)	(8)	(15)
Gewalttätigkeiten des Mannes	0	1	1
Gesamt	29	20	49

Tabelle 5: Tatanlaß

Tatanlaß	männliche Täter	weibliche Täter	Summe
Inflagranti-Situation	7	0	7
Trennungsproblematik	18	2	20
eskalierender Streit (einschl.Notwehr)	10	9	19
ohne Anlaß (Mord)	1	0	1
Gesamt	36	11	47[*)]

[*)] 2 Tötungen des Vaters durch ein Kind in Verteidigung der Mutter

Tabelle 6: Alkoholisierungsgrad zum Tatzeitpunkt

Grad des Alkohol- einflusses	Täter	Opfer
nüchtern	17	23
< 1.0 ^{g}/kg	11	9
1.0 - 2.0 ^{g}/kg	11	8
> 2.0 ^{g}/kg	10	8
Gesamt	49	48[*]

* in einem Fall nicht bekannt

Tabelle 7: Persönlichkeitsbeurteilung des Täters

Charakteristika	männliche Täter	weibliche Täter
Weich, sensibel, anleh- nuingsbedürftig, unsi- cher, ängstlich	4	4
aggressiv, leicht erregbar	4	4
andere Persönlichkeits- beschreibungen	5	1
Gesamt	28	7

Tabelle 8: Ergebnis der psychiatrischen Begutachtung

Begutachtung der Schuldfähigkeit	Anzahl der Fälle
keine Begutachtung	13
nach Begutachtung schuldfähig	10
nach Begutachtung § 21 StGB	24
nach Begutachtung § 20 StGB	1
nach Begutachtung § 323 a StGB	1
Gesamt	49

Zur Psychopathologie scheinbar unverständicher Tötungsdelikte von Jugendlichen und Heranwachsenden

Reinhart Lempp

"Es denkt der Mensch die freie Tat zu tun,
umsonst! Er ist das Spielwerk nur der blinden
Gewalt, die aus der eigenen Wahl ihm schnell
die furchtbare Notwendigkeit erschafft."

SCHILLER: BUTTLER in Wallensteins Tod
4. Aufzug, 8. Auftritt

Die Paragraphen des Strafgesetzbuches, die sich mit den Tötungsdelikten befassen (§§ 211 - 213 StGB), fordern die Feststellung des Tatmotivs des Tötungsdelikts nach den dort festgestellten Kriterien des Mordes, der Mordlust, der Befriedigung des Geschlechtstriebes, der Habgier, anderer niedriger Beweggründe und um eine andere Straftat zu ermöglichen oder zu verdecken. Wenn man von der "rechtswidrigen Zueignungs*absicht*" des Diebstahlsparagraphen absieht, die im allgemeinen wenig Probleme bietet, sind die Paragraphen der Tötungsdelikte wohl die einzigen, die zur Feststellung bestimmter Tatbestandsmerkmale vom Richter eine Motivanalyse des Täters fordern. Die Motivanalyse aber ist eine psychologische, allenfalls eine psychiatrische Aufgabe, jedenfalls keine primär juristische. Dennoch wachen in der Hauptverhandlung viele vorsitzende Richter sorgfältig darüber, daß der eventuell anwesende psychiatrische oder psychologische Gutachter nicht in die Motivanalyse eingreift, weil sie dies für eine ausschließlich im richterlichen Ermessen zustehende Aufgabe ansehen. Andere vorsitzende Richter dagegen sind dankbar, wenn sich der Sachverständige auf Grund seiner speziellen Kompetenz auch dazu äußert.

Im Grunde ist der Richter ohne eine spezielle psychologische Vorbildung durch die Aufgabe einer Motivanalyse überfordert. Es bleibt ihm nichts anderes übrig, als zunächst von sich selbst auszugehen, etwa nach dem Kriterium: "Wenn ich so etwas täte, warum würde ich es wohl tun?". Dabei wird er zunächst kaum berücksichtigen, daß zwischen ihm und dem Beschuldigten nicht nur große Unterschiede hinsichtlich der Intelligenz, vor allem aber der verbalen Ausdrucksfähigkeit und der psychischen Struktur liegen, er wird übersehen, daß der Beschuldigte notwendigerweise sein bisheriges Leben vor einem völlig anderen Er-

Kerner/Kaiser (Hrsg.) Kriminalität
© Springer-Verlag Berlin Heidelberg 1990

fahrungshintergrund gelebt hat, der sich in dem Motivbündel auswirken muß, das schließlich zur Tat geführt hat. Durch große Erfahrung kann die Basis der zur Motivanalyse tauglichen Kriterien erweitert werden. Der Vorhalt eines Schwurgerichtsvorsitzenden: "Man weiß doch, warum man etwas tut!" bestimmt aber noch in den meisten Fällen den Gesichtswinkel des erkennenden Gerichts.

Der Richter, aber schon vor ihm die Kriminalpolizei und die Staatsanwaltschaft ist bei der Klärung des Tatmotivs darauf angewiesen, was der Täter selbst über seine Beweggründe sagt. Um diese Angaben verwerten zu können, sind aber eine ganze Reihe von Voraussetzungen notwendig, die in vielen Fällen, besonders in Jugendgerichtsverfahren, in der Regel nicht erfüllt sind:[1]

1. daß sich der Täter seines Motivs überhaupt bewußt war,
2. daß er sich an seine damaligen Überlegungen erinnern kann und
3. daß er das, was er damals wußte und woran er sich erinnern kann, auch zu formulieren und zu verbalisieren vermag.

Die nicht so seltene Antwort des Beschuldigten in der ersten Vernehmung gegenüber der Kriminalpolizei auf die Frage, warum er getötet oder zu töten versucht habe: "Ich weiß nicht, warum ich das getan habe" ist entgegen weit verbreiteter Meinung keine Schutzbehauptung und auch nicht Ausdruck böswilligen Verschweigens, sondern entspricht in der Regel der subjektiven Situation des Befragten. Aber auch wenn der Betreffende Gründe für seine Tat nennt, so müssen die keineswegs auch tatsächlich das entscheidende Motiv wiedergeben.

Es geht hier um die Beweggründe bei umschriebenen und abgegrenzten Handlungen und ihre nachträgliche Verstehbarkeit sowohl für den Handelnden, wie auch für den Beurteiler. Die Beschränkung auf Jugendliche und Heranwachsende begründet sich durch den besonderen Erfahrungsbereich des Autors, wie auch dadurch, daß sich bei Jugendlichen und Heranwachsenden - nach dem Eindruck des Autors - häufiger solche Probleme aus der Nichtverstehbarkeit gravierender Handlungen ergeben als bei erwachsenen Tätern.

Die Reihe reicht von der klar verstehbaren - was nicht gleichbedeutend ist mit entschuldbaren - Tat, bis hin zur absolut unverständlichen Handlungsweise. Ist sie auch tatsächlich unverstehbar? Im Grunde muß der Grundsatz gelten, daß alles das, was Menschen tun, auch verstehbar sein müßte. Eine Ausnahme von diesem Grundsatz könnten allenfalls die Handlungen Schizophrener sein. Karl Jaspers[2] wies auf die grundsätzlichen Grenzen des Verstehens und die Unbeschränktheit des Erklärens hin. Er sah grundsätzliche Grenzen des Verstehens[3] in der Wirk-

1) Lempp, R.: Die Verständigung über das Tatmotiv in Jugendgerichtsverfahren (Verbalisationsfähigkeit und Motivationsanalyse). Zentralblatt für Jugendrecht und Jugendwohlfahrt 62 (1975), S. 41-49
2) Jaspers K.: Allgemeine Psychopathologie. 6. Auflage. Berlin u.a.: Springer 1953, S. 250-260.
3) Jaspers 1953 (Fn 2), S. 302

lichkeit des angeborenen empirischen Charakters, in der Wirklichkeit der organischen Krankheiten und Psychosen und in der Wirklichkeit der Existenz dessen, was der Mensch eigentlich als er selbst sei. Dabei lehnt er die Evidenz des Verstehens als Beweis für eine Einzelfallwirklichkeit ab. Evidenz werde aus Anlaß der Erfahrung gewonnen, aber nicht durch Erfahrung bewiesen. Dennoch ist wohl davon auszugehen, daß sich aus kasuistischer Erfahrung Modelle kausaler Beziehungen darstellen können, die zur Evidenz führen und dann zwar keine Beweiskraft für den Einzelfall besitzen können, wohl aber den Hinweis auf eine hohe Wahrscheinlichkeit der angenommenen kausalen Beziehung. Da menschliches Handeln immer auf einer Multikausalität beruht, die sich als Motivbündel ausdrückt, deren einzelne Komponenten sich quantitativer Analyse entziehen, ist ein naturwissenschaftlicher Beweis prinzipiell nicht möglich. Die zahllosen Variablen, die dabei mitwirken, sind in keinem Fall vollständig erfaßbar.

Die Erfahrungen gerade an schizophrenen Patienten zeigen, daß die von Karl Jaspers behaupteten grundsätzlichen Grenzen des Verstehens gegenüber den Psychosen so grundsätzlich nicht bestehen. Es handelt sich dabei auch nicht um Deutung, sondern auf die regelmäßige Rückführbarkeit schizophrenen Denkens und Handelns auf dasjenige psychisch gesunder Menschen unter Berücksichtigung bestimmter entwicklungspsychologischer Faktoren.[4]

Unabhängig von der grundsätzlichen Frage nach den Grenzen des Verstehbaren geht es aber bei Tötungsdelikten um die Möglichkeit, bestimmten Tötungshandlungen ein bestimmtes Motiv mit hinreichender Sicherheit zuzuordnen. Dabei reicht der zu klärende Bereich vom klassischen, wohl geplanten Mord, dem Sujet des klassischen Kriminalromans, über den zwar ungeplanten, aber doch nicht außer Betracht gelassenen Möglichkeit einer Tötung, also der "billigenden Inkaufnahme", zunächst bis hin zur Affekttat. Aber auch die Tötungshandlung im Affekt liegt noch im Bereich des Verstehbaren. Dabei geht allerdings der Jurist immer von einer bewußten Entscheidung unter Berücksichtigung der eventuellen Folgen der Handlung aus. Das juristische Menschenbild kennt so keine Ambivalenz. Erst die tiefgreifende Bewußtseinsstörung gemäß § 20 StGB vermindert die Schuldfähigkeit oder hebt sie auf. Dabei hat jedoch Ambivalenz mit Bewußtseinsstörung nichts zu tun.

Jenseits der geplanten Handlung, aber auch jenseits einer ungeplanten, aber verständlichen Affektreaktion, begegnet man als forensischer Gutachter in Jugendgerichtsverfahren einer Reihe von jugendlichen und heranwachsenden Tätern, deren Taten ebenfalls in einer kontinuierlichen Reihe einer abnehmenden Verstehbarkeit liegen, bis hin zur (scheinbaren) Unverstehbarkeit.

---

4) Lempp, R.: Die Schizophrenien als funktionelle Regressionen und Reaktionen. In: Lempp R. (Hrsg.): Psychische Entwicklung und Schizophrenie. Bern u.a.: Huber 1984, S. 171-222

Bei dieser scheinbaren totalen Unverstehbarkeit steht der Gutachter vor qualitativ gleichen Handlungen, wie er ihnen im Rahmen der Behandlung schizophrener Patienten begegnet. Da wir bei der Behandlung Schizophrener unter Überschreitung der von Karls Jaspers aufgezeigten Grenze doch zu einem weitgehenden Verstehen - nicht nur Deuten - gelangt sind, soll auch bei solchen unverstehbaren Handlungen der Versuch unternommen werden, zu einer Verstehbarkeit zu gelangen.

Ein Beispiel einer zunächst völlig unverstehbaren Tötungshandlung soll der nachstehende Fall Bericht geben:

Ein 17-jähriger Junge, Peter, war als Rußlanddeutscher mit seinen Eltern in die Bundesrepublik übersiedelt. Er bewohnte mit den Eltern, einem um ein Jahr jüngeren Bruder und einer Großmutter eine Sozialwohnung in einer süddeutschen Großstadt und besuchte die Hauptschule. Sein Vater war Rentner, die Mutter arbeitete als Putzfrau. Von allen Seiten wurde sein völlig unauffälliges, angepaßtes Verhalten bestätigt.

Während der Schulferien verließen die Eltern eines Vormittags die Wohnung, nachdem sie ihre beiden Söhne, die gemeinsam in einem Zimmer schliefen, zum Aufstehen ermahnt hatten. Nach etwa 10 Minuten stand Peter auf, holte aus einem Abstellraum eine bereitgelegte Fahrradpumpe und ein Küchenmesser, kehrte ins gemeinsame Schlafzimmer zurück, schlug die Fahrradpumpe seinem noch im Bett liegenden, zur Wand gekehrten Bruder mehrfach auf den Kopf und stach, als dieser sich erschreckt aufrichtete, mit dem Messer mehrfach in seinen Rücken. Auf dessen Schreie kam die Großmutter ins Zimmer, auf die Peter ebenfalls mit der Fahrradpumpe einschlug, wodurch diese auf den Flur flüchtend stürzte, sich aber wieder erheben konnte und einen Stock tiefer sich bei den Nachbarn Hilfe holen wollte. Den der Großmutter nacheilenden Peter forderten diese auf, doch den Notarzt anzurufen, da sie selbst kein Telefon hatten, was Peter auch sofort tat. Als die Sanitäter eintrafen, wies er sie darauf hin, daß im Stockwerk darüber sein Bruder schwerverletzt im Bett liege. Der Polizei gegenüber, die vom Notarzt alarmiert wurde, erklärte er: "Ich wollte meinen Bruder töten, aber ich weiß nicht, warum".

Eine eingehende Exploration der Eltern, wie auch eine ausführliche Befragung und psychologische Testuntersuchung unter psychoanalytischen Gesichtspunkten ergab keinerlei Hinweise auf das Vorliegen einer auffallenden Geschwisterrivalität. Ein Motiv war nicht zu erkennen.

Auf der Suche nach unverständlichen Tötungsdelikten stößt man auch bei vorgeplanten Tötungshandlungen auf zunächst subjektiv unverstandene, d.h. für den Täter offensichtlich unverstehbare Motivanteile. Im übrigen sind die geplanten Tötungsdelikte die Ausnahme, wie bei der eigenen Analyse von 80 vollendeten und versuchten Tötungsdelikten von Jugendlichen und Heranwachsenden festgestellt werden konnte.[5]

Nur in 22,5 % aller Fälle war vorher die Absicht, das Opfer zu töten, zum Ausdruck gebracht worden. Dennoch ließ eine genaue Analyse

---

5) Lempp, R.: Jugendliche Mörder. Bern u.a.: Huber 1977

aller dieser 18 Fälle erhebliche Zweifel aufkommen, daß wirklich in zielstrebigen Handlungen die Absicht verfolgt wurde, das Opfer zu töten. Auch die auslesefreie Untersuchung von Kahlert und Lamparter an 44 Fällen aus dem Bereich des Oberlandesgerichts Stuttgart[6] fanden nur in 11,3 % geplante Tötungshandlungen.

Daß aber auch dabei dem Täter selbst unverstehbare Motivanteile mitwirken können, zeigt der folgende Fall eines Homosexuellenmords: Ein 15-jähriger griechischer Junge, Dimitrios, war in Griechenland bei den Großeltern aufgewachsen und kam erst im Einschulungsalter zu seinen Eltern und älteren Bruder in die Bundesrepublik, hatte große Schulschwierigkeiten, stand unter starkem Druck eines autoritären, fordernden Vaters und geriet noch während der Schulzeit an Drogen. Das Geld beschaffte er sich von einem 70-jährigen Homosexuellen, dem er etwa zwei Jahre lang als Strichjunge zur Verfügung stand. Er traf dort auch mit einem andern, selbst homosexuellen Jugendlichen zusammen, der ebenfalls von dem Homosexuellen unterstützt, ja wohl auch teilweise bevorzugt wurde. Nach einem gemeinsamen Besuch bei dem Homosexuellen verließen sie dessen Wohnung in der Absicht, später wieder zurückzukehren. Dimitrios kaufte sich ein Beil und zeigte dieses auch in der gemeinsam aufgesuchten Gaststätte anderen mit der Ankündigung, den Homosexuellen zu töten. Nach Rückkehr zu dem späteren Opfer schlug er mit dem Beil mehrfach auf den im Bett Liegenden ein und tötete ihn, wobei der ihn begleitende etwas ältere homosexuelle Heranwachsende ihn nicht hinderte, sondern in gewisser Weise Beihilfe leistete.

Als Tatmotiv gab Dimitrios an, er habe eigentlich vorgehabt, auch den anderen und dann sich selbst zu töten. Er habe befürchtet, sich über den Homosexuellen mit Aids infiziert zu haben. Diese Angabe erschien von vornherein unwahrscheinlich. Die Tat war zweifellos geplant, wie der Beilkauf zeigt. Dimitrios entwendete zwar auch das bei dem Opfer gefundene, überraschend umfangreiche Bargeld, aber das war sicher nicht der eigentliche Anlaß der Tat. Auch hatte er damit widersinnigerweise den Geldgeber, von dem er völlig abhängig war, getötet. Gerade dies aber war, tiefenpsychologisch gesehen, das Motiv. Man konnte die Tat als Ersatztötung einer Vaterfigur bei jahrelang vergeblichem Auflehnen gegen den eigenen Vater deuten. Daß er vorher das gekaufte Mordbeil anderen zeigte, kann sowohl als Versuch, sich selbst zur Tat zu zwingen, verstanden werden, wie auch als Versuch, daß die anderen ihn davon abhalten sollten. Er selbst hatte aber kein für ihn selbst verstehbares Motiv. Da es aber unerträglich ist, etwas zu tun, ohne zu wissen, warum, konstruierte er selbst ein in jeder Hinsicht unbefriedigendes Motiv.

Tatsächlich läßt sich mit Erkenntnis und Erfahrung in tiefenpsychologischen Zusammenhängen häufig in der Tötungshandlung manifest gewordene Tendenzen und Triebkräfte deutlich und evident machen.

---

6) Kahlert, Th./Lamparter U.: Tötungsdelikte bei Jugendlichen und Heranwachsenden. Monatsschrift für Kriminologie und Strafrechtsreform 62 (1979), S. 206-217

Das gilt insbesondere für aggressive Handlungen und Tötungsdelikte im unmittelbaren familiären Umfeld, im Bereich anderer enger zwischenmenschlicher Beziehung, wie beispielsweise in der Beziehung zwischen Vorgesetzten und Untergebenen, oder auch im Umfeld von Prostitution und Homosexualität. Typisch dafür ist der Homosexuellenmord, in welchem der Täter, selbst latent homosexuell, aber diese Triebtendenz hartnäckig und um jeden Preis verdrängend, in der Situation, die der Tat unmittelbar vorausgeht, scheinbar plötzlich und unausweichlich mit seiner eigenen homosexuellen Triebtendenz konfrontiert wird. Er kann dies nicht ertragen, vor allem nicht vor sich selbst und dem andern zugeben, er beseitigt nicht nur den Zeugen seiner homosexuellen Tendenz, sondern auch denjenigen, der bewirkt hat, daß diese für den Täter selbst nicht akzeptable Triebtendenz offenbar wurde.

Hierher gehören auch viele "Verdeckungsmorde", bei welchen die Täter wegen einer mit dem eigenen Wertsystem nicht mehr kompatiblen Vortat, meist einer sexuellen Aggression, den Zeugen, das Opfer der Vortat beseitigen wollen, um damit die Tat nicht nur vor dem Opfer, sondern auch vor sich selber ungeschehen zu lassen.

Diese tiefenpsychologisch motivierten Taten zeichnen sich oft durch eine hohe affektive Erregung aus, die oft in einem overkill zum Ausdruck kommt, durch eine große Zahl von Messerstichen, Hammerschlägen und Beilhieben.

Solche tiefenpsychologischen Überlegungen führen aber bei einer Reihe von Fällen nicht weiter, so bei dem Fall Peter, der mit der Fahrradpumpe auf den Bruder einschlug und mit dem Messer auf ihn einstach, ohne zu wissen, warum.

Eine genaue Abklärung und mühsame Exploration brachte zutage, daß Peter schon seit längerer Zeit eine große Vorliebe für Wild-West-Heftchen zeigte, die er stoßweise, teils gekauft, teils geliehen, durchlas. Auch am Abend vor der Tat hatte er ein solches Heft gelesen, hatte aber dann, wegen einer zu dieser Zeit laufenden Fußballsendung im Fernsehen, die Geschichte vergessen. Sie sei ihm aber morgens in der Frühe wieder eingefallen und er habe sich daran erinnert, daß er Fahrradpumpe und Messer am Abend vorher zurechtgelegt hatte. Es gelang, das betreffende Wild-West-Heftchen ausfindig zu machen. Seine Geschichte entsprach dem üblichen Schwarz-Weiß-Schema einer Familienauseinandersetzung im Wilden Westen mit einer bösen und einer guten Familie, wobei der einzige Überlebende, Sohn der guten Familie, deren Besitz wieder zurückgewinnen will und damit in die Gegnerschaft der bösen Familie gerät. Er lernt die Tochter der bösen Familie kennen, die sich vom Verhalten ihrer Familie distanziert und sich in ihn verliebt. Es kommt zu einer Situation, in welcher der Held, gleichsam in Notwehr und um die Freundin zu retten, den Bruder derselben töten muß. Am Ende der Geschichte ist alles bis auf das Paar tot.

Sehr mühsam und zögernd, gegen große innere Widerstände, berichtet schließlich Peter, daß er in seiner Phantasievorstellung, der er sehr nachdrücklich nachgehangen habe, seinen Bruder für den Bruder der Freundin und Sohn der bösen Familie gehalten habe. Er habe diese Phantasie wieder aufgegriffen, als er morgens erwacht sei. Offenbar war Peter, im Augenblick als er zuschlug und zustach in einer Verkennung der Realität, der Meinung, einen Bösewicht zu töten. Im Banne dieser Situation schlug er auch noch auf die herbeieilende Großmutter ein, handelte aber sofort wieder realitätsgerecht und situationsangemessen, als er auf Aufforderung der Nachbarn den Notarzt alarmierte.

Auch nach Kenntnis dieser Zusammenhänge ergaben sich keinerlei Hinweise auf das Vorliegen einer aktuellen oder früher zurückliegenden ernsten Geschwisterrivalität, noch für das Vorliegen einer Psychose aus dem schizophrenen Formenkreis. Peter war ein mäßig begabter, psychisch völlig unauffälliger, wenig differenzierter Junge.

Die Analyse dieses Falles legt nahe, daß es Menschen gibt, die, ähnlich wie Kinder im Vorschulalter, eine lebhafte Phantasie pflegen und nicht nur in der gemeinsamen Realität mit ihren Mitmenschen, die wir Hauptrealität nennen, sondern auch gleichzeitig in einer eigenen, ganz individuellen Phantasiewelt, einer Nebenrealität leben. Bis zur Tat waren sie aber immer in der Lage, zwischen diesen beiden Realitätsebenen zu unterscheiden und souverän von der einen in die andere zu wechseln.[7]

Auf der Suche nach vergleichbaren Fällen erinnert man sich an eine Reihe von ebenfalls scheinbar nicht verstehbarer Tötungsdelikte, die sich auch tiefenpsychologischen Interpretationen entzogen haben. So beispielsweise den Fall Klaus M.[8], der ohne Anlaß einen kleinen Jungen, den er unterwegs zufällig traf, einholte, anredete, ins Schilf lockte und ihn schließlich schlug und würgte und erst von ihm abließ, als er annahm, daß er an den Verletzungen sterben werde.

Auch ein 17-jähriger, ausgesprochen angepaßter und braver Jugendlicher mit leicht autistoiden Zügen und Neigung zu paranoider Einstellung, der seine etwas verwunderliche Großmutter, als deren Untermieter er mit ihr im gleichen Hause wohnte, eines Sonntagmorgens plötzlich in der Küche mit einem Messer erstach. Anschließend versuchte er dann auch, einen Raub und Einbruch vorzutäuschen. Von der Polizei, die ihn wegen der bei ihm gefundenen frisch gewaschenen Kleidung schnell verdächtigte, wurde sein hartnäckiges und "kaltschnäuziges" Leugnen betont.

Tatsächlich können solche Taten nicht nur deswegen von den Tätern oft nicht eingestanden werden, weil sie ihrem sonst gelebten Wertsystem in keiner Weise entsprechen und damit völlig unvereinbar sind, sondern weil sie diesen Persönlichkeitsanteil und damit auch die Tat selbst völlig abspalten. Dies weist auf die Borderline-Persönlichkeitsstruktur dieser Täter hin.[9] [10]

---

7) Lempp, R. 1984 (Fn 4)
8) Lempp, R. 1977 (Fn 5) S. 113 ff.
9) Rohde-Dachser, Ch.: Das Borderline-Syndrom. 2. Auflage. Bern u.a.: Huber 1979
10) Lempp, R./Schröder, St.: Borderline-Strukturen in der Pubertät und Nachpubertät als psychopathologischer Hintergrund bei kriminellen Einzeltaten Jugendlicher und Heranwachsender. Monatsschrift für Kriminologie und Strafrechtsreform 71, (1988) S. 106-116

In Zusammenhang mit diesen Tötungsdelikten aus unvermittelter Realisierung von Phantasien dürfen auch scheinbar vorbereitende Handlungen nicht als Beweis für eine Planung im konkreten Sinne gewertet werden. Vorbereitende Handlungen spielen sich dabei noch völlig in der Phantasie ab. Sie werden von dem Täter selbst keineswegs als ernste Vorbereitung angesehen, sondern als ein Spiel im Rahmen einer Phantasietätigkeit, über die sie allerdings mit niemand sprechen können. Nach der Realisierung der Tat sind dann allerdings solche vorbereitenden Handlungen scheinbar schlüssige Beweise für die von vornherein geplante Straftat.

Es ist wahrscheinlich, daß auch eine ganze Reihe solcher sowohl der Umwelt wie dem Täter selbst unverständlichen Handlungen auf solche intrapsychischen Vorgänge zurückgeführt werden können. Dazu gehören auch Fälle von Tötungen des eigenen Kleinkindes, unvermittelte Aggressionen gegen völlig unbekannte Menschen, meist im Zusammenhang mit der Phantasievorstellung einer Kontaktaufnahme, die in der Regel auch die sexuelle Kontaktaufnahme zum Ziel, aber zunächst gar nicht zum Inhalt hat.

Es ist sogar wahrscheinlich, daß solche eine Phantasie realisierenden Handlungen sehr viel häufiger vorkommen, als man im allgemeinen weiß, da sie ja nur bekannt werden, wenn sie ein spektakuläres, häufig ein kriminelles Ende nehmen. So spricht vieles dafür, daß beispielsweise der Sportflieger Matthias Rust seinen Flug zum Roten Platz in Moskau ebenfalls nur in der Phantasie vorbereitet hat, wobei sich auch der Kauf entsprechender Navigationskarten noch innerhalb der Phantasie abspielte. Jedenfalls ist es durchaus überzeugend, wenn er angibt, er habe den Entschluß zum Flug nach Moskau erst nach dem Start in Helsinki gefaßt. Das hat ihm aber das Moskauer Gericht nicht glauben können. Typischerweise soll Matthias Rust ein eher stiller, introvertierter, sehr ernster und im ganzen sozial gut angepaßter junger Mann sein, der offensichtlich mit dem Flug über Reykjavik und Helsinki so etwas wie eine Friedensmission erträumt hatte.

Es spricht manches dafür, daß die Pubertät und die Zeit unmittelbar danach eine Entwicklungsphase ist, in der solche phantasierealisierenden Handlungen häufiger vorkommen. Jedenfalls finden sich unter erwachsenen Tötungsdelinquenten nur ausnahmsweise solche zunächst unverstehbaren Handlungsweisen. Auch scheint die Prognose günstig zu sein. Über Wiederholungstaten ist bisher nichts bekannt geworden. Man könnte vielleicht davon ausgehen, daß die brutale Konfrontation mit der eigenen Tat in der Realität die betreffenden Jugendlichen und Heranwachsenden "heilt", indem sie in ihrer Neigung, Phantasien nachzuhängen, endgültig unterbrochen werden.

Zur Unterscheidung zu den tiefenpsychologisch ableitbaren Motiven handelt es sich bei den phantasie-realisierenden Taten nicht um eine Tat gegen ein "Ersatzobjekt", gegen eine Person, die für eine real existierende, im Leben des Täters eine wichtige Stellung einnehmende Person stellvertretend ist, sondern gegen eine real nicht existierende, allein in der Phantasie erlebte Person oder Situation.

Die forensische Bewertung dieser Taten ist schwierig. Die in § 211 StGB genannten Motive kommen alle bei klarer Zuordnung der Tat in diesen Motivbereich nicht mehr in Frage, allenfalls die Tatbestandsmerkmale der Heimtücke oder der Grausamkeit könnten vorliegen. Die fehlende Verstehbarkeit wird aber nicht selten Anlaß dazu sein, doch ein Motiv aus dem § 211 StGB, wie z.B. Mordlust oder sonstige niedrige Beweggründe, anzunehmen.

Noch problematischer ist die forensisch-psychiatrische Zuordnung. Zur Zeit der gutachtlichen Untersuchung sind diese Täter durchweg psychisch gesund, zumindest liegt keine krankhafte seelische Störung vor. Wie weit bei diesem unvermittelten und einmaligen Durchbruch der Phantasie in die Realität im Augenblick der Tat als krankhafte seelische Störung anzunehmen ist, wird wohl unterschiedlich beantwortet werden. Im Grunde handelt es sich im Augenblick der Tat um einen psychischen Mechanismus, der sich nicht von dem der Schizophrenie unterscheidet, lediglich, daß bei der Schizophrenie der Verlust des Realitätsbezugs in der Regel längere Zeit anhält und nicht nur, wie z.B. bei Peter, etwa 10 Minuten andauert.

So wäre es konsequent, eine Schuldunfähigkeit gemäß § 20 StGB zur Tatzeit anzunehmen, um so mehr, als sich im Augenblick der Tat keine Hinweise auf eine tatsächlich vorhandene Steuerungsfähigkeit finden lassen. Für den betreffenden Täter bedeutet jedoch die Befreiung von jeglicher Schuld für eine Tat, die er selbst als verwerflich und für seine Person für völlig inakzeptabel ansieht, aber eine erhebliche Belastung und entspricht weder seinen Erwartungen, noch seinen Vorstellungen von Gerechtigkeit. Auch wenn er die Tat nicht versteht, muß er sie als eine zu seiner Person gehörige Tat akzeptieren, zumindest muß dieses Ziel einer nachgehenden psychiatrischen Betreuung oder Psychotherapie sein, will er auf die Dauer mit der Tat leben können. Gerade weil der Täter vor und nach der Tat weder objektiv psychisch krank war, noch sich psychisch gestört fühlte, kann er auch eine solche Exkulpierung kaum akzeptieren.

Es wäre notwendig, diese Ursachen von zunächst nicht verstehbaren kriminellen Handlungen an einer größeren Zahl vergleichbarer Fälle zu überprüfen.

"Wär's möglich? Könnt ich nicht mehr, wie ich wollte? Nicht mehr zurück, wie mir's beliebt? Ich müßte eine Tat vollbringen, weil ich sie gedacht, nicht die Versuchung von mir wies - das Herz genährt mit diesem Traum, auf ungewisse Erfüllung hin die Mittel mir gespart, die Wege bloß mir offen hab gehalten?"

WALLENSTEIN in Wallensteins Tod
1. Aufzug, 4. Auftritt

Über die geschlechtsspezifische Kriminoresistenz bei Frauen

Zugleich ein Beitrag zum Problem des erweiterten Selbstmords

Rainer Luthe - Hermann Witter

Als Verursacherin eines Kapitalverbrechens finden Frauen i.a. mehr Beachtung als Männer. In mehreren solcher Fälle haben wir als Gutachter Untersuchungen durchgeführt[1]. Dabei wurde uns deutlich, daß dieses Phänomen einer geschlechtsspezischen Zuwendung der Aufmerksamkeit allein von kasuistischen Inhalten her nicht zu erklären ist. Die statt dessen erforderliche Betrachtungsweise systematischer Art verweist auf übergeordnete Kriterien, wie sie seit langem sowohl in biologischen, als auch in soziologischen und psychologischen Variablen gesucht und gefunden worden sind[2].

Ob auf diese Weise eine erschöpfende Erklärung gelungen ist, erscheint vom Ansatz her bereits zweifelhaft; der Eindruck, daß - im Gegenteil - zusätzliche Fragen unbeantwortet geblieben sind, lag für uns näher. Ob sich allerdings der Anspruch einer annähernd vollständigen Erklärung je einlösen lasse, mag offen bleiben.

Sollen kasuistische Informationen in ihrer Fülle nicht zugunsten irgendwelcher theoretischer Vorwegnahmen außeracht gelassen, trotzdem aber über die rein deskriptive Ebene hinausgehend Unterscheidungen getroffen werden, empfiehlt sich der Weg der *psychopathologischen Formalisierung*. Formale Psychopathologie[3] weist die Vorzüge einer stoffimmanenten Methode auf. Ihre Ergebnisse sind prinzipiell falsifizierbar, logisch überprüfbar.

Im Homburger Institut wurden in den Jahren 1983 bis 1987 insgesamt 987 forensische Gutachtenaufträge dokumentiert. Diese schlüsselten sich, wie folgt, auf (Prozentangaben in Klammern):

nicht zur Untersuchung erschienen:	172	(17,4)
untersucht und begutachtet:	753	(76,2)
begutachtet nach Aktenlage oder Beweisaufnahme:	62	(6,4).

---

1) Luthe, R.: Forensische Psychopathologie. Berlin u.a.: Springer 1988, S. 285-296
2) Haesler, W. T. (Hrsg.): Weibliche und männliche Kriminalität. Diessenhofen: Ruegger 1982
3) Witter, H. (Hrsg): Der psychiatrische Sachverständige im Strafrecht. Berlin u.a.: Springer 1987

Kemer/Kaiser (Hrsg.) Kriminalität
© Springer-Verlag Berlin Heidelberg 1990

Die Gutachtenaufträge betrafen Männer und Frauen im Verhältnis von 820/167 (83,1/16,9). Werden nur die Fälle berücksichtigt, bei denen eine Untersuchung durchgeführt werden konnte, dann ändert sich die Relation: nun kommen auf 641 Männer 111 Frauen (85,2/14,8). Wie ersichtlich, sind Frauen öfters als Männer nicht zur Untersuchung erschienen ($p < 0,01$).

Folgende Einzelergebnisse seien hervorgehoben:

- das Durchschnittsalter der Frauenstichprobe betrug 37,6 Jahre. Es lag über dem Durchschnittsalter der Gesamtstichprobe (34,2 Jahre) ($p = 0,17$) - nicht signifikant.
- Frauen wurden nicht öfters als Männer nervenärztlich behandelt.
- Frauen hatten seltener Vorstrafen als Männer ($p = 0,01$).
- Frauen hatten nie Vorstrafen wegen eines Tötungsdelikts (bei Männern 14 von 323 = 4,3 %).

Die Delinquenzart schlüsselte sich wie folgt auf:

Eigentum	M/Fr	40,1 %	/	54,3 %	sign. ($p < 0,01$)
Raub	M/Fr	4,6 %	/	1,4 %	sign. ($p < 0,001$)
Körperverletzung	M/Fr	20,9 %	/	20,0 %	
Tötung	M/Fr	14,0 %	/	7,1 %	
Straßenverkehr	M/Fr	10,2 %	/	5,7 %	sign. ($p < 0,01$).

In der Sparte "Eigentum" wurden insbesondere Ladendiebstähle erfaßt. Durchgehend signifikant ($p = 0,0000$ Gesamttabelle) waren geschlechtsspezifische Unterschiede hinsichtlich der uns vorgelegten gutachtlichen Fragestellung:

Schuldfähigkeit	81,7 %	Gesamt	/	65,7 %	Frauen
Geschäftsfähigkeit	3,4 %	-	/	6,7 %	-
Maßregel	1,6 %	-	/	3,8 %	-
Prognose	3,4 %	-	/	1,0 %	-
Entmündigung	1,8 %	-	/	3,8 %	-
Pflegschaft	1,0 %	-	/	2,9 %	-
Glaubwürdigkeit	1,2 %	-	/	4,8 %	-
sonst	6,1 %	-	/	11,4 %	-

Nur beim Item "Prognose" (§§ 57a, 63, 64, 66) bevorzugten Gerichte und Staatsanwaltschaften signifikant mehr Männer, ansonsten stellte die Zugehörigkeit zum weiblichen Geschlecht durchgehend einen bevorzugten Grund zur Einholung des Gutachtens dar. Von Interesse war, daß die Prognose, die in den strafrechtlichen Fällen unabhängig vom erteilten Auftrag institutsintern erstellt wurde, die Frauen in einem signifikant günstigeren Licht erscheinen ließ ($p = 0,0000$ Gesamttabelle):

günstig	48,5 %	gesamt	/	66,7%	Frauen
neutral	19,0 %	-	/	17,9%	-
ungünstig	36,8 %	-	/	15,4%	-

Soweit nach den Voraussetzungen für die De-, Exkulpation gefragt worden war, haben sich keine signifikanten Unterschiede ergeben, was auch damit übereinstimmt, daß hinsichtlich der psychiatrischen Diagnosen geschlechtsspezifische Unterschiede nur hinsichtlich der Gruppen: "Persönlichkeitsstörungen" (ICD 301) (33,7 % gesamt, 24,7 % Frauen) und "Anpassungsstörungen - psychogene Reaktionen" (ICD 309) (1,9 % gesamt, 6,5 % Frauen - p = 0,001 -) gefunden wurden. Im übrigen war die Übereinstimmung bemerkenswert.

Alles in allem ergaben sich aus dem Zahlenmaterial allein also keine neuen Erkenntnisse. Darin spiegelt sich vielmehr der behauptete Unterschied geschlechtsspezifischer Art, ohne daß entschieden werden könnte, ob und in welchem Umfang darin Wirkliches getrennt wurde, beziehungsweise lediglich eine abgeleitete Erwartungshaltung zum Ausdruck gekommen ist. Im Hinblick auf diesen Einwand sind gerade die Items, die entgegen der vordergründigen Erwartungshaltung keine signifikanten Unterschiede zwischen beiden Gruppen aufweisen, umso bemerkenswerter:

6,3 % erhielten die Diagnose "Schizophrenie" (ICD 295), bei den Frauen waren es 8,6 %;
6,7 % erhielten die Diagnose "organische Psychose" (ICD 290, 291, 294), bei den Frauen waren es 6,5 %;
8,5 % erhielten die Diagnose "Schwachsinn" (ICD 317, 318), bei den Frauen waren es 8,6 %.

Es könnte deshalb vermutet werden, daß im zugrundeliegenden diagnostischen Raster eine Einstellung verwirklicht war, die übereinstimmendenfalls die allgemeine Erwartung eines geschlechtsspezifischen Unterschieds unwirksam gemacht hätte, wohingegen sie bei den beiden übrigen diagnostischen Items (ICD 301 und ICD 309) voll zur Auswirkung gekommen wäre, was wiederum darin begründet sein könnte, daß die Übereinstimmung psychopathologisch "spezifische" Störungen betrifft, während unter den übrigen ICD-Nummern psychopathologisch unspezifische Störungen zusammengefaßt wurden. Zutreffendenfalls würde dies bedeuten, daß in den sozusagen harten Diagnosengruppen, psychopathologische Besonderheiten eine unabhängige Grundlage für unsere Betrachtung darstellen könnten, da sie von der Erwartungshaltung selbst nicht erfaßt werden.

Wir vergegenwärtigen uns zunächst einige programmartige Sätze, deren Gehalt sich von selbst versteht. Sodann sollen diese Thesen im Hinblick auf das vorstehend mitgeteilte Zahlenmaterial zum Ausgangspunkt weiterer Überlegungen gemacht werden. Wir sagen:

- Psychopathologie hat in ihrer allgemeinsten Fassung die Untersuchung von Störungen der Persönlichkeit und ihrer Entwicklung zum Gegenstand.
- Persönlichkeitsentwicklung zielt auf mitmenschliche Gemeinsamkeit, wie sie beispielsweise in der Sprache einen hochdifferenzierten Ausdruck findet.

- Was immer "Kriminalität" sein mag, handelt es sich jedenfalls um den Ausdruck einer gewollten Mißachtung dieses Ziels der Gemeinsamkeit.

Der Gegenstand der Psychopathologie und Kriminalität gleichen sich folglich im Ergebnis, daß Gemeinsamkeit zerstört wird. Der Unterschied des jeweiligen Tuns liegt in dessen Schuldhaftigkeit. Es ist konsequent, daß die nicht-gewollte Form auch nicht als schuldhaft angesehen wird. Insoweit fehlt ein geschlechtsspezifischer Unterschied. Wird nun gefragt, warum der weibliche Kriminalitätsanteil geringer als der männliche ist, dann könnte geantwortet werden, daß das soziale Entwicklungsziel - als Ziel des Wollens nämlich - für männliches und weibliches Denken unterschiedlich bedeutsam sei. "Wille" wird in diesem Zusammenhang als sozusagen motorischer Aspekt des Bedeutungserlebens und diesem "inhärent" verstanden.

Anders ausgedrückt ist soziale Gemeinsamkeit als das - Männer und Frauen gleicherweise umfassende - Ziel der Persönlichkeitsentwicklung im Bedeutungserleben beider Gruppen verschieden stabil verankert. Daß Männer und Frauen unterschiedliche Denkformen repräsentieren, ist eine alte Intuition[4], die auf diese Weise besser begriffen werden kann.

So, wie in der Persönlichkeitsentwicklung ein - im Falle der Geisteskrankheit gestörtes - Gleichgewicht zwischen gegenständlich differenzierenden und semantisch integrierenden Aktivitäten des Subjekts zum Ausdruck kommt, so ist auch zwischen einem *gegenständlich* analysierenden und einem *bedeutungsmäßig* synthetisierenden Denkstil zu unterscheiden. Die Ausgewogenheit beider Denkstile ist normalerweise in der subjektiven Einheit und der objektiven Vielfalt des Erlebens gegeben.

Die These, daß Frauen Konflikte im allgemeinen eher durch Bevorzugung der integrativen Komponente lösen, während Männer im allgemeinen eher die differenzierende Lösung bevorzugen, ist im Hinblick auf die gemeinsamkeitsbewahrende Funktion des integrativen Denkstils geeignet, die im Sinne von Göppinger "kriminoresistente" Disposition des weiblichen Geschlechts einem besseren Verständnis zuzuführen. Dabei würde es sich um eine generelle Disposition handeln, die den psychologischen und soziologischen Variablen bereits übereinstimmend zugrundeläge.

Welcher heuristische Wert dieser Hypothese beizumessen wäre, hinge davon ab, ob und wie sich die genannten "Denkstile" konkretisieren und einer empirischen Überprüfung zugänglich machen ließen. Im Rahmen unseres Versuchs, Psychopathologie konstruktivistisch zu formalisieren[1],[3], ist dieser Gedanke bereits erprobt worden. Hier geht es nun darum, in der gebotenen Kürze eine kriminologische Parallele dazu zu skizzieren. Dabei kommt es diesem Bemühen entgegen, daß in einem völlig andersgearteten Problemzusammenhang die Unterscheidung bei-

---

4) Gilligan, C.: Die andere Stimme. München: Piper 1984

der Denkformen anhand einer Untersuchung "symbolischer Formen" in der Darstellung von Cassirer[5] mustergültig durchgeführt worden ist.

Dort wird dem rationalen Denkstil des diskursiven Denkens, wie es in der Wissenschaft am reinsten vorliegt, die sogenannte "mythische" Denkform gegenübergestellt. Im Hinblick auf unsere Unterscheidung zwischen dem gegenständlichen Aspekt der Erlebensvielfalt (Differenzierung) und dem bedeutungsmäßigen Aspekt der Einheitsbildung im Erleben (Integration), die sich psychopathologisch als fruchtbar erwiesen hat, interessiert, daß auch im rationalen und mythischen Denken in der Tat jeweils eine dieser beiden Tendenzen den Vordergrund beherrscht: das gleichsam auflösende Prinzip fortlaufender Unterscheidungen durch Ausgliederung beim rationalen Diskurs, das zusammenfügende Prinzip einer die Grenzen verwischenden, sozusagen "harmonisierenden" Vereinheitlichung beim mythischen Bedeutungserleben in seinem anmutungshaft, eingliedernden Charakter.

Zusammengefaßt könnte insoweit gesagt werden, daß im ersten - männlichen - Fall "Dissonanzen" natürlicherweise den Ton angeben, bis daraus eine neue Harmonie des Ganzen entsteht, während im zweiten weiblichen - Fall das "Natürliche" in der vorgegebenen Harmonie besteht, welcher das Neue mit einer gewissen Anstrengung jeweils erst entspringen muß. Indessen ist vor der Verabsolutierung dieser Unterscheidung zu warnen und vor allem dem Mißverständnis vorzubeugen, daß damit die Identität schlechthin von mythischem und weiblichem Denken einerseits, beziehungsweise rationalem und männlichem Denken andererseits behauptet würde. Demgegenüber ist zu betonen, daß das Bewußtsein stets beide Denkformen umfaßt. Andernfalls würde - wie bei der psychopathologischen Destrukturierung des Bewußtseins - entweder Einheit oder Vielfalt des Erlebens preisgegeben.

Es soll lediglich darauf aufmerksam gemacht werden, daß im ursprünglichen Gleichgewicht beider Tendenzen keine sozusagen statische Regelgröße, sondern ein dynamisches Wechselspiel zum Ausdruck kommt, bei welchem einmal diese, dann jene Tendenz dem Ganzen die Richtung weist. In der Entwicklungsgeschichte des Bewußtseins hat dies in großem Maßstab darin seinen Ausdruck gefunden, daß lange Zeit mythische Denkformen prägend im Vordergrund standen und erst im dialektischen Fortschreiten zurückgedrängt wurden. Möglicherweise erleben wir derzeit das abermalige Umschlagen des Pendels in einem nach Jahrtausenden zählenden Rhythmus, der auch nicht überall auf der Erde derselbe ist.

Für uns ist wichtig, daß Erkenntnisse aus der Untersuchung mythischen Denkens durch Cassirer[6], der seinerseits auf gestaltpsychologische und psychopathologische Forschungsergebnisse Bezug genommen hatte, sehr wohl auch auf den Maßstab bezogen werden können, welcher der Einzelpersönlichkeit gemäß ist. Ihre Erwähnung an dieser Stel-

---

5) Cassirer, E.: Philosophie der symbolischen Formen. 3 Bde, 2.Aufl., Darmstadt: Wissenschaftliche Buchgesellschaft 1953/1954
6) Cassier 1953/1954 (Fn 5)

le kann ohne Überschreitung des gegebenen Rahmens allerdings nur höchst kursorisch erfolgen, die zitierten Schriften sind aber gut zugänglich.

Es geht wesentlich um das Verhältnis des Teils zum Ganzen. So könnte gesagt werden, daß diskursives Denken, z. B. im wissenschaftlichen Bewußtsein, immer dazu tendiere, das Ganze zu zerlegen. Am Ganzen interessiert ein Teil; es spürt daran "Eigenschaften" in einem objektiven Sinne auf, um sie zu messen. Bedeutungsgehalte werden umso abstrakter, je allgemeiner sich die gegenständlichen Relationen vom Einzelfall als Ausgangspunkt abheben.

Das mythische Bewußtsein sieht das Verhältnis des Teils zum Ganzen gerade umgekehrt. Im Teil wird immer das ursprüngliche Ganze gesucht, an Stelle objektiver Eigenschaften sind subjektive Bedeutungen gegeben, die nach größtmöglicher konkreter Anschaulichkeit streben. Wie Cassirer[7] schreibt, sind mythische Zeit- und Raumanschauung "qualitativ" (ganzheitlich) und "konkret", nicht "quantitativ" (einteilend) und "abstrakt" gefaßt.

An anderer Stelle[8] wird dies auch anhand der Sprachentwicklung näher ausgeführt. "Für die Form, die diese Sprachen zum Ausdruck der Bewegung und der Handlung besitzen, gilt daher in der Tat der zenonische Einwand: hier ruht im Grunde der fliegende Pfeil, weil er in jedem Moment seiner Bewegung nur eine fixe Lage besitzt. Das entwickelte Zeitbewußtsein ... setzt das Ganze der Zeit nicht mehr als substanzielles Ganze aus den einzelnen Augenblicken zusammen, sondern erfaßt es als ein funktionales und dynamisches Ganzes: als eine Einheit der Beziehung und als eine Einheit der Wirkung." - Die Erfüllung des Zeitbegriffs mit der Idee der Funktion machte aus der Zeit bei Kepler und Leibniz schließlich den Begriff für das Maß der Bewegung.

Hingegen: "Für das mythische Denken vollzieht sich im Nacheinander derselbe Prozeß der Spaltung wie im Nebeneinander: wie in ein und demselben Menschen, in demselben empirischen Individuum mythisch ganz verschiedene "Seelen" miteinander zusammen bestehen und friedlich nebeneinander wohnen können, so kann auch die empirische Folge der Lebensereignisse an ganz verschiedene "Subjekte" verteilt werden, deren jedes nicht nur in der Form eines besonderen Wesens mythisch *gedacht*, sondern als eine unmittelbar-lebendige dämonische Macht, die von dem Menschen Besitz nimmt, mythisch *empfunden* und *angeschaut* wird"[9].

Ähnliche Unterschiede zeigt die Form des Kausaldenkens. Einmal handelt es sich um die Grundannahme einer durchgehenden Kontinuität, die im bloßen zeitlichen oder räumlichen Beisammensein einen inneren Wirkzusammenhang sieht, wie er z. B. im astrologischen Weltbild zu einem lückenlos umfassenden Determinationsgefüge ausgebaut vorliegt; gegenläufig dazu steht die Zurückführung des Ganzen auf ein gänzlich unanschauliches Prinzip allgemeiner Art.

---

7) Cassierer 1953/1954 (Fn 5), Teil II S.133
8) Cassierer 1953/1954 (Fn 5), Teil I S.178
9) Cassierer 1953/1954 (Fn 5), Teil II S.197

Astrologie und Alchimie sind Verwirklichungen mythischen Denkens, von denen die moderne Naturwissenschaft als Ergebnis rationalen Denkens in ihrer heutigen Form in dem Sinn unabhängig ist, daß jemand, der heute wissenschaftlich arbeiten will, ohne astrologisches oder alchimistisches Gedankengut auskommen kann und muß. Hinsichtlich der zugrundeliegenden Denkstile gilt aber auch in diesem großen Maßstab unverbrüchlich, daß wir es beim mythischen und rationalen Denken nicht etwa mit alternativen Bewußtseinslagen, die einander ausschließen würden, zu tun haben. Es liegt auch in diesem Maßstab ein Wechselverhältnis vor, bei dem eines das andere - im Bewußtsein des wissenschaftlich Arbeitenden geradezu bedingt. Er kann nur dann teilend analysieren, wenn sein Bewußtsein - sozusagen im Gegenzug - fähig ist, zusammenzufassen. Es braucht das Mythische nicht tatsächlich leisten zu wollen, es muß aber dazu fähig sein. Ebenso setzt Zusammenfassen als gewollte geistige Tätigkeit im Gegenzug die Fähigkeit zur Vereinzelung, zum Hervorbringen des Teils notwendig voraus.

Verallgemeinernd könnte diesbezüglich also vom Wechselverhältnis zwischen "Figur" und "Hintergrund" gesprochen werden, wenn es gelänge, diese Vorstellung von dem paradoxen Charakter zu befreien, mit dem sie zunächst behaftet erscheint. Die Vorstellung eines dynamischen "Figur-Hintergrund-Verhältnisses" erscheint im gegebenen Zusammenhang deshalb paradox, weil damit gesagt wird, die Synthese könne so von der Analyse - als Hintergrund - umfaßt werden, wie die Analyse "natürlicherweise" von der Synthese als Hintergrund umfaßt wird.

Unserem - analytisch rationalen - Denken erscheint dies ausgeschlossen. "Natürlich" ist dies aber nur von unserem "fortschrittlichen" Standpunkt her; dem mythisch Denkenden erscheint das Umgekehrte "natürlich". Die mythische Vorstellung des "Ganzen als (natürlicher) Figur" mit dem "Teil als (gewolltem) Hintergrund" erscheint nur solange paradox, als das Ganze in seiner natürlichen Vertrautheit auch das Umfassende ist. Dem mythischen Bewußtsein ist es das nicht, weil es sich vom ständigen Wechsel der in Fluß befindlichen Teile ausgeschlossen weiß. Das Teil ist ihm fremd, unheimlich, und - auf irrationale Weise - "Hintergrund" des Ganzen. Beim synthetischen Denken erhält daher die Aufmerksamkeit ihre Festigkeit durch die Vertrautheit des Ganzen, die in diesem Sinne "Figur" ist.

Das "Ganze" - als sozusagen festgegründete Figur, die dem mythischen Denken seinen Ausgangs- und Standpunkt gibt, setzt den "Fluß der unbeständigen Teile", von dem Heraklit gesprochen hat, als Hintergrund notwendig voraus und macht die Hinfälligkeit des Singulären, die eben darin gegeben ist, sozusagen erträglich. Andererseits - in der modernen, analytischen Aufmerksamkeitsrichtung auf das Partikel als feste Figur - bleibt als Hintergrund das Ganze, Umfassende des Bewußtseins im stetigen Wandel des Dinglichen stets unausgesprochen vorausgesetzt.

Wir unterstreichen, daß im mythischen Denken das natürliche Gegebensein des Ganzen die ungewollte, aber unausbleibliche Teilung, Zerstückelung jederzeit "repariert". Das Teil ohne das Ganze zu haben, erfordert für den mythisch Denkenden eine besondere Anstrengung, die

nicht ohne Not unternommen wird, wohingegen der analytisch Denkende seine Aufmerksamkeit natürlicherweise auf das Teil richtet und eine
bewußte Wendung vollziehen muß, soll er das Ganze zur "Figur" seines
Denkens werden lassen.

Der erstgenannten Form des Denkens wird Kriminalität - als soziale
Zerstückelung, als auf Zerstörung von Gemeinsamkeit gerichtetes Handeln - daher natürlicherweise fremd sein, wohingegen im zweiten Fall
die Verabsolutierung des Teils gegenüber dem Ganzen, als welche de-
linquentes Tun zu definieren ist, näherzuliegen scheint, solange dieses
Denken nicht zur Herausbildung eines neuen Ganzen - allgemein abstrakter Art, z.B. als "Ethik" - fortgeschritten ist. Kriminalität liegt dem
analytischen Denken näher, weil dabei die Gemeinsamkeit, die dem
mythischen Denken "natürlich" ist, als sozusagen ethische Figur mit
einer gewissen Anstrengung herausgehoben, gewollt werden muß. Kriminoresistenz im ersten Fall ist somit kein Verdienst, sondern ein Geschenk.

Daß es dieses synthetische und analysierende Denken in Wirklichkeit
gibt, dies wird als Tatsache problemlos vorausgesetzt werden können.
Offen bleibt danach aber noch das Problem, ob in der Tat jenes synthetische Denken die von Frauen, und jenes analysierende Denken die
von Männern bevorzugte Denkform darstellt. Die sozusagen direkte
Lösung dieser Aufgabe würde wiederum den hier gegebenen Rahmen
sprengen. Es stellt indessen keine "petitio principii" dar, wenn statt
dessen an dieser Stelle auf forensisch psychiatrische, beziehungsweise
kriminologische Erfahrungen zurückgegriffen wird.

In diesem Sinne kann es zumindest Hinweiswert haben, daß diejenige
Deliktform, bei welcher die Aufgabe der Gemeinsamkeit auf geradezu
exemplarische Weise verfehlt wird, die Notzucht, auf spezifische Weise
auch eine männliche Deliktform ist. Wir verfügen aber über keinerlei
Erfahrung mit Fällen weiblicher Notzucht, deren Kasuistik im Sinne
unserer Fragestellung zweifellos erhebliches theoretisches Interesse beanspruchen könnte.

Dieses Beispiel ist für unsere Demonstration umso geeigneter, als
Notzucht in der Literatur[10],[11] übereinstimmend nicht mit irgend einer
Form psychopathologischer Sexualdevianz in Verbindung gebracht,
sondern allgemeiner Kriminalität zugerechnet wird. Gleichzeitig tritt
dabei überaus deutlich hervor, daß es sich um ein Nichtwollen der -
gemeinsamkeitsstiftenden - Bedeutung des Erlebens hinsichtlich der
gerade darin gründenden "Sinnhaftigkeit" dieses Tuns handelt, wohingegen die sozusagen "nackte", gegenständliche "Richtigkeit" der Situa-
tionsbeurteilung auf brutale Weise gewahrt bleibt.

Damit ist gesagt, daß die Verabsolutierung des Teils, wie sie gegen-
ständliches Denken kennzeichnet, in diesem Fall nicht auch darin ausgezeichnet ist, daß sie zu einer neuen Ganzheit führen würde. Es bleibt

---

10) Witter, H.: Grundriß der gerichtlichen Psychologie und Psychiatrie. Berlin u.a.: Springer 1970
11) Cornu, F.: Katamnesen bei kastrierten Sittlichkeitsdelinquenten aus forensisch-psych-
iatrischer Sicht. Basel u.a.: Karger 1973

bei der Vereinzelung. Diese Überlegung findet darin eine Bestätigung, daß der Exhibitionismus, der in der Verfehlung der Gemeinsamkeit eine - auch psychopathologisch relevante - Parallele zur Notzucht darstellt, in der typischen Uneinheitlichkeit des Standpunkts dieser Probanden ebenfalls die Grundtendenz erkennen läßt, die das Teil auf Kosten des Ganzen bevorzugt. Das unterschiedliche Figur-Hintergrund-Verhältnis des Erlebens deutet somit beim kriminologischen Vergleich der Geschlechter hinsichtlich dieser Deliktarten daraufhin, daß in der Tat Frauen die "weiblich" genannte Form des Denkens bevorzugen, während Männer eher "männlich" denken.

Greifen wir nunmehr im Sinne einer Gegenprobe die Deliktart heraus, bei welcher nach unserer - und allgemeiner - Erfahrung Frauen zahlenmäßig nicht hinter Männern zurückstehen, den Ladendiebstahl, dann suchen wir auch hier nach einer Erklärung dafür, daß im Konflikt nicht die in Wirklichkeit gemeinsamkeitsfördernde Lösung, sondern die gemeinsamkeitszerstörende Lösung verwirklicht wird. Vergegenwärtigt man sich die Situation des Ladendiebstahls in ihrem tatsächlichen Gehalt, so ist der Gemeinsamkeitscharakter des geschützten Rechtsguts umso "abstrakter", allgemeiner, je mehr das Warenangebot - mithilfe gezielter werbepsychologischer Mittel - in seiner unpersönlichen Anonymität geradezu daraufgerichtet ist, dem Akt der Aneignung einen quasi "natürlichen" Charakter zu verleihen.

Anders als bei der Notzucht, wo die natürliche Bedeutung des Tuns bei aller gegenständlichen Richtigkeit offensichtlich verfehlt wird, wird hier der Illusion einer Erfüllung der natürlichen Bedeutung sozusagen aktiv Vorschub geleistet. Dadurch verliert synthetisches Denken seine kriminoresistente Wirkung ungeachtet oft einschneidender Erfahrungen auf der anderen Ebene, der Ebene der Sanktion oder Sanktionsandrohung. Dies kann vielleicht erklären, daß sich beim Ladendiebstahl die Kriminalitätsziffern nicht nur einander angleichen, sondern ein weibliches Übergewicht anzeigen; jedenfalls ist aber der Hinweis auf den - hinsichtlich zerstörerischer Auswirkungen auf soziale Gemeinsamkeit - in abstrakte Ferne gerückten Charakter der deliktischen Verhaltensweise geeignet, den Einwand gegen die Richtigkeit unserer Ausgangshypothese zu entkräften.

Außerachtgelassen werden kann, daß in diesem Zusammenhang neben dem häufigen Bestreben der Ladendiebinnen, die Gefährdung einer Harmonie zu signalisieren, auch näherliegende Gesichtspunkte - etwa im Sinne einer durch typisch weibliche Präokkupationen bedingten besonderen Exposition zum Ladendiebstahl - von Bedeutung sein können. Hingegen macht die Hypothese einer geschlechtsspezifischen Kriminoresistenz der Frauen die Ergänzung unseres Gedankenganges noch nach einer anderen Richtung hin erforderlich.

Es ist nämlich zu bedenken, daß die vorstehende Erklärung zum statistischen Befund des ausgeglichenen Verhältnisses der Geschlechter hinsichtlich der nicht krankhaft motivierten Tötung naher Angehöriger auf den ersten Blick im Widerspruch zu stehen scheint. Denn wo sonst als *dabei* könnte mit größerer Berechtigung vom Gegenteil der "abstrakten Ferne" des verletzten Rechtsguts gesprochen werden.

Wieso kommt es also, daß trotz konkretester und unmittelbarer Deutlichkeit der zerstörerischen Wirkung auch in diesem Zusammenhang Frauen und Männer etwa gleich häufig in Erscheinung treten? Bei näherem Zusehen ist indessen zu bemerken, daß in Wirklichkeit kein Widerspruch besteht, sondern die gleiche Überlegung in symmetrischer Anwendung den Effekt zu erklären imstande ist. So wie beim Ladendiebstahl die höchst abstrakte und dadurch subjektiv fast nicht mehr "wirkliche" Verletzung von Rechtsgut den bei Frauen gewöhnlich vorhandenen Schutz relativiert, weil durch das tatsächlich kriminelle Tun dem Täter subjektiv keine oder kaum Gemeinsamkeit bedroht erscheint, so relativiert umgekehrt die Zerstörung von Gemeinsamkeit bei der Tötung naher Angehöriger in ihrem höchst konkret-unmittelbaren Charakter einer Verletztung geschützten Rechgtsguts das besondere Risiko, das für gewöhnlich Männer zu tragen haben. Der auf die Tötung gerichtete Wille ist als "Bewußtseinsfigur" regelmäßig so dominierend, daß daneben die bereits *generell* auf Vereinzelung gerichtete Einstellung gar nicht mehr ins Gewicht fällt.

Daß das ausgeglichene Verhältnis nicht etwa durch Einflüsse bewirkt wird, die der Annahme der Kriminoresistenz des "weiblichen" Denkstils zuwiderliefen, wird dadurch nahegelegt, daß das vorhandene Gleichgewicht auf einem zahlenmäßig relativ niedrigen Niveau gegeben ist. - Zur Erklärung des Phänomens ist es auch hier angebracht, sich den tatsächlichen Gehalt der Tatsituation zu vergegenwärtigen. Dabei wird deutlich, daß ähnlich wie beim Ladendiebstahl - oder sogar verstärkt - generelle Gesichtspunkte, allgemeine Dispositionen, gegenüber konstellativen Einflüssen - wie ausgeführt - in den Hintergrund treten. Dafür, daß der Tatentschluß gefaßt wird, ist in jedem Fall - bei Männern und Frauen gleicherweise - eine solche herausragende Bedeutung der gegebenen Konstellation erforderlich, daß die allgemeine Tendenz zur Vereinzelung des "männlichen" Denkstils nur noch relativ wenig in die Waagschale fällt.

Diese Überlegungen müßten ohne kasuistischen Bezug "blaß" bleiben. Ihre Mitteilung war indessen erforderlich, um die beabsichtigte kasuistische Ergänzung von den Einschränkungen einer bloß inhaltlich deskriptiven Darstellung zu befreien. Die formalen Gesichtspunkte, die auf die nachfolgende Fallschilderung angewendet werden sollen, ergeben sich aus der besonderen Beachtung des Denkstils der Probandin im Hinblick auf das Vorhandensein oder Fehlen eines synthetisch/analysierenden Gleichgewichts in der auf die Tatsituation hin kulminierenden Dynamik von Täterpersönlichkeit und Erleben.

Vor über 20 Jahren haben wir in einer gemeinsamen Publikation zur Problematik des "versuchten erweiterten Selbstmords", bei dem die Tötung der Kinder dem überlebenden Elternteil strafrechtlich zum Vorwurf gemacht wird, ausführlich Stellung genommen[12]. Jetzt ergreifen

---

12) Witter, H./Luthe, R.: Strafrechtliche Verantwortung beim erweiterten Suizid. Monatsschrift für Kriminologie und Strafrechtsreform 49 (1966), S. 97 - 113

wir dankbar die Gelegenheit, das Thema in der angedeuteten Weise abzurunden und den Faden weiterzuspinnen. Damals stand eine Fallmitteilung im Mittelpunkt, bei welcher der Vater die Tötung seines einzigen Kindes zu verantworten hatte. Dieses Mal war die Mutter angeklagt, ihre beiden Kinder im Alter von 2 und 4 Jahren getötet zu haben.

Die Probandin, Frau M., Jahrgang 1958, ist die älteste von 3 Schwestern, die beiden jüngeren Schwestern wirkten unauffällig, eher kühl; die Mutter, Adipositas und Diabetes, trat im Gleichklang mit der - wohl klügeren - Tochter, unserer Probandin, sehr gefühlsbetont in Erscheinung. Sie schien ihrer Tochter gegenüber nach wie vor distanzlos zu sein. Sie hatte sie auch früher bei Verfehlungen vor dem Vater gedeckt. Dieser hatte mittlerweile seine Interessensphäre gegenüber der Familie abgegrenzt und trat der Probandin, die ihn bedingungslos kritisierte, gleichgültig oder ablehnend entgegen. Bei der Hauptverhandlung machten er und die Schwestern der Pd. vom Zeugnisverweigerungsrecht Gebrauch; die Darstellung der Mutter, die die Tochter zu schützen versuchte, wirkte über weite Strecken unkritisch.

Während der frühen Kindheit der Pd. in einer rheinischen Großstadt waren beide Eltern durch den Aufbau eines kleinen handwerklichen Unternehmens beruflich absorbiert und hatten finanzielle Schwierigkeiten zu bestehen. Die Pd. war früh verhaltensauffällig. Sie mußte des öfteren von der Polizei zuhause abgeliefert werden. Etwas später drängte sie sich in fremden Familien an die Stelle der zugehörigen Kinder und mußte mehrfach deshalb zurechtgewiesen werden. In der Schule bewältigte sie den Lernstoff mühelos, verhielt sich aber nicht solidarisch, beging kleinere Diebstähle und stieß auf Ablehnung.

Die Anforderungen der höheren Schule erfüllte sie so, daß sie jeweils gerade versetzt wurde und die Reifeprüfung mit der Note 3,8 schaffte. Sie ließ sich keine Vorschriften machen, brachte früh Freunde mit nach Hause, und wirkte in ihrem Benehmen hemmungslos. Sie konsumierte vorübergehend Cannabis, ihr Alkoholverbrauch drohte zeitweise außer Kontrolle zu geraten. Dies konnte aber immer noch rechtzeitig aufgefangen werden. Mit 16 Jahren bestimmte die Mutter, daß eine Abtreibung durchgeführt werde, wovon der Vater erst nachträglich erfuhr. In Versagungssituationen hatte sie wiederholt - auf abortive Weise - suizidal reagiert. Ansonsten reagierte sie auf Frustrationen oral, was ähnlich wie bei der Mutter zur Übergewichtigkeit führte.

Dieses Verhaltensmuster änderte sich auch nicht während ihrer Ausbildung zur Krankenschwester, zu der sie sich nach längerem Zögern entschlossen hatte. Während sie sich sehr viel auf ihr dabei zum Ausdruck kommendes soziales Engagement und Pflichtbewußtsein zugutehielt, stieß sie auf gleicher und übergeordneter Ebene durchwegs auf Ablehnung. Ihr gleichzeitig expansiv-unkonventionelles und unsolidarisches Verhalten, ihre disziplinarischen Schwierigkeiten und die hemmungslose Heftigkeit ihrer gefühlsmäßigen Reaktionen waren dafür ausschlaggebend. Sie bestand das Examen, suchte sich aber wegen dieser Schwierigkeiten eine andere, bescheidenere Arbeitsstelle außerhalb der Großstadt, wo sie ihre intellektuelle Beweglichkeit und ihr Engagement/Gutdünken besser zur Geltung bringen konnte.

Mittlerweile hatte sie rasch und auf unkonventionelle Weise geheiratet, ebenso verlief die Scheidung. Bei einer Karnevalsveranstaltung lernte sie ihren zweiten Mann kennen, der ihr - als Justizangestellter - zunächst einmal bei ihrer Scheidungsangelegenheit behilflich war. Sie war ihm dafür bei der Überwindung verschiedener tatsächlicher und von ihr als solche aufgefaßter psychischer Schwierigkeiten behilflich. Auf einer anderen Ebene wiederholte sie das, was ihr mit dem Wechsel des Arbeitsplatzes geglückt war. Dabei machte sie aber die Erfahrung, daß ihrem Engagement langfristig der Erfolg versagt blieb. Da es ihr nicht gelang, ihm großstädtische Maßstäbe zu vermitteln und ihn von seinen vermeintlichen oder tatsächlichen inneren Einschränkungen zu befreien, war die Geschichte der partnerschaftlichen Beziehungen schon vor dem wiederum recht impulsiv erfolgten Eheschluß spannungsgeladen, wobei sie das Feld beherrschte, er dem Phänomen aus dem Wege ging, am beruflichen Fortkommen arbeitete, sich für Fußball interessierte und trank.

Die erste Schwangerschaft verfehlte schon während der paarweisen Entspannungsübungen, zu denen sie den Widerstrebenden mitschleppte, das Ziel, die Wogen zu glätten. Die Wesensverschiedenheit trat im Gegenteil noch verschärft hervor. Das Kind wuchs auf diese Weise in ein beträchtliches Spannungsfeld hinein, nahm am heftigen Austragen dieser Spannungen Anteil, und wurde von ihr zum Objekt einer bedingungslosen Zuwendung gemacht. Den Vater und andere Personen hielt sie für unfähig, das Kind zu erziehen. Es sollte daher nach Möglichkeit von solchen Einflüssen abgeschirmt werden. Nun zerbrach das Verhältnis zu den Schwiegereltern vollends.

Intakt war lediglich die Beziehung zur eigenen Mutter, die sich nicht hatte entmutigen lassen, die aber selbst - nach Schilderung der Tochter - hoffnungslos in Probleme verstrickt geblieben war. Die Pd. war mittlerweile nicht mehr berufstätig und erlebte die Einengung des Blickwinkels als umso enttäuschender, als sie trotz eines Übermaßes an Kontaktbemühungen außerstande war, stabile mitmenschliche Beziehungen, Freundschaften zu haben und ihren vielfältigen Interessen gemäß zu leben. Sie wies ihrem Mann die Schuld hieran zu und glaubte nicht mehr, daß sie ihn noch nach ihren Vorstellungen werde ändern können. Pläne, auseinanderzugehen, zerliefen im Alltag mit seinen Problemen unmittelbarer, besonders wirtschaftlicher Art.

Dieser Entwicklung überlagerte sich die zweite Schwangerschaft. Die Hoffnung auf eine Änderung der Situation war jedoch ganz irrational. Es trat kein grundlegender Wandel ein. Alles wurde noch etwas komplizierter und nervenaufreibender, die Einengung noch etwas sinnfälliger. Die Bedingungslosigkeit der Zuwendung wurde jetzt auf zwei Kinder verteilt. Die Ehescheidung, trotz gemeinsamer, von ihr veranlaßter Psychotherapie beschlossene Sache, war nur noch eine Frage der Zeit. Frau M. hatte bei allen Schwierigkeiten wieder eine Anstellung gefunden. Sie machte Nachtwachen und konnte sich tags den Kindern widmen, was aber mit einer Reihe neuer Probleme verbunden war.

Der Ehemann hatte auf ihr Drängen die Wohnung verlassen und im Nachbardorf eine Unterkunft gefunden. Seine Büroarbeiten als Gerichtsvollzieher verrichtete er weiterhin in der umgebauten Garage der ehelichen Wohnung. Bei dieser Gelegenheit konnte er die Kinder sehen. Im November-Dezember 1987 trat er eine Entziehungskur an. Die Pd. erblickte mittlerweile in den situativen Schwierigkeiten, die sie umgaben, eine hohe Mauer und entwickelte eine Depression. Alle Routinetätigkeiten erledigte sie weiterhin. Ganz im Gegensatz zu ihrem sonstigen Wesen unterließ sie aber neue Initiativen und lernte eine ihr bisher unbekannte Seite ihres Wesens kennen. Es flossen keine anderen Tränen als bisher, die Depression war eher mit einer besonderen Art von Gefühllosigkeit oder sogar mit einem situativ unangemessenen Affekt verbunden. Vor allem hatte sie nun Angst, entwickelte im nachvollziehbaren Rahmen Beziehungsideen und schlief schlecht.

Die Idee, dem allem selbst ein Ende zu setzen, teilte sie niemand mit. Diese Idee hatte für sie nichts Bedrückendes. Sie war ihr wie eine Befreiung erschienen. Trotzdem hatte sie einige Tage hin und her überlegt. Dann brachte sie von ihrer Arbeitsstelle nach und nach diejenige Menge Schlaftabletten mit nachhause, die ihr zur Ausführung ihres Vorhabens erforderlich erschien. Sie überlegte mit Bedacht den geeigneten Termin, das Ende einer Periode von Nachtwachen. Etwas anderes als die Mitnahme der Kinder war für sie von Anfang an nicht infrage gekommen.

Die Ausführung wurde aus praktischen Gründen schließlich noch um einen Tag verschoben. Tagsüber versetzte sie sich in eine Art von Beschäftigungstaumel, reinigte gründlich die Wohnung, traf letzte Anordnungen. Als alles fertig war, malte sie auf dem Kalender ein Kreuz hinter den 4. Januar und befand sich nun in einem Zustand innerer Leichtigkeit, wie sie ihn seit langem nicht gekannt habe. Sie bereitete noch das Abendessen, spielte mit den Kindern und brachte diese dann zum Schlafen. Sie nahm eine geringe Menge Alkohol zu sich. Dann erstickte sie den schlafenden Jungen.

Hinsichtlich des weiteren Geschehensablaufes fehlte die einheitliche Schilderung. Frau M. machte im Verlauf ihrer Tatschilderungen zunehmend eine umfassende Erinnerungslücke geltend. Sie erinnerte sich daran, in einem Wasserglas eine große Menge der Schlaftabletten aufgelöst und die Lösung getrunken zu haben. Irgendwann sei sie zur Tochter gegangen, die mit ihr gelacht und mit der sie noch gespielt habe.

Die Ermittlungen haben ergeben, daß das zweite Kind ebenfalls erstickt worden war. Frau M. und die Kinderleichen waren am nächsten Mittag von ihrem Vater in der verschlossenen Wohnung vorgefunden worden. Sie war bewußtlos. Der Vater war vom Ehemann an den Schauplatz gerufen worden, nachdem es diesem vormittags nicht gelungen war, mit seiner Frau Kontakt aufzunehmen, und hatte dann die Wohnung aufgebrochen.

Rückblickend ist beeindruckend, wie die Wiederholung derselben Verhaltensauffälligkeiten die mitmenschliche Beziehungsaufnahme der Probandin seit der frühen Kindheit gestört und der Biographie nachhaltig die Richtung in die Vereinzelung vorgeschrieben hatte. Die Pd. hatte dies allerdings nicht wahrhaben wollen und auf das, was sich ihr immer schonungsloser offenbarte, mit umso heftigeren Kontaktbemühungen aller Art geantwortet. Dabei spürte sie selbst ihre vielfältigen Bemühungen in dem Maße "im Sande verlaufen", in dem sie jeden, der ihr in die Nähe kam, zu vereinnahmen versuchte, sich ihm gleichsam "überstülpte". Dies und sonst nichts erklärte den Charakter ihres Lebenslaufes als eine Folge von Bruchstücken und losen Enden und als Ausdruck der Unfähigkeit, mit ihrer weit überdurchschnittlichen Intelligenz (IQ 130) mehr anzufangen, als nur die jeweilige Situation in ihrem gegenständlichen Sein objektiv richtig zu beurteilen.

Von ihren jüngeren Schwestern unterschied sie sich darin, daß ihr Bedeutungserleben seine integrative Funktion nicht erfüllte. Bei ihr war die Verkümmerung dieser Funktion, die normalerweise das Subjekt, auf der Basis der Gleichberechtigung, in die Gemeinschaft anderer Subjekte eingliedert, der zentrale psychopathologische Befund. So, daß sie gerade im Geräuschvollen ihrer lauten Gefühlshaftigkeit und umwerfenden Impulsivität im Grunde gefühlsarm, gemütlos, fast abstoßend wirkte, wie dies auch naiverweise von einer Reihe von Kontaktpersonen im Anschluß an das Ereignis bemerkt worden war. "Gefühlsarmut" und "Gemütlosigkeit" sind psychopathologische Begriffe, die in der Tat nicht auf die Abwesenheit des Fühlens schlechthin, sondern darauf zielen, daß die u.U. sogar im Übermaß vorhandene - Affektivität und Emotionalität ihrer psychologischen und sozialen Bestimmung der Verfestigung und Harmonisierung nicht gerecht zu werden vermögen.

Diese insuffiziente Form der Bedeutungsentnahme weist den gefühllosen und gemütsarmen Psychopathen, wie er genannt wird, in eine Position innerer Labilität und äußerer "Gesellschaftslosigkeit" ein, die ihn allen zufälligen und nicht-zufälligen Strömungen, in die er gerät, ausliefert. Auf den Mangel an tragfähigen Bindungen, die das Wesen seiner Asozialität ausmachen, reagiert er überschießend und so bedingungslos, wie dies im vorliegenden Fall beispielsweise an der aberratischen Form der Kindererziehung zu bemerken war. Die Schwestern machten der Pd. deswegen Vorwürfe und kritisierten den heftigen Erziehungsstil letztlich darin, daß den Kindern kein Raum für die Entwicklung einer eigenen Subjektivität gelassen worden sei.

Zusammenfassend: was Frau M. auf differenzierte Weise erlebte, erlebte sie im Gegenständlichen völlig richtig, sie entnahm daraus aber aufgrund ihres fundamental egozentrischen Wesens nicht die Bedeutung, die ihr den Weg zum Gleichgewicht der wirklichen Gemeinschaft mit anderen hätte zeigen können. So, wie Schwachsinnige beim Durchmessen ihrer Lebensspanne nur die Individualnorm der eigenen Intelligenz kennenlernen, so ist *diesen* Kranken von Anfang an ausschließlich die Individualnorm der eigenen Affektivität bekannt. Über diesen Schatten können sie nicht springen, auch wenn sie es besser "wissen". Deshalb sind sie außerstande, andere zu verstehen und haben überdies keine Veranlassung, auf das eigene Schwanken und die eigene Uneinheitlichkeit im Wesen wie bei der Psychose mit "verrückten" Symptomen zu reagieren. Diese sind lediglich die Antwort auf Desintegration, wenn eines Tages der persönliche Standpunkt, der bis dahin in der Einheit des Bewußtseins gegeben war, verloren geht und die innere Labilität, die an dessen Stelle getreten ist, etwas vollkommen und bis dahin unvorstellbar Neues darstellt, nämlich beim Einbruch einer geistigen Krankheit.

"Psychopathen" werden nicht eines Tages krank; wie Schwachsinnige sind sie an ihren Zustand gewöhnt und daran, daß die anderen ihre innere Unausgeglichenheit zu kompensieren und dafür zu sorgen haben, daß alles nach ihren Vorstellungen läuft. Sie hören nicht auf, darauf zu warten, daß sich die Umwelt endlich auf die ihnen jederzeit parate Evidenz dieser Grundgegebenheit einstelle. Kompensationsbereitschaft und Reaktionen der Bezugspersonen bestimmen daher in ganz hohem Maße, in welchem äußeren Rahmen ein solches Leben verläuft. Es sollte keinem Zweifel unterliegen, daß diese Form der Persönlichkeitsstörung, die ebenso fundamental angreift wie die, bei welcher nicht das Gemüt, sondern die Intelligenz verkümmert, auch forensisch nicht weniger schwer wiegt als der Schwachsinn.

Die gewöhnliche Kriminoresistenz der Frauen beruht unter anderem darauf, daß Frauen bevorzugt "weiblich" denken. Was es heißt, von "weiblichem Denken" zu sprechen, haben wir unter Bezug auf den integrativen Charakter der Bedeutungsfunktion des Erlebens zu definieren und am Fall einer entwicklungsbedingten Integrationsinsuffizienz zu verdeutlichen versucht. - Die Tötung naher Angehöriger steht im Gegensatz zur natürlichen Bestimmung der Bedeutungsfunktion. Sie ist also für eine Deliktform typisch, die in ganz hohem Maße als ein Zuwiderhandeln gegen dieses dem normalen Bedeutungserleben inhärente Ziel der Gemeinsamkeitsbildung definiert werden kann. Deshalb erschien das hier gewählte Fallbeispiel, bei dem eine *Frau* ihre Kinder getötet hatte, zur Demonstration unseres Gedankenganges besonders geeignet.

Weiter oben haben wir die kriminoresistente Wirkung "weiblichen" (synthetischen) Denkens am Beispiel der Notzucht und des Exhibitionismus untersucht und unsere Hypothese erhärtet, indem wir sie gegen Argumente verteidigt haben, die aus der geschlechtsunspezifischen Verteilung der Probanden beim Ladendiebstahl und bei der Tötung naher Angehöriger abgeleitet werden könnten. Wir haben für das ausgeglichene Zahlenverhältnis zwischen Männern und Frauen bei der Tötung naher Angehöriger, das zunächst erstaunlich erscheinen mag, einige Gründe genannt, für die wir uns sodann speziell interessierten. Diese Gründe zeigen, warum hier das ausgeglichene Zahlenverhältnis der Geschlechter nicht etwa darauf beruht, daß "weibliches" Denken ausgerechnet bei der Tötung naher Angehöriger seine gewöhnliche "Schutzwirkung" eingebüßt hätte. Es ist also nicht so, daß der Gleichstand der Geschlechter durch ein "Aufholen" der Frauen bewirkt würde. Er kommt vielmehr - wie ausgeführt wurde - hauptsächlich durch "Zurückhaltung" auf Seiten der Männer zustande. Wo Gemeinsamkeit so stark wie zwischen nahen Angehörigen geschützt ist, spielt es eine relativ geringe Rolle, daß für Männer der Gesichtspunkt der Bewahrung von Gemeinsamkeit im allgemeinen weniger ins Gewicht fällt als für Frauen.

Kommen wir zum Schluß noch einmal auf den Vergleich mit dem mythischen Lebensgefühl zurück, so illustriert der vorstehende Fallbericht auch, was mit jener eigentümlichen "Spaltung" im mythischen Bewußtsein gemeint sein mag. Cassirer hatte geschrieben, daß sich dafür "im Nacheinander und Nebeneinander" dasselbe vollziehe, so daß "in demselben empirischen Individuum mythisch ganz verschiedene Seelen miteinander zusammen bestehen und friedlich nebeneinander wohnen können".

Wie Cassirer[13] bemerkte, könnte es auf den ersten Blick scheinen, als ob diese Spaltung dem komplexen, nicht-analytischen Charakter mythischen Denkens widerspräche. Er löste diesen scheinbaren Widerspruch wie folgt auf: "während das theoretische Denken, je weiter es fortschreitet, immer schärfer die Form der "synthetischen Einheit", als einer "Einheit des Verschiedenen" ausbildet, während es also ein *korrelatives* Verhältnis des Einen und Vielen setzt, kennt das mythische zunächst zwischen beiden nur ein *alternatives* Verhältnis. ... Die *funktionelle* Einheit des Bewußtseins, der das theoretische Denken zustrebt, setzt die Verschiedenheit, um sie sogleich zu überbrücken, um sie in einer reinen Form des Denkens aufgehen zu lassen ...".

Vielleicht wird uns entgegengehalten werden, daß unsere Hypothese der Kriminoresistenz synthetischen, "weiblichen" Denkens zutreffendenfalls besage, daß Männer zwar ein höheres Kriminalitätsrisiko als Frauen haben, daß das höchste Risiko logischerweise aber dort erwartet werden müßte, wo der analysierende Denkstil am weitesten fortgeschritten sei, in der Wissenschaft. Darauf wäre dann mit der vorstehend zitierten Bemerkung zu antworten.

---

13) Cassierer 1953/1954 (fn 5), Anm. 5 Teil II S.198

The Recent Characteristics
and Background
of Female Delinquency in Japan

- From the Results of a Survey on Juvenile Classification Home -

Kinko Nakatani

1. Introduction

1.1 Trend toward an increase of female offences

It is a common knowledge that the number of reported offences in Japan has been extremely low comparing to other industrialized countries. In fact, according to Summary of the White Paper on Crime in 1987, "In 1985, the crime rate (the number of reported offences per 100,000 population) of homicide in the United Kingdom (based on statistics from England and Wales) was 3.7, that in France was 4.5, that in Federal Republic of Germany was 4.6, that in the United States was 7.9, while that in Japan was 1.5."

This low incidence of crime in Japan naturally leads to lower rate of female offence. But it has been pointed out that from around 1972 in Japan female offences have shown a clear tendency to increase in number in Japan and, especially, attention has been given to the rapid growth of female (girl) juvenile delinquency, which has been taken up as the subject of research and analysis.[1] This increase during the recent

---

[1] Although there are a great amount of literatures regarding female offences or female juvenile delinquency, reference will be made here only to the several documents which have deep relationships with this paper: Katsuyo Hirose: Female and Crimes. 1982; Noriko Satoh and others: Comprehensive Study on Female Offences - Female Crimes Viewed From Criminal Statistics. Hosoken Kiyo 25 (1982): Noriko Sato and others: Comprehensive Study of Female Offences - The Characteristics and Background of The Female Juvenile Delinquent. The Fourth Report. Hosoken Kiyo 28, 1985; Juvenile Delinquency Study Group: Female Delinquency. 1982. Edited by Kazunori Kikuchi and Mamoru Horiuchi. Chikahiro Hoshino and Delinquency Measurement Study Group: Collapse of Family and Delinquency. 1983; General Affairs Agency, Juvenile Measurement Headquaters. Research and Study About Lower Age Group Delinquents, Research and Study Reports on Juvenile Affairs, 1986. As for the older literature, Nakatani, Kinko: Reality and The Background of Increased Female Crimes. Horitsuno Hiroba 31, No.1 (1978), pp.35-; Nakatani, Kinko: Special Edition - Women in Crime - Its Characteristics and Problems, Horitusno Hiroba 26., No. 6 (1973); Satoru Yamagami: Female Crime and Delinquency - Trend of Female Crime in Recent Years. Rinsho Seishin Igaku (Clinical Psychiatry) 10, No.1, (1981), pp.47.

Kerner/Kaiser (Hrsg.) Kriminalität
© Springer-Verlag Berlin Heidelberg 1990

10-year period is shown by the sharp rising curve in Figure 1. The authorities have felt uneasy about this trend. The percentage of female offences in the total for juvenile delinquency amounted to 20.8% in 1983, the highest percentage in recent years.

Figure 1:   Trends in the Number of Female Juvenile Penal Code Offenders Cleared by the Police (1975 - 1986)

Ten Thousands

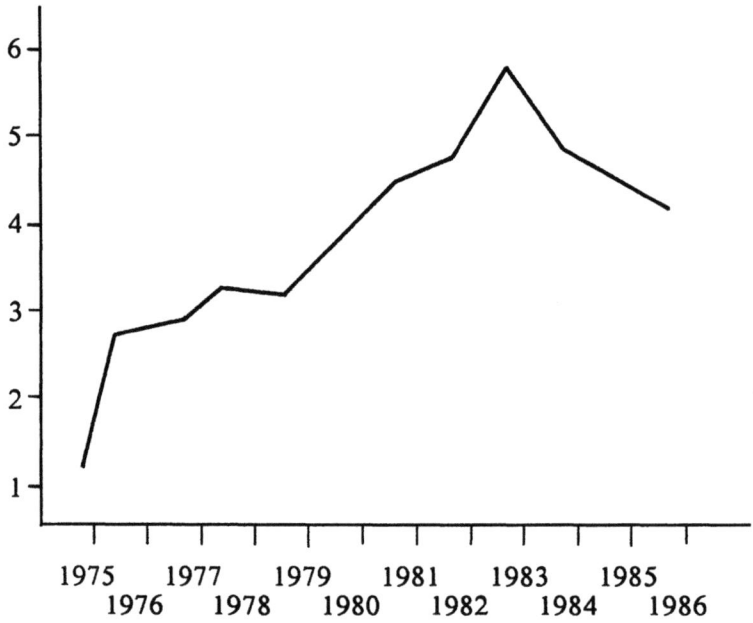

Note: Traffic Professional Negligence are excluded.
Source: National Police Agency

As for the kinds of female delinquency, the great majoritiy have been property offences, especially larceny. The tendency towards these offences has been so extreme in female that more than 90% of their delinquency is involved with property offences. However, property offences were about 94% of total delinquency in 1980, then decreased to less than 90% in 1984, and further declined to 85% in 1986. In place of property offences, atrocious crimes and rough offences have shown gradual increases year by year. (During the past seven years, the former has increased by 1.8 times in number, and from 0.15% to 0.36% of the total number of offences, while the latter by more than twice in number, and from 5.1% to 8.3% of the total number of offences). Although the actual number of such offences is still not too large, this tendency creates uneasiness while indicating a diversification of female delinquency that requires our attention.[2]

It is not unusual that there is a difference in the percentage increase in crime between men and women. In recent years, the increase for females is several times greater than that for male. This phenomena are not limited to Japan. However, Radzinowicz and King warn us not to be tied to the increasing ratio only. They point out that even if female crimes have increased in rate by twice that of the male, the actual number of increase is around 1,000 while in the case of male it is as many as 14,000 or so.[3] We have to take these facts into consideration.

1.2. Sexual delinquency and pre-delinquents characterizing girl delinquency

Girl delinquency is characterized by a remarkably large amount of sexual delinquency. Although the number of girl delinquents in this area in 1986 was 7,939, a decrease of 15.6% from the previous year, it had remained above 9,000 since 1982. Especially, violations of the Anti-Prostitution Law have grown by 44.5% over the past five years.

Pre-delinquents are also often sex related as in girl delinquency. While the percentage of girl delinquents (which is the percentage of girls in total juvenile delinquents) was 20.8% even at the record peak of 1983, the ratio of girls in pre-delinquents was 53.4%, exceeding the for boys ratio. (See 1985 edition of the White Paper on Crime, p.194, Table 111-9, and p.132. Table 111-6). Among the Predelinquents, the number of running-away-from-home is prominent (43.7%), followed by the companionship with delinquent friends (13.1%) and indecent sexual behaviours (11.8%). The question is whether these characteristics of girl delinquents are reflected in the survey of this paper or whether more extreme results are produced as the group selected is more severely committed than the juveniles under probation in general. In the following sections, the survey method (objects and period) will be described, and then the outcomes will be presented for review.

2. Method of the Survey

2.1. Subjects of the survey

(1) We picked 22 juvenile classification homes where the number of delinquents accomodated during 1982 exceeded 30 a day on average, 19 facilities of which agreed to the survey. One other facility was added.

---

2) Statistics by The National Police Agency, 1980 - 1986.
3) Radzinowicz, L./King, J.: The Growth of Crime. The International Experience. London: Hamilton 1977, pp. 15 -17.

The survey was conducted on 492 female juveniles (hereinafter called "girl") restrained in those 20 homes. 494 male juveniles (hereinafter called "boy") of similar ages were also taken as the control group.
(2) 61 junior high school girls and 378 senior high school girls living in or around Tokyo agreed to the survey. (in this paper no comparison is made with general female).

2.2. Method of the survey

(1) As for juveniles in the juvenile classification homes, we prepared basic survey sheet itemizing ages, status, contents and history of delinquency, state of parents, difficulties at home, sexual experience. etc., which were filled in by the technical officers of the homes. We further prepared questionnaires itemizing feelings toward school life, victim or offence experience, etc., which were filled in by those surveyed temselves.
(2) Because it is impossible to survey the general female with the survey sheet, we utilized the above questionnaires (for female delinquents) with the addition of some simple questions about parents, which were filled in by the juveniles themselves.

2.3. Survey period

(1) As for juveniles in juvenile classification homes, from January 1st to the end of April of 1984.
(2) As for general juvenile females, March and April of 1985.

3. Survey Results

3.1. Summary of survey results

As described in the above sections, two kinds of surveys were conducted in this study. One is the basic survey card filled in by the technical officers of the juvenile classification homes as to the attributes, nature of delinquency, family circumstances, sexual affairs, etc. of the surveyed. The other is the questionnaire asking the surveyed about their experiences of harming and being harmed and noncriminal misconducts. It would not be appropriate to compare the female surveyed here with other general girl delinquents because the surveyed are understood to be more advanced delinquents. It is also inadequate to simply compare them with the boy delinquents surveyed because although they were accomodated in juvenile classification homes like the girls, they were sampled intentionally to match the girls in age and nature of offence. Taking into consideration these facts, however, it would be possible to elucidate the difference in the delinquency processes by age (especially the age of first delinquency) or sex. The authors have divided the ages into three groups: average age (16.7 years old for boys and 16.3 years old for girls); 17-year-old which is the median ages; 14-years-old which is early delinquency chargeable with criminal liability. According to these age groups, the average age of the initial delinquency and the time series were diagrammed by comparing the basic survey and questionnaire survey. (The original diagram, Figure 2, was made by Professor Yoshiko Iwai). The following descriptions can be made:

1) The initial motive of delinquency is shoplifting for both boys and girls but, except for the 17-year-old group, the age of the boys are a little lower for both the initial delinquency and punishment.

(Average ages of boys 12.0 for shiplifting and 14.8 for initial punishment. Average ages of girls 12.9 for shoplifting and 15.4 for initial punishment. In the case of the 14-year-old group, 11.9 and 13.2 for boys, and 12.0 and 13.6 for girls. In the case of the 17-year-old group, 13.2 and 15.0 for boys. and 12.7 and 16.1 for girls.)

2) After the initial delinquency, the girls begin to engage in worse delinquency compared with the boys.

3) Although the boys naturally account for more rough offences as violence or extortion than the girls, the percentage of the female engaging in these activities is also substantial; especially in the 14-year-old group, it is almost equal to that of the boys.

4) I the case of running-away-from-home, sexual intercourse and stimulant drugs, the girls surpassed the boys in number. Among the boy delinquents, no one in the 14-year-old group had experienced stimulant drugs; in the average age group, it was 10.1% at 16.8 years old, and in the 17-year-old group, it was only 6% at 16.2 years old. In the case of the girls, however, it was 8.7% in the 14-year-old group, 33.1% in the average group, far exceeding the 10.1% of the boys, and as much as 40.4% in the 17-year-old group. Similarly, 94.7% of the girls had had sexual experience (sexual intercourse), and an overwhelming majority of 84.1% of the 14-year-old group in this survey had the initial experience.

This survey presents the characteristics of female delinquency: girls tend to develop offences intensively in a short period once committed, and most of the delinquencies, including stimulant drugs are sex related.

3.2. Survey results

(1) Attribute

1) Age
Most juveniles surveyed were 17 years old (20.3% for boys and 19.1% for girls), and those less than 14 years old were the fewest (0.8% for both boy and girl). With the exception of the juveniles less than 14 years old, there is no great difference in the number of each age group. (However, since the boys were selected intentionally for the survey and excepting the traffic offenders which are in the greater number in the upper age group, as described above, it does not necessarily correspond to the actual age structure).

For both male and female, the median age of the initial punishment is 14 (28.9% for boys and 27% for girls), followed by 15 (18.6% for boys and 20.5% for girls). The majority of both boys and girls receive the initial punishment under the age of 15, which indicates the lowering age of delinquency.

2) Occupation, education, I.Q.

The largest number of delinquents is among the unemployed for girls (32.9%) and among the junior high school students for boys (21.5%). The number of the unemployed, if persons looking for jobs are included, will be 235 (47.7%) for girls and 198 (40.0%) for boys, which means that delinquency is committed often by juveniles unemployed. Viewing this result with the educational survey, it would be thought that the unemployed juveniles are mostly junior high school graduates (45.1% for boys and 35.4% for girls, which are the greatest numbers for both) and high school dropouts (22.7%, the second largest for boys, and 27.8%, the third largest for girls, following the junior high school students). This gives a strange impression because the average percentage of students who go on to high schools amounts to about 94% for both boys and girls (See the Statistical Summary of the Ministry of Education. Science and Culture, 1986. p.34. "Percentage of students who go on to a higher stage of education"). This may be the author's simple assumption but we could see the patterns in this context that the juveniles that dropped out of schools go to amusement centres where in the harmful circumstances, they become interested in bad associations or form an apparent affection for gangsters, falling into further delinquency unconsciously. As for the intelligence quotient of delinquents, the percentage at or exceeding the average level are 47.4% for boys and 43.1% for girls, both below half of the total. Mr. Kiyonaga also notes evidence that the juveniles having more troubles with school life or school records are more likely to resume delinquency or become habitual delinquents, and that the worst are high school dropouts, who return to commit offences at a higher rate than that of juveniles who got jobs at the end of their junior high school courses.[4] Among juveniles with occupations, sales clerks and waitresses (waiters) have a percentage of delinquency at around 4% for both boys and girls while the numbers of boy and girl delinquents engaged in sex industry are 10 (2.0%) and 44 (8.9%), respectively. The figure for girls is 4 times that for boys, probably due to the nature of the job.

(2) Types of delinquency

The types of delinquency are shown in Table 1. In the case of girls, predelinquency tops the list of all categories, namely past records of delinquency, the present convictions and first punishment, the incidences of which far exceed other offenses. In past records of delinquency,

---

4) Kenji Kiyonaga: Consideration of recent delinquent phenomena- seeking the science of extended delinquency 1-3. Keisatsu Gaku Ronshu 39, Nos. 3, 4 and 6. See especially the first Volume, p. 125

pre-delinquency was followed by shoplifting (50.8%), violations of the Poisonous and Harzardous Substances Control Law, such as abuses of synthetic glue, (hereinafter to be called "poisonous and harzardous substances abuse", 45.6%), and violations of Stimulant Drugs Control Law (hereafter to be called "stimulants abuse", 26.0%). In the present convictions apart from pre-delinquency only stimulants abuse shows a two-digit figure of 25.7%. In comparison, pre-delinquency is followed by shoplifting which, however, stands at only 14.2% in the first punishment and, as far as the present convictions are concerned, shoplifing remained at only 1.0%. This percentage may come as a little surprise when it is considered that property offenses account for nearly 90% of female juvenile delinquency as mentioned above, but probably this means that many female offenders are not counseled for shoplifting as rigidly as for other offenses.

Since the group of boys surveyed was chosen to artificially match the group of girls in terms of age and the nature of offenses, this survey is not sufficient to discuss the overall trend of male juvenile delinquency. But it is noted that, among boys, pre-delinquency is not a big issue, with road traffic violations occupying a high percentage, (although traffic offenses are, in principle, excluded in this survey), and with more cases of vehicle theft and house-breaking theft than shoplifting in a different larceny category than for girls. There is not much difference in poisonous and harzadous substances abuse between boys and girls but it is noted that girl delinquency is more predominating in stimulants abuse. What is to be especially noted in female delinquency is that, although the forms of delinquency are comparatively diversified in its initial stage, three out of four had conviction records of predelinquency and that one out of two have records of convictions for shoplifting and poisonous and harzadous substances abuse, and, one out of four have records of stimulants abuse. These indicate that female delinquency has concentrated on the above four offenses. Furthermore, the present convictions have concentrated on predelinquency and stimulants abuse with these two acconting for more than 70% of all offenses.

It has already been pointed out that juveniles who initially commit minor offenses that are light in terms of the degree of crime and limited in terms of damage such as stealing bicycles and so forth, can go on to commit more serious crimes as they continue their delinquent activities.[5] Delinquency among girls can be divided into two categories: pre-delinquents of sex-related delinquency and stimulants abuse. It should be taken into consideration that these offenses tend to have a higher probabilitiy of being indicted compared to shoplifting. It is worth noting that more girls commit these offenses than do boys. Needless ·to say, one of the reasons behind this is the "myth" that stimulants enhance sexual pleasure and it is often used by organized crime which

---

5) ibid. Shimizu (see also 5) p. 121; also by Shimizu, Young Offenders and The Aftermath, Crime and Delinquency 56 (1983), p. 120

make drug addicts out of girls in order to keep a hold on them. It should be noted here that prostitution, and the abuse of stimulants and synthetic glue are included here among delinquency by pre-delinquents.

(3) Family Environment

Outline

It was believed in the past that juvenile delinquency flourished in families with less income and one parent. This is no longer true. Juvenile delinquency in Japan is prevalent these days among junior high school students who come from ordinary average-income families. Some 80% of juvenile delinquents are said to be just such students[6]. This tendency is apparent when the level of the living standards of the families of juveniles under probation are studied. In 1955, those coming from average-income families accounted for a mere 29.8% of the total of juvenile delinquents, while those coming from families dependent upon social asisstance accounted for 69.4% of the total. The percentage of the former rose sharply to 83.5% by 1985, while the latter declined to 14.5% in the same year. This change reflects the rising numbers in the average income group due to the rapid growth of the Japanese economy which began in the late 1950's. Compared to previous survey results on juveniles under probation, more juveniles surveyed in this research come from families that are classified as poor. Those that come from average income families (according to the standard used in this survey, this would refer to families of average and below average income) fall below the former survey by 10%.

In writing this report, the following issues pertaining to the family were investigated: (1) parents and their attitudes towards their children, (2) single - parent families and two-parent families, why and when either parent became absent, (3) whether parent(s) live with their children, (4) intra-family problems, and (5) problematic behaviour among family members.

The following is a close-up of the above:

(1) Parents and Their Attitudes Towards Their Children

a. Parents

More than half of the juvenile delinquents have both parents (natural parents). The figures were 61.2 % for girls and 68.2% for boys. These figures are low in comparison to that of juveniles on probation in general where the figure stands at 75%. The difference is especially conspicuous for girls. When compared to juveniles on probation in general, more than double the number of juveniles in this survey are reared by parents of which one is a step-parent, due to death or divorce, i.e. the combination of a natural father and a step-mother or natural mother and stepfather. In cases where the parents have been divorced, the natural parent tends to be of the same sex as the child(ren) they have taken custody of. (Refer to Table 2a). Twice the number of girls are separated from their fathers as compared to their mothers. The tendency

---

6) ibid.. Shimizu (see (4)), pp. 122 and: juveniles and Crime, by the National Police Agency (1983), pp.1.

is reversed in the case of boys, but the difference is not as great as that witnessed in the case of girls. It is suspected that there is some relationship between the lack of one parent by divorce (the lack of fathers in the case of girls, and the lack of mothers in the case of boys) and juveniles becoming delinquent and this is an issue that may require futher study.

b. Parents' Attitudes Towards Their Children

Comparing the attitudes of male and female parents towards their children, (i) the male parents tend to indicate the same attitudes regardless of whether the child is a girl or a boy: "non-interference" (36.0%), "average level of interference" (15.1%), and "no set trend" (14.2%) rank high while "dotage" (5%) and "over interference" (2%) rank low, which indicates that single fathers are no different from the average Japanese father who is too busy with work to involve himself in the education of his children.

(ii) The situation is different for mothers. Their attitudes vary greatly depending on whether the child is a boy or a girl. Mother's attitudes toward girls are: "non-interference" (28%), "average level of interference" (22.4%), and "no set trend" (15.9%) rank high sharing the same tendencies with fathers, but they differ in that "over-interference" (9.8%) and "dotage" (7.3%) rank higher than "stern" (2.2%) with mothers. As concerns boys, "average level of interference" (26.7%), "noninterference"' (26.3%), and "dotage" (13.2%) rank high."Dotage" is found to be about 1.76 times that for girls. "Refusal to rear", which is the most difficult situation facing the children and which is most commonly witnessed in cases of child abuse, rank higher for girls for both male and female parents. Fathers' refusal comes to 4.1% for girls versus 2.6% for boys, and mothers' 4.5% versus 1.2% for girls and boys respectively. The results indicate that girls are refused custody 1.6 times more often than boys by fathers and 3.8 times more often by mothers. It is difficult to conclude whether this is the result of the fact that this survey studied girls who are more advanced in their delinquency than the boys or whether this is due to the conventional attitudes of mothers who regard boys "as the one they can rely on". According to the "White Paper on Crime" which was published in 1987 (based on the survey conducted by the Justice Ministry in the previous year), more than half (51.2%) of the parents surveyed replied that their attitude towards their children was one of "non-interference", followed by "dotage/over-protective" which accounted for 14.9%, "no answer" 12.9%, and "incapable of custody" 4.5%. The criteria used are different and a direct comparison is not necessarily appropriate, but "dotage" and "over interference" approximates with the Ministry's "dotage/over-protective". Taking a fresh look at the difference in the attitudes of female and male parents keeping the results of both survey in mind, it is possible to observe a wide difference in the attitude of parents depending on their sex. In the case of girls, fathers indicating this tendency dotage/over interference account for only half that of mothers; as regards boys, approximately a fifth that of the mothers. In contrast, fathers replying "stern" account for roughly 11% for both boys and girls, which is about 4.5 times that of mothers

(2.5% both sexes). In other words, the results indicate to us that boys who are reared by their mothers tend to lack the stern, educating qualities that fathers would have added had they remained in their families. A comparison of Japanese divorce rates and juvenile delinquency rates indicate that Hokkaido and Okinawa rank first and second place respectively in both, and the author suspects that there is a close relationship between the two factors which may not be mere coincidence. As will be mentioned later, juvenile delinquents tend to come from families where parents have separated due to divorce rather than due to death, it is suspected that this affects the girls a great deal more than boys as they tend to be more sensitive. Not only does physical separation affects them, but the complications leading to divorce and related family problems hurt them. It is easy to imagine that some will become greatly disillusioned with fathers being unreliable men, which causes them to become delinquent and lead them on to more serious offenses.

(2) Why and When Either Parent Became Absent
In considering the family structure of juvenile delinquents, the first issue that receives attention is whether or not both parents are present. In the past, Japan saw more juvenile delinquents from families lacking one parent. However, the results of this survey indicate that some 61.2% of the girls and 68.2% of the boys come from two-parent families, which means that only about 40% come from single-parent families.

One of the notable tendencies found in this survey is that an above-average number of juveniles come from families "where the mother is absent." The *Statistics of Population Dynamics* that is compiled by the Ministry of Welfare indicates that the trends in child custody has changed over the years. When couples divorce, one of them takes on parental authority (the person who does will not necessarily be the guardian or provider of care, but as the difference is assumed to be around 2%, it should not pose too much of a problem to equate those who assume parental authority with guardians and providers of care). In 1950, in case of a single child 55% of the fathers assumed parental authority against 45% of the mothers, indicating that more fathers took custody of the child. In 1965, the ratio was reversed: 47.6% versus 52.4% respectively, indicating a gradual increase in the number of mothers taking custody of the child. By 1983, only 23.6% of the fathers versus 76.4% of the mothers took custody of the child, indicating that most of the children were taken on by their mothers. Even in the cases involving two or three children, only 21 to 24% of the fathers assumed authority parental against 61 to 65% of the mothers. The ratio of mothers in the latter instance is lower. but they still account for the majority. (Refer to Table 45, page 75, *The Changes in National Welfare* by the Ministry of Welfare, 1985) Despite these findings more children in foster homes have fathers who assume parental authority, accounting for about 60%

ùf the total and mothers 34%[7]. In this survey among the total (986) juvenile delinquents investigated 348 of them came from families that lack both or either parent(s). Of those who lack one parent 168 or 59.6% have mothers and 114 or 40.4% have fathers. The tendency is not as extreme as in the case of children in foster homes, but, more fathers are present (=mothers are absent) compared to the average experience of divorced couples. This implies that it is difficult for fathers to rear a child(ren) properly on their own. The largest single problem facing mothers struggling on their own is securing sufficient income. For fathers, it is the burden of housework. The author would attribute this to the fact that although social assistance is provided for the former in the form of child-care benefits and so forth, public assistance schemes are not fully available to the latter to help out with daily housework which results in more difficulties for struggling fathers.

It is worth noting that the results of this survey indicate that more than half of the total number of girls and boys come from families that lack fathers in the case of girls[8] and mothers in the case of boys (Refer to Table 2a. ibid.)

Table 3a indicates that a smaller number of non-delinquent juveniles come from families where one parent is absent due to separation by divorce rather than by death, with the ratio standing at 1 versus 0.3 to 0.7 (death versus divorce). The situation in families of juvenile delinquents is that of divorce accounts for a great deal more than deaths, at 1 versus 1.66 to 1.89 (death versus divorce), except in the case of boys whose fathers are absent. The results of this survey (refer to Table 3b) indicate that divorces account for more than deaths in all cases including the case for boys whose fathers are absent. It is also worth noting that the proportion of divorce is very much larger than that of death (especially in girls without fathers). Some of the reasons that may be behind this are that: (1) the degree of delinquency is more serious with juveniles in the classification home especially in the case of girls, and family problems are suspected to be behind this. (2) This survey was conducted in 1984, as mentioned earlier, and there is a time lag of some seven years time between this and the survey that was conducted by the Prime Minister's Office, which was in 1977. The divorce rate in Japan has been on the increase ever since 1964[9] (there has been a small re-

---

7) The Intermediary Report on the Research on Human Rights in Foster Institutions and on Divorce by the Special Committee on Human Rights. The Council of Foster Institutions - Refer to Table 4 Current Guardian based on individual surveys of children of divorced couples. The results of institutional surveys indicate that parental authority is exercised by more fathers (66.8%) than mothers 30.2%, which is the reverse of the results of surveys conducted of divorced couples of non-delinquent children.

8) Other studies referring to the high ratio of the absence of fathers from families of delinquent girls are: Junko Tsubouchi: Female Delinquent - A General Study of Delinquency and of Treatment in The Reformatory Crime and Delinquency 41 (1979), pp. 121; Chieko Kamata: Divorce and Juvenile Delinquency. In: Aiko Noda (ed.): On Divorce (1980), pp. 219

9) Refer to the columnn on the Number of Divorces on pp.51, the Dynamic Statistics of The Population of 1984 by the Ministry of Welfare

duction in the number since 1984 compared to previous years, but it is difficult to predict at this point which way it is heading) and this must be unrelated to the increase in the number of families where one parent is absent. (3) A recent research on the lowering of age in delinquent children (a report by the Council on Juvenile Problems)[10] compares the results of the survey conducted in 1977 by the Prime Minister's Office and the research of 1984 concerning the changes in the number of single-parent families. The report indicates that in all the categories of school children (elementary, junior high, and senior high schools), the increase in the number of singleparent families for nondelinquent children has been stight, but that the number for delinquents has increased by several to 10% except in the case of elementary school girls where the ratio dropped by 10%. An even bigger increase is observed in employed and unemployed delinquent groups. The report concludes that "the increase in the number of singleparent families has accelerated the tendency of children to become delinquent at an earlier stage in life during the past seven years"[11]. (The report observes that the younger the children the higher the rate of single parent families.)

In other words, the increase in the ratio of single-parent families is not a phenomenon peculiar to this survey. The reason why more delinquent girls and younger children have divorced parents is that they tend to be affected more by the separation and become delinquent partly as a result of that. The exceptionally high ratio for girls, characteristic of this report, is assumed to be a reflection of the fact that they are more advanced in the degree of offences they have committed.

In terms of the time when one parent became absent from the family, Table 2b indidates that most become absent before the child reaches the age of 5 and the fewest after the age of 15 regardless of which parent and regardless of whether a boy or girl is involved. An old adage says that "however bad the parent, it is better to have one than not[12]" and it is evident that the loss of a parent has a major impact on the children. This is not a mere assumption, it is a fact supported by numerous data. The *Report by the Research Group on the System of Divorce*[13], observes that "in cases where marriages have disintegrated or where couples ba-

---

10) The survey was conducted by a group headed by Akihiro Hoshino, Head of Environment Research Office, the National Research Institute of Police Science and was consigned by the Youth Affairs Administration of the Management and Coordination Agency. The survey sampled a total of 3,302 juveniles of which 2,271 were non-delinquent and 1,031 delinquent. The survey was conducted between November 1984 and December 1984 and the results (hence onwards referred to as the Survey Report by the Management and Coordination Agency were submitted to the Agency in March 1986.

11) ibid., pp. 17. Refer also to Tables 11-1-(2) on pp. 18 and Table 11-1-(2) on pp. 19.

12) Akira Yomekura: The American Family 1982, pp. 289. Also cf., Goldstein-Freud-Solnit: Beyond the Best Interests of The Child 1973, and Before the Best Interests of the Child, 1979, especially pp. 12-13.

13) This is a research group that was established as a private advisory body to the Chief of the Children and Families Bureau, Ministry of Welfare in July 1984 and Dissolved after a report was submitted in December 1985. The Report was published in the Judicial Times No. 575 (February 13th, 1986), pp. 75-98.

rely stay with each other, children experience a severe sense of anxiety and loss" (as a result, children are observed to refuse to attend kindergarten and have insomnia. Some children are found to be restless and lack concentration and as a result do badly at school). The Report also observes that, even after their parents separate, "children's personalities are affected"[14] for several reasons: (1) The household fails to function fully as a home, (2)the child finds it more difficult to establish his/her ego due to the lack of a role model. (3)the living environment changes due to moving house and other reasons, (4)the parent finds it difficult to explain the situation, i.e., divorce, to younger children, and (5)the parent tends to set extraordinarily high expectations on the children. The findings in the Report are good evidence of how the loss of one parent affects the children. *The Survey on Single-Parent Families in Single Mothers' Homes* (1984) indicates that nearly 70% of the children are affected in some way or an other by the divorce with only 31.2% of them being unaffected. The sharp rise in the number of singlefather families is a relatively new trend. (The first, and the only survey done on this matter was conducted in August 1983. Results indicated that some 167.300 households out of a total of 36,497 million households, or 0.46% of the total, were singlefather families. Single-mother families accounted for 718.100 households or 19,7 % of the total.) Only limited social assistance is provided for the single father families and survey results are not yet readily available on these families. The results of this survey indicate that the ratio of families where the mother is absent (=single-father families) is much higher than the average. We may conclude from this that the loss of the mother affects the children as much as the loss of the father. In other words, single-parent families, whether it be the absence of the mother or the father, are contrary to the welfare of the children and can become a breeding ground for delinquents.

(3) Whether Parent(s) Live With Their Children

a. The Ratio of Cohabitation

Most of the juvenile delinquents live with their parents. The percentage is 71.5% for boys, but the percentage for girls is less than 50%. Survey results indicate that 144 girls live with their parents (both natural parents), which is under 30% of the total. Divide this by 301, which is the total number of families where both parents are present, the percentage is only 47.8%. The number is a stark contrast to that for boys, which is 266 or 53.8% versus all families and 337 or 78.9% versus families where both parents are present. The low ratio for girls indicates that they are more likely to be cohabiting with the opposite sex, be without a permanent address, be vagrant, living in or sharing apartment rooms, or living with delinquent groups, all of which are undesirable conditions. The ratio of cohabitation with the opposite sex is six times that for the boys. Some 89.6% of those surveyed have run away from home at least once indicating the possibility that one of the reasons for their beco-

---

14) Masahiko Yuzawa: Divorce and As It Concerns Children. In the special feature of The Jurist Children's Human Rights No.43 (1986). pp. 150-151. Refer also to pp. 154-156.

ming delinquent is that they could not bear to live with their families. 77.3% of the girls indicated that they had "stayed with a friend" the first time they stayed away or ran away from home. 22 girls responded that they were "living with a friend", which is twice the number for boys and which accounts for 4.5% of the total. "Living with a friend" thus can be viewed negatively in this connection, i.e., as the beginning of delinquency.

b. The Reasons for a Lower Percentage of Girls Living With Their Families - The Deterioration of The Family

Let us look at why a lower percentage of girls live with their families. The two major reasons why girls, who would ordinarily require more protection than boys, live away from their families and cohabit with male companions, live on their own in apartment houses, or be without a permanent address are: (1) Due to personal reasons which may be their personality, boyfriends that their parents do not approve of, or the wish to live with their boyfriends; and (2) due to outside factors such as that they feel bored with their home life, dislike their families, or for other such reasons appearing from "intra-family problems" which also include the attitude of their parents towards them. We will not dwell on this last factor at this point, as it has already been taken up earlier.

(4) Intra-Family Problems

Let us now focus on the intra-family problems that may exist and what they may be. Less than 20% of those surveyed responded that they do not have any intra-family problems. It is notable that 80% suffer from one problem or another. The findings are more intensive in the case of girls. Only 14.2% responded that they "have no intra-family problems" while 85.4% replied that they "have problems". Out of the 85.4%, 64.2% said they suffered from problems pertaining to feuds between the parents, or between the parents and themselves. It is easier to imagine intra-family strife among foster/step parents and foster/step children, but the results of the survey indicate that having natural parents does not necessarily guarantee a harmonic family life.

(5) Problematic Behaviour Among Family Members

The results of the survey thus indicate that problems are rife among families of juvenile delinquents. Let us now examine the actual problems that exist among parents and brothers/sisters.

69.1% of the girls responded that they suffered from problematic behaviour among family members versus 53.4% of the boys, indicating that more such behaviour exists among the family members of delinquent girls. 56.9% of all girls (or 280) cited that their fathers were the problem against 45.5% of the boys (or 225). The three major types of misbehaviour on the part of fathers were, for both sexes: (1) Violence (girls - 53.6% and boys - 41.8%), (2) violence caused by drinking (35.7% and 41.8% respectively, the latter being the same ratio as the first), and (3) spendthrift or debt (23.2% and 18.2% respectively). Some other types of misbehaviour that were cited were: "The tendency to be away on business" (about 15% for both sexes), "crime and delinquency" (11 to 12%), "extramarital relationships" (18.2% and 10.2% for girls and boys respectively), "gambling" (11.1% and 7.1%), and "disappearance

(8% for both sexes). In contrast to this, a smaller number of mothers were reported to have problematic behaviour: 29.3% of the girls or 144 and 16.4% for boys. The three major types of problems for mothers that were reported by girls were: (1) extramarital relationships (47 cases), (2) elopement (42), and (3) violence (under the influence of alcohol and otherwise) (30). For boys, they were: (1) Elopement (36), (2) extramarital relationships (17), and (3) spendthrift and debt (10). More fathers were found to have problems pertaining to violence and drink. Whereas in mothers, extramarital relationships and elopement rank high, both of which have strong "sexual" connotations, and it is a wonder why both "mothers" and "daughters" are so influenced by "sex", or is it as the old adage goes, "the way of women".

It may not be directly related to the issue of problematic behaviour, but it is worth noting that the survey on "the occupation of parents" indicate that divorced mothers tend to have entertainment-related occupations (30.8% of the total or 7.3% of the families where both parents are present). It implies that the entertainment business is the easiest method of earning income for these mothers, but that it also poses some problems at the same time.

Only a few (83 girls and 63 boys) stated that they had brothers and/or sisters who had problematic behaviour, which were mostly (up to 70 to 80%) crime and delinquency.

4. Summary

The results of the survey indicate that delinquent girls commit more serious offences and that they come from families with more problems. Even in families where both parents are present, let alone families where one is absent, the parent(s) is (are) not performing their role as parent(s), the family fails to function to protect and to educate the children and in the worst instance, the family has deteriorated into an undesired environment for the juveniles. As a result, girls are keen to run away. The deteriorated family sets the background for delinquency among girls. This has been pointed out in previous studies[15], and this survey is another proof that it is just the case.

5. In Conclusion - Family Background of Delinquent Girl -

Many of the various points to be analysed by this research have not yet been completed and there are much data which are still to be reported. Before closing this report, I would like to confirm with emphasis that it

---

15) The same point is made in the introduction and in the reports in Kikuchi/Horiuchi (eds): The Deterioration of The Family and Delinquency. (See also (3)). See also studies mentioned under (19).

is understood at least according to this research that (1) girls tend to become juvenile delinquents soon after they commit delinquency for the first time although the time of their first commitment of delinquency is slightly later than that of boys[16]; (2) in the case of girls, trouble behaviors and delinquencies including stimulant drug abuse are often related to sexual acts; (3) although the typical theory that a defective family is responsible for delinquency cannot be applied to the situation of these days, functional disorder of family (i.e. family corruption) has a great influence particularly upon girl delinquency and child delinquency, which may be seen from the fact that less than half of the delinquent girls live with their parents even though their parents are alive; (4) in the case of one parent family (defective family), separation from father has a great influence particularly upon girl delinquency and the uneasy feeling of the sensitive girls is brought about by the conflicts and unstableness continuing until the divorce of their parents, which will be a background to the commitment of delinquency[17].

From these facts, the basic recognition that the functional breakdown of the family (family corruption) and the structural breakdown of the family (defection) are related closely to each other and, should be evaluated properly. However, "only when the structural defects of the family are accompanied by functional disorder", is a defective family responsible for delinquency[18]. In that sense, "defectiveness" itself is not a principal reason for delinquency, and the indication, by Teeters[19] et al, that "the real problem is not that the family is defective but that the family is insufficient" can be confirmed to be correct. In other words, it is no exaggeration to say that "families of delinquent juveniles are not always defective, but a large majority of the families of delinquent juveniles, particularly delinquent girls, lose their function as a family and become ruinous disrupted families". Since all of the children of defective and disrupted families do not become juvenile delinquents, juvenile delinquency cannot be imputed totally to their families and social environments. However, as far as the parents investigated in this research are concerned, it recognized that parents and adults should

---

16) With respect to how girls become delinquent quickly, see Tsubouchi(n. 11), p. 113 ff.
17) See Hiroshi Hayamizu: How Family Disruption is To be Viewed; the above mentioned Family Disruption and Delinquency (n. 3) edited by Kikuchi and Horiuchi, p.30; Yoshiaki Takahashi: Family Background of Recent Juveniles Delinquent. Crime And Delinquency 46 (1980), p. 104; Akio Noda: Considerations on Divorce; and Aiko Noda (ed.): Considerations on Divorce, (n. 11), p. 15 ff.
18) See Hideo Tokuoka: Parent-Child Relationship And Delinquency; Tsutomu Himeoka et al.: Present Home Discipline and Parent-Child Relationship. 1974, p. 215; and also utterance by Mr. Nakamura, chief investigator [at Discussion Meeting on Girl's Delinquencies Brought to Trial at Sapporo Family Court - Focusing on Criminal Bent, Case Study No. 160 (1977), p. 30 ff.], the same journal, p. 48.
19) Teeters, N.K./Reinemann, J.0.: The Challenge of Delinquency, 1959, p. 154

bear more responsibility in the matter. In the future, by further analysis of the relation between juvenile delinquency and family environment. prevention and countermeasure are to be worked out in detail[20].

As described above, new facts different from the results of the various recent studies and researches could not be obtained in this survey. However, we will continue to analyze the results on the personal perception of the delinquent juveniles and that of non-delinquent juveniles as far as they can be compared with each other, and to learn from the results of special studies made by the other members. Based on these findings, we would like to attempt to formulate some contermeasures to juvenile delinquency.

---

20)ʹ See Hayami, the above-mentioned paper (n 19), p. 8 ff; the following two editions carried together with Hayami's paper in the above mentioned Family Disruption And Delinquency and Yoshiko Nakamura: How Delinquency Can Be Prevented Under The Situation of Family Disruption, and also various literature cited therein. Further, see Noriko Sato: Pathology of The Present Family - Loss of Family Function and Children's Trouble Behavior: Crime And Delinquency 51 (1982), p. 66 ff, in which problems (week points) of the present families are clearly pointed out and concrete countermeasures are proposed.

Figure 2:   Analysis of the Age of Experience of Deviant and Delinquent Behavior

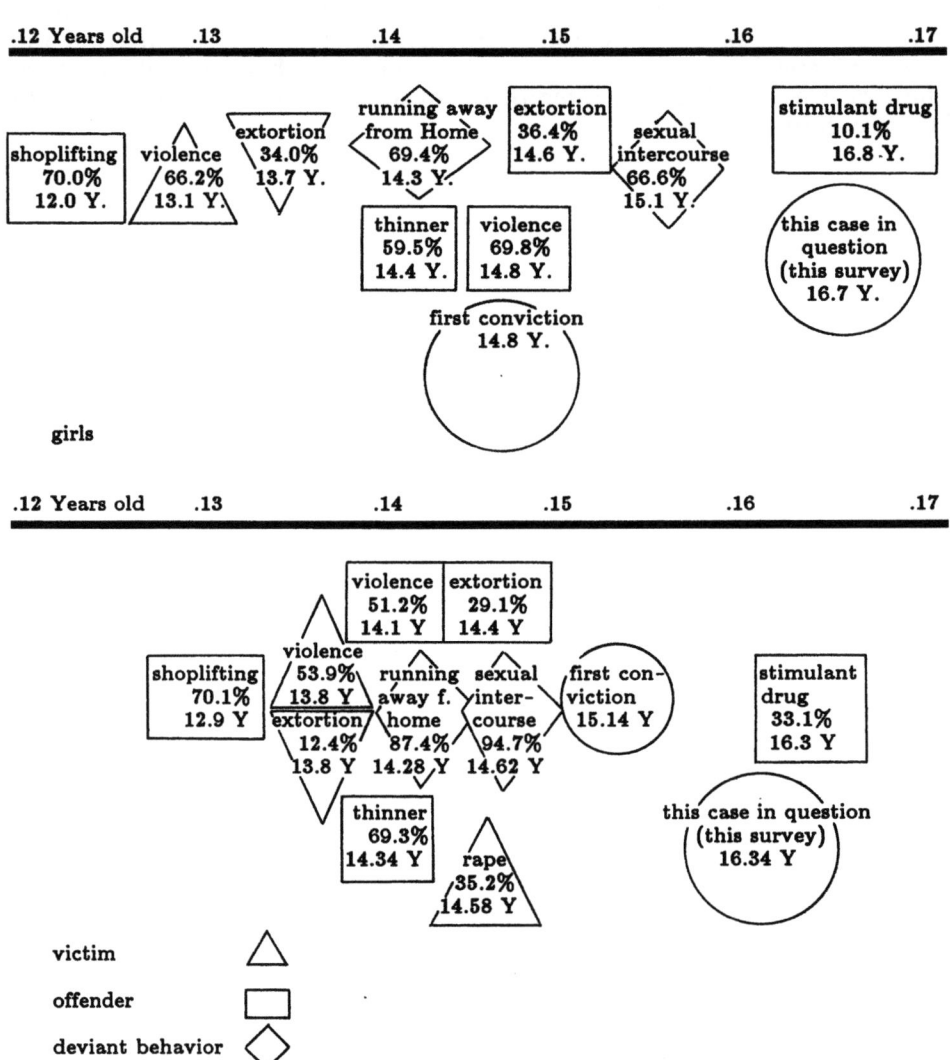

Table 1: Types of Delinquency (Multiple Answers)

Offence	Boys (N=494)			Girls (N=492)		
	First Punishm.	Records of Del.	Present Convict.	First Punishm.	Records of Del.	Present Convict.
Shoplifting	51 (10.3)	189 (38.3)	5 (1.0)	0 (14.2)	250 (50.8)	5 (1.0)
Bicycle Theft	130 (26.3)	310 (62.8)	92 (18.6)	12 (2.4)	58 (11.8)	8 (1.6)
House-Breaking Theft	82 (16.6)	275 (55.7)	135 (27.3)	16 (3.2)	66 (13.4)	47 (9.5)
Extortion	21 (4.3)	107 (21.7)	40 (8.1)	5 (1.0)	63 (12.8)	11 (2.2)
Bodily Injury	25 (5.1)	79 (16.0)	39 (7.9)	12 (2.4)	38 (7.7)	19 (3.8)
Stimulant Drug	3 (0.6)	33 (6.7)	33 (6.7)	29 (5.9)	128 (26.0)	12 (25.7)
Poisonous Substances	45 (9.1)	224 (45.3)	34 (6.9)	37 (7.5)	226 (45.9)	26 (5.3)
Anti-Prostitution Law	-	-	-	7 (1.4)	29 (3.4)	10 (2.0)
Road-Traffic Law	90 (18.2)	277 (56.1)	53 (10.7)	35 (7.1)	93 (18.9)	6 (1.2)
Firearms and Swords	13 (2.6)	41 (8.3)	21 (4.2)	3 (0.6)	3 (0.6)	2 (0.4)
Others	28 (5.7)	133 (26.9)	1 (14.4)	11 (2.2)	59 (12.0)	35 (7.1)
Pre-Delinquency	22 (4.5)	77 (15.6)	63 (12.8)	157 (31.8)	369 (75.0)	234 (47.4)

Note 1: As these figures are based on multiple answers, the sum of figures are over all numbers of each group.

Note 2: Figures in parentheses show percentages.

Table 2: Reason and Time of the Lack of Natural Parents

	Lack of Natural Father		Lack of Natural Mother	
a: Reason	Girls (208) (42.3%)	Boys (154) (31.2%)	Girls (145) (29.5%)	Boys (136) (27.5%)
Divorce	117 (56.3)	58 (37.7)	58 (40.0)	73 (53.7)
Death	28 (13.5)	47 (30.5)	23 (15.9)	14 (10.3)
Separation	23 (11.1)	8 (5.2)	13 (9.0)	5 (3.7)
Others	19 (9.1)	22 (14.3)	12 (8.3)	22 (16.2)
Do Not Know	21 (10.1)	19 (12.3)	39 (26.9)	22 (16.2)
b: Time				
Under 5 Years Old	81 (38.9)	53 (34.4)	51 (35.2)	52 (38.2)
6 - 9 Years Old	30 (14.4)	27 (17.5)	18 (12.4)	25 (18.4)
10 - 12 Years Old	30 (14.4)	19 (12.3)	11 (7.6)	18 (13.2)
13 - 15 Years Old	32 (15.4)	18 (11.7)	14 (9.7)	11 (8.1)
Over 15 Years Old	14 (6.7)	14 (6.7)	8 (5.5)	3 (2.2)
Do Not Know	21 (10.1)	23 (14.9)	43 (29.7)	27 (19.9)

Table 3: Rate of Single-Parent Family by Sex

		Type of Family	
	Single Parent	Lack of Father (Death: Divorce)	Lack of Mother (Death: Divorce)
a: Respondent			
Delinquent Boys (N = 1077)	20.2 % (N = 218)	12.4 % (5.8%; 5.3%)	7.8 % (0.8%; 4.5%)
Non-Delinquent Boys (N = 2189)	6.8 % (N = 149)(	5.0 % 2.9%; 1.3%)	1.8 % (0.8%; 0.6%)
Delinquent Girls (N = 430)	20.3 % (N = 87)	12.6 % (3.7%; 7.0%)	7.7 % (3.0%; 3./%)
Non-Delinquent Girls (N = 1896)	6.8 % (N = 128)	5.1 % (3.1%; 1.5%)	1.7 % (1.2%; 0.4%)
b: Subjects			
This Survey Boys (N = 494)	58.7 % (N = 290)	31.2 % (9.5%; 11.7%)	27.5 % (2.8%; 14.8%)
This Survey Girls (N = 492)	71.7 % (N = 353)	42.3 % (5.7%; 23.8%)	29.5 % (4.7%; 11.8%)

Note: Table 3a is based on Table 5 in Edited bey Kazunori Kikuchi and Mamoru Horiuchi "Collapse of Family and Delinquency" (1983) p. 29.

Kunst und Kriminalität

Über kriminelle Machenschaften in bezug auf Kunstwerke und Antiquitäten

Friedrich Geerds

Die Kunst weist in unserer Zeit mannigfaltige Bezüge zur Kriminalität auf, die hier auf der Basis von durchweg Einzelaspekte betreffenden kriminologischen Untersuchungen einmal zusammenfassend behandelt werden sollen[1], um die Komplexität für den Kriminologen deutlicher herauszuarbeiten. Hier kann und braucht nicht auf den strittigen Kunstbegriff eingegangen zu werden. Vielmehr ziehen wir mit Einschluß von Kunsthandwerk und Antiquitäten die Grenzen bewußt weit. Kunstwerke sind so gesehen alle Produkte individueller künstlerischer Tätigkeit; sie müssen - in geformter Materie erkennbar - zwar im Vergleich mit anderen etwas Neues darstellen, was aber - man denke an Graphiken - nicht Einmaligkeit bedeutet.

Derartige Werke sind seit jeher, wenngleich in den letzten Jahrhunderten zunehmend in unterschiedlicher Weise Gegenstand krimineller Machenschaften. Das hängt vor allem damit zusammen, daß sich künstlerische Aktivitäten über den Sakralbereich ausdehnten und Kunstwerke für breitere Kreise zum Sammelobjekt und so zur Handelsware wurden. Dies nutzten alsbald Zeitgenossen aus, um sich durch Diebstahl oder dergleichen echte Kunstwerke zu beschaffen, die mit erheblichem Gewinn veräußert wurden. Andere kamen aus demselben Grunde zum Fälschen, um für Quasi-Kunstwerke Preise wie für echte zu erzielen. Steht hier mit illegalem Erwerb der Kunstwerke oder mit Produktion unechter Falsifikate der so oder so illegale Handel in engem Zusammenhang, gibt es in der Form des Kunstvandalismus aber auch destruktive Praktiken, die sich gegen echte Kunstwerke richten. Das gerade für unsere Zeit charakteristische Sprichwort "Kunst hat Gunst" gilt also ersichtlich auch für Delinquenten, weshalb es angebracht erscheint, angesichts von verdienstlichen Arbeiten begrenzten Zuschnitts trotz hier knappen Rahmens einmal eine Zusammenschau zu versuchen, um Zusammenhänge

---

1) So - unter dem Aspekt der Täterpersönlichkeit - auch schon Tegel, H.: Kriminalität und Kunst, Taschenbuch für Kriminalisten, Bd. XIX. Hilden: Deutsche Polizei 1969, S. 111 - 137

Kerner/Kaiser (Hrsg.) Kriminalität
© Springer-Verlag Berlin Heidelberg 1990

und Unterschiede dieser Kriminalität aufzuzeigen[2]. Dies erscheint wichtig und angebracht, weil die Kriminologen diese Probleme bisher nicht oder nur partiell angesprochen haben, weshalb sie u.E. bisher zu kurz gekommen sind[3].

1. Kunstdiebstahl

Ein kriminologisch bedeutsamer Bereich sind Praktiken des Erlangens von echten Kunstwerken durch Wegnahme, weshalb man hier - ungeachtet einer nicht immer möglichen Subsumtion unter die §§ 242 ff. StGB -vereinfachend von Kunstdiebstahl sprechen kann.

1.1 Entwicklung und kriminalrechtliche Reaktion

In der Antike, als für Kunstwerke ein Sakralcharakter typisch war, sah man das Plündern von Kunstschätzen als legitimes Recht des Siegers an, weshalb man zwar von Wegnahme, aber nur bedingt von Diebstahl sprechen konnte[4]. Das änderte sich, als die Kunst in weltliche Bereiche eindrang, d.h. Individuen Kunstwerke als Dekorationsstücke ansahen oder zu Repräsentationszwecken nutzten. Jetzt rückte der Diebstahl zugunsten Einzelner in den Vordergrund, wenngleich sich auch Fürsten und selbst in der Neuzeit noch Staaten oder ihre Machthaber - man denke an die NS-Zeit - an Kunstplünderungen beteiligt haben[5]. Arbeitete der Künstler im Mittelalter durchweg auf Bestellung und

---

2) Dies erscheint uns angezeigt, da die aus der Feder des Jubilars stammende, imponierende Gesamtdarstellung -. Göppinger, H.: Kriminologie, 4. Aufl., München: Beck 1980 - weder den hier zu behandelnden Themenkreis anspricht noch Stichworte wie Kunstdiebstahl, -fälschung oder -betrug enthält. Ist dies auch angesichts der Vernachlässigung der Thematik durch die Kriminologen keineswegs verwunderlich, so wird es der Jubilar, welcher die Kriminologie um zahlreiche Forschungsansätze bereichert hat, dem Autor gewiß nicht verübeln, daß dieser sich in diesem Rahmen um dasselbe bemüht.

3) Bezeichnenderweise enthalten auch die anderen großen kriminologischen Lehrbücher weder spezielle Ausführungen zur Thematik noch die in Fn 2 genannten Stichworte; vgl. Mergen, A.: Die Kriminologie. 2. Aufl., München: Vahlen 1978; Eisenberg U.: Kriminologie, 2. Aufl., Köln u.a.: Heymanns 1985; Schneider, H.J.: Kriminologie. Berlin u.a.: de Gruyter 1987; Kaiser, G.: Kriminologie. Ein Lehrbuch. 2. Aufl., Heidelberg: Müller 1988.
Zum kriminalistischen Schrifttum siehe die Angaben bei Groß, H./Geerds, F.: Handbuch der Kriminalistik, 10. Aufl. v. F. Geerds, Bd. I, II. Berlin: Schweitzer 1977, 1978, insb. Bd. I, S. 236 f., 678; Bd. II, S. 316 f. zum Kunstdiebstahl und Bd. I, S. 320 f., 712 f.; Bd. II, S. 373, 384 f. zur Kunstfälschung; zum Kunstvandalismus die unter 4. (s.u.) genannte Literatur.

4) Zur historischen Entwicklung der Kunstdiebstähle siehe mit einschlägigen Fällen und weiterem Schrifttum insb. Werr, C.: Illegaler Erwerb, Besitz und Handel von Kunstwerken. Eine kriminolologisch-kriminalistische Studie über den Kunstdiebstahl i.w.S. und Konsequenzen für die Strafrechtspflege. Kriminalwissenschaftliche Abhandlungen Bd. 9. Lübeck: Schmidt-Römhild 1978, S. 23 ff.

5) Dazu mit weiteren Angaben Werr 1978 (Fn 4), S. 25

mehr wie ein Handwerker, so änderten sich die Dinge - z.B. bei Holzschnitt und Kupferstich im 15. Jh. - auch hier[6]. Es kam angesichts der größeren Zahl von Käufern gewissermaßen zu einer Warenproduktion. Neben die Kirche traten Fürstenhäuser und schließlich wohlhabende Bürger als Käufer und Sammler von Kunstwerken. Hinzu trat die für die Echtheit des Kunstwerks als wesentlich erachtete Urheberschaft eines bestimmten Künstlers. Verknappte sich dadurch naturgemäß das Angebot, trieben wachsende Zahl der Käufer und ihr zunehmender Wohlstand die Preise gewaltig in die Höhe. - Gewiß kann man die stark gewachsene Nachfrage z.T. mit modernen Reproduktionstechniken steuern, wenngleich die Echtheit Grenzen setzt. Eben diese durchbrechen Diebe, die sich durch Wegnahme illegal Kunstwerke verschaffen, um sie dann mit angesichts der Preise des Kunsthandels erheblichem Gewinn zu versilbern.

Die Zahl der Kunstdiebstähle hat auch hierzulande nach dem 2.Weltkrieg stark zugenommen[7] Mitte der 70er Jahre ist Werr auf Grund der Angaben der Bundesländer von 1.650-2.000 derartigen Straftaten im Jahr ausgegangen. War die Aufklärungsquote mit rund 20% damals noch schlechter als bei Diebstählen insgesamt (etwa 30%), kommt zu Abgrenzungsschwierigkeiten noch ein hier wohl großes Dunkelfeld hinzu. Zudem sind die entwendeten Werte wohl größer als sonst.

Die wichtigsten Straftatbestände sind naturgemäß die §§ 242 ff. StGB, wobei insbesondere die Strafschärfung des § 243-I-Ziff. 5 StGB einschlägig ist"[8]. Hat § 246 StGB soweit mehr eine ergänzende Funktion[9], und sind in diesem Bereich Verstöße gegen § 244 StGB ebenso selten wie solche gegen die §§ 249 ff. StGB [10], kommen ferner auch Verstöße gegen die §§ 253, 255 StGB - ev. bei "Rückkauf" - oder solche gegen § 263 StGB in Betracht.

1.2 Erscheinungsformen

Bei den Erscheinungsformen des Kunstdiebstahls (i.w.S.) orientiert man sich am besten an der Art der entwendeten[11] Objekte, um einigerma-

---

6) Ausführlicher dazu mit mehr Schrifttum Werr 1978 (Fn 4), S. 26 f.
7) Zum Ganzen näher Werr 1978 (Fn 4), S. 45 ff., Fallschilderungen auch bei Tegel, H.: Der Diebstahl von Kunstwerken. Taschenbuch für Kriminalisten, Bd. XVIII. Hilden: Deutsche Polizei 1968, S. 115 -138. Zahlen bei Mehler, H.: Kunstgegenstände als Objekt des organisierten Verbrechens. In: Bundeskriminalamt (Hrsg.): Organisiertes Verbrechen. BKA - Vortragsreihe Bd. 21. Wiesbaden: Bundeskriminalamt 1975, S. 135 - 145
8) Eingehender hierzu und zum Folgenden mit Literatur Werr 1978 (Fn 4), S. 29 ff., u.a. mit Recht kritisch zu § 243 Abs. I Ziff. 5 StGB S. 38 f., 125 f.
9) Dasselbe gilt für im Zusammenhang mit Diebstählen vorkommende Sachbeschädigungen (§§ 303, 304 StGB), die ganz anders als dem unter 4. zu behandelnden Kunstvandalismus zuzuordnende Taten geartet sind. Zu Fällen dieser Art auch Werr 1978 (Fn 4), S. 104 ff.
10) Außer Diebstählen auch derartige Fälle bei Schlagenhauff, H.: Kunsträuber werden immer dreister. Die neue Polizei 1976, S. 73 f.
11) Zu anderen Formen illegaler Aneignung als Wegnahme siehe Werr 1978 (Fn 4), S. 96 ff

ßen homogene Tattypen zu erhalten[12]. Dabei ist gegebenenfalls auch der besondere Zweck zu berücksichtigen. So kommen wir zumindest zu drei aufschlußreichen Formen.

1.2.1 Gemäldediebstahl

Als Gemäldediebstahl werden hier alle Taten zusammengefaßt, die sich - mit Ausnahme sakraler Malerei - an Farbe gebunden auf flächige künstlerische Darstellungen wie Öl- und Aquarellgemälde, Pastell- und Tuschzeichnungen und auch auf Handzeichnungen und Graphiken beziehen[13]. Dominieren hierbei Ölgemälde nach Zahl und Wert, so ist der Diebstahl von Spitzenwerken, die leicht zu identifizieren und schwer abzusetzen sind, doch eher eine Ausnahme. Gerade solche Objekte benutzt man daher mitunter zu Zwecken der Erpressung im Wege sogen. "Rückkaufes". Werden ansonsten Ölgemälde des öfteren von Banden mit zuweilen internationalem Bezug gestohlen, trifft man bei Zeichnungen und Graphiken häufiger auf Täter, die allein oder mit wenigen Komplizen handeln. Man kann insoweit also von zwei unterschiedlichen Modalitäten des Gemäldediebstahls sprechen.

1.2.2 Sakralkunstwerke

Charakteristischer als die Art ist für Sakralkunstwerke ihr Zweck, der nicht selten zugleich für den Tatort ausschlaggebend zu sein pflegt[14]. Außer um Werke sakraler Malerei - insb. Ölgemälde - geht es hier heutzutage aber auch um Holzplastiken wie Heiligenfiguren oder Madonnen, die man ebenso wie andere sakrale Kunstwerke neuerdings zuweilen in Museen oder Privathäusern findet. Es handelt sich also nicht nur um Diebstähle in Kirchen oder Kapellen[15]. Schließlich ist in diesem Zusammenhang an künstlerisch oder kunsthandwerklich gestaltete Gegenstände zu denken, die - wie Leuchter oder Monstranzen - beim Gottesdienst gebraucht werden.

Die hier als Tatobjekte im Vordergrund stehenden Plastiken erlangen die Täter überwiegend mit Hilfe von Einbruchspraktiken, wenngleich bei günstiger Gelegenheit ein einfacher Diebstahl ausreichen kann[16]. So erklärt sich wohl auch, daß an diesen Taten überdurchschnittlich viele Landfahrer beteiligt sein sollen. Der Verkauf solchen Diebesgutes läßt sich durchweg leichter bewerkstelligen.

---

12) Genauer zu Tatorten, -objekten und Tatzeit sowie zu den Formen Werr 1978 (Fn 4), S. 59 ff., 66 ff. Allgemein siehe auch Groß/Geerds 1977/78 (Fn 3), Bd. I S. 236 f.
13) Ebenso mit einschlägigen Fällen und weiterer Literatur Werr 1978 (Fn. 4), S. 66 ff.
14) Hierzu die Darstellung von Werr 1978 (Fn 4), S. 69 ff. mit reichhaltigem Material.
15) Zu diesen mit weiterem Schrifttum und einschlägigen Fällen Werr, C.: Kunstdiebstähle in Kirchen und Kapellen, Archiv für Kriminologie, Bd. 163, (1979) S. 47 - 53, sowie schon Tegel, H.: Kirchendiebstähle. Archiv für Kriminologie, Bd. 128 (1961), S. 121 - 131 und Martin, L.: Kirchendiebstähle in Bayern, Taschenbuch für Kriminalisten, Bd. XV. Hilden: Deutsche Polizei 1965, S. 141 - 152
16) Fälle dieser Art - auch von Gemäldediebstahl - berichtet Tegel, H.: Kunstdiebstähle - einmal anders. Kriminalistik 21 (1967), S. 329 - 330

1.2.3 Kunsthandwerkliche Gegenstände

Der Diebstahl kunsthandwerklicher Gegenstände soll vor allem die breite Palette des Kunstdiebstahls verdeutlichen, der hier weniger an bestimmte Tatorte gebunden ist. Man sollte insoweit zumindest drei Gruppen von Objekten unterscheiden[17].

Mit Silber-, Kupfer- und Zinnwaren lassen sich Keramiken und Porzellane zusammenfassen. Sie fallen den Tätern vor allem bei Einbrüchen in Privathäuser in die Hände. Nicht selten wirken diese Taten daher etwas zufällig, weil die Diebe es oft nicht speziell auf derartige Objekte abgesehen haben, sondern diese bei Gelegenheit "mitgehen" lassen. - Bei historischen Waffen und alten Uhren kommt es mehr auf das Alter an, weshalb hier gezieltes Vorgehen und auch Mitwirken von Sachkennern häufiger ist. Die Tatorte sind außer Häusern privater Sammler wiederum Museen oder entsprechende Sammlungen.- Möbel- und Teppiche[18], denen künstlerischer Wert zukommt, bereiten den Tätern oftmals schon durch Größe oder Gewicht Schwierigkeiten, die mehr oder weniger geschickt gemeistert werden. In diesen Fällen werden die Taten ebenfalls häufiger gezielt begangen.

1.3 Ursachen und Täter

Bei den Ursachen dieser Delinquenz[19] ist bemerkenswert, daß etwa 60% der Kunstdiebstähle von Tätern bis zu 30 Jahren verübt werden. Jugendliche und sogar Kinder sind ganz besonders mit Diebstählen aus Kirchen und Kapellen belastet. Taten in Museen, Ausstellungsräumen und Schlössern oder dergleichen werden dagegen überwiegend von jüngeren Erwachsenen oder von älteren Jugendlichen begangen. Die Beteiligung weiblicher Täter, die zudem selten allein handeln, ist geringer als bei anderen Diebstählen und überhaupt als im Durchschnitt. Ist die wirtschaftliche Lage ebenso wie die Berufsausbildung hier noch schlechter als sonst bei Diebstählen, so sollte nicht überraschen, daß wirtschaftliche Motive[20] dominieren; allerdings dürfte Handeln aus wirklicher wirtschaftlicher Not ungleich seltener als aus Gewinnsucht - oder vermeintlicher Not - sein. Ich- oder fremdbezogene Motive spielen ebenso wie rational unverständliche Motivationsprozesse nur relativ selten eine Rolle[21].

---

17) So bereits Werr 1978 (Fn 4), S. 72 f.
18) Zu einem solchen Fall siehe Tegel, H.: Ein origineller Museumseinbruch. Kriminalistik 15 (1961), S. 345 - 349, 397 - 401
19) Vgl. hier und zum Folgenden die ausführliche Darstellung von Werr 1978 (Fn 4), S.74 ff.
20) Informativ zur Motivation mit Beispielen aus der Praxis Werr 1978 (Fn 4), S. 79 f., insb. zur Gewinnsucht Tegel 1969 (Fn 1), S. 112 f.
21) Auch Kunstfanatiker oder kriminelle Sammler, die zum Zwecke des Eigenbesitzes stehlen, sind nach Tegel 1969 (Fn 1), S. 115 f., seltene Ausnahmen.

Aufmerksamkeit verdienen u.E. jedoch tatauslösende Umstände. Schon die Art der Aufbewahrung kann bei mangelnder Vorsorge zum konkreten Tatentschluß führen. Hier bestätigt sich die sprichwörtliche Erkenntnis "Gelegenheit macht Diebe". Dasselbe gilt für Anzeigen oder andere unbedachte Informationen. Dies alles ist genauer zu erforschen, um es ggf. präventiv für sichernde Maßnahmen zu nutzen[22].

Wertet man beim Kunstdiebstahl Vermögensdelikte als einschlägige Vortaten, liegt die Belastung mit über 50% schon außerordentlich hoch. Ebenso wie beim schweren Diebstahl ist also mit einem überdurchschnittlich großen Anteil von Rückfallstätern zu rechnen, bei denen antisozial eingestellte vermutlich klar überwiegen[23]. Bei Taten einfacheren Zuschnitts ist aber auch - man denke an Landfahrer - mit asozialen Rückfallstätern, die mehr gemeinschaftsunfähig und passiv geartet sind, zu rechnen. Dennoch gibt es ersichtlich auch beim Kunstdiebstahl Durchschnittstäter, die sich in Einstellung und sonstigem Verhalten nicht von der Mehrheit unterscheiden. Hier handelt es sich zum einen um die bei Diebstahl und Einbruch insgesamt bedeutsamen Entwicklungstäter, die bei ihren Machenschaften - oft mehr zufällig - auf Beute der hier interessierenden Art stoßen. Ähnlich ist das bei erwachsenen eigentlichen Durchschnittstätern, die sich durch irgendwelche Umstände zu solchen Taten hinreißen lassen.

2. Kunstfälschung

Ging es beim Kunstdiebstahl darum, Kunstwerke oder Antiquitäten wegzunehmen oder sonst illegal in seine Gewalt zu bringen, nutzen Kunstfälscher die Wertschätzung künstlerischer Objekte ganz anders aus. Sie produzieren diesen ähnliche Gegenstände, die dann später beim Verkauf einen entsprechend hohen, d.h. gewaltig überhöhten Gewinn erbringen. Derartige Kunstfälschungen, mit denen sich Kriminologen und insbesondere Kriminalisten weitaus mehr als mit Kunstdiebstahl befaßt haben[24], gibt es zwar seit langem, aber auch sie haben in neuerer Zeit zugenommen.

---

22) Siehe hier beispielsweise Werr 1978 (Fn 4), S. 133 ff. und Tegel 1968 (Fn 7), S. 126 ff.
23) Insgesamt zur Tätertypologie ist auf die Ausführungen von Werr 1978 (Fn 4), S. 85 ff. zu verweisen. Zu einem wohl hierher gehörenden merkwürdigen Fall Meier, O.: Doktorand der Kunstgeschichte als Kunstdieb. Kriminalistik 36 (1982), S. 248 - 252
24) Als besonders verdienstlich sind hier zu nennen Würtenberger, Th.: Der Kampf gegen das Kunstfälschertum in der deutschen und schweizerischen Strafrechtspflege. Wiesbaden: Steiner 1951; Würtenberger, Th.: Das Kunstfälschertum. In: Bundeskriminalamt (Hrsg.): Betrug und Urkundenfälschung. BKA-Vortragsreihe, Bd. 5. Wiesbaden Bundeskriminalamt 1956, S. 119 - 129; sowie Würtenberger, Th.: Kunstwerkfälschung. In: Sieverts, R./Schneider, H.J (Hrsg.): Handwörterbuch der Kriminologie, 2. Bd. 2. Aufl., Berlin u.a.: de Gruyter 1977, S. 221 - 226, zugleich mit älterem und ausländischem Schrifttum; Würtenberger, Th.: Soziale Lebensformen des Künstlers und die Entstehung des Kunstfälschertums. Neue Juristische Wochenschrift 1985, S. 1586 ff.
Der Beitrag von Meißner: Kriminologische Betrachtungen zur Bekämpfung des Kunstfälschertums. Deutsche Justiz 1943, S. 213 ff. betrifft, was bei einem Oberstaatsanwalt

2.1 Entwicklung und kriminalrechtliche Reaktion

Sind uns schon aus der Antike Fälschungen von Statuen, Pergamenten und Papyrusrollen sowie von Gemmen und Edelsteinen bzw. Schmuck bekannt[25], so kamen alsbald gottesdienstliche Gegenstände hinzu[26]. Noch im Mittelalter wurden Kunstwerke oder kunsthandwerkliche Sachen[27] vor allem von der christlichen Kirche gesammelt[28], weshalb auch die damals verbreiteten Reliquienfälschungen in diesem Zusammenhang betrachtet werden können. Zählten die Künstler in jener Zeit - wie gesagt - noch zum Handwerk, welches durch Zünfte und Gilden eine gewisse Ordnung garantierte, änderte sich dies mit Beginn der Neuzeit[29]. Empfanden die Künstler zum einen diese Zwänge als Hemmnisse ihrer Kreativität, führten schon gegen Ende des Mittelalters u.a. die Städtegründungen zu größerer Nachfrage, aber auch schärferer Konkurrenz. Als Sammler kam außer Fürsten und Adel nun auch zunehmend das wohlhabende Bürgertum in Betracht[30]. So wurden in der Renaissance die alten Strukturen aufgelöst[31] und wandelte sich das Verhältnis zwischen Künstler und Kunstsammler grundlegend, zumal da die Kunst ihre sakrale Bedeutung mehr und mehr einbüßte. Hinzu kam, daß man, während man zunächst gute Kopien geschätzt hatte, jetzt auf Originalität des Kunstwerkes Wert legte[32]. Da es infolgedessen nicht mehr um Kopien bekannter Werke ging, mußten sich die Praktiken der Fälscher ändern, was hier alsbald kurz angedeutet werden soll[33]. Die Möglichkeiten kriminalrechtlicher Reaktion sind bei der Kunstfälschung andere als beim Kunstdiebstahl[34]. Bei Produktion von Falsi-

---

in jener Zeit nicht verwundern sollte, mehr als kriminologische Probleme solche strafrechtlicher Art und den Sachverständigenbeweis. Dagegen sei hier als aufschlußreich genannt, obwohl mehr der allgemeinen Literatur aus dem Fachschrifttum zuzurechnen, Arnau, F.: Kunst der Fälscher - Fälscher der Kunst. Dreitausend Jahre Betrug mit Antiquitäten, Düsseldorf: Econ 1964 (1959 ff.).

25) Beispiele bei Arnau 1964 (Fn 24), S. 24 ff.
26) Zur geschichtlichen Entwicklung in diesem Bereich ausführlich mit weiterer Literatur und einschlägigen Fällen Almeroth, Th.: Kunst- und Antiquitätenfälschungen. Eine strafrechtliche, kriminologische und kriminalistische Studie über Techniken der Kunstfälscher und ihre Absatzpraktiken, Diss. iur. Frankfurt a.M.: 1986, S. 4 ff. sowie derselbe in einer verkürzten Fassung: Kunst- und Antiquitätenfälschungen, München: Keyser 1987, S. 9 ff. Vgl. auch Würtenberger 1977 (Fn 24), S. 221 f. und Würtenberger 1985 (Fn 24), S. 1586 ff.
27) Zur Materialverfälschung im Mittelalter insb. Würtenberger 1964 (Fn 24), S. 1588 f.
28) Fälle dieser Art bei Arnau 1964 (Fn 24), S. 27 f.
29) Eingehender dazu Almeroth 1986 (Fn 26), S. 7 f., 9 ff.
30) Zahlreiche Kunstfälschungen dieser Art schildert Arnau 1964 (Fn 24), S. 30 ff.
31) Im einzelnen siehe Würtenberger 1985 (Fn 24), S. 1590 f.
32) Zur früheren Zeit Würtenberger 1985 (Fn 24), S. 1589 f. mit weiteren Nachweisen.
33) Daß sich zur praktischen Bedeutung nichts Handfestes sagen läßt, da bei hier besonders hoher Dunkelziffer die Kriminalstatistiken nicht hilfreich sind, hat bereits Würtenberger 1956 (Fn 24), S. 119 betont.
34) Vgl. hier die umfassende Darstellung von Almeroth 1986 (Fn 26), S. 23 ff., 271 ff sowie ferner Würtenberger 1986 (Fn 24), S. 120 f., und derselbe 1977 (Fn 24), S. 223 f.

fikaten zum betrügerischen Absatz als Kunstwerk oder dergleichen kommt es zunächst einmal auf den § 263 StGB an, der als solcher aber erst im 19. Jh. klarere Konturen erhielt. Bei angeblichen Kunstwerken mit Signaturen - wie z.B. Gemälden - kann der Fälscher aber auch gegen § 267 StGB verstoßen, weil er mit ge- oder verfälschter Signatur über die Urheberschaft täuscht. Ferner ist auf §§ 106, 107 UrhG hinzuweisen, während andere Strafvorschriften mehr den Absatz der Falsifikate betreffen.

2.2 Erscheinungsformen

Die Kunstfälschung ist ein faszinierendes Gebiet, obwohl es hier nicht um die für die Kriminalistik aufschlußreichen Verbrechenstechniken geht[35]. Gewiß kann man als zwei Arten der Fälschung die nachahmende von Praktiken des Verfälschens unterscheiden. Wichtiger aber sind angesichts der Vielfalt der imitierten Objekte die Fälschertechniken, die im einzelnen angewandt werden. Schon bei Gemälden divergieren diese, wenn man an Ölgemälde, Miniaturen, Aquarelle, Fresken oder Graphiken denkt[36]. Bei Plastiken sind Holz- von Elfenbeinschnitzereien sowie ferner Steinplastiken und Bronzen zu unterscheiden, weil je nach Material auch die Arbeitsweise des Fälschers eine andere ist. Dasselbe gilt[37], um nur einige der in Betracht kommenden Objekte zu nennen, für Gold- und Silberarbeiten, Zinngerät[38], Waffen[39], alte Uhren, Porzellan, Glas, Möbel[40] oder alte Musikinstrumente[41]. Man erkennt schon so, daß das Wort " Jede Kunst will gelernt sein " gerade auch für Kunstfälscher gilt, die nicht nur primitive Falsifikate, sondern zuweilen Frappierendes bewirken, was selbst Experten nicht selten getäuscht hat.

Gehört dies alles mehr in das Gebiet der Kriminalistik, dürfte es für den Kriminologen aufschlußreicher sein zu wissen, wie die Produktion der Falsifikate organisiert und bewerkstelligt wird. Hier lassen sich kriminalphänomenologisch zumindest drei Erscheinungsformen der Kunstfälschung unterscheiden[42].

---

35) Zu diesen informativ: Almeroth 1986 (Fn 26), S. 116 ff., 124 ff.; allgemein auch Würtenberger 1977 (Fn 24), S. 222 f.; Groß/Geerds 1977 (Fn 3), Bd.I 320 f. und Arnau 1964 (Fn 24), S. 57 ff., 223 ff. (mit Abb.)
36) Beispiele auch bei Würtenberger 1977 (Fn 24), S. 122 f., 124 ff. (mit Abb.), und Hirt, R.: Straftaten im Zusammenhang mit dem Kunst- und Antiquitätenhandel. Kriminalistik 37 (1983), S. 47- 52, 51 f.
37) Allgemein dazu auch Arnau 1964 (Fn 24), S. 151 ff.
38) Fälle dieser Art bei Hirt 1983 (Fn 36), S. 114.
39) Reichhaltiges Fallmaterial (mit Abb.) bei Hirt 1983 (Fn 36), S. 116 ff.
40) Vgl. dazu z.B. Hirt 1983 (Fn 36), S. 115 f.
41) Siehe Arnau 1964 (Fn 24), S. 340 ff. - Hierher gehören auch viele Fälle des sogenannten "Raritätenbetrugs", wenn man Fälschungen verwendet. Dazu bereits das bekannte Buch von Gross, H.: Der Raritätenbetrug. Berlin 1901 und Meinert, F.: Der Raritätenbetrug. Taschenbuch für Kriminalisten, Bd. X. Hamburg: Deutsche Polizei 1960, S. 53 - 77 mit zahlreichen Beispielen und weiterer Literatur.
42) So schon Almeroth 1986 (Fn 26), S. 60 ff., der auf S. 53 ff. auch Wissenswertes über Tatort und -zeit sowie Tatobjekte und Opfer mitteilt.

2.2.1 Einzeltäter

Fälschungen von Kunstwerken oder Antiquitäten werden keineswegs selten von Einzeltätern hergestellt[43]. Ein solcher Einzelbetrieb vermeidet Schwierigkeiten und Gefahren mit Partnern, hängt in der Effektivität aber wesentlich von Fähig- und Möglichkeiten des Fälschers ab. Spitzen-Falsifikate sind jedoch bei einem Durchschnittsbetrieb, was Qualifikation und Arbeitsgeräte des Fälscher anlangt, kaum jemals zu erwarten. Das ist bei einem Spezialistenbetrieb schon anders, in welchem der Einzeltäter außer über eine entsprechende Ausbildung auch über ein zweckentsprechendes Instrumentarium verfügt[44]; Beispiele dafür sind die Plastiken von Alceo Dossena[45] oder die angeblichen Vermeer-Gemälde des Han van Meegeren[46].

2.2.2 Kriminelle Arbeitsgruppe

Ganz anders erfolgt die von mehreren in Form einer kriminellen Arbeitsgruppe betriebene Kunstfälschung. Hierbei handelt es sich, da der organisierte Bandenbetrieb alsbald gesondert zu behandeln ist, um mehr oder weniger zufällige Zusammenschlüsse mehrerer Personen zum Zwecke von Kunstfälschung[47].

Typisch dafür ist zunächst einmal der sogenannte Familienbetrieb, bei welchem Eheleute und gegebenenfalls auch deren Kinder oder andere Verwandte zusammenwirken, um Falsifikate zu produzieren. So etwas kann sich natürlich auch aus einem Einzelbetrieb entwickeln. Die Produkte werden ja nach Kenntnissen und Fähigkeiten er- oder bearbeitet, wobei gewöhnlich der Vater die dominierende Rolle innehat. Ganz überwiegend lassen sich so jedoch nur vergleichsweise primitive bzw. einfache Falsifikate erzielen, die deshalb vor allem zum Absatz bei Trödlern oder auf Flohmärkten bestimmt sind.

Günstiger als Organisationsform der Kunstfälschung ist deshalb eine kriminelle Arbeitsgemeinschaft, bei welcher für die eigentlichen Mitglieder Gleichrangigkeit charakteristisch ist, wenngleich zuweilen auch Hilfspersonen beschäftigt werden. Ergänzen sich bei den Mitgliedern u.a. schon Fachkenntnisse und Möglichkeiten, z.B. der Material- oder Raumbeschaffung, gibt es doch auch Fälle ohne besonderes Fachwissen, in denen kaum mehr als in der Regel bei einem Familienbetrieb zu erwarten ist.

---

43) Eingehender zum Ganzen mit weiteren Angaben und Fällen Almeroth 1986 (Fn 26), S. 61 ff.
44) Ebenso Tegel 1969 (Fn 1), S. 114 f.
45) Vgl. hier beispielsweise das von Arnau 1964 (Fn 24), S. 243 ff. Berichtete.
46) Hierzu siehe Kallenborn, J. W.: Die Affäre van Meegeren. Taschenbuch für Kriminalisten, Bd. X. Hamburg: Deutsche Polizei 1960, S. 78 - 91; und Arnau 1964 (Fn 24), S. 279 ff.
47) Informativ zu dieser Erscheinungsform und ihren Modalitäten Almeroth 1986 (Fn 26), S. 64 ff.

Wirklich gewichtige, wertvoll erscheinende Falsifikate aber erzielt nur
eine Spezialistengruppe, die Fachwissen und besondere Qualifikation
der Mitglieder aufweist und überdies über ein entsprechendes Instrumentarium verfügt. Typisch ist hier also eine gut ausgerüstete Fälscherwerkstatt, selbst wenn diese vor Beginn des Absatzes wieder aufgelöst
wird[48]. Eine solche Spezialistengruppe kann gute, d.h. vermeintlich
wertvolle Falsifikate anfertigen oder auch große Mengen solcher produzieren. Gleich dabei ist, ob der spätere Absatz von den Fälschern oder
von anderen Tätern betrieben wird.

2.2.3 Organisierter Bandenbetrieb

Die gefährlichste Organisationsform bei Kunstfälschungen ist der organisierte Bandenbetrieb, der z.T. auch den Absatz umfaßt[49]. Eine solche
Bande wird von einem oder mehreren Bandenchefs geleitet, denen einfache Bandenmitglieder oder Hilfspersonen untergeordnet sind. Läßt so
ein personeller Wechsel diesen Betrieb oft unberührt, werden Strukturen
des organisierten Verbrechens sichtbar, das zudem zuweilen internationale Bezüge aufweist. Im übrigen kann man drei Modalitäten des organisierten Bandenbetriebs unterscheiden.

Bei einem zentralistischen Bandenbetrieb werden die Falsifikate in
einem einzigen Betrieb hergestellt, der in der Praxis oft als Handwerks-
betrieb getarnt wird[50]. Bei einem nur teilweise zentralisierten Bandenbetrieb wird zumindest die Produktion von der "Organisation" getrennt;
so beginnt hier der Absatz u.U. erst, wenn die Fälscherwerkstatt aufgelöst worden ist. An die leitenden Bandenmitglieder ist hier schon
schwerer heranzukommen. Am geringsten pflegt die Entdeckungsgefahr
beim dezentralisierten Bandenbetrieb zu sein, der deshalb gerade von
international tätigen Kriminellen bevorzugt wird. Die Produktion erfolgt arbeitsteilig an verschiedenen Orten, weshalb sich nicht einmal die
daran Beteiligten zu kennen pflegen. Diese Betriebe arbeiten gewöhnlich auf Bestellung und mit Mustern, die ggf. nachbehandelt oder anti-
kisiert werden; der Absatz erfolgt häufiger lediglich im Ausland.

2.3. Ursachen und Täter

Nach den bisherigen kriminologischen Erkenntnissen[51] ist anzunehmen,
daß an Kunstfälschungen noch weniger weibliche Täter als allgemein -
und das gewöhnlich in untergeordneter Rolle - beteiligt sind. Was das

---

48) Nötig ist eine solche - z.B. beim Fälschen von Fresken - nicht, wie der wohl hierher zu
    rechnende Fall Malskat und Genossen zeigt; vgl. dazu Rossmann, E.: Der sensationelle
    Lübecker Kunstfälschungsprozeß gegen Malskat und Genossen. Archiv für Krimino-
    logie, Bd. 116, (1955), S. 139 - 146 und Arnau 1964 (Fn 24), S. 306 ff.
49) Vgl. zum Folgenden die ausführlichere Darstellung von Almeroth 1986 (Fn 26), S. 68 ff.
50) Eingehender hierzu Almeroth 1986 (Fn 26), S. 68 ff.
51) Siehe zur Kriminalätiologie das von Almeroth 1986 (Fn 26), S. 81 ff. Berichtete und
    Erarbeitete sowie weiterführende Literaturhinweise dort.

Alter anlangt, dürfte die Kunstfälschung anders als der Kunstdiebstahl ein typisches Erwachsenendelikt sein, weil erfolgreiche Delinquenz hier Fachwissen und Erfahrung voraussetzt, die man erst im Laufe der Jahre erlangt. Zuweilen vorkommende jüngere Täter haben gewöhnlich mehr die Funktion von Hilfspersonen.

Intellektuelle Ausstattung und Erziehung der Kunstfälscher dürften besser als beim Diebstahl einzuschätzen sein und mehr der Situation des Betruges entsprechen. Besondere Aufmerksamkeit verdienen, was erfolgreiche und gewichtige Fälschungen anlangt, Beruf und fachliche Ausbildung der Fälscher. Denn ohne eine Qualifikation für Objekte der fraglichen Art sind die Erfolgsaussichten begrenzt. Allerdings sollte man die wirtschaftliche Lage dieser Täter nicht schon deshalb stets als günstig einschätzen. Denn es gibt bekannte Fälscher, deren wirtschaftliche Verhältnisse trotz ihrer Taten vergleichsweise bescheiden waren. Anders ist das jedoch bei kriminellen Unternehmern, die beispielsweise einen organisierten Bandenbetrieb aufziehen. Die Vorstrafenbelastung der Kunstfälscher wird kaum hinter der der Kunstdiebe zurückstehen; sie dürfte an 50% heranreichen und so deutlich über dem Durchschnitt liegen. - Auch hier dominieren, da Falsifikate als Ware angesehen werden, wirtschaftliche Motive wie Gewinnsucht oder Not[52]. Allerdings wirken bei manchen Fälschern auch egozentrische Motive wie Eitelkeit oder Geltungsdrang mit, wenn sie ansonsten als Künstler keinen Erfolg haben. Da bei manchen Kunstfälschern auch misanthropische oder philanthropische Motive zu beobachten sind, ist der Motivationsprozeß hier wohl vielschichtiger als beim Kunstdiebstahl. - Die diese Delinquenz auslösenden Umstände hängen mehr mit dem Absatz der Falsifikate zusammen.

Bei den Tätern der Kunstfälschung werden Rückfalltäter mit einschlägigen Vortaten vermutlich noch häufiger als beim Kunstdiebstahl sein; man hat Anteile von 66-75% ermittelt[53]. Dabei dürfte es sich ganz vorwiegend um antisoziale Rückfalltäter handeln, weil sozial Hilflose, die zu solchen Praktiken mißbraucht werden oder durch Schicksalsschläge dazu kommen, schon relativ selten sein werden und Asoziale hier praktisch nicht vorkommen dürften[54]. Bei der Kunstfälschung trifft man aber dennoch auch auf Durchschnittstäter, wobei häufiger als Konflikttäter die eigentlichen Durchschnittstäter sein dürften, die mehr zufällig oder in untergeordneter Rolle an Fälschungen partizipieren; dies dürfte auch bei gelegentlich vorkommenden Entwicklungstätern der Fall sein.

---

52) Instruktiv zur Motivation mit reichhaltigem Fallmaterial Almeroth 1986 (Fn 26), S. 90 ff. sowie schon Würtenberger 1977 (Fn 24), S. 224 f.
53) Dazu und insgesamt zur Tätertypologie siehe die Untersuchung von Almeroth 1986 (Fn 26), S. 107 ff., mit Beispielen aus der Praxis.
54) Auch Würtenberger 1956 (Fn 24), S. 120 hält Kunstfälscher für höchst gefährliche Täter.

3. Handel mit illegalen Kunstwerken

Kunstdiebstahl und Kunstfälschung sind nur eine Seite vermögensdeliktischer Kriminalität im Zusammenhang mit Kunstwerken oder Antiquitäten. Denn mit illegal erworbenen oder produzierten Objekten will man letztlich durch Veräußern Geschäfte machen, die z.T. beträchtlichen Gewinn versprechen[55]. Obwohl der Absatz der Beute oder der Falsifikate nicht gar so selten durch den Dieb oder den Fälscher selbst erfolgt bzw. organisiert wird, sollen diese Machenschaften hier als dritter Komplex behandelt werden, was durchaus zusammenfassend geschehen kann; ob es sich um Falsifikate oder um illegal erlangte echte Kunstwerke handelt, sind doch die Probleme des Absatzes dieselben oder zumindest ähnliche. Zudem ist zu berücksichtigen, daß viele Delinquenten lediglich so oder so am Absatz beteiligt sind.

3.1 Entwicklung und kriminalrechtliche Reaktion

Mit der Zunahme von Kunstdiebstahl und -fälschung haben sich naturgemäß auch die Praktiken des Absatzes dergestalt illegaler Kunstwerke und ähnlicher Gegenstände verändert. Hier sind also die sich mit der Zeit ändernden Usancen des Handels[56] in diesem Bereich zu berücksichtigen, die in der Kriminalphänomenologie genauer beleuchtet werden. Bei vermutlich großem Dunkelfeld ist, wenn nicht alles täuscht, auch hier von in den letzten Jahrzehnten erheblich vermehrter Kriminalität auszugehen[57].

Strafrechtlich[58] ist der Absatz im Hinblick auf den Käufer vor allem als Betrug (§ 263 StGB) zu werten, da entweder über die Echtheit des Objekts oder über dessen Erlangen durch Diebstahl getäuscht wird, was nach § 935 BGB Eigentumserwerb verhindert, oder durch andere Straftaten; so oder so wird auf diese Weise in aller Regel durch Zahlen des Kaufpreises ein Vermögensschaden des Käufers bewirkt, um den sich die Täter rechtswidrig bereichern. Es ist hier aber ferner an Begleittaten wie Urkundendelikte (§§ 267 ff. StGB) zu denken, wenn unechte Dokumente bzw. Signaturen oder unwahre öffentliche Urkunden beim Absatz verwendet werden. Ist der den Absatz bewirkende Täter nicht an der Vortat - sei es ein Diebstahl oder eine Fälschung - beteiligt, so ist strafbare Hehlerei (§§ 259 f. StGB) möglich, weil er die illegalen Objekte an sich gebracht hat (Beutehandel) oder sie makelt, um sich auf diese Weise zu Unrecht zu bereichern[59].

---

55) Zusammenfassend hierzu Hirt 1983 (Fn 36), S. 47 ff., 114 ff.; vgl. auch Groß/Geerds 1978 (Fn 3), Bd.II S. 385
56) Siehe beispielsweise Tegel, H.: Kunstschaffen und Kunstgeschäft, Archiv für Kriminologie, Bd. 130 (1962), S. 171 - 174
57) Dafür sprechen u.a. die Ausführungen von Almeroth 1986 (Fn 26), S. 19 f., 20 ff.
58) Zum strafbaren Absatz siehe für gestohlene Kunstwerke Werr 1978 (Fn 4), S. 40 ff., und für Falsifikate Almeroth 1986 (Fn 26), S. 23 ff., 271 ff.
59) Einschlägige Beispiele dieser Art bei Tegel 1969 (Fn 1), S. 129 ff.

3.2. Erscheinungsformen

Kriminologisch aufschlußreich für die Formen des Absatzes ist zunächst einmal die Art des illegalen Erwerbs der Objekte durch Diebstahl und dergleichen oder durch Fälschung. Vor dem eigentlichen, gewinnträchtigen Absatz sind des öfteren vorbereitende Machenschaften erforderlich. Diese sollen kurz unter 1. geschildert werden, bevor wir unter 2. auf die Formen des Absatzes selbst kommen.

3.2.1 Illegaler Erwerb und den Absatz vorbereitende Machenschaften

Der illegale Erwerb bereitet beim Kunstdiebstahl, wenn man von gewissen Beweisschwierigkeiten absieht, kaum Probleme. Er ist in Fällen, in denen der Verkäufer nicht in strafbarer Weise an der Vortat beteiligt ist, als Hehlerei zu werten. Anders ist das bei Kunstfälschungen, wenn der "Händler" nicht wegen der Vortat strafrechtlich zu belangen ist, weil dann sein Verhalten gewöhnlich erst als Betrug gegenüber dem Käufer insoweit relevant wird[60].
In allen Fällen aber kann sich Strafbarkeit überdies daraus ergeben, daß diese Täter durch den Absatz vorbereitende Machenschaften gegen Strafgesetze verstoßen[61]. Außer an Herstellen oder Erwerb falscher Herkunftsnachweise oder Expertisen ist hier an sonstige Praktiken zu denken, die den Absatz erleichtern oder fördern sollen[62].

3.2.2 Absatzpraktiken

Wichtig für den Absatz illegaler Kunstwerke und dergleichen sind die Absatzwege, die man benutzt[63]. Hier lassen sich zumindest drei Erscheinungsformen unterscheiden.

3.2.2.1 Der Direktabsatz an den Letztabnehmer[64] erfolgt entweder durch unmittelbares Ansprechen potentieller Käufer, was auch in Form eines angeblich zufälligen Entdeckenlassens geschehen kann. Bei als

---

60) So war es z.B. bei den Rifesser-Madonnen, die der Händler vom Holzschnitzer mit dem Hinweis erhalten hatte, sie seien nicht echt, sondern nur antikiziert; er verkaufte sie dann jedoch als "alt". Zu diesem Fall Tegel, H.: Kunstwerkfälschungen. Der Madonnenschnitzer vom Grödnertal. Kriminalistik 14 (1960), S. 505 - 508
61) Ausführlicher zu Absatz- und Verheimlichungspraktiken nach Kunstdiebstahl Werr 1978 (Fn 4), S. 98 ff., und bei Falsifikaten Almeroth 1986 (Fn 26), S. 184 ff. Zum insoweit interessanten Fall Wintner Mehler 1975 (Fn 7), S. 137 f.
62) Siehe hier die von Mehler 1975 (Fn 7), S. 139 f. geschilderten Praktiken Wintners in einem anderen Falle.
63) So einleuchtend schon Almeroth 1986 (Fn 26), S. 193 ff. Zu Fällen vgl. schon Tegel 1969 (Fn 1), S. 124 ff.
64) Genauer zum Folgenden Almeroth 1986 (Fn 26), S. 199 ff.

nicht so wertvoll eingeschätzten Objekten benutzt man für den Absatz zunehmend Flohmärkte und dergleichen oder Trödler. Mitunter versucht man auch, durch Zeitungsanzeigen Interessenten ausfindig zu machen.

3.2.2.2 Keineswegs selten schaltet man beim Absatz illegaler Kunstwerke oder Antiquitäten jedoch Mittelsmänner ein, die hier aber mehr als Helfer - und nicht als auf eigene Rechnung handelnde - Veräußerer fungieren[65]. Diese Mittelsmänner sind überwiegend bösgläubig und werden gewöhnlich provisionsmäßig vergütet, sofern sie nicht Mitglieder einer umfassender organisierten Gruppe oder Bande sind. Zu diesen Mittelsmännern gehören auch wirkliche oder angebliche Sachverständige bzw. andere Gewährsleute, die zum Absatz beitragen sollen.

3.2.2.3 Bei angeblich wertvollen Objekten oder einer größeren Menge bevorzugt man jedoch den Absatz über den Kunsthandel, d.h. Kunsthandlungen, Galerien oder Kunstauktionen[66]. Neben dem regulären, seriösen Kunsthandel gibt es in diesem Bereich aber auch so etwas wie einen "grauen Markt". Das sind z.B. Kunst- und Antiquitätenhändler, die des öfteren Ware zweifelhafter Herkunft oder Qualität aufkaufen, diese Umstände entweder kennen oder sich doch insoweit nicht vergewissern. Zuweilen geschieht das sogar in größeren Mengen. In derartigen Fällen ist es oft schwierig, das Wissen des Händlers oder seine mangelnde Sorgfalt zu beweisen; man behauptet etwa, selbst getäuscht worden zu sein. Derartige Absatztäter sind daher in der Praxis nur vergleichsweise selten strafrechtlich zu belangen. Auch sonst ist lediglich ausnahmsweise nachzuweisen, daß ein gutgläubig erlangtes Objekt nach Erkennen seiner Illegalität bösgläubig abgesetzt worden ist.

3.3 Ursachen und Täter

Der Anteil weiblicher Täter bei derartigem "Kunsthandel" wird etwas größer als bei Fälschung oder auch Diebstahl sein, weil sie hier eher, wenngleich in untergeordneter Rolle mitwirken[67]. Altersmäßig dürfte es sich beim Absatz um ein typisches Erwachsenendelikt handeln, was dem Betrug entsprechen würde. Besondere berufliche Fertigkeiten sind anders als bei der Kunstfälschung nicht erforderlich, wenngleich bei Absatz über den Kunsthandel solche und die gewünschte berufliche Position gegeben sein dürften. Im Grunde aber gilt beim Absatz solcher Objekte der Satz "Jeder Handel hat seinen Kniff".- Die Belastung mit einschlägigen Vortaten dürfte zumindest der des Betruges allgemein

---

65) Dies geschah beispielsweise auch bei der von Wintner geleiteten, international tätigen Gruppe; vgl. Mehler 1975 (Fn 7), S. 142 ff.
66) Vgl. hier Darstellung und Beispiele bei Almeroth 1986 (Fn 26), S. 193 ff., auch Tegel 1969 (Fn 1), S. 127 ff.
67) Für die Kriminalätiologie sei auf die von Almeroth 1986 (Fn 26), S. 80 ff. für Absatztäter ermittelten Ergebnisse verwiesen.

entsprechen. Zudem bewirkt der vermögensdeliktische Charakter des Absatzes, daß hier wirtschaftliche Motive - vor allem Handeln aus Gewinnsucht - eindeutig dominieren.

Bedeutsam für den Absatz erscheinen tatauslösende Faktoren[68]. Hier geht es insbesondere um die Leichtgläubigkeit des Opfers, aber zuweilen auch um sein Gewinnstreben, weil die Täter ihm ein vorteilhaftes Geschäft vorgaukeln. Mitunter nutzen sie das Geltungsbedürfnis des Opfers nach dem Motto "Auch das Schmeicheln ist eine Kunst" aus.

Die Persönlichkeit der Täter beim Absatz wird dem Bild von Betrug und Hehlerei entsprechen[69]. Auch hier dürfte der Anteil der Rückfallstäter überdurchschnittlich hoch liegen und 50% wahrscheinlich übersteigen. Können Asoziale kaum jemals als " Kunsthändler " auftreten und sind auch sozial Hilflose hier vermutlich selten, dürfte es sich dabei ganz überwiegend um kriminell intensive antisoziale Rückfallstäter handeln. Bei den Durchschnittstätern kommen zwar Konflikttäter vor, haben wir es aber ansonsten vor allem mit eigentlichen Durchschnittstätern zu tun, die mehr zufällig durch Hilfe beim Absatz solcher Objekte schnelles Geld zu machen hoffen. Zu Entwicklungstätern dürfte die Rolle des mit Kunstwerken Handelnden kaum jemals passen.

4. Kunstvandalismus

Ganz anders als bei Kunstdiebstahl und Kunstfälschung, bei denen es den Rechtsbrechern - wie das zum Handel bzw. Absatz Gesagte zeigt - um materiellen Gewinn zu gehen pflegt, liegen die Dinge beim Kunstvandalismus[70]. Versteht man darunter Taten, die lediglich bezwecken, Kunstwerke oder ihnen vergleichbare Gegenstände zu zerstören oder doch zu beschädigen, ist hier der Bezug der Delinquenz zur Kunst doch ganz anders geartet. Denn Kunstwerke fungieren hier nicht als Handelswaren, mit denen man so oder so finanziellen Gewinn erzielen kann, sondern sind lediglich Objekte destruktiver krimineller Aktivitäten. Das

---

68) Informativ hierzu Almeroth 1986 (Fn 26), S. 99 ff.
69) Auch für Absatztäter enthält die Darstellung von Almeroth 1986 (Fn 26), S. 107 ff. tätertypologisch Interessantes.
70) Zu diesem kriminologisch bisher kaum behandelten Bereich siehe mit einigen weiteren Hinweisen insb. Geerds, F.: Kunstvandalismus. Kriminologische und kriminalistische Gedanken über ein bisher vernachlässigtes Phänomen im Bereich von Kunst und Kriminalität. Archiv für Kriminologie, Bd. 163 (1979), S. 129 - 144. Siehe auch schon Tegel, H.: Kunstvandalen. Kriminalistik 22 (1968), S. 103 - 104; anders als er würden wir aber Sachbeschädigungen beim Diebstahl oder nach diesem - zu Zwecken des Verkaufs von Teilen - nicht dem Vandalismus zuordnen. Allgemein und umfassender angelegt Kube, E./Schuster, L.: Vandalismus. Erkenntnisstand und Bekämpfungsansätze. 3. Aufl., Wiesbaden: Bundeskriminalamt 1985, und Geerds, F.: Sachbeschädigungen. Formen und Ursachen der Gewalt gegen Sachen aus der Sicht von Kriminologie und Kriminalistik. Heidelberg: v. Decker/Müller 1983, insb. S. 28 ff., 46 ff., der - S. 48 - den Kunstvandalismus insoweit als Sonderfall des Objekt-Vandalismus wertet.

aber läßt sich nicht mit dem bekannten Wort "Gewalt tut, was ihr gefällt" abtun, sondern wirft die Frage auf, warum gerade Kunstwerke das
Ziel solcher krimineller Machenschaften werden, was bisher kriminologisch leider kaum untersucht worden ist.

4.1 Entwicklung und kriminalrechtliche Reaktion

Bekanntlich gibt es auch beim Kunstvandalismus historische Fälle[71]
wenn man an Tempelschänder oder Verwüstungen denkt, die man früher als Recht des Siegers in einem Krieg ansah. Noch in der beginnenden Neuzeit - z.B. im 30jährigen Krieg - hat das Demolieren sakraler
Kunstwerke auch hierzulande eine beträchtliche und unheilvolle Rolle
gespielt. Schon damit deuten sich für das Phänomen des Kunstvandalismus wesentliche Ursachen an, die genauer untersucht werden sollten,
zumal da sich die Verhältnisse seither doch geändert haben.
    Über die praktische Bedeutung dieser Delinquenz lassen sich einst-
weilen kaum verläßliche Angaben machen, da man vor allem auf spektakuläre Einzelfälle stößt, die Informationen also zufällig wirken[72]. Da
sich - wie angedeutet - auch hier die Verhältnisse verändert haben, ist
anzunehmen, daß derartige Untaten nach dem 2. Weltkrieg ebenfalls
zugenommen haben.
Nicht nur die Informationen über die Art dieser Taten und die durch
sie verursachten Schäden sind unzuverläßig, sondern ebenso die einschlägigen Daten der Kriminalstatistiken. Denn strafrechtlich sind diese
Delikte durchweg als Sachbeschädigungen (§§ 303 ff. StGB) zu werten[73]. Selbst wenn der hier aus Gründen der statistischen Technik ge-
waltige Schwund konkret nicht so groß wie sonst sein dürfte, stecken
doch die einschlägigen Zahlen in den Angaben zu § 303 StGB und insbesondere zu § 304 StGB, der gemeinschädlichen Sachbeschädigung.
Angesichts der allgemein zu verzeichnenden Zunahme dieser Kriminalität[74] ist anzunehmen, daß derartige vandalistische Akte heute zahlreicher als früher sind[75].

4.2 Erscheinungsformen

Fragt man in der Kriminalphänomenologie nach dem Sinn und Zweck,
den derartige Straftaten für die Rechtsbrecher haben, kommt es weniger
auf die kriminalistisch aufschlußreichen Praktiken der Tatausführung

---

71) Zu solchen mit Nachweisen Geerds 1979 (Fn 70), S. 130 f.
72) Ebenso schon Geerds 1979 (Fn 70), S. 131 f., mit einer Reihe von Taten aus neuerer
    Zeit.
73) Zu den Strafvorschriften Geerds 1979 (Fn 70), S. 13 ff.
74) Eingehender Geerds 1979 (Fn 70), S. 18 ff.
75) Zu Art und Ausmaß der Schäden vgl. Geerds 1979 (Fn 70), S. 133 f.

an[76]. Hier lassen sich von den seit alters her bekannten mechanischen Verbrechenstechniken solche physikalischer oder chemischer Art unterscheiden; denn zum Tatmittel des Feuers sind in den letzten Jahrhunderten mannigfaltige Chemikalien hinzugekommen, die das Arsenal der Kunstvandalen bereichert und andere Arten der Tatausführung ermöglicht haben. Bei den Erscheinungsformen des Kunstvandalismus[77] sollte man sich u.E. jedoch, um die Hintergründe plausibler zu machen, daran orientieren, warum Art oder Funktion eines Kunstwerkes Menschen zu derart destruktiven Taten veranlassen. Dann kann man ungeachtet dürftiger Materiallage zumindest drei Erscheinungsformen unterscheiden, zu denen als 4. diejenige hinzukommt, bei der es an rational nachvollziehbaren Motiven oder Zwecken fehlt[78].

4.2.1 Kunstvandalismus mit religiösem oder weltanschaulichem Hintergrund

Akte von Kunstvandalismus wiesen in früherer Zeit ganz überwiegend einen religiösen oder - eng zu verstehenden - weltanschaulichen Hintergrund auf. Der Anteil solcher Taten ist hierzulande gegenwärtig merklich geringer, wenngleich die Lage in Ländern mit entsprechendem Konfliktpotential auch gegenwärtig noch anders sein kann. In Deutschland findet man heutzutage einen solchen Hintergrund außer bei Attentaten auf in Gotteshäusern befindliche Sakralgegenstände von künstlerischem Wert zuweilen bei Straftaten, die sich gegen in Museen oder Galerien untergebrachte Objekte sakralen Charakters richten. Allerdings sollte man hier nicht ohne weiteres aus der Art des Objektes auf einen solchen Hintergrund schließen, weil u.U. allein der Wert oder die Funktion für den Täter ausschlaggebend sein kann. Man sollte also religiöse oder ihnen verwandte weltanschauliche Motive sorgfältig verifizieren.

4.2.2 Kunstvandalismus mit sozialem oder politischem Hintergrund

Auch der Kunstvandalismus mit sozialem oder politischem Hintergrund reicht weit in die Geschichte zurück, wenn man an Taten im Zusammenhang mit Krieg oder Besetzung denkt. Daß diese Fälle in neuerer Zeit zugenommen haben, hängt wohl damit zusammen, daß für einzelne Täter oder Gruppen solcher derartige spektakuläre Sachgewalt den Charakter des Protests gegen Machthaber, gewiße Institutionen oder schlicht gegen den Eigentümer solcher Kunstwerke haben. Diese Täter kommen sich als Unterprivilegierte oder Unterdrückte vor, die durch solche Untaten nicht nur Haß und Abneigung handhaften Ausdruck geben, sondern sich zugleich Resonanz der Allgemeinheit verschaffen wollen.

---

76) Vgl. dazu und zum Folgenden Geerds 1979 (Fn 70), S. 134 ff.; einschlägige Fälle auch bei Tegel 1969 (Fn 1), S. 135 f.
77) Zu den Formen schlichter - allein begangener Sachbeschädigungen Geerds 1979 (Fn 70), S. 28 ff.
78) Zum Folgenden siehe bereits Geerds 1979 (Fn 70), S. 136 ff.

4.2.3 Kunstvandalismus mit künstlerisch-ästhetischem Hintergrund

Wieder anders geartet sind Fälle, die man als Kunstvandalismus mit künstlerischem oder ästhetischem Hintergrund bezeichnen kann. Bei dieser vergleichsweise modernen Erscheinungsform sind die Taten vor allem Ausdruck einer ablehnenden Haltung gegen Kunstwerke dieser Art oder dieses Stils. Typisch dafür sind nicht nur destruktive Aktivitäten gegen sogenannte entartete Kunst in der NS-Zeit, sondern auch gegenwärtig vorkommende Praktiken gegen Werke "moderner Kunst". Selbst wenn hier Modernität oft sicherer als künstlerischer Wert sein mag, ist das doch kein legitimer Grund, um beispielsweise eine im Park aufgestellte abstrakte Plastik vom Sockel zu stoßen und zu beschädigen oder ein derartiges Gebilde zu teeren und federn bzw. mit Farbe zu beschmieren[79].

4.2.4 Irrationaler Kunstvandalismus

Schließlich gibt es Fälle, die sich nicht ohne weiteres diesen drei Erscheinungsformen zuordnen lassen, da sie keine rational nachvollziehbaren Motivationsprozesse aufweisen, sondern allenfalls durch eine Analyse der Täterpersönlichkeit plausibel werden[80]. Dieser irrationale Kunstvandalismus wird vor allem von Geisteskranken oder psychisch schwer defekten Tätern verübt, kann aber auch eine Kurzschlußhandlung sein. Deshalb sollte man im Strafverfahren auf für diese Erscheinungsform typische Anhaltspunkte achten, die insbesondere für Schuldfähigkeit und Rechtsfolgenfestsetzung bedeutsam sein dürften.

4.3. Ursachen und Täter

Schon der Überblick über die Erscheinungsformen macht deutlich, daß die Ursachen dieser sich auf Kunstwerke beziehenden Kriminalität sehr unterschiedlich sind[81], weshalb genauere Forschung angezeigt ist. Läßt sich dazu auch nur mit Vorbehalten etwas sagen, sollte insbesondere interessieren, warum hier vom Geschlecht her die Männer und vom Alter her erwachsende Täter dominieren, wenngleich bei nicht so schwerwiegenden Taten auch jüngere Rechtsbrecher vorkommen, die ansonsten aber mit Sachbeschädigungen weit überdurchschnittlich belastet sind.

---

79) Zu derartigen Fällen Tegel 1968 (Fn 70), S. 103
80) Tegel 1968 (Fn 70), S. 103 spricht hier von "abwegigen Motiven"; siehe auch Tegel 1969 (Fn 1), S. 134
81) Einige Angaben zur Kriminalätiologie finden sich bei Geerds 1979 (Fn 70), S. 138 f. und zu den Sachbeschädigungen allgemein bei Geerds 1983 (Fn 70), S. 34 ff.

Besondere Aufmerksamkeit verdienen u.E. wie die frühere Lebensführung dieser Täter auch deren Sozialverhalten und einschlägige Vortaten, da so verständlich werden kann, warum diese Menschen zu auf Anhieb sinnlos erscheinender Gewalt gegen Sachen bestimmter Art kommen. Dies alles ist überdies wichtig, um den für viele Fälle von Kunstvandalismus bedeutsamen Motivationsprozeß aufzuhellen. Spielen hier wirtschaftliche Motive anders als bei Kunstdiebstahl oder -fälschung keine nennenswerte Rolle, dürfte es zum einen auf Geltungsdrang wie verletzte Eitelkeit oder subjektive, nichtwirtschaftliche Not ankommen. Neben derartigen ichbezogenen Motiven ist zum anderen des öfteren mit fremdbezogenen - insbesondere misanthropischer Art - zu rechnen, die religiös, politisch oder pseudopolitisch eingefärbt sein können. Selbst wenn man von irrationalen Taten absieht, können in manchen - vor allem leichten - Fällen Abenteuerlust, Übermut oder Leichtsinn auch bei vorsätzlicher Tat mitwirken.

Ein weites, aber mehr die Kriminalistik betreffendes Feld sind tatauslösende Umstände, da sie zugleich erkennen lassen, wie man solchen Straftaten am wirksamsten durch technische Sicherheitsvorkehrungen oder organisatorische Maßnahmen entgegenwirken kann[82].

Wird man in der Tätertypologie[83] bei Kunstvandalismus des öfteren auf Durchschnittstäter - auch Konflikts- und Entwicklungstäter - stoßen, spielen hier die Rückfallstäter doch eine nicht zu unterschätzende Rolle. Häufiger als Asoziale oder sozial Hilflose dürften kriminell intensive antisoziale Rückfallstäter sein, die bei ihren Aktivitäten von einer unsozialen oder ausgesprochen gemeinschaftsfeindlichen Einstellung beherrscht werden, wenngleich sie u.U. das Gegenteil vorgeben.

Wirft dieser gedrängte Überblick über die mannigfaltigen Zusammenhänge zwischen Kunst und Kriminalität gewiß mehr Fragen auf als er zuverläßige Antworten bieten kann, sollte dennoch deutlich geworden sein, daß die Materie für Kriminologen nicht nur reizvoll, sondern auch bedeutsam ist. Erscheint deshalb die bisherige weitgehende Abstinenz als nicht recht verständlich, so hat die hier angestrebte Zusammenschau verschiedenartiger Bereiche zugleich den Sinn, über die recht unterschiedliche kriminelle Intensität hinaus aufzuzeigen, daß ebenso wie die Kriminalisten, die sich vor allem mit Kunstfälschungen befassen, sich auch die Kriminologen intensiver mit diesen Problemen beschäftigen sollten. Sind schon Kunstdiebstahl und -fälschung wie der damit verbundene "Handel" bei ganz unterschiedlichem Zuschnitt vermögensdeliktisch geartet, so stellt der Kunstvandalismus zwar gleichfalls ein Vermögensdelikt dar, das jedoch bei klar destruktivem Charakter ebenfalls aus dem Bezug zur Kunst - eben Wert und Wertschätzung von Kunstwerken - zu erklären ist.

---

82) Dazu ausführlicher schon Geerds 1979 (Fn 70), S. 141 ff.
83) Vgl. hier auch Geerds 1979 (Fn 70), S. 139 f. sowie Tegel 1969 (Fn 1), S. 132 ff.

Kann bei allem das Strafrecht dem Kriminologen durch die Gesetzgebung einstweilen kaum helfen, was zugleich Materialschwierigkeiten erklärt, so könnten doch fundiertere kriminologische Erkenntnisse den Strafjuristen eine sachgemäße Anwendung der einschlägigen Vorschriften erleichtern. Noch wichtiger aber erschien es uns, die kriminologische Forschung auf die in diesem Bereich zu verzeichnenden Defizite aufmerksam zu machen, um diese zu beseitigen oder doch merklich zu verringern. Uns scheint, daß ungeachtet des knappen hier gesetzten Rahmens die Kunst es verdient, daß sich auch die Kriminologen mehr Gedanken als bisher um derartige Taten und somit um den Schutz solcher Werke machen, die doch wertvolle soziale Güter der Gemeinschaft verkörpern.

IV. Begutachtung, Prognosestellung und Behandlung

Theorie und Praxis
der Prognosebeurteilung

Erfahrungswissenschaft einmal anders betrachtet

Paul H. Bresser

Als ich vor 15 Jahren (am 11.3.1974) auf Einladung des mir freundschaftlich verbundenen Jubilars im "Kriminologischen Arbeitskreis" in Tübingen einen Vortrag über "Die Begutachtung zur Sozialprognose von 'Lebenslänglichen' und Sicherungsverwahrten" hielt, konnte ich mich im Rahmen einer auch anderweitig umfangreichen forensisch-psychiatrischen Tätigkeit speziell auf Erfahrungen bei der Begutachtung von 35 Männern und 9 Frauen berufen, die aufgrund einer lebenslangen Freiheitsstrafe alle schon sehr langfristig inhaftiert waren. Inzwischen wurden in der Zeit von April 1972 bis August 1988 sozialprognostische Stellungnahmen bei 378 "Lebenslänglichen" (darunter 35 Frauen) abgegeben und zwar fast immer gemeinsam mit mindestens einem (einer) Psychiater(in) oder auch in Zusammenarbeit mit Psychologen. Es ging in insgesamt 705 Stellungnahmen ursprünglich um die Frage der Begnadigung und nach den reformierten Vollstreckungs- und Vollzugsregelungen in großem Umfang auch um vorbereitende Stellungnahmen zu jeweils anstehenden Vollzugslockerungen, teilweise schon vor der Entscheidung über Ausführungen, regelmäßig dann im Zusammenhang mit Urlaubsgewährungen oder mit Verlegungen in eine Einrichtung des offenen Vollzuges. Hinzu kommen schließlich Gutachten für die Strafvollstreckungskammern im Rahmen der Entlassungsentscheidungen. Abgesehen von weiteren Prognosegutachten im Rahmen der Maßregelvollstreckung und den immer wieder anstehenden Stellungnahmen zu Prognosefragen schon im Strafverfahren, läßt sich mit diesen Zahlen der einschlägige persönliche Tätigkeits- und Erfahrungshintergrund umreißen.

Es konnten bei der Gutachtenvorbereitung regelmäßig die teilweise umfangreichen Gefangenenpersonalakten oder auch die gesamten Straf- und Strafvollstreckungsakten mit ausgewertet werden, so daß im Rahmen dieser Erhebungen eine Unzahl weiterer Stellungnahmen mit prognostischen Aspekten bekannt geworden ist und berücksichtigt werden konnte, die das Spektrum der "Begutachtungspraxis" in einem außergewöhnlichen Umfang bereichern.

Der eingangs erwähnte Vortrag ist in der "Juristischen Rundschau" (1974) erschienen und wurde mit einer Stellungnahme in der gleichen

Kerner/Kaiser (Hrsg.) Kriminalität
© Springer-Verlag Berlin Heidelberg 1990

Zeitschrift kommentiert[1]. Im Rahmen der Vorbereitung zur Entscheidung des Bundesverfassungsgerichtes vom 21.6.1977 über die lebenslange Freiheitsstrafe ist eine gutachtliche Stellungnahme zur Prognose der "Lebenslänglichen" abgegeben worden[2]. Weiterhin wurden aus dem gemeinsamen Arbeitskreis Erhebungen zum "Schicksal der Lebenslänglichen"[3] veröffentlicht, die nicht nur das Wissen darüber bereichern, wie es den "Lebenslänglichen" nach ihrer Entlassung tatsächlich ergeht, sondern die auch die weithin günstige Prognose gerade dieser Personengruppe verdeutlichen.

Wer sich in solchem Umfang mit einer Aufgabe befassen mußte, die nicht nur einen hohen sozialen Stellenwert hat, sondern die auch für das Schicksal des Einzelnen bedeutungsvoll ist, sieht sich vor die Frage gestellt, wie er sein Erfahrungswissen verwerten kann, wie er es wissenschaftlich aufarbeiten soll und wie überhaupt *das Verhältnis von Erfahrungswissen und Erfahrungswissenschaft* einzuschätzen ist. Unter Berücksichtigung der einschlägigen Literatur und bei durchaus ernstem wissenschaftlichen Engagement führt die gewonnene Erfahrung zu der folgenden Aussage: Der Wissens- oder Erfahrungsschatz des in der Menschenbeurteilung und der Prognosebegutachtung Erfahrenen deckt oder überschneidet sich nur in geringem Umfang mit dem Informationsreichtum der Erfahrungswissenschaft.

Bei der Begegnung mit und in der Verantwortung für den einzelnen Menschen ist die Aufmerksamkeit stets auf das Individuelle oder auf das Besondere des jeweils einzigartigen und in seiner Weise einmaligen Menschen gerichtet. Um das dabei gewonnene Wissen zu einem Erfahrungsschatz zusammenzutragen, müßte eine erschöpfende Darstellung des im Einzelfall Wesentlichen erfolgen im Sinne einer großen Kasuistik der einschlägigen Fallkonstellationen. Mit der Beschreibung von Sonderentwicklungen könnten dann auch die Randzonen des Seltenen, des oft Überraschenden und des auf vielfältige Weise Menschenmöglichen berücksichtigt und ausgeleuchtet werden. Jede andere Form des wissenschaftlichen Erfassens und Zusammenfassens ist reduktionistisch, vereinfachend, an übergeordneten Zusammenhängen orientiert und an Gemeinsamkeiten und Wahrscheinlichkeiten interessiert. Für die Beurteilung der besonderen Einzelfälle ergibt sich deshalb immer die zwingende Notwendigkeit, sich von dem als wahrscheinlich Erkannten zu lösen und aus persönlicher Einsicht die Argumente so gedanklich aufzubereiten, daß eine angemessene Einzelfallbeurteilung möglich und entsprechend überzeugend dargelegt wird. Dabei ist ein Anspruch an Wissenschaftlichkeit und Urteilsfähigkeit geltend zu machen, der weit über das hinausführt, was im Rahmen empirischer "Forschungen" vorwiegend theorienorientiert zu begründen ist.

---

1) Bresser, P.H.: Die Begutachtung zur Sozialprognose von 'Lebenslänglichen' und Sicherungsverwahrten. Juristische Rundschau 1974, S. 285 - 270 und 497
2) Bresser, P.H.: Gutachten. In: Jescheck, H.H./Triffterer, O. (Hrsg.): Ist die lebenslange Freiheitsstrafe verfassungswidrig? Baden-Baden: Nomos 1978, S. 15 - 24
3) Goeman, M.: Das Schicksal der Lebenslänglichen. Berlin: de Gruyter 1977

Das Zwischenglied zwischen der unbegrenzten Vielzahl der Einzelfälle und den wissenschaftlich reduzierten Variablenprofilen ist eine Einteilung unter dem Gesichtspunkt von ähnlichen Fallkonstellationen einerseits, die mehr oder weniger häufig und insofern typisch erscheinen, und solchen Einzelfällen, die eindeutig seltener oder auch ganz untypisch sind. Daraus läßt sich dann eine mehr oder weniger große Zahl von typischen Fällen ablesen, die als Orientierungshilfe für den Einzelfall eine vergleichende Zuordnung ermöglichen. Für das jeweils Typische (die "idealtypischen" Fall- oder Persönlichkeitskonstellationen) ergibt sich dann ein Erfahrungsumfeld, in dem Aussagen über den Einzelnen annäherungsweise wie Aussagen über eine ganze Gruppe gelten. Einzelfälle, die sich als besonders typisch darstellen und für die dann auch einschlägige Erfahrungssätze gelten, lassen weitgehend treffsichere Folgerungen auch für eine prognostische Beurteilung zu. Es kommt dann aber immer entscheidend darauf an, ob sich bei angemessener Berücksichtigung weiterer Zusatzfaktoren in der sozialen Verankerung und in der leistungsorientierten Lebensgestaltung Gesichtspunkte aufweisen lassen, die zu einer differenzierenden Stellungnahme Anlaß geben.

Die persönliche Erfahrung wird immer eine Verdichtung der Gesichtspunkte mit sich bringen, die das vom Typischen Abweichende verdeutlichen. Die Einzelfallbeurteilung erfolgt dann jeweils unter Berücksichtigung der individuellen Bezugsfelder. Von Bedeutung sind hier vor allem das Verhältnis zur Leistung im Rahmen der Lebensgestaltung, das Vorhandensein von Interessenschwerpunkten und vor allem die Stabilität oder auch Komplexität des zwischenmenschlichen Beziehungsnetzes. Aus der abwägenden Synopsis erwächst dann die Individualbeurteilung auch in prognostischer Hinsicht.

Demgegenüber richtet sich die wissenschaftliche Forschung mehr auf eine reduzierende Merkmalsanalyse und eine sichtende Bilanzierung von Häufigkeiten im Persönlichkeitsbereich einerseits und in den einzelnen sozialen Bezugsfeldern andererseits. Es ergeben sich dann Feld- oder Vergleichsstudien, die jeweils in erster Linie den Bezug zu einer Gruppe - zu einer möglichst großen Zahl - haben. Daraus ergibt sich ein Koordinatensystem der sozialen Bezüge mit zahlenmäßigen oder statistisch auswertbaren "Befunden" und mit gegebenenfalls signifikanten Unterschiedsmerkmalen, aber kein Koordinatensystem im Sinne eines geschlossenen Persönlichkeitsbildes. Was im Rahmen der errechneten Wahrscheinlichkeiten oder im Rahmen des Typischen regelhaft oder sehr wahrscheinlich ist, führt nicht unmittelbar in die Nähe einer Erfassung der individuellen Bedingungskonstellation. Oftmals werden in der gedanklichen Auswertung mit wissenschaftlichem Anspruch lediglich Korrelationen mit Wahrscheinlichkeiten verknüpft und jede so ausgerichtete und mit aller Akribie betriebene Vorgehensweise liefert im Ergebnis keine Urteilsgrundlage für den jeweils konkreten, also für den einzelnen Fall. Für dessen Beurteilung ist immer eine übergeordnete Schau, eben eine auf das Individuum gerichtete Sichtweise erforderlich, die zwar subtil errechnete oder psychologisch in sich schlüssige "Wahrscheinlichkeiten" berücksichtigen oder abwägend mit in Betracht ziehen wird, die aber im Einzelfall auch das Unwahrscheinliche für gegeben erachten muß, sofern hierfür entsprechende, aus der psychologischen Anschauung evidente und nach menschlichem Ermessen zwingende Gründe erkennbar sind.

Das Verhältnis von Erfahrungswissen oder Erfahrungsschatz auf der einen Seite und von wissenschaftlichem Informationsreichtum auf der anderen Seite ist sicher in mancher Hinsicht konvergierend und zueinander passend (die empirische Kriminologie im Sinne von Hans Göppinger[4] liefert dafür zahllose Beweise), aber in der Blickrichtung sind beide Zielsetzungen doch eher divergierend. Das reiche Zahlenmaterial läßt sich kaum praktisch umsetzen. Es bleibt so etwas wie trockene Kost, die durchaus von theoretischem, von grundsätzlichem, von kriminalpolitischem oder anderweitigem Interesse sein kann, die aber für die Beurteilungs- oder Begutachtungspraxis wenig hergibt.

Gegenüber dem bis zur Unübersichtlichkkeit angereicherten Zahlen- und Informations-"Material" ist die persönliche Erfahrung ein lebendiges Wissen. Sie erwächst aus der Lebenswirklichkeit und die Auseinandersetzung mit den Einzelfallkonstellationen zwingt zu immer neuem Nachdenken und Abwägen. Das ständige Vergleichen führt zur Differenzierung und Nuancierung von evidenten Unterscheidungskriterien, die zwar lebensnah und anschaulich zu beschreiben, aber nicht weiter zu objektivieren oder auch nur einleuchtend zu operationalisieren sind. Im Rahmen der persönlichen Erfahrung bleibt eine Offenheit der Perspektive dadurch gewahrt, daß der aufmerksame Blick ständig auf neue Besonderheiten des einzelnen Menschen verwiesen wird, während sich gleichzeitig eine Verdichtung in der Sicht des Charakteristischen und des Wesentlichen einstellt. Kritisch wird zu diesem Weg der Erfahrungssammlung oft eingewandt, daß er leicht zu *Vorurteilen* oder *Einseitigkeiten der Betrachtung* führt. Aber es ist der einzige Weg, der die praktische Urteilsfähigkeit fördert und vielleicht darf dem in dieser Weise um vergleichende Erfahrung bemühten Sachverständigen soviel Verantwortungsbewußtsein und Augenmaß zugesprochen werden, daß er sein Urteil und seine Vorurteile in das richtige Verhältnis bringt. Dabei muß er sich jedoch von einer allzu starken Theoriengebundenheit lösen und nicht die Erklärungsperspektive vor die Erfassungs- und Beschreibungsperspektive stellen.

Der "wissenschaftliche" Weg, vermeintlich subjektive oder sogenannte soziale Vorurteile dadurch zu vermeiden, daß nur möglichst objektive oder verläßlich operationalisierte, also in der Sprache der Statistiker "harte" Daten erfaßt und berücksichtigt werden, die dann auch verwertbar und vergleichbar sind, führt jedenfalls zu einer *anderen Einseitigkeit*, nämlich zu der Bevorzugung von standardisiert erfaßbaren Variablen, die zwar Merkmalsprofile liefern können, die aber den Blick für das Bild des einzelnen Menschen weithin verkürzen, verstellen oder verfremden. Der Mensch als Ganzes mit seinem sozialen Bezugsfeld bietet immer seine individuellen Besonderheiten, die im Einzelfall auch

---

4) Göppinger, H.: Der Täter in seinen sozialen Bezügen. Berlin u.a.: Springer 1983

ihren prognostischen Stellenwert haben. Das Ganze (also auch der ganze Mensch) ist immer mehr als die Summe seiner Teile, die als eine notwendig begrenzte Anzahl von Variablen erfaßt werden. Das dem Menschen adäquate Persönlichkeitsbild ist - bei möglichst aufmerksamer Berücksichtigung der individuellen Besonderheiten - immer erst aus der Gesamtschau des Individuums innerhalb der jeweiligen Situation - in der er lebte und lebt - in angemessener Weise zu erfassen.

Erst die Zusammenschau des menschlichen Soseins läßt das Hervorstechende, das Kennzeichnende, das für die Beurteilung "Wesentliche" erfassen, nicht die prozentuale Graduierung der einzelnen Merkmale. Für die Lebensgestaltung und für die verschiedenen Fragen der praktischen Beurteilung sind unter Umständen vorherrschende Bestimmungsfaktoren ausschlaggebend, die mit korrelationsstatistisch ermittelten Komplexvariablen und darauf zielenden Testuntersuchungen überhaupt nicht ermittelbar sind und dann auch unberücksichtigt bleiben. So wird beispielsweise oft eine Anspruchshaltung und eine eigennützige Grundtendenz erkennbar, die von hoher prognostischer Wertigkeit ist und differenzierend berücksichtigt werden muß, die aber als solche mit ihrem Stellenwert aus den üblichen Merkmalsvariablen nicht ablesbar ist.

Wenn oftmals geltend gemacht wird, der bei der Persönlichkeitsbeurteilung vorwiegend an der eigenen Erfahrung sich orientierende Diagnostiker gewinne oder verwerte intuitive Erkenntnisse (oder er stelle intuitive Prognosen), dann hat das nichts mit Intuition (also gleichsam mit Hellseherei) zu tun, sondern mit Erfassungsvorgängen der psychologischen Anschauung. Es geht um Komplexqualitäten und Gesamtaspekte, in denen sich wie eine Figur vom Hintergrund die kennzeichnenden Züge und die besonders relevanten Aspekte mehr oder weniger deutlich abheben. Diese Form der Anschauung verdichtet sich auch zu dem, was Menschenkenntnis genannt wird und die größten Menschenkenner sind bisher immer noch diejenigen gewesen, die Lebenserfahrung in sprachliche Gestaltung umzusetzen vermochten, sei es im persönlichen Gedankenaustausch, sei es in dichterischer Gestaltung oder auch in anderen menschenkundlichen Schriften. Diese Form der Anschauung, insbesondere der psychologischen Anschauung, ist nicht im engeren Sinne als Weltanschauung zu bezeichnen, sondern sie ist als eine Erkenntnis von Gestalten und Ganzheiten zu verstehen, die dem angenähert ist, was Goethe als Anschauung im Sinne seiner Morphologie gemeint und im Gespräch sowie im Briefwechsel mit Schiller verteidigt hat. Eine solche Anschauung erfaßt genau das, was die Einzelheitenaufzählung nicht wiedergibt und auch nicht vermitteln kann. Gleiche Variablenprofile (etwa bei den sogenannten Persönlichkeitstests) finden sich bei durchaus unterschiedlich strukturierten Persönlichkeiten. Weil aber gerade Prognosegutachten eher auf die Erfassung des Gesamtbildes der Persönlichkeit aufgebaut werden müssen und daraus die prognostisch relevanten Akzente herauszuarbeiten und argumentativ zu erläutern sind, erweisen sich in der Praxis alle Testbefunde als weitgehend entbehrlich. Es gibt keinen Test, der prognostisch relevante Einzel- oder Profilbefunde zu liefern vermöchte.

Es werden zwar gelegentlich bei Prognosegutachten psychologische Tests angewandt und die gewonnenen Befunde ausführlich mitgeteilt (auch zum Nachweis, wie ausgiebig sich der Sachverständige mit dem Probanden befaßt hat), aber es ist bei aufmerksamem Studium der schriftlichen Ausführungen praktisch niemals erkennbar, daß von einem einzelnen Testbefund oder von dem Gesamt der Testergebnisse schlüssig oder argumentativ einleuchtend eine prognostisch relevante Folgerung abgeleitet wird.

Beispielhaft sei erwähnt: Bei Prognosegutachten geht es oft um die Frage der Gefährlichkeit oder speziell um die vorhandene oder noch vorhandene Aggressivität des zu Beurteilenden. Bekannte Testuntersuchungen zur Beurteilung der Aggressivität sind prognostisch deshalb irrelevant, weil die Aggressivität entweder durch entsprechende Verhaltensauffälligkeiten evident ist oder aber nicht "festgestellt" werden kann. Soweit frühere Aggressionshandlungen zu berücksichtigen sind, ist deren spezifische Motivations- oder Situationskonstellation abwägend zu berücksichtigen. Wenn aber nur ein auf Aggressivität verdächtiges Testergebnis vorliegt, muß dieses ohnehin vernächlässigt werden. Gänzlich unverwertbar ist ein "negativer" Befund beim Aggressionstest, weil im Rahmen entsprechender Untersuchungen für den Probanden der Spielraum für eine berechenbare Einflußnahme nicht gering ist. Spricht der Test aber für eine vermeintlich vorliegende oder fortbestehende Aggressivität, ohne daß dies vom Verhaltensbild her zu stützen ist, dann wird in der Interpretation in der Regel von "latenter Aggressivität" gesprochen. Eine solche Aussage ist aber wiederum psychologisch wenig aufschlußreich, denn "latent aggressiv" ist wohl jeder Mensch. Entscheidend ist lediglich, wie er mit den aggressiven Anwandlungen umgeht, ob er sich ihnen also mit Wahrscheinlichkeit in kritischen Situationen tatsächlich ausliefern wird oder nicht. Dafür liefert nur die abwägende Einschätzung des über eine längere Zeitstrecke beobachteten Verhaltens im Rahmen der Gesamtkonstellation entweder positive oder aber keine Anhaltspunkte. Im Zweifelsfall kann jedenfalls ein positiver oder negativer Befund in einem Aggressionstest nicht das Zünglein an der Waage einer Entscheidung sein.

Das Bemühen um eine vermeintlich objektivierende Wissenschaftlichkeit oder eine jeweils operationalisierende Erfassung der prognostisch relevanten Feststellungen findet ebenfalls in anderen Bereichen der Testdiagnostik keine verläßlichen Anknüpfungspunkte. Nach eigenen Erfahrungen ist auch die kontrollierende Erfassung oder Messung des Faktors "Offenheit" oder eine sogenannte "Lügenskala" kein gewichtiges Beurteilungskriterium. Vielmehr ergeben sich die Anhaltspunkte zur Unterscheidung von offen oder verschlossen, von spontan oder berechnend, von selbstkritisch oder selbstunkritisch immer erst aus Einzelheiten des Gesamtbildes, die ausschließlich in diesem Gesamtzusammenhang diagnostisches Gewicht erlangen.

Die naheliegende Besorgnis, daß in der immer zweckgerichteten Untersuchung zur Beantwortung von Prognosefragen die Versuchung zur Täuschung des Gutachters groß sein könnte, ist zweifellos begründet. Es geht dabei nicht nur um Simulation oder Dissimulation, sondern unter Umständen auch um eine vorherrschende Neigung zu beschönigenden Reden oder um eine geschickt berechnende Rhetorik, also allgemein um das Problem der Wahrheit oder der "Echtheit" der Aussagen. Vor allem aus diesem Grunde könnte der Wunsch nach "objektiven" Kriterien und nach einer streng "wissenschaftlichen" Vorgehensweise aufkommen. Aber gerade in dieser Hinsicht kann nur bei entsprechendem persönlichem Erfahrungshintergrund und mit abwägenden Überlegungen ein einigermaßen verläßliches Urteil darüber gebildet werden, was als echt oder unecht, als überzeugend oder nicht überzeugend, als tiefer oder weniger tief in der Erlebnisverarbeitung verankert einzuschätzen ist. Mit allgemeinen Aspekten der einfühlenden Menschenbeurteilung und mit immer wieder vergleichenden Gegenüberstellungen läßt sich ein Augenmaß (man sagt oft: "ein Gefühl") dafür gewinnen, welche Kriterien Skepsis geboten erscheinen lassen.

Es ist nicht leicht, die diesbezüglichen Anhaltspunkte oder Verdachtsmomente begrifflich prägnant und treffsicher zu differenzieren. Aber beispielsweise alle Formen der Überbetonung von Gefühlszuständen oder die nachhaltige Unterstreichung von Vorsätzen und Versprechungen müssen oder sollten Anlaß geben zur Vorsicht bei der Gewichtung solcher Äußerungen. So wie bei einem Alkoholiker, der mit Nachdruck betont: "Herr Doktor, ich schwöre Ihnen, daß ich nie wieder Alkohol anrühre", eine prognostische Hoffnungslosigkeit geradezu aufkommen muß, so ist es auch bei Rechtsbrechern, die den gleichen Mangel an Nachdenklichkeit, Zurückhaltung oder Problembewußtsein erkennen lassen.

Viele Formen einer gleichsam selbstgängerischen und oberflächlichen Rhetorik, eine floskelhafte (sich teils stereotyp wiederholende) Redeweise und alle Formen einer auffälligen Distanzlosigkeit der Gesprächsführung machen eine Intensivierung des Gedankenaustausches erforderlich, um zu erkennen, ob dahinter überhaupt eine entsprechende Gefühlsverarbeitung, Nachdenklichkeit oder Realitätsbeurteilung "sichtbar" wird.

Aber die Skepsis darf auch wieder nicht übergewichtig sein. Manche Probanden mit geringer gedanklicher Beweglichkeit bleiben ihren beschränkten Möglichkeiten entsprechend immer etwas floskelhaft in ihren Reden, ohne daß dies als Anzeichen für ein bloßes Daherreden zu werten ist. Andere produzieren in der Gesprächssituation eine gewisse Betulichkeit mit Überbetonungen, die mehr für Verlegenheit oder für eine situationsbedingte Unsicherheit als für eine durchgreifend oberflächliche Erlebnisverarbeitung sprechen. Aber eine solche Betulichkeit kann auch wiederum einen eher verdeckenden Symptomwert haben.

Gelegentlich ist eine Eilfertigkeit der Argumentation mit festgelegten Redeweisen als Produkt psychologischer oder therapeutischer Gespräche zu beobachten. In solchen Fällen ist die "Bewertung" hinsichtlich der persönlichen inneren Verarbeitung oftmals nicht leicht. Es zeigt sich darin gelegentlich eine sehr einseitige Akzentuierung von Vorsätzen und Beteuerungen (nicht selten z.B. "ich muß lernen, meine Gefühle zuzulassen"), die bei einer weiterführenden Erörterung unverkennbar mehr mit Mißverständnissen als mit hilfreichen Selbsterkenntnissen verbunden sind. Das Umsetzen solcher Vorsätze in die Erlebnisverarbeitung von kritischen Situationen erscheint dann noch nicht gewährleistet. Im übrigen sind auch bei erkennbar vorherrschender Beeinflußbarkeit und Situationsabhängigkeit, also bei einer allgemeinen Willens- oder Haltschwäche, solche oder andere "gute Vorsätze" nicht schon ein Garant für deren Wirksamkeit in kritischen (Versuchungs-)Situationen.

Eine Mannigfaltigkeit von Gesichtspunkten wäre aufzuzählen, um beispielhaft das Verhältnis von "Fassade" und "Kern" der Persönlichkeit differenzierend zu erläutern. Manche Verhaltens- oder Ausdrucksweise wirkt wie ein Schlaglicht für die Beurteilung, aber alle Details müssen im Blick auf übergeordnete Gesichtspunkte des Gesamtbildes abwägend eingeschätzt oder gewertet werden. Das gelingt am ehesten in einem individuell ausgestalteten Intensivgespräch, bei dem es nicht auf die zeitliche Länge, sondern nur auf eine fallorientierte Vielfalt der Stichprobenfragen ankommt. Das Vorgehen läßt sich über eine Anzahl von regelmäßig zu stellenden Informationsfragen (nach äußeren Daten der Lebensgeschichte und der sozialen Situation) hinaus nicht standardisieren, sondern es muß aus einer gewissen Eigendynamik der Problemerörterung erwachsen. Dabei gewinnen dann die Einzelfakten ihren aufschlußreichen oder auch weniger aufschlußreichen Stellen- und Symptomwert.

Beispielhaft läßt sich der Symptomwert einer Aussage so verdeutlichen: Wenn in entsprechendem Zusammenhang darüber gesprochen wird, was der Proband rückblickend zu seiner Tat sagen möchte und er unmittelbar mit Nachdruck antwortet: "Ich könnte mich ins Gesicht spucken, Herr Doktor", dann läßt schon diese Redeweise anschaulich werden, wie wenig feinfühlig hier empfunden wird und daher eine echte Reue beinahe ausgeschlossen werden kann. Läßt der Befragte aber den Kopf etwas sinken und schweigt zunächst einmal eine Weile, dann hat dies einen ganz anderen Aussage- oder Ausdruckswert. Aus solchen Beobachtungen erwächst ein Bild, das sich aus farbstarken oder mehr blassen Mosaiksteinen zusammenfügt. Folgerungen im Hinblick auf die Prognose ergeben sich daraus unter Umständen mit entsprechender Schlüssigkeit und Evidenz.

Was im übrigen die ausführliche Erörterung der dem Verfahren oder der Verurteilung zugrunde liegenden Tat angeht, so ist teils aus rechtlichen, vor allem aber aus psychologischen Gründen stets Zurückhaltung oder ein betont verständnisvolles Vorgehen geboten, sofern der Proband nicht von sich aus Wert auf eine eingehendere Erörterung legt. Die Weise seiner Darstellung oder die Stilform des Argumentierens erfährt in solchen Fällen regelmäßig eine Ausgestaltung, die zu mannigfachen psychologischen oder prognostisch relevanten Erwägungen Anlaß geben kann. Das Gespräch wird hier zum Prüfstein der Realitätsorientierung, zum Gradmesser der Selbstkritik oder zum Anschauungsunterricht für eine mehr trotzige oder stark selbsttäuschende oder betont mitleidheischende Form der Erlebnisverarbeitung. Die persönliche Weise der Vergangenheitsbewältigung hat unter Umständen auch ihren Stellenwert für das Prognoseurteil. Nicht vertretbar erscheint aber die häufiger geltend gemachte Einschätzung, eine mangelnde Bereitschaft zur Aussprache über die Tat sei prognostisch (oder "therapeutisch") ungünstig zu werten. Es muß dem Menschen zugestanden werden, auf seine Weise mit der ihn unter Umständen schwer belastenden Vergangenheit zu leben. Dazu kann auch das Vergessen oder Verdrängen helfen, wenn ansonsten eine verantwortungs- und realitätsorientierte Zukunftsperspektive gefunden wurde. Im übrigen bringt im Rahmen einer Prognosebeurteilung die allzu breite Erörterung der unter Umständen lange zurückliegenden Tat immer die Gefahr mit sich, daß hinsichtlich der Motivationszusammenhänge oder der "Erklärungsmöglichkeiten" - soweit der Proband nicht schon für sich selbst eine "rationalisierende" Lesart aufgebaut hat - nach Maßgabe entsprechender psychologischer Theorien mehr in den Probanden hinein - als aus ihm herausgefragt wird. So sollte auch in erster Linie - wenn überhaupt - die nüchterne Betrachtung der Tat und ihrer Folgen für das Opfer sowie für den Täter selbst ins Gespräch gebracht werden und nicht eine rationalisierende oder psychologisierende Interpretation, die sehr leicht objektiv oder subjektiv falsche Akzente setzt und in der gedanklichen Verarbeitung für den Probanden eher neue Probleme als hilfreiche Wege des Damitfertigwerdens aufdeckt. Für die Exploration bei Prognosebegutachtungen ist dieses Thema ein wichtiger, hier nur streiflichtartig anzusprechender Gesichtspunkt.

Aus der in der hier gebotenen Kürze schwer zu gliedernden Fülle der Aspekte und Erfahrungssätze sei speziell auf weitere Erfahrungen eingegangen, die sich bei der Beurteilung von "Lebenslänglichen" ergeben haben. Im Ermittlungs- oder Strafverfahren stellt sich die Frage der Prognose anders als in späteren Stadien der Strafvollstreckung. Gemeint ist das, was Göppinger[5] als Urteilsprognose der Entlassungsprognose gegenübergestellt hat. Zur Zeit der anstehenden Verurteilung liegt nur das Verhaltensbild bis zu diesem Zeitpunkt vor, später dann aber auch das Verhaltensbild während einer kürzeren oder längeren Vollstreckungszeit. Wie wirkt sich dies auf die Prognose aus?

Tragendes Fundament jeder Verhaltens- oder Sozialprognose ist zunächst ausschließlich das bisherige Verhalten, insbesondere die als durchgehend erkennbar gewordenen Grundzüge der Erlebnisverarbeitung, der Lebensgestaltung und der Lebensbewältigung, die vorherrschende Weise des Umgangs mit Versuchungs- und Belastungssituationen, das längerfristige Verhältnis zum Leistungsbereich (Schule, Beruf, Arbeit), die Ausgestaltung der persönlichen Bindungen, die Anzeichen einer vorherrschenden Stabilität oder eine größere Wechselhaftigkeit, sei es aus innerer Betriebsamkeit oder aus andauernd wechselnder Fremdbestimmung. Daraus ergibt sich dann auch der Vorentwurf für die voraussichtlich zukünftige Form der Lebengestaltung und der Lebensbewältigung.

Im anthropologischen Sinne ist das Leben für den Menschen als eine Aufgabe anzusehen. Unser Leben ist uns nicht nur gegeben (gleichsam als Geschenk oder als Schicksal), sondern auch aufgegeben als eine Situation, die wir zu meistern haben. So kann das Leben auch als eine

---

5) Göppinger, H.: Kriminologie. 4. Aufl., München: Beck 1980, S. 333, 358 ff.

Prüfung (als eine Test-Aufgabe) angesehen werden. Dann ist die Weise, wie der Einzelne diese Aufgabe löst, als ein Ergebnis einzuschätzen, dessen Auswertung dem Untersucher obliegt. Er hat daraus seine diagnostischen Feststellungen (nicht Erklärungen!) und seine prognostischen Folgerungen abzuleiten. Jedenfalls übertrifft diese so zu gewinnende psychologische Erkenntnis jedes mehr "experimentell" gewonnene und von theoretischen oder korrelationsstatistischen Vorgaben abhängige Testergebnis. Wenn dann zusätzlich die "Lebensgestaltung und Lebensbewältigung" in der Ausnahmesituation der Haft, unter den Bedingungen der Freiheitsentziehung und mit allen Nachwirkungen einer verwirkten Schuld, als eine ganz andere Testsituation überschaubar wird, dann liefert dieses "Test"-Ergebnis weitere und unter Umständen ganz neue Erkenntnisse über den zu beurteilenden Menschen. Selbst wenn das Leben nicht primär als Aufgabe, sondern mehr als ein Lernprozeß und ein Lehrstück betrachtet wird, bleibt es doch psychologisch immer noch aufschlußreich, wie der Einzelne es als solches verarbeitet oder bewältigt.

Tatsächlich verdeutlicht vor allem die längerfristige Inhaftierung die Erkenntnis, "um was für einen Menschen es sich handelt", und was von ihm in Zukunft zu erwarten sein wird. Sozialprognostische Beurteilungen bei diesem Erkenntnisstand mit der in aller Regel reichhaltigen Dokumentation des Leistungsverhaltens und der Situationsverarbeitung während der Haftzeit lassen sich - nach den eigenen Erfahrungen - sehr viel leichter erstellen als viele andere Einschätzungen der Prognose nach kurzen Haftzeiten oder bei weniger übersichtlichen Lebensverhältnissen.

In unserem früheren Bericht[6] ist der Beurteilungsrahmen für die Prognosebegutachtung bei längerfristig Inhaftierten mit der Kennzeichnung unterschiedlicher Verhaltensstile dargestellt worden. In Anlehnung an J. Hohmeier[7] wurde der asoziale, der antisoziale, der pseudosoziale und der (pro)soziale Verhaltensstil beschrieben und in seiner prognostischen Relevanz erläutert. Hier soll nun der Entwicklungsgesichtspunkt herausgestellt werden, der eine andere Perspektive der Prognosebeurteilung verdeutlicht.

Die kontinuierlich positive Entwicklung: Es geht um Langzeitgefangene, die mit ihrer verhängnisvollen Tat aus einem geordneten Leben gleichsam ausgebrochen sind und die praktisch schon im Anblick der Tatfolgen auf den "rechten Weg" zurückfinden. Die Anfangszeit der Freiheitsentziehung bringt für sie eine harte Belastung mit sich, gleichzeitig tragen sie schwer an ihrer Tat, lassen sich aber nach dieser kritischen Übergangszeit relativ bald und dann kontinuierlich von dem Ziel leiten, das Beste aus dieser Zeit zu machen, was praktisch immer mit gutem Erfolg gelingt. Prognostische Probleme gibt es dabei nicht.

Die langfristig zum Positiven hinführende Entwicklung: Bei weitgehend fortgeschrittener Verwahrlosungsentwicklung, einem Sichtreiben-

---

6) Bresser 1974 (Fn 1)
7) Hohmeier, J.: Soziale Verhaltenstypen bei Insassen von Strafanstalten. Monatsschrift für Kriminologie und Strafrechtsreform 54 (1971), S. 1 - 9

lassen von Lust und Laune, nichts anderes als Bedürfnisbefriedigung suchend und meist gänzlichem Mangel an Leistungsorientierung, werden unter den Beschränkungen in der Haft mit dem Fortfall vieler Versuchungen (Alkohol- oder Rauschmittelkonsum, Umhertreiben und Verführungen) nach meist länger fortwirkenden Anpassungsschwierigkeiten allmählich die Arbeits- und Leistungsanforderungen anerkannt. Es kommt zu einer Beruhigungsphase und die Gefangenen finden langfristig und anhaltend den Weg zu einer leistungsorientierten Tages- und Lebensgestaltung. Die vorher zweifellos ungünstig zu beurteilende Prognose kann dann, vor allem wenn auch sozial günstige Außenkontakte vorhanden sind, eindeutig positiv korrigiert werden.

Die mit deutlicher Wende zum Positiven umschlagende Entwicklung: In einzelnen Fällen kommt es schon sehr frühzeitig, manchmal etwas später und unverhofft, gelegentlich aber erst nach einer bis zu 10 oder 15 Jahren anhaltenden Auflehnungs- und Widerstandshaltung zu einer mehr oder weniger plötzlichen und durchaus eindrucksvollen Umstellung. Die Entdeckung eines Interessenschwerpunktes, irgendeine eindrucksvolle Erfahrung oder ein "überzeugendes" Gespräch ermöglichen die innere Neuorientierung und einen durchgreifenden Einstellungwandel. Ganz selten wird dies durch ein breiter angelegtes psychotherapeutisches Programm erreicht. Was bei der gängigen psychotherapeutischen Sichtweise an Vergangenheitsaufarbeitung angestrebt wird, stößt bei den Gefangenen eher auf Abwehr und baut "Erklärungsmodelle" auf, die wenig Zukunftsperspektive haben. Das lehrt die Erfahrung. Jedenfalls sind bei längerfristiger Stabilisierung nach einer solchen Wende prognostisch günstig zu wertende Perspektiven auch dann gegeben, wenn die ursprüngliche Prognose denkbar schlecht erschien.

Beispielsweise hat sich ein Gefangener, dessen kriminelle Laufbahn in einem Mord gipfelte, bei Buchbinderarbeiten in der Haft für die Ikonenmalerei begeistert. Er hat sich ihr ganz zugewandt, fand sogar Aufnahme in die orthodoxe Kirche und volle Anerkennung für seine fleißigen Restaurierungsarbeiten und Eigenschöpfungen. So stabilisierte sich sein Leben und seine Prognose. Ein Problemgefangener hat sich erst sehr spät nach 2 ablehnenden Gnadenentscheidungen zu einem leistungsorientierten und sozial belastbaren Mann entwickelt.

Langfristig ungünstige Entwicklungen: Nur sehr selten wird bei Langzeitstrafen (im Unterschied zu Rezidivisten mit Zeitstrafen) eine fortbestehende innere Auflehnungshaltung mit einer Unberechenbarkeit des Verhaltens und einer ganz eigennützigen Forderungsmentalität beobachtet. Einzelfälle verharren im querulatorischen Agieren oder kämpfen auch bei völliger Aussichtslosigkeit um Wiederaufnahme des Verfahrens. Andere lassen sich unkorrigierbar von der Zielvorstellung leiten, nur durch energische Auflehnung oder aggressive Reaktionen könnten sie ihre Lebenstüchtigkeit behalten. Bei einzelnen vorherrschend eigennützigen Gefangenen wird eine erkennbar oberflächliche Anpassungsfassade aufgebaut, bei der die Problematik der persönlichen Bindungen, die wenig realistische Lebensplanung oder andere Umstände des Haltungsstiles den fortbestehenden Mangel an sozialer Orientierung und eine unberechenbare innere Gespanntheit anzeigen.

So blieb beispielsweise eine vielfache Giftmörderin (und vorher schon als Gewaltverbrecherin verurteilte Frau) noch nach fast 40 Jahren bis zu ihrer Entlassung im 75. Lebensjahr im Hinblick auf ihr Verhalten eine prognostisch äußerst ungünstig zu beurteilende Persönlichkeit, die schließlich nur wegen zunehmender körperlichen Schwäche begnadigt wurde.

Sonderentwicklungen mit ungünstiger Sozialprognose: Entsprechende Vorgegebenheiten in der Persönlichkeit (z.B. ausgeprägt autistische Züge mit Neigung zu einer eigenwillig-abwegigen Vorstellungstätigkeit - allgemeine Minderdifferenzierung mit völlig unangemessener Selbst- einschätzung - stark stimmungs- oder triebgebundene Entgleisungen) können auf praktisch unkorrigierbare Wege führen, entweder mit einer fast psychotisch fixierten Wahnthematik, mit unerschöpflichen Pseudo- logien oder auch mit beeindruckender Bereitschaft zu konsequenter lebenslanger Sühne. Hinzu kommen die Sexualdelinquenten, die zwar nicht von "Hormonen" beherrscht, aber unkorrigierbar von einer aus- schweifenden Vorstellungstätigkeit erfüllt bleiben. Für die soziale Pro- gnose - wenn auch nicht immer für ihre Gefährlichkeitsprognose - sind damit ungünstige Voraussetzungen verbunden, wenn nicht durch eine geeignete soziale Eingliederung einer gefährlichen Entgleisung vorge- beugt werden kann.

Dieser Querschnitt durch einen großen Erfahrungsschatz, der nur eine Skizze bleiben kann, ist auch ein Beitrag zur Erfahrungswissen- schaft bei entsprechendem "Erfahrungs"-Verständnis. Ein wenig zu- rückhaltender Kritiker des hier vertretenen Erfahrungs-Begriffes[8] hat insbesondere unsere Mitteilungen über das Ergebnis der Untersuchun- gen von "Lebenslänglichen" in Frage gestellt und schrieb, es erscheine "zweifelhaft, daß hier mit wissenschaftlicher Nüchternheit und Unvor- eingenommenheit geforscht wurde"[9]. Als er dann aber selbst unter dem Druck, eigene Erkenntnisse vorzulegen, mit dem von ihm vertretenen "wissenschaftlichen" Methodenverständnis daranging, eilig (innerhalb eines Monats[10] selbst Befunde zu sammeln, kam er zu dem Ergebnis, daß er die Befunde der "Kölner Gruppe ... in ihrem Kern bestätigen müsse ... zumindest gehen die Ergebnisse in dieselbe Richtung"[11].

Die bis auf seltene Problem- und Sonderfälle bemerkenswert positi- ven Verläufe und die wenigen allenfalls mit gewissen Vorbehalten doch überwiegend günstig zu formulierenden Prognosebeurteilungen können Anlaß geben zu der Frage, welchen Stellenwert denn in diesem Zusam- menhang die "Therapie" hat. Die komprimierte Zusammenfassung unse- res Überblicks läßt wenig Spielraum, wenig "Behandlungs"-Aussicht, wenig im engeren Sinne psychotherapeutische Aufgeschlossenheit und wenig effektiv sichtbare Therapieerfolge erkennen. Deshalb spricht es für ein eingeengtes Erfahrungsfeld und für eine lediglich gut gemeinte,

---

8) Rasch, W.: Gutachten. In: Jescheck, H.H./Triffterer, O. (Hrsg.): Ist die lebenslange Freiheitsstrafe verfassungswidrig? Baden-Baden: Nomos 1978, S. 25 - 41
9) Rasch 1978 (Fn 8), S. 27
10) Rasch 1978 (Fn 8), S. 29
11) Rasch 1978 (Fn 8), S. 38

aber auch etwas lebensferne Behandlungsideologie, wenn nicht nur sehr häufig vor dem Urteil und zu Beginn der Haft der Akzent ganz auf eine "Behandlungsbedürftigkeit" gesetzt wird. So ist es auch nicht nachvollziehbar, wenn in einer als "empirische Studie" vorgelegten Monographie über die "Sozialprognose bei Tötungsdelikten"[12] bei einem rückfällig gewordenen 33jährigen Mann nach dem dritten Tötungsdelikt während des Vollzuges der lebenslangen Freiheitsstrafe ein psychodynamisches Konzept entworfen wird, mit einer unbewältigten Mutterproblematik (etc.) und es dann zur Frage der Prognose lediglich heißt: "Sofern die Persönlichkeitsstörung des Herrn St. therapeutisch nicht bearbeitet wird, bleibt das Risiko für ungesteuerte Aggressionsdelikte gegen Frauen bestehen"[13]. Für denjenigen, der weiß, um welchen Täter es sich handelt, ist es wenig überzeugend, wenn die unverkennbar schlechte Prognose so vage eingekleidet wird.

Zum Schluß: H. Göppinger hat in seiner "Kriminologie" (1980) unter relativ weiter Fassung des Begriffes "Intuitive Prognose" gesagt, daß sie "in der heutigen Gerichts- und Vollzugspraxis noch die mit Abstand am meisten angewandte Methode" sei[14]. Wenn der Begriff intuitiv eine Annäherung an den Begriff einer psychologischen Anschauung findet, dann handelt es sich - auch im Sinne von H. Leferenz[15] überwiegend um eine empirische, von kritisch verarbeiteter Erfahrung getragene Individualprognose "mit einer unmittelbar erlebten Evidenz, die ihre Überzeugungskraft in sich selbst trägt" und die eine "Voraussetzung aller verstehenden Psychologie ist"[16]. Die so gewonnenen Erfahrungen und die Anwendung eines so definierten Erfahrungsbegriffes mögen mit diesen Darlegungen eine praxisnahe Erläuterung und vielleicht auch so etwas wie eine eigenständige wissenschaftliche Rechtfertigung finden.

Prognoseurteile sind immer auch Erwägungen und Aussagen, die verantwortungsbewußt vertreten werden müssen. Diese Verantwortung läßt sich nicht mit einem Rückzug auf Testbefunde oder vermeintlich besser objektivierte Feststellungen mindern.

---

12) Rode, I./Scheld, S.: Sozialprognose bei Tötungsdelikten. Berlin u.a.: Springer 1986
13) Rode/Scheld 1986 (Fn 12), S. 55
14) Göppinger 1980 (Fn 4), S. 358
15) Leferenz, H.: Probleme der kriminologischen Prognose. In: Mezger, E./Würtenberger, Th. (Hrsg.): Kriminalbiologische Gegenwartsfragen, Heft 3. Vorträge bei der XI. Tagung der Kriminalbiologischen Gesellschaft vom 8. bis 10. November 1957 in Freiburg i. Br. Stuttgart: Enke 1958, S. 35 - 46
16) Leferenz 1958 (Fn 15), S. 37

Operationalisierte Klassifikationssysteme in der forensischen Psychiatrie Fortschritt oder Irrweg ?

Henning Saß, Christian Wiegand

Auf der Landkarte der Wissenschaften ist der Ort der Psychiatrie nicht scharf umrissen. Von den "verstehenden" Geisteswissenschaften trennt sie die Bindung an das naturwissenschaftliche Substrat zahlreicher psychischer Störungen; gegen die "nomothetischen" Naturwissenschaften ist sie abgesetzt, weil sich die Komplexität menschlichen Erlebens, Befindens und Verhaltens dem reduktionistischen Zugriff metrischer Verfahren oftmals entzieht. Diese wissenschaftstheoretische Sonderstellung teilt sich dem Argumentationsstil des Fachs mit. Der Jurist etwa kann sich stets an ein Positivum, an das Gesetz als Ursprung der Entscheidungsbildung halten. Dagegen sind "positive" Bindungen psychiatrischer Ableitungszusammenhänge rar, die Evidenzquellen des Fachs, weil weder standardisiert noch monopolisiert, von unübersichtlicher Vielzahl, die Argumentationsstränge lang, bisweilen umständlich. Daher rührt der Vorwurf, psychiatrische Diagnosen seien austauschbar, ersetzbar, letztlich in das Belieben des Beurteilers gestellt.

Im Anschluß an entsprechende Herausforderungen der Antipsychiatrie[1] haben darum führende psychiatrische Fachorganisationen den seit einem Jahrzehnt in der Medizin zunehmenden Tendenzen nach diagnostischer Operationalisierung entsprochen und verschiedene, z.T. konkurrierende, diagnostische Klassifikationssysteme erarbeitet. Im praktischen Gebrauch sind derzeit DSM-III-R[2] und ICD-9[3], das in Kürze durch ICD-10[4] abgelöst wird, am stärksten vertreten. Die operationalisierte Diagnostik bringt erhebliche Verbesserungen für die zuverlässige psychiatrische Kommunikation und die systematische Erfassung des relevanten Materials. Gerade für das besonders problematische Gebiet der abnormen Persönlichkeiten, wo bislang erhebliche Schul- und Mei-

---

1) Vgl. Laing, R.D.: The divided self. Chicago: Quadrangle Books 1965
2) Vgl. American Psychiatric Association (Hrsg.): Diagnostic and Statistical Manual of Mental Disorder. 3. rev. Aufl., Washington, B.C..: APA 1987
3) Vgl. WHO, ICD, 9. Revision, Kapitel V, im Auftrag der Deutschen Gesellschaft für Psychiatrie und Nervenheilkunde (DGPN), herausgegeben von R. Degkwitz. 5. Aufl., korrigiert nach der 9. Revision d. ICD. Berlin u.a.: Springer 1980
4) Vgl. WHO, 10th. Revision of the International Classification of Diseases, Chapter V. Genova, September 1988 (Draft). Noch nicht veröffentlicht.

Kerner/Kaiser (Hrsg.) Kriminalität
© Springer-Verlag Berlin Heidelberg 1990

nungsverschiedenheiten bestanden, eröffnet sie neue Lösungsmöglich-keiten[5].

In Laien- und Fachkreisen inzwischen außerordentlich populär[6], er-weisen sich jedoch diese Klassifikationssysteme in der Hand zahlreicher Anwender kaum mehr als Teil des diagnostischen Prozesses, sondern vielmehr als dessen Hauptinhalt[7]. Für den medizinisch-juristischen Dialog ergeben sich daraus zahlreiche Mißverständnisse[8]. Tatsächlich scheint sich für den Außenstehenden die Erhebung psychiatrischer Diagnosen seit dem Aufkommen der operationalisierten Klassifikations-systeme grundsätzlich verändert zu haben: An die Stelle multifaktoriell bedingter, teilweise langwieriger Ableitungszusammenhänge ist ein Al-gorithmus getreten, der die Diagnose aus dem Entsprechungszusammen-hang von Einzelfallmerkmalen und Einschluß- bzw. Ausschlußkriterien der Klassifikation sicherstellt, und dies zudem, so mag es scheinen, ana-log einer klassischen juristischen Argumentationsfigur, der Subsumtion. Gerade für die forensische Anwendung ist jedoch an die Gefahr zu denken, daß sich hinter der objektivistischen Fassade einer mißverstan-denen reduktionistischen Diagnostik ein Argumentationsverfahren ver-bergen kann, dessen Bekämpfung seit Gustav Radbruch ein zentrales Interesse der deutschen Strafrechtspflege ausmacht. Gemeint ist der Positivismus. Wenig wäre gewonnen, geriete im Zeitalter der Kontrolle rechtsimmanenter Positivismustendenzen die Täterbeurteilung in ein Kraftfeld, das als medizinpositivistisch angesprochen werden muß. Hier bilden die operationalisierten Klassifikationssysteme eine stete Versu-chung zum "kurzen Prozeß".

Zur Ausräumung einiger Mißverständnisse im medizinisch-juristischen Dialog, um den Göppinger sich stets verdient gemacht hat, sollen im folgenden Ziele und Selbsteinschätzung wesentlicher Diagnoseschlüssel benannt (I), sodann Konsequenzen für den sachgerechten Umgang da-mit an einem praktischen Beispiel aufgezeigt werden (II). Schließlich ist an die Grenzen der Aussagekraft dieser Diagnoseinstrumente zu erin-nern (III).

---

5) Vgl. Saß, H.: Zur Diagnostik der Persönlichkeitsstörungen in der Forensischen Psychia-trie. Forensia 9 (1988), S. 149 - 154. Siehe auch noch Saß, H.: Die Krise der psychia-trischen Diagnostik. Fortschritte der Neurologie und Psychiatrie 55 (1987), S. 355 - 360.
6) Vgl. Diagnostisches und statistisches Manual psychischer Störungen (American Psy-chiatric Association, DSM-III-R). Deutsche Bearbeitung und Einführung von Wittchen, H.U./Saß, H./Zaudig, M./Koehler, K.: Weinheim, Basel: Beltz 1989. Hier Einleitung, S.4
7) Vgl. das Vorwort zu DSM III-R 1989 (Fn 6), S. X
8) Vgl. Blau, G.: Methodologische Probleme bei der Handhabung der Schuldfähigkeitsbe-stimmungen des Strafgesetzbuches aus juristischer Sicht. Monatsschrift für Kriminologie und Strafrechtsreform 72 (1989), S. 71 - 77

I.

Nach Intention und Selbsteinschätzung sind DSM-III-R und ICD-10 "atheoretisch" konzipiert. Damit ist vor allem gemeint: der Verzicht auf ätiopathogenetische Theoriebildung sowie die Verkürzung aller Argumentationsstränge, die über Symptomdeskription und algorithmische Zusammenfassung zu diagnostischen Gruppen von "mental disorders" hinausgehen. Diese Einschränkungen sollen reliable diagnostische Festlegungen sichern und den Systemgebrauch durch Benutzer unterschiedlicher theoretischer Orientierung gestatten. Deshalb zielt die Merkmalserfassung auf möglichst eindeutige, offenkundige und durchgängig konsensfähige diagnostische Kriterien vornehmlich auf der Ebene äußerlich beobachtbaren Verhaltens, deren Vorliegen bei Fehlen spezifischer Ausschlußkriterien die Zuordnung zu einer bestimmten psychischen Störung gewährleisten soll. Die Systeme intendieren nicht mehr als den Schritt von der Symptomebene zu der "psychischen Störung", die im Grunde syndromalen Charakter trägt. Dagegen wird die Beschreibung des Annäherungsgrades an eine ätiopathogenetisch definierte Krankheit nicht beansprucht, außer bei einigen organisch begründbaren psychischen Störungen mit bekannten somatischen Teilfaktoren.

Hauptziel dieser operationalisierten psychiatrischen Klassifikationssysteme ist zunächst eine Verbesserung der wissenschaftlichen Kommunikation durch eine erhöhte Reliabilität des diagnostischen Prozesses. Hierfür werden Aspekte der Validität vorläufig vernachlässigt, auch werden einige zusätzliche Verkürzungen auf anderen Ebenen hingenommen. So bleiben "nicht formalisierbare diagnostische Entscheidungskriterien ... unberücksichtigt"; darum sind "Konzepte, für die noch keine befriedigende Strukturierung gefunden werden konnte", im System nicht mehr enthalten[9]. In bestimmten Fällen führt das diagnostisch zu einer Bevorzugung der Verhaltensebene gegenüber anderen Qualitäten des Erlebens und Befindens. Weitere Folge der Formalisierung ist eine "Vermehrung der diagnostischen Gruppen"[10]. Wurden in DSM-III (1980) noch ca. 200 Störungen in der Art kategorialer "Einheiten" voneinander abgegrenzt, so sind es dank uferloser nosographischer Aktivitäten in DSM-III-R (1987) bereits über 250. Entgegen einem charakteristischen Mißverständnis ist dieser erweiterte Diagnosenkatalog weniger Ausdruck nosologischer Neuentdeckungen, als vielmehr einer methodisch bedingten Aufsplitterung. Ferner beruhen viele diagnostische Kategorien und Algorithmen des DSM-III-R-Systems nicht auf einer hinlänglich gesicherten empirischen Basis[11]. Schließlich sind die operationalisierten Systeme auf eine Abkehr vom tradierten Krankheitsbegriff eingeschworen. Die Übertragung diagnostizierter Störungen auf

---

9) So das Vorwort zu DSM-III-R 1989 (Fn 6), S. XI
10) Vorwort zu DSM-III-R 1989 (Fn 6), S. XI
11) Vorwort zu DSM-III-R 1989 (Fn 6), S. XII

ein bisheriges Krankheitskonzept[12] etwa in dem Sinn, eine bestimmte Störung sei durch DSM-III-R oder ICD-10 "als Krankheit aner- kannt"[13], liegt deshalb neben der Sache. Dies haben die Herausgeber der deutschen Fassung von DSM-III-R ausdrücklich hervorgehoben in dem Sinn, "daß die Aufnahme einer diagnostischen Kategorie in DSM- III-R, wie z.B. die Diagnosen Pathologisches Spielen oder Pädophilie, nicht bedeutet, daß dieser Zustand bestimmte rechtliche oder andere nicht-medizinische Kriterien erfüllt, die psychische Krankheit, psychi- sche Störung oder psychische Behinderung festlegen"[14].

II.

Bei der praktischen Anwendung der operationalisierten Klassifikations- systeme werden diese Selbstbeschränkungen offenbar nicht regelmäßig mitbedacht, was in foro zu Mißverständnissen führt. So sieht Blau durch die Diagnoseinstrumente einen "mittlerweile fast uferlosen Krankheitsbegriff der Mediziner" etabliert[15] mit schrankenloser Aus- weitung potentieller De- oder Exkulpationsgründe. Dem könne nur durch die Wiederbelebung eines entsprechend restriktiven "juristischen Krankheitsbegriffs" gewehrt werden. Weiter würden durch den WHO- Schlüssel (ICD-9) "Persönlichkeitsstörungen nahezu aller Art pathologi- siert"[16], abermals mit der Gefahr "einer im Einzelfall ungerechtfertig- ten Ausdehnung von De- oder Exkulpation, da Richter es sich im allge- meinen nicht so leicht zutrauen, Krankheiten - und noch dazu im WHO-Schlüssel festgeschriebene - zu durchschauen"[17]. Als Beispiel wird die aktuell heftig diskutierte Spielsucht (ICD-Nr. 312.2) angeführt, "eine unter die vier Anknüpfungspunkte des § 20 gewiß nicht ohne weiteres subsumierbare 'Triebanomalie'"[18].

Anhand dieser auch in unseren Augen sehr kritikwürdigen Kategorie[19] wollen wir untersuchen, ob die Bedenken, die Blau der aktuellen psych- iatrischen Diagnostik entgegenhält, gerechtfertigt sind.

1.) Nach DSM-III-R ist "Pathologisches Spielen" gegeben, wenn sich mindestens vier der folgenden Kriterien beim Untersuchten finden:

---

12) Vgl. Häfner, H.: Allgemeine und spezielle Krankheitsbegriffe in der Psychiatrie. Ner- venarzt 54 (1983), S. 231 - 238
13) So Kellermann, B./Meyer, M.: Glücksspielsucht als Krankheit. Deutsches Ärzteblatt 86 (1989), S. 127 - 129
14) Einleitung zu DSM-III-R 1989 (Fn 6), S. 17
15) Blau, G. 1989 (Fn 8), S. 73
16) Blau, G. 1989 (Fn 8), S. 72
17) Blau, G. 1989 (Fn 8), S. 73
18) Blau, G. 1989 (Fn 8), S. 74
19) Vgl. Saß, H./Wiegand, Ch.: Exzessives Glücksspielen als Krankheit? Kritische Bemer- kungen zur Inflation der Süchte. Manuskript München 1989, zum Druck eingereicht.

(1.) Häufige Beschäftigung mit dem Glücksspiel oder damit, Geld für das Spielen zu beschaffen.

(2.) Häufiges Spielen um größere Geldsummen oder Spielen über einen längeren Zeitraum als beabsichtigt.

(3.) Das Bedürfnis, die Höhe oder die Häufigkeit der Einsätze zu steigern, um die gewünschte Erregung zu erreichen.

(4.) Ruhelosigkeit oder Reizbarkeit, wenn nicht gespielt werden kann.

(5.) Wiederholte Geldverluste beim Spielen und Zurückkehren am anderen Tag, um die Geldverluste wieder wettzumachen.

(6.) Wiederholte Versuche, das Spielen einzuschränken oder zu beenden.

(7.) Häufiges Spielen, obwohl das Erfüllen sozialer oder beruflicher Pflichten vorrangig wäre.

(8.) Aufgeben einiger wichtiger sozialer, beruflicher oder Freizeitaktivitäten, um zu spielen.

(9.) Fortsetzen des Spielens trotz Unfähigkeit, die wachsenden Schulden zu zahlen oder trotz anderer bedeutsamer sozialer, beruflicher oder gesetzlicher Probleme, von denen der Betroffene weiß, daß sie durch Spielen verschlimmert werden.

Diese diagnostische Leitlinie fällt durch folgende Besonderheiten auf:

a.) Von 9 Kriterien entsprechen 8 der reinen Verhaltensbeschreibung; nur Punkt 3 deutet mit "Bedürfnis" und "gewünschte Erregung" eine affektive Untersuchungsebene an. Insgesamt entspricht diese Erhebung einer starken Bevorzugung behavioristischer Elemente bei gleichzeitiger Verkürzung des diagnostischen Gewichts der Qualitäten von Erleben und Befinden.

b.) Der formalisierten Diagnostik entspricht eine Tendenz zur kategoralen Gewichtung der einzelnen Items; die Intensitätsbestimmung erfolgt darum nach Maß und Zahl. Störungscharakter und Ausmaß geraten zur Funktion vorwiegend quantitativer Normwerte.

c.) Das "pathologische Spielen" findet sich in einer ebenso heterogenen wie problematischen Syndromgruppe zusammen mit anderen Störungen der Impulskontrolle, die sämtlich erheblichen forensische Mißverständnissen Vorschub leisten können, etwa der Kleptomanie, der Pyromanie und den "intermittierenden Störungen der Impulskontrolle". Letztere "Störung" könnte bei unkritischem Gebrauch als "Krankheitsbild" für eine Vielzahl strafbarer Gewaltakte dienen, die in einen völlig normalpsychologischen Kontext gehören.

2.) Aus der Diagnose "Pathologisches Spielen" nach DSM-III-R-Kriterien ergeben sich also keineswegs bereits Art und Ausmaß einer forensisch relevanten psychischen Störung beim Untersuchten. Diese kann nämlich nicht in positivistischer Manier aus einem vorgegebenen Katalog oder Suchtkonzept deduziert, sondern nur empirisch-induktiv erhoben werden. Die Kriterien hierfür müssen die formalisierend-quantifizierende Argumentationsebene eines operationalisierten Klassifikationssystems notwendigerweise verlassen. In sozialer Hinsicht wären aus subtiler Analyse des Querschnittsbefundes wie des Lebenslängsschnittes im Sinne Göppingers[20] u.a. Verhaltensstereotypisierung, Konflikthäufung, Einengung der Lebensführung zu untersuchen, im kognitiven Bereich käme es auf das Ausmaß der Kritikschwäche und das Zurücktreten hemmender Gegenvorstellungen im Motivationsgefüge an, im dynamischen Bereich auf die Verfassung von Antrieb und Emotionalität. Biographisch wäre ein drastisches Herausfallen aus lebensgeschichtlich erkennbaren Dispositionen erheblich. Erst eine entsprechende Zusammenschau, die das Spielverhalten in einen gestalthaft zu interpretierenden lebensgeschichtlichen Rahmen stellt, nicht etwa die schlichte diagnostische Zuordnung nach DSM-III-R-Kriterien allein, erlaubt die Einschätzung von Art und Ausmaß einer psychischen Störung bei einem exzessiven Spieler. Der Umstand, daß DSM-III-R derartige Gesichtspunkte aus Gründen geringerer Reliabilität bei Anwendung formalisierter Untersuchungsinstrumente eliminiert, macht sie für die notwendigerweise komplexere forensische Beurteilung der psychischen Störungsart und ihres Gewichtes nicht etwa bedeutungslos.

3.) Aus der Diagnose "Pathologisches Spielen" nach DSM-III-R-Kriterien folgt demnach zunächst nur, daß ein für den Psychiater auffälliges Verhaltensmuster vorliegt. Ob und in welchem Umfang darüber hinaus eine psychische Störung oder gar Krankheit gegeben ist, bedarf weiterer Untersuchungen anhand der den unter (2.) genannten Gesichtspunkte. "Glücksspielsucht als Krankheit"[21] ist demnach kein zulässiges Ergebnis einer DSM-III-R-Diagnose; für diese Behauptung bietet kein operationalisiertes Klassifikationssystem eine Gewähr. Im Anschluß an die Feststellung eines psychiatrisch auffälligen Verhaltensmusters bleibt demnach die Frage zu beantworten, ob eine Kränkheit oder eine Zerrüttung der seelischen Funktionen vorliegt; die diagnostische Zuordnung allein bietet hierfür keine hinreichenden Antworten. Unabhängig davon bleibt natürlich nach der Feststellung psychischer Störungen im Zusammenhang mit "exzessivem Spielverhalten", die sich in einer bestimmten Diagnose und möglicherweise in der Einordnung unter die "schwere andere seelische Abartigkeit" niederschlägt, die weitere auf der zweiten Beurteilungsebene angesiedelte Aufgabe, die Relevanz der festgestellten Störungen für Einsichts- und Steuerungsvermögen zu analysieren. Keineswegs kann die Vorgabe einer wie auch immer gearteten Diagnose im Kontext auffälligen Spielverhaltens schon allein die Vermutung einer forensisch relevanten Beeinträchtigung des Einsichts- und Steuerungsvermögens begründen.

---

20) Göppinger, H.: Der Täter in seinen sozialen Bezügen: Berlin u.a.: Springer 1983
21) Kellermann/Meyer 1989 (Fn 13). Vgl. auch Meyer, G.: Die Beurteilung der Schuldfähigkeit bei Abhängigkeit von Glücksspiel. Monatsschrift für Kriminologie und Strafrechtsreform 71 (1988), S. 213 - 227.

Im Anschluß an die forensische Literatur[22] hat sich der Bundesgerichtshof diesen Standpunkt zu eigen gemacht. Er hat darüber hinaus die Leitlinie vorgegeben, daß eine erhebliche Verminderung der Steuerungsfähigkeit nur ausnahmsweise gegeben sei, z.B. bei "schwersten Persönlichkeitsveränderungen"[23].

Werden diese Einschränkungen bei Diagnosestellung nach Kriterien operationalisierter Klassifikationssysteme mitbedacht, so lösen sich zahlreiche Mißverständnisse auf: Weder ist der Krankheitsbegriff erweitert worden, noch hat Normalpsychologisches eine Pathologisierung erfahren. Darum leisten die neuen Diagnoseschlüssel weder dem von Blau bekämpften "nosologischen Imperialismus" der Psychiater Vorschub noch einem "Dammbruch" der Dekulpations- oder Exkulpationsgründe.

III.

Unter diesen Gesichtspunkten scheint die von Blau geforderte Wiederbelebung des "juristischen Krankheitsbegriffs" entbehrlich, denn die Gefahren des "Dammbruchs" sind nicht etwa den diagnostischen Klassifikationssystemen immanent, sondern drohen nur bei unkritischer Anwendung. Um diese zu vermeiden, seien die wichtigsten möglichen Mißverständnisse im Umgang mit diesen Diagnoseinstrumenten angeführt.

1.) Die operationalisierten Klassifikationssysteme bieten diagnostische Leitlinien und sind Vorschläge auf der Basis des flukturierenden Wissensstandes der Diagnostikforschung. Keineswegs ist der diagnostische Prozeß als beendet anzusehen, wenn der Untersucher erst einmal mit DSM-III oder einem anderen System eine "Störung" ausgemacht hat[24]. Die operationale Klassifizierung psychischer Störungen bedeutet innerhalb einer umfassenden psychiatrischen Untersuchung und diagnostischen Formulierung nur einen kleinen Baustein, der nicht allein deshalb ein unverdientes Übergewicht erhalten sollte, weil er im häufig vagen Feld psychiatrischen Denkens und Handelns besonders griffig zubereitet

---

22) Siehe dazu Rasch, W.: Forensische Psychiatrie. Stuttgart: Kohlhammer 1986. Hand, J./Kaunisto, E.: Multimodale Verhaltenstherapie bei problematischem Verhalten in Glücksspielsituationen ("Spielsucht"). Eine Kritik am Suchtmodell und erste empirische Ergebnisse nach dem Neurosenmodell zur Ableitung therapeutischer Interventionen. Suchtgefahren 31 (1984), S. 1 - 11 (Sonderdruck). Kröber, H.-L.: Pathologisches Glücksspielen: Definitionen, Erklärungsmodelle und forensische Aspekte. Nervenarzt 56 (1985), S. 593 - 602. Kröber, H.L.: "Spielsucht" und Schuldfähigkeit. Zur Notwendigkeit differenzierter Psychopathologie bei straffälligen Spielern. Forensia 8 (1987), S. 113 - 127

23) BGH, Urteil des 1. Strafsenats (1 StR 544/88), S. 7

24) Vgl. Saß, H.: Zur Standardisierung der Persönlichkeitserfassung mit einer integrierten Merkmalsliste für Persönlichkeitsstörungen (MPS). Monatsschrift für Kriminologie und Strafrechtsreform 72 (1989), S. 133 - 140

ist. Gerade die forensische Untersuchung erfordert die Analyse des Lebenslängsschnittes, die am zuverlässigsten durch die eingehende biographische Anamnese erschlossen wird. Diese führt auch zum Verständnis psychostruktureller und psychodynamischer Besonderheiten der Lebensentwicklung und der aktuellen Verfassung der individuellen Persönlichkeit. Es entspräche einer Fehlanwendung, wenn die in DSM-III und ICD-10 enthaltenen Kriteriensätze wie ein Katalog lediglich nach vorhanden/nicht vorhanden durchgesehen würden.

2.) Eine "Störung" (disorder) im Sinne der Diagnoseschlüssel ist keine "Krankheit"; die Verschiebung operationalisierter Syndromgruppen auf die "Krankheits"-Ebene mit völlig anderen sozialen und rechtlichen Konnotationen widerspricht den Intentionen der Klassifikationssysteme ausdrücklich. Wenn etwa Erektionsstörung oder Nikotinmißbrauch als diagnostische Optionen angeboten werden, so sagt dies nichts über deren nosologische Eigenständigkeit.

3.) Die forensische Bedeutung einer Störung folgt nie aus der diagnostischen Festlegung allein, sondern bedarf selbständiger Erhebung. Hier ist das Prinzip des psychopathologischen Referenzsystems hilfreich, also die Untersuchung, ob die Störung zu einer Deformierung des Persönlichkeitsgefüges geführt hat, die forensisch relevanten Ausprägungsgraden krankhafter seelischer Störungen vergleichbar ist[25].

4.) Bei der operationalisierten Diagnostik werden nicht etwa Individuen klassifiziert, sondern Störungen, die bei Individuen vorkommen können. Das bedeutet vor allem, daß sich diagnosegeleitete Analogieschlüsse von einer auf die andere Person verbieten. Dies relativiert die Bedeutung der diagnostischen Festlegung für die Schuldfähigkeitsbeurteilung.

Resümee

Zu Recht apostrophiert Blau die Gefahr, "Richter könnten" die "Diagnoseschlüssel künftig wie Tatbestandsmerkmale des StGB handhaben"[26]. So angewandt, gerieten die operationalisierten Klassifikationssysteme tatsächlich zu Werkzeugen positivistischer Täterbeurteilung; positivistisch deshalb, weil das sachlich unangemessene Haltmachen bei monopolisierten, standardisierten und verbindlichen Diagnoseschemata die forensische Psychiatrie um die Vielzahl der Erkenntnisquellen und um die Herleitungen brächte, die sie bislang als klassischen Antagonisten gesetzpositivistischer Tendenzen ausgewiesen haben. Wie gezeigt, widerspräche eine solche Anwendung den Intentionen und dem Wortlaut der diagnostischen Systeme diametral. Für die Errichtung juristischer

---

25) Vgl. Saß, H.: Ein psychopathologisches Referenzsystem für die Beurteilung der Schuldfähigkeit. Forensia 6 (1985), S. 33 - 43
26) Blau, G. 1989 (Fn 8), S. 72

Schutzwälle gegen das psychiatrische Argument ("juristischer Krankheitsbegriff") besteht darum bei sachgerechter Anwendung der Diagnoseschlüssel kein Anlaß. Dies setzt freilich, wie ebenfalls von allen Systemen gefordert, ein besonderes diagnostisches Training und reichhaltige klinische Erfahrung voraus. Nur dadurch wird vermeidbar, daß die vermeintliche Praktikabilität der auf den ersten Blick so handlich aufbereiteten diagnostischen Kriterienkataloge zu kurzschlüssigen Beurteilungen verführt.

Psychopathologische Auffälligkeiten bei kriminellem Verhalten

Petko Dontschev

Laut H. Göppinger[1] ist die psychische Abnormität von Bedeutung für die Kriminologie vorwiegend bei der Erforschung der Täterpersönlichkeit und zwar in drei Aspekten:

* Die psychischen Auffälligkeiten der gesamten Persönlichkeit
* die Art der kriminellen Handlung
* die Einheit der Persönlichkeit in ihren sozialen Bezügen.

Unsere forensische Erfahrung erlaubt uns durchaus, diesen Standpunkt von Göppinger zu bestätigen, nämlich, daß "sich über die Erkenntnis ihrer ausgeprägten Formen (die allerdings bei Kriminellen nicht übermäßig häufig anzutreffen sind) bestimmte - kriminologisch relevante - im normal-psychologischen Bereich liegende Verdünnungen solcher Auffälligkeiten eher beurteilen lassen."

Die Untersuchung des s.g. psychopathologischen Mechanismus des motivierenden, mit der Straftat unmittelbar verbundenen Erlebens, erlaubt uns, die Bedeutung der diskret ausgeprägten psychopathologischen Auffälligkeiten für das kriminelle Verhalten der "gesunden" Straftäter zu verstehen.

Die Untersuchung dieses Mechanismus, der wir eine Reihe von Jahren gewidmet haben, umfaßt ca. 1.000 stationär untersuchte Rechtsbrecher, die zur Anfertigung eines forensischen Gutachtens in die gerichtsmedizinische Abteilung des Instituts für Neurologie und Psychiatrie, Sofia, eingewiesen wurden. In der vorliegenden Arbeit teilen wir einen Teil unserer Ergebnisse mit, die den Stellenwert der Psychopathologie in der kriminellen Motivation bei Kranken und Gesunden erläutern sollen.

Unsere Ausgangshypothese ist, daß der Einfluß der psychischen Erkrankung auf das kriminelle Verhalten äußerst selten als autochtone Treibkraft, als Schicksal, unabhängig von den Lebensbedingungen und der Persönlichkeitsentwicklung, imponiert und, daß die Taten in ihrer Motivation auch bei psychisch kranken Rechtsbrechern nicht durch eine "chinesische Mauer" von den Verbrechen der Gesunden getrennt sind. Wir analysierten zunächst die deutlichen psychotischen Einbrüche im menschlichen Erleben und der dadurch verursachten plötzlichen Veränderung in der Motivation des kriminellen Verhaltens; im weiteren alle

---

1) Göppinger, H.: Kriminologie. Eine Einführung. 2. Aufl., München: Beck 1973

Kerner/Kaiser (Hrsg.) Kriminalität
© Springer-Verlag Berlin Heidelberg 1990

Übergänge bis zur Grenze des kaum bemerkbaren Einflusses des Krankhaften auf den inneren psychischen Mechanismus der Straftat.

Die klinische Untersuchung der Motivation jeder begutachteten Person erlaubte uns in der darauffolgenden Etappe unserer Arbeit den Versuch, die krankhaften Deformationen der Motivation typologisch in einige Grundmodelle aufzuteilen:

1. Paralogische psychische Mechanismen
2. Parabulische psychische Mechanismen
3. Parathyme psychische Mechanismen
4. Mechanismen der Bewußtseinsstörung
5. Mechanismen der Intelligenzminderung
6. Mechanismen der veränderten Persönlichkeitsreaktion auf eine Streß-Situation

Jede Gruppe schließt unterschiedliche psychopathologische Veränderungen des motivierenden Taterlebens ein, bedingt durch die Art der krankhaften Störung: Psychose, organisches Psychosyndrom, Charakterabnormität, neurotische Reaktion u.a. Die schwerste Abweichung bestimmt die Bezeichnung der Gruppe.

Unter pathologischem Mechanismus verstehen wir die psychopathologischen Komponenten des motivierenden Erlebens, die der Straftat vorausgehen oder sie begleiten.

Der Mechanismus ist:

a) die Widerspiegelung der psychopathologischen Symptome in der Motivierung der Tat, ist aber nicht identisch mit den Symptomen der krankhaften Veränderung.
b) Die psychischen Prozesse, die in dem Mechanismus enthalten sind, gehen der Tat unmittelbar voraus, stehen aber nicht immer in kausalem Zusammenhang mit ihr. In dem kausalen Bündel von Faktoren kann die psychopathologische Komponente auch nur eine geringe Rolle spielen.

1. Paralogische Mechanismen

Sie stellen eine krankhafte Entstellung der logischen Abläufe dar, obwohl ihre Inhalte auch Störungen der Affektivität, der Wahrnehmung und des Gedächtnisses einbeziehen. Innerhalb dieser Gruppe unterscheiden wir fünf Varianten zwischen der akuten Psychose und dem psychisch Verständlichen:

* die wahnhafte,
* die paranoide Einstellung;
* die überwertige,

* die zwanghafte und
* die prälogische Variante.

Die Mechanismen werden durch die Motive des Tatgeschehens deutlich, die ihrerseits die logischen Abläufe in dem unmittelbaren Erleben darstellen. Die Motive spiegeln die "bewußte Treibkraft des Verbrechens" wider. Bei den psychischen Störungen haben sie eher die Bedeutung erlebter "Überlegungen" und nicht die echter Motive, wie wir sie bei gesunden Tätern antreffen. Die Kasuistik weist eine Mehrzahl von Varianten auf, die den Übergang zwischen der psychologischen Norm und der wahnhaften Zerfahrenheit ausfüllen.

Die wahnhafte Variante trifft man am häufigsten bei den endogenen Psychosen an. Sie ist oft mit schweren Tötungsdelikten verbunden. In manchen Fällen ist die Störung der logischen Abläufe von Trugwahrnehmungen, Automatismen und vorübergehenden Orientierungsstörungen begleitet, wie es im folgenden Beobachtungsfall ist.

W. D., 24 Jahre alt, mit fortschreitender Schizophrenie. Am Tag des Tötungsdeliktes sei er mit einer ziellosen "Unrast" durch die Straßen gelaufen.

"...Unter Unrast verstehe ich genau diese wellenförmige Kurve meines Zustandes... Ich habe zwei Nachbarn ohne Anlaß geschlagen, ich suchte ein büßendes Opfer für meinen Zustand... Als ich den alten Mann (den Getöteten) sah, sagten mir die Stimmen, daß ich meinen Henker sähe. Diese Stimmen sagten: 'Das ist er und du mußt ihn fertigmachen'...In diesem Augenblick hatte ich keine andere Wahl, weil in mir viele Stimmen klangen: 'Mache ihn fertig, mache ihn fertig!'... Ich meine, das war nicht mein Wille... Ich hörte die Stimmen ganz deutlich, jemand trieb mich zur Tat..."

Der Kranke erklärt weiterhin, daß der von ihm mit einem, am Tatort herausgerissenen, Baum getötete alte Mann ihm in diesem Augenblick wie der Hochmeister des Deutschen Ordens vorkam und daß er sich selbst als "der Retter" des Slaventums und Sieger über den westlichen Okkultismus erlebt hat.

Das gesamte Erleben von W. D. ist durch Wahnideen mannigfaltigen und widersprüchlichen Inhaltes, durch echte Halluzinationen ("deutliche" Stimmen), durch Automatismen (W. D. erlebt sich als Werkzeug fremden Willens) und durch eine intensive quälende Gespanntheit, die spontan und "abgekürzt" in eine einmalige aggressive Tat abläuft, gekennzeichnet. Diesen Mechanismus fassen wir als wahnhaften auf, da er das nicht einzige, aber das wichtigste Element innerhalb des komplizierten psychopathologischen Komplexes darstellt - jenes Element, das das Ziel und die Tatmotive in der wahnhaft erlebten "unvermeidlichen Notwehr" bestimmt.

Die zweite Variante innerhalb der paralogischen Gruppe ist der Mechanismus der paranoiden Einstellung. Auch hier liegt im Grunde der unkorrigierbare Denkirrtum vor, der sich aber von der wahnhaften Variante dadurch unterscheidet, daß er nicht der Ausdruck eines klinischrelevanten Wahnes ist, sondern Ausdruck der potentiellen Bereitschaft für eine kurzfristige paralogische Deutung einer konkreten Situation. Diese Variante treffen wir in ihrer reinsten Form bei der Persönlichkeitsveränderung nach abgeklungener Psychose an.

A. W., 38 Jahre alt, mit nichtproduktivem schizophrenen Residualsyndrom. Als seine Brüder begonnen hätten, ein Gebäude abzureißen, das A. W. bewohnt habe, habe er versucht, die Arbeit zu verhindern, obwohl sie ihm davor versprochen hätten, ihm bessere Räume zur Verfügung zu stellen. Anfangs habe er den Bürgermeister um Hilfe gebeten, später habe er mit Gewalt die Arbeit seiner Brüder zu stoppen versucht. Während des Streites mit den Brüdern, die sehr wohlwollend versucht hätten, ihn abzulenken, habe A. W. einen von ihnen mit seinem Messer erstochen. Unmittelbar nach seiner Festnahme habe A. W. mitgeteilt, daß er, erst nachdem der Streit begonnen habe, "verstanden habe", daß seine Brüder ihn vernichten wollen. Die plötzliche "Erleuchtung" habe auch die entscheidende Reaktion der "Notwehr" ausgelöst. Bei der klinischen Untersuchung in den folgenden Tagen hat A. W. aufgehört zu behaupten, daß sein Leben in Gefahr gewesen sei. Er hat erklärt, daß dieser Gedanke nur für einen Augenblick aufgetaucht und danach verschwunden sei.

Die überwertige Variante in der Gruppe der paralogischen Mechanismen ist kennzeichnend für Straftaten, die am häufigsten von Personen mit organischem Psychosyndrom, Alkoholismus, Psychopathie oder psychogener Reaktionen verübt werden. Der überwertige Mechanismus, im Unterschied zur wahnhaften Variante, verläuft ohne echten Verlust der potentiellen Fähigkeit zu korrektem Denken. Die Störung der logischen Abläufe wird durch den Einfluß von Affekten und katathymen Einschätzungen der Konfliktsituationen verursacht. Die Ausführung einer Straftat hängt von der Intensität des jeweiligen überwertigen Ideenkomplexes ab. Dieser Mechanismus kann unter verschiedenartigen Motiven auftreten. Es besteht eine bestimmte Analogie in der Art des Auftretens dieses Mechanismus' bei Personen mit Organischem Psychosyndrom und bei gesunden Deliquenten.

Die Zwangsvariante ist ein verhältnismäßig seltener Mechanismus, der vorwiegend bei Eigentumsdelikten auftritt. Er gehört zu der Gruppe der paralogischen Mechanismen, soweit das Motivationserleben zwanghaft ist: gleichzeitiges Bestehen der aufdringlich starken kriminellen Initiative und ihrer Antithese, die die adäquate Einschätzung der Rechtswidrigkeit und Strafgefahr enthält. Es ist schwierig, den Zusammenhang dieses Mechanismus' nur mit den Störungen der logischen Abläufe zu erklären, soweit auch Triebstörungen deutlich ausgeprägt sind. Diesen Mechanismus beobachten wir nicht nur beim typischen Ladendiebstahl, ausgeübt durch seelisch labile Personen, die keine Krankheitszeichen vorzeigen. In einem unserer Fälle haben wir ihn auch bei einem Patienten mit nichtproduktivem schizophrenen Residualsyndrom festgestellt.

B. A., 34 Jahre alt, Postamtvorsteher, hat im Laufe von drei Jahren 45.000 Leva veruntreut und sich damit allmählich eine riesige Menge von Kleidung, Schuhen, Rundfunkgeräten angeschafft, ohne sie zu benutzen oder zu verkaufen. Während der Untersuchung erklärte B. A. die Veruntreuung mit dem Drang, Gegenstände zu kaufen, um sich so seiner schweren Zwangserlebnisse zu entlasten. Nur nach einem erfolgreichen Kauf "eines schönen Gegenstandes zum günstigen Preis" habe er sich für einige Stunden erleichtert gefühlt.

Prälogische Variante nennen wir jene Variante, die eine unreife oder unterentwickelte Logik darstellt, analog der Vorstufen in der Entwicklung des Denkens - Etappen des primitiven magischen Denkens. Diese Variante kommt bei organischem Psychosyndrom und bei abnormen Persönlichkeiten mit Intelligenztiefstand vor.

P. G., 24 Jahre alt, mit leichter Debilität. Seit seinem 10. Lebensjahr trinke er Blut von Schildkröten, Geflügel und Schafen, weil man ihm eigeredet habe, er könne somit seine Gesundheit und männliche Potenz "stärken". In letzter Zeit sauge er warmes Blut von gestohlenen Schafen. Er habe unter naiven Vorwänden versucht, andere Dorfbewohner in sein Versteck zu locken. Zum Schluß habe er einem Bekannten versprochen, ihm einen Goldschatz zu zeigen, ihn in seine Höhle gelockt und ihn mit einem Beil getötet. An der Leiche sind Schnittwunden an beiden Kniehöhlen gefunden worden, was den Verdacht erhärtet, daß P. G. den Mord verübt hat, um Menschenblut zu trinken.

2. Die Mechanismen der Parabulie

Unter diesem Oberbegriff fassen wir psychopathologische Phänomene, die im Zusammenhang mit den tiefen energetischen Potentialen der willkürlichen Motorik stehen, zusammen.

Der Prototypus dieser Gruppe ist die kataton-parabulische Variante, bekannt durch schwere Aggressionstaten schizophrener Patienten. In dieser Gruppe unterscheiden wir folgende Varianten:

* die katatone,
* die impulsive,
* die des entblößten und entstellten Triebes,
* die des Drogenentzugs u.a.

Bei dem kataton-parabulischen Mechanismus kommt es zu unerwarteten Aggressionen als Folge plötzlicher Freilassung ungezielter intensiver aggressiver Potentiale. In dem Erleben des Täters hat die eigene Tat nicht mal in wahnhaftem Sinne ein Ziel und Zweck.

Die impulsiv-parabulische Variante unterscheidet sich von der katatonen durch mannigfaltige Ausdrucksformen mit quantitativen Übergängen bei Straftaten von Personen mit verschiedenartigen Störungen: Psychosen, organische Psychosyndrome, nichtprozeßhafte Defektzustände, abnorme Persönlichkeiten, sowie Erlebnisreaktionen bei psychisch Gesunden.

Der psychische Zustand, auf dessen Hintergrund sich die impulsive Straftat abspielt (Aggression, Diebstahl, Zerstörung, Brandstiftung u.a.)

kann sehr unterschiedlich sein. Das Pathologische, das sie miteinander verbindet, bezieht sich auf:

a) das plötzliche Auftreten und "Verkürzung" der Reaktion, die kein "Nachdenken" und Zweifeln zuläßt;
b) das Gefühl "des Gemachten" und der Entfremdung der eigenen Taten;
c) das Gefühl der Entlastung nach der Tat, unabhängig von ihrem Ausgang - der "Ventil-Effekt", der die unerträgliche psychische Spannung freiläßt.

Der Mechanismus entblößter und entstellter Triebe schließt kriminelle Handlungen bei qualitativ unterschiedlichen Krankheitsbildern ein. Bei Psychosen z. B. wirkt er oft läppisch.

N. K., 30 Jahre alt, mit faxenhafter Persönlichkeitsveränderung nach abgeklungenem schizophrenem Schub, habe eine attraktive junge Frau am hellichten Tag auf offener, verkehrsreicher Straße überfallen. Obwohl sich die Frau energisch gewehrt habe, habe N. K. sie zu Boden gezogen und begonnen, sie auszuziehen. Die sich sofort einschaltenden Passanten hätten mit Mühe N. K. von seinem Opfer weggerissen und bemerkt, daß seine Hose offen und sein Glied erigiert war. Dem Untersuchungsrichter habe N. K. maniert berichtet, daß er das Mädchen nicht kenne, aber plötzlich sich entschieden habe, es "zu besitzen" und anschließend zu heiraten, obwohl es ihm "nicht eingefallen" sei, es nach seiner Zustimmung zu fragen.

Bei Alkoholikern und Personen mit Charakterabnormitäten führt der Mechanismus der ethischen "Entblößung" des Sexualtriebes, im Zustand stärkeren Alkoholrausches, auch zu Inzestdelikten, die durch ihre moralische Unzulässigkeit und "Fremdheit" in bezug auf das gewöhnliche Verhalten, auffallen.

Einer unserer Patienten mit beginnendem Alkoholismus hat zweimal seine eigene Mutter vergewaltigt.

Der Diebstahl von Suchtmitteln oder Mitteln für deren Anschaffung im Entzug kann in seinem Motivierungsmechanismus sehr viel Ähnlichkeit mit dem Prototypus der entblößten und entstellten Triebe haben.

3. Die Gruppe der partathymen Mechanismen

Sie schließt folgende Grundvarianten ein:

* parathymer Mechanismus
* Mechanismus der optimistischen Fehleinschätzung
* katathymer Mechanismus
* affektogener Mechanismus

Während die zwei ersten Mechanismen typisch für Psychosen sind, treffen wir die restlichen in dem, die Straftat begleitenden Erleben abnormer und psychisch gesunder Personen an.

Die parathyme Variante widerspiegelt die qualitativen Affektivitätsstörungen: Die emotionale Reaktion richtet sich gegen neutrale Objekte oder gegen Gegenstände.

Einer unserer Patienten mit schizophrener Persönlichkeitsveränderung habe seine Wohnung, nachdem er sich mit seiner Mutter aus nichtigem Anlaß zerstritten habe, wütend und gespannt verlassen. Die Treppe hinuntersteigend habe er plötzlich eine zufällige Passantin mit zwei Faustschlägen ins Gesicht geschlagen und sei, ohne ein Wort zu sagen, weitergegangen.

Die Variante der optimistischen Fehleinschätzung treffen wir am häufigsten in dem motivierenden Erleben der Eigentumsdelikte an, die von manischen Patienten verübt werden. Den gleichen Mechanismus beobachten wir, wenngleich in einer anderen quantitativen Ausprägung, bei hyperthymen Psychopathen.

Der katathyme Mechanismus ist charakteristisch für abnorme oder asoziale Persönlichkeiten, wenn sie bemüht sind, auf verkürztem Wege sich von ihrer inneren Unruhe zu befreien, ohne soziale Normen zu beachten. Ebenso wenn sie bemüht sind, vitale und materielle Bedürfnisse zu befriedigen, ohne Zeit und Anstrengungen dafür aufwenden zu wollen.

Eine viel größere kriminogene Bedeutung hat die affektogene Variante, die man bei den gefährlichsten Tötungsdelikten beobachtet. Sie ist gut erforscht bei der Motivation von schweren Aggressionsdelikten, die von Epileptikern, Schizophrenen, abnormen Persönlichkeiten, Personen mit organischem Psychosyndrom, solchen mit neurotischen Entwicklungen sowie von psychisch Gesunden in Streß-Situationen ausgeübt werden.

4. Der Mechanismus des Intelligenzmangels

Dieser ist verhältnismäßig selten. Er wird in reinster Form bei einigen Straftaten schwachsinniger oder dementer Täter beobachtet. In diesen Fällen spielt der Intelligenzrückstand eine unmittelbare Rolle, ohne Einfluß der affektiven und Triebkomponenten. Er tritt in für das Individuum kritischen Situationen auf, in denen der Intelligenzmangel die falsche Einschätzung der Lage und die falsche Zielrichtung der Tat bedingt.

E. P., 20 Jahre alt, mit mittelschwerer Debilität, verschlossen. Im Arbeitsdienst habe er sich in seinen Freistunden gerne in den an der Kaserne angrenzenden kleinen Wald zurückgezogen und gelesen. Eines Morgens seien zu ihm zwei Kinder, fünf und acht Jahre alt, gekommen. Gestört durch ihre Anwesenheit habe E. P. versucht, sie wegzujagen, indem er dem kleineren Kind einen Faustschlag in den Nacken verpaßt habe. Das Kind sei in Ohnmacht gefallen. In seiner Panik habe E. P. gedacht, das Kind sei tot und habe blitzartig beschlossen, den Zeugen loszuweraen. Daraufhin habe er das zweite Kind mit einem Stein erschlagen. Erst dann habe er festgestellt, daß das kleinere Kind am Leben sei und habe es mit seinen Hosenträgern erdrosselt.

5. Die Mechanismen der Bewußtseinsstörung

Diese Mechanismen sind in ihrem quantitativen und qualitativen Aspekt ebenfalls sehr mannigfaltig. Unter den psychotischen Bewußtseinsstörungen ist die Bewußtseinstrübung mit ihren graduellen Abstufungen die führende. Unsere reiche Kasuistik erlaubt uns, die bekannten klinischen Typen zu bestätigen und zwar: die paranoide, die oneroide und die somnolente. Eine größere kriminogene Bedeutung fällt den Mechanismen der psychogenen Dämmerzustände, der Bewußtseinseinengung, zu. Sie kommen bei Kurzschlußhandlungen und anderen Streßreaktionen sowie bei den quantitativen Abstufungen des Alkoholrausches vor.

Die letzte Gruppe der psychopathologischen Motivierungsmechanismen schließt die von uns s. g. Variante der veränderten, deformierten Persönlichkeitsreaktion ein.

6. Veränderte, deformierte Persönlichkeitsreaktion

Hier ist meistens die Tat als Antwort auf eine, für die betroffene Person schwere soziale und seelische Situation zu betrachten. Sie trägt die Zeichen einer Reaktion der gesamten Persönlichkeit, ohne eine besondere Störung einzelner psychischer Funktionen erkennen lassen zu können. Die Veränderung, die Deformation der Persönlichkeitsreaktion kann als Vernachlässigung der ethischen Normen erscheinen, wie das der Fall bei Kranken mit schizophrener Persönlichkeitsveränderung oder Charakterabnormitäten ist. Sie kann sich auch durch den Verlust oder durch grundsätzliches Fehlen an Respekt vor den gesellschaftlichen und rechtlichen Normen kennzeichnen, obwohl die Personen formal behaupten, den rechtswidrigen Charakter der Tat erkennen zu können. Die sozialen Normen haben hier nicht die Bedeutung eines funktionierenden "Regulators" des Verhaltens.

Die klinisch-statistischen Vergleiche zwischen der Krankheit, der Tat und der konkreten psychopathologischen Variante des Motivierungsmechanismus erlauben uns, folgendes festzustellen:

1. Die psychopathologischen Auffälligkeiten in dem Mechanismus der Straftat hängen grundsätzlich von dem führenden klinischen Syndrom ab. Die psychopathologischen Auffälligkeiten bestimmen sozusagen die verschiedenen Typen deliquenten Verhaltens. Ihre Grenzen werden aber von Art und Inhalt des klinischen Syndroms gesetzt.

2. Andererseits, wenn auch seltener, kann der psychopathologische Mechanismus von dem klinischen Syndrom abweichen, wie z. B. der affektogene Mechanismus der Straftaten, bei denen kein deutlicher Zusammenhang mit dem führenden paranoiden Syndrom festzustellen ist. Das bezeugt, daß der psychopathologische Mechanismus *nicht mit den Symptomen der Krankheit identisch ist*, sondern daß er die durch die Krankheit bestimmte persönliche Art des Reagierens ist.

3. Der psychopathologische Mechanismus erscheint als ein Kontinuum, bei dem an einem Ende wir deutliche Symptome der psychischen Erkrankung erkennen. Durch unsichtbare Übergänge stellen wir am anderen Ende *subtile Zeichen des Psychopathologischen* fest, die schwer von dem normal-psychologischen Motivieren zu unterscheiden sind. Die Pathologie der Psyche gibt uns auf diese Weise die Möglichkeit, *unter den Bedingungen eines natürlichen Experimentes* in einer Reihe von Fällen die unklare Motivation eines Verbrechens zu dechiffrieren.

4. In bestimmten Fällen erscheinen die psychopathologischen Mechanismen des deliquenten Verhaltens als Varianten des menschlichen Reagierens, unter veränderten inneren (psychischen) Bedingungen. Hier stellen sich diese Mechanismen als Reservemechanismen des Funktionierens der Persönlichkeit dar und sind ein Ausdruck der Bemühungen der Persönlichkeit, die durch die Krankheit verursachten Schäden oder Mängel zu kompensieren.

Zusammenfassend möchten wir unsere Hoffnung betonen, daß die Erforschung der psychopathologischen Komponenten in dem motivierenden Mechanismus des deliquenten Verhaltens ein Weg sein kann, der über das psychisch Abnorme zur psychischen Norm hin uns eine neue Möglichkeit erschließt, die psychischen Treibkräfte des Verbrechens zu verstehen.

Expertise on Criminal Offender:
The Prognostic Evaluation
of Social Dangerousness

Francesco De Fazio, Alessandra Luzzago

The prognostic model, taken from Medicine, cannot be ignored in applied Criminology, both as regards the sentencing process and the execution of the penalty. The problem of prognosis evaluation is, in fact, intrinsic in the clinical approach. It has become, if anything, as important as the principle of individualized penal treatment has asserted itself. However, prognostic judgement must be based on a dynamic evaluation. It must not represent a rigid labelling, but rather model itself according to a multiplicity of factors, whose interaction contributes to the variation of likely responses from the subject. That is to say that the prognosis must be formulated along lines of methodologies that have not been servilely changed from psychiatric-diagnostic categories or from legal-type categories. It must, instead, be based on a theoretical elaboration of indices taken from empiricism, according to the different situations and relative to the different types of subjects.

What is more debatable and complex is the inference of predictable indices to be used in differentiating types of subjects whose criminal persistency has a high social cost, in the face of which it will be necessary to bring about a differentiated penal policy.

The increase in high-emotional-impact criminal forms, such as sexual crimes, or violent crimes expressed within interpersonal relationships between non-delinquents, and above all, the increased consciousness of social damage connected with the various forms of organized crime, have, over the past decades, caused new demands for social defense.

On a political level, the legislator has had many difficulties dealing with these demands, not having the possibility to face the problem, as in the past, making an indiscriminate appeal for imprisonment. These punishments in fact, have lost the importance that at one time they were given both in terms of effectiveness as well as in terms of prevention.

On the other hand, the failure of the so-called "treatment (penitentiary) ideology" has provoked on one side the tendency to return to forms of neo-classicism, and on the other a more accentuated appeal for the use of criminal measures not depriving freedom, reserving them for more serious crimes.

This raised the problem of recognizing subjects that are highly dangerous for society and the legal verification of this condition, which as

Kerner/Kaiser (Hrsg.) Kriminalität

a presumption can justify more decisive and more serious criminal measures with the purpose of social defense.

A criminal policy has therefore been outlined whose purpose is not only and not so much to pursue the crime, - an objective that research concerning the unknown number has in practice revealed false -, as to protect in the most efficient manner possible the social group, recognizing as central the concept of social dangerousness.

At the same time that the current of thought supported the appeal for penal measures based each time on the criteria concerning the major or minor social dangerousness of the criminal offenders and the various types of crimes, critical attitudes were developed regarding the concept of social dangerousness[1]. Concerning this, during the past few years many authors have found that it is without substantial content, and essentially reflects the expectations of the group; and that, in practice, it brings about the arbitrary attribution to the subject of a characteristic that is part of his behavior, assuming that the dangerousness cannot represent an aspect of personality, but rather expresses itself through the interaction of many factors acting causally together.

The concept of dangerousness was also criticized in terms of the falseness of prediction, or rather in relation to the lack of predictable uniformly valid criteria, which can be used for articulating a prognosis with characteristics of certainty as requested by the criminal justice system.

It has also been pointed out how inopportune it is to ask psychiatrists or psychologists for an evaluation of social dangerousness, especially in cases where it is not connected to mental pathology. In particular, the investigation concerning the dangerousness was criticized, when it becomes a determinant element for the pronouncing of sanctions with an accentuated repressive content; and concerning this matter the so-called indefinite penalties, generally following a judgement of dangerousness, have been particularly censured. In fact it has been shown that indefinite penalities are in contrast both with the need of certainty, which should be connected to the criminal sanction, as well as with the need to protect the rights of the individual, especially in cases in which the judgement of dangerousness is formulated in relation to mental disorders.

Concerning the Italian reality, we must also note that the legal notion of social dangerousness, understood as the probability of generic recidivism, is in a certain sense in contrast with the original conceptual significances. In fact, the term dangerousness ("pericolosità") (from "periculum", or rather "experiment" or "risk"), was introduced by the Positive School, as the equivalent of a "fearfulness", in relation to which the

---

1) Dozois, J./Lalonde, M./Poupart, J.: La dangerosité: un dilemme sans issue. Reflexion à partir d'une recherche en cours. Déviance et societé, V (1981), pp. 385 - 398; Luzzago, A./Pietralunga, S.: Rassegna bibliografica in tema di rapporti tra patologia mentale e criminalitá, in tema di perizia psichiatrica e di problematiche dell'O P.G.: Atti del 2ˆ Meeting "Sindromi marginali e situazioni psichiatriche ad alto rischio" (Castiglione delle Stiviere, Mantova, 31.10.1987). Brescia: Moretto 1989

sanction acquired the scope of social defense[2]. In applied legal praxis, however, it does not necessarily refer to subjects to whose behavior is attributed a real dangerousness in terms of high social damage, whether it be damage to a person (violent crimes), or damage to a social group as a whole (organized crime, economic, etc.).

In common terms, a value equivalent to its semantic content is attributed to the term dangerousness, that however is not well correlated to the legal conception of social dangerousness.

That is to say that the Law has given the term a generic and all-inclusive meaning, while in society today it reflects delinquent situations as a real risk for the social group[3].

The notion of social dangerousness, understood as the generic probability that a subject, who has committed crimes, will commit others (art. 203 Penal Code), is in essence connected to practical effects more so than on a conceptual level, to that of recidivism (art. 99-100- 101 Penal Code) as well as to that of habitualness and professionalism in crime and tendency to deliquency (articles 102-109 Penal Code). This is the basis of application of preventive detention, which, as is well known, is in the nature of indefinite sanctions.

Concerning this we must note that the legal conceptions, on which the notions of social dangerousness and recidivism are formed, are not adequate for an effective criminal policy inspired by the criteria of social defense. In the sense that neither the generic prediction of dangerousness (probability that a subject commits other crimes), nor the notion of recidivism (previous convictions as a basis in the determination of the penalty and the pronouncing of preventive detention), can be considered sufficient elements for forming penal responses aimed at protecting the social group.

The interaction mechanisms between legal conceptions of social dangerousness and recidivism are not therefore suitable for outlining an efficient system of social defense. And the criticisms of the notion of social dangerousness are well founded, as are the criticisms of arbitrariness of the legal consequences of the judgement of social dangerousness and of the qualification of a subject as a recidivist. And this in spite of the initial definition of the Italian Penal Code having undergone progressive changes, with particular attention to the abolition of presumptive mechanisms as the basis for recognizing social dangerousness and for the application of preventive detention.

Both, social dangerousness and recidivism, are notions that presume penal intervention of a strongly individualistic, special preventive type, towards which, notwithstanding the reserves expressed above, the Italian legislator tends to proceed ever more decisively. That is to say that the entity and the high social cost of a criminal behavior can and must

---

2) Garofalo, R.: Criminologia. Roma: Libreria Intern. del Politechnico, 1891, p. 350
3) Luberto, S.: La metodologia della perizia psichiatrica in rapporto alla revoca anticipata della misura di sicurezza dell'Ospedale psichiatrico giudiziario. Psychopathologia V (1988), pp. 259 - 265

constitute a starting point for the prognostic evaluation of a condition of social dangerousness and for the recognition of a condition of recidivism.

Despite the reasonableness of the criticisms proposed by many authors, it follows that the concept of dangerousness is more and more central to the needs of penal justice; thus criticism serves to stimulate reflection so as to arrive at more adequate intervention methods, without, however, affecting the essence of the problem. This appears evident when, avoiding exasperation of the problem solely in relation to the concept of social dangerousness, it is confronted in a more general context. That is if the possibilities and limits, and first of all, utility or necessity of the utilization of the concept of prognosis in Criminology are taken into consideration.

Concerning this it could be noted how all the Penal justice system, which is no different from other social systems, acts on the basis of a prognostic evaluation. This concurs, in fact, to outline a criminal policy that, especially in a strongly mutable and pluralistic social context, the legislator must necessarily draw up: elaborating, for this reason, strategies of primary and secondary prevention, based on the qualification of dangerousness attributed to one rather than another type of crime and to one rather than another type of perpetrator.

The importance of the prognostic evaluation is gathered during the sentencing process where, concurring with the estimation regarding the criminal disposition, as well as the recidivism, it influences the determination of the penalty. It is of fundamental importance during the execution of the penalty. In fact, during this phase often a radical modification of the penalty issued at the outcome of the trial occurs, so much so that some authors speak of "demolishing the intangibility of the sentence"[4]. During the phase of penalty enforcement, the prognosis following diagnosis, which derives from the "observation of the personality", represents in fact the basis for each intervention of treatment and/or for each hypothesis of modification of the penalty.

We believe that, when the Law began to follow the path of individualism, using as a basis for the pronouncing and carrying out of the penalty not only elements relating to the crime, but also elements concerning the accused, that is the person, considered in terms of his personality development, the problem of the prognosis became central to every type of intervention.

Given that the current system of criminal law cannot exclude considerations of a prognostic type - even if full of difficulties and pitfalls that can lead to error -, it follows that Criminology also, as an applied science, cannot leave aside the search for a "methodology" for prognostic evaluation without having to give up its own identity and operating capacity.

That is to say that the criminologist, and the clinical criminologist in particular, cannot avoid a constant tackling of this concept. In fact,

---

4) Pierro, G.: I rapporti tra giudice dell' esecuzione e magistrato di sorveglianza nel processo penale. Riv. It. Dir. Proc. Pen. XXVII (1984), pp. 983 - 1015

although he assumes a role with therapeutic ends in his relationship with the offender, he carries out a job that cannot ignore requests for social defense. It follows that he must meet the requirements of the Law so as to allow that judgement relative to the most opportune penalty is as individualized as possible. So, its evaluation must be free from static nature of judicial categorization on the one hand, and on the other it must be as far removed as possible from intuition and/or ideology of the operators[5].

The terms in which it is best and most correct to set out the problem must be evaluated in order not to transform the evaluation of social dangerousness into a stigmatizing label, abandoning the presumption to set once and for all - today for tomorrow (social dangerousness) or today in terms of yesterday (recidivism) - the "qualities" or the "characteristics" of the personality of an offender.

It is not worth recalling, concerning this matter, the delusions of the initial expectations brought up by the so-called prediction techniques, for the most part formulated with the intent to infer personality characteristics capable of qualifying a type of subject likely to become a criminal[6]. Concerning this it can be noted how recent studies concerning the so-called "persistent criminality", seem to repropose these types of research not for individualistic evaluation, but to identify and qualify groups of delinquents for which a more specific social and penal intervention policy will be carried out[7]. That is to say that renewed interest for these studies exists, in a theoretical sphere, while they are to be criticized when the prediction techniques are used in a "clinical" sphere. Assuming that the attention centered on the personality characteristics is insufficient to explain acting out on one hand[8] and on the other hand it is mystifying with regard to a reality that is extremely complex and hard to limit according to a priori typologies.

What we want to underline in this paper is that the prognostic evaluation of dangerousness, although criticized and criticizable, reflects an unavoidable conceptual category for Criminology, which the clinical criminologist cannot do without, whether he works explicitly for the penal-penitentiary system, or carries out more strictly therapeutic tasks. The prognostic evaluation, in fact, is innate in every therapeutic-resocialization hypothesis, whether this is carried out based on an individualized treatment program or on a basis of reward logic, where the treatment often turns into a simple offer of an alternative opportunity to imprisonment.

---

5) De Fazio, F.: Il contributo della criminologia clinica alla politica criminale. In: Canepa, G./Paradiso, P. (a cura di): La criminologia italiana. Insegnamento e ricerca. ISISC, Siracusa. Quaderni di Scienze Criminali, 1982, pp. 211 - 220

6) Glueck, S./Glueck, E.: Predicting Delinquency and Crime. Cambridge/Mass.: Harvard University Press 1959

7) Farrington, D.P., Tarling, R.: Prediction in Criminology. Albany: State University of New York Press 1985

8) Debuyst, Ch.: La contribution des sciences psychologiques et sociales aux jugements de prédiction en criminologie. Annales Internationales de Criminologie XIX (1981), pp. 145 - 146

At this point, it must be remembered that the concept of prognosis is a medical derivation, and therefore strictly individualized and strictly connected to the hic et nunc. But even if this concerns a well defined subject in a well defined relational and historical context, it is necessary to keep in mind that it always concerns a dynamic and not a static concept that follows the treatment in its evolution and therefore should not represent a label to which rigid interventions are consequent. It is probably for this reason that this concept is not easily adapted to a simple transposition within the penal legal system, which is set up according to assumptions of certainty.

The problem therefore is that of finding space for mediation between the sciences of man and the Law, through the elaboration of evaluative methods properly differentiated, in relation to the various spheres in which the evaluation must be expressed[9].

Criminology must make the effort to find empirical indicators, that cannot be blindly borrowed from the judicial categories inferable from the system of Law, which we have seen as being useless and stigmatizing, nor from psychiatric diagnosis, which has proved inadequate and false even where the problem was correlated to the emerging of a mental pathology or insanity.

In effect, the probability of the committing of new crimes must be evaluated in terms of the permanency or lack thereof, of crime-generating factors, of the importance on a criminaldynamic level in relation to the personality of the subject and the situational factors. Dangerousness also results as being subordinate to the real possibility of carrying out a resocialisation treatment plan and the perspective evaluation of its effectiveness (based on a criterion which could be defined "ad adiuvandum").

We have already underlined how the studies carried out up until now in the criminological field concerning prediction have not always and not sufficiently taken into account these elementary points of view: they lead us to believe that within the sphere of the law, as well as that of medicine, the "prognosis" can never be taken as an abstract concept, since it is subordinate, not only to the permanency or lack thereof, of the action of certain causal factors, but also of the availability or lack thereof, remedies and their effectiveness[10].

That means that in the evaluation of dangerousness, the prognosis cannot be based on individual or social indices, but must be founded on empirical observation and,that is, on clinical experience and on the subsequent theoretical elaborations in order to adapt itself, purposely, to the penal laws. Purely theoretical decisions would only represent in any case an evasion from reality[11].

---

9) Galliani, I./Cipolli, C./Luberto, S.: Contributo alla ricerca di valori empirici per la valutazione della pericolosità sociale. Rivista Italiana di Medicina Legale IV (1982), pp. 902 - 915

10) Galliani/Cipolli/Luberto 1982 (n. 9)

11) De Fazio, F./Costa, N.: I limiti della prevenzione come "formula tecnica". Rassegna di Criminologia VI (1975), pp. 107 - 111

Such considerations reflect the synthesis of an experience of ours in the criminological field, which we accomplished, over a long period of time, in preventive detention institutes. These serve for the imprisonment of adult subjects with criminal liability, declared socially dangerous based on exclusively legal formulas, and that is, on the basis not of an individual judgement but of the number of offences or the type of crime[12].

This activity first of all highlighted the discrepancy between reality and legal definition, as well as the uselessness of a legal type selection mechanism, accomplished outside a criterion of individualization[13].

It also highlighted the non-feasibility and the inadequateness of a prognosis of social dangerousness following the evaluation of the criminal past (recidivism), assuming that the probability of recidivism changes in a radical manner according to the resocialization opportunities supplied to the subjects.

Our experience also confirmed how the prognosis of dangerousness can seldom be based only on personality traits in the sense that it can rarely be put related to personality characteristics, since the subject often changes orientation and behavior according to his life circumstances.

We have reached the conclusion that the prognostic evaluation of dangerousness should not be based on generic anamnestic elements, but on a real "criminological anamnesis" that particularly takes into account the criminal career of the subject, the presence or lack thereof, of a negative identity, the type of crimes committed with reference to their evolution in time and their motivations. But obviously the anamnesis is not enough, since the evaluation is also based on current and prospective personal elements (motivations for rehabilitation, capacity for existential readjustment, adequateness of reality testing, presence or lack of conditions of abuse of alcoholic substances or drugs); as well as the evaluation of the results, even partial ones, of the penitentiary treatment of the subject and the prospective for his reintegration into the family, work environment or social group[14]. Particular attention must be given to the intensity and the quality of stereotypes. These are seen both as an autostereotype of the delinquent and as a heterostereotype regarding the delinquent both on the part of the institution and the community where he is to be inserted[15].

---

12) Di Gennaro, G./De Fazio, F./Jaria, A.: A Tentative Model for the Identification of the Dangerous Prisoners and Experiences in Community Based Treatment. Crime and/et Justice VII/VIII (1979/1980), pp. 50 - 53
13) De Fazio 1982 (n. 5)
14) Galliani/Cipolli/Luberto 1982 (n. 9)
15) De Fazio, F.: Stereotipi sociali ed attività di trattamento. In: Scritti in onore di Cesare Gerin; II. Roma: Danesi 1973 - 74; De Fazio, F./Cipolli, C.: Rilievi socio-psicomotivazionali su un piccolo campione di internati in casa di lavoro. Rassegna di Studi Penitenziari XXIII (1973), pp. 565 - 584; De Fazio, F./Cipolli, C.: Stereotipo del delinquente e fonti di informazione. Rassegna di Criminologia VII (1976), pp. 99 - 120; De Fazio, F./Cipolli, C./Galliani, I.: Significato dell'alcoholismo in rapporto alla biografia ed al curriculum criminale. Zacchia LI (1976), pp 393 - 415; Galliani/Cipolli/Luberto 1982 (n. 9)

Such a definition of the problem radically transforms the criteriology of prognostic evaluation: if it is expressed on the basis of the elements taken in a "static" sense, it could certainly become a stigmatizing judgement; while in a "dynamic" meaning this could be transformed into an unrelinquishable instrument of treatment. Our experience, in fact, has shown how the treatment is based on subsequent stages; these presume progressive change in motivations and existential projects, the progressive adjustment of reality testing by the subject on one side, and on the other, the progressive change regarding the evaluation of dangerousness by the operators and, in conclusion, by the social group[16].

This approach to the problem of dangerousness does not appear in very different terms from other types of criminal offenders (drug-addicts, mentally ill offenders, etc.).

In all of these cases, there will be a need for other and different indices deriving from applied research; it must be pointed out, however, that a judgement outside the specific concrete exam of the subject cannot be made; and the exam must be carried out on the basis of not only personal parameters relating to the life story of the subject but also taken from all the situations that can interact, ad adiuvandum, with the process of resocialization.

In synthesis, the problem is not so much that of finding prognostic indices or creating outlines of risk groups or subjects, as that of creating an evaluative criteriology within which the data obtained each time by an individualized investigation can be inserted using indices (anamnestic, socio-environmental, clinical, etc.) taken from empirical research.

This would permit an easier differentiation of the so-called "persistent criminal", who is characterized as having constructed a real criminal career taking on its relative personal and social identity, from the forms of the so-called occasional, even if not first offence, criminals. As a result, this would permit a different penal approach and "treatment" for different types of criminal offenders.

---

16) De Fazio, F./Luberto, S./Galliani, I.: Criminological Expertise and Evaluation of Dangerosity. The Medico-legal Approach. Annales Internationales de Criminologie XIX (1981), pp. 157 - 166

Kriminalität im Alter

Forensisch-psychiatrische und kriminologische Aspekte

Reinhold Schüttler, Ralph-Michael Schulte

Ältere Bundesbürger können, wie jeder andere auch, sowohl als Täter delinquenten Verhaltens strafrechtlich in Erscheinung treten als auch als Opfer von kriminellen Handlungen unmittelbar oder mittelbar betroffen werden[1]. Obwohl die über 60jährigen Bundesbürger einen Anteil von ca. 25 % der strafmündigen Bevölkerung ausmachen, stellt diese Altersgruppe nach den Ergebnissen der polizeilichen Kriminalstatistik 1987[2] nur einen Anteil von 5,7 % aller Tatverdächtigen dar. Mit der relativen und absoluten Zunahme älterer Bürger im Laufe der nächsten Jahrzehnte - nach dem Jahrbuch des Statistischen Bundesamtes wird der Anteil der über 65Jährigen sukzessive bis auf 20 % ansteigen - kommt auch der Altersdelinquenz eine veränderte Bedeutung zu, da parallel zu der allgemeinen Bevölkerungsentwicklung mehr Ältere zu Straftätern werden. Epidemiologische Untersuchungen zur Frequenz und Verteilung psychiatrischer Erkrankungen, die in allgemein-medizinischen und Nervenarztpraxen bzw. als Kohortenuntersuchung in Stadtteilen von Ballungsräumen (z.B. Mannheim) oder in ländlichen Regionen (z.B. Oberbayern) durchgeführt wurden, dokumentieren, daß ca. 30 % aller älteren Bürger an psychischen Störungen oder Erkrankungen leiden; im Vordergrund stehen Persönlichkeitsstörungen und leichte chronische organische Psychosyndrome.

Um die forensisch-psychiatrischen Gesichtspunkte und gutachterlich geäußerten kriminalprognostischen Kriterien älterer Straftäter zu beleuchten, wurden insgesamt 126 Gutachten über Delinquenten, die zum Zeitpunkt der Begehung der Straftat, die die Untersuchung und gutachterliche Beurteilung zur Folge hatte, 60 Jahre oder älter waren, unter Berücksichtigung der relevanten Merkmale und entscheidenden Befunde und Diagnosen durchgearbeitet und gegebenenfalls die Krankenge-

---

1) Aus jüngerer Zeit vgl. dazu beispielsweise Birkenstock, W./Tiemann, H.: Die Täter-Opfersituation alter Menschen als Indikator und Konsequenz gesellschaftlicher Fehlentwicklungen. Die Polizei 1982, S. 137 - 142. Matthes, J.: Alte Menschen als Täter und Opfer von Straftaten. Deutsche Polizei 1978, S. 20 - 21. Rose, K.K.: Alte Menschen als Täter. Deutsche Polizei 1978, S. 18 - 19. Zum Ausland s. Keller, O./Badder, C.: The Crimes that Old Persons Commit. Gerontologist 8 (1988), S. 43 - 45. Moberg, D.V.: Old Age and Crime. Journal of Criminal Law, Criminology, and Police Science 43 (1952/53), S. 764 - 776. Whiskin, F.: Delinquency in the Aged. Journal of Geriatric Psychiatry 1 (1988), S. 243 - 252.

2) Bundeskriminalamt: Polizeiliche Kriminalstatistik 1987. Wiesbaden: Bundeskriminalamt 1988

Kerner/Kaiser (Hrsg.) Kriminalität
© Springer-Verlag Berlin Heidelberg 1990

schichte und die Gerichtsakte ergänzend berücksichtigt. Diese Gutachten wurden im Bezirkskrankenhaus Günzburg - Abteilung Psychiatrie II der Universität Ulm - und im Vollzugskrankenhaus Hohenasperg - Neurologisch-Psychiatrische Abteilung - von insgesamt 6 rechtsmedizinisch erfahrenen Gutachtern erstellt. Da die Ergebnisse einer so gearteten Untersuchung, die sich auf die ausschließliche Auswertung einer begrenzten Anzahl von Gutachten und Akten stützt, aus wissenschaftlichen Überlegungen nur bedingt eine generalisierende Aussage zulassen - der Vergleich mit ähnlich angelegten Vorarbeiten ist dagegen zwanglos möglich - , wurde desweiteren der Versuch unternommen, das Krankengut der Neurologisch-Psychiatrischen Abteilung am Vollzugskrankenhaus Hohenasperg, dem zentralen Haftkrankenhaus Baden-Württembergs, im Hinblick auf forensisch-gerontopsychiatrische Kennzeichen älterer Untersuchungs- und Strafgefangener durchzusehen und zu bewerten. Der katamnestische Beobachtungszeitraum erstreckt sich von Januar 1980 bis Dezember 1986[3].

Untersuchungsergebnisse:

Von den 126 Probanden, die zum Zeitpunkt des der Begutachtung zugrundeliegenden Deliktes das 60. Lebensjahr vollendet hatten, waren 93 (74 %) erstmalig im fortgeschrittenen Lebensalter deliktisch aufgefallen; die restlichen 33 Personen waren dagegen schon vorher, größtenteils wiederholt, strafrechtlich in Erscheinung getreten[4]. Das Durchschnittsalter zum Zeitpunkt der erstmaligen Delinquenz betrug 62,3 ± 28,70 Jahre bei einer Streubreite von 18 - 83 Jahren, bei der Begehung der Straftat als direkter Begutachtungsanlaß waren alle Beschuldigten bzw. Angeklagten 68,6 ± 11,48 Jahre alt. 67 der 93 sogenannten Altersstraftäter (72 %) wurden gleich bei der erstmaligen Delinquenz psychiatrisch begutachtet. 34 % der 126 Gutachten - Probanden gehören dem weiblichen Geschlecht an (n = 43).
　Die Verteilung der klinischen Diagnosen und die Zuordnung der Schuldunfähigkeit gem. § 20 StGB bzw. der verminderten Schuldfähigkeit entsprechend § 21 StGB stellt Tabelle 1 dar. Im Vordergrund stehen chronische organische Psychosyndrome vom Prägnanztyp der Wesensän-

---

3) Vgl. auch Schulte, R.-M.: Analyse des Krankengutes der neurologisch-psychiatrischen Aufnahmestation eines zentralen Haftkrankenhauses. Psychiatrische Praxis 12 (1985), S. 78 - 83. Zum Vollzugsbereich s. ferner Mechler, A.: Psychiatrie des Strafvollzuges. Stuttgart: G. Fischer 1981. Sluga, W./Grünberger, J./Schultes, H.: Geronto-Psychiatrie im Strafvollzug. Monatsschrift für Kriminologie und Strafrechtsreform 56 (1973), S. 49 - 57. Rotthaus, K.P.: Der alternde Gefangene. Monatsschrift für Kriminologie und Strafrechtsreform 54 (1971), S. 338 - 344.

4) Zur Bedeutung der Ersttäterschaft vgl. u.a. Bürger-Prinz, H./Lewerenz, H.: Die Alterskriminalität. Stuttgart: Enke 1961. Fopp, E.: Die Straftaten des alten Menschen. Bern: Lang 1969. Hallermann, W.: Über Delikte alter Menschen. In: Beiträge zur gerichtlichen Medizin 26 (1969), S. 256 - 264. Lewerenz, H.: Alterskriminalität. In: Sieverts, R./Schneider, H.J. (Hrsg.): Handwörterbuch der Kriminologie. 2. Aufl., Band 1. Berlin, New York: de Gruyter 1966, S. 42 - 45.

derung (53 Patienten), der beginnenden Demenz (n = 26) und der ausgeprägten Demenz (n = 18); 26 Patienten litten auf der Basis des chro-
nisch-organischen Psychosyndroms an einem Denken, Wollen, Fühlen
und Handeln wesentlich beeinflussenden paranoiden oder amentiellen
Syndrom. Zum Tatzeitpunkt ließ sich nur bei 2 Patienten ein amentiel-
les Syndrom als Ausdruck eines akuten organischen Psychosyndroms
wahrscheinlich machen. Die zweithäufigste Diagnose-Gruppe bilden
Persönlichkeitsstörungen im Sinne der Psychopathie (ICD-Nr. 301, n =
11), gefolgt von nur 6 Patienten, die an einer endogenen Psychose leiden.

Alle Patienten mit einem chronischen organischen Psychosyndrom,
ausgenommen des pseudoneurasthenischen Syndroms, und die beiden
Kranken mit einem akuten Verwirrtheitszustand sind nach gutachter-
licher Einschätzung zumindest vermindert schuldfähig; eine dement-
sprechende Empfehlung stellt für die übrigen Diagnosegruppen dagegen
eher eine Ausnahme dar.

Die Häufigkeitsverteilung der 126 schwerwiegendsten Delikte und
deren Zuordnung zu den Deculpations-Exculpationsparagraphen de-
monstriert Tabelle 2. An der Spitze stehen Eigentumsdelikte und sexueller Mißbrauch von Kindern[5], gefolgt von Körperverletzungs- und
Tötungsstraftaten. Während die Patientinnen kein vom männlichen Geschlecht abweichendes Krankheitsspektrum erkennen lassen, begehen
Frauen bevorzugt Eigentums- und Körperverletzungs-Straftaten. Die
Relation der psychiatrischen Diagnosen zu den 4 hauptsächlichen Deliktsgruppen Diebstahl - sexueller Mißbrauch von Kindern - Körperverletzung - Mord/Totschlag weist Tabelle 3 auf. Auffallend ist die
Häufung paranoider Syndrome bei Taten gegen die körperliche Integri-
tät und das Leben, ferner die ausschließliche Straffälligkeit dementer
Patienten in diesen 4 Straftatbereichen.

Bei insgesamt 39 der 126 Probanden (42 %) wurde computertomogra-
phische, bei 27 eine elektroencephalographische Zusatzuntersuchung aus
differentialdiagnostischen Überlegungen durchgeführt (Tabelle 4). Während 77 % der CCT-Untersuchungen einen neuropathologischen Befund
ergaben, überwiegend eine diffuse Hirnatrophie, zeigten 78 % der
EEG-Untersuchungen einen physiologischen Kurvenverlauf. Unter Berücksichtigung der Eigenanamnese, der zur Verfügung stehenden ärztlichen Vorbefunde und Vorgutachten, des psychopathologischen Zu-
standsbildes und der somatischen Untersuchung trugen diese medizi-

---

5) Dazu und zu anderen Sexualdelikten vgl. speziell auch Greger, J.: Die forensische Bedeutung psychischer Altersveränderungen. Kriminalistik und forensische Wissenschaften
61 (1986), S. 44 - 49. Körner, H.: Sexualkriminalität im Alter. Stuttgart: Enke 1977.
Rommeney, G.: Zur Sexualkriminalität der männlichen Rückbildungsjahre. In: Mezger,
E./Seelig, E. (Hrsg.): Kriminalbiologische Gegenwartsfragen, Heft 7, Stuttgart: Enke
1953, S. 57 - 70. Schulte, W.: Greise als Täter unzüchtiger Handlungen an Kindern.
Monatsschrift für Kriminologie und Strafrechtsreform 42 (1959), S. 138 - 149. Weber,
J.: Spät- und Alterskriminalität in der psychologisch-psychiatrischen Begutachtung.
Forensia 8 (1987), S. 57 - 72.

nisch-technischen Untersuchungen nicht zu einer weiteren differential-diagnostischen Klärung bei. Bei der klinischen, allgemeinmedizinischen und neurologischen Untersuchung aller 126 Personen fanden sich in 17 Fällen ein diskretes oder ausgeprägtes Hemisyndrom, 9 Polyneuropathie- und 4 Parkinsonsyndrome. Bei 39 Probanden wurden psychopathometrische Testverfahren eingesetzt, davon bei 36 Patienten ein Benton-Test, der in 30 Fällen (83 %) eindeutig pathologisch ausfiel. Im Gegensatz dazu erbrachte die IQ-Bestimmung mittels verschiedener Verfahren wie verkürztem Hamburg-Wechsler-Test (WIP), die ausführliche Form des HAWIE, die Kombination von Mehrfach-Wahl-Wortschatz-Test (MWT-B) und Kurztest auf allgemeine Intelligenz (KAI) nur in 9 % einen pathologischen Befund in Form eines pathologischen Abbauquotienten oder aber einer Reduktion der fluiden und/oder kristallinen Intelligenz. Persönlichkeitsfragebögen und projektive Verfahren spielen bei der Begutachtung geriatrischer Probanden keine entscheidende Rolle. Bei 27 der 39 Beschuldigten/Angeklagten (69 %) wurde eine organische Wesensänderung, alle Befunde und Erkenntnisse zusammenfassend, diagnostiziert, weitere 5 Patienten litten an einer beginnenden Demenz. Bei 2 endogenen Psychosen, 3 Persönlichkeitsstörungen und 2 pseudoneurasthenischen Syndromen wurde ebenfalls eine testpsychologische Untersuchung vorgenommen. Persönlickeitsfragebögen und projektive Verfahren spielen bei der Begutachtung geriatrischer Probanden eine untergeordnete Rolle.

Die forensische Beurteilung in den 126 psychiatrischen Gutachten empfiehlt in 54 Fällen (43 %) eine verminderte Schuldfähigkeit nach § 21 StGB, in 33 % (n = 42) eine Schuldunfähigkeit entsprechend § 20 StGB und in weiteren 13 Gutachten eine verminderte Schuldfähigkeit, ohne daß Schuldunfähigkeit ausgeschlossen werden konnte. Die Gerichte folgten, soweit überprüfbar, ausnahmslos diesen gutachterlichen Empfehlungen[6].

Trotz einer hohen Frequenz von 87 % (n = 109) der gutachterlich untersuchten Delinquenten einer eingeschränkten oder aufgehobenen Schuldfähigkeit wurde nur in 9 Fällen eine Maßregel der Besserung und Sicherung empfohlen und angeordnet, davon in jeweils 2 Fällen eine Sicherungsverwahrung (§ 66 StGB) und eine Entziehung der Fahrerlaubnis (§ 69 StGB). Der einzigen Einweisung in eine Entziehungsanstalt nach § 64 StGB wegen eines chronischen Alkoholismus ohne chronisches organisches Psychosyndrom stehen 4 Einweisungen in ein psychiatrisches Krankenhaus entsprechend § 63 StGB gegenüber, wobei in einem

---

6) Zur forensischen Beurteilung insoweit sowie zur Sachverständigenproblematik vgl. die entsprechenden Abschnitte bei Bleuler, E.: Lehrbuch der Psychiatrie. 14. Aufl., Berlin u.a.: Springer 1983. Göppinger, H./Witter, H. (Hrsg.): Handbuch der forensischen Psychiatrie. 2. Bände. Berlin u.a.: Springer 1972. Hübner, A.H.: Lehrbuch der forensischen Psychiatrie. Bonn: Marcus und Weber 1914. Langelüddeke, A./Bresser, P.H.: Gerichtliche Psychiatrie. 4. Aufl., Berlin: de Gruyter 1976. Schwarz, H.: Medizinisch-juristische Grenzfagen. Heft 11. Jena: G. Fischer 1971. Tölle, R.: Psychiatrie. 6. Aufl., Berlin u.a.: Springer 1982. Venzlaff, U.: Psychiatrische Begutachtung. Stuttgart: G. Fischer 1986.

Fall (Pädophilie) diese Maßregel gem. § 67 b StGB in Folge einer erfolgten Einweisung in eine geschlossene Pflegeeinrichtung zur Bewährung ausgesetzt werden konnte. Die übrigen 3 Verurteilungen zu § 63 StGB erfolgten wegen eines Totschlages, eines versuchten Mordes und einer gefährlichen Körperverletzung. 8 Patienten wurden auf der Rechtsgrundlage einer errichteten Gebrechlichkeitspflegeschaft (Zwangspflegschaft) auf einer geschlossenen Station eines Pflegeheims aufgenommen, 8 weitere Patienten erklärten sich freiwillig mit der Aufnahme in eine Einrichtung der geschlossenen Altenhilfe einverstanden. In 10 Fällen wurde eine gesicherte allgemeinmedizinische Therapie einschließlich der Verordnung erforderlicher Psychopharmaka und eine gewährleistete kontinuierliche Betreuung durch Familienangehörige in dem häuslichen Milieu als ausreichend angesehen. Zwei weitere Patienten wurden auf der Basis einer schon vorbestehenden Entmündigung (§ 6 BGB) im geschlossenen Bereich eines Pflegeheimes aufgenommen, 2 Patienten wurden nach dem Landesunterbringungsgesetz in ein psychiatrisches Krankenhaus überwiesen. Insgesamt wurde vom Gutachter und später vom erkennenden Gericht in 39 der 126 Fälle (31 %) eine weitergehende Betreuung, Versorgung und Behandlung in einem im weitesten Sinne beschützenden und gesicherten Bereich für erforderlich gehalten (Tabelle 5).

Die eruierbaren und vergleichbaren Sozialdaten älterer Ersttäter und jüngerer Delinquenten, die schon vor dem 60. Lebensjahr erstmalig eine Straftat begangen haben, weist Tabelle 6 aus. Die vergleichende Gegenüberstellung dokumentiert die gute soziale Anpassung und die gesicherte soziale Situation der 93 Altersdelinquenten im Verhältnis zu dem Vergleichskollektiv, insbesondere den befriedigenden sozialen Bezugsrahmen, der eine soziale und medizinische Rehabilitation gewährleisten kann. Bei den jüngeren Ersttätern wurden 13 chronische organische Psychosyndrome, alle 11 Persönlichkeitsstörungen, 3 endogene Psychosen aus dem schizophrenen Formenkreis, beide depressive Neurosen, beide Sexualdeviationen, der Alkoholismus und die Oligophrenie diagnostiziert. Im Vordergrund der chronischen organischen Psychosyndrome standen in 10 von 13 Fällen die organische Wesensänderung. Bei diesen 33 Ersttätern, die zum Teil schon als Heranwachsende oder junge Erwachsene ein deliktisches Verhalten zeigten, änderte sich im Laufe der Jahre, insbesondere im Vergleich mit der die Begutachtung veranlaßten Straftat, nicht das Spektrum der begangenen Delikte. Im Vordergrund standen Diebstahl (n = 9), Betrug (n = 7), sexueller Mißbrauch von Kindern (n = 4), Trunkenheit im Verkehr (n = 3) und Beleidigung (n = 2), 4 der 33 Delinquenten änderten unter dem Einfluß eines akuten produktiv-psychotischen Syndroms oder einer organischen Persönlichkeitsänderung die Art der Delinquenz, wobei es nur zum Teil zu einer offensichtlichen Steigerung der kriminellen Energie kam. Weitere 4 Straftäter offenbarten in dem Delikt eine weitere Variante ihrer vielfältigen Straffälligkeit. 10 der 33 Wiederholungstäter gehörten dem weiblichen Geschlecht an; diese begingen konstant in der Vergangenheit Diebstahl (n = 7), Betrug (n = 2) und Sachbeschädigung (n = 1).

Insgesamt 24 der 126 Täter waren zum Tatzeitpunkt in einem rechtserheblichen Maße alkoholisiert (Tabelle 7). Die Korrelation der Blutalkoholkonzentration, der begangenen Delikte und psychiatrischen Diagnosen ergibt, daß 9 der 14 Straftaten gegen das Leben im alkoholisierten Zustand erfolgten und daß die häufigste Diagnose die organische Wesensänderung darstellt.

In der Zeit vom 01.01.1980 bis zum 31.12.1986 wurden auf der neurologisch-psychiatrischen Abteilung am Vollzugskrankenhaus Hohenasperg 4.062 Untersuchungs- und Strafgefangene stationär behandelt, die wegen einer akuten psychischen Störung oder Erkrankung, wegen Verhaltensauffälligkeiten oder einer befürchteten psychopathologischen Symptomatik aufgenommen worden waren. 36 der 4.062 Patienten (0.89%) waren zum Zeitpunkt der Tatbegehung, wegen der sie in Untersuchungshaft eingewiesen oder zur Vollstreckung einer Freiheitsstrafe inhaftiert worden waren, 60 Jahre oder älter; das Durchschnittsalter erreichte bei einer Streubreite von 60 - 80 Lebensjahren 66,7 ± 11,98 Jahre.

13 dieser Patienten (36 %) hatten den Status eines Untersuchungsgefangenen. 23 befanden sich in Strafhaft. 11 der 13 Untersuchungsgefangenen wurden noch am Tag der Haftbefehlseröffnung in das Vollzugskrankenhaus wegen einer psychischen Symptomatik eingewiesen. 13 der 23 Strafgefangenen traten den Freiheitsentzug im Vollzugskrankenhaus an. Die Verteilung der psychiatrischen Diagnosen und der entsprechenden Delikte faßt Tabelle 8 zusammen. Im Vordergrund stehen chronische organische Psychosyndrome, Alkoholentzugssyndrome und eine psychogene (reaktive) Depression. Die absolute Delikthäufigkeit der 36 inhaftierten älteren Straftäter enthält Tabelle 9. An der Spitze standen Eigentumsdelikte, Verbrechen gegen das Leben, Betrug und sexueller Mißbrauch von Kindern. Die 8 versuchten oder gelungenen Tötungsdelikte ereigneten sich ausnahmslos auf der Basis einer akuten psychotischen Symptomatik oder in der Folge eines chronischen organischen Psychosyndroms. Bei 6 der 7 Verbrechen des Totschlages handelte es sich um einen erweiterten Suicid, in dessen Zusammenhang sich der Täter jeweils lebensgefährliche Verletzungen zugefügt hatte. 3 dieser Täter vollendeten ihren Suicid entweder während der psychiatrischen Therapie oder kurz nach der Entlassung[7]. Bei 22 der 36 Strafgefangenen (61 %) bestand ein unmittelbarer und ursächlicher Zusammenhang der Delinquenz mit der psychiatrischen Diagnose. 69 % der älteren inhaftierten Patienten (n = 25) waren nicht vor dem 60. Lebensjahr strafrechtlich in Erscheinung getreten. 11 Gefangene waren, teilweise seit Jahrzehnten ohne Änderung des Spektrums begangener Straftaten, einschlägig vorbestraft. Das Alter zum Zeitpunkt der erstmaligen Delinquenz streute von 19 bis 55 Lebensjahren bei einem Durchschnitt von ·34,60 ± 21,97 Jahren. 5 der Gefangenen waren wegen Diebstahls, 4 wegen Betruges und jeweils 1 wegen Erschleichen von Leistungen und Homosexualität vorbestraft.

---

7) Zum Suizid generell s. Sainsbury, R.: Der Altersselbstmord. In: Zwingmann, Ch. (Hrsg.): Selbstvernichtung. Frankfurt a. M.: Akademische Verlagsgesellschaft 1965, S. 178 - 186.

Den rechtserheblichen Zusammenhang zwischen Blutalkoholkonzentration zum Tatzeitpunkt, der Deliktart und der psychiatrischen Diagnose zeigt Tabelle 10. Mehr als die Hälfte der Patienten litten an einem Alkoholismus.

Die ausschließlich männlichen Gefangenen wurden von wenigen Tagen bis zu mehreren Monaten, je nach Symptomatik und Haftfähigkeit für eine Regelvollzugsanstalt, stationär im Vollzugskrankenhaus betreut. Zum Strafendzeitpunkt wurden 8 Patienten direkt vom Haftkrankenhaus entlassen, davon jeweils 1 nach dem Landesunterbringungsgesetz in ein psychiatrisches Krankenhaus und auf Grund einer errichteten Gebrechlichkeitspflegschaft (Zwangspflegeschaft) in ein geschlossenes Pflegeheim (Tabelle 11). 11 der 36 Patienten waren psychiatrisch während der Untersuchungshaft stationär oder im laufenden Ermittlungsverfahren ambulant begutachtet worden; in 5 Fällen wurde verminderte Schuldfähigkeit angeregt und von dem Gericht in dem Urteil übernommen, so daß die jeweiligen Straftäter zu zeitigen Freiheitsstrafen verurteilt wurden, in 2 weiteren Fällen war bei einer gesicherten verminderten Schuldfähigkeit Schuldunfähigkeit gem. § 20 StGB nicht auszuschließen; 4 Untersuchungsgefangene wurden als schuldunfähig gem. § 20 StGB eingeschätzt, 2 wurden nach Hause entlassen, 1 gem. § 126 a StPO nach einem Totschlag wegen einer akuten Schizophrenie in die zuständige Maßregelvollzugseinrichtung und 1 nach einem erweiterten Suicid auf der Basis eines chronischen organischen Psychosyndroms vom Prägnanztyp der Wesensänderung mit einem vordergründigen depressiven Syndrom in ein psychiatrisches Landeskrankenhaus zwangseingewiesen.

Diskussion:

Die Ergebnisse der beiden Untersuchungen belegen einen hohen Anteil psychisch Kranker beiderlei Geschlechts in der Gesamtheit älterer Rechtsbrecher. Im höheren Lebensalter können schematisch zwei Gruppen von Straftätern differenziert werden - einerseits Personen, die schon als Jugendliche, Heranwachsende oder junge Erwachsene Delikte begangen haben, und andererseits "Alterskriminelle", die erstmals im 7. Lebensjahrzehnt mit dem Strafgesetzbuch in Konflikt geraten sind. Eine Übergangsgruppe bilden die in der kriminologischen Literatur gelegentlich so bezeichneten "Spätkriminellen", deren ungesetzliches Handeln erstmalig zwischen 50 und 59 Lebensjahren imponiert[8]. Von allen 162 Probanden dieser Arbeit gehören nur drei in diese Altersgruppe. Die jüngeren und älteren Ersttäter unterscheiden sich erheblich in

---

8) Zum kriminologischen Kenntnisstand s. etwa Göppinger, H.: Kriminologie. 4. Aufl., München: C.H. Beck 1980. Mergen, A.: Kriminologie. 2. Aufl., München: Vahlen 1978. Schneider, H.-J.: Alterskriminalität. In: Ders. (Hrsg.): Kriminalität und abweichendes Verhalten. Band 1, Weinheim/Basel: Beltz 1983, S. 518 - 526.

ihren psychosozialen Lebensbedingungen und den diagnostizierten psychischen Störungen und Erkrankungen, die darauf hinweisen, daß es sich nach den kriminogenetischen Voraussetzungen, Konditionen und Konstellationen um unterschiedliche Kollektive handelt. Die schon im jüngeren Alter durch deliktisches Verhalten aufgefallenen Personen weisen zum überwiegenden Teil eine Persönlichkeitsstörung auf, die teilweise im fortgeschrittenen Lebensjahr als Folge einer cerebro-vasculären Insuffizienz, eines Zustandes nach einer Contusio Cerebri, eines beginnenden Morbus Alzheimer oder eines langjährigen Genußmittelabusus von den Symptomen eines chronischen organischen Psychosyndroms überlagert und akzentuiert wird. Obwohl in diesen Fällen die Differenzierung zwischen biographischer und zum aktuellen Tatzeitpunkt bestehender Diagnose wünschenswert ist, gelingt diese aufgrund fehlender Vorgutachten oder medizinischer Vorkenntnisse selten. Auf die Annahme einer vorbestehenden Persönlichkeitsstörung als Folge einer psychosozial ableitbaren, biographisch erklärbaren und milieureaktiven, abnormen (neurotischen) Persönlichkeitsentwicklung oder als Ausdruck einer primär anlagebedingten, abnormen (psychopathischen) Persönlichkeitsstruktur, deutet aber auch das unveränderte Spektrum der Delinquenz in 76 % beziehungsweise 88 % hin, da einzig vier der 33 Rückfalltäter - gegebenenfalls infolge einer psychotischen Symptomatik - in modifizierter Form straffällig wurden. Nur zusätzliche medizinische und psychologische Einflußgrößen rechtfertigen im Regelfall - entgegen der Einschätzung bei vorausgegangenen Straftaten - die Empfehlung einer Dekulpation oder Exkulpation für ein deliktisches Verhalten im höheren Lebensalter, sofern im Gegensatz zur kriminologischen (legalen) Anamnese ein akutes psychotisches Syndrom, ein erheblicher Abusus von psychotrop wirksamen Substanzen, ein ausgeprägtes Defektsyndrom und/oder eine imponierende Nivellierung beziehungsweise Akzentuierung der Charakterstruktur verifizierbar ist. Der Nachweis eines chronischen organischen Psychosyndroms reicht alleine für die Anregung einer verminderten oder aufgehobenen Schuldfähigkeit bei vorbestraften älteren Angeklagten nicht aus.

Die eigentlichen 93 Altersdelinquenten leiden dagegen ausnahmslos an einem organischen Psychosyndrom oder in drei Fällen, an einer endogenen Psychose; bei allen wurden die §§ 20 und 21 StGB angeregt und angewandt. Im Hinblick auf die wesentlich geringere Deliktshäufigkeit älterer Bundesbürger sollte jede erstmalige Straffälligkeit im höheren Lebensalter eine forensisch-psychiatrische Begutachtung nach sich ziehen, da die Wahrscheinlichkeit einer Schuldfähigkeitsbeeinträchtigung aus medizinischen Gründen sehr hoch ist.

Die Auswertung der 126 Gutachten führte zu dem Resultat, daß alle Körperverletzungs- und Tötungsstraftaten und der überwiegende Anteil der Delikte gegen das Eigentum und die sexuelle Selbstbestimmung mit einer eingeschränkten oder aufgehobenen Schuldfähigkeit verbunden sind.

Paranoide Syndrome infolge eines organischen Psychosyndroms bilden ein wesentliches Motiv im Motivbündel von Körperverletzung, Totschlag und Mord. Erstaunlich erscheint das Ergebnis, daß demente Delinquenten einzig Diebstahl, sexuellen Mißbrauch von Kindern, Körperverletzung oder Totschlag begangen haben. In Übereinstimmung mit der Kriminalstatistik stehen Eigentums- und Körperverletzungsdelikte bei älteren Frauen im Vordergrund, die im Gegensatz zum männlichen Geschlecht erst im fortgeschrittenen Lebensalter aufgrund der zahlreichen Eigentumsdelikte am stärksten kriminell werden. In dieser Untersuchung waren 54 % der Diebe Frauen.

Die Diagnose eines chronischen organischen Psychosyndroms basiert auf dem im Längs- und Querschnitt dargestellten psychopathologischen Syndrom und auf den Befunden der testpsychologischen Leistungsdiagnostik, die vor allem zur Differenzierung zwischen einer organischen Wesensänderung und einer Persönlichkeitsstörung sowie zur Gradeinteilung des chronischen organischen Psychosyndroms eingesetzt wird. Medizinisch-technische Untersuchungen erbringen - von nosologischen und therapeutischen Hinweisen im Einzelfall abgesehen - keine für die der Begutachtung zugrundeliegenden Fragestellungen relevanten Erkenntnisse, sofern die verfügbaren Vorbefunde berücksichtigt werden.

Da die organische Persönlichkeitsänderung häufiger als die Demenz konstatiert wurde, liefert der vorherrschende Benton-Test und weniger die IQ-Analyse, gegebenenfalls mit der Unterscheidung zwischen der kristallinen und fluiden Intelligenz, den entscheidenden psychopathometrischen Hinweis. Ein unauffälliges Testergebnis enthebt den Gutachter aber nicht der Frage, warum der betreffende Beschuldigte oder Angeklagte, bei dem eine cerebralorganische Schädigung nicht nachweisbar ist, erst in dieser Lebensalterperiode kriminell wurde. Die dann auftretenden Schwierigkeiten einer gutachterlichen Einschätzung sind kriminologisch und psychiatrisch tätigen Sachverständigen und Wissenschaftlern hinlänglich bekannt. Es sei nur an die so bezeichnete Alterspädophilie erinnert, bei der ein Mißverhältnis zwischen sexuellen Triebwünschen und sexueller Potenz, eine progrediente psychosoziale Isolation, eine verführerische Situation mit Kindern und die Angst vor einer sexuellen Blamage bei der Kontaktaufnahme mit Gleichaltrigen als kausale Faktoren, eventuell in Form eines vielschichtigen Bedingungsgefüges, angenommen werden.

Daß bei älteren in Relation zu jüngeren Delinquenten andere prognostische Gesichtspunkte die Entscheidung für eine Maßregel der Besserung und Sicherung beeinflussen, dokumentiert ein geringer Prozentsatz von 4 gemäß §§ 63 und 64 StGB untergebrachter psychisch kranker Rechtsbrecher[9]. Die drei in einem psychiatrischen Krankenhaus strafrechtlich eingewiesenen Patienten hatten Verbrechen gegen das Leben begangen, im einzigen Fall der Unterbringung in einer Entziehungsan-

---

9) Zu den im Maßregelvollzug Untergebrachten generell s. Schumann, V.: Psychisch kranke Rechtsbrecher. Stuttgart. Enke 1987.

stalt bestand ein Alkoholismus ohne begleitendes organisches Psycho-syndrom, so daß bei angegebener Motivation die Durchführung einer Entwöhnungsbehandlung von vornherein nicht als aussichtslos erschien. In der überwiegenden Zahl - auch bei pädophilem Verhalten - wurde die Unterbringung in einer beschützenden und gesicherten häuslichen Umgebung oder Einrichtung als ausreichend angesehen, wobei eine vormundschaftsrichterliche Genehmigung auf der Rechtsgrundlage der Gebrechlichkeitspflegschaft die häufigste Unterbringungsmodalität war, sofern freiwillige Maßnahmen, in Verbindung mit Angehörigen oder Bekannten, als nicht ausreichend eingestuft wurden.

Grundlage der Entscheidung, ob unter dem Gesichtspunkt der Verhält-nismäßigkeit gemäß § 62 StGB trotz einer einmaligen oder wiederholten Delinquenz ein älterer Angeklagter zu einer Unterbringung in einem psychiatrischen Krankenhaus, seltener in einer Entziehungsanstalt ver-urteilt wird oder nicht, stellt die Kombination folgender Prognosekrite-rien dar:

- Lebensalter,
- Art und Ausprägung der psychischen Störung beziehungsweise Krankheit,
- vermutlicher Verlauf der dem Zustandsbild zugrunde liegenden Er-krankung,
- aktuelle psychosoziale Lebenssituation,
- körperliche Behinderung,
- Art und Konstellation der Delinquenz unter Berücksichtigung der Täter-Opfer-Beziehung,
- gegenwärtige und zukünftig zu erwartende kriminelle Energie,
- Sicherung und Gewährleistung der erforderlichen medizinischen Be-handlung und psychosozialen Betreuung sowie
- erstmaliges Auftreten deliktischen Verhaltens und deren Motivation, gegebenenfalls in Verbindung mit einem Genußmittelabusus.

Es gelingt bei älteren Delinquenten in den meisten Fällen, in legaler Hinsicht eine günstigere, in medizinischer und sozialer Hinsicht eher ungünstige Prognose zu stellen, so daß dann im Spektrum der zur Ver-fügung stehenden institutionalisierten Betreuungsmöglichkeiten die adäquate, offene oder geschlossene Hilfe ausgewählt werden muß. Im Einzelfall liegt die Schwierigkeit darin, die adäquate Unterbringungs-und Versorgungsalternative herauszufinden und zu realisieren, um eine juristische Entscheidung gegen eine Unterbringung in einem Maßregel-vollzug im Vorfeld der Hauptverhandlung vorzubereiten.

Da die kriminelle Energie generell, von Einzelfällen abgesehen, mit fortschreitendem Lebensalter abnimmt, bei Altersdelinquenten größten-teils ein organisches Psychosyndrom zugrunde liegt, das einerseits einer Therapie - wenn auch in beschränktem Ausmaß - zugänglich ist und andererseits mit seinem Fortschreiten die Handlungsfähigkeit einschränkt, und da in diesem speziellen Klientel einer Spezial- und Generalprävention nicht die Bedeutung wie bei Jüngeren zukommt, erübrigt sich oft die Unterbringung im Maßregelvollzug, insbesondere wenn sich Pflegeeinrichtungen bereit erklären, in dieser Form erstmalig sozial auffällige Personen aufzunehmen und zu betreuen. Dieses Untersuchungsergebnis deckt sich mit dem Eindruck mehrerer Statistiken aus der letzten Zeit, daß der Prozentsatz älterer Verurteilter[10] im Vergleich zu früher[11] erheblich gesunken ist.

Entgegen den 126 forensisch-psychiatrischen Gutachten weist die Diagnoseverteilung der 36 geriatrischen Gefangenen durch die Häufung von Alkoholentzugssyndromen und psychogenen Depressionen als Haftreaktion mit suizidalen Äußerungen oder Handlungen ein anderes Bild auf. Die Häufigkeit prädeliranter oder deliranter Entzugssyndrome erklärt sich durch die Vielzahl von Suchtkranken, die zur Verbüßung von Ersatzfreiheitsstrafen im Zusammenhang mit einer eher geringfügigen Kriminalität in Justizvollzugsanstalten kurzfristig aufgenommen werden müssen. Die reaktiven Depressionen sind als direkte, psychologisch ableitbare Konsequenz aus der Inhaftierung an sich gesunder Täter zu interpretieren. Alle Tötungsdelikte traten in unmittelbarem Zusammenhang mit einer akuten psychotischen Symptomatik oder einem organischen Psychosyndrom auf. Dieser Befund stimmt mit den Erkenntnissen aus den 126 Gutachten überein. Sechs der acht Tötungsdelikte erklären sich allerdings als erweiterte Suizide, als deren Ursache stets ein, endogenes oder organisches, depressives Syndrom wahrscheinlich gemacht werden konnte; diese sechs Patienten fügten sich selbst ausnahmslos schwere, lebensgefährliche Verletzungen zu, drei von ihnen vollendeten - trotz psychiatrischer Behandlung - in der Folgezeit die erweiterte Selbsttötung; in allen Fällen wurde gutachterlich Schuldunfähigkeit empfohlen.

Die acht älteren schizophrenen Patienten beider Untersuchungen zeigen ein kontinuierliches Spektrum begangener Straftaten, das vom Diebstahl bis zum Totschlag reicht. Eine für endogene Psychosen typische oder spezifische Delinquenz - wie beispielsweise der Diebstahl oder die Pädophilie älterer Angeklagter - läßt sich in Übereinstimmung mit der wissenschaftlichen Literatur[12] nicht verifizieren.

Beide Analysen stellen allerdings die Bedeutung der Verhaltensbeeinflussung durch alkoholische Getränke heraus. Alkohol ist im vielseitigen konditionalen Gefüge der Altersdelinquenz - wie auch bei jüngeren Tätern - ein unterstützender Faktor für illegales Handeln, am ausgeprägtesten bei Taten gegen das Leben. In Verbindung mit einer organischen Wesensänderung scheint der Alkohol die Steuerungsfähigkeit oft

---

10) vgl. Leygraf, N.: Psychisch kranke Straftäter. Berlin u.a.: Springer 1989, S. 29
11) vgl. Ritzel, G.: Untersuchung zur Altersdelinquenz. Monatsschrift für Kriminologie und Strafrechtsreform 55 (1972), S. 345 - 356
12) vgl. vor allem Böker, W./Häfner, H.: Gewalttaten Geistesgestörter. Berlin u.a.: Springer 1978

in rechtserheblichem Sinn zu reduzieren, so daß die bestehende "krankhafte seelische Störung" eine verminderte Schuldfähigkeit zur Folge hat. Schwerwiegende Alkoholisierungen sind dagegen selten, ein Konsum psychotrop wirksamer Pharmaka oder illegaler Drogen konnte nicht nachgewiesen werden.

Zusammenfassend rechtfertigen die Untersuchungsergebnisse die Empfehlung, ältere Ersttäter frühzeitig forensisch-psychiatrisch zu begutachten, um schon im Ermittlungsverfahren die für die weitere juristische Vorgehensweise entscheidende prognostische Einschätzung vorzunehmen und, von der medizinisch-psychologischen Situation aus betrachtet, nicht gerechtfertigte Inhaftierungen und eine damit verbundene soziale Degradierung und Diskriminierung zu vermeiden. Der allgemein-medizinischen und psychiatrischen Therapie, der familiären Betreuung und den zivilrechtlichen Möglichkeiten, kommt die entscheidende Bedeutung bezüglich der Zukunftsperspektive zu.

Tabelle 1: Korrelation der Klinischen Diagnosen mit der eingeschränkten oder aufgehobenen Schuldfähigkeit und deren zahlenmäßige Verteilung

Diagnose	Gesamtzahl n = 126	Frauen n = 43	§21	§21 ev. 20	§20
Organische Psychosyndrome					
A. Akutes OPS: amentielles Syndrom	2		2		
B. Chronisches OPS	101	32			
Pseudoneurasthenisches Syndrom	4				
- cerebro-vaskuläre Insuffizienz	3				
- Zustand n. Contusio Cerebri	1				
Wesensänderung	53	17			
- Cerebro-vaskuläre Insuffizienz	33	15	22	3	8
- Alkoholismus	8		5	2	1
- Zustand n. Contusio Cerebri	6		4	1	1
- Alzheimer	6	2	3		3
Wesensänderung --> Demenz	26	9			
- cerebro-vaskuläre Insuffizienz	18	9	10	3	5
- Alkoholismus	5		1	2	2
- M. Alzheimer	2				
- Zustand n. Contusio Cerebri	1		1		
Demenz (MID, SDAT)	18	6	2	2	14
* paranoides Sydrom	20	6	6	1	13
* amentielles Syndrom	6	2			6
Persönlichkeitsstörungen	11	6			
- geltungsbedürftige P.	5	3	2		
- haltlose P.	3	2			
- paranoide P.	2	1			
- hyperthyme P.	1				
Endogene Psychosen	6	2			
Schizophrenie	4	2			
Cyclothymie	2		1		1
depressive Neurosen	2	2	2		
Sexualdeviationen	2				
Alkoholismus	1		1		
Oligophrenie	1	1			

Tabelle 2: Korrelation der Delikte mit der eingeschränkten oder aufgehobenen Schuldfähigkeit und deren zahlenmäßige Verteilung

§§ StGB	Diagnose	Gesamt-zahl n = 126	Frauen n = 43	§21	§21 ev. 20	§20
242, 248a	Diebstahl	33	25	14	4	13
176	sexueller Mißbrauch von Kindern	18		10	1	4
223, 223a, 224	Körperverletzung	14	8	7	1	6
263	Betrug	10	2	1	1	1
187	Verleumdung	8	3	2		5
212	versuchter Totschlag	8		5	1	2
212	Totschlag	5		3	1	1
142	unerlaubtes Entfernen vom Unfallort	4		1	2	
316	Trunkenheit im Verkehr	4		1	1	2
309	Brandstiftung	3	1	1		2
185	Beleidigung	3	2	2		1
183	Exhibitionismus	2				
211	versuchter Mord	1		1		
175	homosexuelle Handlungen	1		1		
177	versuchte Vergewaltigung	1		1		
181a	Zuhälterei	1	1	1		
255	räuberische Erpressung	1		1		
153	falsche uneidliche Aussage	1				
156	falsche Vers. an Eides Statt	1				1
266	Veruntreuung	1		1		
303	Sachbeschädigung	1				1
241	Bedrohung	1	1			1
123	Hausfriedensbruch	1				1
265a	Leistungserschleichung	1				1
131	Aufstachelung zum Rassenhaß	1		1		
186a	Verwendung von Kennzeichen verfassungswidriger Organisationen	1			1	

Tabelle 3: Häufigkeit der Klinischen Diagnosen bei Eigentumsdelikten, sexuellem Mißbrauch von Kindern, Körperverletzung und Tötungsdelikten

Diagnose	§§ 242, 248a StGB; n = 33	§ 176 StGB; n = 18	§§ 223, 223a, 224 StGB; n = 14	§§ 211, 212, 213 StGB; n = 14
Chronische organische Psychosyndrome				
A. Pseudoneurasthenisches Syndrom				
- cerebro-vaskuläre Insuffizienz				
- Zustand nach Contusio Cerebri		1		
B. Wesensänderung				
- Cerebro-vaskuläre Insuffizienz	10	4	6	4
- Alkoholismus		1		2
- Zustand nach Contusio Cerebri			2	1
- Morbus Alzheimer	2		1	1
C. Wesensänderung --> Demenz				
- Cerebro-vaskuläre Insuffizienz	6	3	2	1
- Alkoholismus	1			2
- Morbus Alzheimer		1		
D. Demenz (MID, SDAT)				
* paranoides Syndrom	7	6	2	3
* amentielles Syndrom	2			
Persönlichkeitsstörungen				
geltungsbedürftige P.	1			
haltlose P. 3				
Endogene Psychosen				
- Schizophrenie		1	1	
- Cyclothymie	1			
depressive Neurosen	2			
Sexualdeviation		1		

Tabelle 4: Art und Frequenz der durchgeführten medizinisch-technischen und psychopathometrischen Zusatzuntersuchungen bei 126 forensisch-psychiatrischen Gutachten

---

* medizinisch-technische Untersuchungen*
(n = 39)

---

39 CCT-Untersuchungen

30 pathologischer Befund

26 diffuse Hirnatrophie
2 Zustand nach Encephalomalacia Cerebri
2 Zustand nach Contusio Cerebri

27 EEG-Untersuchungen

6 pathologischer Befund

3 fokale Veränderungen
2 cerebrale Erregbarkeitssteigerung
1 Allgemeinveränderung

* Psychopathometrie *
(n = 39)

36 Benton-Test: 30 pathologisch
32 IQ-Bestimmung: 3 pathologisch
(HAWIE, WIP, WMT-B, KAI)

4 MALT
4 FPI
3 MMPI
2 Vigilanztest
1 DCS
1 Rorschach-Formdeuteversuch

Tabelle 5: Darstellung der Einschätzung der Schuldfähigkeit und der
Prognose im Zusammenhang von 126 forensisch-psychiatrischen Gutachten

---

ALTERSKRIMINALITÄT

Forensische Beurteilung: <u>Schuldfähigkeit</u>

54 § 21 StGB
13 § 21 StGB
   § 20 StGB nicht ausschließbar
42 § 20 StGB
 2 § 323 a StGB

Forensische Beurteilung: <u>Prognose</u>

4 § 63 StGB --> 1 § 67 b StGB
1 § 64 StGB
2 § 66 StGB
2 § 69 StGB

8 § 1910 BGB - Pflegeheim
8 freiwillige Aufnahme Pflegeheim
6 gesicherte ambulante Therapie
4 gesicherte Betreuung in Familie
2 § 6 BGB - Pflegeheim
2 LUG: Einweisung Psychiatrie

Tabelle 6: Vergleich der Sozialdaten von älteren im Vergleich mit jungen Ersttätern

	Ältere Ersttäter ≥ 60 Jahre 1. Delikt n = 93	Jüngere Ersttäter < 60 Jahre 1. Delikt n = 33 (10 Frauen)
Personenstand		
- ledig	11 = 12 %	7 = 21 %
- verheiratet	41 = 44 %	4 = 12 %
- verwitwet	16 = 17 %	3 = 9 %
- geschieden	25 = 27 %	19 = 58 %
abgeschlossene Schulbildung	77 = 83 %	17 52 %
abgeschlossene Berufsausbildung	69 = 74 %	9 = 27 %
EU-, BU-Rente	4 = 4 %	0 = 0 %
Altersrente	73 = 79 %	10 = 30 %
Nennenswerte Verschuldung	5 = 5 %	14 = 49 %
Tragfähige soziale Kontakte		
- Familienangehörige	81 = 87 %	6 = 18 %
- Bekannte	64 = 69 %	5 = 15 %
vorausgegangene psychiatrische Krankenhausaufenthalte	19 = 20 %	7 = 21 %

Tabelle 7: Korrelation Blutalkoholkonzentration, Delikt und psychiatrische Diagnose

BAK - Wert (°/oo)	n = 24	Delikt	ICD-Nr.:
< 0,5	3	1 versuchter Mord	310.1 + 294.8
		1 Pädophilie	290.0
		1 Unfallflucht	310.1
0.5 - 1.5	9	3 versuchter Totschlag	310.1 (+1 : 294.8)
		2 Diebstahl	310.1
		1 Körperverletzung	310.1
		1 Pädophilie	310.1
		1 Trunkenheit im Verkehr	310.1
		1 Verwendung von Kennzeichen verfassungswidriger Organisation	310.1
1.5 - 2.5	10	3 Trunkenheit im Verkehr	310.1, 310.2, 293.0
		2 versuchter Totschlag	310.1 + 303, 290.0
		2 Unfallflucht	310.1
		1 Körperverletzung	310.1
		1 Brandstiftung	310.1 + 303
		1 Totschlag	310.1 + 294.8
> 2.5	2	2 Totschlag	310.1 + 303

Tabelle 8: Verteilung der psychiatrischen Diagnosen und der entsprechenden Delikte von dem in Zeitraum von 1980 bis 1986 im Vollzugskrankenhaus Hohenasperg - Neurologisch-psychiatrische Abteilung - behandelten 36 älteren Untersuchungs- und Strafgefangenen (≥ 60 Lebensjahre)

Psychiatrische Diagnose	Delikt (als Inhaftierungsgrund)
15 Chronisches organisches Psycho-syndrom (IDC 310)	
1 Pseudoneurasthenisches Syndrom	1 Vergehen gegen das Lebensmit-telgesetz
12 Persönlichkeitsänderung	4 Totschlag
- 8 cerebrovasculäre Insuffizienz	1 versuchter Totschlag
- 2 Morbus Alzheimer	3 sexueller Mißbrauch an Kindern
- 1 Zustand nach Alkoholismus	2 Betrug
- 1 Zustand nach Contusio Cerebri	1 Diebstahl
* 5 depressives Syndrom	1 Körperverletzung
* paranoides Syndrom	* 4 Totschlag (erweiterter Suicid)
	* 1 versuchter Totschlag
2 Demenz	
1 Zustand nach Alkoholismus (ICD 291.2)	1 sexueller Mißbrauch von Kindern
1 Multiinfarktdemenz (ICD 290.4)	1 Totschlag (erweiterter Suicid)
7 Alkoholismus (ICD 303)	
6 Alkoholentzugssyndrom (ICD 291.8)	4 Diebstahl
1 Alkoholhalluzinose (ICD 291.3)	1 gefährliche Körperverletzung
	1 Betrug
	1 Erschleichen von Leistungen
5 Psychogene Depression (ICD 309.0)	2 Steuerhinterziehung
	1 gefährliche Körperverletzung
	1 Diebstahl
	1 Homosexualität
4 Schizophrenie (ICD 295.3, 295.6)	1 Totschlag
	1 sexueller Mißbrauch von Kindern
	1 Betrug
	1 Diebstahl
2 Polytoxikomanie (ICD 304.1)	2 Betrug
1 Endogene Depression (IDC 296.1)	1 Totschlag (erweiterter Suicid)
1 Schizoaffektive Psychose (ICD 295.7)	1 Diebstahl
1 Paranoide Entwicklung bei querulatorischer Primärpersönlichkeit (ICD 297.8)	1 Betrug

Tabelle 9: Delikthäufigkeit der 36 inhaftierten älteren Straftäter

8 Diebstahl (§ 242 StGB)
7 Totschlag (§§ 212/213 StGB)
7 Betrug (§ 263 StGB)
5 sexueller Mißbrauch von Kindern (§ 176 StGB)
2 Steuerhinterziehung (§ 370 AO)
2 gefährliche Körperverletzung (§ 223 a StGB)
1 versuchter Totschlag (§ 212 StGB)
1 Körperverletzung mit Todesfolge (§ 226 StGB)
1 Homosexualität (§ 175 StGB)
1 Vergehen gegen das Lebensmittelgesetz
1 Erschleichen von Leistungen (§ 265 a StGB)

Tabelle 10: Korrelation der Blutalkoholkonzentration, der Deliktart und der psychiatrischen Diagnosen bei 36 inhaftierten älteren Delinquenten

BAK-Wert ($^o/_{oo}$)	n = 12	Delikt	ICD-Nr.:
≤ 0,5	0		
0,5 - 1,5	4	2 Diebstahl	310.1, 295.7
		1 Pädophilie	310.1
		1 Betrug	303
1,5 - 2,5	6	4 Diebstahl	303
		1 gefährliche Körper- verletzung	303
		1 Erschleichen von Leistungen	303
≥ 2,5	2	1 versuchter Totschlag	310.1
		1 Totschlag	310.1

Tabelle 11: Einschätzung der Schuldfähigkeit und nachgehende psychiatrische Betreuung der 36 stationären älteren Delinquenten

---

```
5 §  21 StGB (Strafhaft)
4 §  20 StGB (Untersuchungshaft)
      1 LUG  --> PLK
      1 § 126 a StPO
2 §  21 StGB, ev. § 20 StGB

8 Entlassung Strafendzeitpunkt
      6 eigene Wohnung
      1 LUH  --> PLK
      1 § 1910 BGB  --> Heim
```

Gedanken zum gutachterlichen und psychotherapeutischen Umgang mit Sexualstraftätern

Klaus Foerster, Kristian O. Rosenau

Die psychiatrische Beurteilung von Tätern, die eine Straftat gegen das sexuelle Selbstbestimmungsrecht begangen haben, unterscheidet sich prinzipiell nicht von der Untersuchung anderer Täter bei strafrechtlichen Fragen. Bei der Gruppe "Sexualstraftäter" handelt es sich um eine heterogene Gruppe von Menschen, wie dies ebenso von anderen Tätergruppen geläufig ist, die von der Tat her, also vom juristischen Begriff, definiert werden. Unter psychiatrischen Aspekten finden wir eine große Bandbreite vom psychisch nicht gestörten Menschen bis zum minderbegabten, hirnorganisch oder schizophren erkrankten Täter. Ist die Rede vom "Sexualstraftäter", denkt man in der Regel allerdings weniger an die vorstehend genannten psychisch kranken Menschen, sondern meist an die Gruppe der persönlichkeitsgestörten Täter. Dabei ist vor dem Zirkelschluß zu warnen, aus der Begehung einer Sexualstraftat unmittelbar auf das Vorliegen einer Persönlichkeitsstörung rückzuschließen. Ganz besonders gilt diese Warnung für den Fall, wenn die Straftat Aspekte sexueller Devianz aufweist. Auch dann ist es unzulässig, allein hieraus auf das Bestehen einer sexuell devianten oder perversen Persönlichkeit zu schließen. Auch für diese Täter gilt, daß der psychiatrische Sachverständige anhand von Außenkriterien eine psychiatrische Diagnose zu stellen hat, unabhängig von der Straftat. Aufgabe des Gutachters ist es immer, festzustellen, ob eine psychische Störung und wenn ja, welche Art von psychischer Störung oder Erkrankung vorliegt. Bezogen auf die Frage der sexuellen Devianz bedeutet dies, daß zunächst festgestellt werden muß, ob überhaupt eine sexuelle Devianz vorliegt, oder ob es sich um sporadische sexuell deviante Praktiken handelt.

Ist die Rede von psychiatrischer Diagnose, muß in aller Kürze zu dem Problem des Diagnostizierens psychischer Störungen überhaupt Stellung genommen werden. Das diagnostische Ziel des Psychiaters ist zweifach: Einerseits bezieht er sich auf die Diagnose im engeren Sinn, d. h. auf die Bestimmung und Benennung einer Störung, und andererseits auf deren psychosoziale Auswirkungen, womit auch die Frage nach dem therapeutischen Vorgehen impliziert ist. Vereinfacht dargestellt läuft der diagnostische Prozeß folgendermaßen ab: Im Gespräch werden Befunde erhoben, Beobachtungen gemacht, der Explorierende registriert Gefühle des Untersuchten ihm gegenüber und empfindet ebenso bei sich selbst Gefühle dem Patienten gegenüber. Diese unterschiedlichen Aspekte - Befunde, Beobachtungen, Übertragungs- und Gegenübertra-

Kerner/Kaiser (Hrsg.) Kriminalität
© Springer-Verlag Berlin Heidelberg 1990

gungsgefühle - werden zu typischen Symptomverbindungen, zu psychopathologischen Syndromen zusammengefaßt. Dabei erfolgt die Definition psychischer Störungen aufgrund ihrer klinischen Symptomatik. Diese schlichte Feststellung hat jedoch eine ganz erhebliche Konsequenz, denn sie beinhaltet das Primat des psychopathologischen Bezugssystems. Dabei kann die Krankhaftigkeit eines Verhaltens, einer Erlebens- oder Reaktionsweise nicht durch absolute statistische Meßgrößen bestimmbar sein, sondern dynamisch durch die Einschränkung der Variabilität des Verhaltens und des Erlebens in Funktion der Anforderungen in einer gegebenen sozialen Situation - kurz, durch die Erfassung des Verlustes von Freiheitsgraden eines konkreten Menschen in einer konkreten Situation. Eine solche Betrachtungsweise psychischer Störungen eröffnet unmittelbar den Zugang zu forensischen Fragen[1].

Im psychiatrischen Gespräch kommt es zu einer Interaktion zwischen Patient und Psychiater, wobei sich im Idealfall die Gesprächsbeziehung so konstelliert, daß es im gemeinsamen Bemühen zwischen Arzt und Patient möglich wird, eine psychopathologische Symptomatik und bestehende psychosoziale Probleme anzusprechen. Diese Aspekte der Gesprächssituation gelten grundsätzlich auch für das gutachterliche Gespräch. Hier kommt es nicht zu einer Arzt-Patienten-Beziehung, sondern zu einer Sachverständigen-Probanden-Beziehung. Somit ist der Beziehungsaspekt, der Aspekt der Interaktion zwischen den beiden Beteiligten auch für das gutachterliche Gespräch zu bedenken, d. h. auch hier geht es darum, im Gespräch eine Beziehung zwischen Proband und Sachverständigem zu konstellieren. Damit kann der diagnostische Prozeß auch in der Gutachtensituation nicht unabhängig von der Person des Sachverständigen gesehen werden. Im Gegensatz zur diadischen Arzt-Patienten-Beziehung ist die Sachverständigen-Proband-Beziehung allerdings eine triadische Beziehung, da hier noch der jeweilige Auftraggeber als Dritter hinzukommt[2].

Die Feststellung, daß in der Begutachtungssituation eine Beziehung, eine Interaktion zwischen Untersucher und Untersuchtem entsteht, bedeutet, daß der Sachverständige versuchen muß, sich seiner gefühlsmäßigen Stellungnahme und seiner emotionalen Reaktionen bewußt zu werden[3]. Gilt dies schon für die Begutachtung von Straftätern allgemein, um wieviel mehr für die Gruppe der Sexualstraftäter.

Der Gutachter muß die persönlichsten und intimsten Bereiche des Probanden erforschen, er muß fragend und aufdeckend mit ihm arbeiten. Dies kann unseres Erachtens nur unter zwei Voraussetzungen gelingen:

1) Foerster, K.: Kann die Anwendung einer klinischen Beeinträchtigungsschwereskala bei der Feststellung einer "schweren seelischen Abartigkeit" hilfreich sein? Neue Zeitschrift für Strafrecht 8 (1988), S. 444 - 446
2) Foerster, K.: Die Bedeutung von Lehre und Forschung für die forensische Psychiatrie. In: Deutsch, H./Pohlmeier, H./Schreiber, H.L. (Hrsg.): Forensische Psychiatrie heute. Festschrift für Ulrich Venzlaff. Berlin: Springer 1986; Foerster, K.: Aktuelle Forschungsfragen der forensischen Begutachtung: In: Kury, H. (Hrsg.): Ausgewählte Fragen und Probleme forensischer Begutachtung. Köln: Heymanns 1987
3) Schorsch, E.: Psychotherapeutische Aspekte bei der forensischen Begutachtung. Psychiatrische Praxis 10 (1983), S. 143 - 146

Zum einen muß der psychiatrische Gutachter bereit sein, sich mit sich selbst auseinanderzusetzen, d. h. eigene Vorbehalte und/oder Wünsche bei sich zu spüren, zu erkennen und sie reflektierend zu registrieren. Eigene Betroffenheit und eigene Phantasien dürfen nicht ängstlich abgeschottet, "verdrängt" werden, sondern die eigene Persönlichkeit, die gefühlsmäßige Stellungnahme auf die sexuell motivierte oder begründete Straftat sollte dem Sachverständigen so weit wie möglich bewußt werden. Dabei sollte er auch eigene Normvorstellungen bedenken. Nur dann ist zu erwarten, daß er mit drei konfliktträchtigen Bereichen, mit denen er bei Sexualstraftätern konfrontiert wird, umgehen kann:

- Sexualität, gegebenenfalls deviante Sexualität
- Gewalt in mehr oder minder ausgeprägter Form
- das gemeinsame Vorkommen beider in der Tat.

Ist der Sachverständige nicht in der Lage, mit diesen Bereichen reflektierend umzugehen, läuft er Gefahr, entweder in einer Überidentifikation mit dem Täter die Rolle eines zusätzlichen Verteidigers zu übernehmen oder bei totaler Verdrängung und Verleugnung in die Rolle eines zusätzlichen Anklägers zu geraten. Für diese zu fordernde Bewußtmachung eigener gefühlsmäßiger Reaktionen sind psychotherapeutische Kenntnisse und Erfahrungen die unverzichtbare Basis.

Zum anderen muß der Sachverständige in der Lage sein, in der Untersuchungssituation ein solches affektives Klima zu schaffen, daß es dem Probanden möglich wird, über das sensible Gebiet seiner Sexualität, seiner möglichen Hemmungen und allfälligen Störungen zu sprechen bzw. es wenigstens zu versuchen. Bedenken wir, wie schwierig das Sprechen über die eigene Sexualität in psychotherapeutischen Situationen ist, in denen der Patient mit eigenem Anliegen und Leidensdruck zum Psychiater kommt, so erstaunt es nicht, daß dies dann noch viel schwieriger ist, wenn sexuelles, gegebenenfalls sexuell-deviantes, Erleben und Empfinden mit einer Straftat verknüpft ist.

Die Herstellung eines solchen affektiven Klimas, in dem ein gemeinsames Gespräch möglich wird, kann immer nur angestrebt werden, nie verordnet und noch weniger erzwungen. Eine solche Sicht der gutachterlichen Situation bedeutet, daß der Versuch, eine entsprechende Gesprächsbeziehung zu konstellieren, auch mißlingen kann. Solches Mißlingen kann am ehesten dadurch verhindert werden, daß der Sachverständige es vermeidet, den Probanden zu überfordern. Zwar hat der Täter durch seine Tat gerade den intimen Bereich seiner Sexualität offen gelegt, dies jedoch häufig in einer Weise, die weder von ihm noch von seiner Umgebung verstanden wird. Die stets zu bedenkende Bagatellisierungs- und Verleugnungstendenz der Täter kann dann zu einer nur mäßig ausgeprägten Kooperationsbereitschaft auf deren Seite führen, wenn die Probanden vom Sachverständigen in der Untersuchungssituation mit der Tat direkt, unmittelbar und vielleicht sogar im ersten Gespräch konfrontiert werden. Um diese Überforderung zu vermeiden und eine bessere Kooperationsbereitschaft zu erreichen, versuchen wir

in der Regel, die Begutachtung in fünf Stufen zu gliedern. Um so vorgehen zu können, ist eine ganz triviale Voraussetzung erforderlich, die
jedoch von den Auftraggebern häufig "erkämpft" werden muß, nämlich
ausreichende Zeit. Jede Beziehungsaufnahme braucht Zeit, auch die in
der Begutachtungssituation. Dies schließt von vornherein aus, daß eine
Begutachtung unter Zeitdruck stattfindet, sei es auf Druck der Staatsanwaltschaft, sei es auf Druck der Strafkammer durch Hinweis auf bereits
feststehende, zeitlich knapp kalkulierte Hauptverhandlungstermine.

Ausreichend Zeit ist auch unter einem anderen, unseres Erachtens
wichtigen Aspekt erforderlich: Persönlichkeitsgestörte Menschen sind
auch beziehungsgestörte Menschen. Die persönlichkeitsgestörten Sexual-
täter haben - unabhängig und außerhalb der Straftaten - in der Regel
eine lange Vorgeschichte von gestörten Beziehungen, bei denen häufig
ein Aspekt die fehlende Zeit im Umgang mit Partnern gewesen ist. Hat
nun der Sachverständige bei der Begutachtung keine Zeit, so kann er in
der Eile in Gefahr geraten, den Fehler zu begehen, daß er sich dem
Täter gegenüber so verhält, wie es der Täter früher seinen Partnern und
möglicherweise seinem Opfer gegenüber getan hat: Der Sachverständige
überfällt den Täter quasi mit eigenen "Wünschen" (Begutachtung) ohne
auf probandeneigene Hemmungen und Schwierigkeiten Rücksicht zu
nehmen. Überspitzt könnte formuliert werden, daß die beim Probanden
bestehende Beziehungsstörung unter umgekehrten Vorzeichen fortgeführt wird. Weiter ist zu bedenken, daß persönlichkeitsgestörte Menschen - wiederum unabhängig von Straftaten - dazu neigen, Konflikte
und Probleme handelnd zu agieren und nicht reflektierend zu verbalisieren. Insoweit ist die Situation der Begutachtung, in der es gerade um
das Verbalisieren von Emotionen, Affekten und Hemmungen geht,
häufig für die Probanden eine gänzlich ungewohnte, in manchen Fällen
eine erstmalige Erfahrung. Es liegt auf der Hand, daß der Proband auch
ausreichend Zeit benötigt, um sich in diese für ihn ungewohnte oder
sogar unbekannte Situation hineinzufinden.

Aus diesen Gründen hat sich uns ein zeitlich gestaffeltes Vorgehen
bewährt, wobei die im folgenden genannten fünf Sitzungen je nach
zeitlicher Dauer auf verschiedene Termine aufgeteilt werden können.

Erster Termin:

Bei diesem ersten Kontakt ist das Ziel das gegenseitige Kennenlernen,
d. h. es wird den beiden Beteiligten ermöglicht, vom jeweiligen Gegenüber einen "ersten Eindruck", auch averbaler Art, zu gewinnen. Diese
Kontaktaufnahme ist der des ersten Eindrucks in der Erstinterviewsi-
tuation vergleichbar. Diese erste Sitzung ist in der Regel kurz, es sei
denn, sie wird gleich mit der zweiten Sitzung verknüpft.

Zweiter Termin:

Der Proband wird über den Gutachtenauftrag informiert. Gleichzeitig
wird er, soweit es ihm noch nicht eindeutig klar ist, über die Stellung
und die Aufgaben des Sachverständigen orientiert, speziell darüber, daß

der Sachverständige nicht Teil der Strafverfolgungsbehörde ist, und daß er nicht Partei im Sinne des Verteidigers ist. Zu dieser Information gehört der Hinweis auf die Notwendigkeit der Mitarbeit bei der Begutachtung. Dies bedeutet, daß der Proband seine Mitarbeit versagen kann, wodurch eine Begutachtung unmöglich wird.

In diesen beiden Terminen gewinnt der Sachverständige erste Eindrücke und Hinweise über das Erleben des Probanden in Form von Übertragungsphänomenen bzw. er erlebt bei sich bei entsprechender Reflektion seine gefühlsmäßigen Reaktion.

Dritter Termin:

In dieser Sitzung wird die persönliche Situation, die soziale Entwicklung, der Lebenslauf, kurz die biographische Anamnese aufgenommen. Hierzu gehört auch Familienanamnese, Krankheitsanamnese des Probanden sowie der jetzige Zustand in der Haft bzw. seit der Tat.

Vierter Termin:

In dieser Sitzung erfolgt die körperliche Untersuchung, auf die beim dritten Termin hingewiesen wurde, wobei dieser Hinweis einschließt, daß nun im Anschluß an die körperliche Untersuchung die sexuelle Entwicklung und die sexuelle Anamnese, einschließlich sexueller Wünsche, Phantasien, Ängste und Hemmungen besprochen werden. Diese Thematik leitet über zur Besprechung der Tat, die beim

fünften Termin

stattfindet. Dabei wird die Tat ausführlich erörtert, einschließlich der Vorgeschichte, der emotionalen Situation vor, bei und nach der Tat. Möglicherweise kann es in diesem Gespräch gelingen, dem Probanden eine Deutung seines Verhaltens zu geben, auch die Entwicklung zur Tat hin etwas durchsichtiger zu machen. Ausdrücklich ist zu betonen, daß mit Verstehen einer Entwicklung hin zur Straftat keineswegs eine Entschuldigung oder Bagatellisierung der Tat verbunden ist. Psychodynamisches Verstehen schließt Verantwortlichkeit, auch im Sinne von schuldig werden, ausdrücklich ein. Wie wir aus unserer psychotherapeutischen Arbeit wissen, sind Schuld und Strafe eminent wichtige Realitäten eines intrapsychischen Gleichgewichtes.

Abschließend erläutern wir dem Probanden das Ergebnis der Begutachtung entsprechend seinen intellektuellen und emotionalen Möglichkeiten. Diese Darlegung unserer Meinung geschieht selbstverständlich mit dem ausdrücklichen Hinweis auf die alleinige richterliche Entscheidungskompetenz.

Der psychiatrische Sachverständige soll dem Richter aufgrund seiner Fachkompetenz die Frage erläutern, ob es sich beim konkreten Sexualstraftäter um eine Persönlichkeit handelt, deren Verhalten von Rigidität und mangelnder Flexibilität geprägt ist und das dementsprechend mit einem Verlust von Freiheitsgraden einhergeht. Ist dies der Fall, so können sich unter Umständen Hinweise auf ein im rechtlichen Sinne gemeinte Einschränkung der Steuerungsfähigkeit ergeben. Auf Einzelheiten, auf die an dieser Stelle aus Platzgründen nicht eingegangen werden kann, wird anderenorts hingewiesen[4]. Allerdings bleibt dem Richter die Aufgabe, aus dem Ergebnis der Begutachtung abzuleiten, was er selbst für seine Bewertung der psychischen Verfassung des Täters benötigt, d. h. die Entscheidung wird allein vom Richter in einem Wertungsakt getroffen.

Bevor diese Entscheidung getroffen wird, wird der Sachverständige zunehmend häufiger gefragt, welche Entwicklungschancen des Probanden er gegebenenfalls sieht und welche aus seiner Sicht sinnvollen Maßnahmen möglich wären. Kommt das Gericht dann in seiner Entscheidung zu dem Ergebnis, daß eine Behandlung sinnvoll und nötig sei und erteilt es eine Behandlungsauflage, wobei dies für Täter gilt, die nicht zu Haftstrafen oder zu einer Unterbringung verurteilt werden, so steht der Proband vor der Schwierigkeit, einen Psychiater oder Psychotherapeuten zu finden, der bereit ist, sich seiner Problematik anzunehmen. Seitens der Nervenärzte, Psychiater und Psychotherapeuten wird Arbeit mit diesen Probanden meist abgelehnt, wobei die Stichworte Behandlungsauflage, Freiwilligkeit, Therapiemotivation, Rückfälle, Therapieabbrüche genügen mögen, um die Problematik in Erinnerung zu rufen.

Trotz der Bedenken, die sich aus den genannten Stichworten ergeben, entschlossen wir uns seit 1983, Angebote zur ambulanten Behandlung von Sexualstraftätern zu machen[5]. Wir sind der Meinung, daß wir als Sachverständige nicht lediglich solche Therapien empfehlen können, ohne selbst bereit zu sein, entsprechende Angebote zu machen. Seitdem haben wir Erfahrungen mit 32 ähnlichen Patienten gesammelt. Die Delikte dieser Probanden, die sämtlich Wiederholungstäter waren, gliedern sich wie folgt:

12 Probanden waren wegen Exhibitionierens straffällig geworden
10 Probanden waren wegen Exhibitionierens, verbunden mit sexueller Nötigung, straffällig geworden
 6 Probanden waren wegen Exhibitionierens, verbunden mit sexuellem Mißbrauch von Kindern, straffällig geworden
 2 Probanden waren wegen Exhibitonierens und versuchter Vergewaltigung straffällig geworden
 2 Probanden hatten andere, sexuell motivierte Straftaten begangen

Im ambulanten Setting bemühten wir uns zunächst, mit diesen Probanden in "klassisch"-psychotherapeutischer Weise umzugehen, d. h. Wahrung der Abstinenzregel, verstehende Distanz, Deutung von Patientenaktionen. Dieses Vorgehen erbrachte keine Basis für gemeinsames Arbeiten mit den Patienten. An Übertragungsgefühlen waren zu registrie-

---

4) Foerster, K.: Gedanken zur psychiatrischen Beurteilung neurotischer und persönlichkeitsgestörter Menschen bei strafrechtlichen Fragen. Monatsschrift für Kriminologie und Strafrechtsreform 72 (1989), S. 83 - 87
5) Rosenau, K.O./Foerster, K.: Psychotherapeutische Arbeit mit Sexualdelinquenten. Zentralblatt Neurologie, Psychiatrie 245 (1986), S. 667 - 668

ren Ängstlichkeit bis hin zur Panik, Leere, Ablehnung, Ungeduld; als Gegenübertragungsgefühle empfanden wir Ärger, Aggressivität und Ablehnung. Diese Übertragungs-Gegenübertragungskonstellation führte zu Therapieabbrüchen, wobei die Probanden, die die Therapie abbrachen, in der obengenannten Zahl von 32 Patienten nicht berücksichtigt sind.

Wir akzeptierten weiter eintreffende Anfragen nach Therapiemöglichkeit, gingen jedoch anders vor: Den Patienten wurden "Routine-Kontakte" im Rahmen der psychiatrischen Poliklinik angeboten, d.h. Gesprächsdauer zwischen 20 und 30 Minuten, verbunden mit der körperlichen und neurologischen Eingangsuntersuchung. Die Übertragung dieser Standardbedingungen auf die spezielle Klientel der Sexualstraftäter führte nicht zu noch rascheren Therapieabbrüchen, sondern zu beginnender Stabilisierung der Kontakte. Das scheinbare Paradoxon, "Weniger an psychotherapeutischem Setting ermöglicht mehr an therapeutischer Beziehung" führte zu einer veränderten Einstellung diesen Probanden gegenüber.

Unsere Überlegungen seien skizziert: Aus der Sicht des Probanden hat der Psychotherapeut den Auftrag via Behandlungsauflage, das Symptom, etwa das Exhibitionieren, durch die Therapie "wegzunehmen". Hiergegen wird sich der Patient so lange wehren müssen, so lange er nicht das Gefühl der Sicherheit hat, daß er für das Hergeben des Symptoms auch etwas "bekommt", in diesem Fall die Beziehung zum Therapeuten. Vor dem "nehmenden" Therapeuten kann sich der Patient so nur durch einen Therapieabbruch schützen, so lange eine therapeutische Situation mit emotionaler Distanz existiert.

Aufgrund dieser Überlegungen änderte sich unser Ziel in der ersten Phase der Behandlung: Es ging nicht mehr um die Auseinandersetzung mit dem Symptom und der Tat, sondern es kam uns auf die Schaffung einer Situation an, in der das Herstellen einer sicheren, haltenden Beziehung erst möglich wurde. Als Einstieg bietet sich dabei die allgemeine körperliche und neurologische Untersuchung an, die sonst in der Regel vom Psychotherapeuten nicht durchgeführt wird. Hier kann somatisches Reagieren, etwa das Bemerken von Angstschweiß, Herzrasen, Hyperreflexie beim Probanden als Hinweis auf die körperlich erlebte emotionale Befindlichkeit gewertet werden, wodurch verbal dann leichter auf die emotionale Ebene gewechselt werden kann.

Diese erste Zeit, die der Schaffung einer angstfreien, sicheren Beziehung dient, bezeichnen wir als sensible Phase. Sie dauerte bei unseren Probanden zwischen 6 und 12 Monaten. Während dieser ersten Phase kam es bei 7 Patienten zu Rückfällen. Bei keinem dieser Probanden war bis dahin eine Beziehung zustande gekommen, die als gesichert angesehen werden konnte. Unserem Verständnis nach waren diese Rückfälle ausagierte Prüfsteine der Beziehung: Sie bewirkten gemeinsames Erleben einer schwierigen Situation und forderten eine gemeinsame Bewältigung. An diesem Punkt war es wichtig, sich weder gekränkt zurückzuziehen, noch in die Position eines "allmächtigen Erretters" zu geraten.

Erst nach dieser ersten sensiblen Phase kann es gelingen, über den Bereich der Sexualität angstfrei zu sprechen und sich so allmählich der

Symptomatik, d. h. der sexuellen Devianz und ihrer Bedeutung für den Patienten zu nähern, wobei erst in diesem Zusammenhang über die Straftaten gesprochen werden kann.

An dieser Stelle sei darauf hingewiesen, daß wir keine besonderen Eingangskriterien haben; jeder Proband, der sich von sich aus um eine Therapie bemüht, wird entsprechend unseren Kapazitätsmöglichkeiten angenommen.

Die Ergebnisse unserer Bemühungen lassen sich zusammenfassend skizzieren:

Von den 32 Patienten, die wir seit 1983 gesehen haben, befinden sich 14 Patienten in regelmäßiger ambulanter Behandlung, die bei 12 Patienten alle 14 Tage stattfindet, bei einem Patienten wöchentlich und bei einem weiteren Patienten, der seit vier Jahren behandelt wird, monatlich. Ein weiterer Patient steht in lockerem Kontakt zu uns, etwa einmal vierteljährlich. Inhaltlich handelt es sich hierbei um ein weitgehend supportives Vorgehen, was Klärung von aktuellen Schwierigkeiten und Problemen, auch am Arbeitsplatz und in der Partnerschaftsbeziehung einschließt. Selbstverständlich ist das sexuelle Erleben der Patienten ebenfalls Thema, allerdings nur in Einzelfällen in einer konfliktzentrierten Vorgehensweise.

Bei sechs Patienten konnte eine Behandlung abgeschlossen werden, wobei dieses Ende der Behandlung auf Wunsch der Patienten mit Einverständnis der Therapeuten geschah. Kriterium für die Beendigung war das Bestehen einer tragfähigen Beziehung, nicht das Verschwinden des Symptoms bzw. eine Auflösung des vermuteten Konfliktes. Nach Abschluß der Behandlung sind uns Rückfälle bei diesen Probanden nicht bekannt geworden.

Bei fünf Patienten mußte die Behandlung abgebrochen werden, weil sie die Termine ohne Absage nicht mehr wahrnahmen oder weil sie eine Haftstrafe antreten mußten. Ein ausländischer Patient wurde ausgewiesen.

Bei sechs Patienten konnten wir eine Behandlung nicht übernehmen, weil diese von den Patienten, von Bewährungshelfern geschickt und ohne jegliche Motivation, völlig abgelehnt wurde oder weil sie in zu großer räumlicher Entfernung von Tübingen wohnten.

Unter rechtlichen Aspekten befanden sich alle Probanden in der Bewährungszeit; 18 Probanden hatten von den Strafvollstreckungskammern eine Behandlungsauflage. Dabei hatten wir in 17 Fällen Kontakte zu den jeweiligen Kammern, wobei sich diese aber auf formale Mitteilungen über die regelmäßigen Termine mit den Probanden beschränkten.

Aufgrund dieser Ergebnisse kommen wir, ähnlich wie die Arbeitsgruppe um Schorsch[6], zu der Feststellung, daß die ambulante Arbeit mit nicht in Haft befindlichen Sexualstraftätern nicht auf spezialisierte Einrichtungen beschränkt werden muß. Der Ruf nach dem "Speziali-

---

6) Schorsch, E./Galedary, G./Haag, A./Hauch, M./Lohse, H.: Perversion als Straftat. Berlin u.a.: Springer 1985

sten" kann hier auch als Ausdruck von Berührungsängsten der Psychotherapeuten bezüglich dieser Patienten gesehen werden. Dabei kann u. E. ein als Gutachter tätiger Psychiater nach Abschluß des Verfahrens mit dem jeweiligen Probanden durchaus psychotherapeutisch arbeiten, während das umgekehrte Vorgehen - der behandelnde Psychiater wird Sachverständiger - aus unserer Sicht wegen unauflösbarer Loyalitätskonflikte nicht möglich ist. Zwar ergeben sich Besonderheiten - sexuelle Delinquenz, gegebenenfalls sexuelle Devianz, Behandlungsauflage, d. h. Kontakt mit den Gerichten - wobei wir jedoch meinen, daß die Behandlung auch dieser Patienten genuine Aufgabe von Psychiatern und Psychotherapeuten ist.

Zur psychologisch-psychiatrischen und forensischen Beurteilung sogenannter Querulanten

Helmut E. Ehrhardt

Im psychiatrischen wie im juristischen Schrifttum ist nur noch selten von Querulanten die Rede. Ist diese Spezies immer lästiger, gelegentlich auch kranker Zeitgenossen vom Aussterben bedroht? Über die Massenmedien werden wir schnell eines Besseren belehrt. Was wären die Talkshows und so manches Polit-Magazin ohne Querulanten? Technischer und sozialer Fortschritt in Verbindung mit der Relativierung oder Negierung tradierter Wertvorstellungen und Verhaltensnormen haben ein nahezu unbegrenztes Betätigungsfeld für Querulanten jeglicher Provenienz eröffnet. Gewiß, lebendige Demokratie braucht Kritik als wesentliches Unterscheidungsmerkmal gegenüber totalitären Staatsformen. Wo aber liegt die Grenze zwischen rationaler, verantwortungsbewußter Kritik und lediglich destruktiver Querulanz?

Systemkritik ist "in", alternative und auch aggressive Protestbewegungen finden eine breite Resonanz. Selbst bei den Juristen gibt es Alternativ-Professoren und Alternativ-Kommentare. Scheinbar selbstverständliche Begriffe wie Notlage, Gewalt, Nötigung, Verwerflichkeit oder das "Sittengesetz" gem. Art.2 GG werden - auch in der höchstrichterlichen Rechtsprechung - solange "hinterfragt" und relativiert, bis anstelle einer verbindlichen Verhaltensnorm nur noch ein Fragezeichen übrigbleibt. Eben damit schafft man einen denkbar günstigen Nährboden für die vielfältigen Erscheinungsformen kollektiver Querulanz. Erst der "Übersprung" zum lebensbedrohenden Fanatismus, zum lebensvernichtenden Terror führt zu Klagen über die Insuffizienz der "repressiven Gewalt" eines Staates, der den Vorwand einer vermeintlich nur reaktiven oder provozierten "Gegengewalt" des "Überzeugungstäters"[1] unsicher oder hilflos gegenübersteht.

Das Phänomen der *Kollektiv-Querulanz* hat bisher nur wenig Beachtung gefunden, vor allem aus "klimatischen" Gründen. Wer wird schon einen Kämpfer für Frieden und Abrüstung - Wunschvorstellung jedes

---

1) Ebert, U.: Der Überzeugungstäter in der neueren Rechtsentwicklung. Berlin: Duncker & Humblot 1975; Gödan, J.: Die Rechtsfigur des Überzeugungstäters. Berlin: Duncker & Hubmblot 1975; Peters, K.: Überzeugungstäter und Gewissenstäter. In: Geerds, E./Naucke, W. (Hrsg.): Festschrift für Hellmuth Mayer. Berlin: Duncker & Humblot 1966; Peters, K.: Reaktion und Wechselspiel. In: Just, M. et al (Hrsg.): Recht und Rechtsbesinnung. Gedächtnisschrift für G. Küchenhoff. Berlin: Duncker & Humblot 1987

Kerner/Kaiser (Hrsg.) Kriminalität
© Springer-Verlag Berlin Heidelberg 1990

halbwegs vernünftigen Bürgers - als Querulanten bezeichnen? Wer
weiß, daß es beim Querulanten weniger um die vielleicht berechtigte,
vielleicht ideale Zielvorstellung, sondern um den Weg, um die Methoden zur Erreichung dieses Zieles geht? Insoweit kann man etwa in der
heutigen Friedensbewegung fanatische oder querulatorische von "normalen" Gruppierungen unterscheiden. Da Querulanz stets gegen ein bestehendes Ordnungsgefüge gerichtet ist, spricht man im Fall des Erfolges nicht mehr von den Methoden, die dazu geführt haben. Der gute
Zweck heiligt dann auch die schlechten Mittel.

Kollektiv-Querulanz wird nicht - jedenfalls nicht unter dieser Fir-
mierung - zum Gegenstand gerichtlicher Verfahren. Es ist der einzelne
Querulant, mit dem sich der Richter häufiger, gelegentlich auch der
Psychiater befassen muß. Mit der Beobachtung, daß Querulanz auch
Symptom einer Wahn-Psychose sein kann, wurde das Thema für die
Psychiatrie interessant. Deshalb zunächst einige historische Bemerkun-
gen zum Streit über Definition und Klassifikation querulatorischen
Verhaltens.

1. Begriff der Querulanz und seine Geschichte

Querulanten hat es vermutlich schon immer und überall im Laufe der
Geschichte gegeben. Die Manifestationsformen und die Entfaltungs-
möglichkeiten von Querulanz waren und sind aber in erheblichem Maße
von den gesellschaftlichen Bedingungen, von der Freiheit und Bindung
des Individuums im Rahmen einer staatlichen Ordnung abhängig. In
einem totalitären Staatsgebilde ist der Querulant kein Problem. Wer der
herrschenden Ideologie widerspricht, ist ein Staatsfeind, und er wird
sehr bald zur Unperson.

1.1. Eindrucksvolles Beispiel aus jüngster Zeit ist die Auseinandersetzung um die *"Psychiatrisierung"* politischer Dissidenten in der Sowjetunion. Sie zeigt zugleich die Vielschichtigkeit der Querlantenproblema-
tik. Die meisten dieser Dissidenten sind offensichtlich "ganz normale"
Systemkritiker. Daneben gab und gibt es genuine Querulanten und ver-
einzelt Wahnkranke, die natürlich auch unter den psychisch Kranken
der UdSSR vorkommen. Die Krankheit, paranoide Schizophrenie, kann
man vielleicht durch Beobachtung, auch ohne ausreichende Sprach-
kenntnisse diagnostizieren. Ob aber eine, im Kern berechtigte, Systemkritik Ausdruck einer querulatorischen Persönlichkeitsentwicklung ist,
läßt sich - wenn überhaupt - bei mangelhafter oder fehlender sprachlicher Kommunikationsmöglichkeit kaum feststellen. Auch wenn man bei
einem dieser Dissidenten das Vorliegen einer Persönlichkeitsstörung im
Sinne eines paranoid-querulatorischen Syndroms unterstellt, so wäre das
zweifellos noch kein Grund für eine psychiatrische "Behandlung" wie
sie nachweisbar in der Sowjetunion durchgeführt wurde. Hier geht es
primär um ein Problem der Rechtspolitik, wobei einzelne Psychiater die
ethisch nicht vertretbare Rolle von Erfüllungsgehilfen gespielt haben.

1.2. In historischer Sicht waren Verwaltungsbehörden und Justiz diejenigen, die zunächst mit dem Querulantentum konfrontiert wurden. Sie haben es vielleicht mit Erleichterung begrüßt, daß die Psychiater mit der Entdeckung des "Querulantenwahnsinns" die Möglichkeit eröffneten, wenigstens einige dieser so lästigen Zeitgenossen als Kranke zu entmündigen und in einer "Irrenanstalt" unterbringen zu können. Schon bald zeigte sich aber, daß man das Querulantenproblem auf diesem Wege nicht lösen kann. Im alten Preußen wurden offenbar Ministerien, Behörden und Gerichte in erheblichem Umfang durch Querulanten beschäftigt und belästigt. So erscheint der *Querulant als Rechtsbegriff* erstmals in den §§ 30, 31 der Allgemeinen Gerichtsordnung für die Preußischen Staaten von 1793. Ein dazu erlassenes "Publikandum" von 1810 regelte die Behandlung einschlägiger Gesuche und Beschwerden an den König oder die Ministerien sowie das Verfahren der Justizbehörden mit der Möglichkeit der Bestrafung des Querulanten: 14 Tage bis 4 Monate Gefängnis, im Wiederholungsfall Verdoppelung der Strafe. Diese Strafvorschriften - ähnlich in anderen Ländern - bestanden in Preußen immerhin bis 1931; es scheint aber nicht bekannt zu sein, wie oft und in welcher Form sie in der Gerichtspraxis zur Anwendung kamen.

1.3. *Querulanz als "Krankheit"* wird in der medizinischen Literatur seit Mitte des vorigen Jahrhunderts diskutiert, erstmals bei Casper[2], der vom Querulanten als einem "Wahnsinnigen aus Rechthaberei" und von "Querulanten-Wahnsinn" sprach. Das Erscheinungsbild dieser Patienten/Klienten wird hier schon treffend beschrieben, wobei auch diejenigen Merkmale nicht fehlen, die in der erwähnten preußischen Gerichtsordnung - ohne jede Verbindung mit einer Krankheit - genannt worden sind.

In dem nosologischen System von Kraepelin[3] wurde der Querulantenwahn der Paranoia zugeordnet. Nachdem sich Hitzig[4] dieser Auffassung angeschlossen hatte, war sie als Kraepelin-Hitzig-These über geraume Zeit herrschende Meinung, auch in der forensischen Praxis. Abweichend davon hat etwa Wernicke[5] den Querulantenwahn als eine zirkumskripte Störung im Sinne einer Monomanie angesehen. Erst mit der wachsenden Kritik an der Paranoia als Krankheitseinheit und ihrer Abgrenzung von der paranoiden Schizophrenie wurde auch die These vom "Querulanten-Wahnsinn" mehr und mehr in Frage gestellt. Kraepelin selbst hat ihn in späteren Auflagen seines Lehrbuches unter den "psychogenen Erkrankungen" beschrieben.

Mit der Erkenntnis, daß Querulanz nur selten Ausdruck einer Wahnkrankheit oder einer affektiven Psychose ist, war der theoretische Streit

---

2) Casper, C.: Klinische Novellen zur gerichtlichen Medizin. Berlin: Hirschwald 1863
3) Kraepelin, E.: Psychiatrie, 4. Aufl., Leipzig: Abel 1893
4) Hitzig, E.: Über den Querulantenwahnsinn. Leipzig: Vogel 1895
5) Wernicke, C.: Über die Klassifikation der Psychosen. Breslau: Schletter 1899

um die nosologische Klassifikation nicht beendet. Der Pseudoquerulant, der Opportunitätsquerulant, der querulierende Psychopath und schließlich die Neurasthenia querulatoria[6] bei Unfallverletzten, als Vorläufer der später so verbreiteten Renten-Querulanz, spielten eine wachsende Rolle in der Fachliteratur.

1.4. *Psychodynamische und soziologische Aspekte* querulatorischen Verhaltens finden seit den 30er Jahren größere Beachtung. Raecke[7] postulierte eine klare Trennung von genuinem und symptomatischem Querulantenwahn. Letzterer sei lediglich ein "Sammelbegriff für ähnliche episodische Zustandsbilder im Verlaufe mannigfacher Geistesstörungen". Darüber hinaus wollte Kolle mit einem auf schizophrene Erkrankungen eingeengten Wahnbegriff den Querulantenwahn als eigenständige Kategorie eliminieren.

Bei Raecke, Kolle[8] und E. Kretschmer[9] besteht weitgehende Übereinstimmung dahingehend, daß es sich bei den genuinen Querulanten um paranoische oder paranoide Entwicklungen handelt, die durch *Charakter, Erlebnis und Milieu* geprägt werden. Insoweit hätte Querulantentum mehr mit einer "Rechtsneurose", mit einer "sozialen Krankheit" im Sinne V. von Weizsäcker's[10] als mit "Verrücktheit" zu tun. Diese multikonditionale Betrachtungsweise ermöglicht in den meisten Fällen ein realistisches Verständnis querulatorischen Verhaltens und damit eine "gerechtere" Beurteilung der Persönlichkeit des Querulanten, was in neueren Arbeiten[11] mit unterschiedlicher Akzentuierung bestätigt wird[12].

In *psychoanalytischer Sicht*[13] ist Querulanz eine Krankheit des Über-Ich, die sich aus einem gestörten Urvertrauen entwickelt. Männlichkeitskomplex und Narzißmus des Querulanten sind von den ödipalen Auseinandersetzungen mit dem dominanten Vater geprägt. Seine Aggressivität resultiert aus einer Identifikation mit dem väterlichen Aggressor, wobei die prä-ödipalen Beziehungen zu einer den bürgerlich-patriarchalischen Erziehungsmethoden des vorigen Jahrhunderts verhafteten Mutter eine gewichtige Rolle spielen können. Der paranoide Ab-

6) Mendel, K.: Über Querulantenwahnsinn und "Neurasthenia querulatoria" bei Unfallverletzern. Neurologisches Centralblatt 218 (1909), S. 1140 - 1154
7) Raecke, J.: Der Querulantenwahn. München: Bergmann 1926
8) Kolle, K.: Über Querulanten. Archiv für Psychiatrie und Nervenkrankheiten 95 (1931), S. 24 - 102
9) Kretschmer, E.: Der sensitive Beziehungswahn. 4. Aufl., Berlin: Springer 1966
10) Von Weizsäcker, V.: Soziale Krankheit und soziale Gesundung. Berlin: Springer 1930
11) Von der Heydt, A.: Querulatorische Entwicklungen. Halle: Marhold 1952; Dietrich, H.: Querulanten. Stuttgart: Enke 1973; Nedopil, N.: Schuld- und Prozeßfähigkeit von Querulanten. Forensia 5 (1985), S. 185 - 195
12) Vgl. auch Aschaffenburg, G.: Ein Beitrag zur Lehre vom Querulantenwahn. Zentralblatt für Nervenheilkunde und Psychiatrie 18 (1895), S. 57 - 63; Hoche, A.: Grundzüge einer allgemeinen gerichtlichen Psychopathologie. In: Hoche, A. (Hrsg.): Handbuch der gerichtlichen Psychiatrie. 3. Aufl., Berlin: Springer 1934
13) Z.B. Fenichel, O.: Perversionen, Psychosen, Charakterstörungen. Wien: Internationaler Psychonalytischer Verlag 1931; Kielholz, A.: Von den Quellen der Querulanz. Schweizer Archiv für Neurologie und Psychiatrie 42 (1938), S. 58 - 76

wehrmechanismus von Verleugnung und Projektion prägt den Narzißmus und die Selbstgerechtigkeit des späteren Querulanten.

So interessant und mehr oder weniger überzeugend diese und ähnliche Versuche zum Verständnis der Entwicklung von Querulanz sein
mögen, in der forensischen Praxis - wie auch in der Therapie - waren
und sind sie wenig hilfreich. Die Bedeutung von Elternhaus und Schule
für die Entwicklung wird heute kaum noch unterschätzt. Wenn aber
ungezählte Kinder unter den gleichen - guten oder schlechten - Bedingungen aufwachsen, dann kann man nicht bei dem einen Jungen, der
im Alter von 40 oder 50 Jahren als Querulant vor Gericht steht, dem
dominierenden Vater, der permissiven Mutter oder dem autoritären
Erziehungssystem die Schuld und alleinige Verantwortung zuschieben.
Es geht hier immer nur um einzelne Faktoren von größerer oder geringerer Bedeutung für die Entwicklung und Reifung eines Kindes.

1.5. Deswegen sollte man auch nicht unter politisch-ideologischen Gesichtspunkten beklagen, daß der Begriff "Querulanten-Wahnsinn" nur
im deutschen Schrifttum eine so große Rolle gespielt hat, daß er als
Produkt des Obrigkeitsstaates früherer Zeiten ein "typisch deutsches"
Phänomen sei. Diese Auffassung ist doch wohl zu einfach und vor allem
zu einseitig. - Eine ähnlich eingeengte und willkürliche Interpretation
finden wir neuerdings bei Kaupen, der in dem Querulanten lediglich
das Ergebnis einer juristischen oder psychiatrischen "Etikettierung"
sieht. Mit gesellschaftskritischen Ansätzen dieser Art kann man aber
weder in der Klinik noch in foro viel anfangen.

In der englischen wie in der französischen Sprache kennt man keine
adäquate Bezeichnung für den Querulanten, der auch in der Gerichtspraxis der Länder dieser Sprachbereiche eine bescheidenere Rolle zu
spielen scheint. Das besagt aber noch nichts über die Häufigkeit des
Phänomens in unterschiedlichen Staatsformen und Erziehungssystemen.
Schließlich war es gerade die deutsche Psychopathologie, die sich in der
fraglichen Zeit so intensiv mit dem Thema Wahn befaßte. Engländer
und Amerikaner standen diesem theoretisch überfrachteten Fragenkom-
plex viel distanzierter gegenüber, was sich auch in den jüngsten Bemühungen um eine gemeinsame Nomenklatur und Klassifikation spiegelt.

In der *Internationalen Klassifikation* der Krankheiten der Weltge-
sundheitsorganisation (ICD-9) - wie auch in der amerikanischen Variante dieser Klassifikation (DSM-III) - fällt das Gros der genuinen
Querulanten unter die paranoiden Persönlichkeitsstörungen (Nr. 301.0).
Nach der in Vorbereitung befindlichen Neufassung (ICD-10, draft
April 1988) wäre das Nr. F 60.0. Diese Patienten werden aber gelegentlich auch den Neurosen oder anderen Persönlichkeitsstörungen zugeordnet, was die Abhängigkeit der Klassifikation von unterschiedlichen
Kriterien der Diagnostik verdeutlicht.

Die *Häufigkeit*, in der Querulanten als solche klinisch und/oder
forensisch in Erscheinung treten, war und ist niedrig. Entmündigung
und Anstaltsunterbringung in besonders schweren Fällen wurde früher
von namhaften Juristen und Psychiatern als ultima ratio befürwortet,
was heute eine Rarität sein dürfte. Systematische Untersuchungen an

größeren Krankenhauspopulationen[14] haben einen Anteil der "Querulantenparanoiker" unter den stationären psychiatrischen Patienten von nur 0,05 bis 1 °/$_{oo}$ ergeben. Ein signifikanter Unterschied nach Nationalitäten besteht demnach nicht, auch wenn die diagnostischen Kriterien der einzelnen Untersucher nicht ganz identisch gewesen sein sollten.

2. Forensische Fragen

Spektakuläre Prozesse von und mit Querulanten haben von jeher ein großes publizistisches Echo gefunden. Klassisches Beispiel ist der Berliner Kaufmann Hans Kohlhase, dem ein Junker unberechtigt 5 Groschen Futtergeld abverlangte. Nach vergeblicher Anrufung der Gerichte nahm K. sein "Recht" selbst in die Hand, sagte dem ganzen Sachsenland die Fehde an, zog mit einer Schar Abenteurer als schonungsloser Brandstifter, Räuber und Mörder durch das Land, bis er 1540 auf dem Rad endete. Er wurde das Vorbild zu Kleists Novelle "Michael Kohlhaas". Das auslösende Erlebnis, das ihm zugefügte Unrecht, ist bei Kohlhase vergleichsweise genau so gering wie bei zahlreichen Querulanten bis in unsere Tage. Seine Reaktion war aber nicht nur Querulanz, sondern lebensvernichtender Terror. Eine auch in unserer Zeit durchaus beachtliche Beziehung.

2.1. In den 20er Jahren war der von Wetzel[15] so eindrucksvoll geschilderte Fall des *Freiherrn von Hausen* Gegenstand lebhafter Diskussionen. Von H., ein wohlhabender, hochintelligenter Gutsbesitzer, beendete 1920 sein von Prozessen mehr als ausgefülltes Leben durch Suizid. Er war an 304 Zivilprozessen beteiligt, erstattete 152 Strafanzeigen, u.a. gegen Richter wegen Rechtsbeugung und gegen Zeugen wegen Meineids. Er war entmündigt und wurde wieder bemündigt, in 48 Fällen war er wegen Körperverletzung, Beleidigung, Widerstand und Bedrohung angezeigt worden. Zurechnungsunfähigkeit und Geschäftsunfähigkeit wurden zeitweise bejaht. Nach "endgültiger" Entmündigung erfolgte die Unterbringung in einer Heilanstalt, aus der er kurz vor seinem Tod entlassen wurde. Eine Gutachterkommission zur Überprüfung der Entmündigung neigte dazu, das Vorliegen einer Geisteskrankheit zu verneinen. Im Laufe von 25 Jahren hatten sich zahlreiche und prominente Gutachter nie über diese Frage einigen können.

14) Kolle 1931 (Fn 8); Retterstol, N.: Nicht-schizophrene paranoide Entwicklungen und Paranoia. In: Kisker, K.P./Lauter, H./Meyer, J.-E./Müller, C./Strömgren, E. (Hrsg.): Psychiatrie der Gegenwart, Bd. 4. 3. Aufl., Berlin u.a.: Sringer 1987, S. 211 - 235, 222 ff.; Winokur, G.: Delusional disorder (paranoia). Compr Psychiatry 18 (1977), S. 511 - 521; Astrup, C.: Querulant paranoia: a follwo up. Neuropsychobiology 11 (1984), S. 149 - 154

15) Wetzel, A.: Das Interesse des Staates im Kampfe mit dem Recht des Einzelnen. Monatsschrift für Kriminalpsychologie und Strafrechtsreform 12 (1921/22), S. 346 - 370

2.2. Ähnliches Aufsehen erregte in den 60er Jahren der Fall des "Sozial-anwalts" *Dr. Weigand*, den v. Baeyer[16] - als einer von vier Gutachtern in dem in Rede stehenden Prozeß - publiziert hat, dazu eine Stellung-nahme des Betroffenen in der gleichen Zeitschrift[17]. Gegen W. liefen zur Zeit der Begutachtung 29 verschiedene Verfahren wegen Beleidi-gung, falscher Anschuldigung, Verleumdung, Widerstand gegen die Staatsgewalt, Nötigung, Urkundenbeseitigung, unbefugter Führung einer Dienstbezeichnung, Besorgung von Rechtsangelegenheiten ohne erforderliche Erlaubnis.

Es ging in erster Linie um die Frage "Selbstmord oder Mord" bei einem 1961 ums Leben gekommenen Rechtsanwalt. Die Geschwister des Verstorbenen beauftragten Dr. W., dessen Tätigkeit als nicht-juristi-scher "Sozialanwalt" offenbar bekannt war, mit der Aufklärung der Angelegenheit. Staatsanwaltschaft und Gericht nahmen einen Suizid als erwiesen an, was W. zu immer heftiger werdenden Angriffen auf alle mit der Angelegenheit befaßten Amtspersonen veranlaßte. Flugblätter werden verteilt, den Einflußreichen in Stadt und Land werden Heuche-lei und Korruption, eine "Solidarität im Unrecht" vorgeworfen, polizei-liches Eingreifen wird gelegentlich mit brachialer Gewalt abgewehrt.

Nachdem ein Gutachter erheblich verminderte Zurechnungsfähigkeit bei W. festgestellt hatte, kam er für 3 Monate in das feste Haus eines psychiatrischen Krankenhauses, was natürlich zu heftigen Protesten führte. Es folgte eine Begutachtung, die ihm zunächst erheblich ver-minderte, dann aber in einer plötzlichen Kehrtwendung aufgehobene Zurechnungsfähigkeit wegen erheblicher psychopathischer Abartigkeit und ausgesprochen querulatorischer Entwicklung bescheinigte. Die drei Gutachter des Hauptverfahrens waren sich dahingehend einig, daß es sich bei W. um einen "altruistischen Querulanten" handele, dessen ab-normes Verhalten auf "psychopathischem Boden" erwuchs, wobei eine "fanatisch-verstiegene, hochfahrende, auch etwas geltungsbedürftige Komponente seiner Charakterstruktur" nicht übersehen werden könne. Auch bezüglich der Zurechnungsfähigkeit waren sich die Gutachter einig. Sie wurde generell bejaht. Die Möglichkeit temporärer Einschrän-kung in seltenen Momenten heftiger Erregung, die "vielleicht" die Vor-aussetzungen von § 51 Abs.2 StGB a.F. erfüllt, wäre nicht auszuschlie-ßen. Anstaltsunterbringung wurde als zwecklos abgelehnt. Das Gericht hat sich diesem Votum - bis auf die problematische Frage der partiell-temporären Zurechnungsfähigkeitsminderung - angeschlossen. - Die etwas optimistischen Vorstellungen v. Baeyers bezüglich Therapie und Prognose wurden - soweit bekannt - wohl nicht bestätigt.

---

16) V. Baeyer, W.: Zur Frage der strafrechtlichen Zurechnungsfähigkeit von Psychopa-then. Nervenarzt 38 (1967), S. 185 - 192

17) Weigand, G.: Ist Hilfsbereitschaft für schwache Mitbürger psychopathisch oder krimi-nell? Nervenarzt 10 (1969), S. 325 - 326

2.3. In jüngster Zeit war es vor allem der Chirurg *Prof. Julius Hacke- thal*, der sich - mehr durch seine Fernsehauftritte, aber auch seine Bü- cher - als ebenso wortreicher wie unkorrigierbarer Querulant einen Namen gemacht hat. Bevorzugte Themen sind für ihn: Kritik der Schul- medizin, Sterbehilfe und Krebs-Therapie; also nicht gerade neue Pro- blemkomplexe, die für die Entwicklung überwertiger Ideen und das Austragen harter Positionskämpfe prädestiniert sind. An der sogenann- ten Schulmedizin, was immer man darunter verstehen mag, gibt es be- kanntlich viel zu kritisieren, was in sicher nicht geringerem Ausmaß für die Alternativ-Medizin in ihren zahllosen Varianten gilt. Kritik muß aber objektiv begründet sein, sie darf sich nicht in Verbalinjurien er- schöpfen. Die "neue" Krebstherapie von H. hat sich schon bald als ein - lukrativer - Flop erwiesen. Damit stellte sich die Frage nach der Ver- antwortung im Blick auf das Schicksal von Patienten. Das gilt auch für die höchst fragwürdigen Methoden der Sterbehilfe, insbesondere für ihre Vermarktung durch Hackethal.

Kann oder muß man gar für ein solches Verhalten einen pathologi- schen Hintergrund annehmen? Soweit mir bekannt, wurde bisher von keiner Seite die zivilrechtliche Geschäftsfähigkeit oder die strafrecht- liche Schuldfähigkeit von H. angezweifelt. Er selbst würde solche Zwei- fel sicher weit von sich weisen. Bei Ausschluß einer Psychose könnte man unter psychodynamischen Gesichtspunkten nach traumatisierenden Kindheitserlebnissen fragen. Wären sie nachweisbar, würde das zum Verständnis eines Querulatoriums von diesem Ausmaß ausreichen? Würde dadurch die zivil- und strafrechtliche Verantwortlichkeit in Frage gestellt? Bleibt das "Schlüsselerlebnis", das tatsächlich oder ver- meintlich erlittene Unrecht, nach dem bei Querulanten immer gefragt wird. Bei Prof. H. fällt es vermutlich in die Zeit seiner Tätigkeit in einer Universitätsklinik, also einer Institution der "Schulmedizin". Wer solche Betriebe aus eigenem Erleben kennt, der weiß, daß ihm gele- gentliche Ungerechtigkeiten nicht erspart bleiben, vor allem, wenn er zu den "Karriere-Aspiranten" gehört. Dieselbe Situation haben wir in vielen anderen Berufen, und es ist eine Frage des Charakters, wie der einzelne derartige Frustrationen verarbeitet. Die rechtliche Verantwort- lichkeit der sonst gesunden Persönlichkeit wird dadurch allein nur sel- ten beeinträchtigt.

Die vielschichtige Problematik exzessiv-querulatorischen Verhaltens erscheint im Falle Hackethal gebündelt, mit einer Fülle interessanter Perspektiven und auch Fragen. Hier kann nicht näher darauf eingegan- gen werden, zumal die rechtliche Bewertung dieser Verhaltensweisen zur Zeit noch nicht abgeschlossen ist. Ein berufsgerichtliches Verfahren schloß mit der Feststellung, daß eine Prüfung der Voraussetzungen für den Widerruf oder das Ruhen der Approbation gem. §§ 5, 6 Bundesärz- teordnung durch die zuständige Behörde angezeigt wäre. Der Vorgang wurde also weitergereicht, die Entscheidung bleibt abzuwarten.

2.4. Aus juristischer Sicht hat Bublitz[18] die forensischen Probleme bei Querulanten in einer heute noch weitgehend gültigen Übersicht dargestellt. Allerdings haben sich seit der Entwicklung des Konzepts vom "Querulantenwahnsinn" erhebliche Akzentverschiebungen ergeben. Die heute ziemlich allgemein akzeptierte Differenzierung von symptomatischer und genuiner Querulanz dient der Klärung in einem Teilbereich. Querulanz als Symptom stellt die Frage nach der Grundkrankheit mit allen ihren Konsequenzen in den Vordergrund. Es bleibt aber die zahlenmäßig weit überwiegende genuine Querulanz als Ausdruck einer schweren Persönlichkeitsstörung, einer neurotischen Entwicklung, also einer "schweren anderen seelischen Abartigkeit" i.S. von §§ 20, 21 StGB, deren forensische Beurteilung schon immer umstritten war.

Die forensischen Fragen bei Querulanten haben sich seit der Jahrhundertwende kaum verändert, wohl aber die Antworten und vor allem die Häufigkeit der Anforderung einer psychiatrischen Begutachtung. - Zentrales Problem im *Strafrecht* ist natürlich die *Schuldfähigkeit*. Das paranoid-querulatorische Syndrom i.S. einer genuinen Querulanz kann in der Gesetzessprache eine "schwere andere seelische Abartigkeit" und damit "biologische" Voraussetzung zur Annahme aufgehobener oder erheblich verminderter Schuldfähigkeit gem. §§ 20, 21 StGB sein. Wie ist es aber beim Querulanten mit der Einsichtsfähigkeit und der Fähigkeit zum einsichtsgemäßen Handeln? Generelle Unfähigkeit dürfte hier und heute kaum noch ein Psychiater oder ein Richter unterstellen. Eine erhebliche Verminderung dieser Fähigkeiten bedarf aber der sorgfältigen Prüfung im Einzelfall, auch unter Berücksichtigung des Problems der *partiellen Schuldunfähigkeit*, die ja gerade beim Querulanten eine nicht nur theoretische Möglichkeit ist. Der Betroffene wird sich aus naheliegenden Gründen gegen jeden Versuch der Infragestellung seiner rechtlichen Verantwortlichkeit wehren.

Die Exkulpierung des Querulanten im Strafverfahren ist auch deswegen wenig sinnvoll, weil die Unterbringung in einem psychiatrischen Krankenhaus (§ 63 StGB) mangels Selbst- oder Gemeingefährlichkeit nicht angeordnet wird, weil außerdem der - nicht kranke - Querulant auf diesem Wege kaum gebessert und sicher nicht "geheilt" werden kann.

2.5. Die strafrechtlich relevante Delinquenz von Querulanten bewegt sich in einem relativ engen und gleichförmigen Rahmen: Beleidigung, üble Nachrede, Verleumdung, falsche Verdächtigung, Bedrohung, gelegentlich auch Sachbeschädigung oder leichte Körperverletzung. Demgegenüber bietet der *Zivilprozeß* nahezu unbegrenzte Möglichkeiten für querulatorische Aktivitäten, die in einem kaum bekannten Ausmaß Arbeitskraft und Zeit von Justizbehörden und Richtern binden, und die den Steuerzahler sehr viel Geld kosten. Nach Bublitz waren in Teilbereichen die Auswüchse über das Armenrechtsverfahren zu bremsen. Das

---

18) Bublitz, G.: Bericht über juristische Probleme des Querulantentums. In: Kleist, K. (Hrsg.): Richter und Arzt. München: Reinhardt 1956

Gesetz betr. Gerichtskostenhilfe von 1980, mit dem zunächst der vermeintlich diskriminierende Begriff "Armenrecht" eliminiert wurde, dürfte die Neutralisierung offensichtlich querulatorischer Aktivitäten kaum erleichtert haben. Im übrigen wird die geltende Regelung (§§ 114 ff. ZPO) unter verschiedenen Gesichtspunkten lebhaft kritisiert, eine gründliche Revision ist zu erwarten.

Entmündigung, Vormundschaft und Pflegschaft sind zivilrechtliche Schutz- und Hilfsmaßnahmen für psychisch Kranke und Behinderte, die seit Einführung der Zivilprozeßordnung (1877) und des Bürgerlichen Gesetzbuches (1900) in ihrem rechtlichen Kern unverändert geblieben sind. Erst in jüngster Zeit wird eine durchgreifende Reform des ganzen Komplexes angestrebt (vgl. Entwurf eines *"Gesetzes über die Betreuung Volljähriger"* (BtG-E), BR-Drucks. 59/89). - Hier kann nur auf einige der - Querulanten betreffende - Fragen de lege lata und ferenda eingegangen werden.

Bereits in den antipsychiatrisch-publizistischen Kampagnen der "Kreuzzeitung" (1892/93) war auch der psychiatrische und forensische Umgang mit sogenannten Querulanten, insbesondere die häufiger gewordene Diagnose "Querulanten-Wahnsinn", Gegenstand scharfer Kritik, die immerhin partiell zutreffend gewesen sein dürfte. Die Möglichkeit der "Psychiatrisierung" dieser mehr als lästigen Klienten war ja relativ neu, und es ist menschlich nur zu verständlich, wenn Behörden und Gerichte hier einen Weg zur Entlastung durch wenigstens zeitweise "Neutralisierung" sahen, was sich schon bald als trügerische Hoffnung erwies. Obwohl das gesetzliche Instrumentarium des Vormundschafts- und Pflegschaftsrechts eindeutig und allein am Wohl des Betroffenen orientiert ist, läßt sich ein gewisser Diskriminierungseffekt im Bewußtsein breiter Kreise der Bevölkerung nicht bestreiten, wobei auch die Terminologie eine Rolle spielen dürfte.

Entmündigung und Vormundschaft bedeuten einen jeweils erheblichen Eingriff in die Persönlichkeitsrechte des Betroffenen, dem ein langwieriges und umständliches Verfahren entspricht. Einem nur partiellen Betreuungsbedürfnis, wie es auch bei manchen Querulanten gegeben ist, könnte man durch die Einrichtung einer *Gebrechlichkeitspflegschaft* gem. § 1910 BGB gerecht werden. Hier bedarf es aber der Einwilligung des Betroffenen, die der Querulant nicht gibt oder in Kürze widerruft. Eine "Zwangspflegschaft" kann nur errichtet werden, wenn mit dem Gebrechlichen "eine Verständigung ... nicht möglich ist" (§ 1910 Abs.3 BGB), was bei Querulanten zu heute meist unüberwindlichen Beweisschwierigkeiten führte.

Ganz ähnlich ist die Situation bei der *Entmündigung*, die nach § 6 BGB zur Voraussetzung hat, daß ein Proband "infolge von Geisteskrankheit oder von Geistesschwäche seine Angelegenheiten nicht zu besorgen vermag". Folge der Entmündigung ist Verlust oder Beschränkung der Geschäftsfähigkeit. Der Schutz eines wegen Geisteskrankheit Entmündigten ist umfassend, er ist vom rechtsgeschäftlichen Verkehr ausgeschlossen (§ 104 Ziff.3 BGB). Entmündigung unter anderen Voraussetzungen führt zu beschränkter Geschäftsfähigkeit (§ 114 BGB). Manche Autoren haben für die Entmündigung wegen Geisteskrankheit als die bei Querulanten allein wirksame Maßnahme plädiert. Nach weit überwiegender Meinung ist aber genuine Querulanz keine Geisteskrankheit, weder im psychiatrischen noch im juristischen Wortverständnis. Als Hilfskonstruktion in Ausnahmefällen kann man etwa "eine schwere seelische Störung, die in ihren Auswirkungen auf Persönlichkeitsgefüge und Sozialverhalten einer Geisteskrankheit entspricht", diagnostisch präzisieren.

Zwecks Umgehung eines den Querulanten besonders herausfordernden Entmündigungsverfahrens hat man die Überprüfung der *Geschäftsfähigkeit* – oder/und die damit in engem Zusammenhang stehende *Prozeß- und Eidesfähigkeit* – im Einzelfall empfohlen. Eine genuine Querulanz läßt sich aber auch nicht so ganz einfach als ein "die freie Willensbestimmung ausschließender Zustand krankhafter Störung der Geistestätigkeit", der außerdem seiner Natur nach nicht nur vorübergehend sein darf (§ 104 Ziff.2 BGB), klassifizieren. Immerhin kann man eine *partielle Geschäftsunfähigkeit*, die auch in der Rechtsprechung anerkannt ist, in vielen Fällen einer meist um das gleiche Thema kreisenden Querulanz überzeugend nachweisen.

Die *zivilrechtliche* wie auch die *öffentlich-rechtliche Unterbringung* von Querulanten in einem psychiatrischen Krankenhaus wird heute von psychiatrischer Seite, schon mangels therapeutischer Ansatzpunkte, kaum noch befürwortet. Im übrigen schrecken den Psychiater die Erfahrungen mit den Haft-Querulanten im liberalisierten Strafvollzug. Der Richter wird aber immer zurückhaltender mit der Annahme einer Selbstgefährdung, ganz zu schweigen von der Gemeingefährlichkeit, als Voraussetzung einer Zwangsunterbringung, auch wenn sich der Querulant beruflich, familiär, finanziell etc. ruiniert.

2.6. Werfen wir noch einen Blick auf die in Vorbereitung befindliche Neuregelung nach dem Stand des eingangs erwähnten Entwurfs für ein *Betreuungsgesetz* (BtG-E). Genuine Querulanz könnte gem. § 1896 BGB-E als "seelische Behinderung" Voraussetzung für die Bestellung eines Betreuers durch das Vormundschaftsgericht sein, wenn der Betroffene seine Angelegenheiten ganz oder teilweise nicht zu besorgen vermag. Die Geschäftsfähigkeit soll dadurch nicht tangiert werden. Das Gericht könnte aber bei einer Willenserklärung des Betreuten, die den Aufgabenkreis des Betreuers betrifft, einen partiell-temporäre Geschäftsunfähigkeit bewirkenden *"Einwilligungsvorbehalt"* (§ 1903 Abs.1 BGB-E) anordnen, der an Voraussetzungen geknüpft wird, die bereits die Betreuerbestellung als solche begründen und rechtfertigen. - Die zivilrechtliche Unterbringung bei nicht krankheitsbedingter Querulanz wäre unter den Voraussetzungen des § 1906 BGB-E praktisch ausgeschlossen, was man - bezüglich der Querulanten - nicht als gravierenden Mangel des Entwurfs bezeichnen kann.

Insgesamt ist der Entwurf durch erhebliche Mißverständnisse hinsichtlich der Persönlichkeit des Betreuten wie des Betreuers gekennzeichnet, was hier nicht konkreter ausgeführt werden kann. Für den Querulanten würde die Betreuerbestellung eher ein Stimulans bedeuten, mit Erweiterung und Modifizierung seines einschlägigen Aktionsradius.

- Wer die Betreuung eines Querulanten übernehmen soll, ist unter den vorgeschlagenen Bedingungen nur schwer vorstellbar; und wer sich dazu bereit erklärt, bei dem muß man ernsthafte Zweifel an seiner Eignung für diese Aufgabe haben. - Sollte also der Entwurf in dieser oder ähnlicher Form Gesetz werden, so würden die viel diskutierten Probleme um den Querulanten im Zivilrecht auf die Frage nach der Geschäftsfähigkeit im Einzelfall reduziert. Dann sollte man aber in den Wortlaut von § 104 Nr.2 BGB die "schwere seelische Störung, die in ihren Auswirkungen auf Persönlichkeitsgefüge und Sozialverhalten einer Geisteskrankheit entspricht", einbeziehen.

2.7. Die noch immer verbreitete Tendenz zur Verabsolutierung des Persönlichkeitsrechts, die Verkennung seiner Relativität und seiner notwendigen Limitierung (Art.2 GG) führen zu der viel beklagten Anspruchshaltung immer breiterer Bevölkerungskreise. Zur Durchsetzung mehr oder weniger oder gar nicht begründeter Ansprüche wird nicht nur prozessiert, es wird queruliert und protestiert, bis hin zur Gewaltanwendung.

Das Querulieren spielt in allen Rechtsbereichen eine wachsende Rolle, insbesondere auch im *Sozialrecht*. Hier hat der hartnäckige Querulant durchaus die Chance des Erfolges oder wenigstens Teilerfolges, wenn es etwa um den Grad der Behinderung bei einer psychischen, psychosomatischen oder psychosozialen Störung geht. Aber auch bei so manchen organischen Schäden kann der Querulant vom Streit der Gutachter und der Beweisnot des Richters profitieren. - Für eine eingehendere Erörterung dieser vielschichtigen Problematik ist hier nicht der Platz. Dafür möchte ich noch das schwierige Thema Dienstfähigkeit oder Berufsfähigkeit bei genuiner Querulanz aufgreifen. Bei Schilderung des Falles Prof. Hackethal war bereits kurz davon die Rede.

3. Die Berufsfähigkeit des Querulanten

Die Zulassung zur Ausübung vieler Berufe, wie auch ihre Rücknahme, das Ruhen oder der Widerruf, ist an bestimmten Voraussetzungen gebunden, die durch eine Berufsordnung präzisiert werden. Die für Rechtsanwälte verbindlichen Vorschriften finden sich in der Bundesrechtsanwaltsordnung (BRAO) von 1959. Gem. § 14 Abs.1 Nr.4 BRAO ist die Zulassung zur Rechtsanwaltschaft zurückzunehmen, wenn der Rechtsanwalt wegen Schwäche seiner geistigen Kräfte dauernd unfähig ist, den Beruf eines Rechtsanwalts ordnungsgemäß auszuüben, und ein weiteres Verbleiben in der Rechtsanwaltschaft die Rechtspflege gefährdet. Eine so schwerwiegende Maßnahme, die Existenzvernichtung bedeuten kann, steht nur selten zur Diskussion. Sie verlangt eine besonders eingehende und sorgfältige Prüfung durch die verantwortlichen Instanzen.

3.1. Leidet der Betroffene an einer organischen Hirnschädigung, einer Psychose oder dergleichen, so fällt die Entscheidung noch relativ leicht, sofern sie nicht durch entsprechende Maßnahmen im Vorfeld überhaupt vermieden werden kann. Anders bei den Persönlichkeitsstörungen, den Psychopathien und Neurosen, insbesondere auch bei nicht-krankheitsbedingter Querulanz. Insoweit ist der Fall von Rechtsanwalt *Friedrich Schmidt*, Bernkastel-Kues, unter psychiatrischen wie unter juristischen Gesichtspunkten der Beachtung wert. Das publizistische Echo auf den langjährigen Rechtsstreit war immerhin so groß, daß Anonymität nicht geboten ist. Außerdem ist das Verfahren durch Beschluß des BGH, Senat für Anwaltssachen, vom 8.12.1986[19] rechtskräftig abgeschlossen worden. Eine dagegen eingelegte Verfassungsbeschwerde wurde vom Bundesverfassungsgericht laut Beschluß vom 23.3.1987 nicht zur Entscheidung angenommen, "weil sie teilweise unzulässig ist und im übrigen keine hinreichende Aussicht auf Erfolg hat"[20]. Über eine Vorlage beim Europäischen Gerichtshof für Menschenrechte in Straßburg ist noch nicht entschieden.

Nach einer längeren Vorphase begann der Streit um die Berufsfähigkeit mit einem Urteil des erweiterten Schöffengerichts Bernkastel-Kues vom 18.1.1984, durch das RA Schmidt vom Anklagevorwurf der Beleidigung und der üblen Nachrede in zahlreichen Fällen freigesprochen wurde, weil Schuldunfähigkeit gem. § 20 StGB nicht auszuschließen sei. Die Beweisaufnahme in der fast 9 Monate dauernden Hauptverhandlung hatte den Anklagevorwurf in allen Punkten bestätigt. Ein Sachverständiger stellte bei dem Probanden "eine schwere paranoide Entwicklung auf dem Hintergrund einer zur Geltungssucht und zum Fanatismus neigenden Persönlichkeitsstruktur" fest. Zusammen mit einer "röhrenförmigen Einengung des Gesichtsfeldes" entspreche das einer "schweren anderen seelischen Abartigkeit" im Sinne des Gesetzes. Die Schuldfähigkeit sei "mindestens erheblich eingeschränkt", Schuldunfähigkeit könne nicht ausgeschlossen werden. Dieses Gutachten stützte sich auf die damaligen Aktenvorgänge und den persönlichen Eindruck in der Hauptverhandlung, weil RA Schmidt die übliche Untersuchung verweigerte.

Zu den vorhersehbaren Folgen dieses Urteils, die der Proband zunächst überhaupt nicht realisiert hat, gehörte die Anregung der Rechtsanwaltskammer Koblenz, seine Zulassung zurückzunehmen. Die erste Reaktion auf diese ernste Bedrohung seiner Existenz kann man bei dem sonst zur Graphomanie neigenden Probanden nur als paradox bezeichnen. Er war durch Urteil des Schöffengerichts Bernkastel-Kues vom 10.4.1981 wegen übler Nachrede zu einer Geldstrafe von 40 Tagessätzen verurteilt worden. Die Revision gegen dieses Urteil wurde vom OLG Koblenz als offensichtlich unbegründet verworfen. Gegen die Vollstreckung des Urteils kämpfte der Proband in den folgenden drei Jahren, u.a. mit einem Klageerzwingungsantrag gegen die Richter des OLG und mit einer Verfassungsbeschwerde beim BVerfG. Mit Schreiben vom

---

19) Anw Z (B) 2/86 = BRAK-Mitt. 1987, 109
20) 1 BvR 36/87

7.3.1984 stellt RA Schmidt der Staatanwaltschaft Trier die Frage, ob sie das Gutachten in dem eben zitierten Verfahren als neues Beweismittel werte, "das auch hier ohne weiteres zum Freispruch führen würde". Die Beantwortung dieser Anfrage wurde von Sch. wiederholt angemahnt.

In dem jetzt angelaufenen Verfahren sollte als erster Schritt durch eine amtsärztliche Untersuchung geklärt werden, ob Sch. den gesundheitlichen Anforderungen des Anwaltsberufs noch gewachsen sei. Der Proband verweigerte sein Einverständnis. Nach intensiven Bemühungen des OLG-Präsidenten, des zuständigen Staatssekretärs und seines Bevollmächtigten, schlug Sch. selbst den Verfasser dieses Beitrags als Gutachter vor. 10 Tage später wurde die Zusage widerrufen. Inzwischen hatte der Erstgutachter in einer ergänzenden Stellungnahme seine früheren Aussagen zur Schuldfähigkeit bestätigt. Angesichts der paranoiden Fehlentwicklung, die über Jahre ausgeformt und einer therapeutischen Korrektur kaum noch zugängig sei, könne auch eine ordnungsgemäße Berufsausübung von Sch. nicht erwartet werden. - Gestützt auf diese Gutachten und das aktenkundige Verhalten des Probanden hat der Präsident des OLG Koblenz durch Bescheid vom 10.10.1984 seine *Zulassung zur Rechtsanwaltschaft* gem. § 14 Abs.1 Nr.4 BRAO *zurückgenommen.*

3.2. Schon wenige Tage später stellte Sch. Antrag auf gerichtliche Entscheidung beim *Ehrengerichtshof* für Rechtsanwälte in Rheinland-Pfalz. Der Antrag wurde durch Beschluß vom 11.11.1985 mit einer ausführlichen Begründung *zurückgewiesen*[21]. Da der Proband auch nach Einleitung des Verfahrens zur Rücknahme seiner Zulassung unbeeindruckt weiter querulierte, in endlosen Schriftsätzen vor allem sogenannte Amtspersonen attackierte, konnte sich der Ehrengerichtshof auf weiteres Aktenmaterial, sowie auf ein Gutachten des Referenten und ein drittes (Privat-)Gutachten auf Anforderung des Probanden stützen. - Auch dieser Beschluß wurde durch sofortige Beschwerde beim BGH angefochten und mit dem oben zitierten Ergebnis abgeschlossen.

Das Verhalten von RA Schmidt noch im Beschwerderechtszug vor dem BGH verlangte von den Mitgliedern des Anwaltssenats ein ungewöhnliches Maß an richterlicher Objektivität, innerer Unabhängigkeit und Toleranz. Obwohl bereits ein vierter Sachverständiger auf Initiative von Sch. ein weiteres Gutachten erstattet hatte, ordnete der Senat mit Zustimmung des Probanden an, daß ein bisher mit der Sache nicht befaßter Sachverständiger mit der erneuten Untersuchung und Begutachtung beauftragt werden sollte. Begründung: die persönliche Untersuchung durch die ersten beiden Gutachter wurde von Sch. verweigert, den beiden Privatgutachtern standen die umfangreichen Akten nicht zur Verfügung. Kurze Zeit später zog der Proband seine Einwilligung zurück und legte gegen den Beweisbeschluß Verfassungsbeschwerde ein, die vom Bundesverfassungsgericht wegen Unzulässigkeit nicht angenommen wurde. Auch von dem Vorschlag, vier Sachverständige seines

---

21) 2 EGH 12/84

Vertrauens zur Auswahl zu benennen, machte er keinen Gebrauch. Nach der endgültigen Ablehnung einer weiteren Begutachtung, beschloß der Senat, die bisherigen vier Sachverständigen in der mündlichen Verhandlung zu hören.

Für die psychiatrische wie auch die rechtliche Beurteilung des Falles haben sich dabei kaum neue Gesichtspunkte ergeben. Der Proband hat auch den Anwaltssenat in der ihm eigenen, massiven Weise attackiert. Einer der Gutachter sprach von einer "schier unglaublichen Zuspitzung und Eskalierung im verbal-aggressiven Bereich".

Auf Vorhalt seiner schriftlichen Beschimpfungen des Senats konzedierte Sch., daß er einiges überzogen habe, er habe aber nicht zu revozieren. In seinem *Schlußwort* betonte er, "das Rechtssystem werde beschämt, wenn die Frage, ob er an einer Schwäche der geistigen Kräfte leide, bis nach Karlsruhe getragen werde. Rechtlich gesehen habe das Verfahren gegen ihn überhaupt keine Substanz, über die man streiten könne. Die Gutachter folgten Einflüsterungen, die ihnen wohl vom Gericht eingegeben würden"[22]. - Ein prominenter Kollege hatte vergeblich versucht, Sch. von seiner selbstschädigenden Taktik abzubringen, er konnte nur noch resignieren. - Der Proband hat sich schon früher bitter beklagt, daß er keinen Kollegen mehr finde, der als Rechtsbeistand für ihn tätig werden wolle.

Die in solchen Fällen üblichen Meinungsdifferenzen der Sachverständigen waren nach Ansicht des Anwaltssenats nicht gravierend. Lediglich der erste Privatgutachter hält den Probanden für einen eigentlich ganz normalen Staatsbürger mit einem "außerordentlich sensiblen Rechtsempfinden" und der Neigung zu einem Absolutheitsanspruch gegenüber Justizpersonen. Bei der Anhörung ergab sich dann noch ein Mißverständnis des Begriffs "Schwäche seiner geistigen Kräfte" in § 14 BRAO, der zweifellos auch schwere Persönlichkeitsstörungen umfaßt.

Für das Vorliegen einer Krankheit bzw. einer Psychose hat keiner der Gutachter einen Anhalt gefunden. In diagnostischer Hinsicht habe ich von einem "paranoid-querulatorischen Syndrom" im Sinne einer "genuinen Querulanz" gesprochen, was bei unterschiedlichen Formulierungen den Feststellungen der anderen Gutachter entspricht. Was die strafrechtliche Schuldfähigkeit, die im Beschwerderechtszug nicht mehr gefragt war, betrifft, so bin ich auch heute noch der Meinung, daß allenfalls die Voraussetzungen von § 21 StGB diskutabel sind, allerdings nicht mit dem ohnehin unzulässigen Hintergedanken an eine Anstaltsunterbringung, die zwecklos wäre.

3.3. Die Tatsache, daß die beiden ersten Sachverständigen ohne persönliche Untersuchung tätig geworden sind, wurde nicht nur vom Probanden "mit Empörung" registriert. Sch. hat diese Untersuchung hartnäckig verweigert, wie auch noch in der eben geschilderten Endphase des Verfahrens gegenüber dem Anwaltssenat. Die *persönliche Untersuchung* ist zwar eine allgemein anerkannte und selbstverständliche Voraussetzung

---

22) Beschl. S. 43

in der medizinischen Begutachtungspraxis, wenn sie aber nicht möglich ist, wie etwa bei der Beurteilung des Geisteszustandes eines Suizidenten, bei der Frage nach der Testierfähigkeit oder aber bei der Verweigerung, müssen wir uns auf schriftliche Unterlagen und Zeugenaussagen beschränken. Sch. wurde von den beiden Privatgutachtern untersucht, d.h. jeweils eingehend exploriert, objektive Befunde sind nicht vermerkt. Die Kindheits- und Jugendentwicklung weist immerhin einige Besonderheiten auf, deren genauere Analyse vielleicht zu einem besseren Verständnis des psychodynamischen Hintergrundes der späteren Entwicklung beitragen könnte. Auch wenn davon keine Hilfe für die Beantwortung der aktuellen forensischen Fragen zu erwarten war, so wäre das Persönlichkeitsbild doch etwas konturenreicher geworden. Die Untersuchung hat aber lediglich bestätigt, was bereits bekannt war, etwa durch die dienstlichen Erklärungen der Vorsitzenden Richter des LG Trier, von denen einige auf die bemerkenswerte Diskrepanz zwischen dem persönlichen Auftreten des Probanden und seinen schriftsätzlichen Äußerungen verwiesen. Die Palette der Adjektiva zur Kennzeichnung seines Verhaltens vor Gericht ist breit und bunt: höflich, korrekt, sachlich, scheu, zurückhaltend, farblos, fast verlegen, eher unbeholfen, unbedarft, ängstlich, unsicher, hilflos, uneinsichtig, unbelehrbar. Sch. kann sich also "ganz normal" verhalten, er hat keine Psychose, er leidet nicht an einem "unwiderstehlichen Zwang", was er wiederholt bewiesen hat. Er kann es aber auch nicht lassen, Personen seines beruflichen Umfeldes mit beachtlicher Eskalation zu beschimpfen und zu beleidigen, wobei er jede Spur von Selbstkritik, aber auch Rücksicht auf sich selbst und seine Familie vermissen läßt.

Ein einigermaßen zutreffendes Bild der Persönlichkeit des Probanden konnte und kann man nur durch das Studium der über 100 Bände umfassenden Akten gewinnen. Die persönliche Untersuchung war demgegenüber von nur peripherer Bedeutung. Das ist zwar kein Argument gegen eine notwendige und bewährte Regel der Begutachtung, wohl aber eine Warnung vor ihrer dogmatischen Fixierung. Mangelhafte oder fehlende Aktenkenntnis war und ist das entscheidende Hindernis für eine objektive Urteilsbildung im Falle unseres Probanden.

In dem Beschluß des BGH vom 8.12.1986 (S. 31) lesen wir: "Bereits bei der Lektüre der umfänglichen schriftsätzlichen Äußerungen des Antragstellers erhält man auch ohne medizinisch-psychiatrisch geschulten Sachverstand den Eindruck, daß sein Verhalten nicht dem Bild eines normalen Rechtsanwalts entspricht, und es drängt sich im Hinblick auf Art, Umfang und Schwere seiner Entgleisungen im Verhältnis zu ihrem jeweiligen Anlaß die Befürchtung auf, daß er geistig nicht mehr in der Lage ist, den Beruf des Rechtsanwalts ordnungsgemäß auszuüben."

Den Beschlüssen des Ehrengerichtshofes und des BGH sind eine ganze Reihe charakteristischer Äußerungen des Probanden in verschiedenen Verfahren zu entnehmen: Strafverfahren gegen ihn selbst, Ehrengerichtsverfahren und ehrengerichtliche Ermittlungsverfahren, Dienstaufsichtsbeschwerden und 18 erfolglose Verfassungsbeschwerden allein aus den Jahren 1980/85. In einem dieser Fälle wurde dem Beschwerdeführer eine Mißbrauchsgebühr von DM 200,-- auferlegt, in einem anderen DM 500,-- mit dem Hinweis, er müsse sich mangelnde anwaltliche Sorgfaltspflicht zurechnen lassen, und es stehe ihm frei, bei seinem Bevollmächtigten Rückgriff zu nehmen.

3.4. Auch bei unserem Probanden stellte sich die Frage nach dem *"Schlüsselerlebnis"*, nach dem tatsächlich oder vermeintlich erlittenen Unrecht, das die querulatorische Entwicklung ausgelöst hat. Nach eigenen Angaben könnten es die Auseinandersetzungen um den Zusammenbruch einer großen Weinhandlung (Brösch-Komplex) gewesen sein. Er sei damit bereits als junger Anwalt befaßt worden, habe Gläubiger mit Forderungen von 200 Millionen DM vertreten. 12 Zivilprozesse wurden begonnen und verloren, in ca. 20 Strafverfahren hätte er negative Gerichtsentscheidungen hinnehmen müssen. Ein in diesem Zusammenhang negativ beschiedenes Anklageerzwingungsverfahren beantwortete Sch. mit einer Dienstaufsichtsbeschwerde gegen die Richter des Strafsenats, die vom Präsidenten des OLG Koblenz zurückgewiesen wurde. Daraufhin warf der Proband dem OLG-Präsidenten ein "faschistoides Rechtsverständnis" vor und schrieb am 1.10.1982 u.a.:
"... Es sind Demütigungen des Unterzeichners im Namen des Rechts ausgesprochen worden, für die ich Rechenschaft verlangen muß. Der Stachel der Rechtsbeeinträchtigung sitzt derart tief, daß angekündigte oder gestellte Strafanträge wegen Beleidigung nicht mehr verfangen. Sie können mich allenfalls noch darin bestärken, meinen ursprünglich nicht gewollten Weg der Konfrontation zur Klärung des aktuellen Stellenwerts der Rechtsstaatlichkeit bei Entscheidungen innerhalb der Koblenzer Justiz zu Ende zu gehen. .... Ich will und kann mich nicht bei dem Ringen um rechtsstaatliche Entscheidungen mit Halbheiten begnügen."
Aufgefallen ist der 1944 geborene Proband schon bald nach seiner Erstzulassung als Rechtsanwalt 1975. Eine kurze Zeit danach beantragte Zweitzulassung wurde abgelehnt, ebenso der dagegen gerichtete Antrag auf gerichtliche Entscheidung durch den Ehrengerichtshof und die anschließende sofortige Beschwerde durch den Anwaltssenat des BGH.
Nachdem durch das Schöffengerichtsurteil vom 18.1.1984 die Nichtausschließbarkeit von Schuldunfähigkeit festgestellt war, wurde eine ganze Reihe von Strafverfahren, Ehrengerichtsverfahren und Ermittlungsverfahren eingestellt. Die verbale Aggressivität, die Beschimpfungen und Beleidigungen gingen in ziemlich monotoner Weise weiter, nur der Kreis der Adressaten hatte sich im Laufe der Jahre ständig erweitert. Waren es zunächst Anwaltskollegen, Staatsanwälte, Richter, Gerichtspräsidenten, Ministerialbeamte bis hin zum Minister seines Bereichs, so wurden zunehmend Mitglieder des BGH, prominente Politiker, der Generalbundesanwalt und vor allem das Bundesverfassungsgericht einbezogen. Einigen seiner Mitglieder warf er Befangenheit, bedenkenloses Leugnen klar auf der Hand liegender Grundrechtsverstöße, Rechtsbruch, bewußte Rechtsbeugung und Verfassungshochverrat vor. In Befangenheitsanträgen und Strafanträgen werden diese Vorwürfe begründet, - und als unzulässig oder unbegründet verworfen. Eine Dienstaufsichtsbeschwerde gegen den Präsidenten des BVerfG ging an

den Bundestagspräsidenten, obwohl die Verfassungsrichter in ihrer
richterlichen Tätigkeit keiner Dienstaufsicht unterliegen. Hier nur ein
Beispiel aus den zahlreichen Schriftsätzen in diesem Zusammenhang:
"... Noch klebt kein Blut an der roten Seidenrobe des frisch ernann-
ten Präsidenten, dafür scheint er aber die Freisler-Lektion umso besser
verstanden zu haben, daß unerkannte hemmungslose Richterwillkür und
abschreckender Amtsmißbrauch bei den obrigkeitshörigen Deutschen
ihre tiefgreifende disziplinierende Wirkung ebensowenig verfehlen
wird. Eine prägnante Kurzform für Gemeinsamkeiten und Unterschiede
von VGH und BVG wäre leicht auf dekorativem Marmor über dem
Hauptportal des großen Sitzungssaals für die restliche Präsidentenschaft
von Herrn Zeidler anzubringen, was die so beklagte Überbeanspruchung
des höchsten deutschen Gerichts durch aufmüpfige Bürger auch schlag-
artig reduzieren dürfte. Mein Vorschlag hierzu lautet: *Was ehedem tat
der Bluthund Freisler, bewirkt jetzt ohne Blutdurst Zeidler!*
Wenn diese letzte Verfassungsbeschwerde einer seltenen Serie durch
den Karlsruher Willkürwolf gedreht sein wird und der große Bruder
Rechtsstaat alle seine Bürger in unentrinnbarer geistiger Sklaverei zu
Garanten einer schrankenlosen Judokratur verführt haben sollte, was es
aber zunächst zu verhindern gilt, könnte eine Sachspende im Falle fehlender Haushaltsmittel hier in Erwägung gezogen werden."
Auch in diesem Fall blieb der Proband völlig unbelehrbar. Noch im
Beschwerderechtszug schrieb er: "... Mein in ohnmächtiger Wut seinerzeit bewußt überspitzt formulierter Spottvers auf Herrn Zeidler ist inhaltlich um kein Jota abzuändern. Er ist und bleibt ein Schuß ins
Schwarze, wobei die Namen Freisler und Zeidler als pars pro toto dienen ...".

3.5. Das geschilderte Verhalten von RA Schmidt, beschränkt auf seine
Berufsausübung, läßt sich über etwa 10 Jahre zurückverfolgen, zeigt
bisher keine Tendenz zur Korrektur, sondern zur Eskalation. Dieses
Verhalten verträgt sich nicht mit den Aufgaben eines Rechtsanwalts als
"Organ der Rechtspflege" gem. § 1 BRAO. Der Mandant interessiert sich
nicht für die privaten Rechtsansichten seines Anwalts, für berechtigte
oder unberechtigte Justizkritik. Er will seinen Prozeß gewinnen, und
das kann er nur im Rahmen des geltenden Rechts. Deshalb hätte sich
die Frage nach der Berufsfähigkeit von Sch. auch ohne die Feststellung
der Nichtausschließbarkeit von Schuldunfähigkeit durch ein Gericht
nicht mehr lange umgehen lassen.
Eine so massive, gelegentlich ins Rüpelhafte abgleitende Aggressivität verführt zu Vergleichen mit so manchen Produkten der heutigen
Kunst- und Theater-Szene. Man denke etwa an Beuys oder Staeck, oder
an den jüngsten Eklat zum Jubiläum des Wiener Burgtheaters mit der
Peymann-Inszenierung von Bernhards "Heldenplatz", ausgezeichnet
durch monotone Schimpfkanonaden. Es ist aber jedermanns Privatsache,
ob er derartige Manifestationen von Kritik, Protest oder Querulanz
unter ästhetischen oder ethischen Gesichtspunkten als "künstlerisch
wertvoll" betrachtet oder nicht. Sofern es auch für Künstler und
Schriftsteller eine Berufsfähigkeit geben sollte, wird sie in einem demo-

kratischen Rechtsstaat durch Protest und Querulanz kaum tangiert, zumal es an einer Berufsordnung fehlt. Auch der Hochschullehrer hat einen größeren Aktionsradius für Querulanz, der nur durch das Beamtenrecht limitiert ist. Demgegenüber verlangt die Berufsausübung des Arztes oder des Rechtsanwalts, bedingt durch den notwendigen Umgang mit Patienten bzw. Klienten, die Einhaltung bestimmter Regeln der einschlägigen Berufsordnung.

Das Verhalten von RA Schmidt war Anlaß für ernsthafte Zweifel an seiner Fähigkeit zu ordnungsgemäßer Ausübung des Berufs eines Rechtsanwalts und für die Forderung einer Überprüfung seiner Berufsfähigkeit. Ob es sich hier um ein schwerwiegendes Fehlverhalten handelt, mußte unter den normativen Gesichtspunkten des Berufsrechts, nach den Regeln der Berufsordnung geklärt werden. Erst mit der Frage, ob das Fehlverhalten auf einer "Schwäche seiner geistigen Kräfte" beruht und ihn dauernd berufsunfähig macht (§ 14 Abs.1 Nr.4 BRAO), kommt psychiatrisch/psychologischer Sachverstand zum Zuge. Die bei Sch. gestellte Diagnose eines "paranoid-querulatorischen Syndroms" oder einer "genuinen Querulanz" erlaubt aber keinen direkten Schluß auf Berufsunfähigkeit, wie das etwa bei einer floriden Psychose oder einem hirnorganischen Defekt der Fall sein kann.

Außer Zweifel steht, daß es sich bei der Persönlichkeitsstörung des Probanden um eine "Schwäche seiner geistigen Kräfte" i.S.v. § 14 BRAO handelt, und daß man diese Störung nach einer Beobachtungszeit von ca. 10 Jahren als "dauernd" bezeichnen kann. Laut Beschluß des BGH bedeutet dieses "dauernd" weder "immerwährend" noch "lebenslang". Bei einer Normalisierung seines Geisteszustandes und Korrektur seines Verhaltens wäre also die Wiederzulassung zur Rechtsanwaltschaft möglich.

Bei Berufen mit höherem oder hohem Anspruchsniveau kann die Beurteilung der Berufsfähigkeit von Probanden mit einer Persönlichkeitsstörung erhebliche Schwierigkeiten machen. Wenn es nicht gerade um einen Arzt geht, liegen die Eigenheiten der Berufsausübung und die normativen Regeln des Berufsrechts außerhalb des Erfahrungshorizontes des Sachverständigen. Aufgrund seines psychopathologischen Befundes kann er also nur zu einer allgemein gehaltenen Aussage über eine mehr oder minder erhebliche Beeinträchtigung der Berufsfähigkeit kommen, wie im Fall Sch. geschehen. Auch die anschließende Frage, ob ein weiteres Verbleiben des Probanden in der Rechtsanwaltschaft die Rechtspflege gefährden würde, liegt jenseits der Kompetenz des Sachverständigen. Sie kann nur aus einer Gesamtschau vom Gericht beantwortet werden.

3.6. Der Anwaltssenat des BGH hat nach überaus sorgfältiger Prüfung und in Übereinstimmung mit dem zuständigen Ehrengerichtshof für Rechtsanwälte die Rücknahme der Zulassung von RA Schmidt zur Rechtsanwaltschaft bestätigt. Die Entscheidung beruht auf der Feststellung des Vorliegens der Voraussetzungen für die Rücknahme gem. § 14 Abs.1 Nr.4 BRAO. Diese Voraussetzungen von Berufsunfähigkeit sind ähnlich gegliedert wie die Voraussetzungen von Schuldunfähigkeit in

§ 20 StGB. Der "Schwäche der geistigen Kräfte" als "biologisches" Merkmal stehen die "Unfähigkeit zu ordnungsgemäßer Berufsausübung" und die "Gefährdung der Rechtspflege" als "psychologische" Merkmale, die man mit gutem Grund auch als "normative" Merkmale bezeichnen könnte, gegenüber. Damit stehen wir vor einem alten Problem in der Schuldfähigkeitsbeurteilung[23], das heute doch überwiegend unter dem Gesichtspunkt von "Sowohl-als-auch" betrachtet wird.

Die Diagnose eines hirnorganischen Defektes, einer senilen Demenz etwa, erlaubt dem Sachverständigen einen direkten Schluß auf die Berufsfähigkeit in allen Dimensionen, nur aufgrund des empirisch-klinisch-psychopathologischen Befundes. Anders bei schweren Persönlichkeitsstörungen, wie etwa der massiven Querulanz unseres Probanden. Hier geht es nicht nur um die *Zurechenbarkeit* eines Fehlverhaltens, sondern auch und insbesondere um die *Zumutbarkeit*. Wieviel an Querulanz kann und darf man der Gemeinschaft, den Kollegen, Vorgesetzten, Amtspersonen etc. zumuten? Das ist sicher eine primär vom Richter unter normativen Gesichtspunkten zu beantwortende Rechtsfrage. Dem Gericht fällt damit die immer schwerer gewordene Aufgabe zu, unter Berücksichtigung von Art.5 GG zwischen begründeter Kritik, emotionalem Protest und destruktiver Querulanz zu differenzieren.

Abschließend noch der Hinweis auf ein unerfreuliches Randphänomen in dem "Kampf" von RA Schmidt. Querulanten neigen zur Gemeindebildung, so auch unser Proband. Die Aufmerksamkeit von Presse, Funk und Fernsehen ist in jedem Fall dieser Art gesichert, vor allem, wenn es gegen die Justiz oder die Schulmedizin geht. Dann gibt es eine Spezies von gleichsam professionellen Querulanten, die auf jede einschlägige Mitteilung in den Medien dem armen "Opfer" zur Seite springen wollen, was sich kaum vermeiden läßt. Es gibt aber auch fachlich kompetente und prominente Persönlichkeiten, die ohne fundierte Kenntnis der Vorgänge, lediglich aufgrund des persönlichen Eindrucks, privater Mitteilungen oder von Presseberichten für den Betroffenen eintreten. Die Folge ist, daß der Querulant sich in seinem Fehlverhalten bestärkt fühlt, jeden Kompromiß ablehnt und nach Möglichkeit eine noch schärfere Gangart einschaltet. Buchstäblich ohne Rücksicht auf Verluste. So kann aus vermeintlicher Unterstützung ein Fallstrick werden. Ärztlich-psychologische Hilfe hat unser Proband stets abgelehnt, und es gab dafür auch keinen greifbaren Ansatzpunkt. Ein guter und kluger Rechtsbeistand hätte ihn aber - vielleicht - vor seinem jetzigen Schicksal bewahren können.

---

23) Ehrhardt, H.: Psychiatrie (Psychopathologie, Begutachtung): In Sieverts, R./Schneider, H.J. (Hrsg.): Handwörterbuch der Kriminologie, Band 2. 2. Aufl., Berlin u.a.: de Gruyter 1977, S. 344 - 415

V. Straftheorie, Sanktionenrecht und Sanktionspraxis

THE JUST DESERTS
VS.
THE MEDICAL MODEL

Marvin E. Wolfgang

Just deserts refers to retribution, punishment that is deserved for the seriousness of the crime. The medical model refers to rehabilitation, treatment based on the attributes of the offender.

I shall march quickly through some history of these two models and shall try to reconcile them in the penology of today. Let me preface this essay with my personal and professional proclivities: I embrace the just deserts model; I am strongly supportive of non-coercive treatment programs; I am against long sentences and in favor of community programs as alternatives to imprisonment. I oppose the death penalty. Let us now begin with the substance of my treatise.[*]

1. The Classic School Position

The major purposes of punishment historically have been retribution, expiation, deterrence, reformation and social defense. Throughout history, an eye for an eye, the payment of one's debt to society by expiation, general deterrence of crime by exemplary punishment and specific or special deterrence of an individual offender, reformation of the individual so that he will not commit further crime, and protection of society against criminality by detaining or imprisoning offenders have been the principal rationales for disposition of criminal offenders.

Periods in history gave dominant position to each of these penal purposes. The Hammurabi Code was a brilliant civilizational advance in 1700 B. C. with its emphasis on retribution, the call for talion, partly because it represented an attempt to keep cruelty within bounds. But Hammurabi's Code, we should remember, had not always the strict proportionality often attributed to it, that is, approximating the punishment to the crime. Professor James B. Pritchard,[1] from the University

---

*) This paper is an adaptation and updating of a lecture, "Current Trends in Penal Philosophy", delivered at Hebrew University, Jerusalem, 19 June 1979, and published in Israel Law Review, Vol. 14, No. 4 (October 1979), pp. 427–443.

1) James B. Pritchard: Ancient Near Eastern Texts Relating to the Old Testament. 2nd ed., Princeton, NJ: Princeton University Press 1955, pp. 163–180

of Pennsylvania, reminds us that, if a noble destroyed the eye of another noble, his eye shall be destroyed; if he has broken the bone of another noble, "they shall break his bone", and if he has knocked out the teeth of a noble "of his own rank, they shall knock out his teeth". But if the victim is not a noble, the punishment is a fine, as was the case of a commoner striking the cheek of a commoner. If a noble struck the cheek of a noble of higher rank, he received sixty lashes with an oxtail whip. Striking a noble of equal rank resulted in a fine. But if a slave struck a noble, off came his ear; if a son struck his father, they cut off his hand.

The Law of Moses is usually claimed to be retributive, based on the principle of an eye for an eye but, as Princeton's Professor Walter Kaufman[2] points out in *Without Guilt and Justice*, careful reading of Exodus, Leviticus, Numbers and Deuteronomy may show that the phrase appears three times, but that the utilitarian notion of deterrence is also present, as in Deut. 19: "The rest shall hear and fear, and shall never again commit any such evil in your midst."

Moreover, it has been asserted that, even with the rationale of retribution, with an effort to produce a kind of equilibrium or homeostasis, the meaning of an eye *under* an eye refers to the letters of the Hebrew alphabet and that the letters preceding the "eye", *ayian tachat ayian*, spell money, which is interpreted as monetary compensation or restitution to the victim by the offender.[3] The Talmud makes a clear effort to avoid the literal translation. Now this interpretation is, from my viewpoint, extremely important because it raises the issue of *retributive equivalences*. The claim is, therefore, that corresponding and proportional sanctions-that is, the punishment proportionate to the crime-even with precision is possible without requiring *exactly* the same pain. Similarity, not sameness, becomes the consequence of equivalences. This principle becomes more important with respect to the death penalty, as I shall remark later.

Although Socrates, through Plato, and Aristotle were more future-oriented than past oriented relative to punishment, Plato in particular also refers to retribution as just deserts. Deterrence is future minded, meant to deter others or the same offender from committing crimes in the future. To punish an offender for what he has done and not what he might do in the future is, of course, past oriented. To punish one based on what he deserves to receive is retributive. Plato (427-347 B.C.) said:

> But if anyone seems to deserve a greater penalty, let him
> undergo a long and public imprisonment and be dishonored.

---

2) Walter Kaufman: Without Guilt and Justice. New York, NY: Dell Publishing Company 1975, especially Chapter 2
3) I am grateful to Edna Erez for bringing this use of the Hebrew alphabet and the interpretation by the Gaon Mevilna (the genius of Vilna) to my attention.

...No criminal shall go unpunished, not even for a single offense....*let the penalty be according to his deserts*....[4]

Plato sounds quite modern:

> When a man does another any injury by theft or violence, for the greater injury let him pay greater damages to the injured man, and less for the smaller injury; but in all cases, whatever the injury may have been, as much as will compensate the loss. And besides the compensation of the wrong, let a man pay a further penalty for the chastisement of his offense: he who has done the wrong mitigated by the folly of another, through the lightheartedness of youth or the like, shall pay a lighter penalty; but he who has injured another through his own folly, when overcome by pleasure or pain, in cowardly fear, or lust, or envy, or implacable anger, shall endure a heavier punishment....The law, like a good archer, should aim at the *right measure of punishment*, and in all cases at the *deserved* punishment.[5]

I should like to put the death penalty into this analysis of current trends in penal philosophy.

2. The Death Penalty

There is no rationale of punishment, or disposition of a convicted offender, that *requires* the death penalty. No logic of any rationale leads ineluctably to the death penalty.

Retribution would appear to contain the most reasonable logic leading to the death penalty. Part of the reasoning in retribution theory includes Hegel's notion of establishing an equilibrium, of restoring the state of being to what it had been before the offensive behavior had been committed. Strict homeostasis cannot be achieved with the death penalty, for, as we all know, the victim of a killing cannot be restored. Nor is the abstract sense of equilibrium satisfied by execution, that is, the *lex talionis* eye for an eye, tooth for a tooth. For retribution requires pain equal to that inflicted on the victim, plus an additional pain for committing the crime, crossing the threshold from law-abiding to law-violative behavior.

The state's killing a convicted offender, especially under the medically protective circumstances now used, is not likely to cause him as much pain as he inflicted on his victim. Even if the pain were the same,

---

4) Plato: Laws, Book IX, from The Dialogues of Plato (translated by Benjamin Jowett). In: Hutchins, R.M. (ed.): Great Books of the Western World, 7, Plato. Chicago, Illinois: Encyclopedia Britannica, 1952, p. 744 (emphasis added).
5) Plato (n. 4), p. 782.

the second requirement of retribution is not met, namely, the pain to be inflicted for the crime *per se*. What then could meet the requirement? A torturous execution? Perhaps, but that solution conflicts with other attitudes abroad in our society, particularly those concerned with physical assaults by or in the name of the state. Apparently, Western society considers corporal punishment an anathema of civilization. We permit the police to shoot at fleeing felons under certain circumstances, but even this act is discouraged unless life is endangered. Physical force may be used to arrest a suspect. But once a suspect is arrested, we mount glorious attacks against any physical abuse of arrestees, detainees and defendants. We decry inadequate diets and urge good medical care for prisoners. The philosophy of our health delivery system is such that we must present our sacrifice to the rationalization for death in good physical condition. The state has made efforts to reduce the suffering of death in most exquisite ways.

Thus, there is a strong cultural opposition to corporal punishment. Western society today would not tolerate, I am sure, cutting off limbs, gouging out eyes, splitting the tongue. Even for murder, there would be opposition to "partial execution" (i.e., cutting off legs, cutting off the penis, etc.). If we cringe at the thought of eliminating part of the corporal substance, is it logical to eliminate the total corpus?

A principal part of the rationale of retribution is proportional sentencing. Beccaria, Bentham and other rationalists recognized the principle. The just deserts or commensurate deserts model amply articulates it. Beccaria's scales of seriousness of crime and severity of sanction were meant to be proportional. Equal punishment for equal crime means not that the punishment should be exactly like the crime, but that the *ratios of sanction* severity should have a corresponding set of ratios of crime seriousness.

Moreover, punishment can or should be expressed in *equivalences* rather than in the same physical form of the crime. For example, we do not prescribe state-inflicted injuries for offenders who have injured but not killed their victims. It is not banal to argue this point because it is critical to the logic of capital punishment. If the victim has been assaulted and then treated by a physician and discharged, or is hospitalized, the state does not exact the same penalty for the offender. We do not in the name of the state stab, shoot, throw acid, maim or mug persons convicted of such aggravated assaults. Where, then, is the rational logic for retention of the death penalty for inflicting death?

Instead, *equivalences in pain are sought in kind, not in physical exactitude*. The common commodity of pain in our democratic society is deprivation of liberty over time, measured in days, months, years. Other forms of deprivation are subsumed under this deprivation. It is but a reasonable extension of the equivalences between deprivation of liberty for crimes less than murder and the same deprivation for longer periods of time for the crime of homicide.

3. Proportionality and Deprivation of Liberty

Cesare Beccaria, in his classic essay, *Dei delitti e della pena (On Crime and Punishment)*, 1764, wrote that there should be a scale of the seriousness of crime with a corresponding scale of the severity of sanctions. In the Age of Reason in the eighteenth century, with an emphasis upon the rationality of man, deterrence was the principal purpose of punishment. And Beccaria wrote poignantly about this rationale. One of his major statements-which surely has contemporary value-was that it is not the severity but the certainty of punishment that deters.

Despite Beccaria's focus on deterrence as the main purpose of punishment, the *principle of proportionality* between the gravity of the crime and the severity of the sanction was an integral part of his philosophy and can be applied to the just deserts model. The principles of proportionality, equivalences, and punishment based on what is deserved all are now linked in a way that permits construction of a logical sequencing or scaling of sanctions.

Thomas Jefferson knew of Beccaria's essay and in his first inaugural address proposed what he called "Equal and exact justice to all men". In 1779 he drafted "A Bill for Proportioning Crimes and Punishments". For example,

Whosoever shall be guilty of rape, polygamy or sodomy with a man or woman, shall be punished, if a man, by castration, if a woman, by cutting through the cartilage of her nose a hole of one half inch in diameter at the least.

He also wrote:

Whosoever on purpose, and of malice aforethought, shall maim another, or shall disfigure him, by cutting out or disabling the tongue, slitting or cutting of a nose, lip, or ear, branding, or otherwise shall be maimed, or disfigured in *like sort*; or if that cannot be, for want of the same part, then *as nearly as may be*, in some other part of at least equal value and estimation, in the opinion of the jury, and moreover shall forfeit one half of his lands and goods to the sufferer.[6]

Although some of what Jefferson said may sound bizarre, he nonetheless nods in the direction of equivalences and proportionality.

I have tried to show elsewhere[7] that sanctioning equivalences took an important step forward when, in fourteenth-century Florence, imprisonment became a form of punishment *per se* and essentially was meant to replace corporal punishments. Previously, prisons were used to

---

6) See Padover, S.K. (ed.): The Complete Jefferson; Containing His Major Writings, Published and Unpublished, except His Letters. New York: Duell, Sloan and Pearce 1943, pp. 90-102, cited by Kaufman, W.: Retribution and the Ethics of Punishment. In: Barnett, R.E./Hagel, J. (eds.): Assessing the Criminal: Restitution, Retribution, & the Legal Process. Cambridge, MA: Ballinger 1977, p. 223

7) Wolfgang, M.E.: A Florentine Prison: Le Carceri delle Stinche. Retribution and the Ethics of Punishment. Studies in the Renaissance VII (1960), pp. 148-166

detain defendants awaiting trial or awaiting flogging, branding, mutilation, exile and banishment, but not as a punishment. In 1300 Florence opened its new prisons (Le Stinche) and, under the Ordinances of Justice of 1298, for the first time sentenced convicted offenders to the cells for definite, flat periods of time-*without* corporal punishment: two years for simple theft, four years for robbery, four years for sodomy (as I have found in the archives of the Uffizi for Benvenuto Cellini, although he never served his term) and so forth.

I have no time to develop this thesis here à la Jacob Burkhardt, or Georg Simmel with his theory of money, or Arnold Hauser on Renaissance art, but the thesis claims that moving from the otherworldliness and timelessness of the Middle Ages to the this-wordly orientation, to an economy based on mercantile capitalism, to building the Pitti Palace during the lifetime of the patriarch of the Pitti family, to the chiming of clocks in the city piazzas, to new concise perspective in art, to Petrarch's climbing of Mt. Vesuvius just for the view, all converged to make equivalences of man's labor, his time and his money. Moreover, there was an effort to promote new political freedom. When time, labor and money can be equated, when liberty becomes a precious commodity, then deprivation of liberty for given and specific amounts of time can become a disutility and a proper and just punishment.

In 1790 the Walnut Street Jail in Philadelphia opened a wing that was designated as the State Prison. On 29 October 1829 the famous Eastern State Penitentiary was opened for prisoners and the term "penitentiary" came into use, a place for prisoners to do penance. Here was born the so-called Pennsylvania system of punishment, which, like its Florentine counterpart, used imprisonment for specific periods of time as punishment sufficient unto itself; no more whippings, no more brandings, ducking stools, corporal tortures. Specific periods of time in prison became equivalences for the gravity of crime.

4. The Rise of Reformation or Rehabilitation

But there was a corollary trend that had roots in older philosophies about the capacity to reform, remold, rehabilitate, resocialize the offender. The nation began to flourish in the telic posture of the nineteenth century.

There was an increase in psychiatric concern with criminality. Isaac Ray[8] (1838) wrote in his famous treatise on medical jurisprudence about insanity and criminal responsibility. Following him were the writings of Sigmund Freud and others that increased the psychiatrization of the criminal law. The medical guild linked with the legal guild in crimi-

---

8) Ray, I.: A Treatise on the Medical Jurisprudence of Insanity. Boston, MA: Little, Brown 1838

nal justice and convinced the administrators of criminal law that offenders could be reformed, rehabilitated, remolded, resocialized, and thereby produce a decrease in criminality. In 1870 the American Prison Association met in Cincinnati, Ohio and declared that the principal purpose of punishment was reformation. From that time on, through six decades of the twentieth century, criminal justice was primarily oriented toward this rationale.

Offenders were to be treated, not punished. Punishment became viewed as barbaric, treatment as humane. Individualization of punishment to meet the personality needs of the offender, the indeterminate sentence (2 to 4, 4 to 8 years) or the indefinite sentence of one day to life, became common because we cannot know at the time of sentencing how long it will take to reform the offender. We release him from societal custody at the most propitious time, namely, when we have "cured" him. The offender becomes the therapist's prisoner. Such has been the liturgy of rehabilitation.

Coercive reformation thus began and later changed its language but not its style. The invasion by medicine, especially psychiatry, of the philosophy of responsibility and of the "reasonable man" changed sin and evil to sickness and disease. The subconscious and unconscious came to dominate cognitive reasoning and offenders were to be treated rather than punished. It was not the sin in the soul but the disease in the mind that needed to be changed, and mind-altering mechanisms were invented to remold, refashion and reform the offender for his own good as well as for the protection of society.

It is doubtful that this model and these messages of reform were ever fully accepted in the popular culture. But when the heavy weight of authority from the well-respected academies of medicine and law joined to promote policies of criminal justice, the voices of punishment and retribution from the folk culture remained hushed for over a century.

5. Questioning the Rehabilitation Model

There were voices of dissent in earlier periods, but they were not heeded until very recently. As I mentioned earlier, in the nineteenth century the Philadelphia Quakers, the elite leaders, introduced at the old prison in Cherry Hill what came to be known as the Pennsylvania, or separate, system. In that prison all inmates, all convicts were kept in solitary confinement from the moment they arrived until the moment they left the institution. With humanitarian intentions to promote self-reformation and to eliminate the effects of social contamination from other convicts, this philosophy and correctional movement were imposed on the criminal justice system and enforced, as Rousseau would force men to be free, on the unfortunates caught in a network of the administration of criminal law.

Charles Dickens visited the famous Philadelphia prison in 1842. At first he was complimentary, but when he put his impressions into writing he was very critical, and his perspective is as current as the critics of today who are opposed to coercive therapy:

> In its intention I am well convinced that it is kind, humane and meant for reformation; but I am persuaded that those who devised the system and those benevolent gentlemen who carry it into execution, do not know what it is they are doing....I hold this slow and daily tampering with the mysteries of the brain to be immeasurably worse than any torture of the body; and because its ghastly signs and tokens are not so palpable to the eye and sense of touch as scars upon the flesh, because its wounds are not on the surface, and it extorts few cries that human ears can hear; therefore I denounce it as a secret punishment.[9]

Much later C.S. Lewis, in his essay, "The Humanitarian Theory of Punishment", wrote as follows:

> They are not punishing, not inflicting, only healing. But do not let us be deceived by a name. To be taken without consent from my home and friends; to lose my liberty; to undergo all those assaults on my personality which modern psychotherapy knows how to deliver; to be re-made after some pattern of "normality" hatched in a Viennese laboratory to which I never professed allegiance; to know that this process will never end until either my captors have succeeded or I have grown wise enough to cheat them with apparent success-who cares whether this is called punishment or not? That it includes most of the elements for which any punishment is feared-shame, exile, bondage, and years eaten by the locust-is obvious. Only enormous ill-desert could justify it; but ill-desert is the very conception which the humanitarian theory has thrown overboard.[10]

Beginning in the mid-1950s a new skepticism about the efficacy of the medical, rehabilitation model developed. This was a behavioral science skepticism that gradually accumulated. But a parallel ethical concern emerged that questioned the justice of that model and raised the major issue of equity - or the lack of equity - in the hypocrisy of rehabilitation. Here, then, came the convergence of science, ethics and the law.

Careful studies began to evaluate the efficacy of the rehabilitation model. As these studies increased in statistical sophistication, they increasingly reported negative conclusions, namely, that intervention

---

9) Charles Dickens: American Notes for General Circulation. London: Chapman and Hall 1842, pp. 119-120; cited by Eriksson, T.: The Reformers: An Historical Survey of Pioneer Experiments in the Treatment of Criminals. New York: Elsevier 1976, p. 70

10) Lewis, C.S.: The Humanitarian Theory of Punishment. Res Juridicae 6 (1953), pp. 224-230. Reprinted in Sellars, W./Hospers, J.: Readings in Ethical Theory. New York. Prentice-Hall 1970

techniques from individual to group therapy, reduced case loads for probation and parole officers, and other intervening models had no significant effect in reducing recidivism.[11] In 1975 a major report[12] of 289 studies of rehabilitation and intervention was made showing that no therapy significantly contributed to the reduction of recidivism. Since that report and Robert Martinson's article in the *Journal of Public Interest* entitled "What Works?", there has been an increasing disillusion with the rehabilitation model.[13]

The Struggle for Justice (1971)[14] was a major report by the American Friends Service Committee that had earlier questioned the rehabilitation model and was primarily concerned with the enormous disparities in criminal sentencing and suggested greater uniformity. Since that time, and with the impact of articles by distinguished authors like Frances Allen[15] and Herbert Packer,[16] there has grown a social policy assertion that the uniformity of sentencing and a decrease in judicial discretion are necessary attributes for promoting greater justice in our criminal policy. The Goodell Committee for the Study of Incarceration, whose report was recently published by Andrew von Hirsch under the title *Doing Justice*,[17] has expressed explicitly the growing public concern and disillusion with rehabilitation and a desire to produce a criminal justice system based upon the just deserts model, which means that criminals should be punished not for what they might do in the future but for what they have done in the past.

6. The Neoclassical Revival

Current thinking[18] among many jurists, police and legislators is that we cannot do much about the "root causes" of crime, nor that government

11) Bailey, W.C.: Correctional Outcome: An Evaluation of 100 Reports. Journal of Criminal Law, Criminology and Police Science 57 (1966), pp. 153-160; Hood, R.G.: Research on the Effectiveness of Punishments and Treatments. In: Collected Studies in Criminological Research, vol. 1. Strasbourg: Council of Europe 1967, pp. 74-102; Ward, D.A.: Evaluation of Correctional Treatment: Some Implications of Negative Findings. In: Yefsky, S.A. (ed.): Law Enforcement, Science and Technology. Washington, D.C.: Thompson 1967, pp. 201-208

12) Lipton, D./Martinson R./Wilks, J.: The Effectiveness of Correctional Treatment: A Survey of Treatment Evaluation Studies. New York: Praeger 1975

13) Martinson, R.: What Works? - Questions and Answers about Prison Reform. Journal of Public Interest 6 (June 1974), pp. 22-54

14) Struggle for Justice. A Report on Crime and Punishment in America. Prepared for the American Friends Service Committee. New York: Hill and Wang 1971

15) Allen, F.A.: Criminal Justice, Legal Values, and the Rehabilitative Ideal. Journal of Criminal Law, Criminology and Police Science 50 (1959), pp. 226-230

16) Packer, H.L.:The Limits of Criminal Sanction. Stanford, CA: Stanford University Press 1968

17) von Hirsch, A.: Doing Justice: The Choice of Punishments. New York: Hill and Wang 1976

18) See Wilson, J.Q.: Thinking about Crime. New York: Basic Books 1975

at any level can legislate love or affect the rate of broken homes. Unemployment, low levels of education, poor housing and similar social problems among the working classes are issues that the government can and should try to change *sui generis* with only secondary reference to crime and only because they are major issues concerned with social welfare.

On another level, the criminal justice system is capable of direct manipulation, and governments should make efforts to effect change. These changes involve the following: increase in the probability of arrest and conviction and a positive sanction of incarceration for offenders who have committed offenses of injury, theft or damage; elimination of the indeterminate or indefinite sentence by judges and reduction of judicial discretion at the point of sentencing; inclusion of the juvenile record for adults who are convicted and about to be sentenced so that the seriousness of crimes committed as juveniles will be considered in the sentencing discretion; decrease of judicial discretion, which should be substituted by a uniform sentencing process based upon the seriousness of the crime committed rather than on characteristics of the offender.

A report of the National Academy of Sciences Panel on Deterrence and Incapacitation concludes by saying that the evidence on deterrence -certainty, severity and celerity-is so inadequate that no definite conclusion can be made. Recommendations for further research on longitudinal studies of criminal careers are made about the probability of arrest, of conviction, of incarceration. Another Panel of the Academy on rehabilitation drafted a report that in effect says:

> In general the research to date on rehabilitation tends strongly to confirm the previous conclusion that weak methodology makes for expensive research. The thousands of extant studies of rehabilitation add up scarcely to a single trustworthy conclusion. In short, we do not in truth know whether rehabilitation may be successfully effected, we do not know a dependable way of effecting rehabilitation....

And we also do not know that rehabilitation *cannot* be accomplished.

Under the just deserts conceptualization there is no expectation of rehabilitation. In fact, David Rothman,[19] who gave us one of our best histories of asylums, refers to the concept of a failure rather than a success model as being more appropriate to punishment. However, under the current mode of thinking, therapy and service programs should continue to be available but on an optional basis, and participation in these programs should have no effect on the time of release for any convicted offender. Because of the excessive and intolerable number of false positives, the prediction of dangerousness would remain as an academic exercise only and should not be included in a criminal justice system. Even if we were able to predict future violent behavior, it would be inap-

---

19) Rothman, D.: The Discovery of the Asylum: Social Order and Disorder in the New Republic. Boston: Little, Brown 1971

propriate for us to determine the length of a sentence or the degree of restraint based upon future expectations. *Offenders should be punished for what they have done, not for what they might do.*

Punishment, even retribution, now becomes acceptable as a basis for justice. The Durkheimian conceptualization is reintroduced as a reinforcement of the community moral sentiments and not necessarily as a vengeful reaction by the madding crowd. Humane treatment in and out of prison is highly emphasized, as is the likelihood of fewer prison sentences, and then only or mainly for violent, assaultive offenders. The use of fines such as "income days", restitution to victims, and the right to be treated as well as the right *not* to be treated are fundamental principles of the system. Definite sentences rather than indefinite or indeterminate sentences constitute a core item in the agenda, whereas parole or aftercare from an institution would be eliminated as an institutional procedure and as a part of the criminal justice bureaucracy. Helping agencies that currently exist could be augmented for assistance to persons released from prison, but not under coercion.

Only now, with the revival of the eighteenth-century classical position, are muted public tones being heard and articulated by leaders in social science, criminal law and public policy. Neoclassicism was born from the popular culture and is now nourished by sophisticated research. Deterrence, retribution and punishment, never abandoned by the populace, have once again become acceptable to those "with power to enforce their beliefs". Reformation, although still accepted as desirable, is dethroned from its position of dominance and is subordinated within a more retributive penology. Rehabilitation will surely continue and will be researched but in a noncoercive style. Imprisonment should be used as infrequently as justice can design, and humane concern for victims, by means of such programs as victim compensation and counseling, as well as concern for captured criminals, should govern our democratic justice system. The public, the police, the judiciary and legislators are now joined by many social scientists in an ethical stance that requests retribution, not revenge, as the definition of justice; that requires an emphasis on stability rather than law and order; that looks to certainty rather than severity of punishment.

7. In Summary

The current conviction about crime and punishment is the neoclassical revival, the emphasis on just deserts. Society can neither deter nor rehabilitate nor properly predict future dangerousness or violent behavior. The best predictor of criminal violence is past criminal violence, but even this is faulty in overpredicting or having too many false positives of violence. Justice requires equity, with precise penalties announced in advance, or what is called presumptive sentencing by the legislative body. If there is any general deterrence or incapacitation of specific individuals, this is a luxury addendum but not the purpose of punishment. Just deserts may also mean justice for the victim through restitution or compensation as well as just deserts for the offender. In short, just deserts as retribution is the most current trend that is supported by science and ethics.

The empty cup of our ignorance has often been filled not with facts and knowledge but with good intentions. But if maintaining the integrity of equity, equivalence and proportionality is our goal, then penal sanctions based on the gravity of crime alone is our singular salvation.

Within that framework but not imposed *over* the just deserts model, the healing arts and disciplines of knowledge about how to socialize and resocialize criminal offenders must continue. Psychiatry, psychology, psychotherapy, neurology, even endocrinology are the medical allies whose fuller capacities to understand and to treat have not adequately flourished in the criminal justice system. While the just deserts model provides limits, it should not abandon but indeed should encourage and promote the best efforts we can mount to offer rehabilitative treatment for offenders whom we now hold accountable for their crimes.

Die Tat
Fundament kriminologischer Forschung
Das Dilemma des Fehlurteils

I.

In den Jahren 1962-1972, in denen ich an der juristischen Fakultät in Tübingen tätig war, fühlte ich mich mit Hans Göppinger fachlich und persönlich besonders verbunden. Die ersten theoretischen Kenntnisse in der Kriminologie habe ich durch Gustav Aschaffenburg: Das Verbrechen und seine Bekämpfung, 3. Aufl. 1915, erworben. Der Jurist Ernst Rosenfeld hat uns als junge Juristen für die Kriminologie interessiert. Der Psychiater Heinrich Többen hat mich als Referendar an Besuchen in der Vollzugsanstalt Münster teilnehmen lassen. Meine Habilitationsschrift "Die kriminalpolitische Stellung des Strafrichters" befaßte sich mit der Strafzumessung, der Strafaussetzung zur Bewährung und mit den Maßnahmenfolgen. Auch in der Justizpraxis drängten sich immer wieder Fragen auf, die Gegenstand der Kriminologie sind. Ich empfand es daher als einen glücklichen Umstand, daß Hans Göppinger gleichzeitig mit mir in Tübingen seine Lehr-und Forschungstätigkeit aufnahm. Die Zusammenarbeit von Psychiater, Psychologe, Soziologe, Sozialarbeiter und Juristen in der Tübinger kriminologischen Forschungsstelle stellte die damals aufgenommenen kriminologischen Untersuchungen auf die notwendige breite Grundlage.

Indem sich Hans Göppinger vor allem mit dem Täter befaßte, begann ich in der Forschungsstelle für Strafprozeß und Strafvollzug mit tatausgerichteten Untersuchungen. Sie standen unter dem besonderen Aspekt der Untersuchung von Fehlerquellen im Strafprozeß. Im Gegensatz zu den Untersuchungen von Hans Göppinger fand in meiner Forschungsstelle eine reine Aktenuntersuchung statt. Überprüft wurden 1150 Akten, in denen es sich ausschließlich um durchgeführte Wiederaufnahmeverfahren im Strafverfahren handelte. Es ging um die Frage: "Warum kommt es zu falschen Urteilen?" Welche Fehler werden im Ermittlungsverfahren und im Hauptverfahren gemacht? Wieso werden sie nicht vom Richter der höheren Instanz erkannt? Wie konnte später der Fehler aufgeklärt werden? So liefen in Tübingen kriminologische Untersuchungen im engeren Sinn und kriminalistische Untersuchungen nebeneinander.[1]

---

1) Die nähere Abgrenzung von Kriminologie und Kriminalistik interessiert an dieser Stelle nicht. Vgl. dazu Göppinger, H.: Kriminologie. 4. Aufl., München: Beck 1980, S.54

Kerner/Kaiser (Hrsg.) Kriminalität
© Springer-Verlag Berlin Heidelberg 1990

Auch nach dem Abschluß der Tübinger Fehlerquellenuntersuchungen habe ich immer wieder Gelegenheit gehabt, mich mit unrichtigen Urteilen zu befassen. Dabei richtete sich mein Interesse über die durchgeführten Wiederaufnahmeverfahren hinaus auf die Problematik gescheiterter Wiederaufnahmeverfahren[2]. Es besteht für mich kein Zweifel, daß sich unter den gescheiterten Wiederaufnahmeverfahren eine nicht zu unterschätzende Anzahl von Verfahren befinden, in denen der Beschuldigte teils mit Sicherheit, teils mit Wahrscheinlichkeit, falsch verurteilt worden ist, zumindest die Verurteilung rechtsstaatlich nicht hinreichend abgesichert ist. Das ist keine vage Behauptung, sondern eine Tatsache, die sich aus eingehenden Aktenüberprüfungen und aus zahlreichen Gesprächen mit Betroffenen und Verteidigern ergibt[3]. Es geht nicht nur um erschütternde Lebensschicksale, sondern um nicht hinreichend gelöste Probleme der Strafprozeßlehre und der Kriminalistik, nicht zuletzt um Fragen der Beweisführung und Beweiswürdigung im Strafprozeß. Von dieser Problematik wird das Verhältnis Strafrechtspflege-Kriminologie in hohem Maß berührt, denn der Täter ist Ausgangs- und Bezugspunkt kriminologischer Forschung[4].

So wie das Strafrecht den Rahmen der Kriminologie bestimmt, liefert die Strafrechtspflege der Kriminologie das Material und die Person (Tat und Täter). Wenn der Jurist falsche Daten übermittelt, dann ist der Ausgangspunkt kriminologischer Forschung mitbetroffen. Das Ausmaß und die Wichtigkeit dieses Umstandes ist je nach der Forschungsrichtung und der im Einzelfall zu lösenden Aufgaben verschieden. Wenn man von der nur zu schätzenden Fehlerquote der Urteile ausgeht, so mag die Fehlerquote bei allgemeinen wissenschaftlichen Untersuchungen von geringer Bedeutung sein. Wenn es jedoch um kriminologische Erforschung von Einzelfällen, Einzelanalysen, um die Hilfe zur Täterbehandlung im Laufe des Einzelverfahrens geht[5], fehlt dem Kriminologen das Beurteilungsfundament. Seine Forschung und seine Schlüsse hängen in der Luft. Die Untersuchungen liegen im Irrealen. Die sich nunmehr ergebende Situation bedarf der näheren Betrachtung.

2) Vgl. die Abhandlung: Gescheiterte Wiederaufnahmeverfahren. In: Lackner, K./Leferenz, H./Schmidt, E./Welp, J./Wolff, E.A. (Hrsg.): Festschrift für Wilhelm Gallas. Berlin u.a.: de Gruyter 1973, S. 441 - 457, ferner Justiz als Schicksal. Ein Plädoyer für "die andere Seite". Berlin u.a.: de Gruyter 1979
3) Zum Dunkelfeld unrichtiger Urteile vgl. bereits Zeugenlüge und Prozeßausgang. Bonn: Röhrscheid 1939, S. 172; Fehlerquellen im Strafprozeß. Bd.I. Karlsruhe: Müller 1970, S. 2
4) Vgl.dazu Göppinger, H. 1980 (Fn 1), S. 574.
5) Vgl. dazu Göppinger, H.: Angewandte Kriminologie. Berlin u.a.: Springer 1985; ferner Göppinger, H.: Angewandte Kriminologie und Strafrecht. Zugleich ein Beitrag zum Kriterium "schwere andere seelische Abartigkeit" der §§ 20/21 StGB aus kriminologischer Sicht. Juristische Studiengesellschaft Karlsruhe, Heft 170. Heidelberg: Müller 1986

II.

Als Zubringer des von dem Kriminologen auszuwertenden Materials tragen die Ermittlungsbehörden (Staatsanwaltschaft, Kriminalpolizei und Gerichte) für die Zuverlässigkeit der beigebrachten Umstände und seine richtige Würdigung die Verantwortung. Die Kriminalpolizei muß ihre Untersuchungen nach rechtlich und kriminalistisch einwandfreien Methoden durchführen. Sie muß die Vernehmungslehre beherrschen. Sie muß in der Lage sein, die aussagenpsychologische Lehre zu beherrschen und richtig anzuwenden. Sie muß vollständig ermitteln. Das bedeutet vor allem auch, sich nicht auf eine voreilig angenommene These festzulegen. Sie hat für Aktenvollständigkeit zu sorgen und ist zur Vorlage sämtlicher Ermittlungsvorgänge verpflichtet[6]. Bei Geheimakten hat sie auf deren Vorhandensein hinzuweisen. Die gleichen Grundsätze gelten auch für die Staatsanwaltschaft, soweit sie eigene Ermittlungen anstellt. Sie übt über die von der Kriminalpolizei vorgenommenen Untersuchungen die erste Kontrolle aus. Die zweite Kontrolle liegt bei dem die Anklage zulassenden und die Eröffnung des Hauptverfahrens beschließenden Gericht. Die dritte justizmäßige Kontrolle erfolgt in der Hauptverhandlung mit ihrer Beweisaufnahme und Beweiswürdigung sowie in dem abschließenden Urteil. Die letzte Kontrolle findet im Rechtsmittelverfahren statt, wobei die Revisionsgerichte hinsichtlich der Tat- und Täterfeststellung nur eine begrenzte Überprüfungsmöglichkeit haben.

Dieses juristisch perfekte, justizinterne Kontrollsystem wird aber durch wichtige Umstände eingeschränkt. Ein wesentlicher Mangel ergibt sich aus der ungenügenden, zuweilen vollständig fehlenden kriminalistischen, insbesondere auch aussagenpsychologischen Ausbildung der Juri-

---

6) Auf vollständige Aktenvorlage hat sowohl das Gericht als auch der Angeklagte und sein Verteidiger einen Anspruch. Der Auffassung, daß die Staatsanwaltschaft über den Umfang der vorzulegenden Akten entscheiden kann, ist mit Nachdruck entgegenzutreten. Sie widerspricht der richterlichen Aufklärungspflicht und dem Recht des Beschuldigten auf Verteidigung. Der Streit um die Aktenvollständigkeit ist vor allem bei den Spurenakten ausgebrochen. Vgl. dazu BVerfG 63,45, Neue Zeitschrift für Strafrecht 3 (1983), S. 273 - 275, und Anmerkung S. 275 - 276. Das Vorhandensein von Geheimakten muß mitgeteilt werden. Werden sie vor dem Gericht und dem Verteidiger nicht offengelegt, können sie für den Schuldspruch nicht verwertet werden. In diesem Zusammenhang ergibt sich auch die Frage, was die Staatsanwaltschaft zu ihren Handakten nehmen und damit dem Gericht und der Verteidigung entziehen darf. Wie wichtige Vorgänge in die Handakten gelangen und in verhängnisvoller Weise dem Gericht und der Verteidigung unbekannt bleiben, zeigt der von mir in "Justiz als Schicksal" (Fn 2), S. 133 ff. geschilderte Fall. Daß der Verteidigung erst im Wiederaufnahmeverfahren der Inhalt der staatsanwaltschaftlichen Handakten durch ein Versehen der Geschäftsstelle bekannt wurde, blieb in dem nunmehrigen Verfahrensabschnitt zu Unrecht folgenlos. Zum Problem der Polizei-Justizakten vgl. Ahlf, E.-H.: Polizeiliche Kriminalakten (KpS). BKA-Forschungsreihe (Sonderband). Wiesbaden: Bundeskriminalamt 1988

sten[7]. Während die rechtliche Ausbildung äußerst intensiv, möglicherweise sogar übertrieben ist, ist der Strafjurist auf dem ersten Aufgabenbereich, der Tat und Täterermittlung, weitgehend auf seine Erfahrungen und zufällig erworbene Kenntnisse angewiesen. Aber die Erfahrungen muß der Strafjurist erst in der Praxis, möglicherweise in einem längeren Zeitraum gewinnen. Wie lange urteilt er ohne Erfahrungen? Sind seine Erfahrungen zutreffend? Wendet er nicht falsche Erfahrungen an?

Inwieweit die "Außenkontrolle" durch den Strafverteidiger sich auswirkt, hängt nicht nur von dessen kriminalistischer Sachkenntnis, der Ausdrucksfähigkeit und Überzeugungskraft, sondern auch von der Bereitschaft des Richters zum Zuhören und Bedenken ab.

In sehr eindrucksvoller Weise wird in der Zeitschrift "Kriminalistik" ein Vorgang geschildert, in dem es dem Strafverteidiger gelang, bei den Richtern vor der Eröffnung des Hauptverfahrens Zweifel an der Richtigkeit eines Gutachtens eines rechtsmedizinischen Instituts zu wecken und eine Überprüfung zu veranlassen, die die Unhaltbarkeit des Gutachtens ergab. Das führte zu der Folge der Nichteröffnung des Hauptverfahrens und zur Entlassung des Beschuldigten aus der inzwischen ein Jahr betragenden Untersuchungshaft[8]. Man kann sich vorstellen, daß die Sache auch anders hätte verlaufen können. Kürzlich wurde ich mit einer Sache befaßt, in der der Verteidiger in eingehender Begründung die Wiedererkennung des angeblichen Täters in Frage stellte, indem er die fehlerhafte Vorlage von Lichtbildern und die Gegenüberstellung durch die Kriminalpolizei rügte. Vergeblich beantragte er die Hinzuziehung eines international anerkannten Gutachters[9]. Der Angeklagte wurde verurteilt. Das Urteil wurde rechtskräftig. Der nach der Rechtskraft hinzugezogene Gutachter bestätigte die Unsachgemäßheit des Vorgehens der Kriminalpolizei. Bei genügender Kenntnis der Literatur hätten bereits die Richter Zweifel bekommen müssen. Der Fall Lettenbauer[10] und der kürzlich im Wiederaufnahmeverfahren erfolgte Frei-

---

7) Ob der junge Jurist während seines Universitätsstudiums mit den Problemen der Kriminalistik, der Aussagepsychologie, der Beweiswürdigung, des Fehlurteils und der Juristenpsychologie in Berührung kommt, ist dem Zufall überlassen. Es kommt darauf an, ob unterrichtete Lehrer und interessierte Studenten vorhanden sind. Die Lücken werden auch nicht in der Referendarausbildung ausgefüllt. Die Gerichtsbüchereien sind vor allem an Amts-und Landgerichten ungenügend ausgestattet. Das Selbststudium hängt wiederum von der Einstellung des einzelnen ab. Die Richtertagungen, sofern sie kriminalistische Themen überhaupt behandeln, erreichen nur die ohnehin interessierten Juristen. Das einschlägige Schrifttum, vor allem solches, in dem sich Praktiker an Praktiker wenden, ist keineswegs gering. Vgl. etwa Döring, E.: Die Erforschung des Sachverhalts im Prozeß. 2. Aufl., Berlin: Duncker & Humblot 1964; Gössweiner Saiko, Th.: Vernehmungskunde. Graz; Leykam 1979; Bender, R./Röder, S./Nack, A.: Tatsachenfeststellung vor Gericht. Bd. I und II. München: Beck 1981

8) Mätzler, A.: Gutachter - alles andere als unfehlbar (Durch unrichtige rechtsmedizinische Feststellungen zu Unrecht verdächtigt). Kriminalistik 40 (1986), S.65 - 70. Dazu meine Bemerkungen: Verhindertes Fehlurteil. Kriminalistik 40 (1986), S. 216

9) Das Gericht berief sich auf eigene Sachkunde, wobei es sich auf einen juristischen Zeitschriftenaufsatz bezog. Eine gründliche Sachunterrichtung fehlte offenbar.

10) Vgl. Fehlerquellen im Strafprozeß (Fn 3), Bd.I, S.80-83

spruch wegen erwiesener Unschuld im Fall G[11]) haben erwiesen, daß die Richter nicht mit der Problematik des falschen Geständnisses fertig geworden sind. Erst als im Fall Lettenbauer die wirklichen Täter gefaßt wurden und im Fall G. das nicht bei den Akten befindliche, zu Beginn der Ermittlungen aufgenommene Protokoll über ein einwandfreies Alibi zur Tatzeit nach 17 Jahren ans Licht kam, wurde die Unrichtigkeit des Geständnisses eingeräumt. Im Fall G. hat das Schwurgericht eingehend begründet, wieso sich aus den Vorgängen - losgelöst von dem aufgefundenen Protokoll - die Annahme eines unrichtigen Geständnisses ergebe. Einige Gründe seien angeführt:

Persönlichkeitsstruktur, bedrängende Vernehmungen durch die Kriminalpolizei, Vernehmungen erst längere Zeit nach der Tat und dadurch Inkenntnisnahme des Beschuldigten von Einzelheiten der Tat durch die Presse, erste richterliche Vernehmung in Gegenwart des Kriminalbeamten, der das Geständnis erzielt hatte, festgefahrenes Vorurteil bei den Kriminalbeamten und mangelnde richterliche Geständniskontrolle.

In einem anderen Fall[12]) eines wiederholten und mehrfach widerrufenen Geständnisses gelang es bei den gleichen, ja noch auffallenderen Umständen mit Ausschluß der Auffindung eines Alibiprotokolls nicht, dem Richter die Unrichtigkeit des Geständnisses näher zu bringen. Es darf angenommen werden, daß zum Hamburger Freispruch G. im Wiederaufnahmeverfahren in Wirklichkeit nicht die Umstände, unter denen das Geständnis zustandekam, maßgeblich waren, obwohl sie es hätten sein sollen, sondern das zufällige Auftauchen des Protokolls[13]). Schwerwiegende Fehler sind mir auf dem Gebiet des Zeugenbeweises begegnet[14]). Verhängnisvoll ist die Nichtbeachtung von Beziehungen von Zeugen untereinander[15]). Es wäre aufhellend zu zeigen, inwieweit zutreffende Beweisanträge und Ausführungen der Verteidigung unberücksichtigt bleiben. Wo aber auch immer die zum Fehlurteil führenden Irrtümer liegen mögen, die Verantwortung für die Richtigkeit des der kriminologischen Beurteilung zugrunde gelegten Ausgangsmaterials trägt

---

11) Urteil d. LG Hamburg wom 15.12.1987- (83) 74/86-72 Js 1555/76
12) Dieser Fall ist eingehend bei Wasserburg, K.: Die Wiederaufnahme des Strafverfahrens. Ein Handbuch unter besonderer Berücksichtigung der Aufgaben des Verteidigers. Stuttgart u.a.: Kohlhammer 1984, S. 361-374, dargestellt. Vgl. Fall 1 in meinem Lehrbuch Strafprozeß. 4. Aufl., Heidelberg: Müller 1985, S. 2
13) Hier offenbart sich ein bedeutsames Problem der Beweiswürdigung, nämlich die Beweisanpassung. Sie bedeutet, daß bei der Möglichkeit verschiedener Wertung einzelner Beweisumstände die Beurteilung von der Maßgeblichkeit eines anderen Beweisumstandes abhängt. Das kann sowohl an verurteilenden als auch freisprechenden Erkenntnissen aufgezeigt werden.
14) Vor die Problematik der Falschaussage wurde ich während meiner ganzen beruflichen und wissenschaftlichen Arbeit immer wieder gestellt. Literarisch reicht die Spanne von dem Buch "Zeugenlüge und Prozeßausgang" (Fn 3) über die "Fehlerquellen im Strafprozeß" (Fn 3) bis zur letzten Auflage des Lehrbuchs "Strafprozeß" (Fn 12).
15) Hierhin gehört die Gruppenaussage. Sie liegt vor, wenn eng miteinander verbundene Zeugen sich zu entlastenden oder belastenden Aussagen zusammentun. Fällt aus einer Belastungsgruppe einer oder eine Mehrheit von Zeugen als unglaubwürdig aus, so kann eine Verurteilung nicht mehr auf die Aussage der übriggebliebenen Zeugen gestützt werden. Zur Gruppenaussage mein Lehrbuch "Strafprozeß", 1985 (Fn 12), S. 408.

der Jurist. Sie ruht auf ihm, auch wenn ihm das Sach-und Persönlich-
keitsmaterial in unvollkommener Weise beigebracht wird, wenn er seine
Beweiswürdigung auf irrtümliche oder gar bewußt falsche Zeugenaussagen stützen muß, wenn dem Gutachter zur Sache oder zur Person
Fehler und Mängel unterlaufen. Seine Verantwortung steht unter der
gespaltenen Zielaufgabe: Gewährleistung der Effektivität des Strafrechts
und Wahrung der Einzelgerechtigkeit. Mit alledem muß er fertig werden, obwohl seine Ausbildung unvollkommen ist und er, wie jeder
Mensch, aus seiner Persönlichkeitsstruktur handelt und urteilt. Das
erfordert ein hohes Maß an Vorsicht und Selbstkritik. Seine Entscheidung wird - gleichgültig, ob der Irrtum vermeidbar war oder nicht -
das Fundament künftiger kriminologischer Untersuchungen.

III.

Wie aber ist die Lage der mit dem Vollzug betrauten Personen, des
Richters der Strafvollstreckungskammer, des Gnadenbeauftragten und
vor allem der kriminologischen Gutachter, wenn sie über einen Nichttä-
ter in der Annahme seiner Täterschaft ein kriminologisches Gutachten
abgeben sollen?[16]

1. Der einfachste Weg für Juristen, Kriminologen und sonst mit den
Folgeerscheinungen des falschen oder doch zumindest vermutlich falschen Urteil Befaßten wäre es, sich mit den Gegebenheiten als einem
unvermeidbaren Übel abzufinden. Uns Menschen - und damit auch
dem Richter - sei der Weg zur absoluten Wahrheit verschlossen. Es
bleibe daher gar nichts anderes übrig, als mit dem Irrtum zu leben.
Diese Gedankenreihe setzt aber zu hoch an. Es geht im Strafprozeß
nicht um die Auffindung einer uns verschlossenen metaphysischen
Wahrheit, sondern um die Rekonstruktion einer Wirklichkeit[17]. Das
einfache Sichabfinden mit dem, was einmal ist, geht auf Kosten des
Betroffenen. Es bedeutet neues - ungerechtes oder doch mit Zweifeln
behaftetes - Leid.

2. Der Rechtsgrund der Rechtskraft, und damit verbunden der Gedanke
der Rechtssicherheit und Rechtsstaatlichkeit, könnte aus staatlichen und

---

16) Die Fragestellung, wie sich die in den "Fehlerquellen im Strafprozeß" (Fn 3) unter-
    suchten Fehlurteile auf die Persönlichkeitsbeurteilung nach Rechtskraft des Urteils
    ausgewirkt haben, ist nicht Gegenstand der Untersuchung gewesen, die sich allein auf
    die Sachverhalts-und Schuldfeststellung durch die Gerichte bezog. Zur Beantwortung
    der gestellten Frage wäre eine Beiziehung der Vollstreckungsakten, der Personalakten
    des Straf-und Maßnahmevollzugs sowie etwaiger Gnadenakten erforderlich gewesen.
17) Der Begriff Wirklichkeit gegenüber dem Begriff Wahrheit macht deutlich, daß es um
    ein Realitätsproblem, nicht um ein metaphysisch durchwirktes Problem geht. Das wird
    durch den üblichen Begriff der "Wahrheitsfindung" verundeutlicht.

gesellschaftlichen Gründen einen unumstößlichen Schlußstrich erfordern, der nur noch im Weg des Wiederaufnahmeverfahrens beseitigt werden kann. Das bedeutet, daß alle später Handelnden, Vollzugsbeamte, Richter der Strafvollstreckungskammer und kriminologische Gutachter gehalten sind, von dem Urteil auszugehen, seine Richtigkeit zu unterstellen. In der Tat kann jedenfalls regelmäßig das rechtskräftige Urteil nicht ins Belieben der Nachfolgeorgane gestellt werden. Das gilt vor allem für den Strafvollzug, der die erkannte Strafe vollziehen muß. Die Schwierigkeiten, die sich hier für den Resozialisierungsvollzug ergeben, sind freilich nicht zu unterschätzen. Zweifeln an der Richtigkeit des Urteils kann er nur mit den dem Vollzug überlassenen Möglichkeiten in besonderen Vollzugsformen begegnen[18]. Ernsthafte, aber nicht im Weg der Wiederaufnahme zu beseitigende Bedenken, kann der Strafvollstreckungsrichter bei der Entlassungsanordnung zum mindesten mitschwingen lassen. Freilich hat das OLG München[19] bei einer Halbzeitentscheidung bei einem nach meiner Meinung zweifellos falsch Verurteilten, der von mehreren Gutachtern für haftunfähig erklärt worden war und gegen den dennoch in einem Vollzugskrankenhaus die Strafe vollstreckt wurde, die Halbstrafentlassung entgegen dem Beschluß der Strafvollstreckungskammer abgelehnt und die Entlassung nach 2/3 der Verbüßung in Aussicht gestellt, die freilich der schwerkranke Mann nach ungenügender ärztlicher Betreuung wegen Herztodes nicht mehr erlebte. Schließlich kann der Jurist noch im Gnadenverfahren Abhilfe schaffen, wie es kürzlich in einem Fall im Land Nordrhein Westfalen geschah. Die Unabhängigkeit der Gerichte nimmt dem Staat nicht das Recht der berichtigenden Gnade[20].

3. Was aber bleibt dem kriminologischen Gutachter zu tun übrig? Auch er ist in der Regel an das Urteil gebunden. Aber trotzdem können sich auch ihm bei der persönlichen Untersuchung des Verurteilten und der Kenntnisnahme des Urteils sowie der Akten mehr oder weniger große Zweifel gegen die Richtigkeit der Verurteilung ergeben. In zwei nicht allzuweit zurückliegenden Fällen gingen Gutachter folgenden Weg:

Fall 1 - Ein Psychiater sollte sich zu dem geistigen Gesundheitszustand eines im Vollzugskrankenhaus befindlichen Gefangenen äußern. Der Proband war vor allem wegen Beihilfe zum Meineid und Begünstigung verurteilt worden. Der Gutachter erklärte, daß der Untersuchte nicht an einer geistigen Erkrankung litt. Jegliche geistige Beeinträchtigung könne mit Sicherheit ausgeschlossen werden. Der Untersuchte habe, so der Gutachter, einen vorzüglichen Eindruck auf ihn gemacht. Er habe ihm gegenüber in eindrucksvoller Weise die Tat in Abrede gestellt. Er empfehle Begnadigung.

---

18) Das Problem des Vollzugs bei fehlerhaft Verurteilten habe ich in den "Grundproblemen der Kriminalpädagogik". Berlin: de Gruyter 1960, § 18, angeschnitten.
19) Beschluß OLG München vom 5.9.1986 (1 WS 494/86)
20) Zu der umstrittenen Frage vgl. mein Lehrbuch "Strafprozeß" 1985 (Fn 12), S.701.

Fall 2[21]) - Nach fünfzehnjähriger Haft eines wegen sexuell begründeten Doppelmordes wurde der Verurteilte im Rahmen der Entlassungsprüfung von einem Spezialisten zur Frage der Gefährlichkeit des Verurteilten untersucht. Der Verurteilte, ein Mann von geringer geistiger Struktur, hatte unter dem Vernehmungsdruck dreimal den Doppelmord gestanden und dreimal, zuletzt vor der Hauptverhandlung, widerrufen. Er betont seit nunmehr fünfzehn Jahren seine Unschuld. Irgendein objektiver Beweis für seine Täterschaft liegt nicht vor. Zu einer so sorgsam verdeckten Tatbegehung war der Verurteilte nicht in der Lage. Trotz der vorhandenen Spurenakten (rund 300 an der Zahl) sind die kriminalistisch entscheidenden Möglichkeiten nicht gesehen bzw. nicht weiter verfolgt worden. Nach dem ersten gerichtsmedizinischen Gutachten kam ein außerordentlich grausam durchgeführter Racheakt in Betracht. Kriminalpolizei, Vollzug und Bevölkerung sind geteilter Ansicht. Während die einen den Verurteilten für den Täter halten, halten die anderen das Urteil für ein eindeutiges Fehlurteil. Ein kriminologischer Gutachter hält nach sehr genauer Kenntnis der Vorgänge ebenso wie ich den Verurteilten nicht für den Täter. Ein Wiederaufnahmeverfahren blieb ebenso wie ein Gnadenantrag ergebnislos.

Auch in diesem Fall hielt der Gutachter das Bestreiten der Tat eindrucksvoll.

Zum sexual-pathologischen Persönlichkeitsbild zur Tatzeit konnte der Gutachter sich nicht äußern, da (übrigens entgegen einem Beweisantrag des Verteidigers) ein sexual-pathologisches Gutachten nicht erhoben worden war. Der Übergang von den Verhaltensweisen, vom gewaltfreien Sexualverhalten, wie es der Verurteilte vorher betätigte, zur Gewalt, war nach Auffassung des Gutachters zwar selten, aber nicht auszuschließen. Unter Zugrundelegung des von dem Gericht festgestellten Sachverhalts konnte der Gutachter keine positive Prognose stellen.

Beim Vergleich der beiden Fälle ist zu bemerken, daß beide Gutachter Skepsis gegenüber der Sachverhaltsfeststellung des Gerichts hatten. Nur war im ersten Fall eine Wiederholungsgefahr ausgeschlossen und eine künftige einwandfreie Lebensführung gesichert. Der Gutachter konnte daher ohne Risiko seinen Gutachtensauftrag überschreiten und einen Kompromißvorschlag unterbreiten. Im zweiten Fall handelte es sich, wenn man der Annahme des Gerichtes folgte, um ein schwerwiegendes Sexualverbrechen. War der Verurteilte wirklich der Täter, so stand ein künftiges Risiko im Bereich der Möglichkeit. Sich über das Urteil hinwegzusetzen, schloß ein Gefährdungsrisiko in sich. Kann es dem Gutachter und den Richtern der Strafvollstreckungskammer aufgebürdet werden?[22])

---

21) Es handelt sich um den bereits erwähnten Fall, der von Wasserburg, 1984 (Fn 12) dargestellt worden ist.

22) Über einen weiteren Fall, in dem der Verurteilte von jeher seit 20 Jahren seine Schuld bestreitet, habe ich in der Festschrift für Th. Kleinknecht berichtet: Die Stellung des Arztes im forensisch-psychiatrischen Krankenhaus. In: Gössel, K.H./Kaufmann, H. (Hrsg.): Strafverfahren im Rechtsstaat, Festschrift für Theodor Kleinknecht. München. Beck 1985, S. 341 - 353.

4. Es drängt sich nun die Frage auf, ob es möglich ist, in Fällen eines fragwürdigen Urteils ohne Einbeziehung der zur Verurteilung gelangten Tat eine Gefährlichkeitsbeurteilung mit einer Prognose abzugeben. Diese Frage muß nach dem Stand der Persönlichkeitsforschung vor allem bei Gewaltdelikten verneint werden. Es muß der Zukunft vorbehalten bleiben, ob einigermaßen gesicherte Prognosen ohne das Tat-Täter-Fundament gewonnen werden können. Die Tat ist, auch wenn sie im Lebensverlauf nur einen geringen Zeitraum einnimmt[23], doch ein wesentliches Charakteristikum der Täterpersönlichkeit. Die Beurteilung, der Verurteilte ließe beim Absehen vom Urteil keine ungünstige Prognose zu, stellt eben doch eine entscheidende Einschränkung des Urteils dar. Sie wird vor allem bei den nunmehr zur Entscheidung berufenen Juristen auf Widerstand stoßen. Im übrigen ist es auch psychologisch kaum möglich, daß der Gutachter sich innerlich von den Urteilsfeststellungen soweit zu trennen vermag, daß das Urteil als nicht existent behandelt werden kann[24].

5. Ebensowenig führt es aus dem Dilemma, wenn der Gutachter zwei Ergebnisse nebeneinander stellt, wenn er die Prognose für den Fall der Richtigkeit und für den Fall der Unrichtigkeit des Urteils stellt. Damit wird nicht nur die Zuverlässigkeit der Strafrechtspflege in Zweifel gezogen, wobei zu bemerken ist, daß in Einzelfällen eine derartige Infragestellung durchaus angebracht wäre, sondern vor allem wird dem Betroffenen wenig gedient, da die Alternativentscheidung allem Erwarten nach das Gericht zum Festhalten am Urteil veranlassen wird.

6. So bleibt für den an der Richtigkeit des Urteils zweifelnden Kriminologen als Selbstberuhigung der Ausweg, die Verantwortung von sich auf den Juristen zu schieben. Es bleibe eben nichts anderes übrig, als sich dessen Diktat zu unterwerfen. Aber man kann sich vorstellen, daß jedenfalls für eine Anzahl von Gutachtern diese Lösung unbefriedigend ist. Wieso soll er sich dem Juristen unterwerfen, wenn er erhebliche Zweifel an der Richtigkeit des Urteils hat? Wie soll er dazu beitragen, ein menschliches Leid zu verlängern, wenn er dessen Ungerechtigkeit ernsthaft in Rechnung stellt? Aber andererseits: Was berechtigt ihn, der nicht zur Schuld-oder-Unschuldfeststellung des Täters berufen ist, die Richter zur Verantwortung zu ziehen?

Dieser Zwiespalt führt in eine wissenschaftliche und persönliche Konfliktlage.

a) Der Sachverständige soll ein wissenschaftlich begründetes Gutachten in einer Lage geben, in der das zuverlässige Fundament fehlt. Die Wissenschaft ist der Wahrheit und Wirklichkeit verpflichtet. Die wissen-

---

23) Vgl. Göppinger 1980 (Fn 1), S.6, 302, 594
24) Es bleibt auch das rechtliche Problem, ob es überhaupt zulässig ist, ein Gutachten ohne Tatbezug abzugeben. Denn selbst, wenn auch ohne Tat die Prognose ungünstig wäre, könnte das allein noch kein Anlaß zu Maßnahmen sein.

schaftlich begründete Äußerung erfordert objektive Sicherheit und subjektive Garantieübernahme. Beides ist in Frage gestellt, wenn ernsthafte Anhaltspunkte für die Fragwürdigkeit dieser zu beurteilenden Gegebenheiten vorliegen. In dieser Konfliktlage kann der Gutachter gemäß dem Wissenschaftsverständnis nur in persönlicher Freiheit entscheiden, ob er sich bereit erklärt, das Gutachten abzugeben oder es zu versagen. Die prozessuale Gutachterpflicht tritt gegenüber den sich aus dem Grundgesetz ergebenden Persönlichkeitsrecht der Wissenschaftsfreiheit zurück (Art. 5 Abs. 3 GG).

b) In höchstpersönlicher Hinsicht kann der dargelegte Zwiespalt in einen Gewissenskonflikt führen. Vor nahezu 40 Jahren habe ich in einer Festschriftabhandlung[25] über das Gewissen des Richters mich aufzuzeigen bemüht, daß es echte Gewissenskonflikte in der Ausübung richterlicher Tätigkeit geben kann und sah den Ausweg darin, daß der Richter in solchen Fällen seine Mitwirkung an der Fallösung aus Gewissensgründen ablehnen dürfe. Ich sah darin einen Fall des Rechts zur Selbstablehnung. Diese Lösung ist nicht unwidersprochen geblieben[26]. Freilich haben mich die Gegeneinwände nicht überzeugt. Die Hoheit der Strafrechtspflege erfordert es, daß ihre Sachwalter nicht nur das Gesetz in ihrer Entscheidung anwenden, sondern daß sie auch persönlich hinter dieser Entscheidung stehen. Andernfalls wird das Recht korrumpiert und der Richter seiner Persönlichkeitswürde entkleidet. Was ich dem Richter zugebilligt habe, muß ich auch dem Gutachter zugestehen. Er kann ein Gutachten mit all seinen schweren Folgen nur dann vertreten, wenn er das für sein Gutachten maßgebliche Fundament nach sorgfältiger Prüfung übernehmen kann. Bedrängen ihn ernsthafte Zweifel, so kann er aus Gewissensgründen gemäß Art. 3 GG die Begutachtung versagen. Da er ein grundgesetzlich gesichertes Persönlichkeitsrecht geltend macht, unterliegt er keinem gesetzlichen oder gerichtlichen Zwang.

Die Frage bleibt, ob damit die Verantwortung nicht auf einen anderen Gutachter verschoben wird. Mag sein, daß er die Bedenken des anderen Gutachters nicht teilt oder daß er sie trotz gleicher Beurteilung zurückstellt. So übernimmt er eben die wissenschaftliche und menschliche Verantwortung. Lehnt er ebenfalls aus Gewissensgründen die Begutachtung ab und fehlt es schließlich an geeigneten Sachverständigen, so kehrt die Verantwortung wieder zu dem zurück, der sie von vornherein zu tragen hat: zum Juristen. Und das ist auch gut so. Denn im prozessualen Bereich bedarf es nicht nur einer klaren organisatorischen Aufgabenverteilung, sondern einer klaren Sichtbarmachung persönlicher Verantwortung für Lebensschicksale.

---

25) Das Gewissen des Richters und das Gesetz. In: Conrad, H./Kipp, H. (Hrsg.): Gegenwartsprobleme des Rechts. Bd. 1. Festschrift für Godehard Ebers. Paderborn: Schöningh 1950, S. 23 - 42; neu abgedruckt in Peters, K.: Strafrechtspflege und Menschlichkeit, hrsg. v. W. Küper und K. Wasserburg. Heidelberg: Müller 1988, S. 237 - 251
26) Zum Meinungsstand mein "Strafprozeß" 1985 (Fn 12), S. 113.

Grade des Unrechts und Strafzumessung[*]

Hans-Ludwig Günther

I.

Die Aufbereitung erfahrungswissenschaftlicher kriminologischer Befunde für die Praxis der Strafrechtsanwendung gehört zu den zentralen Anliegen, denen der Jubilar sein wissenschaftliches Lebenswerk gewidmet hat. Der mit seinem Namen bleibend verbundenen *Angewandten Kriminologie* "geht es um die unmittelbare Nutzbarmachung empirischer kriminologischer Erkenntnisse für die tägliche Strafrechtspraxis im weiteren Sinne"[1]. Ein dankbares Anwendungsfeld eröffnet sich der Angewandten Kriminologie für den Bereich der *Strafzumessungspraxis*[2]. Insbesondere die die sog. Strafzumessung im weiteren Sinne charakterisierende Prognoseproblematik[3], die Frage der Strafaussetzung zur Bewährung, alle auf spezialpräventiven Erwägungen gründende Strafzumessungsentscheidungen, die Verhängung von Maßregeln der Besserung und Sicherung verlangen nach erfahrungswissenschaftlichen Erkenntnissen und damit nach einer ideal typisch-vergleichenden Methodik, wie sie der Jubilar in jahrzehntelangen Forschungen[4] der Praxis zur Verfügung gestellt und zur "Kriminologischen Trias" komprimiert hat[5].

Allerdings vermag sich eine Angewandte Kriminologie in der Praxis der Strafzumessung zu entfalten nur innerhalb der normativen Grundlagen, die Gesetz, Dogmatik und juristische Methodik der Strafzumessung

---

*) Der Beitrag ist aus zwei Vorträgen erwachsen, die Verf. 1987 im Rahmen eines gemeinsamen Symposiums des OLG Stuttgart und der Juristischen Fakultät der Eberhard-Karl-Universität Tübingen in Stuttgart sowie auf Einladung der Juristischen Fakultät der Universität Warschau daselbst gehalten hat; vgl. auch Verf.: Systematische Grundlagen der Strafzumessung. Gedächtnisschrift für Sawicki. Warschau 1989 (im Druck).

1) Göppinger, H.: Kriminologie. 4. Aufl., München: Beck 1980, S. 91
2) Göppinger, H.: Angewandte Kriminologie und Strafrecht. Heidelberg: Müller 1986, S. 23 f.
3) Erstmals eingehend thematisiert von Frisch,W.: Prognoseentscheidungen im Strafrecht. Heidelberg u.a.: v. Decker 1983
4) Vgl. insbesondere Göppinger, H.: Der Täter in seinen sozialen Bezügen. Ergebnisse aus der Tübinger Jungtäter-Vergleichsuntersuchung. Berlin u.a.: Springer 1983
5) Göppinger, H.: Angewandte Kriminologie. Ein Leitfaden für die Praxis. Berlin u.a.: Springer 1985

Kerner/Kaiser (Hrsg.) Kriminalität
© Springer-Verlag Berlin Heidelberg 1990

bereitstellen. Einen Beitrag zu diesen normativen Fundamenten zu leisten, ist Anliegen der folgenden Reflexionen.

II.

Die "Schuld" des Täters markiert de lege lata (§ 46 Abs. 1 S. 1 StGB) das Kriterium, an dem sich die Strafzumessung im engeren Sinne, also die Bemessung der Strafhöhe, primär zu orientieren hat. Freilich streitet man darüber, was "Schuld" im strafzumessungsrechtlichen Sinne ausmache, insbesondere ob sie sich in der Tatschuld erschöpfe[6] oder aber in einem umfassenderen Verständnis die gesamte Lebensführung des Täters einbeziehe. Darüber hinaus gerät selbst der Tatschuldinhalt ins Zwielicht, soweit er mit präventiven Strafzwecken angereichert[7] oder gar gleichgesetzt[8] wird. Die Diskussion darüber befindet sich noch im Fluß[9]. Frei von jedem Zweifel dürfte jedoch sein, daß das Ausmaß der Tatschuld abhängt vom *Unrechtsgehalt der individuellen Straftat*. Deshalb muß am Anfang jeder Strafzumessung im engeren Sinne die Suche nach den Maßstäben stehen, die *im Einzelfall den Unrechtsgehalt der Tat quantifizieren*, soll das Bemühen um größere Rationalität der Strafzumessung Früchte tragen, das das inzwischen überbordende einschlägige Schrifttum der beiden zurückliegenden Jahrzehnte[10] dominiert hat.

---

6) Für diese Eingrenzung z.B. § 59 Alternativ-Entwurf eines StGB, AT, vorgelegt von Baumann, J. u.a., 2. Aufl., Tübingen: Mohr 1969, S. 115; Stratenwerth, G.: Tatschuld und Strafzumessung. Tübingen: Mohr 1972; Zipf, H.: Die Strafmaßrevision. München: Beck 1969, S. 119 ff.

7) Achenbach, H.: Historische und dogmatische Grundlagen der strafrechtssystematischen Schuldlehre. Berlin u.a.: de Gruyter 1974; Roxin, C.: "Schuld" und "Verantwortlichkeit" als strafrechtliche Systemkategorien. In: Roxin, C. (Hrsg.): Grundfragen der gesamten Strafrechtswissenschaft. Festschrift für Heinrich Henkel. Berlin u.a.: de Gruyter 1974, S. 171 - 197; sowie in zahlreichen späteren Beiträgen.

8) Jakobs, G.: Schuld und Prävention. Tübingen: Mohr 1976; Jakobs, G.:, Strafrecht. Allgemeiner Teil. Berlin u.a.: de Gruyter 1983, S. 384 ff.

9) Ablehnend mit gewichtigen Gründen z.B. Burkhardt, B.: Das Zweckmoment im Schuldbegriff. Goltdammer's Archiv für Strafrecht 1976, S. 321 - 341; Stratenwerth, G.: Die Zukunft des strafrechtlichen Schuldprinzips. Heidelberg u.a.: Müller 1977.

10) Die folgenden Belege zitieren eher willkürlich nur wenige neuere Standardwerke: Baumann, J.: Wieviel Strafe ist genug? universitas 1987, S. 705 ff.; Bruns, H.-J.: Das Recht der Strafzumessung. 2. Aufl., Köln u.a.: Heymanns 1985; Bruns, H.-J.: Neues Strafzumessungsrecht? Köln u.a.: Heymanns 1988; Frisch, W.: Gegenwärtiger Stand und Zukunftsperspektiven der Strafzumessungsdogmatik. Zeitschrift für die gesamte Strafrechtswissenschaft 99 (1987), S. 349 - 388 u. 751 - 805; Schünemann, B.: Plädoyer für eine neue Theorie der Strafzumessung. In: Eser, A./Cornils, K. (Hrsg.): Neuere Tendenzen der Kriminalpolitik. Freiburg: Eigenverlag Max-Planck-Institut für ausländisches und internationales Strafrecht 1987, S. 209 - 238; Streng, F.: Strafzumessung und relative Gerechtigkeit: Heidelberg: v. Decker 1984.

III.

Damit, den Unrechtsgehalt der individuellen Straftat zu bemessen, ist es alleine nicht getan. Um diesen Quantifizierungsprozeß in Korrelation zur Höhe der idealiter gerechten Stafe setzen zu können, bedarf es seiner Integration in das Gesamtsystem der Strafzumessung. Dank der Pionierarbeiten von Spendel[11] und K. Peters[12] sowie des unermüdlichen Einsatzes des Mentors der modernen Strafzumessungslehre, H.-J. Bruns[13], steht einerseits die Notwendigkeit einer Strafzumessungssystematik außer Streit[14], während andererseits alle Versuche um Festlegung einer "punktgenauen" Strafe etwa mittels mathematischer Rechenmodelle[15] angesichts der Komplexität des Strafzumessungsvorgangs und seiner Natur eines wertenden Gestaltungsaktes bisher als gescheitert anzusehen sind[16].

Folgende, in dieser Reihenfolge aufeinander aufbauende *Stufen der Strafzumessung*[17] muß der Prozeß der Quantifizierung des individuellen Tatunrechts durchlaufen:

1. Festlegung des Strafzumessungsziels (oder finalen Strafzumessungsgrundes);
2. Ermittlung der einzelnen tatunrechtsrelevanten Strafzumessungstatsachen;
3. Bewertung jeder einzelnen tatunrechtsrelevanten Strafzumessungstatsache;

---

11) Spendel, G.: Zur Lehre vom Strafmaß. Frankfurt: Klostermann 1954, S. 191 ff.
12) Verhandlungen des 41. Deutschen Juristentages, Band I 2, München: Beck 1955, S. 1 ff.
13) Siehe Fn 10 und die Laudatio von Frisch, W.: Hans-Jürgen Bruns zum 80. Geburtstag. Goltdammer's Archiv für Strafrecht 1988, S. 97 - 105
14) Dazu nur Frisch 1987 (Fn 10); Horn, E., in: Rudolphi, H.-J./Horn, E./Samson, E.: Systematischer Kommentar zum Strafgesetzbuch. Bd. 1, Allgemeiner Teil. 5. Aufl., Frankfurt: Metzner 1988, § 46 Vorbem. 5 ff.; Schünemann 1987 (Fn 10); Verf.: Systematische Grundlagen der Strafzumessung. Gedächtnisschrift für Sawicki. Warschau 1989; Theune, W.: Gerechte Strafe - Notwendigkeit und Möglichkeiten einer Überprüfung der Strafzumessung durch die Revisionsgerichte. In: v. Gamm, O.F./Raisch, P./Tiedemann, K. (Hrsg.): Strafrecht, Unternehmensrecht, Anwaltsrecht. Festschrift für Gerd Pfeiffer. Köln u.a.: Heymann 1988, S. 449 - 460; vgl. auch BGHSt (GS) 34, 345 ff
15) Haag, K.: Rationale Strafzumessung. Köln u.a.: Heymann 1970; von Linstow, B.: Berechenbares Strafmaß. Berlin: Schweitzer 1974. Der die richterliche Entscheidungssituation einbeziehende Vorschlag von Hassemer, W.: Die Formalisierung der Strafzumessungsentscheidung. Zeitschrift für die gesamte Strafrechtswissenschaft 90 (1978), S. 64 - 99, vermag die mangelnde Rationalität mancher Strafzumessungsentscheidung vielleicht zu erklären, ohne sie indessen zu mildern.
16) Die eingehendste Kritik der Punktstrafentheorie in jüngerer Zeit stammt aus der Feder von Grasnick, W.: Über Schuld, Strafe und Sprache. Tübingen: Mohr 1987; ehemals schon Dreher, E.: Zur Spielraumtheorie als der Grundlage der Strafzumessungslehre des Bundesgerichtshofes. Juristenzeitung 22 (1967), S. 41 - 46; ferner z.B. Bruns 1985 (Fn 10), S. 281 ff.; Hirsch, G., in: Jescheck, H.-H./Ruß, W./Willms, G. (Hrsg.): Strafgesetzbuch. Leipziger Kommentar, Bd. 2. 10. Aufl., Berlin u.a.: de Gruyter 1985, § 46 Rn 12 ff.
17) Dazu: Verf. 1989 (Fn 14), IV.

4. Abwägung aller gewichteten tatunrechtsrelevanten Strafzumessungstatsachen;
5. Einordnung des individuellen Tatunrechts innerhalb des gesetzlichen
   Strafrahmens.

Ähnliche Systematisierungen der Strafzumessungsentscheidung macht
sich zunehmend die Judikatur der Revisionsgerichte bis hin zum *Großen
Senat des BGH für Strafsachen* zu eigen[18]. Sie unterscheidet etwa als
Einzelakte der Strafzumessung im engeren Sinne, ausgehend vom Strafzweck des gerechten Schuldausgleichs: Aufgabe des Tatrichters sei es,
"die wesentlichen entlastenden und belastenden Umstände *festzustellen*,
sie zu *bewerten* und hierbei gegeneinander *abzuwägen*."[19]

IV.

Solange das *Strafzumessungsziel* im Dunkeln bleibt, drohen auch die
Konturen des individuellen Tatunrechts in seiner Funktion als konstitu-
tives Element der Strafzumessungsschuld im Sinne des § 46 Abs. 1 S. 1
StGB zu verschwimmen. Denn vom Strafzumessungsziel, seit Spendel[20]
oft finaler Strafzumessungsgrund genannt, hängt es ab, welche tatsächlichen Umstände (Strafzumessungstatsachen) aus dem der Straftat zugrunde liegenden Gesamtgeschehen für die Strafzumessungsentscheidung Beachtung erheischen. Damit gerät die Antinomie der Strafzwecke
in das Blickfeld, die das Ringen um konsensfähige Parameter der Strafzumessung vor große Schwierigkeiten stellt[21]. Dieser Streit um Bedeutung und Rangverhältnis der denkbaren Straf- und Maßregelzwecke
tritt für die Konkretisierung des strafzumessungsrelevanten individuellen Tatunrechts in den Hintergrund. Soweit nämlich die Höhe der Strafe
durch das Tatunrecht festgelegt wird, schreibt § 46 Abs. 1 S. 1 StGB
dem Rechtsanwender ebenso verbindlich wie ausschließlich den *Ausgleich des Tatunrechts* als Ratio der Strafzumessung vor. Präventions-
aspekte bleiben also ausgeblendet. Mag deshalb die *Stufen- oder Stel-*

---

18) BGHSt 34, 345 (349) mit Rezension z.B. von Bruns, H.-J.: Anmerkung. Neue Zeitschrift für Strafrecht 7 (1987), S. 451 - 452, und Grasnick, W.: Anmerkung zu BGH
Beschl. v. 10.4.1987. Juristenzeitung 43 (1988), S. 157 - 159; BayObLG, Verkehrs-
rechtsammlung 74 (1988), S. 355 (356).
19) BGH und BayObLG, je Fn 18 (Hervorhebungen vom Verf.)
20) Spendel 1954 (Fn 11), S. 191 ff.
21) Gössel, K.H.: Wesen und Begründung der strafrechtlichen Sanktionen. In: v.
Gamm/Raisch/Tiedemann (Hrsg.) 1988 (Fn 14), S. 3 - 25; Roxin, C.: Strafzumessung
im Lichte der Strafzwecke. In: Walder, H./Trechsel, S. (Hrsg.): Lebendiges Strafrecht.
Festgabe für Hans Schultz. Bern: Stämpfli 1977, S. 463 - 481; Schünemann 1987
(Fn 10), S. 209 ff.; Zipf, H.: Neue Entwicklungen bei der Lehre von den Strafzwecken.
Österreichische Richterzeitung 1987, S. 126 ff.

lenwerttheorie, wie sie Horn[22] und Schöch[23] im Anschluß an Henkel[24] perfektioniert und kriminologisch fundiert haben, mit ihrer vollständigen Verdrängung aller relativen Strafzwecke aus der gesamten Strafzumessung im engeren Sinne zu weit gehen[25], so trifft sie jedenfalls für den Bereich des strafzumessungsrelevanten Tatunrechts ins Schwarze. Die Höhe der tatunrechtsadäquaten Strafe bemißt sich ausschließlich nach der Schwere des individuellen Tatunrechts. Straf-Zumessung am Maßstab des Unrechtsausgleichs bezeichnet also den Vorgang, das individuelle Tatunrecht in Strafe umzusetzen[26].

V.

Für die Frage, welche der Fakten des zu würdigenden Gesamtgeschehens Inhalt und Ausmaß des individuellen Tatunrechts bestimmen, gewährt der unvollkommene Katalog des § 46 Abs. 2 StGB kaum und zum Teil sogar irreführende[27] Anhaltspunkte. Deshalb bedarf es einer Rückbesinnung zum einen auf die beiden essentiellen Elemente des allgemeinen Unrechtsbegriffs, auf den Erfolgsunwert und auf den Handlungsunwert der Tat[28]. Zum zweiten ist aus straftatsystematischer Warte zu gewärtigen, daß erst die Deliktsstufen straftatbestandliche

22) Horn, E.: Wider die "doppelspurige Strafhöhenzumessung". In: Grünwald, G./Miehe, O./Rudolphi, H.-J./Schreiber, H.-L. (Hrsg.): Festschrift für Friedrich Schaffstein. Göttingen: Schwartz 1975, S. 241 - 254; Horn, E.: Zum Stellenwert der "Stellenwert-Theorie". In: Frisch, W./Schmid, W. (Hrsg.): Festschrift für Hans-Jürgen Bruns. Köln u.a.: Heymanns 1978, S. 165 - 181

23) Schöch, H.: Grundlagen und Wirkungen der Strafe. In: Grünwald/Miehe/Rudolphi/Schreiber 1975 (Fn 22), S. 255 - 273

24) Henkel, H.: Die "richtige" Strafe. Tübingen: Mohr 1969

25) Ablehnend z.B. Bruns, H.-J.: "Stellenwert-Theorie" oder "Doppelspurige Strafhöhenzumessung"? In: Jescheck, H.-H./Lüttger, H. (Hrsg.): Festschrift für Dreher. Berlin u.a.: de Gruyter 1977, S. 251 -266; Lackner, K.: Über neue Entwicklungen in der Strafzumessungslehre und ihre Bedeutung für die richterliche Praxis. Heidelberg u.a.: Müller 1978, S. 10 ff.; Schreiber, H.L.: Strafzumessungsrecht. Neue Zeitschrift für Strafrecht 1 (1981), S. 338 - 341, 339 f.

26) Wer dies für unmöglich hält, muß folgerichtig für die Abschaffung von Strafe wie jeder sonstigen Sanktion plädieren, vgl. z.B. Ostermeyer, H.: Strafunrecht. München: Hanser 1971, S.78 ff.; Wagner, G.: Das absurde System. Heidelberg: Müller 1984, S.3 ff.; Plack, A.: Plädoyer für die Abschaffung des Strafrechtes. München: List 1974.

27) Z.B. gehören über den tatbestandlich umschriebenen Handlungs- oder Erfolgsunwert hinausgehende (verschuldete) "Auswirkungen der Tat", wie sie § 46 Abs. 2 StGB aufführt, jedenfalls nicht zum strafzumessungsrelevanten Tatunrecht, da sie weder den tatbestandlichen Unrechtstypus prägen noch unrechtsmindernde Rechtfertigungselemente verkörpern.

28) Zum Meinungsstand, je m.w.N.: Gallas, W.: Gründe und Grenzen der Strafbarkeit. In: Beiträge zur Verbrechenslehre. Berlin: de Gruyter 1968, S. 1 - 18; Hirsch, H.J.: Der Streit um Handlungs- und Unrechtslehre, insbesondere im Spiegel der Zeitschrift für die gesamte Strafrechtswissenschaft. ZStW 93 (1981), S. 831 - 863, und 94 (1982), S. 239 -278; Krauß, D.: Erfolgsunwert und Handlungsunwert im Unrecht. Zeitschrift für die gesamte Strafrechtswissenschaft 76 (1964), S. 19 - 68; Verf.: Strafrechtswidrigkeit und Strafunrechtsausschluß. Köln u.a.: Heymanns 1983, S. 238 ff.

Unrechtsbegründung und rechtfertigender Unrechtsausschluß in ihrer
Gesamtschau hinreichenden Aufschluß über den Grad des Unrechtsgehalts einer Straftat versprechen, hänge man nun der Lehre vom un-
rechtsindizierenden Tatbestand oder der vom Gesamtunrechtstatbestand
an[29]. Seit den Untersuchungen Kerns über "Grade der Rechtswidrigkeit"[30] (besser: Grade des Unrechts) wissen wir, daß Abstufungen im
Unrecht auch auf dem Eingreifen von Rechtfertigungselementen beruhen können, die je nach Zahl und Qualität das Maß des tatbestandlich
vertypten Unrechts kontinuierlich bis hin zur vollen Rechtfertigung der
Tat reduzieren[31].

Um das strafzumessungsrelevante Tatunrecht zu ermitteln, sind somit
aus dem Gesamtgeschehenskomplex alle Tatsachen zu ermitteln, die
einerseits das vom jeweiligen gesetzlichen Tatbestand vertypte Erfolgs-
und Handlungsunrecht beeinflussen und die andererseits auf der Rechtfertigungsebene mit unrechtsminderndem Effekt Erfolgs- oder Handlungswerte repräsentieren.

VI.

Es ist denkgesetzlich ausgeschlossen, "Umstände, die für und gegen den
Täter sprechen" (§ 46 Abs. 2 S. 1 StGB), gegeneinander abzuwägen,
ohne daß *zuvor* die den Täter be- oder entlastende Bedeutung des in die
Abwägung einfließenden einzelnen Tatumstandes festgelegt worden
wäre[32]. Jede Gesamtabwägung aller Strafzumessungsfaktoren setzt mithin eine *isolierte Bewertung jeder einzelnen Strafzumessungstatsache*
voraus. Dieser generalisierende Befund beansprucht Geltung auch für
den speziellen Anwendungsfall der das individuelle Tatunrecht nach Art
und Schwere festlegenden einzelnen strafzumessungsrelevanten Tatumstände. Gleichwohl tut sich die höchstrichterliche Judikatur mit Blick
auf die drohende Gefahr einer außer Kontrolle geratenden und aus-
ufernden Revisibilität der tatrichterlichen Strafzumessungsentscheidung
noch schwer[33], derartige *Grundstrukturen jeder Abwägung im Recht* an-

---

29) Im einzelnen dazu: Verf. 1983 (Fn 28), S. 119 ff. m.w.N.
30) Kern, E.: Grade der Rechtswidrigkeit. Zeitschrift für die gesamte Strafrechtswissen-
    schaft 64 (1952), S. 255 - 291
31) Baumann, J./Weber, U.: Strafrecht. Allgemeiner Teil. 8. Aufl., Bielefeld: Gieseking
    1985, S. 257; Hillenkamp, T.: Vorsatztat und Opferverhalten. Göttingen: Schwartz
    1981, S. 237 ff.; Krümpelmann, J.: Die Bagatelldelikte. Berlin: Duncker & Humblot
    1966, S. 27 ff.; Lenckner, T.: Der rechtfertigende Notstand. Tübingen: Mohr 1965,
    S. 32 ff.; Noll, P.: Übergesetzliche Milderungsgründe aus vermindertem Unrecht. Zeit-
    schrift für die gesamte Strafrechtswissenschaft 68 (1956), S. 181 - 197; Verf. 1983 (Fn
    28), S. 114 ff.
32) Bruns 1985 (Fn 10), S. 243 ff. hat dafür den Begriff "Bewertungsrichtung" geprägt.
33) Kritisch z.B. der Vorlagebeschluß des Ersten Senats des BGH, Juristische Rundschau
    1987, S. 119 - 121 mit abl. Rezensionen von Bruns, H.-J.: Über die "Bewertungsrich-
    tung" negativ formulierter Strafzumessungstatsachen. Juristische Rundschau 1987,
    S. 89 - 94 und Hettinger, H.: Anmerkung zu BGH, Beschl. v. 29.10.86. Strafverteidi-
    ger 7 (1987), S. 147 - 149; ebenfalls noch skeptisch, aber vorsichtig öffnend BGHSt
    (GS) 34, 345 ff.

zuerkennen. Sie bilden keineswegs ein Spezifikum gerade und nur des Gesamtaktes der Strafzumessung. Man denke an parallele entsprechende Abwägungsprozesse im Bauplanungsrecht, im Prüfungswesen, im Rahmen des § 34 S. 1 StGB. Daß Bewertungskriterien und Abwägungsprinzipien im Recht zu unterscheiden sind, bringt Hubmann[34] schon im Titel seines Buches zum Ausdruck. Und seit den Zeiten der Interessenjurisprudenz Philipp Hecks gehört es zu den Fundamentalprinzipien der Methodenlehre, zwischen der Sichtung der beteiligten Interessen, dem Auffinden der einschlägigen Wertungsgesichtspunkte und ihrer Abwägung im Kollisionsfalle zu unterscheiden[35]. Für den Bereich der Strafzumessung im engeren Sinne formuliert das Strafgesetzbuch z.B. in seinem Allgemeinen Teil selbst ausdrücklich eine Reihe von einzelnen Tatumständen mit Unrechtsrelevanz, die es isoliert als unrechtsmildernd einstuft, etwa das Ausbleiben des tatbestandlichen Erfolges (Versuch, § 23 Abs. 2 StGB) oder die Rechtsgutsverletzung mittels unechten Unterlassens (§ 13 Abs. 2 StGB)[36]. Diese gesetzliche Gewichtung darf nicht verwoben werden mit der im weiteren Prozeß der Strafzumessung anstehenden Gesamtabwägung aller tatunrechtsrelevanten Strafzumessungstatsachen, die zum Ergebnis führen kann, daß dem Täter die lediglich fakultative Strafmilderungsmöglichkeit nach § 49 StGB versagt werden muß. Die gesetzlich benannten Regelbeispiele verkörpern nichts anderes als vom Legislator antizipierte, vertypte und gewichtete unrechtsbezogene Strafzumessungstatsachen, die vom Vorgang der Gesamtabwägung über das Vorliegen eines besonders schweren Falles analytisch zu trennen sind.

VII.

Will man eine tatunrechtsrelevante Strafzumessungstatsache isoliert bewerten und in ihrer Unrechtsintensität gewichten, so benötigt man einen *Vergleichsmaßstab*. Dafür eignet sich sowohl der deliktstypische "Regelfall", der dem "Durchschnitt der erfahrungsmäßig vorkommenden Fälle" entspricht[37], als auch der theoretische, idealtypische normative

---

34) Wertung und Abwägung im Recht. 1977.
35) Vgl. etwa Meyer, E.: Grundzüge einer systemorientierten Wertungsjurisprudenz. Tübingen: Mohr 1984, S. 87 ff., 96 ff., 100 ff.
36) Auf den Streit um die Bedeutung der fakultativen Strafmilderung beim Versuch und beim unechten Unterlassen kann hier nicht eingegangen werden; vgl. dazu z.B. Timpe, G.: Strafmilderungen des Allgemeinen Teils und das Doppelverwertungsverbot. Berlin: Duncker & Humblot 1983, S. 91 ff. und 152 ff., der allerdings contra legem für eine obligatorische Strafmilderung selbst für den beendeten Versuch eintritt.
37) So BGHSt (GS) 34, 345 (351); BGHSt 27, 2 (4 f.m.w.N.); Bruns 1985 (Fn 10), S. 61 f.; Horn, E.: Strafschärfung und Strafmilderung - im Verhältnis wozu? Strafverteidiger 6 (1986), S. 168 - 170

Durchschnittsfall mittlerer Deliktsschwere[38]. Gemessen an einem solchen Vergleichsfall kann eine unrechtsrelevante Strafzumessungstatsache vier Ergebnisse zeitigen: Sie kann dem deliktstypischen Unrechtsgehalt des empirischen Regelfalls oder des arithmetischen Durchschnittsfalls entsprechen[39], ihn steigern, ihn mildern oder als Verkörperung eines Merkmals des gesetzlichen Tatbestandes für die Strafzumessung bereits verbraucht sein.

Letzteres trifft zu auf alle Faktoren, die in die Reichweite des *Doppelverwertungsverbotes* (§ 46 Abs. 3 StGB) geraten. Soweit Tatbestandsmerkmale allerdings nach Intensität oder anderen Maßstäben graduierbar sind[40], stellen sich dem Doppelverwertungsverbot Grenzziehungsprobleme. Es erlaubt dann jedenfalls, solche Tatumstände für die Bemessung des Unrechts und der Strafe zu berücksichtigen, die in Relation zum Regelfall oder zum normativen Durchschnittsfall nach oben oder unten abweichen. Unrechtsminderungen jenseits der Tatbestandsebene, infolge partieller Verwirklichung von Rechtfertigungs- oder Strafunrechtsausschließungsgründen, werden im übrigen von den Doppelverwertungsverboten der §§ 46 Abs. 3, 50 StGB nie tangiert.

VIII.

Im Mittelpunkt der strafzumessungsrechtlichen Diskussion um Quantifizierungen des Unrechtsgehalts einer individuellen Tat steht seit jeher der Bereich des *straftatbestandlich* umschriebenen Unrechts. Das Lehrbuch von Bruns widmet sich ihm ausschließlich[41]. Generell zu kurz gekommen ist in den vergangenen 20 Jahren[42], also gerade in der Blütezeit der Strafzumessungslehre, die Strafzumessungsrelevanz von *Rechtfertigungselementen*, sieht man von der herausragenden Habilitationsschrift Hillenkamps[43] einmal ab. Ein Beispiel bietet die leider mißglückte und zur angemessenen Strafzumessung unnötige Rechtsfol-

---

38) Dafür z.B. Grasnick 1988 (Fn 18), S. 157; Theune, StV 1985, S. 162 (168); offenbar auch Hirsch 1985 (Fn 16), § 46 Rn. 119 f.; ausdrücklich ablehnend aber BGHSt (GS) 34, 345 (350 f.); BGH, Juristenzeitung 43 (1988), S. 160; Bruns 1987 (Fn 33), S. 92; und (mit eingehender Zusammenfassung des Meinungsstandes) Bruns, H.-J.: Die Bedeutung des Durchschnitts-, des Regel- und des Normalfalls im Strafzumessungsrecht. Juristenzeitung 43 (1988), S. 1053 - 1058

39) Bruns 1987, (Fn 33), S. 94 spricht in diesem Fall von "schlicht strafzumessungsrelevanten Umständen". BGHSt (GS) 34, 345 (351) hält diese Kategorie für überflüssig.

40) Dazu im einzelnen: Hettinger, H.: Das Doppelverwertungsverbot bei strafrahmenbildenden Umständen. Berlin: Duncker & Humblot 1982, S. 88 ff.

41) Bruns 1985 (Fn 10), S. 151 ff.

42) Die Vorarbeiten zu den von Hillenkamp 1981 (Fn 31) aufgegriffenen Überlegungen stammen aus den 20er und den 50er Jahren: Kern 1952 (Fn 30), S. 255 ff.; Noll 1956 (Fn 31), S. 181 ff.

43) Hillenkamp 1981 Fn 31), insbesondere S. 239 ff.

genlösung des *Großen Strafsenates*[44], derzufolge in außergewöhnlichen Grenzfällen des Heimtückemordes analog § 49 Abs. 1 Nr. 1 StGB dessen Strafrahmen den des § 211 Abs. 1 StGB ersetzen soll. Diese Mordgrenzfälle erfahren ebenso wie die tragischen Fälle der Haustyrannentötung ihr spezifisches Gepräge durch Tatumstände, die wegen ihrer partiell rechtfertigenden Wirkung unrechtsmindernd und damit strafmindernd zu Buche schlagen[45].

Die Schwierigkeiten, die auftreten, um die Bewertungsrichtung von unrechtsrelevanten Strafzumessungstatsachen festzulegen und diese zu gewichten, reduzieren sich auf der Rechtfertigungsebene im Vergleich zum tatbestandlich geprägten Unrecht erheblich. Denn wenn Rechtfertigungselemente eingreifen, kann es immer nur um Unrechtsminderung gehen.

Das Ausmaß der Unrechtsreduzierung bestimmen Zahl und Qualität der im Einzelfall vorliegenden rechtfertigenden Momente. Je vollständiger eine tatbestandsmäßige Handlung die Voraussetzungen eines Rechtfertigungsgrundes bzw. eines Strafunrechtsausschließungsgrundes erfüllt, um so mehr nähert sie sich der Zone des Rechtmäßigen bzw. zumindest des nicht mehr strafrechtsrelevanten Unrechts[46] und um so drastischer sinkt ihr Unrechtsgehalt. Schon Kern[47] hatte darauf verwiesen, daß selbst das schwerste tatbestandliche Unrecht "bis zum Nullpunkt abstufbar" sei.

Um den teilrechtfertigenden Effekt genauer beurteilen zu können, bedürfen die in Betracht kommenden Tatumstände der ordnenden Klassifizierung. Über- oder Unterschreitungen einzelner Voraussetzungen eines Rechtfertigungsgrundes oder Strafunrechtsausschließungsgrundes wirken sich differenziert auf die Verringerung des tatbestandlich indizierten Unrechts aus. Hillenkamp hat diese Frage speziell für den "einwilligungsnahen" und für den "notwehrnahen" Fall expliziert[48]. In Fortführung früherer Überlegungen Nolls[49] lassen sich generell *drei Gruppen von Rechtfertigungselementen* voneinander abschichten, deren Ein-

---

44) BGHSt 30, 105 ff. Die Entscheidung ist bekanntlich überwiegend auf harsche Kritik gestoßen (Verf., NJW 1982, S. 353 ff. m.w.N.), die im Vorwurf objektiver Rechtsbeugung (Spendel, StV 1983, S. 269 ff.) gipfelt.

45) Dazu: Verf.: Mordunrechtsmindernde Rechtfertigungselemente. Juristische Rundschau 1985, S. 268 - 275 m.w.N.

46) Letztere Kategorie bezieht sich auf die nach Ansicht des Verf. neben die Rechtfertigungsgründe im Strafrecht tretenden strafrechtsspezifischen Strafunrechtsausschließungsgründe; dazu im einzelnen: Verf. 1983 (Fn 28); zusammenfassend und mit Einwänden auseinandersetzend: Verf.: Rechtfertigung und Entschuldigung in einem teleologischen Verbrechenssystem. In: Eser A./Fletcher,G.P. (Hrsg.): Rechtfertigung und Entschuldigung. Rechtsvergleichende Perspektiven. Bd. 1. Freiburg: Eigenverlag Max-Planck-Institut für ausländisches und internationales Strafrecht 1987, S. 363 - 410 m.w.N.

47) Kern 1952 (Fn 30), S. 291.

48) Hillenkamp 1981 (Fn 21), S. 240 ff., 269 ff.

49) Noll, P.: Tatbestand und Rechtswidrigkeit: Die Wertabwägung als Prinzip der Rechtfertigung. Zeitschrift für die gesamte Strafrechtswissenschaft 77 (1965), S. 1 - 36, 18; aufgegriffen vom Verf. 1985 (Fn 45), S. 270 ff. schon zur Konkretisierung atypischer Mordgrenzfälle.

greifen das Unrecht der individuellen Tat und damit das Strafmaß in unterschiedlicher Intensität beeinflußt:

Die *konstitutiven* Elemente eines Rechtfertigungsgrundes oder Strafunrechtsausschließungsgrundes verkörpern dessen ratio. Die sind von essentieller Bedeutung und müssen vollständig erfüllt sein, soll eine Unrechtsminderung in Betracht kommen. Zu den konstitutiven Voraussetzungen der §§ 32, 34 StGB gehören z.B. der rechtswidrige Angriff bzw. die Gefahrenlage; denn diese Merkmale prägen die Notrechte in ihrem Wesenskern.

Die *quantitativen* Rechtfertigungsmomente liegen an der Peripherie des Rechtfertigungsgrundes oder Strafunrechtsausschließungsgrundes. Sie haben Abgrenzungsaufgaben und sind graduierbar. Das Ausmaß ihrer Über- oder Unterschreitung bestimmt (bei Vorliegen der konstitutiven Rechtfertigungsfaktoren) den Grad der Unrechtsminderung. Hierzu zählen bei §§ 32, 34 StGB etwa Überschreitungen der Notwehr- und Notstandsgrenzen der Intensität nach oder Unterschreitungen ihrer temporären Schranken.

Die *Ordnungselemente* verkörpern formale Rechtfertigungsvoraussetzungen, z.B. Zuständigkeits- oder Formvorschriften. Deren Verletzung beeinträchtigt den Rechtfertigungsgehalt der Tat am wenigsten. Hierzu zählt z.B. der Verstoß gegen die Pflicht zur Vorlage der schriftlichen Feststellung eines anderen Arztes über eine Indikation nach § 218a StGB im Rahmen eines Schwangerschaftsabbruches, wie der Strafrahmenvergleich der §§ 218, 219 StGB und die Anordnung der Straflosigkeit der Schwangeren (§ 219 Abs. 1 S. 2 StGB) exemplifizieren mögen.

IX.

Angewandte Kriminologie und Normativierung der Strafzumessungsgrundlagen berühren sich in ihrem Bestreben, das strafrichterliche Urteil über Intuition, Erfahrung und Judiz des Richters hinaus auf eine rationalere Grundlage zu stellen. Sie können dabei freilich der Intuition, Erfahrung und des Judizes des Richters niemals vollständig entbehren.

Die Einführung der teilbedingten Strafe in Österreich

Heinz Zipf

1. Der Jubilar hat in seinem großangelegten Lehrbuch der Kriminologie im Kap. III "Der Täter und sein Sozialbereich" auch den "Täter im Vollzug und in der Bewährung" behandelt. Dabei widmet er sowohl der Geldstrafe als auch insbesondere der Strafaussetzung zur Bewährung eine ausführliche Darstellung[1], wobei er bei der Strafaussetzung in der 3. Aufl. 1976 auch rechtsvergleichende Aspekte einfügte[2]. Österreich wurde dabei nicht besonders hervorgehoben - wohl auch weil seit 1975 die Regelung weitgehend mit dem deutschen Recht übereinstimmte. Seit dem Strafrechtsänderungsgesetz 1987 hat sich dies grundlegend verändert. Die seit 1. März 1988 geltende Neuregelung, insbesondere aber die teilbedingte Strafe nach § 43a öStGB, kann der Rechtsvergleichung, der internationalen Kriminalpolitik und der Kriminologie viele Anregungen vermitteln[3].- Besonders interessant ist der Vergleich mit der Bundesrepublik Deutschland, da hier kurz vorher das 23. Strafrechtsänderungsgesetz die Strafaussetzung zur Bewährung und die bedingte Entlassung modifiziert hatte, wobei aber - abgesehen von der Erstverbüßerregelung des § 57 Abs. 2 Ziff. 1 StGB - nur sehr geringfügige Korrekturen erfolgt sind, so daß dafür allgemein der Begriff Minimallösung gebraucht wurde[4].

Bei der Strafrechtsreform 1987 war es erklärtes Ziel des österreichischen Gesetzgebers, die bedingte Strafnachsicht und die bedingte Entlassung grundlegend zu überarbeiten. Dabei ist eine weitreichende Reform dieses Rechtsbereichs entstanden, die man als mutigen Schritt in Neuland ansprechen muß. Dies gilt besonders für die teilbedingte Strafe nach § 43a öStGB; aber auch die Änderungen der Voraussetzungen der bedingten Strafnachsicht und der bedingten Entlassung, besonders bezüglich der Herabsetzung der Prognoseerfordernisse, sind bemerkenswert. Da die geänderten Voraussetzungen der bedingten Strafnachsicht nach § 43 den Hintergrund für die Regelung des § 43a bilden, soll zunächst die Neufassung dieser Vorschriften kurz betrachtet werden.

---

1) Göppinger, H.: Kriminologie. 1. Aufl., München: Beck 1980, S. 365 ff.
2) S. 279; in der 4. Aufl. nicht enthalten.
3) Näher dazu Zipf, H.: Kriminalpolitische Schwerpunkte der Strafrechtsreform 1987. Österreichische Juristenzeitung 1988, S. 439
4) Vgl. Lackner, K.: StGB mit Erläuterungen. 17. Aufl., München: Beck 1987, Vorbem. 2 vor § 56 m. Nachw.

Kerner/Kaiser (Hrsg.) Kriminalität
© Springer-Verlag Berlin Heidelberg 1990

2. Der Umfang der Strafaussetzung im Bereich zwischen ein und zwei Jahren verhängter Freiheitsstrafe konnte bisher in Österreich nicht befriedigen; ursächlich dafür waren besonders die strengen Voraussetzungen, die § 43 Abs. 2 a.F. an die Prognose stellte[5]. Eine bedingte Nachsicht in diesem Bereich war nur möglich, "wenn aus besonderen Gründen Gewähr dafür geboten ist, daß der Rechtsbrecher keine weiteren strafbaren Handlungen begehen werde." Diese Vorschrift weist im übrigen Ähnlichkeit mit der Neufassung des § 56 Abs. 2 dStGB auf, "wenn nach der Gesamtwürdigung von Tat und Persönlichkeit des Verurteilten besondere Umstände vorliegen". Während sich der deutsche Gesetzgeber im 23. Strafrechtsänderungsgesetz mit dieser im wesentlichen die bisherige Rechtsprechung bestätigenden Neufassung begnügte, hat sich der österreichische Gesetzgeber überraschend (weil im Entwurf eines Strafrechtsänderungsgesetzes 1986 noch nicht enthalten) zu dem weitreichenden Schritt entschlossen, die gesteigerten Prognosevoraussetzungen für Freiheitsstrafen von ein bis zwei Jahren überhaupt zu streichen und den Gesamtbereich der aussetzungsfähigen Freiheitsstrafe bis zu zwei Jahren der bisher nur für Freiheitsstrafen bis zu einem Jahr geltenden Regelung zu unterstellen. Damit gelten jetzt nach § 43 Abs. 1 einheitliche Kriterien in spezialpräventiver und generalpräventiver Hinsicht für den Gesamtbereich der aussetzungsfähigen Freiheitsstrafe.

Das Gericht hat danach die Strafe unter Bestimmung einer Probezeit von mindestens einem und höchstens drei Jahren bedingt nachzusehen, "wenn anzunehmen ist, daß die bloße Androhung der Vollziehung allein oder in Verbindung mit anderen Maßnahmen genügen werde, um ihn von weiteren strafbaren Handlungen abzuhalten, und es nicht der Vollstreckung der Strafe bedarf, um der Begehung strafbarer Handlungen durch andere entgegenzuwirken." In spezialpräventiver Hinsicht ähnelt diese Prognose den Kriterien des § 56 Abs. 1 dStGB, "wenn zu erwarten ist, daß der Verurteilte sich schon die Verurteilung zur Warnung dienen lassen und künftig auch ohne die Einwirkung des Strafvollzugs keine Straftaten mehr begehen wird." Die Auswirkung der österreichischen Neufassung kann man sich sehr leicht vorstellen, wenn man bei § 56 dStGB eine Streichung des Abs. 2 vornehmen und in Abs. 1 die Höchstgrenze auf zwei Jahre erhöhen würde. In generalpräventiver Hinsicht besteht ein Unterschied insoweit, als § 43 Abs. 1 öStGB generalpräventive Gesichtspunkte für den Gesamtbereich der Aussetzung mit berücksichtigt, während § 56 Abs. 3 die Verteidigung der Rechtsordnung als Aussetzungskriterium erst ab einer Freiheitsstrafe von sechs Monaten vorschreibt. Dieser Unterschied beruht darauf, daß im österreichischen Strafrecht die Generalprävention seit jeher als gleichrangiger Strafzweck neben der Spezialprävention anerkannt ist[6] und es keine vergleichbare sprunghafte und stürmische Entwicklung bei der Beurteilung

---

5) Eingehend dazu Zipf, H.: Allgemeine Grundsätze des StGB und die Rechtsprechung, Gutachten zum 7. ÖJT 1979 in Salzburg, S. 91 ff.
6) Vgl. Zipf, H.: Die Integrationsprävention. In: Festschr. f. Franz Pallin, Wien: Manz 1988, S. 479 - 490

der Generalprävention gegeben hat[7]), wie sie markant in den letzten Jahrzehnten im deutschen Recht stattgefunden hat[8]).

Die Beseitigung der verschärften Aussetzungskriterien für Freiheitsstrafen zwischen einem und zwei Jahren eröffnet interessante Perspektiven für Kriminalpolitik und Kriminologie. Während die Neufassung des § 56 Abs. 2 dStGB im wesentlichen auf der Linie der bisherigen Rechtsprechung liegt und schon deshalb keine markante Zäsur darstellt, bedeutet die Neufassung des § 43 öStGB eine grundlegende Veränderung der Aussetzungsvoraussetzungen für Freiheitsstrafen zwischen ein und zwei Jahren. Aber erst eine intensive empirische Begleitforschung über mehrere Jahre wird darüber Aufschluß geben können, in welchem Ausmaß dieser Schritt des Gesetzgebers die Strafrechtspraxis tatsächlich verändert. Denn die Angleichung der Voraussetzungen ist noch keine sichere Gewähr dafür, daß die Rechtsanwendung dieser Intention des Gesetzgebers voll nachkommt. Rechtsvergleichend wird es in Zukunft interessant sein, die Aussetzungsquote nach den strengen Voraussetzungen des § 56 Abs. 2 dStGB mit derjenigen nach den wesentlich großzügigeren Voraussetzungen des § 43 Abs. 1 öStGB für den Bereich der Freiheitsstrafe zwischen einem und zwei Jahren zu vergleichen. Der Sanktionsforschung eröffnet sich hier ein interessantes internationales Vergleichsfeld, deren Ergebnisse entweder Ermutigung für die deutsche Gesetzgebung zur Lockerung ihrer restriktiven Haltung oder auch Bestätigung der im 23. Strafrechtsänderungsgesetz gezeigten Zurückhaltung sein können. Der zweite in der empirischen Forschung wohl im Vordergrund stehende Aspekt betrifft die Erfolgsmessung im engeren Sinne, die sich hier insbesondere auf die Widerrufsquote bei ausgesetzten Freiheitsstrafen zwischen ein und zwei Jahren bezieht. Dabei wird hier sicher der Bewährungshilfe eine Schlüsselfunktion zukommen[9]), die ja allgemein bei der Verlagerung von stationären zu ambulanten Sanktionierungsformen einen ständigen Aufwertungsprozeß durchläuft und immer mehr über Erfolg oder Mißerfolg weiterer Schritte in diese Richtung entscheidet.

3. Von noch weit größerer kriminalpolitischer und in weiterer Folge auch kriminologischer Bedeutung ist § 43a öStGB, die "bedingte Nach-

---

7) Bei der bedingten Entlassung aus einer Freiheitsstrafe nach § 46 Abs. 3 öStGB hat es eine Einschränkung der Generalprävention gegeben ("es aus besonderen Gründen der Vollstreckung des Strafrestes bedarf, um der Begehung strafbarer Handlungen durch andere entgegenzuwirken").

8) Dazu Zipf, H.: Die "Verteidigung der Rechtsordnung". In: Festschr. für Hans-Jürgen Bruns. Köln: Heymanns 1978, S. 205 - 221

9) Die von Göppinger beklagte "Überlastung der einzelnen Bewährungshelfer" (Kriminologie 4. Aufl., 1980, S. 376) war in Österreich bisher weniger spürbar, da die Anzahl der Probanden niedriger gehalten werden konnte, und auch die ehrenamtliche Bewährungshilfe größeren Umfang hat. Zunehmend wird jedoch ein Mißverhältnis zwischen den ständig zunehmenden Aufgaben der Bewährungshilfe und den dafür bereit gestellten personellen und finanziellen Mitteln spürbar, deren Ausbau nicht mit dem Belastungszuwachs Schritt hält.

sicht eines Teiles der Strafe." Dabei enthält diese umfangreiche neue Bestimmung vier verschiedene Rechtsinstitute, die unterschiedlichen kriminalpolitischen Zielvorstellungen dienen und auch unterschiedliche dogmatische Probleme aufwerfen. § 43a Abs. 1 regelt die teilbedingte Geldstrafe, in Abs. 2 ist die Strafenkombination zwischen unbedingter Geldstrafe und bedingter Freiheitsstrafe enthalten, während Abs. 3 die Möglichkeit einer teilbedingten Verhängung bei Freiheitsstrafen von sechs Monaten bis zu zwei Jahren vorsieht; Abs. 4 erstreckt diese Möglichkeit schließlich unter verschärften Prognosekriterien auf Freiheitsstrafen von zwei bis drei Jahren.

a) Die *teilbedingte Geldstrafe* nach § 43a Abs. 1 ist dabei für das österreichische Recht kein so revolutionärer Schritt, wie es aus der Sicht des deutschen Strafrechts scheinen mag. Die bedingte Geldstrafe ist im österreichischen Recht seit langem heimisch, hat allerdings einen nennenswerten Anwendungsumfang erst im neuen Strafgesetzbuch ab 1975 erlangt, wobei derzeit das Problem in einer regional stark unterschiedlichen Strafpraxis besteht[10]. Es hatte sogar für das Strafgesetzbuch 1975 schon Stimmen gegeben, die die teilbedingte Geldstrafe in der Möglichkeit der bedingten Geldstrafe allgemein enthalten sahen[11]. Wenn auch weitgehend Konsens über die Erwünschtheit einer teilbedingten Geldstrafe bestand, so hat doch die überwiegende Auffassung dafür eine gesetzgeberische Entscheidung für notwendig gehalten. Der Gesetzgeber hat erstmals im Entwurf zu einem Jugendgerichtsgesetz 1983 die Möglichkeit einer teilbedingten Geldstrafe vorgesehen; die Realisierung im allgemeinen Strafrecht ist mit der Schaffung des § 43a Abs. 1 erfolgt:
"Wird auf eine Geldstrafe erkannt und treffen die Voraussetzungen des § 43 auf einen Teil der Strafe zu, so hat das Gericht diesen Teil bedingt nachzusehen." Damit ist ein bewußt weiter Ermessensbereich für die gerichtliche Entscheidung geschaffen. Das Gesetz legt nicht fest, welcher Teil der Geldstrafe bedingt und welcher unbedingt auszusprechen ist. Voraussetzung ist nur, daß nicht die gesamte Geldstrafe (von z.B. 180 Tagessätzen) nach den Kriterien des § 43 Abs. 1 bedingt nachgesehen werden kann (z.B. weil das Gericht der Auffassung ist, daß der Täter wenigstens einen Teil des Strafübels akut fühlen muß).
Hält das Gericht die Aussetzung eines Teils der Geldstrafe für möglich, wenn der Täter den anderen Teil als akut fühlbares Übel verspürt, dann muß es von dieser Möglichkeit Gebrauch machen. Im Beispiel der Verhängung von 180 Tagessätzen könnte also das Gericht z.B. 60 Tagessätze unbedingt und 120 Tagessätze bedingt verhängen.
Diese Möglichkeit erhöht die Flexibilität der Geldstrafe erheblich und vermeidet insbesondere die bisherige exklusive Alternative zwischen voller Nachsicht der Geldstrafe oder voller Erbringung des Gesamtbe-

---

10) Ausführlich dokumentiert und analysiert bei Burgstaller, M.: Empirische Daten zum neuen Strafrecht, ÖJZ 1983, S. 617; Burgstaller, M./Császár, F.: Zur regionalen Strafenpraxis in Österreich. Österreichische Juristenzeitung 1985, S. 1 und Burgstaller, M.: Zur Entwicklung der Strafenpraxis nach der Strafrechtsreform, ÖJZ 1987, S. 417
11) Vgl. Pallin, F.: Die Strafzumessung in rechtlicher Sicht. Wien: Manz 1982, Rz. 132

trags. Die Zwischenform der teilbedingten Geldstrafe könte in der weiteren Entwicklung auch die großen Anwendungsunterschiede bei der bedingten Geldstrafe abbauen helfen; ob dieser Effekt allerdings wirklich eintritt, läßt sich heute nicht mit hinreichender Sicherheit prognostizieren.

Für die deutsche Kriminalpolitik stellt die bedingte und teilbedingte Geldstrafe die Herausforderung dar, vertraut gewordene Positionen zu überdenken. Ich selbst war ursprünglich kein Anhänger einer Aussetzung der Geldstrafe, sondern habe auf die klare Trennung der Zielsetzungen abgehoben: Die spezialpräventive Abschreckung (Denkzettelfunktion) bei der Geldstrafe, die ambulante Resozialisierung bei der ausgesetzten Freiheitsstrafe[12]. Diese Position ist inzwischen aber brüchig geworden; die Entwicklung im Sanktionenrecht ist auf eine ständige Ausweitung der Sanktionen und ihrer Kombinationsmöglichkeiten im Dienst größerer Flexibilität verlaufen. Daß ein Bedürfnis für die bloße Androhung des Strafübels auch bei der Geldstrafe besteht, beweist die Verwarnung mit Strafvorbehalt nach § 59 dStGB. Aber dieses Rechtsinstitut ist wegen seiner Kompliziertheit von der Praxis nie aufgenommen worden; auch Belebungsversuche in den letzten Jahren blieben ohne nachhaltigen Erfolg[13], zumal die flexible Regelung des § 153a dStPO zahlreiche mögliche Anwendungsfälle an sich gezogen hat[14].

Damit steht die Rechtspolitik in der Bundesrepublik vor der Alternative, für den Bereich unterhalb der Tagessatzgeldstrafe auch weiterhin im wesentlichen auf § 153a StPO zu setzen oder einen Neubeginn im Sanktionensystem selbst zu versuchen. Dafür würde sich die bedingte und teilbedingte Geldstrafe anbieten[15], wobei mit der Teilaussetzung bei der Geldstrafe insbesondere auch die Chance verbunden wäre, das bisher weitgehend brachliegende Feld höherer Geldstrafen zu erschließen. Rechtstechnisch müßte man dabei nicht unbedingt den Weg des österreichischen Rechts gehen, das in § 43 die Geldstrafe und die Freiheitsstrafe denselben Aussetzungskriterien unterwirft. Denkbar wäre auch eine eigene Vorschrift (oder ein eigener Absatz innerhalb des § 56), sofern man abweichende Kriterien insbesondere für die Prognose formulieren will. Auch könnte man dann Regelungen über den Ausschluß oder die Modifizierung von Aussetzungsmodalitäten wie Bestellung eines Bewährungshelfers, Bewährungszeit, Auflagen und Weisungen vorsehen, soweit man von der Freiheitsstrafenaussetzung abwei-

---

12) Zeitschrift für die gesamte Strafrechtswissenschaft, Bd. 86, 1974, S. 534 ff.

13) Vgl. Baumann, Juristenzeitung 1980, S. 464, Horn, Neue Juristische Wochenschrift 1980, S. 106 und Dencker, Strafverteidiger 1986, S. 399

14) Dazu Maurach, R./Zipf, H.: Strafrecht Allgemeiner Teil, Teilbd. 2, 6. Aufl.. Heidelberg: C.F. Müller 1984, § 66 Rd. 2.

15) Dennoch steht man einer Einführung der bedingten Geldstrafe in Deutschland derzeit skeptisch gegenüber. Repräsentativ für die ablehnende Haltung der offiziellen Rechtspolitik erscheint die Stellungnahme der Bundesregierung an den Rechtsausschuß des Bundestages (vgl. Bericht in Zeitschrift für Rechtspolitik 1988, S. 111 f.), wonach die Strafaussetzung der Geldstrafe zur Bewährung zwar erwogen werde, aber Bedenken wegen der Wirksamkeit der Strafwirkung und möglichen Spannungen zum Ordnungswidrigkeitenrecht der Einführung entgegenstünden.

chende Regelungen schaffen will. Allerdings sollte man damit sparsam
umgehen; wie das österreichische Recht zeigt, sind einfache Handhabung und Flexibilität entscheidend für die Akzeptanz in der Praxis.

b) Leichter und unproblematischer gestaltet sich der Zugang aus deutscher Sicht zu § 43a Abs. 2 öStGB, der die *Kombination zwischen unbedingter Geldstrafe und bedingter Freiheitsstrafe* betrifft. Voraussetzung
ist, daß eine Freiheitsstrafe von mehr als sechs Monaten, aber nicht
mehr als zwei Jahren zu verhängen ist und für diese Freiheitsstrafe
insgesamt nicht die Voraussetzungen der bedingten Strafnachsicht vorliegen. In diesem Fall hat das Gericht die Möglichkeit, anstelle eines
Teiles der Freiheitsstrafe auf eine Geldstrafe bis zu 360 Tagessätzen zu
erkennen, "wenn im Hinblick darauf der verbleibende Teil der Freiheitsstrafe nach § 43 bedingt nachgesehen werden kann." Die Vorschrift
geht also von der Überlegung aus, daß durch das aktuell fühlbar werdende Strafübel der Geldstrafe so viel an Strafwirkung hinzugewonnen
wird, daß im Hinblick darauf ein Teil der Freiheitsstrafe bedingt nachgesehen werden kann. Diese Kombination von Geld- und Freiheitsstrafe
läßt sich aus der Sicht der Geldstrafe als eine Fortführung der Möglichkeiten des § 47 dStGB in den Bereich über ein halbes Jahr erkannter
Strafe[16], aus der Sicht der Freiheitsstrafe als eine Anreicherung der
Strafwirkung zur Erleichterung der Aussetzung ansehen.

Auch § 43a Abs. 2 öStGB hat nach seiner Struktur im deutschen
Strafgesetz keine Parallele, jedoch sind Formen der Kombination von
Geld- und Freiheitsstrafe dem deutschen Recht keineswegs unbekannt.
So zielt schon bei der Strafaussetzung allgemein die Bewährungsauflage
nach § 56b Abs.2 Ziff. 2 dStGB (einen Geldbetrag zugunsten einer ge-
meinnützigen Einrichtung zu zahlen) darauf ab, neben der ausgesetzten
Freiheitsstrafe auch einen Geldentzug fühlbar werden zu lassen, auch
wenn es sich dabei um keine zusätzliche Geldstrafe im rechtstechni-
schen Sinne handelt. Noch deutlicher tritt eine wirkliche Kombination
von Geld- und Freiheitsstrafe bei der kumulativen Geldstrafe nach § 41
StGB in Erscheinung, wonach bei eingetretener oder angestrebter Berei-
cherung neben einer Freiheitsstrafe auf eine Geldstrafe erkannt werden
kann. Ist diese Kumulierung der Strafwirkung jedenfalls neben einer
vollzogenen Freiheitsstrafe problematisch,[17] erscheint sie neben einer
ausgesetzten Freiheitsstrafe durchaus sinnvoll. Umstritten ist freilich, ob
eine solche nach § 41 zusätzlich verhängte Geldstrafe dazu verwendet
werden darf, um für die Freiheitsstrafe die Aussetzungsvoraussetzungen

---

16) Dabei spielt eine große Rolle, daß bereits im geltenden Recht die mögliche Anzahl der
Tagessätze bei der Geldstrafe bei weitem nicht ausgeschöpft wird, sondern der obere
Bereich praktisch brach liegt. Für ein weiteres Vordringen der Geldstrafe in den
mittleren Kriminalitätsbereich erscheint daher der Weg einer Erhöhung der zulässigen
Anzahl der Tagessätze nicht zielführend. Daher geht das österr. Recht den Weg über
eine Kombination von Geldstrafe und ausgesetzter Freiheitsstrafe.
17) Vgl. Maurach-Zipf (Fn 14), § 59 Rn. 32

zu ermöglichen[18]. Diese für § 41 umstrittene Zielsetzung ist gerade das ausdrückliche Motiv für § 43a Abs. 2 öStGB - allerdings in rechtstechnisch anderer Abwicklung. Es tritt nämlich nicht die Geldstrafe zur Freiheitsstrafe hinzu, sondern eine nach den allgemeinen Strafbemessungsgrundsätzen bemessene Freiheitsstrafe, die zwischen sechs Monaten und zwei Jahren liegen muß, wird nach der Strafmaßfindung aufgeteilt, um dadurch die Aussetzungsvoraussetzungen für einen Teil der Freiheitsstrafe zu schaffen.

Dabei ist keine bestimmte Relation zwischen der ausgesetzten Freiheitsstrafe und der Geldstrafe festgelegt; eine Begrenzung besteht nur insoweit, als auch hier für die Geldstrafe die allgemeine Höchstgrenze von 360 Tagessätzen vorgesehen ist, wobei der Umrechnungsmaßstab von 2 Tagessätzen = 1 Tag Ersatzfreiheitsstrafe (§ 19 Abs. 3 S. 2 öStGB) auch hier entsprechend zugrundegelegt werden muß. Die Geldstrafe und die bedingte Freiheitsstrafe werden im Urteilstenor ausgesprochen. Beispiel: A wird zu einem Jahr Freiheitsstrafe verurteilt; im Hinblick auf frühere Verurteilungen erscheint diese Strafe nicht unmittelbar nach § 43 in vollem Ausmaß aussetzungsfähig. Das Gericht kann nun z.B. statt drei Monaten Freiheitsstrafe eine Geldstrafe von 180 Tagessätzen verhängen und die verbleibende Freiheitsstrafe von neun Monaten mit für erforderlich gehaltenen Bewährungsmodalitäten aussetzen. In den Urteilsgründen müßte zunächst die konkrete Strafmaßfindung von einem Jahr nach den allgemeinen Strafbemessungsgrundsätzen der §§ 32 ff. öStGB begründet werden. Danach wäre darzulegen, warum diese Freiheitsstrafe nicht voll nach § 43 aussetzungsfähig erscheint. Dann wäre auf § 43a Abs. 2 einzugehen und darzulegen, warum die dort vorgesehene Strafenkombination als die im konkreten Fall zutreffende Reaktion erscheint. Erbringt der Täter die Geldstrafe, so ist die bedingte Freiheitsstrafe in ihrem weiteren Verlauf ebenso zu behandeln wie eine von vornherein bedingte Freiheitsstrafe nach § 43.

In kriminalpolitischer Hinsicht leuchtet die Sinnhaftigkeit einer solchen Strafenkombination unmittelbar ein, da die Strafwirkung bezüglich des Rechtsfolgenausspruchs als Wirkungseinheit verbreitert wird. Insbesondere kann diese Möglichkeit eine erhebliche Ausweitung der Strafaussetzung im Bereich von Freiheitsstrafen zwischen ein und zwei Jahren fördern[19], gerade auch im Hinblick auf die Abmilderung der Prognose durch die Neufassung des § 43 öStGB. In pönologischer Hinsicht fehlt es freilich auch hier an empirisch abgesichertem Wissen.

---

18) Vgl. Schönke-Schröder: Strafgesetzbuch. Kommentar. 23. Aufl., München: C.H. Beck 1988, W. Stree zu § 41 Rn. 6, und Lackner (Fn 4) § 41 Anm. 1, jeweils mit Nachw.

19) Eisenberg, U.: Kriminologie. 2. Aufl., Köln u.a.: Heymanns 1985 § 36 Rz. 71 weist darauf hin, daß die Aussetzungshäufigkeit bei § 56 Abs. 2 sich seit 1971 allmählich erhöht hat und 1983 26,9% erreicht hatte, damit aber deutlich hinter dem Wert für § 56 Abs. 1 zurückbleibt. Überdurchschnittlich häufig sei die Aussetzung nach § 56 Abs. 2 bei Wirtschaftsstraftaten und bei Delikten mit hoher Mindeststrafe (wie z.B. beim schweren Raub).

c) Dies gilt in noch verstärktem Maß für die *teilbedingte Freiheitsstrafe* nach § 43a Abs. 3 öStGB, die vor dem Hintergrund des Teilaussetzungsverbots des § 56 Abs. 4 S.1 dStGB höchsten kriminalpolitischen Interesses sicher sein kann. Wird nach dieser neuen Bestimmung auf Freiheitsstrafe von mehr als sechs Monaten[20] aber nicht mehr als zwei Jahren erkannt, so kann das Gericht einen Teil dieser Freiheitstrafe bedingt nachsehen, wenn weder die Aussetzungsvoraussetzungen für die gesamte Strafe vorliegen noch ein Vorgehen nach § 43a Abs. 2 (bedingte Freiheitsstrafe plus Geldstrafe) möglich ist. Der unbedingt ausgesprochene Teil der Freiheitsstrafe muß mindestens einen Monat und darf nicht mehr als ein Drittel der verhängten Strafe betragen. Es können also zwei Drittel oder mehr der verhängten Freiheitsstrafe ausgesetzt werden. Damit ist auch eine klare Abgrenzung zur bedingten Entlassung beibehalten, die frühestens nach der Hälfte der Strafverbüßung einsetzen kann und für die die Voraussetzungen im österreichischen Recht ebenfalls stark erweitert wurden[21].

Bezüglich des unbedingten Strafenteils hat der Richter damit ein relativ weites Ermessen. Zwingend festgelegt ist die Untergrenze mit einem Monat, die der allgemeinen Untergrenze der Freiheitsstrafe nach § 38 Abs. 2 dStGB entspricht. Die Obergrenze schwankt je nach dem Ausmaß der ausgesprochenen Freiheitsstrafe und erreicht maximal acht Monate (bei zwei Jahren verhängter Freiheitsstrafe). In dem Rahmen zwischen einem Monat und einem Drittel der verhängten Freiheitsstrafe richtet sich die konkrete Festlegung des Richters danach, daß für den verbleibenden Rest die allgemeinen Aussetzungsvoraussetzungen des § 43 öStGB geschaffen werden müssen.

Diese Regelung war umstritten und sie trägt deutlich Kompromißcharakter. Sie eröffnet einerseits die Möglichkeit, bei einer Annäherung der unbedingt ausgesprochenen Freiheitsstrafe an die Mindestgrenze von einem Monat einen kurzen, gewissermaßen schockartig wirkenden Freiheitsentzug als eine Form der "Freizeitstrafe" einzusetzen, um durch den unmittelbar erlebten Eindruck des Freiheitsentzugs im Strafvollzug einen nachdrücklichen Apell zur Bewährung an den Täter zu richten. In diesem Fall soll der Kontakt mit dem Strafvollzug möglichst kurz gehalten werden, um schädliche Neben- und Nachwirkungen (insbesondere auf die berufliche Stellung und das soziale Fortkommen) hintanzuhalten. Hier schlägt die kriminalpolitische Forderung nach Vermeidung von

---

20) Daß die Strafenkombination nach § 43a Abs. 2 und die teilbedingte Freiheitsstrafe nach Abs. 3 erst bei einer verhängten Strafe von über sechs Monaten einsetzen, beruht für Abs. 2 auf der Überlegung, daß damit an den grundsätzlichen Vorrang der Geldstrafe anstelle von Freiheitsstrafen unter sechs Monaten (§ 37 öStGB; ähnlich § 47 dtStGB) angeschlossen werden soll, ohne den Anwendungsbereich dieser Vorschrift selbst zu tangieren. Diese Überlegung betrifft indirekt auch die teilbedingte Freiheitsstrafe nach Abs. 3, wobei hier schon strukturell eine Untergrenze bei drei Monaten zwingend gewesen wäre. Daß für den Bereich zwischen drei und sechs Monaten keine teilbedingte Freiheitsstrafe vorgesehen ist, erklärt sich wohl aus dem Gesamtspektrum der Ahndungsmöglichkeiten und praktischen Überlegungen.

21) Vgl. dazu Zipf, H.: Kriminalpolitische Schwerpunkte der Strafrechtsreform 1987. Österreichische Juristenzeitung 1988, S. 439

Entsozialisierung voll durch. In anderen Fällen bei einer Annäherung an die Sechsmonatsgrenze oder deren Überschreiten ermöglicht der dann zur Verfügung stehende Einwirkungszeitraum resozialisierende Bemühungen im Strafvollzug, so daß der Gesichtspunkt stationärer Resozialisierung dominant wird.

In welche Richtung sich die praktische Handhabung entwickeln wird, läßt sich derzeit nicht mit Sicherheit voraussagen, wenn auch in der bisherigen Diskussion der erstgenannte Aspekt eines kurzen Freiheitsentzuges vorherrschend war. Die dabei gebrauchten Schlagwörter der "Schockstrafe" und der "Schnupperhaft" treffen freilich die kriminalpolitische Intention nur unvollkommen. Wie bei der Gesamtregelung des § 43a (mit Ausnahme der teilbedingten Geldstrafe) geht es um die Zielsetzung, die Schwelle für den Strafvollzug entweder nochmals zu erhöhen (wie bei Abs. 2) oder jedenfalls den effektiven Vollzug so kurz wie möglich zu gestalten. Sicher ist, daß es dafür nicht mit einer bloßen Herabsetzung der Strafdauer getan ist, sondern daß spezielle Vollzugsprogramme entwickelt werden müssen; das Schicksal in der praktischen Bewährung der neuen Vorschrift entscheidet sich auch hier bei den flankierenden Maßnahmen im Bereich von Vollzug und Bewährungshilfe, so daß pönologische Forschungen dringend notwendig sind.

Hinter der Regelung der teilbedingten Freiheitsstrafe in § 43a Abs. 3 öStGB steckt ein deutlicher Paradigmawechsel der internationalen Kriminalpolitik, der allerdings auf einer Änderung normativer Ansichten, insbesondere im Bereich der Strafzwecke beruht[22], und der nicht durch empirische Ergebnisse entsprechend vorbereitet, oder abgesichert ist. Der Jubilar[23] weist darauf hin, daß für die Annahme, "daß eine sinnvolle Resozialisierung bei einer Freiheitsstrafe unter sechs Monaten nicht möglich sei", bis heute keine empirisch einigermaßen fundierten Kenntnisse bestehen. Entsprechendes gilt für den Bereich der ganz kurzen Freiheitsstrafe bis etwa sechs Wochen Dauer, wobei sich hier vorhandene Untersuchungen zum Jugendarrest im deutschen Recht nicht auf das Erwachsenenstrafrecht übertragen lassen[24].

Das Dogma von der Schädlichkeit von Freiheitsstrafen unter sechs Monaten hat die deutsche Kriminalpolitik in der Nachkriegszeit beherrscht und zu zahlreichen Regelungen geführt, die nur vor diesem Hintergrund verständlich sind. Die erste, bis heute gültige und vielleicht markanteste Ausprägung war die Mindestdauer der Jugendstrafe von sechs Monaten; man wollte gerade in dem ganz auf Erziehung ausgerichteten jugendstrafrechtlichen Sanktionssystem die zur stationären Resozialisierung für erforderlich erachteten sechs Monate Strafverbüßung zur Verfügung haben. Von diesem Bestreben war auch die inzwischen aufgehobene Regelung des § 48 StGB getragen, bei den dort niedergelegten Rückfallvoraussetzungen die Mindeststrafe auf sechs Mo-

---

22) Zipf, H.: Neue Entwicklungen bei der Lehre von den Strafzwecken. Österreichische Richterzeitung 1987, S. 126 ff.
23) Kriminologie. 4. Aufl., München: C.H. Beck 1980, S. 383
24) Worauf Göppinger (Fn 23) selbst mit Recht hinweist.

nate anzuheben. Ist auch § 48 inzwischen ersatzlos gestrichen worden, so zeigt doch die Herabsetzung der Mindestverbüßungsdauer in § 57 Abs. 2 dStGB von einem Jahr auf sechs Monate, daß dieser Grenze immer noch Bedeutung zugemessen wird. Dies gilt in besonderem Ausmaß für § 47 (kurze Freiheitsstrafe nur in Ausnahmefällen) und abgeschwächt für die ausschließlich spezialpräventive Orientierung der Strafaussetzung zur Bewährung bei Freiheitsstrafen unter sechs Monaten, wenngleich in beiden Fällen auch andere kriminalpolitische Erwägungen hinzutreten.

Deutlicher ist die Tendenz im österreichischen Strafrecht, wo bei der bedingten Entlassung statt der bisher gültigen Mindestverbüßungszeiten von sechs Monaten bzw. einem Jahr jetzt die Mindestverbüßungszeit einheitlich drei Monate beträgt (§ 46 Abs. 1 und 2 öStGB). Die übrigen vorher genannten Rechtsinstitute waren schon bisher im österreichischen Recht anders gestaltet; lediglich bezüglich des Vorranges der Geldstrafe vor kurzer Freiheitsstrafe ist die Sechsmonatsgrenze maßgeblich (§ 37 öStGB). Vergleicht man die österreichische und die deutsche Strafrechtsentwicklung insoweit vor dem Hintergrund der internationalen Reformbestrebungen, so wird eine vorsichtige, aber unübersehbare Trendwende weg vom Dogma der Schädlichkeit kurzer Freiheitsstrafen deutlich. Dies geht entscheidend auf die Bevorzugung ambulanter vor stationären Resozialisierungsformen zurück, auf die Krise der stationären Resozialisierung selbst und auf einen Wandel in der Lehre von den Strafzwecken. In der Spezialprävention hat der Gesichtspunkt der Vermeidung von Entsozialisierung der Idee der Resozialisierung im Strafvollzug den Rang abgelaufen.

Damit gewinnt auch der Gedanke an Zugkraft, durch kurzen Freiheitsentzug eine länger andauernde Anhaltung zu vermeiden. Dadurch lassen sich nicht nur die Vollzugsdauer reduzieren und damit der Vollzug insgesamt entlasten, sondern unter Umständen auch für das Fortkommen und die soziale Integration des Verurteilten ungünstige Neben- und Nachwirkunen von Freiheitsentzug ganz hintanhalten oder wenigstens minimieren. War früher das Motto herrschend: "Wenn schon Freiheitsentzug notwendig erscheint, dann soll er wenigstens das zur Resozialisierung erforderliche Ausmaß haben", so scheint jetzt eher die Devise zu lauten: "Wenn Freiheitsentzug unentbehrlich ist, dann soll er - jedenfalls bei einer Erstverbüßung - möglichst kurz sein, um die Neben- und Nachwirkungen zu minimieren." Man setzt damit mehr auf die Beeindruckung durch den Freiheitsentzug selbst, als auf resozialisierende Bemühungen im Vollzug.

Ob dies eine realistische Einschätzung ist, läßt sich in empirischer Sicht bisher nicht verläßlich beantworten. Göppinger[25] beklagt gerade zur kurzen Freiheitsstrafe das kriminologische Forschungsdefizit, fügt aber selbst die Überlegung an, "ob nicht in dem einen oder anderen Fall - z.B. zu Beginn einer Hinentwicklung zur Kriminalität... oder auch bei wiederholter Kriminalität bei sonstiger Unauffälligkeit... - eine kurz-

---

25) Kriminologie (Fn 23), 1980, S. 383 f.

zeitige Freiheitsstrafe einen heilsamen Schock darstellen würde." Die von Göppinger angeführten Konstellationen haben im übrigen bei der Diskussion um die teilbedingte Freiheitsstrafe eine Rolle gespielt. Die heute häufig negative Beurteilung des kurzen Freiheitsentzugs in Form des Arrests bei Jugendlichen[26] läßt nach Göppinger a.a.O. "keine Schlüsse auf etwaige (Miß-) Erfolge bei Erwachsenen zu."

Wir begegnen hier einem typischen Dilemma der empirischen Sanktionsforschung aus der Sicht der Kriminalpolitik. Gerade wo die Kriminalpolitik empirisches Wissen am nötigsten bräuchte, nämlich bei der Gestaltung und beim Einsatz der Sanktionen sowie ihrer Wirkunsweise im Gesamtgefüge der Sozialkontrolle, stellt sich die kriminologische Forschung schon in der Ausgangssituation als besonders schwierig dar[27]. Sanktionsforschung ist im wesentlichen nur möglich als Begleitforschung nach Einführung bestimmter kriminalrechtlicher Sanktionen zur "Überprüfung von Wirksamkeit und Austauschbarkeit der Maßnahmen der Strafrechtspflege"[28], kaum aber als vorbereitende Forschung vor der Setzung kriminalpolitischer Maßnahmen, da als Anknüpfungspunkt eben die in Funktion befindliche Sanktion notwendig ist. Simulation, Experiment oder Laboruntersuchung eröffnen hier keinen Zugang. Auch rechtsvergleichende Untersuchungen auf empirischer Basis sind hier nur beschränkt erfolgversprechend. So lassen sich z.B. in kriminalpolitischer und kriminologischer Hinsicht nur sehr schwer fundierte Vergleiche zur Wirksamkeit ziehen, wenn eine Rechtsordnung im unteren bis mittleren Kriminalitätsbereich mehr auf die kurze zur Bewährung ausgesetzte Freiheitsstrafe setzt - wie z.B. die Schweiz[29] - und eine andere Rechtsordnung dafür die bedingte oder unbedingte Geldstrafe bevorzugt.

So mußte der österreichische Gesetzgeber zwangsläufig den Schritt zur teilbedingten Freiheitsstrafe nach § 43a Abs. 3 öStGB ohne empirische Absicherung in Neuland tun. Jedoch ist diese Risikobereitschaft für jeden Gesetzgeber unabdingbar, wenn er echte kriminalpolitische Neuerungen schaffen und erproben will. Denn erst mit der Einführung

---

26) Zur Beurteilung des Jugendarrests im deutschen Recht vgl. zusammenfassend Feltes, Th.: Jugendarrest - Renaissance oder Abschied von einer umstrittenen jugendstrafrechtlichen Sanktion? Zeitschrift für die gesamte Strafrechtswissenschaft 100 (1988), S. 158 ff.

27) Vgl. Eisenberg, U.: (Fn 19), 2. Aufl., § 15 Rz. 4 ff und Kaiser, G.: Kriminologie. Eine Einführung in die Grundlagen, 8. Aufl., Heidelberg: UTB 1989, § 973, bes. S. 520 ff.

28) Eisenberg (Fn 19), § 2 Rz. 4

29) Die Strafrechtspflege in der Schweiz zeichnet sich nach der Darstellung von Schultz, H.: Zeitschrift für die gesamte Strafrechtswissenschaft 100 (1988), 199 durch "den vielfachen Rückgriff auf kurze Freiheitsstrafen, also solche unter sechs Monaten, aus." Nach Rehberg, Zeitschrift für die gesamte Strafrechtswissenschaft 100 (1988), S. 210 liegen 85% der derzeitigen in der Schweiz ausgesprochenen Freiheitsstrafen unter sechs Monaten (zu den Vorschlägen ihres Ersatzes vgl. Rehberg a.a.O. S. 209 ff.); für das Jahr 1984 kommt Kaiser, G.: Kriminologie. 2. Aufl., Heidelberg: C.F. Müller 1988, S. 928 auf einen Anteil der Gefängnisstrafen von bis zu sechs Monaten an allen verhängten Gefängnisstrafen von 89,9%. Kaiser stellt a.a.O. allgemein für das Ausland eine Renaissance der kurzen Freiheitsstrafen fest, und zwar gerade auch für Staaten, die als kriminalpolitisch besonders fortschrittlich eingestuft werden (a.a.O. S. 929).

entsteht die Möglichkeit zu empirischer Forschung über die Wirksamkeit solcher Sanktionen. Österreich hat damit eine Vorreiterfunktion für den gesamten deutschsprachigen Raum, ja weit darüber hinaus für die internationale Kriminalpolitik übernommen; schon deshalb kommt der empirischen Begleitforschung Bedeutung über die nationalen Grenzen hinaus zu. Das Modell des § 43a öStGB kann bei seiner Bewährung von zukunftweisender Bedeutung für Kriminologie, Kriminalpolitik und Strafrecht werden.

d) Eine in diesem Sinne besonders zukunftsträchtige Fortentwicklung stellt § 43a Abs. 4 dar, der die Zweijahresgrenze für aussetzungsfähige Freiheitsstrafen wenigstens für teilbedingte Freiheitsstrafen durchbricht[30]. Dieser Vorstoß in den Bereich der langfristigen Freiheitsstrafe ist zurückhaltend und vorsichtig erfolgt. Da uns heute im Bereich von langfristiger Freiheitsstrafe eine echte Sanktionsalternative fehlt, läßt sich eine Einschränkung nur durch die Verkürzung der Vollzugsdauer erreichen.[31] Der österreichische Gesetzgeber versucht, mit der teilbedingten Freiheitsstrafe in diesen Bereich vorzustoßen. Nach § 43a Abs. 4 ist es bei Freiheitsstrafen von mehr als zwei aber nicht mehr als drei Jahren möglich, einen Teil der Strafe unter den Voraussetzungen des § 43 bedingt nachzusehen, wenn eine hohe Wahrscheinlichkeit besteht, daß der Rechtsbrecher keine weiteren strafbaren Handlungen begehen wird. Bezüglich des Verhältnisses zwischen bedingt und unbedingt ausgesprochenem Strafteil gilt das zu § 43a Abs. 3 öStGB bereits Ausgeführte entsprechend.

Diese geforderte hohe Wahrscheinlichkeit für die zukünftige Straffreiheit verlangt ein eindeutiges und beträchtliches Überwiegen der für eine positive Prognose sprechenden Umstände; bezüglich der generalpräventiven Erfordernisse ist dagegen keine Verschärfung gegenüber § 43 öStGB angeordnet worden. Diese hohen prognostischen Anforderungen in Verbindung mit einer schweren Straftat, die zu einer Freiheitsstrafe zwischen zwei und drei Jahren führt, werden sich am ehesten bei Ersttätern (besonders bei Konflikttätern) finden, die eine schwere Anlaßtat begehen, aber nach ihrem bisherigen Vorleben, ihrem Persönlichkeitsbild und ihren sozialen Verhältnissen die geforderten günstigen Prognosekriterien aufweisen. Neben Taten in Konflikts- und Krisensituationen kommen auch schwere Vermögensstraftaten (als erstmalige schwere Verfehlung des Täters) in Betracht. Entschärft wird dadurch in diesem Bereich auch die strafrechtsdogmatisch vieldiskutierte Fragestellung, ob bei besonders günstiger Sozialprognose eine Schuldunterschreitung möglich ist, wobei hinter dieser Fragestellung in der Regel die Zielvorstellung steckt, damit noch in den aussetzungsfähigen

---

30) Der von Hans Schultz erstellte Vorentwurf zu einem neuen Strafgesetzbuch der Schweiz sieht eine Verdoppelung der bisherigen Höchstgrenze der aussetzungsfähigen Freiheitsstrafe von 18 Monaten auf drei Jahre vor (dazu Rehberg ZStW 100, S. 221).
31) Eingehend dazu Zipf, H.: Beitrag in: Strafrechtliche Probleme der Gegenwart, Bd. 28, 1986, S. 111 ff. Vgl. auch Feltes (Fn 26), S. 183: "Effektiv und sinnvoll kann nur ein Kampf gegen die langen Freiheitsstrafen sein."

Bereich der Freiheitsstrafe zu gelangen[32]. Der konkreten Tätersituation kann der Richter hier insbesondere dadurch Rechnung tragen, daß er einen weiten Rahmen für den unbedingten Freiheitsstrafenteil hat, der von einem Monat bis zu einem Jahr (bei drei Jahren verhängter Freiheitsstrafe) reicht. Daß es gerade in diesem Bereich flankierender Maßnahmen im Vollzugsbereich bedarf, liegt auf der Hand.

4. Ordnet man die einzelnen Rechtsinstitute des § 43a öStGB in die schon vorhandenen Rechtsfolgen ein, so ist ein Sanktionssystem bisher unbekannter Vielfalt und Flexibilität entstanden, das im wesentlichen alle Möglichkeiten des Einsatzes und der Kombination der beiden vorhandenen Hauptstrafen ausnutzt. Bezieht man die mangelnde Strafwürdigkeit der Tat nach § 42 öStGB mit ein, so beginnt es mit der Möglichkeit des Verzichtes auf Bestrafung bei allen von Amts wegen zu verfolgenden Vergehen (im österreichischen Recht Straftaten bis zu drei Jahren Freiheitsstrafe), wenn die Schuld des Täters gering ist, die Tat keine oder nur unbedeutende Folgen nach sich gezogen hat und weder generalpräventive noch spezialpräventive Gründe eine Bestrafung erfordern. Dabei wurde in der Strafrechtsreform 1987 bereits der Täter-Opfer-Ausgleich in die Neufassung der Ziff. 2 einbezogen: wenn "die Tat keine oder nur unbedeutende Folgen nach sich gezogen hat oder, sofern sich der Täter zumindest ernstlich darum bemüht hat, die Folgen der Tat im wesentlichen beseitigt, gutgemacht oder sonst ausgeglichen worden sind." Diese Restitutionsmöglichkeit beschränkt sich keineswegs nur auf materielle Schäden, sondern bezieht grundsätzlich auch andere Folgen, wie etwa Verletzungen am Körper, mit ein, so daß diese neue Vorschrift vor allem bei der fahrlässigen Körperverletzung im Straßenverkehr große praktische Bedeutung hat.

An die mangelnde Strafwürdigkeit der Tat schließen sich die vielfältigen Möglichkeiten der Geldstrafe und der Freiheitsstrafe an, die von der vollbedingten, der teilbedingten und der unbedingten Geldstrafe über die Möglichkeit der Kombination von Geldstrafe mit bedingter Freiheitsstrafe bis zur vollbedingten, teilbedingten oder unbedingten Freiheitsstrafe reichen. Dabei ist durch die teilbedingte Freiheitsstrafe die Aussetzungsfähigkeit in den Bereich zwischen zwei und drei Jahren vorgeschoben worden; erst darüber besteht nur mehr die Möglichkeit unbedingter Freiheitsstrafe. Aber durch den starken Ausbau der bedingten Entlassung nach der Hälfte der Strafzeit und nach zwei Dritteln ist weitere Vorsorge getroffen worden, um auch in diesem Bereich der Schwerstkriminalität wenigstens den Vollzug der Freiheitsstrafe möglichst abzukürzen.

Der damit erreichte Stand hat Österreich ins Spitzenfeld der internationalen Kriminalpolitik geführt. Zu überschwenglicher Begeisterung ist aber dennoch kein Anlaß, da dieses neue System, insbesondere § 43a öStGB, erst seine Bewährungsprobe ablegen muß. Dazu bedarf es

---

32) Vgl. dazu Roxin in Schweizerische Zeitschrift für Strafrecht, Bd. 104 (1987), S. 372 f.

im gegenwärtigen Zeitpunkt weiterer flankierender Maßnahmen im Vollzugsbereich und einer intensiven empirischen Begleitforschung[33]. Kann danach aber in einigen Jahren eine erfolgreiche Bilanz gezogen werden, dann vermag das österreichische Modell der internationalen Kriminalpolitik, im besonderen aber auch der Rechtspolitik der Bundesrepublik Deutschland, zahlreiche Impulse zu vermitteln.

---

[33] Eingehend zu den kriminologischen Problemen der Erfolgsbeurteilung Kaiser, G.: Kriminologie, 2. Aufl. Heidelberg: C.F. Müller 1988, S. 894 ff.

Das Sanktionensystem Italiens

Rechtsgrundlagen, Praxis, Rechtsprechung des Verfassungsgerichts

Francesca Molinari

1. Sanktionensystem des geltenden Strafrechts

Nach dem geltenden italienischen Strafgesetzbuch, das im Jahre 1930 erlassen wurde, gliedern sich die Rechtsfolgen der Straftat in Hauptstrafen, Sicherungsmaßregeln und Nebenfolgen (artt. 17 ff., 199 ff., 19 ff. c.p.) [1]. Damit steht das Sanktionensystem Italiens auf dem Boden der Zweispurigkeit. Die Strafen sind am Schuldprinzip orientiert; mit den Maßregeln wird die Gemeingefährlichkeit des Täters bekämpft. Die beiden Sanktionengruppen setzen die Begehung einer Straftat voraus. Als Hauptstrafen sind die Freiheitsstrafe und die Geldstrafe vorgesehen (artt. 17, 18 c.p.). Die Freiheitsstrafe wird als lebenslange Freiheitsstrafe, zeitige Freiheitsstrafe und kurzfristige Freiheitsstrafe geregelt (artt. 22, 23, 25 c.p., artt. 53 ff., l. 24.11.1981 n.689). Die Freiheitsstrafe bis zu zwei Jahren, in bestimmten Fällen bis zu achtzehn Monaten, kann zur Bewährung ausgesetzt werden (artt. 163 ff. c.p.). Die kurzen Freiheitsstrafen sind in drei Stufen nach der Dauer von 1, 3 und 6 Monaten gestaffelt und werden diesen Stufen entsprechend nach Möglichkeit durch Halbgefangenschaft, kontrollierte Freiheit oder Geldstrafe ersetzt (artt. 53 ff., l. 24.11.1981 n. 689). Der Vollzug der Freiheitsstrafe, soweit diese noch als solche verhängt und vollstreckt wird, ist in der Weise ausgestaltet, daß die Freiheitsentziehung durch Überweisung des Verurteilten an den Sozialdienst zur Bewährung und durch Gewährung

---

1) Neben dem am 19.10.1930 erlassenen und am 1.7.1931 in Kraft getretenen Strafgesetzbuch enthalten auch das im Jahre 1975 erlassene Gesetz über den Vollzug von Freiheitsstrafen und Sicherungsmaßregeln (l. 26.7.1975 n. 354 - Norme sull'ordinamento penitenziario e sulla esecuzione delle misure privative e limitative della libertà), sowie das im Jahre 1981 erlassene Gesetz, das die Ersatzfreiheitsstrafen und die Umwandlung der uneinbringlichen Geldstrafe in Sanktionen ohne Freiheitsentzug eingeführt hat (l. 24.11.1981 n. 689 - Modifiche al sistema penale), Regelungen über strafrechtliche Sanktionen. Die Gesetze vom 24.4.1962 n. 191 und vom 7.6.1974 n. 220, die die Gewährung der Strafaussetzung zur Bewährung erleichtert und die Obergrenze der aussetzungsfähigen Strafen auf achtzehn Monate erhöht haben, sowie das Gesetz vom 10.10.1986 n. 663, das die Vollstreckung der Freiheitsstrafe durch Maßnahmen ohne Freiheitsentzug weiter umgestaltet und die Strafvollzugskammer durch das Strafvollzugsgericht ersetzt hat, haben wichtige Teilreformen des Sanktionensystems durchgesetzt.

Kemer/Kaiser (Hrsg.) Kriminalität
© Springer-Verlag Berlin Heidelberg 1990

entweder des Hausarrestes oder des halboffenen Vollzuges oder der vorzeitigen Entlassung noch erheblich zurückgedrängt wird (artt. 47 ff., l.
26.7.1975 n. 354).

Geldstrafen bis zu einer Obergrenze, die derjenigen der aussetzungsfähigen Freiheitsstrafe entspricht, können zur Bewährung ausgesetzt
werden (artt. 163 ff. c.p.). Die uneinbringliche Geldstrafe wird nach
Möglichkeit entweder in kontrollierte Freiheit oder auf Antrag des
Verurteilten in Ersatzarbeit umgewandelt (artt. 102 ff., l. 24.11.1981
n.689).

Als Sicherungsmaßregeln mit Freiheitsentziehung kennt das geltende
Strafgesetzbuch die Einweisung in eine Landkolonie oder in ein Ar-
beitshaus für Gewohnheits- und Berufsverbrecher sowie Triebtäter
(artt. 215, 216 ff. c.p.) und die Unterbringung in einer Heil- und Be-
währungsanstalt oder in einem psychiatrischen Justizkrankenhaus für
geisteskranke Täter (artt. 215, 219 ff., 222 ff. c.p.). Als Sicherungsmaßregeln ohne Freiheitsentziehung kommen die Führungsaufsicht (artt.
215, 228 ff. c.p.), das Aufenthaltsverbot in einer oder mehreren Gemeinden bzw. in einer oder mehreren Provinzen (artt. 215, 233 c.p.),
das Verbot des Verkehrens in Gastwirtschaften und in öffentlichen
Verkaufsstellen für alkoholische Getränke (artt. 215, 234 c.p.) und bei
Ausländern die Ausweisung (artt. 215, 235 c.p.) in Betracht. Die Kau-
tion für Wohlverhalten (artt. 236, 237 c.p.) und die Einziehung (artt.
236, 240 c.p.) sind als vermögensrechtliche Sicherungsmaßregeln vorgesehen.

Als Nebenfolgen versteht das Strafgesetzbuch den Verlust der Amtsfähigkeit, die Untersagung oder die Aussetzung der Berufs- oder Ge-
werbeausübung, die Entmündigung kraft Gesetzes, die Untersagung der
Führung von Handels- oder Industriebetrieben und von privaten oder
öffentlichen Einrichtungen, den Verlust der Fähigkeit, Verträge mit der
öffentlichen Verwaltung zu schließen, den Verlust oder die Suspendie-
rung von der Ausübung des elterlichen Sorgerechts, die Bekanntgabe
der Verurteilung (artt. 19, 28 ff. c.p.).

Die Amnestie, der Tod des Täters nach der Verurteilung, die Voll-
streckungsverjährung, der Indult, die Begnadigung, die Nichterwähnung
der Verurteilung im Strafregisterauszug, die bedingte Entlassung, die
Wiedereinsetzung in die früheren Rechte (Rehabilitation des Verurteilten) wirken als Strafaufhebungsgründe (artt. 151, 171 ff. c.p.) [2].

---

[2] Aus der umfangreichen Fachliteratur, die die Sanktionen betrifft, vgl. die Lehrbücher:
Mantovani F.: Diritto penale - parte generale. 2. Aufl., Teil IV: Le conseguenze del
reato. Padova: Cedam 1988; Fiandaca G./Musco E.: Diritto penale - parte generale,
Teil VII: Le sanzioni. Bologna: Zanichelli 1985 mit umfassenden Nachweisen.

2. Sanktionensystem im Spiegel der Statistik

Mit dem Anteil von 51 % stellt sich die Freiheitsstrafe als die am häufigsten verhängte strafrechtliche Folge in Italien dar. Sie wird nicht nur im Bereich der schweren und mittleren Kriminalität verwendet, sondern auch zur Bekämpfung der kleinen Kriminalität eingesetzt. Zur Vollstreckung gelangt jedoch nur ein niedriger Anteil von 12 % der verhängten Freiheitsstrafen. Dazu leisten die Strafaussetzung zur Bewährung und die verschiedenen Rechtsinstitute, die als Alternative zur Vollstreckung der Freiheitsstrafe vorgesehen sind, einen erheblichen Beitrag.

Demgegenüber nimmt die Geldstrafe mit einer Verhängungsquote von 49 % eine wichtige Stelle im Sanktionensystem ein. Durch die Einführung ihrer Aussetzung zur Bewährung, durch die Beibehaltung des Gesamtsummensystems zu ihrer Bemessung, durch die Abschaffung ihrer Umwandlung in Freiheitsstrafe bei Uneinbringlichkeit hat die Geldstrafe an kriminalpolitischer Bedeutung nicht verloren. Vielmehr nimmt die Häufigkeit ihrer Anwendung seit Jahren ständig zu.

Die Sicherungsmaßregeln sind an den Rand des Sanktionensystems gedrängt. An der Gesamtzahl der verhängten strafrechtlichen Folgen haben sie nur einen Anteil von 3 %. Vergleichsweise hoch ist jedoch die Gesamtzahl der vollstreckten freiheitsentziehenden Maßregeln. Sie beträgt 2020 Fälle, was einen Anteil von 26 % an der Gesamtzahl der vollstreckten Freiheitsstrafen ausmacht. Ein Widerruf der freiheitsentziehenden Maßregeln nach Ablauf der Mindestdauer erfolgt in 68 % der Fälle, eine Verlängerung in 20 %, eine Umwandlung in Sicherungsmaßregeln ohne Freiheitsentzug oder andere Lösungen finden in 12 % der Fälle statt (vgl. Tabellen 1 - 5 im Anhang)[3].

3. Verfassungsrechtliche Grundlagen des Sanktionensystems

Die seit dem Jahre 1948 geltende Verfassung[4] stellt mehrere Rechtssätze auf, die die Gestaltung und die Wirkungsweise der im Strafrecht verwendeten Sanktionen als Leitprinzipien lenken. Manche Grundsätzee beziehen sich unmittelbar auf die strafrechtliche Regelung von Strafen und Maßregeln, andere nur mittelbar, indem sie die Menschenrechte

---

3) Die die Strafrechtspflege betreffenden Zahlen, die den Tabellen 1-5 zugrundegelegt sind, wurden aus Istituto Centrale di Statistica (Hrsg.): Annuario di statistiche giudiziarie, Aufl. 1984, Band XXXI, Teil II: Materia penale, Istituto Poligrafico e Zecca dello Stato Roma, 1985, entnommen.

4) Die italienische Verfassung wurde am 27.12.1947 erlassen und am 1.1.1948 in Kraft gesetzt. Sie stimmt mit der UN-Menschenrechtserklärung vom 10.12.1948 sowie mit der Europäischen Menschenrechtskonvention vom 4.11.1950 und mit dem UN-Pakt über bürgerliche und politische Rechte vom 19.12.1966 überein.

aufzeichnen. Die letzteren beeinflussen die gesamte Rechtsordnung und prägen damit auch das Wesen der Strafrechtsfolgen.

Die Wahrung der Menschenwürde (art. 2 Cost.) steht grausamen oder erniedrigenden Sanktionen sowie entwürdigender Behandlung im Strafvollzug entgegen. Mit der Gewährleistung der allgemeinen menschlichen Handlungsfreiheit (art. 2 Cost.) sind die Beschränkungen, die die strafrechtlichen Folgen mit sich bringen, nur dann vereinbar, wenn dies zum Schutze der Allgemeinheit unvermeidlich ist. Aus dem Gleichheitsgrundsatz (art. 3 Cost.) werden das Gebot der Verhältnismäßigkeit der Mittel (Übermaßverbot) und das Gebot der Anwendung austeilender Gerechtigkeit als Rechtsgrundlagen für die Androhung bzw. Verhängung der Strafe abgeleitet.

Nulla poena sine culpa ist hingegen das wichtigste Rechtsprinzip, an das die Verfassung die Strafen unmittelbar bindet (art. 27 I Cost.). Die Tatschuld ist damit als unentbehrliche Rechtsgrundlage der Strafe anzusehen, die Erfolgshaftung ausgeschlossen, die Strafzumessung hat im Rahmen der Schuldobergrenze zu geschehen. Der Grundsatz des Vorrangs und des Vorbehalts des Gesetzes, das Analogieverbot sowie das Bestimmtheitsgebot als Leitgedanken der rechtsstaatlichen Gestaltung der Strafen und der Rechtsregelung der Maßregeln finden deutlichen Ausdruck in art. 25 II und III Cost. Im Vordergrund stehen auch der Grundsatz der Humanität (art. 27 III Cost.), das Verbot der Todesstrafe (art. 27 IV Cost.), das Verbot physischer oder psychischer Gewaltausübung gegen Strafgefangene (art. 13 IV Cost.), das Gebot der Erziehung des Täters (art. 27 III Cost.); dies alles weist auf den inneren Gehalt der strafrechtlichen Folgen hin. Der Vorbehalt des Richters, die Unbedingtheit des Strafausspruches, die Vollstreckbarkeit der Strafe erst mit dem rechtskräftigen Urteil, sind ferner als Grundlagen für die Anwendung von Strafen und Maßregeln in artt. 13, 25 I, 27 II, 101, 102, 111, 112 Cost. klar festgelegt. Die Umwandlung der Wirkungsart der Strafen durch Gewährung von Straffreiheit aufgrund eines Amnestiegesetzes sowie durch Beseitigung oder durch Abmilderung verhängter Strafen infolge eines Begnadigungsakts ist in der Verfassung explizit vorgesehen und gebilligt (artt. 79, 87 XI Cost.).

4. Sanktionensystem im Spiegel der Rechtsprechung des Verfassungsgerichts

Die Verwendung der strafrechtlichen Folgen bringt Eingriffe in die Persönlichkeitssphäre mit sich. Aus der Notwendigkeit, die Rechtsordnung durch Sanktionen sicherzustellen, und dem Erfordernis, die Achtung vor den Persönlichkeitsrechten zugleich zu gewährleisten, ergeben sich Spannungen zwischen Strafrecht und Verfassungsrecht. Aufgrund von Vorlagen durch die Tatgerichte hat das Verfassungsgericht, als Wahrer der Unantastbarkeit der Grundrechte, seit dem Beginn der Ausübung seiner Gerichtsbarkeit im Jahre 1956 bis heute vielmals einschreiten müssen, um aufzuzeigen, wie man den Schutz der Gesellschaft auf gerechte Weise erreicht, ohne die Persönlichkeitsrechte zu beeinträchtigen[5]. Der Ausgleich zwischen Verteidigung der Rechtsordnung und Wahrung der Grundrechte durch die Rechtsprechung des Verfassungsgerichts hat zur Gestaltung der Sanktionen erheblich beigetragen.

4.1 Allgemeines zur Strafe

In seiner Rechtsprechung[6] bemerkt das Verfassungsgericht, daß die Reaktion der Rechtsordnung auf Rechtsverletzungen üblicherweise mit dem Wort "Sanktion" bezeichnet wird. Um Strafen und Maßregeln einer gemeinsamen Kategorie zuzuordnen, wurde der strafrechtliche Begriff "Sanktion" ausgedehnt. Im so erweiterten Sinn wird der Begriff heute gebraucht, so daß das Wort "Sanktion" Rechtsfolgen beliebiger Art beinhalten kann (sent. n. 53/1968). Alle Strafen haben dieselbe Natur, und die vom Strafrecht geschützten Rechtsgüter sind als gleichrangig zu betrachten. Die Entstehung eines dem gewöhnlichen Strafrecht gegenübergestellten Sonderstrafrechts ist deswegen ausgeschlossen (sent. n. 90/1962).

4.2 Merkmale der Strafe

4.2.1 Staatlichkeit

Aus der globalen Auslegung der Verfassungsvorschriften und aus den einzelnen Grundsätzen, die die Gleichheit aller Menschen vor dem Gesetz (art. 3 Cost.), die Einheit und Unteilbarkeit des Staates (art. 5 Cost.) sowie die Gesetzlichkeit der Strafe (art. 25 II Cost.) festsetzen, kann man die Staatlichkeit als unerläßliches Merkmal der Strafe herleiten. Dementsprechend schließt das Verfassungsgericht ausnahmslos aus, daß Befugnisse im Bereich des Strafrechts den regionalen Parlamenten zustehen können. Allein dem Staat gebührt die Ausübung der gesetzge-

---

5) Das Verfassungsgericht besteht seit dem Jahre 1956. Die Gründung des Verfassungsgerichts und die Ausübung der Verfassungsgerichtsbarkeit wurden von der Verfassung (artt. 134-137) und von einem im Jahre 1948 erlassenen Gesetz über die Gerichtsbarkeit und die Unabhängigkeit des Verfassungsgerichts (l. cost. 9.2.1948 n. 1 - Norme sui giudizi di legittimità costituzionale e sulle garanzie di indipendenza della Corte costituzionale) festgelegt. Sie sind auch in dem 1953 erlassenen Gesetz über die Errichtung und die Funktion des Verfassungsgerichts (l. cost. 11.3.1953 n. 1; l. 11.3.1953 n. 87 - Norme sulla costituzione e sul funzionamento della Corte costituzionale) geregelt. Die Reglementierung der Organisation, der Arbeitsweise und der Aufgaben des Gerichts wurde später durch die Vorschriften vervollständigt, die das Verfassungsgericht selbst im Jahre 1956 (Norme integrative per i giudizi davanti alla Corte costituzionale 16.3.1956) und im Jahre 1966 (Regolamento generale della Corte costituzionale - pubblicazione disposta il 20.1.1966) verkündet hat.
6) Die gesamte Rechtsprechung des Verfassungsgerichts ist in der Zeitschrift: Giurisprudenza costituzionale 1956-1988 Giuffrè Milano, chronologisch geordnet, nach Jahrgängen gesammelt und veröffentlicht.

benden Gewalt im Bereich des Strafrechts (sentt. n. 6/1956; nn. 21, 23, 39, 51, 58, 104/1957; n. 58/1959; nn. 13, 23/1961; n. 90/1962; nn. 68, 128/1963; n. 26/1966; n. 84/1968; n. 142/1969; nn. 42, 113, 210/1972; nn. 15, 21/1973; n. 79/1977; n. 239/1982).

4.2.2 Gesetzlichkeit und Bestimmtheit

Die Merkmale der Gesetzlichkeit und der Bestimmtheit ergeben sich aus dem Grundsatz vom Vorbehalt des Gesetzes, der in art. 25 II Cost. und in art. 1 c.p. fest verankert ist (sentt. n. 27/1961; n. 15/1962; n. 120/1963; n. 7/1965; n. 26/1966; n. 71/1978; n. 108/1981; n. 79/1982). Um verhängt zu werden, bedürfen die Strafen der Grundlage in einem förmlichen Strafgesetz, in dem sie eindeutig festgesetzt sind (sentt. n. 15/1962; n. 26/1966; n. 53/1968; n. 61/1969; n. 79/1982). Sind die Bedingungen, die Kennzeichen, der Inhalt und die Grenzen der Rechtsfolgen durch angemessene Genauigkeit im Gesetz angegeben, ist das Bestimmtheitsgebot erfüllt. Jedoch brauchen die Rechtsfolgen nicht auf eine absolut bestimmte Weise im Strafgesetz vorgesehen zu sein.
Normen, die zur Individualisierung der Strafe entweder Strafrahmen von ausgedehnter Spannweite oder alternative oder kumulative Sanktionen vorsehen, widersprechen dem Grundsatz des Gesetzvorbehalts nicht (sentt. n. 27/1961; n. 15/1962; n. 131/1970; n. 167/1971; n.1/1982; n. 169/1985; n. 171/1986). Nicht nur die Rechtsfolgen, sondern auch die Voraussetzungen der Strafbarkeit müssen dem Gesetzestext entnommen werden und dem Bestimmtheitsgebot entsprechen (sentt. n. 15/1962; n. 52/1968; n. 131/1970; n. 96/1981; n. 79/1982). Dennoch sind die Straftatbestände im Gesetz nicht immer so bestimmt formuliert, daß sich der Inhalt und die Grenzen leicht und genau aus dem Gesetzwortlaut herleiten lassen (sentt. n. 36/1964; n. 26/1966; n. 61/1969; nn. 69, 1255, 168/1971; nn. 58, 188, 236/1975; n. 79/1982; n. 169/1985; n. 132/1986). Keinesfalls darf man das Strafgesetz auf eine Weise anwenden, daß es als neu erschaffenes Recht für den Einzelfall in Betracht kommt. Im Bereich des Strafrechts ist die Analogie als Mittel der Neuschöpfung und der Ausdehnung von Straftatbeständen sowie als Mittel der Verschärfung der Rechtsfolgen untersagt (sent. n. 27/1961; n. 120/1963; n. 7/1965; n. 26/1966; n. 188/1975; n. 71/1978; n. 79/1982).

4.2.3 Rückwirkungsverbot

Die Strafen und ihre Voraussetzungen sind dem Gesetz zu entnehmen, das zur Zeit der Tat gilt (art. 25 II Cost. u. art. 2 c.p.). Aus diesem Rechtssatz ergibt sich die Tragweite des Rückwirkungsverbotes (sentt. n. 118/1957; n. 23/1967; n. 19/1970; n. 143/1982; n. 81/1983; n. 68/1984; nn. 36, 51/1985). Ist nach dem Tatzeitgesetz eine Handlung straffrei, so darf die Handlung nicht nachträglich für strafbar erklärt werden. Sieht das Tatzeitgesetz die Strafbarkeit einer Handlung vor, so ist eine Strafschärfung nachträglich ausgeschlossen. Fällt die Strafbarkeit der Tat später weg, findet keine Bestrafung mehr statt. Tritt zwischen Tatbegehung und Tataburteilung ein neues Gesetz in Kraft, so ist das mildere Gesetz anzuwenden, wobei als milder das Gesetz betrachtet wird, das die vorteilhafteren Folgen im Einzelfall zukommen läßt. Das Rückwirkungsverbot der Strafe darf auch nicht durch ein Verfassungsgerichtsurteil beseitigt werden, das ein zur Zeit der Tatbegehung geltendes milderes Gesetz nachträglich für verfassungswidrig erklärt (sentt. n. 62/1969; n. 131/1970; n. 26/1975; n. 85/1976; n. 148/1983; n. 51/1985).

4.2.4 Persönliche Tatzurechnung

Der durch eine jahrhundertelange geschichtliche Entwicklung erworbene Rechtssatz, nach dem man sich nur für die eigene Tat strafrechtlich verantworten muß, hat in art. 27 I Cost. seine verfassungsrechtliche Verankerung gefunden (sentt. n. 3/1956; n. 107/1957; nn. 67, 79/1963; n. 42/1966; n. 21/1971; n. 190/1972; n. 105/1975; n. 173/1976; n. 139/ 1982). In verschiedenen Entscheidungen behauptet das Verfassungsgericht, daß die kausale Beziehung zwischen Handlung und Erfolg in Zusammenhang mit den aus art. 40 c.p. entnommenen subjektiven Tatbestandsmerkmalen genügt, einen Erfolg als die Tat eines bestimmten Menschen anzusehen und ihm die Bestrafung verfassungsmäßig zuzurechnen (sentt. n. 3/1956; n. 173/1976). In weiteren Entscheidungen meint dagegen das Verfassungsgericht, daß die strafrechtliche Verantwortlichkeit schon allein vom kausalen Verhältnis zwischen Handlung und Erfolg begründet werden kann (sentt. n. 107/aaa1957; n. 190/1972). Das Gericht findet ferner, daß sich aus art. 27 I Cost. keine Grundlage ergebe für eine Verfassungswidrigkeitserklärung der objektiven Zurechnung (sentt. n. 3/1956; n. 107/1957; n. 79/1963; n. 42/1965; n. 42/ 1966; n. 33/1970); n. 6/1972) oder der im Gesetz absolut bestimmten Strafen, die eine Anpassung der Rechtsfolgen an das Ausmaß der strafrechtlichen Verantwortlichkeit verhindert (sentt. n. 67/1963; n. 167/ 1971; n. 50/1980).

4.2.5 Vollstreckbarkeit der Strafe erst mit dem rechtskräftigen Strafurteil (Unschuldsvermutung)

Mit der Festlegung des Grundsatzes "Vor rechtskräftiger Aburteilung darf der Angeklagte nicht als schuldig betrachtet werden" schließt art. 27 II Cost. aus, daß Strafen vor dem Eintritt der Rechtskraft eines Strafurteils vollstreckt werden können (sentt. n. 107/1957; n. 124/1972; n. 201/1974; n. 88/1976; n. 1/1980). Trotz dieser Bestimmung wird die Untersuchungshaft vom Verfassungsgericht nicht für verfassungswidrig gehalten: in einer Entscheidung mit der Begründung, daß die Untersuchungshaft die Dauer der für die begangene Straftat angedrohten Freiheitsstrafe nicht überschreitet und daß sie bei Wegfall des Haftgrundes infolge gerichtlicher Aufhebung endet (sent. n. 120/1967); in weiteren Entscheidungen mit der Begründung, daß die Untersuchungshaft unter der Voraussetzung des dringenden Tatverdachts angeordnet wird und fortdauert, und daß sie im Gegensatz zu Strafen nicht der Reaktion auf begangene Zuwiderhandlung, sondern der Verfahrensdurchführung im Hinblick auf die Erreichung der Verfahrenszwecke dient (sentt. n. 64/1970; n. 1/1980; n. 15/1982; n. 342/1983). Ferner weist das Verfassungsgericht darauf hin, daß die Rechtsvorschriften über die Untersuchungshaft mit art. 13 Cost. übereinstimmen, der die Freiheit der Bürger den gerichtlichen Organen gegenüber gewährleistet (sentt. n. 64/1970; n. 1/1980).

Mit der Begründung, daß es sich um verfahrensdienliche Prozeßhandlungen, und keinesfalls um vorzeitig vollstreckte Strafen handelt, bestätigt das Verfassungsgericht auch die Verfassungsmäßigkeit der Beschlagnahme (sent. n. 48/1970) und der den Nebenfolgen ähnlichen Maßnahmen, die vor dem Verfahrensabschluß angeordnet werden können (sent. n. 78/1969).

4.2.6 Unbedingtheit des Strafausspruches

Die Freiheitsstrafe wie die Geldstrafe können als Kriminalsanktionen nur durch unbedingten Strafausspruch verhängt werden. Das Merkmal der Unbedingtheit wird weder durch die Aufschiebbarkeit der Vollstreckung, noch durch die Möglichkeit flexibler Reaktionen bei Uneinbringlichkeit der Geldstrafe beschränkt (sent. n. 131/1979).

4.2.7 Humanität

Gemäß art. 27 III Cost. dürfen die Strafen in keiner Weise aus Behandlungen bestehen, die dem Humanitätssinn widersprechen. Das Verfassungsgericht befürwortet die Anpassung der Strafen an den Grundsatz der Humanität im Rahmen eines effizienten Schutzes der Allgemeinheit vor strafbaren Handlungen (sent. n. 115/1964).

4.3 Ziele der Strafe

Im Verfassungstext wird nur die Erziehung des Täters als Ziel der Strafe ausdrücklich erwähnt (art. 27 III Cost.). In seiner Rechtsprechung beschäftigt sich das Verfassungsgericht mit weiteren Zielen der Strafe, wie die Übelszufügung, die Abschreckung, die Verbrechensverhütung, der Schutz der Allgemeinheit vor strafrechtlichen Zuwiderhandlungen, sowie die Sühne, die Wiedereingliederung des Täters in die Gesellschaft, die es als verfassungsmäßig betrachtet und in die herkömmlichen Rechtskategorien absichtlich nicht eingliedert (sentt. n. 12/1966; n. 68/1967; n. 167/1971; n. 167/1973; nn. 204, 264/1974; n. 107/1980). Die Ziele der Strafe müssen miteinander vereinbar sein. Das Übel, das durch die Strafe zugefügt wird, darf den Verfassungsvorschriften, insbesondere dem Grundsatz der Humanität, nicht widersprechen (sent. n.

12/1966). Die Erziehung des Täters ist nicht als Leitbild anzusehen, das in vollem Umfang unbedingt erzielt werden muß; ihretwegen wird die Dauer der Freiheitsstrafe nicht erhöht. Sie wird grundsätzlich während des Vollzuges durch eine Behandlung verwirklicht, die der Menschenwürde entspricht und deren bedeutendster Bestandteil die Arbeit ist (sentt. n. 67/1963; n. 12/1966; n. 68/1967; n. 40/1970; nn. 1, 22/1971; n. 167/1973; n. 264/1974; n. 119/1975; n. 78/1977; n. 50/1980; n. 104/1982; n. 169/1985). Die Erziehung des Täters kann auch durch Geldstrafen, durch Surrogate der Freiheitsstrafe, durch Strafaussetzung zur Bewährung und durch Nebenfolgen bewirkt werden (sentt. n. 12/1966; n. 39/1970; n. 167/1971; n. 30/1972; n. 95/1973; n. 192/1976; n. 107/1980).

4.4 Strafbemessung und Strafzumessung

Straftatschwere und Strafhöhe auf der abstrakten Ebene in Einklang zu bringen, ist Aufgabe des Gesetzgebers. Der auf diese Weise entstehende Zusammenhang ist der Kriminalpolitik zuzuordnen und fällt daher nur dann unter die Zuständigkeit des Verfassungsgerichts, wenn es sich um eine grobe Verletzung des Grundsatzes der Verhältnismäßigkeit handelt (sentt. n. 109/1968; n. 114/1070; n. 22/1971; nn. 30, 90, 157/1972; nn. 36, 119, 121/1973; nn. 21, 143, 144, 171/1974; n. 1/1975; n. 26/1979; nn. 72, 121/1980; nn. 1, 103, 109, 166, 170, 199, 205, 207/1982; nn. 40, 126/1983; n. 143/1984; n. 102/1985; nn. 62, 132/1986). Auf der konkreten Ebene ist die Bestimmung der Rechtsfolgen einer Straftat ein an die gesetzlichen Strafzumessungsregeln gebundener Ermessenakt des Richters (artt. 132-133 bis c.p.), mit dem der Gleichheitsgrundsatz so weit wie möglich gewahrt werden muß (sent. n. 25/1967). Die im Gesetz vorgesehenen fest bestimmten Strafen sind zwar verfassungsmäßig; angesichts der verschiedenen Grade des Unrechtsgehalts und der vielfältigen Art und Weise der Tatbegehung genügt jedoch eine Differenzierung besser als eine Uniformierung der Strafen dem Grundsatz der austeilenden Gerechtigkeit (sentt. nn. 25, 95/1967; n. 104/1968; n. 114/1970).

Die Strafvorschriften, die die Anpassung der Geldstrafe an die wirtschaftlichen Verhältnisse des Täters verlangen, die das Überschreiten des Mindestmaßes der Strafe verbieten, die die Feststellung der persönlichen Verhältnisse des Täters durch Sachverständigengutachten nicht erlauben, die die Anrechnung der Untersuchungshaft auf die nicht aus derselben Straftat folgende Freiheitsstrafe untersagen, widersprechen dem Gleichheitsprinzip nicht, und sind als verfassungsmäßig zu betrachten (sentt. n. 104/1968; nn. 118, 179/1973; n. 13/1979).

4.5 Hauptstrafen

4.5.1 Lebenslange Freiheitsstrafe

Aufgrund von art. 27 III Cost., der die Humanität als Merkmal der Strafe und die Erziehung des Täters als Ziel der Strafe bestimmt, kann die Verfassungsmäßigkeit der lebenslangen Freiheitsstrafe nicht angegriffen werden. Nicht nur die Wiedereingliederung des Täters in die Gesellschaft, sondern auch die Abschreckung, die Verbrechensverhütung und der Schutz der Gesellschaft sind als Strafzwecke zu billigen. Darüber hinaus kann die Verfassungsmäßigkeit der lebenslangen Freiheitsstrafe auch bestätigt werden, wenn sie sich als einziges Mittel erweist, einen dauernden Ausschluß aus der Gemeinschaft für Täter herbeizuführen, die durch die begangene Straftat eine besondere Neigung zu schwerer Kriminalität bewiesen haben, sowie wenn sich die schwerste Strafe als einzige Sanktion herausstellt, die geeignet ist, gegen mildere Rechtsfolgen unempfindliche Menschen von der Begehung schwerer Verbrechen abzuhalten (sentt. n. 115/1964; n. 264/1974).

4.5.2 Zeitige Freiheitsstrafe

Mit der Begründung, daß kürzere Freiheitsstrafen die Strafzwecke nicht erreichen können, wird die Verfassungsmäßigkeit des Mindestmaßes der Freiheitsstrafe, das fünfzehn Tage beträgt (art. 23 c.p.), vom Verfassungsgericht bestätigt (sentt. n. 18/1973; n. 208/1974).

4.5.3 Kurzfristige Freiheitsstrafe und Ersatzsanktionen

Unter Betonung der Erkenntnis sowohl des Mangels an bessernder und abschreckender Wirkung als auch der entstehenden kriminogenen Folgen sowie der Überfüllung der Strafanstalten werden die Nachteile der kurzzeitigen Freiheitsstrafen vom Verfassungsgericht eingeräumt und ihre Zurückdrängung und Ersetzung durch andere Sanktionen befürwortet (sent. n. 148/1984).

Insbesondere unter Berücksichtigung jener Straftaten, gegen die die kumulative oder die alternative Geldstrafe oder die Geldstrafe als einzige Sanktion früher vorgeschrieben war, müssen neue Zusammenhänge unter den Rechtsfolgen geschaffen werden, um die Ersetzung der Freiheitsstrafe durch eine Geldstrafe entsprechend dem Gleichheitsgrundsatz zu verwirklichen. Mildere Sanktionen, die an die Stelle früherer Geldstrafen treten können, sind im italienischen Strafrecht nicht vorgesehen. Aus der Ersetzung der Freiheitsstrafen entsteht das Problem der Ersetzung der Geldstrafen, dessen Lösung dem Gesetzgeber überlassen bleibt (sentt. n. 148/1984; n. 292/1985; n. 350/1985).

4.5.4 Vollzug der Freiheitsstrafe

Das Verfassungsgericht bestätigt die Verfassungsmäßigkeit aller Maßnahmen, die einer Unterbringung des Gefangenen im offenen oder
halboffenen Vollzug nach Möglichkeit entgegenkommen. Insbesondere
gibt das Gericht zu, daß die bedingte Entlassung, die es erlaubt, einen
erheblichen Teil schwerer Freiheitsstrafen im offenen Vollzug zu voll-
strecken, eine unentbehrliche Bedingung zur Wiedereingliederung des
Täters in die Gesellschaft, sowohl bei zeitiger als auch bei lebenslanger
Freiheitsstrafe erfüllt. Sind die Voraussetzungen gegeben (art. 176 c.p.)
so hat der Gefangene ein Recht auf ihre unverzügliche Gewährung
durch gerichtliche Anordnung (sentt. n. 22/1971; nn. 204, 264/1974; n.
192/1976; nn. 8, 74/1979).

Falls die Überweisung an den Sozialdienst zur Bewährung wegen
eines gesetzwidrigen oder den Weisungen widersprechenden Verhaltens
des Verurteilten widerrufen wird, endet die Vollstreckung der Freiheitsstrafe im offenen Vollzug, und die Zeit, die der Täter unter Bewährung verbracht hat, wird auf die zu vollstreckende Freiheitsstrafe
angerechnet. Sie wird als verbüßte Freiheitsstrafe auch bei der Gewährung von halboffenem Vollzug berücksichtigt (sentt. nn. 185, 312/1985).

Die artt. 146, 147, 148 c.p., die den Vollstreckungsaufschub der Freiheitsstrafe vorsehen, falls der Verurteilte aus gesundheitlichen oder aus
anderen zwingenden Gründen nicht in der Lage ist, den Vollstreckungs-
zwang auf sich zu nehmen, sind verfassungsmäßig (sent. n. 131/1979).
Aufgrund des Gleichheitsprinzips (art. 3 Cost.) muß die Zeit, die ein
Verurteilter wegen schwerer psychischer oder physischer Krankheit
während der Strafvollstreckung im Krankenhaus verbracht hat, auf die
zu vollstreckende Freiheitsstrafe angerechnet werden (sent. n.
146/1975).

4.5.5 Geldstrafe

Vollkommen und verfassungsmäßig dient die Geldstrafe der Erreichung
der Strafzwecke, darunter auch dem der Erziehung des Täters (sent. n.
12/1966). Mit der Festsetzung der Geldstrafe durch den Richter in den
Grenzen eines Strafrahmens kann die Anpassung der Geldstrafe an den
Unrechts- und Schuldgehalt der Tat und an die Persönlichkeit des Täters am besten verwirklicht werden (sentt. n. 67/1963; n. 104/1968; n.
118/1973; n. 50/1980).

Trotz dieser Erkenntnis betrachtet das Verfassungsgericht die fest
bestimmte Geldstrafe (art. 27 c.p.) nicht als verfassungswidrig, soweit
keine Verletzung des Verhältnismäßigkeitsgrundsatzes entsteht (sentt. n.
67/1963; n. 113/1968; n. 50/1980). Die Multipla-Geldstrafe (art. 27 c.p.)
wird auch als verfassungskonform anerkannt mit der Begründung, daß
die Anpassung der Strafe an die Tatschwere nicht verhindert und das
Gesetzlichkeitsprinzip befriedigt wird (sentt. n. 15/1962; n. 167/1971).
Die für einzelne Deliktsgruppen im Gesetz vorgesehenen Mindeststra-
fen, die höher als das Mindestmaß, oder Höchststrafen, die geringer als

das Höchstmaß des für die Geldstrafe allgemein festgesetzten Strafrahmens sind, widersprechen der Verfassung nicht, sofern dies im Hinblick auf die Zweckmäßigkeit der Strafe vom Gesetzgeber bestimmt wurde (sentt. nn. 62, 68, 89/1963; n. 45/1970). Die Erhöhung der angedrohten Höchststrafe bis auf das Dreifache zur Anpassung der Geldstrafe an die Leistungsfähigkeit des Täters entspricht der Verfassung. Indem sie verhindert, daß bei hohem Einkommen des Täters die Strafzwecke im konkreten Fall verfehlt werden, genügt sie dem Gleichheitsgrundsatz (sent. n. 104/1968).

4.5.6 Vollstreckung der Geldstrafe

Die Gewährung eines Zahlungsaufschubs oder der Ratenzahlung der Geldstrafe bei Nachweis der Zahlungsunfähigkeit des Verurteilten verstößt nicht gegen den Gleichheitsgrundsatz (sentt. n. 81/1970; n. 131/1979). Die Ersatzfreiheitsstrafe, die an die Stelle einer wegen Leistungsunfähigkeit des Täters unvollstreckt gebliebenen Geldstrafe tritt, ist verfassungswidrig. Da der persönlichen Freiheit gegenüber dem Vermögen in der Verfassung ein höherer Stellenwert eingeräumt wird, sind Freiheit und Vermögen nicht als miteinander austauschbare Rechtsgüter anzusehen. Die Umwandlung der Geldstrafe in Freiheitsstrafe widerspricht damit dem Gleichheitsprinzip, soweit sich Rechtsfolgen verschiedener Art und Härte aus Straftaten gleichen Schuldmaßes nur aufgrund der schlechten Wirtschaftsverhältnisse des Täters ergeben (sent. n. 131/1979).

4.6. Strafaussetzung zur Bewährung

Die Strafaussetzung zur Bewährung bezüglich der durch ein späteres Verfahren festgestellten Teilakte einer fortgesetzten Handlung nicht zu bewilligen, stellt einen Verstoß gegen den Gleichheitsgrundsatz dar (sent. n. 86/1970). Falls eine früher verhängte Freiheitsstrafe nicht ausgesetzt wurde, widerspricht die Weigerung, eine später verhängte Freiheitsstrafe auszusetzen, dem Gleichheitsgrundsatz, soweit die zwei Strafen - zusammengezählt - die gesetzliche Obergrenze der aussetzungsfähigen Strafe nicht überschreiten (sent. n. 95/1976; ord. n. 55/1978). Um dem Gleichheitsprinzip zu genügen, ist es oft erforderlich, daß die Strafaussetzung auch zum zweiten Mal bewilligt wird. Dies geschieht verfassungsmäßig, soweit die neue Strafe und die frühere Strafe - zusammengezählt - innerhalb der gesetzlichen Obergrenze der aussetzungsfähigen Strafe bleiben. Keineswegs darf die Strafaussetzung zum dritten Mal bewilligt werden (sentt. n. 73/1971; n. 133/1980; ordd. nn. 130, 133/1981; n. 265/1982; sent. n. 295/1986).

Wenn die wegen einer späteren Straftat verhängte Geldstrafe ordnungsgemäß vom Verurteilten bezahlt wird, erfolgt der Widerruf der Strafaussetzung einer früher verhängten Freiheitsstrafe verfassungswidrig (sent. n. 86/1970; ord. n. 138/1970).

4.7 Nebenfolgen

Da die Nebenfolgen als Statusfolgen einer strafrechtlichen Verurteilung anzusehen sind, ist es auszuschließen, daß sie jemand anderem als dem Täter auferlegt werden können (sent. n. 30/1972).

Die Nebenfolge der Versagung bzw. der Rücknahme einer Zulassung zur Ausübung eines Berufs oder eines Gewerbes (artt. 30 u. 35 c.p.) verstößt gegen den Grundsatz des Rechts auf Arbeit (art. 4 Cost.) nicht (sent. n. 30/1972). Der Verlust von Gehältern, Renten oder Einkommen verschiedener Art, die aus einem mit öffentlichen Dienststellen geschlossenen Arbeitsvertrag stammen (art. 28 II n. 5 u. III c.p.), ist als integrierender Bestandteil der Nebenfolge der Aberkennung der Amtsfähigkeit wegen Verletzung des Gleichheitsprinzips (art. 3 Cost.) und des Grundsatzes der Zweckmäßigkeit des Entgeltes (art. 36 Cost.) verfassungswidrig (sentt. n. 3/1966; n. 113/1968).

4.8 Strafaufhebungsgründe

Die Verfassungsmäßigkeit der Amnestie (art. 151 c.p.) ist sehr umstritten (sentt. n. 110/1962; n. 171/1963; n. 30/1964; n. 52/1968; n. 175/1971; n. 69/1972; n. 68/1983). Da die Amnestie als Rechtsinstitut ausdrücklich im Grundgesetz verankert ist (art. 79 Cost.), wagt das Verfassungsgericht allerdings nicht, die mit der Anmestie verursachten Verstöße gegen Verfassungsgrundsätze zu beanstanden (sentt. n. 171/1963; n. 175/1971; n. 32/1976; nn. 59, 107/1980; n. 68/1983; ord. n. 201/1983; sent. n. 131/1986).

Auch der Indult als Straferlaß ist in der Verfassung ausdrücklich vorgesehen (art. 79 Cost.); damit entfällt jede Entscheidung über die Verfassungsmäßigkeit seines Rechtsinhalts (art. 174 c.p.). Den Indult unter Bedingungen wie Ausgleich der Schulden, die aus der Straftat stammen, Bezahlung einer Geldbuße und ähnliches zu gewähren, ist mit der Verfassung vereinbar (sent. n. 154/1974). Genauso findet die Gnade (art. 174 c.p.) ausdrückliche Billigung in der Verfassung (art. 87 XI Cost.). Die Begnadigung kann ebenfalls unter der Bedingung der Erfüllung von Pflichten und Leistungen gewährt werden (sent. n. 134/1976). Im Rahmen des Registerrechts hat das Verfassungsgericht erkannt, daß die Aufnahme von Strafregistereintragungen in das zu Privatzwecken erteilte Führungszeugnis dem Gleichheitsgrundsatz widerspricht, soweit damit verhängte Strafen zur Kenntnis gebracht werden, die zusammengerechnet innerhalb der Obergrenze der nicht aufzunehmenden Strafe liegen (sentt. n. 225/1975; n. 155/1984).

4.9 Allgemeines zu den Sicherungsmaßregeln

Die Sicherungsmaßregeln werden in art. 25 III Cost. erwähnt. Die Freiheitsentziehung, die aus den Maßregeln entsteht, muß den in der Verfassung verankerten Rechtsätzen entsprechen. Vor allem muß sie mit den Verfassungsvorschriften in Einklang stehen, die die Wahrung der Menschenwürde gewährleisten (art. 1 Cost.), die eine Einschränkung der allgemeinen Handlungsfreiheit (art. 2 Cost.) nur durch notwendige Eingriffe zur Sicherung des Zusammenlebens in der Gesellschaft (artt. 13-23 Cost.) erlauben und die auf die Humanität der Strafrechtsfolgen hinweisen (art. 27 Cost.; sentt. n. 167/1972; n. 23/1979). Die begangene Straftat und die daraus sich herleitende Gefährlichkeit des Täters für die Allgemeinheit (artt. 202, 203 c.p.) sind als verfassungsmäßige Voraussetzungen der Sicherungsmaßregeln anzusehen (sentt. n. 27/1959; n. 23/1964). Die sichernden Maßregeln sind keine Maßnahmen verwaltungsrechtlicher Natur. Als echte Bestandteile des Sanktionensystems des Strafrechts müssen sie mit allen prozeßrechtlichen Garantien verhängt und unter richterlicher Überwachung vollstreckt werden (sentt. n. 53/1968; n. 127/1979; n. 140/1982).

Die erzieherische Wirkung, die art. 27 III Cost. der Strafe spezifisch gebietet, bezieht sich nicht auf die Maßregeln, die eine Besserung des Täters schon ex se erzielen müssen (sentt. n. 68/1961; n. 68/1967; n. 1/1971; n. 106/1972; n. 19/1974; n. 139/1982).

Gemäß art. 25 III Cost. muß der Gesetzlichkeitsgrundsatz den Maßregeln zugrundegelegt werden. Dennoch sind die Vorschriften des Strafgesetzbuches, die für die Maßregeln zugunsten oder zu ungunsten des Täters zeitlich verschiebbare Unter- und Obergrenzen festlegen (art. 215 ff. c.p.) und die das Rückwirkungsverbot nicht enthalten (artt. 199, 200 c.p.), als verfassungsmäßig zu betrachten (sentt. n. 53/1968; nn. 19, 21, 244/1974; n. 119/1976; n. 127/1979; nn. 139, 140/1982). Offen bleibt jedoch die Frage, ob es dem Gleichheitsgrundsatz besser dient, das Mindestmaß der Maßregeln durch Anpassung an die Täterpersönlichkeit im konkreten Fall von Richter oder nach der Schwere der begangenen Straftat abstrakt vom Gesetzgeber bestimmen zu lassen (sent. n. 119/1976).

4.10 Unterschiede zwischen Strafen und Maßregeln

Die Verfassung sieht die Zweiteilung von Strafen und Maßregeln ausdrücklich vor (art. 25 II und III Cost.). Die Gestaltung der Strafe, die noch grundlegend auf der Zufügung eines Übels wegen der begangenen Straftat und auf der Unterdrückung des Täters basiert, sowie die entgegengesetzte Struktur der Maßregeln, die noch fast ausschließlich an der Verhütung zukünftiger Verbrechen ausgerichtet ist, lassen wesentliche Verschiedenartigkeiten zwischen Strafen und Maßregeln bestehen. Darüber hinaus halten die unterschiedliche Stellung, die Strafen und Maßregeln in den Strafgesetzen innehaben, die unterschiedliche Weise der Androhung, die verschiedenen Täterkategorien, gegen die sie gerichtet sind (Schuldfähige bei Strafen, Schuldfähige und Schuldunfähige bei Maßregeln) und schließlich die unterschiedliche Anwendung des Gesetzlichkeitsprinzips die Strafen von den Maßregeln tiefgreifend auseinander getrennt (sentt. n. 53/1958; n. 23/1964; n. 167/1972; n. 24/1979). Weder aus der Gemeinsamkeit der richterlichen Vollstreckungsüberwa-

chung, noch aus der Bindung an das Rechtsstaatsprinzip, noch aus der
Einordnung unter den im weiteren Sinn verstandenen Begriff der Sanktion als Antwort auf eine Rechtsverletzung, noch aus dem Einsatz als
Mittel zur Verbrechensbekämpfung ergibt sich die Gleichsetzung von
Strafen und Maßregeln (sent. n. 53/1958). Infolgedessen bildet die von
den Strafen abweichende Normierung der Maßregeln weder eine Verletzung des Gleichheitsgrundsatzes (art. 3 Cost.) noch der artt. 13 und
27 der Verfassung (sent. n. 96/1970; ord. n. 16/1971; sent. n. 23/1979).

4.11 Freiheitsentziehende Sicherungsmaßregeln

4.11.1 Einweisung in eine Landkolonie oder in ein Arbeitshaus

Mit der Begründung, daß sich die Rechtsgrundlagen der Sicherungsmaßregeln von jenen der Freiheitsstrafen völlig unterscheiden, weist das
Verfassungsgericht die Bedenken der Tatgerichte zurück, die die Verfassungsmäßigkeit der Einweisung in eine Landkolonie oder in ein Ar-
beitshaus aufgrund von artt. 2, 3, 13, 24 II, 25 III, 27 III, 111 Cost. in
Frage gestellt hatten, weil solche Maßnahmen auf ähnliche Art und
Weise wie die Freiheitsstrafe vollzogen würden (sent. n. 110/1974).
Da der Abbau der Gemeingefährlichkeit hauptsächlich durch Arbeit
erreicht wird, da die verlangten Arbeitstätigkeiten von unterschiedlicher
Art und Schwere sein können, und da die Rechte der behinderten Inter-
nierten auf soziale Fürsorge nicht beeinträchtigt werden, bildet die
Verhängung der oben erwähnten Maßregeln gegen behinderte oder ar-
beitsunfähige Menschen keinen Verstoß gegen artt. 3 I u. II, 27 III, 36,
38 Cost., die den Gleichheitsgrundsatz, die Humanität als Bestandteil
der Sanktionen und die Rechte der Arbeiter garantieren (sentt. n.
167/1972; n. 148/1973; n. 79/1974).

4.11.2 Unterbringung in einem psychiatrischen Justizkrankenhaus

Die Unterbringung in einem psychiatrischen Justizkrankenhaus von
wegen psychischen Leidens schuldunfähigen Menschen widerspricht
nicht den Grundsätzen der Gleichheit (art. 3 Cost.), dem Recht auf
ärztliche Behandlung (art. 32 Cost.), der persönlichen Tatzurechnung
(art. 27 I Cost.), der Humanität der Strafsanktionen (art. 27 III Cost.)
und des Rechts auf Arbeit (art. 4 Cost.). Die Begehung einer gravierenden Straftat, die Schuldunfähigkeit wegen Geisteskrankheit und die
Gemeingefährlichkeit des Täters legitimieren die Unterschiede, die sich
aus den an straffällige Geisteskranke gerichteten Rechtsnormen im
Vergleich mit den gesetzlichen Vorschriften ergeben, die die psychiatrische Behandlung für nicht kriminelle Geisteskranke, die die Maßnahmen für wegen Geisteskrankheit verminderte Schuldfähige und die die
Strafe für nicht geisteskranke Täter regeln (sentt. n. 19/1966; n.
68/1967; n. 106/1972; ord. n. 141/1973; sentt. n.110/1974; n. 139/1982;
ordd. nn. 17, 93/1983; n. 25/1985). Psychisches Leiden und Gemeinge-

fährlichkeit als Voraussetzungen der Maßregel müssen in demselben Maß bekämpft werden. Wird die Heilung des geisteskranken Täters nicht vernachlässigt und tritt sie nicht gegenüber der Verwahrung des gemeingefährlichen Geisteskranken zum Schutz der Allgemeinheit in den Hintergrund, so ist die Vollstreckung der Unterbringung in einem psychiatrischen Justizkrankenhaus als verfassungsmäßig anzusehen (sentt. n. 68/1967; n. 139/1982).

5. Bemerkungen über die Rechtsprechung des Verfassungsgerichts, Schlußfolgerungen

Aus den ausgeführten Entscheidungen können die folgenden Bemerkungen und Schlußfolgerungen abgeleitet werden:

1. Indem das Verfassungsgericht sich bemüht, einer Anwendung der Strafen in beliebiger Reichweite und Art entgegenzuwirken, und die Wahrung der Menschenrechte zu fördern, weist es auf das Wesen der öffentlichen Strafen als schärfstes Machtinstrument des Staates gegen den Bürger hin. In einer Gesellschaft, deren Grundordnung sich auf die Freiheit des Einzelnen beruft, darf nur als "ultima ratio" zu strafrechtlichen Sanktionen gegriffen werden. Falls diese als unentbehrlich erscheinen, muß ihre Verwendung unter strenger Berücksichtigung des Rechtsstaatsprinzips erfolgen.

2. In seiner Rechtsprechung hat sich das Gericht nicht darauf beschränkt, das klassische Strafrecht auf verfassungskonforme Fundamente zu stützen, sondern hat es zugleich neue Wege zur Modernisierung des Systems der strafrechtlichen Folgen eingeschlagen.

3. In bezug auf die Strafzwecke wurde der erste Schritt zur Umwandlung des herkömmlichen Systems getan. Das Gericht hat es in seinen Entscheidungen absichtlich unterlassen, von dem konventionellen technischen Rechtswortschatz (Vergeltung, Generalprävention, Spezialprävention) Gebrauch zu machen, und an dessen Stelle hat es mehrere, pragmatische Bezeichnungen eingeführt. Dies zwingt Kriminologen und Juristen, aus den traditionellen und versteiften Rechtskategorien herauszugehen und im Rahmen des gesamten Phänomens der Kriminalität Zuwiderhandlungen und Reaktionen unter veränderten und erweiterten Gesichtspunkten zu betrachten.

4. Die Krise des Sanktionensystems im allgemeinen und die Krise der Freiheitsstrafe im besonderen, die noch Kern des Sanktionensystems ist, obwohl sie seit Jahren unter einem erheblichen Abschwächungsprozeß steht, spiegeln sich in vollem Umfang in den Entscheidungen wider, die die einzelnen strafrechtlichen Folgen betreffen. Aufgrund seiner Feststellung, daß das geltende Sanktionensystem sich in einem Erschöp-

fungszustand befindet, regt das Verfassungsgericht an, dieses System zu überwinden. Es bestätigt die Verfassungsmäßigkeit der lebenslangen Freiheitsstrafe mit der einschränkenden Bemerkung, daß die schwerste Strafe im Moment als einzig geeignetes Mittel erscheine, von der Begehung schwerer Verbrechen abzuhalten. Daraus läßt sich die Forderung nach neuen Rechtsgrundlagen für die Bekämpfung der schweren Kriminalität in Einklang mit den Menschenrechten herleiten. In bezug auf zeitige Freiheitsstrafe wird die Lockerung des Vollzuges durch Zurückdrängung der Freiheitsentziehung auf jede mögliche Art vom Verfassungsgericht befürwortet. Der freie Bereich, der in der Strafe dadurch umrissen wird, verlangt rechtliche Gestaltung auf untraditionelle Weise. Darüber hinaus findet die Ersetzung der kurzfristigen Freiheitsstrafen durch nicht freiheitsentziehende Sanktionen völlige Anerkennung. In diesem Zusammenhang wirft das Verfassungsgericht auch das Problem einer Ersetzung der Geldstrafe durch mildere Sanktionen auf. Damit wird eine Herabsetzung der Schuldobergrenze nun auch im Bereich der kleinen und mittleren Kriminalität gebilligt: was das Erfordernis mit sich bringt, neue Alternativen zum Strafrecht auf dem Gebiet der unteren Kriminalität zu erforschen.

5. Überdies hat die Umwandlung uneinbringlicher Geldstrafen in Freiheitsstrafen, als anachronistischer Überrest der mittelalterlichen Gefängnisstrafe wegen Schulden, ihre Aufhebung durch das Verfassungsgericht erfahren. Heute taucht die Geldstrafe als echte öffentliche Hauptstrafe parallel zur Freiheitsstrafe auf. Die Anwendungshäufigkeit der Geldstrafe, die nur wenig unter der der Freiheitsstrafe liegt, bringt die Geldstrafe noch weiter zur Geltung. In der Übergangsphase, in der sich das geltende Strafrecht befindet, spielt die Geldstrafe als schonendere Rechtsfolge eine wichtige Rolle. Die von der Geldstrafe verursachte ungleichmäßige Wirkung auf arm und reich wird durch die Berücksichtigung der wirtschaftlichen Leistungsfähigkeit des Täters als Strafbemessungsfaktor gegenüber allen anderen Strafbemessungsgründen ausgeglichen. Ob das Gesamtsummensystem und die mögliche Erhöhung der angedrohten Höchststrafe bis auf das Dreifache den Gedanken der Opfergleichheit verwirklichen und Transparenz in die Zumessung der Geldstrafe bringen können, bleibt trotz der billigenden Äußerung des Verfassungsgerichts umstritten. Ferner beseitigt die Bestätigung der Multipla-Geldstrafe als verfassungskonform die Zweifel an ihrer Vereinbarkeit mit dem Rechtsstaatsprinzip nicht.

6. Die Absicht des Verfassungsgerichts, die Freiheitsstrafe so weit wie möglich abzuschaffen und auf eine Umgestaltung des klassischen Strafrechts hinzuwirken, kommt deutlich zum Ausdruck in den Entscheidungen, die über die Strafaussetzung zur Bewährung getroffen worden sind und die heutige gesetzliche Regelung gefördert haben. Die Obergrenze der aussetzungsfähigen Freiheitsstrafe, die für alle Täter auf zwei Jahre festgesetzt und für einige Tätergruppen auf achtzehn Monate erhöht ist, die Möglichkeit, die Strafaussetzung auch zum zweiten Mal zu bewilligen, sowie die Beseitigung der Hinderniswirkung von Vorstra-

fen und die Bedingungen, die dem Widerruf entgegenstehen, sind deutliche Anzeichen dafür, daß die Strafaussetzung zur Bewährung nicht als Surrogat der Freiheitsstrafe, sondern als selbständiges strafrechtliches Reaktionsmittel zu betrachten ist mit einer Mehrzahl von Wirkungsmöglichkeiten, die sich von jenen der überlieferten Kriminalsanktionen tiefgreifend unterscheiden. In den aus Vergeltung bestehenden, repressiven Strafen drückt sich ein Strafsystem aus, das den zum Täter gewordenen Bürger zum Untertan erniedrigt und ihm die von der Verfassung gewährleisteten Vorrechte der Souveränität nimmt. Die Strafaussetzung zur Bewährung erwirkt dagegen Genugtuung für das begangene Unrecht und Resozialisierung durch die Aktivierung der Persönlichkeit des Täters. Dadurch bringt sie den Rechtssatz zum Ausdruck, nach dem der Täter - auch wenn er das Strafgesetz verletzt hat - immer als Bürger und Träger der Persönlichkeitsrechte anzusehen ist. Die Strafaussetzung erweist sich als scharfer Bruch mit der noch dominierenden juristischen Kultur, und zugleich stellt sie sich als Voraussetzung zur Demokratisierung des geltenden Sanktionensystems dar.

7. In Italien wird jedes Jahr durchschnittlich wegen 2.200.000 neuer Straftaten Anklage erhoben, was die Strafrechtspflege ungeheuer stark beansprucht. Um die Gerichte zu entlasten und die Zahl der Insassen in den überfüllten Strafanstalten zu reduzieren, muß oft zur Amnestie gegriffen werden. Dadurch wird in einer Vielzahl von Fällen Straffreiheit nach allgemeinen Merkmalen aufgrund eines Gesetzes gewährt. Diesbezüglich beschränkt sich das Verfassungsgericht darauf, einerseits zu betonen, daß die Amnestie eine überholte und dem Rechtsstaat unangemessene Einrichtung sei, und andererseits den Gesetzgeber darauf hinzuweisen, daß der häufige und weitgreifende Gebrauch, der heute von der Amnestie gemacht wird, einer modernen Demokratie nicht entspreche. Weiter wagt das Verfassungsgericht nicht einzugreifen. Die verheerende Eskalation der Kriminalität zeigt die beängstigende Unwirksamkeit des geltenden Sanktionensystems und beweist zugleich, daß der Zerfall des klassischen Strafrechts solches Ausmaß erreicht hat, daß die Strafrechtspflege nur noch durch die Anwendung von Kunstmitteln vor dem totalen Zusammenbruch bewahrt werden kann.

8. Dem klassischen Strafrecht ist der Mißerfolg nicht neu. Schon im vorigen Jahrhundert wurde festgestellt, daß die Strafen von unterdrückender Wirkung nicht ausreichen, die ordnungsmäßige und friedliche Entwicklung der Gemeinschaft zu gewährleisten. In der Tat haben auch die zur Verbesserung des Systems eingeführten vorbeugenden Sicherungsmaßregeln versagt. Die Tendenz zur Zurückdrängung der Maßregeln ist heute in verschiedenen Ländern deutlich erkennbar und kommt auf verschiedene Art und Weise zum Ausdruck. Das italienische Verfassungsgericht kämpft gegen die moderne Richtung an, Strafen und Maßregeln zu verschmelzen. Eine Berücksichtigung der Gemeingefährlichkeit im Rahmen der Schuldfrage läßt das Gericht nicht zu. Gemeingefährlichkeit und Schuld müssen scharf auseinandergehalten werden. Die Erziehung und die Vergeltung bei den Strafen einerseits, sowie die

Behandlung und die Vorbeugung bei den Maßregeln andererseits, prägen jeweils das Wesen und die Ziele der betreffenden Freiheitsentziehung in so hohem Maße, daß die Freiheitsstrafe den freiheitsentziehenden Maßregeln nicht gleichgestellt werden kann. Durch die Aufhebung der strafrechtlichen Vorschriften, die eine Feststellung der Gemeingefährlichkeit im konkreten Fall verhindern und die Verhängung der Maßregeln an gesetzliche Vermutungen anknüpfen, führt das Verfassungsgericht schrittweise eine Einschränkung der freiheitsentziehenden Maßregeln durch. Auch die Zweiteilung des Sanktionensystems geht zu Ende: die Rechtsreaktionen gegen straffällig gewordene Geisteskranke und gegen Rückfalltäter bedürfen neuer Fundamente.

9. Der Anregung des Verfassungsgerichts zur Umgestaltung des Sanktionensystems und damit zur Umwandlung des wirkungslosen und als veraltet geltenden Strafrechts in eine demokratische und leistungsfähige Rechtsordnung sollte Folge geleistet werden. Vollständige Rechtsgrundlagen zur Modernisierung des Strafrechts kann man aus der Rechtsprechung des Gerichts bis jetzt noch nicht ableiten, jedoch lassen sich einige wertvolle Leitlinien erkennen, die wegen ihrer Bedeutsamkeit durchdacht werden sollten.

Abkürzungen:

art.	articolo (Artikel)
artt.	articoli (Artikel)

--> die römische Zahl nach der Artikelnummer bezeichnet den Absatz

c.p.	codice penale (italienisches Strafgesetzbuch)
Cost.	Costituzione (italienische Verfassung)
l.	legge (Gesetz)
l. cost.	legge costituzionale (verfassungsrangiges Gesetz)
n.	numero (Nummer)
nn.	numeri (Nummern)
ord.	ordinanza (Beschluß)
ordd.	ordinanze (Beschlüsse)
sent.	sentenza (Entscheidung)
sentt.	sentenze (Entscheidungen)

--> die jeweils nachfolgenden Zahlen bezeichnen die Nummer und/das Jahr der Entscheidung.

Tabelle 1:   Verhängte Strafen im Jahre 1988

Verhängte Strafen	Gesamtzahl	%
	124.463	100
Verhängte Geldstrafen	61.150	49
Verhängte Freiheitsstrafen	63.313	51

Tabelle 2:   Verhängte Freiheitsstrafen

Höhe	Zahl	%
bis 1 Monat	6.684	11
1 - 3 Monate	7.137	11
3 - 6 Monate	18.261	29
6 - 12 Monate	13.916	22
1 - 2 Jahre	10.428	16
2 - 3 Jahre	3.680	6
3 - 5 Jahre	1.915	3
5 - 10 Jahre	828	1
mehr als 10 Jahre	464	1
Gesamt	63.313	100

Tabelle 3:   Vollstreckung der Freiheitsstrafe und Verhängung und Vollstreckung der Ersatzsanktionen

Sanktionen	Anzahl	%
Gesamtzahl der vollstreckten Freiheitsstrafen	7.650	12
Gesamtzahl der verhängten Ersatzsanktionen	4.139	100
-> Aussetzung und Widerruf der Ersatzsanktionen	518	12
->. Gesamtzahl der vollstreckten Ersatzsanktionen	3.621	88
--> Verhängte Ersatzsanktionen		
-> Halbgefangenschaft	106	3
-> Kontrollierte Freiheit	3.488	84
-> Ersatzarbeit	27	1

Tabelle 4: Begnadigung

	Anzahl	%
Gesamtzahl der Gnadengesuche	2.700	100
Gesamtzahl der erlassenen Gnadenakte	241	9
--> durch Begnadigung erlassene Strafen		
-> lebenslange Freiheitsstrafe	5	2
-> zeitige Freiheitsstrafe	216	90
-> Geldstrafen	20	8

Tabelle 5: Vollstreckung der Sicherungsmaßregeln

	Anzahl	%
Gesamtzahl der vollstreckten Sicherungsmaßregeln	3.426	100
--> Sicherungsmaßregeln		
-> Landkolonie	5	0,2
-> Arbeitshaus	430	12
-> Heil- und Bewahrungsanstalt	52	2
-> Psychiatrisches Justizkrankenhaus	1.533	45
-> Führungsaufsicht	1.406	41

Prävention und Strafmündigkeit

bei den minder- und nichtvolljährigen Rechtsverletzern
in VR Bulgarien

Todor Taschev

Das Problem der asozialen und antisozialen Verhaltensweise der Heranwachsenden ist für fast alle Länder der Welt und insbesondere für die
hochentwickelten westlichen Länder aktuell. Wie Göppinger[1] bemerkt,
beobachtet man nach dem Ende des zweiten Weltkrieges beträchtliche
Zunahme der Kriminalität.

Obwohl in kleinerem Ausmaß werden asoziale Verhaltensweise und
Gesetzesübertretungen der Heranwachsenden auch in den sozialistischen
Ländern sowie in der VR Bulgarien festgestellt. Als Hauptursachen für
diese Erscheinungen werden die rapide Industrialisierung, die Urbani-
sation und die Migration genannt. In der Atmosphäre der Industriestadt
werden die Bindungen innerhalb der Familie locker und die Elternaufsicht über die Kinder schwach, während die Verlockungen der Großstadt zunehmen. Nach unseren früheren Untersuchungen[2] spielen eine
bedeutende Rolle für die antisoziale Verhaltensweise der Heranwachsenden auch die pädagogische Ignoranz der Eltern, der fehlende pädagogische Takt bei manchen Lehrern, das schlechte Beispiel von Mit-
schülern und Erwachsenen sowie einige neuropsychische Abnormitäten.
Die Untersuchungen in den Arbeitserziehungsheimen weisen niedrige
Schulleistung auf im Vergleich zu den gleichaltrigen Schülern in den
übrigen Schulen[3]. Auch psychologische Untersuchungen[4] von Kindern
in den Arbeitserziehungsschulen und in den anderen Schulen zeigen,
daß eine bedeutend größere Anzahl von Schülern in den Arbeitserziehungsschulen ein niedriges unter dem Durchschnitt oder im Durchschnitt stehendes intellektuelles Niveau im Vergleich zu den Schülern in
den übrigen Schulen besitzen. Eine unbedeutende Zahl von Kindern in
den Arbeitserziehungsheimen gehört zur Kategorie des hohen intellektuellen Niveaus und nur 1 % hat ein beträchtlich hohes intellektuelles
Niveau.

---

1) Göppinger, H.: Kriminologie. Eine Einführung. München: Beck 1971
2) Taschev, T.: Das schuldige Kind. Volksbildung, Sofia: 1966; (bulgarisch)
3) Taschev 1966 (Fn 1)
4) Borissova V.: Abweichungen in der intellektuellen Entwicklung der Schüler aus der
   Arbeitserziehungsschule. Gesellschaftliche Erziehung XXI, 6 (1981), S. 22 - 28; (bulgarisch)

Nach amtlichen Angaben[5] geht die Kinderkriminalität unter den Bedingungen des sozialistischen Staates allmählich zurück. So z.B. während vor 1944 der Anteil der Kriminalität der Minderjährigen an der allgemeinen Kriminalität 32 % beträgt, ist er 1980 niedriger als 8 %. Diese Tendenz setzt sich auch danach weiter fort. In Bulgarien fehlt es an organisierter Kriminalität, es existieren keine organisierten terroristischen Gruppen und Banden, der Mißbrauch mit narkotischen und euphorisierenden Mitteln ist gering. Es handelt sich dabei um einige Hunderte, die davon betroffen sind und zwar in den letzten Jahren. In den meisten Fällen (75 bis 85 %) handelt es sich um wertmäßig kleine (unter 50 Dollar) Aneignungen von Gegenständen und Gebrauchsgütern wie Alkohol, Zigaretten. Danach folgen frequenzmäßig Verschleppung von Kraftfahrzeugen zum Zeitvertreib und Anschläge auf Personen, gefördert in den meisten Fällen durch Alkoholmißbrauch.

Das Verdienst um das niedrige Niveau der antisozialen Verhaltensweise unter den Heranwachsenden verdankt man der Fürsorge, die der sozialistische Staat den Kindern und den Jugendlichen angedeihen läßt und den umfassenden Präventivmaßnahmen, die die Gesetzgebung der VR Bulgarien vorsieht.

Schon in der Verfassung (Artikel 39) heißt es, daß die Jugend besonderen Schutz genießt und daß die Familie, die Schule, die Staatsorgane und die öffentlichen Organisationen um die intellektuelle, sittliche, ästhetische, kulturelle und physische Entwicklung der Jugend sowie um die Arbeitserziehung und polytechnische Ausbildung aufs äußerste bemüht sind. Im Artikel 44 der Verfassung heißt es, daß die Minderjährigen, die Unmündigen, die Arbeitsunfähigen und die älteren Menschen, die keine Verwandten haben oder keinen Unterhalt von ihnen bekommen, sich unter dem besonderen Schutz des Staates und der Gesellschaft befinden.

Wenn wir noch das Recht auf kostenlose Ausbildung in allen Schulen und auf allen Stufen (Artikel 45) sowie das Recht auf Arbeit (Artikel 40) hinzufügen, so sieht man daraus, wie großzügig für die Heranwachsenden gesorgt wird und welchen priviligierten Stellenwert sie in der sozialistischen Gesellschaft einnehmen.

Was die Ursachen für das asoziale und antisoziale Verhalten der Heranwachsenden betrifft, so ist es mehrmals betont worden, daß die Hauptrolle die zerrüttete Familie spielt.

Dabei handelt es sich in den meisten Fällen nicht um strukturell unvollständige Familien wegen Scheidung bzw. Trennung der Eltern, Tod eines Elternteils oder beider Eltern, sondern um gestörte Beziehungen innerhalb der Familie. So z.B. kommen nach amtlichen Angaben 10 bis 14 % der verurteilten Minderjährigen aus geschiedenen Ehen und die große Zahl aus anscheinend gesunden oder vielmehr erhaltenen Familien jedoch mit gestörten inneren gegenseitigen Beziehungen. Etwa

---

5) Daskalova, S.: Rechtsprechung hinsichtlich der Nichtvolljährigen vor und nach Begehen eines Verbrechens. Gesellschaftliche Erziehung XXI-3 (1981), S. 3 - 12; (bulgarisch)

7 % der verurteilten Minderjährigen begehen Verbrechen wegen der fehlenden Elternaufsicht und über 34 % wegen schwacher Aufsicht. Ungefähr 7 bis 8 % der Verbrechen werden nach Alkoholverbrauch begangen.

Nach unseren Untersuchungen von 400 Kindern und Jugendlichen im Alter zwischen 12 und 19 Jahren, die sich in Arbeitserziehungsschulen befinden, sind die zerrütteten Familien bei den Mädchen 57 % und bei den Jungen 43 %.

Nach der Gesetzgebung in der VR Bulgarien gelten die Jugendlichen bis 14 Jahre als minderjährig und nicht strafmündig (Artikel 32 aus dem Strafgesetzbuch[6]). Strafmündig sind volljährige, ihr achtzehntes Lebensjahr vollendete Personen, die im Zustand der Zurechnungsfähigkeit ein Verbrechen begehen (Artikel 31 (1)). Nach dem genannten Artikel wird ein sein 14. aber nicht 18. Lebensjahr vollendeter Minderjähriger auch als strafmündig angesehen, falls er imstande war, das Ausmaß und die Auswirkung seines Vergehens zu erfassen und seine eigenen Handlungen zu kontrollieren. Diese Personen werden als nichtvolljährig betrachtet (Alinea 2) und sind Gegenstand besonderer Beachtung. Dies ist aus dem nachfolgenden 3. Alinea ersichtlich, nach dem die Nichtvolljährigen, denen die Tat nicht als Schuld angerechnet werden kann, d.h. die als unzurechnungsfähig gelten, nach Gerichtsbeschluß in eine Arbeitserziehungsschule oder eine andere geeignete Anstalt eingewiesen werden, falls dies von den Umständen des Einzelfalls als erforderlich erscheint. Im' nachfolgenden Alinea 4 wird darauf hingewiesen, daß im Hinblick auf die Strafmündigkeit der Minderjährigen besondere Regelungen angewandt werden, die im Strafgesetzbuch festgehalten sind.

Nach Artikel 60 ist die Jugendstrafe eine Erziehungsstrafe, die darauf hinzielt, die Nichtvolljährigen auf eine für die Gesellschaft nützliche Arbeit vorzubereiten.

Artikel 61, Alinea 1 betrifft Minderjährige, die aus Unausgewogenheit oder Leichtsinn ein Verbrechen begangen haben, das keine große Gefahr für die Allgemeinheit darstellt. In diesem Falle darf der Staatsanwalt die vorläufige Gerichtshandlung einstellen, und das Gericht kann beschließen, daß die Jugendlichen dem Gericht nicht übergeben und verurteilt werden, wenn ihnen gegenüber wirksame Erziehungsmaßnahmen getroffen werden können.

(2) In diesen Fällen kann das Gericht die Erziehungsmaßnahmen selbst bestimmen, indem es die öffentliche Kommission zur Bekämpfung der asozialen Verhaltensweise von Minder- und Nichtvolljährigen darüber benachrichtigt oder ihr die Akte mit Verpflichtung zu solchen Maßnahmen zukommen läßt.

(3) In den obengenannten Fällen kann der Staatsanwalt über die Einweisung in eine Arbeitserziehungsschule verfügen, indem er die Kommission benachrichtigt oder ihr die Akte mit der Verpflichtung zur entsprechenden Erziehungsmaßnahme zuschickt.

---

6) Strafgesetzbuch. Strafprozeßordnung. Wissenschaft und Kunst, Sofia 1984; (bulgarisch)

Über die Nichtvolljährigen können nur die folgenden Strafen verhängt werden (Artikel 62):

1. Freiheitsentziehung
2. Öffentlicher Tadel
3. Entzug des Rechtes zur Ausübung eines bestimmten Berufs oder einer Tätigkeit.

In diesem Zusammenhang werden die verhängten schweren Strafen durch leichtere ersetzt. Die Todesstrafe wird z.B. durch Freiheitsentziehung innerhalb von 3 bis 10 Jahren ersetzt. Der Freiheitsentzug für mehr als 10 Jahre wird durch solchen für 5 Jahre ersetzt. Die Freiheitsentziehung für mehr als 5 Jahre wird durch solche für bis 3 Jahre gemildert; anstelle des Freiheitsentzugs bis 5 Jahre wird ein solcher für 2 Jahre auferlegt.

Ist die auferlegte Strafe (Artikel 64, Alinea 1) ein kurzzeitiger Freiheitsentzug von einem Jahr und wird dessen Vollzug nicht nach Artikel 66 aufgeschoben, so wird der Minderjährige dieser Strafe enthoben und vom Gericht in eine Arbeitserziehungsanstalt eingewiesen oder einer anderen Erziehungsmaßnahme unterzogen, die im Gesetz zur Bekämpfung der asozialen Verhaltensweise der Minder- und Nichtvolljährigen vorgesehen ist.

Nach Vorschlag des Staatsanwalts (Alinea 2) oder der entsprechenden örtlichen Kommission zur Bekämpfung der asozialen Verhaltensweise der Minder- und Nichtvolljährigen kann das Gericht auch nach Aussprechen des Urteils die Einweisung in eine Arbeitserziehungsschule durch eine andere Erziehungsmaßnahme ersetzen.

Nach Artikel 65, Alinea 1 wird den Minderjährigen die Freiheit entzogen, indem sie in ein Besserungsheim eingewiesen werden, wo sie bis zu ihrer Volljährigkeit bleiben.

(2) Nach Erreichen der Volljährigkeit werden sie ins Gefängnis oder in eine Arbeitsbesserungsanstalt überwiesen. Nach Vorschlag des pädagogischen Rates mit Bewilligung des Staatsanwalts können sie zur Vollendung ihrer Schul- oder Berufsausbildung im Besserungsheim bis zu ihrem zwanzigsten Lebensjahr bleiben.

Es bestehen noch einige wichtige Verfügungen, die Gerechtigkeit, Objektivität, Unvoreingenommenheit und Vollständigkeit der Untersuchung beim Führen des Strafverfahrens gegen minderjährige Rechtsverletzer gewährleisten. So z.B. ist die Teilnahme eines Verteidigers an der Gerichtsverhandlung Pflicht. Die vorläufige Gerichtsverhandlung erfolgt in Gegenwart von spezialisierten Untersuchungsrichtern mit besonderer Ausbildung. An den Prozessen nehmen Geschworene teil, die unter Lehrern und Erziehern, die auch Eltern sind, gewählt werden. Daran können sich ebenfalls Vertreter der Lehranstalt, der entsprechenden pädagogischen Beratungsstelle und der Jugendorganisation beteiligten. Obligatorisch ist die Anwesenheit von Eltern und Vormündern. Die Prozesse gegen die Minderjährigen werden im Hinblick auf eine sachverständige Bewertung des Charakters, Milieus und des Vergehens der Minderjährigen von spezialisierten Richtern geführt.

Wie aus den schon angeführten gesetzlichen Verfügungen zu ersehen ist, ist die Gesetzgebung in der VR Bulgarien recht human und nachsichtig gegenüber den Fehltritten und Vergehen der Minder- und Nichtvolljährigen. Die Minderjährigen treten überhaupt nicht als Angeklagte auf. Ihnen gegenüber werden nur pädagogische Maßnahmen ergriffen. Nichtvolljährige, die schwere Verbrechen begangen haben, erhalten eigentlich sehr nachsichtige Strafen, vor allem Freiheitsentziehung, die nicht in Gefängnissen sondern in Besserungsheimen erfolgt, in denen sie ihre Schul- und Berufsausbildung fortsetzen können. Eigentlich werden nur etwa 30 % der ein Verbrechen Begangenen verurteilt.

Bei der Vorbeugung von Kindervergehen und Rechtsverletzungen muß dem Gesetz zur Bekämpfung der asozialen Verhaltensweise der Minder- und Nichtvolljährigen eine besondere Aufmerksamkeit geschenkt werden. In diesem Gesetz ist eine Reihe von Erziehungsmaßnahmen vorgesehen, die eine breite und umfassende Prävention gewährleisten.

Die Hauptrichtlinien in diesem Gesetz[7] laufen auf das folgende hinaus:

In den allgemeinen Erläuterungen zum Gesetz (Artikel 1) wird darauf hingewiesen, daß dieses Gesetz die Fragen betrifft, die mit der Vorbeugung und Bekämpfung der unterschiedlichen Formen des Verbrechens, der Rechtsverletzungen und der Abweichungen von der richtigen Entwicklung und Erziehung der Minderjährigen verbunden sind und das Ziel hat, diese zu gewissenhaften und treuen Bürgern der VR Bulgarien zu erziehen. Das bedeutet, daß das Gesetz nicht nur auf die Vorbeugung von Rechtsverletzungen, sondern auch von Abweichungen in der pädagogischen und persönlichen Entwicklung der Heranwachsenden hinzielt.

Hauptmittel zum Erreichen des genannten Ziels ist die kommunistische Erziehung der heranwachsenden Generation durch aktive Teilnahme der Staats-, Partei-, Berufs-, Jugend- und anderen Massenorganisationen und durch Verwirklichung der im Gesetz vorgesehenen Maßnahmen.

Artikel 2. Zum Erreichen dieses Ziels werden organisiert:

a) Kommissionen zur Bekämpfung der asozialen Verhaltensweise bei Minder- und Nichtvolljährigen;
b) pädagogische Kinderberatungsstellen bei den Volksräten;
c) Arbeitserziehungsschulen beim Ministerium für Volksbildung;
d) Heime zur kurzfristigen Unterbringung von Minder- und Nichtvolljährigen bei den Volksräten.

Von besonderem Interesse sind die Kommissionen zur Bekämpfung der asozialen Verhaltensweise von Minder- und Nichtvolljährigen. Diese

---

7) Sammlung normativer Akte zur Bekämpfung der antisozialen Verhaltensweise der Minder- und Nichtvolljährigen. Wissenschaft und Kunst. Sofia 1986; (bulgarisch)

Kommissionen werden überall im Lande gebildet und an ihnen beteiligen sich sowohl Pädagogen als auch Eltern, Vertreter des öffentlichen Lebens und Amtspersonen. Sie werden in hierarchischer Reihenfolge gegründet, angefangen bei den örtlichen Kommissionen in Vierteln, Schulen, Betrieben, über die früheren Bezirks- und gegenwärtig Gebietskommissionen im entsprechenden Bezirk oder Gebiet bis zur Zentralkommission, die die Tätigkeit der einzelnen Kommissionen im ganzen Land vereinigt. Vorsitzender der Zentralkommission ist der Generalstaatsanwalt der Republik, und dessen Stellvertreter sind die stellvertretenden Minister der Volksbildung, der Sekretär der Vaterländischen Front, die eine politische Massenorganisation darstellt, der stellvertretende Justizminister, Minister der inneren Angelegenheit, des Gesundheitswesens, der Finanzen, des Kulturkomitees des Dimitroffschen kommunistischen Jugendverbands, der Sekretär des Zentralrates des bulgarischen Gewerkschaftsbundes. In der Zentralkommission wirken Vertreter der Leitungsorgane und anderen Dienststellen sowie Vertreter von gesellschaftlichen und wissenschaftlichen Organisationen mit. Über den Bestand dieser Zentralkommission verfügt der Ministerrat. Die Zentralkommission gibt die Zeitschrift "Gesellschaftliche Erziehung" heraus, an der Pädagogen, Psychologen, Psychiater, Juristen und Vertreter des öffentlichen Lebens mitarbeiten.

Ähnlich werden auch die Bezirks- bzw. Gebietskommissionen gebildet, unter Beteiligung von Amtspersonen aus der Prokuratur, dem Gericht, dem Ministerium für Volksbildung, öffentlichen Organisationen und Spezialisten, Pädagogen, Ärzten, Psychiatern. Diese Kommissionen leiten und vereinigen die Tätigkeiten der örtlichen Kommissionen im Bezirk bzw. Gebiet (seit 1987 sind die Bezirke in Bulgarien abgeschafft und an deren Stelle 8 Gebiete abgesondert).

Die örtlichen Kommissionen setzen sich aus einer kleineren Anzahl von Mitgliedern zusammen und werden je nach Viertel, Lehranstalt oder Arbeitsstelle von Personen mit pädagogischer oder juristischer Ausbildung sowie von Vertretern des öffentlichen Lebens gebildet, die mit der Erziehung der Heranwachsenden zu tun haben.

Auf diese Weise erfassen die Kommissionen die Kinder aus jedem Viertel und jeder Schule, achten auf ihr Verhalten, stellen Untersuchungen über deren Familien- und Lebensverhältnisse an, decken zerstörte Familienbeziehungen und im allgemeinen die Risikofaktoren auf, die die asoziale und antisoziale Verhaltensweise der Kinder begünstigen, und treffen geeignete Maßnahmen zu ihrer Vorbeugung noch in deren Ansatz. Gegenstand der Aufmerksamkeit dieser Kommissionen sind nicht nur die Kinder, sondern auch ihre Familien, da manchmal die Vernachlässigung der Elternpflicht die Hauptursache dafür ist, daß die Kinder auf die schiefe Ebene kommen. Die Arbeit dieser Kommissionen wird von der höheren Einrichtung, den Bezirks- bzw. Gebietskommissionen kontrolliert, die ihrerseits unter der Kontrolle und Leitung der Zentralkommission stehen. Die Zentral- und Bezirkskommissionen, in denen Organe der Prokuratur und des Gerichts mitwirken, kontrollieren die Tätigkeit der Kommissionen auf ihre Richtigkeit hin, da sie über eine größere Vollmacht hinsichtlich der pädagogischen und sozialen Maßnahmen verfügen, die gegenüber den minder- und nichtvolljährigen Rechtsverletzern ergriffen werden sollten.

Ihre Beschlüsse sind Pflicht für alle Behörden, Organisationen, Betriebe, Amtspersonen und Bürger. Die Kommissionsbeschlüsse sind endgültig und unterliegen keiner Berufung.

Die örtlichen Kommissionen wenden gegenüber Minder- und Nichtvolljährigen die folgenden Erziehungsmaßnahmen an:

a) Tadel;
b) Verpflichtung zur Entschuldigung demjenigen gegenüber, dem Schaden zugefügt ist;
c) Verwarnung;
d) Übergabe an die Eltern mit der Verpflichtung zur besonderen Fürsorge;
e) Stellung unter die Erziehungsaufsicht des entsprechenden Arbeitskollektivs oder der öffentlichen Organisation;
f) Stellung unter die Erziehungsaufsicht des gesellschaftlich verpflichteten Erziehers;
g) Verpflichtung des Minderjährigen mit seiner eigenen Arbeit den verursachten Schaden zu beseitigen, wenn dies in seinen Möglichkeiten liegt;
h) Verpflichtung zur Ausübung einer gesellschaftlich nützlichen Tätigkeit;
i) Unterbringung in einer Arbeitserziehungsschule.

Die örtlichen Kommissionen treffen Maßnahmen zur gesellschaftlichen Einwirkung auf die Eltern, die die Kindererziehung vernachlässigen. Diese Maßnahmen sind wie folgt:

a) Verwarnung;
b) gesellschaftliche Demaskierung;
c) Verpflichtung zum Besuch von sozial organisierten pädagogischen Lektorien und Konsultationen über die Fragen der Kindererziehung;
d) Strafgeld in Höhe von 20 Lewa.

Wenn das Verhalten der Eltern oder deren Stellvertreter ein Verbrechen darstellt, schickt die örtliche Kommission die entsprechenden Materialien an den Staatsanwalt. Die Kommission geht auf dieselbe Weise vor, wenn das Verhalten beider Eltern oder eines Elternteils eine Gefahr für die Person, Erziehung, Gesundheit oder Eigentum des Kindes darstellt oder der eine Elternteil nicht imstande ist, seine Elternrechte auszuüben.

Die örtlichen Kommissionen bekommen die entsprechende Information von verschiedenen Organisationen und Quellen. An erster Stelle sind das die freiwilligen Abteilungen zur Überwachung der Gesellschaftsordnung, dann die vaterländischen Organisationen in allen Siedlungsgebieten, die Gewerkschaften, die Komsomolorganisationen, die

Eltern-Lehrer-Kommissionen, die Sekretäre sowie einzelne interessierte Personen.

Bei der Behandlung der Fehlverhaltenstaten ist die Anwesenheit der Minderjährigen und Nichtvolljährigen obligatorisch. Obligatorisch ist auch die Anwesenheit wenigstens des einen Elternteils oder der Person, die die Eltern vertritt. Bei der Behandlung der Vergehen werden der Klassenleiter oder ein Vertreter des entsprechenden Arbeitskollektivs und der Komsomolorganisation eingeladen.

Die örtliche Kommission, die die Vergehen der Minder- und Nichtvolljährigen behandelt, trifft, nachdem sie die Erklärungen der berufenen Personen angehört und allseitig zur Kenntnis genommen hat, eine der folgenden Entscheidungen:

a) Bringt zur Anwendung die entsprechenden Maßnahmen zur gesellschaftlich erzieherischen Einwirkung, die oben erwähnt wurden;
b) stellt das Verfahren ein, wenn keine gesellschaftlich gefährliche Tat begangen ist und wenn festgestellt wird, daß der Minder- oder Nichtvolljährige nicht der Vollbringer der Tat ist;
c) schiebt das Verfahren wegen Nachprüfung auf;
d) liefert die Materialien an die Organe der Staatsanwaltschaft zur Weiterbehandlung nach der festgelegten Ordnung, wenn ein schweres Verbrechen begangen ist.

Trotz des Vorhandenseins örtlicher Kommissionen werden fast überall in den Bezirks- bzw. Gebietszentren und in den größeren Städten und bei den entsprechenden Volksräten kinderpädagogische Beratungsstellen errichtet, die von Inspektoren, in den meisten Fällen mit Hochschulbildung geleitet werden. Zu diesen pädagogischen Beratungsstellen wird auf gesellschaftlicher Grundlage auch ein Aktiv von Juristen, Pädagogen, Psychiatern, Vertretern des öffentlichen Lebens und Eltern herangezogen.

Die kinderpädagogischen Beratungsstellen haben die folgenden Aufgaben:

a) Mit Hilfe der örtlichen Kommissionen die minder- und nichtvolljährigen Rechtsverletzter ausfindig zu machen;
b) die Bedingungen und die konkreten Ursachen für die von ihnen begangenen Rechtsverletzungen sowie die individuellen Eigenschaften zu untersuchen;
c) die für jeden Einzelfall nötigen konkreten Erziehungsmaßnahmen zu bestimmen und zu ergreifen.

Die kinderpädagogischen Beratungsstellen fassen gemeinsam mit den örtlichen Kommissionen den Beschluß, die Minder- und Nichtvolljährigen mit asozialer Verhaltensweise, für die sich die übrigen Erziehungsmaßnahmen als nicht effektiv erwiesen haben, in Arbeitserziehungsschulen einzuweisen, um sie dem schädlichen Einfluß des Familienbereichs sowie verhängnisvoller äußerer Einwirkung zu entziehen. Die in diese Schulen Eingewiesenen verbleiben dort bis zu einer günstigen

Veränderung im familiären Bereich oder in ihrem Verhalten, damit sie ihre Ausbildung beenden und die entsprechende berufliche Qualifizierung bekommen können. Der Aufenthalt in den obengenannten Heimen dauert bis zur Vollendung des achtzehnten Lebensjahres an. Die Jugendlichen können in den Schulen auch bis zu ihrem neunzehnten Lebensjahr bleiben, falls dies für die Vollendung ihrer Ausbildung oder die Erhaltung einer beruflichen Qualifizierung erforderlich ist.

Über die Unterbrechung des Aufenthalts in den Arbeitserziehungsschulen wird am Ende des Schuljahrs im Lehrerrat entschieden, wobei der Staatsanwalt des entsprechenden Rayons und ein Vertreter der betreffenden Bezirkskommission zur Bekämpfung der asozialen Verhaltensweise der Minder- und Nichtvolljährigen mitbestimmend sind. Dabei wird das Verhalten jedes Einzelschülers, seine Leistungen sowie die erzielten Erziehungsergebnisse bewertet. Bei der entsprechenden Entscheidung wird die Meinung der Eltern oder ihrer Vertreter und des entsprechenden Inspektors von der kinderpädagogischen Beratungsstelle berücksichtigt. Der Aufenthalt in der Arbeitserziehungsschule kann ausnahmsweise nach Vorschlag der entsprechenden örtlichen Kommission, oder aus gesundheitlichen Gründen auch vor dem Ende des Schuljahrs unterbrochen werden. Den in diesen Schulen untergebrachten Minder- und Nichtvolljährigen wird eine Grundschulausbildung und den Nichtvolljährigen, die die achte Klasse beendet haben, auch eine Berufsausbildung zuteil. Die Absolventen dieser Schulen bekommen die entsprechenden Dokumente und das Anrecht auf die Gesetze und Vorschriften, die für die allgemeinbildenden und Berufsschulen gelten.

Für die von den Minderjährigen in den Werkstätten und Hilfswirtschaften dieser Schulen verrichtete Arbeit wird ordnungsgemäß eine Entlohnung vorgesehen. Die Produktion aus den Hilfwirtschaften und den Werkstätten wird von jeglichen Belegungen befreit.

Andererseits werden in die Heime für kurzfristige Unterbringung von Minder- und Nichtvolljährigen diese eingewiesen,

a) bei denen der Wohnort nicht ermittelt werden kann;
b) die bei Herumtreiben und Bettelei ertappt wurden;
c) die Anstalten für Pflichterziehung oder Zwangsbehandlung eigenmächtig verlassen haben;
d) die ein antisoziales Vergehen begangen haben und unbeaufsichtigt geblieben sind, was ihr Verbleiben bei den Eltern oder Ersatzeltern unzweckmäßig macht.

Die Heime für kurzfristige Unterbringung haben die folgenden Aufgaben zu erfüllen:

a) Die aufgenommenen Minder- und Nichtvolljährigen der obengenannten Gruppen zu untersuchen und medizinisch pädagogisch und psychologisch zu bescheinigen;
b) den Ursachen für die Landstreicherei und Unbeaufsichtigtheit der aufgenommenen Minder- und Nichtvolljährigen auf den Grund zu kommen;

c) die Familien der aufgenommenen Minder- und Nichtvolljährigen aufzusuchen und Maßnahmen zum Wiederanschließen an sie zu treffen;

d) den aufgenommenen Minder- und Nichtvolljährigen eine Arbeitsstelle zu verschaffen, oder sie in einer Lehrerziehungs- oder medizinischen Anstalt unterzubringen.

Der Aufenthalt in den Heimen darf nicht mehr als 15 Tage betragen. Sollte er um weitere 24 Stunden verlängert werden, so hat die Heimverwaltung den Staatsanwalt gleich zu benachrichtigen.

In Ausnahmefällen kann der Aufenthalt im Heim mit Erlaubnis des entsprechenden Staatsanwalts auf 2 Monate verlängert werden.

Dem Heim angeschlossen sind Werkstätten und ein geeignetes Sportzentrum.

Eine der Einrichtungen, die eine wichtige Rolle bei der Prävention der antisozialen Verhaltensweise der Heranwachsenden spielt, ist die Einrichtung der gesellschaftlich verpflichteten Erzieher.

Die gesellschaftlich verpflichteten Erzieher sind Personen mit der erforderlichen Allgemeinbildung, die von den Arbeitskollektiven oder den öffentlichen Organisationen vorgeschlagen worden sind und die Aufgabe haben, den Eltern bei der Besserung und Umerziehung der Minder- und Nichtvolljährigen Hilfe zu leisten.

Ein gesellschaftlich verpflichteter Erzieher wird dann gewählt, wenn es nötig ist, der Unbeaufsichtigtheit oder dem Begehen antisozialer Vergehen von

a) Nichtvolljährigen, die der Strafverantwortung enthoben und in einem Arbeitserziehungsheim untergebracht sind,

b) Nichtvolljährigen mit Strafaussetzung zur Bewährung oder mit Strafe ohne Freiheitsentzug,

c) Nichtvolljährigen nach Verbüßung der Freiheitsstrafe oder vorzeitiger Entlassung,

d) Minder- und Nichtvolljährigen, die aus einem Arbeitserziehungs- oder Lehrerziehungsheim zurückgekehrt sind, vorzubeugen.

Die örtliche Kommission kann einen gesellschaftlich verpflichteten Erzieher auch für diese Minder- und Nichtvolljährigen bestimmen, für die die Gefahr besteht, vom normalen Entwicklungsweg abzukommen.

Die ganze Tätigkeit der gesellschaftlich verpflichteten Erzieher wird von den entsprechenden örtlichen Kommissionen und den Inspektoren bei den kinderpädagogischen Beratungsstellen geleitet und kontrolliert.

Der gesellschaftlich verpflichtete Erzieher muß:

a) Den Eltern oder Ersatzeltern bei der Erziehung der Minder- und Nichtvolljährigen helfen;

b) an der richtigen Unterrichts-, Arbeits- und Freizeitgestaltung der Minder- und Nichtvolljährigen mitwirken;

c) das Verhalten der Minder- und Nichtvolljährigen kontrollieren und für die richtige Orientierung sorgen.

Der gesellschaftlich verpflichtete Erzieher hat das Recht:

a) Minder- und Nichtvolljährige in deren Wohnung und Schule sowie an der Arbeitsstelle aufzusuchen;
b) die Eltern oder Ersatzeltern auf die Vernachlässigung ihrer Pflichten aufmerksam zu machen;
c) von den Eltern oder Ersatzeltern, den Lehranstalten und öffentlichen Organisationen an Arbeitsstelle und Wohnort die mit der Erziehung der Minder- und Nichtvolljährigen verbundenen Auskünfte anzufordern;
d) vor die örtliche Kommission die Frage nach dem Verhalten der Minder- und Nichtvolljährigen, deren Eltern und Ersatzeltern hinsichtlich Anwendung der entsprechenden Maßnahmen zu stellen.

Die Amtspersonen und die Bürger müssen den gesellschaftlich verpflichteten Erzieher bei dessen Pflichterfüllung unterstützen.

Das Gesetz verordnet, daß die Behörden, Betriebe und die Organisationen den Nichtvolljährigen, die von den Kommissionen zur Bekämpfung der asozialen Verhaltensweise der Minder- und Nichtvolljährigen vorgeschlagen wurden, die Arbeit nicht verweigern dürfen, falls sie über geeignete freie Arbeitsplätze verfügen.

Bei der Entlassung eines Minderjährigen von der Arbeit wird die entsprechende örtliche Kommission unverzüglich in Kenntnis gesetzt.

Durch die Tätigkeit der schon genannten Einrichtungen - örtliche und Gebietskommissionen, pädagogische Beratungsstellen, gesellschaftlich verpflichtete Erzieher, Arbeitserziehungsschulen und Heime für kurzfristige Unterbringung von Minder- und Nichtvolljährigen wird eine außerordentlich effektive und umfassende Prävention erzielt, da alle Behörden, Betriebe und Personen gesetzmäßig verpflichtet sind, mitzuwirken.

Dieselben vorbeugenden Maßnahmen werden den Minder- und Nichtvolljährigen gegenüber ergriffen, die eine Arbeitserziehungsschule oder ein Besserungsheim verlassen haben, und als gleichberechtigte Bürger in Freiheit leben dürfen.

Auf diese Weise erfolgt eine wirksame Prävention, wobei Pädagogen, Psychologen, Sozialarbeiter und Psychiater zur Mitwirkung herangezogen werden, die die Ursachen für die asozialen und antisozialen Vergehen der Minder- und Nichtvolljährigen klären und zusammen mit den oben genannten Kommissionen, pädagogischen Beratungsstellen, gesellschaftlich verpflichteten Erziehern, dem Gesundheitswesen und der ganzen Öffentlichkeit die erforderlichen erzieherischen, sozialen und medizinischen Maßnahmen zur richtigen Erziehung der Heranwachsenden von frühem Alter bis zu ihrer Eingliederung in die Gesellschaft als vollwertige Bürger treffen.

Anmerkungen zur Rechtsstellung des Bewährungshelfers

Heike Jung

1. Einführung

Eigentlich überrascht es ein wenig, daß nach langen Jahren der Praxis mit einer bestimmten Institution nach deren Rechtsstellung gefragt wird. Müßten nicht inzwischen alle Standortkonflikte ausgetragen, die Positionsbestimmungen endgültig vorgenommen worden sein? Ist es nicht Ausdruck einer gewissen Monomanie, immer wieder dieselben Fragen zu traktieren? Sollte man nicht bereit sein, irgendwann einmal zur Tagesordnung überzugehen?

Sobald man diese eher abwehrenden Fragen aufgeworfen hat, beschleicht einen Unsicherheit, wird man unvermittelt gewahr, wie wenig eigentlich in diesem Bereich abschließend geklärt ist. Gilt nicht noch immer Göppingers Feststellung aus dem Jahre 1980, wonach Stellung und Organisation der Bewährungshilfe in der Bundesrepublik Deutschland bis heute nicht zu befriedigen vermögen?[1] Detailliertere juristische Analysen der Rechtsstellung des Bewährungshelfers sind ohnehin Mangelware geblieben; ganz zu schweigen von einer umfassenden dogmatischen Durchdringung. Auch insoweit sitzt die Bewährungshilfe - wenn man so will - zwischen den Stühlen. Die lebhaften Auseinandersetzungen um Ziel- und Rollenkonflikt in der Bewährungshilfe haben zwar zahlreiche Rechtsfragen zu Tage gefördert, die Klärung der Rechtsstellung der Bewährungshilfe selbst ist dadurch aber nicht entscheidend vorangetrieben worden. Man kann es auch anders wenden: Derartige interdisziplinäre Kontroversen waren eher dazu angetan, die rechtliche Position des Bewährungshelfers in einer gewissen Schwebelage zu belassen, so daß sich - je nach Standpunkt oder beruflichem Standort jeder - bis zu einem gewissen Grade - sein eigenes rechtliches Bild vom Bewährungshelfer machen konnte.

Immerhin schälen sich inzwischen alternative Positionen klarer heraus. Die langjährige Diskussion über die Institution eines einheitlichen sozialen Dienstes in der Justiz hat zu klareren Fronten zwischen Befür-

---

1) Göppinger, H.: Kriminologie. 4. Aufl., München: Beck 1980, S. 372

Kerner/Kaiser (Hrsg.) Kriminalität
© Springer-Verlag Berlin Heidelberg 1990

wortern und Gegnern solcher Anbindung geführt.[2] In der praktischen
Zusammenarbeit zwischen Gericht, Bewährungshelfer und Proband
weiß man inzwischen, wo die wiederkehrenden Reibungspunkte wirklich liegen.

Auch die Vorlage des Entwurfs eines Bundesresozialisierungsgesetzes
durch die Arbeitsgemeinschaft Sozialdemokratischer Juristen,[3] ein Entwurf, der erklärtermaßen die bestehende Lücke im Bereich der ambulanten Maßnahmen schließen möchte, signalisiert Regelungsbedarf und
lädt zur (kritischen) Auseinandersetzung ein. Hinzu kommt, daß die
"Reprivatisierungsdebatte" inzwischen die Strafrechtspflege und ihre
Institutionen erfaßt hat. Damit werden vertraute und überkommene
Strukturen im Bereich der Strafrechtspflege in Frage gestellt. Möglicherweise gehen auch von neuen inhaltlichen Akzenten im Rahmen der
Tätigkeit der Bewährungshilfe - genannt sei nur das Stichwort "Täter-
Opfer-Ausgleich"[4] - Rückkoppelungsprozesse für die Standortbestim-
mung der Bewährungshilfe aus. Schließlich läßt die stärkere Sensibili-
sierung für den Datenschutz an sich vertraute Problemstellungen in
einem neuen Licht erscheinen.

Der Begriff der rechtlichen Stellung ist weiter gefaßt als der Begriff
der dienstrechtlichen Stellung. Darin liegt insofern eine wichtige Wei-
chenstellung, als nicht von den Details des Dienstrechts des Bewährungshelfers die Rede sein soll, sondern seine Rechtsstellung eher
grundsätzlich ins Auge gefaßt werden soll. Freilich haben die meisten
der anstehenden angesprochenen Rechtsfragen auch unmittelbare
dienstrechtliche Auswirkungen.

Der Begriff Bewährungshilfe bringt uns in eine gewisse terminologi-
sche Verlegenheit: Einerseits konkurriert Bewährungshilfe begrifflich
und inhaltlich mit Gerichtshilfe und der Führungsaufsicht, andererseits
wird Bewährungshilfe auch als Sammelbezeichnung für alle ambulanten
Formen der Sozialarbeit im Rahmen der Strafjustiz beansprucht.[5] Im
folgenden wird Bewährungshilfe im erstgenannten engeren Sinne verstanden, ohne jedoch die übergreifende Perspektive aus dem Auge zu
verlieren.

Die Rechtsstellung des Bewährungshelfers erschließt sich vielleicht
am wenigsten aus der Exegese dieser oder jener landesrechtlichen Rege-

---

2) Vgl. dazu grundlegend Müller-Dietz, H.: Sozialdienst in der Justiz - Einige vorläufige
   Überlegungen. Bewährungshilfe 24 (1977), S. 15 - 25; Müller-Dietz, H.: Sozialer Dienst
   in der Strafrechtspflege - Grundfragen institutionalisierter Sozialarbeit. In: Niedersäch-
   sische Gesellschaft für Straffälligenbetreuung (Hrsg.): Freiwillige Mitarbeit in der
   Straffälligenhilfe und professionelle Sozialarbeit. 1980, S. 127; sowie aus neuerer Zeit
   Dünkel, F.: Entwicklungstendenzen der Sozialen Dienste in der Justiz im internationalen Vergleich. In: Deutsche Bewährungshilfe (Hrsg.): Zwänge und Chancen in der
   Justiz. Bonn: Eigenverlag der Deutschen Bewährungshilfe 1986, S. 201 - 251
3) Arbeitsgemeinschaft Sozialdemokratischer Juristen (ASJ), Diskussionsentwurf eines
   Gesetzes zur Wiedereingliederung Straffälliger durch nicht freiheitsentziehende Maßnahmen - Bundesresozialisierungsgesetz (BResoG), Stand: Juni 1988
4) Vgl. allg. zu den ausbaufähigen und -bedürftigen Bereichen der Bewährungshilfe Heinz,
   W.: Bewährungshilfe im sozialen Rechtsstaat. Bewährungshilfe 29 (1982), S. 154- 173,
   163
5) So z.B. im Diskussionsentwurf der ASJ 1988 (Fn 3), S. 23

lung über den Sozialdienst der Justiz, sondern viel eher aus einer Gesamtschau, wofür sich - wie auch sonst - bevorzugt die Konflikte auf der Durchführungsebene anbieten. Ein Blick auf ausländische Modelle mag den Klärungsprozeß fördern, sei es auch nur, um uns denkbare Alternativen plastischer vor Augen treten zu lassen.

2. Der Grundsatz der Bewährungshilfe und seine Integration in das System der Kriminalrechtspflege

Bewährungshilfe teilt mit Sozialarbeit deren allgemeinen kompensatorischen Auftrag zur Hilfe, sie teilt mit dem System der Strafrechtspflege dessen Kontrollfunktion.[6] Sie ist insofern in einer unsicheren, vielleicht aber auch produktiven Zwischenlage angesiedelt. Wir dürfen nicht vergessen, daß die Zeit des ausschließlich auf Vergeltung gepolten Systems der Strafrechtspflege noch nicht lange überwunden ist. Selbst heute wird sich mancher Jurist noch skeptisch fragen, wieviel Sozialarbeit das System der Strafrechtspflege überhaupt "verträgt". Solche Zurückhaltung und Berührungsangst sind dabei durchaus wechselseitig. Auch mancher Bewährungshelfer mag die Juristen, namentlich die Richter, nach wie vor als "Störfaktor" begreifen.

Es ist jedoch hier nicht beabsichtigt, in allgemeiner Form in die altvertraute Selbstverständnisdiskussion "einzutreten". Statt dessen soll versucht werden, einige der Determinanten herauszuarbeiten, die das Berufsfeld der Bewährungshilfe prägen. Um sie deutlicher hervortreten zu lassen und zugleich das "Hin- und Hergerissensein" des Bewährungshelfers zum Ausdruck zu bringen, sollen sie als antagonistische Begriffspaare vorgestellt werden:

2.1. Hilfe versus Kontrolle

Sozialarbeit ist bei aller Unterschiedlichkeit einzelner Handlungsansätze auf die Vermittlung sozialer Handlungskompetenz angelegt. Auch wenn man einer "Therapeutisierung" der Sozialarbeit eher zurückhaltend gegenübersteht[7], dominiert ein Ansatz, der an den "needs" des Probanden orientiert und damit auf Hilfe ausgerichtet ist. Demgegenüber ist Be-

---

6) Vgl. grds. zu dem darin angelegten Konflikt am Beispiel der Jugendgerichtsbarkeit Müller-Dietz, H.: Jugendgerichtsbarkeit und Sozialarbeit, Monatsschrift für Kriminologie und Strafrechtsreform 58 (1975), S. 1 - 25; sowie Müller, S./Otto, H.-U.: Sozialarbeit im Souterrain der Justiz. Plädoyer zur Aufkündigung einer verhängnisvollen Allianz. In: Müller, S./Otto H.-U. (Hrsg.): Damit Erziehung nicht zur Strafe wird. Bielefeld: Böllert 1986, S. VII, und Feltes, Th.: Pädagogik und Justiz. Neue Praxis 18 (1988), S. 315 ff.

7) Vgl. dazu Müller-Dietz, H.: Strukturen und Handlungsmuster der Bewährungshilfe. Österreichische Juristen-Zeitung 40 (1985), S. 577 ff., 579

währungshilfe in ein System der sozialen Kontrolle integriert, das dem
Bewährungshelfer auch ganz konkrete Kontrolleistungen abverlangt und
abverlangen muß.[8] Während mit der Vorstellung von Hilfe "Angebot"
und Vereinbarung korrelieren, ist das Verhältnis des Bewährungshelfers
zu seinem Probanden als Zwangsbeziehung angelegt.

2.2 Flexibilität versus Bürokratisierung

Sozialarbeit kann nur in einem Rahmen gedeihen, der ein Ab- und
Zugeben erlaubt, in dem eine gewisse Spontaneität möglich und Schematisierung an sich verpönt ist. Hingegen trägt die Strafrechtspflege
auch Züge einer Aktenumwälzmaschine, in der der Einzelfall immer
Gefahr läuft, zum bürokratischen Vergang denaturiert zu werden.

2.3 Systemkritik versus Systemstabilisierung

Vom Ansatz der Sozialarbeit aus betrachtet mag der Bewährungshelfer
einem System der sozialen Kontrolle, das auf Repression als Mittel der
sozialen Steuerung einsetzt, eher skeptisch gegenüberstehen. Zugleich ist
er in dieses System integriert und zählt aus der Außensicht zu den Trägern just dieser Strafrechtspflege. Außerdem können repressive Sanktionen und sozialpädagogische Interventionen bis zu einem gewissen
Grade als austauschbare Größen gelten.[9]

2.4 Diskretion versus Information

Bewährungshilfe kann nur erfolgreich sein, wenn es gelingt, ein Ver-
trauensverhältnis zwischen Bewährungshelfer und Proband zu schaffen.
Wünschenswert hierfür wäre völlige Verschwiegenheit auf Seiten des
Bewährungshelfers. Andererseits erfordert die arbeitsteilige Struktur der
Justiz einen stetigen Informationsfluß zwischen den verschiedenen
Funktionsträgern. Gerade in einem System der Strafrechtspflege, das
dem Individualisierungsgrundsatz verpflichtet ist, können die Gerichte
sach- und persongerechte Entscheidungen nur auf der Grundlage präzi-
ser Informationen treffen.[10]

---

8) Es klingt zwar auf Anhieb versöhnlich, wenn man, wie Maurach, R./Gössel, K.H./Zipf,
    H.: Strafrecht. Allg. Teil, Tbd. 2. 7. Aufl., Heidelberg: Müller 1989, S. 648, den Bewäh-
    rungshelfer als Vertrauensperson sowohl des Verurteilten als auch des Gerichts be-
    zeichnet. Bei näherer Betrachtung unterstreicht gerade dieser Sprachgebrauch den
    Grundkonflikt. Vgl. zum Ganzen auch Müller-Dietz, H.: Soziale Dienste in der Strafju-
    stiz. In: Kaiser, G./Kerner H.J./Sack/Schellhoss, H. (Hrsg.): Kleines Kriminologisches
    Wörterbuch. 2. Aufl., Heidelberg: Müller 1985, S. 402, 404 - 409 ff.
9) So mit Recht Müller/Otto 1986: (Fn 6), S. XII
10) Vgl. zu diesem Dilemma auch Müller-Dietz 1985 (Fn 7), S. 580

2.5 Professionalisierung versus Partizipation

Bewährungshilfe ist auf Fachlichkeit angelegt. Fachlichkeit gebietet Professionalisierung, setzt nicht nur eine entsprechende Ausbildung, sondern auch eine entsprechende Fortbildung voraus. Andererseits hat das Leitmotiv der Partizipation auch die Bewährungshilfe erfaßt, stellt sich gerade bei ambulanten Sanktionsformen die Frage nach der Beteiligung der Gesellschaft, um so mehr, als sie für das Gelingen der (Wieder-)Eingliederung des Probanden existentiell ist.

Von einem etwas verschobenen Blickwinkel aus ließe sich dieses Dilemma auch in der Gegenüberstellung "hoheitlich" versus "privat" einfangen. Zwar mag die Bewährungshilfe angesichts der Verzahnung mit dem System Strafrechtspflege bis hin zu der entsprechenden beruflichen Absicherung der Bewährungshelfer als hoheitlicher Tätigkeit par excellence gelten. Mit einer Privatisierung geht hinwiederum die Vorstellung von größeren Handlungsspielräumen einher. Auch böte sie die Chance, sich etwas aus der "Umarmung" der Justiz zu lösen.

2.6 Einheit versus Vielfalt

Aus der Sicht der Justiz mag es wünschenswert erscheinen, den sozialen Dienst als Einheit zu begreifen und zu institutionalisieren. Man hat dann einen Ansprechpartner und mag sich dem Leitziel einer durchgehenden sozialen Hilfe näher wähnen. Andererseits nehmen die einzelnen Bereiche der Sozialarbeit in der Justiz nicht nur aus justitieller Sicht unterschiedliche Funktionen wahr, vielmehr herrscht auch untereinander ein produktives Spannungsverhältnis.

3. Der Versuch einer rechtlichen Standortbestimmung des Bewährungshelfers - einige Antworten und noch mehr Fragen

Auf der Suche nach den gesetzlichen Bezugspunkten für unsere Gegensatzpaare hat man es mit unterschiedlichen Rechtsquellen zu tun; sie rangieren vom Grundgesetz über das Strafgesetzbuch, die Strafprozeßordnung und das Jugendgerichtsgesetz bis zu landesrechtlichen Vorschriften. Sicher hat vor dem Hintergrund der verfassungsrechtlichen Anforderungen des Sozialstaatsprinzips die Hilfe Eingang in das System strafrechtlicher Sozialkontrolle gefunden. Insofern mag es auch angehen, von einem untrennbar verfügten Gerüst aus repressiven und prä-

ventiven Elementen zu sprechen.[11]) Angesichts der repressiven Grund-
prägung der Strafrechtspflege bleibt das Verhältnis zur Sozialarbeit
jedoch spannungsgeladen.

Die §§ 56 d Abs. 3 StGB, 24 Abs. 2 JGG bringen die Ambivalenz des
Auftrags der Bewährungshilfe deutlich zum Ausdruck: "Helfen", "Betreuen", "Überwachen", "Berichten" sind die Schlüsselbegriffe. Insofern
kann Bewährungshilfe - aus der Perspektive des Klienten, aber vielleicht auch des Bewährungshelfers selbst, den Charakter einer Zwangsbeziehung nicht abstreifen.

Nicht jede Form von Hilfe ist im Rahmen dieser Zwangsbeziehung
denkbar. Vielmehr gibt es auch Formen von Hilfen, die mit dem Kon-
trollaspekt nicht konform gehen. So vertragen sich zwar Rechtsberatung
und Sozialarbeit auch im Rahmen der Bewährungshilfe durchaus miteinander.[12]) Ob dagegen ein Bewährungshelfer einen Probanden im
Rahmen eines Nachtragsverfahrens vertreten kann, erscheint dagegen
zweifelhaft. Das Oberlandesgericht Düsseldorf hat dies ausgeschlossen
und zwar selbst dann, wenn das Amt als Bewährungshelfer im Zeitpunkt des Auftretens als Bevollmächtigter beendet war.[13]) Wenn es auch
wenig überzeugt, hierfür eine Analogie zum Verbot der gemeinschaftli-
chen Verteidigung in § 146 StPO zu bemühen, so wird man dem Gericht
im Ergebnis die Gefolgschaft nicht versagen können. Die Entscheidung
wird getragen von der allgemeineren Überlegung, wonach bestimmte
Funktionen in dem ausdifferenzierten arbeitsteiligen System der Strafrechtspflege nicht miteinander kompatibel sind. Ausdifferenzierung
vermeidet Interessenkollisionen und entspricht damit einem Gebot des
Rechtsstaates.

Die weitere Exegese des Gesetzes läßt auf Anhieb den Eindruck
eines Abhängigkeits- ja Subordinationsverhältnisses des Bewährungshelfers gegenüber dem Gericht entstehen. Bestellung durch den Richter,
Aufsicht durch die Justizbehörde, Möglichkeit der Anweisung durch
den Richter sowie Berichtspflicht - all dies bestärkt den Eindruck einer
abhängigen, angeleiteten, zugeordneten Berufstätigkeit. Allenthalben
werden an diesem Vorstellungsbild Korrekturen angebracht. Eisenberg
z.B. plädiert dafür, den Bewährungshelfer mit ins einzelne gehenden
Weisungen zu verschonen, da ihm sonst die zur erzieherischen Tätigkeit
erforderliche Selbständigkeit genommen würde.[14]) Best geht noch einen
Schritt weiter und fordert "Handeln im Einvernehmen" als eine Art
Gegengewicht zu dem formalen Über- bzw. Unterordnungsverhältnis.[15])
Nur klingt dies sehr nach Anleitung an den Richter dafür, wie man den

---

11) So Jung, H.: Rückwirkungsverbot und Maßregel. In: Broda, Ch./Deutsch, E./Schrei-
ber, H.-L./Vogel, H.-J. (Hrsg.): Festschrift für Rudolf Wassermann. Neuwied u.a.:
Luchterhand 1985, S. 875 - 887, 883.
12) Vgl. dazu grdl. Müller-Dietz, H.: Rechtsberatung und Sozialarbeit. Königstein: Athenäum 1980
13) OLG Düsseldorf, Neue Zeitschrift für Strafrecht 7 (1987), S. 340
14) Eisenberg, U.: Jugendgerichtsgesetz. 2. Aufl., München: Beck 1985, § 25 Rdnr. 8
15) Best, P.: Der Berufsauftrag des Bewährungshelfers. Ausgewählte Rechtsfragen. In:
Steinhilper G. (Hrsg.), Soziale Dienste in der Strafrechtspflege. Heidelberg: Kriminalistik 1984, S. 65 - 77, 67

notwendigen Freiraum für den Bewährungshelfer schaffen kann, ohne mit dem Gesetz in Kollision zu geraten. Der realexistierende und auch von der Sache her notwendige Freiraum kommt nämlich im Gesetz nur unzureichend zum Ausdruck. Hier wäre eine Modifikation dergestalt, daß § 56 d StGB die fachliche Verantwortung des einzelnen Bewährungshelfers konkreter ansprechen sollte, sicher angebracht. Der Entwurf eines Bundesresozialisierungsgesetzes sieht dergleichen vor, aber freilich nur insofern, als danach die Dienst- und Fachaufsicht einem Sozialarbeiter oder Sozialpädagogen als Leiter der Bewährungshilfe überantwortet werden soll. Dadurch soll sichergestellt werden, daß ein berufserfahrener Sozialarbeiter, Sozialpädagoge oder Sozialwissenschaftler und nicht mehr der fachfremde Jurist die Fachaufsicht führt.[16] Mancher Bewährungshelfer sorgt sich freilich, daß dies eine Form von Abhängigkeit mit sich brächte, die den bisherigen fachlichen Entscheidungsspielraum des einzelnen Bewährungshelfers eher schrumpfen ließe. Aus dieser Sicht erscheint es vorzugswürdig, an der Stellung des individuellen Bewährungshelfers anzusetzen, um den Spielraum professioneller Selbstbestimmung des Bewährungshelfers auszuweiten.

Die Sorge, in bürokratischem Schematismus zu erstarren, hat die Bewährungshilfe von Anbeginn an begleitet. Da geht es zunächst eher vordergründig um Akten und "Papierkram". Man ist selbst als Jurist schnell bei der Hand, sich über die Gestaltung der Realität durch Akte und Aktenführung zu erheben. Freilich, wenn man sieht, welche Probleme die Dokumentation in anderen Berufsfeldern aufwirft - man denke nur an die Medizin -, beginnt man ein etwas entkrampfteres Verhältnis zur Akte und überhaupt zur Dokumentation eigener Tätigkeit zu gewinnen. Auch bei ihrem methodischen Vorgehen werden sich Angehörige einer Berufsgruppe, die den Einzelfall mit all seinen menschlichen Besonderheiten im Auge hat, gegen Schematisierung wenden müssen, weil sie auf eine Typenbildung hinausläuft, mit der man dem Einzelfall eben nicht gerecht wird. Nur wird die "operational philosophy" der Sozialarbeit im Sinne einer ersten Strukturierung auf verallgemeinernde Denkschemata nach dem Motto "Was ist das eigentlich für ein Falltyp?" nicht verzichten können.[17] Insofern kommt auch die Bewährungshilfe nicht ohne gewisse handlungsleitende Stereotype aus.

Das Bestreben der Bewährungshilfe, sich stärker von der Justiz weg zu "emanzipieren", ist vom Blickwinkel sozialarbeiterischen Selbtverständnisses aus betrachtet nachvollziehbar. Dahinter stecken nicht zuletzt Identifikationsprobleme. Angesichts des andersartigen Handlungs-

---

16) Vgl. §§ 47, 49 des Entwurfs 1988 (Fn 3). Dazu auch Maelicke, B.: Brauchen wir ein Bundesresozialisierungsgesetz?, Zeitschrift für Rechtspolitik 19 (1986) S. 203 - 205, 204; Stein, W.: Rechtspolitische Aspekte einer Neugliederung der sozialen Dienste der Justiz. Bewährungshilfe 34 (1987), S. 153 - 171, 163 ff.

17) Aufschlußreich hierzu die Betrachtungen von Giller/Morris: "What Type of Case is this?" Social Workers' Decisions about Children Who Offend. In: Adler-Asquith (eds): Discretion and Welfare, 1981, S. 69. Die sehr viel grundlegende, von Göppinger (vgl. z.B. Der Täter in seinen sozialen Bezügen. Berlin: Springer 1983, S. 182 f.) bejahte Frage, ob man aus Erfahrungsregeln idealtypische Begriffe ableiten kann, kann hier nicht weiter verfolgt werden.

ansatzes kann der Bewährungshelfer sich mit dem System der Strafrechtspflege bestenfalls arrangieren. Zugleich hat das Bundesverfassungsgericht aber den untrennbaren Funktionsverbund mit dem Gericht
betont.[18] Bewährungshelfer werden als Amtsträger im Sinne des § 11
Abs. 1 Nr. 2 StGB tätig[19], sie sind in der Regel verbeamtet, ja, Best
meint sogar, Bewährunghilfe sei nach dem Funktionsvorbehalt des
Grundgesetzes in erster Linie von Beamten wahrzunehmen.[20] Das Ei-
gengewicht der Bewährungshilfe gegenüber der Justiz träte möglicherweise stärker hervor, wenn man die Bewährungshilfe als soziales Be-
treuungsverhältnis der Sozialhilfe zuordnen würde.[21] Nur: Mrozynskis
in diese Richtung zielendes Plädoyer für eine möglichst weitgehende
"Entmischung" strafrechtlicher Aufgaben und sozialem Ausgleich unterschätzt das innovatorische Potential sozialrechtlich geprägter Fremdkör-
per im System der Strafrechtspflege. Insofern würde eine Aufkündigung
der Beziehungen etwa im Sinne der Aufforderung von Müller/Otto[22]
an die Sozialarbeit, gegenüber dem Kriminaljustizsystem konsequent
auf Distanz zu gehen, die Rückkehr zu plattem Vergeltungsdenken
begünstigen.[23]

Verschiedentlich hat man nun bekanntlich Anläufe unternommen,
die Sozialen Dienste der Justiz in einer Dienststelle der Justiz zu vereinen.[24] Dahinter steht nicht nur der Wunsch nach Justiznähe, sondern
auch das Prinzip der Austauschbarkeit des Sozialarbeiters in der Justiz
sowie der Gedanke, auf diese Art eine durchgehende ambulante Betreuung zu begünstigen.[25] Auch der Entwurf eines Bundesresozialisierungsgesetzes favorisiert einen eigenständigen Fachdienst, der unter der
Bezeichnung Bewährungshilfe alle sozialen Dienste der Justiz umfassen
soll.[26] Maelicke kommentiert diesen Schritt mit dem Hinweis, daß die
isolierte und trennende Betrachtungsweise der einzelnen Dienste in der
Vergangenheit das zentrale konzeptionelle und strategische Defizit gewesen sei.[27] Man kann sich freilich fragen, ob die Schaffung einer
potenteren neuen Organisationseinheit innerhalb der Strafrechtspflege

---

18) BVerfGE 33, 368, 381. Eine andere Frage ist, ob man den Bewährungshelfer deswegen
mit Best 1984 (Fn 15), S. 69, als Repräsentanten des Staates betrachten muß.

19) In diesem Sinne auch OLG Düsseldorf 1987 (Fn 13), 340; Stree, W.: In: Schön-
ke/Schröder: Strafgesetzbuch. 23. Aufl., München: Beck 1988, § 56 d Rn 5

20) Best 1984 (Fn 15), S.68

21) So z.B. Mrozynski, P.: Sozialarbeit in der Justiz, Bewährungshilfe 34 (1987), S. 172 -
187, 177 ff.

22) Vgl. Müller/Otto 1986 (Fn 6), S. XIII

23) Diese Einwände gelten auch dem von Garland, Social Work and Criminal Justice. In:
Lishman (ed.): Social Work with Adult Offenders. Research Highlights 5 (Department
of Social Work), University of Aberdeen, Aberdeen 1983, S. 9, vorgelegten, im gedanklichen Ansatz verwandten Konzept.

24) Realisiert wurde dies zuerst im Saarland durch das Gesetz über den Sozialdienst der
Justiz vom 6.7.1976 (ABl. 1976, S. 756)

25) Vgl. zu den Vor- und Nachteilen auch Walter, Strafaussetzung zur Bewährung, Bewährungshilfe und Führungsaufsicht, in: Sieverts, R./Schneider H.J. (Hrsg.): Handwörterbuch der Kriminologie, Bd. 5, 2. Aufl. Berlin u.a.: de Gruyter 1983, S. 151 -
200, 184 f., sowie Heinz 1982 (Fn 4), S. 163 f

26) Vgl. § 13 des Entwurfs (Fn 3)

27) Maelicke 1986 (Fn 16), S. 204

als Methode der Wahl gelten muß, wenn es darum geht, mehr Flexibilität und eine gewisse "produktive Halbdistanz" zur Strafrechtspflege zu gewinnen. Zwar geht der Entwurf insofern über die bisherigen Modelle des Sozialdienstes der Justiz hinaus, als die Sozialarbeit selbst innerhalb dieses Fachdienstes weitgehend die Regie übernehmen soll. Eine solchermaßen organisatorisch gestärkte und fachlich vereinheitlichte Institution könnte der Strafrechtspflege insgesamt sicher stärker den Stempel aufdrücken. Die verbreiteten Vorbehalte gegen einen solchen Ansatz erklären sich aus der Sorge, daß damit gleichfalls eine Hierarchisierung und Bürokratisierung der sozialen Dienste, wenn auch unter veränderten Vorzeichen, einhergehen könnte.

Insofern verlohnt es, Kerners Hinweis auf die teilprivate Struktur der Bewährungshilfe[28] auf den Grund zu gehen und zwar in dem Sinne, daß die Bewährungshilfe sich noch stärker privater Organisationsformen bedienen könnte. Es wird in der Tat oft verkannt, in welchem Umfang Bewährungshilfe sich schon heute bei der Bewältigung ihrer Aufgaben privater Organisationsformen, z.B. in Gestalt örtlicher Trägervereine bedient, die vielfach in einem komplexen Beziehungsgeflecht zu der amtlichen Justiz angesiedelt sind. Ohne hier eine allgemeine Debatte um die "Privatisierung" im Bereich der Strafrechtspflege eröffnen zu wollen,[29] wird man doch feststellen können, daß die im Grundsatz völlig berechtigten Bedenken gegen solche Privatisierungstendenzen im ambulanten Bereich am wenigsten gelten, solange man Privatisierung nicht mit Kommerzialisierung gleichsetzt, sondern nur die Erfüllung öffentlicher Aufgaben durch Private im Sinne einer Partizipation der Gesellschaft und einer Mobilisierung von fachlichem Potential im Auge hat. Dies hat im Bereich der Bewährungshilfe in den Niederlanden Tradition und scheint auch in Österreich auf der Grundlage von § 24 Bewährungshilfegesetz im großen ganzen zur Zufriedenheit zu funktionieren.[30] Die rechtliche Einordnung solcher privaten Träger bereitet dem Staats- und Verwaltungsrechtler keine unüberwindlichen Schwierigkeiten. Auch die Details der Finanzierung durch Haushaltmittel bei entsprechender haushaltsrechtlicher Kontrolle sind regelbar. Man mag einwenden, daß es ungleich schwieriger erscheint, auf dieser Grundlage ein flächendeckendes Angebot der Bewährungshilfe in der Bundesrepublik Deutschland zu prästieren, als dies in Österreich und den Niederlanden der Fall sein mag. Nur muß man bedenken, daß die eigentliche Organisationslast auf der überschaubareren Länder- oder gar Landge-

---

28) Kerner, H.-J.: Bewährungshilfe. In: Kaiser, G./Kerner, H.-J./Sack, F./Schellhoss, H. (Hrsg.): Kleines Kriminologisches Wörterbuch. Heidelberg, Müller 1985, S. 67 - 71, 70

29) Dazu Jung, H.: Paradigmawechsel im Strafvollzug? Eine Problemskizze zur Privatisierung der Gefängnisse. In: Kaiser, G./Kury, H./Albrecht, H.-J. (Hrsg.): Kriminologische Forschung in den 80er Jahren. Projektberichte aus der Bundesrepublik Deutschland. Freiburg: Eigenverlag Max-Planck-Institut für ausländisches und internationales Strafrecht 1988, S. 377 - 388

30) Vgl. speziell für Österreich Leirer, H.: Die vereinsmäßig durchgeführte österreichische Bewährungshilfe. In: Deutsche Bewährungshilfe (Hrsg.): Zwänge und Chancen in der Justiz. Bonn: Eigenverlag der Deutschen Bewährungshilfe 1986, S. 171 - 177; Hinweise auf die Organisationsformen in anderen Staaten finden sich bei Dünkel 1986 (Fn 2).

richtsebene ruhte. Sie sollte dort vorzugsweise von spezialisierten Trä-
gervereinen der Bewährungs- und Straffälligenhilfe übernommen werden. Eine Übernahme der Bewährungshilfe durch die Dachverbände der
freien Wohlfahrtspflege im Sinne des Vorschlags von Mrozynski hätte
den Nachteil, daß die Bewährungshilfe dort wiederum in der Vielfalt
der Aufgaben unterzugehen droht. Die Forderung nach einer stärkeren
Vereinheitlichung der Sozialen Dienste würde durch eine solche Privatisierung nicht obsolet. Im Gegenteil: Sie ließe sich möglicherweise in
privaten Gestaltungsformen reibungsloser, d.h. ohne den einzelnen Bewährungshelfer und die unterschiedlichen Richtungen der Sozialarbeit
in der Justiz über Gebühr einzuengen, verwirklichen.

Eine solche Privatisierung könnte sich positiv auf die Arbeitsatmosphäre
auswirken. Wir dürfen den Begriff Privatisierung freilich nicht dahin
verstehen, daß damit alles auf eine neue, gewissermaßen auf eine "vertragliche" Grundlage gestellt würde. Der einzelne Bewährungshelfer
bliebe Amtsträger im Sinne des § 11 Abs. 1 Nr. 2 StGB. Auch änderte
sich an den (straf-)rechtlichen Rahmenbedingungen dadurch nichts.
Einzelne immer wiederkehrende rechtliche Reibungspunkte - man denke nur an die Grenzen der Berichtspflicht sowie den Umfang von
Schweigepflicht und Schweigerecht des Bewährungshelfers - lassen sich
dadurch nicht beseitigen. Bekanntlich hat das Bundesverfassungsgericht
dem Sozialarbeiter ein berufsrollenspezifisches Zeugnisverweigerungsrecht versagt. Diese Entscheidung hat zwar kritische Anmerkungen
ausgelöst.[31] Auch ist nicht zu verkennen, daß die Sensibilität des Bun-
desverfassungsgerichts für Fragen des Datenschutzes eher gestiegen
ist.[32] Solange freilich Bewährungshelfer in den "Wirkungszusammen-
hang öffentlich-rechtlicher Kontrollinstanzen" einbezogen sind, werden
sie Informationen preisgeben müssen. Die Schweigepflicht des § 203
Abs. 1 Nr. 5 gilt uneingeschränkt nur gegenüber Dritten und nicht gegenüber dem Gericht. Während insoweit keine neuen Gesichtspunkte
hinzugetreten sind, hat neuerdings die Frage des "innerdienstlichen
Informationsaustauschs" an Aktualität gewonnen. Indes bleibt auch für
eine "innerbehördliche Schweigepflicht" wenig Spielraum. § 38 des Entwurfs eines Bundesresozialisierungsgesetzes versucht ihn zu nutzen.
Testfall ist dabei die Regelung des § 38 Abs. 4 des Entwurfs. Er sieht
vor, daß Aufzeichnungen, die der Bewährungshelfer im Rahmen methodischer Sozialarbeit über persönliche Gespräche mit dem Probanden
gefertigt hat, weder inner- noch außerdienstlich einer Pflicht zur Herausgabe oder Vorlage, noch der Beschlagnahme unterliegen. Damit will
man auch eine "doppelte Buchführung" des Bewährungshelfers verhindern. Unklar bleibt freilich, ob der Bewährungshelfer nach der Vorstel-

31) Darunter von mir: Zeugnisverweigerungsrecht und Wahrheitsfindung - zugleich eine
    Nachlese zu BVerfGE 33, 367. Monatsschrift für Kriminologie und Strafrechtsreform
    57 (1974), S. 258 - 267. Vgl. auch Kühne, H.-H.: Zeugnisverweigerungsrecht im Straf-
    prozeß - neue Wege für die Anwendung von Grundrechten? - BVerfGE 33, 367, Juri-
    stische Schulung 13 (1973), S. 685
32) Vgl. namentlich BVerfGE 65, 1

lung des Entwurfs insoweit innerdienstlich überhaupt nicht zu Mitteilungen verpflichtet sein soll. Letzteres wäre nicht akzeptabel; denn auf ein Mindestmaß an Informationsfluß wird man schon wegen der durch § 54 StPO vorgegebenen Entscheidungszwänge für den Dienstvorgesetzten nicht verzichten können.[33]

4. Schlußbemerkungen

Während sich manche Bewährungshelfer in der unklar definierten Symbiose mit der Justiz offenbar ganz wohlfühlen, rufen andere zur Klärung der Rechtsstellung des Bewährungshelfers nach dem Gesetzgeber. Indes hat unser Überblick deutlich gemacht, daß der rechtspolitische Bewegungsspielraum mit Blick auf konkrete Rechte und Pflichten sowie mit Blick auf den Rollenkonflikt des Bewährungshelfers eher gering ist, weil wir es hier mit weitgehend unverrückbaren Funktionsvorgaben des Systems der Kriminalrechtspflege zu tun haben. Mehr Bewegungsspielraum existiert daher eher schon auf der Ebene der grundsätzlichen organisatorischen Anbindung der Bewährungshilfe. Justizinterne und justizexterne, pluralistische und monistische Modelle rivalisieren einstweilen noch miteinander. Ob die Karte der Privatisierung sticht, wird davon abhängen, inwieweit ein flächendeckendes Angebot auf Vereinsbasis auch in der Bundesrepublik Deutschland prästiert werden kann. Die "Einbettung der Sozialarbeit in den strafrechtlichen Handlungszusammenhang" (Müller-Dietz) wird allemal konfliktbehaftet bleiben. Denn Justiz und Sozialarbeit lassen sich in ihren theoretischen Konzepten nur teilweise zur Deckung bringen; sie stellen vielmehr zwei sich schneidende Kreise dar[34]. Die Schnittmenge erscheint - um im Bild zu bleiben - allerdings durchaus vergrößerungsfähig.

---

33) Ebenso Schöch, H.: Praktische Konsequenzen und rechtspolitische Bedürfnisse. In: Evangelische Akademie Hofgeismar (Hrsg.): Sozialarbeit und Datenschutz. Protokoll Nr. 212/1984. Hofgeismar: Evangelische Akademie 1984, S. 124 - 137, 136
34) Dieses Bild findet sich schon bei Müller-Dietz (Fn. 6), S. 7.

Jugendstrafvollzug bei 14-18 Jährigen
Problemanzeige und Perspektiven

Dieter Rössner

1. Jugendstrafvollzug: kein Ort für Jugendliche

Göppinger ist nie müde geworden, die Quintessenz seiner jahrzehnte-langen Grundlagenforschung für eine kriminologisch begründete Be-handlung des Straftäters in seinen sozialen Bezügen herauszustellen: Jede Art der Einwirkung hat vom aktuellen Lebenszuschnitt des Täters aus-zugehen, denn er ist der Kristallisationspunkt aller Bemühungen. Seine individuellen Stärken und Schwächen geben den Ansatzpunkt für not-wendige Verhaltensänderungen[1]. Eine sinnvolle Behandlung läßt sich nur erreichen, wenn der Vollzug Differenzierungen zuläßt, die der jeweils betroffenen Täterpersönlichkeit gerecht werden[2]. Allgemeine Vollzugsprogramme - und seien sie noch so aufwendig - helfen nicht weiter.

Nun sollte man meinen, daß solche kriminologischen Grunderkennt-nisse in der zentralen Institution des Jugendstrafrechts - dem Strafvoll-zug - besonders beherzigt werden. Doch schon der erste Blick macht skeptisch, denn von der praktischen Vollzugspolitik wird in der Regel auf stark ausgebaute allgemeine Programme im Jugendvollzug verwie-sen. Es wird auf Schwerpunkte der Programmgestaltung wie schulische und berufliche Ausbildung, soziale Trainingsprogramme oder auch auf erlebnispädagogische Freizeitgestaltung Gewicht gelegt. Neu entstan-dene Modellanstalten gelten als Beweis für die privilegierte Situation des Jugendvollzugs. Global läßt sich so feststellen, daß der Jugendvoll-zug ein erheblich verbesserter Erwachsenenvollzug ist. Damit ist aber nicht gesagt, daß er auch für Jugendliche geeignet ist.

Im Hinblick auf die besonderen Belange der 14- bis 18jährigen im Jugendvollzug treten eine ganze Reihe von Bedenken hervor: Program-me, Organisation und Ablauf des Vollzugs sind ganz auf die Möglich-keiten der Chancenverbesserung durch Ausbildung und Training sozia-ler Fähigkeiten ausgerichtet; Bedürfnisse der Jüngeren nach persönli-chen Bindungen und Halt kommen notwendig zu kurz.

---

1) Göppinger, H.: Angewandte Kriminologie. Ein Leitfaden für die Praxis. Berlin u.a.: Springer 1985, S. 153
2) Göppinger, H.: Kriminologie. 4. Aufl., München: Beck 1980, S. 434

Kerner/Kaiser (Hrsg.) Kriminalität
© Springer-Verlag Berlin Heidelberg 1990

Böhm[3]) hat das Problem sehr plastisch wie folgt geschildert: Die erzieherischen Nöte der jüngsten Gruppe in der Vollzugsanstalt würden nur
zum Teil befriedigt. "Teilweise auch körperlich noch Kinder wirken sie
in der häufig nur in einer größeren Nummer vorhandenen schäbigen
Gefängniskleidung erbärmlich. Die hohen Kinderstimmen klingen in
den Strafanstalten befremdlich .... Zunächst haben Bedienstete und
manche ältere Gefangene noch Mitleid. Oft weicht dieses Mitleid aber
alsbald dem Ärger über die in Problemfamilien, schlechten Wohnvier-
teln und Fluchtsituationen erlernten raffinierten Überlebenstechniken
..." Der Autor fährt fort, daß sie weder in die Ausbildungsbemühungen
zu integrieren seien noch daß ihre Freizeitinteressen mit denen der
anderen Gefangenen in Einklang stünden.

Der Grund für diese *Mangelsituation der 14- bis 18jährigen* im Jugendvollzug ist schnell ausgemacht: In den Jugendvollzugsanstalten der
Bundesrepublik Deutschland mit Belegungszahlen zwischen 200 und 600
Gefangenen sind die Jugendlichen eine verschwindend geringe Minderheit. Von den rund 5300 Jugendstrafgefangenen waren im Jahre 1987
nur 463 Insassen zwischen 14 und 18 Jahre alt, das sind rund 8 %. Der
Anteil der 14- bis 16jährigen beträgt gar nur 0,2 %. Dabei ist ein deutlicher Rückgang in den letzten Jahren zu verzeichnen. Bei relativ
gleichbleibender Gesamtzahl betrug der Anteil der Jugendlichen 1976
noch rund 14 %.

Unter dem Strich folgt aus dieser Zahlenanalyse, daß die Institution,
die sich Jugendstrafvollzug nennt, im Sinne der gesetzlichen Terminologie falsch bezeichnet ist. 9 von 10 Insassen sind junge Erwachsene
zwischen 19 und 24 Jahren. Freilich ergibt sich das Dilemma des heutigen "Jugendstrafvollzugs" nicht aus der irreführenden Etikettierung,
sondern aus den *inhaltlichen Konsequenzen der Belegungssituation.*

Es liegt auf der Hand, daß die Lebenswirklichkeit der Jugendanstalt
damit von jungen Erwachsenen - ihrem Lebensstil, ihren Ausbildungs-
und Freizeitinteressen - bestimmt wird. Die jüngeren Gefangenen, die
keine Blöße zeigen und möglichst stark erscheinen wollen, sind insoweit
einem immensen Verhaltensdruck ausgesetzt. Von außen wirkt die Situation dann so, als ob die Jüngsten gar keine eigenen Bedürfnisse hätten. Bei der latenten Orientierung an den jungen Erwachsenen können
sie solche aber noch nicht einmal äußern.

In dieser Lage ist ein individuelles Einwirken auf die Stärken und
Schwächen der vorrangig erziehungsbedürftigen Jüngsten im Jugendvollzug grundsätzlich schon im Ansatz verbaut. Eine für ihr Alter erforderliche Differenzierung des Jugendvollzugs besteht innerhalb der
Institution nicht. Bezogen auf ihre Altersgruppe dient die Behandlung
so stets eher einem reibungslosen Ablauf des "Jungerwachsenenvollzugs"
denn einer Vorbereitung eines straffreien Lebens in Freiheit[4]). Es fehlt

---

3) Böhm, A.: Sonderprobleme des Vollzugs bei Jugendlichen und Jungtätern. In: Ehrhardt, H./Göppinger, H. (Hrsg.): Straf- und Maßregelvollzug: Situation und Reform,
   Kriminologie und Kriminalistik. Kriminologische Gegenwartsfragen, Heft 11. Stuttgart:
   Enke 1974, S. 142 - 148.
4) Göppinger 1980 (Fn 2), S. 427

notwendig an einer auf den spezifischen Personenkreis abgestellten Behandlung, die aber Voraussetzung für jede sinnvolle Resozialisierungsbemühung ist.

2. Kriminologische Kritik des heutigen Jugendstrafvollzugs

Das von der Belegungssituation her aufgezeigte Problem für die Jüngsten im Strafvollzug wird durch die Erkenntnisse der *Angewandten Kriminologie* stärker und deutlicher akzentuiert: Jugendliche gelangen erst dann in den Jugendvollzug, wenn schädliche Neigungen vorliegen, d.h. also wenn eine Hinentwicklung zur Kriminalität wahrscheinlich ist. Die Angewandte Kriminologie ist sich aber einig darüber, daß Einwirkungen, die auf den Abbruch der Entwicklung zielen, vor allem zu *Beginn und vor Verfestigungen entsprechender Lebensstile* möglich sind[5]. Lebenshaltung und Lebensstile eines 24jährigen Intensivtäters mit verfestigter krimineller Entwicklung und eventueller Vollzugserfahrung unterscheiden sich meist grundlegend von einem 16jährigen, der erst am Beginn einer solchen Entwicklung steht.

Bei der ersten Gruppe finden häufig alle Einwirkungsmöglichkeiten im Strafvollzug ihre Grenze, weil der Lebenszuschnitt bejaht wird und jede Motivation zur Änderung fehlt[6]. Dagegen sind am Beginn solcher Entwicklungen im frühen Jugendalter Einwirkungen eher möglich. Erforderlich ist aber, daß gerade bei solchen Probanden praktisch sämtliche Lebensbereiche im Auge behalten werden müssen[7].

Die wichtigste Station der Prävention verfestigter krimineller Karrieren im Strafvollzug wird so heute total vernachlässigt. Dies ist durch nichts zu rechtfertigen - vor allem nicht durch die absolut gesehen kleine Zahl von Betroffenen. Vielmehr hat aufgrund der hier erfolgten Analyse zu gelten: Die kriminologische Bedeutung des individuellen Einwirkens auf jugendliche Täter am Beginn einer sich abzeichnenden kontinuierlichen Hinentwicklung zur Kriminalität ist umgekehrt proportional zu ihrem zahlenmäßigen Anteil. Es geht daher nicht an, das Problem eines besonderen Jugendvollzugs in der Masse des "Jungerwachsenenvollzugs" zu verstecken.

3. Die jugendlichen Strafgefangenen in ihren sozialen Bezügen

Die wenigen empirischen Untersuchungen zur besonderen Lage der jugendlichen Strafgefangenen zeichnen ein *Mängelprofil*, das die spezifi-

---

5) Göppinger 1985 (Fn 1), S. 156
6) Göppinger 1985 (Fn 1), S. 156 f.
7) Göppinger 1985 (Fn 1), S. 156

schen kompensatorischen Bedürfnisse dieser Jugendlichen ebenfalls deutlich macht.

Die Allerjüngsten - die 14- und 15jährigen - kommen nach den Ergebnissen der Münchner Studie zur Jugendstrafe an 14- und 15jährigen[8] ganz überwiegend aus ökonomisch schlecht gestellten Bevölkerungsgruppen. Über die Hälfte stammt aus strukturell unvollständigen Familien. Keinen Schulabschluß haben über 90 %; 2 von 5 besuchten die Sonderschule. Verhaltensauffälligkeiten in der Schule sind üblich. 60 % waren zuvor schon einmal öffentlicher Erziehung unterstellt[9]. Nahezu gleichlautende Ergebnisse gehen aus der niedersächsischen Untersuchung zur Untersuchungshaft bei 14- bis 15jährigen hervor[10].

Die Häufung sozialer Problem- und Mängellagen zeigt sich in der für die Jahre 1976 bis 1978 geführten Sozialstatistik der Zugänge im baden-württembergischen Strafvollzug ebenso[11]. Die Jugendlichen gelangen ganz überwiegend (über 60 %) wegen Eigentumsdelikten in den Strafvollzug. Daneben spielt nur noch Raub (über 20 %) eine nennenswerte Rolle[12]. Vor allem bei den Eigentumsdelikten handelt es sich in der Regel um wiederholte Straftaten.

Die ganze Misere dieser Jugendlichen im Jugendstrafvollzug im Verhältnis zu den anderen Insassen tritt bei der Betrachtung des Vollzugsablaufs hervor: Während der durchschnittliche Jugendstrafgefangene wegen Anpassungsschwierigkeiten während seiner Haftzeit rund 3 mal mit Disziplinarmaßnahmen förmlich bestraft wird, beläuft sich diese Rate bei den Jüngsten auf fast 5 mal. Ähnliches gilt für die Rückfallquote, wo die jüngsten Gefangenen stark überdurchschnittlich hervortreten, nämlich 89 % im Verhältnis zu 54 %[13].

So ergibt sich die zumindest begründete Vermutung, daß sich die nicht auf die Jugendlichen abgestimmte Vollzugsstruktur und Vollzugsgestaltung ganz konkret in meßbarem Mißerfolg niederschlägt. Jedenfalls ist

---

8) Albrecht, P.-A./ Schüler-Springorum, H. (Hrsg.): Jugendstrafe an Vierzehn- und Fünfzehnjährigen. Strukturen und Probleme. München: Fink 1983
9) Ludwig, W. Strukturmerkmale institutioneller Rekrutierung. In: Albrecht, P.-A./Schüler-Springorum, H. (Hrsg.): Jugendstrafe an Vierzehn- und Fünfzehnjährigen. Strukturen und Probleme. München 1983, S. 66 - 110
10) Steinhilper, M.: Untersuchungshaft bei 14- und 15jährigen in Niedersachsen. Hannover: Niedersächsiches Ministerium der Justiz 1985, S. 140 ff.
11) Kury, H.: Sozialstatistik der Zugänge im Jugendvollzug Baden-Württemberg für das Jahr 1978. Freiburg: Max-Planck-Institut für ausländisches und internationales Strafrecht 1979
12) Dünkel, F.: Situation und Reform von Jugendstrafe, Jugendstrafvollzug und anderen freiheitsentziehenden Sanktionen gegenüber jugendlichen Rechtsbrechern in der BR Deutschland. In: Dünkel, F./Meyer, K. (Hrsg.): Jugendstrafe und Jugendstrafvollzug, Teilband 1. Freiburg: Max-Planck-Institut für ausländisches und internationales Strafrecht 1985, S. 45 ff.; Papendorf, K.: Freiheit statt Strafe. Gründe für die Abschaffung der Freiheitsstrafe bei Jugendlichen. In: Schumann, K.F./Steiner, H./Voss, M. (Hrsg.): Vom Ende des Strafvollzugs. Bielefeld: AJZ 1988, S. 123 - 135; 126 f.
13) S. dazu die Untersuchung von Dolde, G./Grübl, G.: Bewährung von Jugendstrafgefangenen in Baden-Württemberg. Eine empirische Untersuchung zum Vollzugsverlauf und zur Rückfälligkeit von ehemaligen Gefangenen des Jugendvollzugs und Ausgenommenen. Stuttgart u.a.: Selbstverlag 1985

eine kriminologisch fundierte kriminalpolitische Diskussion des aufgezeigten Problems nötig.

4. Die kriminalpolitische Diskussion des Strafvollzugs bei den 14- bis 18jährigen

Im Hinblick auf die deutlich hervorgetretene strukturelle Frage des Jugendvollzugs bei 14- bis 18jährigen überrascht die relativ geringe Resonanz der Problematik in der kriminalpolitischen Diskussion. Während am anderen Ende der jugendstrafrichterlichen Sanktionsskala die innere Reform des Jugendstrafrechts eine Vielzahl konkreter "Diversionsmodelle"[14] hervorgebracht hat, sind praktische Versuche im Bereich des Jugendvollzugs derzeit noch nirgends erkennbar. Viel mehr als der vom RStGB 1871 eingeführte Grundsatz der Separation vom Normalvollzug ist hier nicht erreicht.

Die *praktische Reformgeschichte des Jugendvollzugs* in diesem Jahrhundert hat unsere Fragestellung im Hinblick auf die kleine Zahl immer ausgeklammert. Schon in der ersten 1912 gegründeten legendären Jugendanstalt Wittlich wurde nur mit 18- bis 20jährigen gearbeitet, weil die Zahl der Jugendlichen für die Kapazität zu gering war und der eigentlich dem Interesse der Jugendlichen dienliche Separationsgrundsatz des § 7 Abs.2 RStGB hier einer Zusammenlegung mit den Heranwachsenden im Wege stand. Zudem befürchteten Reformpolitiker, daß damit die Strafmündigkeitsgrenze bei 12 Jahren eingefroren werden könnte[15]. Die Jugendlichen blieben deshalb dem Erwachsenenvollzug angegliedert. Ähnliches gilt für die weiteren Neugründungen.

Eine gewisse Ausnahme stellte nur die Hamburger Modellanstalt Hahnöfersand dar, wo Hermann[16] mit einer Jugendlichengruppe ein an deren Bedürfnissen orientiertes Erziehungsprogramm mit den Schwerpunkten Unterricht, Ausbildung, Sport und gemeinsame Erlebnisse versuchte.

Die Reformbestrebungen haben sich ansonsten allenfalls am Rande mit einer besonderen Vollzugsgestaltung für Jugendliche befaßt. Vielmehr wurde und wird fast ausschließlich die mögliche *Änderung der Bestrafungsmündigkeit* diskutiert, d.h. die Frage, ob bis zu einer bestimmten Altersgrenze, die nicht mit der Verantwortlichkeitsgrenze übereinstimmen muß, auf Jugendstrafe als Sanktion zu verzichten ist.

So enthielten schon die "Eisenacher Vorschläge" der Internationalen Kriminalistischen Vereinigung von 1891 die Forderung, die Strafmün-

---

14) Deutsche Vereinigung für Jugendgerichte und Jugendgerichtshilfe (Hrsg.): Ambulante sozialpädagogische Maßnahmen für junge Straffällige. Zwischenbilanz und Perspektiven. Schriftenreihe der DVJJ, Heft 14; 2. Aufl., München 1986
15) Cornel, H.: Geschichte des Jugendstrafvollzugs. Weinheim u.a.: Beltz 1984, S. 100
16) Hermann, W.: Das hamburgische Jugendgefängnis "Hahnöfersand"; Mannheim 1926, S. 13 ff.

digkeitsgrenze auf 16 Jahre anzuheben. Daran wurde immer wieder angeknüpft: 1952 forderte die "Arbeitsgemeinschaft für den Strafvollzug" eine entsprechende Festlegung[17]. Den nächsten Vorstoß unternahmen mit beachtlichen Gründen K. Peters[18] sowie 1967 die Vorschläge der Arbeiterwohlfahrt für ein erweitertes Jugendhilferecht[19]. Auch die vom Bundesjustizministerium eingesetzte Jugendstrafvollzugskommission plädierte nach einer gründlichen Bestandsaufnahme dafür, die kleine Minderheit der 14- bis 16jährigen mit ganz besonderen Erziehungsbedürfnissen nicht in den Jugendstrafvollzug zu bringen[20]. Entsprechende Forderungen werden heute neben der kleinen Zahl auch mit der Ablehnung jeglicher spezialpräventiver Wirkung begründet[21].

Einen Mittelweg zwischen einer Altersbegrenzung und einer ·Vollzugslösung geht der Arbeitsentwurf des Bundesjustizministeriums von 1984, der eine Strafaussetzung bei noch nicht 16jährigen zuläßt, wenn zu erwarten ist, daß der Jugendliche in einem Erziehungsheim besser gefördert werden kann. Auch Baumann[22] fügt seinem Entwurf eines Jugendstrafvollzugs obiter dictum an, daß ein Titel mit Sondervorschriften für 14 und 15 Jahre alte Jugendliche angefügt werden könnte, wo Voraussetzungen und Durchführung eines alternativen Vollzugs in den Einrichtungen der Jugendhilfe gesetzlich geregelt werden müßten. Inhaltliche Aspekte werden jedoch nirgends behandelt.

Im *Ausland* ist die Situation des Jugendvollzugs verbreitet weit stärker auf die Jugendlichen abgestellt. Viele Länder legen dabei wenig Wert auf eine ausgefeilte dogmatische Trennung zwischen Jugendstrafe und Erziehungsmaßnahmen, sondern es haben sich häufig - aus unserer Sicht - pragmatische Formen zwischen Jugendstrafe und Jugendhilfe entwickelt. Entscheidend ist der inhaltliche Ansatzpunkt: Behandlungsprogramme in kleinen stationären Einrichtungen für Jugendliche mit einem Durchschnittsalter von etwa 16 Jahren, die ganz auf die Erziehungssituation dieser Altersgruppe zugeschnitten sind[23].

Für die Schweiz kann z.B. exemplarisch auf das Jugenderziehungsheim Erlenhof/Reinach verwiesen werden, wo das Bemühen im Mittelpunkt steht, den Leistungs- und Freizeitbereich zu strukturieren und

---

17) Mollenhauer, W.: Reform des Jugendstrafrechts. Stellungnahme der "Arbeitsgemeinschaft zur Reform des Strafvollzugs"; Zeitschrift für Strafvollzug 3 (1952), S. 92 - 103

18) Peters, K.: Die Grundlagen der Behandlung junger Rechtsbrecher. In: Simonsohn, B. (Hrsg.): Jugendkriminalität, Strafjustiz und Sozialpädagogik. Frankfurt: Suhrkamp, 1969 S. 224 - 247

19) Vorschläge für ein erweitertes Jugendhilferecht. Veröffentlichung des Arbeiterwohlfahrt-Bundesverbandes. 3. Aufl., Bonn 1970

20) Schlußbericht der Jugendstrafvollzugskommission. Veröffentlichung des Bundesministers für Justiz. Bonn 1980

21) Papendorf 1988 (Fn 11), S. 123 ff.; Voss, M.: Deutet nicht alles auf den Untergang des Jugendstrafvollzugs hin? Eine skeptische Einschätzung. In: Schumann, K.F./Steinert, H./Voss, M. (Hrsg.): Vom Ende des Strafvollzugs. Bielefeld: AJZ 1988, S. 156 - 177

22) Baumann, J.: Entwurf eines Jugendstrafvollzugsgesetzes. Heidelberg: Müller 1985

23) S. die ausführliche Darstellung bei Dünkel, F./Meyer, K.: Jugendstrafe und Jugendstrafvollzug. Stationäre Maßnahmen der Jugendkriminalrechtspflege im internationalen Vergleich. Teilband 1 und 2. Freiburg 1985 und 1986

Bindungen herzustellen[24]. In Italien bestehen entsprechende lokal orientierte Zentren für Nacherziehung[25]. In den USA entscheidet regelmäßig die "Jugendbehörde" darüber, welche Art von stationärer Einrichtung der Unterbringung von jugendlichen Straftätern dienen soll. Diese reichen von gemeindenahen offenen Möglichkeiten bis zu sicheren kleinen Anstalten[26]. Letztere sind in der Regel auf maximal 15 Jugendliche beschränkt und personalintensiv ausgestattet[27].

Entsprechende stationäre Institutionen enthält auch das viel beachtete, häufig als Abschaffung des Jugendstrafvollzugs gepriesene Massachusetts-Experiment[28]. Die Durchschnittsgröße einer Einrichtung liegt bei 14 Plätzen. Strukturierung des Tagesablaufs, Erlernen unauffälliger Verhaltensweisen, Erhöhung des Selbstwerts, Kontakte zu festen Bezugspersonen sowie einzel- und gruppentherapeutische Intervention sind u.a. wichtige Programmpunkte. Speziell auf Jugendliche abgestellt ist das gruppenorientierte Erziehungsprogramm der Glen Mills Schools in Philadelphia[29]. Kanada kennt ebenfalls spezielle Einrichtungen für jugendliche Straftäter mit hohem Erziehungsaufwand[30]. Ähnliches gilt für die meisten osteuropäischen Länder[31].

In der *Bundesrepublik Deutschland* stehen die Zeichen der Zeit nicht günstig für eine inhaltliche Debatte über die *Ausgestaltung eines spezifischen Jugendvollzugs*. Dabei ist heute wohl weniger die kleine Zahl hinderlich als sich verfestigende kriminalpolitische Ideologien, die trotz elementar unterschiedlicher Ausgangspositionen in unserer Frage eine gemeinsame Bastion bilden. Die "progressiven" abolitionistischen Kriminalpolitiker wollen keine reformerischen Veränderungen bei der Jugendstrafe, denn nur dann kann der Kritik die volle Schärfe auf dem Weg zu ihrer Abschaffung erhalten werden[32]. Kraß ausgedrückt: Je schlechter die Bedingungen des Jugendvollzugs desto höher der krimi-

---

24) Göppinger 1980 (Fn 2), S. 423 ff.
25) Picotti, L./De Strobel, G.: Freiheitsentziehende Maßnahmen gegenüber Minderjährigen und Jugendstrafvollzug in Italien. In: Dünkel, F./Meyer, K. (Hrsg.): Jugendstrafe und Jugendstrafvollzug; Teilband 2. Freiburg: Max-Planck-Institut für ausländisches und internationales Strafrecht 1986, S. 905 - 995, 949
26) Albrecht, H.-J.: Entwicklungstendenzen des Jugendkriminalrechts und stationärer Freiheitsentziehung bei jugendlichen Straftätern in den USA. In: Dünkel, F./Meyer, K. (Hrsg.): Jugendstrafe und Jugendstrafvollzug. Teilband 2. Freiburg: Max-Planck-Institut für ausländisches und internationales Strafrecht 1986, S. 1211 - 1305, 1247
27) Albrecht 1986 (Fn 26), S. 1264
28) Eingehend dazu Bauer, J.: Community based corrections des Department of Youth Services in Massachusetts und Möglichkeiten vergleichbarer Konzepte im Rahmen der Jugendstrafrechtspflege der BRD. Diss. iur. Tübingen 1986, S. 82 ff.
29) Ausführlich Ottmüller, C.O.: Glen Mills Schools. Ein Modell der Jugendkriminalrechtspflege in den USA. Pfaffenweiler: Centaurus 1988
30) Sessar, K.: Beispiel einer Totalstrategie in der Behandlung jugendlicher Straftäter: Die Anstalt in Bascoville in Quebec/Kanada. Zeitschrift für die gesamte Strafrechtswissenschaft 84 (1972), S. 779 - 805
31) S. die Berichte bei Dünkel/Meyer 1986 (Fn 23), S. 1081 ff.
32) Mathiesen, T.: Überwindet die Mauern! Die skandinavische Gefangenenbewegung als Modell politischer Randgruppenarbeit. Neuwied: Luchterhand 1979; Voss, M.: Jugend ohne Rechte. Die Entwicklung des Jugendstrafrechts. Frankfurt u.a.: Campus 1986, S. 214

nalpolitische Nutzen. Auf konservativer Seite wird hervorgehoben, daß eine Straftat auch bei Jugendlichen kein staatliches Leistungsangebot auslösen dürfe, sondern es müsse auch dem Schuldausgleich und der Abschreckung Rechnung getragen werden, weil sonst die Unverbrüchlichkeit der Rechtsordnung tangiert werde.

Beide Haltungen führen letztlich zu einer Tabuisierung der gegenwärtigen Situation des nicht vorhandenen aber dennoch praktizierten Jugendvollzugs. Für den Erfahrungswissenschaftler läßt sich feststellen, daß das Problem beginnender krimineller Entwicklungen bei jugendlichen Intensivtätern weder durch Negation noch durch starke Worte aus der Welt zu schaffen ist. Bereits deshalb bleibt es ein kriminalpolitisches Anliegen über Interventionsmöglichkeiten bei stationärer Unterbringung nachzudenken.

Man wird kriminalpolitisch auch nicht an der zugegebenermaßen für Juristen und Pädagogen harten Tatsache vorbeikommen: Da, wo Erziehung in Freiheit vollständig gescheitert ist, kann man - wenn auch aus Hilflosigkeit - zumindest vorübergehend auf Zwang nicht verzichten. Wie klein man den stationären Bereich des Jugendstrafrechts auch halten mag - und dieser Aspekt ist sehr wichtig - so deutlich ist doch zu sehen, daß ein Teil von Intensivtätern bleibt, der durch alle Maschen der Ambulanz gefallen ist und für den nur eine stationäre Unterbringung die Struktur und Grundlage für eine andere Zukunftsperspektive schaffen kann.

Es ist kriminalpolitisch nicht zu akzeptieren, daß das Jugendstrafrecht seiner Aufgabe gerade bei dieser schwierigsten Gruppe auch nicht ansatzweise gerecht wird. Es soll hier also weiter gefragt werden, wie ein besonderer Jugendvollzug aussehen könnte. Eine eigentlich selbstverständliche Frage, wenn man berücksichtigt, daß das JGG vor allem die erzieherisch orientierte Sonderbehandlung der Jugendlichen fördern will. Deren Belange im Jugendvollzug zu übergehen, heißt den gesetzgeberischen Auftrag nicht erfüllen.

5. Programmskizze eines spezifischen Jugendvollzugs

Geht man realistischerweise davon aus, daß eine Änderung der Strafmündigkeitsgrenze derzeit nicht durchsetzbar ist, wie verschiedene Äußerungen zum Arbeitsentwurf eines Jugendstrafvollzugsgesetzes von 1984 und dem Referentenentwurf eines JGG von 1987 zeigen, so ist im Interesse der Betroffenen endlich inhaltlich weiterzuarbeiten. Und selbst wenn Änderungen kämen, läßt sich aus dem Modell Massachusetts entnehmen, daß sichere und geschlossene Einrichtungen für einige Jugendliche weiterhin aus pädagogischen und strafrechtlichen Gründen als "Nothilfe" erforderlich bleiben.

Unabhängig von der Organisationsform und dem rechtlichen Rahmen jugendstrafrechtlicher Sozialkontrolle wird daher niemand aus der Verantwortung entlassen, mit diesen menschenwürdig, helfend und rechtsstaatlich zu verfahren. Das rechtsstaatliche Gebot straf*rechtl*icher Kontrolle und die sozialstaatliche Forderung nach sozialpädagogischer Hilfe müssen so trotz des Widerspruchs in praktische Konkordanz gebracht werden[33].

Es ist hier nicht der Ort, ein ausgefeiltes Konzept für einen spezifischen Jugendvollzug vorzulegen. Das jahrzehntelang Versäumte ist nur schrittweise nachzuholen. Die Richtung für ein Programm läßt sich aber - vor allem im Hinblick auf ausländische Erfahrungen - skizzieren.

An erster Stelle gilt selbstverständlich, daß jede stationäre Maßnahme nur *letztes Mittel der Nothilfe* gegen sonst nicht beeinflußbare Jugendliche ist. Daher ist der *zentrale Bezugspunkt* jeder stationären Einrichtung ein differenziertes und gut ausgebautes Sanktionsinstrumentarium unmittelbar unter der stationären Schwelle. Die stationäre Maßnahme darf nicht zum bequemen Ersatz einer fehlenden ambulanten Einrichtung werden. Aus kriminologischer Sicht sind stets Einwirkungen zu bevorzugen, die sich auf das Leben in Freiheit beziehen[34]. Die neuen ambulanten Projekte im JGG der Betreuungsweisung und sozialen Trainingskurse[35] beschreiten insoweit den richtigen Weg, und vor allem die Betreuungsweisung kann am Beginn einer kriminellen Entwicklung echte Alternative zur stationären Unterbringung sein.

Wo Jugendstrafe nicht zu umgehen ist, sind die für die Sozialpädagogik entwickelten Prinzipien beim Umgang mit Straffälligen qualitativ in gleicher Weise auch in der geschlossenen Einrichtung weiter zu verfolgen - zugegeben unter schwierigeren Bedingungen. Folgende *Grundsätze* sollten dabei *im stationären Bereich* befolgt werden:

Die einzelne Einrichtung darf unabhängig von ihrem Sicherheitsgrad nicht mehr als 10 bis 20 Plätze umfassen und muß mindestens ebenso viele pädagogisch befähigte Bedienstete haben. Modell könnten insoweit die von freien Trägern vielfach erprobten Sozialtherapeutischen Wohngruppen sein.

Die Betreuer müssen die Verantwortung übernehmen, die sonst Eltern zur Sicherung der Zukunft ihrer Kinder einsetzen. Das heißt vor allem aber, daß sie unter Hilfestellung lernen, sich selbst zu versorgen. Freizeitaktivitäten haben sich zukunftsorientiert an deren Lebenswelten und an einem auch später erreichbaren materiellen Niveau auszurichten. Die Einrichtungen sollten gemeindenah konzipiert sein, so daß Ausbildung und Schule außerhalb absolviert werden könnten. Entscheidend ist daneben die Einbeziehung engagierter ehrenamtlicher Mitarbeiter, die den notwendigen Bezug zur Umwelt herstellen. Der allmähliche Übergang in die Freiheit ist durch Nachbetreuung sicherzustellen, denn letztlich geht es darum, bestimmte Situationen in Freiheit bewältigen zu können[36].

---

33) Rössner, D.: Probieren und studieren unter den Bedingungen relativen Nichtwissens. Bewährungshilfe 35 (1988), S. 421 - 432, 429
34) Göppinger 1985 (Fn 1), S. 155
35) Heinz, W./Huber, M.: Ambulante sozialpädagogische Maßnahmen für junge Straffällige. In: Deutsche Vereinigung für Jugendgerichte und Jugendgerichtshilfen (Hrsg.): Ambulante sozialpädagogische Maßnahmen für junge Straffällige. Zwischenbilanz und Perspektiven. Schriftenreihe der DVJJ, Heft 14; 2. Aufl., München 1986, S. 37 - 55
36) Göppinger 1980 (Fn 2), S. 435

Inhaltlich müssen die sozialpädagogischen Programme für die Gruppe der jugendlichen Gefangenen weitgehend erst noch entwickelt und erprobt werden. Die Richtung läßt sich aber angeben: Brennpunkt des pädagogischen Geschehens ist die *mangelnde Einbettung des Jugendlichen in zentrale Institutionen*, die sozial integrierend wirken. Familie, Schule, Freizeit und Kontakte sind die hauptsächlich betroffenen Lebensbereiche. Im Sinne der Kontrolltheorien muß die pädagogische Intervention zunächst einmal *äußeren Halt* geben und dann auf eine Integration über anerkannte Bezugspersonen hinarbeiten[37]. Solche Beziehungen zu Betreuern und vor allem auch anderen Personen außerhalb der Einrichtung erfordern intensiven Einsatz, stellen aber gerade bei den Jugendlichen die entscheidende präventive Komponente dar. .

Die zunächst relativ starke äußere Kontrolle kann und soll in der Weise reduziert werden, wie der Jugendliche *innere personelle und sachliche Bedingungen* an die Umwelt oder zu einer Bezugsperson gewinnt.

Die Bedingungen für die Durchsetzung entsprechender Einrichtungen des Jugendvollzugs sind heute selten günstig: Die rückläufige demographische Entwicklung der Jugendlichen entlastet den Gesamtbereich der Justiz ebenso deutlich[38] wie die sozialpädagogisch gut ausgebauten Einrichtungen der freien Jugendhilfe. Die *personellen und sachlichen sowie fachlichen* Ressourcen für einen echten neuen Jugendvollzug stehen damit zur Verfügung. Freilich ist die Ausgliederung aus dem derzeitigen "Jungerwachsenenvollzug" unabdingbar.

Die großen Bundesländer benötigen für einen hier erwogenen Jugendvollzug etwa 50 bis 80 Plätze mit sinkender Tendenz. Die geringe Zahl ist somit eher ein Argument für einen qualitativ hochstehenden Sondervollzug[39]. Dabei ist das erzieherische Potential der freien Einrichtungen zu nutzen. Die Umsetzung des Konzepts wäre damit sofort möglich.

6. Die rechtlichen Rahmenbedingungen und Möglichkeiten eines besonderen Jugendvollzugs

Inwieweit kann die vorstehende Programmskizze in die Rechtswirklichkeit umgesetzt werden? Das erscheint auf den ersten Blick nicht ganz

---

37) Eingehend dazu Rössner, D.: Angewandte Kriminologie und Prävention. In: Göppinger, H. (Hrsg.): Angewandte Kriminologie-International. 36. Internationale kriminologische Forschungswoche. Bonn: Forum 1988, S. 138 - 155, 148 ff.

38) Dünkel, F.: Die Herausforderung der geburtenschwachen Jahrgänge. Freiburg: Max-Planck-Institut für ausländisches und internationales Strafrecht 1987

39) Rössner, D.: Protokoll der 23. Sitzung des Ständigen Ausschusses des 9. Landtags von Baden-Württemberg: Anhörung zum Thema: "Die demographische Entwicklung der Bevölkerung und ihre Auswirkungen auf den Strafvollzug in Baden-Württemberg". Stuttgart 1986, S. 28 - 38, 37 f.

einfach, da die zugrundeliegende Prämisse, daß der Vollzug bei 14- bis 18jährigen auszugliedern ist, zu einer einschneidenden Umstrukturierung des Jugendvollzugs führt.

Dennoch können im folgenden 3 Wege der *inneren Reform des Jugendvollzugs* gewiesen werden, die ohne Gesetzesänderung zum Ziel führen.

6.1. Die konventionelle Lösung

Die Landesjustizverwaltungen schaffen als zuständiges staatliches Organ die vorgeschlagenen Einrichtungen und führen sie in eigener Regie als *Sonderanstalten des Jugendvollzugs* für die 14 bis 18 Jahre alten Gefangenen. Die Flächenländer benötigten dafür etwa 4 solcher örtlich gestreuten Häuser.

Außer dem Vorteil einer klaren Zuständigkeitsregelung sind bei einer solchen Lösung ansonsten aber fast nur *Nachteile* zu sehen. Die Neueinrichtung durch die Justiz würde erhebliche Kosten verursachen. Eine Regionalisierung wäre kaum zu erreichen. Inhaltlich bestünde die Gefahr, daß die Einrichtungen als *Anhängsel des Jugendvollzugs* nicht mehr als deren verbesserte Kopie werden und damit wieder nicht individuell auf die Altersgruppe zugeschnitten sind.

6.2. Die individuelle Lockerungslösung

Für Lockerungen im Jugendvollzug übernimmt die Verwaltungsvorschrift zum Jugendstrafvollzug Nr. 6 weitgehend die Regelung des § 11 StVollzG und eröffnet damit bei genauem Lesen dem Jugendstrafvollzug ein ebenso weites *Projektfeld* wie durch § 10 JGG im ambulanten Bereich. Nach Nr. 6 Abs.1 VVJug können *namentlich* die ausdrücklich genannten Lockerungen wie Außenbeschäftigung, Freigang, Ausführung und Ausgang angeordnet werden. Damit ist aber zugleich gesagt, daß jede andere Lockerung, die dem Vollzugsziel der Wiedereingliederung dient, ebenfalls zulässig ist. Hier liegt somit ein Einfallstor für innere Reformansätze wie bei den insoweit ebenso offenen Weisungen. Die in Frage stehende Lockerung ist grundsätzlich weder sachlich noch örtlich begrenzt.

Der Jugendvollzug könnte daher generell für die wenigen 14 bis 18 Jahre alten Jugendlichen die *besondere Lockerungsform der Unterbringung in einer Erziehungseinrichtung* schaffen und vor allem durch generalisierte individuelle Entscheidungen praktizieren. Mit einer Lockerungsweisung könnte dem Jugendlichen aufgegeben werden, die in der Lockerungseinrichtung geltenden Regeln zu beachten. Entsprechend der Freigangsregelung in Nr. 6 Abs. 4 VVJug wäre die Einrichtung verpflichtet, etwaige Unregelmäßigkeiten mitzuteilen. Ansonsten könnte das Erziehungsprogramm ohne weitere Kontrolle durch den Vollzug ablaufen.

Die Vollzugsverwaltung sollte mit entsprechenden Einrichtungen Verträge abschließen und darauf achten, daß so ein möglichst regionalisiertes und differenziertes Erziehungsprogramm außerhalb der zuständigen Jugendvollzugsanstalt entsteht. Der Jugendliche käme dann nach seinem Haftantritt zunächst in die Zugangsabteilung des Jugendvollzugs, wo innerhalb kürzester Zeit nach einer pädagogisch-kriminologischen Diagnose über seine Unterbringung in einer geeigneten Erziehungseinrichtung befunden wird.

Der herausragende *Vorteil dieses Lösungswegs* ist, daß zum einen das *pädagogische Potential* und die Einrichtungen der freien Träger genutzt werden und zum andern, daß deren *pädagogische Autonomie* unangetastet bleibt. Zur Strafvollzugsbehörde besteht nur ein Grundverhältnis; der Ablauf liegt beim freien Träger. Günstig ist darüber hinaus, daß eine breite Differenzierung zu erreichen ist und der Jugendvollzug nicht abgeschottet erfolgt. Die ganz individuelle Entscheidung birgt freilich die Gefahr einer zu sehr eingeschränkten Anwendung der Lockerung.

6.3. Jugendvollzug in freier Form

Im Interesse des jugendstrafrechtlichen Erziehungsziels geht § 91 Abs.3 JGG über die individuellen Lockerungsmöglichkeiten weit hinaus und läßt sogar generell *freie Formen des Vollzugs* zu. Die Vorschrift bietet damit eine bisher nicht erkannte *Experimentierklausel* par excellence. Vollzug in freier Form verschließt weder nach dem Wortsinn noch dem Zweck, die Erziehung der Jugendlichen zu fördern, die Zusammenarbeit mit Einrichtungen von freien Trägern, die über ein gewisses Maß von Kontrolle verfügen. Dies gilt um so mehr als Nr. 101 Abs.2 VVJug solche Zusammenarbeit ausdrücklich gebietet. Eine Grenze des Gestaltungsrahmens in freier Form ist erst da zu sehen, wo keinerlei freiheitseinschränkende Wirkung mehr bestünde.

Im Rahmen des § 91 Abs.3 JGG ist es daher denkbar, daß die Landesjustizverwaltung generell anordnet, den Vollzug bei 14- bis 18jährigen grundsätzlich in freier Form zu gestalten. Das würde konkret bedeuten, daß die Jugendlichen in entsprechende oben beschriebene kleine Einrichtungen freier Träger kommen. Hier bleiben die unter 6.2. hervorgehobenen Vorteile bestehen, ohne die Nachteile in Kauf nehmen zu müssen.

6.4. Jugendstrafvollzug in der Hand von freien Trägern

Eine letzte Möglichkeit, den Jugendstrafvollzug außerhalb der heutigen Institution anzusiedeln, läßt sich aus einer anerkannten Rechtsform des allgemeinen Verwaltungsrecht ableiten: *die Beleihung mit hoheitlichen Befugnissen* für einen eng umgrenzten Aufgabenbereich. Die Beleihung hat den Zweck, öffentliche Verwaltung zu dezentralisieren und private

Initiative sowie Kompetenz nutzbar zu machen[40]. Es darf sich nur um einzelne spezielle Zuständigkeiten handeln. Umstritten ist, ob es für die vertragliche Übertragung einer gesetzlichen Ermächtigungsgrundlage bedarf. Die herrschende Meinung verlangt dies[41].

Im Hinblick auf den Jugendvollzug könnte man daran denken, geeignete Wohngruppenheime von freien Trägern mit der hoheitlichen Kompetenz auszustatten, den Vollzug bei Jugendlichen entsprechend dem gesetzlichen Auftrag durchzuführen. Die genannten Voraussetzungen einer Beleihung stehen dem nicht grundsätzlich entgegen: Zweck der Beleihung wäre es, die besondere sozialpädagogische Kompetenz sowie die sachlichen Mittel der freien Träger auch für die Erziehungsaufgabe in einem besonderen Bereich einzusetzen. Die Zuständigkeit für die Beleihung ist eine Ausnahme für die wenigen 14 bis 18 Jahre alten Gefangenen im Jugendvollzug. Der Jugendstrafvollzug insgesamt bliebe zu über 90 % in der Hand des Staates. Als Ermächtigungsgrundlage für die Beleihung kann auf § 91 Abs.3 JGG verwiesen werden, wonach auch freie Formen, d.h. auch andere Organisationsstrukturen, möglich sind.

Mit dem formalen Akt der Beleihung könnte im stationären Bereich eine Parallelisierung mit den ambulanten jugendstrafrechtlichen Maßnahmen erreicht werden, wo freie Träger die erzieherischen Aufgaben des JGG nahezu vollständig übernommen haben. Und es hat sich für die inhaltliche Arbeit nicht als Fehler erwiesen. Die Pädagogik kann sich so die notwendigen Freiräume allmählich schaffen[42].

Freilich sind bei der stationären Einwirkung gewisse *Schwächen* nicht zu übersehen. Es bestünde die Gefahr, daß pädagogische Freiräume der Träger verloren gehen, wenn sie als Beliehene quasi in die staatliche Hierarchie eingegliedert werden. Sie sind dann zumindest teilweise weisungsabhängig. Reibungsverluste sind vorhersehbar. Zudem würde der Aspekt der Differenzierung leiden, denn die Beleihung könnte generell nur für wenige Einrichtungen erfolgen.

Für eine abschließende Bewertung müßten aber *Erfahrungen mit Modellprojekten* gesammelt werden. Die Grundidee, die im übrigen im Einklang mit dem bei der Erziehung ganz elementaren Subsidiaritätsprinzip steht, scheint es wert zu sein. Eingehend hat Bauer[43] die Frage diskutiert, inwieweit das jugendstrafrechtliche Modell von Massachusetts auf die deutschen Verhältnisse übertragen werden könnte. Im Ergebnis gibt es kaum rechtliche Hinderungsgründe.

---

40) Wolff, H.J./Bachof, O./Stober, H.: Verwaltungsrecht, Band II: Besonderes Organisations- und Dienstrecht. 5. Aufl., München: Beck 1987, S. 412
41) Rengeling, H.W.: Erfüllung staatlicher Aufgaben durch Private. Köln 1986
42) Müller, S./Otto, H.-U. (Hrsg.): Damit Erziehung nicht zur Strafe wird; Bielefeld: Böllert 1986
43) Bauer 1986 (Fn 28), S. 383 ff.

6.5. Resümee

Alle der zuvor dargestellten Wege können zu dem hier skizzierten *spezifischen Jugendvollzug in kleinen Einrichtungen* und abgestellt auf die individuellen Erziehungserfordernisse führen. Im Gegensatz zu ausländischen Vorbildern, die teilweise im Jugendhilfebereich angesiedelt sind, aber inhaltlich ähnlich vorgehen, verlaufen sie alle im *jugendstrafrechtlichen Bereich*. Das ist kein Nachteil. Auf diese Weise wird die unverzichtbare rechtsstaatliche und eingriffskontrollierende Komponente hervorgehoben. Der Richter verhängt Jugendstrafe und hat dabei alle Limitierungsprinzipien zu beachten. Die Position des Betroffenen wird dadurch sicherer.

Andererseits wird in diesem vorgegebenen Rahmen der größtmögliche Freiraum für helfende Einwirkungen eröffnet. So betrachtet sind *eingriffslimitierender Tatbezug* und *eingriffsreduzierende Behandlung* im Jugendvollzug gleichlaufende Interessen für die Betroffenen und sich ergänzende Prinzipien. Hier liegt der elementare Unterschied zu wohlfahrtsstaatlich orientierten vergleichbaren Modellen wie Massachusetts, wo sich hinter der strafrichterlichen Überweisung an die Jugendbehörde sowohl der bloße Täter-Opfer-Ausgleich als auch die sichere Unterbringung für den Betroffenen unberechenbar verbergen kann.

Für ein möglichst bald einzurichtendes Modellprojekt empfiehlt es sich meines Erachtens, den *Jugendvollzug in freier Form* (oben 6.3.) in Zusammenarbeit mit geeigneten und kooperationsbereiten freien Trägern zu gestalten. Dies einmal deshalb, weil insoweit der gesetzliche Auftrag bisher nicht erfüllt wurde und zum anderen, weil hier für den Anfang am ehesten klare Konturen einer Zusammenarbeit zwischen Jugendvollzug und freien Trägern zu erwarten sind. Bei entsprechendem Erfolg könnte man dann auch den weiteren Schritt im Hinblick auf eine Beleihung wagen.

Neben diesen in der Praxis nicht unwichtigen Organisationsfragen müssen sich solche Versuche aber vorrangig mit dem Inhalt der Arbeit bei jugendlichen Straffälligen beschäftigen. Hier besteht erheblicher praktischer Nachholbedarf. Es gilt vor allem die Erkenntisse der Angewandten Kriminologie und Devianzpädagogik in die Praxis umzusetzen[44].

Die im gesamten Recht anerkannte besondere Situation der Jugendlichen erfordert, daß ihnen im Jugendstrafvollzug wieder eine "Vorreiterfunktion" zukommt und sie nicht nur als "Trittbrettfahrer" eines Jungerwachsenenvollzugs in Erscheinung treten.

---

44) Zum Stand der Angewandten Kriminologie: Göppinger, H. (Hrsg.): Angewandte Kriminologie-International. 36. Internationale kriminologische Forschungswoche. Bonn: Forum 1988

Bemerkungen zur Bestrafung des Einbruchdiebstahls, zum Vollzug der Strafe und ihrer Wirksamkeit

Alexander Böhm

1. Einleitung

Zu Pfingsten 1988 fand das VII. kriminologische Symposium der Universität Wrocżław (Breslau) zum Thema "Bekämpfung der Straftaten bezogen auf Einbruchdiebstahl" statt. Der Verf. hatte die Aufgabe zu berichten, wie in der Bundesrepublik Deutschland des Einbruchsdiebstahls überführte Täter bestraft werden, welche besonderen Behandlungsprogramme im Strafvollzug stattfinden und wie es um die Wirksamkeit der vollzogenen Strafen und den Rückfall steht. Kein Kenner der Materie wird überrascht sein, daß die Ergebnisse einer solchen Untersuchung kümmerlich ausfallen[1]. Zu einer gewissen Hoffnung, daß bessere Erfolge einmal erzielt werden können, berechtigen die im Zusammenhang mit der Tübinger Jungtäteruntersuchung gewonnenen Erkenntnisse[2] - weniger die schon erarbeiteten und für die Praxis nutzbar gemachten als die auf dem gelegten Grund möglichen weiteren Präzisierungen und Untersuchungen in Richtung auf gezielte Interventionen ("Interventionsprognose"[3]).

2. Bestrafung des Einbruchs

1. Seit einiger Zeit bürgert sich für die Insassen der Strafanstalten der Kosename "Knacki" ein. Das Wort kommt von "knacken", gewaltsam öffnen. "Knacki" steht also für Einbrecher. Auffällig ist die Verniedlichung; das "i" am Ende macht die Personengruppe zu freundlichen Gestalten, wie sie in Kindermärchen oder Fernsehreklamesendungen vorkommen. "Knacki" ist deshalb auch weniger eine negative Stigmatisie-

---

1) Kaiser, G.: Kriminologie. 2. Aufl., Heidelberg: Müller 1988, § 89.6
2) Göppinger, H.: Kriminologie. 4. Aufl. München: Beck 1980; Göppinger, H.: Der Täter in seinen sozialen Bezügen. Ergebnisse aus der Tübinger Jungtäter-Vergleichsuntersuchung. Berlin u.a.: Springer 1983; Göppinger, H.: Angewandte Kriminologie. Ein Leitfaden für die Praxis. Berlin u.a.: Springer 1985
3) Göppinger 1985 (Fn 2), VII.1

Kerner/Kaiser (Hrsg.) Kriminalität
© Springer-Verlag Berlin Heidelberg 1990

rung, sondern eine Art Sympathiewerbung. So sind es auch die Strafgefangenen, die mit den von ihnen verfaßten, teilweise weit verbreiteten
Anstaltszeitungen den Begriff unters Volk bringen[4], sich als "wir
Knackis" oder - vertraulich - als "Eure/Ihre Knackis" vorstellen und
sich damit dem Trend anhängen, der die "Randgruppen" und "Außenseiter" in einen inzwischen zu wohlwollenden Blick nimmt.

Interessant an der Verwendung des Wortes "Knacki" ist aber besonders, daß es für die Gesamtheit der Insassen von Strafanstalten gebraucht wird: "Einbrecher" als Synonym für Strafgefangene - nicht
unähnlich der Bewertung des Diebstahls als "soziale Schlüsselnorm"[5].

2. Ob nun tatsächlich der Einbrecher der typische Strafgefangene ist,
soll anhand der Statistiken kurz beleuchtet werden. Bei deren Interpretation ist freilich eine gewisse Skepsis angebracht. Es handelt sich um
die Zusammenfassung von Ergebnissen, die die Landesjustizverwaltungen von den Gerichten, den Staatsanwaltschaften und den Justizvollzugsanstalten nach bestimmten Vorgaben erfragen. Diese Vorgaben
richten sich nicht nach kriminologischen Interessen. Mit der Sammlung
und Mitteilung der erfragten Daten sind Verwaltungsbeamte betraut,
die keine kriminologische oder juristische Ausbildung genossen haben.
In der Regel haben diese Bediensteten noch andere wichtige Aufgaben
in der Verwaltung zu erfüllen. Die Mitteilung und Sammlung statistischer Aufgaben ist eine Nebenpflicht. Diese Nebenpflicht wird gegenüber der Hauptaufgabe meist als geringwertig empfunden und deshalb
mit weniger Engagement erfüllt. Im Gegensatz zu der Erledigung der
hauptsächlichen Pflichten wirkt sich die Sorgfalt, die der Erarbeitung
der Statistik gewidmet wird, auch nicht auf die Effizienz der Behörde
aus.

Am 31. März 1976 waren 9 365 Männer, gut 1/4 der 36 711 insgesamt im Justizvollzug befindlichen männlichen Personen, aufgrund
einer Verurteilung wegen Einbruchsdiebstahl untergebracht.

Am 31. März 1986 befanden sich 8 209 von 43 736 männlichen Strafgefangenen und Sicherungsverwahrten wegen Einbruchsdiebstahls in
den Justizvollzugsanstalten, noch knapp 19% der Gesamtheit. Das zeigt
zunächst, daß die Einbrecher - und zwar mit abnehmender Tendenz -
nur eine Minderheit der Insassen von Strafanstalten ausmachen. Andererseits gibt es keine andere Straftat, der auch nur annähernd so viele
Gefangene zugeordnet werden können. 1976 lauten etwa die Zahlen bei
Raub und Erpressung: 3967, Mord und Totschlag: 2523 und einfachem
Diebstahl: 3477. Und 1986: Raub und Erpressung: 6105; Mord- und
Totschlag: 3457; einfacher Diebstahl: 4156. Allerdings haben sich die
Abstände verringert:

Die Zahlen beim Einbruch sind gesunken, die bei allen anderen Deliktsgruppen - das gilt auch für Betrug, Körperverletzung, Trunkenheit
am Steuer oder sexuelle Gewaltdelikte - gestiegen.

---

4) Wetzler, H.: 10 Jahre Strafvollzugsgesetz: Bestandsaufnahme/Erfahrungen im Strafvollzug. Zeitschrift für Strafvollzug und Straffälligenhilfe 36 (1987), S. 32 - 37
5) Kaiser 1988 (Fn 1), § 81.3

Die Anzahl der männlichen Verurteilten war 1976 und 1986 nahezu unverändert (596 000 zu 585 000) und das gilt auch für die wegen Einbruchs verurteilten Männer (29 240 zu 29 186). Während aber bei den nach allgemeinem Strafrecht verurteilten Männern insgesamt der Anteil der Geldstrafen leicht abgenommen hat (81,5 % auf 80,2 %) und bei den Freiheitsstrafen neben einer leichten Zunahme der Aussetzung der gesamten Strafe zur Bewährung (11,5 % auf 13,3 %) eine deutliche Vermehrung längerer Freiheitsstrafen unter denen, die verbüßt werden müssen (mehr als 2 Jahre -1976 - 14 % = 4900; 1986 - 18,5 % = 5950), festzustellen ist, hat bei den wegen Einbruchs Verurteilten der Anteil der Geldstrafe zugenommen (17,7 % auf 20,5 %). Die Strafaussetzung hat einen erheblichen Zugewinn zu verzeichnen (36,9 % auf 44,4 %). Bei der Dauer der noch zu verbüßenden Freiheitsstrafen (45,4 % auf 35,1 %) haben sich kaum Verschiebungen ergeben. Bei den nach Jugendstrafrecht verurteilten jungen Männern zeigt sich allgemein ein Zug zur Milde. Der Anteil der Erziehungsmaßnahmen und Zuchtmittel stieg von 82,2 % auf 84 %, der Anteil der nicht zur Bewährung ausgesetzten Jugendstrafen fiel von 7,6 % auf 6 %, der Anteil der Jugendstrafe von unbestimmter Dauer oder von bestimmter Dauer von mehr als 2 Jahren von 1,8 % auf 1,7 %. Bei den wegen Einbruchsdiebstahls verurteilten jungen Männern ist diese Tendenz zur Milde noch stärker ausgeprägt: der Anteil der Erziehungsmaßregeln und Zuchtmittel stieg von 58 % auf 65 %, der Anteil der nicht zur Bewährung ausgesetzten Jugendstrafen fiel von 18 % auf 12,5 %, der der Jugendstrafen von unbestimmter Dauer oder von mehr als 2 Jahren von 4,3 % auf 3,2 %. Daß der Einbruchsdiebstahl deutlich milder sanktioniert wird, als es die Gesamtentwicklung für alle Verurteilten zeigt, beruht auf dem Anstieg des Anteils der Schwerkriminellen. Die Tendenz zur Milde muß aber auf dem weiteren Hintergrund gesehen werden, daß leichte Fälle des Einbruchsdiebstahls im Jugendstrafrecht vor allem von den "Diversionsprogrammen"[6] erfaßt werden. Daß insgesamt von den wegen Einbruchs verurteilten Männern nur noch knapp 26 % eine nicht zur Bewährung ausgesetzte Freiheits- oder Jugendstrafe antreten müssen, ist gewiß zu begrüßen. Weniger überzeugend ist die Ausweitung der Geldstrafe; denn daß unter den Verurteilten der Anteil der in geordneten Verhältnissen lebenden und ein gewisses soziales Ansehen genießenden Personen, für die Geldstrafe aus kriminologischer Sicht alleine in Betracht kommt[7], gestiegen ist, liegt fern.

3. Die Strafvollzugsstatistik des Jahres 1976 teilt die am 31. März 1976 einsitzenden Gefangenen nur nach Strafart (Freiheitsstrafe, Jugendstrafe, Sicherungsverwahrung), Geschlecht und Altersgruppen auf. Die wegen schweren Diebstahls Verurteilten verbüßen häufiger als die Ge-

---

6) Schaffstein, F./Beulke, W.: Jugendstrafrecht. 9. Aufl. Stuttgart u.a.: Kohlhammer 1987, § 35 I
7) Göppinger 1980 (Fn 2), III.4.2.2.3

samtheit Jugendstrafe (25 % zu 60 %) und sind deutlich jünger. Von
den 14 bis 17 Jahre alten Gefangenen verbüßen fast die Hälfte ihre
Strafe wegen Einbruchs, von den 21 bis 24 Jahre alten war es jeder
Dritte, von den über 25 Jahre alten aber nur jeder Fünfte[8]. 1986 hat
sich insoweit wenig geändert.

Erst in den letzten Jahren werden in der Statistik die jeweils im offenen Vollzug befindlichen Gefangenen gesondert ausgewiesen. In den
offenen Strafvollzug kommen Gefangene, die sich für diese Strafart
eignen und bei denen nicht zu befürchten ist, daß sie die erleichterten
Vollzugsbedingungen zur Flucht oder zu neuen Straftaten mißbrau-
chen[9]. 19,7 % aller rechtskräftig zu Freiheitsstrafen und Jugendstrafen
verurteilten Männer waren am 31. März 1986 im offenen Vollzug. Von
den wegen Einbruchs Verurteilten waren es 18,6 %. Vergleicht man mit
den Einbrechern die zahlenmäßig etwa gleich vielen wegen Notzucht
und Gewaltunzucht sowie Raubes und räuberischer Erpressung Verurteilten, so waren von diesen 15,5 % im offenen Vollzug. Sieht man sich
die ebenfalls zahlenmäßig fast so starke Gruppe der wegen solcher Delikte, die häufiger als Einbruch und Raub von besser sozialisierten Personen begangen werden (Vergehen gegen Zoll- und Steuergesetze,
Amts- und Umweltdelikte, Konkursstraftaten, Betrug und Untreue,
Straßenverkehrsdelikte und Unterhaltspflichtverletzungen), Verurteilten
an, so befanden sich von diesen 32,5 % im offenen Vollzug[10]. Hier
zeigt sich, daß die Einbrecher eher so wie die Gewaltverbrecher behandelt werden. Das dürfte weniger an ihrer Gefährlichkeit liegen, als
vielmehr einmal an ihrem geringen Alter, zum anderen an ihrer sozialen
Benachteiligung, die die Vermutung einer Unzuverlässigkeit begründet.
Angesichts der geringen Aussagekraft der Vollzugsstatistik lassen sich
diese Vermutungen nur bei der Altersvariablen bestätigen: die unter 25
Jahre alten Verurteilten befinden sich deutlich seltener im offenen
Vollzug (10 - 15 %), als die älteren Jahrgänge.

4. Einbrecher unterscheiden sich von den wegen anderer Straftaten
Verurteilten auch dadurch, daß sie schlechter sozialisiert sind[11]. Mehr
von ihnen befanden sich seit Kindheit und Jugend in Heimerziehung
außerhalb der Familie, der Anteil der Schulversager ist höher und entsprechend verfügen sie auch seltener über einen vernünftigen Beruf
oder einen angesehenen Arbeitsplatz. Sie sind auch häufiger rückfällig,
was sowohl mit den ungünstigen Sozialisationsbedingungen zusammenhängt, wie mit dem Umstand, daß sie die jüngere Population der Strafanstalten repräsentieren.

Statistisch kann belegt werden, daß die bekannt gewordene Kriminalität in der Altersgruppe der 18 bis 20 Jahre alten ihren Höhepunkt

---

8) S. auch Göppinger 1980 (Fn 2), V.4.3.1
9) Im einzelnen: Calliess, R.-P./Müller-Dietz, H.: Strafvollzugsgesetz. 4. Aufl. München:
Beck 1986, § 10 Rn 7
10) S. auch Böhm, A.: Vollzugslockerungen und offener Vollzug zwischen Strafzwecken und
Vollzugszielen. Neue Zeitschrift für Strafrecht 6 (1986), S. 201 - 206, 204
11) Göppinger 1980 (Fn 2), V.4.3.1.; für Rückfalldiebe: Kaiser 1988 (Fn 1), § 88.14

erreicht und danach von Jahrgangsgruppe zu Jahrgangsgruppe eindrucksvoll zurückgeht[12]. Aber auch über längere Zeit durchgeführte
Rückfalluntersuchungen zeigen, daß von Jahrfünft zu Jahrfünft immer
mehr der einmal zu Freiheitsstrafe Verurteilten ihre kriminelle Karriere
abbrechen, Verurteilungen seltener werden bzw. die Straftaten in ihrer
Schwere abnehmen, so daß Freiheitsstrafen kaum noch, oder mit Strafaussetzung oder kurzfristig verhängt werden[13]. Diese Feststellungen
sprechen dafür, daß sich unter den rechtskräftig zu Freiheitsstrafe Verurteilten, die nicht wegen Einbruchsdiebstahls einsitzen, eine nicht
unerhebliche Gruppe solcher Personen befindet, die früher wegen Einbruchs zu Freiheits- oder Jugendstrafe verurteilt war, so daß die Insassen der Strafanstalten "mit Einbruchserfahrung" wohl recht hoch ist,
womit wieder die Selbstdefinition als "Knacki" einleuchtend wird: Einbruch als typisches Einstiegsdelikt in eine, freilich im Lauf der Zeit
dann abbrechende Gefängniskarriere.

3. Zum Erfolg der Strafen

1. Inwieweit die Strafen erfolgreich sind, welche Bedeutung sie für den
Rückfall haben, kann - wenn überhaupt - so nur bei gründlicher Betrachtung des Einzelfalls mit einer gewissen Plausibilität festgestellt
werden. Untersuchungen, die sich damit begnügen, herauszustellen, ob
eine bestimmte Person nach Beendigung einer Strafe erneut wegen einer
neuen Straftat verurteilt worden ist, können eine Kausalität zwischen
dem früheren und späteren Ereignis nicht belegen. Sie beschränken sich
auf die erneut bekanntgewordene Kriminalität, soweit sie zu einer Verurteilung geführt hat. Es wäre denkbar, daß Bestrafte erneut Straftaten
begehen, die aber unaufgedeckt bleiben, obwohl die Vermutung begründet ist, daß wiederholt Straffällige weniger gut das Vermeiden von
Entdecktwerden oder Überführtwerden lernen, als die Organe des Staates ihr Augenmerk auf bereits früher verurteilte Täter lenken[14]. Immerhin sind diese Fragen keineswegs eindeutig zu beantworten oder gar
überprüft.

---

12) Schneider, H.J.: Kriminologie. Berlin u.a.: de Gruyter 1987
13) Kerner, H.-J./Janssen, H.: Rückfall nach Jugendstrafvollzug - Betrachtung unter dem
    Gesichtspunkt von Lebenslauf und krimineller Karriere. In: Kerner, H.-J./Göppinger,
    H./Streng, F. (Hrsg.): Kriminologie - Psychiatrie - Strafrecht. Festschrift für Heinz
    Leferenz. Heidelberg: Müller 1983, S. 211 - 232; Dolde, G./Grübl, G.: Verfestigte
    kriminelle Karriere nach Jugendstrafvollzug. Zeitschrift für Strafvollzug und Straffälli-
    genhilfe 37 (1988), S. 29 -; Herrmann, D./Kerner, H.-J.: Die Eigendynamik der Rück-
    fallkriminalität. Kölner Zeitschrift für Soziologie und Sozialpsychologie 40 (1988),
    S. 485 - 504
14) Böhm, A.: Rückfall und Bewährung nach verbüßter Jugendstrafe. Recht der Jugend
    und des Bildungswesens 21 (1973), S. 33 - 55; s.a. Böhm, A.: Strafvollzug. 2. Aufl.,
    Frankfurt: Metzner 1986

2. Es wird eine Bewährungshilfestatistik geführt, in der für jedes Jahr mitgeteilt wird, wieviele Unterstellungen unter einen Bewährungshelfer erfolgreich beendet worden sind und in wievielen Fällen ein Widerruf der Strafaussetzung (meist wegen neuer Straftaten) erfolgen mußte. Bei einer Verurteilung zu Jugendstrafe oder bei einer vorzeitigen Entlassung aus dem Jugendstrafvollzug wird immer ein Bewährungshelfer bestellt, so daß insoweit die Angaben in der Statistik den Bewährungserfolg vollständig wiedergeben. Bei Verurteilungen zu Freiheitsstrafe oder Entlassung aus Freiheitsstrafe wird eine Unterstellung unter einen Bewährungshelfer nicht immer vorgenommen. Hier handelt es sich also um eine Auswahl, weil die Statistik nur diejenigen Bewährungsfälle erfaßt, in denen ein Bewährungshelfer bestellt worden ist. 1976 wurden von 8 309 Bewährungsaufsichten nach dem Jugendstrafrecht, hinsichtlich solcher Jugendstrafen, die ganz zur Bewährung ausgesetzt worden sind, 5 031 (60 %) erfolgreich mit Erlaß der Strafe beendet. Von den 3 579 wegen Einbruchs zu einer Jugendstrafe, die ganz zur Bewährung ausgesetzt worden war, verurteilten Probanden beendeten ihre Bewährungszeit 56 % erfolgreich. Von den 3 601 zu Jugendstrafe Verurteilten, die nach Teilverbüßung einer Jugendstrafe den Rest zur Bewährung ausgesetzt bekommen hatten, beendeten die Bewährungszeit 1976 51 % erfolgreich. Soweit die Betreffenden wegen Einbruchs verurteilt waren und ihre Strafe teilverbüßt hatten (1 551), gelangten 47 % zu einem erfolgreichen Ende.

Es zeigt sich somit, daß wegen Einbruchs Verurteilte sich etwas schlechter bewähren als der Durchschnitt. Auch bei den nach allgemeinem Strafrecht Verurteilten war das Ergebnis nicht anders. Von denen, die ihre Strafe voll zur Bewährung ausgesetzt bekommen hatten, bewährten sich nur 42 % der Einbrecher, aber 50,5 % aller zu Freiheitsstrafe zur Bewährung verurteilten Personen. Von denjenigen, die vorzeitig nach Teilverbüßung aus Strafhaft entlassen worden waren, bewährten sich 47 % der wegen Einbruchs Verurteilten, aber 52 % der Gesamtheit. An diesem Befund hat sich in den folgenden Jahren nicht viel geändert. Zwar ist der Anteil der Erfolgreichen an der Gesamtheit erheblich gestiegen. Nach wie vor bewähren sich aber die wegen Einbruchs Verurteilten schlechter als die Gesamtheit. So bewährten sich 1985 von den aus wegen Einbruchs verhängter Jugendstrafe nach Teilverbüßung vorzeitig Entlassenen 54 %, während die Erfolgsquote bei der Gesamtheit bei 58,5 % lag. Bei den nach allgemeinem Strafrecht Verurteilten betrug der Unterschied sowohl bei denjenigen, deren Strafe voll zur Bewährung ausgesetzt war, wie bei denjenigen, die nach Teilverbüßung zur Bewährung entlassen worden waren, zwischen den wegen Einbruchs Verurteilten und den anderen jeweils 3 %. Der Umstand, daß die Bewährungsergebnisse insgesamt besser geworden sind, muß nicht bedeuten, daß sich das Instrument der Bewährungsaufsicht verbessert hat. Viel spricht dafür, daß heute seltener als früher bei geringfügigen neuen Straftaten oder Unregelmäßigkeiten in der Bewährungszeit sofort vom Widerruf Gebrauch gemacht wird. Man ist mit den Probanden geduldiger geworden[15].

---

15) Kaiser 1988 (Fn 1), § 116.35   _

3. In der von 1960 bis 1974 vom Verf. geleiteten Jugendstrafanstalt in Rockenberg wird durch Einholung von Auszügen aus dem Bundeszentralregister regelmäßig überprüft, ob die aus der Haft Entlassenen wieder straffällig geworden sind[16]. Auch hier kann mit einer solchen Überprüfung weder das Dunkelfeld erfaßt werden, noch ist aus dem Umstand, daß jemand nach Strafentlassung erneut verurteilt oder nicht verurteilt worden ist, festzustellen, welchen Einfluß die Vorverurteilung auf das spätere Ergebnis gehabt hat. Über den Entlassungsjahrgang 1966 ist noch nicht berichtet worden. Er ist für andere Jahrgänge typisch. Der Überprüfungsraum beträgt hier aber 10 Jahre, während er sonst zwischen 5 und 8 Jahren liegt. 1966 wurden 207 zu Jugendstrafe verurteilte junge Männer aus der Anstalt entlassen. Von diesen sind 66, also 32 % - innerhalb dieser 10 Jahre entweder nicht mehr oder nur geringfügig, meist wegen Straßenverkehrsdelikten, straffällig geworden. Weitere 32 Entlassene haben nach der Entlassung kurzfristige Freiheitsstrafen verbüßt, sind aber in den letzten 6 oder 7 Jahren nicht mehr in einer Strafanstalt gewesen. Diese insgesamt 98 Personen (47,5 %) werden im folgenden als erfolgreiche Verläufe behandelt. Ihnen stehen 89 (43 %) negative Verläufe gegenüber (Entlassene, die auch im zweiten Jahrfünft nach der Entlassung zu Freiheitsstrafen von mehr als 6 Monaten, die auch wenigstens teilweise verbüßt werden mußten, verurteilt worden sind). Es bleiben 20 Entlassene übrig, die nach der Entlassung erheblicher bestraft wurden, aber seit mehr als 5 Jahren sich in Freiheit befinden und seither keine Freiheitsstrafen mehr verbüßen mußten[17].

Von den 207 Entlassenen befanden sich 85 wegen Einbruchs Verurteilte in der Strafanstalt. Von diesen gehören 29 zu den Erfolgreichen, knapp 35 %, 47 = 55 % sind erheblich rückfällig geworden, 9 gehören zur Zwischengruppe. Demgegenüber haben sich von den 122 nicht wegen Einbruchs Verurteilten 69 = 57 % bewährt, 24 = 36 % sind deutliche Mißerfolge, 11 gehören zur Gruppe der nicht eindeutig festzulegenden Ergebnisse. Bei den wegen Einbruchs Verurteilten waren 52 = 60 % Schulversager; junge Leute, die den Hauptschulabschluß nicht erreicht haben und mindestens 2mal nicht versetzt worden sind oder die Sonderschule besucht haben. Nur 33 waren erfolgreiche Hauptschüler.

---

16) Neuland, G.: Untersuchungen zum Problem der Wirksamkeit von Erziehungsmethoden des Jugendstrafvollzuges. In: Nass, G. (Hrsg.): Prognose und Bewährung. 1966, S. 40 ff.; Böhm 1973 (Fn 14); Fleck, J./Müller, N.: Rockenberg: Struktur einer Jugendstrafanstalt. Zeitschrift für Strafvollzug und Straffälligenhilfe 33 (1984), S. 74 - 81; Fleck, J.: Kann eine Intensivierung des Übergangsvollzuges die Rückfallhäufigkeit mindern? Zeitschrift für Strafvollzug und Straffälligenhilfe 34 (1985), S. 269 - 275; Fleck, J.: Vom Kloster zu einer modernen Jugendstrafanstalt. In: Kling (Hrsg.): 650 Jahre Marienschloß Rockenberg. 1988; - die Untersuchungen betreffen inzwischen insgesamt mehr als 3 500 Entlassene.

17) Ähnliche "Langzeitergebnisse" bei Dolde/Grübl 1988 (Rn 13); Höbbel, D.: Nachtrag zu "Die Bewährung des statistischen Prognoseverfahrens im Jugendkriminalrecht". Monatsschrift für Kriminologie und Strafrechtsreform 64 (1981), S. 179 - 184

Unter den Einbrechern befanden sich nur zwei, die vor ihrer Strafverbüßung erfolgreich eine Gesellenprüfung abgelegt haben. Weitere 12
wurden in der Anstalt gefördert (insgesamt gut 16 % beruflich Eingegliederte). Ebenfalls fast 60 % dieser Verurteilten befanden sich vor der
Strafverbüßung längere oder kürzere Zeit in Heimerziehung, was sowohl ein Indiz für unzureichende familiäre Verhältnisse, wie für früh
auftretende Erziehungsschwierigkeiten darstellt.

Insoweit waren die Verhältnisse bei den 122 nicht wegen Einbruchs
Verurteilten günstiger. Hier betrug der Anteil der Schulversager nur
41 %, in Heimerziehung waren nur 39 %. 15 hatten bereits in Freiheit
einen Berufsabschluß erreicht, dazu kommen noch 2, die einen Real-
schulabschluß erzielt haben. 29 konnten in der Anstalt zur Gesellenprüfung geführt werden (38 % beruflich Eingegliederte). Lediglich
hinsichtlich der Vorverurteilungen unterscheiden sich die Einbrecher
von der anderen Gruppe nicht. Die Einbrecher sind im Gegenteil etwas
seltener, nur zu einem guten Viertel, vor der Verbüßung, aus der sie
1966 entlassen worden sind, in Strafanstalten gewesen, während von den
anderen fast ein Drittel schon vorher in einer Jugendstrafanstalt inhaftiert war. Dies mag damit zusammenhängen, daß die wegen Einbruchs
Verurteilten im Durchschnitt 7 Monate jünger sind als die anderen.

Die wegen Einbruchs Verurteilten sind deutlich häufiger rückfällig
geworden, haben eine schlechtere Sozialisation erlebt als die anderen
und sind auch in der Vollzugsanstalt weniger gefördert worden. Unterteilt man die 122 nicht wegen Einbruchs Verurteilten noch einmal in 70
wegen einfachen Diebstahls und 52 wegen anderen, meist Gewaltdelikten Verurteilte, so bewährten sich von den Ersteren 33 = 47 %, erheblich rückfällig waren 29 = 41,5 %, 8 = 10,5 % gehören zur Mittelgruppe.
20 = 28,5 % waren bei der Entlassung 1966 beruflich eingegliedert. Von
den Gewalttätern bewährten sich 36 = 69 %, erheblich rückfällig waren
13 = 25 %; 3 = 6 % gehörten zur Mittelgruppe. 26 = 50 % waren bei der
Entlassung 1966 beruflich eingegliedert.

4. Im Auftrag des Justizministeriums in Hessen wurde die Legalbewährung der vor vier Jahren aus zwei hessischen Justizvollzugsanstalten
entlassenen erwachsenen Männer, die Freiheitsstrafe verbüßt haben,
überprüft[18]. Es handelt sich um eine Untersuchung, deren Fragestellung sich aus einer zuvor erarbeiteten Studie ergeben hat[19].

Aus zwei großen Anstalten mit einer, was Vorbelastung und Straflänge angeht, vergleichbaren Population waren in sehr unterschiedlicher
Weise Entlassungen zur Bewährung ausgesprochen worden.

In der JVA X waren von den 172 Entlassenen 52 = 30,2 % wegen
Einbruchs verurteilt. Von den Einbrechern wurden 57,7 % nach Teilverbüßung zur Bewährung entlassen, 42,3 % mußten ihre Strafe voll

---

18) Böhm, A./Erhard, Ch.: Strafrestaussetzung und Legalbewährung. Gutachten für das
    Hessische Ministerium der Justiz. 1988
19) Böhm, A./Erhard, Ch.: Die Praxis der bedingten Strafrestaussetzung. Monatsschrift
    für Kriminologie und Strafrechtsreform 67 (1984), S. 365 - 378

verbüssen. Von den nicht wegen Einbruchs Verurteilten sind 74,2 % nach Teilverbüßung zur Bewährung entlassen worden, 25,8 % verbüßten ihre Strafe voll.

In der JVA Y waren von den 312 Entlassenen 85 = 27,2 % wegen Einbruchs verurteilt. Von den Einbrechern wurden 37,6 % nach Teilverbüßung zur Bewährung entlassen, 62,4 % mußten ihre Strafe voll verbügen. Von den nicht wegen Einbruchs Verurteilten sind 51,1 % nach Teilverbüßung zur Bewährung entlassen worden, 48,9 % mußten die Strafe voll verbüßen.

In der JVA Y wird von der Entlassung zur Bewährung wesentlich seltener Gebrauch gemacht, als in der JVA X. Unabhängig davon werden die Einbrecher in beiden Anstalten deutlich seltener zur Bewährung entlassen als die wegen anderer Delikte Verurteilten.

Bei der Überprüfung der Legalbewährung vier Jahre nach der Entlassung durch Einholung eines Auszugs aus dem Bundeszentralregister gelten als Erfolge alle die Fälle, in denen sich in dem Zentralregister keine Eintragung oder nur eine Verurteilung zu Geldstrafe befand. In diesen Fällen wird auch die gewährte Strafaussetzung zur Bewährung nicht widerrufen. Als Rückfall zählt die erneute Verurteilung zu einer Freiheitsstrafe, die auch verbüßt werden muß. In diesen Fällen wird normalerweise auch eine gewährte Strafaussetzung zur Bewährung widerrufen. Die Fälle, in denen eine neue Verurteilung ergangen ist, die zu einer Freiheitsstrafe geführt hat, die zur Bewährung ausgesetzt worden ist, wird als "Mittelgruppe" bezeichnet. Hier erscheint die Entwicklung offen. Solche Verurteilungen führen nur teilweise zum Widerruf einer hinsichtlich der Reststrafe gewährten Bewährung, meistens wird die Bewährungszeit verlängert.

Von den aus der JVA X Entlassenen haben sich 42,4 % bewährt, ebenfalls 42,4 % sind rückfällig geworden, 15,2 % gehören zur "Mittelgruppe". Betrachtet man die ursprünglich wegen Einbruchs Verurteilten, so haben sich von ihnen nur 21,1 % bewährt, 63,5 % sind rückfällig, 15,4 % gehören zur "Mittelgruppe". Bei den wegen anderer Delikte als Einbruch Verurteilten sind es 51,7 % Bewährte, 33,3 % Rückfällige und 15 % befinden sich in der Mittelgruppe.

Von den 312 aus der JVA Y Entlassenen haben sich 58,6 % bewährt, 28,5 % sind rückfällig, die Mittelgruppe beträgt 12,9 %. Bei den 85 Einbrechern aus dieser Anstalt machen die Bewährten 41,2 %, die Rückfälligen 47,1 % und die Mittelgruppe 11,7 % aus. Bei den nicht wegen Einbruchs Verurteilten bewährten sich 65,2 %, rückfällig waren 21,6 %. Die "Mittelgruppe" belief sich auf 13,2 %.

In der JVA Y sind die Legalbewährungen deutlich (16 %!) höher als in der JVA X und zwar sowohl bei den Einbrechern (20 %), wie bei den wegen anderer Delikte Verurteilten (13,5 %). Aber auch in der JVA Y bewährten sich die nicht wegen Einbruchs Verurteilten um 24 % besser als die Einbrecher.

In der JVA X spielte es keine Rolle für die Frage der Rückfälligkeit, ob die wegen Einbruchs Verurteilten Strafaussetzung zur Bewährung erhalten hatten (Anteil der Rückfälligen: 63,3 %) oder ihre Strafe voll verbüßen mußten (Anteil der Rückfälligen: 63,6 %). Dagegen wurden in

der JVA Y von den zur Bewährung entlassenen Einbrechern nur 37,5 %
rückfällig, während von den Einbrechern, die ihre Strafe voll verbüßen
mußten, 52,8 % rückfällig wurden.

Die Insassen der beiden Anstalten unterscheiden sich im wesentlichen
dadurch, daß sie aus verschiedenen Teilen des Bundeslandes Hessen
kommen. Was das Lebensalter, die Straflänge und die Anzahl der Vor-
verurteilungen angeht, so ist die Population in beiden Anstalten ähnlich,
vielleicht in der JVA X geringfügig stärker belastet. Die unterschiedlichen Ergebnisse lassen sich nicht einfach erklären. Es spricht einiges
dafür, daß die Insassen in der JVA X deutlich stärker kriminell gefährdet sind, als in der JVA Y, und daß dies nicht an Vorstrafen und Straf-
längen erkennbar ist. Vermutlich sind die Justizbehörden in den Bezirken, aus denen die in der JVA X einsitzenden Gefangenen kommen,
geduldiger, verhängen also Freiheitsstrafen deutlich später und erst
nach einer längeren kriminellen Karriere als in den Bezirken, aus denen
die Gefangenen aus der JVA Y kommen. Das unterschiedliche justi-
zielle Verhalten setzt sich dann auch bei der Entlassung zur Bewährung
fort, so daß wiederum die in der JVA X einsitzenden Gefangenen
großzügiger behandelt werden, als die in der JVA Y einsitzenden.

Bei dem Rückfallergebnis ist nun weiter zu vermuten, daß wieder die
Verfolgungsintensität, also etwa die repressive Einstellung der Verfol-
gungsorgane, hinsichtlich der im Bereich der JVA Y lebenden Personen
stärker ist. Umso eindrucksvoller ist das für diesen Personenkreis erzielte günstige Ergebnis. Dies Ergebnis müßte so interpretiert werden, daß
die schlechtere Sozialisation die entscheidende Ursache für die Rückfälligkeit ist. Darüberhinaus ist zu vermuten, daß bei ähnlichen äußeren
Belastungsdaten die Insassen der JVA Y, würde man sie nach den Kriterien der Tübinger Jungtäter-Untersuchung überprüfen, weniger als
die Insassen der JVA X "H-idealtypische" Verhaltensweisen zeigen.

Wenig Freude dürften die Anhänger der Etikettierungs- und Stigma-
tisierungstheorien an dem gefundenen Ergebnis haben: dafür, daß ein
stärkeres Einschreiten der Justiz "kriminalisierende" Folgen haben
könnte, finden sich nicht die geringsten Hinweise.

4. Zu denkbaren Verbesserungen

1. Wegen Einbruchs zu Freiheitsstrafe Verurteilte werden häufiger
rückfällig als andere Verurteilte. Sie scheinen schlechter sozialisiert zu
sein und von den im Strafvollzug (und in der Bewährungshilfe) möglichen resozialisierenden Maßnahmen weniger erreicht zu werden. Der
Bewährungserfolg wird bei dieser Gruppe offenbar von den dazu berufenen Vollstreckungskammern oder entscheidenden Gerichten noch
schlechter vorhergesagt, als bei wegen anderer Taten Verurteilten. Daß
die Strafvollstreckungskammer bei der JVA Y die Rückfälligen von den
Nichtrückfälligen etwas besser zu trennen vermochte, beruht darauf,
daß von der Entlassung zur Bewährung nur sehr restriktiv Gebrauch

gemacht worden ist. Der Preis für dieses scheinbar günstige Ergebnis ist, daß aus der JVA Y relativ viele wegen Einbruchs Verurteilte nach voller Verbüßung entlassen worden sind, die danach nicht mehr rückfällig wurden und wahrscheinlich eine Bewährung bei vorzeitiger Entlassung auch durchgehalten hätten.

2. Es ist anzunehmen, daß die Vorhersagequalität besser gewesen wäre, wenn man jeden einzelnen Fall zuvor nach den Kriterien der Tübinger Jungtäter-Untersuchung überprüft hätte. Schon die etwa dort vorgenommene Unterscheidung zwischen einer auf das Jugendalter beschränkten Kriminalität und einer dauerhaften Hinentwicklung zur Kriminalität - bei der ersteren sollen die Ausfälle im Leistungsbereich nicht den bei den ideal-typisch Gefährdeten festgestellten entsprechen[20] - findet in den Ergebnissen eine deutliche Bestätigung. Gleichwohl muß man sich fragen, ob mit einem besseren Bewährungserfolg, also einer richtigeren Einteilung in solche, die eine Bewährung bestehen werden und solche, die eher versagen, viel geholfen wäre. Hätten die Gerichte "richtiger" entschieden, so würde eine ungünstige Prognose zu einem (weiteren) Strafvollzug bis zum Strafende führen. Das ist vom Standpunkt des Schutzes der Allgemeinheit dann erstrebenswert, wenn von dem Täter sowohl schwere Gefahren für die Rechtsgüter anderer Menschen drohen als auch Strafe oder Strafrest lang sind. Die Gefährlichkeit solcher Täter sinkt meist mit steigendem Lebensalter - Gewalttäter sind selten über 40 Jahre alt. Aber die Tübinger Jungtäter-Untersuchung ist ja gerade nicht an solchen Gewalttätern erarbeitet, sondern an Vermögensstraftätern, deren im Falle einer schlechten Prognose zu erwartende Taten nicht hoch gefährlich sind und deren Strafen oder Strafreste selten so lang sind, daß durch deren (volle) Verbüßung die Allgemeinheit nennenswert geschützt wäre. Die Vollzugs- und Vollstreckungspraxis ist daher in diesen Fällen eher an Hinweisen interessiert, welche Interventionen die Prognose verbessern. Vermutlich sind die vielen scheinbaren "Fehlentscheidungen" im Bereich der Strafaussetzung gar nicht die Folge unrichtiger Überlegungen zur "Basisprognose"[21]. Vielmehr werden sich die entscheidenden Instanzen vorgestellt haben, die getroffene Entscheidung werde - bei generell sehr zweifelhaftem Erfolg - etwas bessere Ergebnisse erzielen, als eine andere.

3. Nun ist es gerade die Besonderheit der Tübinger Jungtäter-Untersuchung, die sie von anderen prognostischen Untersuchungen wohltuend abhebt, - daß sie deshalb immer noch als eine Abart der Glueckschen Forschungen dargestellt wird[22], ist überraschend -, die Chancen einer zielgerichteten Intervention zu erkennen und das entsprechende Vorgehen zu strukturieren.

---

20) Göppinger 1985 (Fn 2), VI.3.3.
21) Göppinger 1985 (Fn 2), VII.1
22) Schwind, H.-D.: Kriminologie. 2. Aufl., Heidelberg: Kriminalistik 1988, § 8.30

Schon was hierzu bisher gesagt ist[23], ist hilfreich. Freilich sind manche Vorschläge recht allgemein, wie etwa, daß man an den Stärken des Probanden ansetzen soll[24] und sie sollten auch noch hinsichtlich etwa der Weisungen, die im Bewährungsverfahren möglich sind[25], sowie für die Gestaltung des Strafvollzugs und zwar gerade auch des nicht langfristigen, der ja für den Personenkreis der Vermögenstäter die Ausnahme darstellt, präzisiert werden.

---

23) Göppinger 1985 (Fn 2), VII.2
24) Göppinger 1985 (Fn 2), VII.1
25) Göppinger 1980 (Fn 2), III.4.2.3.3

Bemerkungen zu einem Forschungsprojekt mit dem Ziel einer Prognose (bzw. Abschätzung) der Wirkung von Maßnahmen zur Senkung der Fluchtrate nach Sachschadensunfall im Straßenverkehr

Ulrich Eisenberg

Das Ausmaß der Fluchtrate nach Sachschadensunfällen im Straßenverkehr hat in der kriminalpolitischen Diskussion zu Bestrebungen geführt, das Gesetz zu ändern, um eine Senkung der Fluchtrate zu erreichen. Dabei fehlt es indes an hinreichenden empirischen Anhaltspunkten dafür, daß die beabsichtigte Wirkung eintreten würde. Um Möglichkeiten und Grenzen einer diesbezüglichen Prognose (oder nur Abschätzung) erfassen zu können, bedarf es neben einer Würdigung verfügbarer empirischer Befunde einer Untersuchung von "Erfahrungen", Einstellungen und Handlungsweisen der am Konstituierungsprozeß von (registrierter) Verkehrsunfallflucht nach Sachschadensunfall beteiligten Personen und Institutionen.

Die Behandlung der Frage nach der Wirkung einer Reform auf das Verhalten von Verkehrsteilnehmern kann nicht auf ein empirisch fundiertes Theoriegerüst zurückgreifen, zumal sich das Verhältnis von Rechts- und Handlungsnormen nicht präzise bestimmen läßt; eine einschlägige kriminologische Forschung muß ihren Ergebnissen gegenüber kritisch sein, da sie nicht exakt bestimmen kann, wie sich Maßnahmen der Rahmenbedingungen auf die Handlungspraxis auswirken. Hinsichtlich konkreter Maßnahmen zur Senkung der Fluchtquote ist eine zurückhaltende Bewertung der Möglichkeit angezeigt, durch eine Rechtsreform unmittelbar das Verhalten der Adressaten zu beeinflussen, da es eine Vielzahl von intervenierenden Variablen, Gegentendenzen etc. gibt, so daß allenfalls eine vermittelte Wirkung angenommen werden kann. Zwischen den Größen Rechtsnorm und Verhalten tritt gewissermaßen eine Vielzahl von Einflüssen wie individuelle Besonderheiten (z.B. Sozialisation, Bezugsgruppen, Orientierungen usw.), adressatenunabhängige Kontextfaktoren (z.B. die Art und Weise, in der eine Reform in der Öffentlichkeit bzw. den Medien behandelt wird, Anwendung der Norm durch Polizei, Justiz usw.) oder regionale Charakteristika (unterschiedliche Freizeitgewohnheiten etc.). Für eine exakte Beurteilung der Wirkung bestimmter Rechtsreformen müßte eine Vielzahl von Faktoren nach quantitativen Gesichtspunkten erfaßt und mit Hilfe formaler multivariater Verfahren analysiert werden, so daß die Grenzen einzelner empirischer Untersuchungen überschritten würden.

Kerner/Kaiser (Hrsg.) Kriminalität
© Springer-Verlag Berlin Heidelberg 1990

Nachdem die Erhebungen der *überregionalen empirischen Untersuchung*
zu dem genannten Thema im Juli 1988 abgeschlossen wurden, lassen
sich die Fragen nach Problemstellung, zuvor vorhandenen empirischen
Anhaltspunkten sowie dem methodischen Vorgehen gewissermaßen ex
post und auszugsweise beantworten, ohne den Ergebnissen vorzugrei-
fen[1]. Es handelt sich um eine zeitlich eher eng umgrenzte Forschung
anläßlich eines von dem Senator für Justiz und Bundesangelegenheiten
(- Justiz -) von Berlin bei dem Verfasser in Auftrag gegebenen Gutachtens[2] im Vorfeld von kriminalpolitischen Bestrebungen zur Änderung
des § 142 StGB.

I.

1. Zunächst bedarf die Annahme eines solchen Auftrages der Rechtfertigung vor dem kriminologischen Wissenschaftsverständnis. Sofern die
kriminologische Forschung an Abläufe und Ergebnisse von Strafrechts-
wirklichkeit anknüpft, liegt eine Gefahr darin, eine kritische Distanz zu
denjenigen Sektoren ihres Forschungsgegenstandes zu verlieren, die
Träger von Herrschaft sind[3]. Darüber hinaus ist, zumal im Rahmen
auftragsmäßiger "Indienstnahme", eine *legitimierende* Wirkung kriminologischer Forschungsergebnisse für gesellschaftliche *Machtstrukturen* zu
besorgen[4]. Im übrigen könnte eingewandt werden, die Kriminologie
habe ihre Forschungsthemen selbst zu wählen, um nicht in der Erledigung fremdbestimmter Alltagsgeschäfte zu verelenden.

Tatsächlich vermag eine Auftragsforschung der in Rede stehenden Frage unvermeidbar bestimmte kriminologische Grundprobleme wie z.B.
diejenigen der Verteilung und Nutzung sowie des Mißbrauchs von
Macht nicht oder allenfalls am Rande zu berücksichtigen; dies gilt selbst
dann, wenn sie von der Thematik her naheliegen, wie es bei dem kon-

---

1) Auch diese empirische Auftragsforschung d. Verf. wird im Verlag de Gruyter zusammen
   mit Herrn Wiss. Ass. Claudius Ohder sowie zusätzlich mit Herrn Wiss. Ass. Karl
   Bruckmeier als Mitverfassern veröffentlicht (1989)
2) Schon deshalb muß im folgenden auf die Vorabpräsentierung von Ergebnissen verzichtet werden.
3) Vgl. hierzu schon Peters, D./Peters, H.: Theorielosigkeit und politische Botmäßigkeit.
   Destruktives und Konstruktives zur deutschen Kriminologie; in: Kriminologisches
   Journal 4 (1972), S. 247 - 257, krit. dazu etwa Leferenz, H.: Literaturbericht, Kriminologie (Teil I), Zeitschrift für die gesamte Strafrechtswissenschaft 84 (1972), S. 954 -
   992, 979; konstruktiv Scheerer, S.: Vom Praktischwerden. Kriminologisches Journal 21
   (1989), S. 30 - 42
4) Entsprechend wird nicht minder bezüglich administrationseigener oder -gebundener
   kriminologischer Institute oder Arbeitsstäbe argumentiert (vgl. etwa, wenngleich wenig
   differenzierend, Brusten, M. u.a.: Freiheit der Wissenschaft - Mythos oder Realität?
   Frankfurt u.a.: Campus 1981)

kreten Thema etwa im Sinne einer "Kriminologie der Fluchtdelikte"[5] der Fall wäre. Indes ist zum einen zu konstatieren, daß kriminologische Forschung z.B. vor methodisch unhaltbarer und inhaltlich gleichsam herrschaftsserviler Konzeption nicht etwa deshalb gefeit ist, weil sie auftragsfrei durchgeführt wird. Zum anderen kann eine insoweit dem System der Strafrechtspraxis immanent vorzunehmende Forschung dazu beitragen, den Grad der Verwirklichung bestimmter (kriminal-)rechtlicher Grundsätze wie etwa derjenigen der Erforderlichkeit und Verhältnismäßigkeit[6] zu überprüfen. Endlich reduzieren sich selbstgesetzte Ansprüche der Kriminologie an die Natur ihrer Erkenntnismöglichkeiten insofern, als eine Eigenständigkeit dieses Fachgebietes schon im Hinblick auf die Anknüpfung an den strafrechtlichen Begriff der Straftat zumindest zweifelhaft bleibt. Dem entspricht es, daß u.a. auch Forschungen im Vorfeld kriminalpolitischer Bestrebungen zu Gesetzesänderungen verschiedentlich als zur Aufgabe der Kriminologie gehörend eingeordnet werden[7], schon um es - unbeschadet ministerieller Prüfkataloge - nicht "organisierten Interessen" oder aber "dem Zufall" zu überlassen, ob *relevante Tatsachen* in den Meinungs- und *Entscheidungsbildungsprozeß* Eingang finden, zumal letzteres wohl in erster Linie zu Lasten von nicht-organisierten gesellschaftlichen Gruppen gehen würde[8]. Dies betrifft bei der konkreten Fragestellung eher vor-

---

5) Herkömmlicherweise wird einerseits z.B. innerhalb der Jugendkriminologie bezüglich bestimmter "Statusdelikte" das Element der Flucht betont, und andererseits wird aus psychiatrischer Sicht im Rahmen sogenannter äußerer oder unmittelbarer abnormer Erlebnisreaktionen (s. dazu statt vieler Huber, G.: Psychiatrie. 3. Aufl., Stuttgart u.a.: Schattauer 1981, S. 274 ff.; vgl. auch Kaufmann, H.: Kriminologie I. Stuttgart u.a.: Kohlhammer 1971, S. 57 ff.) mitunter von Fluchtverhalten i.S. unerlaubten Sich-Entfernens berichtet (vgl. zu abnormer Erlebnisreaktion schlechthin und betr. Straßenverkehrsdelikte allgemein einschränkend Göppinger, H.: Der Verkehrssünder als krimineller Typus. In: Mezger, E./Würtenberger, Th. (Hrsg.): Kriminologische Gegenwartsfragen, Heft 4, Stuttgart: Enke 1960, S. 76 - 85, 82. Deliktsspezifisch liegen empirische Anhaltspunkte etwa zur Fahnenflucht (§§ 15, 16 WStG) vor (vgl. Barbey, I.: Fahnenflucht und eigenmächtige Abwesenheit als psychopathologisches und forensisches Problem. Forensia 6 (1985), S. 185 - 196; s. ferner betreffend auch institutionelle Gründe Uso, J.: La désertion en temps de paix: Pau et Pays de l'Adour 1986 (veröffentl. 1987); vgl. dazu auch Ottenhof, R.: Dialogue avec la grande muette. Revue de Science Criminelle et de Droit Penal Comparé, 1987, S. 497 - 503, 498. Der Umfang dieses kriminologischen Bereichs wird bei phänomenologisch-systematischer Betrachtung insoweit erkennbar, als u.a. Formen der (unechten) Unterlassungsdelikte (vgl. dazu Ansätze bei Eisenberg, U.: Kriminologische Fragestellungen zum Regelungsbereich des Allgemeinen Teils des Strafrechts. Monatsschrift für Kriminologie und Strafrechtsreform 70 (1987), S. 367 - 374, 369) einzubeziehen sind.

6) Aus Raumgründen wird zur näheren Bestimmung derselben auf die Speziallliteratur verwiesen.

7) Vgl. schon Geerds, F.: Die Kriminalität als soziale und als wissenschaftliche Problematik. Recht und Staat, Heft 315, Tübingen: Mohr 1965, S. 6 (Fußn. 4), 11 ff.; Zipf, H.: Kriminalpolitik. 1. Aufl. Karlsruhe: Müller 1973, S. 60, 68 (2. Aufl. 1980); Tiedemann, K.: Die Fortentwicklung der Methoden und der Mittel des Strafrechts unter besonderer Berücksichtigung der Entwicklung der Strafgesetzgebung. Zeitschrift für die gesamte Strafrechtswissenschaft 86 (1974), S. 303 - 348, 308-310

8) Eisenberg, U.: Kriminologie. 2. Aufl., Köln u.a.: Heymanns 1985, § 23 Rn. 14; s. auch zu behördeninternen Handlungsnormen a.a.O. § 40

rangig betroffene (mutmaßliche) *Opfer*[9] nebst deren etwaiger "Funktionalisierung" für andere Zwecke.

2. Die eingangs aufgezeigte prognostische Fragestellung leitet sich aus den anhaltend beklagten Mängeln[10] des Straftatbestandes der "Verkehrsunfallflucht" (§ 142 StGB) her, die auch durch die Reform aus dem Jahre 1975 mitnichten behoben wurden; im einzelnen wird u.a. neben Bedenken im Hinblick auf den Grundsatz der Straflosigkeit bei Selbstbegünstigung auf die geringe Effizienz auch i.S. der Beweissicherung der Unfallbeteiligten hingewiesen. Daher wird für (den bei weitem überwiegenden Anteil der) Unfälle außerhalb des Begegnungsverkehrs und mit bloßem Sachschaden als Folge angestrebt, unter bestimmten Voraussetzungen einen Strafbefreiungsgrund i.S. "tätiger Reue" gesetzlich einzuführen[11], zumal soweit eine einschlägige Entscheidung des BVerfG[12] dahingehend interpretiert wird, daß die Verfassungsmäßigkeit des § 142 StGB an den Ausschluß öffentlicher Interessen (als unmittelbares Schutzobjekt) gekoppelt sei[13]. Diese Lösung freilich würde zum einen voraussetzen, daß flüchtende Unfallbeteiligte (zu einem statistisch relevanten Anteil) "an sich" *nicht gegen* den *Schutzzweck* des § 142 StGB (i.S. der Beweissicherung) verstoßen wollen, sondern sich aus anderen Beweggründen entfernen; als solche kämen u.a. in Betracht bei Trunkenheit z.B. die Kalkulation des Risikos verschärfter strafrechtlicher Erfassung (und Sanktionierung), oder aber die Bewußtseinsbeeinträchtigung nebst Flucht als sogenannte Primitivreaktion, Spontanreaktion aus "Furcht und Schrecken" i.S. situativ eingeschränkter kognitiver und moralischer Kompetenz[14]. Zum anderen würde diese Lösung voraussetzen, daß diejenigen Unfallbeteiligten, die nach der geltenden Regelung am Unfallort bleiben, nach einer entsprechenden gesetzlichen Änderung nicht etwa (zu einem statistisch relevanten Anteil) flüchten und sich auch im nachhinein nicht melden würden[15].

---

9) Siehe zur systematischen Bedeutung bereits Eisenberg, U.: Zum Opferbereich in der Kriminologie. Goltdammer's Archiv für Strafrecht 1971, S. 168 - 174, und - durchgängig sowie systematisch gleichrangig zum Täterbereich - Eisenberg 1985 (Fn 8), speziell etwa § 49, § 61.

10) Siehe statt vieler Lackner, K.: Gedanken zur Reform des Tatbestandes der Unfallflucht. Deutsches Autorecht 1972, S. 283 ff., besonders etwa S. 287; vgl. ergänzend etwa Wölfel, M.: Die Rückkehrpflicht: Ein Vergleich zwischen der alten und der neuen Fassung des § 142 StGB. Diss. iur. München 1987

11) Vgl. dazu Scholz, R.: Straffreie Unfallflucht bei tätiger Reue? Reformüberlegungen zu § 142 StGB. Zeitschrift für Rechtspolitik 1987, S. 7 - 10; s. zu einem entsprechenden Lösungsvorschlag auch schon Spiegel, R.: Gedanken zur Reform des Tatbestandes der Unfallflucht aus der Sicht des Richters. Deutsches Autorecht 1972, S. 291 ff., 293

12) BVerfGE 16, 191.

13) Siehe dazu auch Geppert, K.: Unerlaubtes Entfernen vom Unfallort (§ 142 StGB). Wie können die Rechte der Geschädigten verbessert werden. Blutalkohol 23 (1986), S. 157 - 170, 160

14) Vgl. etwa Leipold, K., Verkehrsunfallflucht: Eine rechtsvergleichende Untersuchung der Länder Österreich, Schweiz und Bundesrepublik Deutschland. Pfaffenweiler: Centaurus 1987, S. 20 f.

15) Bedenken insoweit bei Ruck, A.C.: § 142 StGB als Vermögensdelikt. Diss. iur. Bochum 1985, S. 118 ff.; s. auch Cramer, P.: Überlegungen zur Reform des § 142 StGB. Zeitschrift für Rechtspolitik 20 (1987), S. 157 - 160, 159; s. indes rechtsvergleichend Weigend, T./Gessenich, M.: Verkehrsunfallflucht im europäischen Ausland. Deutsches Autorecht 1988, S. 258 - 268

II.

Aus Raumgründen kann die Vielzahl kriminologischer Untersuchungen, die sich speziell oder unter anderem mit Zusammenhängen von "Verkehrsunfallflucht" befaßt haben, in diesem Beitrag nicht annähernd berücksichtigt werden. Auch beziehen sich zahlreiche der verschiedenen Ergebnisse auf allgemeine (makro-)strukturelle[16] einschließlich speziell demographischer[17] Merkmale, die für die hier in Rede stehende prognostische Fragestellung zwar schon im Hinblick auf deren situative Tragweite sowie deren Abhängigkeit vom allgemeinen gesellschaftlichen Wandel nicht unerheblich, jedoch eher von mittelbarer Relevanz sind.

1. Was die *strafrechtliche Vorbelastung* von registrierten Tätern des Delikts "Verkehrsunfallflucht" angeht, so sind bei Gewichtung verschiedener Forschungsergebnisse aus zurückliegender Zeit u.a. einschlägige registerrechtliche Änderungen zu berücksichtigen. Immerhin berichteten z.B. Staak/Mittermeyer[18], unter Bezugnahme auf "kriminelle Delikte", daß nur 55 % der von ihnen untersuchten Tätergruppe nicht vorbestraft gewesen sei, während Kaiser[19] sekundäranalytisch mitgeteilt hat, zwischen 25 % und 30 % der Täter seien mit Delikten allgemeiner Kriminalität und zwischen 31 % und 36 % mit solchen der Verkehrskriminalität vorbelastet gewesen. Tendenziell entsprechende Daten ermittelten bzw. berechneten Buikhuisen u.a.[20] sowie Moser[21].

Hiermit ist allerdings über Entstehungszusammenhänge bzw. für die prognostische Ausgangsfrage (unbeschadet einer Mehrbelastung mit Sinken der Placierung im Leistungsbereich[22]) wenig ausgesagt, wie bereits die Variable Alkoholeinfluß erkennen läßt, zumal Trunkenheit nach teilweise übereinstimmenden Ergebnissen nicht nur Bezug zur Unfallwahrscheinlichkeit und zur Unfallfluchttendenz, sondern auch zur

---

16) Zum Beispiel Unfallart, Ort und Zeitpunkt des Unfalls; regionale Verteilung.
17) Zum Beispiel Geschlecht, Alter, Nationalität.
18) Staak, M./Mittermeyer, H.-J.: Verkehrsunfallflucht und Alkoholisierung. Blutalkohol 10 (1973), S. 310 - 321, 314
19) Kaiser, G.: Verkehrsdelinquenz und Generalprävention. Tübingen: Mohr 1970, S. 279.
20) Buikhuisen, W. u.a.: Hit- and Run Offenses: A Summary of the Literature: AbstrCrim 1976, S. 10
21) Moser, L.: Psychologische Betrachtung des Alkoholproblems in der Statistik "Rechtspflege". Blutalkohol 15 (1978), S. 339 - 355
22) Vgl. etwa Bär, H./Hauser, J.: Unfallflucht. Unerlaubtes Entfernen vom Unfallort. Percha: Schulz (Stand 1. April 1986), S. 192; Bergermann, A.: Die Verkehrsunfallflucht. Kriminologische Untersuchungen im LG-Bezirk Düsseldorf i.d. Jahren 1961 und 1962. Diss. jur. Bonn 1966, S. 86 ff.; Jost, B.: Multifaktorielle Untersuchungen über Handlungsabläufe und zur Motivation bei der Verkehrsunfallflucht. Diss. med. Tübingen 1973, S. 61; Pieper, W.: Die Verkehrsunfallflucht. Eine kriminologische Untersuchung der in den Jahren 1964 und 1965 im Bereich des Verkehrsunfallkommandos der Polizei der Stadt Frankfurt a.M. begangenen und abgeurteilten Delikte. Diss. jur. Mainz 1970, S. 99

Erfassungswahrscheinlichkeit hat und der Anteil von Personen ohne Berufsausbildung unter den einschlägig registrierten Alkoholtätern besonders hoch zu sein scheint[23].

Nach Brettel u.a.[24] kam es in 57 % von Unfällen mit alkoholisierten Verkehrsteilnehmern zur Unfallflucht, wobei etwa 38 % der Flüchtigen erheblich alkoholisiert gewesen seien, und dieser Anteil habe an Wochenenden und zwischen 24.00 und 4.00 Uhr 50 % überstiegen; zwischen 22.00 und 6.00 Uhr hätten sich 51,7 % der Fluchtfälle mit alkoholisierten Tätern gegenüber 16,6 % derjenigen mit nachweislich nicht alkoholisierten Tätern ereignet[25]. Bei der von Staak/Mittermeyer[26] untersuchten Tätergruppe wurde in 21,3 % eine Alkoholisierung festgestellt, und bei den von Bär/Hauser[27] überprüften Fällen ergaben sich in 44 % einschlägige Hinweise.

Namentlich in älteren Untersuchungen wurde auch der Anteil derjenigen wegen "Verkehrsunfallflucht" registrierten Personen, die ohne erforderliche Fahrerlaubnis am Straßenverkehr teilnehmen, als vergleichsweise hoch angegeben[28]; Entsprechendes gilt für die unbefugte Benutzung eines Kraftfahrzeuges[29]. Insoweit ließe sich für die in Rede stehende prognostische Frage in erheblichem Umfang wohl eher eine negative Tendenz annehmen.

2.a) Bezüglich vorliegender Angaben über *Beweggründe* ist Vorsicht schon insoweit geboten, als verschiedentlich von aktenmäßig festgehaltenen Einlassungen seitens Tatverdächtiger oder Angeklagter vor der Polizei oder dem Gericht ausgegangen[30] oder gar von ausgezählten Häufigkeiten auf individuelle Gegebenheiten geschlossen wurde (z.B. von Trunkenheit auf Angst). Im übrigen läßt sich die Kargheit diesbezüglicher Befunde schon daran erkennen, daß im wesentlichen nur zwischen "Angst vor Bestrafung" und "Vermeidung von Beeinträchtigungen" unterschieden wird.

---

23) Vgl. etwa Jost, 1973 (Fn 22), S. 61; Brettel, H.F./Gerchow, J./Grosspietzsch, R.: Über die Alkoholbeeinflussung bei der Unfallflucht. Blutalkohol 10 (1973), S. 137 - 148, 141. - Allerdings ist gerade auch bezüglich dieser Befunde auf (sozialstrukturell bzw. interaktionistisch begründete) Interpretationsprobleme zu verweisen.

24) Brettel/Gerchow/Grosspietzsch 1973 (Fn 23), S. 139, 147; vgl. im übrigen Reibetanz, A.: Multifaktorielle Untersuchung der Verkehrsunfallflucht in der Stadt Darmstadt sowie im Landkreis Darmstadt-Dieburg im Jahre 1979. Diss. med. Frankfurt a.M. 1984, S. 33, 90 ff.

25) Brettel/Gerchow/Grosspietzsch 1973 (Fn 23), S. 145

26) Staak/Mittermeyer 1973 (Fn 18), S. 311

27) Bär/Hauser 1986 (Fn 22), S. 192

28) Vgl. etwa Brettel/Gerchow/Grosspietzsch 1973 (Fn 23), S. 142: 11,3 %, bei Alkoholtätern 21 %; Bergermann 1966 (Fn 22), S. 118: 15,6 %; Jost 1973 (Fn 22), S. 121: 10 %; s. auch den Hinweis bei Brühning, E., Schmid, M.: Charakteristische Umstände bei Unfallflucht. Zeitschrift für Verkehrssicherheit 33 (1987), S. 109 ff.; vgl. aber Bär/Hauser 1986 (Fn 22), S. 192: etwa 7,5 %

29) Siehe etwa Bergermann 1966 (Fn 22), S. 117: 8,1 %; Bär/Hauser 1986 (Fn 22), S. 192 f.: 1,5 % bzw. 3,6 %

30) Zu den Möglichkeiten wie aber auch Grenzen und Gefahren solcher Quellen für die kriminologische Forschung s. statt vieler Eisenberg 1985 (Fn 8) § 13 Rn. 14-16, sowie zu Problemen von Vernehmung und Aussage a.a.O. § 28

Innerhalb der erstgenannten Kategorie soll nach allgemeiner Annahme als Grund für die bezeichnete Angst Trunkenheit dominieren, gefolgt von Fahren ohne Fahrerlaubnis und unbefugter Benutzung eines Kraftfahrzeuges[31]. Hinsichtlich der zweitgenannten Kategorie werden als Art der Beeinträchtigung genannt Verlust des Schadensfreiheitsrabattes, Fahrer und Eigentümer des benutzten Kraftfahrzeuges sind nicht identisch, Beisein einer Begleitperson soll verborgen bleiben, berufliche oder sonstige Nachteile würden als Folge befürchtet[32].

Für die in Rede stehende Forschungsfrage würde immerhin bedeutsam sein, daß Beweggründe der erstgenannten Kategorie, die durch eine Gesetzesreform i.S. der vorbezeichneten Bestrebung zumindest hinsichtlich des Grundes Trunkenheit tendenziell überwunden werden könnten, gegenüber denjenigen der zweitgenannten Kategorie als anteilsmäßig leicht überwiegend angenommen werden[33].

Zur Differenzierung der beiden Kategorien könnte sich u.a. die Durchführung der Flucht anbieten. Nach Einzelhinweisen haben nahezu die Hälfte der Täter eine "sofortige offene Flucht", knapp ein Fünftel hingegen eine "heimliche Tatausführung" verwirklicht; 37,2 % seien unmittelbar nach Hause geflüchtet, 14,6 % in eine bekannte Umgebung, 7,8 % zu Freunden oder Verwandten und 5,4 % in ein Lokal[34].

b) Makrostrukturell gab es z.B. auf der Ebene der Verurteiltenstatistik im Zeitraum von 1960 bis 1970 einen außergewöhnlichen Anstieg derjenigen Zahlen betreffend 142 § StGB, die auf Taten in Verbindung mit Trunkenheit entfielen. Im Zeitraum von 1970 bis 1982 ist zwar die absolute Zahl (auch) für "Verkehrsunfallflucht" in Verbindung mit Trunkenheit angestiegen, in den Jahren ab 1983 jedoch auch diese gesunken; der relative Anteil ist von 26,7 % im Jahre 1970 auf 24,1 % im Jahre 1972 und 23,0 % im Jahre 1986 zurückgegangen (StrafSt 1986, Tab. 2.1.). - Unter Einbeziehung auch des geschätzten Dunkelfeldes wird hingegen weithin angenommen, daß mindestens die Hälfte der vermuteten tatsächlichen Gesamtzahl dieses Delikts in Zusammenhang mit Alkoholeinfluß begangen wird. Es wird insoweit auch vom *"typischen Alkoholdelikt"* gesprochen[35].

Wenngleich insoweit hinsichtlich dieses Faktors (auch) makrostrukturell eine tendenziell eher günstige Wirkung der in Rede stehenden Reformbestrebung angenommen werden könnte (vgl. o. a), verbietet sich regelmäßig und ebenso für die konkrete Fragestellung eine Vermischung der methodischen wie inhaltlichen Besonderheiten von Mikro-

---

31) Vgl. Bär/Hauser 1986 (Fn 22), S. 175
32) Vgl. Bär/Hauser 1986 (Fn 22), S. 175 ff.; Bergermann 1966 (Fn 22), S. 122
33) Siehe etwa Bär/Hauser 1986 (Fn 22), S. 175: 55 % bis 60 % gegenüber 40 % bis 45 %; Bergermann 1966 (Fn 22), S. 122: für letztere 48 %
34) Lincke, D.: Verkehrsunfallflucht. Diss. iur. München 1968, S. 237
35) Vgl. Hauser, J.: Unfallflucht - ein typisches Alkoholdelikt. Blutalkohol 19 (1982), S. 193 - 199, 197; Bär/Hauser 1986 (Fn 22), S. 170 m. Nachw.; Bomsdorf, E.: Alkoholunfälle im Straßenverkehr 1977-1979. Blutalkohol 18 (1981), S. 131 - 138, 136

und Makrostruktur innerhalb zu untersuchender Erscheinungsformen. Insbesondere haben schon Forschungsprojekte zur Generalprävention wie auch vielfältige Bemühungen um eine makrostrukturelle Prognoseforschung (s. auch u. III.) erkennen lassen, in welchem Ausmaß gerade in diesem Bereich nicht voraussehbare (oder auch nur abschätzbare) intervenierende Variablen - u.a. in Form des Wandels anderer Rechtsnormen mit einschlägiger Auswirkung - eine unmittelbare Beeinflussung von Verhalten in Frage stellen.

III.

Das *methodische Vorgehen* zur Ermittlung von Erfahrungswissen der am Konstitutierungsprozeß von (registrierter) Verkehrsunfallflucht nach Sachschadensunfall beteiligten Personen und Institutionen war im Rahmen der zeitlichen Vorgaben[36] bestimmt von der Überlegung, daß herkömmliche makro- wie auch mikrostrukturelle Prognoseverfahren, abgesehen von den durch zahlreiche Forschungen belegten immanenten Grenzen[37], für die in Rede stehende enge Fragestellung ohnehin wenig geeignet sein würden; so liegen z.B. keine Daten, Statistiken oder andere quantitativ exakten Beobachtungen vor, die - etwa im Sinne wirtschaftswissenschaftlicher Prognosen - Trendverlängerungen oder Extrapolationen zulassen würden und damit zentral zur Beantwortung der Untersuchungsfrage beitragen könnten. Zum anderen war dafür Sorge zu tragen, daß die gewählten Methoden robust sind gegenüber kognitiven Defiziten, z.B. dem Mangel an theorie- und empiriegestützen Erklärungsstrukturen oder an Modellen für die Wirkung bestimmter Maßnahmen auf die Verhaltenspraxis von Verkehrsteilnehmern. Diesen Anforderungen genügen nicht-formale empirische Verfahren, d.h. zum Beispiel solche, die an den individuellen Sichtweisen, Kenntnissen und Erfahrungen von Personen ansetzen, die in Verbindung zu dem Bereich stehen, dem der Forschungsgegenstand zuzuordnen ist. Zwar läßt sich ein Mangel an empirisch überprüften theoretischen Erklärungsmustern nicht durch die Addition der Sichtweisen und Reflexionsleistungen der Handelnden aufheben, doch kann eine Aneinanderfügung subjektiver Perspektiven nicht nur einen systematischen Einblick in den Untersuchungsgegenstand (insbesondere über relevante Faktoren) vermitteln, sondern auch Anhaltspunkte dazu erschließen, wie eine Veränderung der Rahmenbedingungen (beispielsweise durch eine Gesetzesreform) das Verhalten von einschlägig beteiligten Personengruppen beeinflussen könnte. - Indes hätte die Durchführung psychologisch orientierter Ein-

---

36) Für die Erstellung des Gutachtens war vertraglich eine Dauer von 1 1/2 Jahren festgelegt worden.
37) Vgl. zusammenfassend Eisenberg 1985 (Fn 8), § 18 Rn. 1 f., § 44 Rn. 3-5 bzw. § 21, § 40 Rn. 11-15

zelfallanalysen (insbesondere bezüglich der Beweggründe der Flucht) eine Aufhebung der Anonymität Verurteilter vorausgesetzt; schon deshalb ließen sich entsprechende Methoden im Rahmen dieses Projektes nicht einbeziehen.

1. Im Wege der schriftlichen *Befragung* mit teilstandardisierten Fragebögen wurden in der ersten Hälfte des Jahres 1988 Untersuchungen bei folgenden Personengruppen durchgeführt: Experten aus Wissenschaft und Praxis einerseits, verurteilte Täter, polizeilich registrierte (mutmaßliche) Opfer sowie Amtsträger der Polizei, der Staatsanwaltschaft und der Gerichte und darüberhinaus Verkehrsrechtsanwälte andererseits. Dabei galt es bei der Anlage der Fragebogen wie auch bei der Auswertung, den speziellen Implikationen dieser Methode Rechnung zu tragen, wozu gerade auch bezüglich der befragten Amtsträger individuelle wie institutionelle Eigeninteressen zählen.

Um Gebiete mit unterschiedlichen geographischen, siedlungs-, sozial- und verkehrsstrukturellen Merkmalen in die Untersuchung einbeziehen zu können, wurden folgende Landgerichtsbezirke als Untersuchungsregionen gewählt: Fulda (dünnbesiedelte Region mit ländlichem Charakter, wenig Industrie), Mannheim (verstädtertes, dicht besiedeltes Ballungsgebiet, hohe Industrialisierung, Pendelverkehr) und Berlin (metropolitanes Großstadtgebiet, vergleichsweise sehr hohe Verkehrs- und Siedlungsdichte, durchmischte Sozial- und Erwerbsstruktur). - Bei der Auswahl von Polizeibeamten wurde darauf geachtet, daß ein Querschnitt in bezug auf die örtliche Lage der Dienststelle (innerstädtisches, ländliches Gebiet, Stadtrand) einbezogen wurde. Über solche Vorgaben hinaus wurden für die Konstruktion der Stichproben Zufallsverfahren angewandt.

a) Zur Befragung von Personen, die wegen "Verkehrsunfallflucht" *verurteilt* worden waren (rechtskräftig geworden zwischen 1.1. und 30.6.1987), wurde die Versendung des Anschreibens nebst Fragebogen und Freiumschlag vom BZR vorgenommen, um den Adressaten die Beteuerung eher glaubhaft zu machen, daß ihre Namen und Anschriften der Forschergruppe nicht bekannt waren. Ebenso wurde die Rücksendung ohne Angabe des Absenders erbeten.

Die Befragung von polizeilich registrierten (mutmaßlichen) *Geschädigten* durch "Verkehrsunfallflucht" geschah gleichfalls in den drei genannten LG-Bezirken. Die Versendung des Anschreibens nebst Fragebogen und Freiumschlag wurde von den örtlichen Polizeidienststellen übernommen (bezogen auf das Verfahren während drei Monaten innerhalb des 1. Halbjahrs 1988), wiederum aus den genannten datenschutzrechtlichen Gründen; auch insoweit wurde die Rücksendung ohne Angabe des Absenders erbeten.

Auch um einzelne Informationen zur einschlägigen Rechtsanwendung de lege lata, insbesondere bezüglich des Gebrauchs der verschiedenen Einstellungsvorschriften zu erlangen, wurden im übrigen *Polizeibedienstete*, Vertreter der *Staatsanwaltschaft* sowie *Richter*personen aus den drei genannten LG-Bezirken mündlich und schriftlich (und insoweit gleichfalls mit der Bitte um anonyme Rücksendung) befragt. Solche Informationen sind erforderlich, um die Frage einer Vergleichbarkeit der jeweiligen Verurteiltengruppen der drei Bezirke prüfen zu können. Daneben bezog sich die Befragung der genannten Amtspersonen auch auf die oben (unter I. 2.) bezeichneten Voraussetzungen. - Betreffend Rechtsanwälte wurde eine schriftliche Befragung bei einer Zufallsstichprobe der Mitglieder der Arbeitsgemeinschaft der Verkehrsanwälte im Deutschen Anwaltsverein der Bundesrepublik Deutschland einschließlich Berlin (West) durchgeführt.

b) Bezogen auf den jeweiligen Erfahrungs- und Wissenshintergrund der befragten Personengruppen wurden durchgängig folgende *thematischen Schwerpunkte* gesetzt: Einschätzung der Gründe für Verstöße gegen § 142 StGB, Wahrnehmung und Beurteilung der jeweils anderen Gruppen sowie Vorstellungen dazu, wie eine Verringerung der Fluchtrate bzw. eine Verbesserung des Opferschutzes zu erreichen sei. Ergebnis dieser Befragung ist ein in praktischer und (insbesondere) beruflicher Erfahrung begründeter Katalog von Vorschlägen und Maßnahmen mit dem Ziel einer Verringerung der Zahl von Fluchtfällen sowie eine Abschätzung der Auswirkungen und Folgen im Falle ihrer Anwendung. Indes ergibt sich (auch) aus der Beteiligtenperspektive von Betroffenen und Praktikern mitnichten eine umfassende vorausschauende Beurteilung der Möglichkeiten zur Senkung der Unfallfluchtrate.

Für die Betroffenen (Geschädigte und Verurteilte) läßt sich dies daran verdeutlichen, daß von ihnen keine Vorwegnahme künftigen Handelns im Rahmen einer veränderten Norm erwartet werden kann. Die Frage, "Wie würden Sie sich verhalten, wenn die Rechtsvorschrift in folgender Weise modifiziert würde?", läßt sich aus ihrer Perspektive schon deshalb nicht beantworten, da die Norm zu einer unbekannten Größe wird, über die nicht mehr auf der Basis eigener Erfahrungen geurteilt werden kann; im übrigen hängt mögliches zukünftiges Verhalten generell von Umständen und Gegebenheiten ab, die nicht antizipiert werden können. Die Antworten dieser Personen werden zudem teilweise durch aktuelle Betroffenheit und Schlußfolgerungen aus dem "eigenen" Fall beeinflußt gewesen sein. Schließlich unterliegen zu einem bestimmten Zeitpunkt geäußerte Handlungsabsichten einem ständigen Änderungs- und Beeinflussungsprozeß.

Bei den aus beruflichen Gründen mit dem Bereich Unfallflucht befaßten Gruppen ließe sich eine prognostische Kompetenz insofern eher annehmen, als diese Personen nicht aus der persönlichen, interessengebundenen Haltung von Betroffenen zu argumentieren brauchen. Sie beschränken sich in der Regel nicht auf einzelne Fälle und sind in der Lage, verallgemeinernde und vergleichende Beurteilungen vorzunehmen. Dennoch ist zu erwarten, daß auch diese Personen die Auswirkungen bestimmter Maßnahmen nur begrenzt voraussehen können, da der Bezugsrahmen ihrer Bewertungen durch spezialisierte berufliche Rollen und Aufgaben und dadurch bedingte spezifische Handlungsweisen und Erfahrungen geprägt ist. Daneben spielen generalisierte berufliche Orientierungen bzw. Gruppeninteressen eine Rolle. Hierbei handelt es sich gewissermaßen um Metaorientierungen, die nicht auf eine unmittelbare Auseinandersetzung mit dem Problem "Unfallflucht" zurückzuführen sind, sondern allgemeine oder symbolische Ziele widerspiegeln.

2. Was die schriftliche Befragung von *Fachleuten* angeht, so wurde sie in Anlehnung an das sogenannte "Delphi"-Verfahren durchgeführt. Ausgewählt wurden aus dem Gebiet der Bundesrepublik Deutschland einschließlich Berlin (West) Personen, deren Expertise zu dem Thema Unfallflucht nicht (überwiegend) auf beruflicher Tätigkeit innerhalb des Rechtsanwendungssytems oder im Rahmen der Strafverfolgung beruht. Da die Fragestellung der Untersuchung zu begrenzt und spezifisch ist, als daß es hierfür eine "zuständige" Disziplin oder auch nur einen problembezogenen, etablierten Forschungsbereich gäbe, richtete sich die Auswahl nach der Kompetenz der befragten Fachleute gemäß ihren Kenntnissen in solchen Gebieten, die in einem weiter gefaßten Bezug zu Forschungsgegenstand und -methodik stehen. Dies sind insbesondere Wissensgebiete, die den Problembereich als spezielle Fragestellung einschließen (Verkehrswissenschaft, Kriminologie, Rechtswissenschaft) oder in Teilgebieten - beispielsweise dem Verhalten von Verkehrsteilnehmern - betreffen (Psychologie, Verkehrspädagogik). Ferner zählen dazu Arbeitsgebiete, die eine Beschäftigung oder Auseinandersetzung mit dem Problem "Unfallflucht" erfordern (Gutachter bei Technischen Überwachungsvereinen, Verkehrsjournalisten, Versicherungsfachleute usw.), wobei die diesbezüglichen Fachleute zwar (ebenso wie die befragten Praktiker s.o. 1.) über spezifische, in ihrer beruflichen Praxis gewonnene Sichtweisen verfügen, ohne jedoch in fallbezogenes Geschehen eingebunden zu sein; sie mögen mithin leichter als die befragten Praktiker Implikationen des Problems zu erkennen und einzelne Lösungsvorschläge zu reflektieren in der Lage sein. Endlich sind die Gebiete Planung, Prognose, Verhaltens- und Entscheidungsforschung berücksichtigt worden.

Durch die Befragung des Experten-Panels wurde eine Vielzahl unterschiedlicher Kompetenzen und Wissenshintergründe in die Untersuchung einbezogen. Die Erschließung dieser Kompetenzbereiche für das Untersuchungsproblem geschah mit Hilfe einer strukturierenden Gruppenbefragungstechnik, die es erleichterte, vermittels Abstraktion, Analogisierung oder Problemverfremdung spezifische Wissens- und Erfahrungsbestände auf begrenzte Problemzusammenhänge zu beziehen. Auch bei der Befragung der Fachleute stand nicht die Voraussage (bzw. Abschätzung) einer bestimmten künftigen Entwicklung im Vordergrund, sondern die Eingrenzung eines Lösungsraums mit Hilfe alternativer Modelle, die sich unter dem vorgegebenen Ziel einer Senkung der Unfallfluchtrate bewerten lassen. - Formell geschah der Befragungsablauf dergestalt, daß einer ersten Befragungsrunde eine Auswertung sich anschloß, und auf diese eine zweite Befragungsrunde folgte. Zwar handelte es sich zu erheblichem Anteil um Personen, die sich auch zu den einschlägigen Regelungsproblemen bereits in Veröffentlichungen geäußert hatten; indes bestätigte sich die Ausgangsposition des gewählten Verfahrens, daß nämlich bei spezieller Befragung zusätzliche, von den jeweiligen Experten bisher nicht bekannt gewesene Aussagen erlangt werden können.

3. Ohne bereits zu den Ergebnissen Stellung zu nehmen (s.o. vor I.), läßt sich abschließend feststellen, daß das erläuterte Vorgehen und insbesondere die Wahl der Methoden für die konkrete Forschungsfrage nicht unergiebig waren. Die systematische Erschließung der vielgestaltigen Erhebungsquellen durch die gewählten Techniken gestattet durchaus gewisse Aussagen über die Geeignetheit der bezeichneten Reformbestrebung im Hinblick auf die Verringerung der Fluchtrate.

Zum Entscheidungsverhalten von Straftätern

- Konsequenzen für die Straftatenverhütung -

Edwin Kube

A. Der Entscheidungsaspekt als Ausgangspunkt

Nicht nur Präventionsinstanzen fällen Entscheidungen, auch der potentielle oder tatsächliche Straftäter entscheidet sich mehr oder weniger bewußt und subjektv rational im Zusammenhang mit der Begehung von Straftaten. Präventionsorientiert gilt es, das Problemlösungsverhalten des potentiellen Täters so zu beeinflussen, daß er aus seinem Entscheidungsrepertoire möglichst kriminelles Verhalten ausklammert.

Informationsverarbeitsprozesse des (möglichen/tatsächlichen) Delinquenten beziehen sich etwa auf den Tatentschluß, die Deliktswahl, das Zielobjekt kriminellen Verhaltens, die Opferselektion oder die vorzeitige Beendigung deliktischen Handelns im konkreten Fall (tatorientierter Ansatz). Davon sind idealtypisch die Entscheidungsprozesse zu unterscheiden, die überhaupt die "Einlassung" auf Kriminalität oder aber die kriminelle Karriere - etwa das Ändern des Kriminalitätsschwerpunktes - zum Gegenstand haben (täterorientierter Ansatz). In der Vergangenheit blieb das Entscheidungsspektrum aus der kriminologischen Forschung weitgehend ausgeblendet. Das trifft teilweise selbst auf die unter Präventionsgesichtspunkten besonders wichtige Frage zu, weshalb ein Straftäter aus einer kriminellen Karriere aussteigt. Nach ersten Täterbefragungen[1] scheinen neben dem Faktor "Alter" vor allem Schockerlebnisse - etwa im Rahmen der letzten Straftatbegehung -, eine neu vorgenommene Einschätzung des Sanktionsrisikos sowie die Veränderung der persönlichen Lebensumstände - z.B. Bindung an eine dominierende Frau oder zufriedenstellende Arbeit - prägend bzw. entscheidungsrelevant zu sein.

---

1) Vgl. Cusson, M./Pinsonneault, P.: The Decision to Give Up Crime. In: Cornish, D.B./Clarke, R.V. (eds): The Reasoning Criminal. New York u.a.: Springer 1986, S. 72 - 82; Kaiser, G.: Kriminologie. Eine Einführung in die Grundlagen. 7. Aufl., Heidelberg: Müller 1985, S. 254 m.w.N.; und Karger, Th./Sutterer, P.: Cohort Study on the Development of Police-Recorded Criminality and Criminal Sanctioning. In: Kaiser, G./Geissler, I. (eds): Crime and Criminal Justice. Criminological Research in the 2nd Decade at the Max Planck Institute in Freiburg. Freiburg: Eigenverlag Max-Planck-Instiut für ausländisches und internationales Strafrecht 1988, S. 89 - 114

Kerner/Kaiser (Hrsg.) Kriminalität
© Springer-Verlag Berlin Heidelberg 1990

Eine umfassende (täterorientiert) kriminalprognostische Betrachtungsweise hat bekanntlich der mit der Festschrift zu Ehrende erarbeitet
und erfolgreich erprobt. Dabei sollen gerade dem Praktiker durch die
Methode der idealtypisch-vergleichenden Einzelfallanalyse und das Bezugssystem der Kriminologischen Trias ein Hilfsmittel an die Hand
gegeben werden, "mit dem er aufgrund eigener Sachkompetenz und
ohne psychologische oder psychiatrische Fachkenntnisse den Einzelfall,
also den individuellen 'Täter in seinen sozialen Bezügen', *kriminologisch*
erfassen und beurteilen kann"[2]. Ziel dieses Konzeptes ist es, dem einzelnen Entscheidungsträger in der Alltagspraxis die Grundlagen für eine
sinnvolle Auswahl und adäquate Anwendung der im Einzelfall aus spezialpräventiver Sicht angezeigten Maßnahmen zu schaffen; mit der kriminologischen Diagnose des derzeitigen Zustandes des Betroffenen, einschließlich seiner Entwicklungen, die zu diesem Zustand geführt haben,
wird also bezweckt, Folgerungen hinsichtlich der Prognose ableiten zu
können als auch konkrete Hinweise für künftige sachgerechte Einwirkungen zu erhalten.

Im folgenden wird erörtert, ob und gegebenenfalls inwieweit sich
Möglichkeiten abzeichnen, tatorientiert durch *situative* Veränderungen
der Umwelt auf potentielle Delinquenten Einfluß zu nehmen. Dabei
werden Entscheidungstheorie und der Ansatz der Veränderung der Tatgelegenheitsstruktur zu Lasten des potentiellen Straftäters als Erklärungs- und Strukturierungsmittel zu Hilfe genommen.

1. Der entscheidungstheoretische Ansatz

Die (deskriptive) Entscheidungstheorie sieht ihre Aufgabe darin, die
Gesetzmäßigkeiten zu erforschen, nach denen Entscheidungen in der
Realität gefällt werden. Sie strebt an, möglichst umfassend das Entscheidungs- und Problemlösungsverhalten von Menschen als Individuen
oder Gruppenmitglieder zu erklären.

Echte Entscheidungsprozesse lassen sich - im Gegensatz zu Routineentscheidungen - in mehrere typische Phasen einteilen, wobei in jeder
Phase selbst wieder Entscheidungen - etwa über Art und Ausmaß der
Informationsgewinnung - getroffen werden können[3]: Beim Entscheiden
wird bekanntlich der Prozeß der Willensbildung mit der Anregungsphase - insbesondere über einen externen Stimulus - eingeleitet. Daran
schließt sich die eigentliche Problemlösung an, die mit der Suchphase
einsetzt. Hier werden Informationen eingeholt, Verhaltensmöglichkeiten
ermittelt und unter Umständen deren Konsequenzen prognostiziert. Die

---

2) Göppinger, H.: Angewandte Kriminologie. Ein Leitfaden für die Praxis. Berlin u.a.:
Springer 1985, S. 3
3) Vgl. Kirsch, W./Michael, M./Weber, W.:Entscheidungsprozesse in Frage und Antwort.
Wiesbaden 1973, S. 102 f.

beurteilende Auswahlphase schließt den willensbildenden Prozeß mit dem Entschluß ab.

Zumindest bei Realhandlungen folgt auf den Prozeß der Willensbildung die Phase der Willensdurchsetzung. In der Literatur wird diese Phase häufig zu Unrecht vernachlässigt; denn selbst dann, wenn auf die Anregungsinformation - wie bei den Routineentscheidungen - der Entscheidungsträger mit einem gewohnheitsmäßigen Verhalten reagiert, wird das Problem der Willensdurchsetzung häufig bestehen bleiben. Die willensdurchsetzenden Prozesse sind darin zu sehen, daß der Entscheidungsträger auf seine physische und soziale Umwelt einwirkt, um seinem Willen Geltung zu verschaffen. Dabei können vor allem Macht- und Kompetenzprobleme auftreten.

In einem idealtypischen, stark vereinfachten Entscheidungsmodell wird beispielsweise der potentielle Täter eines Einbruchsdelikts verschiedene durch Rückkoppelungen gekennzeichnete Phasen der "Problemlösung" beschränkt rational vornehmen; dabei ist die Informationsverarbeitung in die allgemeinen Einstellungsmuster und Problemlösungsstrategien des Individuums - z.B. seine fatalistische Grundhaltung - eingebettet[4]. Darüber hinaus muß man das Entscheidungsverhalten im Längsschnitt als dynamischen Prozeß sehen, der sich etwa bei zunehmender Professionalität des Straftäters gegenüber dem Verhalten zu Beginn der kriminellen Karriere verändert[5]:

- *Anregungsphase*: Notlage/Geldbedarf sowie externe Stimuli;

- *Ziel*: Begehung eines Einbruchsdelikts mit mehr oder weniger konkreten Vorstellungen zu Stehlgut sowie generell zu Nutzen und Kosten;

- *Informationssuche*: Ausbaldowern von Einbruchsobjekten/Einbringen von Erfahrung, sonstigem Wissen und Intuition;

- *Alternativenfeststellung* und *-bewertung*: Konkretisierung des Vorhandenseins von Zielobjekten, der erforderlichen kriminellen Energie, des Mißerfolgsrisikos (und der sozialen Kosten) sowie des Tatertrags; "Abgleich" mit Werten, Überzeugungen und Einstellungen; dabei können Einstellungen im Sinne von Neutralisierungstechniken - z.B. geschädigt wird ja schließlich "nur" die Versicherung - die Alternativenbewertung in Richtung auf den Tatentschluß erleichtern;

- *Entschluß*: Beendigung der Bewertung - je nach Erfahrung und nach Anspruchsniveau von "rational" bis nur zielgesteuert - durch eine gegebenenfalls bloß vorläufige subjekte Festlegung; beispielsweise

---

4) Walsh, D.: Victim Selection Procedures Among Economic Criminals: The Rational Choice Perspective. In: Cornish, D.B./Clarke, R.V. (eds): The Reasoning Criminal. New York u.a.: Springer 1986, S. 39 - 52, 47
5) Vgl. etwa Feeney, F.: Robbers as Decision-Makers. In: Cornish, D.B./Clarke, R.V. (eds): The Reasoning Criminal. New York u.a.: Springer 1986, S. 53 - 71, 65 f.

konzentrieren sich offenbar "Profis" öfter auf weniger Entscheidungskriterien als "Novizen" und entschließen sich außerdem
schnell[6];

Durchführungsphase: Mit Beginn der Tatausführung ist die Entschei-
dungsplanung und damit meistens auch die eventuell Fluchtplanung
abgeschlossen; grundsätzlich manifestiert sich während der Ausführung die theoretisch von der Tathandlung zu trennende Tarnhand-
lung; Beweisverschleierungsmaßnahmen i. S. der gezielten Spuren-
vermeidung und -vernichtung werden vorgenommen. Dabei ist die
Durchführungsphase Bestandteil der Willensdurchsetzung. Machtfra-
gen ergeben sich eventuell bei gemeinschaftlicher Täterschaft. Kompetenzprobleme aktualisieren sich möglicherweise bei der Überwindung technischer Sicherungsmaßnahmen.

In der Alltagswirklichkeit werden oft nur einzelne Phasen oder einzelne
Elemente einer Phase relevant werden. Dabei können Aspekte völlig
ausgeklammert bleiben, vernachlässigt werden oder zeitlich versetzt in
den Entscheidungsprozeß Eingang finden[7].

1.1 Skizzierung des Informationsverarbeitungsmodells

Entscheidungstheoretische Ansätze werden in den Sozialwissenschaften
in unterschiedlichsten Ausprägungen diskutiert. So bedient sich insbesondere die US-amerikanische Präventionsforschung gerade beim "situational approach" der "rational choice theory"[8].
    Das hier favorisierte Informationsverarbeitsmodell im Spektrum von
Entscheidungstheorien ermöglicht eine rationale Systematisierung der
Straftatenverhütung. Es geht also im folgenden nicht um die differenzierte Darstellung des Modells, sondern um deren Nutzbarmachung für
eine rationale Kriminalprävention.

---

6) Vgl. Johnson, E./Payne, J.: The Decision to Commit a Crime: An Information-Proces-
   sing Analysis. In: Cornish, D.B./Clarke, R.V. (eds): The Reasoning Criminal. New
   York u.a.: Springer 1986, S. 170 - 185, 181
7) Vgl. in diesem Zusammenhang Carroll, J./Weaver, F.: Shoplifters' Perceptions of
   Crime Opportunities. A Process-Tracing Study. In: Cornish, D.B./Clarke, R.V. (eds):
   The Reasoning Criminal. New York u.a.: Springer 1986, S. 19 - 38, 20 ff.; Göppinger,
   H.: Kriminologie. 4. Aufl., München: Beck 1980, S. 688 f.; Maschke, W.: Das Umfeld
   der Straftat - Ein erfahrungswissenschaftlicher Beitrag zum kriminologischen Tatbild.
   München: Minerva 1987, insbesondere S. 113 ff.; sowie Servay, W./Rehm, J.: Bankraub
   aus der Sicht der Täter. Täterleitende Faktoren bei Raubüberfällen auf Geldinstitute.
   Wiesbaden: Bundeskriminalamt 1986, S. 176 f.
8) Vgl. statt aller Cornish, D.B./Clarke, R.V. (eds): The Reasoning Criminal. New York
   u.a.: Springer 1986; dabei variieren die einzelnen entscheidungstheoretischen Ausge-
   staltungen: vgl. etwa dort Tuck, M./Riley, D.: The Theory of Reasoned Action: A
   Decision Theorie of Crime. In: Cornish/Clarke 1986, S. 156-169, zur "theory of reasoned action"; s. dagegen Muller, E.N./Opp, K.-D.: Rational Choice and Rebellions
   Collective Action. American Political Science (1986), S. 471 - 487, 472 ff., zu einem
   "rational choice model of rebellion."

Jeder Stimulus trifft beim Menschen auf einen bestimmten "internen Zustand"; dieser stellt das Insgesamt aller vergangenen Entwicklungen und Erfahrungen des Menschen und somit sein faktisches Wissen sowie seine Wertvorstellungen dar[9]. Gleiche Impulse werden daher unterschiedlich stimulierend auf verschiedene Individuen wirken. Bei der Fülle von Impulsen, die auf den einzelnen einwirken, verhält sich der Mensch selektiv. Über die Aufnahme eines Stimulus entscheidet das sogenannte Kurzzeitgedächtnis. Es stellt den Ausschnitt aus dem Gedächtnis dar, mit dem der Mensch augenblicklich "arbeitet". Der weitaus größere Teil des Wissens eines Entscheiders befindet sich im sogenannten Langzeitgedächtnis. Dieses Wissen ist aktuell nicht aktiv und beeinflußt daher die Entscheidungen nicht unmittelbar. Es kann jedoch vom Kurzzeitgedächtnis hervorgerufen und für das Verhalten relevant gemacht werden.

Die zur aktuellen Verarbeitung verwandten bzw. zur Verfügung stehenden Informationen, d.h. die momentane Einstellung (set) der Person beeinflußt wesentlich, wie Informationen wahrgenommen werden. Die Wahrnehmung ist bekanntlich ein Prozeß, in dem die empfangenen Informationen entsprechend dieser Einstellung gefiltert werden[10]. Die auf den einzelnen von außen einwirkenden Stimuli können ihrerseits die momentane Einstellung verändern, indem sie das Hervorrufen entsprechender kognitiver Informationen induzieren.

Eine Vielzahl von Stimuli wird vom Informationsempfänger vergessen; andere werden nach kurzer Verarbeitung im Langzeitgedächtnis gespeichert, ein Prozeß, der als "Lernen" bezeichnet wird.

Akzeptiert eine Person eine empfangene Information als Prämisse, also Beschränkung im weitesten Sinne für die eigene Entscheidung - etwa als Zielinhalt, Zielgewicht, Wert oder Datum -, so hat der "Informationssender" auf den Empfänger Einfluß ausgeübt[11]. Der Prozeß der Annahme einer Entscheidungsprämisse ist also selbst ein Entscheidungsprozeß, wobei auch hier zwischen echten und Routineentscheidungen zu differenzieren ist. Erfolgt eine kalkulierte Annahme einer Entscheidungsprämisse, findet also eine echte Entscheidung statt, so wird die Frage der Ablehnung oder Annahme der Information als ein Problem, zuweilen als intraindividueller Konflikt erlebt. Der Betroffene wird mit einem Suchverhalten reagieren, in dessen Verlauf er sich eventuell ein Bild darüber machen wird, ob die Annahme der Entscheidungsprämisse im Einklang mit seinen Überzeugungen und Werten steht.

Die Reaktion des betroffenen Informationsempfängers kann so verlaufen, daß er die Information als Entscheidungsprämisse annimmt oder ablehnt (z.B. Maßnahmen des Bankenschutzes erscheinen überwindbar-/nicht überwindbar) oder versucht, seine Annahme oder Ablehnung zu

---

9) Dazu Kirsch, W.: Entscheidungsprozesse; Bd. 1: Verhaltenswissenschaftliche Ansätze der Entscheidungstheorie. Wiesbaden 1970, S. 77
10) Vgl. Kirsch 1970 (Fn 9), S. 81 f., und Kirsch, W.: Entscheidungsprozesse; Bd. 2: Informationsverarbeitungstheorie des Entscheidungsverhaltens. Wiesbaden 1971, S. 97
11) Kirsch, W.: Entscheidungsprozesse; Bd. 9: Entscheidungen in Organisationen. Wiesbaden 1971, S. 197 ff.

differenzieren (z.B. Ausweichverhalten i.S. eines Überfalls auf Geldboten). In letzterem Fall wird er unter Umständen seinerseits bloß versuchen, den "Informationssender" einschließlich dessen Umwelt zu beein-
flussen/verändern oder seine eigenen Kompetenzen zu erweitern[12].

Die von außen kommenden Informationen, seien es vage Signale oder
gezielte Beeinflussungsversuche, "berühren" Überzeugungen (beliefs),
Werte (values) und Einstellungen (attitudes) des Empfängers. Werte,
Überzeugungen und Einstellungen kann man als Kategorien kognitiver
Informationen, also im menschlichen Gedächtnis gespeicherter Informa-
tionen bezeichnen.

1.2 Zu Werten, Überzeugungen und Einstellungen

Der *Wertbegriff* wird bekanntlich in den Sozialwissenschaften häufig
synonym mit den Begriffen Ziel und Bedürfnis gebraucht. Die verhal-
tenswissenschaftlichen Versuche, den Wertbegriff zu umschreiben, sind
kaum mehr überschaubar. Vereinfachend kann man feststellen, daß alles, was der einzelne mag und erstrebt, für ihn einen positiven Wert,
alles, was er nicht mag und ablehnt, einen negativen Wert darstellt;
"wertlos" ist das, was ihn gleichgültig läßt[13]. Werthaltungen und Wert-
systeme haben eine wichtige selektive und direktive Funktion im
menschlichen Verhalten. Sie motivieren Menschen, dies zu tun und
jenes zu lassen. Die Frage, ob nicht noch andere, relativ wertunabhän-
gige Energien hinzutreten müssen, damit es überhaupt zu einem Handeln kommt, ist ein vornehmlich psychologisches Problem, das hier
nicht interessiert[14].

Die *Überzeugungen* einer Person lassen sich auf faktisches Wissen
zurückführen. In den Überzeugungen spiegelt sich der Grenzbereich
zwischen dem Wissen und Glauben wider. Diese Kategorie kognitiver
Informationen fußt also auf Erkenntnissen, über deren Grad an Sicherheit der Informationsempfänger teilweise im Ungewissen ist[15]. So ist
man etwa als potentieller Täter davon überzeugt, daß die Polizei in
einem bestimmten Deliktsfeld hohe oder niedrige Aufklärungsquoten
erzielt oder daß bei bestimmten Delikten eine hohe oder niedrige Beute
zu erwarten ist.

Schon hier deutet sich an, daß (in Abstimmung mit dem jeweiligen

---

12) Zu den Lösungswegen intraindividueller Konflikte vgl. Bidlingmaier, J.: Zielkonflikte
und Zielkompromisse im unternehmerischen Entscheidungsprozeß. Wiesbaden 1968,
S. 24 ff., und Kirsch 1970 (Fn 9), S. 98 ff. m.w.N.

13) Graumann, C.F.: Die Dynamik von Interessen, Wertungen und Einstellungen. In:
Thomae, H. (Hrsg.): Handbuch der Psychologie. 2. Band: Allgemeine Psychologie, II
Motivation. Göttingen: Verlag für Psychologie 1965, S. 272 - 305, 292

14) Vgl. Graumann 1965 (Fn 13), S. 276 ff., und Neel, A.-F.: Handbuch der psychologischen Theorien. Frankfurt 1983, S. 341 ff.

15) Zu diesem zuweilen mit den Begriffen Einstellung, Meinung, Wertvorstellung synonym
verwandten, manchmal abgelehnten Begriff Berelson, B./Steiner, G.A.: Human Behavi-
or, New York u.a.: Harcourt, Brace & World 1964, S. 557 f.; Graumann 1965 (Fn 13),
S. 283 ff.

Deliktsopfer und generell mit dem Presserat) bei bestimmten besonders schweren Straftaten unter Umständen "gefilterte" Presseinformationen zu Mißerfolgsrisiko und vor allem zur Tatbeute die subjektive Einschätzung dieser Kriterien beeinflussen könnten.

Wie allerdings neue Überzeugungen vermittelt werden, ob als "spezielle Einzelbestandteile" oder als "Package", also im Sinne eines fertigen Gesamtmusters, scheint bisher weitgehend ungeklärt zu sein. So schreibt Vossenkuhl[16]: "Neue Überzeugungen entstehen nicht immer aus einer Veränderung unrichtiger oder unvollständiger Überzeugungen, die im Zusammenhang mit richtigen oder vollständigen stehen. In Fällen, bei denen wir dazu kommen, etwas zu glauben, worüber wir zuvor keinerlei Überzeugungen hatten, lassen wir uns durch andere Arten der Evidenz bewegen. Es kann sich dabei um einen empirischen Test und Induktion, um deduktive, hypothetische oder kontrafaktische Argumente etc. handeln. Wir werden jedoch nur dann erfolgreich von etwas überzeugt werden, wenn alle angebotene empirische oder nichtempirische, begriffliche oder logische Evidenz von uns als Grund anerkannt wird. Derjenige, der überzeugt werden soll, muß in der Lage sein, was ihm dargelegt wird, zu verstehen. Dies setzt wiederum mehr voraus als eine einzige neue Überzeugung. Er muß eine gesamte Menge neuer Überzeugungen entwickeln, die schließlich in das System seiner übrigen Überzeugungen hineinpassen."

Die subjektive Überzeugung vom vorhandenen Täterrisiko ist offenbar von der Bewertung der Deliktsschwere abhängig. Je schwerer eine Person einen Deliktstyp einschätzt, umso höher stuft sie das Risiko für den Täter ein, wobei jedoch mit höherer formaler Schuldbildung, aber auch nach eigener Viktimisierung die Skepsis hinsichtlich der Tataufklärung zunimmt. Damit korrespondierend schreiben Befragte einer Verstärkung der Generalprävention im Sinne intensivierter polizeilicher Aktivitäten eine Auswirkung vor allem auf die Bagatelldelinquenz - zudem auf Raub und Einbruch - zu[17].

Den *Einstellungen* kommt eine zentrale Bedeutung zu. In einer sehr allgemeinen Weise kann man sie als Bereitschaft umschreiben, auf bestimmte Reize mit bestimmten Reaktionen zu antworten. Im Rahmen der verschiedenen Kategorien kognitiver Informationen sind sie in ihrer strukturbildenden Funktion zu sehen[18]. Sie sind bei Unterstellung syllogistischer Denkstrukturen das Ergebnis der Kombination von Werten und Überzeugungen. Eine syllogistische Schlußfolgerung als Tätersicht ergibt sich - angedeutet - aus folgendem Trivialbeispiel:
- eine Erhöhung der Polizeipräsenz ist schlecht
- im Bezirk X ist die Polizeipräsenz erhöht worden
- folglich ist es weniger ratsam geworden, in diesem Bezirk ein Straßendelikt zu begehen.

---

16) Vossenkuhl, W.: Rationale Überzeugungen, Ratio, Heft 1, 1988, S. 170 - 182, 177
17) Dazu Karstedt-Henke, S.: Die Einschätzung der generalpräventiven Faktoren und ihre Wirksamkeit durch die Bevölkerung - Ergebnisse einer empirischen Untersuchung. Kriminologisches Journal 19 (1987), S. 66 - 78, 67
18) Graumann 1965 (Fn 13), S. 294 ff., und Kirsch 1971 (Fn 10), S. 124 ff.

Aus Wert und Überzeugung wird eine Schlußfolgerung gezogen. Es ist anzunehmen, daß sich die Einstellung auf ein hierarchisches System von Syllogismen stützt. Man kann daher Einstellungen als abgeleitete Werte und Überzeugungen bezeichnen, wobei (sub-)kulturelle Moden und Einschätzungen mitbestimmend sind. Die prägende Komponente der Kultur i.w.S. beim Erlernen sozialen Verhaltens sollte gerade für die Prävention nutzbar gemacht werden (vgl. etwa das französische Konzept "SOS-Drogue International", bei dem insbesondere Künstler für die Drogenprävention eintreten und einschlägige Aspekte der Jugendkultur zu beeinflussen versuchen).

Kognitive Informationen lassen sich in verschiedenen Dimensionen beschreiben. Eine Dimension, nämlich die imperativische Dimension der Information, kommt in kognitiven Programmen des Individuums zum Ausdruck. Ein solches Programm besteht aus einer Folge von Befehlen oder Instruktionen, die das Verhalten des Menschen steuern und sich u.a. in seinem Wollen manifestieren. Eine auf diesen von außen einwirkende Information ruft ein Repertoire von Subprogrammen hervor. Die Information wird anhand bestimmter Kriterien getestet. Die Kriterien sind die berührten Werte, Überzeugungen und Einstellungen.

Ergibt sich aufgrund dieses Tests, daß die empfangenen Informationen mit den Kategorien kognitiver Informationen unvereinbar sind, so besteht die Tendenz, dieses kognitive Ungleichgewicht zu reduzieren[19]. Dies kann dadurch geschehen, daß die empfangene Information zurückgewiesen oder entsprechend den gespeicherten Informationen interpetiert wird, wobei gefühlsmäßigen Bindungen eine große Bedeutung zukommt. Die Reduktion kann aber auch dadurch erfolgen, daß die empfangene Information sich auf die Werte, Überzeugungen und Einstellungen auswirkt, und zwar im Sinne einer Verstärkung, "Neuschaffung" oder Veränderung einer Einstellung. Ist dies der Fall, so ist der Empfänger beeinflußt worden; seine Einstellung hat sich geändert.

Eine häufig praktizierte Methode der *Einstellungsänderung* besteht darin, übergeordnete Werte eines Menschen mit neuem faktischen Wissen in Verbindung zu bringen und damit zu aktivieren. Eine hochrangige Wertvorstellung des Menschen lautet üblicherweise: "Aufwendungen ohne Nutzen sind schlecht". Ermöglicht etwa der Gesetzgeber durch funktionale Vorschriften zur Abschöpfung krimineller Gewinne (vgl. die aktuelle rechtspolitische Diskussion zu §§ 73 ff. StGB) und gelingt es potentiellen Delinquenten gegenüber, die Verbleibchance des Tatertrags beim Täter als minimal darzustellen, so kann sich seine Einstellung zur Attraktivität einer Deliktsbegehung wesentlich verändern. Wird dies durch Maßnahmen der gezielten Öffentlichkeitsarbeit erreicht, so hätte die Autivität tendenziell einen präventiven Effekt bewirkt.

---

19) Zum kognitiven Programm: Klis, M.: Überzeugung und Manipulation, Wiesbaden 1970, S. 48 ff.; zur kognitiven Dissonanz: Festinger, L.: Conflict, Decision and Dissonance. Stanford: University Press 1964

Allerdings wäre es zu vereinfachend, würde man die Alternative *Tatbegehung - Tatvermeidung* als reale Lebenssituation hinstellen[20]. Der potentielle Täter wird vielmehr zunächst andere Handlungsmöglichkeiten testen, die mit der Erfüllung der von ihm verfolgten Ziele assoziiert sind. Dabei werden Handlungsmuster zunächst nur geringfügig abgewandelt werden, etwa im Hinblick auf eine örtliche oder qualitative Deliktsveränderung. Generell kann man feststellen, daß Entscheidungsträger in der Regel nicht völlig konträre Alternativen testen, sondern eher die zunächst favorisierte Alternative abwandeln bzw. sich an früheren Aktionen orientieren (vgl. in diesem Zusammenhang auch die Perseveranzthese).

Bei idealtypischer Betrachtung wird nur nach langem Probieren eine Lösung akzeptiert werden, die den Mißerfolg des zunächst angestrebten Zieles anerkennt. Zuweilen wird ein potentieller Täter auch nur die Situationseinschätzung umdefinieren, d.h. etwa das Tatrisiko geringer einschätzen oder überhaupt von einer rationalen Problemlösung (etwa der Planung der Tatphasen) absehen. Dabei wird beispielsweise die ursprüngliche Risikobewertung - worauf Johnson/Payne[21] hinweisen - in heuristischer Weise von der Kenntnis von Personen, die überführt worden sind, oder von der über Medien verbreiteten Mißerfolgsrate abgeleitet sein. Das Ergebnis manifestiert sich als Überzeugung des potentiellen Straftäters.

Prävention sollte daher u.a. darauf abzielen, das Risiko als nicht zu gering zu vermitteln. Insoweit stellt schon die statistische Aufbereitung entsprechender Aussagen[22] einen - in der Bedeutung oft verkannten - geeigneten strategischen Ansatz dar.

Die deskriptive Entscheidungstheorie i. S. des Informationsverarbeitungsmodells ermöglicht Analyse und Integration der wichtigsten Elemente individueller und kollektiver Entscheidungsprozesse. Dabei bieten solche Konzepte eher einen Bezugsrahmen menschlicher Verhaltensweisen als ein Erklärungsmodell[23]. Es erleichtert darüber hinaus, Präventionsmaßnahmen rational zu planen und zielgerecht einzusetzen. Die beiden Entscheidungsebenen - nämlich die Seite der potentiellen Täter und die der in Frage kommenden Präventionsinstanzen - können optimal "verzahnt" werden.

---

20) Vgl. Göppinger, H.: Life Style and Criminality. Basic Research and Its Application: Criminological Diagnosis and Prognoses. Berlin u.a.: Springer 1987, insbes. S. 194
21) Johnson/Payne 1986 (Fn 6), S. 172
22) Vgl. die Beispiele bei Johnson/Payne 1986 (Fn 6), S. 177 f.
23) Vgl. auch Frank, J.: Ökonomische Modelle der Abschreckung. Kriminologisches Journal 19 (1987), S. 55 - 65, 62, zum ökonomischen Modell der Abschreckung sowie Grün, O.: Empirische Entscheidungsforschung. Zeitschrift Führung und Organisation 57 (1988), S. 328 - 333, zum decision engineering.

2. Der situative Präventionsansatz durch Veränderung der Tatgelegenheiten

Nach der "klassischen" Betrachtungsweise abweichenden Verhaltens durch die sozialwissenschaftlichen Devianztheorien erscheint der Täter als sozial oder psychisch "deformierter" Mensch. Kriminalität ist dann das Produkt einer vorwiegend auf äußere Störungen - vor allem des Sozialisationsprozesses - zurückzuführenden Abweichung von sozialen Normen[24]. Da Lernfähigkeit und Lernwilligkeit prinzipiell unterstellt werden, gelten solche "Deformationen" als üblicherweise behebbar. Präventionsforschung konzentriert sich dabei auf Sozialisationsansätze, insbesondere im Sinne der Ersatzsozialisation durch staatliche Institutionen.

Den klassischen Kriminalitätstheorien steht konträr das Konzept der *Bindungs-/Kontrolltheorie* gegenüber. Diese stellt bekanntlich nicht die Frage nach den Ursachen für die Abweichung, sondern nach dem Grund für die Normkonformität: Menschliches Verhalten ist danach durch Eigeninteresse sowie subjektive und damit begrenzte Rationalität[25] gekennzeichnet. Das für die soziale Ordnung notwendige Maß an Konformität wird - außer durch Selbstkontrolle - wesentlich auch durch äußere Einflußnahmen sichergestellt[26].

Im Hinblick auf präventive Strategien tritt eine Blickschärfung für die *Situationsgebundenheit* der Handlungsmotivation und des Modus operandi des Täters ein. Ähnlich den auf das Nutzenkalkül abstellenden ökonomischen Sozialtheorien[27] sind nämlich auch beim kontrolltheoretischen Konzept die eigentlichen Erklärungselemente für das Delinquentwerden die situationsbezogene Verhaltensdiskontinuität und das an kurzfristigen Handlungszielen und an Gelegenheiten orientierte Streben nach Bedürfnisbefriedigung[28]. Damit verschiebt sich der Präventionsansatz vom Täter zur Tat. Vom kontrolltheoretischen Ansatz unterscheidet sich das Reaktionsschema ökonomischer Modelle vor allem dadurch, daß hier interventionistische Maßnahmen formeller Kontrollorgane betont werden; das kontrolltheoretische Konzept - insbesondere auch Hirschis Bindungstheorie[29] - hebt dagegen informelle Bindungen der

24) Dazu Otto, H.-J.: Generalprävention und externe Verhaltenskontrolle. Freiburg: Eigenverlag Max-Planck-Institut für ausländisches und internationales Strafrecht 1982, S. 64 ff.
25) Dazu Walsh 1986 (Fn 4), S. 40 ff.
26) Dazu Nettler, G.: Explaining Crime - 2nd ed., New York u.a.: McGraw Hill 1978, S. 306 ff.
27) Einen Überblick über differierende Ergebnisse geben Frank 1987 (Fn 23), S. 55 ff.; Prisching, M.: Sozioökonomische Bedingungen der Kriminalität. Monatsschrift für Kriminologie und Strafrechtsreform 65 (1982), S. 163 - 176; und Schwind, H.-D.: Kriminologie in der Praxis. Heidelberg: Kriminalistik 1986, S. 162 f.
28) Vgl. Otto 1982 (Fn 24), S. 66 ff. und S. 78 ff. m.w.N.
29) Hirschi, T.: Causes of Delinquency. Berkely u.a.: University of California Press 1969, S. 16 ff.

Konformität hervor (z.B. emotionales Band zu Bezugspersonen).
Auch der *strukturell-individualistische* Forschungsansatz in der Soziologie bedient sich des Modells des homo oeconomicus. Allerdings wird hier der nicht-materielle Nutzen und die subjektive Einschätzung von Präferenzen und Entscheidungsbedingungen im Rahmen des Problemlösungsverhaltens betont[30]. Eine "automatische" Anpassung der subjektiven Erwartungen an die objektive Situation wird angezweifelt. Für die Kriminalprävention bedeutet diese Sichtweise, daß positive Anreizsysteme i. S. von Belohnungen sozialadäquaten Verhaltens und symbolische Effizienz der strafrechtlichen Kontrollinstanzen (im Hinblick auf die erwünschte Normgeltung) in den Mittelpunkt des Interesses rücken. Zum Problem wird auch die "Elastizität" zwischen der Veränderung einzelner Entscheidungsbedingungen und dem Entscheidungsverhalten des potentiellen Täters und Opfers[31].

Bei der hier bevorzugten tatorientierten, situativen Sichtweise erlangt die *aktuelle Tatgelegenheit* eine zentrale Funktion für das Delinquentwerden und zwar insoweit, wie sie vom potentiellen Täter wahrgenommen und je spezifisch interpretiert wird. Die beständigere Struktur der Tatgelegenheiten stellt dagegen sozusagen das Lernfeld für den prinzipiell offenen, nicht determinierten Menschen dar[32]. So wird etwa das subjektiv eingeschätzte Mißerfolgsrisiko als Element der Tatgelegenheitsstruktur - einerseits aufgrund einer aktuellen Bewertung der konkreten Situation, andererseits längerfristig über mehr oder weniger von außen vermittelte Informationen - in einem (oft nur teilweise rationalen) Entscheidungsprozeß relevant werden.

Die herkömmliche linear-kausale Sichtweise unserer Denkstruktur und das der Prävention einschließlich Resozialisierung zugrundeliegende Menschenbild beeinflussen die Reaktionskonzepte auf abweichendes Verhalten. Tendenziell werden Modelle favorisiert, die durch zielgerichtete Intervention Lernprozesse in Gang setzen sollen (dazu auch § 2 StVollzG). Zeigen sich bei der Bewertung des Verhaltens der so "ausgerichteten" Persönlichkeit Fehlschläge, so kann Behandlungseuphorie in eine Betonung des Schuldausgleichs und der Sühne[33] oder gar bloßer Verwahrung des Lernunfähigen bzw. Lernunwilligen (s. etwa das Konzept der Incapacitation in den USA) umschlagen. Parallel zu optimistischen Behandlungskonzepten wird nicht selten die Forderung nach verbesserten gesellschaftlichen Rahmenbedingungen geltend gemacht. Mit diesem primären Präventionsansatz, der die Ursachen von Kriminalität an der Wurzel angehen will, entlastet man sich bei einer eventuell weitgehend erfolglosen Reaktion auf Delinquenz i. S. der angestrebten Resozialisierung der Straffälligen.

Geht man nicht vom an sich "guten Menschen" aus, sondern präfe-

---

30) Opp, K.-D.: Sociology and Economic Man. Zeitschrift für die gesamte Staatswissenschaft 141 (1985), S. 213 - 243, insbes. S. 232 f.
31) Dazu Prisching 1982 (Fn 27), S. 163 ff.
32) In diesem Zusammenhang auch Lange, R.: Stichwort: "Täter-Opfer-Ausgleich". Weißer Ring Heft 3 (1985), S. 121 ff.
33) Vgl. in diesem Zusammenhang zu den Vollzugszielen BVerfGE 64, S. 261 ff.

riert ein Menschenbild, das eher die widerspruchsvolle Natur des einzelnen betont, die bloß subjektive Rationalität im Entscheiden, die Widersprüchlichkeiten und Inkonsequenzen im täglichen Verhalten, so räumt man ein, daß ein solcher Mensch Urteile im Rahmen seiner Vorurteile fällt, oft nur vorläufigen Halt im Vorübergehenden findet und sich vorrangig an der jeweiligen Situation orientiert. Weitgehende Unberechenbarkeit, nicht Gleichförmigkeit und Ausrichtbarkeit der Persönlichkeit sind spezifische Charakteristika[34].

3. Tatgelegenheitsstruktur

Die Situation manifestiert sich für den potentiellen Delinquenten vor allem in den Tatgelegenheiten. Unter Präventionsaspekten sollten daher Tatgelegenheiten zum Nachteil potentieller Täter verändert werden.

Als *Tatgelegenheitsstruktur* kann man die umweltbezogenen Elemente und deren Verknüpfungen bezeichnen, die als Tatanreiz bzw. als Tathemmnis für den Tatentschluß des mehr oder weniger rational handelnden Straftäters relevant sind[35]. Als wesentliche Strukturelemente kommen in Frage:

- das Vorhandensein geeigneter Zielobjekte
- die zur Tatbegehung erforderliche kriminelle Energie, insbesondere die Zugänglichkeit des Zielobjekts oder des Tatmittels
- das Mißerfolgsrisiko
- der Tatertrag.

Der Ansatz der Tatgelegenheitsstruktur ist situationsbezogen und könnte an sich als *objektiv-verstehende Methode* angesehen werden. Eine solche Methode kann unabhängig von psychologischen Erwägungen entwickelt werden. Sie besteht darin, daß sie die Situation des handelnden Menschen analysiert, "um die Handlung aus der Situation heraus ohne weitere psychologische Hilfe zu erklären"[36].

Wünsche, Motive, Assoziationen werden in Situationsmomente verwandelt, so daß die Analyse auf die Frage nach der objektiven Situationsgerechtigkeit der Handlung hinausläuft. Die Methode der Situationsanalyse stellt also zwar einen individualistischen Ansatz dar; sie ersetzt jedoch psychologische Momente prinzipiell durch objektive Situationselemente: Aus der Person mit bestimmten Wünschen und Zielen wird jemand, zu dessen Situation es gehört, daß er diese oder jene objektiven Wünsche und Ziele verfolgt. Popper spricht insoweit von der

---

34) Im Ergebnis ähnlich der sogenannte strukturalistische Ansatz; dazu Maue, R.: Strukturalistische Kriminologie. Kriminalistik 42 (1988), S. 335 - 338
35) Vgl. Cook, In: Tonry, M./Morris, N. (eds): Crime and Justice. An Annual Review of Research. Vol. 7 Chicago u.a. 1986, S. 1 ff.
36) Popper, K.R.: Auf der Suche nach einer besseren Welt. München u.a. 1984, S. 96

Situationslogik als rationaler Rekonstruktion[37].

Gerade unter praxisbezogenen Gesichtspunkten der Kriminalprävention ist jedoch das Wechselspiel zwischen der Struktur der vom potentiellen Täter *wahrgenommenen* Gelegenheiten und *seinen* Werten bzw. persönlichen Überzeugungen zu betonen. Das jeweilige "Problemlösen" in der konkreten Situation erfordert das Abwägen von Handlungsalternativen, die Antizipation von Handlungsfolgen sowie die Kalkulation von Anstrengung und Nutzen. Die Analyse des Verhaltens kann dabei vor allem unter entscheidungstheoretischen Aspekten betrachtet werden. Neben Werten, Überzeugungen und Einstellungen sowie Handlungskompetenzen wird nicht zuletzt die Definition der Stimuli, also der aktuellen Situation, von Bedeutung sein[38]. Gerade bei Straftätern wird die Situationsdefinition nicht selten von allgemeinen normativen Standards abweichen[39]. Unter einem Makroaspekt, nämlich der systematischen Veränderung der Tatgelegenheitsstruktur, bietet sich die objektiv verstehende Methode als "gedankliches Rüstzeug" unter der Voraussetzung an, daß man tätertypische und tatphasenbezogene Differenzierungen vornimmt[40].

Geht man für Zwecke *sekundärer*, also auf Veränderung der Tatgelegenheiten abzielenden *Prävention* davon aus, daß Verhalten wesentlich von Werten, Überzeugungen und Kompetenzen im Rahmen der wahrgenommenen Situation bestimmt wird, lassen sich präventive Strategien systematischer, d.h. nicht nur auf einzelnen mehr oder weniger kausalen Handlungsketten, sondern auf plausiblen Wirkungsnetzen fußend, gestalten.

Die Ausführungen sollen mittels eines Trivialmodells zur (sekundären) Prävention von Raubüberfällen auf Geldinstitute verdeutlicht werden: Da Werte - wenn überhaupt - nur langfristig und schwierig von Präventionsinstanzen zu verändern sind, muß ein pragmatischer Vorbeugungsansatz vorrangig die konkrete Situationsdefinition und die (die konkrete Tat überlagernden) kriminalitätsbezogenen Überzeugungen zu beeinflussen versuchen sowie die Handlungskompetenz potentieller Täter ins Kalkül ziehen.

Während die Frage der Kompetenz/Inkompetenz in erster Linie durch sicherheitstechnische Maßnahmen mit dem Ziel, den Schwellenwert für die erforderliche kriminelle Energie objektiv anzuheben bzw. die Zugänglichkeit von Tatobjeketen objektiv zu erschweren, berührt wird, ist das Entscheidungsmerkmal der Überzeugung vor allem durch die von seiten des potentiellen Täters vorgenommene Einschätzung der

---

37) Popper 1984 (Fn 36), S. 96

38) Vgl. in diesem Zusammenhang auch Bohnsack, R.: Handlungskompetenz und Jugendkriminalität. Neuwied u.a.: Luchterhand 1973, S. 40 ff. sowie Farrington, D.P./Knight, B.J., in: Lipsitt, P.D./Sales, B.D.: New Directions in Psychological Research. New York 1980, S. 26 ff.

39) Dazu die empirische Studie von Athens, L.H.: Violent Criminal Acts and Actors. A Symbolic Interactionist Study. Boston u.a.: Routledge Kegan Paul 1980

40) Dazu Cornish/Clarke 1986 (Fn 8), S. 933 ff.; sowie zum Bankraub - etwa hinsichtlich der Tätertypen "Amateur" und "Profi" - vgl. Servay/Rehm 1986 (Fn 7), S. 176 f.

"Kosten" (z.B. bestehendes Mißerfolgsrisiko einschließlich drohendes Sanktionsmaß) und des Nutzens (z.B. zu erwartende Tatbeute) strafbaren Verhaltens betroffen. Die Situationsdefinition der konkreten Tatgelegenheit wird u. a. von dem Grad der Professionalität und von dem "Handlungsdruck" (Geldnot) abhängen.

Auf Ergebnisse empirischer Forschung[41] gestützt, ließe sich auf der beschriebenen Grundlage - in teilweiser Überzeichnung - folgendes Konzept zur Verhütung von *Raubüberfällen* auf *Geldinstitute* propagieren:

a) Opferbezogen:

aa) Zielobjekte strafbaren Handelns sind praktisch nicht vorhanden, z.B. minimaler Bargeldbestand im Schalterbereich mit extrem langer Zeitverzögerung bei der Bargeldzulieferung (automatischer Kassentresor).

bb) Maximale Erhöhung der Schwelle der für die Deliktsbegehung erforderlichen kriminellen Energie; z.B. "festungsähnlich" ausgestattete Kassenräume mit optischer Überwachungsanlage auch des Zugangsbereichs des Geldinstituts bzw. der Demaskierungszone des Täters und grundsätzlich passives Widerstandsverhalten des insoweit trainierten Bankpersonals.

cc) Funktionstüchtig ausgelegtes und "bedienungsfreundliches" (also vor allem in natürliche Arbeitsabläufe integriertes) Alarmierungssystem mit entsprechend psychologisch ausgebildetem Personal, weitgehende Präsenz von Sicherheitskräften sowie besonders effiziente polizeiliche Maßnahmen im Rahmen der Ringalarmfahndung zur Erhöhung des Täterrisikos.

dd) Minimierung des Tatertrags, nicht zuletzt durch technische Maßnahmen, etwa zur Verfärbung des geraubten Geldes während der Flucht.

b) Unmittelbar auf den potentiellen Täter bezogen:

Gezielte Öffentlichkeitsarbeit (etwa zum Abbau der Überschätzung der Tatbeute oder der Unterschätzung des polizeilichen Erfolges).

c) *Drittbezogen*:

Berücksichtigung und Entgegenwirken möglichen Ausweichverhaltens, etwa durch die Begehung von Raubüberfällen auf Geldboten oder Geldtransporte (z.B. durch entsprechenden Schwerpunkteinsatz von

---

41) Büchler, H./Leineweber, H.: Bankraub und technische Prävention. Wiesbaden: Bundeskriminalamt 1986; Servay/Rehm 1986 (Fn 7)

Polizeistreifen oder Aufklärungsaktionen potentieller Opfer).
Hier deutet sich an, daß Prävention nur dann erfolgversprechend realisiert werden kann, wenn staatliche und private Einrichtungen kooperativ zusammenwirken. Nicht zuletzt sind die Medien aufgerufen, "kriminalitätsdämpfend" zu wirken, was sicherlich - schon wegen deren Informationspflichten - nur ein schwierig zu erreichendes Ziel darstellt.

B. Grenzen und Schlußfolgerungen

Sieht man Kriminalität prinzipiell als Ergebnis fehlgeschlagener Problemlösungsprozesse an, so kann Kriminalprävention ansetzen an

- externen Stimuli
- Werthaltungen
- Überzeugungen
- Einstellungen
- Kompetenzen.

Daß man überhaupt Kriminalität grundsätzlich sachgerecht unter entscheidungstheoretischen Aspekten betrachten kann, ist insbesondere für die *Jugenddelinquenz* umstritten[42]. Diese Delinquenz ist bekanntlich im wesentlichen durch Gruppenbezug und Spontaneität gekennzeichnet. Subjektive Nützlichkeitsabwägungen auf rationaler Basis seien hier eher die Ausnahme als die Regel[43]. Eine deshalb vorgenommene Ausklammerung der Entscheidungstheorie würde jedoch diesen Ansatz verkürzen. Entscheidungen dürfen nicht als logisch abwägende Informationsverarbeitungsakte mißverstanden werden. Auch weitgehend fremdgeprägtes Handeln stellt Problemlösungsverhalten in Sinne von Entscheiden dar. Die subjektiven Nützlichkeitserwägungen sind dann fremdbestimmt - z.B. peer group-orientiert -, ohne daß sie beim einzelnen Handlungsakt jeweils problematisiert würden. Soweit Verhalten dabei emotionsgesteuert ist[44], bewirkt eine Fixierung auf spezifische Werte und Einstellungen, daß eine vereinfachte Problemdefinition Ausgangsbasis für eine Problemlösung ist, bei der eigentlich relevante Werte und

---

42) Vgl. etwa Albrecht, H.-J.: Alternativen zur Jugendstrafe: Kriminologische Befunde zum Vergleich freiheitsentziehender und ambulanter Sanktionen. Kriminologisches Bulletin 11 (1985), S. 47 - 76, S. 63 m.w.N.

43) Dazu aber auch Buikhuisen, W.: Jugendkriminalität und Verhaltensbeeinflussung durch Strafen und Belohnen: eine Theorie. Monatsschrift für Kriminologie und Strafrechtsreform 69 (1986), S. 270 - 288; Cimbler, E./Beach, L.R.: Factors Involved in Juveniles' Decisions about Crime. Criminal Justice and Behaviour, Vol. 8 (1981), S. 275 - 286

44) Vgl. Kerner, H.-J.: Der Verbrechensgewinn als Tatanreiz - Aus kriminologischer Sicht. In: Bundeskriminalamt (Hrsg.): Macht sich Kriminalität bezahlt? Aufspüren und Abschöpfen von Verbrechensgewinnen. Wiesbaden: Bundeskriminalamt 1987, S. 17 - 50, S. 26

"übliche" Überzeugungen ausgeschlossen werden[45].

Ein elastisches Strukturierungsmodell wie die deskriptive Entscheidungstheorie ist auch geeignet, empirische Erkenntnisse zu Entscheiden und Verhalten zu integrieren. So arbeitet beispielsweise Karl-Dieter Opp, Hamburg, seit Jahren mit Hilfe des sogenannten *Modells rationalen Verhaltens* über Ursachen verschiedener Protestformen (Demonstrationen, Bauplatzbesetzungen, Bürgerinitiativen und damit zusammenhängender Partizipationsfragen). Dabei geht Opp in Fortführung der Theorie kollektiven Handelns von Olson davon aus, daß - verkürzt ausgedrückt - menschliches Verhalten von Präferenzen (Wünschen, Bedürfnissen, materiellen und immateriellen Anreizen) und den wahrgenommenen Restriktionen (Einschränkungen, Handlungsmöglichkeiten) bestimmt ist[46].

Es zeigte sich bei den Studien von Opp beispielsweise, daß entgegen mehr oder weniger bestätigter Hypothesen zur konventionellen Partizipation im Alltagsbereich (etwa Mitgliedschaft in einem Verein) bei politisch motivierter Partizipation (friedliche Demonstration von Atomkraftgegnern) selektive Anreize (z.B. subjektive Vorteile, die nur dann auftreten, wenn ein Beitrag zur Herstellung des Kollektivguts geleistet wird) nicht handlungsleitend sind. Vielmehr wird der Einfluß auf das Kollektivgut - hier: Ausstieg aus der Kernenergie - als gegeben wahrgenommen, oft erheblich überschätzt. Für unkonventionelle Partizipation i. S. von Opp, also gewalttätige Teilnahme, scheinen negative Sanktionen als "Kosten" für das Verhalten relativ bedeutungslos zu sein. Ein Hauptmerkmal unfriedlicher Demonstranten dürfte eher in der globalen Ablehnung unserer Gesellschaftsordnung zu sehen sein[47].

Solche Erkenntnisse können unter den Kategorien Werte, Überzeugungen und Einstellungen potentieller Straftäter im Rahmen rationaler - entscheidungskonzipierter - Strategien staatlicher Präventionsinstanzen eine systemische Berücksichtigung finden. Dabei wäre naheliegenderweise ein Hauptziel eines solchen Konzepts - bei den angedeuteten Ergebnissen von Opp - die Verhinderung der Solidarisierung zwischen friedlichen und gewalttätigen Demonstranten sowie die Eindämmung der Tendenz, unfriedliche Verhaltensmuster nachzuahmen. Der Polizei müßte es insoweit in erster Linie darum gehen, von den friedlichen Demonstranten als neutrale Instanz anerkannt zu werden; dazu bedürfte es jedoch weitergehender Anstrengungen auf dem Gebiet der unmittelbaren und vermittelten Selbstdarstellung.

Vor allem unter *viktimologischen* Aspekten kann das Entscheidungs-

---

45) Kirsch, W.: Einführung in die Theorie der Entscheidungsprozesse. 2. Aufl., Wiesbaden 1977, II, S. 166 f.
46) In diesem Zusammenhang kritisch zum Modell Kratochwil, F.: Rules, Norms, Values and Limits of "Rationality". Archiv für Rechts- und Sozialphilosophie 73 (1987), S. 301 - 329
47) Opp, K.-D.: Konventionelle und unkonventionelle politische Partizipation. Zeitschrift für Soziologie 14 (1985), S. 282 - 296

verhalten potentieller Täter Präventionsrelevanz gewinnen[48]. Dies gilt etwa für den Aufforderungscharakter unterschiedlicher, vom Opfer gestalteter Situationen.

Unter Präventionsgesichtspunkten sollten - pauschal gesprochen - Situationen so strukturiert werden, daß sie für sozial (mehr oder weniger) gefährdete Personen nicht einen Anreiz zur Begehung von Straftaten bilden. Bei dem Delikt des Ladendiebstahls beispielsweise ist die Situationsstrukturierung etwa dadurch gekennzeichnet, ob der Inhaber des Geschäfts anonym ist, die Ware in der Nähe der Kasse ausliegt, weitere Personen in Sichtweite sind, sicherungstechnische Einrichtungen oder verbale Hinweisreize (z.B. Schild mit Androhung der Strafanzeige) wahrgenommen werden oder ob im Geschäft ein "Massenandrang" herrscht[49].

Soweit potentielle Opfer nicht bereit sind, an sich in zumutbarer Weise veränderbare kriminogen wirkende Strukturen abzubauen, sollte über Konsequenzen nachgedacht werden[50]. Denn es geht nicht an, die Vorteile aus solchen Verhaltensmustern zu privatisieren und die sozialen Kosten zu sozialisieren. Soweit kriminogene Tatgelegenheitsstrukturen nicht verändert werden können bzw. belassen bleiben sollen, ist zumindest die Kontakthäufigkeit und -intensität Dritter - soweit sie gefährdet sind - gezielt abzubauen. Beispielhaft ist insoweit auf den Jugendschutz hinzuweisen.

Am Rande sei erwähnt, daß potentielle Opfer und potentielle Täter - oder auch Risikoeinschätzung auf seiten des Gefährdeten und des möglichen Delinquenten - in ihrem *interaktiven* Bezug zu sehen sind. Bei erhöhter Viktimisierungsfurcht werden die potentiellen Opfer ihre Selbstschutzmaßnahmen intensivieren. Ein erhöhter Sicherheitsstandard wird - je nach Straftat - zu Deliktsverlagerungen oder auch zu Präventionseffekten führen. Ein damit evtl. verbundenes nachlassendes Sicherheitsbewußtsein kann wiederum eine Änderung der Tatgelegenheitsstruktur zu Gunsten des Straftäters zur Folge haben und sein Entscheidungsverhalten beeinflussen[51].

Entscheidungstheoretische Ansätze begünstigen jedoch nicht nur interaktions- und systembezogene Sichtweisen von Präventionsinstanzen. Sie fördern auch die *strafrechtsübergreifende* Reaktion auf vorhandene

---

48) Vgl. auch Schneider, H.J: Situative Aspekte delinquenter Handlungen und der Prozeß des Opferwerdens. In: Lösel, F.: (Hrgs.): Kriminal-Psychologie. Grundlagen und Anwendungsbereiche. Weinheim u.a.: Beltz 1983, S. 74 - 84

49) Vgl. zur Relevanz der Analyse des "Täterwissens" tatsächlicher und potentieller Ladendiebe durch Carroll/Weaver 1986 (n 7), S. 25 ff.; zur Bedeutung der Einschätzung des durch die Situation vermittelten Mißerfolgsrisikos gerade beim Ladendiebstahl s. ·Berlitz, C./Guth, H.-W./Kaulitzki, R./Schumann, K.F.: Grenzen der Generalprävention. Das Beispiel Jugendkriminalität. Kriminologisches Journal 19 (1987), S. 13 - 31; generell zur Nutzen-Kosten-Bewertung vgl. Johnson/Payne 1986 (Fn 6), S. 174 ff.

50) Dazu etwa Kube, E.: Straftat und Tatgelegenheit. Erzeugung und Beseitigung kriminalitätsfördernder Faktoren. In: Bundeskriminalamt (Hrsg.): Kriminalitätsbekämpfung als gesamtgesellschaftliche Aufgabe. Wiesbaden: Bundeskriminalamt 1988, S. 45 - 60, 53 ff.

51) Dazu Cook 1986 (Fn 35), S. 2 ff.

und drohende Kriminalität. Gerade die öffentliche Verwaltung - und
damit auch die Polizei - ist gewohnt, zur Verhaltenssteuerung Dritter
auf gesetzliche Eingriffsnormen Bezug zu nehmen. Auch in Bereichen
außerhalb der Verbrechensbekämpfung hat sich in der Vergangenheit
jedoch zunehmend herausgestellt, daß dem Rechtsnormensystem eine
z.T. unzureichende unmittelbare Steuerungsfunktion zukommt[52]. Verkannt wird häufig, daß durch überzeugende Offerten im Sinne von
Austauschverhältnissen oder durch positive Anreize finanzieller und
sonstiger Art in wirksamerer Weise das Entscheidungsverhalten von
Menschen beeinflußt werden kann. Die Möglichkeiten solcher nichtpu-
nitiver oder sonst nichteingreifender Maßnahmen sind schier unüber-
schaubar: Dazu zählen der steuerbegünstigte sicherungstechnische
Selbstschutz ebenso wie die Zahl von Kollektivprämien für Mitarbeiter
von Supermärkten, wenn der durch Betriebskriminalität (und Ladendiebstahl) verursachte Warenverlust reduziert werden konnte. Als nahezu klassisches Exempel für einen positiven Anreiz zu straffreiem Verhalten stellt sich der Schadensfreiheitsrabatt für unfallfreies Fahren im
Straßenverkehr dar. Allerdings müßten die derzeit z.T. kontraprodukti-
ven Faktoren - etwa Verkehrsunfallflucht zur Wahrung des Rabatts -
eliminiert werden[53].

In einer Gesellschaft, in der die Verhaltenssteuerung über ein allgemein gültiges Wertesystem - gerade teilweise bei der jüngeren Generation - nicht mehr besteht, in der also die primäre Prävention zuweilen
"ins Leere läuft", und die Ergebnisse tertiärer Prävention (Resozialisierung) zunehmend kritisch diskutiert werden, ist die angemessene und
sozusagen oberflächliche Verhaltensausrichtung durch eine umfassende
Veränderung der komplexen Tatgelegenheitsstruktur ein akzeptabler, ja
notwendiger Ansatz. Die systematische Eindämmung von Tatgelegenheiten unterstützt den potentiellen Täter in seinem "Problemlösungsverhalten", zumal es "Sinn gesellschaftlicher Ordnung ist, allen Menschen
die Erfüllung einer Moral" (und hinzuzufügen wäre: der Postulate der
Rechtsnormen), "die sie theoretisch anzuwenden genötigt sind, in der
Realität ihrer eigenen Schwäche und Abhängigkeit so gut wie möglich
zu erleichtern"[54].

---

52) Vgl. etwa Becker, J.: Informales Verwaltungshandeln zur Steuerung wirtschaftlicher
Prozesse im Zeichen der Regulierung. Die Öffentliche Verwaltung 3 (1985), S. 1003 -
1011
53) Zu insoweit möglichen Verbesserungen Cramer, P.: Überlegungen zur Reform des
§ 142 StGB. Zeitschrift für Rechtspolitik 20 (1987), S. 157 - 162, insbes. S. 160 f.
54) von Weizsäcker, C.F.: Der Garten des Menschlichen. Beiträge zur geschichtlichen
Anthropologie. Frankfurt 1983, S. 30

Justiz und Medien[*]

Rudolf Hartmann

Das Thema "Justiz und Medien" ist schon oft in Teilgebieten Gegenstand von Referaten und schriftlichen Abhandlungen gewesen, ist aber bis zum heutigen Tage aktuell geblieben. Dies scheint mir eine nochmalige Behandlung zu rechtfertigen, wobei ich versuchen will, das Thema möglichst umfassend zu betrachten und auch den Argumenten, die in diesem Zusammenhang von den Medienmitarbeitern immer wieder vorgebracht werden, Raum zu geben und sie gewissenhaft zu prüfen. Daß ich ein wenig auch im Zeitungswesen tätig war, wird mir vielleicht bei diesem Referat von Nutzen sein.

Eine systematisch saubere Betrachtungsweise des Themas erfordert vorerst Klarheit zu schaffen über die Rolle, die die Medien in unserer Gesellschaft spielen, welche Aufgaben ihnen im Gesamtgefüge unseres demokratischen Staatswesens zukommen. In diesem Lichte wird das Verhältnis zwischen Justiz und Medien zu sehen sein. Dann erst wird es möglich und erlaubt sein, ein wertendes Urteil über Vorgangsweise und Verhalten der Medien gegenüber der Justiz und auch der Justiz gegenüber den Medien abzugeben und allfällige Konsequenzen zu ziehen.

Ausgangspunkt aller derartigen Überlegungen muß wohl die Verfassung sein, die insbesondere in ihrem Art. IO der MRK den ungehinderten Informationsfluß vorsieht, und eine Einschränkung nur in ganz bestimmten Fällen gestattet. Wie unerhört wichtig die Freiheit zum Empfang von Nachrichten für ein demokratisches Staatswesen ist, braucht hier nicht näher erörtert zu werden. Genug daran in Erinnerung zu rufen, daß eine entsprechende durch die Medien gewährleistete Kommunikation der entscheidende Faktor in der gesellschaftlichen Bewußtseins- und Willensbildung ist.

Auch die Justiz und die Gerichte als Teil des Gemeinwesens sind in diesen Kommunikationsprozeß eingebunden und stehen zu ihm in einem wechselseitigen Abhängigkeitsverhältnis. Die Beteiligung der Laienrichter an der Rechtsprechung und die Öffentlichkeit der Gerichtsverhandlungen lassen überdies die Absicht des Gesetzgebers deutlich erkennen, der Gesellschaft eine Kontrollfunktion einzuräumen. Diese wird vordringlich über die Medien ausgeübt, die über den Kreis der räumlich begrenzten Öffentlichkeit der Verhandlung hinaus die Gesellschaft informieren und derart eine Kritik ermöglichen. Ohne Kritik nämlich gäbe es keinen geistigen Fortschritt und Martin Löffler,

---

[*] Festvortrag, gehalten am 5.6.1988 vor der österreichischen Juristenkommission.

Kerner/Kaiser (Hrsg.) Kriminalität
© Springer-Verlag Berlin Heidelberg 1990

der Kommentator der Bundesdeutschen Pressegesetze, führt hierzu treffend aus:

"Daß jede menschliche Institution, auch das Richtertum, der heilsamen Kraft der Kontrolle und Kritik bedarf, zeigt die Geschichte. Die einseitige Rechtsprechung höchster deutscher Gerichte zur Zeit des Kulturkampfes und des Sozialistengesetzes, die undemokratische Entwicklung der Rechtsprechung schon in der Weimarer Republik und insbesondere im Hitler-Reich, mahnen auch das Richtertum zur Bescheidenheit und Vorsicht. Der zehn Jahre dauernde Prozeß Dreyfuß - der klassische Präzedenzfall - hätte nicht zum Sieg des Rechtes über falsch verstandenen militärischen Corpsgeist und blinden Rassenhaß geführt, wenn nicht die Presse schon während dieses Verfahrens zu Gunsten der Wahrheit schärfste Kritik an den erstergangenen Fehlurteilen geübt hätte."

Eine Friedhofsruhe im Blätterwald war noch immer Begleiterscheinung des Niederganges der Rechtsprechung und der Demokratie.

Diese Mittlerrolle der Medien wie auch ihre Kontrollfunktion ist daher gewiß positiv zu beurteilen, sogar zu begrüßen. Gleichwohl herrscht deutliches Unbehagen in den Reihen der Richter, der Anwälte und der Justizfunktionäre über die Art und Weise, wie in den Medien vielfach über Kriminalfälle und anhängige Strafsachen informiert wird, und auch die Medienkonsumenten zeigen sich darüber vielfach geradezu empört.

Die Frage drängt sich auf, welche Ursachen dafür maßgebend sind, daß eine kontrollierende und kritisierende Berichterstattung in den Medien einerseits erwünscht, ja sogar unerläßlich ist, andererseits aber vielfach Verärgerung schafft.

Um dies zu erkennen muß zuerst einmal im Rahmen einer *Befunderhebung* Form und Inhalt sowie rechtliche Bewertung der Medienberichterstattung aufgezeigt werden, am besten an Hand einiger besonders ausgewählter Beispiele.

Am häufigsten finden sich Fälle sogenannter "Vor-Verurteilungen", die den Verdächtigen erfahrungsgemäß fast ebenso treffen wie gerichtliche Verurteilungen, ganz selten auch "Vor-Freisprüche", wobei allerdings über diese Begriffe nicht unbedingt Klarheit herrscht[1]. Beginnt eine solche Vor-Verurteilung - so fragt Joachim Wagner[1] in einer jüngst erschienenen Untersuchung - bereits mit der Veröffentlichung eines Polizeiberichtes? Mit der Presseerklärung der Staatsanwaltschaft? Mit der Wiedergabe von Ermittlungsergebnissen? Oder erst mit ihrer juristischen Einordnung und Bewertung? Niemand kann genau sagen, wann öffentliche Berichterstattung, z.B. die Wiedergabe der gelegentlichen Zusammenfassung der Zeugenaussagen, wie sie in parlamentarischen Untersuchungsausschüssen üblich ist, oder etwa der Bekanntgabe der Quoten der unerlaubten Parteifinanzierung, die dann gar nicht erwiesen werden konnte, durch den Ausschußvorsitzenden, in öffentliche Vor-Verurteilung übergeht. Das Justizministerium der BRD, das sich

---

1) Wagner, J.: Strafprozeßführung über Medien. Baden-Baden: Nomos 1987, S. 12

aus gegebenem Anlaß mit dieser Frage befassen mußte, hat einmal ge- meint[2], darunter seien "Umstände, insbesondere Verhaltensweisen zu verstehen, die geeignet sein können zu beeinträchtigen, daß richterliche oder staatsanwaltschaftliche Entscheidungen unbefangen, objektiv und nur auf Grund der vorgesehenen Entscheidungsgrundlagen ergehen." Diese schwerfällige und anfechtbare Defininition ist kaum brauchbar. Eher kann man sich da schon Berka[3] anschließen, der von einer Vor- Verurteilung spricht, wenn Umstände das Prozeßgeschehen in einer Weise beeinflussen, daß ein faires und der Unschuldsvermutung des Art.6 Abs.2 MRK entsprechendes Verfahren nicht mehr gewährleistet ist. Das würde etwa dem Tatbestand des § 23 MedG entsprechen.

Art.6 Abs.2 MRK bindet allerdings nach dem systematischen Zu- sammenhang unmittelbar nur die staatlichen Strafverfolgungsbehörden, allenfalls auch sonstige, auf den Prozeß Einfluß nehmende Amtsträger, nicht aber die privaten Massenmedien. Diese sind darüber hinaus an kein Objektivitätsgebot gebunden, anders als der ORF, dem Objektivi- tät kraft Gesetzes zur Pflicht gemacht ist[4]. Gleichwohl ist die dem Art.6 Abs.2 zu entnehmende verfassungsrechtliche Wertentscheidung einer Auslegungsregel vergleichbar, die zwar nicht absolute Geltung beansprucht, aber einen ergänzenden Maßstab für die rechtliche Beur- teilung der Verantwortung der Medien darstellt.

Das Interesse eines Verdächtigen, bis zur rechtskräftigen Verurtei- lung nicht an den Pranger gestellt und gesellschaftlich geächtet zu wer- den, geht aber offensichtlich darüber hinaus und besteht auch dann, wenn die Gefahr einer unzulässigen Beeinflussung der Urteilsfindung im Sinne des § 23 MedG noch nicht gegeben ist. Trotzdem pflegt man auch in solchen Fällen von einer Vor-Verurteilung zu sprechen und gerade in diesem, vom § 23 MedG nicht erfaßten Bereich, ereignen sich die tiefsten Einbrüche in die Privatsphäre.

Die Unschuldsvermutung des Art.6 Abs.2 MRK ist da allerdings nicht anwendbar, weil die konkrete Gefahr einer Beeinflussung der Urteilsfindung nicht gegeben ist, sondern nur ein verzerrtes Bild der gesellschaftlichen Realität gezeichnet wird[5].

Besonders wenn man berücksichtigt, daß es keinerlei gesicherte empiri- sche Erkenntnisse über die tatsächlichen Wirkungen von Medien auf Strafprozesse - und nur die kommen praktisch in Frage - gibt, bleibt der Begriff der Vor-Verurteilung unklar und uneinheitlich. Dessen sollten wir uns bewußt sein, wenn wir von Medienjustiz sprechen. So einfach wie in dem Fall, in dem sogar ein Buch über einen Prozeß ge- schrieben wurde, der noch gar nicht stattgefunden hat, liegen die Dinge nur selten. Versucht man aber nun gar eine *moralische Wertung* dieser Vor-Ver-

2) Wagner 1987 (Fn 1), S. 13
3) Berka: Medienfreiheit und Persönlichkeitsschutz, S. 352 f.
4) BVG v. 10.7.1974, BGBl Nr. 396 über die Sicherung der Unabhängigkeit des Rund- funks, Art. I Abs.2
5) Berka (Fn 3), S. 345

urteilungen, stößt man wiederum auf Schwierigkeiten. Es gibt neuere Untersuchungen betreffend ein Phänomen, das man am besten als "Strafprozeßführung über Medien" bezeichnen könnte. So kommt der bereits genannte Joachim Wagner - zumindest für die BRD, für Österreich gibt es keine derartige Untersuchung - zu dem Ergebnis, daß die Strafverfolgungsorgane, die Beschuldigten und die Verteidiger die Presse nicht nur aufgrund gesetzlicher Rechte und Pflichten unterrichten, sondern ihre Informationspolitik an ihren eigenen rechtlichen, politischen oder persönlichen Interessen und Zielen ausrichten[6]. Beim Informationsfluß zwischen Prozeßbeteiligten und Medien kreuzen sich daher häufig journalistische und prozeßstrategische Interessen: Das Streben der Redakteure nach möglichst exklusiven Informationen über Kriminalfälle- und prozesse und der Versuch von Verfahrensbeteiligten, über die öffentliche Meinung den Fort- und Ausgang von Strafprozessen zu beeinflussen. Was Beschuldigte, Anwälte, Richter und Politiker öffentlich als Vor-Verurteilungen oder Vor-Freisprüche beklagen, entspricht in Wirklichkeit gar nicht so selten einem klaren prozeßstrategischen Kalkül von Verteidigern, Polizei und Staatsanwaltschaften. Soweit also die Ergebnisse dieser jüngsten Untersuchung für den Bereich der BRD, wofür Wagner eine Fülle von Beispielen bringt.

Dieses Zusammenspiel zwischen Medien und Prozeßbeteiligten hinter den Kulissen ist bislang ein Tabu, doch muß man auch darüber Bescheid wissen, wenn man das Thema Justiz und Medien erschöpfend behandeln will.

Wenngleich nach meinen Erfahrungen bei diesen Vor-Verurteilungen die Grenzen der Strafbarkeit, nämlich der §§ 111 ff. StGB oder des § 23 MedG nur selten überschritten werden und manch ein bezügliches Vorgehen der Medien nicht immer ganz so verwerflich ist wie es den Anschein hat, bleibt doch ein gerüttelt Maß an Unbehagen an solchen Berichterstattungen, die dem Gerechtigkeitssinn der Bevölkerung und dem Grundsatz eines fairen Verfahrens widerstreiten. Wo man die Grenze zwischen noch vertretbarer Information und nicht mehr vertretbarer Einflußnahme ziehen kann, soll später versucht werden herauszuarbeiten.

So wie es lange schon "Vor-Verurteilungen" gibt, hat sich in letzter Zeit auch eine Art "Nach-Freispruch" eingebürgert. Darunter verstehe ich den Versuch, den Richter, der ein verurteilendes Erkenntnis gefällt hat, in Mißkredit zu bringen und seine persönliche Integrität anzuzweifeln oder überhaupt das ganze System der Gerechtigkeit in Frage zu stellen, ohne dabei allerdings strafbare Ehrenbeleidigungen zu begehen. Das Ziel dieser Vorgangsweise ist klar erkennbar. Über den Weg der vermuteten charakterlichen Dubiosität des Richters oder seiner behaupteten Unfähigkeit der Beherrschung der Materie soll seinem Urteil die Wirkung auf die Allgemeinheit genommen oder doch vermindert werden. Es ist dabei einzuräumen, daß die Medien dies bisher selten von sich aus getan haben, sondern vielfach bloß über Aussprüche und Ver-

---

6) Wagner 1987 (Fn 1), S. 14

mutungen anderer informieren ohne eine eigene Meinung dazu vorzubringen, doch müssen die Medien in Fällen einer solchen unkommentierten Wiedergabe den Grundsatz gegen sich gelten lassen, den schon das alte römische Recht enthielt: qui tacet consentire videtur. Allerdings ist zur Abwendung der Strafbarkeit solcher Wiederverbreitungen eine ausdrückliche Distanzierung herrschender Auffassung nach nicht erforderlich[7].

Die *rechtliche Beurteilung* solcher besonders häufig vorkommender "Vor-Verurteilungen" hängt zunächst davon ab, ob eine konkrete Gefahr für die Wahrheits- und Urteilsfindung gegeben ist. Trifft dies zu, ist der Tatbestand des § 23 MedG erfüllt.

Ist damit aber ein Eingriff in die *Privatsphäre* verbunden oder liegt ein solcher Eingriff ausschließlich vor, ist zu prüfen, ob dies auch eine Ehrverletzung bedeutet, in welchem Falle die Strafbestimmungen der §§ 111 ff. StGB in Verbindung mit § 28 MedG zur Anwendung kämen, allenfalls auch §§ 6 und 29 MedG.

In den meisten Fällen wird das aber nicht zutreffen, weil die Eingriffe in die Privatsphäre nicht schwer genug sind. Bei solchen minderschweren Verletzungen der Privatsphäre ist nunmehr zu unterscheiden, ob es sich um wahre oder unwahre Berichte handelt.

Unter dem Gesichtspunkt der persönlichen Integrität gibt es zwar kein generelles Recht auf wahrheitsgetreue Darstellung, ebensowenig wie es kein generelles Recht gibt, die Wahrheit sagen zu dürfen[8]. Die Unwahrheit aber genießt nach dem Inhalt der gesamten Rechtsordnung keinen wie immer gearteten Schutz, sie wird höchstens geduldet, weshalb das Recht auf Informationsfreiheit im Falle *wahrheitswidriger* Berichterstattung gar nicht zum Tragen kommen kann. Eine Kollision der Grundrechte der Meinungsfreiheit und des Schutzes der Persönlichkeit kann in diesem Bereich also gar nicht auftreten. Dem Betroffenen steht uneingeschränkt das Recht auf Entgegnung nach dem MedG und allenfalls auch auf Widerruf nach dem § 1330 ABGB zu.

Anders allerdings ist die rechtliche Situation im Falle *wahrheitsgetreuer* Berichterstattung. Hier kann der Eingriff in die Privatsphäre trotzdem so tief sein, daß der Achtungsanspruch des Art.8 MRK verletzt erscheint. Dann liegt sehr wohl eine Kollision der genannten Grundrechte vor. Berka[9] meint, daß in einem solchen Falle die Zulässigkeit einer vertieften Auseinandersetzung mit einer Person in ihren privaten Bezügen durch den *Öffentlichkeitswert* des Ereignisses begrenzt ist. Ich möchte lieber von einer *Gemeinschaftswichtigkeit* sprechen. Derart können die Grundrechte der Meinungsfreiheit und des Persönlichkeitsschutzes trotz aller Unschärfe der Grenzziehung doch miteinander in Einklang gebracht und das zwischen ihnen bestehende Spannungsfeld aufgelöst werden. Ein erzwingbarer Anspruch auf Respektierung der Privatsphäre, wozu u.a. auch gehören würde, wenigstens

---

7) Hartmann-Rieder: Kommentar zum Mediengesetz, S. 175
8) Berka (Fn 3), S. 309 und Schmid, K.H.: Meinungsäußerung, S. 59
9) Berka (Fn 3), S. 344

die volle Namensnennung des Verdächtigen nach Tunlichkeit zu vermeiden, entsteht dabei allerdings nicht und wäre auch kaum gesetzlich realisierbar.

Was bleibt ist der Appell an die Medienmitarbeiter, dieses der Verfassung zu entnehmende Verhältnismäßigkeitsgebot entsprechend zu berücksichtigen.

Bezogen auf die Medienberichterstattung in anhängigen Gerichtsverfahren heißt das, daß die Information auf ihre Bedeutung für die Öffentlichkeit insbesondere gemessen an der Kontrollfunktion gegenüber Justiz und Gericht zu prüfen ist.

Grundsätzlich gilt jedenfalls, daß Delinquenz, auch bloß vermutete, kein ausschließlich dem Privatleben zugehöriger Sachverhalt ist. Das ist erst dann der Fall, wenn eine rechtskräftige Verurteilung vorliegt und Resozialisierungsbemühungen im Vordergrund stehen[10].

Prüft man aber nun die Medienberichterstattung im Bereiche der Justiz unter diesen Gesichtspunkten, kommt man nur zu oft zu dem Ergebnis, daß derzeit dem Öffentlichkeitswert der Information ein viel zu großer Stellenwert eingeräumt und leichtfertig in die Privatsphäre eingegriffen wird. Manches Mal so stark, daß man sich des Eindrucks nicht erwehren kann, daß Sensationsgier und Effekthascherei die Grundsätze einer der Öffentlichkeit dienenden Berichterstattung verdrängt haben.

Auf einer ganz anderen Ebene liegt eine häufig zu beobachtende Form der *Kriminal- und Gerichtsberichterstattung.* Es handelt sich dabei im allgemeinen um durchaus wahrheitsgetreue Informationen, die weder in die Privatsphäre eingreifen, noch auch den Gang der strafgerichtlichen Untersuchung beeinträchtigen[11]. Trotzdem sind sie dem Themenkreis Justiz und Medien zuzuzählen und in die Befunderhebung einzuschließen.

Es wird dabei über besonders Aufsehen erregende Kriminalfälle bis ins Detail berichtet und der unrichtige Eindruck erweckt, als ob die Kriminalität bereits im Begriffe sei, uns zu überschwemmen, zu hilflosen Opfern von Aggression und Gewalt werden zu lassen und daß die bestehenden Maßnahmen zum Schutze der Bevölkerung durch Polizei und Justiz völlig unzureichend seien. Dieser Eindruck wird vor allem dadurch erweckt, daß die Kriminalität vielfach stark überzeichnet ist, daß ihr eine Bedeutung beigemessen wird, die ihr in Wahrheit erfreulicherweise doch nicht zukommt und daß erfolgreichen Bekämpfungsmaßnahmen, etwa der Aufklärung früherer gleichartiger Kriminalfälle, ein unverhältnismäßig geringer Raum in der Berichterstattung gegeben wird. Auch die allzu detaillierte Schilderung von Tathergängen, mögen sie selbst in ihrer Gesamtheit die gebotene Relation wahren und gesetzlich gar nicht faßbar sein, müssen als bedenklich bezeichnet werden. Wenngleich solchen Darstellungen nach einer eingehenden von Konrad

---

10) Berka (Fn 3), S. 349
11) Hartmann, R.: Die Rolle der Massenmedien in spektakulären Kriminalfällen. RZ 1978 Nr.4

Schima[12]) durchgeführten Untersuchung zwar keine verursachende Funktion im Sinne einer Kriminalitätsförderung zukommt, werden die geschilderten Methoden doch vielfach aufgegriffen und nachgeahmt. Im Gegensatz zur Darstellung der Verbrechen in Romanen und Filmen liegt deren Schilderung in den Massenmedien das Wissen der Konsumenten dieser Medien zugrunde, daß sich die dargestellten Vorgänge tatsächlich ereignet haben und nicht bloß Auswirkungen einer erhitzten Phantasie mit wenig praktischer Anwendbarkeit sind.

Ein solches Beispiel für die Überzeichnung der Kriminalität möchte ich Ihrer Kritik unterbreiten:

Als bekannt wurde, daß in Österreich etliche Weinhändler wie auch Weinproduzenten den Wein mit Glykol versetzten - sie nannten es verschönern -, waren die Blätter monatelang mit Berichten darüber in allen Einzelheiten überfüllt. Kaum jemals aber wurde darauf hingewiesen, daß es unzählige Bauern und Händler gab, die sich nicht der geringsten Manipulation schuldig gemacht hatten und kaum jemals wurde sachgerecht über das nur geringe Ausmaß der Gesundheitsschädlichkeit derartiger Glykolbeimengungen berichtet. Daß man auch auf eine andere weniger reißerische und das Ansehen und die Wirtschaft des Landes weniger schädigende und doch ehrliche Art die Öffentlichkeit hätte informieren können, zeigte die Presseberichterstattung Italiens in ähnlichen, noch dazu viel schlimmer gelagerten Fällen.

Daß auch diese, wie schon erwähnt, gesetzlich gewiß nicht faßbare Art der Berichterstattung Unbehagen und Verärgerung auslöst, kann füglich nicht bezweifelt werden.

Eine Sonderstellung von der Sache her nimmt die *Gerichtssaalberichterstattung*[13]), ein.

Dies deshalb, weil es - selbst den besten Willen des Berichterstatters vorausgesetzt - eine wirklich objektive Gerichtssaalberichterstattung kaum gibt. Das wird sofort klar, wenn man sich vor Augen hält, daß jeder Bericht nur einen Ausschnitt der Verhandlung zeigen kann. Eine solche ausschnittsweise und somit zwangsläufig manipulierte Wiedergabe trägt schon begrifflich das Merkmal des Subjektiven in sich. Aber selbst eine vollständige und wörtliche Wiedergabe könnte doch niemals die Atmosphäre im Gerichtssaal, die Stimmlage und die Gestik der vernommenen Personen sowie viele andere kaum wägbare Umstände voll erfassen und wäre daher auch in diesem Falle nicht als wirklich objektiv zu bezeichnen. Dieses zwangsweise Hineintragen subjektiver Momente in die Berichterstattung aber birgt zumindest die Gefahr von Mißverständnissen und Unstimmigkeiten in sich, liegt aber ebenfalls außerhalb des Bereiches gesetzlicher Regulierbarkeit.

Nur so viel sei dazu noch gesagt, daß allerdings eine wahrheitsgetreue Wiedergabe von beleidigenden Äußerungen etwa eines Zeugen

12) Kriminalität, Brutalität und dargestellte Aggression im Fernsehen und ihre Wirkung auf die öffentlichkeit. Eigenverlag des ORF, Wien 1974, S. 396 ff.
13) Hartmann, R.: Die Gerichtsberichterstattung. RZ 1970 Nr. 7/8

oder des Angeklagten auf Grund der übergeordneten Gesichtspunkte der Information und Kontrolle niemals strafbar sein kann.

Jedem bewußten menschlichen Verhalten *liegt ein Motiv zugrunde* und es scheint reizvoll und instruktiv, nach Darstellung von Art und Inhalt sowie rechtlicher Bewertung der in Frage stehenden Berichterstattung aufzudecken, warum immer wieder von den Journalisten im Bereiche Justiz und Medien in einer solchen Unbehagen verursachenden, schlicht gesagt unfairen Art und Weise berichtet wird.

Dabei sollte man meines Erachtens versuchen, das Thema Justiz und Medien aus jeder isolierten Betrachtungsweise herauszuschälen und den großen Gesamtzusammenhang zu beachten.

Da drängt sich vorerst das Wissen auf, daß das Verbrechen die Menschen schon immer fasziniert und in seinen Bann gezogen hat. Stand doch nach den Berichten der Bibel bereits am Beginn der Menschheit die kriminalitätsbedingte Vertreibung aus dem Paradies, gefolgt von dem Brudermord des Kain an Abel, und zog sich doch das Verbrechen durch alle Zeitabschnitte biblischen Geschehens. Aber auch die Geschichtsforschung weiß über Untaten der Menschen ebenso zu berichten wie über deren Großtaten auf politischem, sozialem oder humanitärem Gebiete. Es darf daher nicht verwundern, daß Schilderung oder Darstellung des Verbrechens großes Interesse beansprucht[14].

Das ist bis zum heutigen Tage so geblieben und erklärt zwanglos das Bemühen der Journalisten, ausführlichst über Kriminalfälle zu berichten.

Prof. Fabris von der Universität Salzburg hat eine Untersuchung durchgeführt, die klären sollte, durch wen sich die Journalisten der Printmedien in ihrer Schreibweise am stärksten beeinträchtigt und gegängelt fühlen[15]. Dabei kam heraus, daß dies nicht etwa - wie viele erwartet hatten - die Chefredakteure und Herausgeber waren, sondern tatsächlich in erster Linie die Abonnenten. So gesehen relativiert sich mancher den Medien gemachter Vorwurf doch ein wenig, weil die Journalisten sich im Grunde genommen nur an den Bedürfnissen der Medienkonsumenten orientieren.

So erklärt sich aber auch die weitgehende Bedeutungslosigkeit der Berichterstattung in Zivilsachen. Der letzte spektakuläre Fall in diesem Bereich war meines Wissens vor vielen Jahren der sogenannte "Bananenprozeß". Schon Friedrich Schiller hat sich "Über den Grund des Vergnügens an tragischen Gegenständen" Gedanken gemacht und der Wunsch der Medienmitarbeiter als erste und einzige berichten zu können, ist ein weiterer Beweggrund. Gerade deswegen aber passieren die häufigsten Entgleisungen, weil zu flüchtig recherchiert wird und außerdem manch ein Journalist die Kriminalberichterstattung dazu benützt, sich die ersten Sporen zu verdienen und derart den Grundstein für seine weitere Laufbahn zu legen. Eine besonders flotte, kecke und packende Schreibweise ist dabei die Begleitmusik zu dem Versuch, bei dem Publi-

---

14) Hartmann 1978 (Fn 11)

15) Sozialwissenschaftliche Arbeitsgemeinschaft: Rechtsgutachten Nr. 52, S. 17

kum möglichst gut anzukommen, sich einen Namen zu machen und im Konkurrenzkampf durch Originalität und besonderes Draufgängertum zu bestehen.

Auch eine manches Mal geradezu erschreckende Unkenntnis des Gesetzes spielt dabei eine Rolle. Ich entsinne mich eines Falles, in dem ein Richter öffentlich als unsozial und unfähig sein Richteramt auszuüben hingestellt wurde, weil er einem Angeklagten nicht die Rechtswohltat der bedingten Verurteilung gewährt hatte. Daß dies nach der damaligen Gesetzeslage gar nicht möglich war, hätte der Berichterstatter eigentlich wissen müssen. Daß Kenntnis der Materie verbunden mit einigermaßen sorgfältigen Recherchen viel Ärger verhindern könnte, beweist der Fall, in dem der gerichtsähnlich organisierten Schiedsstelle der Ärztekammer vorgeworfen wurde, sich monatelang um einen Akt nicht gekümmert zu haben, wobei ein kurzer Telefonanruf ergeben hätte, daß die Schiedsstelle gar nicht zuständig war.

Als entscheidendes Motiv für den sogenannten *Aufdeckungsjournalismus*, auch investigativer Journalismus genannt, aber wird immer wieder vorgebracht, es wolle damit verhindert werden, daß Unzukömmlichkeiten, die die Grenze des Strafbaren überschreiten, unaufgedeckt bleiben und die Strafjustiz derart gar nicht in die Lage kommt, sich dieser Fälle anzunehmen. Es wird also eine Schutzfunktion geltend gemacht und insbesondere versucht, die Einstellung der Verfahren durch die StA aus möglicherweise übergeordneten Gesichtspunkten zu verhindern.

Mit diesen Motiven muß man sich sehr wohl und sehr ernst auseinandersetzen. Tatsache ist - und daran führt kein Weg vorbei -, daß die Aufdeckung zahlreicher Affären, vielfach Skandale genannt, die sich in letzter Zeit ereignet haben, dem investigativen Journalismus zu verdanken ist. Insoweit muß man die bezügliche Motivation anerkennen. Allerdings wurden dabei auch Menschen an den Pranger gestellt, deren Schuldlosigkeit sich nachher herausgestellt hat. Das wäre in vielen Fällen zu verhindern gewesen, wenn sorgfältiger recherchiert worden wäre, wenn man dem Betroffenen ausreichende Gelegenheit geboten hätte, sich zu den aufgetauchten Verdachtsmomenten zu äußern, und wenn die Art der Berichterstattung das für die Aufdeckung erforderliche Maß nicht überschritten hätte. Und wenn gelegentlich von den Medien darauf hingewiesen wird, daß es ihnen mehrfach schon gelungen ist, durch eine darauf abzielende Berichterstattung den Fortgang ungebührlich lange dauernder Prozesse zu beschleunigen, kann man dagegen gerechterweise kaum etwas einwenden. Aber auch hier wäre eine vorherige Anfrage an die zuständigen Gerichtsfunktionäre über den Grund der Verzögerung am Platze, die dann allerdings offen und ehrlich zu beantworten wäre.

Wie unklug es ist, solche Anfragen ohne Grund nicht zu beantworten oder gar Auskunftsverweigerung zur Geheimhaltung zu potenzieren, zeigt sich z.B. daran, daß (laut Zeitungsberichten) Österreich erstmals im Amnesty-Bericht aufscheint, weil über zwei Fälle, in denen angeblich Polizeiübergriffe gegen Inhaftierte vorkamen, keine befriedigende Auskunft erteilt wurde.

So muß man denn, genau betrachtet, manch einen die Medienmitarbeiter leitenden Beweggrund bei gewissenhafter Prüfung durchaus anerkennen, andererseits aber muß man wohl feststellen, daß bei objektiver Betrachtungsweise das Maß des Notwendigen gelegentlich weit überschritten und leichtfertig berichtet wurde. Alles verstehen heißt nicht immer auch alles verzeihen, aber manch ein gegen die Medien erhobener Vorwurf erscheint dadurch doch in einem etwas anderen Lichte.

Haben wir also erkannt, wie geartet die Berichterstattung der Medien in Beziehung zur Justiz ist und welche Ursachen und Motive dafür maßgebend sind, bietet sich geradezu an, *nach einem Maßstab* zu suchen, an dem die Zulässigkeit oder Unzulässigkeit der in Frage stehenden Berichterstattung zu messen ist. Ein Maßstab, der doch greifbarer ist als die vielbeschworene Fairneß der Berichterstattung und der nicht ohnedies durch das Gesetz schon vorgegeben wird. Hier möchte ich versuchen, einen anderen Begriff ins Spiel zu bringen, nämlich den der *öffentlichen Aufgabe* der Medien.

Was darunter zu verstehen ist, läßt sich deutlich an der Entwicklung, die dieser Begriff erfahren hat, erkennen.

Spätestens seit der Jahrhundertwende behaupten die Journalisten, eine öffentliche Aufgabe zu besorgen, woraus ihnen zusätzliche Rechte, aber auch Pflichten erwüchsen. Vorerst kann man mit diesem Begriff der öffentlichen Aufgabe nicht viel anfangen. Sicherlich kommt solch eine öffentliche Aufgabe auch anderen Berufsgruppen und deren Vertretern zu, z.B. den Ärzten, den Richtern und den Beamten. Sie alle behaupten gar nicht, zusätzliche Pflichten und Rechte zu haben, noch beanspruchen sie auch solche. Im Medienwesen aber scheint es doch ein wenig anders zu sein. Die Journalisten nämlich sind in viel stärkerem Maße der Allgemeinheit, also der Gesellschaft, verpflichtet, als es die Ärzte, die Beamten usw. sind.

In der Judikatur der BRD nach dem zweiten Weltkrieg wurde die Öffentlichkeitsaufgabe zu einem rechtserheblichen Umstand vor allem bei der Beurteilung von Eingriffen in die Persönlichkeitsrechte. In Österreich wurde die gesetzliche Anerkennung dieser öffentlichen Aufgabe der Medien heiß ersehnt und lange verweigert. So ist der Pressegesetzentwurf 1961 u.a. daran gescheitert, daß man die Presse im Hinblick auf die vielen Eskapaden, die sie sich damals geleistet hatte, noch nicht für reif und würdig erachtete, die aus der öffentlichen Aufgabe entspringenden Pflichten zu erfüllen. Erst das RFG 1974 hat die öffentliche Aufgabe expressis verbis anerkannt und das MedG ist dem 1982 gefolgt. Zwar kennt es keine ausdrückliche Anerkennung, wohl aber läßt sich dies vielen seiner Bestimmungen, insbesondere der erwähnten §§ 6, 7 und 29 und der Neuregelung der Beschlagnahme unverkennbar entnehmen. Aus all dem ergibt sich, daß die Pflicht zur Kontrolle und Kritik Inhalt der öffentlichen Aufgabe ist, Objektivität und Berücksichtigung gesellschaftlicher Belange die Art, wie sie erfüllt werden soll. Ihrem Wesen nach stellt sie sich letzten Endes als ein Vertrauensvorschuß dar, den die Gesellschaft den Medien gewährt[16].

---

16) Hartmann, R.: Die öffentliche Aufgabe der Medien. Anw. 1985, Nr. 7

Wendet man diese Grundsätze auf die Berichterstattung der Medien in Zusammenhang mit der Justiz an, zeigt sich, daß ein investigativer Journalismus grundsätzlich mit den aus der öffentlichen Aufgabe entspringenden Pflichten durchaus vereinbar ist. Langenbucher, der Vorstand des Instituts für Publizistik und Kommunikationswissenschaft der Universität Wien, fordert die Journalisten auf, die Mächtigen zu kontrollieren und nicht müde zu werden, im Interesse der Bürger zu recherchieren[17]. Die öffentliche Aufgabe verlangt keine Hofberichterstatter, die den Politikern nach dem Munde reden oder schreiben, keine Feiglinge und keine Kriecher. Sie verlangt aber sehr wohl, daß sorgfältig und gewissenhaft recherchiert, nie mit vorgefaßter Meinung an eine Sache herangegangen wird und die Wahrheit oberstes Gebot allen journalistischen Handelns ist. Die journalistische Ethik kommt hier ins Spiel, die mäßigend und nicht aufputschend auf die Öffentlichkeit wirken soll, das Treue- und Verpflichtungsverhältnis zur Gesellschaft. Das sind doch, glaube ich, etwas faßbarere Kriterien als das bloße Gebot der Fairneß.

Lassen Sie mich zusammenfassen, was die öffentliche Aufgabe verlangt:

1. Berichten, nicht verurteilen, d.h. einen bloßen Verdacht nicht als Gewißheit hinstellen und Entlastungsmaterial nicht verschweigen.
2. Stets um Objektivität und Wahrheit bemüht sein.
3. Hintergründe aufhellen, kontrollieren und kritisieren, aber nicht Stimmung machen.
4. Immer dem Betroffenen Gelegenheit zur Stellungnahme bieten.
5. Den Öffentlichkeitswert als Maßstab heranziehen, ob und wie weit in die Privatsphäre eingegriffen werden darf.
6. Die Verhältnismäßigkeit der Interessen, insbesondere im höchstpersönlichen Lebensbereich, sorgfältig wahren.
7. Sich niemals als allerletzte Instanz über der verfassungsmäßig vorgesehenen letzten aufspielen.

Das möchte ich als die *sieben goldenen Regeln* des Journalismus bezeichnen, die gerade für den Bereich Justiz und Medien uneingeschränkt gelten, weil sie der Wertentscheidung des Art.6 Abs.2 MRK voll Rechnung tragen.

Sieht man genauer hin, läßt sich eine weitgehende Übereinstimmung dieser Regeln mit dem Inhalt des vom österreichischen Presserat beschlossenen Ehrenkodex für die österreichische Presse erkennen. Bedauerlich und ein wenig bedenklich ist allerdings, daß es die Journalisten abgelehnt haben, dem Presserat auch eine Exekutivgewalt einzuräumen, daß sich die Kontrolleure selbst keiner Kontrolle unterwerfen.

---

17) "Kurier" v. 24.6.1984

Denn nur auf der Basis der Freiwilligkeit könnten solche Verletzungen der aus der öffentlichen Aufgabe entspringenden Pflichten geahndet werden.

Im letzten Teil meiner Ausführungen möchte ich untersuchen, *welche Möglichkeiten es gibt*, der zweifellos höchst unbefriedigenden Art der Berichterstattung der Medien in Zusammenhang mit der Justiz entgegenzuwirken und zu verhindern, daß weiterhin Menschen an den Pranger gestellt und die Wahrheitsfindung beeinträchtigt wird.

Da erhebt sich hierzuland sofort der Ruf, ein neues Gesetz zu schaffen und dadurch die Situation in den Griff zu bekommen.

Darauf abzielende Vorschläge - auch als Abwehrmaßnahmen bezeichnet - gibt es in Fülle und fast jeder von ihnen erhebt Anspruch, eine Art Patentlösung zu bieten.

Da wird vorerst überlegt, die Berichterstattung über Strafprozesse überhaupt bei Strafe zu verbieten. Das würde aber fast jede Kontrolle der Tätigkeit der Gerichte durch die Öffentlichkeit lahmlegen und widerspräche daher dem Geist der Verfassung.

Eine weitere Möglichkeit wäre, die Veröffentlichung von Urkunden im Laufe eines Prozesses unter Strafsanktion zu stellen. Das allerdings würde uns mit der Peinlichkeit konfrontieren, eine Bestimmung, die durch das MedG ersatzlos gestrichen wurde, nämlich die des Art. VII der StGNov 1862 (einer der Lasser'schen Artikel) wieder einführen zu müssen. Viele, darunter auch ich, haben vor dieser ersatzlosen Streichung des Art. VII gewarnt, weil wir befürchtet haben, daß über die vorzeitige Veröffentlichung von Urkunden regelrechte Vorprozesse geführt würden. Genau so ist es auch gekommen.

Denkbar, wenngleich bisher stets abgelehnt, wäre es, den Schutz des § 23 MedG auf das (polizeiliche) Vorverfahren auszuweiten[18]; oder auch weitere nicht-öffentliche Verfahrensgänge zur Verbesserung der Rechtsstellung des Beschuldigten zu entwickeln, worüber am 54. Deutschen Juristentag in Nürnberg 1982 ausführlich diskutiert wurde, allerdings ohne durchschlagenden Erfolg. Gutachter war damals Prof. Zipf.

Eher wäre zu erwägen, die Kränkungsentschädigung der §§ 6 und 7 MedG enorm zu erhöhen und dadurch eine abschreckende Wirkung zu erzielen, was eine gewisse Angleichung an die Gegebenheiten des anglo-amerikanischen Rechtes bedeuten würde. Dabei müßte man aber sehr vorsichtig zu Werke gehen, um nicht die zumeist ohnedies mit finanziellen Schwierigkeiten kämpfenden kleineren Zeitungen in ihrer wirtschaftlichen Existenz zu vernichten, womit die Meinungsvielfalt beschränkt und genau das Gegenteil vom dem erreicht würde, was man jahrelang durch staatliche Subventionen zu erreichen versucht, nämlich die Meinungsvielfalt zu gewährleisten. Dabei dürfte auch nicht unberücksichtigt bleiben, daß die Meinungsvielfalt in Österreich jüngst erst durch eine gigantische Pressekonzentration ernstlich gefährdet wurde. Ähnlich könnte eine entsprechende Änderung des § 1330 ABRG erwogen werden, insbesondere durch eine Ausweitung des Widerrufsrechtes.

---

18) Hartmann-Rieder (Fn 7), S. 148

Schließlich steht auch eine Verschärfung der kürzlich durch das MedG sehr gemilderten Bestimmungen über die Beschlagnahme zur Debatte. Dies könnte allerdings nur durch eine Eliminierung des modernen Grundsatzes der Verhältnismäßigkeit geschehen[19], was aber eine Rückkehr zu geradezu atavistischen Gedankengängen bedeuten würde. Das kann sich der österreichische Gesetzgeber ganz einfach nicht leisten.

In diesem Zusammenhang wurde auch erwogen, die jüngst erst durch das MedG sehr weitgefaßte Regelung[20] des Redaktionsgeheimnisses wieder einzuschränken. Das Ziel wäre, nicht nur den Medieninhaber finanziell zu treffen, sondern auch den Artikelverfasser in besonderen Fällen aus der Anonymität herauszuholen und strafrechtlich zur Verantwortung zu ziehen. Eine solche Regelung aber würde mit Sicherheit auf den erbitterten Widerstand der Medien stoßen und wäre kaum durchsetzbar.

Letztlich könnte auch durch eine Änderung des Datenschutzgesetzes die volle Namensnennung eines Verdächtigen verhindert werden.

Ich halte von all dem nicht viel. Vor allem deshalb, weil manche Art der Berichterstattung gesetzlich überhaupt nicht geregelt werden kann und auch in der Vergangenheit eine ohnedies beachtliche Fülle von Geboten und Verboten kaum genützt hat, die außerdem nur selten vollzogen wurden. Gesetze aber, die nicht konsequent vollzogen werden, erschüttern nur das Vertrauen der Rechtsunterworfenen in die Sinnhaftigkeit der Gesetzgebung. Dadurch würde jedenfalls die Flut der Gesetze, die seit Jahren auf uns niedergeht, neuerlich vermehrt und die Rechtssicherheit abermals beeinträchtigt. Ich erinnere mich da immer an einen Ausspruch Schillers, den Professor Fasching am Richertag 1987 so trefflich mit Seitenblick auf diesen Gesetzessegen wiedergegeben hat. Erlauben Sie, daß ich das Zitat aus dem Ring des Polykrates wiederhole:

> "Noch keinen sah ich fröhlich enden,
> auf den mit immer vollen Händen
> die Götter ihre Gaben streuen".

Ein bißchen Rechtsruhe, so meinen die Richter, täte uns bitter Not. Welch ständige, die Rechtssicherheit gewiß nicht fördernde Unruhe in der Gesetzgebung herrscht, können Sie fast täglich aufs Neue erleben.

Auch muß ich befürchten, daß vor allem durch neue Strafbestimmungen die Situation eher noch verschärft würde. Das aber wäre sehr schlimm, denn wir sollten in den Medienmitarbeitern trotz allem nicht unsere Gegner sehen, sondern Mitstreiter im Kampf um Wahrheit und Gerechtigkeit.

Diese Einstellung hat schon einmal Früchte getragen.

---

19) Hartmann-Rieder (Fn 7), S. 214
20) Hartmann-Rieder (Fn 7), S. 187 ff.

Ich erinnere mich noch sehr gut an die Zeit der 60er Jahre. Damals wäre es fast zu einer aus der BRD importierten Krise zwischen Justiz und Medien gekommen. Doch dann haben sich auf beide Seiten Menschen gefunden, die sich zusammengetan und mit Vernunft und gutem Willen Entfremdungen überbrückt, Spannungen abgebaut sowie das gegenseitige Verständnis hergestellt und vertieft haben[21]. Dieser nunmehr verbesserte Zustand hat jahrelang angehalten und er war u.a. gekennzeichnet durch eine Lockerung der Auskunftserteilung seitens der Behörden an die Medien, getragen von der Einsicht, daß übertriebene Geheimniskrämerei und zu strenge Bestimmungen über die Auskunftserteilung nur Ärger schaffen und Unrichtigkeiten in der Berichterstattung Vorschub leisten. Und wohl wissend, daß sich die Medien auch trotz strengster Geheimhaltung Informationen zu beschaffen imstande sind.

Ansprechpartner wären nicht nur Herausgeber und Chefredakteure, sondern alle Journalisten, die zumeist ein hohes Maß an innerer Medienfreiheit in den Redaktionen genießen, und die schon wiederholt mit der Bitte um Information an unsere Tür geklopft haben. Dabei muß man aber sehr wohl unterscheiden zwischen einer dem Gesetze entsprechenden[22] und sinnvollen Auskunftserteilung und einer ad maiorem dei gloriam veranstalteten Pressekonferenz, die die Amtsverschwiegenheit verletzt und unter Umständen sogar die Urteilsfindung beeinträchtigen kann. Die Erfahrung lehrt, daß vielfach schon ein ganz kurzes Gespräch von Mensch zu Mensch Mißverständnisse auszuräumen und aufgestaute Aggressionen abzubauen in der Lage ist, was sich dann in der Berichterstattung zum Wohle der Gemeinschaft niederschlagen würde.

Daß Medienjustiz oder gar Medienterror verwerflich sind und allen Beteiligten im Ergebnis nur schaden, müßte wieder - so wie damals - zum Überzeugungsinhalt aller gemacht werden.

Ich bin fast sicher, daß ein solcher Appell an die aus der öffentlichen Aufgabe entspringende Verantwortlichkeit der Medienmitarbeiter verbunden mit manch einem Beweis des eigenen guten Willens eine entscheidende Besserung der durch die vielen ausgebrochenen Affären angeheizten Situation bringen würde.

Zumindest sollten wir es vorerst versuchen. Kontaktaufnahmen und Gespräche in diese Richtung könnten hier und jetzt bereits begonnen haben.

---

21) Hartmann, R.: Zur Kritik an gerichtlichen Entscheidungen. In: Richter und Journalisten. Wien 1965
22) s. BGBl Nr. 389/1973

VI. Grenzfragen:
Ärztliches Handeln, Fortpflanzungsmedizin

Strafrechtlicher Lebensschutz und Selbstbestimmungsrecht des Patienten

Betrachtungen zum "Ravensburger Fall"

Herbert Tröndle

I.

Das Landgericht Ravensburg hat einen Ehemann vom Vorwurf der Tötung auf Verlangen (§ 216 StGB) aus Rechtsgründen freigesprochen. Er schaltete bei seiner Ehefrau, die an einer unheilbaren Krankheit im Endstadium litt, auf deren Sterbewunsch in der Intensivstation eines Krankenhauses das Beatmungsgerät ab und blieb bei ihr, bis - eine Stunde später - der Tod eintrat.

Dieser Freispruch fand allenthalben Zustimmung[1]. Roxin[2] hat das Urteil als "mutig und human" bezeichnet und darauf hingewiesen, daß in einem solchen Fall "das Strafrecht kein geeignetes Mittel sozialer Reaktion" sei, ja, das Verhalten des Angeklagten "Respekt verdiene"[3]. Mit denselben Worten würdigte im *Wittig -Fall*[4] der (damalige) Vorsitzende des 3. Strafsenats des Bundesgerichtshofs[5] in einer Anmerkung das Verhalten eines vom selben Vorwurf freigesprochenen Hausarztes. Dieser achtete den eindeutig schriftlich geäußerten Suizidwillen seiner schwer herzkranken und nach Einnahme einer Überdosis Schlaftabletten bewußtlosen Patientin, sah von einer Einlieferung in die Intensivstation ab und blieb mehrere Stunden bei ihr, bis er den Tod feststellen konnte.

So unterschiedlich diese Fälle liegen mögen, gemeinsam ist ihnen, daß die Täter in einer äußerst kritischen Situation, in der es um Grundfragen des Lebens ging, ihrem Rechtsgewissen gefolgt sind und daß ferner das Täterverhalten nicht nur mit allgemeiner Billigung rechnen

---

1) Herzberg, R.D.: Straffreie Beteiligung am Suizid und gerechtfertigte Tötung auf Verlangen. Juristenzeitung 43 (1988), S. 182 - 189, 185; Otto, H.: Tötung auf Verlangen und Recht eines Kranken auf Behandlungsfreiheit. Anforderungen an das ausdrückliche und ernstliche Tötungsverlangen. JK 1987 StGB § 216/2; Dreher, E./Tröndle, H.: Strafgesetzbuch und Nebengesetze. 44. Aufl., München: Beck 1988, § 216 Rn 2

2) Roxin, C.: Die Sterbehilfe im Spannungsfeld von Suizidteilnahme, erlaubtem Behandlungsabbruch und Tötung auf Verlangen. Neue Zeitschrift für Strafrecht 7 (1987): S. 345 - 350, 348

3) Roxin 1987 (Fn 2), S. 349

4) BGHSt 32, 367

5) Schmidt, H.W., in: Lindenmaier-Möhring: Nachschlagewerk des BGH. München: Beck 1985, zu § 13 StGB Nr. 6

Kerner/Kaiser (Hrsg.) Kriminalität
© Springer-Verlag Berlin Heidelberg 1990

durfte, sondern ihm - im Wittig-Fall von einem hohen Richter, im Ravensburger Fall von einem angesehenen Rechtslehrer Respekt gezollt wurde. Gleichwohl: Diese Tatsache ändert aber nichts daran, daß sich die letztlich Freigesprochenen wegen des Vorwurfs einer schweren Straftat verantworten mußten, im Wittig-Fall der Arzt sogar jahrelang durch mehrere Instanzen hindurch. Aber selbst die Qual einer einzigen Hauptverhandlung wiegt schwer.

Diese Freisprüche werden auch nicht verhindern können, daß sich künftig Menschen mit lauterem Rechtsgewissen vor Strafgerichten zu verantworten haben werden. Denn der BGH hat im Wittig-Urteil[6] den Freispruch nur mit - vagen - fallbezogenen Argumenten begründet, die zur Klärung der grundsätzlichen Rechtsfrage nichts beitragen. Im Gegenteil[7].

Um dieser Unsicherheit in der Rechtsanwendung zu wehren, sah sich ein Arbeitskreis von Professoren des Strafrechts und der Medizin veranlaßt, Vorschläge für eine gesetzliche Regelung der passiven und indirekten Sterbehilfe sowie der Nichthinderung von Suiziden zu machen. Auf diese Weise wurden - für die öffentliche Bewußtseinsbildung verdienstvoll - die sachlichen Voraussetzungen der - erlaubten - Sterbehilfe umschrieben. Gleichwohl sollte, wie ich an anderer Stelle[8] dargelegt habe, einer solchen *Spezial*regelung der Sterbehilfe nicht nähergetreten werden, um die Fehlbeurteilung der ärztlichen Krankenbehandlung durch die herrschende Rechtsprechung nicht von Gesetzes wegen zu zementieren. Vielmehr geht es zunächst einmal darum, das der *lex artis entsprechende* ärztliche Wirken im gesamten nicht mehr - sinnverfremdend - unter die Körper*verletzungs*tatbestände zu subsumieren[9], sondern statt dessen - um der Verdeutlichung des Selbstbestimmungsrechts willen und entsprechend einer jahrzehntealten Forderung der Strafrechtsreform[10] - eine Strafnorm wider das eigenmächtige ärztliche Handeln zu schaffen[11]. Denn im Bereich des ärztlichen Handelns ist das Fehlen der Einwilligung des Patienten, also die Verletzung des Selbstbestimmungsrechts, die *maßgebende* Unrechtsmaterie. Das ist zu verdeutlichen. Daß die Übereinstimmung ärztlicher Eingriffe mit dem Selbstbestimmungsrecht des Patienten nach der herrschenden Rechtsprechung erst auf der Rechtswidrigkeitsebene zu prüfen ist und geprüft werden kann, hat insbesondere in den Fällen der Sterbehilfe dazu geführt, daß eine der lex artis, aber auch dem Recht und der Menschlichkeit entsprechende Sterbebegleitung unnötigerweise unter kausaldogmatischen Aspekten strafrechtlich problematisiert und hierbei

---

6) BGHSt 32, 367
7) Überzeugende Kritik bei Eser, A., Med R 1987, S. 5
8) Tröndle, H.: Warum ist die Sterbehilfe ein rechtliches Problem? Zeitschrift für die gesamte Strafrechtswissenschaft 99 (1987), S. 25 - 48, 36; Dreher/Tröndle 188 (Fn 1) vor § 211 Rn 21
9) Vgl. hierzu Tröndle 1987 (Fn 8), S. 33 ff.
10) Vgl. Tröndle 1987 (Fn 8), S. 33 dort Fn 39
11) Tröndle 1987 (Fn 8), S. 42

das bedeutsamere Problem einer Beachtung des Selbstbestimmungsrechts des Patienten eher vernachlässigt wurde.

Höbe nämlich der Gesetzgeber das Selbstbestimmungsrecht des Patienten - was schon mit Rücksicht auf den verfassungsrechtlichen Rang dieses Rechts geboten wäre - durch eine besondere Strafnorm wider die "eigenmächtige ärztliche Behandlung" besonders hervor, so würde auch die Diskussion um die Sterbehilfeproblematik - anders als bei der erwogenen *Spezial*regelung - auf den richtigen Ansatz "justiert". Die Sterbehilfe ist nämlich hauptsächlich durch einen verfehlten Ansatz ein rechtsdogmatisches Problem geworden. Die beiden angeführten Fälle belegen es:

Der Fall Wittig wäre - so Lackner auf dem 56. Deutschen Juristentag[12] - "schlechthin unmöglich gewesen", wenn es einen eigenständigen Straftatbestand der eigenmächtigen Heilbehandlung gegeben hätte. In der Tat. Denn welcher Staatsanwalt hätte angesichts einer solchen Strafnorm Anklage wegen eines Tötungsdelikts gegen den Hausarzt erhoben, der sich schließlich an den eindeutig bekundeten Willen seiner ihm bestens bekannten und voll zurechnungsfähigen Patientin gebunden fühlte und daher von einer Einweisung in die Intensivstation absah, aber im Sterbezimmer seiner Patientin bis zu deren Tod ausharrte? Und hätte sich der *Ravensburger* Fall - wäre die eigenmächtige Behandlung strafbar gewesen - überhaupt ereignen können? Wohl nicht. Denn im Falle eines Strafrisikos hätten sich Klinikärzte nicht - auch gewiß nicht der eigene Sohn, der die Beatmung veranlaßt hatte - über den Willen der Patientin hinweggesetzt. Eine Intensivbehandlung wäre weder eingeleitet noch fortgesetzt worden. Dann hätte es zu jener "respektablen" Tat des Ehemanns gar nicht kommen können. Handlungsweise, Anklage und Verfahren sind letztlich die Folge der Mißachtung des Selbstbestimmungsrechts der Patientin. Der Gesetzgeber hat es bisher unterlassen, dieses Patientenrecht durch eine strafrechtliche Schutznorm hinreichend zu verdeutlichen.

Die höchst unbefriedigenden und einander widersprechenden Rechtsmeinungen darüber, wie die Tat des Ehemanns strafrechtlich zu beurteilen und der allgemein für richtig gehaltene Freispruch zu begründen ist, erklären sich ebenfalls daraus, daß aus der Bedeutung und dem Rang des Selbstbestimmungsrechts der Patientin nicht die gebotenen rechtlichen Schlüsse gezogen werden. Erschwert ist allerdings die rechtliche Beurteilung durch den - außergewöhnlichen - Umstand, daß ein klinikfremder *Nichtarzt* in die - freilich von der Patientin nicht konsentierte - klinische Behandlung "unbefugt" eingegriffen und sie beendet hat.

---

12) Lackner, K.: Diskussionsbeitrag. Debatte zu Ziff. II - Sterbehilfe. In: Verhandlungen des 56. Deutschen Juristentages Berlin 1986, Bd. II (Sitzungsberichte). München: Beck 1986, S. M 126 - M 130, M 128

II.

Die rechtliche Beurteilung des Ravensburger Falls *nach dem geltenden Recht* setzt die Mitteilung noch weiterer Einzelheiten des Sachverhalts[13] voraus:

> Die Ehefrau litt an einer Rückenmarkerkrankung, die ärztlich nicht behandelbar war und durch stetig fortschreitende Lähmung zum Tode führt. Der angeklagte Ehemann hatte sich schon ein halbes Jahr zuvor ohne Bezüge beurlauben lassen, um sich ausschließlich der Pflege seiner Frau zu widmen. Bei der Einlieferung ins Krankenhaus war die Frau bewußtlos und lag "im Sterben". Sie hatte in zahlreichen Gesprächen vorher geäußert, sie wolle im Endstadium der Krankheit "auf keinen Fall künstlich beatmet werden". Die Ärzte wollten diesen Wunsch der Frau respektieren. Auf Anordnung ihres Sohnes, der Arzt ist, wurde die Beatmung dann aber doch durchgeführt. Die Frau kam daraufhin vorübergehend wieder zum Bewußtsein, ohne daß jedoch mehr als eine Verlängerung des Sterbevorgangs hätte erreicht werden können. Sie empfand ihren Zustand als "unerträgliche Quälerei" und verfaßte am Tage ihrer Einlieferung ins Krankenhaus mit Hilfe einer "elektrischen Spezialschreibmaschine", mit der allein sie sich noch verständlich machen konnte, "im Vollbesitz ihrer Geisteskräfte folgende Erklärung: Ich möchte sterben, weil mein Zustand nicht mehr erträglich ist. Je schneller, desto besser. Dies wünsche ich mir von ganzem Herzen". Erst daraufhin schaltete der angeklagte Ehemann in einem unbeobachteten Augenblick - und nunmehr mit der Zustimmung des Sohnes - das Beatmungsgerät aus, um ihr damit den "letzten Liebesdienst" zu erweisen, "den er seiner Ehefrau erbringen konnte". "Der Angeklagte blieb sodann am Bett seiner Frau, wischte ihr immer wieder das Gesicht ab und hielt ihre Hand, bis etwa eine Stunde nach Abschalten des Geräts.... der Tod infolge Herzstillstand eintrat".

1. Das Landgericht Ravensburg[14] hat zu Recht darauf hingewiesen, daß das strikte Fremdtötungsverbot gerade auch bei alten und pflegebedürftigen Menschen gelte, daß dieses Verbot aber nicht gebiete, "den sich im Todeskampf befindlichen Menschen gewaltsam gegen seinen Willen am Sterben zu hindern". Vielmehr sei dies unvereinbar mit der Achtung fremden Lebens, das stets mit dem Tode, der beim sterbenden Menschen nichts Unnatürliches sei, ende. In diesen Fällen bestimme nicht die Effizienz der Apparatur die Grenzen der ärztlichen Behandlungspflicht, sondern die Achtung des Lebens und der Menschenwürde, die ebenso wie das Selbstbestimmungsrecht des urteilsfähigen Patienten im Vordergrund stehe.

---

13) Ausführliche Darstellung in Medizinrecht 5 (1987), S. 196 - 198
14) LG Ravensburg, Urteil vom 3.12.1987. Neue Zeitschrift für Strafrecht 7 (1987), S. 229 - 230

Das Landgericht stellt durchaus überzeugend und zutreffend fest, ein im Sterben liegender Mensch könne verlangen, daß der Einsatz technischer Geräte, die den Sterbevorgang nur noch verlängern, unterbleibt oder abgebrochen wird und daß jemand, der diesem Verlangen nachkomme, nicht töte, sondern Beistand im Sterben leiste. Gleichwohl ließ das Gericht aber offen, ob in einem solchen Falle schon die Tatbestandsmäßigkeit (Tötung) verneint werden müsse ("wofür vieles spricht") oder ob der ernsthafte Todeswunsch eines Moribunden für das Verhalten des Angeklagten einen Rechtfertigungsgrund darstelle.

2. Hierzu meint Roxin[15], der den Freispruch gutheißt und von einem Tatbestandsausschluß ausgeht, daß das Gericht bei der Einordnung des Falles "in die überlieferten juristischen Kategorien auffallend karg" verfahren sei. Das ist richtig. Das Gericht hat aber den dramatischen Vorgang durchaus auf den Punkt gebracht, zugleich aber gemerkt, daß dieses "im Ergebnis spontan einleuchtende Urteil juristisch nicht leicht zu begründen" (so Roxin) sei, jedenfalls nicht mit den herkömmlichen Topoi, die in Fällen wie dem vorliegenden im Schwange - und im Streit - sind. Das Gericht mag empfunden haben, daß eine Auseinandersetzung mit den unterschiedlichen und sich bekämpfenden Rechtsmeinungen, die ohnehin zum selben Ergebnis kommen, der Überzeugungskraft des (offensichtlich richtigen) Urteils eher Abbruch tut.
Daß diese Zurückhaltung tatrichterlicher Weisheit entsprach, zeigt der verwirrende und in der Sache nicht weiterführende Stand der Meinungen im Schrifttum:
Roxin[16] setzt bei seiner Suche nach einer sachgemäßen Begründung beim *Akt des Abschalten* des Beatmungsgeräts an und begreift dieses Verhalten als *"Unterlassen durch Tun"*. Aus dieser - freilich umstrittenen - dogmatischen Konstruktion ergebe sich die Tatbestandslosigkeit, weil in casu eine Weiterbehandlungspflicht nicht mehr gegeben gewesen sei. Er erinnerte aber auch daran, daß andere Autoren, die das Abschalten des Respirators als *Begehung*stat begreifen, zum selben Ergebnis kommen, weil
- in solchen Fällen zu fragen sei, "ob nicht die Tötung durch aktives Tun auf Grund der Besonderheiten in diesem Bereich in eng begrenztem Umfange zugelassen werden müsse" (so Samson)[17];
- das Abschalten des Geräts § 212 StGB deswegen nicht unterfalle, weil hierdurch dasselbe geschehe, wie wenn der unrettbar Sterbende an das Gerät gar nicht angeschlossen worden wäre und somit ein "Tatbestandsausschluß wegen Haftungsbegrenzung durch den Schutzzweck der Norm" vorliege (so Sax)[18];

---

15) Roxin 1987 (Fn 2), S. 349
16) Roxin 1987 (Fn 2), S. 349
17) Samson, E.: Begehung und Unterlassen. In: Stratenwerth, G./Kaufmann, A./Geilen, G./Hirsch, H.J./Schreiber, H.-L./Jakobs, G./Loos, F. (Hrsg.): Festschrift für Hans Welzel. Berlin u.a.: de Gruyter 1974, S. 579 - 603, 601
18) Sax, W.: Zur rechtlichen Problematik der Sterbehilfe durch vorzeitigen Abbruch einer Intensivbehandlung. Juristenzeitung 30 (1975), S. 137 - 151, 149 f.

- nach Sachlage keine Rechtspflicht mehr "zur Vornahme des bewahrenden Kausalverlaufs, in den eingegriffen werde, bestehe" (so H.J. Hirsch)[19].

Schon diese unterschiedlichen Ansätze verdeutlichen trotz desselben Ergebnisses, daß es die jeweiligen dogmatischen Vorgaben sind, die letztlich für die jeweilige *rechtliche* Beurteilung des Sachverhalts bestimmend sind. Mit Recht begnügen sich daher Stimmen aus jüngerer Zeit (Eser)[20] mit dem Hinweis, daß es im Ergebnis rechtlich keinen Unterschied machen könne, ob die (abbrechende) Behandlung medikamentös-therapeutisch oder technisiert vorgenommen werde. Bezeichnend ist in diesem Zusammenhang, daß auch die Resolution der Deutschen Gesellschaft für Chirurgie[21] für die Frage des Behandlungsabbruchs den Umfang der ärztlichen Behandlungspflicht für entscheidend hält und nicht die - umstrittene - rechtliche Einordnung als Handeln oder Unterlassen. Offensichtlich hat diese medizinische Gesellschaft gemerkt, daß die unterschiedlichen *juristischen* Bemühungen, das sachgerechte Ergebnis zu begründen, für die Aufhellung der eigentlichen Sachproblematik wenig bringen, umso mehr aber die Mängel des juristischen Fehlansatzes hervortreten lassen.

Bei der Erörterung der Besonderheiten des Ravensburger Falles spricht allerdings Roxin[22] - unter Zitierung der entsprechenden Passagen des landgerichtlichen Urteils - den "Schlüssel zur Lösung" an: Die "unbestrittene Erkenntnis, daß jeder verantwortungsfähige Patient sich sogar eine aussichtsreiche Behandlung und erst recht eine künstliche Verlängerung des Sterbevorgangs verbitten" dürfe. Er beschränkt sich aber dann nur auf den - vom Fall selbst gar nicht veranlaßten - Hinweis, daß der Patient nicht etwa eine Rückgängigmachung einer unerwünschten Behandlung, sondern lediglich die Einstellung einer Behandlung verlangen könne, und tritt dafür ein, daß im Ravensburger Fall jedenfalls der angeklagte Ehemann als Adressat der Patientenerklärung zum Behandlungsabbruch befugt gewesen und sein Verhalten *tatbestandslos* sei, gleichgültig, ob man eine Unterlassungs- oder eine Begehungstat annehme. Roxin fragt aber dann noch abschließend angesichts verbleibender Zweifel, ob nicht der vorgeschlagene § 214 StGB/AE-Sterbehilfe "der Klarheit und Sicherheit des Rechts dienlich wäre". Freilich hebt er hierbei auf eine Gesetzesinitiative ab, die unter den angegebenen Voraussetzungen den Behandlungsabbruch (lediglich) als "nicht rechtswidrig" bezeichnet!

---

19) Hirsch, H.J.: in: Küper, W. (Hrsg.): Festschrift für Karl Lackner. Berlin u.a.: de Gruyter 1987, S. 605 f.
20) Eser. A., in: Schönke/Schröder: Strafgesetzbuch. Kommentar. 23. Aufl., München: Beck 1988, vor § 211 Rn 32
21) Abgedruckt in: Alternativentwurf eines Gesetzes über Sterbehilfe 1986, S.45 unter II 3
22) Roxin 1987 (Fn 2), S. 350

3. Otto[23] meint, obwohl er - insoweit zutreffend - in seiner rechtlichen Beurteilung des Ravensburger Falls zunächst von dem unmittelbar aus der Verfassung (Art.1, 2 Abs.2 S.1 GG) abgeleiteten Selbstbestimmungsrecht ausgeht, daß sich im Falle des Abschaltens des Beatmungsgeräts aber eine "tatbestandsmäßige Tötung.... überzeugend kaum verneinen" und ein Tatbestandsausschluß sich vom Schutzumfang der Norm her nicht begründen lasse, da dies nur bei Tatbeständen möglich sei, die eine Begrenzung auf ganz spezifische Risiken aufweisen. Er hält aber die Tat des angeklagten Ehemanns als eine "zur Verwirklichung des verfassungsmäßigen Zustandes nötige Maßnahme für *gerechtfertigt*", da "ein gegenüber der Verlängerung des Sterbeprozesses gegen den Willen des Patienten höherrangiges Interesse wahrgenommen" worden sei. Hierbei geht Otto - abweichend von der herrschenden Meinung - von einem zweigliedrigen Verbrechensaufbau, also einem einheitlichen Unrechtstatbestand[24] und von der Auffassung aus, daß die Rechtfertigungsproblematik nicht auf die typisierten Rechtfertigungsgründe[25] beschränkt werden könne.

4. Auch Herzberg[26] bejaht in seinem Besprechungsaufsatz im Ravensburger Fall eine Tatbestandsmäßigkeit nach § 216 StGB und zielt von vornherein auf das Vorliegen eines Rechtfertigungsgrundes ab, indem er in kritischer Manier Roxin vorhält, "*aktive* Lebensverkürzung" in bloßes "*Unterlassen* der Lebensverlängerung" (die sich die Patientin verbeten hatte) umzudeuten, um wegen des "ernstlichen Tötungsverlangens" die Handlungspflicht verneinen zu können. Er bezweifelt, ob es überhaupt erlaubt sei, "den Fall in die Kategorie des Unterlassens zu schieben", anerkennt aber dennoch den Gedanken dieses "Unterlassens durch Tun" gerade auch für die Fälle des Abstellens von Beatmungsgeräten, hält jedoch Roxin - insoweit zutreffend - entgegen, daß die Kategorie des "Unterlassens durch Tun" aber immer nur in den Fällen des Absetzens *eigener* Maßnahmen der Erfolgsabwendung Platz greife und im Fall des eigenmächtigen Abschaltens durch einen Inkompetenten nicht angewendet werden könne. Schließlich meint er, daß es "angesichts der aktiv-bewußten Todesverursachung.... gänzlich unhaltbar (sei), eine tatbestandsmäßige Tötung zu leugnen", glaubt aber, daß die Tat *nach § 34 StGB* gerechtfertigt sei, da der Ehemann in diesem Falle "durch Verhindern der Lebensrettung, horribile dictu, den *höheren* Wert verwirklicht" habe.

Indessen ist Herzberg in seiner Kritik an Roxin entgegenzuhalten, daß § 34 StGB zur juristischen Begründung der - kaum bestreitbaren - Erlaubtheit des Verhaltens des Ehemanns weniger tragfähig ist, als die Annahme eines Tatbestandsausschlusses. Die Vorschrift des § 34 StGB

---

23) Otto 1987 (Fn 1)
24) Otto, H.: Grundkurs Strafrecht. Allgemeine Strafrechtslehre. 3. Aufl., Berlin u.a.: de Gruyter 1988, § 5 III 1
25) Otto, H.: Gutachten zum 56. Deutschen Juristentag. In: Verhandlungen des 56. Deutschen Juristentages Berlin 1986. München: Beck 1986, S. D 44
26) Herzberg 1988 (Fn 1), S. 185

ist auch sonst schon - dem ihr zugedachten exzeptionellen Charakter zuwider[27] - unbedacht und auch zu Unrecht herangezogen worden[28] und auf diese Weise in die von vornherein befürchtete Rolle einer "Umlaufwährung des juristischen Alltags" (Horstkotte)[29] geraten. Auch auf Herzbergs Argumentation trifft das zu: In den "Hackethal-Fällen" (die sich vom Ravensburger Fall rechtlich *grundlegend* unterscheiden, was bei einer einheitlichen Besprechung leicht übersehen wird) zieht er nämlich § 34 StGB heran, um - der herrschenden Meinung zuwider - Fälle aktiver Sterbehilfe unter bestimmten Umständen zu rechtfertigen. Indessen paßt § 34 StGB in diesen Fällen nicht: Man kann bei der Anwendung dieser Vorschrift die in ihr (und in der gesamten Rechtsordnung) zum Ausdruck kommende Rangordnung der Werte nicht, um zum gewünschten Ergebnis zu kommen, auf den Kopf stellen und, wie Herzberg meint, in solchen Fällen die *Verhinderung der Lebensrettung"* als den "wesentlich überwiegenden" Wert (§ 34 StGB) gegenüber der Erhaltung eines leidvollen Lebens ansehen[30]. Eine solche verquere Wertorientierung führt auch beim Versuch einer weiteren Subsumtion unter die übrigen Merkmale des § 34 StGB zu seltsamen Problemstellungen: Denn bei der Anwendung dieser Vorschrift ist das Bezugsobjekt der "Gefahr" (ein durch eine beliebige Ursache eingetretener ungewöhnlicher Zustand, in welchem nach den konkreten Umständen der Eintritt eines Schadens wahrscheinlich ist)[31] und das Rechtsgut, dem sie droht (etwa das "Nicht-wunschgemäß-Sterben-können"?), konkret zu bezeichnen und dem Täter muß es - als subjektives Rechtfertigungselement darauf ankommen, gerade *diese* "Gefahr" *abzuwenden*, was dann in concreto nichts anderes bedeuten würde, als daß der Täter um seiner Rechtfertigung willen den Nachweis zu führen hätte, die Tötung *beabsichtigt* zu haben. Eine "Gefahrabwendung" dieser Tendenz kann § 34 StGB schon deswegen nicht meinen, weil *absichtliches* Töten keinem Rechtsgut, das von der Rechtsordnung anerkannt ist, dienen kann, wohl aber die objektiven und subjektiven Voraussetzungen eines Tötungsdelikts erfüllt, im Falle ausdrücklichen und ernstlichen Verlangens eines Lebensmüden zumindest die des § 216 StGB.

Hieraus folgt nicht nur, daß sich "Hackethal-Fälle" über § 34 StGB nicht rechtfertigen lassen, sondern daß diese Vorschrift auch nicht geeignet ist, die - im Ergebnis unbestrittene - Übereinstimmung des Verhaltens des angeklagten Ehemanns im Ravensburger Fall mit der Rechtsordnung zu belegen.

---

27) Vgl. Gallas, W.: Niederschriften über die Sitzungen der Großen Strafrechtskommission, Band 12. 1960, S. 165
28) Dreher/Tröndle 1988 (Fn 1), § 34 Rn 24
29) Protokolle des Sonderausschusses für die Strafrechtsreform, V. Wahlp., S. 174
30) So Herzberg, R.D., auch in: Der Fall Hackethal: Strafbare Tötung auf Verlangen? Neue Juristische Wochenschrift 39 (1986), S. 1635 - 1644, 1641
31) Vgl. RGSt.61,362; Dreher/Tröndle 1988 (Fn 1), § 34 Rn 18; Lackner, K.: Strafgesetzbuch mit Erläuterungen. 17. Aufl., München: Beck 1987, § 34 Anm. 2d

5. Herzberg verfehlt nämlich den richtigen Ansatz schon dadurch, daß er glaubt, das Verhalten dieses Ehemanns von vornherein als "aktiv-bewußte Todesverursachung" bezeichnen zu sollen. Das ist subsumtions-technisch ein unzulässiger Vorgriff, der freilich auch bei anderen Autoren, die ohne weiteres von der Tatbestandsmäßigkeit des Verhaltens des Ehemanns ausgehen, festzustellen ist. Eine zutreffende strafrechtliche Subsumtion des *Erfolges* einer Tat setzt aber zunächst einmal die der Tat selbst voraus. Diese ist aber unter den tatsächlichen und rechtlichen Gegebenheiten zu beurteilen, unter denen sie begangen wurde.

Da nach den landgerichtlichen Feststellungen die urteilsfähige Patientin weder mit dem Beginn noch mit der Fortführung der Intensivbe-handlung einverstanden war, wurde sie Opfer einer eigenmächtigen Krankenbehandlung. Zwar kennt das geltende Recht einen solchen besonderen Straftatbestand nicht, es ist aber der äußere Tatbestand der Körperverletzung gegeben: Der der Lebenserhaltung dienende Einsatz des Beatmungsgerätes verursachte der Patientin weitere und andauernde unerträgliche Qualen, die vermutlich weit über das hinausgingen, was sie im Falle bloßer schmerzlindernder Medikation bis zum natürlichen Todeseintritt auszuhalten gehabt hätte.

Das hier zu beurteilende Abschalten des Geräts war also nichts ande-res als das Beenden eines rechtswidrigen Zustandes, dem ein Körper-verletzungsakt zugrunde lag und auf dessen Beendigung sie von Rechts und Verfassungs wegen Anspruch hatte. Ein Akt aber, der Unrecht beseitigt, dem Rechtsträger wieder zum verfassungsrechtlich geschütz-ten Recht verhilft[32] und zu dessen Durchführung unter Umständen - bei einem Garanten etwa - sogar eine Rechtspflicht bestehen kann, ist per se nicht geeignet, die objektiven Voraussetzungen eines Straftatbe-standes zu erfüllen. Auch nicht angesichts der durch einen solchen Akt mitbedingten und von der Patientin durchaus erwarteten und konsen-tierten Folge des natürlichen (und nicht mehr künstlich behinderten) Todeseintritts.

6. In diesem Punkt unterscheidet sich der Tatakt im Ravensburger Fall - auch Otto[33] weist darauf hin - *grundlegend* von der Tathandlung der (strafbaren) Tötung auf Verlangen (§ 216 StGB) und den Fällen der sogenannten aktiven Sterbehilfe:

Wer einem schwerleidenden Patienten auf dessen dringenden Wunsch eine *tödliche Injektion* gibt oder einen vergleichbaren Eingriff vor-nimmt, tötet oder verkürzt (bei einem Moribunden) den natürlichen Sterbeprozeß, er verletzt hierdurch das strikte und strafbewehrte Tö-tungsverbot. Wer hingegen dem eindeutigen Verlangen eines Patienten, *nicht behandelt zu werden* oder mit einer begonnenen Behandlung inne-zuhalten, durch ein Tun oder ein Unterlassen nachkommt, handelt von

---

32) Vgl. hierzu auch Roxin, C.: Rechtfertigungs- und Entschuldigungsgründe in Abgren-zung von sonstigen Strafausschließungsgründen. Juristische Schulung 28 (1988) S. 425 - 433, 426

33) Otto 1987 (Fn 1)

vornherein pflichtgemäß und respektiert das Recht des Patienten auf einen natürlich eintretenden, behandlungsfreien Tod. Dem untätig Bleibenden oder dem eine Behandlung Abbrechenden sind dann auch die Folgen des Behandlungsabbruchs nicht zuzurechnen. Sie sind nicht Folgen *seines* Verhaltens. Er hat daher auch den Tod des Patienten nicht "verursacht". Ursache für den (vorzeitig eingetretenen) Tod ist vielmehr die Weisung des Patienten, der er Folge zu leisten hatte. Keinem Arzt wird, wenn sich ein Patient einer lebensrettenden oder lebensverlängernden Behandlung widersetzt, dessen Tod zugeschrieben. Für das Verhalten des Arztes ist dann auch kein besonderer Rechtfertigungsgrund zu bemühen.

Gilt im Ravensburger Fall etwas anderes? Die Besonderheit liegt darin, daß zum einen ein Nichtarzt, nämlich der Ehemann der Patientin, also ein für die klinische Behandlung inkompetenter, *aktiv* in die Behandlung eingriff, dadurch der Ordnung des klinischen Betriebs - wenn auch unter Zustimmung des Sohnes der Patientin, der als Arzt die Behandlung ursprünglich veranlaßt hatte - in ganz erheblicher Weise zuwidergehandelt hat und daß zum anderen etwa eine Stunde nach diesem "ordnungswidrigen" Absetzen des Beatmungsgeräts der Tod der Patientin eingetreten ist.

Mit Recht weist Roxin[34] darauf hin, daß der Verstoß gegen die Ordnung des Krankenhauses für die *strafrechtliche* Beurteilung irrelevant ist. In der Tat ist nicht einzusehen, woraus sich ergeben soll, daß ein Behandlungsabbruch, der nach dem Gesagten eine *rechtswidrige* Behandlung beendet und somit *rechtlich geboten* ist, rechtlich anders beurteilt werden könnte, nur weil er von einem Nichtarzt vorgenommen worden ist[35].

Es ist hier überhaupt die Frage zu stellen, ob es im Ravensburger Fall - aber auch in anderen Fällen eines Behandlungsabbruchs, in dem im Fall eines *verlöschenden* Lebens *nur* noch eine *künstliche* Verlängerung des Sterbeprozesses bewirkt werden kann - sachgemäß ist, die aus den angegebenen Gründen *nicht zurechenbare* Folge der Tat des die Behandlung abbrechenden Täters als "Tötung" oder auch nur als "Todesverursachung" zu bezeichnen und durch diese Ausdrucksweise eine Tatfolge zu assoziieren, die auf eine Relevanz hinsichtlich der Straftatbestände zum Schutze des Lebens hinweist.

Ist auch ein *künstlich verlängerter* Sterbevorgang dem strafrechtlichen Lebensschutz unterstellt? Sax[36] hat das in seiner Analyse verneint und in eingehender Begründung den Tatbestands*ausschluß* mit der sich aus dem Schutzzweck der Norm ergebenden Haftungsbegrenzung begründet und dargetan, daß "trotz vorsätzlicher Verursachung des Todes eines Menschen" "das Rechtsgut Leben nicht verletzt" sei.

Ist aber eigentlich - bezogen auf den Ravensburger Fall - die aktivbewußte Tätigkeit des Geräteabschaltens phänomenologisch und nach

---

34) Roxin 1987 (Fn 2), S. 350
35) Vgl. auch Sax 1975 (Fn 18), S. 138, 150
36) Sax 1975 (Fn 18), S. 149/150

ihrem Sinngehalt zutreffend charakterisiert, wenn man sie als *Tötungs-handlung* oder auch nur als Todes*verursachung* ansieht? Wollte der angeklagte Ehemann wirklich seine Ehefrau "töten" oder ihren Tod verursachen und wollte die moribunde Ehefrau wirklich "getötet werden"? Ihre Erklärung "ich möchte sterben, weil mein Zustand nicht mehr erträglich ist, je schneller, desto besser" war nach Sachlage nur die - wenn auch nachdrückliche und in voller Kenntnis der Folge ausgesprochene - Aufforderung, der *künstlichen* Beatmung und den damit verbundenen Qualen ein Ende zu setzen. Die dem Ehemann abgeforderte und von ihm erbrachte Handlung war also nicht das "Töten" oder das "Todverursachen", sondern das Beenden einer unnatürlichen qualvollen Sterbeverlängerung. Hinter dieser Feststellung steckt kein Spiel mit Worten, sondern es geht um eine genauere tatbestandsmäßige Erfassung des Sachverhalts, aus dem sich rechtlich erhebliche Konsequenzen ergeben. Das wird durch folgende Überlegung deutlich: Die Erklärung der Moribunden, sterben zu wollen, schloß die Aufforderung gewiß nicht ein, ihren unerträglichen Leidenszustand etwa durch das Verabreichen einer tödlichen Injektion zu beenden, und es besteht nach Sachlage auch kein Anlaß zur Annahme, daß der Ehemann ihre Forderung (auch) so verstanden haben oder gar bereit gewesen sein könnte, so zu verfahren, eben weil er in einem solchen Falle getötet und durch *seine* Tat den Tod seiner Ehefrau verursacht und zu verantworten gehabt hätte. Auf *diese* Weise wollte und sollte er den unerträglichen Leidenszustand nicht beenden und es würde die Sachsituation rechtlich nicht kennzeichnen, sähe man (auch) in einer Todesspritze *lediglich* das Beenden eines (bereits künstlich verlängerten) Sterbeprozesses. Das Rechtsgefühl weiß auch in diesen Fällen sehr deutlich zu unterscheiden zwischen dem Abschalten des Reanimationsgeräts und dem Verabreichen einer tödlichen Injektion: Denn im ersten Fall drängt es auf Straffreiheit (weil der Behandlungsabbruch rechtlich geboten ist und der Verwirklichung des Selbstbestimmungsrechts des Patienten entspricht), im zweiten hingegen ist auch für das Rechtsgefühl kaum bezweifelbar, daß selbst das ernstliche Verlangen des Moribunden nach "Erlösung" nichts ändert an der Tatsache, daß der Täter *getötet* (und sich daher nach § 216 StGB zu verantworten) hat. Diese Überlegung bringt schließlich zum Ausdruck, daß die hier vertretene Auffassung nicht etwa, wie Hans Joachim Hirsch[37] fürchtet, das künstlich verlängerte Leben als Rechtsgut Leben nicht mehr anerkennt: Es macht nämlich einen tatsächlich und rechtlich grundlegenden Unterschied, ob man durch eine gezielte Tötung das nur noch apparativ-künstlich aufrechterhaltene Leben beendet oder ob man lediglich die Bedingungen beseitigt, unter denen es allein möglich war, das Leben im Sinne bloßen Aufrechterhaltens des Sterbeprozesses zu verlängern und den Todeseintritt dem natürlichen Krankheitsverlauf zuwider zu verhindern. So wenig der Mensch ein subjektives Recht hat, daß die Rechtsordnung "seinen *Wunsch* zu sterben achte, wann er ihn

---

37) Hirsch, H.J.: Behandlungsabbruch und Sterbehilfe. In: Küper, W. (Hrsg.): Festschrift für Karl Lackner. Berlin u.a.: de Gruyter 1987, S. 597 - 620, 605

hegt und wie immer er seine Erfüllung erstrebt" (Sax)[38], ebenso sicher
hat die Rechtsordnung den natürlichen Tod des Menschen zu achten
und darf nicht die Aufrechterhaltung von Bedingungen gebieten und
auch nur fördern, die die leidvolle Lebensstrecke vor dem unwiderruf-
lichen und unmittelbar bevorstehenden Tod zeitlich hinausschiebt. Dies
im Rahmen des *Lebens*schutzes zu fordern, käme daher einem Selbstwi-
derspruch (Sax)[39] der Rechtsordnung gleich, die das Leben des Menschen in seinem natürlich vorgegebenen Sinne zu schützen, den Tod
aber ebenso als einen natürlichen Vorgang zu achten hat. Er ist kein
Teil des Lebens, vielmehr beendet er es unwiederbringlich. Hingegen ist
das naturbedingte (d.h. krankheits- oder/und altersbedingte) Sterben ein
Teil dieses Lebens, dessen Schutz die Rechtsordnung dergestalt zu gewährleisten hat, daß das in diesem Sinne natürliche Sterben weder verkürzt noch verlängert wird.

In diesem Zusammenhang ist daran zu erinnern, daß die (frühere)
Todesstrafe auch nicht etwa die Strafe "des Todes" bedeutete (dem kein
Sterblicher entrinnen kann), sondern die Strafe des fremdbestimmten
vorzeitigen und auf bestimmte Weise *Sterben-müssens.*

Für den *Ravensburger Fall* folgt aus dem Dargelegten, daß der angeklagte Ehemann den Tod seiner Ehefrau nicht als *seine* Tat verursacht
hat. Die Ursache war längst gesetzt, er hat vielmehr die (rechtlich unzu-
lässige) Sterbensverlängerung beendet, die den Eintritt des natürlichen
Todes bisher hinausgeschoben hat. Wer aber einem rechtlich unzulässigen Zustand ein Ende setzt, hierzu unter Umständen sogar rechtlich
verpflichtet ist und hierdurch notwendigerweise zugleich (auch) einen -
bis dahin nur hinausgezögerten - Erfolg verursacht, bewirkt *insoweit*
keine Folge, die ihm strafrechtlich zugerechnet werden kann: Denn das
Beseitigen künstlicher Hindernisse, die dem *natürlichen* (und vom Moribunden gewünschten) Sterben im Wege stehen, verletzt das Rechtsgut
Leben nicht, sondern schützt es im eigentlichen und natürlich verstandenen Sinne und der Eintritt des - ohnehin bevorstehenden und nur
künstlich hinausgezögerten - Todes ist nicht das Werk dessen, der das
Gerät abgeschaltet hat.

Im Grunde ist daher zu fragen, ob es im Ravensburger Fall der Her-
anziehung einer "Haftungsbegrenzung durch den Schutzzweck der
Norm" bedarf, um damit einen Tatbestands"*ausschluß*" besonders dar-
zutun (so Sax)[40], oder ob es bei sachgemäßer Betrachtung nicht überhaupt an einem strafrechtlich relevanten Vorgang fehlt, weil das, was
der angeklagte Ehemann tat, (positiv) dem *Schutz* des Lebens, zu dem
auch die Achtung vor dem naturgegebenen Tod und der Schutz des
natürlichen Sterbens gehört, diente.

---

38) Sax 1975 (Fn 18), S. 149
39) Sax 1975 (Fn 18), S. 149
40) Sax 1975 (Fn 18), S. 149; jedoch in Sax, W.: "Tatbestand" und Rechtsgutsverletzung
(I), Teil 1. Juristenzeitung 31 (1976), S. 9 - 16, noch allgemeiner formuliert als "Tatbestandsausschluß wegen Fehlens einer (strafwürdigen) Rechtsgutverletzung" oder
"wegen Fehlens einer strafwürdigen Beeinträchtigung des Schutzzwecks der Norm".

III.

Eine juristische Beurteilung des Ravensburger Falls, wie sie hier vorgenommen worden ist, mag - zunächst - kühn erscheinen, ja sogar Unbehagen auslösen und auf Bedenken und Zurückhaltung stoßen. Sie gibt aber eine Erklärung dafür her, warum die Tat des Ehemanns - wie Roxin[41] meinte - "Respekt verdiene", was - im positiven Sinne - mehr bedeutet als "nicht rechtswidrig", als nicht tatbestandsmäßig oder - untechnisch - als rechtlich hinnehmbar, rechtlich indifferent oder - ganz allgemein - als (nur) erlaubt. Roxin hält - bezogen auf das Verhalten des Ehemanns in seiner "tragisch-ausweglosen Situation" - "das Strafrecht (für) kein geeignetes Mittel sozialer Reaktion" und läßt hierbei ein deutliches Unbehagen über die tatsächlichen Folgen der umstrittenen und ungeklärten Rechtslage in den Fällen der Sterbehilfe mitschwingen, wonach denjenigen, der sich in einer ihn persönlich schwerst belastenden Krisensituation "respektabel", dem Rechte und der Menschlichkeit gemäß verhalten hat, ein unter Umständen mehrinstanzliches Verfahren vor Strafgerichten droht, da er sich wegen einer schweren Straftat *wider das Leben* zu verantworten hat und - wenn auch mit gewissen Chancen - besonders rechtfertigen muß.

Demgegenüber hat Sax[42] schon vor einem Jahrzehnt eingehend und im Ergebnis zutreffend dargelegt, daß das Abbrechen einer aussichtslosen Intensivbehandlung das "Rechtsgut Leben nicht verletze", weil es an einer "strafwürdigen Beeinträchtigung des Schutzzwecks der Norm" fehle, obwohl, wie er außerdem noch hinzufügte[43], "der 'gesetzliche Tatbestand' des Totschlags verwirklicht", "da ein den Tod verursachendes Verhalten vollzogen" worden sei. Das ist aber, wie schon ausgeführt, gerade die Frage. Sax[44] sagt im selben Zusammenhang richtig: Nur was vorsatzbezogen sein kann, kann zum 'gesetzlichen Tatbestand' gehören". Aus dieser Einsicht gilt es für die (alters-/krankheitsbedingten) Fälle des unrettbar *verlöschenden Lebens* Konsequenzen zu ziehen. In diesen Fällen ist nämlich der "natürliche Tod" als solcher und als ein von *Menschenhand unabhängiges* Ereignis vom Vorsatz nicht umfaßt. Bei der Behandlung *tödlich Erkrankter* kann sich daher ein (strafrechtlich relevanter) Vorsatz *nur* auf das *vorzeitige* Beenden des (natürlichen) Sterbeprozesses beziehen oder auf dessen *künstliche* Verlängerung mittels technischer Geräte. Beides ist unerlaubt: Das eine ist als "aktive Sterbehilfe" strafbare Tötung, auch wenn der Moribunde einwilligt (vgl. § 216 StGB), das andere ist, weil meist dem (mutmaßlichen) Willen des Moribunden widersprechend, Körperverletzung. Hingegen sollten Fälle "normaler" und letztlich dem Leben in seiner kritischsten Phase dienenden Sterbebegleitung von vornherein aus dem strafrechtlich relevanten Ver-

---

41) Roxin 1987 (Fn 2), S. 249
42) Sax 1975 (Fn 18), S. 149; Sax, W.: "Tatbestand" und Rechtsgutsverletzung (I), Teil 3. Juristenzeitung 31 (1976), S. 80 - 85
43) Sax 1976 (Fn 42)
44) Sax 1976 (Fn 40), S. 13

halten herausgehalten werden, weil in den Fällen des verlöschenden Lebens eben das gewünschte *natürliche* Sterbenlassen dem nach der lex artis verfahrenden Arzt nicht zugerechnet werden kann, aber auch nicht dem helfenden Mitmenschen, der in das "natürliche" Sterben nicht eingreift, sondern lediglich nach Kräften Leidhilfe leistet und Schmerzlinderung gewährt, und der lebenserhaltende Therapien deswegen nicht (mehr) einsetzt oder abbricht, weil sie vom Einverständnis des (urteilsfähigen) Moribunden nicht (mehr) gedeckt sind oder außer einer Sterbensverlängerung keinen Erfolg mehr erwarten lassen.

Der im herrschenden Schrifttum unlösbare Streit um die richtige juristische *Begründung*[45] einer im Ergebnis erlaubten und straffreien Sterbehilfe wird dadurch verursacht, daß der - wie dargelegt - gar nicht zurechenbare *natürliche* Eintritt des Todes *als solcher* sachwidrig in die strafrechtsdogmatische Beurteilung einbezogen und als deren Ausgangspunkt angesehen wird. Das ist die Folge einer Strafrechtsdogmatik, die noch keine Konsequenzen aus der Tatsache gezogen hat, daß der Todeszeitpunkt - anders als früher - nicht mehr als unumstoßbar naturgegebenes Fixum gelten kann, sondern inzwischen zur Variablen in der Hand des Intensivmediziners wurde. Eine sachgemäße Entwicklung der Strafrechtsdogmatik wurde insbesondere durch die von Bockelmann[46] vertretene Auffassung erschwert, daß auch bei unrettbar Moribunden die Anwendung analeptischer Mittel, solange der Sterbende irgendwie am Leben gehalten werden kann, geboten und auch der Abbruch einer aussichtslosen Intensivbehandlung vor diesem Zeitpunkt ein Tötungsdelikt sei. Zwar hat diese Meinung heute kaum noch Gefolgschaft. Geblieben ist aber als Relikt dieser Fehlauffassung, daß die herrschende Meinung nach wie vor bei der Beurteilung von Sterbehilfefällen an eine "Todesverursachung" anknüpft und - ohne eine überzeugende Antwort zu erhalten - danach fragt, wie das Tun und Unterlassen des Sterbehelfers gerechtfertigt oder aus dem Tatbestand herausgenommen werden kann.

Die bemerkenswerten Fortschritte der modernen Apparatemedizin, durch die zunehmend in bisher hoffnungslosen Fällen, insbesondere bei Unfällen, Leben gerettet und erhalten werden können, verlören aber ihren Sinn, Wohltaten würden also zur Plage, wenn die strafrechtlichen Lebensschutznormen nunmehr auch geböten, die medizinische Hochleistungstechnik *auch* gegen den Willen des Patienten oder gegen seinen mutmaßlichen Willen einzusetzen, um *verlöschendes* Leben in seiner leidvollen Endphase, soweit technisch möglich, zu verlängern und den Todeszeitpunkt hinauszuschieben.

Daß Juristen dies schon gefordert haben und Mediziner dem schon gefolgt sind, fällt unter die Symptome eines Zeitgeistes, der im Bereich des (technisch) Machbaren die Grenze des (rechtlich und sittlich) Er-

---

45) Vgl. hierzu auch die Nachweise bei Eser A.: in: H. Weber/D. Mieth (Hrsg.): Anspruch der Wirklichkeit und christlicher Glaube, 1980, S. 168
46) Ponsold, A.: Lehrbuch der gerichtlichen Medizin. 3. Aufl., Stuttgart: Thieme 1967, S. 7

laubten nicht kennt oder nicht einhält. Wer nämlich technische Hochleistungsmedizin nur noch einsetzt, um den natürlichen Sterbeprozeß *künstlich* zu verlängern, verkehrt in Wahrheit *den Schutz* des Lebens in sein Gegenteil und läßt es an der Achtung vor dem *natürlichen* Tode fehlen.

Der strafrechtliche Schutz menschlichen Lebens in der Endphase kann sich daher *nicht* auf leben*erhaltende* Chancen und Möglichkeiten der Hochleistungsmedizin, sondern nur noch auf deren Möglichkeiten bei einer Sterbebegleitung beziehen, was nichts anderes bedeutet, als daß bei verlöschendem Leben der natürliche Sterbeprozeß zum natürlichen Tode respektiert, aber nach besten Kräften der leidvolle Weg dorthin durch die Hilfen der schmerzlindernden Behandlung und Medikation und der pflegerischen Fürsorge erleichtert wird.

Hieraus folgt, daß Fälle solcher Sterbebegleitung, wozu auch der der lex artis entsprechende Abbruch einer Intensivbehandlung gehören kann, *nicht von vornherein* strafrechtlich beachtliche Vorgänge sein können[47] und daher insoweit nicht jeweils *besonderer* Prüfung bedürfen. Etwas anderes gilt in Sterbehilfefällen nur, wenn Zweifel bestehen, ob die Grundsätze der lex artis eingehalten worden sind, ferner wenn Anhaltspunkte dafür vorliegen, daß der Sterbeprozeß *vorzeitig* durch einen Eingriff beendet oder wenn er dem (mutmaßlichen) Willen des Patienten zuwider verlängert worden oder wenn in sonstiger Weise das Selbstbestimmungsrecht des Patienten nicht beachtet worden ist. Nimmt man in diesem Sinne die "erlaubte Sterbehilfe", also die Begleitung des "natürlichen Sterbens" und damit die Leidhilfe zum "natürlichen Tod" von vornherein aus der strafrechtlichen Relevanz heraus, sind allerdings die strafrechtlichen Probleme nicht gelöst, die im Zusammenhang mit der Behandlung tödlich Erkrankter auftreten können. Es wird nicht in allen Fällen auf der Hand liegen, was unter "natürlichem Tod" zu verstehen ist, was also in den Bereich des strafrechtlich Irrelevanten fällt. Nicht selten bleiben Zweifel und Unsicherheiten. Dieser Vorschlag hat aber den Vorteil, daß er das eigentliche Sachproblem zentriert und sich dann aus einer rechten Fragestellung heraus auch diejenigen Fälle ermitteln lassen, in denen das Rechtsgut Leben oder das verfassungsrechtlich geschützte Selbstbestimmungsrecht des Patienten verletzt ist oder verletzt sein könnte.

Auf Einzelheiten kann hier nicht eingegangen werden. An anderer Stelle[48] habe ich schon ausgeführt, daß die hier vorgeschlagene Herausnahme der Fälle der erlaubten Sterbehilfe aus der Tatbestandsmäßigkeit sich von selbst ergeben müßte, wenn die ärztliche Heilbehandlung besonders geregelt wäre oder die herrschende Rechtsprechung die unsachgemäße strafrechtsdogmatische Bewertung solcher Eingriffe als (objektiv) tatbestandsmäßige Körperverletzungen aufgäbe. Es ist nicht

---

47) Eser 1980 (Fn 45)
48) Tröndle 1987 (Fn 8), S. 48; Tröndle, H.: Nochmals: Sterbehilfe, lex artis und mutmaßlicher Patientenwille - Erwiderung auf M. von Lutteroti: Ärztliche Überlegungen zu juristischen Vorschlägen. Medizinrecht 6 (1988), S. 163 - 166, 165

zu fürchten[49], daß hierdurch die strafrechtliche Verantwortlichkeit des Arztes in Fällen der Sterbehilfe zurückgenommen würde. Denn ein der lex artis gemäßes Verhalten kann bei sachgemäßer Auslegung die dem Schutz von Leben und Gesundheit dienenden Strafvorschriften ohnehin nicht verletzen. Ein Sterbehelfer hingegen, der *irrig* davon ausgeht, ein Abbruch der Intensivbehandlung entspreche in casu der lex artis und gebe anstelle einer nutzlosen Leidensverlängerung den Weg für ein "natürliches Sterben" frei, hat sich - wie Sax[50] näher dargelegt hat - strafrechtlich zu verantworten: Das, worauf sich sein Irrtum bezieht, ist nach dem hiesigen Vorschlag kein "Umstand,.... der zum gesetzlichen Tatbestand gehört" (§ 16 StGB), er liegt vielmehr in der irrigen Annahme, daß er das Rechtsgut Leben nicht verletze und das Unrecht eines Tötungsakts nicht verwirkliche. Hierin liegt ein - in der Regel vermeidbarer - Verbotsirrtum (§ 17 StGB).

Diese strafrechtsdogmatischen Fragen weiter zu verfolgen, ist hier kein Raum. Wohl aber mag es angebracht sein, in einem Beitrag, der dem hochverehrten Jubilar gewidmet ist, der neben seinem Lebenswerk auf dem Gebiet der Kriminologie und seiner umfangreichen forensischen Gutachtertätigkeit sich - als Arzt und Jurist - auch mit arztrechtlichen Fragen kritisch befaßt hat, an die jahrzehntealten[51] Versäumnisse zu erinnern, die dem - sonst so rührigen - Gesetzgeber vorzuhalten sind, der bis auf den heutigen Tag eine sachgemäße Regelung des Rechts der ärztlichen Behandlungen unterlassen hat.

---

49) So aber Eser, A.: Freiheit zum Sterben - kein Recht auf Tötung. Juristenzeitung 41 (1986), S. 786 - 795, 794
50) Sax 1975 (Fn 18), S. 150
51) Vgl. Tröndle 1987 (Fn 8), S. 33, dort Fn 39

Zur Zulässigkeit des Machbaren

Strafrechtliche und kriminalpolitische Aspekte der medizinisch-assistierten Fortpflanzung sowie der Gentechnologie in Österreich

Peter J. Schick

1. Einleitung und Themenabgrenzung

Allenthalben - selbst im kleinen Österreich - zeichnet sich zur Frage der Zulässigkeit des Machbaren im Bereiche der Reproduktionsmedizin und der Gentechnik ein breites Spektrum von Meinungen ab[1]. Weltanschaulich-religiös bedingte Auffassungsunterschiede gehen quer durch alle Disziplinen, die an der Zulässigkeitsfrage ein Interesse haben; seien es Mediziner und Biologen, die die ethischen Grenzen des Machbaren erfahren wollen; seien es normativ ausgerichtete Sozialwissenschaftler, die den Naturwissenschaftlern und Forschern sozialethische Grenzen vorgeben wollen.

Rechtspolitiker sind gemeinsam mit den Wissenschaftlern bemüht, zu ethisch vertretbaren normativen Lösungen zu gelangen[2].

Jeder, der bei diesem zu höchst weltanschaulich zu behandelnden Thema mitdiskutieren will, ist verhalten, seine Grundwertungen offenzulegen.

Ich möchte dies im folgenden von meiner strafrechtlich-kriminalpolitischen Warte aus tun und gleichzeitig die Frage in den Raum stellen: können strafrechtliche und kriminalpolitische Grundwertungen überhaupt etwas zur Lösung der Zulässigkeitsfrage beitragen?

Mit dem "Offenlegen" verschiedener Grundwertungen ist es jedoch noch nicht getan. Um die Zulässigkeitsfrage in einem so heiklen Bereich beantworten zu können, müssen alle Grundwertungen in einer *interdisziplinären Zusammenschau* diskutiert werden: Die Weite und Beherrschbarkeit des Gefahrenpotentials der neuen Techniken auf der einen, die Fragen der individual- und sozialethischen Grenzziehungsmaximen auf der anderen Seite; beide Bereiche sind jeweils stark weltanschaulich

---

1) Posch, W.: Rechtsprobleme der medizinisch assistierten Fortpflanzung und Gentechnologie, Gutachten zum 10. Österreichischen Juristentag, Wien 1988 (1988), S. 14
2) Vgl. Bundesminister der Justiz Hans A. Engelhard in seinen Stellungnahmen zur Embryonenforschung: recht, Informationen des Bundesministers der Justiz 1988, Nr. 3, S. 47, Nr. 4, S. 65

Kerner/Kaiser (Hrsg.) Kriminalität
© Springer-Verlag Berlin Heidelberg 1990

geprägt, wenn nicht sogar durch Hypostasierung gewisser Werte oder Übertreibung bestimmter Gefahren ideologisch-manipulativ ausgerichtet. Dieser Gefahr der Ideologisierung gilt es jedoch energisch entgegenzutreten.

Über die Zulässigkeitsfrage entscheiden, heißt "Grenzen ziehen". Das muß der Rechtspolitiker stets vor Augen haben. Allein: "Grenzen setzen" kann man erst, wenn man *alle* Beteiligten zu Wort kommen läßt, die "Grundwertungen" und Interessenslagen aller Seiten kritisch analysiert und auf einen rationalen Kern reduziert. Eine derartige sozialwissenschaftliche, interdisziplinäre Wertungsanalyse zu unserem Problembereich steht noch aus.

Weder die interdisziplinär zusammengesetzte Kommission der Österreichischen Rektorenkonferenz[3], noch das Gutachten von W. Posch zum 10. ÖJT, Wien 1988, noch auch die vielen zum Thema immer häufiger abgehaltenen Enqueten und Tagungen, konnten auf eine solche Arbeit zurückgreifen[4].

2. Die Zulässigkeitsfrage und das Strafrecht

Lewisch[5] schreibt zur Frage der Zulässigkeit verbrauchender Experimente am Embryo innerhalb der vom Gutachten der Rektorenkonferenz (Regel 25, 26) vorgeschlagenen Zwei-Wochen-Frist:
"Der Versuch, die Wertigkeit von Rechtsgütern aus deren strafrechtlichem Schutz zu ergründen, ist indes methodisch von vornherein mehr als problematisch. Das Strafgesetz sagt über diese Wertigkeit nichts Endgültiges aus, weil oft ganz unterschiedliche Gründe - wie etwa Beweisschwierigkeiten, Effektivität, Strafzwecke, die Berücksichtigung spezieller Zwangs- und Konfliktsituationen - einen entsprechend zurückhaltenden Einsatz des Strafrechts als ultima ratio staatlicher Zwangsausübung erfordern."
Das stimmt zum Teil, da der strafrechtliche Rechtsgüterschutz aus verschiedenen kriminalpolitischen Gründen (Strafbedürfnis und Straftauglichkeit) nur einen äußerst fragmentarischen Charakter aufweist. Der von Lewisch aufgeworfene ultima-ratio-Gedanke wird getragen vom Verhältnismäßigkeitsgrundsatz und vom Toleranzprinzip. Sowohl der Verhältnismäßigkeitsgrundsatz als auch das Toleranzgebot, die das Maß des Einsatzes des Strafrechtes bestimmen, setzen jedoch eine *Wertentscheidung* über das jeweils zu schützende Gut (oder Interesse) voraus.

---

3) Vgl. das Gutachten der Kommission der Österreichischen Rektorenkonferenz für In-Vitro-Fertilisation, April 1986; eingegangen in den Bericht des BM für Wissenschaft und Forschung an den Nationalrat: Zu grundsätzlichen Aspekten der Gentechnologie und der humanen Reproduktionsbiologie, August 1986
4) Vgl. zuletzt das Symposion "Das gesundheitspolitische Dilemma im Spiegel der Emanzipation", 7./8. Oktober 1988 in Wien
5) Lewisch: Österreichische Ärztezeitung 6 (1988), S. 38

Vorrangig *vor* allen erwähnten kriminalpolitisch bedeutsamen Kriterien einer Kriminalisierung oder Entkriminalisierung muß der Strafrechtler und Kriminalpolitiker die *"Strafwürdigkeit"* eines Verhaltens eruieren. "Das Strafgesetzbuch soll sich auf strafbare Handlungen beschränken, die das Zusammenleben in der Gesellschaft schwer beeinträchtigen und die deshalb jedermann als strafwürdig erkennen kann"[6].

Hierbei ist das Messen an gesellschaftlichen Grundwertungen unumgänglich. Über die Frage nach der "Strafwürdigkeit" fließt einiges an weltanschaulichen Überzeugungen in die Strafgesetzgebung mit ein. Denn nur ein Strafgesetz, das mit den Grundwertungen - mit dem "gesamten Kulturzustand der Nation", sagt Jescheck[7] - vereinbar ist, hat die Chance, auch wiederum auf die Werthaltung der Allgemeinheit einzuwirken.

Wichtig ist dabei, daß die gesellschaftlichen Grundwertungen von einer "gelebten Sittlichkeit" getragen sind und nicht den Ausfluß weltfremder moralischer Dogmen darstellen. Auch Forderungen kleinerer oder kleinster religiöser oder politischer Gruppierungen ist der Eingang in die strafrechtliche "Strafwürdigkeitsdiskussion" (Rechtsgüterschutz und Schutz der sozialethischen Handlungswerte[8]) zu verweigern.

Einigermaßen verwundert daher Selbs Kritik am Gutachten von Posch, das - kurz gesagt - "männlich" sei, "obwohl Fragen behandelt werden, die vornehmlich Frauen berühren". Dieses Argument konnte man schon anläßlich der Abtreibungsdiskussion hören, und es war letztlich der massive Einfluß (radikal) feministischer Gruppierungen, der - über die Stimmen vieler Geschlechtsgenossinnen hinweg - zur "Fristenlösung" führte. Selb macht sich jetzt zum Sprachrohr einer wiederum verzerrenden Argumentationsbasis dieser Gruppen, wenn er sagt: "Es kann nicht übersehen werden, daß alles was geht, der Frau innerfamiliär *in rechtlich völlig einwandfreier Weise aufgezwungen werden kann*[9].

Da vergißt Selb geflissentlich längst in unser StGB eingegangene Grundwertungen, die Willensentschließungs- und Willensbetätigungsfreiheit betreffend (Nötigungs- und Täuschungstatbestände).

Oder meint Selb vielleicht eher den *"gesellschaftlichen Zwang zum Kind"*, den die Frau stärker als Druck verspürt denn der Mann?

Diese gesellschaftliche Wertung, daß das "Kind" ein Bonum sei[10], wird auch ein gesetzliches Verbot der künstlichen Humanreproduktion nicht aufzuheben vermögen. Denn immer noch wird es Frauen geben, die ihren individuellen Kinderwunsch dem "gesellschaftlichen Zwang zum Kind" voranstellen. Ebenso wie es Frauen gibt, die ihr "Selbstbestimmungsrecht" *zugunsten* eines Kindes aufopfern wollen und daher *nicht* "straffrei" abtreiben.

---

6) EB zur RV 1971 zum StGB; Dokumentation zum StGB (1974), S. 55; Foregger-Serini: Strafgesetzbuch. 4. Aufl., Wien: Manz 1988, S. 7
7) Jescheck, H.H.: Lehrbuch des Strafrechts, Allgemeiner Teil. 4. Aufl., Berlin: Duncker & Humblot 1988, S. 2
8) Vgl. Jescheck 1988 (Fn 7), 5 f.
9) Selb: Referat am 10. Österreichischen Juristentag, Wien 1988 (im Druck). Das erinnert mich an manche Argumente in der Diskussion um die "Vergewaltigung in der Ehe"
10) Zur "religiösen" Bedeutung des Kindes vgl. Rotter: Die Würde des Lebens (1987), S. 45

Ich achte zwar den weltanschaulich-feministischen Standpunkt als gesellschaftskritische Position[11]; in eine *rechtspolitische* Diskussion, vor allem in eine Diskussion um die Kriminalisierung von Techniken der Humanreproduktion, möchte ich ihn lieber nicht einführen, da er mir - bezogen auf den weiblichen Anteil der Bevölkerung - zu wenig repräsentativ ist.

Doch zurück zur "Strafwürdigkeit" und zum Einfluß strafrechtlicher Grundwertungen auf die Zulässigkeitsfrage.

Die kriminalpolitische Wertung: "Strafwürdigkeit" fließt nach erfolgter gesetzgeberischer "Vertatbestandlichung" auf das *Unrechtsurteil* über: "materielle Rechtswidrigkeit". Wie auch schon die Strafwürdigkeit bezieht sie sich auf zwei Merkmale des Tatbestandes: den "Erfolg" und das zum Erfolg führende "Verhalten": "*Erfolgs- und Verhaltensunwert*". Die Verletzung oder konkrete Gefährdung eines wertbehafteten Objektes oder eines Interesses, die sozialethische Bewertung der Handlung oder Unterlassung als dem Gemeinschaftsleben abträglich, machen den vollen Unrechtsgehalt der Tat aus. Beide zusammen müssen die Schwelle des "gravierend Sozialschädlichen" übersteigen, wobei die Verletzung weniger wertbehafteter Rechtsgüter durch ein Mehr an Handlungsunwert ausgeglichen werden kann. Vermögensdelikte sind in der Mehrzahl nur *vorsätzlich* begehbar; Körperverletzungsdelikte und Tötungsdelikte sowohl vorsätzlich als auch fahrlässig: der geringere Unwert der Vermögensschädigung wird durch den höheren Handlungsunwert der vorsätzlichen Begehung angereichert[12]. Delikte gegen Leib und Leben (Tatobjekt ist der geborene Mensch) können fast alle auch fahrlässig begangen werden. Der Schwangerschaftsabbruch nur vorsätzlich. Das heißt im beweglichen Wertungssystem: der mindere Erfolgsunwert (werdendes Leben ist nicht gleichermaßen wertvoll wie geborenes Leben) verlangt, um den strafrechtlich relevanten Unwert herzustellen, einen erhöhten Handlungsunwert.

Dem Gutachten der Kommission der Österreichischen Rektorenkonferenz wird nun indirekt vorgeworfen[13], es beinhalte keine (rationale) Begründung für die Zulässigkeit der verbrauchenden Forschung an Embryonen. Dieser Vorwurf stimmt nicht ganz, weil die *strafrechtliche Grundwertung* vom "abgestuften Rechtsgüterschutz" sehr wohl für diese Zulässigkeitsfrage nutzbar gemacht und in der Meinungsbildung der Kommissionsmitglieder - vielleicht unbewußt - akzeptiert wurde[14].

---

11) Vgl. sehr ausgewogen und differenziert bei Gimpel/Hinteregger: Sexualität, Mutterschaft und Selbstbestimmungsrecht der Frau. In: Kinder machen. Strategien der Kontrolle weiblicher Fruchtbarkeit (1988), S. 82 ff. Weniger differenziert Treusch/Dieter: Torte und Retorte. manuskripte 98 (1987), S. 76 ff

12) Bei manchen Vermögensdelikten muß noch die "überschießende Innentendenz" des Bereicherungsvorsatzes hinzukommen

13) Vgl. Lewisch (Fn 5), S. 35 ff.; Lewisch: StaBü 1988, Heft 3, S. 12

14) Vgl. Bericht des BM (Fn 3), S. 24

Daß der Begründung des "abstufbaren Rechtsgüterschutzes" relativ wenig Platz eingeräumt wurde, hat seinen Grund darin, daß diese Wertung von rational denkenden Strafrechtlern geradezu als "Binsenweisheit" angesehen wird. Das strafrechtliche "Rechtsgut" ist eine Kategorie, die *Tatobjekte* (= Angriffsobjekte) bewertet. Der Wert (die "Schutzwürdigkeit") von Tatobjekten bestimmt sich nach der gesellschaftsbezogenen Befindlichkeit dieser Objekte. Und diese kann je nach Stadium der Entwicklung des Tatobjektes verschieden sein. Das soll unter IV) noch genauer diskutiert werden.

Die Kritiker dieser Position[15] gehen dagegen - ebenfalls "unbegründet" (aber das haben wohl weltanschauliche Grundwertungen so an sich) - vom "Leben" als einem *unabstufbaren Höchstwert* vom Zeitpunkt der Verschmelzung der Gameten an (sei es in vivo, sei es in vitro) aus.

Von diesem Standpunkt her ist es sicherlich legitim, die Entscheidung der Kommission mit strafrechtsdogmatischen Erkenntnissen zur Körperverletzung und Tötung an/von Menschen zu kritisieren[16]. Nur um nichts Falsches oder Schiefes im Diskussionsraum stehen zu lassen, seien einige der Aussagen des Strafrechtlers Lewisch in seiner Kritik am Kommissionsbericht zurechtgerückt:

a) "So hat die Strafrechtsdogmatik bislang stets bei solchen substantiellen ärztlichen Eingriffen am Menschen, die primär experimentellen Charakter tragen und nicht Heileingriffe sind, die Einwilligung des Verletzten als sittenwidrig und das Experiment als rechtswidrige Verletzungshandlung qualifiziert."
Ohne Erklärung, was "substantielle Eingriffe" sind, ist die Aussage falsch[17] und darf vor allem in einer Ärztezeitung nicht unwidersprochen bleiben: Es gibt gerechtfertigte fremdnützige Experimente am Menschen. Nur sind die Grenzen der Rechtfertigung um vieles enger gezogen als etwa beim Heilversuch.

b) "Völlig unbestritten ist weiters, daß die Einwilligung in die eigene Tötung stets ohne rechtliche Relevanz sein muß."
Richtig ist der Satz, wenn wir die fehlende "rechtliche Relevanz" lediglich auf die Einwilligung als *Rechtfertigungsgrund* beziehen. Steigert sich hingegen die Einwilligung zu einem "ernstlichen und eindringlichen Verlangen" des Opfers, dann ist der Schuldgehalt selbst der vorsätzlichen Tötung so gering, daß der Gesetzgeber einen eigenen privilegierenden Tatbestand (§ 77 StGB) schuf.

c) Lewisch[18] vergleicht weiters das "Leben" der spare-embryos mit dem "Leben" des todgeweihten Menschen und zieht Schlüsse aus dem straf-

---

15) Selb 1988 (Fn 9); Lewisch 1988, (Fn 13); Brandstetter/Lewisch: StaBÜ 1988, Heft 1, S. 12
16) Lewisch (Fn 5), 1988, S. 38
17) Vgl. Foregger-Serini 1988 (Fn 6), S. 228; Triffterer, O.: Österreichisches Strafrecht. Allgemeiner Teil. Wien u.a.: Springer 1985, S. 243
18) Lewisch 1988, (Fn 5) S. 38

rechtlichen Lebensschutz des Todgeweihten: "Es wird eben auch das verlöschende Leben von unserer Rechtsordnung mit den Mitteln des Strafrechts geschützt". Der Vergleich mit dem todgeweihten Menschen hinkt; denn bei diesem ist das Lebensrecht durchaus "Ausdruck der unveräußerlichen Menschenwürde". Aus dem Achtungsanspruch als "Person" entsteht ein Abwehranspruch gegenüber aktiven Tötungshandlungen. Weder aus der "Menschenwürde" noch aus dem "Achtungsanspruch als Person" hat jedoch ein Embryo in vitro den Abwehranspruch gegenüber aktiven Tötungshandlungen. Es sei denn, man qualifiziert den Embryo bereits als "Person" und gibt ihm damit die Menschenwürde[19].

Außerdem vergißt Lewisch, daß es auch strafrechtliche Grundwertungen zur "*passiven Euthanasie*" gibt[20]:

Ein Arzt, der keine lebensverlängernden Medikamente verabreicht, keine solchen Techniken anwendet und den todgeweihten Patienten auf seine Bitte hin in Frieden sterben läßt, macht sich *nicht* strafbar. Sowohl die "passive direkte" als auch die "passive indirekte" Euthanasie sind straflos[21].

Bei einem nicht lebensfähigen Neugeborenen, bei dem sich die Fähigkeit zu bewußtem Leben nicht entwickeln kann, ist keine lebenserhaltende oder lebensverlängernde Tätigkeit des Arztes geboten[22]. Wenn die "Lebenshilfe" in eine menschenunwürdige, im Grunde rücksichtslose Behandlung umschlägt, durch die der Patient nur noch zu einer technischen Funktion moderner medizinischer Mittel wird, entsteht keine Garantenpflicht des Arztes.

Ein *Embryo in vitro* kann sich ohne lebenserhaltende Maßnahme des Arztes weiterentwickeln. Er ist reine Funktion der modernen medizinisch-technischen Mittel. Das ist er auch im Fall seiner Kryokonservierung. Geradezu *entgegen* strafrechtlichen Grundwertungen beim (geborenen) Menschen, will Lewisch[23] den Arzt zur Kryokonservierung aller spare-embryos verpflichten. Das ist eine widernatürliche und absurde Forderung, der, da sie auch von anderen Juristen bereits erhoben wird[24], schärfstens entgegengetreten werden muß. Auch "Lebenserhaltung" um jeden Preis kann die Menschenwürde verletzen.

Wir sehen aber aus diesem Beispiel, wie gefährlich es ist, weltanschaulich gefärbte strafrechtliche Grundwertungen kritiklos zur Beantwortung von Zulässigkeitsfragen heranzuziehen. Die Kritiker der Positionen der Kommission der Rektorenkonferenz führen "strafrechtliche Grundwertungen" in die Diskussion ein, die in der Strafrechtslehre

---

19) So aber Lewisch 1988 (Fn 13)
20) Eingeschlossen alle Wertungen betreffend das "unechte Unterlassungsdelikt" (§ 2 StGB): Die Einwilligung des Kranken als Ausfluß seines Selbstbestimmungsrechtes schließt die Garantenpflicht der Angehörigen und des Arztes aus: vgl. Moos: Wiener Kommentar Rz 24 der Vorbem. zu den §§ 75 ff.
21) Moos: Wiener Kommentar, Rz 25 ff. der Vorbem. zu §§ 75 ff
22) Moos: Wiener Kommentar, Rz 26 f. der Vorbem. zu §§ 75 ff.
23) Lewisch 1988 (Fn 13)
24) Steiner: Österreichische Juristenzeitung 1987, S. 515

keinen Konsens finden können, da sie zumeist allzu sehr vom ureigenen Welt- und Menschenbild der Kritik selbst stammen. Oder sie begnügen sich mit einer Kritik an "strafrechtlichen Grundwerten" und stellen ihre eigenen Wertungen als die absolut gültigen hin.

Dann wundert es mich aber schon, wenn eben diese Kritiker strafrechtlicher Grundwertungen lauthals nach dem *Strafgesetzgeber* rufen, wenn es um die strafrechtliche Sanktionsbewerung von Verboten geht, die nur von ihrem eigenen strafrechtskritischen, weltanschaulichen Wertungsstandpunkt getragen sind.

Strafrechtliche und kriminalpolitische (die Strafwürdigkeit betreffende) Grundwertungen können die sozialethische Zulässigkeitsfrage nicht allein abschließend beantworten. Aber sie können - im Kontext mit anderen Wertungen - die Richtung der angestrebten Lösung beeinflussen.

3. Die strafrechtliche Bewertung der medizinisch-assistierten Humanreproduktion

Trotz sehr unterschiedlicher Beantwortung der Zulässigkeitsfragen betreffend die verschiedenen Varianten medizinisch-assistierter Humanreproduktion - die homologen werden weitgehend akzeptiert, während schon bei der heterologen Insemination größere Bedenken laut werden, die sich dann zu gravierenden ethischen Vorbehalten bei IVF + ET, bei Leihmutterschaft, Eispende und Embryonenspende steigern - ist die Zurückhaltung beim Einsatz von gerichtlichen Strafdrohungen in Juristenkreisen fast communis opinio[25]. Nur ganz selten ertönt der Ruf nach dem Strafgesetzgeber:

Selb[26] möchte z.B. den Arzt, der eine postmortale Insemination vornimmt, strafrechtlich haften lassen.

§ 4 des deutschen Diskussionsentwurfes eines Gesetzes zum Schutze von Embryonen (DE)[27] schlägt vor, die "eigenmächtige Befruchtung", d.h. die Verwendung von Samen ohne Wissen des Spenders, zu pönalisieren, da es sich dabei um einen erheblichen Eingriff in die familienplanerische Selbstbestimmung handle[28].

Bezüglich der ersten Pönalisierungsforderung möchte Selb als "Rechtsgutsverletzung" die "Persönlichkeitsverletzung des Verstorbenen"

---

25) Vgl. die "Ergänzenden strafrechtlichen Bemerkungen" des Gutachtens der Kommission der Rektorenkonferenz; Bericht des BM (Fn 3), S. 29
26) Selb 1988 (Fn 9)
27) Ein Diskussionsentwurf, erarbeitet vom Bundesministerium der Justiz; vgl. dazu Günther, H.-L.: Der Diskussionsentwurf eines Gesetzes zum Schutz von Embryonen. Goltdammer's Archiv für Strafrecht 1987, S. 433 - 457; Text abgedruckt ebda S. 456 f. Einen ähnlichen Vorschlag unterbreitet Bernat E. in seiner Habilitationsschrift (im Druck)
28) Jung, H.: Biomedizin und Strafrecht. Zeitschrift für die gesamte Strafrechtswissenschaft 100 (1988), S. 3 - 40, 26

ansehen. Das entspricht aber nicht den strafrechtlichen Grundwertungen. Nicht einmal § 190 StGB (Störung der Totenruhe) erkennt das Persönlichkeitsrecht des Verstorbenen als "Rechtsgut" an[29].

Ebensowenig erscheint mir aber auch das Recht auf "familienplanerische Selbstbestimmung" ein für das Strafrecht geeignetes Rechtsgut zu sein. Dies gilt auch im Hinblick auf mögliche Gefährdungen der traditionell eng ausgelegten Schutzgüter: "Ehe und Familie"[30].

Ein ganz anderes - wenn auch schon uraltes - Problem des Strafrechtsschutzes ergibt sich nunmehr verstärkt durch das Phänomen der extrakorporalen Befruchtung: wenn es durch Einwirkungen auf den Embryo zu Gesundheitsschädigungen am (geborenen) Menschen kommt. Anders als das Zivilrecht stellt das Strafrecht hiebei streng auf den *Zeitpunkt* und das zum jeweiligen Zeitpunkt vorhandene *Tatobjekt* der Einwirkungshandlung ab. Ändert sich das Rechtsgut - d.h.: die Bewertung des sich entwickelnden Tatobjekts -, so kann ein Schaden, der am "neuen" Rechtsgut auftritt, nicht der Einwirkung auf das frühere Tatobjekt zugerechnet werden[31]. Dazu zwingt uns unser strenges Tattypenstrafrecht und das Analogieverbot.

Diese strenge strafrechtliche Zurechnungsregel macht aber noch einmal eine strafrechtliche "Grundwertung" deutlich: die des "abstufbaren Rechtsgüterschutzes" bei Tatobjekten, welche eine biologische Entwicklung durchmachen, je nach den einzelnen Stadien dieser Entwicklung.

Um diese Lücke auszufüllen, schlägt § 1 DE einen neuen Straftatbestand der vorsätzlichen oder zumindest leichtfertigen Embryonenschädigung vor: Wer durch Einwirkung auf einen Embryo eine Gesundheitsschädigung des Menschen bewirkt, kann danach mit Freiheitsstrafe bis zu drei Jahren bestraft werden.

Ist die Einwirkung aber (subjektiv) auf einen Abbruch der Schwangerschaft gerichtet, gilt die Bestimmung nicht[32]. D.h. der Embryo soll ausschließlich in bezug auf seine zukünftige Entwicklung zum Menschen geschützt werden; als "Embryo" selbst ist er - zumindest was diese vorgeschlagene Strafbestimmung betrifft - schutzlos. Das führt uns aber bereits wieder zum weithin umstrittensten Problem der Gesamtmaterie: Wert und Schutzbedürftigkeit des Embryos (s.u. 4.).

Insgesamt möchte ich die restriktive Haltung des Gutachtens der Kommission der Rektorenkonferenz noch einmal nachhaltig unterstützen:

---

29) Vgl. dazu aber neuerdings Schnizer, H.: Die Rechte der Toten? In: Dirnhofer, R./Schick, P. (Hrsg.): Gerichtsmedizin und Medizinrecht. Festschrift für Wolfgang Maresch. Graz: Akademische Verlagsanstalt 1988, S. 383 - 400. Anklänge finden sich im Privatanklagerecht der Verwandten und des Ehegatten, wenn sich eine Beleidigung gegen den Toten richtet (§ 117 Abs.5 StGB). Zu § 190 StGB vgl. Brandstetter, W.: Strafrechtliche und rechtspolitische Aspekte der Verwendung von Organen Verstorbener, Lebender und Ungeborener. In: Brandstetter, W./Kopetzki, Ch. (Hrsg.): Organtransplantation 1988, S. 90 ff.
30) So auch Jung 198 (Fn 28), S. 25
31) Vgl. Moos: Wiener Kommentar, Rz 12 der Vorbem. zu §§ 75 ff; Zipf: Wiener Kommentar, Rz 6, 20 zu § 96
32) Dazu Günther, 1987 (Fn 27), S. 443; Jung (1988) (Fn 28), S. 27 f

Ein strafrechtlich relevanter "Erfolgsunwert" ist mit der erfolgreichen Anwendung medizinisch-assistierter Humanreproduktion *nicht* verbunden. Das Kind ist kein "Unwert", weder im gesellschaftlichen noch im rechtlichen Sinne[33].

Die mit der Praktizierung der verschiedenen Methoden verbundenen Schädigungen oder Gefährdungen bereits strafrechtlich etablierter Rechtsgüter sind durch das Strafrecht hinlänglich erfaßt.

Ethisch fragwürdige Anwendungen von Reproduktionstechniken (woran sich die Zulässigkeitsfragen immer noch entzünden: postmortale Befruchtung, Anwendung bei alleinstehenden Frauen, Lesbenpaaren, Kommerzialisierung) begründen oft *massive Handlungsunwerte*, die aber für sich allein noch keine "Strafwürdigkeit" begründen können.

In diesem Zusammenhang kann ich nur auf die von mir schon publizierten Vorschläge hinweisen[34], die es systemgerecht ermöglichen, diese sozialethisch (beim Handlungsunwert spielt auch die "Gesinnungsethik" eine Rolle!) schwer erträglichen Mißbräuche in den (rechtlichen) Griff zu bekommen:

1) Radikaler *Ärztevorbehalt* für alle mit der Fortpflanzungsmedizin verbundenen Tätigkeiten; im besonderen auch für das Betreiben von Samen- und Eibanken. "Embryonenbanken", nach jenen Vorschlägen, die eine Verpflichtung des Arztes zur Kryokonservierung von spare-embryos annehmen, ins nähere Gesichtsfeld gerückt, lehne ich generell ab (s. auch u. 4.).
Die ärztliche Assistenz muß weiters mit einer *Gewissensklausel* und einem *Diskriminierungsverbot* verbunden werden (ähnlich dem § 97 Abs.2 und 3 StGB).

2) Bei mit komplizierten Eingriffen, die auch eine größere technische Ausstattung erfordern, verbundenen Techniken ist an einen "*Krankenhausvorbehalt*" zu denken.
Im Krankenanstaltengesetz des Bundes könnten alle die zu Recht monierten Zulässigkeitsgrenzen festgelegt und mit Verwaltungsstrafen abgesichert werden: Verbot von auf Gewinn gerichteten Rechtsgeschäften, Regelung der Dokumentations- und Auskunftspflichten, etc.

3) Ahndung der Mißbräuche, die von Ärzten und Krankenpflegepersonal begangen werden, durch strenge Disziplinar- und Verwaltungsstrafen.

---

33) Ausnahme: §§ 201 Abs.2, 202 Abs.2 StGB: hier wird - wohl nur historisch verständlich - die Schwangerschaft, die aus einer Notzuchtshandlung resultiert, als "erfolgsqualifizierende Folge" angesehen.
34) Schick, P.: StaBÜ 1986, Heft 1, 5; Schick, P.: Fortpflanzungstechnologie und Strafrecht. Eine österreichische Bestandsaufnahme. In: Fortpflanzungsmedizin und Humangenetik - strafrechtliche Schranken? 1987, S. 327 ff, 338 f.

4) Dem Arzt muß eine *erhöhte Verantwortung* aus seiner Funktion als "social engineer" (bei allen heterologen Varianten) gegeben werden.

Das geht aber nur, wenn man die allgemeine ärztliche Aufklärungspflicht, die jedem körperlichen Eingriff vorangehen muß, in diesen Fällen auf eine "*soziale Beratung*" ausdehnt.

Eine rein "medizintechnische" *Beratung* bei ungewollter Kinderlosigkeit wird der vielschichtigen Problematik nicht gerecht. Die Warnung vor einer unkritischen Anwendung der neuen Methoden der Fortpflanzungsmedizin ist durchaus berechtigt[35]. Daher muß aber auch die *Aufklärung* des Arztes vor dem notwendigen Eingriff diese kritischen Aspekte miteinbeziehen.

Gerade aus der Sorge vor einer Ausuferung der Eingriffe in die Integrität des Menschen müssen Chancen und Kritiken in diesem Bereich besonders sorgfältig abgewogen werden; selbstverständlich *mit* den beteiligten Personen. Maßstäbe dabei sind vor allem die Würde des Menschen, der Schutz des Lebens, das Kindeswohl und der Schutz von Ehe und Familie.

Dem Arzt wird gerne die Kompetenz zu einer solchen *Beratung* abgesprochen. Auch § 7 Abs.1 Z.1 StGB spricht im Rahmen der "Fristenlösung" bloß von einer "vorhergehenden *ärztlichen* Beratung", was immer eng - auf das Berufsfeld des Arztes reduziert - ausgelegt wird und eine soziale Beratung ausschließen soll[36].

Damit wird aber meines Erachtens das "Berufsfeld" des Arztes *zu eng* gesehen und auf das rein technisch-medizinische reduziert; ein Berufsbild vom Arzt, das keineswegs unseren heutigen Vorstellungen entspricht. Zipf[37] gelingt es auch nicht, die "ärztliche Beratung" bei der Fristenlösung von der "allgemeinen ärztlichen Aufklärungspflicht" abzugrenzen, und er rekurriert schließlich auf einen "weiten Ermessensspielraum für die Gestaltung dieser Beratung gem. § 97 Abs.1 Z.1 StGB".

Da kein Arzt verpflichtet werden kann - gegen sein Gewissen (so müssen wir ergänzen) - einen Schwangerschaftsabbruch durchzuführen; kein Arzt gezwungen werden soll, medizinisch-assistierte Humanreproduktion zu betreiben, muß der konkrete Arzt, welcher eben eine solche durchzuführen gewillt ist, zumindest in der Lage sein, der "Patientin" seine Gewissensgründe klar zu machen. Auch dies bedeutet bereits einen gewissen sozialethischen Inhalt der Beratung und Aufklärung. Und außerdem heißt "Beratung" schon vom Wortsinn her mehr als "Aufklärung" und es ist von daher anzunehmen, daß auch über soziale Komponenten (etwa über das künftige Kindeswohl) gesprochen werden muß.

5) Wie kann man jedoch eine "falsche" Gewissensentscheidung des Arztes - eine solche, die sich mit der allgemein verständlichen Wertorien-

---

35) Vgl. die Antwort der Bundesregierung auf die Große Anfrage der Abgeordneten Frau Schmidt-Bott und der Fraktion "Die Grünen", Deutscher Bundestag 11. Wahlperiode, Drucksache 11/2238 vom 4.5.1988
36) Zipf: Wiener Kommentar, Rz 8 zu § 97
37) Zipf: Wiener Kommentar, Rz 9 zu § 97

tierung der Bevölkerung nicht in Einklang bringen läßt - u.U. *strafrechtlich* in den Griff bekommen?

Ohne die oft heiklen Abgrenzungsfragen zwischen Heilbehandlung und sonstigen körperlichen Eingriffen anzuschneiden[38], möchte ich per definitionem alle Techniken der Humanreproduktion, die mit einem körperlichen Eingriff an der Frau verbunden sind, als von der "Heilbehandlung" ausgeschlossen betrachten.

Für mich handelt es sich beim Eingriff (etwa Laparoskopie, oder Einsetzen des Embryos in den Uterus, oder Uteruslavage) um eine "Körperverletzung", die nur unter den strengen Voraussetzungen des § 90 Abs.1 StGB gerechtfertigt sein kann. Der Eingriff ist durch die Einwilligung dann *nicht* gerechtfertigt, wenn die Verletzung der Frau als solche gegen die guten Sitten verstößt.

Die körperliche Integrität der Frau ist kein unbeschränkt disponibles Rechtsgut. Durch das Sittenwidrigkeitskorrektiv behält sich die Rechtsgemeinschaft in ihrem eigenen Interesse "eine Mitsprache" vor[39].

Ist die Rechtsgemeinschaft der Ansicht, daß die Erfüllung des Kinderwunsches einer alleinstehenden Frau oder einer Witwe *sozial geradezu unerträglich* sei, d.h. gegen eine "gelebte Sittlichkeit" verstoße [40], so ist der Eingriff des Arztes als Körperverletzung zu qualifizieren und nicht mit der Einwilligung der Frau zu rechtfertigen.

Über die "guten Sitten" des § 90 StGB fließt die "gelebte Sittlichkeit", das sind "Standards sozialgemäßen Verhaltens" in die strafrechtliche Beurteilung des ärztlichen Verhaltens mit ein. Nur das möchte ich durch den rein begrifflichen Ausschluß der "Heilbehandlung" (§ 110 StGB) erreichen.

Ansonsten soll jedoch jeder Arzt, der sich aus vertretbaren Gewissensgründen für die medizinisch-technische Hilfe bei der Humanreproduktion entscheidet, vom Strafrecht unangetastet bleiben.

Denn: jede Kriminalisierung der ärztlichen Tätigkeit[41] bedeutet gleichzeitig die Gefahr der Kriminalisierung von Wunscheltern, Spendern, Tragemüttern etc. über die Beteiligungsformen des § 12 StGB.

Jedes strafbewehrte Verbot einer der möglichen Varianten - vgl. z.B. die Leihmutterschaft[42] - zieht diese Kriminalisierung notwendigerweise nach sich. Hüten wir uns also davor, denn sonst könnte dem Strafgesetzgeber einmal vorgeworfen werden, er habe dazu beigetragen, daß Kinderwünsche in der Bevölkerung noch weiter zurückgingen.

---

38) Vgl. dazu Kienapfel: Grundriß des österreichischen Strafrechts. Besonderer Teil I. 2. Aufl. 1984, S. 91 f., 232 f.; Bertel: Wiener Kommentar Rz 1, 6 zu § 110

39) Kienapfel 1984 (Fn 38), S. 141; vgl. auch Brandstetter 1988 (Fn 29), S. 101 ff.

40) "Soziale Unerträglichkeit" - Maßstab sind die Erfordernisse eines sozialgemäßen Verhaltens (Kienapfel 1984 (Fn 38), S. 205) - scheint mir eine bessere Konkretisierung der Generalklausel als das "Anstandsgefühl aller billig und gerecht Denkenden"; vgl. wiederum Kienapfel 1984 (Fn 38) S. 142

41) Und der Arzt ist der primäre Adressat schon aufgrund der Mißbrauchsversuchungen, denen er unterliegt

42) Initiativantrag zum NR betreffend ein Bundesgesetz über das Verbot der Embryo-Manipulation, II-3306 der Beil Sten Prot NR, XVI. GP; Selb: Rechtsordnung und künstliche Reproduktion des Menschen 1987, S. 128; Kritik von Bernat, E./Schick, P., Anwaltsblatt 1985, S. 632 ff

4. Eingriffe und Manipulationen an Embryonen und das Forschungsinteresse

Ganz bewußt möchte ich mich auf ein einziges Problem: die "verbrauchende Forschung" an kranken oder gesunden übrigbleibenden Embryonen beschränken, welche die Kommission der Rektorenkonferenz unter größtmöglicher Zurückhaltung durch hochrangige medizinische Forschungszwecke für "gerechtfertigt" erachtet[43].

Diese Entscheidung betreffend die Zulässigkeit (Regel 25, 26) ist von "strafrechtlichen Grundwertungen" stark beeinflußt. Sie und andere derartige vom Güterabwägungsprinzip getragene Zulässigkeitserwägungen werden in jüngster Zeit heftigst kritisiert[44]. Eine dieser Kritiken[45] ist direkt gegen eine Aussage von mir gerichtet; ich stehe nicht an zuzugeben, daß ich die Kritik für berechtigt erachte, weil meine Formulierung zu verkürzend war[46]. Nur "völlig verfehlt" ist mein Standpunkt, der - wie schon gesagt - strafrechtlichen Grundwertungen durchaus entspricht - doch wieder nicht. Und deshalb möchte ich diese strafrechtlichen Wertungen noch einmal explizit darstellen.

Mit der "verbrauchenden Forschung" wird ein Embryo, damit "biologisch neues Leben", zerstört.

Von der Erfolgsunwertseite her betrachtet, stellt sich die Frage nach dem "Wert des Embryos", und zwar des Wertes des Tatobjektes in seiner jeweiligen Entwicklungsphase. Bewerten kann man in dieser Phase nur die Potentialität zum menschlichen Leben, die genetische Anlage zu einem artspezifischen individuellen Menschen, wobei jedoch die Entwicklung zur Person keineswegs nur anlagebedingt, sondern von vielfältigen Umwelteinflüssen abhängig ist.

Von der Handlungsunwertseite müssen die "Forschungsinteressen" angezogen werden; dies geht allerdings nur dann, wenn ich den Wert des Embryos nicht als absoluten Höchstwert betrachte. Denn unter dieser Voraussetzung könnte gar keine Abwägung von Werten und Interessen stattfinden. Dies ist aber die Meinung von Selb, Brandstetter, Lewisch, die es hier zu widerlegen gilt.

a) Die Wertung des Embryos als "Rechtsgut: Leben" wird einerseits aus den Wertungen der Rechtsordnung abgeleitet: "Wohltuend unterscheide sich hier das Zivilrecht vom Strafrecht", meint Steiner[47] und leitet aus § 22 ABGB den *Grundsatz* ab, "daß alles zu geschehen habe, um dem Nasciturus den Eintritt in das, juristisch gesehen, volle Menschenleben,

---

43) Vgl. dazu die Güterabwägung bei Bernat, B.: Gedanken zum rechtlichen Schutz des menschlichen Lebens - gezeigt am Beispiel der medizinisch-assistierten Zeugung. In: Vorträge des VIII. Weltkongresses für Medizinisches Recht, 21.-25.8.1988 in Prag, Bd II. 1988, S. 301 ff

44) Lewisch (Fn 5), 1988, S. 35 ff.; Lewisch 1988 (Fn 13)

45) Brandstetter/Lewisch: StaBÜ 1988, Heft 1, 12

46) Schick 1987 (Fn 34), S. 332

47) Steiner 1987 (Fn 24), S. 514

also die Geburt, zu ermöglichen". Per analogiam wird dem Embryo in vitro ebenfalls dieses Recht auf Vollendung desjenigen *humanbiologischen Entwicklungsprozesses* zugesprochen, der durch die Zeugung in Gang gesetzt wurde, und der schließlich zur Geburt und damit zum Eintritt jener Suspensivbedingung führt, von der die Erlangung der vollkommenen Rechtspersönlichkeit abhängt.

Ein weiteres Argument Steiners[48] sei nicht nur der Kuriosität halber erwähnt:

"Wer ein Recht hat, ohne körperlichen Schaden geboren zu werden, muß m.E. arg a minori ad maius umsomehr ein Recht haben, überhaupt geboren zu werden."

Diese Argumentation macht es noch klarer: hier liegt eine unselige Verquickung von "Bewertung als Rechtsgut", als absolut zu schützendes höchstes Gut "Leben" einerseits, und von "Recht" im Sinne von "Anspruch" andererseits vor. Wobei aber letzteres geleugnet werden muß, da es keinen Anspruch auf etwas "bestimmungsgemäß" Einzutretendes geben kann. Ob eine (natürliche) Zeugung zur Befruchtung der Eizelle führt, ist nicht in unsere Hand gegeben; ob sich ein Embryo in die Gebärmutter einnistet, ist unabhängig von unserem Wollen; ebenso, ob es zu einer Geburt kommt.

Aber es ist auch verfehlt, aus dem Kontext des § 22 ABGB ein "Recht geboren zu werden" abzuleiten.

Das betreffende Hauptstück des ABGB behandelt "*Personenrechte* Minderjähriger und der sonst in ihrer Handlungsfähigkeit Beeinträchtigten". Personenrechte, welche "Personen" (und das sind nach meinem Menschenbild nur geborene, vernunftbegabte, handlungsfähige Menschen) haben und auch durchsetzen können, werden solchen Wesen zugesprochen, deren "Persönlichkeit" (noch) keine oder keine volle Rechtsfähigkeit zuläßt. Minderjährigen wird der besondere Schutz der Gesetze zuerkannt, weil sie eben nicht fähig sind, ihre Angelegenheiten selbst gehörig zu besorgen (§ 21 ABGB); ungeborene Kinder werden als "geborene angesehen", um ihnen dieselbe Rechtsfähigkeit zu geben wie den geborenen.

Aus dieser Fiktion der Rechtsfähigkeit von Ungeborenen kann jedoch kein "Recht auf Leben", im Sinne eines "Anspruches des Embryos, geboren zu werden", abgeleitet werden. Selbst der Gesetzgeber von 1811 hat das "Bestimmungsgemäße" der Geburt (vielleicht sogar das "Gottgewollte") berücksichtigt: denn ein totgeborenes Kind wird in Rücksicht auf die ihm für den Lebensfall vorbehaltenen Rechte so betrachtet, als wäre es *nie empfangen* worden[49].

Aber selbst wenn ein solches "Recht auf Leben" aus der Rechtsordnung ableitbar wäre, so stellte es noch keinen "Wert" im Sinne des Ergebnisses eines Bewertungsaktes dar. Es wird immer etwas Zukünftiges

---

48) Steiner 1987 (Fn 24), S. 515
49) Die von Lewisch 1988 (Fn 5), S. 35, vorgenommene Einschränkung auf "erwerbliche Vermögensrechte" sehe ich nicht ein, und sie ist auch aus dem Zeiller'schen Erbrechtsbeispiel nicht abzuleiten

geschützt, dessen Entstehen und Werden nicht allein in Menschenhand gelegt ist. Im Erfolgsunwertdenken bewertet der Strafrechtler jedoch "Tatobjekte", die vorliegen, oder Ansprüche, welche von Menschen durchsetzbar sein müssen.

Der bei Steiner schon angesprochene "humanbiologische Entwicklungsprozeß" verführt Selb[50] zum Versuch einer "naturwissenschaftlichen" Wertbegründung. "Die moderne Embryologie nimmt sofort mit der Verschmelzung der Gameten neues artspezifisch programmiertes individuelles menschliches Leben an". Das leugnet heute niemand mehr. "Sie (die Embryologie) sieht in der ferneren Entwicklung dieses Lebens in keiner Phase eine Zäsur, an die ethische oder rechtliche Konsequenzen geknüpft werden könnten. Damit entzieht sie der Ethik und dem Recht die bisher üblichen biologistischen Argumente für Abstufungen des Schutzes und verweist das Recht darauf, die politische Dezision als einzigen Grund für solche Abstufungen offenzulegen".

"Idealtypisch", auf die Zellentwicklung des Embryos allein abgestellt, mag der nur auf sein Fach beschränkte Embryologe recht haben, wenn er keine Zäsuren erblickt. Das ist dann aber dieselbe perverse "biologistische" Aussage, die uns glauben machen will, ein "Mensch" könne in einer Retorte "gezüchtet" und "aus der Retorte geboren" werden; denn die Zellteilung *"funktioniere"* immer, wenn nur alle äußeren Bedingungen (Temperatur, Feuchtigkeit, Ernährung etc.) erfüllt seien.

"Menschliches Leben" entsteht aber nicht nur durch Zellteilung! Im Entwicklungsgang von der Zeugung zur Geburt gibt es Zäsuren (wir sagten vorher: "bestimmungsgemäße"): Die Verschmelzung der Gameten ist nicht kalkulierbar; die Einnistung des Embryos, die pränatalen psychischen Beeinflussungen durch Mutter und Umwelt, die neben der Anlage zur Persönlichkeitsformung des Menschen schon etwas beitragen, ebensowenig; und schließlich: die Geburt selbst. Wenn das keine Zäsuren sind, an die ethische oder rechtliche Konsequenzen geknüpft werden könnten?

Und überhaupt: einer von Selb apostrophierten Embryologie, die von soviel Fachblindheit geschlagen ist, muß man die Kompetenz absprechen, der Ethik und dem Recht auch nur irgendetwas "vorzugeben".

Aber vielleicht sehen wir Strafrechtler diese *Zäsuren* anders und deutlicher als der Embryologe; gerade weil wir *nicht* von der kontinuierlichen Entwicklung im physiologischen Sinne ausgehen, sondern von der Entwicklung eines "Tatobjektes" und von der jeweiligen "Befindlichkeit" des Tatobjektes in den unterschiedlichen Phasen der Entwicklung.

Der Strafrechtler wertet - in Übereinstimmung "mit dem mit den rechtlichen Werten verbundenen Maßstabmenschen" - stark nach dem "äußeren Anschein" (sofern überhaupt "Tatobjekte" gegeben sind und nicht nur abstrakt geschützte Interessen). Von daher ist eine unterschiedliche Bewertung je nach Entwicklungsstadium des beginnenden

---

50) Selb 1988 (Fn 9)

und werdenden Lebens möglich und einsichtig[51].

Von dieser Warte aus ist aber auch der "Symmetrievergleich" des Gutachters Posch[52] ("Symmetrie des Lebens": Beginn der Hirntätigkeit - Ende derselben) durchaus gestattet. Selb[53] lehnt ihn ab, weil er einen fundamentalen Unterschied zwischen "Werden" und "Vergehen" sieht: "Das Einsetzen der Hirntätigkeit ist im Embryo von allem Anfang an angelegt; nur ein Abweichen von der Norm könnte es hindern. Umgekehrt ist der irreversible Ausfall der Hirntätigkeit beim sterbenden Menschen eine Stufe zum bestimmungsgemäßen Tod."

Dieser Unterschied kommt dann nicht zum Tragen, wenn man zum einen eine "normgemäße" Entwicklung des menschlichen Embryos zum Menschen leugnet und andererseits den sogenannten "Hirntod" als das begreift, was er ist; nicht nur "biologische Stufe zum bestimmungsgemäßen Tod", sondern auch eine zweckmäßige *Definition* des *Todeszeitpunktes*, wobei sich Mediziner und Juristen einmal einig waren[54].

Die Möglichkeiten der modernen Medizin zur Reanimation eines bereits zum Stillstand gekommenen Herzens und zur Inganghaltung des Kreislaufes und der Atmung (Herz-Lungen-Maschine) bei gleichzeitiger künstlicher Ernährung haben dazu geführt, daß der Stillstand der Gehirnfunktion nicht automatisch dem natürlichen Herzstillstand und dem natürlichen "letzten Atemzug" (wie der Volksmund sagt) folgt. Der Hirntod kann *vor* dem Herz- und Kreislauftod eintreten. Da aber der Hirntod - der irreversible Funktionsverlust des gesamten Gehirns - das Absterben des ganzen Körpers unausweichlich zur Folge hat, haben sich Mediziner und Juristen auf diesen Zeitpunkt als Todeszeitpunkt geeinigt. Diese biologistische Definition deckt sich mit dem Verständnis des Menschen als beseeltes Individuum, das "seinen Geist aufgibt".

In der Zeitspanne vom Hirntod bis zum "Absterben des gesamten Körpers" können dem nunmehr - definitionsgemäß - Toten Organe entnommen werden. Der Spender ist *kein* lebender Mensch mehr, obwohl sein Kreislauf, seine Atmung noch funktionieren. Die Entnahmevorschriften des Krankenanstaltengesetzes des Bundes (§§ 62 a ff.) gelten. Das durch die Entnahme von Organen verletzte "Rechtsgut" wäre nur mehr das Pietätsgefühl der Angehörigen. Trotzdem sind die Organe noch "frisch" genug, um eine erfolgreiche Transplantation zu ermöglichen.

Zugegeben: eine sehr materialistische Sicht der Definition des Todeszeitpunktes. Aber der Vergleich mit dem beginnenden Leben, insbeson-

---

51) Wenn Leukauf, O./Steininger, H.: Kommentar zum Strafgesetzbuch. 2. Aufl. 1979, Rz 4 zu § 96, sagen: "Da die Hälfte der befruchteten Eizellen ohne menschliche Einflußnahme abgeht, kann "werdendes Leben erst mit Sicherheit ab Nidation angenommen werden", so stimmt das nicht ganz. "Werdendes Leben" ist schon ab Befruchtung da. Nur bis zur Nidation wird dieses "werdende Leben" wegen seiner ungewissen Befindlichkeit anders bewertet. Diese "Wertung" drückt der deutsche Strafgesetzgeber in § 219d StGB aus
52) Posch 1988 (Fn 1), S. 81 f.
53) Selb 1987 (Fn 42), S. 46
54) Aber auch nur, weil sie das Verständnis der Bevölkerung dafür voraussetzen konnten. Zum Ganzen Moos: Wiener Kommentar, Rz 30 ff. der Vorbem. zu §§ 75 ff

dere mit dem in vitro beginnenden, scheint mir doch legitim. Hier haben wir den Menschen am Ende seines Lebens, der nur mehr dank der apparativen Medizin "am Leben" erhalten wird, obwohl er unweigerlich stirbt, da seine Gehirnfunktion, die die Befehle weitergeben müßte, schon erloschen ist.

Dort haben wir den Embryo, der *noch keine* Gehirntätigkeit entfaltet (das Gehirn ist ja nur "angelegt"). Die "Befehle" zur Entwicklung sind rein vegetativ. Daher könnten Mediziner und Juristen gemeinsam den "Beginn des Lebens" mit dem Einsetzen der Gehirntätigkeit *definieren*.

Selb meint nun, beim "Vergehen" gehe es um den "bestimmungsgemäßen Tod"; beim "Werden" sei das Einsetzen der Gehirntätigkeit "von allem Anfang an angelegt". Ich ergänze: ebenso "bestimmungsgemäß" angelegt, wie unser Sterben. Der Unterschied besteht nur darin, daß wir - einmal geboren - wissen, daß wir sterben müssen; daß aber niemand von uns letztlich weiß (auch der Embryologe nicht), ob, wann und warum aus der "Anlage zum Werden" ein "Mensch" entsteht.

Beim einen wie beim anderen: biologisches Leben *vor* Einsetzen der Gehirntätigkeit; biologisches Leben *nach* Aufhören der Gehirntätigkeit, ist ein Wertungsunterschied zum "menschlichen Leben" zu machen. Ein "biologisches Leben" "noch" ohne Gehirntätigkeit darf ebenso "geopfert" werden, wie das schon ohne Gehirntätigkeit nur mehr vegetative Leben zum Tode hin, da uns niemand sagen kann, ob die Anlage zur Gehirntätigkeit wirklich je in diesem bestimmten Tatobjekt aktualisiert werden wird; ob dieses "biologische Leben" zum "Leben im Höchstsinne" des vernunftbegabten Lebens wird.

Nur diese Abstufung der Wertungen im Prozeß des werdenden und vergehenden Lebens, ermöglichen Güterabwägungen. Es gibt viele strafrechtliche Grundwertungen, die zumeist im Verein mit ehtischen oder anderen rechtlichen Wertungen eine Rechtsgüterhierarchie entstehen lassen. Niemand würde heutzutage leugnen, daß "werdendes Leben" einen anderen Stellenwert hat als "geborenes Leben". Das ist kein Ausfluß der "Fristenlösung"[55], sondern beruht auf dem Gedanken eines übergesetzlichen Notstandes, der eben die Güterabwägungsmöglichkeit, damit eine Rechtsgüterhierarchie, voraussetzt. Das ist die eigentliche "strafrechtliche Grundwertung".

Macht der "abgestufte Rechtsgüterschutz" bei einem Tatobjekt, das sich in einer biologischen Entwicklung befindet, unterschiedliche Bewertungen des Tatobjektes nach seinen einzelnen Entwicklungsstadien möglich, so können wir nunmehr als nächsten Schritt das zweite mit dem ersten abzuwägende Rechtsgut betrachten:

b) Richtig sagt Lewisch[56] *"Forschungsinteressen* (per se) seien *kein* Rechtsgut"; und darauf, ob die Träger der Forschungstätigkeit grundrechtlich abgesichert wären, käme es für unsere Frage *nicht* an.

---

55) Wenn ich, 1987 (Fn 34) S. 332, mit meiner verkürzten Formulierung diesen Eindruck erweckt habe, dann ziehe ich diese Formulierung zurück
56) Lewisch 1988 (Fn 5), S. 39; Lewisch: 1988 (Fn 13)

Als "Rechtsgut" bewertet können nur die Inhalte der Forschungsinteressen, die *Ziele und Zwecke* der Forschung, werden. Diese Inhalte der Forschungsinteressen können jedoch aus den "Forschungen" selbst (aus der Forschungstätigkeit) nicht abgeleitet werden. Denn Forschung und damit jeglicher technische Fortschritt sind *ambivalent*. Das gilt vor allem für Grundlagenforschung, aber auch für die angewandte Auftragsforschung. Forschungen können zum Wohle oder zum Verderben des Menschen betrieben werden. Forschung*ergebnisse* können ebenso sowohl zum Wohle der Menschheit als auch zu ihrem Schaden eingesetzt werden. Das hängt wiederum von der konkret-individuellen Interessenslage und von der Persönlichkeit des Forschers selbst ab. Und dieser Gesichtspunkt führt den Strafrechtler auf die Ebene des *Handlungsunwertes*, der relativ stark von der subjektiven Tatseite geprägt ist.

Wegen der Ambivalenz der Forschungstätigkeit muß das rein objektive "Rechtsgutdenken" hier zurückstehen. Man müßte demnach in die Güterabwägung auch die "subjektiven Interessen" der Forscher miteinbeziehen; allerdings nicht, ohne zu versuchen, sie vorher zu verobjektivieren.

Die Lektüre mancher - leider oft mit dem Mäntelchen der "Wissenschaftlichkeit" verkleideten - Emanationen läßt den Eindruck entstehen, Forscher wären entweder wahre Unholde oder bloß eitle Utopisten, denen es darauf ankomme, Chimären zu bilden, "Einsteine zu klonen" oder transspezifische Graviditäten zu ermöglichen.

Darauf kommt es nun wirklich keinem Forscher an: ein Forscher arbeitet - wie jeder Mensch -,
a) um mit seiner Forschung etwas zu verdienen und
b) um seine Forschungsergebnisse dem Wohle der Menschheit anzubieten (denn nur damit, glaubt er, lasse sich auch etwas verdienen). Der Forscher weiß aber nicht immer, was dem "Wohle der Menschheit" dient; seine "Gesinnung" bleibt aber jedenfalls solange positiv bewertbar, als er meint, daß seine Forschungen der Erhaltung und dem Schutze menschlichen Lebens dienen[57].
Von dieser positiven Grundeinstellung des Forschers sollten wir bei der Abwägung ausgehen. Auf der objektiven Seite können wir einige äußerst positive Erkenntnisse gerade bezüglich der Krebsforschung (es gibt die sogenannten "Krebsgene"[58]) einbringen, denen noch keine "Erfolge der perhorreszierten Art" entgegenstehen. Außerdem gibt es physiologische und biochemische Abläufe zwischen den Zellen, die nur am menschlichen Embryo im Frühstadium erforscht werden können.

---

57) ˙Bernat, E.: Gedanken zum rechtlichen Schutz des ungeborenen menschlichen Lebens - gezeigt am Beispiel medizinisch-assistierter Zeugung. In: Dirnhofer, R./Schick, P. (Hrsg.): Gerichtsmedizin und Medizinrecht. Festschrift für Wolfgang Maresch. Graz: Akademische Verlagsanstalt 1988 S. 33 - 44
58) Vgl. Rademacher: FAZ vom 3. August 1988, zum Lymphok in GM-CSF in der Immunforschung; Mündlein, "Die Neue Ärztliche" vom 3. August 1988, zur gentechnischen Synthetisierung von Hirudin; Gergely, "Profil" Nr. 31 vom 1. August 1988, 48 ff.: Krebs - eine Krankheit der Gene

Nur wenn der "Wert des Lebens" abstufbar und das Bild der Forschung nicht einseitig negativ gesehen wird, kann eine Güterabwägung: hier werdendes Leben im Stadium des Embryos in vitro, dort hochrangige Forschungszwecke, die von ernstzunehmenden Forschern ihren Arbeiten zugrundegelegt werden, positiv beurteilt werden. Denn unter diesen Prämissen steht die Forschung sogar "letztlich im Dienste der Erhaltung und des Schutzes menschlichen Lebens"[59].

Da wir davon ausgehen, daß die Gesinnung des Forschers doch den positiven Grundwerten der Erhaltung des Lebens entspricht, auch wenn er nach strengster Güterabwägung eine verbrauchende Forschung an Embryonen betreibt, ist sein Handlungsunwert so gering, daß ich zweifle, ob dieser mit dem ebenfalls geringeren Erfolgsunwert gemeinsam eine Strafwürdigkeit im Sinne der gerichtlichen Strafbarkeit herstellen kann.

Aus diesem Grund, und weil ich außer dem plakativen (oder symbolischen) Gehalt eines umfassenden strafrechtlichen Verbotes der Forschung[60] keinen kriminalpolitischen Sinn finde, bin ich gegen ein solches gerichtlich strafbewehrtes Verbot.

Der Strafrechtler als "Bremser" biomedizinischen Fortschritts muß kriminalpolitische Kategorien wie etwa die Effektivität eines künftigen Strafrechtsschutzes (Akzeptanz durch Betroffene, Möglichkeiten der Kontrolle) in seine Kriminalisierungserwägungen einfließen lassen. Er muß vor allem bei ambivalenten Tätigkeiten der Menschen danach trachten, nur jene Tätigkeiten zu pönalisieren, die echt mißbrauchsgefährdet sind.

Ich bin daher strikt gegen eine "wasserdichte" Rundumverteidigung durch das Strafrecht[61]: Bestrafung schon der Erzeugung von überzähligen Embryonen zum Zwecke der verbrauchenden Forschung; Verbot extrakorporaler Befruchtung einer Eizelle zu anderen Zwecken als der Übertragung auf eine Frau; Verbot aller Manipulationen am Embryo, die zu seinem Absterben führen, Gebot einer Kryokonservierung von Embryonen etc.[62].

Damit ist wirklich noch nichts zur Zulässigkeitsfrage selbst gesagt. Aber auch dazu kann das Strafrecht durch seine Grundwertungen etwas aussagen und die Zulässigkeitsdiskussion beeinflussen.

Ein "*abwartendes*" strafrechtliche Verbot jeglicher Forschung an Embryonen, bis sich klare Forschungsperspektiven mit hochrangigen

---

59) Bernat 1988 (Fn 43), S. 302
60) Vgl. auch Jung 1988 (Fn 28), S. 39
61) Jung 1988 (Fn 28), S. 39
62) Ich bin jedoch für einen strafrechtlichen Schutz des "biologischen Entwicklungspotentials" (Schick 1987, Fn 34), S. 345) im Hinblick auf die Gefahren, die aus "Manipulationen am Embryo späterhin am Menschen entstehen können". Mein Vorschlag lautet also, alle nichttherapeutischen Manipulationen am Embryo zu verbieten, wenn der Embryo in einen Mutterleib eingesetzt werden soll. Damit befinde ich mich in Übereinstimmung mit der Enquete-Kommission "Chancen und Risiken der Gentechnologie" gemäß den Beschlüssen des Deutschen Bundestages - Drucksachen 10/1581, 10/1693, Bundestags-Drucksache 10/6775 vom 6.1.1987

medizinischen Erkenntniszielen zeigen[63], halte ich jedoch für verfehlt. Denn: erstens gibt es die "hochrangigen medizinischen Forschungsziele" bereits[64]; und zweitens können sich hochrangige Forschungsziele oft erst aus den Forschungen, die einmal begonnen werden müssen, ergeben.

Ein derartiges Verbot würde nicht nur "Bremse" für die molekularbiologische und gentechnologische Forschung sein, sondern würde als "Ergebnis" eines ethischen und rechtlichen Diskurses aufgefaßt werden und damit auch eine Weiterdiskussion der noch lange nicht beantworteten ethischen Zulässigkeitsfragen unterbinden.

---

63) Jung 1988 (Fn 28), S. 34
64) Wie es der Gynäkologe Huber in seinem Referat zum 10. Österreichischen Juristentag,, Wien 1988 (im Druck) deutlich hervorhob

VII. Zur Entwicklung wissenschaftlich-kriminologischer Gesellschaften

Die "Neue Kriminologische Gesellschaft" (NKG) und ihre Vorgeschichte

Ein kurzer Überblick: 1927 - 1988

Hans-Dieter Schwind

Der Name Hans Göppinger ist eng mit der Entwicklung der kriminologischen Vereinigungen im deutschen Sprachraum verbunden. So ist die "Gesellschaft für die gesamte Kriminologie" seit Mitte der sechziger Jahre eher unter dem Namen "Göppinger-Gesellschaft" bekannt im Unterschied zur "Mergen-Gesellschaft", der "Deutschen Kriminologischen Gesellschaft" (DKG). Beide Gesellschaften haben sich 1988 vereinigt und einen neuen gemeinsamen Namen gewählt: "Neue Kriminologische Gesellschaft" (NKG). Daß sich der Inhalt der Arbeit der Gesellschaften an dem jeweiligen Stand der kriminologischen Forschung orientiert (hat), bedarf keiner weiteren Hinweise[1].

A. Vorgeschichte der NKG

Die Vorgeschichte der NKG beginnt in der Weimarer Zeit, also in einer Zeit, in der (wie man z.B. bei Albert Krebs 1978[2] nachlesen kann) "die Frage der Erforschung der Täterpersönlichkeit und des Umgangs mit Gefangenen in erhöhtem Maße die gesamte Strafrechtspflege bewegte". Bei Theodor Viernstein[3] heißt es entsprechend: "Die Wiege der Kriminalbiologie stand bei uns in den Strafanstalten".

---

1) Vgl. z.B. Mezger, E.: Die Geschichte der Kriminologie und der Kriminalbiologischen Gesellschaft. Mitteilungen der Kriminalbiologischen Gesellschaft 6 (1952), S. 7 - 15
2) Krebs, A.: Persönliche Erinnerungen aus der Frühzeit der "Gesellschaft für die gesamte Kriminologie". In: Göppinger, H./Walder, H. (Hrsg.): Wirtschaftskriminalität. Beurteilung der Schuldfähigkeit. Kriminologische Gegenwartsfragen, Heft 13. Stuttgart: Enke 1978, S. 193 - 197
3) Zitiert nach Würtenberger, Th.: Die Kriminalbiologische Gesellschaft in Vergangenheit und Gegenwart. In: Göppinger, H./Leferenz, H. (Hrsg.): Kriminologische Gegenwartsfragen, Heft 8. Stuttgart: Enke 1968, S. 1 - 9, 8

Kerner/Kaiser (Hrsg.) Kriminalität
© Springer-Verlag Berlin Heidelberg 1990

I. Die "Kriminalbiologische Gesellschaft"

Die Geschichte der kriminologischen Vereinigungen beginnt 1927 mit der Gründung der "Kriminalbiologischen Gesellschaft". Der erste Anstoß ging von Riga aus. In Lettland hatte 1924 der Mediziner Ferdinand von Neureiter ein "Kriminalbiologisches Kabinett am Zentralgefängnis" zu Riga geschaffen, in dem die Persönlichkeit des Strafgefangenen systematisch untersucht wurde. Das große Vorbild war Louis Verwaeck, der schon früher in Belgien erstmals einen "Kriminalbiologischen Dienst" aufgebaut hatte. Von Neureiter war bestrebt, die damals vorhandenen kriminalbiologischen Untersuchungsstellen in Europa "zu einem fruchtbaren Gedankenaustausch zusammenzuführen"[4]. Die Gründung der "Kriminalbiologischen Gesellschaft" war (also) keine nationale, sondern (wie von Thomas Würtenberger[5] betont wird) eine "europäische Angelegenheit." Die Idee ging von v. Neureiter aus[6], der auch die ersten Verbindungen geknüpft hat. Zu den Gründungsmitgliedern gehörten (neben v. Neureiter): Hofrat Professor Lenz (Graz), dessen Schüler Seelig, der Obermedizinalrat Viernstein (Straubing) und der Privatdozent Fetscher (Dresden). Nach Artikel I der Satzung[7] hatte die "Gesellschaft den Zweck, die biologische Betrachtung des Verbrechens sowohl innerhalb der wissenschaftlichen Forschung zu fördern wie ihre Einführung in die *Praxis* der Strafrechtspflege in die Wege zu leiten und auszubauen".

1. 1927 - 1937

Zum ersten Präsidenten der neuen Gesellschaft wurde schon 1927 der Grazer Jurist, Prof. Dr. Adolf Lenz gewählt, der den Vorsitz bis 1950 behielt. Zu seinem Stellvertreter wurden Prof. Dr. Ferdinand v. Neureiter (Riga) bestimmt sowie der Obermedizinalrat Theodor Viernstein aus Straubing. Das Amt des Schatzmeisters übernahm der Privatdozent Dr. Fetscher, Privatdozent Dr. Seelig machte den Schriftführer. Die Gründungsmitglieder bildeten damit den sog. geschäftsführenden Ausschuß, der nach der Satzung aus der Mitte des Vorstandes gewählt werden mußte. Seelig war (wie sein Lehrer Lenz) Jurist; Viernstein, Fetscher und von Neureiter waren Psychiater bzw. Gerichtsmediziner: "Ihre Sicht war in erster Linie bestimmt durch Ziele und Wege der Erbbiologie, besonders der Zwillings- und Sippenforschung, ferner der Konstitutionsforschung, aber auch der medizinischen Psychologie und Psychopathologie"[8]. Diese *"klassische" Konzeption der Kriminalbiologie* (wie

---

4) Würtenberger 1968 (Fn 3), S. 1
5) Würtenberger 1968 (Fn 3), S. 1
6) Von Neureiter, F.: Der Kriminalbiologische Dienst in Belgien und Lettland. Mitteilungen der Kriminalbiologischen Gesellschaft 2 (1928), S. 19 - 25, 19
7) Abgedruckt in den Mitteilungen der Kriminalbiologischen Gesellschaft 2 (1928), S. 8
8) Würtenberger 1968 (Fn 3), S. 2

Würtenberger[9] sie nennt), hat auch den Inhalt der fünf Tagungen maßgeblich mitbestimmt, die bis zum zweiten Weltkrieg durchgeführt wurden: 1927 in Wien, 1928 in Dresden, 1930 in München, 1933 in Hamburg und 1937 wiederum in München. Würtenberger[10] hebt insbesondere den *"internationalen Charakter"* hervor, durch den diese Tagungen
Bedeutung erlangten:

"Alles, was in den zwanziger und frühen dreißiger Jahren Rang und
Namen in der Welt der Kriminologie besaß oder später erwarb, findet
sich verzeichnet in den Listen der Tagungsteilnehmer. Die Gesellschaft
zählte 1927 (Stand November) 92 und 1933 insgesamt 157 Mitglieder.
Vollständige Mitgliederverzeichnisse sind in den "Mitteilungen der Kriminalbiologischen Gesellschaft" 1928, 4 ff und 1933, 55 ff enthalten.

Ab 1933 wurde manches Mitglied der Gesellschaft wegen politischer
Unzuverlässigkeit aus dem Staatsdienst entlassen und war als Vortragen-
der nicht mehr gefragt"[11]; die Mitgliedschaft erlosch[12]. Auf der anderen Seite ist nicht zu verkennen, daß die Konzeption der Gesellschaft
der "biologistischen Ideologie des Nationalsozialismus" durchaus ins
Konzept paßte. "In einer Zeit, die den Menschen auf seine biologistische Funktionstüchtigkeit reduzierte und ihm damit sein natürliches
Lebensrecht versagte, lag es nahe, daß auch die Kriminalbiologie, zumal
sie die Erbanlage ins Zentrum ihres wissenschaftlichen Interesses gerückt hatte, in hohem Maße anfällig wurde zur Unterstützung der politischen Wahnideen jener Epoche ... Seitdem liegt ein tiefer Schatten auf
Namen und Wirken der Kriminalbiologischen Gesellschaft und das internationale Ansehen von einst hat seinen Glanz verloren"[13].

2. 1951 - 1959

"Nach 14 Jahren des Schweigens beginnt 1951 eine neue Phase in der
Geschichte der Kriminalbiologischen Gesellschaft"[14]. Auf der VI. Arbeitstagung (in München) wurde ein neuer Vorstand gewählt, dem die
deutschen Professoren Edmund Mezger und Ernst Kretschmer, die
österreichischen Hochschullehrer Seelig, Bellavic und Stumpfl sowie der
italienische Kriminologe di Tullio (Rom) angehörten[15]. Die treibende
Kraft für die "Wiedergründung" ist Kretschmer gewesen. Leferenz[16]
hat die Folgeperiode mit folgenden Worten beschrieben: "Nach Wiederaufnahme unserer Arbeit im Jahre 1951 unter dem Vorsitz von Edmund

---

9) Würtenberger 1968 (Fn 3), S. 5
10) Würtenberger 1968 (Fn 3), S. 2
11) Krebs 1978 (Fn 2)
12) Krebs 1978 (Fn 2)
13) Würtenberger 1968 (Fn 3), S. 4
14) Würtenberger 1968 (Fn 3), S. 5
15) Würtenberger 1968 (Fn 3), S. 5
16) Leferenz, H.: 50 Jahre Gesellschaft für die gesamte Kriminologie. In: Göppinger,
    H./Walder, H. (Hrsg.): Wirtschaftskriminalität. Beurteilung der Schuldfähigkeit.
    Kriminologische Gegenwartsfragen, Heft 13. Stuttgart: Enke 1978, S. 1 - 5, 1 f.

Mezger setzte sich allmählich, auch durch die neubelebten ausländischen Kontakte gefördert, ein einschneidender Wandel der wissenschaftlichen Positionen durch: die Kriminologie blieb zwar täterorientiert; jedoch verschob sich der Akzent von der mehr naturwissenschaftlichen auf die *psychologisch-psychopathologische Betrachtungsweise"*. Orientiert an dieser Leitlinie wurden in den Jahren 1951 - 1959 Tagungen zu folgenden Themen durchgeführt:

- 1951 in München: Der Jugendliche im Lichte der Kriminalbiologie (VI. Arbeitstagung);
- 1953 in München: Beurteilung und Behandlung von Sexualdelinquenten; Probleme der Zurechnungsfähigkeit und der Fahrlässigkeit (VII. Arbeitstagung);
- 1954 in Graz: Das Typenproblem; kombinierte Verbrechensursachen (VIII. Arbeitstagung);
- 1957 in Freiburg: Die Frühkriminalität - Beurteilung und Bekämpfung; die Persönlichkeit des jugendlichen Rechtsbrechers (IX. Arbeitstagung);
- 1959 in Tübingen: Kriminologie der Verkehrsdelikte (X. Arbeitstagung).

II. Die "Deutsche Kriminologische Gesellschaft" (DKG)

Die DKG wurde 1959 auf Initiative des Mainzer Kriminologie-Professors Dr. Dr. Armand Mergen als Alternative zur "Kriminalbiologischen Gesellschaft" (von der er sich bewußt getrennt hat) gegründet[17]; die Eintragung in das Vereinsregister des Amtsgerichts Frankfurt/M. erfolgte am 18. Dez. 1959[18].

Außer Mergen gehörten zu den acht Gründungsmitgliedern u. a. die Professoren Theodor W. Adorno und Max Horkheimer, der hessische Generalstaatsanwalt Dr. Fritz Bauer sowie der Frankfurter OLG-Präsident Prof. Dr. Curt Staff. Die Gründungsversammlung fand im Gebäude des Oberlandesgerichts Frankfurt/M.[19] statt. Zum Gründungspräsidenten der neuen Gesellschaft wurde Armand Mergen gewählt. Dieser hat in seiner Abschiedsvorlesung in Mainz am 9. Februar 1984 die Motive für die Abspaltung von der Kriminalbiologischen Gesellschaft wie folgt beschrieben[20]: "Als sich im Jahre 1959 die 'Kriminalbiologische

---

17) Baer, K.: Zehn Jahre Deutsche Kriminologische Gesellschaft. In: "Kriminalistik" Verlag für die Kriminalistische Fachliteratur (Hrsg.): Aktuelle Kriminologie. Zum zehnjährigen Bestehen der Deutschen Kriminologischen Gesellschaft und dem 50. Geburtstag ihres Präsidenten Prof. Dr. Dr. Armand Mergen. Hamburg: Kriminalistik 1969, S. XIII
18) Baer 1969 (Fn 17), S. XVI
19) Baer 1969 (Fn 17), S. XVI
20) Mergen, A.: Fünfunddreißig Jahre Kriminologie an der Universität Mainz. Abschiedsvorlesung am 9.2.1984. Gedruckte Broschüre ohne Verlagsangabe, S. 7

Gesellschaft' in 'Kriminologische Gesellschaft' umbenennen wollte, jedoch weder die diagnostisch-kriminalistischen noch die soziologischen Disziplinen in die Kriminologie einbeziehen wollte, setzten wir uns in Mainz zur Wehr. Es galt, der Kriminologie ihre Interdisziplinarität und ihre Objekte zu bewahren. Da die Kriminalbiologen auf ihrem Standpunkt beharrten, gründeten wir von Mainz aus, in Frankfurt im Dezember 1959 die 'Deutsche Kriminologische Gesellschaft'". Dementsprechend sollte die Aufgabe der neuen Gesellschaft nach § 2 Abs. 1 ihrer Satzung[21] in der "empirischen, natur- und *sozialwissenschaftlichen* Erforschung der Kriminalität und des kriminellen Menschen, der Verbrechensbegehung, der *Verbrechensaufklärung und -bekämpfung* sowie der sozialen Verteidigung gegen das Verbrechen" bestehen. Auf den Arbeitstagungen wurden zwischen 1967 und 1971 jeweils verschiedene Probleme und ab 1972 folgende Leitthemen behandelt:

- 1972: Gewaltkriminalität und Erpressung;
- 1973: Probleme der freien Beweiswürdigung;
- 1975: Betriebskriminalität;
- 1976: Prävention und Strafrecht;
- 1978: Parapsychologie, Okkultismus in der Kriminologie;
- 1979: Der Einfluß kriminologisch-empirischer Forschung auf Strafrecht und Strafverfahren;
- 1980: Manipulation aus kriminologischer Sicht;
- 1981: Kriminologische Probleme des Alkoholmißbrauchs;
- 1982: Probleme des Strafvollzugs und Jugendkriminalität;
- 1984: Sozialkontrolle über Insolvenzen und Konkursdelikte;
- 1985: Umweltschutz und Umweltkriminalität;
- 1986: Organisierte Kriminalität;
- 1987: 10 Jahre Strafvollzugsgesetz - Resozialisierung als alleiniges Vollzugsziel?.

Viele Tagungsteilnehmer kamen auch aus dem Ausland, insbesondere aus den Vereinigten Staaten. Die Öffentlichkeitsarbeit der Gesellschaft war immer vorzüglich. Insoweit bestand nach Baer[22] die Aufgabe der Gesellschaft darin, "praktisch dazu beizutragen, daß die Gesellschaft über die Fragen der systematischen Bekämpfung und Verhütung des Verbrechens, nach modernen wissenschaftlichen Überlegungen unter Einbezug aller Fakten der menschlichen Verhaltensweisen, aufgeklärt und unterrichtet wird." Aufmerksam auf die DKG selbst wurde die Öffentlichkeit nicht zuletzt auch durch die jährliche "*Verleihung der Beccaria Medaille*". Auf der Generalversammlung am 25. Februar 1967 war in Wiesbaden der § 2 Abs. 2 der Satzung der Gesellschaft dahingehend ergänzt worden[23], daß als "Anerkennung besonderer Leistungen im Sinne der Aufgaben der 'Deutschen Kriminologischen Gesellschaft'

---

21) Abgedruckt bei Baer 1969 (Fn 17), S. XIV ff.
22) Baer 1969 (Fn 17)
23) Baer 1969 (Fn 17), S. XVII

die Beccaria-Medaille in Gold und Silber zur Erinnerung an Cesare Beccaria, den Begründer der Wissenschaft vom Verbrechen, verliehen werden kann." Das entsprechende "Statut der Beccaria-Medaille" war bereits 1964 verabschiedet worden[24]. In Artikel III dieses Statutes heißt es wie folgt:

"Die Beccaria-Medaille wird verliehen

1. in der ersten Klasse (in Gold)
a) für hervorragende Leistungen in Forschung oder Lehre auf dem Gesamtgebiet der Kriminologie,
b) für besonders erfolgreiche Tätigkeit bei der Verbrechensverhütung, Verbrechensaufklärung oder im neuzeitlichen Strafvollzug,
c) für sonstige ungewöhnliche Verdienste um die Kriminologie.

2. in der zweiten Klasse (in Silber):
a) für anerkennenswerte wissenschaftliche Arbeiten, die eine weitere Entfaltung des Verfassers auf kriminologischem Gebiet erwarten lassen,
b) für erfolgreiche Einzelleistungen bei der Verbrechensverhütung, Verbrechensaufklärung oder im neuzeitlichen Strafvollzug."

Nach Artikel IV des Statuts "wird die Beccaria-Medaille[25] jährlich an insgesamt höchstens fünf Personen oder Forschungsgruppen verliehen. Die Medaille haben inzwischen viele bekannte Wissenschaftler und Praktiker des In- und Auslands erhalten wie z.B. Sheldon Glueck, Filippo Gramatica, Hans von Hentig, Konrad Lorenz, Hans Bürger-Prinz, Horst Herold, Horst Schüler-Springorum und Heinz Müller-Dietz; sie gilt - zumindest außerhalb deutscher Grenzen - inzwischen als "Nobel-Preis" der Kriminalwissenschaften. Von den bisher 41 mit der goldenen Beccaria-Medaille Ausgezeichneten stammen sechs aus den USA, je drei aus Österreich und aus der Schweiz, je zwei aus Kanada, England, Frankreich und den Niederlanden und je einer aus Belgien, Dänemark, Schweden und Spanien. Die Medaille in Silber wurde bisher insgesamt 13 Mal vergeben, (davon vier Mal ins Ausland). Um den entsprechenden Rahmen zu gewährleisten, wird die Medaille seit 1985 im "Kaisersaal" des Frankfurter "Römer" verliehen; am gleichen Tage fand bisher ein Fachkongreß statt, den in den letzten Jahren jeweils etwa rund 150 Kriminalexperten aus den verschiedensten Bereichen besuchten.

1978 hat Armand Mergen das Amt des Präsidenten niedergelegt. An seiner Stelle wurde der Gerichtsmediziner, Prof. Dr. Franz Petersohn (langjähriger Vizepräsident der Gesellschaft) zum Präsidenten gewählt. Dann folgte 1984 der Bochumer Kriminologe Hans-Dieter Schwind, auf

---

24) Abgedruckt bei Baer 1969 (Fn 17), S. XXI ff.
25) Zu Beccaria vgl. Kürzinger, J.: Cesare Beccaria. In: Enzyklopädie "Die Großen der Weltgeschichte", Bd. 6. Zürich: Kindler 1975, S. 760 - 771

dessen Vorschlag der Strafvollzugsexperte Prof. Dr. Alexander Böhm (Mainz) und später (als Generalsekretär) der Ltd. Ministerialrat, Dr. Gernot Steinhilper (Hannover) in den Vorstand zugewählt wurden. Vizepräsident wurde zwei Jahre später (als Nachfolger von Hans-Kurt Weckert, der besonders geehrt wurde) das Vorstandsmitglied Prof. Dr. Edwin Kube. Der fünfte Vorstandssitz wurde zunächst für ein Vorstandsmitglied der "Gesellschaft für die gesamte Kriminologie" freigehalten. Nach einer entsprechenden Vereinbarung zwischen den Gesellschaften sollte (zur Erleichterung der Fusionsbemühungen, die ab 1984 wieder verstärkt wurden) jeweils ein Vorstandsmitglied der einen Gesellschaft im Vorstand der anderen Gesellschaft mitwirken. Als diese Planung an Interventionen des Göttinger Kriminologen Prof. Dr. Heinz Schöch scheiterte, wurde auf den freien Platz der Ltd. Ministerialrat Dr. Reinhard Böttcher (München) gewählt. Der neue Vorstand hat sich von Anfang an - versehen mit dem entsprechenden Votum der Mitgliederversammlung - für die Fusion mit der "Gesellschaft für die gesamte Kriminologie" eingesetzt.

III. Die "Gesellschaft für die gesamte Kriminologie"

Nach der Abspaltung einiger Mitglieder, die sich in der DKG (1959) neu organisiert hatten, bestand die "Kriminalbiologische Gesellschaft" unter dem Vorsitz Edmund Mezgers weiter. Als Mezger 1961 um seine Entpflichtung nachsuchte, wurde zu seinem Nachfolger der Jurist Prof. Dr. Thomas Würtenberger gewählt, dem 1964 der Psychiater Prof. Dr. Heinz Leferenz folgte. In dieser Zeit wurden Tagungen zu folgenden Themen durchgeführt:

- 1961 in Wien : Die Zusammenarbeit zwischen Richtern und Sachverständigen bei Persönlichkeitsuntersuchungen;
- 1963 in Heidelberg : Alkoholismus;
- 1965 in Gießen : Jugendkriminalität und
- 1967 in Köln : Rückfalldelinquenz.

1967 veränderte die Gesellschaft über eine Satzungsänderung, die am 01.05.1968 in Kraft trat, ihren Namen in "Gesellschaft für die gesamte Kriminologie". Zur Begründung wurde darauf verwiesen[26], daß die Umbenennung erfolgt sei "um Mißverständnissen vorzubeugen, aber auch um einer gewissen Erweiterung der Aufgaben Ausdruck zu verleihen." Würtenberger[27] wurde deutlicher, als er darauf aufmerksam

---

26) Göppinger, H./Leferenz, H.: Vorwort. Kriminologische Gegenwartsfragen, Heft 8. Stuttgart: Enke 1968
27) Würtenberger 1968 (Fn 3), S. 7 f.

machte, daß "die schroffe Entgegensetzung von 'Kriminalbiologie' und 'Kriminalsoziologie' unhaltbar geworden" sei. Man müsse sie daher aufgeben zugunsten der Integration aller Sehweisen in einer *"gesamten Kriminologie"* ... Eine Auseinandersetzung mit der soziologisch und kulturwissenschaftlich orientierten Kriminologie in Amerika stelle sich daher für den deutschen Kulturbereich als eine unumgängliche Notwendigkeit dar, wenn man "den Bann der verhängnisvollen Isolierung seit 1933 endlich durchbrechen" wolle.

Darüberhinaus öffnete sich die Gesellschaft auch der Polizeiforschung, und zwar durch die Gründung einer eigenen Sektion Kriminalistik (die allerdings bald wieder eingeschlafen ist). Durch weitere Änderungen der Satzung wurde die Amtszeit des Ersten Vorsitzenden der Gesellschaft auf zwei Jahre begrenzt sowie ein (interdisziplinär zusammengesetzter) Beirat verankert. Der neue Kurs verrät die Handschrift von Hans Göppinger, der 1965 in das Amt des Schriftführers (später Schatzmeister) gewählt worden war, Vorstandsämter, die er bis 1985 ausgeübt hat. Während dieser Zeit konnten auch die Kriminologen der Schweiz für die Gesellschaft gewonnen werden; außerdem wurde bei der Gesellschaft für die gesamte Kriminologie die Verbindungsstelle zum Europarat eingerichtet. Der Einfluß Göppingers auf die Programmatik der "Gesellschaft für die gesamte Kriminologie" dürfte dem Einfluß entsprochen haben, der Armand Mergen in der "Deutschen Kriminologischen Gesellschaft" eingeräumt wurde: Beide Hochschullehrer gehörten über lange Zeitstrecken zu den dominierenden Persönlichkeiten ihrer Vereine. So kann es nicht überraschen, daß die DKG - wie eingangs erwähnt - bald "Mergen-Gesellschaft" genannt wurde und die "Gesellschaft für die gesamte Kriminologie" "Göppinger-Gesellschaft".

Göppinger hat folgenden Ersten Vorsitzenden der Gesellschaft mit Rat und Tat zur Seite gestanden: den Hochschullehrern Hermann Witter (1967-69), Rudolf Hartmann (1969-71), Helmut Erhardt (1971-73), Günter Kaiser (1973-75), Hans Walder (1976-77), Paul Bresser (1977-81), und Rainer Vossen (1981-85). Der Verfasser dieses Beitrages hat diese Vorsitzenden nach ihren Eindrücken aus der "Göppinger-Ära" gefragt und dabei u.a. folgende Antwort bekommen: Witter betont (Brief vom 8.8.88), daß "unter Göppingers maßgeblicher Initiative die 'Kriminalbiologische' Gesellschaft in Gesellschaft für 'die gesamte Kriminologie' umbenannt wurde, um schon mit der Namensgebung die Öffnung für alle Humanwissenschaften, insbesondere auch Psychologie und Soziologie, zu dokumentieren". Weiter: "Die Gesellschaft wurde ein eingetragener Verein und erhielt eine Satzung, durch die das bisher de facto bestehende 'Führerprinzip' des Vorsitzenden durch die Wahl eines mehrköpfigen Vorstandes und eines im zwei-Jahres-Turnus wechselnden Vorsitzenden abgelöst wurde. Die wissenschaftliche Arbeit der Gesellschaft erhielt nun einen breiteren interdisziplinären Boden, ihre Tagungen in der Bundesrepublik Deutschland, in Österreich und in der Schweiz fanden eine Anerkennung, die über den bisherigen Interessentenkreis hinausging, die Mitgliederzahl der Gesellschaft wuchs. Die hohen integrativen Fähigkeiten, die Göppinger bei dieser Entwicklung der Gesellschaft entfaltet hat, sind meines Erachtens nie gewürdigt worden". Bresser (Brief vom 2.8.88) beschreibt das Wirken von Göppinger u.a. mit folgenden Worten: "Für den Zeitraum von mindestens 25 Jahren wird Herr Göppinger als hochverdienter Vertreter der kriminologischen Wissenschaft und als prominenter Repräsentant 'unserer' Gesellschaft angesehen werden müssen". Auch Erhardt (Brief v. 4.8.88) hebt u.a. die "großen Verdienste um die Entwicklung der Kriminologie in der BRD" hervor, die sich der Jubilar erworben habe. In diesem Sinne haben sich auch Kaiser (Brief vom 9.8.88) und Vossen (Brief vom 6.9.88) geäußert. Walder betont (Brief vom 22.8.88), daß "Göppinger nicht nur Theoretiker war; vielmehr war es ihm ein besonderes Anliegen, kriminologische Erkenntnisse der Rechtspflege zugänglich zu machen". Schließlich schreibt Hartmann: "Zur Charakteristik Göppingers möchte ich sagen, daß er vor allem ein hilfsbereiter Mensch und hochanständiger Kollege ist. Sein Einsatz für die Gesellschaft war beispielhaft, wobei er stets bescheiden abgelehnt hat, Erster Vorsitzender zu werden und in die Öffentlichkeit zu treten. Manche behaupten, daß er schwierig sei, was insofern stimmen mag, als er von einer als richtig erkannten Meinung nur schwer abzubringen ist." Daß Göppinger ein Mann mit "Ecken und Kanten" ist, wird auch von vielen anderen, mit denen man über seine Persönlichkeit spricht, immer wieder betont. Aber "Ecken und Kanten" sind auch Merkmale, die eine unverwechselbare Persönlichkeit ausmachen.

Den Tagungen dieser Zeit, in der Hans Göppinger im Vorstand der Gesellschaft mitwirkte (über 20 Jahre lang), waren folgende Themen gewidmet:

- 1969: Kriminologische Grundlagenforschung: Sozialtherapeutische Anstalt; Chromosomenanomalien, Sexualdelinquenz;
- 1971: Strafzumessung und sichernde und bessernde Maßnahmen aus kriminologischer Sicht;
- 1973: Straf- und Maßregelvollzug, Situation und Reform; Kriminologie und Kriminalistik;
- 1975: Kriminologie und Strafverfahren, Dunkelfeldforschung;
- 1977: Wirtschaftskriminalität; Beurteilung der Schuldfähigkeit;
- 1979: Tötungsdelikte;
- 1981: Sozialtherapie, Grenzfragen bei der Beurteilung psychischer Auffälligkeiten im Strafrecht;
- 1983: Humangenetik und Kriminologie; Kinderdelinquenz und Frühkriminalität;
- 1985: Rückfallkriminalität, Führerscheinentzug.

Unmutsäußerungen über die Entwicklung der Gesellschaft in der "Göppinger-Ära" sind bisher, soweit übersehbar, nur von dem Göttinger Kriminologen Heinz Schöch[28] veröffentlicht worden. Schöch hat auch

---

28) Schöch, H.: Die gesellschaftliche Organisation der deutschsprachigen Kriminologie. In: Hirsch, H.-J./Kaiser, G./Marquardt, H. (Hrsg.): Gedächtnisschrift für Hilde Kaufmann. Berlin u.a.: de Gruyter 1986, S. 355 - 372

die Fusionsbemühungen beider Gesellschaften erschwert, indem er auf der Salzburger Tagung (1985) unzutreffende Behauptungen über den Fusionspartner (DKG) verbreitete, wodurch es ihm gelang, die Wahl des Präsidenten der DKG (der sich als Gastprofessor in Shanghai aufhielt und deshalb an der Tagung nicht teilnehmen konnte) in den Vorstand der "Gesellschaft für die gesamte Kriminologie" zu verhindern; der Zuwahl lag die bereits oben erwähnte Austauschvereinbarung der Gesellschaften zugrunde, die der Fusion hilfreich sein sollte. Das Bekanntwerden der Unrichtigkeit der Behauptungen Schöchs führte zu einer erheblichen Unruhe in der Gesellschaft, die sich in einem Schriftwechsel mit offenen Briefen prominenter Mitglieder gezeigt hat. Schriftlich hat Witter in einem Rundbrief vom 15. Dezember 1985 die Falschinformationen wieder richtiggestellt und damit die Fortführung der Fusionsgespräche erleichtert. Daß Schöch seine Behauptungen (ein Jahr später) in der Gedächtnisschrift für Hilde Kaufmann[29] auch schriftlich wiederholt hat, hat nur doch die klarstellende Information an dieser Stelle veranlassen können, die, um Mißverständnissen entgegenzutreten, sinnvoll erscheint.

B. Die Fusion der Gesellschaften zur "NKG"

Die Bemühungen, beide Gesellschaften zusammenzuführen, reichen bis in die zweite Hälfte der sechziger Jahre zurück.

I. Entwicklung der Fusionsbemühungen

Die Kurskorrektur, die die "Gesellschaft für die gesamte Kriminologie" 1967 vollzog, hatte wichtige Weichen gestellt: Die Trennungsgründe waren weitgehend entfallen. Zur Zeit der Freiburger Tagung der "Göppinger-Gesellschaft" (1975) schien der Fusionserfolg schon in greifbare Nähe gerückt. Ein entsprechendes "Kontaktgespräch" das (am 9. Februar 1974 in Frankfurt/M.) für die "DKG" Armand Mergen und Franz Petersohn führten und von Seiten der "Gesellschaft für die gesamte Kriminologie" Günther Kaiser und Helmut Ehrhardt, war einvernehmlich verlaufen; gleichwohl sind die Erwartungen damals nicht in Erfüllung gegangen.

Neue Impulse erhielten die Fusionsbemühungen dann wieder 10 Jahre später. Die neuen Vorstände der Gesellschaften nahmen bereits 1985 entsprechende Verhandlungen auf. Verhandlungsführer waren von Seiten der "Gesellschaft für die gesamte Kriminologie" der damalige

---

29) Schöch 1986 (Fn 28)

Vorsitzende Dr. Rainer Vossen (Zürich), der Jubilar, sowie Prof. Dr. Hans Jürgen Kerner (Heidelberg) und von Seiten der "DKG" die Professoren Alexander Böhm und Edwin Kube. Diese Viererkommission verständigte sich auf einen gemeinsamen Satzungsentwurf, der in beiden Gesellschaften diskutiert und in seinen Grundzügen (mit Verhandlungsspielraum) verabschiedet wurde. Es folgten sich entsprechende Fusionsbeschlüsse beider Mitgliederversammlungen, von denen die letzten wie folgt lauteten:

- MV der DKG vom 25. November 1986: "Die 'Deutsche Kriminologische Gesellschaft' stimmt der Gründung einer neuen 'Gesellschaft für Kriminologie' zu, der die Mitglieder der 'Deutschen Kriminologischen Gesellschaft' und der 'Gesellschaft für die gesamte Kriminologie' angehören sollen. Die Zustimmung steht unter dem Vorbehalt, daß die Gesellschaft für die gesamte Kriminologie binnen eines Jahres einen gleichlautenden Beschluß faßt.
- MV der Ges. f. d. ges. Krim. am 8. Oktober 1987: "Die 'Gesellschaft für die gesamte Kriminologie' löst sich zugunsten der 'Gesellschaft für Kriminologie' auf. Die Auflösung ist ... dadurch aufschiebend bedingt, daß die 'Deutsche Kriminologische Gesellschaft' ebenfalls verbindlich ihre Auflösung zum materiellen Zweck der Fusion mit der 'Gesellschaft für die gesamte Kriminologie' beschließt".
- MV der DKG vom 5. Nov. 1987: Die 'Deutsche Kriminologische Gesellschaft' nimmt den Fusionsbeschluß der 'Gesellschaft für die gesamte Kriminologie' vom 8. Oktober 1987 zustimmend zur Kenntnis. Die DKG wird eine außerordentliche Mitgliederversammlung zum Zwecke der Auflösung der Gesellschaft einberufen".
- a.o. MV vom 28. Juli 1988: "Die DKG löst sich zugunsten der 'Neuen Kriminologischen Gesellschaft' (NKG) auf".

Zu Abwicklungsbeauftragten wurden seitens der DKG Herr Lt. Ministerialrat a.D. Gernot Steinhilper und seitens der "Gesellschaft für die gesamte Kriminologie" Herr Dr. Werner Maschke gewählt. Noch offene Fragen wurden (im Rahmen des Verhandlungsspielraums) am 4. Juli 1988 (in Hannover) zwischen dem Ersten Vorsitzenden der "Gesellschaft für die gesamte Kriminologie" (seit 1985: Hans Jürgen Kerner) und dem Präsidenten der "DKG" (seit 1984: Hans-Dieter Schwind) in Anwesenheit der Vorstandsmitglieder Günther Kaiser, Alexander Böhm und Gernot Steinhilper mit folgendem Ergebnis erörtert (sog. Vorabkompromiß):

- Name der neuen Gesellschaft: "Neue Kriminologische Gesellschaft (NKG). Wissenschaftliche Vereinigung deutscher, österreichischer und schweizerischer Kriminologen";
- Sitz der neuen Gesellschaft: Frankfurt (Geschäftsstelle Tübingen);
- Verleihung der Beccaria-Medaille: wie bisher in Frankfurt/M;

- Fortsetzung der Schriftenreihe der DKG ("Kriminologische Schriftenreihe"): als Monographie-Reihe;
- Fortsetzung der Schriftenreihe der Gesellschaft für die gesamte Kriminologie ("Kriminologische Gegenwartsfragen"): als Tagungsbandreihe.

II. Die Gründungsversammlung am 28. Juli 1988

An der Gründungsversammlung (im Intercity-Restaurant Frankfurt) nahmen alle fünf Vorstandsmitglieder der DKG (Böhm, Böttcher, Kube, Schwind, Steinhilper) und vier Vorstandsmitglieder der "Gesellschaft für die gesamte Kriminologie" teil (Bresser, Horn, Kerner, Maschke) sowie die Herren Generalanwalt Dr. Christoph Mayerhofer, Direktor Dr. Jörg-Martin Jehle, Prof. Dr. Dr. Weinschenk, Oberregierungsrat Hans Joachim Deiters und Dipl. Verwaltungswirt Hans Jürgen Feldmann. Nicht anwesend waren die Gründungsmitglieder (vgl. dazu das Gründungsprotokoll im Anhang) Prof. Dr. Berg, Prof. Dr. Hartmann, Prof. Dr. Kaiser und Dr. Vossen. Auf der Sitzung, die um 16 Uhr begann, wurden vor allem Satzungsprobleme erörtert sowie das Statut der Beccaria-Medaille. Zum Gründungspräsidenten der neuen Gesellschaft wurde Prof. Dr. Hans Jürgen Kerner gewählt, zum Vizepräsidenten Prof. Dr. Hans-Dieter Schwind (zur Zusammensetzung des Gründungsvorstandes vgl. wiederum das Gründungsprotokoll im Anhang). Ferner wurde beschlossen, beide Schriftenreihen der Gesellschaften fortzusetzen.

Die meisten Regelungen der Satzung wurden von der Gründungsversammlung ohne Diskussion in der vorgelegten Fassung verabschiedet. Allgemein dürften folgende Satzungsvorschriften interessieren, die Aufgaben und Arbeitsweise der neuen Gesellschaft betreffen:

Nach § 2 Abs. 1 der Satzung ist "zentrale Aufgabe der Gesellschaft, die erfahrenswissenschaftliche Erforschung der Kriminalität, des Straftäters und Verbrechensopfers sowie der staatlichen und gesellschaftlichen Reaktionen zu fördern." Zur Erfüllung dieser "Aufgabe fördert die Gesellschaft insbesondere

- Forschungsvorhaben;
- nationale und internationale Kontakte mit Personen, Vereinigungen und Einrichtungen, die kriminologisch tätig sind;
- den ständigen Erfahrungsaustausch und die Diskussion zwischen Theorie und Praxis;
- die Organisation von Veranstaltungen, namentlich von Arbeitstagungen, Symposien und Arbeitsgemeinschaften;
- die Veröffentlichung und Verbreitung von Schriften;
- die Vertretung der Kriminologie als eigenständige wissenschaftliche Disziplin bei Forschungsförderungseinrichtungen;
- die Berücksichtigung der Kriminologie im Hochschulunterricht sowie

- die Berücksichtigung der Kriminologie bei akademischen und staatlichen Prüfungen."

Nach § 2 Abs. 3 gehört zu den Aufgaben der Gesellschaft auch "die Auszeichnung von Personen oder Institutionen, die sich um die Kriminologie verdient gemacht haben (insbesondere die Verleihung der Beccaria-Medaille)".

Die gemeinnützige (§ 15) Gesellschaft "ist weltanschaulich und parteipolitisch ungebunden" (§ 3 Abs. 1). Ordentliche Mitglieder können alle "natürlichen Personen werden, die den satzungsgemäßen Zweck der Gesellschaft bejahen" sowie Einrichtungen und Vereinigungen, sofern deren Zielsetzungen bzw. Satzungen mit dem satzungsmäßigen Zweck dieser Gesellschaft nicht in Widerspruch stehen". Organe der Gesellschaft sind (nach § 7) die Mitgliederversammlung und der Vorstand. Die Mitgliederversammlung (§ 8 Abs. 1) "regelt als Hauptorgan alle Angelegenheiten der Gesellschaft, soweit sie nicht durch die Satzung ausdrücklich dem Vorstand zugewiesen sind. Sie wählt vor allem den Vorstand, nimmt den Arbeits- und Kassenbericht entgegen und entscheidet über die Entlastung aller Amtsträger" (Abs. 2). Einzuberufen "ist die ordentliche Mitgliederversammlung mindestens einmal in zwei Jahren, in der Regel aus Anlaß einer Tagung" (§ 9 Abs. 1). "Außerordentliche Mitgliederversammlungen werden vom Vorstand nach Bedarf einberufen oder dann, wenn mindestens ein Viertel der Mitglieder die Einberufung mit eigenhändig unterzeichnetem Schriftsatz an den Vorstand verlangt" (Abs. 2). Der "Vorstand besteht aus dem Präsidenten, dem Vizepräsidenten und 5 weiteren ordentlichen Mitgliedern" (§ 10 Abs. 1). "Dem Vorstand sollen mindestens ein Österreicher und ein Schweizer angehören" (Abs. 2). "Die Amtszeit beträgt vier Jahre" (Abs. 4).

Mit der Fusion der Gesellschaften wurde eine 29jährige Trennungszeit beendet (vgl. Zeittafel); die Eintragung der NKG in das Vereinsregister des Amtsgerichts Frankfurt/M. erfolgte am 24. Februar 1989.

III. Ausblick aus persönlicher Sicht

Der Name der neuen Gesellschaft soll auf drei Umstände hinweisen, die für die künftige Arbeit Bedeutung besitzen, nämlich

- erstens: ist nicht beabsichtigt, mit bewährten Traditionen der "Altgesellschaften" zu brechen; es bleibt bei der *"Kriminologischen Gesellschaft"*;
- zweitens: soll der Hinweis *"Neue"* zugleich aber auch dokumentieren, daß die Aufgabenstellung den Forderungen unserer Zeit angepaßt werden muß;
- drittens: soll die Unterzeile *"Wissenschaftliche Vereinigung deutscher, österreichischer und schweizerischer Kriminologen"* darüber

informieren, daß die gute enge Zusammenarbeit mit den Kollegen der (deutschsprachigen) Nachbarländer fortgesetzt werden soll.

1. Bewährte Traditionen

Die Vorgeschichte der NKG zeigt, daß ihre "Wiege ... in den Strafanstalten stand" (vgl. oben): die Leiter der Kriminologischen Dienste (bzw. Untersuchungsstellen) von Strafanstalten in Lettland, Belgien und Bayern (Straubing und München) knüpften erste Kontakte, die 1927 zur Gründung der "Kriminalbiologischen Gesellschaft" geführt haben. Man wollte einen Erfahrungsaustausch mit Praxisbezug. Ein Schwerpunkt der künftigen Arbeit sollte (auch schon) deshalb beim Strafvollzug liegen; insoweit bietet sich eine Zusammenarbeit mit den vom Strafvollzugsgesetz vorgesehenen "Kriminologischen Diensten" (§ 166) der Justizvollzugsanstalten an[30].

Darüberhinaus sollten zu allen Fachtagungen Praktiker eingeladen werden, um den Transfer der Ergebnisse wissenschaftlicher Arbeit in die Praxis der Strafanstalten, der Rechtspflege und der Kriminalpolitik zu erleichtern; solche Tagungen hat die DKG seit Mitte der sechziger Jahre (in den letzten Jahren in der 'Alten Oper' in Frankfurt) mit gutem Erfolg durchführen können. Auch die Gesellschaft für die gesamte Kriminologie verfügt über eine entsprechende Tradition[31]. Inwieweit der Prozeß der Transformation empirischer Resultate in die Praxis der Kriminalrechtspflege und in die Kriminalpolitik gelingt, bleibt abzuwarten. Kaiser hat schon früher[32] die mögliche Einflußnahme der Kriminologie darin gesehen, "durch ihren Beitrag in der kriminalpolitischen Willensbildung eine *größere Bereitschaft zur Rationalität* zu wecken." Das wäre auch schon ein Fortschritt: Rationale Kriminalpolitik als Zukunftsaufgabe[33].

2. Grenzüberschreitende Kontakte

Auch die internationalen Kontakte der kriminologischen Gesellschaften waren (mit Ausnahme der NS-Zeit) immer recht gut. Daß das heute noch so ist, hat nicht zuletzt der 10. Internationale Kriminologie-Kongreß (im September 1988) in Hamburg gezeigt.

---

30) Zu deren Geschichte und Bedeutung vgl. ausführlich Steinhilper, G.: Der Kriminologische Dienst (§ 166 StVollzG) - Anspruch und Wirklichkeit. In: Kerner, H.-J./ Göppinger, H./Streng, F. (Hrsg.): Kriminologie - Psychiatrie - Strafrecht. Festschrift für Heinz Leferenz. Heidelberg: Müller 1983, S. 91 - 103
31) Vgl. Leferenz 1978 (Fn 16), S. 1
32) Kaiser, G.: Diskussionsbeitrag zu Leferenz. H.: Kriminologie und Kriminalpolitik. In: Göppinger, H./Leferenz, H. (Hrsg.): Kriminologische Gegenwartsfragen, Heft 8. Stuttgart: Enke 1968, S. 24 - 25
33) Vgl. dazu z.B. Schwind, H.-D.: "Rationale" Kriminalpolitik als Zukunftsaufgabe. In: Schwind, H.-D. (Hrsg.): Festschrift für Günter Blau. Berlin u.a.: de Gruyter 1985, S. 573 -597

a) Dabei ist wiederum deutlich geworden, daß sich die deutsche kriminologische Forschung keineswegs zu verstecken braucht: gleichwohl fällt auf, daß die Ergebnisse der wissenschaftlichen Arbeit unseres Landes in der ausländischen empirischen Arbeit nur selten zitiert werden. Deshalb könnte es z. B. sinnvoll erscheinen, im Rahmen der NKG eine abstract-Sammlung (zumindest in englischer Sprache) zu deutschen Forschungsarbeiten im Anschluß an jede Amtsperiode des Vorstandes, also im 4-Jahres-Rhythmus herauszubringen, die an ausländische Kollegen verschickt wird. Die abstracts, die bisher den Veröffentlichungen angehängt werden, sind m. E. zu kurz, d. h. zu wenig informativ.

b) Es ist inzwischen eine Binsenwahrheit, daß die Kriminologie nicht nur das interdisziplinäre Gespräch, sondern auch die grenzüberschreitenden Kontakte (insbesondere persönliche Begegnungen) braucht, ein Anliegen, das die neue Satzung besonders betont (§ 2 Abs. 2). Die Satzung der NKG sieht in § 10 Abs. 2 sogar vor, daß "dem Vorstand mindestens ein Österreicher und ein Schweizer angehören sollen". Für eine Beteiligung an der Vorstandsarbeit kommt aber auch ein DDR-Kollege in Frage, wobei § 13 "die Bildung von Sektionen, Regionalgruppen oder Arbeitsgruppen" im anderen Teil Deutschlands zulassen würde.

3. Neue Wege

Zu den Zukunftshoffnungen gehört aber auch, daß es der neuen Gesellschaft gelingt, ein Diskussionsforum für Vertreter *aller* kriminologischen Bezugswissenschaften und Richtungen aufzubauen (gemeinsames Dach/gemeinsame Außendarstellung).

a) Es ist jedenfalls ein offenes Geheimnis, daß sich nicht wenige Kollegen, insbesondere aus dem sozialwissenschaftlichen Lager, durch die Altgesellschaften bisher aus den verschiedensten Gründen nicht repräsentiert fühlten: etwa die im AJK (seit Juni 1969) zusammengeschlossenen Kriminologen, die als Vertreter der "Kritischen" (oder "neuen" oder "radikalen" oder "konfliktorientierten") Kriminologie gegen die "positivistische Tradition" und "Praxisunterwerfung der traditionellen Kriminologie"[34] Sturm liefen und der Etikettierungstheorie (mit mehr oder weniger Ausschließlichkeitsansprüchen) folgten[35]. Diese Trennungslinien dürften inzwischen zumindest so weit abgebaut sein, daß das Gespräch unter dem gemeinsamen Dach einer (neuen) Gesellschaft möglich erscheint. Jedenfalls hat sich die Hauptströmung in der (deutschen) Kriminologie als durchaus integrationsfähig gezeigt. So weisen z. B.

---

34) Sack, F.: Kritische Kriminologie. In: Kaiser, G./Kerner, H.-J./Sack, F./Schellhoss, H. (Hrsg.): Kleines Kriminologisches Wörterbuch. 2. Aufl., Heidelberg: Müller 1985, S. 277 - 286

35) Kritisch dazu Kaiser, G.: Was ist eigentlich kritisch an der "Kritischen Kriminologie?". In: Warda, G./Waider, H./v.Hippel, R./Meurer, D. (Hrsg.): Festschrift für Richard Lange. Berlin u.a.: de Gruyter 1976, S. 521 - 539

auch Hess und Steinert in der Einleitung zum Positionspapier des AJK[36] darauf hin, daß "die Ergebnisse der kritischen Kriminologie von der herrschenden Kriminologie aufgesogen wurden". Das ist sicherlich richtig bis z. B. auf die Frage, welche Bedeutung kriminologische Forschung für die Bedürfnisse der Praxis haben soll. Insoweit wird man allerdings (nach wie vor) berücksichtigen müssen, daß die Kriminologie (schon im Interesse des Steuerzahlers) kein Selbstzweck sein kann. Gleichwohl sollte Uneinigkeit in dieser Frage den Zusammenschluß aller Kriminologen unter dem gemeinsamen Dach der neuen Gesellschaft nicht hindern. Deshalb erscheint es auch folgerichtig, daß sich der AJK von sich aus an Fusionsverhandlungen interessiert gezeigt hat (Schreiben von Brusten vom 13.3.87 an Kerner und Schwind).

Eine weitere wichtige Gruppe, die sich durch die Altgesellschaften nur unzureichend vertreten sah, ist die der Lehrstuhlinhaber bzw. Institutsdirektoren, die in den letzten 12 Jahren auf den Arbeitstagungen mehr und mehr fehlten. Vor allem diese brauchen eine einflußausübende Interessenvertretung z. B. den Prüfungsämtern bzw. den Ministerien gegenüber. Die zurückgegangene Prüfungsrelevanz der Kriminologie in den Bundesländern wirft bereits Nachwuchsprobleme auf. So nimmt die Zahl qualifizierter Studenten, die für eine Kriminologiepromotion in Betracht kommen, (bedingt durch die neue Prüfungssituation) drastisch ab, eine Entwicklung, die auch der staatlichen Kriminalpolitik nicht gleichgültig sein sollte.

Die gemeinsame Interessenvertretung der Kriminologen ist aber auch z.B. gegenüber der DFG relevant (Aufbau interdisziplinärer Schwerpunktprogramme); insoweit soll im Rahmen dieser Festschrift nicht unerwähnt bleiben, daß der erste Förderungsschwerpunkt ("Empirische Kriminologie") auf die Anregung von Hans Göppinger zurückgeht[37].

b) Offen angesprochen werden soll ferner auch, daß es in den Altgesellschaften Auseinandersetzungen gegeben haben soll (einige sprechen von "Querelen"), die offenbar manchen abgeschreckt haben. Aber auch die neue Gesellschaft wird vermutlich nicht konfliktfrei arbeiten können. Dabei darf man jedoch nicht übersehen, daß sich bekanntlich auch Konflikte konstruktiv auswirken können und deshalb nicht negativ sein müssen, wenn man sachlich bleibt, also nicht die Persönlichkeit des Kollegen verletzt. Ein solches Miteinander ist der neuen Gesellschaft zu wünschen. Vor diesem Hintergrund ist zu begrüßen, daß die Fusionsbeschlüsse der beiden Altgesellschaften jeweils ohne Gegenstimme gefaßt werden konnten. In diesem Zusammenhang sei auch daran erinnert, daß sich eine arbeitsfähige Kooperation der Kriminologen aller Bezugswissenschaften in den letzten Jahrzehnten auch hierzulande auf den verschiedensten Ebenen entwickelt hat, z.B. in der "Deutschen Vereinigung für Jugendgerichte und Jugendgerichtshilfe e.V." (DVJJ), im Rahmen

---

36) Hess, H./Steinert, H.: Zur Einleitung: Kritische Kriminologie - zwölf Jahre danach. Kriminologisches Journal, 1. Beiheft: Kritische Kriminologie heute, 1986, S. 2 - 8,4
37) Vgl. Schöch 1986 (Fn 28), S. 358

der Südwestdeutschen Kriminologischen Colloquien, im 1980 gegründeten "Kriminologischen Forschungsinstitut Niedersachsen" (KFN) oder in der "Kriminologischen Zentralstelle in Wiesbaden" (gegründet als Bund-Länder-Einrichtung 1984).

Daß die Bezugswissenschaften aus einer kriminologischen Gesellschaft nicht ausgegrenzt werden dürfen, hat übrigens schon Adolf Lenz[38], der Gründungspräsident der Deutschen Kriminalbiologischen Gesellschaft, vor rund 60 Jahren betont, als er schrieb: "Juristen, Mediziner, Psychologen und Pädagogen, Soziologen und Theologen sind zur gemeinsamen Arbeit aufgerufen". Ausschließliche Kompetenzansprüche dürfe es hingegen nicht geben, "weil das Ziel der erschöpfenden Betrachtung des kriminellen Menschen nur durch das Zusammenarbeiten aller Forschungsmethoden gelöst werden kann". Es bleibt zu hoffen, daß sich diese Einsicht inzwischen überall durchgesetzt hat und den neuen gemeinsamen Anfang erleichtert.

---

38) Lenz, A.: Die Ziele der Kriminalbiologischen Gesellschaft. Mitteilungen der Kriminalbiologischen Gesellschaft 1, S. 1 - 9; zitiert nach Mezger 1952 (Fn 1), S. 14

C. Anhang

I. Zeittafel 1927 - 1988

"Kriminalbiologische Gesellschaft"		Jahr und Hinweis	"Deutsche Kriminologische Gesellschaft" (DKG)	
Gründung: am 6.6.1927 in Wien			Gründung am 9.12.1959 in Frankfurt/M.	
Tagungsort	Erst.Vorsitz.		Tagungsort	Präsident
Wien	Lenz/Graz	1927		
Dresden	"	1928		
München	"	1930		
Hamburg	"	1933		
München	"	1937		
München	Mezger/München	1951		
München	"	1953		
Graz	"	1954		
Freiburg/Br.	"	1957		
Tübingen	"	1959	Mitglieder-	Mergen/Mainz
		Trennung	versammlung	"
-	"	1960	mit Fachre-	"
Wien	"	1961	feraten	"
-	"	1962	(im Wechsel	"
Heidelberg	Würtenberger/Freiburg/Br.	1963	zwischen	"
-	"	1964	Wiesbaden	"
Gießen	Leferenz/Heidelberg	1965	und Frank-	"
-	"	1966	furt a.M.)	"
Köln	"	1967	Arbeits-	"
Namensänderung: 1967			tagung	
"Gesellschaft für die gesamte Kriminologie"			mit Vor-	
-	"	1968	trägen	"
Saarbrücken	Witter/Homburg/S.	1969	Diskussions-	"
-	"	1970	hinweisen	"
Wien	Hartmann, (Wien)	1971	in Frankfurt	"
-	"	1972	am Main.	"
Bad Nauheim	Ehrhardt, (Marburg/Lahn)	1973	"	"
-	"	1974		"
Freiburg	Kaiser, (Freiburg/Br.)	1975	"	"
-	"	1976	"	"
Bern	Walder, (Bern)	1977	"	Petersohn/Mainz
-	"	1978	"	"
Köln	Bresser, (Köln)	1979	"	"
-	"	1980	"	"
Saarbrücken	"	1981	"	"
-	"	1982	"	"
Bern	Vossen, (Zürich)	1983	"	"
-	"	1984	"	Schwind/Bochum
Salzburg	"	1985	"	"
-	"	1986	"	
Tübingen	Kerner, (Tübingen)	1987	"	"
-	"	1988	"	"

Fusion als **"Neue kriminologische Gesellschaft"** (NKG)

"Neue Kriminologische Gesellschaft" (NKG)

Wissenschaftliche Vereinigung deutscher,
österreichischer und schweizerischer Kriminologen

Gründung: am 28. Juli 1988

Gründungsvorstand:

Präsident:	Hans-Jürgen Kerner	(Tübingen)
Vize-Präsident:	Hans-Dieter Schwind	(Bochum)
General-sekretär:	Werner Maschke	(Tübingen)
Beisitzer:	Alexander Böhm	(Mainz)
	Reinhard Böttcher	(München)
	Paul Heinrich Bresser	(Remscheid)
	Hans Jürgen Horn	(Weißenthurm)
	Jörg-Martin Jehle	(Wiesbaden)
	Edwin Kube	(Wiesbaden)
	Christoph Mayerhofer	(Wien)
	Gernot Steinhilper	(Hannover)
	Rainer Vossen	(Zürich)

II.*Aus dem Protokoll der Gründungsversammlung der NKG*
vom 28. Juli 1988 (Protokollführer: Prof. Dr. Alexander Böhm)

1. ...
2. ...
3. Es werden im einzelnen folgende Fragen erörtert:

§ 1 Abs. 1 der Satzung soll lauten:
Der Verein führt den Namen "Neue Kriminologische Gesellschaft (NKG), Wissenschaftliche Vereinigung deutscher, österreichischer und schweizerischer Kriminologen".
Im Zusammenhang mit der Unterzeile wird klargestellt, daß mit der Bezeichnung "Kriminologen" alle diejenigen Wissenschaftler und Praktiker gemeint sind, die sich, aus welcher Fachrichtung auch immer, mit Problemen der Kriminologie befassen. Das können Juristen, Ärzte, Psychiater, Psychologen, Sozialwissenschaftler, Sozialarbeiter, Kriminalbeamte, Pädagogen ebenso sein wie Personen, die in der Kriminalitätsvorbeugung, forensisch oder im Strafvollzug tätig sind.

Abs. 3 des § 2 soll lauten:
"Zu den Aufgaben der Gesellschaft gehört auch die Auszeichnung von Personen oder Institutionen, die sich um die Kriminologie verdient gemacht haben (insbesondere Verleihung der Beccaria-Medaille, vgl. § 18 Abs. 3). Soweit die Satzung Regelungen nicht enthält, ist das Nähere durch ein Statut zu regeln."
Der ausdrückliche Hinweis auf die Beccaria-Medaille und ihre Regelung in § 18 Abs. 3 erscheint allen Gründungsmitgliedern erforderlich.
Die in dem Entwurf aufgeführten Absätze 2 und 3 werden Absätze 3 und 4. Folgender Absatz ist einzufügen:
"Bis zur Wahl eines Vorstandes nach § 8 der Satzung besteht der Gründungsvorstand aus:

Prof. Dr. Alexander Böhm
Ltd. Ministerialrat Dr. Reinhard Böttcher
Prof. Dr. Dr. Paul Heinrich Bresser
Prof. Dr. Hans Jürgen Horn
Direktor Dr. Jörg-Martin Jehle
Prof. Dr. Hans-Jürgen Kerner
Prof. Dr. Edwin Kube
Dr. Werner Maschke
Generalanwalt Dr. Christoph Mayerhofer
Minister a. D. Prof. Dr. Hans-Dieter Schwind
Ltd. Ministerialrat a. D. Dr. Gernot Steinhilper
Dr. Rainer Vossen.

Präsident der "Neuen Kriminologischen Gesellschaft" ist Prof. Dr. Hans-Jürgen Kerner, Vizepräsident Minister a.D. Prof. Dr. Hans-

Dieter Schwind. Der Gründungsvorstand entscheidet mit einer Mehrheit von 2/3 der anwesenden Mitglieder".

Die Frage dieses Gründungsvorstandes wird ausführlich diskutiert. Es besteht Einigkeit darüber, daß gleichviele Vorstandsmitglieder sowohl aus dem Mitgliederbestand der bisherigen Gesellschaft für die gesamte Kriminologie wie aus dem Mitgliederbestand der bisherigen DKG gewählt werden sollen. Gedacht ist dabei an bisherige Vorstandsmitglieder der Gesellschaften.

Aus der ehemaligen DKG stellen sich alle Vorstandsmitglieder für die Wahl zur Verfügung. Als sechstes Vorstandsmitglied wird insoweit Herr Direktor Dr. Jörg-Martin Jehle benannt. Die Gesellschaft für die gesamte Kriminologie benennt ihre Vorstandsmitglieder, anstelle von Herrn Prof. Dr. Zipf Herrn Generalanwalt Dr. Christoph Mayerhofer.

Die Gründungsmitglieder wählen die Mitglieder des Gründungsvorstandes einstimmig, bei jeweiliger Enthaltung des zu Wählenden. Es besteht Einigkeit darüber, daß keine der bisherigen Gesellschaften das Amt des Präsidenten aufgrund ihres Alters oder ihrer Mitgliederzahl oder ihrer Bedeutung beanspruchen kann. Es besteht weiter Einigkeit darüber, daß die gegenwärtigen Präsidenten der DKG und der Gesellschaft für die gesamte Kriminologie Präsident und Vizepräsident der NKG werden sollen. Die Gründungsmitglieder begrüßen es, wenn die beiden Herren die Frage, wer Präsident und Vizepräsident wird, unter sich aushandeln. Hierzu erklärt Herr Prof. Schwind, er habe sich mit Herrn Prof. Kerner dahin geeinigt, daß Herr Kerner Präsident werden solle und er Vizepräsident. Die Gründungsmitglieder wählen daraufhin einstimmig Herrn Prof. Dr. Kerner zum Präsidenten der NKG und bei Enthaltung von Herrn Prof. Dr. Schwind - Herrn Prof. Dr. Schwind zum Vizepräsidenten der NKG.

Herr Schwind schlägt vor, daß zum Generalsekretär der NKG Herr Dr. Maschke gewählt werden soll, weil er in Tübingen tätig ist und es sinnvoll sei, daß der Generalsekretär am gleichen Ort tätig sei wie der Präsident.

Die Gründungsmitglieder wählen Herrn Dr. Maschke einstimmig zum Generalsekretär der NKG. Da Herr Dr. Maschke aus der Gesellschaft für die gesamte Kriminologie kommt, soll die Stelle des Schatzmeisters mit einem Vorstandsmitglied besetzt werden, das von der DGK kommt. Vorgeschlagen wird Herr Prof. Dr. Kube. Die Gründungsmitglieder wählen einstimmig - bei Stimmenthaltung von Herrn Kube - Herrn Prof. Dr. Kube zum Schatzmeister der NKG.

Herr Schwind schlägt vor, die mit der Verleihung der Beccaria-Medaille und einer etwaigen Änderung des Statuts zusammenhängenden Maßnahmen Herrn Böhm zu übertragen. Die Gründungsmitglieder wählen einstimmig - bei Enthaltung von Herrn Böhm - Herrn Böhm zum Beauftragten für die Beccaria-Medaille.

Es besteht Einigkeit darüber, daß die Schriftenreihe der Deutschen Kriminologischen Gesellschaft und die der Gesellschaft für die gesamte Kriminologie fortgeführt werden sollen. Die Gründungsmitglieder wählen Herrn Dr. Steinhilper einstimmig - bei Enthaltung von Herrn

Dr. Steinhilper - zu dem für die Fortführung der Schriftenreihen zuständigen Vorstandsmitglied.

Nach kurzer Diskussion erklären sich alle Gründungsmitglieder damit einverstanden, daß der Gründungsvorstand nur bis zur nächsten Mitgliederversammlung amtieren soll, die dann den Vorstand nach § 10 der Satzung zu wählen hat. Diese Mitgliederversammlung soll im kommenden Herbst stattfinden, im Anschluß an die Verleihung der Beccaria-Medaille und eine eintägige Fachtagung in Frankfurt. Es besteht weiter Einigkeit darüber, daß eine solche Fachtagung mit Verleihung der Beccaria-Medaille alle zwei Jahre stattfinden soll. Ebenfalls alle zwei Jahre soll die Gesellschaft eine mehrtägige wissenschaftliche Tagung ausrichten, die alternierend in der Bundesrepublik, der Schweiz und Österreich stattfinden soll.

Die durch die Gründungsversammlung der NKG gebilligte Satzung der Neuen Kriminologischen Gesellschaft wird von den anwesenden Gründungsmitgliedern ausdrücklich gebilligt und unterschrieben. Die am Erscheinen verhinderten Herren Dr. Vossen, Prof. Dr. Hartmann und Prof. Dr. Günter Kaiser haben Herrn Prof. Dr. Kerner, Prof. Berg hat Herrn Dr. Steinhilper ermächtigt, in ihrem Namen einer neuen Satzung zuzustimmen und gebeten, sie als Gründungsmitglieder anzuerkennen."

Verzeichnis der Schriften[*)

von Hans Göppinger

- 1952 -

1) "Der ärztliche Eingriff in Narkose bei der Begutachtung im Strafprozeß (§ 81a StPO)"
Der Nervenarzt 23 (1952), S. 246-248

- 1954 -

2) "Die ärztliche Bescheinigung im Strafrecht (§ 278 StGB)"
Ärztliche Wochenschrift 9 (1954), S. 400-404

3) "Geisteskrankheit als Scheidungsgrund und der Begriff der 'geistigen
Gemeinschaft'"
Der Nervenarzt 25 (1954), S. 291-295

4) "Neuerungen im Strafrecht und in der Strafprozeßordnung"
Fortschritte der Neurologie, Psychiatrie und ihrer Grenzgebiete 22
(1954), S. 409-424

- 1955 -

5) "Die Beschlagnahmefreiheit der ärztlichen Aufzeichnungen (§ 97
StPO)"
Ärztliche Mitteilungen 40 (1955), S. 361-363

6) "Wie kann man eine rechtlich beachtliche Einwilligung zur Elektro-
schockbehandlung erhalten, wenn der Geisteskranke z.B. so erregt
ist, daß er nicht auf Antworten zu fixieren ist oder so stupurös ist,
daß er keine Antworten gibt?"
Deutsche Medizinische Wochenschrift 80 (1955), S. 1667-1668 und
1820-1821

---

*) in Auswahl: nicht voll verzeichnet sind v.a. Schriften, die in Fremdsprachen mit
anderen als lateinischen Schriftzeichen veröffentlicht wurden

- 1956 -

7) "Die Aufklärung und Einwilligung bei der ärztlichen, besonders der psychiatrischen Behandlung"
Fortschritte der Neurologie, Psychiatrie und ihrer Grenzgebiete 24 (1956), S. 53-107
dazu: BGH-Entsch. NJW 12 (1959), S. 811-814

8) "§ 16 Gebührenordnung für Zeugen und Sachverständige (GebOZuS) und seine Anwendung auf beamtete und angestellte Ärzte an Universitätskliniken und öffentlichen Krankenanstalten als Sachverständige vor Gericht"
Ärztliche Mitteilungen 41 (1956), S. 154-156

9) "Zur Tätigkeit des Arztes im Sozialgerichtsverfahren"
Deutsche Medizinische Wochenschrift 81 (1956), S. 1815-1818

10) "Müssen vor der Erprobung neuer Arzneimittel die beteiligten Patienten über alle denkbaren Gefahren aufgeklärt werden?"
Deutsche Medizinische Wochenschrift 81 (1956), S. 1897-1898

11) "Psychosen bei Atebrin-Medikation"
Zentralblatt für die gesamte Neurologie und Psychiatrie 137 (1956), S. 136-138

- 1957 -

12) "Die geistige Störung i.S. des § 44 Ehegesetz"
Neue Juristische Wochenschrift 10 (1957), S. 44-48

- 1958 -

13) "Die Entbindung von der Schweigepflicht und die Herausgabe oder Beschlagnahme von Krankenblättern"
Neue Juristische Wochenschrift 11 (1958), S. 241-245

14) "Ärztliche Schweigepflicht im sozialgerichtlichen Verfahren"
Anmerkung zum Beschluß des LSG Bremen
Neue Juristische Wochenschrift 11 (1958), S. 278-279

15) "Leistung und Honorierung des Sachverständigen"
Der medizinische Sachverständige 54 (1958), S. 81-87

16) "Die Beurteilung der Sucht nach dem Bundes-Versorgungs-Gesetz"
Der Nervenarzt 29 (1958), S. 469-470

17) "Die Entbindung von der Schweigepflicht durch den Patienten und ihre Auswirkungen im Prozeß"
Ärztliche Mitteilungen 43 (1958), S. 1326-1329, 1354-1356

- 1959 -

18) "Die Entbindung von der Schweigepflicht durch den Patienten und ihre Auswirkung im Prozeß" - Schlußwort
Ärztliche Mitteilungen 44 (1959), S. 638-639

19) "Zur Kriminologie der Verkehrsdelikte"
Neue Juristische Wochenschrift 12 (1959), S. 2281-2283

20) "Der Verkehrsdelinquent aus kriminologischer Sicht"
In: Aktuelle Probleme der Verkehrsmedizin. Berichte der ersten Jahrestagung der Deutschen Gesellschaft für Verkehrsmedizin e.V. am 20. März 1959 in Bad Nauheim.
Stuttgart: Enke 1959, S. 88 - 97

- 1960 -

21) "Der Verkehrssünder als krimineller Typus"
In: Mezger, E./Würtenberger, Th. (Hrsg.): Kriminalbiologische Gegenwartsfragen, Heft 4. Vorträge bei der X. Tagung der Kriminalbiologischen Gesellschaft vom 2. bis 4. Oktober 1959 in Tübingen.
Stuttgart: Enke 1960, S. 76 - 85

- 1961 -

22) "Heilbehandlung in strafrechtlicher Sicht"
(Diskussionsbemerkung zu einem Vortrag von Schwalm)
Zentralblatt für die gesamte Neurologie und Psychiatrie 161 (1961), S. 33-34

23) "Psychopathologische und tiefenpsychologische Untersuchungsmethoden und ihr Aussagewert für die Beurteilung der Täterpersönlichkeit und der Schuldfähigkeit"
Neue Juristische Wochenschrift 14 (1961), S. 241-245

24) "Zur Psychopathologie und Soziologie der 'Verkehrskriminellen' "
Bremer Ärzteblatt 14 (1961), S. 10-16

25) Diskussionsbeitrag zur Frage der Willensfreiheit und der Behandlung von Sittlichkeitsdelinquenten
In: Bundeskriminalamt (Hrsg.): Strafrechtspflege und Strfrechtsreform. Arbeitstagung im Bundeskriminalamt Wiesbaden vom 20. März bis 25. März 1961 über Strafrechtspflege und Strafrechtsreform. Wiesbaden 1961, S. 79 - 80

- 1962 -

26) "Methodologische Probleme und ihre Auswirkungen bei der Begutachtung"
In: Würtenberger, Th./Hirschmann, J. (Hrsg.): Kriminalbiologische Gegenwartsfragen, Heft 5. Vorträge bei der XI. Tagung der Kriminalbiologischen Gesellschaft vom 4. bis 8. Oktober 1961 in Wien. Stuttgart: Enke 1962, S. 110 - 121

27) "Die Bedeutung der Psychopathologie für die Kriminologie"
In: Kranz, H. (Hrsg.): Psychopathologie heute. Prof. Dr. med. Dr. phil. Dr. iur. h. c. Kurt Schneider zum 75. Geburtstag gewidmet. Stuttgart: Thieme 1962, S. 316-321

- 1963 -

28) "Die gegenwärtige Situation der Kriminologie":
Antrittsvorlesung an der Universität Tübingen, gehalten am 3. Dezember 1963. Tübingen: Mohr 1964, 42 Seiten (Recht und Staat in Geschichte und Gegenwart, 288/289)

- 1964 -

29) "Möglichkeiten und Grenzen einer Resozialisierung mit Mitteln der Psychiatrie, Psychologie und Psychotherapie"
Bewährungshilfe 11 (1964), S. 244-261

- 1965 -

30) "Strafe und Verbrechen". Festvortrag, gehalten bei der feierlichen Immatrikulation an der Universität Tübingen am 26. November 1964. Tübinger Universitätsreden, Heft 23. Tübingen: Mohr 1965, 26 Seiten. Auszug davon in Attempto 15 (1965), S. 16-23

31) "Erforschung der Zusammenhänge der Kriminalität und Erprobung neuer Methoden zur Behandlung Krimineller"
Die Justiz 14 (1965), S. 278-284

- 1966 -

32) "Arzt und Recht. Medizinisch-juristische Grenzprobleme unserer
Zeit"
Herausgegeben von H. Göppinger: Beck'sche Schwarze Reihe,
Band 41. München: Beck 1966

33) "Kriminologie als interdisziplinäre Wissenschaft"
In: Leferenz, H./Hirschmann, J. (Hrsg.): Kriminologische Gegenwartsfragen, Heft 7. Vorträge bei der XIII. Tagung der Kriminalbiologischen Gesellschaft vom 7. bis 10. Oktober 1965 in Gießen.
Stuttgart: Enke 1966, S. 1 - 16

34) "Psychiatrie und Kriminologie"
IV. Weltkongreß für Psychiatrie, Madrid 1966.
International congress series, Abstracts, Nr. 117.
Excerpta Medica Foundation 1966, S. 207 - 208

- 1967 -

35) "Kriminologie und Strafrecht" (japanisch)
Verbrechen und Strafe, Band IV, Tokio 1967, S. 7-17

36) "Standortbestimmungen der Kriminologie als empirische Wissenschaft" (japanisch)
Zeitschrift der Rechtsvergleichung (Japan), Tokio 1967

- 1968 -

37) Kriminologische Gegenwartsfragen, Heft 8. Vorträge bei der XIV.
Tagung der Gesellschaft für die gesamte Kriminologie vom 13. bis
16. Oktober 1967 in Köln. Herausgegeben von Hans Göppinger und
Heinz Leferenz. Stuttgart: Enke 1968. VIII, 197 Seiten

38) "Probleme interdisziplinärer Forschung in der Kriminologie"
In: Rechtswissenschaftliche Abteilung der Rechts- und Wirtschaftswissenschaftlichen Fakultät der Universität Tübingen (Hrsg.): Tübinger Festschrift für Eduard Kern.
Tübingen: Mohr 1968, S. 201 - 227

- 1969 -

39) "Kriminologisches Zusatzstudium an der Universität Tübingen"
Juristische Schulung 9 (1969), S. 448 und
Monatsschrift für Kriminologie und Strafrechtsreform 52 (1969),
S. 320

- 1970 -

40) Kriminologische Gegenwartsfragen, Heft 9. Vorträge bei der XV.
Tagung der Gesellschaft für die gesamte Kriminologie vom 2. bis
5. Oktober 1969 in Saarbrücken. Herausgegeben von Hans Göppinger und Hermann Witter. Stuttgart: Enke 1970. VIII, 262 Seiten

41) "Neuere Ergebnisse der kriminologischen Forschung in Tübingen"
In: Göppinger, H./Witter, H. (Hrsg.): Kriminologische Gegenwartsfragen, Heft 9. Vorträge bei der XV. Tagung der Gesellschaft für
die gesamte Kriminologie vom 2. bis 5. Oktober 1969 in Saarbrük-
ken. Stuttgart: Enke 1970, S. 70-91

42) "Psychische und soziale Auffälligkeiten bei nicht geisteskranken
Delinquenten"
Mentalna bolest i socijalna patologija. Zagreb: 1970

- 1971 -

43) "Kriminologie - Eine Einführung"
München: Beck 1971, XXI, 463 Seiten

44) "Problems of Interdisciplinary Research in Criminology"
Law and State. A Biannual Collection of Recent German Contributions to these Fields. Vol. 3 (1971), S. 22-44

45) "Die Grundlagenforschungen des Instituts für Kriminologie in Tübingen" (bulgarisch)
Nevrologija, Pshihijatria i Nevrohirurgij 10 (1971), S. 94 ff.

46) "Die gegenwärtige Situation der Kriminologie"
In: Miyazawa, K./Nakayama, K. (Hrsg.): Sammelband Kriminologischer Aufsätze. Tokio: Keio-Tsushin 1971, S. 27-72

47) "Interdisziplinäre kriminologische Forschung in Tübingen. Methodologische Probleme und Erfahrungen" (japanisch)
Hogaku-kankyu (Zeitschrift für Rechtswissenschaft, Politik und
Soziologie der Juristischen Fakultät der Keio-Universität Tokio)
1971

- 1972 -

48) "Handbuch der forensischen Psychiatrie.
Teil A: Die rechtlichen Grundlagen.
Teil B: Die psychiatrischen Grundlagen."
2 Bände. Herausgegeben von Hans Göppinger und Hermann Witter.
Berlin, Heidelberg, New York: Springer 1972. XXXIV, 1693 Seiten

49) "Das Gutachten".
In: Göppinger, H./Witter, H. (Hrsg.): Handbuch der forensischen Psychiatrie, Band II. Berlin, Heidelberg, New York: Springer 1972, S. 1485-1502

50) "Das Verfahren".
In: Göppinger, H./Witter, H. (Hrsg.): Handbuch der forensischen Psychiatrie, Band II. Berlin, Heidelberg, New York: Springer 1972, S. 1531-1593

51) Kriminologische Gegenwartsfragen, Heft 10. Vorträge bei der XVI. Tagung der Gesellschaft für die gesamte Kriminologie vom 7. bis 10. Oktober 1971 in Wien. Herausgegeben von Hans Göppinger und Rudolf Hartmann. Stuttgart: Enke 1972. VII, 155 Seiten

52) "Probleme bei der forensischen Begutachtung Schizophrener"
In: Das ärztliche Gespräch. Neuere Aspekte der Schizophrenie-Forschung. Tropon-Werke Köln 1972, S. 63-76

53) "Sozial auffällige Persönlichkeiten und ihr Sozialbereich"
In: Turcin, R. (Hrsg.): Psihopatske Licnosti, Idzanje Psihijatrijske Bolnice Vrapce. Zagreb 1972, S. 239-249

- 1973 -

54) "Kriminologie - Eine Einführung"
2. Auflage. München: Beck 1973, XXII, 528 Seiten

55) "Socio-psychological inquiries into the behaviour of men in the group 20-30 years - Differences between an average and a criminal population"
Social Defence India, Vol. 9 (1973), p. 3-8

56) "Juristische Studienreform in der Bundesrepublik Deutschland" (japanisch)
Mita hyoron 1973, S. 56 ff.

57) Forschungsergebnisse aus dem Institut für Kriminologie der Universität Tübingen" (japanisch)
Tsumi to batsu, Bd. 10 (1973), S. 37 ff.

- 1974 -

58) "Praxis der Begutachtung. Der psychiatrische Sachverständige im Verfahren"
Berlin, Heidelberg, New York: Springer 1974, VI, 101 Seiten

59) Straf- und Maßregelvollzug: Situation und Reform. Kriminologie und Kriminalistik. Bericht über die XVII. Tagung der Gesellschaft für die gesamte Kriminologie vom 5. bis 7.10.1973 in Bad Nauheim. Kriminologische Gegenwartsfragen, Heft 11. Herausgegeben von Helmut E. Ehrhardt und Hans Göppinger. Stuttgart: Enke 1974, VIII, 205 Seiten

60) "Möglichkeiten und Grenzen kriminologischer Ausbildung der Juristen"
In: Baumann, J./Tiedemann, K. (Hrsg.): Einheit und Vielfalt des Strafrechts. Festschrift für Karl Peters zum 70. Geburtstag. Tübingen: Mohr 1974, S. 519-529

61) "Criminology and Victimology"
In: Drapkin, I./Viano, E. (eds): Victimology: A New Focus. Vol. I: Theoretical Issues in Victimology. Lexington, Toronto, London: Lexington Books 1974, p. 9-14

62) "Practically Oriented Research About the Offender and His Spheres. Indian Journal of Criminology 2 (1974), p. 11-21

- 1975 -

63) "Criminologia"
Spanische Übersetzung der 2. Aufl. der Kriminologie. Madrid: Reus 1975, XXVII, 655 Seiten

64) "Homicide and Criminal Career. A first provisional report of the investigations of murderers at Tübingen"
Rassegna di criminologia 6 (1975), p. 39-45

65) "Kriminalität als Zufall?"
In: Gross, H./Harrer, G. (Hrsg.): Forensisch-Psychiatrische Gegenwartsprobleme. Wien: Facultas 1975, S. 9-17

- 1976 -

66) "Kriminologie"
3. überarbeitete und erweiterte Auflage. München: Beck 1976, XXII, 577 Seiten

67) "Kriminologie und Strafverfahren. Neuere Ergebnisse zur Dunkelfeldforschung in Deutschland"
Bericht über die XVIII. Tagung die Gesellschaft für die gesamte Kriminologie vom 9. bis 12. Oktober 1975 in Freiburg. Kriminologische Gegenwartsfragen, Heft 12. Herausgegeben von Hans Göppinger und Günther Kaiser. Stuttgart: Enke 1976, VIII, 251 Seiten

68) "Angewandte Kriminologie im Strafverfahren - Eine vorläufige Mitteilung."
In: Göppinger, H./Kaiser, G. (Hrsg.): Kriminologie und Strafverfahren. Neuere Ergebnisse zur Dunkelfeldforschung in Deutschland. Bericht über die XVIII. Tagung der Gesellschaft für die gesamte Kriminologie vom 9. bis 12. Oktober 1975 in Freiburg. Kriminologische Gegenwartsfragen, Heft 12. Stuttgart: Enke 1976, S. 56-71

69) "Zur Beurteilung der Kriminalprognose"
FORENSIA, Nr. 1, Bd. 1975/76, S. 9-24

- 1977 -

70) "Einige Ergebnisse der Tübinger empirischen Forschungen über unangepaßte Kinder" (polnisch)
In: Instytut Problematyki Przestepczoŝĉ: Przestepczoŝĉ na Swiecie. Warschau 1977, S. 67-80

71) "Die Tübinger Jungtäter-Vergleichsuntersuchung. - Ansatz, Ergebnisse und Folgerungen für weitere kriminologische Forschungen"
Kriminologisches Bulletin 3 (1977) S. 2-9

72) Forschungsergebnisse der Angewandten Kriminologie als Beitrag für die Behandlung Straffälliger"
Zusammenfassung in: VI. Weltkongreß für Psychiatrie, Honolulu, Hawai, August 28-September 3, 1977, S. 107

74) "The Victim As Seen By The Offender"
Second International Symposium on Victimology 1976 in Boston - Abstracts. Victimology 2 (1977), p. 63

- 1978 -

75) "Specific criminological methods for the diagnostic recording of the offender in his social interdependencies and for prognostic statements on his social dangerousness."
In: Human Aggression and Dangerousness. Overview of ongoing research in the basic sciences in connection with the treatment and rehabilitation of delinquents. Vth International Seminar in Comparative Clinical Criminology, June 13-15, 1977, Montréal 1978, S. 283 - 312

76) "Wirtschaftskriminalität. Beurteilung der Schuldfähigkeit"
Bericht über die XIX. Tagung der Gesellschaft für die gesamte Kriminologie vom 7. bis 9. Oktober 1977 in Bern. Kriminologische Gegenwartsfragen, Heft 13. Herausgegeben von Hans Göppinger und Hans Walder. Stuttgart: Enke 1978, VIII, 197 Seiten

- 1979 -

77) "On delinquency of the mentally ill."
Hans Göppinger und Wolfgang Böker
Rassegna di Criminologia Vol. X (1979), S. 452-477

- 1980 -

78) "Kriminologie"
4., neubearbeitete und erweiterte Auflage. München: Beck 1980,
XXV, 845 Seiten

79) "Jugendverwahrlosung - Jugendkriminalität - Jugendvollzug."
Kriminologie und Strafrechtspraxis. Tagungsberichte des Kriminologischen Arbeitskreises, Band 1. Herausgegeben von Hans Göppinger. Tübingen 1980. V, 112 Seiten

80) "Tötungsdelikte"
Bericht über die XX. Tagung der Gesellschaft für die gesamte Kriminologie vom 4. bis 6. Oktober 1979 in Köln. Kriminologische Gegenwartsfragen, Heft 14. Herausgegeben von Hans Göppinger und Paul H. Bresser. Stuttgart: Enke 1980. VIII, 226 Seiten

81) Schweigepflicht und Schweigerecht des Arztes"
Therapiewoche 30 (1980), S. 4852 - 4855

- 1981 -

82) "Alkohol - Drogen - Sozialtherapie"
Kriminologie und Strafrechtspraxis. Tagungsberichte des Kriminologischen Arbeitskreises, Band 2. Herausgegeben von Hans Göppinger. Tübingen 1981, V, 102 Seiten

83) "Der Mensch als Opfer im Tatgeschehen"
In: Evangelische Akademie Hofgeismar (Hrsg.): Das Tatopfer als Subjekt. Protokoll 177 (1981) S. 3 - 43

84) "Kriminologie und Forensische Psychiatrie" (griechisch)
Poineke Cronika, 1981, S. 609-622

- 1982 -

85) "Das Opfer der Straftat - Resozialisierung"
Kriminologie und Strafrechtspraxis. Tagungsberichte des Kriminologischen Arbeitskreises, Band 3. Herausgegeben von Hans Göppinger. Tübingen 1982, V, 118 Seiten

86) "Sozialtherapie. Grenzfragen bei der Beurteilung psychischer Auffälligkeiten im Strafrecht."
Bericht über die XXI. Tagung der Gesellschaft für die gesamte Kriminologie vom 8. bis 10. Oktober 1981 in Saarbrücken. Kriminologische Gegenwartsfragen, Heft 15. Herausgegeben von Hans Göppinger und Paul H. Bresser. Stuttgart: Enke 1982. VIII, 180 Seiten

- 1983 -

87) "Der Täter in seinen sozialen Bezügen. Ergebnisse aus der Tübinger
Jungtäter-Vergleichsuntersuchung"
Unter Mitarbeit von Michael Bock, Jörg-Martin Jehle, Werner
Maschke. Berlin, Heidelberg, New York, Tokyo: Springer 1983.
XVI, 258 Seiten

88) "Psychisch relevante Probleme in der Strafrechtspraxis"
Kriminologie und Strafrechtspraxis. Tagungsberichte des Kримino-
logischen Arbeiskreises, Band 4. Herausgegeben von Hans Göppinger. Tübingen 1983, V, 52 Seiten

89) "Kriminologie - Psychiatrie - Strafrecht. Festschrift für Heinz Lefe-
renz zum 70. Geburtstag"
Herausgegeben von Hans-Jürgen Kerner, Hans Göppinger und
Franz Streng. Heidelberg: Müller 1983, XI, 706 Seiten

90) "Kriminologische Aspekte zur sogenannten verminderten Schuld-
fähigkeit (§ 21 StGB)"
In: Kerner, H.-J./Göppinger, H./Streng, F. (Hrsg.): Kriminologie -
Psychiatrie - Strafrecht. Festschrift für Heinz Leferenz zum 70.
Geburtstag. Heidelberg: Müller 1983, S. 411-427

91) "Angewandte Kriminologie und ihre Bedeutung für die Forensische
Psychiatrie"
In: Gross, G./Schüttler, R. (Hrsg.): Empirische Forschung in der
Psychiatrie. Symposion zum 60. Geburtstag von Prof. Dr. med. Gerd
Huber. Stuttgart, New York: Schattauer 1983, S. 119-127

92) "Der Bewährungshelfer als Vertrauensperson"
In: Justizministerium Baden-Württemberg (Hrsg.): Hat sich die Be-
währungshilfe bewährt? Symposium des Justizministeriums Baden-
Württemberg am 15./16.12.1982 in Triberg. 1983, S. 19-38

93) "Die Tübinger Jungtäter-Vergleichsuntersuchung und ihre Bedeu-
tung für die Kriminologie und die Forensische Psychiatrie."
In: Oud-Studenten Criminologie Rijksuniversiteit Gent (Hrsg.).
Excerpta Criminologica Nr. 5 (1983), S. 1 - 57

94)   "Schuldfähigkeit und verminderte Schuldfähigkeit" (griechisch)
       Poinika Chronika 1983, S. 657-667

- 1984 -

95)   "Kriminologisches Gutachten zum Problemkreis Homosexualität.
       Im Zusammenhang mit der Diskussion über die Abschaffung oder
       Änderung des derzeitigen § 175 StGB."
       Erstattet am 31. August 1982 auf Ersuchen der Fraktion der Sozi-
       aldemokratischen Partei Deutschlands im Deutschen Bundestag,
       Arbeitskreis Rechtswesen, vom 11. März 1982. In: SPD-Bundes-
       tagsfraktion (Hrsg.): § 175 - Dokumentation einer schriftlichen
       Anhörung. Bonn 1984

96)   "Humangenetik und Kriminologie. Kinderdelinquenz und Früh-
       kriminalität"
       Bericht über die XXII. Tagung der Gesellschaft für die gesamte
       Kriminologie vom 13. bis 15. Oktober 1983 in Bern. Kriminologi-
       sche Gegenwartsfragen, Heft 16. Herausgegeben von Hans Göp-
       pinger und Rainer Vossen. Stuttgart: Enke 1984, VIII, 194 Seiten

97)   "Angewandte Kriminologie und kriminalpolizeiliche Tätigkeit."
       Der Kriminalist 16 (1984), S. 425 - 429

- 1985 -

98)   "Angewandte Kriminologie. Ein Leitfaden für die Praxis"
       Unter Mitarbeit von Werner Maschke. Berlin, Heidelberg, New
       York, Tokyo: Springer 1985. XIII, 228 Seiten

99)   "Ambulante und stationäre Möglichkeiten der Einwirkung auf
       Straftäter"
       Kriminologie und Strafrechtspraxis. Tagungsberichte des Krimi-
       nologischen Arbeitskreises, Band 5. Herausgegeben von Hans
       Göppinger. Tübingen 1985, V, 139 Seiten

100)   "Entziehung und Wiedererteilung der Fahrerlaubnis"
       Kriminologie und Strafrechtspraxis. Tagungsberichte des Krimi-
       nologischen Arbeitskreises, Band 6. Herausgegeben von Hans
       Göppinger. Tübingen 1985, VI, 154 Seiten

101)   "Zum Problemkreis Entziehung und Wiedererteilung der Fahrer-
       laubnis"
       Hans Göppinger und Ilona Wasserburger
       In: Göppinger, H. (Hrsg.): Entziehung und Wiedererteilung der
       Fahrerlaubnis. Kriminologie und Strafrechtspraxis. Tagungsbe-
       richte des Kriminologischen Arbeitskreises, Band 6 (1985), S.3-26

- 1986 -

102) "Rückfallkriminalität - Führerscheinentzug"
Bericht über die XXIII. Tagung der Gesellschaft für die gesamte Kriminologie vom 10. bis 12. Oktober 1985 in Salzburg. Kriminologische Gegenwartsfragen, Heft 17. Herausgegeben von Hans Göppinger und Rainer Vossen. Stuttgart: Enke 1986. VI, 196 Seiten

103) "Angewandte Kriminologie und Strafrecht. Zugleich ein Beitrag zum Kriterium 'schwere andere seelische Abartigkeit' der §§ 20/21 StGB aus kriminologischer Sicht"
Juristische Studiengesellschaft Karlsruhe. Schriftenreihe. Heft 170. Heidelberg: Müller 1986, 45 Seiten

104) "Le diagnostic criminologic et la justice pénale"
In: La Criminologie au Prétoire. Colloque du 50ième Anniversaire 1935 - 1985. Vol. II. Brüssel: Story-Scientia 1985, p. 21 - 30, 104 - 107

105) "Angewandte Kriminologie für die Praxis"
In: Bundesministerium für Justiz, Wien (Hrsg.): Strafrechtliche Probleme der Gegenwart. 12. Strafrechtliches Seminar. Schriftenreihe des Bundesministeriums für Justiz. Wien 1985.

106) "Applied Criminology and Psychiatric Expert Evaluation"
In: Psychiatry: The State of Art. Vol. 6: Drug Dependence and Alcoholism, Forensic Psychiatry, Military Psychiatry. Proceedings of the VII th World Congress of Psychiatry, held July 11 - 16, 1983, in Vienna. New York: Plenum 1985, pp. 73 - 78

- 1987 -

107) "Life Style and Criminality. Basic Research and Its Application: Criminological Diagnosis and Prognosis."
With collaboration of Michael Bock, Jörg-Martin Jehle, Werner Maschke. Berlin, Heidelberg, New York, London, Paris, Tokyo: Springer 1987. XXI, 303 Seiten

- 1988 -

108) "Angewandte Kriminologie - International. Applied Criminology - International. La Criminologie appliquée - Internationale. 36. Internationale Kriminologische Forschungswoche."
Herausgegeben von Hans Göppinger. Unter Mitarbeit von Werner Maschke. Bonn: Forum 1988. X, 467 Seiten

109) "Angewandte Kriminologie als Fundament einer selbständigen Wissenschaftsdisziplin Kriminologie"
In: H. Göppinger (Hrsg.): Angewandte Kriminologie - International. 36.Internationale Kriminologische Forschungswoche.
Bonn: Forum 1988, S. 12-18

110) "Die kriminologische Erfassung des Täters in seinen sozialen Bezügen. Erhebungen, Analyse, Diagnose, Folgerungen für Prognose, Intervention und Behandlung"
Hans Göppinger und Werner Maschke
In: H. Göppinger (Hrsg.): Angewandte Kriminologie - International. 36. Internationale Kriminologische Forschungswoche.
Bonn: Forum 1988, S. 270-291

111) "Zur Früherkennung krimineller Gefährdung"
In: Institute of Comparative Law, Waseda University (Hrsg.): Recht in Ost und West. Festschrift zum 30jährigen Jubiläum des Instituts für Rechtsvergleichung der Waseda Universität. Tokyo: Waseda University Press 1988, S. 959 - 972

Verzeichnis der Teilnehmer an der Festschrift für Hans Göppinger

Becker, Ines-Sabine, Dr.med.,
Eberhard-Karls-Universität Tübingen, Institut für Gerichtliche Medizin,
Nägelestr. 5, D-7400 Tübingen

Bock, Michael, Prof. Dr.soz. Dr.jur.,
Johannes-Gutenberg-Universität, Fachbereich Rechts- und Wirtschaftswissenschaften
Saarstr. 21, Postfach 3980, D-6500 Mainz 1

Böhm, Alexander, Prof. Dr.jur., Richter am Oberlandesgericht
Johannes-Gutenberg-Universität, Fachbereich Rechts- und Wirtschaftswissenschaften
Saarstr. 21, Postfach 3980, D-6500 Mainz 1

Bresser, Paul H., Prof. Dr.med. Dr.phil.,
Ehringhausen 34, D-5630 Remscheid

Buikhuisen, Wouter, Prof. Dr.phil.,
Rijksuniversiteit te Leiden, Criminologisch Instituut,
Garenmarkt 1a, NL-2311 PG Leiden

Canepa, Giacomo, Professore universitario, Dott.
Président de la Société Internationale de Criminologie,
Direttore del Istituto di Medicina Legale e delle Assicurazioni
dell' Università di Genova
Direttore del Centro Internationale di Criminologia Clinica
Via A. de Toni, 12, I-16132 Genova

De Fazio, Francesco, Professore universitario, Dott.
Direttore del Istituto di Medicina Legale e delle Assicurazioni
dell' Università di Modena
Via del Pozzo, 71, I-41100 Modena

Dontschev, Petko, Prof., M.D.,
Head of the Department for Forensic Psychiatry,
Centre of Neurology, Psychiatry & Neurosurgery, Medical Academy,
Boul. Lenin IV km., BG-Sofia

Ehrhardt, Helmut E., Prof. Dr.med. Dr.phil. Dr.jur.h.c.
em. o. Professor und Direktor des Universitäts-Instituts für Gerichtliche
und Sozial-Psychiatrie
Rud.-Bultmann-Str. 8, D-3550 Marburg

Eisenberg, Ulrich, Prof. Dr.jur.,
Freie Universität Berlin, Fachbereich Rechtswissenschaft,
Institut für Straf- und Strafprozeßrecht (WE 2),
Van't-Hoff-Str. 8, D-1000 Berlin 33

Farrington, David P., Ph.D., Reader in Psychological Criminology
University of Cambridge, Institute of Criminology,
7, West Road, GB-Cambridge CB3 9DT

Favard-Drillaud, Anne-Marie, Professeur à l'Université, Docteur en
Droit, Docteur en Psychologie,
Centre de Recherche et de Documentation de la Sauvegarde de L'En-
fance du Pays Basque, Bayonne
3, Chemin des Etroits, F-31400 Toulouse

Foerster, Klaus, Prof. Dr.med.,
Eberhard-Karls-Universität Tübingen, Zentrum für Psychiatrie und
Neurologie,
Abt. Allgemeine Psychiatrie mit Poliklinik,
Osianderstr. 22, D-7400 Tübingen

Geerds, Friedrich, Prof. Dr.jur.,
Direktor des Instituts für Kriminologie der Universität Frankfurt/Main
Senckenberganlage 31, D-6000 Frankfurt/Main

Günther, Hans-Ludwig, Prof. Dr.jur.,
Eberhard-Karls-Universität Tübingen, Juristische Fakultät, Lehrstuhl
für Straf- und Strafprozeßrecht
Wilhelmstr. 7, D-7400 Tübingen

Haffner, Hans Thomas, Dr.med.,
Eberhard-Karls-Universität Tübingen, Institut für Gerichtliche Medi-
zin,
Nägelestr. 5, 7400 Tübingen

Hartmann, Rudolf, Prof. Dr.jur.,
Präsident des Obersten Gerichtshofes i.R.,
Albertgasse 3, A-1080 Wien

Johanson, Eva, Dr.med., Doc.Med.,
Rättspsykiatriska Kliniken I
Regionsjukhuset, S-901 85 Umeå

Jung, Heike, Prof. Dr.jur., Richter am Oberlandesgericht
Universität des Saarlandes, Fachbereich Rechtswissenschaft,
Lehrstuhl für Strafrecht, Strafprozeßrecht, Kriminologie und Strafrechtsvergleichung
Im Stadtwald, Gebäude 31, D-6600 Saarbrücken 11

Kaiser, Günther, Prof. Dr.jur.,
Direktor des Max-Planck-Instituts für ausländisches und internationales Strafrecht,
Günterstalstr. 73, D-7800 Freiburg i.Br.

Kerner, Hans-Jürgen, Prof. Dr.jur.,
Direktor des Instituts für Kriminologie der
Eberhard-Karls-Universität Tübingen,
Corrensstr. 34, D-7400 Tübingen

Kornhuber, Hans Helmut, Prof. Dr.med. Dr.h.c.,
Ärztlicher Direktor der Neurologischen Universitätsklinik Ulm,
Steinhövelstr. 9, D-7900 Ulm

Kube, Edwin, Prof. Dr.jur.,
Abteilungspräsident im Bundeskriminalamt Wiesbaden,
Postfach 1820, D-6200 Wiesbaden

Kühne, Hans-Heiner, Prof. Dr.jur.,
Professor an der Universität Trier für Strafrecht, Strafprozeßrecht,
Kriminologie einschließlich Strafvollzugs- und Jugendrecht
Postfach 3825, D-5500 Trier

Kunz, Karl-Ludwig, Prof. Dr.jur.,
Universität Bern, Institut für Strafrecht und Kriminologie,
Lehrstuhl für Kriminologie, Strafrecht und Rechtstheorie,
Niesenweg 6, CH-3012 Bern

Lange, Richard, Prof. Dr.jur.,
Kriminalwissenschaftliches Institut der Universität zu Köln,
Albertus-Magnus-Platz, D-5000 Köln 41

Lempp, Reinhart, Prof. Dr.med.,
em. Ärztlicher Direktor der Abteilung für Kinder- und Jugendpsychiatrie,
Eberhard-Karls-Universität Tübingen, Psychiatrische Universitätsklinik,
Osianderstr. 14, D-7400 Tübingen

Luthe, Rainer, Prof. Dr.med.,
Direktor des Instituts für Gerichtliche Psychologie und Psychiatrie der
Universität des Saarlandes,
D-6650 Homburg (Saar)

Luzzago, Alessandra, Prof. Dott.,
Criminologia Giovanile. Istituto di Medicina Legale e delle Assicurazioni dell' Università di Modena,
Via del Pozzo, 71, I-41100 Modena

Mallach, Hans Joachim, Prof. Dr.med.,
em. Direktor des Instituts für Gerichtliche Medizin der Eberhard-Karls-Universität Tübingen,
Nägelestr. 5, D-7400 Tübingen

Marugo, Maria Ida, Ph.D.
Istituto di Criminologia e Psichiatria Forense,
Università di Genova
Via A. de Toni, 12, I-16132 Genova

Molinari, Francesca, Prof. Dr.jur.,
Università di Sassari, Istituto Giuridico,
Wölflinstr. 22, D-7800 Freiburg i.Br.

Müller-Dietz, Heinz, Prof. Dr.jur.,
Fachbereich I - Rechtswissenschaft der Universität des Saarlandes,
Strafrecht, Strafprozeßrecht, Strafvollzug, Kriminologie
Bau 31, D-6600 Saarbrücken

Nakatani, Kinko, em. Prof. Dr.jur.,
Keio University, 15-45, Mita 2 chome, Minato-ku,
Tokyo 108, Japan

Ostrihanska, Zofia, Doz. Dr.hab.,
Polish Academy of Sciences, Institute of State and Law
Ul. Nowy Swiat, 72 (Palac Staszica), PL-00-330 Warszawa

Pauleikhoff, Bernhard, Prof. Dr.med. Dr.phil.,
Universitäts-Nervenklinik Münster,
Roxeler Str. 131, D-4400 Münster

Peters, Karl, Prof. Dr.jur. Dr.phil.h.c. Dr.med.h.c.,
Kleimannstr. 3, D-4400 Münster

Rössner, Dieter, Prof. Dr.jur.,
Juristisches Seminar der Universität Göttingen,
Platz der Göttinger Sieben 6, D-3400 Göttingen

Rosenau, Kristian O., Dr.med., Dr.phil.,
Oberarzt am Zentrum für Neurologie und Psychiatrie der Eberhard-Karls-Universität Tübingen,
Osianderstr. 22, D-7400 Tübingen

Saß, Henning, Prof. Dr. med.,
Abteilungsleiter der Forensisch-psychiatrischen Abteilung,
Psychiatrische Klinik und Poliklinik
Universität München
Nußbaumstraße 7, D-8000 München 2

Schick, Peter J., Univ.-Prof., Dr.jur.,
Institut für Strafrecht, Strafprozeßrecht und Kriminologie der Karl-
Franzens-Universität Graz,
Universitätsstr. 27, A-8010 Graz

Schneider, Hans Joachim, Prof. Dr.jur. Dr.h.c. (PL),
Dipl.Psych.
Westfälische Wilhelms-Universität, Institut für Kriminalwissenschaften,
Abt. Kriminologie,
Bispinghof 24/25, D-4400 Münster

Schüttler, Reinhold, Prof. Dr.med.,
Leitender Direktor des Bezirkskrankenhauses Günzburg
Ludwig-Heilmeyer-Str. 2, Postfach 1162, D-8870 Günzburg (Donau)

Schulte, Ralph-Michael, Medizinaloberrat Dr.med.,
Landesnervenklinik Andernach, Abteilung für forensische Psychiatrie
D-5452 Weißenthurm

Schwind, Hans-Dieter, Prof. Dr.jur.,
Ruhr-Universität Bochum, Juristische Fakultät,
Lehrstuhl für Kriminologie und Strafvollzug,
Universitätsstr. 150, D-4630 Bochum 1

Taschev, Todor, Prof. Dr.med.,
Hohes Medizinisches Institut, "I.P. Pawlow", Psychiatrische Klinik, "S. S.
Korsakov",
BG-Plodiv - 4000

Tröndle, Herbert, Prof. Dr.jur.,
Landgerichtspräsident a.D.,
Obere Haspelstr. 10, D-7890 Waldshut-Tiengen 1

West, Donald J., Ph.D., Director em.,
Institute of Criminology, University of Cambridge
7, West Road, GB-Cambridge CB3 9DT

Wiegand, Christian, Dr. med.,
Forensisch-psychiatrische Abteilung, Psychiatrische Klinik und Polikli-
nik,
Universität München
Nußbaumstraße 7
8000 München 2

Witter, Hermann, Prof. Dr.med.,
Alleestr. 26, D-6650 Homburg-Sanddorf/Saar

Wolfgang, Marvin E., Prof., Ph.D., Director,
Sellin Center for Studies in Criminology and Criminal Law,
437 Spruce Hall, 3733 Spruce Street, USA-Philadelphia, PA 19104-6301

Zipf, Heinz, Univ.-Prof., Dr.jur.,
Universität Salzburg, Institut für Strafrecht, Strafprozeßrecht und Kriminologie,
Weiserstr. 22, A-5020 Salzburg